Internationalisierung und Management

Herausgegeben von
Professor Dr. Hans A. Wüthrich

Die Schriftenreihe präsentiert Ergebnisse der betriebswirtschaftlichen Forschung zu den Themengebieten Internationalisierung und Management. Im verbindenden Diskurs zwischen Theorie und Praxis verfolgt die Reihe das Ziel, Organisationen praxisnahe Lösungsansätze zu aktuellen Managementherausforderungen bereitzustellen und gleichzeitig einen Beitrag zur theoretischen Fundierung von Fragestellungen der Führungspraxis, nicht zuletzt im internationalen Kontext, zu leisten.

Tobias M. Hoffmann

Motivation im Führungskontext von Sozialunternehmen

Mit einem Geleitwort von
Univ.-Prof. Dr. Hans A. Wüthrich

Tobias M. Hoffmann
Köln, Deutschland

Dissertation Universität der Bundeswehr München, 2015

Internationalisierung und Management
ISBN 978-3-658-12964-4   ISBN 978-3-658-12965-1 (eBook)
DOI 10.1007/978-3-658-12965-1

Die Deutsche Nationalbibliothek verzeichnet diese Publikation in der Deutschen National-
bibliografie; detaillierte bibliografische Daten sind im Internet über http://dnb.d-nb.de abrufbar.

Springer Gabler ist Teil von Springer Nature
Die eingetragene Gesellschaft ist Springer Fachmedien Wiesbaden GmbH

Geleitwort

Sich im Geschäftsleben eine andere Brille aufzusetzen ist so unendlich schwer und doch so lohnenswert. Es gibt andere Lösungen als die uns so vertrauten, aber sie bleiben meist lange verborgen, manchmal für immer.

Bolko von Oetinger

Ursprünglich als Randerscheinung diskreditiert sind Sozialunternehmen heute als Problemlöser für gesellschaftliche Herausforderungen etabliert. Sie stellen wichtige öffentliche Güter bereit, fördern den Wandel von Verhaltensmustern und leisten einen wertvollen Beitrag zu den Millenniums-Entwicklungszielen der Vereinten Nationen. Mit seiner Arbeit fokussiert Tobias Hoffmann auf einen bisher in der Literatur wenig beachteten Bereich. Leitend dabei sind drei Forschungsfragen: Wie kann Motivation im Führungskontext von Sozialunternehmen wirkungsvoll gestaltet werden? Wie wird Motivation im Führungskontext von Sozialunternehmen konkret gestaltet? Und welche Erkenntnisse lassen sich für die Praxis und Wissenschaft identifizieren?

Es gelingt dem Autor, verständnisfördernde und praktisch relevante Zusammenhänge sowie Deutungsmuster in Bezug auf Motivation im Führungskontext von Sozialunternehmen herauszuarbeiten. Neben einer profunden Aufarbeitung von Sozialunternehmertum und Arbeitsmotivation werden dabei mittels Fallanalysen führender Sozialunternehmen konkrete Gestaltungsansätze für Führung und Anreizsysteme erarbeitet. Weiterhin wird Wichtigkeit und Grenzen der Professionalisierung von Anreizsystemen aufgezeigt, ergänzt um Perspektiven und Einsichten aus dem gemeinnützigen und privatwirtschaftlichen Forschungskontext.

Mit der vorliegenden interdisziplinären Arbeit gelingt Tobias Hoffmann eine wertvolle Perspektivenerweiterung, und ich wünsche den postulierten Ideen die verdiente Verbreitung und Resonanz in Wissenschaft und Praxis.

München, im Dezember 2015   Univ.-Prof. Dr. Hans A. Wüthrich

Vorwort

Wen die Dankbarkeit geniert, der ist übel dran; denke, wer dich erst geführt, wer für dich getan.

Johann Wolfgang von Goethe

Zunächst einmal bin ich schlicht dankbar dafür, dass ich ein solch spannendes und lohnendes Thema gefunden habe und bearbeiten durfte. Es hat mir große Freude bereitet, im Rahmen meiner Nachforschungen in die Welt der Sozialunternehmer und -unternehmen einzutauchen, und ich hatte dabei die Gelegenheit, äußerst interessante, faszinierende und inspirierende Menschen kennenzulernen. All dies ist weder selbstverständlich noch hatte ich es zuvor erwartet – was mich wiederum zu eingangs erwähntem Zitat führt...

Darüberhinaus wäre dieses Buch nicht möglich gewesen ohne die Vielzahl an Menschen, die mich auf meinem langen, aufregenden, manchmal verwirrenden, mitunter beschwerlichen, aber immer spannenden und – im wahrsten Sinne des Wortes – erkenntnisreichen Weg unterstützt und begleitet haben:

Beginnen möchte ich mit Herrn Prof. Dr. Hans A. Wüthrich, der mich von den Anfängen der Themendefinition bis hin zur Veröffentlichung gefördert und gefordert, konstruktiv beraten und geduldig begleitet hat, und dabei immer die richtige Mischung aus befähigender Autonomie und orientierender An-leitung gefunden hat. Ebenso danke ich Herrn Prof. Dr. Stephan Kaiser für die Übernahme des Zweitgutachtens sowie die wertvollen Hinweise zur Methodik und Schärfung der gewonnenen Erkenntnisse.

Allergrößter Dank gilt meinen Interviewpartnern: Ihr Vertrauen, ihre Motivation und Engagement, ihre Ehrlichkeit und Offenheit, ihre wertvollen, aber auch kritischen Beobachtungen, Perspektiven und Gedanken – all dies hat diese Arbeit überhaupt erst möglich gemacht. Das Ergebnis sind unverwechselbare und einmalige Einblicke in die untersuchten Sozialunternehmen, welche das Herz der empirischen Untersuchung bilden; am Ende sind und bleiben es die Menschen, die den Unterschied machen!

Hilfreich waren auch die Gespräche und Diskussionen, die ich mit einer Vielzahl von Experten aus Wissenschaft und Praxis in den Bereichen Social Entrepreneurship sowie Arbeitsmotivation führen durfte. Die gewonnenen Erkenntnisse haben maßgeblich zur Validierung und Schärfung der theoretischen Grundlagen sowie der Leitlinien der empirischen Untersuchung beigetragen. Erwähnen möchte ich an dieser Stelle Frau Prof. Dr. Karin Kreutzer, Claudia Leißner, Mirjam Schöning, Markus Strauch, Karl Strempel und Rebecca Szrama.

Dank gilt ebenfalls Bain & Company, für die Möglichkeit, meinen Promotionswunsch in die Tat umsetzen zu können, und die großartige Unterstützuung und gewährte Freiheit während dieser Zeit. Nicht zu sprechen von den zahlreichen Kollegen, mit denen ich meine Fragen (und Befürchtungen) teilen, Hypothesen testen und Erkenntnisse kritisch diskutieren konnte.

In besonderer Weise dankbar bin ich meinen Eltern Anneliese und Winfried: Zunächst einmal für die exzellente, gewissenhafte Endkorrektur meiner Arbeit, die kein Lektor besser hätte realisieren können. Mehr noch aber für alle Unterstützung, Vertrauen, Begleitung und Ermutigung über die Jahre. Dafür, dass sie mich geprägt haben, und doch immer meinen Weg haben suchen und gehen lassen. Ihnen möchte ich diese Arbeit widmen.

Zuletzt möchte ich mich bei Miriam und Elija bedanken: Dafür, dass sie mich auf diesem Weg begleitet und – je nach Situation und Gemütsverfassung – ge-tragen und/oder er-tragen haben. Für all die kleinen und großen Freuden, Herausforderungen und Überraschungen. Und dass sie mir immer wieder (dezent, und in den meisten Fällen liebevoll) vor Augen geführt haben, dass es neben dem wissenschaftlichen „Eremitendasein" ein reales (Alltags)Leben gibt, mit eigenen Herausforderungen aber nichtsdestoweniger lohnenden und erfüllenden Motivationsmechanismen und -momenten.

Köln, im Dezember 2015   Tobias M. Hoffmann

Inhaltsübersicht

Inhaltsverzeichnis

Abbildungsverzeichnis

Tabellenverzeichnis

Abkürzungsverzeichnis

bspw.	beispielsweise
ca.	circa
CSR	Corporate Social Responsibility
d.h.	das heißt
etc.	et cetera
ggf.	gegebenenfalls
inkl.	inklusive
insb.	insbesondere
Jh.	Jahrhundert
Kap.	Kapitel
KMU	Kleine und mittelständische Unternehmen
Mio.	Million
Mrd.	Milliarde
NPO	Non Profit Organisation
S.	Seite
s.	siehe
sog.	sogenannte/r
u.a.	unter anderem
v.a.	vor allem
vgl.	vergleiche
vs.	versus
z.B.	zum Beispiel

A. Einleitung

I. Problemstellung und Relevanz

Ob und inwiefern Unternehmen einen Beitrag zur Lösung gesellschaftlicher Probleme leisten können oder sollten, ist seit jeher ein kontrovers diskutiertes Thema. Führende Vertreter des Wirtschaftsliberalismus[1], welcher die ideologische Grundlage für das heute dominierende System freier Märkte bildet, haben hierzu einen klaren Standpunkt:

„The Social Responsibility of Business is to Increase its Profits."[2]

„By pursuing his own interest he [the individual, d.V.] frequently promotes that of the society more effectually than when he really intends to promote it."[3]

Die Rolle von Wirtschaftsakteuren ist es demnach, gemäß den eigenen Interessen und der persönlichen Gewinnmaximierung zu handeln. Ein gesellschaftlicher Nutzen ergibt sich aus dem Wirken der vielzitierten „invisible hand"[4], durch welche Selbstinteresse und Erwerbsstreben des Einzelnen mittelbar dem Gemeinwohl dienen. Konkretes gesellschaftliches Engagement und spezifische Lösungsansätze bleiben hingegen dem Staat, Privatpersonen und nichtkommerziellen Organisationen vorbehalten.[5] Die vergangenen Jahrzehnte haben indes gezeigt, dass die globalen gesellschaftlichen Herausforderungen, seien es nun Armut, Arbeitslosigkeit, soziale Ungleichheit, gesundheitliche oder ökologische Probleme, immer weiter zunehmen. Umfassende Lösungen zur Überwindung dieser Probleme wurden bis heute noch nicht gefunden.[6]

Seit den 1980er Jahren hat sich das Konzept des Social Entrepreneurship[7] konstituiert, welches diese drängenden Probleme neuartig angeht: Gesellschaftliche Herausforderungen sollen mit unternehmerischen Mitteln effektiver und effizienter gelöst und damit die Trennung von wirtschaftlicher Tätigkeit und gesellschaftlichen Zielen überwunden werden. Anfangs nur eine kri-

---

[1] Wirtschaftsliberalismus bezeichnet die ökonomische Ausprägung des Liberalismus, in dessen Zentrum das Individualprinzip und die wirtschaftliche Freiheit als Fundament eines freien Wettbewerbs stehen. Unmittelbare Markteingriffe werden dabei weitgehend abgelehnt, in der genauen Betonung der Regeln unterscheiden sich jedoch die verschiedenen Richtungen des Wirtschaftsliberalismus. Vgl. Grüske/Recktenwald (1995), S. 376f.

[2] Friedman (1970); Friedman, US-amer. Ökonom, war führender Vertreter der neoliberalen Chicagoer Schule.

[3] Smith (1976 [1776]), S. 477f; Adam Smith (1723-1790), schottischer Moralphilosoph, ist wichtigster Vertreter/ Mitbegründer des klassischen Liberalismus und als solcher Begründer der modernen Volkswirtschaftslehre.

[4] Smith (1976 [1776]), S. 477.

[5] Ein Beispiel für diese weitgehende Entkopplung des kommerziellen Wirtschafts- und des sozialen, gesellschaftlichen Sektors ist der Dritte-Sektor-Ansatz, der eine klare Abgrenzung von Markt, Staat, drittem (gemeinnützigem) Sektor sowie Privatsphäre propagiert. Vgl. hierzu u.a. Zimmer/Priller (2007), S. 15-28.

[6] Siehe u.a. die Millenium-Entwicklungsziele der Vereinten Nationen und deren äußerst schwierige und mühsame Umsetzung (vgl. http://www.un.org/millenniumgoals; United Nations [2011], S. 4f).

[7] In der Folge wird konsequent der Begriff ‚Social Entreneurship' verwendet, weil dieser im angelsächsisch geprägten Forschungsdiskurs allgemein anerkannt ist und das deutsche ‚Sozial*unternehmertum*' eine nur unzureichende Übertragung von ‚Entrepreneurship' darstellt. Die Organisationen werden jedoch als ‚Sozialunternehmen' bezeichnet, da dies mit den gängigen englischen Begriffen (bspw. ‚Social Enterprise') korrespondiert.

tisch betrachtete Randerscheinung, hat in den letzten Jahren ein allgemeines Umdenken eingesetzt, das auch vor ehemaligen Skeptikern wie George Soros, der US-amerikanischen Investoren-
legende, nicht haltmacht:

> *„I used to be opposed to the idea of social entrepreneurship. I said, you know, let business be business, and phi-*
> *lanthropy be philanthropy. Keep the two separate, don't mix it up [...], but I now recognize that actually you*
> *do need to mix it up and I think there is room for social entrepreneurship."* [8]

Heute hat sich Social Entrepreneurship weithin als ein Konzept etabliert, das eine zentrale Rolle
in der gesellschaftlichen Problemlösungslandschaft spielt[9] und innovative, kostengünstige Lösungen für bislang nicht oder nur unzureichend gelöste Probleme bietet[10]. Es ist durch seine effiziente Bereitstellung öffentlicher Güter von zentraler wirtschaftlicher Bedeutung[11], bewirkt mittels
Veränderung von Verhaltensmustern und Wahrnehmungen systematischen Wandel[12] und leistet
u.a. einen Beitrag zur Erreichung der Milleniums-Entwicklungsziele der Vereinten Nationen[13].
Auch in Deutschland initiieren Sozialunternehmen vielversprechende soziale Innovationen für
Gesellschaft und Wohlfahrtsstaat, obgleich es angesichts der vorwiegend geringen Umsätze und
Mitarbeiterzahlen (noch) als relatives Nischenphänomen bezeichnet werden kann.[14] Doch unab-
hängig von seinem praktischen Nutzen und Erfolg: Was ist der grundlegende Treiber für eine
Erweiterung oder gar Revolution der kapitalistischen Marktwirtschaft? Für Muhammad Yunus,
Social Entrepreneur und Friedensnobelpreisträger, ist es eine Notwendigkeit, die Mehrdimensio-
nalität der menschlichen Motivation im ökonomischen Kontext zu berücksichtigen:

> *„We must replace the one-dimensional person in economic theory with a multidimensional person – a person*
> *who has both selfish and selfless interests at the same time. [...] We see the need for two kinds of business: one*
> *for personal gain, another dedicated to helping others."* [15]

Die Mehrdimensionalität der menschlichen Motivation bildet die Grundlage für ein neues Wirt-
schaften, welches altruistisches gesellschaftliches Engagement und unternehmerisches, ökono-
misch nachhaltiges Handeln vereint. Doch dieser inhaltlich-strukturelle und motivationale Spagat
birgt zugleich große Herausforderungen. So muss das fragile Gleichgewicht zwischen primärer
gesellschaftlicher Mission und nachrangigen kommerziellen Aspekten jederzeit gewährleistet
werden[16], gerade auch weil ein unternehmerischer Ansatz aufgrund von Profitabilitätszielen und
Effizienzbestrebungen den gesellschaftlichen Zielen bisweilen konfliktär gegenübersteht[17], er Zeit

---

[8]   Soros/Schapiro (2000).
[9]   Vgl. Light (2009), S.21.
[10] Vgl. Zahra et al. (2009), S. 520.
[11] Vgl. Harding (2004), S. 40.
[12] Vgl. Bornstein (2007), S. 2.
[13] Vgl. Seelos/Mair (2005).
[14] Vgl. Mercator Forscherverbund „Innovatives Soziales Handeln – Social Entrepreneurship" (2012), S. 5.
[15] Yunus (2010), S. XVI.
[16] Vgl. Low (2006), S. 383f.
[17] Vgl. Zahra et al. (2009), S. 527; Dees (1998), S. 57f.

und Ressourcen in Anspruch nimmt sowie besondere Kompetenzen verlangt[18]. Bei eventuell auftretenden Konflikten müssen die Aktivitäten in jedem Fall sorgfältig abgewogen und priorisiert werden.[19] Weiterhin sind privatwirtschaftliche Organisationsmodelle oftmals inkongruent mit zentralen Aspekten des sozialen Sektors wie bspw. der Partizipation Freiwilliger oder der Gesellschaft.[20] Zur Wahrung des Gleichgewichtes ist daher eine geeignete Unternehmensführung und Governance unerlässlich.[21] Motivation hat im Führungskontext hierbei die wichtige Aufgabe, das Verhalten und Handeln aller Mitarbeiter dahingehend auszurichten, dass die gesellschaftliche Mission bestmöglich erfüllt sowie den ökonomischen Anforderungen Rechnung getragen wird.

Im wissenschaftlichen Diskurs wurde und wird immer wieder auf die Wichtigkeit des Themas hingewiesen: So werden Motivation im Führungskontext bzw. Mitarbeitermotivation als zentrales Thema in der Forschungsagenda von Social Entrepreneurship identifiziert und spezifische Aspekte und Herausforderungen grob skizziert.[22] Weiterhin wird ein effektives Personalmanagement (Mitarbeiter gewinnen, führen, entwickeln und halten) zur Sicherstellung hochwertigen Humankapitals als unerlässlich für die Skalierung von Lösungen und nachhaltiges Organisationswachstum angesehen.[23] Umgekehrt begegnen Sozialunternehmen im Laufe des organisatorischen Wachstums diversen strukturellen Veränderungen – wachsende Teams, größeres Aufgabenspektrum, vermehrte Verwaltungs- und Routineaufgaben, regionale Ausdehnung, Entstehung von Abteilungen und Organisationsstrukturen, abnehmender direkter Einfluss des Gründers, etc. –, welche eine potenzielle Veränderung der Motivationsmuster bewirken und einen professionellen, effektiven Führungsansatz notwendig erscheinen lassen. Konkret wird bspw. die Entwicklung eines Sozialunternehmerkodex vorgeschlagen, welcher u.a. Standards der Personalführung enthält, um damit Management- und Governance-Kompetenzen und letztlich soziale Innovationen zu stärken.[24] Letzten Endes bleibt es im gegenwärtigen wissenschaftlichen Diskurs jedoch bei den genannten Hinweisen auf zukünftigen Forschungsbedarf, eine profunde Aufarbeitung der Thematik wurde bis dato nicht realisiert. Dies soll durch die vorliegende Arbeit ermöglicht werden.

II. Zielsetzung und Forschungsfragen

Der zentrale Forschungsgegenstand dieser Arbeit ist ‚Motivation im Führungskontext von Sozialunternehmen', verstanden als pragmatische Ausprägung von Arbeitsmotivation in Form eines differenzierten Führungsansatzes und Personalmanagements. Während das junge, aber arrivierte Forschungsfeld Social Entrepreneurship sowie das etablierte Forschungsfeld Arbeitsmotivation

---

[18] Vgl. u.a. Dees (1998), S. 58.
[19] Vgl. Mort/Weerawardena/Carnegie (2003), S. 84.
[20] Vgl. Zahra et al. (2009), S. 527; Dees (1998), S. 58; Alexander/Weiner (1998), S. 225, 239.
[21] Vgl. Low (2006).
[22] Vgl. Austin/Stevenson/Wei-Skillern (2006), S. 19.
[23] Vgl. Bloom/Chatterji (2009), S. 117f.
[24] Vgl. Mercator Forscherverbund „Innovatives Soziales Handeln – Social Entrepreneurship" (2012), S. 13.

eine vergleichsweise hohe wissenschaftliche Aufmerksamkeit erfahren (haben) und Letzteres insb. auch in den angrenzenden Bereichen der gewinnorientierten Privatwirtschaft sowie des klassischen NPO-Sektors vielfach untersucht wurde, befindet sich der aktuelle Forschungsstand im Sozialunternehmenskontext noch im Anfangsstadium (vgl. auch Ende Kap. A.I.). Das *Ziel der vorliegenden Arbeit* ist es daher, verständnisfördernde und praktisch relevante Zusammenhänge sowie Deutungsmuster in Bezug auf Motivation im Führungskontext von Sozialunternehmen herauszuarbeiten. Konkret soll Folgendes ermöglicht werden:

- Identifizierung relevanter Themenkategorien
- Profundes Verständnis der relevanten Motivationsmuster und Anreizsysteme/-mechanismen
- Erarbeitung eines konzeptionellen Bezugsrahmens als Fundament für die Ableitung konkreter Handlungsimplikationen sowie weiterer wissenschaftlicher Untersuchungen
- Einordnung der zentralen Erkenntnisse im Kontext der gelebten sozialunternehmerischen Organisationspraxis sowie im theoretischen und praxisbezogenen Forschungskontext angrenzender Bereiche (Privatwirtschaft, Non-Profit-Sektor)

Aufbauend auf den Zielen sollen nun die *Forschungsfragen* formuliert werden. Diese leiten den Fortgang der Untersuchung und ermöglichen durch eine Operationalisierung der Ziele deren Erreichen.[25] Die übergeordnete, forschungsleitende Fragestellung dieser Arbeit lautet:

- Wie kann und sollte Motivation im Führungskontext von Sozialunternehmen wirkungsvoll gestaltet werden, und welche Implikationen ergeben sich daraus für Praxis und Wissenschaft?

Folgende Fragestellungen spezifizieren die übergeordnete Forschungsfrage:

- Wie wird Motivation im Führungskontext von Sozialunternehmen konkret gestaltet?
  - o Welche Motivationsmuster können als maßgeblich identifiziert werden?
  - o Welche Anreizsysteme und -mechanismen werden angewendet oder als notwendig erachtet, und wie werden diese in den Arbeitsprozessen konkret umgesetzt?
  - o Welchen Stellenwert hat Mitarbeitermotivation, d.h. inwieweit wird es als aktive und wichtige Führungsaufgabe verstanden und genutzt?
- Welche Erkenntnisse können für Praxis und Wissenschaft identifiziert werden?
  - o Wie kann der Beitrag von Motivation im Führungskontext zu Erfolg und effektiver Leistungsfähigkeit von Sozialunternehmen charakterisiert werden?
  - o Welche spezifischen Leitlinien und Gestaltungspostulate können formuliert werden?
  - o Welche Erkenntnisse ergeben sich im Kontext des relevanten, theoretisch wie anwendungsorientierten Forschungsstandes?

---

[25] In diesem Sinne schaffen sie Klarheit über die konkreten Erhebungsziele, legen den Ausschnitt des Forschungsfeldes fest, begrenzen den Forschungsgegenstand und legen die Grundlage für methodologische Entscheidungen. Vgl. Flick (2010), S. 132-136; Eisenhardt (1989), S. 536.

Die erste Frage ist primär deskriptiver Natur. Die hierbei gewonnenen Erkenntnisse sollen im Rahmen der zweiten Frage mittels Strukturierung und Kodifizierung zu einer theoretischen wie pragmatisch-handlungsrelevanten, normativen Synthese verdichtet werden.

III. Forschungskonzeption und wissenschaftstheoretische Einordnung der Arbeit

Im Rahmen der Forschungskonzeption soll eine grundlegende Einordnung und Begründung des gewählten Forschungsansatzes vorgenommen werden[26], welcher wiederum die Grundlage für die wissenschaftstheoretische Einordnung dieser Arbeit bildet. Im vorigen Kapitel wurde festgestellt, dass der Forschungsgegenstand dieser Arbeit zwar als wichtiges Thema einzuordnen, im relevanten wissenschaftlichen Diskurs bisher aber noch weitgehend unbeachtet geblieben ist. Angesichts der relativen Unerforschtheit wird daher ein *qualitativer Forschungsansatz* verfolgt, da dieser in besonderem Maße geeignet scheint, die Natur der relevanten Zusammenhänge und Strukturen zu explizieren, während ein quantitativer Ansatz in diesem Stadium als nicht nutzbringend und wenig sinnvoll abgelehnt wird. Die folgende Aussage verdeutlicht dies:

„Zielt konventionelle [quantitative, d.V.] Methodologie darauf ab, zu Aussagen über Häufigkeiten, Lage-, Verteilungs- und Streuungsparameter zu gelangen, Maße für Sicherheit und Stärke von Zusammenhängen zu finden und theoretische Modelle zu überprüfen, so interessiert sich eine qualitative Methodologie primär für das ‚Wie‘ dieser Zusammenhänge und deren innere Struktur [...] aus der Sicht der jeweils Betroffenen.“[27]

Während bei der quantitativen Sozialforschung das Erklären im Mittelpunkt steht und diese mittels eines deduktiven Vorgehens (von allgemeiner Theorie auf den Einzelfall schließend) nomothetische Ziele (Auffindung von Gesetzmäßigkeiten) verfolgt, geht es im Rahmen der qualitativen Sozialforschung primär um das Verstehen, indem induktiv (von Einzelfallbetrachtungen hin zu allgemeinen Aussagen) und idiographisch (Beschreibung des Eigentümlichen, Singulären) vorgegangen wird.[28] In diesem Sinne erfolgen Erkenntnisgewinn und wissenschaftlicher Fortschritt im quantitativen Kontext mittels einer Prüfstrategie, wohingegen im qualitativen Kontext eine Konstruktionsstrategie angewendet wird[29], im Rahmen derer „der ‚Umweg‘ des wissenschaftlichen Fortschritts über die Prüfung tendenziell beliebiger Hypothesen aufgegeben wird und statt dessen theoretisch geleitete Fragen an die Realität zum Fortschrittsmedium erklärt werden.“[30] Auf dieser Grundlage wird Erfahrungswissen von mit dem untersuchten Problem

---

26 Eine detaillierte Beschreibung des Forschungsplans (mit umfassender Darstellung des Forschungsdesigns, der Untersuchungseinheiten und Forschungsmethoden) erfolgt demgegenüber in Kap. C.II.

27 Lamnek/Kiefl (1984), S. 474.

28 Vgl. Atteslander (2010), S. 350; Lamnek (2010), S. 242.

29 Vgl. Kubicek (1977), S. 6f, 13.

30 Kubicek (1977), S. 14. Hierbei expliziert der Forscher zunächst sein theoretisches Vorverständnis, um differenzierte theoriegeleitete Fragen und Themenkategorien formulieren zu können. Auch wenn die Notwendigkeit und das adäquate Ausmaß theoriegeleiteter Vorüberlegungen kontrovers diskutiert werden, werden sie im Allgemeinen als sinnvoll angesehen. Ziel all dieser Bemühungen ist es, zwar eine Richtung vorzugeben, dabei aber genü-

betroffenen Personen im Organisationskontext gewonnen und hernach in theoretische Begriffe und Annahmen kodifiziert.[31] Mayring wiederum benennt als Grundsätze qualitativen Denkens „die Forderung stärkerer Subjektbezogenheit der Forschung, die Betonung der Deskription und der Interpretation der Forschungssubjekte, die Forderung, die Subjekte auch in ihrer natürlichen, alltäglichen Umgebung [...] zu untersuchen, und schließlich die Auffassung von der Generalisierung der Ergebnisse als Verallgemeinerungsprozeß."[32] Zusammenfassend können als *zentrale Charakteristika eines qualitativen Forschungsprozesses* in diesem Sinne ein explizites Vorverständnis in Form relevanter Fragen und Themenkategorien, die Gewinnung von Erfahrungswissen durch induktives und idiographisches Vorgehen sowie dessen Kodifizierung durch Interpretation und Generalisierung als Verallgemeinerungsprozess genannt werden.

All dies wird für die vorliegende Arbeit als geeignet und zweckmäßig empfunden: So existieren durch ,verwandte' Forschungsanstrengungen[33] eine Reihe relevanter theoretischer Grundlagen, welche Konzepte und Theorien sowie deren grundsätzliche Anwendung umfassen. Es erscheint daher sinnvoll, theoriegeleitet erarbeitete Themenkategorien als Grundlage der empirischen Untersuchung zu nutzen. Zum anderen ist der Forschungsgegenstand aufgrund seiner relativen Unerforschtheit und hohen Komplexität sowie wegen des starken Bezugs zum jeweiligen Organisationskontext nur überzeugend zu analysieren, wenn sich die entsprechende Methodik (1) zunächst möglichst offen am konkreten Einzelfall (Subjekt/subjektive Sichtweisen, spezifisches Setting) orientiert, (2) eine große Dichte und Komplexität an entstehenden deskriptiven Daten (Erfahrungswissen) zulässt sowie (3) dieses Erfahrungswissen vom Forscher interpretiert und in einem Verallgemeinerungsprozess zu normativen Aussagen und zentralen Deutungsmustern kodifiziert bzw. verdichtet wird. In diesem Sinne kommt in dieser Arbeit als *Basisdesign* eine auf theoriegeleitet erarbeiteten Themenkategorien aufbauende *vergleichende multiple Fallanalyse* zum Einsatz (vgl. auch Kap. C.II.1).

Hinsichtlich der *wissenschaftstheoretischen Einordnung* der Arbeit lassen sich drei theoretische Grundpositionen nennen, an denen sich die qualitative Sozialforschung insgesamt orientiert: Den *symbolischen Interaktionismus* (subjektiver Sinn), die *Ethnomethodologie* (Herstellung sozialer Wirklichkeiten) sowie *strukturalistische Modelle* (kultureller Rahmen sozialer und subjektiver Wirklichkeit).[34] Auch wenn zwischen diesen große Unterschiede zu verzeichnen sind und sie jeweils nur eingeschränkte Relevanz für diese Arbeit haben, gibt es dennoch drei zentrale Gemeinsamkeiten, denen sich auch die Forschungskonzeption dieser Arbeit verpflichtet fühlt: (1) Alle genannten Positionen

---

gend Flexibilität, Freiheit und Offenheit zuzulassen. Gänzlich abgelehnt wird die Formulierung von ex ante-Hypothesen. Vgl. hierzu auch Eisenhardt (1989), S. 536; Flick (2010), S. 74.
31 Vgl. Kubicek (1977), S. 16.
32 Mayring (1999), S. 9, Hervorhebungen im Original weggelassen.
33 Social Entrepreneurship, Arbeitsmotivation sowie Motivation im Führungskontext von Privatwirtschaft/NPOs.
34 Vgl. Flick (2010), S. 81f. Eine umfassende Darstellung dieser Positionen kann und soll im Rahmen dieser Arbeit nicht erfolgen, für eine Übersicht sei u.a. verwiesen auf die Ausführungen von Flick (2010), S. 81-95.

beinhalten Verstehen als zentrales Erkenntnisprinzip. (2) Fallrekonstruktionen sind zentraler Ansatzpunkt, d.h. es wird erst am Einzelfall angesetzt, bevor es zu vergleichenden oder allgemeinen Aussagen kommt. (3) Grundlage ist eine Wirklichkeit, die nicht vorgegeben ist, sondern welche von Subjekten und unterschiedlichen Instanzen konstruiert wird, auch und vor allem durch Text als zentrales empirisches Material und Grundlage der empirischen Analysen. Folgende Aussage macht dies nochmals deutlich:

„The phrase qualitative methodology refers in the broadest sense to research that produces descriptive data – people's own written or spoken words and observable behavior. [...] Qualitative researchers are concerned with the meanings people attach to things in their lives. Central to [...] qualitative research is understanding people from their own frames of reference and experiencing reality as they experience it." [35]

Zugleich weist die Aussage auf eine weitere relevante theoretische Grundposition hin: Das erkenntnistheoretische Programm des *Konstruktivismus*.[36] Insb. im Rahmen des radikalen Konstruktivismus herrscht das Verständnis vor, dass Wissen eine menschliche Konstruktion ist und in diesem Sinne primär als subjektives Erfahrungswissen existiert. Eine Einordnung in ‚wahr‘ oder ‚falsch‘ lässt sich nicht vornehmen, vielmehr ist Viabilität – d.h. „[...] inwieweit das Bild oder Modell dem Subjekt ermöglicht, sich in der Welt zurechtzufinden und in ihr zu handeln [...]"[37] – das zentrale Qualitätskriterium.[38] In der vorliegenden Arbeit äußert sich dies v.a. in der persönlichen, halbstrukturierten Befragung, in der das subjektive Erfahrungswissen der einzelnen Personen exploriert und eine im jeweiligen Subjekt und Kontext verankerte Wirklichkeit konstruiert wird.[39] Des Weiteren kommt als Auswertungsmethode das Thematische Codieren zum Einsatz, welches speziell für vergleichende Studien entwickelt wurde und die Unterschiedlichkeit sozialer Welten als Grundlage sowie die Analyse der Perspektiven verschiedener sozialer Gruppen auf bestimmte Prozesse zum Ziel hat.[40] Auch der angestrebte Erkenntnisgewinn dieser Arbeit in Form des konzeptionellen Bezugsrahmens hat nicht den Anspruch objektiver, allgemeingültiger Gesetzmäßigkeiten. Vielmehr wird angestrebt, mittels theoretischer Verallgemeinerung normative Aussagen, Gestaltungspostulate und Interpretationsmuster zu erarbeiten, welche im Sinne der Viabilität auch in anderen (Organisations-)Kontexten von Nutzen sind.

---

[35] Bogdan/Taylor (1998), S. 7.
[36] Konstruktivismus ist dabei kein einheitliches Programm, sondern ein Sammelbegriff für eine Vielzahl von verwandten Ansätzen mit jedoch unterschiedlichen Argumentationslinien. Beispiele sind social constructionism, Erlanger Konstruktivismus, social constuctivism, Sozialer Konstruktivismus, Laborkonstruktivismus sowie der radikale Konstruktivismus, welcher für diese Arbeit am relevantesten ist. Für eine ausführliche Darstellung der verschiedenen Ansätze sei u.a. auf die Ausführungen von Winter (1999), S. 40-54 verwiesen.
[37] Flick (2010), S. 103.
[38] Vgl. Flick (2010), S. 101ff; Winter (1999), S. 48-54.
[39] Für eine umfassende Beschreibung der Erhebungsmethode vgl. Kap. C.II.3.1.
[40] Vgl. Flick (2010), S. 408. Für eine umfassende Beschreibung der Auswertungsmethode vgl. Kap.C.II.3.3.

IV. Aufbau der Arbeit

Die Inhalte der vorliegenden Arbeit können grob entlang dreier übergeordneter Abschnitte verortet werden. Diesen sind jeweils mehrere Teile zugeordnet, welche ihrerseits die Grundlage für die Gliederung bilden. Die folgende Abbildung stellt dies in übersichtlicher Form dar:

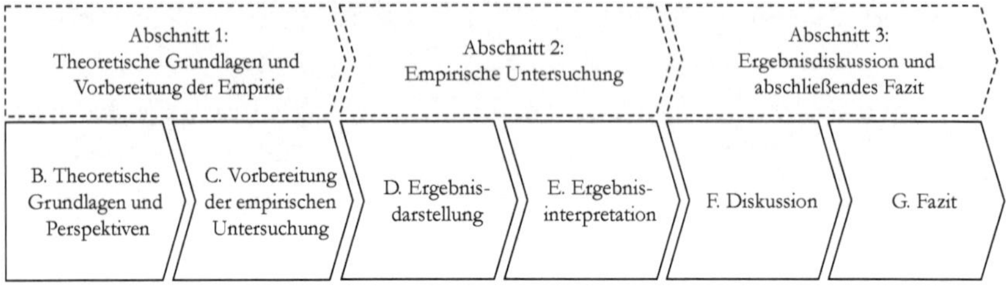

Abbildung 1   Aufbau der Arbeit (Quelle: Eigene Darstellung)

Der erste Abschnitt (Teile B + C) umfasst dabei die theoretischen Grundlagen und die Vorbereitung des empirischen Abschnitts, welcher wiederum aus der Darstellung und Interpretation der Ergebnisse besteht (Teile D + E). Im Schlussabschnitt werden schließlich die Ergebnisse diskutiert und ein abschließendes Fazit gezogen (Teile F + G).

Die theoretischen Grundlagen und Perspektiven (Teil B) beinhalten die Konzeptualisierung der Begriffe Social Entrepreneurship und Arbeitsmotivation und schaffen damit die theoretischen Grundlagen für ein Verständnis des zentralen Untersuchungsgegenstandes. Teil C bildet in der Folge die Brücke zum empirischen Teil: Zum einen werden auf Basis der theoretischen Grundlagen relevante Themenkategorien für Motivation im Führungskontext von Sozialunternehmen theoriegeleitet erarbeitet, zum anderen wird im Forschungsplan der Rahmen der empirischen Untersuchung abgesteckt, indem das zugrundeliegende Forschungsdesign, die relevanten Untersuchungseinheiten sowie die verwendeten Forschungsmethoden ausführlich dargelegt werden.

In der Ergebnisdarstellung (Teil D) werden die Erkenntnisse aus der Fallstudienanalyse entlang der in Teil C erarbeiteten Themenkategorien erläutert. Auch wenn hier die Daten strukturiert aufbereitet werden, ist dieser Teil vornehmlich deskriptiver Natur. Eine normative Bewertung der Ergebnisse findet in der folgenden Ergebnisinterpretation (Teil E) statt.

Im Rahmen der Diskussion (Teil F) findet eine Einordnung der Ergebnisse in den Kontext des vorherrschenden Status Quo sowie des relevanten Forschungsstandes statt. Im Fazit (Teil G) schließlich wird, nach einer Zusammenfassung der Forschungsarbeit mittels Darstellung der zentralen Ergebnisse und Beurteilung des wissenschaftlichen Erkenntnisgewinns, eine kritische Würdigung der Arbeit vorgenommen, bevor ein abschließender Ausblick gegeben wird.

B. Theoretische Grundlagen und Perspektiven

Im folgenden Teil sollen die den Forschungsgegenstand konstituierenden Forschungsfelder charakterisiert werden: Social Entrepreneurship und Arbeitsmotivation. Die konzeptionellen Bezugsrahmen und daraus gewonnenen Erkenntnisse bilden zum einen die Basis für die Ableitung relevanter Themenkategorien als Grundlage der empirischen Untersuchung (ex ante). Zum anderen ermöglichen und erleichtern sie die Einordnung der empirischen Ergebnisse (ex post).

I. Social Entrepreneurship – Konzeptualisierung eines Phänomens

I.1   Einführung in das Forschungsfeld

I.1.1   Entstehung und Entwicklung eines originären Forschungsfeldes

Durch die Geschichte hinweg hat es immer wieder Persönlichkeiten und Unternehmer gegeben, die als Sozialunternehmer bezeichnet werden können. Relevante Beispiele hierfür sind Robert Owen und Friedrich Wilhelm Raiffeisen, Friedrich von Bodelschwingh d.Ä. oder Florence Nightingale.[41] Während das Phänomen als solches also nicht neu ist, ist der Begriff Social Entrepreneurship in der Tat als vergleichsweise neu einzuordnen.[42] Ihren Anfang nahm die Institutionalisierung des Begriffes im nordamerikanischen Raum mit Bill Drayton, der zu Beginn der 80er Jahre als einer der Ersten diesen Begriff prägte. Er gründete 1980 in Washington D.C. Ashoka, welche über ein ausgedehntes Netzwerk erfolgreiche Sozialunternehmer identifiziert, unterstützt und fördert. Nach einigen Jahren folgten vergleichbare Organisationen[43], wodurch das Konzept auf einer globalen Ebene weiter gefördert und zunehmend bekannter wurde.

In den wissenschaftlichen Diskurs fand Social Entrepreneurship etwas später in Form von auf Social Entrepreneurship ausgerichteten Forschungsinstituten Eingang, und auch hier hatte der nordamerikanische Raum die Vorreiterrolle inne.[44] In Europa entstanden, mit Schwerpunkt auf Großbritannien, Deutschland, Schweiz und Spanien, nachfolgend vergleichbare Einrichtungen,

---

[41]   Owen (1771-1858) und Raiffeisen (1818-1888), Mitbegründer des Genossenschaftswesens; von Bodelschwingh d.Ä. (1831-1910), Begründer der diakonischen Organisation Bethel, welche schon im 19. Jh. eigene Wirtschaftsbetriebe unterhielt, die Einnahmen generierten und in denen Behinderte Arbeit fanden; Nightingale (1820-1910), Begründerin der modernen Krankenpflege und Reformerin der Gesundheitsfürsorge in Großbritannien/Indien, u.a. mittels effektiver Problemlösung durch die Nutzung statistischer Analysetechniken (vgl. Cohen [1984]).

[42]   Vgl. Linklaters/Schwab Foundation (2006), S. 1; Faltin (2008), S. 26.

[43]   Roberts Enterprise Development Fund (San Francisco 1997), Schwab Foundation for Social Entrepreneurship (Genf 1998), Skoll Foundation (San Jose 1999) oder UnLtd. (London 2002). Vgl. Martin (2004), S. 7.

[44]   So wurde 1993 die Initiative on Social Enterprise an der Harvard University ins Leben gerufen. Es folgten die Stanford (Center for Social Innovation, 2000) und Duke University (Center for the Advancement of Social Entrepreneurship, 2002) sowie die University of Alberta (Canadian Center for Social Entrepreneurship). Vgl. Martin (2004), S. 7f.

die sich ausschließlich oder teilweise mit Social Entrepreneurship beschäftigen.[45] Als Forschungs-feld existiert Social Entrepreneurship somit seit ungefähr 20 Jahren und hat insbesondere seit dem Ende der 1990er Jahre eine zunehmende akademische Aufmerksamkeit erfahren.[46] Gleich-wohl befindet es sich aktuell noch immer in einem Entwicklungsstadium[47] bzw. nicht ausgereif-ten Zustand („embryonic state"[48], „stage of infancy"[49]) und kann gemäß der Einordnung nach Kuhn[50] als ein „Pre-Paradigmatic Field"[51] bezeichnet werden. Konkret äußert sich dies in einer weitgehend uneinheitlichen Begriffsdefinitionslandschaft[52], einem Überhang von konzeptionellen Ansätzen gegenüber quantitativen Untersuchungen[53], unzureichend untersuchten theoretischen Grundlagen[54] sowie einer noch nicht klar formulierten Forschungsagenda[55]. All diese Faktoren, insb. aber die konzeptionelle Verwirrung um den Begriff und das Konzept selbst, hemmen einen effektiven interdisziplinären Austausch sowie theoriebezogene Fortschritte im Forschungsfeld.[56]

I.1.2 Elementare Begriffsbestimmungen

Im ersten Schritt erscheint es logisch, den Begriff und seine einzelnen Bestandteile (‚Entrepre-neurship' und das ergänzende Präfix ‚Social') genauer zu untersuchen. Das Wort Entrepreneur leitet sich von dem französischen Wort ‚entreprendre' ab, was ‚unternehmen' oder ‚beeinflussen' bedeutet. Eingeführt in den ökonomischen Kontext wurde der Begriff von Cantillon[57], der den Entrepreneur als den zentralen Akteur des ökonomischen Systems charakterisierte.[58] Geprägt wurde der Begriff in der Folge von Say[59]:

---

[45] Beispiele sind das Skoll Centre for Social Entrepreneurship (Oxford University), das Center for Leadership and Values in Society (Universität St. Gallen), das Centre for Sustainability Management (Leuphana Universität), das Civil Society Center (Zeppelin University), das Centre for Social Investment (Universität Heidelberg) oder der Danone Stiftungslehrstuhl für Social Business (EBS Universität). Zu nennen sind weiterhin Kooperationen wie der Mercator Forscherverbund "Innovatives Handeln – Social Entrepreneurship", welcher von 2009-2012 An-wendbarkeit, Nutzen, Grenzen und Wirkungen von Social Entrepreneurship in Deutschland untersuchte.

[46] Vgl. Short/Moss/Lumpkin (2009), S. 161f.

[47] Vgl. Austin/Stevenson/Wei-Skillern (2006), S. 1.

[48] Vgl. Short/Moss/Lumpkin (2009), S. 169.

[49] Roberts/Woods (2005), S. 45.

[50] Kuhn beschreibt den akademischen Fortschritt und die Entwicklung von Forschungsfeldern. Er geht dabei von der Basiskonzeption einer ‚normal science' aus: Diese beinhaltet die Anwendung von Regeln (allgemein festge-legte Forschungsmethoden/-herangehensweisen) auf Paradigmen (gängige epistemologische Systeme zur Ab-grenzung von Untersuchungsobjekten). Diese zu einem bestimmten Zeitpunkt gängigen Paradigmen werden dabei immer wieder von neuen Paradigmen ergänzt oder abgelöst. Letztere durchlaufen jedoch zuvor eine ‚pre-paradigmatic phase', in der ein paradigmatischer Konsens erst noch zu erreichen ist und eine allgemein klar festgelegte Epistemologie noch nicht existiert. Vgl. Nicholls (2010), S. 613; Kuhn (1962).

[51] Vgl. Nicholls (2010), S. 611, 613.

[52] Vgl. Peredo/McLean (2006), S. 56; Dacin/Dacin/Matear (2010), S. 38; Short/Moss/Lumpkin (2009), 161f, 173; Weerawardena/Mort (2006), S. 21.

[53] Vgl. Short/Moss/Lumpkin (2009), S. 169.

[54] Vgl. Austin/Stevenson/Wei-Skillern (2006), S. 1.

[55] Vgl. Nicholls (2010), S. 611; Nicholls (2006), S. 2f.

[56] Vgl. Dacin/Dacin/Matear (2010), S. 38.

[57] Richard Cantillon (~1685-1734), irisch-französischer Ökonom.

[58] Vgl. Cantillon (2010 [1755]).

[59] Jean Baptiste Say (1767-1832), französischer Ökonom und Geschäftsmann.

„[...] l'entrepreneur d'industrie est l'agent principal de la production. [...] c'est l'entrepreneur qui les [Produktion und Wertschöpfungsprozess, d.V.] met en œuvre, qui leur donne une impulsion utile, qui en tire des valeurs."[60] „[L'entrepreneur, d.V.] augmente par des bonifications le pouvoir productif de celles qu'il a."[61]

Der Entrepreneur ist demnach der zentrale Akteur des Wertschöpfungsprozesses, welcher diesen in Bewegung setzt und aus ihm Wert und Nutzen zieht, immer bestrebt, die Produktivität seiner Güter zu erhöhen. Schumpeter[62] konkretisierte die Art und Weise, wie der Entrepreneur auf den Wertschöpfungsprozess Einfluss nimmt und Werte schafft:

„The mechanisms of economic change in capitalist society pivot on entrepreneurial activity. [...] the defining characteristic [of the entrepreneur, d.V.] is simply the doing of new things or the doing of things that are already being done in a new way (innovation)."[63]

Entrepreneure sind in diesem Sinne Impulsgeber der ökonomischen Entwicklung durch die Realisierung von Innovationen. Drucker[64] greift dies auf und ergänzt das Konstrukt der ‚Opportunity' (Opportunität), welches Stevenson weiter spezifiziert:

„The entrepreneur always searches for change, responds to it and exploits it as an opportunity."[65]

„Entrepreneurship is a process by which individuals – either on their own or inside organizations – pursue opportunities without regard to the resources they currently control."[66]

Hierdurch wird ein differenziertes Bild des Verhältnisses von Entrepreneur und (ökonomischem) Wandel gezeichnet: Entrepreneure sind sensibel für die konkreten Gelegenheiten und Möglichkeiten (Opportunitäten[67]), die Veränderung und Wandel mit sich bringen.[68] Diese werden dann ausgenutzt, unabhängig von den zu diesem Zeitpunkt verfügbaren Ressourcen.[69] Zusammenfassend lassen sich *drei zentrale Verhaltenscharakteristika des Entrepreneurs* ableiten, die sein bzw. das spezifische Handeln seiner Organisation beschreiben: Innovation, Proaktivität sowie unterneh-

---

60 Say (1844 [1830]), S. 47.
61 Say (1819 [1803]) S. 105.
62 Joseph Schumpeter (1883-1950), österreichisch-amerikanischer Ökonom und Politiker, etablierte Entrepreneurship nachhaltig in den Wirtschaftswissenschaften.
63 Schumpeter (1947), S. 150f.
64 Peter F. Drucker (1909-2005), US-amerikanischer Ökonom, Pionier der modernen Managementlehre.
65 Drucker (2007 [1985]), S. 25.
66 Stevenson/Jarillo (1990), S. 23.
67 Diese Begrifflichkeit (engl. Opportunity/Opportunities) wird in der Folge genutzt, da sie sich für die Bezeichnung von Gelegenheiten/Möglichkeiten im Entrepreneurship-Kontext weitgehend durchgesetzt hat. Für eine ausführliche Analyse des ‚Opportunity'-Konstrukts mit Fokus auf deren Ausnutzung und insb. den Einfluss von Persönlichkeitsmerkmalen vgl. Shane/Venkataraman (2000), S. 220-224.
68 Kirzner prägte für diese Sensibilität in der Wahrnehmung von Veränderungen und deren Chancen den Begriff ‚alertness'. Vgl. hierzu Kirzner (1973); Kirzner (2009), S. 151.
69 Hierdurch grenzt sich der Entrepreneur klar vom Typus des administrativen Managers ab: Für Letztgenannte stellen die aktuell kontrollierten Ressourcen die verbindliche Basis für alle weiteren Entscheidungen dar, der Optionenraum für potenziell lohnende Opportunitäten ist damit von vornherein eingeschränkt. Für den Entrepreneur jedoch ist die identifizierte Opportunität prioritär; die Frage, welche Ressourcen benötigt werden und wie diese beschafft werden können, stellt sich erst im Nachgang, und potenzielle Ressourcenknappheit ist a priori kein einschränkender Faktor. Vgl. Stevenson/Gumpert (1985), S. 86f.

merische Risikobereitschaft.[70] Auch für Sozialunternehmer haben diese Verhaltensmerkmale Geltung und sind handlungsleitende Maximen, ganz im Sinne von Dees' Charakterisierung von Sozialunternehmern als „[…] one species in the genus entrepreneur."[71]

Doch was genau macht den Entrepreneur nun ‚social‘, was macht ihn zum Sozialunternehmer? Das Präfix ‚sozial‘ kann laut Duden mit der Bedeutung ‚die Gesellschaft betreffend – auf die Gesellschaft bezogen‘ umschrieben werden. Nimmt man diese Bedeutung ernst, kann daraus folgendes geschlossen werden: Zum einen wird von Social Entrepreneurship die gesamte Bandbreite an gesellschaftlichen Themen und Problemen angesprochen, seien es Armut, Arbeitslosigkeit, soziale Ungleichheit, gesundheitliche oder ökologische Probleme. Zum anderen geht es dabei primär nicht um ein – wie auch immer geartetes – ‚soziales Verhalten‘, sondern um ein auf gesellschaftliche Probleme ausgerichtetes und zentriertes Unternehmertum: Sozialgesellschaftliche Ziele[72] sind hierbei kein Neben-, sondern vielmehr das Hauptprodukt. Eine solche ‚enge‘ oder ‚exklusive‘ Sichtweise wendet sich wiederum klar gegen eine eher allgemein gehaltene Auslegung, nach der auch klassisches Unternehmertum mit dem Nebenprodukt der sozialen Ausprägung (bspw. durch umfassende CSR-Aktivitäten) in das Konzept Social Entrepreneurship verortet werden kann. Diese Strömung lässt sich wiederum mit der Tradition des eingangs erwähnten Wirtschaftsliberalismus vereinbaren, nach der jeder Wirtschaftsakteur mittelbar dem Gemeinwohl dient und damit gesellschaftlichen Nutzen stiftet: für den Unternehmer, der Wohlstand, Arbeitsplätze und Fortschritt schafft, gilt dies dann in besonderem Maße.

Es wird deutlich, dass eine rein etymologische Begriffsbestimmung des Konzeptes hier an seine Grenzen stößt: Das Wesen und der Kern von Social Entrepreneurship kann nur unzureichend erfasst werden, und das Konzept wird letztlich nicht umfassend charakterisiert. Daher soll versucht werden, dem Konzept durch eine Darstellung des aktuellen wissenschaftlichen Diskurses bezüglich einer einheitlichen Begriffsbestimmung und -definition näher zu kommen.

I.1.3 Aktuelle Definitions- und Konzeptlandschaft

Eingangs wurde auf die uneinheitliche Begriffsdefinitionslandschaft und die nur unzureichend untersuchten theoretischen Grundlagen hingewiesen (vgl. Kap. B.I.1.1). So herrscht in Bezug auf eine Begriffsdefinition zumindest über eines Konsens: dass es keinen Konsens gibt.[73] Die vorhandenen Definitionen reichen, wie im vorigen Abschnitt skizziert, von engen, exklusiven Ansätzen auf der einen bis zu allgemein gehaltenen, inklusiven Ansätzen auf der anderen Seite.[74] Besteht bei Ersteren die Gefahr, interessante Ansätze oder Organisationen von vornehrein von der

---

[70] Diese bilden die Basis für ein verhaltensorientiertes Entrepreneurship-Verständnis (im Gegensatz zur Unternehmerzentrierung). Vgl. auch Mort/Weerawardena/Carnegie (2003), S. 78; Covin/Slevin (1991), S. 7.
[71] Dees (2001), S. 2.
[72] Im Folgenden werden ausschließlich die Termini ‚gesellschaftliche Ziele‘/‚gesellschaftliche Mission‘ verwendet, da dies die Bedeutung des englischen Wortes ‚social‘ in diesem Kontext präziser und umfassender wiedergibt.
[73] Vgl. Nicholls (2010), S. 611.
[74] Vgl. Austin/Stevenson/Wei-Skillern (2006), S. 2; Dees (2001), S. 1.

Betrachtung auszuschließen und Social Entrepreneurship bspw. zu einer Domäne einer „special breed of leader"[75] zu machen[76], führen Letztere zu einer Aushöhlung des Begriffes, indem alle Arten von gesellschaftlich wertstiftenden Aktivitäten subsummiert werden. Auf diese Weise bekommen zwar viele Organisationen die Chance, am Aufschwung und der Dynamik von Social Entrepreneurship teilzuhaben, gleichzeitig führt dies jedoch zu einer Verwässerung des Konzeptes, welche langfristig Gefahren birgt.[77] Während enge, exklusive Definitionen sich v.a. auf die Person des Unternehmers fokussieren[78] oder Social Entrepreneurship auf Non-Profit-Organisationen mit einkommengenerierenden Aktivitäten einschränken[79], beziehen sich die inklusiven Ansätze allgemein auf innovative Aktivitäten mit sozialem Ziel oder sozialen Anstrengungen unabhängig der spezifischen Rechtsform[80]. Das Verständnis von Social Entrepreneurship als ein Spektrum bzw. Kontinuum mit vielfältigen Ausprägungsformen zwischen den beiden Polen der reinen Gemeinnützigkeit und kommerziellen Privatwirtschaft ist ein möglicher Ansatz, die beschriebene Lagerbildung zu durchbrechen und eine Heterogenität bewusst zuzulassen.[81]

Auch in der vorliegenden Arbeit soll die Vielfältigkeit und Heterogenität des Phänomens Social Entrepreneurship als Chance verstanden werden. Die Herausforderung ist letztlich, einen Kompromiss dergestalt zu finden, das Thema einerseits nicht zu sehr einzuengen, andererseits jedoch dessen Originalität zu erhalten und es nicht der Beliebigkeit preiszugeben.[82] Um in diesem Sinne dem Konzept Social Entrepreneurship gerecht werden zu können, wird im Folgenden angestrebt, die verschiedenen Sichtweisen in einen konzeptionellen Bezugsrahmen[83] zu integrieren.

I.2   Konzeptioneller Bezugsrahmen für Social Entrepreneurship

Ziel des Bezugsrahmens ist es, die mannigfachen gängigen Charakteristika, Erklärungsansätze und Definitionsströmungen von Social Entrepreneurship zu systematisieren und zueinander in Bezug zu setzen. Im Kern soll damit eine Konzeptualisierung des Konstrukts ermöglicht werden, die dessen Vielseitigkeit und Mehrdimensionalität widerspiegelt[84], dabei aber gleichzeitig ausrei-

---

[75]   Dees (2001), S. 5.
[76]   Vgl. u.a. Light (2006), S. 48f.
[77]   Vgl. Martin/Osberg (2007), S. 30.
[78]   Vgl. Light (2006), S. 47f.
[79]   Vgl. Dees (2001), S. 1; Austin/Stevenson/Wei-Skillern (2006), S. 2; Short/Moss/Lumpkin (2009), S. 161.
[80]   Vgl. Austin/Stevenson/Wei-Skillern (2006), S. 2; Dees (2001), S. 1; Nicholls (2006), S. 2.
[81]   Vgl. hierzu u.a. Dees (1998), S. 59; Peredo/McLean (2006), S. 63f.
[82]   Vgl. auch Dacin/Dacin/Matear (2010), S. 33.
[83]   Als konzeptionelle Bezugsrahmen werden Aussagensysteme bezeichnet, „[...] die von ihrer logischen Konsistenz und Operationalität her nicht den strengen Anforderungen an ein Hypothesensystem genügen. Zumeist werden sie als provisorische Erklärungsmodelle begriffen, die sowohl den weiteren Forschungsprozeß steuern als auch unmittelbar Orientierungshilfen für die Lösung praktischer Probleme liefern sollen." (Kubicek [1977], S. 17f) In dieser Arbeit bilden die konzeptionellen Bezugsrahmen für Social Entrepreneurship und Arbeitsmotivation die Grundlage für die Ableitung der Themenkategorien, anhand derer Lösungen für das praktische ‚Problem' der Motivation im Führungskontext von Sozialunternehmen erarbeitet werden sollen.
[84]   So charakterisieren bspw. einige vorhandene Konzeptualisierungen Social Entrepreneurship als multidimensionales Konstrukt (‚multidimensional construct/model', vgl. Mort/Weerawardena/Carnegie [2003], S. 81-84; Wee-

chend Fokus auf ‚das Eigene' legt und Abgrenzungsmöglichkeiten schafft. Die folgende Abbildung stellt die wichtigsten Kategorien des konzeptionellen Bezugsrahmens dar:

Abbildung 2   Konzeptioneller Bezugsrahmen für Social Entrepreneurship (Quelle: eigene Darstellung)

Dabei bilden die Kernmerkmale die inhaltlich-konzeptionelle Basis des Konzeptes Social Entrepreneurship: Konkret sind dies *Mission und Wirkung* (primäre gesellschaftliche Mission und nachrangige ökonomische Nachhaltigkeit), die individuelle *Unternehmerpersönlichkeit* (Rolle, Motivation,
Persönlichkeitsmerkmale und Verhaltensweisen) sowie zentrale *organisationale Verhaltensmuster*
(Innovation/Kreativität, Proaktivität und unternehmerische Risikobereitschaft). Ergänzt werden
diese durch zwei Dimensionen, die beschreiben, wie das Konzept Social Entrepreneurship konkret umgesetzt wird, und den Professionalisierungsanspruch von Social Entrepreneurship widerspiegeln: Zum einen sind dies spezifische Elemente eines *professionellen Unternehmensführungsansatzes*,
zum anderen dominante *organisationale Ausprägungsformen entlang Unternehmenszweck und Ertragsmodell*,
in Form derer sich Sozialunternehmen am Markt konstituieren und positionieren. Im Folgenden
sollen die einzelnen Komponenten näher beleuchtet werden.

I.2.1   Kernmerkmale von Social Entrepreneurship

Der jüngere wissenschaftliche Diskurs ist gekennzeichnet durch das Bestreben, integrierende
Definitionsansätze[85] zu erarbeiten sowie die verschiedenen Definitionsströmungen zu strukturieren und zu systematisieren. In diesem Zusammenhang werden drei zentrale Ansätze als dominant
und konzeptbildend herausgestellt: (1) wirkungsbezogene Definitionen, (2) personen- und grün-

---

rawardena/Mort [2006], S. 31ff), welches gekennzeichnet ist durch eine Reihe von in gegenseitiger Beziehung
stehenden Attributen/Dimensionen, die unter einer allgemeinen Abstraktion konzeptualisiert werden können
(vgl. Law/Wong/Mobley [1998], S. 741).

[85]   Als Beispiel sind die zuvor erwähnten Definitionen anhand eines multidimensionalen Konstruktes zu nennen.

derzentrierte Sichtweisen sowie (3) prozess- und verhaltensorientierte Ansätze.[86] Diese grobe Unterteilung soll für diese Arbeit im Rahmen der Kernmerkmale übernommen werden.

I.2.1.1 Mission und Wirkung

Im Kern schaffen Sozialunternehmen Wert (vgl. Kap. B.I.1.2). Dieser Wert bemisst sich jedoch nicht allein nach ökonomischen Maßstäben, sondern äußert sich vielmehr mehrdimensional in Gestalt der primären gesellschaftlichen Mission sowie der nachrangigen ökonomischen Nachhaltigkeit. Eine Konsequenz und notwendige Folge daraus ist ein Double Bottom Line-Management.

Gesellschaftliche Mission

Bei Skizzierung der aktuellen Definitionslandschaft wurde eingangs bemerkt, dass hinsichtlich der Wichtigkeit der gesellschaftlichen Mission allgemeiner Konsens herrscht.[87] Diese bezieht sich explizit auf eine nachhaltige gesellschaftliche Wertschöpfung, welche das Katalysieren von gesellschaftlichem Wandel und das Lösen von gesellschaftlichen Problemen beinhalten kann[88], bildet Fundament und Ziel der Aktivitäten von Sozialunternehmen (und damit des Geschäftsmodells) und kann in diesem Sinne als eines der Hauptabgrenzungskriterien gegenüber kommerziellen Unternehmern bezeichnet werden[89]. Dabei liegt der Fokus nicht zuallererst auf dem gesellschaftlichen Mehrwert, den die Organisation leistet; dieser ist zwar ohne Zweifel wichtig, kann jedoch auch von kommerziellen Organisationen geleistet werden und taugt daher nur bedingt als Abgrenzungskriterium. Dieses ist vielmehr die Mission selbst, welche dem Sozialunternehmen handlungsleitend zugrunde liegt und den primären Gradmesser des Erfolgs darstellt.[90]

Ökonomische Nachhaltigkeit

Auch wenn allgemeine Übereinstimmung darüber herrscht, dass gesellschaftliche Mission und Wertschöpfung die treibenden Kräfte von Sozialunternehmen darstellen, herrscht Uneinigkeit darüber, wie prominent diese im Unternehmenszweck ausgeprägt sein müssen: Auf der einen Seite wird die Exklusivität der sozialen Ziele und ein zwingender Non-Profit-Status gefordert, auf der anderen Seite wird eine Mischung von sozialen und kommerziellen Zielen akzeptiert und damit die Existenz von Social Entrepreneurship in sämtlichen Sektoren legitimiert.[91] Letztlich kann festgestellt werden, dass ökonomische Nachhaltigkeit und Wertschöpfung in der Tat wichtige Komponenten von Social Entrepreneurship darstellen, ihr Stellenwert jedoch angesichts der

---

[86] Vgl. u.a. Mair/Martí (2005), S. 37; Dacin/Dacin/Matear (2010), S. 38-42 (hier ist die zusätzliche Dimension des operativen Sektors ergänzt, welche in der vorliegenden Arbeit gesondert erläutert wird [vgl. Kap. B.I.2.3]); Neck/Brush/Allen (2009), S. 14; Mort/Weerawardena/Carnegie (2003) , S. 79ff.

[87] Vgl. Dacin/Dacin/Matear (2010), S. 42; Peredo/McLean (2006), S. 59.

[88] Vgl. Weerawardena/Mort (2006), S. 22.

[89] Vgl. Dees (2001), S. 2ff; Peredo/McLean (2006), S. 59; Mort/Weerawardena/Carnegie (2003), S. 79; Austin/Stevenson/Wei-Skillern (2006), S. 3.

[90] Vgl. auch Neck/Brush/Allen (2009), S. 15.

[91] Vgl. auch Austin/Stevenson/Wei-Skillern (2006), S. 2; Peredo/McLean (2006), S. 59-63; Dorado (2006), S. 319; Dart (2004), S. 411.

missionsbezogenen Wirkung als zentralem Erfolgskriterium als eher nachrangig zu bezeichnen ist – als Mittel zum (gesellschaftlichen) Zweck.[92]

Zwei ergänzende Aspekte spezifizieren das Argument der Nachhaltigkeit: Zum einen basieren die Ertragsmodelle vieler Sozialunternehmen nicht ausschließlich auf Einnahmen aus kommerziellen Aktivitäten, sondern stützen sich ebenfalls auf nicht-marktliche Austauschlogiken wie bspw. Freiwilligenarbeit und Spenden.[93] Eine reine Beschränkung auf marktliche Austauschlogiken würde daher zu kurz greifen und der Realität im Bereich Social Entrepreneurship nicht gerecht werden. Andererseits kann davon ausgegangen werden, dass in den meisten Fällen die Abhängigkeit von Freiwilligenarbeit und Spenden möglichst minimiert wird und bei Letzteren der Fokus zumeist auf strategischen Partnerschaften mit Organisationen (vs. ‚unberechenbaren' ad hoc-Privatspenden) liegt. Die beiden Aspekte beleuchten die relative Validität des Arguments hinsichtlich seiner Erklärungskraft für Social Entrepreneurship: So ist die ökonomische Nachhaltigkeit kein hartes Kriterium, das bei Nichterfüllung sogleich zum Ausschluss führt. Vielmehr gilt es verschiedene ‚Härtegrade' zu unterscheiden, welche jedoch letztlich alle das Bestreben gemein haben, von externen Zuwendungen unabhängig(er) zu werden. In diesem Sinne gilt das Kriterium auch dann als ausreichend erfüllt, wenn zwar aktuell noch keine Nachhaltigkeit vorliegt, diese aber mittel- oder langfristig im Ertragsmodell vorgesehen ist und glaubhaft vermittelt werden kann. Eine weitere mögliche Abstufung stellen Organisationen dar, die zu einem bestimmten Anteil ökonomische Erträge erwirtschaften. Die schwächste Ausprägungsform ist schließlich der Ansatz, durch striktes Kostenmanagement zumindest die erforderlichen Mittel zu minimieren.[94]

Double Bottom Line

Aus der Dualität von Mission und ökonomischer Nachhaltigkeit ergibt sich als Folge die Herausforderung, diese beiden Aspekte zu messen und zu steuern. Als Steuerungsbasis ist daher nicht allein die klassische ökonomische ‚Bottom Line' auf der einen oder die gesellschaftliche Wertschöpfung auf der anderen Seite maßgebend, sondern vielmehr eine Kombination aus beiden Dimensionen, welche in der Literatur gemeinhin als ‚Double Bottom Line' bezeichnet wird.[95] Sowohl als Kommunikations- und Legitimationsmittel nach außen als auch als Steuerungsmittel nach innen sind Sozialunternehmen bestrebt, ihre Aktivitäten und Programme hinsichtlich der

---

[92] Vgl. Dees (2001), S. 2f; Zahra et al. (2009), S. 521; Seelos/Mair (2005), S. 244; Weerawardena/Mort (2006), S. 30.
[93] Vgl. u.a. Austin/Stevenson/Wei-Skillern (2006), S. 11-14; Dees (2001), S. 3.
[94] Das Zusammenspiel von Mission und ökonomischer Nachhaltigkeit in verschiedenartigen Ausprägungen und Gewichtungen ist ein entscheidendes Kriterium für die Vielfältigkeit und Heterogenität des Social Entrepreneurship-Sektors nach außen sowie ein zentrales Gestaltungs- und Differenzierungsmerkmal innerhalb des Sektors. Daher soll diese Thematik im Kap. B.I.2.3 nochmals vertiefend betrachtet werden.
[95] Vgl. u.a. Dart (2004), S. 413; Harding (2004), S. 40; Dorado (2006), S. 319; Boschee/McClurg (2003), S. 3; Zahra et al. (2009), S. 521; Neck/Brush/Allen (2009), S. 17f. Einige Autoren verwenden ‚Triple Bottom Line', um explizit ökologische Themen zu inkludieren, vgl. u.a. Santos (2009), S. 11; Rotheroe/Richards (2007), S. 33; Wallace (2005), S. 81. Da in dieser Arbeit ‚gesellschaftlich' jedoch die gesamte Bandbreite an gesellschaftlichen und ökologischen Problemen umfasst, soll ausschließlich der Begriff ‚Double Bottom Line' genutzt werden.

gesellschaftlichen, ökonomischen sowie (inner)betrieblichen Auswirkungen zu bewerten.[96] Während dabei für den ökonomischen Aspekt etablierte, konkret quantifizierbare Messgrößen genutzt werden können, liegt die besondere Herausforderung bei der Erfassung und Evaluation der gesellschaftlichen Wertschöpfung.[97] Obwohl hierfür in der Vergangenheit zahlreiche Ansätze entwickelt wurden, hat sich bisher noch keine standardisierte und allgemein anerkannte Evaluationspraxis durchgesetzt.[98]

I.2.1.2 Unternehmerpersönlichkeit

Im vorangegangenen Abschnitt wurden Mission und Wirkung als originäre Dualität von Social Entrepreneurship herausgearbeitet. Gesellschaftliche Wertschöpfung und ökonomische Nachhaltigkeitsbestrebungen beleuchten dabei einen ersten Aspekt des unternehmerischen Elements im Social Entrepreneurship-Konstrukt. Die Person des Unternehmers als treibende Kraft bildet ein weiteres unternehmerisches Element. Diese Perspektive schafft die Grundlage eines Entrepreneurship-Verständnisses, das den Schwerpunkt auf den Unternehmer und seine individuellen Charakteristika legt. So ist dieser die zentrale Identifikationsgestalt, welche durch eine besondere persönliche Motivation und ein außergewöhnliches Set an Persönlichkeitsmerkmalen und Verhaltensweisen die Organisation prägt und u.a. Ressourcenbeschaffung sicherstellt, Opportunitäten erkennt sowie Wandel ermöglicht.[99] In der Literatur sind eine Reihe von Eigenschaften hinsichtlich Rolle, Motivation, Persönlichkeit und Verhaltensweisen identifiziert worden, die für Sozialunternehmer als wichtig und charakterisierend erachtet werden.[100]

Gesellschaftliche Rolle

Sozialunternehmer werden vielfach als ‚Change Agents' der Gesellschaft bezeichnet.[101] In diesem Begriff wird deutlich, welche gesellschaftliche Rolle Sozialunternehmer spielen: Durch ihre Vision realisieren sie fundamentalen, systematischen Wandel; sie zielen auf die Problemursachen, anstatt allein die Symptome zu bekämpfen; ihre Ideen haben im Idealfall das Potenzial, globalen Einfluss zu entfalten, sei es durch die tatsächliche globale Aktivität des Sozialunternehmers oder durch die Replikation seiner Idee seitens anderer Akteure.[102] Um diesen Wandel zu erreichen,

---

[96] Vgl. Dees (2001), S. 5; Website der Schwab Foundation for Social Entrepreneurship unter http://www.schwabfound.org/sf/SocialEntrepreneurs/Whatisasocialentrepreneur/index.htm (abgerufen am 01.12.2011); VanSandt/Sud/Marmé (2009), S. 424.

[97] Vgl. u.a. Austin/Stevenson/Wei-Skillern (2006), S. 3; Zahra et al. (2009), S. 522.

[98] Vgl. Roder/Lütjens (2009), S. 148; Mair/Marti (2006), S. 42; Certo/Miller (2008), S. 268.

[99] Vgl. Dacin/Dacin/Matear (2010), S. 38; Mair/Marti (2006), S. 38; Dees (2001), S. 5.

[100] An dieser Stelle soll betont werden, dass die in der Literatur identifizierten Eigenschaften nicht umfassend und erschöpfend sind. Sie basieren auf Betrachtungen einzelner Sozialunternehmer und stellen trotz vorhandenem Verallgemeinerungspotenzial nur einen Ausschnitt der Realität und nicht selten auch ‚Idealzustände' dar.

[101] Vgl. u.a. Neck/Brush/Allen (2009), S. 14; Dees (2001), S. 4; Website von Ashoka International unter http://ashoka.org/social_entrepreneur (abgerufen am 14.12.2011).

[102] Vgl. Drayton (2002), S. 123f; Dees (2001), S. 4.

verfolgen Sozialunternehmer insb. hinsichtlich der Reichweite und Wirkung ihrer Aktivitäten unterschiedliche Ansätze.[103]

Motivation

Die handlungsleitende Basis des Tuns von Sozialunternehmern ist ihre Motivation, die in der Folge näher ergründet werden soll. Sie alle verbindet ein innerer Antrieb und die Leidenschaft, die Gesellschaft zu verändern[104], was nicht selten auf einer tiefen inneren Unruhe und Unbehagen gegenüber einem unzureichenden Status Quo gründet.[105] Eine weitere Motivation ist Altruismus bzw. altruistische Wesenszüge.[106] Diese Eigenschaft unterscheidet den Sozialunternehmer vom Typus des kommerziellen Unternehmers, dessen Handeln zumeist – im wirtschaftsliberalen Sinne – persönliches Gewinnstreben als zentrale Motivation zugrunde liegt. Sozialunternehmer hingegen gründen ihre Organisation auf einer gesellschaftlichen Mission und reinvestieren potenzielle Gewinne. Das altruistische Element äußert sich hierbei im gänzlichen oder teilweisen Verzicht auf persönliche Bereicherung zugunsten der gesellschaftlichen Mission.

All diese Motivationsaspekte gründen zumeist auf spezifischen Erlebnissen und Erfahrungen, die die Sozialunternehmer in ihrem Leben geprägt haben. Letztlich sind es diese einprägsamen, oftmals belastenden oder polarisierenden Lebensereignisse/-umstände sowie der spezifische Umgang mit ihnen (krisen- oder entwicklungsbezogen), die den Sozialunternehmer einen individuellen Weg suchen lassen. Diese Suche nach dem eigenen Weg ist stets geprägt durch das Bestreben, polarisierende, spannungsreiche Lebenselemente zu verbinden und letztlich eine sinnstiftende Tätigkeit auszuüben. Wird der eigene Weg gefunden, ist die Identifikation des ‚Eigenen‘ mit der Aufgabe dann geradezu eine logische Konsequenz.[107] Die Motivation des Sozialunternehmers ist demnach tief in der eigenen Person und der jeweiligen Erfahrungswelt verwurzelt.

Persönlichkeitsmerkmale

Ein wichtiges Persönlichkeitsmerkmal vieler Sozialunternehmer ist ein verträgliches, angenehmes und einnehmendes Wesen. Es äußert sich u.a. in den Fähigkeiten zuhören zu können sowie geduldig und empathisch zu sein, um so harmonische Beziehungsstrukturen und Konsens zu

---

103 So können bspw. drei exemplarische Typologien von Sozialunternehmern abgeleitet werden: Der ‚Social Brico-leur‘ befasst sich vornehmlich mit lokalen Problemen und zeichnet sich durch genaue Kenntnis der spezifischen Gegebenheiten aus; weitreichender Wandel entsteht durch das Zusammenspiel vieler kleiner Akteure. Demge-genüber nutzt der ‚Social Constructionist‘ grundlegendere Opportunitäten und Fälle von Marktversagen aus, in-dem er bis dato unterversorgte Gruppierungen anspricht; sein Ziel ist es, Reformen und Innovationen im ge-samten sozialen System anzustoßen. Der ‚Social Engineer‘ schließlich zielt auf systemische Probleme in gesell-schaftlichen Strukturen und löst diese durch revolutionären Wandel; das Ziel ist hier, existierende Institutionen und Systeme zu ersetzen, was nicht selten deren Zerstörung bedeutet. Vgl. Zahra et al. (2009), S. 519-527.
104 Vgl. Drayton (2002), S. 124; Website der Schwab Foundation for Social Entrepreneurship unter http://www.schwabfound.org/sf/SocialEntrepreneurs/Whatisasocialentrepreneur/index.htm (abgerufen am 01.12.2011).
105 Vgl. Prabhu (1999), S. 142.
106 Vgl. Prabhu (1999), S. 142; Tan/Williams/Tan (2005); Haugh (2007), S. 417.
107 Vgl. Strauch (2009), S. 101f.

ermöglichen.[108] Ergänzt wird dies durch eine hohe Glaubwürdigkeit und ethische Integrität, auch „ethical fiber"[109] genannt, wodurch zusätzlich Vertrauen geschaffen wird.[110] Zusammen unterstützen diese Persönlichkeitsmerkmale den Sozialunternehmer beim Aufbau eines tragfähigen und vertrauensvollen Netzwerkes, in dessen Rahmen er Commitment seitens der Stakeholder einholen und ausreichende Ressourcenversorgung gewährleisten kann.[111] Des Weiteren sind Sozialunternehmer geprägt von einer starken Gewissenhaftigkeit, die sich bspw. in akribischem Handeln, der Anwendung von Regeln und Prozessen sowie einem unablässigen Willen zu hohen Leistungsstandards äußert, welche er nachhaltig erhalten und messen will.[112] Hinzu kommt ein offenes Wesen, welches sich bspw. in einem liberalen Wertesystem und einer grundsätzlich offenen Grundhaltung gegenüber Neuem äußert. Sozialunternehmer sind daher in der Tendenz neugierig, wandlungsfähig, einfallsreich und kreativ; Status Quo kann sie dagegen schnell langweilen.[113] Ein anhaltender, fast unerschütterlicher Optimismus hilft ihnen, eventuelle Widerstände zu überwinden und Unsicherheiten auszuhalten.[114]

An dieser Stelle wird deutlich, dass polarisierende/kontrastierende Eigenschaften einen wesentlichen Teil der Persönlichkeit von Sozialunternehmern ausmachen: In ihnen kommt eine Spannung und Dynamik zum Ausdruck, die schon in der zuvor erläuterten Prägung offenbar wird und sich letztlich auch in der Mehrdimensionalität von Social Entrepreneurship widerspiegelt.

Verhaltensweisen

Während Persönlichkeitsmerkmale eine Erklärung dafür bieten, aus welchem Grund ein Sozialunternehmer bestimmte Dinge auf eine bestimmte Art und Weise tut, spiegeln Verhaltensweisen wider, wie der Sozialunternehmer sein Handeln konkret gestaltet. In gewisser Weise konkretisieren sie, wie sich die Persönlichkeitsmerkmale im realen Tun manifestieren.

Zum einen zeigen Sozialunternehmer Verhaltensweisen, welche eingangs auch als charakteristisch für Entrepreneurship identifiziert wurden. So sind Sozialunternehmer kreativ, sowohl bei der Zielsetzung als auch der Problemlösung.[115] Diese Kreativität bildet wiederum die Grundlage für innovatives Handeln. Der Hang zur Innovation sowie zum proaktiven Handeln bei Identifizierung und Ausnutzung von Opportunitäten gründet auf einer zumeist gesunden Ungeduld gegenüber einem ungenügenden Status Quo, welche Sozialunternehmer zu (pro)aktiven Treibern des

---

108 Vgl. Koe Hwee Nga/Shamuganathan (2010), S. 267; Prabhu (1999), S. 143.
109 Drayton (2002), S. 124.
110 Vgl. Dorado (2006), S. 326; Mort/Weerawardena/Carnegie (2002), S. 78; Waddock/Post (1991), S. 394; Thompson/Alvy/Lees (2000), S. 330f.
111 Vgl. Prabhu (1999), S. 143; Mort/Weerawardena/Carnegie (2002), S. 78; Waddock/Post (1991), S. 394.
112 Vgl. Koe Hwee Nga/Shamuganathan (2010), S. 268; Website der Schwab Foundation unter http://www.schwabfound.org/sf/SocialEntrepreneurs/Whatisasocialentrepreneur/index.htm (abgerufen am 01.12.2011); Dees (2001), S. 4.
113 Vgl. Koe Hwee Nga/Shamuganathan (2010), S. 267.
114 Vgl. Light (2009), S. 22; Vasakarla (2008), S. 39.
115 Vgl. Prabhu (1999), S. 143; Drayton (2002), S. 124; Dees (2001), S. 4; Thompson/Alvy/Lees (2000), S. 330f.

Wandels macht.[116] Bei aller innovativen Energie und visionären Leidenschaft handeln sie dabei jedoch grundsätzlich überlegt: Sie treffen reflektierte Entscheidungen im Problemlösungsprozess, sind sich der Konsequenzen ihrer Handlungen sehr bewusst und verfolgen eine nüchterne, systematische und pragmatische Herangehensweise.[117] So ist ihr kreatives Handeln kein einmaliges ‚Strohfeuer', sondern mündet in einen anhaltenden Prozess von Innovation, Adaption und Lernen.[118] Eine notwendige Konsequenz des innovativen und proaktiven Verhaltens ist die Bereitschaft, Unsicherheit und Risiko einzugehen sowie die Fähigkeit, mit diesen umzugehen.[119] Schlussendlich bildet eine große Beharrlichkeit einen weiteren Kernaspekt ihres Verhaltens.[120] Es ist diese Kombination aus kreativ-innovativer und zugleich pragmatisch-risikobereiter, beharrlicher Herangehensweise, welche großen Anteil am Erfolg eines Sozialunternehmers hat.

Eine weitere wichtige Verhaltensweise betrifft ihr Führungsverhalten. Sie glauben grundsätzlich an das Potenzial und die Fähigkeiten aller Menschen, zum sozialen Wandel beizutragen[121], sind empathisch und sensibel für die Gefühle anderer, erzeugen Vertrauen und Zuversicht bei ihren Gegenübern (Geschäftspartner, Mitarbeiter, Öffentlichkeit)[122], fördern eine partizipative Arbeitskultur[123], sind in der Lage, eine Vision und Mission zu artikulieren, die andere mitreißt und mobilisiert[124], und fungieren letztlich als Vorbilder und ‚role models' sowohl nach innen wie auch nach außen[125]. Insgesamt kann in diesem Sinne ein motivierendes Führungsverhalten konstatiert werden, welches die Leidenschaft des Sozialunternehmers auf Team und Organisation überträgt.[126]

I.2.1.3   Organisationale Verhaltensmuster

Auch wenn die zuvor erläuterte Person des Sozialunternehmers einen zentralen Faktor darstellt, birgt eine rein auf diesen Aspekt beschränkte Sichtweise Risiken: Beispiele hierfür sind die Gefahren einseitiger Erkenntnisse auf Basis anekdotischer Einzelfälle sowie die Ausblendung anderer relevanter Organisationsaspekte und -ressourcen.[127] Ergänzend soll daher ein zweites Verständnis herangezogen werden, welches Entrepreneurship als spezifische Verhaltensweisen begreift, durch die sich die Organisation im Rahmen der Entscheidungsfindung auszeichnet. Als besonders relevant erscheinen hierbei jene Verhaltensmuster, welche auch schon zuvor als zent-

---

[116] Vgl. Website der Schwab Foundation for Social Entrepreneurship unter http://www.schwabfound.org/sf/
       SocialEntrepreneurs/Whatisasocialentrepreneur/index.htm (abgerufen am 01.12.2011).
[117] Vgl. Light (2009), S. 22; Vasakarla (2008), S. 39.
[118] Dees (2001), S. 4f.
[119] Vgl. Prabhu (1999), S. 142; Thompson/Alvy/Lees (2000), S. 330f; Dees (2001), S. 5.
[120] Vgl. Prabhu (1999), S. 143; Light (2009), S. 22.
[121] Vgl. Website der Schwab Foundation for Social Entrepreneurship unter http://www.schwabfound.org/sf/
       SocialEntrepreneurs/Whatisasocialentrepreneur/index.htm (abgerufen am 01.12.2011); Vasakarla (2008), S. 39
[122] Vgl. Prabhu (1999), S. 143; Thompson/Alvy/Lees (2000), S. 330f.
[123] Vgl. Vasakarla (2008), S. 39.
[124] Vgl. Dorado (2006), S. 322; Prabhu (1999), S. 143.
[125] Vgl. auch Prabhu (1999), S. 143; Website von Ashoka International unter http://ashoka.org/ soci-
       al_entrepreneur (abgerufen am 14.12.2011).
[126] Vgl. auch Thompson/Alvy/Lees (2000), S. 330f.
[127] Vgl. Dacin/Dacin/Matear (2010), S. 38; Mair/Martí (2006), S. 38.

rale Verhaltensweisen von gewinnorientierten Unternehmern und Sozialunternehmern identifiziert wurden: Innovation/Kreativität, Proaktivität sowie unternehmerische Risikobereitschaft (vgl. Kap. B.I.1.2; B.I.2.1.2, Abschnitt Verhaltensweisen).

Auch wenn der Unternehmer diese Verhaltensweisen zumeist in besonderer Weise repräsentiert, beziehen sie sich ausdrücklich weder ausschließlich noch primär auf ihn als Person, sondern vielmehr auf die gesamte Organisation.[128] In diesem Sinne illustrieren sie, wie Entrepreneurship Wert schafft und ökonomischen Fortschritt realisiert. Obwohl im Kontext des gewinnorientierten Entrepreneurships entwickelt, gelten diese ebenfalls für Social Entrepreneurship.[129]

Innovation und Kreativität

Der Tatbestand der *Innovation* kann laut Schumpeter zwei mögliche Ausprägungsformen annehmen: (1) Neue Dinge tun, oder (2) Dinge, die bereits getan werden, in einer neuen Art und Weise ausführen.[130] Dabei ist es wichtig, den (innovativen) Entrepreneur vom Typus des Erfinders abzugrenzen: Während Letzterer primär Ideen generiert, setzt der Entrepreneur sie um.[131] Der Sozialunternehmer muss also nicht zwingend etwas Neues ‚erfinden‘. Der Fokus des innovativen Handelns liegt vielmehr auf der Umsetzung neuartiger Lösungen oder auf der neuartigen Umsetzung vorhandener Lösungsansätze. *Kreativität*[132] als schöpferische Kraft und kreativer Prozess bildet dabei die Grundlage für innovatives Verhalten: Sie befähigt, Neues zu schaffen, insb. aber Vorhandenes kreativ zu etwas Neuem zu transformieren. Kreativität ist damit im Innovationsprozess inhärent enthalten. Dies wird zum einen deutlich, wenn Schumpeter sich auf Innovationen als Motor des ökonomischen Fortschritts und Akt der kreativen Zerstörung bezieht[133], zum anderen werden die Begriffe ‚kreativ‘ und ‚innovativ‘ in der einschlägigen Literatur oftmals synonym oder stark aufeinander bezogen verwendet.[134] Wichtig ist aber festzuhalten, dass Social Entrepreneurship kein einmaliger ‚Ausbruch‘ von Kreativität, sondern vielmehr ein anhaltender Prozess des Entdeckens, Lernens, Anpassens und Verbesserns darstellt.[135]

Konkret kann Innovation im Kontext von Social Entrepreneurship mannigfache Formen annehmen. Zum einen lässt sich das Geschäftsmodell an sich, und dabei insb. die Kombination von gesellschaftlicher Mission und nachhaltigem Ertragsmodell, als innovativ bezeichnen: Diese *Geschäftsmodellinnovation* revolutioniert den gesellschaftlichen Sektor durch ihren unternehmeri-

---

[128] Vgl. hierzu Covin/Slevin (1991), S. 7.
[129] Vgl. u.a. Mort/Weerawardena/Carnegie (2003), S. 82ff; Weerawardena/Mort (2006), S. 28f; Dees (2001), S. 2.
[130] Vgl. Schumpeter (1947), S. 151.
[131] Vgl. Schumpeter (1947), S. 152; Schumpeter ergänzt, dass aus einem Erfinder durchaus ein Entrepreneur werden kann, wenn dieser seine Idee am Markt umsetzt, dies jedoch nicht notwendigerweise geschehen muss.
[132] Kreativität, verstanden als Erzeugung und Realisierung neuer, nützlicher Ideen oder Problemlösungsansätze, wird sowohl auf den Ideengenerierungs- und Problemlösungsprozess als auch auf die eigentlichen Ideen und Lösungsansätze bezogen. Vgl. Amabile et al. (2005), S. 368.
[133] Vgl. Schumpeter (1994 (1943)), S. 83.
[134] Vgl. u.a. Zahra et al. (2009), S. 519; Corner/Ho (2010), S. 635.
[135] Vgl. Dees (2001), S. 5.

schen Ansatz und verbindet die zuvor abgegrenzten Bereiche von Markt, Staat und gemeinnützigem Sektor. Zusammen mit dem Ziel der höheren gesellschaftlichen Wertschöpfung stellt es eine originäre Innovation im Schumpeter'schen Sinne dar. Des Weiteren liegt diesem Geschäftsmodell zumeist ein *innovativer, kreativer Lösungsansatz* eines gesellschaftlichen Problems zugrunde: So werden entweder neuartige Produkte bzw. Dienstleistungen entwickelt oder bereits bekannte und genutzte Lösungsansätze inhaltlich verbessert sowie auf neue Situationen und Gegebenheiten angewendet.[136] Innovation ist jedoch nicht allein auf den missionsbezogenen Bereich beschränkt, sondern gilt für die *gesamte Dienstleistungserbringung* inkl. der angrenzenden und nachgelagerten Bereiche. So ist bspw. auch die konkrete Ausgestaltung des Ertragsmodells (Ressourcenbeschaffung) ein Feld, in dem innovatives Handeln notwendig ist und verlangt wird.[137]

Proaktivität

Dieser im Social Entrepreneurship inhärente Wille zur Innovation[138] führt zu einer weiteren zentralen Verhaltensweise: Proaktivität. Dies beschreibt ein grundsätzlich initiatives Handeln, welches bestrebt ist, das Geschehen selbst zu bestimmen und (erwünschte) Situationen aktiv herbeizuführen. Im Social Entrepreneurship äußert sich Proaktivität sowohl in der Identifizierung und Evaluation, als auch in der aktiven Ausnutzung von Opportunitäten. So kann festgestellt werden, dass Sozialunternehmen in hoher Weise offen und sensibel gegenüber sich bietenden Opportunitäten sind. Verdeutlicht wird dies dadurch, dass Sozialunternehmer Letztere nicht nur finden und entdecken, sondern vielmehr in großem Maße auch selbst erzeugen bzw. kreieren.[139] Dieser (pro)aktive Habitus von Sozialunternehmen äußert sich ebenso im Ausnutzen der Opportunitäten: Hierbei scheuen sich diese nicht, mit unerprobten Methoden und Herangehensweisen zu experimentieren.[140]

Unternehmerische Risikobereitschaft

Ähnlich kommerziellen Unternehmern lassen sich Sozialunternehmer und ihre Organisationen im Allgemeinen nicht von Limitationen – insb. finanzieller Art – einschränken und von ihrer gesellschaftlichen Mission abbringen.[141] Die identifizierte Opportunität und deren zielgerichtete

---

[136] Vgl. u.a. Dees (2001), S. 4; Website der Schwab Foundation for Social Entrepreneurship unter http://www.schwabfound.org/sf/SocialEntrepreneurs/Whatisasocialentrepreneur/index.htm (abgerufen am 01.12.2011); Prabhu (1999), S. 141; Peredo/McLean (2006), S. 64.

[137] Vgl. Weerawardena/Mort (2006), S. 28; Dees (2001), S. 4f.

[138] Vgl. Dees (2001), S. 5.

[139] Vgl. Corner/Ho (2010), S. 650f. Diese untersuchen den Entwicklungsprozess von Opportunitäten unter Berücksichtigung zweier gegensätzlicher Sichtweisen: Effectuation- vs. rational-ökonomische Prozesse; ,Opportunity creation' ist hierbei ein distinktes Merkmal von Effectuation-Prozessen, während bei rational-ökonomischen Prozessen Opportunitäten primär entdeckt werden. Vgl. Corner/Ho (2010), S. 637-643. Die Nutzung unterstützender Methoden wie bspw. strategische Planung, Prognose-Techniken oder prädiktive Modellierung kann zumindest für einige Organisationen bestätigt werden. Vgl. Weerawardena/Mort (2006), S. 28.

[140] Vgl. Prabhu (1999), S. 141; Dees (2001), S. 5.

[141] Vgl. Dees (2001), S. 5; Thompson/Alvy/Lees (2000), S. 330f; Di Domenico/Haugh/Tracey (2010), S. 692ff; Di Domenico/Haugh/Tracey erarbeiten in ihrem Beitrag einen theoretischen Rahmen für gesellschaftliche Wert-

Ausnutzung sind im Zweifel wichtiger als Ressourcenknappheit und andere Limitationen. Letztere führen eher dazu, dass auf die zuvor erwähnte innovative und kreative Weise Lösungswege
gesucht und gefunden werden: Sozialunternehmer sind erfahren und geschult darin, mit begrenzten Mitteln Wertschöpfung zu realisieren, knappe Ressourcen effizienzt zu nutzen und insb.
allgemein verworfene und vernachlässigte Mittel sowie bisher unerschlossene Ressourcenquellen
einer Verwendung zuzuführen.[142]

Die Toleranz gegenüber Unsicherheit und die Bereitschaft, Risiken zur Durchsetzung der Mission einzugehen, unterscheidet Sozialunternehmen von den klassischen Non-Profit-
Organisationen des gemeinnützigen Sektors. Trotzdem bleibt ein verantwortungsvoller Umgang
mit entstehenden Risiken unabdingbar, nicht zuletzt zum Schutz der vielfältigen Stakeholder, die
zumeist eine begrenzte Risikokapazität aufweisen. Sozialunternehmen versuchen daher stets,
durch Risikobewertung und -management potenzielle Risiken adäquat zu kalkulieren.[143] Zusammenfassend lässt sich unternehmerische Risikobereitschaft im Kontext von Social Entrepreneurship demnach als Risikotoleranz bezeichnen, im Rahmen derer Risiken zur Durchsetzung der
gesellschaftlichen Mission solange akzeptiert werden, wie sie für die Organisation und die Stakeholder als zumutbar erscheinen.

I.2.2   Professioneller Unternehmensführungsansatz

In den letzten Abschnitten wurde anhand von *Mission und Wirkung*, *Unternehmerpersönlichkeit* sowie
organisationalen Verhaltensmustern die konzeptionelle Basis von Social Entrepreneurship erläutert.
Um gesellschaftliche Effektivität mit ökonomischer Effizienz erfolgreich verbinden und dabei die
beschriebenen organisationalen Verhaltensmuster realisieren zu können, bedarf es eines professionellen Unternehmensführungsansatzes, welcher u.a. ein Geschäftsmodell, Erfolgsmessung und
Reporting, Stakeholder Management und Personalmanagement umfasst.

Geschäftsmodell

Ein Geschäftsmodell ist die abstrakte Darstellung eines Geschäfts. Es kann grundsätzlich in drei
Komponenten unterteilt werden: Wertbeitrag (auch Nutzenversprechen/Value Proposition),
Wertschöpfungsarchitektur sowie Ertragsmodell. Während der Wertbeitrag den spezifischen
Nutzen für Kunden und weitere Stakeholder darstellt (Was?), konkretisiert die Wertschöpfungs-
architektur, wie der Nutzen realisiert wird (Wie?). Das Ertragsmodell stellt schlussendlich dar, wie
die notwendigen Ressourcen bereitgestellt werden (Wodurch?).[144]

---

schöpfung in Sozialunternehmen, wobei der hier erwähnte Aspekt mit dem Konstrukt *Refusal to Enact or Be Cons-
trained by Limitations* benannt ist.
[142] Vgl. Dees (2001), S. 5; Di Domenico/Haugh/Tracey (2010), S. 689-692; Letztere bezeichnen diesen Aspekt mit
dem Konstrukt *Making do*.
[143] Vgl. Weerawardena/Mort (2006), S. 29; Dees (2001), S. 5.
[144] Vgl. Stähler (2002), S. 41-48.

Für Sozialunternehmen stellen diese Überlegungen die Basis und Voraussetzung ihres Tuns dar. Der *Wertbeitrag* wird hierbei durch die gesellschaftliche Mission definiert: Diese ist explizit und klar formuliert[145] und bildet den fundamentalen Zweck von Sozialunternehmen[146].

Die *Wertschöpfungsarchitektur* ist ebenfalls von zentraler Wichtigkeit: So ist die Mission alleine nutzlos, wenn nicht konkrete Opportunitäten gefunden werden, durch deren Ausnutzung mithilfe geeigneter Produkte oder Dienstleistungen die Mission erfüllt werden kann. Im Kontext von Social Entrepreneurship ist zunächst entscheidend, dass diese Dienstleistungen innovativ, auf die Kundenbedürfnisse ausgerichtet und auf Resultate fokussiert sind.[147] Ein weiteres Kernmerkmal der Wertschöpfungsarchitektur ist weiterhin die Skalier- und Replizierbarkeit der Lösungsansätze, welche – zunächst ungeachtet des zu einem bestimmten Zeitpunkt verfolgten Fokus – die Effektivität beschreibt, mit der die Lösungsansätze potenziell ausgeweitet und repliziert werden können.[148] Diese Eigenschaft ermöglicht es Sozialunternehmen, ihre Lösungsansätze in großem Maßstab umsetzen und so weitreichenden gesellschaftlichen Wandel bewirken zu können. Hinsichtlich der konkreten Realisierung der Skalierung bzw. Replizierung existieren verschiedene Strategien, die sowohl jeweils für sich als auch in Kombination angewandt werden können.[149] Als letztes Merkmal der Wertschöpfungsarchitektur ist schließlich die spezifische Rolle der Stakeholder[150] zu nennen. Zu wissen, welche Anspruchsgruppen gegenwärtig und zukünftig sowie direkt oder indirekt von den Aktivitäten des Sozialunternehmens in welcher Weise betroffen sind, ist ein erfolgskritischer Faktor für das Geschäftsmodell[151] und ermöglicht es dem Sozialunternehmen, die Stakeholder aktiv und effektiv in den Wertschöpfungsprozess einzubeziehen (vgl. folgender Paragraph ‚Stakeholder Management').[152]

Das *Ertragsmodell* ist einer der kritischsten Aspekte des Geschäftsmodells, da er letztlich über die ökonomische Nachhaltigkeit der Organisation entscheidet. Grundsätzlich stehen Sozialunternehmen eine Reihe von möglichen Einkommens- und Finanzierungsquellen offen, welche von Spenden über philanthropische Quellen bis hin zu Einkünften aus kommerziellen Aktivitäten

---

[145] Vgl. Dees (2001), S. 2.
[146] Vgl. Austin/Stevenson/Wei-Skillern (2006), S. 3.
[147] Vgl. McLeod (1997), S. 102ff; Dees (2001), S. 5.
[148] Vgl. Bloom/Smith (2010), S. 134; Bloom/Chatterji (2009), S. 122f.
[149] Zunächst ist die offene Verbreitung (Dissemination) zu nennen, im Rahmen derer der Lösungsansatz anderen Akteuren zur freien Verfügung gestellt wird. Kooperationen (Affiliation) nutzen dauerhafte, formale Partnerschaften, die als Teil eines Netzwerks die gleichen Ziele verfolgen (lose Koalitionen bis hin zu straff organisierten Social Franchises). Die letzte Strategie bezeichnet die ausschließlich mit eigenen Ressourcen realisierte Expansion (zumeist mittels Tochterorganisationen oder Filialen). Während ist der dargestellten Reihenfolge der organisatorische Aufwand und Ressourcenbedarf zunimmt, nehmen die aktiven Gestaltungs- und Kontrollmöglichkeiten ab: Es hängt daher stark von den Zielen und Möglichkeiten der Organisation ab, welche Strategie(n) konkret verfolgt werden.Vgl. Dees/Wei-Skillern (2004), für Social Franchising auch Hackl (2010).
[150] Unter Stakeholdern werden alle internen und externen Anspruchsgruppen einer Organisation verstanden, welche von dieser aktuell oder zukünftig in direkter oder indirekter Weise betroffen sind. Vgl. Gabler Verlag (Herausgeber), Gabler Wirtschaftslexikon, Stichwort: Anspruchsgruppen, online unter http://wirtschaftslexikon.gabler.de/Archiv/1202/anspruchsgruppen-v6.html (abgerufen am 30.12.2011).
[151] Vgl. Neck/Brush/Allen (2009), S. 17.
[152] Vgl. Di Domenico/Haugh/Tracey (2010), S. 695f.

reichen. Dieses Spektrum wird von Sozialunternehmen in der Regel ausgenutzt.[153] Jedoch ist eine Tendenz hin zu unabhängigen, einkommensgenerierenden Geschäftsaktivitäten zu beobachten, welche dem unternehmerischen Ansatz von Social Entrepreneurship Rechnung tragen.[154] Die konkrete Ausgestaltung ist je nach spezifischer Situation äußerst vielgestaltig und soll im Rahmen der organisationalen Ausprägungsformen nochmals aufgegriffen und differenziert analysiert werden (vgl. Kap. B.I.2.3).

Erfolgsmessung und Reporting

Erfolgsmessung ist für die Realisierung effektiven und effizienten Wirtschaftens von zentraler Bedeutung und im Kontext der Double Bottom Line als Steuerungsmechanismus und internes wie externes Kommunikationsmittel unabdingbar. Zugleich sind Sozialunternehmer ihrerseits stets bestrebt, ihre Aktivitäten bzw. deren Auswirkungen zu bewerten. Demgegenüber steht eine fragmentierte und uneinheitliche Methodenlandschaft, welche bis dato weder eine allgemein anerkannte, standardisierte Kennzahl noch ein solches Nachweisverfahren für die gesellschaftliche Wirkung hervorgebracht hat (vgl. hierzu auch Kap. B.I.2.1.1, Abschnitt Double Bottom Line).

Die Suche nach geeigneten standardisierten Verfahren und Methoden gestaltet sich deswegen als schwierig, weil sich die gesellschaftliche Erfolgsmessung nur schwer quantifizieren lässt und je Kontext sehr unterschiedlich ausfällt. In den letzten Jahren wurden von verschiedensten Akteuren (u.a. Unternehmensberatungen, Stiftungen, Venture-Philanthropie-Organisationen sowie Sozialunternehmen) eine Vielzahl an konzeptionellen Rahmenwerken und analytischen Verfahren entwickelt[155], welche die gleichzeitige Messung von gesellschaftlicher und finanzieller Wirkung zu realisieren versuchen. An dieser Stelle sollen mit dem Social Return on Investment (SROI)[156] sowie der (Sustainable) Balanced Scorecard[157] nur zwei der Wichtigsten hervorgehoben werden. Eine umfangreiche Untersuchung gängiger Erfolgsnachweisverfahren erbrachte jedoch, dass diese gesamthaft zur validen Erfassung der Wertschöpfung nur bedingt geeignet sind.[158] Letztlich muss jedes Sozialunternehmen selbst entscheiden, welches Verfahren am geeignetsten erscheint und welche nicht-finanziellen Kennzahlen die gesellschaftliche Wirkung am besten widerspiegeln.[159] Viel wichtiger als Standardisierung und die spezifische Auswahl der verwendeten Kennzahlen und Verfahren ist es jedoch, dass überhaupt eine Erfolgsmessung stattfindet.[160]

---

[153] Vgl. Dees (2001), S. 5.
[154] Vgl. Austin et al. (2007), S. 29 ; Dees (1998) ; McLeod (1997), S. 102.
[155] Vgl. Fojcik (2009), S. 127.
[156] Vgl. u.a. Nicholls et al. (2009); Flockhart (2005); Rotheroe/Richards (2007).
[157] Vgl. u.a. Hubbard (2009); Hahn/Wagner (2001); Bull (2007); Somers (2005).
[158] Insgesamt wurden 30 Erfolgsnachweisverfahren anhand 12 Bewertungskriterien untersucht. Vgl. Fojcik (2009). Letztlich erscheinen nur zwei Verfahren (‚Benefit-Cost-Analysis' sowie ‚Look Back Move Forward') für die spezifische Anwendung im Kontext von Social Entrepreneurship angemessen, wiewohl auch diese nicht allen Anforderungen gerecht werden. Vgl. Fojcik (2009), S. 133f.
[159] Vgl. Neck/Brush/Allen (2009), S. 18; Fojcik (2009), S. 134.
[160] VanSandt/Sud/Marmé (2009), S. 425.

Ein zweiter Aspekt, der eng an die Erfolgsmessung sowie das Geschäftsmodell geknüpft ist, ist das Reporting von Sozialunternehmen. Als zentrales Kommunikationsmittel nach außen muss es alle Aspekte der Organisation (Geschäftsmodell, Erfolgsmessung sowie Organisationsmerkmale) strukturiert, transparent und verständlich abbilden.[161] Primäres Ziel ist es hierbei, ein gewisses Qualitätsniveau sicherzustellen, um Stakeholdern und insb. potenziellen Investoren einen qualifizierten und transparenten Zugang zur Organisation zu ermöglichen.[162]

Stakeholder Management

Das Umfeld, in dem sich Sozialunternehmen bewegen, bildet einen zentralen Einflussfaktor.[163] Konkret äußert sich dieses dynamische Umfeld in einer vergleichsweise vielfältigen Stakeholder-Struktur und wechselseitigen Beziehungen mit zahlreichen Gruppen und Sektoren[164]: Wie zuvor erläutert, stellen Stakeholder einen zentralen Einflussfaktor der Wertschöpfungsarchitektur und des Geschäftsmodells dar, spielen im Rahmen des Ertragsmodells eine wichtige Rolle und sind der wichtigste Adressat externer Kommunikation. Es ist daher nicht überraschend, dass ein strukturiertes, effektives Stakeholder Management als ein wichtiger und erfolgskritischer Faktor im Rahmen von Social Entrepreneurship angesehen wird.[165]

Konkret können Stakeholder mannigfache Ausprägungen annehmen: Interne Anspruchsgruppen sind u.a. Eigentümer (wenn vorhanden), Management und Mitarbeiter, während die Gruppe der externen Stakeholder Fremdkapitalgeber, Lieferanten, Kunden, andere Organisationen sowie Staat und Gesellschaft umfasst.[166] Während gewinnorientierte Unternehmen zuallererst die Eigentümer als entscheidende Anspruchsgruppe zu befriedigen haben, welcher sich alle anderen Stakeholder letztlich unterzuordnen haben, stellt sich bei Sozialunternehmen, ähnlich den NPOs, die Situation komplexer und differenzierter dar: Aufgrund der in den meisten Fällen nur teilweisen Kostendeckung spielen die Fremdkapitalgeber eine wesentliche, unmittelbar existenzsichernde Rolle; auch besteht diese Gruppe zumeist aus einer großen Anzahl heterogener Partner, welche sich hinsichtlich ihrer Einstellung zunehmend vom weitgehend ‚anspruchslosen' Spender hin zum gesellschaftlich ergebnisorientierten Investor entwickeln.[167] Des Weiteren sorgt die gesellschaftliche Mission dafür, dass die Gesellschaft oder ein relevanter Ausschnitt derselben ins

---

[161] Vgl. auch Roder/Lütjens (2009), S. 152.
[162] Ein vergleichsweise gängiges Tool ist hierbei der Social Reporting Standard, welcher einen standardisierten Leitfaden zur wirkungsorientierten Berichterstattung darstellt. Das Tool wurde in Zusammenarbeit mehrerer Partner (Ashoka, Auridis, BonVenture, Phineo, Schwab Foundation, spenden.de, TU München, Universität Hamburg, PricewaterhouseCoopers) entwickelt und wird in verschiedenen Organisationen angewendet; für weitere Informationen vgl. u.a. http://social-reporting-standard.de .
[163] Für die Wichtigkeit des Umfelds und dessen Dynamiken vgl. Weerawardena/Mort (2006), S. 27f.
[164] Bspw. die reziproke Beeinflussung von Social Entrepreneurship und Kommunen. Vgl. Korosec/Berman (2006).
[165] Vgl. u.a. Neck/Brush/Allen (2009), S. 17; Di Domenico/Haugh/Tracey (2010), S. 695f; Bloom/Smith (2010), S. 129; Bryson/Gibbons/Shaye (2001), S. 273; Austin et al. (2007), S. 28f.
[166] Vgl. Gabler Verlag (Herausgeber), Gabler Wirtschaftslexikon, Stichwort: Anspruchsgruppen, online unter http://wirtschaftslexikon.gabler.de/Archiv/1202/anspruchsgruppen-v6.html (abgerufen am 30.12.2011); Mitchell/Agle/Wood (1997), S. 853f; Neck/Brush/Allen (2009), S. 17.
[167] Vgl. Austin et al. (2007), S. 28.

Zentrum des Einflussbereiches rückt und sich die Anspruchsgruppen der Kunden und der Gesellschaft letztlich miteinander vermischen. Auch der Staat spielt eine vergleichsweise wichtige Rolle, da NPOs und Sozialunternehmen ggf. Aufgaben übernehmen, welche in den Relevanzbereich des Staates fallen und daher von staatlichen Organisationen begleitet oder überwacht werden[168], oder aber Lösungsansätze verfolgen, welche auf öffentliche Mittel angewiesen sind.

Zusammenfassend ist festzuhalten, dass sich die Stakeholder-Struktur von Sozialunternehmen als vielfältig und komplex darstellt. Ihre Bedeutung wird umso deutlicher, wenn man bedenkt, dass die moralische, ethische, ökonomische und ggf. rechtliche Legitimation von Sozialunternehmen letztlich auf der Adressierung der gesellschaftlichen Mission sowie der Interessen der zentralen Stakeholder beruht.[169] Hiermit korrespondieren die Motive, welche für die Verfolgung eines Stakeholder-Managements als maßgeblich angesehen werden: Eine Erhöhung der Legitimität der Organisation sowie die Sicherstellung einer möglichst effektiven Ressourcenbeschaffung in monetärer (Finanzkapital) wie auch nicht-monetärer (Humankapital und Expertise) Hinsicht.[170]

Bei der Gestaltung des Stakeholder-Managements sind verschiedene Aspekte zu beachten. Zum einen sind die gegenwärtig und potenziell relevanten Stakeholder und ihre Interessen zu identifizieren und anhand ihrer Wichtigkeit zu priorisieren.[171] Zum anderen müssen die Stakeholder im Rahmen einer Netzwerkstrategie beständig erweitert, gepflegt und aktiv in den Wertschöpfungsprozess einbezogen werden. Hierbei helfen eine Reihe von organisationalen Fähigkeiten und Aktivitäten, wozu insb. Kommunikation, die Bildung von Allianzen sowie Lobbyarbeit zählen.[172]

Personalmanagement

Führungskräfte und Mitarbeiter stellen eine zentrale Ressource dar. Der spezifische Umgang mit diesem Humankapital sowie dessen erfolgreiche Mobilisierung stellen denn auch eine erfolgskritische Herausforderung und ein wichtiges Unterscheidungsmerkmal von Sozialunternehmen dar.[173]

Dem Personalmanagement werden allgemein die Funktionen Personalplanung, -beschaffung, -einsatz, -motivation, -entwicklung sowie -freistellung zugeschrieben.[174] Konkrete Handlungs-

---

168 Vgl. Austin et al. (2007), S. 28.
169 Vgl. auch Bryson/Gibbons/Shaye (2001), S. 273.
170 Vgl. Meyskens et al. (2010), S. 673; Di Domenico/Haugh/Tracey (2010), S. 695f; Bryson/Gibbons/Shaye (2001), S. 273ff; Sharir/Lerner (2006), S. 11.
171 Hinsichtlich der Identifizierung und insb. Priorisierung von Stakeholdern vgl. auch Mitchell/Agle/Wood (1997).
172 Hauptziel der Kommunikation ist es, die Stakeholder davon zu überzeugen, dass die Organisation es wert ist, angenommen und unterstützt zu werden. Die Bildung von Allianzen bezeichnet die Fähigkeit, tragfähige Partnerschaften/ Verbindungen aufzubauen und diese effektiv für die Durchsetzung der gesellschaftlichen Mission zu nutzen. Das Spektrum reicht hier von loser Unterstützung über explizite Förderung bis hin zu direkter Zusammenarbeit. Lobbyarbeit bezeichnet schließlich die Fähigkeit, relevante politische Handlungsträger zur Unterstützung der gesellschaftlichen Mission zu bewegen und damit ein günstiges Umfeld für die Realisierung der Mission zu schaffen. Vgl. für all diese Ausführungen Bloom/Smith (2010), S. 132ff; Bloom/Chatterji (2009), S. 118-121; Austin/Stevenson/Wei-Skillern [2006], S. 3.
173 Vgl. Thompson (2002), S. 429; Austin/Stevenson/Wei-Skillern (2006), S. 3; Royce (2007), S. 10f.; auch Kap. A.I.
174 Vgl. u.a. Thommen/Achleitner (2003), S. 655-658.

felder und kritische Erfolgsfaktoren für Sozialunternehmen existieren in fast allen Aspekten des Personalmanagements. So ist bei Personalplanung und -einsatz in den meisten Fällen sorgfältig abzuwägen, in welcher Gewichtung und konkreten Zuteilung Beschäftigte und Freiwillige die gestellten Aufgaben bewältigen können.[175] Im Rahmen der Personalbeschaffung ist die Identifizierung und Einstellung von Personal mit passender Expertise ein erfolgskritischer Faktor für die erfolgreiche Skalierung der Organisation; dies gilt insb. im Hinblick auf die Rekrutierung des Führungsnachwuchses.[176] Basis der Personalentwicklung und -motivation stellt eine effektive, strukturierte Mitarbeiterführung dar: Diese ist notwendig für ein funktionierendes Tagesgeschäft und Teil des Professionalisierungsanspruchs von Sozialunternehmen. Konkret sind vor allem die Aspekte Kompensation/Anreizgestaltung sowie Training/Weiterbildung bedeutsam. Dabei stellen die Rahmenbedingungen von Sozialunternehmen (u.a. vergleichsweise geringer finanzieller Spielraum, Wichtigkeit von Freiwilligen, Anforderung eines innovativen, unternehmerischen Arbeitens) besondere Herausforderungen an die Mitarbeiterführung: beispielhaft genannt seien hier die Notwendigkeit kreativer Formen der Kompensation/Anreizgestaltung unter stärkerer Berücksichtigung nicht-monetärer Elemente oder die jeweilig spezifische Kontaktaufnahme zur Gewinnung von Beschäftigten und Freiwilligen.[177] Schließlich ist Personalfreistellung ebenfalls Teil des Personalmanagements: Hierbei ist es wichtig, die Mitarbeiter hinsichtlich ihrer Eignung für die spezifischen Aufgabenbereiche sowie Social Entrepreneurship generell laufend zu prüfen und, wenn notwendig, das Arbeitsverhältnis möglichst gütlich und einvernehmlich (bspw. via Outplacement[178]) zu beenden.[179]

Ein zentrales Ziel dieser Arbeit ist es, all diese weitgehend unspezifischen, kaum ausgearbeiteten, wenig pragmatischen sowie nur unzureichend empirisch belegten Aussagen und Annahmen kritisch zu hinterfragen. Daher sollen mittels einer zugleich fokussierten wie inhaltlich offenen empirischen Untersuchung die relevanten Themenkategorien und deren zweckmäßige Gestaltung herausgearbeitet und damit eine erste empirisch fundierte wissenschaftliche Grundlage für ein effektives Personalmanagement in Sozialunternehmen geschaffen werden.

I.2.3 Organisationale Ausprägungsformen entlang Unternehmenszweck und Ertragsmodell

Im Rahmen von Mission und Wirkung wurde bemerkt, dass die Dualität von gesellschaftlicher Mission und ökonomischer Nachhaltigkeit ein bestimmendes Element von Social Entrepreneurship darstellt (vgl. Kap. B.I.2.1.1). Während sich die gesellschaftliche Mission bzw. der Unter-

---

[175] Vgl. Royce (2007), S. 11.
[176] Vgl. Bloom/Smith (2010), S. 132; Bloom/Chatterji (2009), S. 117f; Royce (2007), S. 17.
[177] Vgl. Certo/Miller (2008), S. 269; Austin/Stevenson/Wei-Skillern (2006), S. 3 und 19; Royce (2007), S. 17.
[178] Form der Personalfreisetzung, bei der gemeinsam mit dem Arbeitnehmer eine neue Arbeitsstelle gesucht wird oder dieser Unterstützung bei Weiterbildung bzw. Existenzgründung erhält. Vgl. u.a. Schneck et al. (2007), S. 698f; Gabler Verlag (Herausgeber), Gabler Wirtschaftslexikon, Stichwort: Outplacement, online unter http://wirtschaftslexikon.gabler.de/Archiv/85667/outplacement-v5.html (abgerufen am 02.01.2012).
[179] Boschee (2001), S. 18. Dies ist ein kritisches Thema und zumeist letzter Ausweg; allerdings wird deutlich, dass der Professionalisierungsanspruch und die unternehmerische Ergebnisorientiertheit konsequent realisiert wird.

nehmenszweck im innovativen Lösungsansatz des gesellschaftlichen Problems und damit in der gesellschaftlichen Wirkung ausdrückt, wird die ökonomische Nachhaltigkeit mittels geeigneter Ertragsmodelle und professioneller Unternehmensführung angestrebt (vgl. Kap. B.I.2.2). Trotz einer allgemein gültigen grundsätzlichen Priorisierung in primäre Mission und nachrangige ökonomische Nachhaltigkeit ist jedoch ein differenziertes Zusammenspiel hinsichtlich der konkreten Gewichtung dieser Aspekte zu beobachten. Das in der folgenden Abbildung dargestellte ‚Sozialunternehmen-Spektrum' stellt – entlang der beiden Dimensionen Unternehmenszweck und Ertragsmodell sowie zwischen den beiden Polen der Gemeinnützigkeit und Gewinnorientierung – das Spektrum der organisationalen Ausprägungsformen dar, in Gestalt derer sich Sozialunternehmen am Markt positionieren:

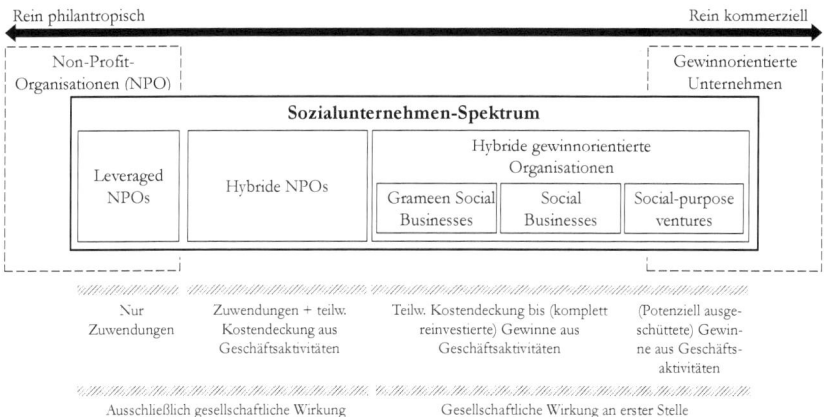

Abbildung 3 Das Sozialunternehmen-Spektrum: Organisationale Ausprägungsformen entlang Unternehmenszweck und Ertragsmodell (Quelle: Eigene Darstellung)

Non-Profit-Organisationen und gewinnorientierte Unternehmen

Zunächst einmal ist darauf hinzuweisen, dass die beiden begrenzenden Pole nicht Teil des Sozialunternehmen-Spektrums sind. Vielmehr soll die Abgrenzung des Konzeptes Social Entrepreneurship zu ebendiesen deutlich gemacht werden.

Non-Profit-Organisationen (NPOs) sind als nichterwerbswirtschaftliche Organisationen nicht auf Gewinne ausgerichtet. In diesem Sinne erzielen sie in der Regel auch keine Gewinne und finanzieren sich überwiegend durch Zuwendungen. Eventuelle Überschüsse dürfen nicht an Eigentümer oder Mitglieder ausgeschüttet werden, Anteilseigner im kapitalistischen Sinne gibt es somit

nicht.[180] Sie weisen ein Mindestmaß an formaler Organisation sowie Selbstverwaltung und Ent-
scheidungsautonomie auf, verfolgen einen gemeinnützigen Zweck und sind geprägt durch das
Zusammenwirken von Freiwilligen und Angestellten. Grundsätzlich gibt es sowohl öffentliche
(öffentliche Verwaltungen/Unternehmen) als auch private NPOs (Stiftung, Verein, Verbände,
Wohlfahrtsorganisationen oder gemeinnützige Gesellschaften).[181] Ein innovatives bzw. kreatives
Geschäftsmodell sowie überdurchschnittliche Risikobereitschaft sind keine zwingenden Voraussetzungen und in den allermeisten Fällen auch nicht charakteristisch für ihre Aktivitäten.[182]

Unter *gewinnorientierten Unternehmen* sind wiederum all diejenigen privatwirtschaftlichen, ‚klassisch-
kapitalistischen' Organisationen subsummiert, bei welchen die Maxime der Gewinnmaximierung
als Ziel und Zweck der Organisation das Handeln bestimmt. Hierbei können neben den finanziellen Gewinnen durchaus auch gesellschaftliche Effekte zum Tragen kommen. Sind Letztere
jedoch ein Nebenprodukt des Wirtschaftens, gelten besagte Unternehmen noch immer als gewinnorientiert. In diesem Sinne sind CSR, Corporate Citizenship, Bestrebungen eines nachhaltigen Wirtschaftens und ähnliche Aktivitäten[183] seitens gewinnorientierter Organisationen zwar
wünschenswert und gesellschaftlich nutzstiftend, dennoch sind dies keine Sozialunternehmen, da
hierfür die gesellschaftliche Mission im Mittelpunkt stehen und als primäre Maxime nicht nur das
Handeln leiten und bestimmen sondern letztlich auch legitimieren müsste.

Leveraged NPO

Als Leveraged NPOs werden NPOs bezeichnet, bei denen unternehmerische Methoden und
betriebswirtschaftliche Instrumente zur Anwendung kommen. Dies umfasst zwei Aspekte: Zum
einen gehen diese Organisationen das gesellschaftliche Problem mit unternehmerischen, innovativen Lösungsansätzen an.[184] Zum anderen kann eine beginnende Entwicklung hin zu einer Professionalisierung der Unternehmensführung konstatiert werden, welche in Kap. B.I.2.2 als maßgeblich und charakteristisch für Social Entrepreneurship identifiziert wurde. Diese beinhaltet u.a.
ein umfassendes und strukturiertes Stakeholder Management inkl. einer adäquaten Leistungsmessung und deren Kommunikation[185] sowie ein effektives Personalmanagement und eine geeignete

---

180 Vgl. u.a. Schneck et al. (2007), S. 672; Gabler Verlag (Herausgeber), Gabler Wirtschaftslexikon, Stichwort: Non-
     Profit-Organisation (NPO), online unter http://wirtschaftslexikon.gabler.de/Archiv/4696/non-profit-
     organisation-npo-v9.html (abgerufen am 19.12.2011).
181 Unter NPO im engeren Sinn werden gemeinhin nur die privaten NPOs verstanden; vgl. Gabler Verlag (Heraus-
     geber), Gabler Wirtschaftslexikon, Stichwort: NPO-Management, online unter http://wirtschaftslexikon.gabler.
     de/Archiv/7493/npo-management-v9.html (abgerufen am 19.12.2011).
182 Vgl. Hull/Lio (2006), S. 63; Boschee/McClurg (2003), S. 5.
183 In diese Kategorie fallen auch sogenannte *Social Consequence Ventures*, die auf prominente und durchaus effektive
     Art und Weise neben primärer Gewinnmaximierung positive gesellschaftliche Effekte erzielen (bspw. Ben & Jer-
     ry's oder Body Shop). Vgl. hierzu u.a. Neck/Brush/Allen (2009), S. 15f; Peredo/McLean (2006), S. 63f.
184 Vgl. Website der Schwab Foundation for Social Entrepreneurship unter http://www.schwabfound.org/sf/
     SocialEntrepreneurs/Profiles/Abouttheorganizationalmodels/index.htm (abgerufen am 01.12.2011); Hartigan
     (2006), S. 44.
185 Vgl. u.a. Austin et al. (2007), S. 28.

Governance-Struktur[186]. Hinsichtlich der Finanzperspektive zielen Leveraged NPOs auf eine verbesserte Ressourcenbeschaffung sowie eine optimale Ressourcenverwendung.[187]

Es bleibt jedoch festzuhalten, dass eine Professionalisierung der Unternehmensführung auch im klassischen Non-Profit-Sektor in Form des NPO Managements Einzug hält. Ferner bleiben Leveraged NPOs auf philanthropische Mittel angewiesen, eine ökonomische Nachhaltigkeit ist damit nur teilweise gegeben.[188] Daher ist der Innovationsaspekt für Leveraged NPOs als Abgrenzungskriterium in besonderem Maße von Bedeutung: Erst der unternehmerische und innovative Ansatz unterscheidet Leveraged NPOs vom klassischen Non-Profit-Sektor.

Hybride Non-Profit-Organisationen

Die hybriden NPOs (alternativ auch als Hybrid Non-Profits, Non-profit Social Entrepreneurial Ventures oder Non-Profit Social Enterprises bezeichnet) sind eine der meistverbreiteten Ausprägungsformen von Sozialunternehmen. Als NPOs gelten für sie grundsätzlich alle Kriterien und Charakteristika, die zuvor im Rahmen der Leveraged NPOs erläutert wurden. Zusätzlich gehen sie jedoch hinsichtlich des unternehmerischen Ansatzes neue bzw. konsequentere Wege.

Zum einen bleiben philanthropische und öffentliche Finanzierungsoptionen zwar für die Mehrzahl der Organisationen eine wichtige und notwendige Bezugsquelle, jedoch wird eine höhere Kontinuität und Sicherheit durch Präferenz langfristiger, strategischer Partnerschaften mit Unternehmenspartnern angestrebt. Zum anderen ergänzen sie ihr Ertragsmodell um einkommensgenerierende Geschäftsaktivitäten (‚earned income activities'). Rein organisatorisch findet dies oftmals in verschiedenen rechtlichen Entitäten statt, d.h. zur Ausübung der einkommensgenerierenden Geschäftsaktivitäten wird eigens eine separate Unternehmung gegründet. Diese arbeitet zwar gewinnorientiert, jedoch sind die potenziellen Überschüsse kein Selbstzweck, sondern werden ausschließlich zur Deckung der in den Gesamtprogrammen der NPO anfallenden Kosten verwendet. Durch die resultierende, in den meisten Fällen teilweise Kostendeckung kann letztlich durch die Substitution von Fremdfinanzierung ein gewisses Maß an wirtschaftlicher Unabhängigkeit realisiert werden.[189] Diese Entwicklung wird gemeinhin auch als „Enterprising Non-

---

[186] Vgl. u.a. Gabler Verlag (Herausgeber), Gabler Wirtschaftslexikon, Stichwort: NPO-Management, online unter http://wirtschaftslexikon.gabler.de/Archiv/7493/npo-management-v9.html (abgerufen am 19.12.2011).

[187] Ressourcenbeschaffung: Nutzung innovativer Finanzierungsinstrumente und strategischer Partnerschaften in Ergänzung der klassischen philanthropischen/öffentlichen Quellen von NPOs; Ressourcenverwendung: Striktes Kostenmanagement mit dem Ziel höherer Effizienz. Vgl. u.a. Austin et al. (2007), S. 30f; Website der Schwab Foundation for Social Entrepreneurship unter http://www.schwabfound.org/sf/SocialEntrepreneurs/Profiles/Abouttheorganizationalmodels/index.htm (abgerufen am 01.12.2011).

[188] Vgl. Hartigan (2006), S. 44; Website der Schwab Foundation for Social Entrepreneurship unter http://www.schwabfound.org/sf/SocialEntrepreneurs/Profiles/Abouttheorganizationalmodels/index.htm (abgerufen am 01.12.2011).

[189] Vgl. u.a. Austin et al. (2007), S. 29; Website der Schwab Foundation for Social Entrepreneurship unter http://www.schwabfound.org/sf/SocialEntrepreneurs/Profiles/Abouttheorganizationalmodels/index.htm (abgerufen am 01.12.2011); Hartigan (2006), S. 44f; Neck/Brush/Allen (2009), S. 15f; Boschee (2001), S. 15f; Weisbrod (1998), S. 170 ; McLeod (1997), S. 102 ; Dees (1998); Weerawardena/McDonald/Mort (2010); Foster/Bradach (2005).

Profits"[190] oder „commercialism in the Non-Profit sector"[191] bezeichnet. Während Leveraged NPOs zumindest bezüglich der Kernaspekte noch in großem Maße dem klassischen Non-Profit-Sektor verbunden bleiben, setzen hybride NPOs die Konvergenz von Non-Profit- und gewinn-orientiertem Sektor demnach konsequent um.

Ist die teilweise wirtschaftliche Unabhängigkeit sowie unternehmerische Dynamik allgemein positiv konnotiert, wird jedoch auch auf die Gefahr hingewiesen, dass kommerzielle Aktivitäten potenziell von der gesellschaftlichen Mission ablenken und diese beeinträchtigen können.[192] Dies kann verhindert oder zumindest minimiert werden, indem gesellschaftliche Mission und kom-merzielle Aktivitäten nicht zuwider laufen, sondern sich aufeinander aufbauend ergänzen.[193]

Hybride gewinnorientierte Organisationen

Bei beiden zuvor dargestellten Non-Profit-Ausprägungsformen eines Sozialunternehmens liegt der Fokus ausschließlich auf der gesellschaftlichen Mission, während finanzielle Nachhaltigkeits-bestrebungen allenfalls ‚passiv' zur teilweisen Deckung der Kosten verfolgt werden. Damit wei-sen Leveraged NPOs oder hybride NPOs eine angedeutete Double Bottom Line auf. Dies ver-schiebt sich bei den in der Folge zu erläuternden hybriden gewinnorientierten Organisationen[194], welche konsequent die Brücke zum gewinnorientierten, privatwirtschaftlichen Sektor schlagen und sich in einer entsprechenden Rechtsform konstituieren (in Deutschland zumeist als GmbH). Bei diesen Organisationen hat Gewinnmaximierung zwar ebenfalls keine Priorität, und die gesell-schaftliche Mission steht als Unternehmensziel an erster Stelle; sie weisen jedoch eine ausgeprägte Double Bottom Line auf und zielen mittel- bis langfristig auf eine volle Kostendeckung oder sogar die Realisierung von Überschüssen. Diese werden allerdings nicht an die Anteilseigner ausgeschüttet, sondern in das Sozialunternehmen bzw. seine die gesellschaftliche Mission unter-stützenden Aktivitäten reinvestiert.[195] Sie beschreiten damit innerhalb des Sozialunternehmen-Spektrums den radikalsten Weg, den missionsgetriebenen Non-Profit- sowie gewinnorientierten

---

[190] Dees (1998), S. 55.
[191] Weisbrod (1998), S. 165.
[192] Vgl. Dees (1998), S. 56ff; Foster/Bradach (2005); McLeod (1997); S. 102; Weisbrod (1998), S. 171; Boschee (2001), S. 15f; Ryan (1999), S. 132-136.
[193] Im Idealfall werden Produkte und Dienstleistungen zu angemessenen, vertretbaren Preisen an die benachteilig-ten Zielgruppen verkauft; die einkommensgenerierenden Aktivitäten sind damit inhärenter Teil der gesellschaft-lichen Mission. Ist dies nicht möglich oder sinnvoll, sollten sie zumindest inhaltlich aus der gesellschaftlichen Mission erwachsen und diese unterstützen. Vgl. u.a. Boschee (2001), S. 16f; Boschee/McClurg (2003), S. 3 ; Dees (1998), S. 60-63. Ein Beispiel hierfür ist BOOKBRIDGE: die Organisation fördert Bildungsgleichgewicht durch den Aufbau von Bildungszentren. Diese tragen sich durch Gebühren und sonstige Einnahmen selbst; die eigenen Kosten werden darüberhinaus durch das *Capability Program* zur Führungskräfteentwicklung (separate GmbH) gedeckt, im Rahmen dessen Führungskräfte bei dem selbstständigen Aufbau eines Bildungszentrums begleitet werden – die Führungskräfte unterstützen damit direkt die gesellschaftliche Mission (vgl. Website BOOKBRIDGE unter http://www.bookbridge.org/en/Programs_files/capabilityprogram_english.pdf , abge-rufen am 04.12.2011).
[194] In der Literatur alternativ auch als *Hybrid For-profits* oder *For-profit Social Entrepreneurial Ventures* bezeichnet.
[195] Vgl. u.a. Hartigan (2006), S. 44f; Website der Schwab Foundation for Social Entrepreneurship unter http://www.schwabfound.org/sf/SocialEntrepreneurs/Profiles/Abouttheorganizationalmodels/index.htm (ab-gerufen am 01.12.2011); Dorado (2006), S. 324.

Sektor zu verbinden, und weisen hinsichtlich der organisationalen Ausprägungsform den höchsten Innovationsgrad auf. Aus diesem Grund ist der Innovations'druck' bei Produkt und Dienstleistung – hinsichtlich der Social Entrepreneurship-Zugehörigkeit – tendenziell nicht so groß wie bspw. bei Leveraged NPOs. Konkret gibt es unterschiedliche Ausprägungsformen von hybriden gewinnorientierten Organisationen, welche in der Folge dargestellt werden.

Bei den von Sozialunternehmer und Nobelpreisträger Muhammad Yunus entwickelten *Grameen Social Businesses*[196] handelt es sich um ein distinktes Konzept, als dessen Basis klare Charakteristika bzw. Prinzipien und Leitsätze existieren, die jedes Grameen Social Business erfüllen und zu denen es sich bekennen und verpflichten muss. Einmal in Kraft gesetzt, sind diese Prinzipien explizit und dauerhaft in den Unternehmensstatuten als Geschäftsgrundlage verankert. Grundsätzlich gibt es dabei zwei Varianten: Typ I ist die bekanntere und weiter verbreitete Variante und wird durch sieben klar definierte Prinzipien charakterisiert.[197] Deren Stärke liegt in der konkreten und klaren Formulierung der Eckpunkte: Gesellschaftliche Mission als Unternehmensziel, ökonomische Nachhaltigkeit und Double Bottom Line, keine Gewinnmaximierung sondern Reinvestition von Überschüssen, klare Regeln bezüglich Kompensation der Anteilseigner sowie Bereitstellung eines professionellen und angenehmen Arbeitsumfeldes. Typ II ist demgegenüber eher selten und bezeichnet Organisationen, die klassisch gewinnorientiert arbeiten, deren Anteilseigner jedoch die Benachteiligten selbst sind. Durch Gewinne und deren Ausschüttung wird somit ein direkter gesellschaftlicher Nutzen realisiert. Ein Beispiel hierfür ist die Grameen Bank, deren Mikrokreditnehmer gleichzeitig Anteilseigner der Bank sind.[198]

Unter *Social Businesses* werden im Rahmen dieser Arbeit wiederum diejenigen Sozialunternehmen verstanden, die zwar die eingangs in diesem Abschnitt erwähnten Charakteristika sowie die meisten der unter Typ I aufgeführten Prinzipien aufweisen, sich aber nicht zu dem distinkten Konzept der Grameen Social Businesses bekennen.[199] Letztlich ist Social Business die in der Praxis/am Markt entstandene und auftretende organisationale Ausprägungsform, während Grameen Social Business als distinktes Konzept und Marke verstanden werden kann.

---

[196] Yunus selbst nennt es in zahlreichen Veröffentlichungen kurz *Social Business*; da dieser Begriff jedoch in der Praxis und im akademischen Diskurs auch in einer leicht anderen Bedeutung verwendet wird, soll für das distinkte Konzept von Yunus der Begriff *Grameen Social Business* benutzt werden.

[197] Diese sind: (1) Das Unternehmensziel bzw. die Mission ist die Lösung eines gesellschaftlichen Problems, keine Gewinnmaximierung. (2) Die Organisation strebt finanzielle und ökonomische Nachhaltigkeit an. (3) Die Investoren/Anteilseigner erhalten ausschließlich ihren Investitionsbetrag zurück; es werden keine Dividenden ausgeschüttet. (4) Überschüsse nach Rückzahlung der Investitionsbeträge verbleiben im Unternehmen zur Expansion und Verbesserung. (5) Die Organisation ist ökologisch nachhaltig. (6) Mitarbeiter werden marktgerecht entlohnt sowie unter besseren Arbeitsbedingungen beschäftigt. (7) ...mach es mit Freude! Vgl. Yunus (2010), S. 3.

[198] Vgl. Yunus (2010), S. 2.

[199] Die betreffenden Prinzipien sind: Status einer gewinnorientierten Unternehmung, gesellschaftliche Mission als Unternehmensziel bei gleichzeitiger ökonomischer Nachhaltigkeit (⇨ Double Bottom Line), keine Gewinnmaximierung sondern Reinvestition potenzieller Überschüsse ins Unternehmen; vgl. u. a. Website der Schwab Foundation for Social Entrepreneurship unter http://www.schwabfound.org/sf/SocialEntrepreneurs/Profiles/Abouttheorganizationalmodels/index.htm (abgerufen am 01.12.2011).

Das letzte hier dargestellte Konzept der *Social Purpose Ventures* geht noch einen Schritt weiter und erlaubt die Ausschüttung von potenziellen Gewinnen an die Anteilseigner (oder schließt dies zumindest nicht explizit aus). Letztlich sind Social Purpose Ventures damit gewöhnliche, gewinnorientierte Unternehmen, mit dem einzigen, wichtigen Unterschied, dass sie sich einer gesellschaftlichen Mission als oberstes Unternehmensziel verschrieben haben.[200] Die Ausschüttung als solche bzw. ihre Maximierung hat zwar keine Priorität, wirft jedoch Fragen auf: Ist die relative ,Vormachtstellung' der gesellschaftlichen Mission langfristig gefährdet, sobald eigennützige Motive ins Spiel kommen? Wird die gesellschaftliche Mission durch die Möglichkeit persönlicher Gewinnmaximierung korrumpiert? Ist eine ethisch-moralische Legitimation der Organisationen überhaupt noch gegeben? Aus diesen und weiteren Gründen wird diese Organisationsform oftmals nicht zum originären Bereich des Social Entrepreneurship gezählt.[201] Aus Sicht des Verfassers sind jedoch eventuell auftretende Fehlentwicklungen zunächst einmal auf individuelle Einzelfälle zurückzuführen, was einen generellen Ausschluss nicht rechtfertigt. Sicherlich muss jedoch im Einzelfall sehr genau überprüft werden, inwiefern die gesellschaftliche Mission tatsächlich das uneingeschränkte Unternehmensziel darstellt.

II. Arbeitsmotivation – theoretische Basis für Motivation im Führungskontext

II.1 Relevanz und Begrifflichkeit

Im allgemeinen Organisationskontext spielen Arbeits- und Mitarbeitermotivation eine zentrale Rolle, sowohl im praktischen Kontext als auch im wissenschaftlichen Diskurs der Organisationsforschung.[202] Im Allgemeinen wird unter Arbeitsmotivation dabei der Vorgang verstanden, im Rahmen dessen durch bestimmte Faktoren und Ereignisse das Arbeitsverhalten und die Arbeitsanstrengungen von Mitarbeitern angeregt, kanalisiert und über Zeit erhalten werden.[203] Spezifischer ist ein Verständnis, nach dem interne oder externe Faktoren Handlungen direkt oder indirekt induzieren, wobei die beeinflussten Handlungsaspekte die Ausrichtung (Wahl, Zielgerichtetheit), Intensität (Anstrengung) sowie Dauer (Ausdauer/Beharrlichkeit) umfassen[204] und die Auswirkungen neben Leistung und Leistungsbereitschaft auch nachfolgende Aspekte wie Arbeitszufriedenheit und Commitment betreffen.[205] Der Fokus wissenschaftlicher Anstrengungen und zahlreicher Motivationstheorien liegt demnach darauf, sowohl die Ursachen für diese Vorgänge zu ergründen als auch herauszuarbeiten, wie oben genannte Prozesse genau funktionieren.

---

200 Vgl. Neck/Brush/Allen (2009), S. 15; Peredo/McLean (2006), S. 63f.
201 Vgl. Peredo/McLean (2006), S. 64; Yunus (2010), S. 12-17.
202 Vgl. Steers/Mowday/Shapiro (2004), S. 379; Latham/Pinder (2005), S. 486.
203 Vgl. Steers/Mowday/Shapiro (2004), S. 379.
204 Vgl. Locke/Latham (2004), S. 388; Latham/Pinder (2005), S. 486; Deci/Ryan (2000), S. 69.
205 Vgl. Locke/Latham (2004), S. 390f; Steers/Mowday/Shapiro (2004), S. 379.

II.2   Einführung in das Forschungsfeld

Grundsätzlich stellt sich das Forschungsfeld der Arbeitsmotivation als äußerst weitläufig und fragmentiert dar. Es existiert eine Vielzahl unterschiedlicher Modelle und Theorien, wobei einige aufeinander aufbauen und sich komplementär ergänzen, andere sich wiederum widersprechen oder gegenseitig ausschließen. Keines dieser Modelle ist jedoch von umfassender Gültigkeit und Erklärungskraft, vielmehr weisen alle Limitationen und Einschränkungen auf.[206] Aufgrund der Weitläufigkeit, Fragmentiertheit und Komplexität, aber auch aufgrund des Umstandes, dass viele der entwickelten Modelle und Theorien im Laufe der Zeit adaptiert oder abgelöst wurden, wird eine umfängliche und erschöpfende Darstellung der Forschungslandschaft und deren Evolution nicht angestrebt.[207] Vielmehr sollen anhand eines konzeptionellen Bezugsrahmens alle wichtigen Strömungen skizziert und die wichtigsten, gegenwärtig relevanten Modelle und Theorien näher erläutert werden.

II.3   Konzeptioneller Bezugsrahmen für Arbeitsmotivation

Ziel des konzeptionellen Bezugsrahmens ist es, die mannigfachen Modelle und Theorien zueinander in Bezug zu setzen und zu systematisieren. So soll auf Basis der relevanten grundlegenden Bezugselemente und Wirkungsmechanismen eine Einordnung der zentralen Motivationsmodelle und ihrer Theorien sowie der kontextuellen Einflussfaktoren ermöglicht werden. Die folgende Abbildung zeigt die wichtigsten Kategorien des in der Folge erläuterten konzeptionellen Bezugsrahmens für Arbeitsmotivation:

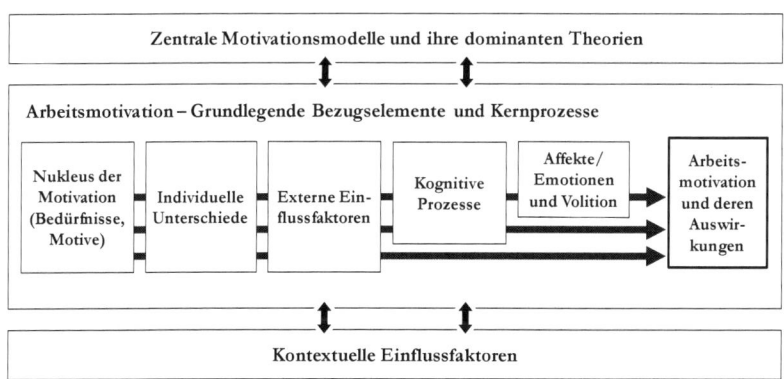

Abbildung 4   Konzeptioneller Bezugsrahmen für Arbeitsmotivation (Quelle: Eigene Darstellung)

---

[206] Vgl. Locke/Latham (2004), S. 389.
[207] Für umfassendere Übersichten hinsichtlich der Evolution des Forschungsfeldes sowie der Modelle und Theorien sei daher u.a. verwiesen auf Pinder (2008); Ambrose/Kulik (1999); Mitchell/Daniels (2003); Porter/Bigley/Steers (2003); Latham/Budworth (2007); Steers/Mowday/Shapiro (2004); Latham (2012).

Dieser stellt im Zentrum zunächst stark vereinfacht die grundlegenden Bezugselemente und Kernprozesse von Arbeitsmotivation dar: ausgehend vom Nukleus der Motivation, den Bedürfnissen/Motiven, bilden diese gemeinsam mit individuellen Unterschieden und externen Einflussfaktoren die Grundlage für kognitive Prozesse, welche wiederum durch affektive Prozesse und Emotionen sowie Volition beeinflusst werden. Die zentralen Motivationsmodelle und ihre dominanten Theorien setzen ihrerseits an unterschiedlichen Stufen an und erklären bzw. präzisieren die jeweiligen Wirkungsmechanismen. Beeinflusst werden die Wirkungsmechanismen und damit die Arbeitsmotivation schließlich auch durch eine Reihe kontextueller Einflussfaktoren.[208]

II.3.1 Grundlegende Bezugselemente und Kernprozesse

Als *Bedürfnisse und Motive* werden allgemein Gefühle des Mangels bezeichnet mit dem Streben, diese zu beseitigen.[209] Aus psychologischer Perspektive werden Bedürfnisse als stabile interne Dispositionen betrachtet, welche universell und angeboren sowie als solche essentiell für psychologisches Wachstum, Integrität und Wohlbefinden sind.[210] Als Motive werden demhingegen nachrangige interne Dispositionen verstanden, welche primär durch Sozialisation entstehen und sich mit der Zeit als relativ stabil etablieren; sie können jedoch je nach Person unterschiedlich stark auftreten, weshalb deren Verfolgung dementprechend auch personenabhängig variiert und unterschiedliche Auswirkungen haben kann.[211] Unabhängig von dieser Unterscheidung ist beiden eine handlungsinduzierende Wirkung gemein[212], indem sie als interne Spannung die kognitiven Prozesse beeinflussen, welche in Verhaltensvariabilität resultieren[213]. In diesem Sinne bilden Bedürfnisse und Motive den Anfang und die Grundlage aller weiteren Motivationsprozesse.[214]

Die *individuellen Unterschiede* setzen sich zusammen aus Werten und Normen sowie den persönlichen Eigenschaften, auch ‚(personal) traits' genannt. *Werte und Normen* wurzeln in den Bedürfnissen und Motiven und können als situationsübergreifende, Orientierung gebende Ziele betrachtet werden, deren Bedeutung jedoch über Zeit schwankt. Grundsätzlich haben sie die gleiche Kapazität zur Verhaltensbeeinflussung wie Bedürfnisse und Motive, allerdings werden sie über Kogni-

---

[208]   Stark vereinfacht ist die Übersicht letztlich deshalb, weil sich die Wirkungsmechanismen in der Realität nicht wie in der Darstellung impliziert streng statisch und linear darstellen, sondern vielmehr dynamischer Natur und durch vielfältige Verknüpfungen und iterative Rückbezüge gekennzeichnet sind. Dies kann und soll diese Übersicht zwar nicht leisten; nichtsdestotrotz kann die dargestellte Prozessübersicht als sinnvoller Kompromiss (im Sinne einer pragmatischen Nutzbarkeit bei inhaltlicher Vertretbarkeit) eingeordnet werden, gerade auch weil die Wirkungsmechanismen im Rahmen der Motivationsmodelle und -theorien nachfolgend erklärt und präzisiert werden. Für ähnliche Übersichten und Strukturierungsversuche, an die sich auch die vorliegende Darstellung zumindest in Teilen anlehnt, vgl. Latham/Pinder (2005); Locke/Latham (2004), S. 390f.
[209]   Vgl. Grüske/Recktenwald (1995), S. 63.
[210]   Vgl. Deci/Ryan (2000), S. 229; Gagné/Deci (2005), S. 337.
[211]   Daher werden sie auch mitunter den Persönlichkeitseigenschaften zugeordnet. Vgl. Deci/Ryan (2000), S. 228f; Gagné/Deci (2005), S. 337; Thommen/Achleitner (2003), S. 693.
[212]   Vgl. Deci/Ryan (2000), S. 228.
[213]   Vgl. Latham/Pinder (2005), S. 487.
[214]   Vgl. auch Locke/Latham (2004), S. 390f.

tion und Erfahrung im Laufe des Lebens angeeignet.[215] *Persönliche Eigenschaften* wiederum umfassen zahlreiche Aspekte, so u.a. Persönlichkeitsmerkmale[216], Selbstregulationsstrategien[217] sowie Zielorientierungen[218]. Einige spezifische Regulationsmechanismen – insb. die individuell unterschiedliche Wahrnehmung der Arbeitsumgebung als tendenziell autonomiefördernd oder kontrollierend – wirken, zunächst unabhängig von kognitiven Prozessen, auf den Prozess der Erfüllung zentraler Bedürfnisse (vgl. hierzu Kap. B.II.3.2.1, Abschnitt Selbstbestimmungstheorie der Motivation). Grundsätzlich aber wirken sich sowohl Werte und Normen als auch persönliche Eigenschaften vor allem auf die kognitiven Prozesse aus und sind sehr eng mit diesen verknüpft; über Ziele beeinflussen sie letztlich auch das Handeln und die Leistung.[219]

Des Weiteren beeinflussen auch die *externen Einflussfaktoren* Bedürfniserfüllung und kognitive Prozesse, wobei ihre Wirkung hinsichtlich Quantität und vor allem Qualität als ambivalent einzustufen ist. So folgt die herkömmliche ökonomische Bewertung von externen Anreizen[220] der Prinzipal-Agententheorie und unterstellt diesen eine disziplinierende und leistungssteigernde Wirkung, welche auch als relativer Preiseffekt bezeichnet wird.[221] Zahlreiche den kognitiven Prozessmodellen zugehörige Theorien (bspw. VIE-Theorie, Zirkulationsmodell, Zielsetzungstheorie) sowie die Gleichgewichtstheorie teilen diese Perspektive, indem adäquate Anreize als Belohnung und Anerkennung für Anstrengungen angesehen und als grundsätzlich zufriedenheits- und leistungssteigernd eingeschätzt werden (vgl. Kap. B.II.3.2.2; B.II.3.2.3, Abschnitt organisationale Gerechtigkeit). Indes haben zahlreiche theoretische und empirische Untersuchungen die Notwendigkeit einer differenzierteren Sichtweise erkannt und einen potenziell gegenläufigen Effekt identifiziert, welcher wahlweise als Verdrängungseffekt ('Motivation Crowding-out Effect'), 'Undermining Effect' oder Korrumpierungseffekt ('Overjustification effect') bezeichnet wird. Dessen Ursache wird u.a. in einer durch externe Faktoren induzierten Veränderung des Wesens der Aufgaben, des Aufgabenkontexts oder der Eigenwahrnehmung der Handelnden gesehen.[222] Konkret besagt dies Folgendes: Wenn extrinsische Einflüsse in der Wahrnehmung primär kontrollierend angelegt sind[223], wird die wahrgenommene Selbstbestimmung sowie das

---

215 Vgl. Latham/Pinder (2005), S. 491.
216 Extraversion, Gewissenhaftigkeit und Verlässlichkeit/Zuverlässigkeit.
217 Selbstregulation, Selbstkontrolle, Selbsteinschätzung (Selbstwertgefühl, Kontrollüberzeugung, Emotionale Stabilität und Selbstwirksamkeit bzw. Selbstwirksamkeitserwartung) und Selbstreaktion. Unter Selbstwirksamkeitserwartung ('perceived self-efficacy', 'self-efficacy belief' oder 'perceived abilities') wird die individuelle Einschätzung der eigenen Leistungsfähigkeit bzw. der Glaube an diese verstanden. Vgl. u.a. Bandura (1991), S. 257.
218 Vgl. u.a. Latham/Pinder (2005), S. 488.
219 Vgl. Latham/Pinder (2005), S. 488-491; Locke/Latham (2004), S. 390f. In diesem Zusammenhang ist zu beachten, dass Persönlichkeitsmerkmale und deren mehr oder weniger direkte Auswirkungen insb. in 'schwachen' Situationen (d.h. bei wenigen oder schwachen externen Kontrollinstanzen oder Beeinflussungen) von Relevanz sind, während sie in 'starken' Situationen (d.h. bei Existenz starker, handlungsleitender externer Ziele und Anreize) weniger oder nur indirekt zum Tragen kommen. Vgl. Latham/Pinder (2005), S. 489ff.
220 Insb. leistungsbezogene, monetäre oder materielle Anreize.
221 Vgl. Frey/Jegen (2001), S. 593.
222 Vgl. Frey/Jegen (2001), S. 592; Bénabou/Tirole (2003), S. 516.
223 Bspw. durch leistungsabhängige/erwartete Boni, der Androhung von Sanktionen oder negativem Feedback.

Selbstwertgefühl und die Kompetenz negativ beeinflusst, wodurch sich wiederum die intrinsische Motivation[224] verringert und durch rein extrinsische Motive ersetzt wird – letztlich vermindert sich dadurch die persönliche Leistungsbereitschaft. Demgegenüber finden diese negativen Effekte nicht oder in nur geringem Ausmaß statt, wenn die externen Einflüsse als primär unterstützend wahrgenommen werden.[225]

Wie schon mehrfach angedeutet setzen Personen – basierend auf den zuvor beschriebenen Bedürfnissen und Motiven, Werten und Normen, persönlichen Eigenschaften sowie Anreizen – Ziele und entwickeln Wege und Strategien, diese zu erreichen. Diese *kognitiven Prozesse* stellen einen zentralen Aspekt von Arbeitsmotivation dar.[226] Eine wichtige Rolle spielen schließlich auch *affektive Prozesse und Emotionen*, welche vor allem die kognitiven Prozesse bzw. deren Wirkungsmechanismen und Auswirkungen beeinflussen.[227] Des Weiteren erfährt *Volition* als wichtiger Einflussfaktor des Motivationsprozesses zunehmende Aufmerksamkeit.[228]

II.3.2   Zentrale Motivationsmodelle und ihre dominanten Theorien

Grundsätzlich können drei Theoriekategorien unterschieden werden, welche in Abbildung 4 als die drei waagrechten Pfeile im Zentrum skizziert sind. Während die *Inhaltsmodelle* (unterer Pfeil) an den weitgehend stabilen und statischen Bedürfnissen und Motiven ansetzen und davon ausgehend erklären, warum Motivation entsteht, untersuchen die *Prozessmodelle* (mittlerer Pfeil) anhand der zugrundeliegenden dynamischen kognitiven Prozesse, wie Motivation entsteht, um dementsprechend auch Aussagen über deren Stärke machen zu können.[229] Die dritte Kategorie (oberer Pfeil) versucht, die kognitiven Prozessmodelle zu ergänzen und integrierende Theorien zu realisieren, indem sie sich v.a. mit dem Einfluss von *affektiven Prozessen und Emotionen sowie der Volition* beschäftigt. Sie greift damit zwei im Arbeitsmotivationskontext zuvor weitgehend unbeachtete Einflussfaktoren des menschlichen Handelns auf und versucht, diese mit den existierenden Modellen und deren Erkenntnissen zu verbinden.[230]

---

[224] Im Sinne der aus Interesse und Freude an der Ausübung der Tätigkeit erwachsenden Motivation.
[225] Bspw. durch verbale Bestärkung/positives Feedback sowie leistungsunabhängige oder unerwartete monetäre Anreize. In diesem Fall kann ggf. sogar ein positiver Effekt auf die intrinsische Motivation realisiert werden (auch „Motivation Crowding-in Effect" genannt; vgl. Kap. B.II.3.2.1, Abschnitt Selbstbestimmungstheorie der Motivation). Hinsichtlich der beschriebenen Effekten und Wirkungsmechanismen vgl. auch Frey/Jegen (2001), S. 592-596; Deci (1971, 1972a, 1972b); Deci/Koestner/Ryan (1999a, 1999b). Empirisch konnten diese in zahlreichen Studien nachgewiesen werden, vgl. hierzu u.a. Frey/Jegen (2001), S. 596-606; Deci/Koestner/Ryan (1999a).
[226] Vgl. Latham/Pinder (2005), S. 496.
[227] Vgl. Latham/Pinder (2005), S. 504; Seo/Barrett/Bartunek (2004).
[228] Vgl. Locke/Latham (2004), S. 399f; Kehr (2004); Kehr (2005). Unter Volition wird gemeinhin der Prozess der willentlichen Überwindung von Handlungsbarrieren verstanden, welche durch intrapsychische Handlungskonflikte und Motivdiskrepanzen hervorgerufen wurden. Vgl. auch Kehr (2005), S. 134 sowie Kap. B.II.3.2.3, Abschnitt Kompensationsmodell der Arbeitsmotivation und Volition.
[229] Vgl. u.a. Steers/Mowday/Shapiro (2004), S. 381; Thommen/Achleitner (2003), S. 694.
[230] Diese Modelle können zwar weder Historie, noch Ausarbeitungsgrad oder inhaltliche Geschlossenheit der zuvor genannten Kategorien aufweisen, werden jedoch zunehmend wichtiger.

II.3.2.1   Inhaltsmodelle – Bedürfnisse, Motive und Motivation

Inhaltsmodelle und ihnen zurechenbare Motivationstheorien wurden insb. in den 1950er- und 1960er-Jahren entwickelt. Im Folgenden sollen die zentralen, bis heute einflussreichen historischen Theorien kurz dargestellt werden, bevor mit der Selbstbestimmungstheorie der Motivation eine der wenigen bedeutenden neuen Entwicklungen ausführlicher dargestellt wird.

Historische Inhaltstheorien

Zu nennen sind hier zunächst die vergleichsweise abstrakte *Maslowsche Bedürfnispyramide* sowie die daraus entwickelte *E.R.G.-Theorie* von Alderfer.[231] Beide beziehen sich auf Bedürfnisse und deren zugehörige Motive, wobei die Bedürfnispyramide fünf für alle gleichermaßen geltende Bedürfniskategorien definiert, während sich die E.R.G.-Theorie auf drei beschränkt.[232] Die Bedürfniskategorien von Maslow sind dabei streng nach Dringlichkeit hierarchisch priorisiert.[233] Die E.R.G.-Theorie teilt zwar die grundsätzliche Idee einer hierarchischen Struktur, diese ist jedoch nicht strikt geordnet und hinsichtlich der Reihenfolge der Erfüllung zumindest teilweise ‚flexibel‘. Des Weiteren wird bei beiden Theorien zwischen Defizit- und Wachstumsbedürfnissen unterschieden.[234] Die *Motivtheorie* nach McClelland[235] geht schließlich ebenfalls von drei klar definierten Motiven aus, welche das menschliche Verhalten steuern.[236] Allerdings wird das Konzept der Hierarchie vollständig aufgegeben, vielmehr können die einzelnen Motive über Zeit variieren und je nach Situation und Hintergrund personenabhängig in unterschiedlicher Stärke auftreten. Dabei nehmen zum einen das Macht-, insb. aber das Leistungsmotiv eine zentrale Stellung ein.

Während die zuvor genannten Theorien primär auf die Rolle individueller Unterschiede im Motivationskontext fokussieren[237] und, mit Ausnahme der Motivtheorie von McClelland, eine umfassende empirische Validierung vermissen lassen, basiert die *Zwei-Faktoren-Theorie* von Herzberg[238] auf einer großangelegten empirischen Studie und beleuchtet, wie das Verhalten von Mitarbeitern durch die Tätigkeit und deren Charakteristika beeinflusst wird. Im Mittelpunkt stehen zwei Fak-

---

[231]   Vgl. (auch für die folgenden Ausführungen) Maslow (1943); Maslow (1970); Thommen/Achleitner (2003), S. 695ff; Steers/Mowday/Shapiro (2004), S. 381; Schneck et al. (2007), S. 98f [Bedürfnispyramide]; Alderfer (1969); Alderfer (1972); Schneck et al. (2007), S. 293 [E.R.G.-Theorie].

[232]   Bedürfnispyramide: Physiologische, Sicherheits- und soziale Bedürfnisse, Bedürfnisse nach Wertschätzung sowie nach Selbstverwirklichung; ERG: Existenz-, Zugehörigkeits- und Wachstumsbedürfnisse.

[233]   D.h. der Mensch durchläuft diese im Rahmen seiner Entwicklung sequentiell nacheinander. Die Befriedigung niedrigerer Bedürfniskategorien ist dabei die Voraussetzung für die Erfüllung der jeweils Nächsthöheren.

[234]   Während Erstere bei Nichterfüllung physische und psychische Störungen zur Folge haben können und bei Erfüllung durch ein nächsthöheres Bedürfnis ersetzt werden, nehmen Letztere bei Erfüllung an Stärke zu und tragen nachhaltig zu Wachstum und Entwicklung bei.

[235]   Vgl. (auch für die folgenden Ausführungen) McClelland (1961); McClelland (1987), S. 223-412; Steers/Mowday/Shapiro (2004), S. 381.

[236]   Erfolg/Leistung, Macht und Zugehörigkeit.

[237]   Im Sinne von in der Person angelegten, aber abhängig von Persönlichkeit, Hintergrund oder Situation unterschiedlich stark auftretenden Bedürfnissen oder Motiven.

[238]   Vgl. (auch für die folgenden Ausführungen) Herzberg/Mausner/Snyderman (1959); Herzberg (1968); Thommen/Achleitner (2003), S. 698f; Steers/Mowday/Shapiro (2004), S. 381; Schneck et al. (2007), S. 1033.

toren bzw. Motivkategorien: Zum einen die den Arbeitskontext betreffenden Hygienefaktoren (extrinsische Faktoren), zum anderen die auf die Arbeit selbst bezogenen Motivatoren (intrinsische Faktoren). Während das Vorhandensein ersterer zwar Unzufriedenheit verhindert, aber keine Motivation hervorruft, wird durch die Bereitstellung Letzterer eine nachhaltige Arbeitszufriedenheit und Motivierung erreicht.[239] Auch wenn diese Faktoren ebenfalls auf Bedürfnisse oder Motive der Mitarbeiter zielen und mit diesen interagieren, erreicht die Zwei-Faktoren-Theorie durch den Fokus auf die Tätigkeit und deren Charakteristika eine wesentlich höhere Praktikabilität für den Organisationskontext.[240]

Selbstbestimmungstheorie der Motivation (SDT)

Die Selbstbestimmungstheorie der Motivation (im Folgenden SDT = ‚Self-determination theory‘) von Deci/Ryan[241] kombiniert den Fokus auf Bedürfnisse als Ursache und inhaltliche Grundlage von Motivation mit der Identifizierung von Merkmalen des organisationalen Kontexts, welche diese Bedürfnisse bestmöglich unterstützen.[242] Insgesamt kann der Ansatz als vergleichsweise differenziert und trotzdem praktisch relevant bezeichnet werden, weshalb er im Rahmen dieser Arbeit als bedeutsam eingeschätzt wird.

Grundlegend für die SDT ist das sehr differenzierte Verständnis von Motivation: So werden im Rahmen der Organismischen Integrationstheorie (OIT), einer Subtheorie der SDT, in einem sogenannten Selbstbestimmungskontinuum eine differenzierte Unterscheidung verschiedener Motivationskategorien vorgenommen. Als relevante Hauptkategorien hinsichtlich der weiteren Ausführungen fungieren dabei *autonome sowie kontrollierte Motivation*, wobei diese wiederum aus mehreren Subkategorien bestehen, welche sich hinsichtlich des Selbstbestimmungs- bzw. Autonomiegrades unterscheiden.[243] Abbildung 5 stellt dies in einer Übersicht dar[244]:

---

[239] Diese Unterscheidung ist ähnlich der bei Maslow und Alderfer vorherrschenden Unterscheidung in Mangel-(deren Erfüllung, analog den Hygienefaktoren, keine dauerhafte Zufriedenheit schafft) und Wachstumsbedürfnisse (deren Erfüllung, analog den Motivatoren, nachhaltige Zufriedenheit und Wachstum ermöglicht).
[240] In diesem Sinne identifiziert Herzberg mit den Motivatoren konkrete Gestaltungsmerkmale, welche die Arbeit und Tätigkeit mit dem Ziel einer nachhaltigen Motivierung anreichern, und legt damit den Grundstein für weitere Ansätze des sog. ‚job enrichment‘ (vgl. hierzu Kap. B.II.3.3, Abschnitt Arbeitsgestaltung).
[241] Vgl. u.a. Ryan/Deci (2000); Deci/Ryan (2000); Gagné/Deci (2005).
[242] Wobei an dieser Stelle betont werden muss, dass die Sebstbestimmungstheorie der Motivation nicht originär als Arbeitsmotivationstheorie entwickelt wurde. Jedoch kann diese bzw. die zugrundeliegenden Prinzipien, Mechanismen und Erkenntnisse durchaus als ein Ansatz und Theoriemodell für Arbeitsmotivation genutzt werden – auch wenn die empirischen Befunde und Validierungen im Kontext der Arbeitsmotivation noch nicht so umfassend ausfallen wie für andere Bereiche. Vgl. Gagné/Deci (2005), S. 340-356.
[243] Als autonome Motivation bzw. autonomes Handeln wird in diesem Kontext Motivation bzw. Handeln verstanden, welche auf freier Willensentscheidung sowie der Wahrnehmung von Wahlmöglichkeiten basieren.
[244] An dieser Stelle sei darauf hingewiesen, dass im Original noch eine weitere Motivationskategorie erwähnt bzw. dargestellt wird: die Amotivation. Da hier jedoch wenig bis keine Einflussmöglichkeiten bestehen und diese für Motivation im Führungskontext daher im pragmatischen Sinn irrelevant bzw. unerwünscht ist (was nicht heißt, dass diese nicht auftreten könnte!), wird diese sowohl in der Übersicht als auch im Rahmen der weiteren Ausführungen nicht berücksichtigt.

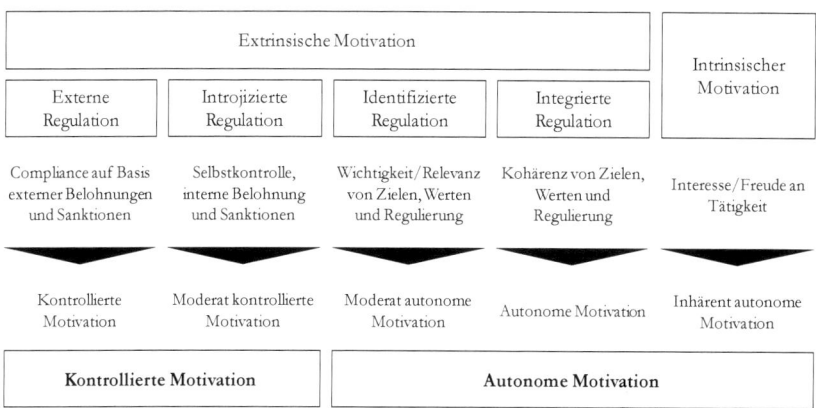

Abbildung 5   Selbstbestimmungskontinuum mit relevanten Motivationskategorien, Regulationsmechanismen sowie der Einordnung auf dem den Kontroll- bzw. Autonomiegrad bestimmenden Kontinuum (Quelle: Eigene Darstellung in Anlehnung an Gagné/Deci (2005), S. 336; Ryan/Deci (2000), S. 72)

Im Gegensatz zur ‚klassischen' Sichtweise, in der zwischen extrinsischer und intrinsischer Motivation unterschieden wird, geht die SDT und OIT einen Schritt weiter: So kann die extrinsische Motivation durch den Vorgang der Internalisierung[245] an Kontrolle ab- bzw. an Autonomie zunehmen, und mannigfache Formen annehmen. Letztlich können dabei die externe und introjizierte Regulation als *kontrollierte Motivation* bezeichnet werden, während die dargestellten Formen der internalisierten extrinsischen Motivation (identifizierte und integrierte Regulation) sowie die intrinsische Motivation als *autonome Motivation* einzuordnen sind.[246]

---

[245] Unter Internalisierung wird in diesem Kontext der Vorgang verstanden, im Rahmen dessen Individuen gesellschaftlich bzw. extern sanktionierte Werte, Haltungen oder regulatorische Strukturen in persönlich akzeptierte und unterstützte Werte transformieren und damit externe Regulationen mittels Selbstregulierungsmechanismen verinnerlichen. Letztlich findet eine Identifikation mit der Wichtigkeit der ehemals externen Regulationen statt, und schließlich werden diese als etwas Eigenes akzeptiert. Im besten Fall werden die externen Regulationen langfristig nicht mehr benötigt.

[246] Die *externe Regulation* entspricht dabei der ‚klassischen' extrinsischen Motivation, im Rahmen derer keine Internalisierung stattfindet und das Verhalten allein auf externe Abhängigkeiten (bspw. Anreize/Belohnungen oder Sanktionen) ausgerichtet ist. Im Rahmen der *introjizierten Regulation* werden die externen Regulationen zwar verinnerlicht, aber nicht als etwas Eigenes akzeptiert. Handeln erfolgt in diesem Zusammenhang vor allem zur Vermeidung von Schuld- oder Angstgefühlen oder um das Selbstwertgefühl zu steigern, es findet also eine interne Regulation auf Basis eines bedingten Selbstwertgefühls statt. Aus diesem Grund wird das Verhalten, wenn auch intern getrieben, letztlich als extern verursacht (bzw. als nicht gründend im eigenen Selbst) und damit als weitgehend kontrolliert wahrgenommen. Bei der *identifizierten Regulation* findet eine Identifikation mit der externen Regulation bzw. dem Handlungsziel statt, und diese werden – auf Basis einer gewissen Kongruenz des gewünschten Verhaltens mit den eigenen Zielen und Werten – akzeptiert sowie als persönlich wichtig und relevant angenommen. *Integrierte Regulation* bezeichnet die stärkste Ausprägung der Internalisierung: hierbei wird die externe Regulation/das gewünschte Verhalten als vollständig kongruent und kohärent mit den eigenen Zielen, Bedürfnissen, Werten und Überzeugungen wahrgenommen sowie als integraler, bedeutender Bestandteil der eigenen Identität angenommen. Vgl. hierzu Gagné/Deci (2005), S. 333-336, 355; Ryan/Deci (2000), S. 71ff; Deci/Ryan (2000), S. 229, 235ff.

Hintergrund dieser differenzierten Unterscheidung ist die Tatsache, dass intrinsische Motivation zwar als grundsätzlich optimal und wünschenswert angesehen wird, aber nicht in jeder Tätigkeit vorausgesetzt oder ermöglicht werden kann. Während der kontrollierten Motivation und den zugehörigen externen Regulationen grundsätzlich eine negative Auswirkung auf die intrinsische Motivation nachgesagt werden[247], können im Rahmen der autonomen Motivation positive Auswirkungen auf die Leistung bei heuristischen[248] und routinemäßigen Aufgaben[249], auf die Arbeitszufriedenheit und das Wohlbefinden, die Arbeitseinstellung, das Commitment und Vertrauen sowie auf ein individuelles und teilnehmendes Verhalten in der Arbeitsumgebung (‚organizational citizenship behavior‘) stark vermutet und in Ansätzen empirisch nachgewiesen werden.[250]

Intrinsische Motivation und eine hinreichende Internalisierung extrinsischer Motivation kann laut SDT allerdings nur in optimaler Weise realisiert werden, wenn *unterstützende Mechanismen* vorhanden sind. Hierbei geht die SDT von drei grundlegenden psychologischen Bedürfnissen aus, namentlich *Autonomie, Kompetenz(erleben) und Zugehörigkeit.* Während die Erfüllung der Bedürfnisse nach Autonomie und Kompetenz intrinsische Motivation fördern, muss für die Internalisierung extrinsischer Motivation noch zusätzlich das Bedürfnis nach Zugehörigkeit erfüllt sein.[251] Die Bedürfnisse sind hinsichtlich ihrer Natur – im Gegensatz zu vorigen Ansätzen – universell, d.h. sie gelten für alle Personen gleichermaßen, und ihre Erfüllung ist essentiell für eine optimale persönliche Entwicklung und Integrität.[252] Daher liegt der Fokus auch nicht auf der individuellen Stärke der Bedürfnisse, sondern vielmehr auf den Konsequenzen des Ausmaßes, mit dem Mitarbeiter diese Bedürfnisse in ihrem jeweiligen organisationalen Kontext erfüllen können.[253] In diesem Sinne wird autonome Motivation maßgeblich vom organisationalen Kontext beeinflusst, weshalb die SDT *konkrete Vorschläge zur adäquaten Gestaltung der Arbeitsumgebung sowie der Organisationsstrukturen und -prozesse* formuliert, insb. bezogen auf den zentralen Aspekt der Autonomie.[254]

---

[247] Bspw. leistungsbezogene, erwartete monetäre und materielle Anreize, Druck erzeugende Bewertungen, Deadlines und Überwachung, aufgezwungene Ziele und Androhungen von Sanktionen. Der negative Zusammenhang wird im Rahmen der zweiten Subtheorie von SDT, der Kognitiven Dissonanztheorie (CET = Cognitive Evaluation Theory) untersucht. Vgl. Gagné/Deci (2005), S. 332f; Ryan/Deci (2000), S. 70f; Deci/Ryan (2000), S. 233ff.

[248] Diese benötigen u.a. Kreativität, kognitive Flexibilität sowie konzeptionelles Verständnis; in diesem Kontext ist insb. intrinsische Motivation von maßgeblicher Bedeutung.

[249] Diese benötigen u.a. Disziplin; in diesem Kontext ist insb. die internalisierte extrinsische Motivation maßgeblich.

[250] Vgl. Gagné/Deci (2005), S. 337, 354.

[251] Vgl. Gagné/Deci (2005), S. 336f; Ryan/Deci (2000), S. 73f.

[252] Vgl. Gagné/Deci (2005), S. 337; Ryan/Deci (2000), S. 74f; Deci/Ryan (2000), S. 228f, 231f.

[253] Vgl. Gagné/Deci (2005), S. 337; Ryan/Deci (2000), S. 70; Deci/Ryan (2000), S. 229f, 232.

[254] Zu den möglichen Ansätzen, eine Arbeitsumgebung autonomiefördernd zu gestalten, gehören demnach zum einen arbeits- und tätigkeitsbezogene Faktoren (bspw. Sicherstellung einer anspruchsvollen und nachvollziehbar sinnvollen Tätigkeit, Gewähren von Wahlmöglichkeiten bei gleichzeitig festgelegten Verantwortlichkeiten, Minimierung von Kontrollmechanismen, positives und konstruktives Feedback) sowie das organisationale Klima und das Führungsverhalten betreffende Aspekte (bspw. Meinungen und Perspektiven von Mitarbeitern wahr- und ernstnehmen sowie aktiv einfordern, Förderung von Eigeninitiative und Partizipation). Autonomie und Kompetenz kann des Weiteren durch Mitarbeiterentwicklung und Wissensaustausch gefördert werden, während ein allgemeiner Austausch, Steigerung der Identifikation mit der Arbeitsgruppe sowie ein respektvoller Umgang die Zugehörigkeit stärkt. Vgl. Stone/Deci/Ryan (2009), S. 79-84; Gagné/Deci (2005), S. 338f, 355.

Neben der Arbeitsumgebung wird die autonome Motivation der Mitarbeiter und deren Stärke auch von *individuellen Differenzen* beeinflusst, welche die Orientierungen der Mitarbeiter hinsichtlich der Initiierung und Regulation ihres Verhaltens betreffen. Diese werden als ‚general causality orientations' bezeichnet und umfassen eine Autonomie- sowie Kontrollorientierung.[255] Während Mitarbeiter mit einer Autonomieorientierung das Arbeitsumfeld tendenziell eher als autonomiefördernd betrachten und selbstbestimmt handeln, empfinden kontrollorientierte Mitarbeiter das Arbeitsumfeld primär kontrollierend und handeln dementsprechend. Erstere Orientierung ist positiv verknüpft mit Aspekten wie Selbstverwirklichung, Selbstwertgefühl, Selbstbewusstsein, Persönlichkeitsentwicklung sowie der Realisierung sozialer Interaktionen und Beziehungen; Letztere wird dagegen vor allem mit einem von externen Faktoren abhängigen Selbstbewusstsein, defensivem Handeln sowie einer hohen Wichtigkeit von Bezahlung und anderen extrinsischen Anreizen verbunden.[256]

II.3.2.2   Prozessmodelle – kognitive Prozesse und Motivation

Die seit den 1960er-Jahren dominierenden Prozessmodelle konzentrieren sich auf die kognitiven Vorgänge und Denkprozesse, die letztlich zum Handeln führen.[257] Kognition bzw. kognitive Prozesse bezeichnen die Wahrnehmung und das Verstehen von Information sowie die darauf basierende Erarbeitung von Lösungen; in diesem Sinne berühren sie sämtliche Wahrnehmungs-, Gedächtnis- und Denkprozesse des Menschen.[258] Im Rahmen dieser Arbeit sind insb. die Aspekte der Problemlösung, der Entwicklung von Kenntnissen und Fertigkeiten sowie des logischen Denkens und der Entscheidungsfindung von Relevanz.[259] Im Mittelpunkt der folgenden Darstellungen stehen daher die situationsbezogene Auswahl und das Setzen von Zielen sowie die Entwicklung von Strategien zu deren Erreichung. Berücksichtigt werden dabei ebenfalls die vielfältigen internen Dispositionen und Prozesse sowie Verarbeitungsmechanismen externer Stimuli und Einflussfaktoren, welche zu diesen Aktivitäten führen bzw. diese maßgeblich beeinflussen.

Rationale Zieleinschätzung: Erwartungs-Valenz-Modelle

Erwartungs-Valenz-Modelle sind mathematisch formulierte Motivationstheorien, welche eine situationsbezogene, rationale Bewertung von möglichen Handlungsalternativen seitens der Mitarbeiter als Grundlage der Motivation und deren Stärke unterstellen. Hervorzuheben sind hier vor allem die VIE-Theorie sowie das Zirkulationsmodell. Den Anfang machte Vroom mit der *VIE-Theorie* (Valenz-Instrumentalitäts-Erwartungs-Theorie, englisch ‚expectancy-valence theory')[260],

---

[255]   Auch hier wird – analog der Nichtberücksichtigung der Amotivation – die ‚impersonal orientation', welche mit dem Gefühl der Unkontrollierbarkeit, Selbstaufgabe und Depression einhergeht, nicht berücksichtigt.
[256]   Vgl. Gagné/Deci (2005), S. 339; Deci/Ryan (2000), S. 232, 241f.
[257]   Vgl. Steers/Mowday/Shapiro (2004), S. 381.
[258]   Vgl. Solso (2005), S. 4.
[259]   Für eine vertiefende Darstellung aus kognitionswissenschaftlicher Perspektive vgl. Anderson (2001), S. 241-352.
[260]   Vgl. (auch für die folgenden Ausführungen) Vroom (1964); Schneck et al. (2007), S. 967f; Steers/Mowday/Shapiro (2004), S. 382.

nach der die Anstrengung des Mitarbeiters, eine Handlungsalternative auszuführen und damit ein bestimmtes Ziel zu erreichen, letztlich von zwei miteinander multiplizierten Faktoren abhängt: Der Valenz sowie der Erwartung des Handlungsergebnisses/Zieles.[261] Eine hohe Motivation und Leistungsbereitschaft wird dementsprechend dann erfolgen, wenn im Rahmen einer spezifischen Handlungsalternative durch die eigenen Anstrengungen positive Handlungsergebnisse realisiert werden können[262] oder diese Handlungsergebnisse zu positiv wahrgenommenen Handlungsfolgen wie bspw. Belohnungen führen.[263] Zentrale Motivationsfaktoren sind demnach eine hohe Selbstwirksamkeitserwartung des Mitarbeiters sowie die Erwartung positiver Auswirkungen.

Konkretisiert, ergänzt und erweitert wurde diese Perspektive im Rahmen des *Zirkulationsmodells* von Porter und Lawler[264], welches Anstrengung und letztliche Leistung konsequent trennt: Während die Anstrengung von der Wertigkeit/Valenz sowie der subjektiv wahrgenommenen Eintrittswahrscheinlichkeit der Handlungsergebnisse (Ziele) und Handlungsfolgen (Belohnung) abhängt, wird die Leistung außerdem von individuellen Unterschieden (tatsächliche Fähigkeiten, Persönlichkeitsmerkmale) sowie der Rollenwahrnehmung (Zielgerichtetheit der Anstrengungen) beeinflusst. Des Weiteren wird der Übergang von Leistungserbringung zu Zufriedenheit konkretisiert, indem die tatsächliche Belohnung in additive intrinsische und extrinsische Kompenenten differenziert sowie einer vom Mitarbeiter als gerecht und angemessen empfundenen Belohnung gegenübergestellt wird. Zu guter Letzt bildet dieses Zusammenspiel die Grundlage für einen Feedbackprozess, welcher es den Mitarbeitern mittels eines Lernprozesses ermöglicht, vergangene Erfahrungen bezüglich Antrengungen und korrespondierenden Belohnungen für zukünftige Verhaltensweisen zu nutzen. In der Folge wurden kognitive Erwartungsmodelle zwar ergänzt und ausdifferenziert, aber nicht mehr grundlegend verändert.[265]

Ziele setzen und erreichen: Zielsetzungstheorie

Während es bei den Erwartungs-Valenz-Modellen primär um die Einschätzung und Auswahl von Zielen geht, nimmt die von Locke und Latham entwickelte *Zielsetzungstheorie* den gesamten Zielprozess – von der Zielauswahl und Zielsetzung über die Entwicklung von konkreten Strategien, diese zu erreichen, bis hin zu externen und internen Faktoren, die den Zielerreichungsprozess

---

[261] *Valenz des Handlungsergebnisses* bezeichnet in diesem Zusammenhang dessen subjektive Wertigkeit: Konkret wird diese dargestellt als Funktion aus (1) Instrumentalität des Handlungsergebnisses in Bezug auf die zu erwartenden Handlungsfolgen (Schätzwert subjektiver Wahrscheinlichkeit, inwieweit das Handlungsergebnis positive oder negative Auswirkungen auf die verschiedenen möglichen Handlungsfolgen hat) sowie (2) der Valenz ebenjener Handlungsfolgen als Gewichtungsfaktor (subjektive Wertigkeit/Stärke der Bevorzugung). Die *Erwartung des Handlungsergebnisses* wiederum beschreibt die subjektiv eingeschätzte Wahrscheinlichkeit, mit der das Handlungsergebnis auf Basis der eigenen Anstrengungen eintritt bzw. erreicht werden kann.

[262] Wirksamkeit der eigenen Leistung, Erfolgswahrscheinlichkeit.

[263] Durch die mathematische Formulierung der Multiplikation ist sichergestellt, dass für eine handlungsinduzierende Wirkung beide Aspekte einer Handlungsalternative zumindest einen positiven Mindestwert aufweisen müssen.

[264] Vgl. (auch für die folgenden Ausführungen) Lawler/Porter (1967); Porter/Lawler (1968); Thommen/Achleitner (2003), S. 700ff; Steers/Mowday/Shapiro (2004), S. 382.

[265] Vgl. Steers/Mowday/Shapiro (2004), S. 382.

beeinflussen – in den Blick.[266] In folgender Abbildung werden die einzelnen Elemente und Prozesse übersichtlich dargestellt und in der Folge kurz erläutert:

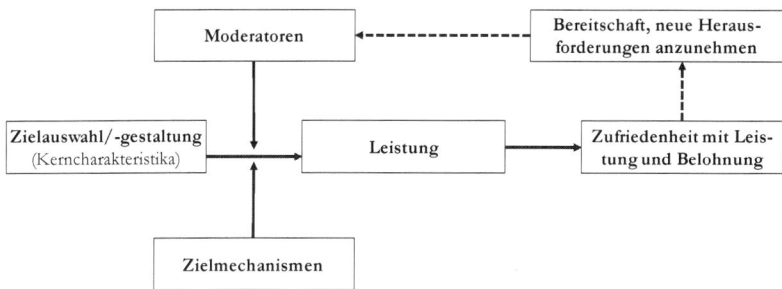

Abbildung 6 Grundlegende Elemente und Prozesse der Zielsetzungstheorie (Quelle: Eigene Darstellung in Anlehnung an Locke/Latham (2002), S. 714)

Die als relevant identifizierten *Kerncharakteristika von Zielen als Basis der Zielauswahl und -gestaltung* umfassen zunächst die Spezifität/Genauigkeit sowie die Schwierigkeit/Höhe derselben: Kernaussage der Zielsetzungstheorie ist es, dass schwierige und zugleich spezifische Ziele die höchsten Anstrengungen und Leistungen hervorbringen.[267] Weitere relevante Aspekte sind Zieltypus (Entwicklungs-/Lern- vs. Leistungsziel)[268], Zielherkunft (extern vorgegeben vs. selbstgesteckt vs. partizipativ entwickelt) sowie Zielebene (Individuell vs. Gruppe vs. Unternehmen).[269]

Konkret beeinflussen Ziele die Mitarbeiterleistung mittels vier Wirkungsmechanismen, die sog. *Zielmechanismen:* Zum einen haben Ziele eine richtungsgebende Funktion (,directive function'), d.h. Ziele fokussieren die Aufmerksamkeit der Mitarbeiter auf für die Zielerreichung relevante Aktivitäten und ermöglichen dadurch eine effektive Führung. Des Weiteren haben sie eine Antriebsfunktion (,energizing function'), indem insb. hohe und spezifische Ziele die unmittelbare Anstrengung (,intensity') steigern; gleichzeitig intensivieren sie jedoch auch die Ausdauer und Beharrlichkeit (,persistence'), mit der die Ziele verfolgt werden. Schließlich findet eine indirekte Beeinflussung der Handlungen statt, indem Ziele einen Impuls zur Entwicklung von aufgabenrelevanten Strategien, Fähigkeiten und Wissen geben.[270]

---

[266] Die Zielsetzungstheorie wurde und wird seit Mitte der Sechzigerjahre induktiv, d.h. auf Basis umfassender empirischer Untersuchungen, von Locke und Latham sowie einer Vielzahl weiterer Forscher entwickelt und wird als eine der einflussreichsten sowie praxisrelevantesten Motivationstheorien bezeichnet. Vgl. Locke/Latham (2002), S. 705, 714; Latham/Pinder (2005), S. 496.

[267] Vgl. Locke/Latham (2002), S. 705f; Locke (1996), S. 118f.

[268] Als Entwicklungs- bzw. Lernziele werden Ziele bezeichnet, welche den Fokus auf den Problemlösungsprozess lenken und bspw. die Qualität oder Quantität der identifizierten Problemlösungsstrategien in den Vordergrund stellen. Bei Leistungszielen steht demgegenüber das Problemlösungsergebnis im Vordergrund, bspw. die Qualität oder Quantität der konkreten Leistungserbringung bzw. ein bestimmtes Leistungsniveau. Vgl. u.a. Seijts/Latham/Tasa/Latham (2004), S. 229.

[269] Für eine ausführliche Übersicht der Kerncharakteristika vgl. auch Locke/Latham (2002), S. 714.

[270] Vgl. Locke (1996), S. 120; Locke/Latham (2002), S. 706f.

Es gibt nun einige interne und externe Faktoren, welche die Stärke der zuvor dargestellen Wirkungsmechanismen beeinflussen und als *Moderatoren* bezeichnet werden: Namentlich sind dies Ziel-Commitment („goal commitment')[271], Feedback sowie Aufgabenkomplexität. Das Ziel-Commitment wird von drei Aspekten bestimmt: der wahrgenommenen Wichtigkeit und Erreichbarkeit der Ziele sowie der aufgabenspezifischen Selbstwirksamkeitserwartung seitens der Mitarbeiter.[272] Eine wahrgenommene Wichtigkeit der Ziele entsteht dabei zum einen durch effektives Führungsverhalten[273], zum anderen durch das bedachte Setzen von extrinsischen Anreizen[274]. Des Weiteren zeigt sich, dass partizipativ erarbeitete Ziele keinen prinzipiell größeren Leistungseinfluss ausüben als vorgebene Ziele, vorausgesetzt Letztere werden mit einer sinnvollen, nachvollziehbaren Begründung kommuniziert. Selbstgesetzte Ziele wiederum erhöhen zwar das Commitment, können aber je nach Selbstwirksamkeitserwartung des Mitarbeiters ggf. niedriger ausfallen als angemessen. Im Grundsatz wird daher im Kontext der Erarbeitung von Lösungsstrategien zur Zielerreichung die Wirksamkeit partizipativer Austauschmechanismen als sehr hoch eingeschätzt.[275] Die beiden weiteren Aspekte, Erreichbarkeit und Selbstwirksamkeitserwartung, hängen eng miteinander zusammen: So ist die Selbstwirksamkeitserwartung höher, je höher die Erreichbarkeit eingeschätzt wird. Die Selbstwirksamkeiterwartung wirkt, neben einer direkten Leistungsstimulierung, ihrerseits wiederum positiv auf den akzeptierten Schwierigkeitsgrad von Zielen, das Ziel-Commitment, die Verarbeitung von (negativem) Feedback sowie die effektive Erarbeitung geeigneter aufgabenspezifischer Lösungsstrategien.[276] Konkret gefördert werden können Erreichbarkeit und Selbstwirksamkeitserwartung durch vielfältige Maßnahmen, welche vor allem eine Förderung von Kompetenz und Kompetenzwahrnehmung anstreben.[277] Als weiterer wichtiger Faktor für eine effektive Zielerreichung wird ein primär positiv-informatives Feedback genannt: Dieses steigert ebenfalls die Kompetenz und gibt den Mitarbeitern die Möglichkeit, den eigenen Fortschritt hinsichtlich der Zielerreichung einschätzen, eventuelle Diskrepanzen identifizieren und diese reduzieren zu können.[278] Schlussendlich beeinflusst die Komplexität der Aufgabe [279] die Wirkung von Zielen auf die Leistung: So kann mit steigender Komplexität und damit steigender

---

[271] Als Ziel-Commitment bezeichnet man den Grad, inwieweit sich die Mitarbeiter ihren Zielen (innerlich) verpflichtet fühlen und mit welchem Engagement sie für deren Realisierung eintreten.
[272] Vgl. u.a. Locke/Latham (2002), S. 707f.
[273] Ein solches umfasst eine klare Zielverpflichtung, den Verweis auf eine Vision als langfristig erstrebenswerter Zustand, ein unterstützendes, vorbildhaftes Verhalten sowie das Delegieren von Verantwortung.
[274] Hierbei ist zu beachten, dass extrinsische und insb. monetäre Anreize wenn überhaupt nur dann positiv wirksam sind, wenn das Erreichen der zugrundeliegenden Ziele von Mitarbeiterseite als realistisch eingeschätzt wird. Dies ist v.a. dann der Fall, wenn die selbstgesetzten Ziele mit den vorgebenen Zielen übereinstimmen oder eine hohe Selbstwirksamkeitserwartung seitens der Mitarbeiter vorhanden ist. Vgl. Locke/Latham (2002), S. 708f.
[275] Vgl. Locke/Latham (2002), S. 707f; Locke (1996), S. 119.
[276] Vgl. Locke (1996), S. 120.
[277] Beispiele solcher Maßnahmen sind die Anpassung der Ziele auf die jeweiligen Kompetenzen und Fähigkeiten der Mitarbeiter, die Steigerung der Kompetenz durch Weiterbildung/Training und unterstützendes Verhalten, die Steigerung der Kompetenzwahrnehmung durch bestätigendes, zuversichtliches Verhalten sowie eine auf den Mitarbeiter zugeschnittene Rollengestaltung. Vgl. Locke (1996), S. 119; Locke/Latham (2002), S. 707f.
[278] Vgl. Latham/Pinder (2005), S. 499ff; Locke/Latham (2002), S. 708. Locke (1996), S. 120.
[279] Komplexität im Sinne der Schwierigkeit, Mehrdimensionalität, Vielschichtigkeit oder Neuartigkeit der Aufgabe.

Abhängigkeit von den Fähigkeiten der Mitarbeiter, effektive Lösungsstrategien zu identifizieren, grundsätzlich eine absinkende Wirkung von Zielen beobachtet werden.[280] Wie die schon erwähnten kompetenzsteigernden Maßnahmen kann auch eine Variation des Zieltypus diesen Zusammenhang abschwächen: Während spezifische, hohe Leistungsziele ihre Wirksamkeit v.a. bei alltäglichen und wenig komplexen Aufgaben entfalten, zu deren Durchführung alle erforderlichen Kenntnisse und Fähigkeiten bereits vorhanden sind, sind spezifische, herausfordernde Lernziele insb. bei komplexen und neuartigen Aufgaben erfolgversprechend.[281] Des Weiteren können bei komplexen Aufgaben kurzfristige Ziele nützlich sein.[282]

Ein weiterer Faktor, welcher die Wirkungsmechanismen von Zielen und Leistung beeinflusst, sind die *individuellen Zielorientierungen*, welche im Gegensatz zu den situativen Zielen eine innere Disposition darstellen und damit den individuellen Unterschieden und persönlichen Eigenschaften zuzuordnen sind.[283] Dieses Konstrukt wurde über lange Zeit weitgehend unabhängig von der Zielsetzungstheorie im Rahmen der Erziehungspsychologie behandelt und bezeichnet die spezifische Herangehensweise an eine Aufgabe und deren Erfüllung: Unterschieden wird im Allgemeinen zwischen der Lernzielorientierung[284] auf der einen sowie der Leistungsziel-[285] und Vermeidungszielorientierung[286] auf der anderen Seite.[287] Während eine Lernzielorientierung weitgehend mit positiven Auswirkungen auf die intrinsische Motivation und leistungsrelevante Aspekte verbunden wird[288], bietet die Leistungszielorientierung keine eindeutigen Indikationen mit jedoch negativer Tendenz, und die Vermeidungszielorientierung wird allgemein mit ausschließlich negativen Effekten assoziiert[289]. Zielorientierungen kommen allerdings nur dann effektiv zum Tragen, wenn die gesetzten Ziele ,schwach', d.h. unklar oder vage sind; werden hingegen ,starke', d.h. spezifische und herausfordernde Ziele gewählt oder vorgegeben, sind diese verhaltensbestimmend und ,überlagern' die individuellen Unterschiede und damit auch die mit den Zielorientierungen korrespondierenden Herangehensweisen und Auswirkungen.[290]

---

[280] Vgl. Locke/Latham (2002), S. 708f.
[281] Vgl. Seijts/Latham/Tasa/Latham (2004), S. 229; Locke/Latham (2002), S. 709.
[282] Vgl. Locke/Latham (2002), S. 709.
[283] Vgl. Seijts/Latham/Tasa/Latham (2004), S. 238.
[284] Auch ,learning/mastery goal orientation'; primäres Ziel: Kompetenz und Wissen durch Aufgabenerfüllung.
[285] Auch ,performance approach goal orientation'; primäres Ziel: Realisierung eines möglichst hohen Leistungsstandards bzw. Erfolgs, um letztlich hohe Kompetenz zu demonstrieren.
[286] Auch ,performance avoidance goal orientation'; primäres Ziel: Nichtunterschreitung eines bestimmten Leistungsstandards, um keine geringe Kompetenz zu demonstrieren.
[287] Vgl. Kaplan/Maehr (2007), S. 142ff; Elliot/Church (1997), S. 218f; Elliot/Harackiewicz (1996), S. 461f; Elliot (1999); Rawsthorne/Elliot (1999), S. 326f, 328f; Elliot/Covington (2001).
[288] So wirkt diese u.a. positiv auf die Leistung selbst, steigert Selbstwirksamkeit und Ausdauer und fördert eine Präferenz für Herausforderungen wie bspw. anspruchsvolle Aufgaben/Ziele. Vgl. Kaplan/Maehr (2007), S. 142f; Seijts/Latham/Tasa/Latham (2004), S. 237; Elliot (1999), S. 173; Rawsthorne/Elliot (1999), S. 336; Harackiewicz/Elliot (1998), S. 684f; Elliot/Harackiewicz (1996), S. 472f.
[289] Vgl. Kaplan/Maehr (2007), S. 144; Seijts/Latham/Tasa/Latham (2004), S. 237; Harackiewicz et al. (2002); Elliot (1999), S. 174; Rawsthorne/Elliot (1999), S. 337; Harackiewicz/Elliot (1998), S. 684f; Elliot/Harackiewicz (1996), S. 472f.
[290] Vgl. Seijts/Latham/Tasa/Latham (2004), S. 230, 237f; VandeWalle/Cron/Slocum (2001), S. 637f.

Zusammenfassend führen im Rahmen des sog. ‚high-performance cycle' Ziele und deren Erreichen in Form von Handlungsergebnissen zu hohen Leistungen, welche ihrerseits positive Handlungsfolgen nach sich ziehen, sei es direkt eine intrinsische Steigerung der Zufriedenheit und
Selbstwirksamkeitserwartung aufgrund der erreichten Leistung, oder aber extrinsische Belohnungen wie Anerkennung, Beförderungen und Boni, welche zumindest kurzfristig positiv auf
Zufriedenheit und Selbstwirksamkeitserwartung wirken können (zur ambivalenten Rolle externer
und insb. leistungsbezogener monetärer Anreize vgl. Kap. B.II.3.1; B.II.3.2.1, Abschnitt Selbstbestimmungstheorie der Motivation). Beides führt wiederum zu der Wahrnehmung und Überzeugung seitens der Mitarbeiter, zukünftige Herausforderungen durch das Setzen und Erreichen
ähnlich hoher oder höherer Ziele meistern zu können.[291]

Selbstregulation, Selbstwirksamkeit und Ziele

Für die Auswahl, Ausführung und ggf. Adaption geeigneter, zielgerichteter Handlungen werden
kognitive Mechanismen benötigt, welche diese Handlungsvorgänge steuern: Erreicht wird dies
durch Selbstregulationsmechanismen im Zusammenspiel mit Selbstwirksamkeitserwartungen.[292]

Die einflussreiche *Sozialkognitive Theorie der Selbstregulation* (‚Social Cognitive Theory of Self-
Regulation') konkretisiert Selbstregulation anhand der Submechanismen Selbstbeobachtung,
Selbstbewertung sowie Selbstreaktion[293] und kombiniert diese mit den Selbstwirksamkeitserwartungen[294]. Letztlich wird die Selbstmotivation dabei durch einen *dualen Kontrollprozess* bestimmt,
welcher sowohl proaktive und antizipative als auch reaktive Kontrolle beinhaltet: Während zunächst durch Selbstbeobachtung und -bewertung sowie das Setzen von Leistungsstandards und

---

[291] Vgl. Locke/Latham (2002), S. 712. Diese Kausalkette stellt in gewisser Weise eine differenzierte und erweiterte
       Variante des im Rahmen des Zirkulationsmodells von Porter/Lawler erwähnten Feedbackprozesses dar.
[292] Vgl. Bandura (1991), S. 248; Latham/Pinder (2005), S. 501f.
[293] *Selbstbeobachtung* hat dabei einen die Funktion, Gedanken, Emotionen, Verhalten, Handlungen sowie die
       zugehörigen Umstände zu registrieren und durch das Erkennen von Mustern den Einfluss des Denkens auf
       Emotionen, Motivation und Leistung zu ermöglichen. Zum anderen wird hierdurch eine Selbstmotivation er-
       möglicht, welche durch das Setzen von Zielen mit ansteigendem Schwierigkeitsgrad sichtbar wird. Kern der
       Selbstbewertung ist der Abgleich des eigenen Handelns mit persönlichen Standards (als Bewertungsmaßstab für zu-
       künftige Anstrengungen, basierend auf vergangenen Wahrnehmungserfahrungen des eigenen Handelns sowie
       dessen realen Auswirkungen und den Reaktionen Anderer) sowie mit Handlungen/Ergebnissen Anderer. Des
       Weiteren spielt die individuelle Valenz/subjektive Wichtigkeit der Tätigkeit sowie der Grad an Eigenwirksamkeit
       eine wichtige Rolle. Auf Basis der Selbstbewertung finden nun *Selbstreaktionen* in Form von selbstdefinierten An-
       reizen statt, welche das Verhalten entsprechend der zuvor definierten Ziele und Präferenzen steuern und damit
       die Leistung zielbezogen fokussieren und steigern. Vgl. Bandura (1991), S. 250-257; Bandura (2001), S. 8f.
[294] Diese beeinflussen, welche Aktivitäten und Herausforderungen mit welcher Leistungsintensität und -ausdauer
       seitens der Mitarbeiter angegangen werden. Des Weiteren bedingen sie die Funktionsweise der Submechanismen
       der Selbstregulation, indem sie u.a. die Wahrnehmung von Erfolg und Fehlschlägen sowie die Höhe der selbst-
       gesteckten Ziele beeinflussen (je höher die Selbstwirksamkeitserwartungen, desto höher die Ziele), eventuelle
       Diskrepanzen zwischen persönlichen Standards und erbrachten Leistungen demotivierend oder motivierend
       wirksam werden lassen (niedrige oder hohe Selbstwirksamkeitserwartung) oder auch auf die Valenz-
       Bewertungen von Aktivitäten Einfluss nehmen (je höher die Selbstwirksamkeitserwartung für eine bestimmte
       Aktivität, desto höher die wahrgenommene Valenz). Vgl. Bandura (1991), S. 257f; Bandura (2001), S. 10;
       Latham/Pinder (2005), S. 503. Selbstwirksamkeit wird im Rahmen der sozialkognitiven Theorie der Selbstregula-
       tion immer als situations- und aufgabenspezifische Variable, nicht jedoch als Persönlichkeitsmerkmal oder Dis-
       position angesehen. Vgl. Latham/Pinder (2005), S. 503.

Zielen eine ‚destabilisierende' Diskrepanz erzeugt bzw. produziert wird, findet hernach durch das Fokussieren der Aktivitäten durch Selbstreaktionen sowie den Einbezug von externem Feedback wiederum eine ‚stabilisierende' Diskprepanzreduktion statt. Sind die gesetzten Ziele erreicht, setzen Mitarbeiter mit hoher Selbstwirksamkeitserwartung wiederum neue, höhere Ziele und produzieren damit neue Diskrepanzen, welche hernach wieder reduziert werden. Motivation sowie das Hervorrufen von Leistung und deren Steigerung entsteht somit nicht nur aufgrund reaktiver Kontrolle und Diskprepanzreduktion in Form klassischer Feedbackprozesse, sondern ebenfalls auf Basis der Voraussicht auf Ziele sowie das Antizipieren von notwendigen Leistungen zu deren Erreichen.[295] In diesem Sinne werden als Kerncharakteristika menschlichen Handelns Intentionalität (zielgerichtet und planvoll), Voraussicht (antizipierend), Selbstreaktivität (selbstmotiviert und -reguliert) und Selbstreflektivität (reflektiert) bezeichnet, welche sowohl die proaktive als auch reaktive Natur menschlichen Handelns betonen.[296]

Der *Motivationsansatz von Kanfer und Ackerman*[297] stellt in gewisser Weise eine Kombination von VIE-Theorie, sozialkognitiver Theorie der Selbstregulation und Kontrolltheorie dar. Motivation wird hierbei sowohl durch individuelle Unterschiede der kognitiven Fähigkeiten und Selbstregulationsprozesse als auch durch Anforderungen an die Informationsverarbeitung bestimmt. Sie selbst beeinflusst wiederum die Auswahl und Durchführung von Aktivitäten und damit die Leistung mittels zweier kognitiver Prozesse – auch hier findet, analog der sozialkognitiven Theorie der Selbstregulation, letztlich ein dualer Kontrollprozess statt, wenn auch mit etwas anderer Akzentuierung: Während *distale Faktoren* auf Basis von Einschätzungen bezüglich der Aufwand-Leistungs-, Leistung-Nutzen- sowie Aufwand-Nutzen-Verhältnisse primär die Zielauswahl bestimmen und bestimmten Aufgaben initiale Leistungskapazitäten und -ressourcen zuordnen, beeinflussen die *proximalen Faktoren* nachfolgend die andauernde, regulierende Allokation der Leistungskapazitäten auf aufgabenbezogene vs. aufgabenferne Aktivitäten. Bei langanhaltenden Aufgaben werden dementsprechend die proximalen Faktoren zunehmend wichtiger.

II.3.2.3   Erweiterungen der Prozessmodelle und integrierende Theorien

Nach dem Siegeszug der kognitiven Prozesstheorien in den 1960er- und 1970er-Jahren wurden diese in der Folge zwar selektiv weiterentwickelt und ergänzt, jedoch vergleichsweise wenig fundamental neue Ansätze oder Theorien entwickelt.[298] Aus diesem Grund wurde jüngst der An-

---

[295]   Vgl. Bandura (1991), S. 258ff; Latham/Pinder (2005), S. 502f.
[296]   Vgl. Bandura (2001), S. 6-11. Diese Perspektive findet sich bspw. wieder im *Konzept der ‚personal initiative'*, welche ebenfalls eine Verhaltensweise beschreibt, die in proaktiven und selbstmotivierten Handlungsimpulsen und nachfolgendem auf die Zielerreichung fokussiertem Verhalten resultiert (vgl. Fay/Frese [2001]; Bledow/Frese [2009]), steht jedoch im Gegensatz zu bzw. ergänzt die Sichtweise von *Kontroll- und Handlungsregulationstheorie*, im Rahmen derer Motivation und Verhaltenssteuerung ausschließlich durch ein negatives, reaktives Feedbackkontrollsystem (d.h. die Diskrepanzreduktion zwischen Leistung und internen Standards/Zielen) bestimmt werden (vgl. Bandura [1991], S. 258f; Lord/Hanges [1987]; Klein [1989]; Johnson/Chang/Lord [2006]).
[297]   Vgl. (auch für folgende Ausführungen) Kanfer/Ackerman (K9), S. 661-665; Kanfer/Ackerman (2004), S. 447f.
[298]   Vgl. Steers/Mowday/Shapiro (2004), S. 383; Latham/Pinder (2005), S. 507.

spruch formuliert, im Rahmen zukünftiger Forschungsanstrengungen zwar auf vorhandenen Theorien aufzubauen, diese jedoch signifikant weiterzuentwickeln: Als konkrete Ansätze können in diesem Zusammenhang eine interdisziplinäre Herangehensweise sowie die Kombination und Verknüpfung der vorhandenen Theorien und deren Erkenntnisse genannt werden.[299] Auch wenn an dieser Stelle nicht auf sämtliche diesbezüglichen Anstrengungen und Fortschritte eingegangen werden kann, sollen drei zentrale Aspekte hervorgehoben werden: Zunächst erscheint angesichts der vorherigen reinen Kognitionslastigkeit die zunehmende Beachtung von Affekten und Emotionen notwendig und wichtig.[300] Deren Interaktion mit Kognition und Verhalten wird des Weiteren im Kontext der organisationalen Gerechtigkeit deutlich. Schließlich sollen Volition und deren Interaktion mit dem Motivationsprozess betrachtet werden.[301]

Afffekte und Emotionen

Affekte und Emotionen[302] haben, basierend auf neuen theoretischen und empirischen Erkenntnissen in Psychologie und Neurobiologie, einen elementaren Einfluss auf sowohl menschliches Denken und Handeln allgemein als auch auf motivationsrelevante Prozesse. In diesem Sinne ist ein Verständnis von Arbeitsmotivation ohne Einbezug von Affekt und Emotion als unvollständig anzusehen.[303] Im Rahmen eines *konzeptionellen Modells von affektiven Erfahrungen und Motivation* wird der Einfluss von Affekten[304] auf Motivation bzw. konkret auf Selbstregulation sowie Zielsetzungs- und Zielerreichungsmechanismen untersucht: So sind Affekte und Emotionen zum einen ein zentraler Bestandteil von Selbstregulation, und es kann sowohl ein informativer als auch motivationaler Einfluss auf die Selbstregulationsmechanismen konstatiert werden.[305] Des Weiteren wird ein Einfluss auf die zentralen Zielmechanismen – namentlich Richtung, Intensität und Ausdauer des zielbezogenen Verhaltens – vermutet, sowohl direkt als auch indirekt über die Einschätzung von Erwartung und Valenz des Handlungsergebnisses/Ziels sowie des spezifischen Fortschritts bezüglich des Zielerreichungsgrades.[306]

Organisationale Gerechtigkeit

Ein konkreter Forschungsstrang, welcher zum einen in der kognitiven Denktradition gründet, zugleich aber die Relevanz von Affekten und Emotionen herausstellt, bildet die organisationale

---

[299] Vgl. Steers/Mowday/Shapiro (2004), S. 384; Locke/Latham (2004), S. 389-394.
[300] Vgl. u.a. Latham/Pinder (2005), S. 506f.
[301] Vgl. u.a. Locke/Latham (2004), S. 399f.
[302] Unter Affekt wird im Allgemeinen ein von Gefühlen und Stimmungen ausgehender, elementarer und allgemeiner Erregungseffekt verstanden, welcher sowohl hinsichtlich der Qualität der zugrundeliegenden Gefühle und Stimmungen, der Intensität sowie der Dauer unterschieden werden kann. Emotionen wiederum können allgemein als psychophysiologische Zustandsveränderungen bezeichnet werden, welche situationsbezogen durch äußere und innere Reize sowie kognitive Prozesse ausgelöst werden. Vgl. Fröhlich (2012), S. 42f, 161.
[303] Vgl. Seo/Barrett/Bartunek (2004), S. 424; Latham/Pinder (2005), S. 504.
[304] Hier im obigen Sinne verstanden als elementare Erregungseffekte, welche konkret auf den Gefühlen bzw. Gefühlsdimensionen von Behagen/Unbehagen sowie Aktivität/Inaktivität gründen.
[305] Vgl. Seo/Barrett/Bartunek (2004), S. 426f.
[306] Vgl. Seo/Barrett/Bartunek (2004), S. 427-433.

Gerechtigkeit. Grundlage und Ausgangspunkt ist Adams' *Gleichgewichtstheorie* (,Equity theory'), welche postuliert, dass Mitarbeiter permanent Vergleiche zwischen ihren zu leistenden Beiträgen und den erwarteten Erträgen anstellen[307] und diese Verhältnisse wiederum mit den korrespondierenden Verhältnissen anderer Personen vergleichen. Auf Basis dieses Vergleichs[308] ist der Mitarbeiter nun bestrebt, das eigene Verhältnis durch Anpassung seiner Beiträge (bspw. Steigerung/Absenkung der Leistung) oder der erwarteten Erträge (bspw. Forderung einer Gehaltssteigerung) anzupassen, die Vergleichswerte durch Einwirkung auf Vergleichspersonen zu verändern, andere Vergleichspersonen auszuwählen oder aber auf Vergleiche gänzlich zu verzichten (Resignation). Zielzustand ist die Realisierung einer *Verteilungsgerechtigkeit* (,distributive justice') mit auf Basis der Beiträge leistungsgerecht verteilten Erträgen.[309]

Weitere Ansätze differenzieren die Thematik der organisationalen Gerechtigkeit weiter aus und untersuchen Natur, Ursachen und Konsequenzen von Gerechtigkeits- bzw. Ungerechtigkeitsempfindungen. So kann organisationale Gerechtigkeit neben der Verteilungsgerechtigkeit weitere Ausprägungsformen annehmen: Diese umfassen *Prozessgerechtigkeit* (,procedural justice'; Fairness der zu Erträgen führenden Prozesse, bspw. Konsistenz, Präzision, Unvoreingenommenheit der Prozesse)[310] sowie *interaktionale Gerechtigkeit* (,interactional justice'; Grad an Fairness und Respekt sowohl im alltäglichen Umgang als auch bei der Kommunikation von Entscheidungen)[311]. Interaktionale Gerechtigkeit kann ihrerseits wiederum in die zwei Dimensionen der *interpersonellen Gerechtigkeit* (,interpersonal justice'; fairer und respektvoller gegenseitiger Umgang) sowie der *informativen Gerechtigkeit* (,informational justice'; Realisierung einer zeitgerechten, adäquaten, spezifischen und aufrichtigen Kommunikation von Entscheidungen) unterteilt werden.[312] Gemeinsam ist allen diesen Ansätzen die Prämisse, dass die Wahrnehmung eines fairen und gerechten Umgangs die mitarbeiterseitige Akzeptanz organisationaler Auswirkungen und Mechanismen fördert.[313] Konkret kann ein Einfluss auf Haltungen und Verhalten von Mitarbeitern festgestellt werden, bspw. auf Leistung (Verteilungsgerechtigkeit), Commitment oder Regelbefolgung (Prozessgerechtigkeit), Hilfsbereitschaft und positive Einschätzung der Führungskräfte (interpersonelle Gerechtigkeit) sowie wahrgenommene Wertschätzung innerhalb der Gruppe (informative Gerechtigkeit).[314]

---

307 Im Englischen als ,Input-output', mitunter auch als Aufwand-Nutzen bezeichnet; dabei stellen Arbeitsleistung (Beitrag) und finanzielle Entlohnung (Ertrag) die am häufigsten untersuchten Ausprägungsmerkmale dar.

308 D.h. der wahrgenommenen, interpersonellen Gerechtigkeit der Verteilung von Beiträgen und Erträgen.

309 Vgl. Adams (1963); Adams (1965); Thommen/Achleitner (2003), S. 702ff; Schneck et al. (2007), S. 393f. In gewissem Sinne differenziert die Gleichgewichtstheorie den im Rahmen der Zielsetzungstheorie erwähnten Feedbackaspekt des ,high performance cycles' bzw. erweitert diesen um den interpersonellen Aspekt.

310 Vgl. u.a. Leventhal (1980).

311 Vgl. u.a. Bies/Moag (1986).

312 Vgl. u.a. Colquitt (2001). Für weitere allgemeine wie vertiefende und spezifizierende Einblicke in das Thema der Organisationalen Gerechtigkeit sei u.a. verwiesen auf Greenberg (1990); Greenberg/Colquitt (2005).

313 Vgl. Latham/Pinder (2005), S. 504f.

314 Vgl. Colquitt (2001).

Dabei weisen *Führungsverhalten und organisationale Gerechtigkeit* eine enge Wechselwirkung auf: So ist das Führungsverhalten zum einen ein wichtiger Einflussfaktor und zentrales Instrument im Rahmen der Realisierung von organisationaler Gerechtigkeit, zum anderen ist eine wahrgenommene Fairness und Gerechtigkeit des Führungsverhaltens wiederum von zentraler Bedeutung für dessen Effektivität.[315] Schließlich spielen in all diesen Prozessen *Affekte und Emotionen* eine zentrale Rolle, indem verteilungsbedingte und interaktionale Ungerechtigkeitsempfindungen (Gerechtigkeitsempfindungen) eng verknüpft sind mit dem Empfinden negativer (positiver) Emotionen und Affekte. Emotionen und Affekte können in diesem Kontext sowohl Ursache als auch Konsequenz darstellen und verstärken maßgeblich die zuvor erwähnten Verhaltensreaktionen.[316]

Volition und Motivation

Der Einfluss von Volition auf Motivation wurde in den letzten Jahrzehnten in zunehmendem Maße untersucht. An dieser Stelle soll aus Platzgründen auf die kompakte Übersicht des Forschungsstandes von Kehr[317] sowie die einflussreichen Untersuchungen bezüglich Motivation und Volition von Heckausen und Gollwitzer[318] verwiesen werden, bevor im Folgenden das *Kompensationsmodell der Arbeitsmotivation und Volition* näher dargestellt werden soll. Dieses bildet im besten Sinne eine integrierende Motivationstheorie[319]: Es vereinigt mit impliziten Motiven (Bedürfnisse/Motive), expliziten Motiven (Werte/interne Standards) und Zielen die zentralen motivationalen Bezugselemente und setzt diese miteinander in Beziehung, umfasst affektive wie kognitive Prozesse und berücksichtigt die regulierenden Mechanismen der Problemlösung und Volition.

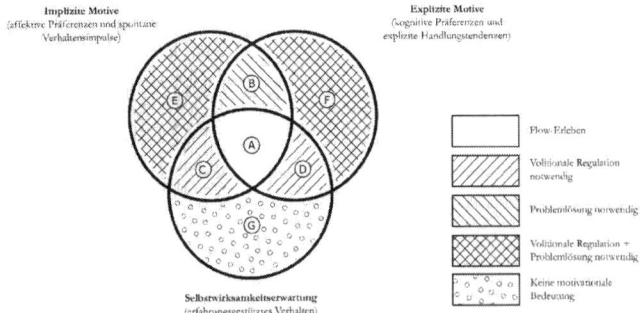

Abbildung 7   Schematischer Überblick des Kompensationsmodells der Arbeitsmotivation und Volition (Quelle: Leicht adaptiert nach Kehr (2004), S. 490; Kehr (2005), S. 139)

---

315 Vgl. van Knippenberg/de Cremer/van Knippenberg (2007); de Cremer/van Knippenberg (2002); Latham/Pinder (2005), S. 505.
316 Vgl. Latham/Pinder (2005), S. 505; Barsky/Kaplan (2007); Barsky/Kaplan/Biel (2011); Harlos/Pinder (1999).
317 Vgl. Kehr (2004), S. 485f.
318 Insb. das Rubikon-Modell der Handlungsphasen. Vgl. u.a. Achtziger/Gollwitzer (2010), S. 309-336.
319 Vgl. hinsichtlich dieses Ziels bzw. Anspruchs auch Kehr (2005), S. 131f, 139f; Kehr (2004), S. 480.

Grundsätzlich wird zwischen *drei strukturellen Motivationskomponenten* unterschieden: Den impliziten und expliziten Motiven sowie der Selbstwirksamkeitserwartung.[320] Trotz ihrer grundsätzlichen konzeptionellen Eigenständigkeit[321] gibt es einige empirische Verknüpfungen und wechselseitige Zusammenhänge, welche den Einfluss auf Arbeitsmotivation bestimmen: Intrinsische Motivation entsteht dabei, wenn das Verhalten und die ausgeführte Aufgabe eine Kongruenz mit den affektiven Präferenzen[322] und kognitiven Präferenzen[323] erlaubt (A und B), wobei das Flow-Erleben als besonders intensive intrinsische Motivation außerdem eine positive Selbstwirksamkeitserwartung (A) benötigt.[324]

Es gibt jedoch auch Situationen, in denen die Unterstützung einzelner struktureller Motivationskomponenten fehlt, d.h. zwischen Verhalten und ebendiesen keine Kongruenz, sondern vielmehr Diskrepanzen zu verzeichnen sind. Da diese Diskrepanzen – insb. zwischen impliziten und expliziten Motiven – intrapersonelle Konflikte hervorrufen, welche in gemindertem Wohlbefinden und Scheitern resultieren (können), ist es notwendig, die situativ jeweils fehlenden Komponenten durch die *funktionalen Mechanismen Volition und Problemlösung* zu kompensieren.[325] Als Volition bzw. volitionale Regulation wird die durch geeignete Mechanismen realisierte Überwindung intrapersoneller Handlungskonflikte und korrespondierender internaler Barrieren verstanden: Volition kompensiert in diesem Sinne mangelnde Motivation aufgrund von Diskrepanzen zwischen impliziten und expliziten Motiven. Eine volitionale Regulation ist demnach in den Bereichen C[326] und D[327] notwendig. Mögliche volitionale Mechanismen sind dabei Motivations-, Emotions-, Aufmerksamkeits- und Entscheidungskontrolle. Problemlösung bzw. Problemlösungsstra-

---

[320] Als *implizite Motive* werden dabei unbewusste psychologische Dispositionen verstanden, welche angeboren und weitgehend unabhängig von späteren externen Einflüssen wie Kognition, Erfahrung, sozialem Umfeld und situativen Einflüssen sind und zu unbewussten affektiven Präferenzen und spontanen Verhaltensimpulsen führen. Damit können die impliziten Motive in der Terminologie dieser Arbeit letztlich mit Bedürfnissen und Motiven gleichgesetzt werden (vgl. Kap. B.II.3.1). *Explizite Motive* sind demgegenüber bewusste bzw. bewusst angeregte Prozesse, welche, vergleichbar mit Werten und Normen (vgl. Kap. B.II.3.1), in hohem Maße von externen Einflüssen abhängig sind und zu kognitiven Präferenzen und expliziten Handlungstendenzen führen: Konkret äußert sich dies bspw. in der bewussten Auswahl von Aktivitäten und dem Setzen von expliziten Zielen. *Selbstwirksamkeitserwartungen* bezeichnen schließlich das Vertrauen in die eigene Leistungsfähigkeit auf Basis der individuell wahrgenommenen Fähigkeiten. Vgl. Kehr (2004), S. 480ff; Kehr (2005), S. 132f.

[321] Vgl. Kehr (2004), S. 482-485; Kehr (2005), S. 133.

[322] Verhaltensimpulse auf Basis impliziter Motive/Bedürfnisse.

[323] Explizite Handlungstendenzen auf Basis expliziter Motive/Ziele oder extrinsischer Handlungsanreize.

[324] Vgl. Kehr (2004), S. 488f; Kehr (2005), S. 136f. Es können hierbei bedeutende Gemeinsamkeiten mit der SDT (vgl. entsprechender Abschnitt in Kapitel B.II.3.2.1) identifiziert werden: So ist die Kongruenz des Verhaltens mit impliziten Motiven vergleichbar mit der Bedürfnisbefriedigung bei SDT, während die gleichzeitige Kongruenz von impliziten und expliziten Motiven große Ähnlichkeit mit dem Internalisierungsprozess externer Regulation bei SDT aufweist. Ein Unterschied ist jedoch die hier postulierte Position, dass für intrinsische Motivation per se keine hohe Selbstwirksamkeitserwartung notwendig ist (sondern nur für deren ,Optimalfall', das Flow-Erleben), während SDT positives Kompetenzerleben als notwendige Bedingung für intrinsische Motivation ansieht; des Weiteren ist bei SDT die Befriedigung von impliziten Bedürfnissen notwendige und hinreichende Bedingung für intrinsische Motivation; im Rahmen des Kompensationsmodells muss jedoch gleichzeitig eine Kongruenz mit expliziten Motiven/Zielen gegeben sein.

[325] Vgl. Kehr (2004), S. 482f.

[326] Unerwünschte implizite Verhaltensimpulse.

[327] Mit Bedürfnissen inkongruente explizite Handlungstendenzen.

tegien helfen, fehlende oder unzureichende Fähigkeiten und Selbstwirksamkeitserwartungen zu kompensieren, weshalb diese im Bereich B[328] benötigt werden. Die Bereiche E und F erfordern sowohl volitionale Regulation als auch Problemlösungsstrategien, während Bereich A keine dieser beiden benötigt und Bereich G[329] keine motivationale Relevanz besitzt.[330] Auf Basis der situativen Einordnung von Mitarbeitern und Aufgaben in die entsprechenden Bereiche (implizite Bedürfnisse, explizite Ziele und subjektive Selbstwirksamkeitserwartungen sowie volitionale Kompetenz und Problemlösungseffizienz) lassen sich nun *geeignete führungsrelevante Strategien und Führungsinstrumente* ableiten, welche eventuelle Defizite ausgleichen und die Notwendigkeit einer Ausübung kapazitätsintensiver volitionaler Mechanismen seitens der Mitarbeiter verringern.[331] Ebenfalls möglich sind metavolitionale Strategien zur Verbesserung volitionaler Handlungssteuerung sowie metamotivationale Strategien zur Steigerung der intrinsischen Motivation.[332] Bei Aufgaben mit intrinsischer Motivationskomponente sollten keine einseitigen extrinsischen Anreize verwendet werden, da diese auf die expliziten Motive zielen und langfristig intrinsische Motivation vermindern oder zerstören (Korrumpierungseffekt). Vielmehr sollten die impliziten Motive unterstützende Anreize genutzt und eine Delegation der Aufgaben realisiert werden (Autonomie).[333]

II.3.3   Kontextuelle Einflussfaktoren

Da Motivation ein psychologischer Prozess ist, welcher nicht zuletzt aus der Interaktion zwischen Individuum und Umgebung resultiert, sind kontextuelle Einflussfaktoren eine wichtige Komponente zum Verständnis von Arbeitsmotivation, welche in den letzten Jahrzehnten zunehmend untersucht wurde.[334] Angesichts ihrer Rolle am Schnittpunkt zwischen Individuum und Kontext/Organisation knüpfen sie direkt an die im Rahmen der Inhalts- und Prozessmodelle vorgestellten Motivationstheorien und deren führungsrelevanten Implikationen an. Als zumeist organisationale Gestaltungselemente stellen sie in diesem Sinne konkrete, pragmatische Ansatzpunkte zur Beeinflussung und Steuerung der überwiegend mittelbaren, intrapersonellen Motivationsprozesse und -mechanismen dar. Nicht zuletzt dieser Aspekt lässt eine Betrachtung der kontextuellen Einflussfaktoren im Rahmen dieser Arbeit als sinnvoll und notwendig erscheinen.

---

[328] Existenz von intrinsischer Motivation, aber unzureichenden Selbstwirksamkeitserwartungen.
[329] Fähigkeiten, welche weder mit affektiven Präferenzen und spontanen Verhaltensimpulsen noch mit kognitiven Präferenzen und expliziten Handlungstendenzen korrespondieren.
[330] Vgl. Kehr (2004), S. 485-491; Kehr (2005), S. 134f, 137-140.
[331] Bspw. Maßnahmen zur Förderung der Selbstwirksamkeit (Feedback) und der Fähigkeiten (Mentoring, Coaching und Weiterbildungen/Training), zur Unterstützung bei der Problemlösung (Bereich B) oder zur Zielsetzung und Förderung der Zielbindung (Bereich C).
[332] Letzteres kann u.a. mittels visionärer Führung, der Befriedigung impliziter Motive (z.B. Zuordnung anspruchsvoller Aufgaben), Teamarbeit/Zugehörigkeit sowie der Delegation von Aufgaben erreicht werden (Bereich D).
[333] Vgl. Kehr (2005), S. 140-147; Kehr (2011), S. 67-71.
[334] Vgl. auch Latham/Pinder (2005), S. 486, 507.

Anpassungsgüte-Modelle

Den Anpassungsgüte-Modellen („goodness-of-fit models") und konkret der Person-Umgebung Anpassungsgüte („person-environment fit") liegt die Annahme zugrunde, dass der Zusammenhang zwischen persönlichen Variablen[335] und individuellen wie organisationalen Resultaten[336] bedingt ist durch Charakteristika des Kontextes: Daher berücksichtigen sie sowohl individuelle als auch Kontextvariablen und setzen diese miteinander in Beziehung.[337] Allgemein als relevant angesehene Person-Umgebung Anpassungsgüte-Modelle beziehen sich auf die Passform und Kongruenz von Person auf der einen sowie Tätigkeit/Beruf (⇨ Arbeitsgestaltung), Organisation (Werte, Ziele, Anstellungskriterien, Wachstumsmöglichkeiten, Arbeitsumgebung ⇨ Organisationskultur), Arbeitsgruppen/-kollegen (Beziehungen, individuelles Verhalten ⇨ Organisationskultur im weiteren Sinne) oder Vorgesetzten (⇨ Führungsverhalten) auf der anderen Seite.[338] Doch auch wenn zumindest partiell eine Beeinflussung festgestellt werden kann, sind die spezifischen Wirkungsmechanismen und Interdependenzen bislang nicht vollständig geklärt. Tendenziell wird die Perspektive einer simultanen, direkten Beeinflussung der individuellen und organisationalen Resultate durch die kontextuellen Einflussfaktoren – bei bestehenden Wechselwirkungen – dem Konstrukt einer allumfassenden multidimensionalen Person-Umgebung Anpassungsgüte vorgezogen.[339] Daher werden die oben erwähnten Submodelle im Folgenden als Startpunkt dienen, die enthaltenen dominanten kontextuellen Einflussfaktoren näher zu beleuchten: Arbeitsgestaltung, Organisationskultur sowie Führungsverhalten. Außerdem soll mit der nationalen Kultur ein weiterer einflussreicher Faktor diskutiert werden.[340]

Arbeitsgestaltung

Eine der ersten und zugleich bedeutendsten Motivationstheorien, welche sich mit Arbeitsgestaltung beschäftigte und deren Notwendigkeit und Nutzen herausstellte, ist die Zwei-Faktoren-Theorie von Herzberg (vgl. Kap. B.II.3.2.1, Abschnitt Zwei-Faktoren-Theorie).[341] Ansätze zur effektiven Arbeitsgestaltung und Jobenrichment[342] knüpfen darüber hinaus an die praktischen Implikationen der Selbstbestimmungstheorie der Motivation sowie des Kompensationsmodells der Arbeitsmotivation und Volition an, welche ebenfalls eine geeignete Arbeitsgestaltung zur Steigerung insb. der intrinsischen Motivation propagieren. Einen der bis heute einflussreichsten Ansätze in diesem Zusammenhang stellt das *Job-Characteristics-Modell* von Hackman und Oldham dar, welches in folgender Abbildung dargestellt ist:

---

[335] Bedürfnisse und Motive, Werte und Einstellungen, Ziele sowie persönliche Eigenschaften.
[336] Commitment/Leistungsbereitschaft, Zufriedenheit, Identifikation sowie Rückzugs-/Kündigungsintensionen.
[337] Vgl. u.a. Latham/Pinder (2005), S. 495; Edwards/Billsberry (2010), S. 476f.
[338] Vgl. u.a. Edwards/Billsberry (2010), Kristof-Brown/Zimmerman/Johnson (2005), S. 477ff; S. 283-287.
[339] Vgl. Edwards/Billsberry (2010), S. 488ff.
[340] Vgl. Latham/Pinder (2005), S. 486.
[341] Für eine Übersicht weiterer grundlegender theoretischer Ansätze vgl. Hackman/Oldham (1976), S. 251-255.
[342] Jobenrichment: Anreicherung der Arbeit/Tätigkeit, um diese für den Ausführenden attraktiver zu gestalten.

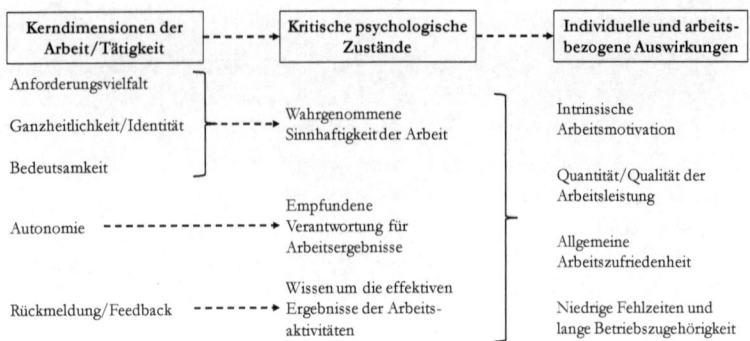

Abbildung 8   Das Job-Characteristics-Modell (Quelle: Leicht adaptiert nach Hackman/Oldman (1976), S. 256)

Kern des Modells sind drei *kritische psychologische Zustände*, welche ihrerseits zu individuellen (intrinsische Arbeitsmotivation) sowie arbeitsbezogenen Auswirkungen (Arbeitsleistung, Zufriedenheit, Betriebszugehörigkeit) führen: Die wahrgenommene Sinnhaftigkeit der Arbeit, der Grad an empfundener Verantwortung für die Arbeitsergebnisse sowie das Wissen um die Effektivität der Arbeitsaktivitäten. Insgesamt werden *fünf Kerndimensionen der Arbeit* identifiziert, welche die Realisierung dieser psychologischen Zustände unterstützen und fördern: Anforderungsvielfalt, Ganzheitlichkeit und Aufgabenidentität sowie Bedeutsamkeit wirken demnach auf die wahrgenommene Sinnhaftigkeit, Autonomie auf die wahrgenommene Eigenverantwortung und Rückmeldung/Feedback auf das Wissen um die Resultate.[343] Die Zusammenhänge zwischen Arbeitscharakteristika, psychologischen Zuständen und individuellen arbeitsbezogenen Auswirkungen sind allerdings bedingt durch zahlreiche Faktoren, welche diese außer Kraft setzen oder zumindest abschwächen können: So wird Jobenrichment nur dann als effektives Instrument eingeschätzt, wenn eine Person alle erforderlichen Fähigkeiten besitzt, ein Wachstumsbedürfnis (Wachstums-/Lernmotiv) aufweist sowie grundsätzlich zufrieden mit Bezahlung, Kollegen und Vorgesetzten ist.[344] Als weitere einschränkende Faktoren werden Größe von Organisation oder Team, die Anzahl an Hierarchiestufen sowie der Zentralisierungsgrad identifiziert.[345]

Das Modell macht ebenfalls Vorschläge, wie im Rahmen konkreter Situationen bzw. Tätigkeiten die zentralen Arbeitscharakteristika auf Basis einer vorherigen Diagnose durch geeignete *Umset-*

---

[343] *Anforderungsvielfalt:* Ausmaß unterschiedlicher Fähigkeiten und Talente, welche zur Arbeitsbewältigung notwendig sind. *Ganzheitlichkeit und Aufgabenidentität:* Ausmaß der Erfordernis/Möglichkeit, im Rahmen der Arbeit komplette und als ‚Ganzes' identifizierbare Aufgaben mit sichtbaren Resultaten auszuführen. *Bedeutsamkeit:* Ausmaß an substantiellen Auswirkungen auf das Leben anderer Menschen durch die Arbeit, sei es innerhalb oder außerhalb der Organisation. *Autonomie:* Ausmaß an gewährter Entscheidungsfreiheit sowie Unabhängigkeit hinsichtlich der Arbeitsorganisation und Auswahl geeigneter Bewältigungsstrategien/-prozesse. *Rückmeldung/Feedback:* Ausmaß an informativen Rückmeldungen hinsichtlich der Leistungseffektivität. Für die beschriebenen Zusammenhänge und Charakteristika vgl. Hackman/Oldham (1976), S. 255-258, 271ff; Hackman et al. (1975), S. 57-60.

[344] Vgl. Oldham/Hackman (2010), S. 472f; Hackman/Oldham (1976), S. 258f, 269ff; Hackman et al. (1975), S. 60.

[345] Vgl. Oldham/Hackman (2010), S. 472.

zungskonzepte realisiert werden können: Diese umfassen u.a. die Bildung natürlicher Arbeitseinheiten und effektive Gestaltung von Teamarbeit (⇨ Ganzheitlichkeit, Bedeutsamkeit)[346], das Kombinieren von Aufgaben (⇨ Ganzheitlichkeit, Anforderungsvielfalt), das Herstellen einer Verbindung von Mitarbeitern und ‚Endkunden' (⇨ Anforderungsvielfalt, Autonomie, Feedback), vertikale Integration (integrative Planung, Ausführung und Kontrolle ⇨ Autonomie) sowie die Förderung von ⇨ Rückmeldung/Feedback.[347] Schließlich wird auch auf *kontextuelle Einflussfaktoren* hingewiesen, welche die Arbeitsumgebung in potenziell positiver Weise – und vorteilhaft für die Wirksamkeit von Jobenrichment – beeinflussen können: Diese umfassen die Organisationskultur, führungsrelevante Themen (bspw. Top-down vs. Gegenstromverfahren insb. hinsichtlich der Arbeitsgestaltung oder das Gewähren von Autonomie) sowie die nationale Kultur.[348]

Organisationskultur

Organisationskultur lässt sich beschreiben als „Gesamtheit von Normen, Wertvorstellungen und Denkhaltungen, welche das Verhalten aller Mitarbeiter und somit das Erscheinungsbild eines Unternehmens prägen"[349]. Darüber hinaus lassen sich verschiedene Kernfaktoren für die Ausprägung von Organisationskulturen benennen: Diese umfassen die Persönlichkeitsprofile der Führungskräfte (Hintergrund/Werdegang, Werte und Mentalitäten), Rituale und Symbole (rituelles Verhalten der Führungskräfte und Mitarbeiter, räumliche und gestalterische Symbole, institutionalisierte Rituale und Konventionen) sowie Kommunikation (Kommunikationsstil und Kommunikationsformen).[350] In diesem Sinne bietet Organisationskultur als übergeordnetes Konzept einen Rahmen und steht in enger, wechselseitiger Beziehung mit dem Führungsverhalten, dem allgemeinen zwischenmenschlichen Umgang, der Art der Kommunikation sowie den Mechanismen, wie Ereignisse und Erfahrungen interpretiert und Problemstellungen angegangen werden.

Auch wenn ein klarer und eindeutiger Zusammenhang zwischen Organisationskultur auf der einen und individuellen und organisationalen Auswirkungen[351] auf der anderen Seite als nur schwer bestimmbar eingeschätzt wird[352] und auch entsprechende empirische Untersuchungen zu keinem eindeutigen Ergebnis kommen[353], wird die grundsätzliche Existenz eines Zusammenhangs doch zumeist bestätigt und als valide und relevant eingeordnet. Auch zwischen Organisati-

---

[346] Vgl. Oldham/Hackman (2010), S. 473-476.
[347] Vgl. Hackman et al. (1975), S. 60-66.
[348] Vgl. Oldham/Hackman (2010), S. 472f; Latham/Pinder (2005), S. 493.
[349] Thommen/Achleitner (2003), S. 873. Letztlich stellt es ein übergeordnetes Konzept dar, dessen Kern durch die Wichtigkeit von Symbolen (Rituale, Mythen, Geschichten und Legenden) und die Interpretation von Ereignissen und Erfahrungen bezeichnet wird. Organisationskultur wird in diesem Sinne verstanden als System mit gemeinsamen Symbolen und Bedeutungsmustern, das allgemein gültige Regeln hervorbringt sowie Mechanismen und Rituale bereitstellt, mittels derer diese Regeln gestaltet und ausgedrückt werden. Vgl. Alvesson (2002), S. 3-6.
[350] Vgl. Pümpin/Kobi/Wüthrich (1985), S. 12.
[351] Bspw. Effektivität, Wachstum und Erfolg der Organisation sowie individuelle Steigerung von Leistung, Zufriedenheit oder Commitment.
[352] Vgl. Alvesson (2002), S. 2, 42-70.
[353] Vgl. u.a. Hoffmann/Woehr (2006); Kristof-Brown/Zimmerman/Johnson (2005); Verquer/Beehr/Wagner (2003); Kristof (1996); Sheridan (1992); O'Reilly III/Chatman/Caldwell (1991).

onskultur und Motivation kann ein potenziell positiver Wirkungszusammenhang konstatiert werden im Sinne einer erhöhten, fokussierten Leistungsbereitschaft durch die Identifikation mit allgemein verpflichtenden Werten und Zielen der Organisation.[354] Es wird jedoch auch auf potenziell negative Folgen einer zu starken Organisationskultur oder Anpassungsgüte von Person und Organisation hingewiesen, wie bspw. fehlende Flexibilität und Anpassungsvermögen, eingeschränktes Innovationspotenzial und Blockierung neuer Orientierungen und Ideen.[355]

Führungsverhalten

Führungsverhalten (,Leadership') spielt in vielerlei Hinsicht eine zentrale Rolle im Motivationskontext. Wie zuvor beschrieben, ist das spezifische Führungsverhalten ein wichtiger Bestandteil und Einflussfaktor der Organisationskultur. Des Weiteren wirkt das Führungsverhalten auf viele der zuvor im Rahmen der Motivationstheorien genannten Einflusskfaktoren von Arbeitsmotivation, jeweils abhängig von dem spezifisch gewählten und ausgeführten Führungsstil sowie der zugrundeliegenden Führungsphilosophie.

Gemeinhin werden Führungsstile anhand eines Kontinuums kategorisiert, dessen Ausprägungsformen sich hinsichtlich der jeweiligen Beteiligung der Geführten an Führungsentscheidungen – bzw. hinsichtlich des Grades der gewährten Autonomie und Verantwortung – differenzieren und in diesem Sinne als *autoritär/despotisch* (Führungskraft entscheidet und ordnet an), *patriarchalisch* (Führungskraft entscheidet, versucht jedoch zu überzeugen), *beratend* (Führungskraft lässt Fragen zu Entscheidungen zu), *konsultativ* (Führungskraft lässt Meinungsäußerungen zu), *partizipativ* (Mitarbeiter entwickeln Vorschläge, Führungskraft wählt aus/entscheidet) oder *delegativ/demokratisch* (Mitarbeiter entscheiden, Führungskraft definiert entweder das Problem und legt Grenzen des Entscheidungsspielraumes fest oder fungiert als reiner Koordinator) charakterisiert werden. Während die ersten drei Ansätze als mehr oder weniger *autoritäre, kontrollierende Führungsstile* bezeichnet werden, können die letzten drei Ansätze einem *kooperativen, motivierenden Führungsstil* zugeordnet werden. In der praktischen Umsetzung wird zumeist im Rahmen eines *situativen Führungsstils* eine auf die jeweilige Situation (u.a. vorhandene Führungsqualitäten, Mitarbeitereigenschaften, Problemstellung) zugeschnittene Stilvariation beobachtet.[356]

Einen neueren Ansatz bildet die Unterscheidung in transaktionale, transformationale und charismatische Führungsstile. Beim *transaktionalen Führungsstil* liegt der Fokus auf der Zielsetzung, einer genauen Aufgabendefinition, einer umfassenden Leistungskontrolle durch leistungsabhängige Belohnung oder Sanktionierung sowie auf ,Management by exception'[357]. *Transformationale und charismatische Führungsstile* legen dagegen den Schwerpunkt auf die Erzeugung von Enthusiasmus

---

[354] Vgl. u.a. Thommen/Achleitner (2003), S. 877; Mahal (2009).
[355] Vgl. u.a. Thommen/Achleitner (2003), S. 877f; Kristof (1996), S. 29.
[356] Vgl. Thommen/Achleitner (2003), S. 879-883; Schneck et al. (2007), S. 354.
[357] Beim ,Management by exception' werden – basierend auf Zielvereinbarungen, Bereichsabgrenzungen und Kontrollmechanismen – Routineaufgaben den Mitarbeitern überlassen, während sich die Führungskräfte proaktiv auf erfolgskritische Fälle konzentrieren oder auftretende kritische Fehlentwicklungen reaktiv angehen.

und Optimismus[358] sowie Vertrauen, Identifikation und Commitment[359]. Des Weiteren ist Kooperation, aktives Einfordern von Partizipation sowie Empowerment und Gewährung von Autonomie ein wichtiger Eckstein dieses Führungsverständnisses.[360]

Eine eng mit den zuvor genannten Führungsstilen zusammenhängende Führungs- und Motivationstheorie ist die *X-Y Theorie* von Douglas McGregor. Diese propagiert zwei gegensätzliche Menschenbilder, welche einen jeweils adäquaten Führungsstil verlangen: Wird im Rahmen der Theorie X der Mensch als arbeitsunwillig, verantwortungsscheu und extrinsisch motiviert charakterisiert und damit die Notwendigkeit eines auf Kontrolle ausgerichteten transaktionalen Führungsstils propagiert, geht die Theorie Y von engagierten Mitarbeitern aus, welche Arbeit als potenzielle Quelle von Zufriedenheit ansehen, Eigeninitiative und Selbstkontrolle entwickeln, Verantwortung übernehmen und Kreativität zeigen, was wiederum ein auf Partizipation und Autonomie ausgerichteten transformativen Führungsstil erfordert.[361] Es sei darauf hingewiesen, dass McGregor selbst die Theorie Y als langfristiges Zielbild präferierte und propagierte.

Nationale Kultur

Die nationale Kultur beeinflusst Motivation primär über drei Aspekte: Selbstverständnis (Überzeugungen, Bedürfnisse und Werte), arbeitsbezogene Normen sowie vielfältige Umweltfaktoren (Erziehung, Sozialisation, ökonomische Situation, politische/rechtliche Systeme).[362] Insb. im Rahmen globaler Arbeitswelten und Teams wird dieser Aspekt zwar grundsätzlich immer bedeutender, soll jedoch trotzdem hier nicht weiter ausgeführt werden, da in dieser Arbeit durch die Beschränkung der empirischen Untersuchung auf einen Kulturkreis – Deutschland (Fokus) und Schweiz – eine weitestgehende Vergleichbarkeit gegeben ist (vgl. hierzu auch Kap. C.II.2).

II.3.4 Zentrale Motivationskategorien

Grundsätzlich kann Arbeitsmotivation anhand zweier Dimensionen charakterisiert werden: der Intensität und Stärke der Motivation (Motivationsquantität bzw. -menge) sowie der Art und Natur der Motivation (Motivationskategorien). Während sich die Prozessmodelle primär auf erstere Dimension konzentrieren und das Hauptaugenmerk darauf liegt, wie und wieviel Motivation im Rahmen des Motivationsprozesses entsteht[363], ist das Interesse der Inhaltsmodelle auf die Ursachen und damit auf die Art und Qualität der entstehenden Motivation gerichtet. Dies äußert

---

[358] Bspw. durch Formulierung und ‚aktives Leben' einer inspirierenden Vision oder durch richtunggebendes, visionäres und charismatisches Führungsverhalten.

[359] Bspw. durch Führungskräfte als vertrauenswürdige Vorbilder, für die die Mitarbeiter Stolz/Respekt empfinden.

[360] Vgl. Rowold/Heinitz (2007), S. 123.

[361] Vgl. McGregor (1957); McGregor (1960); Schneck et al. (2007), S. 1014f; Thommen/Achleitner (2003), S. 645ff.

[362] Vgl. Latham/Pinder (2005), S. 492.

[363] So unterscheiden VIE-Theorie und Zielsetzungstheorie nicht zwischen verschiedenen Motivationskonzepten. Und auch wenn im Rahmen des Zirkulationsmodells von Porter/Lawler in extrinsische und intrinsische Motivation unterschieden wird, spielt diese Unterscheidung letztlich keine Rolle: Da beide Konzepte als additiv angesehen werden, ist am Ende die kumulierte Gesamtmotivation die relevante, bestimmende Größe.

sich u.a. im Rahmen der Motivtheorie von McClelland, insb. aber im Kontext der Selbstbestimmungstheorie der Motivation, im Rahmen derer die Überkategorien der intrinsischen und extrinsischen Motivation weiter unterteilt und die resultierenden fünf Subkategorien sowohl hinsichtlich ihrer Motivationsqualität als auch bezüglich der auftretenden Wechselwirkungen differenziert werden. Im Ergebnis kann Arbeitsmotivation hinsichtlich ihrer Qualität/Ausprägung sowie Beeinflussbarkeit in kontrollierte und autonome Motivation unterteilt werden (vgl. auch Kap. B.II.3.2.1, Abschnitt SDT). Diese Kategorisierung deckt sich weitestgehend mit derjenigen von Barbuto und Scholl, welche fünf Motivationskategorien entwickeln und diese einer externen (kontrollierten) und internen (autonomen) Motivation zuordnen.[364] Folgende Abbildung fasst dies nochmals zusammen:

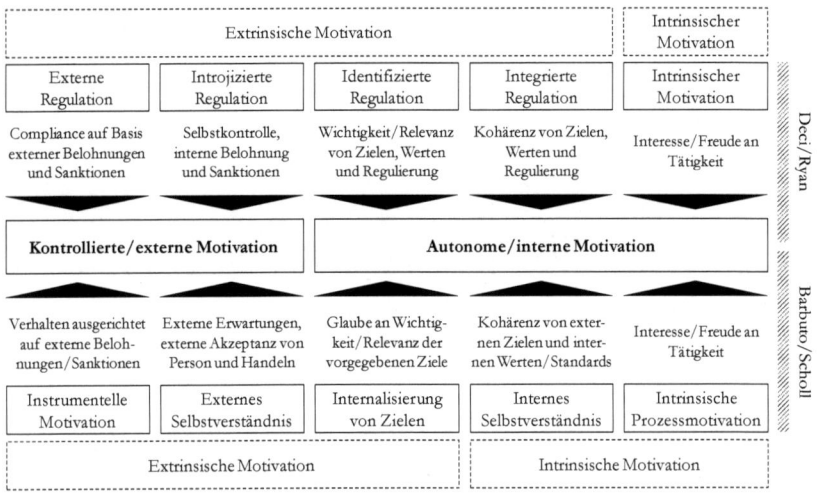

Abbildung 9 Zentrale Motivationskonzepte (Quelle: Eigene Darstellung; obere Hälfte in Anlehnung an Gagné/Deci (2005), S. 336; Ryan/Deci (2000), S. 72)

Im Rahmen dieser Arbeit soll die Kategorisierung hinsichtlich der Unterscheidung in kontrollierte und autonome Motivation übernommen werden und als Grundlage für Motivation im Führungskontext dienen. Dies wird nicht zuletzt deshalb als sinnvoll und nutzbringend angesehen, weil die dargestellte Kategorisierung zugleich auch differenzierte Ansatzpunkte für die Ableitung und Einordnung pragmatischer und praxisrelevanter Themenkategorien von Motivation im Führungskontext bietet (vgl. hierzu auch Kap. B.II.3.2.1, Abschnitt SDT; B.II.3.2.3, Abschnitt Kompensationsmodell der Arbeitsmotivation und Volition), welche im folgenden Teil C.I. strukturiert und umfassend dargestellt werden.

---

[364] Vgl. Barbuto/Scholl (1998); Barbuto (2005), S. 28-32.

C. Vorbereitung der empirischen Untersuchung

I. Theoriegeleitete Erarbeitung relevanter Themenkategorien

I.1 Erste Zusammenstellung relevanter Themenkategorien

Im Folgenden sollen nun Themenkategorien von Motivation im Führungskontext von Sozialunternehmen theoriegeleitet erarbeitet werden. Diese dienen nachfolgend im Rahmen der empirischen Untersuchung sowohl als Basis der Datenerhebung als auch zur Einordnung, Kategorisierung und Interpretation der gewonnenen Erkenntnisse. Ziel ist es, eine gleichzeitig möglichst
umfassende und dabei doch sozialunternehmensspezifische Übersicht relevanter Themenkategorien zu realisieren. Daher wird angestrebt, aufbauend auf den Erläuterungen der konzeptionellen
Bezugsrahmen, die zentralen Aspekte und Konstrukte von Arbeitsmotivation wie auch Social
Entrepreneurship herauszudestillieren und miteinander in Bezug zu setzen.

Grundsätzlich sind hierbei alle maßgeblichen Motivationstheorien mit ‚aktueller Gültigkeit' von
Belang. Konkret liegt ein besonderer Fokus auf der Förderung autonomer Motivation, weshalb
insb. Konstrukte aus hiermit korrespondierenden Theorien (SDT, Job-Characteristics-Modell,
Kompensationsmodell der Arbeitsmotivation und Volition) zur Geltung kommen, gleichwohl
werden jedoch auch Konstrukte weiterer einflussreicher Theorien mit Wirkung auf autonome wie
kontrollierte Motivation für die empirische Untersuchung als relevant angesehen (bspw. Zielsetzungstheorie). Auch hinsichtlich Social Entrepreneurship sind nahezu sämtliche Aspekte des
konzeptionellen Bezugsrahmens von motivationaler Relevanz, sei es die gesellschaftliche Mission
bzw. das Unternehmensleitbild (als Quelle intrinsischer Motivation und treibende Kraft), der
spezifische Unternehmensführungsansatz (u.a. Leistungsmessung und funktionales Personalmanagement), das Führungsverhalten oder die Förderung der organisationalen Verhaltensmuster.

Tabelle 1 gibt einen umfassenden Überblick über die als *relevant eingeschätzten Themenkategorien*, ihre
theoretische Verankerung/Basis sowie primäre motivationale Wirkung. Während *externe Faktoren*
wie Festgehalt sowie ‚harte', d.h. vorgegebene und mit Belohnungen und Sanktionen verknüpfte
Zielvereinbarungen und monetäre/materielle Anreize primär Disziplin fördern, Handlungskontrolle ausüben und sich damit auf die kontrollierte Arbeitsmotivation auswirken, fördern zahlreiche *Gestaltungsmerkmale der Arbeit*[365] sowie deren Ausführung und Umgebung[366] die autonome
Motivation. Dies geschieht entweder, indem direkt die intrinsische Motivation gesteigert oder
aber eine Internalisierung extrinsischer Kontrollmechanismen erreicht wird. Letzteres wird nicht
zuletzt auch durch konstruktive *Rückmeldungen und Feedback* sowie die Existenz von als persönlich

---

[365] Anforderungsvielfalt, Ganzheitlichkeit und Bedeutsamkeit ⇨ gefühlte Sinnhaftigkeit der Arbeit/Tätigkeit.
[366] Gestaltung der Tätigkeit und Arbeitsumgebung zur Förderung von Kompetenzerleben und Selbstwirksamkeitserwartungen, Autonomie sowie Zugehörigkeit ⇨ Befriedigung zentraler psychologischer Bedürfnisse.

Relevante Themenkategorien	Theoretische Verankerung/Basis	Primäre motivationale Wirkung
‚Harte', vorgegebene Zielvereinbarungen (⇨ Kontrolle); relevante Kerncharakteristika: Genauigkeit/Schwierigkeit	Zielsetzungstheorie (ZST), (Kompensationsmodell der Arbeitsmotivation & Volition [KMAV])	Disziplin und Handlungskontrolle (⇨ Kontrollierte Motivation)
Festgehalt	Prozessmodelle (VIE-Theorie, ZST, Zirkulationsmodell)	
Anreize (monetär/materiell)		
Externe Anreize — Erfordernis einer fairen/gerechten Ausgestaltung	Organisationale Gerechtigkeit	
Effektive, adäquate (nicht korrumpierende) Gestaltung	KMAV	
Gestaltungsmerkmale der Arbeit/Tätigkeit sowie deren Umgebung — Kompetenzerleben/Selbstwirksamkeitserwartungen	Selbstbestimmungstheorie der Motivation (SDT), ZST, KMAV	Befriedigung zentraler psychologischer Bedürfnisse (⇨ Autonome Mot. ⇨ intrinsische & internalisierte extrinsische Mot.)
Autonomie (Verantwortung)	SDT, Job-Characteristics-Modell (JCM)	
Zugehörigkeit	SDT	
Anforderungsvielfalt	JCM	Gefühlte Sinnhaftigkeit (⇨ Autonome Mot. ⇨ intrinsische Mot.)
Ganzheitlichkeit	JCM	
Bedeutsamkeit	JCM	
Rückmeldung/Feedback	SDT, JCM, ZST, (KMAV)	Autonome Mot. ⇨ internalisierte extrinsische Mot.
‚Weiche' oder persönlich wichtige (bspw. partizipativ erarbeitete) Zielvereinbarungen (⇨ Orientierung, Antrieb)	ZST, KMAV	
Effektives und inspirierendes Führungsverhalten und Unternehmensleitbild	Zentrale Rolle des Sozialunternehmers; Kontextueller Einflussfaktor von Arbeitsmotivation	Arbeitsmotivation allgemein
Organisationskultur	Kontextueller Einflussfaktor von Arbeitsmotivation	
Förderung von Innovation/Kreativität, Proaktivität und Risikobereitschaft als ‚Enabler' effektiver Leistungen	Organisationale Verhaltensmuster von Sozialunternehmen	
Messung der gesellschaftlichen Wertschöpfung als Motivator	Professioneller Unternehmensführungsansatz (Leistungsmessung)	
Marktauftritt und effektives Recruiting (der Mitarb. mit ‚richtiger', intrinsischer Motivation)	Professioneller Unternehmensführungsansatz (sozialunternehmensspezifisches Personalmanagement)	
Attraktive Entwicklungsperspektiven		
Freiwilligenmanagement		

Tabelle 1   Relevante, theoriegeleitete Themenkategorien für Motivation im Führungskontext von Sozialunternehmen (Quelle: Eigene Darstellung)

wichtig und mit den internen Werten/Standards kongruent angesehenen *Zielvereinbarungen* reali-siert: beide Aspekte üben weniger eine Kontroll- als vielmehr eine Orientierungs- und Ermächti-gungsfunktion aus. All diese bis hierhin dargestellten Aspekte und Themenkategorien gründen in den zuvor erläuterten Motivationstheorien (vgl. daher auch die jeweiligen Kapitel/Abschnitte der korrespondierenden Theorien).

Des Weiteren gibt es einige Aspekte, welche entweder als kontextuelle Einflussfaktoren von Arbeitsmotivation oder als wesentliche Elemente des konzeptuellen Bezugsrahmens für Social Entrepreneurship gesonderter Aufmerksamkeit bedürfen. So gründet die Themenkategorie eines effektiven und inspirierenden *Führungsverhaltens* zum einen auf der zentralen Rolle und den be-stimmenden Einflusses, den die Unternehmerpersönlichkeiten und ihr Verhalten im Kontext von Sozialunternehmen ausüben (vgl. Kap. B.I.2.1.2). Zum anderen weist das Führungsverhalten als kontextueller Einflussfaktor von Arbeitsmotivation vielfältige und wechselseitige Wirkungszu-sammenhänge mit kontrollierter wie autonomer Arbeitsmotivation auf (vgl. hierzu Kap. B.II.3.3, Abschnitt Führungsverhalten). Das durch Führungsverhalten entscheidend geprägte *Unterneh-mensleitbild* mit dominanter gesellschaftlicher Mission/Vision stellt ebenso ein zentrales und moti-vierendes Charakteristikum von Sozialunternehmen dar (vgl. Kap. B.I.2.1.1). Zugleich ist das Führungsverhalten ein wichtiger Bestandteil und Einflussfaktor der *Organisationskultur*, welcher wiederum eine motivationale Wirkung bescheinigt werden kann, indem sie eine erhöhte, fokus-sierte Leistungsbereitschaft durch Identifikation mit allgemein verpflichtenden Werten und Zie-len der Organisation initiiert und damit zugleich ein Gefühl von Zusammengehörigkeit und Zugehörigkeit schafft (vgl. Kap. B.II.3.3, Abschnitt Organisationskultur). Schlussendlich gibt es einige sozialunternehmensspezifische Aspekte, welche im organisationalen Kontext von zentraler Bedeutung sind und direkte oder indirekte Berührungspunkte mit Arbeitsmotivation aufweisen, weshalb diese im Rahmen der empirischen Untersuchung ebenfalls berücksichtigt werden sollen: Dies sind zum einen die gezielte *Förderung der organisationalen Verhaltensmuster*[367] sowie die *Messung gesellschaftlicher Wertschöpfung* (vgl. Kap. B.I.2.1.3 sowie B.I.2.2). Des Weiteren wird ein *professionelles Personalmanagement* als wichtiger Bestandteil des angestrebten Unternehmensführungsansatzes angesehen: Dieses umfasst – neben den im vorigen Absatz dargestellten, die Mitarbeitermotivati-on direkt betreffenden Themenkategorien – ein effektives Recruiting, die Bereitstellung attrakti-ver Entwicklungsmöglichkeiten, ein spezifisches Freiwilligenmanagement sowie eine adäquate, von Respekt und Wertschätzung geprägte Gestaltung des Mitarbeiterfreistellungs- bzw. vermitt-lungsprozesses. Die folgende schematische Übersicht fasst die einzelnen Themenkategorien mit ihren wechselseitigen Wirkungszusammenhängen nochmals zusammenfassend dar:

---

[367] Diese sind charakteristisch für die Geschäftsmodelle von Sozialunternehmen und – gewissermaßen als ‚Enabler' effektiver, fokussierter Leistungsfähigkeit – grundlegend für deren erfolgreiche Umsetzung. Des Weiteren haben sie einen großen Anteil am Attraktivitäts- und Motivationspotenzial der Organisationen für die Mitarbeiter.

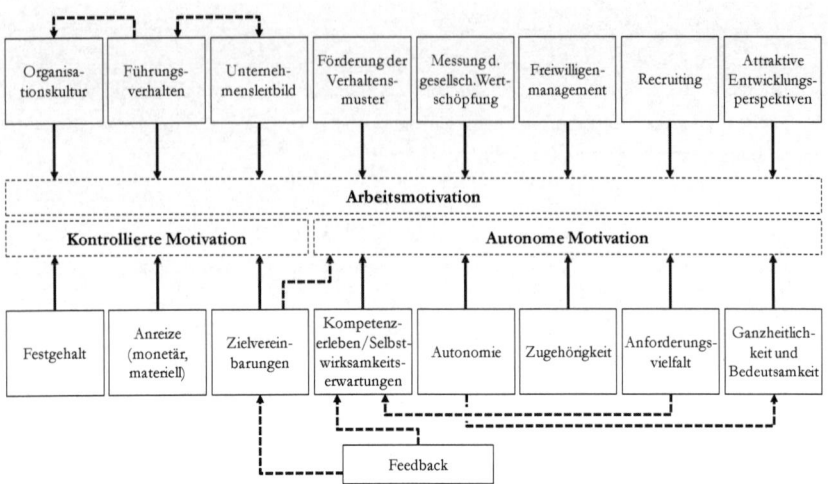

Abbildung 10 Übersicht relevanter Themenkategorien und Wirkungszusammenhänge (Quelle: Eigene Darstellung)

I.2   Operationalisierung durch thematische Konsolidierung und Strukturierung

Auch wenn die vorige Abbildung 10 die Themenkategorien inhaltlich adäquat und übersichtlich darzustellen vermag, wird nichtsdestotrotz deutlich, dass sie in weiten Teilen auf einer theoretischen Ebene verbleibt und eine – wenn auch teilweise strukturierte sowie die Wirkungszusammenhänge darstellende – Ansammlung von einzelnen wissenschaftlich-theoretischen Konzepten darstellt. Aus diesem Grund sollen diese in der Folge operationalisiert werden, um eine bessere Handhabbarkeit im Rahmen der empirischen Untersuchung zu gewährleisten: Ziel ist es dabei, die zuvor theoriegeleitet erarbeiteten Themenkategorien in eine Struktur zu bringen, deren Oberkategorien der organisationalen Realität und ‚Lebenswirklichkeit' entsprechen und von den Organisationen bzw. deren Mitarbeitern als verständlich wahrgenommen werden. Damit soll eine inhaltlich möglichst offene, zugleich aber doch zielgerichtete Datenerhebung sowie eine sinnvolle Einordnung und Interpretation der Erkenntnisse ermöglicht werden.

Die folgende Abbildung 11 stellt das Ergebnis dieser Bemühungen dar. Im Sinne der oben erwähnten Zielsetzung werden hierbei zunächst übergeordnete Themenkategorien formuliert, welche den zentralen Modulen der Personalwirtschaft bzw. des Personalmanagements entsprechen: Personalbeschaffung, -einsatz, -führung, -entwicklung sowie -freistellung.[368]

---

[368]   Vgl. u.a. Thommen/Achleitner (2003), S. 655-658; Schneck et al. (2007), S. 710-714. Die einleitende, (zumeist) technische Personalbedarfsermittlung wird hier nicht berücksichtigt, da diese zum einen nur einen bedingten Bezug zur Arbeitsmotivation hat sowie zum anderen im Kontext der vergleichsweise kleinen Sozialunternehmen (wenn überhaupt) nur eine untergeordnete Rolle spielt.

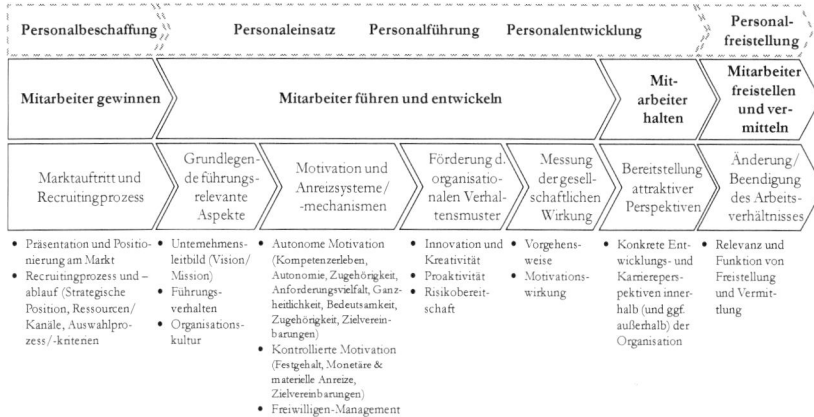

Abbildung 11 Relevante Themenkategorien für Motivation im Führungskontext entlang der zentralen Module des Personalmanagements (Quelle: Eigene Darstellung)

Diese Module werden deshalb als geeignet angesehen, weil zum einen Personalmanagement bzw. Personalwirtschaft den zentralen mitarbeiter- und motivationsbezogenen Aspekt im organisationalen Führungskontext darstellt und zum anderen die Module sowie deren Inhalte und Assoziationen den gesamten Lebenszyklus eines Mitarbeiters umreißen. Die eher ‚technischen‘ Modulbegrifflichkeiten werden in der Folge in pragmatische und anwendungsbezogene Kategorien überführt: ‚Mitarbeiter gewinnen‘ (Personalbeschaffung), ‚Mitarbeiter führen und entwickeln‘ und ‚Mitarbeiter halten‘ (Personaleinsatz, -führung und -entwicklung) sowie ‚Mitarbeiter freistellen und vermitteln‘ (Personalfreistellung). Diesen sind nun wiederum die einzelnen Themenkategorien zugeordnet: ‚Mitarbeiter gewinnen‘ besteht aus dem Marktauftritt und Recruitingprozess, während ‚Mitarbeiter führen und entwickeln‘ grundlegende führungsrelevante Aspekte (Führungsverhalten, Unternehmensleitbild, Organisationskultur), die Gestaltung von Anreizsystemen[369] (zur Förderung autonomer und kontrollierter Arbeitsmotivation sowie zur spezifischen Motivation von Freiwilligen), die Förderung der organisationalen Verhaltensmuster (Innovation/Kreativität, Proaktivität, Risikobereitschaft) sowie die Messung der gesellschaftlichen Wirkung umfasst. ‚Mitarbeiter halten‘ wiederum beschäftigt sich mit der Bereitstellung attraktiver Entwicklungsperspektiven, wohingegen ‚Mitarbeiter freistellen und vermitteln‘ die Änderung oder Beendigung des Arbeitsverhältnisses (d.h. die Relevanz, Funktion und Auswirkungen der korrespondierenden Prozesse) beleuchtet.

---

[369] Der Begriff ‚Anreizsystem‘ wird hier im weiteren Sinne verstanden als „Summe aller bewusst gestalteten Arbeitsbedingungen, um direkt oder indirekt auf die Leistungsbereitschaft der Mitarbeiter einzuwirken (Arbeitsleistung) bzw. gewünschte Verhaltensweisen zu verstärken“. Gabler Verlag (Herausgeber), Gabler Wirtschaftslexikon, Stichwort: Anreizsystem, online im Internet: http://wirtschaftslexikon.gabler.de/Archiv/86139/ anreizsystem-v6.html (abgerufen am 30.11.2012).

II.   Forschungsplan

Bevor aufbauend auf den zuvor erarbeiteten Themenkategorien die empirische Untersuchung bzw. deren Ergebnisse dargestellt und diskutiert werden, soll im folgenden Kapitel einleitend der Forschungsplan detailliert vorgestellt werden. Die grundlegende Forschungskonzeption sowie deren Relevanz und Angemessenheit für diese Arbeit wurde schon eingangs in Kap. A.III. erläutert. Im Rahmen der folgenden Ausführungen sollen daher die einzelnen, zuvor nur kurz erwähnten Aspekte des Forschungsplans (Forschungsdesign, Untersuchungseinheiten und Forschungsmethoden) ausführlich beschrieben werden.

II.1   Forschungsdesign

Das Forschungsdesign beantwortet die Frage nach der Planung der Untersuchung, d.h. wie die Datenerhebung und -analyse konzipiert ist und die Auswahl des empirischen Materials erfolgt, um die Forschungsfragen beantworten zu können.[370] Wie in Kapitel A.III. dargestellt, kommt in dieser Arbeit als *Basisdesign* das Fallstudiendesign[371], genauer eine *vergleichende multiple Fallanalyse*[372] zum Einsatz. Diese beinhaltet zunächst mehrere Einzelfallanalysen, im Rahmen derer zunächst möglichst offen das weitgehend deskriptive Erfahrungswissen gesammelt und strukturiert und damit die Vielfalt der verschiedenen, sich ergänzenden Meinungsperspektiven in unterschiedlichen Settings dargestellt wird. Die darauf aufbauende Vergleichsanalyse der verschiedenen Einzelfälle hat nunmehr das Ziel, die Ergebnisse der Einzelfälle anhand einer *schrittweisen theoretischen Verallgemeinerung* für ähnliche Kontexte handhabbar und nutzbar zu machen. Im Gegensatz zur Einzelfallanalyse, welche als Stärke und gleichzeitige Schwäche den Fokus auf einen einzelnen Kontext legt und diesen sehr ausführlich beleuchtet, kann und soll die multiple Fallanalyse zwar nicht die gleiche Tiefe und Komplexität im Einzelfall erreichen, jedoch hat sie den Vorteil der größeren Vielfalt und bietet darüber hinaus die Möglichkeit eines Vergleiches der Einzelfälle, welcher durch Identifikation und Interpretation von Gemeinsamkeiten und Unterschieden[373] eine Ableitung normativer Aussagen erlaubt.[374] All dies ermöglicht letztlich robustere Ergebnisse mit höherer Generalisierbarkeit, was sich wiederum positiv auf die Qualität und Güte des oben erwähnten Ziels der schrittweisen theoretischen Verallgemeinung der Ergebnisse auswirkt.[375] Aus diesen Gründen – größere Vielfalt sowie potenziell höheres Verallgemeinerungspotenzial – werden im Rahmen der multiplen Fallanalyse dieser Arbeit acht Sozialunternehmen anhand einer Befragung von jeweils zumeist mehreren Personen analysiert. Des Weiteren basiert das ange-

---

[370] Vgl. Flick (2010), S. 172f.
[371] Vgl. hierzu u.a. Eisenhardt (1989); Eisenhardt/Graebner (2007); Flick (2010), S. 179f; Yin (2008).
[372] Bisweilen auch nur multiple Fallanalyse genannt, oder auch (im Sinne einer Verbindung und Gegenüberstellung mehrerer Einzelfallanalysen) als Zwischenstufe zwischen Einzelfallanalyse und Vergleichsstudie eingeordnet.
[373] Dies geschieht immer in Rückkopplung zu den Einzelfällen und wird auch als Replikationslogik bezeichnet. Vgl. Eisenhardt (1989), S. 542; Eisenhardt/Graebner (2007), S. 25, 27f.
[374] Vgl. hierzu auch Eisenhardt (1989), S. 539-542; Eisenhardt/Graebner (2007), S. 27f.
[375] Vgl. auch Eisenhardt/Graebner (2007), S. 27.

wandte Forschungsdesign auf einer *Momentaufnahme* [376]: Auch wenn in den Befragungen in vielen Fällen frühere Erfahrungen sowie frühere oder zukünftige Zustände und Entwicklungen thematisiert werden, ist es dennoch nicht das Ziel dieser Arbeit, eine umfassende retrospektive Prozessrekonstruktion zu realisieren. Vielmehr sollen diese Verweise helfen, den aktuellen Status Quo besser einordnen sowie ggf. Tendenzen identifizieren zu können. Im folgenden Abschnitt soll nun erläutert werden, wie die einzelnen Aspekte der vergleichenden multiplen Fallanalyse (Auswahl der Untersuchungseinheiten, spezifische Erhebung und Aufbereitung der Daten, Auswertungsmethode einschließlich Realisierung der Vergleichsanalyse) konkret realisiert werden.

II.2 Untersuchungseinheit

Im Rahmen einer Fallanalyse ergibt sich zunächst die Notwendigkeit, relevante Untersuchungseinheiten zu definieren und darauf aufbauend die zu analysierenden Fälle auszuwählen. Im Kontext dieser Arbeit werden die jeweiligen Einzelfälle durch Sozialunternehmen gebildet, welche sich aus zwei bzw. drei der in Kap. B.I.2.3. dargestellten organisationalen Ausprägungsformen rekrutieren: Den *hybriden NPOs* sowie den *(Grameen) Social Businesses*. Die Einzelfälle bestehen wiederum aus zumeist mehreren befragten Personen, welche als notwendiges Kriterium in den betreffenden Sozialunternehmen fest angestellt sind. Da Motivation im Führungskontext stark von der jeweiligen landesspezifischen oder regionalen Kultur beeinflusst wird (vgl. Ende Kap. B.II.3.3) und dies die Ergebnisse potenziell verzerren bzw. eine aufwendige differenzierende Einordnung und Adaption ebendieser erfordern würde, welche aus inhaltlichen sowie pragmatischen Gesichtspunkten nicht Teil dieser Arbeit sein kann und soll, wird dieser Faktor im Rahmen der empirischen Untersuchung weitgehend isoliert. Dies geschieht durch die Fokussierung auf den vergleichsweise homogenen Kulturraum von Deutschland (Fokus) und der Schweiz.[377]

Die Auswahl sowohl der Fälle als auch der befragten Personen findet anhand eines *schrittweisen theoretischen Samplings* statt, welches sich vor allem dadurch auszeichnet, dass die Auswahl nach konkret-inhaltlichen statt abstrakt-methodologischen Kriterien und Erfordernissen, d.h. nach inhaltlicher Relevanz statt statistischer Repräsentativität erfolgt. Inhaltliche Relevanz beleuchtet in diesem Zusammenhang vor allem die Frage, inwiefern und inwieweit der betreffende Fall einen inhaltlichen Beitrag zur Beantwortung der zentralen Forschungsfragen und -ziele leisten kann.[378] Des Weiteren wird eine schrittweise Auswahl getroffen, d.h. eine genaue Auswahl der relevanten Fälle ist vor Beginn der empirischen Untersuchung noch nicht abgeschlossen, sondern

---

[376] Vgl. auch Flick (2010), S. 182f.

[377] Konkret werden sieben deutsche und ein schweizerisches Sozialunternehmen untersucht. Zum einen ist dieser Kulturraum sprachlich weitestgehend homogen (das schweizerische Sozialunternehmen mit seinen Hauptsitz und den Schwerpunkt der Aktivitäten in der deutschsprachigen Schweiz), zum anderen werden Deutschland und der Schweiz sehr ähnliche kulturelle Ausprägungen unterstellt, gerade hinsichtlich der Arbeitswelt, was bspw. durch die umfangreichen und langfristig angelegten empirischen Untersuchungen von Prof. Geert Hofstede bestätigt wird. Vgl. hierzu die Website http://geert-hofstede.com/national-culture.html

[378] Vgl. Flick (2010), S. 159, 163; Eisenhardt/Graebner (2007), S. 27.

wird prozessbegleitend weitergeführt. Aus den genannten Gründen kann das schrittweise theoretische Sampling als typische und höchst geeignete Form der Fall-/Materialauswahl im Rahmen
qualitativer Forschung allgemein[379] wie auch für vergleichende multiple Fallanalysen[380] bezeichnet
werden. Ergänzend werden bei der Auswahl der Fälle ausgewählte Strategien des *gezielten Samplings'* (Purposeful Sampling) verwendet: Dieses präzisiert und erweitert das theoretische Sampling,
indem es konkrete Auswahlstrategien benennt, welche das zuvor genannte Ziel (Auswahl der
Fälle, welche die Forschungsfragen und -ziele in bestmöglicher Weite beantworten helfen) unterstützen; im Kontext dieser Arbeit insb. die Auswahl typischer, intensiver und kritischer Fälle.[381]

Auf *Einzelfallebene* wird zunächst die Grundgesamtheit der möglichen Sozialunternehmen auf zwei
bzw. drei organisationale Ausprägungsformen eingeschränkt: Hybride NPOs sowie (Grameen)
Social Businesses. Diese organisationalen Ausprägungsformen werden ausgewählt, da sie den
Kern des Sozialunternehmen-Spektrums bilden: Sie stellen in gewisser Weise ‚typische' Sozialunternehmen dar, indem sie sich in ihrer Ausrichtung eindeutig von den angrenzenden NPOs auf
der einen sowie gewinnorientierten Unternehmen auf der anderen Seite unterscheiden. Hiermit
soll ermöglicht werden, Motivation im Führungskontext zunächst originär für den Social Entrepreneurship Sektor und möglichst unabhängig von den genannten angrenzenden Sektoren zu
untersuchen.[382] Mehrere Ausprägungsformen werden deshalb ausgewählt, um hinsichtlich
grundsätzlichen Auswahlmöglichkeiten ein breiteres Spektrum zu ermöglichen und mittels potenziell diverser Perspektiven und Ansätze die inhaltliche Vielfalt zu steigern.[383]

Die Auswahl auf *Organisationsebene* hat zunächst einmal das Ziel, Sozialunternehmen zu identifizieren, welche im Sinne des theoretischen Samplings die Forschungsfragen und -ziele möglichst
gut zu beantworten helfen und im Rahmen derer die untersuchten Zusammenhänge besonders
deutlich werden. Aus diesem Grund sollen primär Sozialunternehmen untersucht werden, bei
denen hinsichtlich Motivation im Führungskontext eine *besondere Relevanz oder große Intensität* der
relevanten Prozesse, Strukturen und Erfahrungen vermutet werden kann.[384] In Ermangelung

---

[379] Vgl. Flick (2010), S. 163f.
[380] Vgl. Eisenhardt/Graebner (2007), S. 27.
[381] Vgl. Patton (2002), S. 230-247; Flick (2010), S. 165-168.
[382] Dies heißt selbstverständlich nicht, dass keine Gemeinsamkeiten hinsichtlich Motivation im Führungskontext
möglich wären oder ausgeschlossen werden sollen; vielmehr sollen eventuelle Gemeinsamkeiten nicht gänzlich
oder von vornherein auf eine sehr ähnliche organisationale Ausrichtung beschränkt werden bzw. eventuelle
Unterschiede (auch) auf die unterschiedliche Ausrichtung zurückgeführt werden können. Auch wenn im Einzelfall sicherlich eine differenzierte Einordnung und Bewertung der Ergebnisse stattfinden muss, kann und soll mit
dieser Vorauswahl zumindest der originäre Charakter dieser Untersuchung betont werden.
[383] Dies wird durch die Tatsache unterstützt, dass sich die Ausprägungsformen bei allen Gemeinsamkeiten in
einigen spezifischen Charakteristika unterscheiden, was die zu erwartende Vielfalt der Perspektiven und Ansätze
steigern sollte. Systematische Unterschiede können und sollen jedoch nicht unterstellt werden, auch und gerade
weil die Gemeinsamkeiten überwiegen, die Einordnung der Organisationen in die Kategorien nicht immer eindeutig ist und die Grenzen verschwimmen. Eine vergleichende Analyse auf Ebene der Fallgruppen ist daher
nicht primäres Ziel, im Vordergrund steht die erwähnte Steigerung der insgesamten Vielfalt.
[384] Dieses Vorgehen wird im Rahmen des zuvor erwähnten gezielten Samplings ‚Intensity sampling' genannt. Vgl.
hierzu Patton (2002), S. 234; Flick (2010), S. 165.

eines objektiven Merkmals, welches die Intensität und ‚Güteklasse' der Motivation im Führungs-kontext a priori zweifelsfrei erkennen lässt, werden Proxy-Variablen genutzt: eine vergleichsweise lange Marktpräsenz und damit ein vergleichsweise weites organisationales Entwicklungsstadium[385] sowie der möglichst objektiv eingeschätzte Erfolg der Sozialunternehmen[386]. Des Weiteren wer-den ergänzend auch einige wenige potenziell *kontrastierende bzw. abweichende Fälle* in das Sampling eingebunden, um die insgesamt Vielfalt zu erhöhen und im Rahmen der Vergleichsanalyse neue Perspektiven und Einblicke zu gewinnen. Beispiele hierfür sind Organisationen, welche eine erst kurze Marktpräsenz aufweisen, sich hinsichtlich ihrer Strukturen in einem noch relativ frühen Entwicklungsstadium befinden oder vergleichsweise klein sind.

Auf *Personen- bzw. Mitarbeiterebene* ist es wichtig, ein umfassendes und aussagekräftiges Meinungs-bild zu erhalten. Aus diesem Grund ist der Anspruch, wenn möglich sowohl mit den Grün-dungspersönlichkeiten bzw. der Geschäftsführung als auch mit Mitarbeitern bzw. Angestellten zu sprechen. Letztlich sollen hierdurch eine Vielfalt der Perspektiven, Meinungen und Erfahrungs-horizonte realisiert werden. Dabei übernehmen Erstere primär die ‚Senderrolle' (im Sinne ihrer aktiven Rolle bei Motivation im Führungskontext), während Letztere vor allem eine (passive) ‚Empfängerrolle' innehaben: Letztlich ist die Berücksichtigung beider Perspektiven von entschei-dender Relevanz, um die aktuellen Anstrengungen im Rahmen von Motivation im Führungs-kontext und deren angestrebte wie tatsächliche Wirkung richtig verstehen und einordnen zu können. Auch wenn bei der Auswahl der konkreten Personen das Hauptaugenmerk auf inhaltli-cher Relevanz und Erkenntnisgewinn liegt (d.h. Personen, die hinsichtlich ihrer Kompetenz, Position, Erfahrung und Tätigkeit aller Voraussicht nach etwas zum Thema zu sagen haben), soll dennoch erwähnt werden, dass die Aspekte der Verfügbarkeit und Zugänglichkeit realistischer-weise ebenfalls eine Rolle spielen.[387] Die folgende Tabelle stellt die in insgesamt acht Sozialunter-nehmen befragten neunzehn Personen nochmals übersichtlich dar:

---

[385] Dieses umfasst sowohl die Entwicklung von organisationalen Strukturen und Prozessen als auch wachsende Mitarbeiterzahlen. In der Einleitung wurde angedeutet, dass Motivation im Führungskontext im Rahmen einer solchen Entwicklung tendenziell immer wichtiger und relevanter wird.

[386] Auch wenn Erfolg und Wirkungseinfluss der Organisation sicherlich keine hinreichenden Kriterien für eine gute und effektive Mitarbeitermotivation darstellen, können sie über die Zeit zumindest als Indikator und (schwache) notwendige Bedingung angesehen werden. Im Rahmen dieser Arbeit wird dieser Aspekt gewährleistet, indem fünf der acht Organisationen sowohl von Ashoka als auch der Schwab Foundation, und weitere zwei ausschließ-lich von Ashoka/der Schwab Foundation akkreditiert sind. Für eine Übersicht der relevanten Bewertungskrite-rien hinsichtlich gesellschaftlicher Wirkung, Innovationspotenzial und nachhaltigem Erfolg vgl. http://www.schwabfound.org/sf/SocialEntrepreneurs/SearchandSelectionProcess/Criteria/index.htm sowie http://www.ashoka.org/support/criteria).

[387] Ein solches Vorgehen wird mitunter auch ‚convenience sampling' genannt, wobei dieses in der vorliegenden Arbeit nur bei der Auswahl auf Personenebene angewandt wird und auch dort nur einen ergänzenden Aspekt darstellt. Vgl. hierzu u.a. Patton (2002), S. 239f; Flick (2010), S. 166.

Organisation (Gründungsjahr)	Typus	Befragte Personen	Rolle/ Position
BOOKBRIDGE (2009)	Hybride NPO	Martina Knittel Carsten Rübsaamen Anujin Schittich-Battulga	Projektleiterin Gründer & Geschäftsführer Projektleiterin
Dialogue Social Enterprise (2008/1995)	Social Business	Andreas Heinecke Gideon Kletzka	Gründer & Geschäftsführer Projektleiter
Grameen Creative Lab (2009)	Social Business	Sophie Eisenmann Leonhard Nima	Direktorin Projektleiter
infoklick.ch (1998)	Hybride NPO	Markus Gander Anna Sollberger	Gründer & Geschäftsführer Projektmitarbeiterin
iq consult (1994)	Social Business	Nadine Chapelier Elena Knaack Norbert Kunz Manfred Radermacher	Leitung Kommunikation Projektleiterin Gründer & Geschäftsführer Projektleiter
Kinderzentren Kunterbunt (1998)	Hybride NPO	Björn Czinczoll	Gründer & Geschäftsführer
streetfootballworld (2004)	Hybride NPO	Lena Häusler Jan Lübbering Manuel Normann	HR Manager Projektleiter HR & Controlling
wellcome (2002)	Hybride NPO	Franziska Holfert Rose Volz-Schmidt	Projektleiterin Gründerin & Geschäftsführerin

Tabelle 2   Fallanalysen und befragte Personen im Überblick (Quelle: Eigene Darstellung)

II.3   Forschungsmethoden

II.3.1   Erhebungsmethode

Im Rahmen der Datenerhebung können und sollen mehrere Aspekte betrachtet werden: So müssen (1) die relevanten Datenquellen identifiziert, (2) die konkreten Erhebungsmethoden ausgewählt und diese schließlich (3) spezifisch umgesetzt werden. Ein Konzept, das auf allen diesen Ebenen von Bedeutung ist, ist die sog. Triangulation.[388] Relevant im Rahmen dieser Arbeit sind vor allem die von Denzing unterschiedenen Typen der Daten-Triangulation (Kombination verschiedener Datenquellen), der methodologischen Triangulation (Kombination verschiedener Erhebungsmethoden) und der Theorien-Triangulation (Kombination verschiedener theoretischer Perspektiven)[389], sowie ergänzend die sog. systematische Perspektiven-Triangulation (Kombination verschiedener Forschungsperspektiven)[390].

---

[388]   Triangulation bezeichnet im Allgemeinen die Kombination unterschiedlicher Methoden, Untersuchungseinheiten, Settings sowie unterschiedlicher Perspektiven in der Auseinandersetzung mit einem Phänomen. Der grundlegende Nutzen liegt dabei in der erhöhten methodischen Breite, Tiefe und Konsequenz sowie letztlich in der systematischen Erweiterung der Erkenntnisperspektiven. Vgl. Flick (2010), S. 519. Für eine ausführliche Darstellung zum Thema Triangulation sei des Weiteren verwiesen auf Flick (2011).

[389]   Vgl. u.a. Flick (2010), S. 519f; Denzin (2009), S. 297-313.

[390]   Vgl. Flick (2010), S. 136f, 520.

Identifizierung relevanter Datenquellen (Daten-Triangulation)

Grundsätzlich sind die in dieser Arbeit relevanten Datenquellen zum einen die zuvor beschriebenen Befragungen (Schwerpunkt) sowie zum anderen die ergänzende Verwendung von unternehmensspezifischen Dokumentationen (bspw. Internetauftritt, Broschüren, etc.), deren Inhalte und Informationen vor allem zur Vorbereitung, Einordnung sowie Ergänzung der Befragungen genutzt werden. Weiterhin werden im Sinne der multiplen Fallanalyse sowie des theoretischen und gezielten Samplingansatzes Befragungen von Personen in unterschiedlichen Settings bzw. Organisationen realisiert, was ebenfalls als Daten-Triangulation einzuordnen ist.[391]

Auswahl der Erhebungsmethoden (methodologische Triangulation)

Zugänge zu verbalen Daten – also Befragungen bzw. Interviews – werden als eine der methodischen Säulen qualitativer Forschung angesehen.[392] Auch in dieser Arbeit bilden verbale Daten bzw. deren Erhebung die zentrale Säule der empirischen Untersuchung. Allgemein bedeutet eine Befragung oder Interview die „[...] Kommunikation zwischen zwei oder mehreren Personen. Durch verbale Stimuli (Fragen) werden verbale Reaktionen (Antworten) hervorgerufen: Dies geschieht in konkreten sozialen Situationen und unterliegt gegenseitigen Erwartungen. Antworten beziehen sich auf erlebte und erinnerte soziale Ereignisse, stellen Meinungen und Bewertungen dar."[393] Grundsätzlich können verschiedene Arten von Interviews unterschieden werden, wobei diese in drei zentrale Ansätze eingeteilt werden können: Leitfadeninterviews, Erzählungen als Zugang sowie Gruppenverfahren.[394] Im Rahmen dieser Arbeit sind zwei Interviewformen von Bedeutung, welche beide dem Ansatz des Leitfadeninterviews zuzuordnen sind: Das problemzentrierte Interview sowie das Experteninterview.

Das *problemzentrierte Interview* wird dabei als maßgebliche Erhebungsmethode für alle Befragungen der Sozialunternehmen angewandt.[395] Dieses ist vor allem durch die Problemzentrierung (d.h. die Orientierung an einer spezifischen relevanten Problemstellung, hier Motivation im Führungskontext von Sozialunternehmen) sowie eine Kombination von deduktivem und induktivem Vorgehen gekennzeichnet. Eine wichtige Rolle spielt dabei der Leitfaden, welcher das explizierte Vorwissen in Form theoriegeleiteter Fragen und potenziell relevanter Themenkategorien zugrundeliegt und der den Kommunikationsprozess als Orientierungsrahmen und Gedankenstütze begleitet. Das problemzentrierte Interview ist damit für den im Rahmen der Forschungskonzeption formulierten theoriegeleiteten qualitativen Forschungsansatz geradezu prädestiniert (vgl. Kap. A.III). Die konkrete Gesprächsführung erfolgt sowohl mit erzählungsgenerierenden Strate-

---

391 Vgl. Flick (2010), S. 519.
392 Vgl. Flick (2010), S. 268.
393 Atteslander (2010), S. 109.
394 Für eine ausführliche Darstellung dieser Ansätze und Interviewformen vgl. Flick (2010), S. 193-278.
395 Für einleitende Übersichten zum Thema problemzentriertes Interview vgl. u.a. Witzel (2000); Flick (2010), S. 210-214; Lamnek (2010), S. 332-337. Für umfassende Darstellungen sei auf die weiteren Ausführungen von Witzel verwiesen, bspw. in Witzel/Reiter (2012).

gien (Gesprächseinstieg, allgemeine Sondierungen, Ad-hoc-Fragen) als auch verständnisgenerie-
renden Strategien (spezifische Sondierungen durch Zurückspiegelung, Verständnisfragen und
Konfrontationen).[396] Während erstere Strategien offen angelegt sind und durch Anregung von
Narrationen und Raum für Erzählungen primär subjektive Sichtweisen sukzessive offenzulegen
suchen (Prinzip der Offenheit und Induktion), versuchen Letztere, auf Basis des Leitfadens
Dialoge und Reflexionen zu ermöglichen, wobei die Fragen und Impulse auch zur Herbeiführung
neuer Themen oder den Abbruch unergiebiger Darstellungen genutzt werden können (Prinzip
der Strukturierung und Deduktion).[397] Insgesamt können problemzentrierte Interviews damit als
offen und halbstrukturiert bezeichnet werden.[398] Als Auswertungsmethode sind insb. codierende
Verfahren auf Basis vollständiger Transkriptionen geeignet.[399]

Zur *methodologischen Triangulation* kommt es, indem komplementär zu den problemzentrierten
Interviews einige ausgewählte Experteninterviews durchgeführt werden, welche zwar ebenfalls
Leitfadeninterviews, allerdings wesentlich fokussierter und auf einen bestimmten Sachverhalt
bzw. eine spezifische Thematik ausgerichtet sind.[400] Sie dienen dabei zum einen zur Unterstützung der Leitfadenerstellung, indem die Experten zur Validierung der konzeptionellen Bezugsrahmen von Social Entrepreneurship sowie Arbeitsmotivation herangezogen werden. Zum anderen werden sie, wenn auch nur selektiv, zur Validierung der empirischen Ergebnisse genutzt.

Spezifische Umsetzung der Methoden (Theorien- und Perspektiven-Triangulation)

Es wurde darauf hingewiesen, dass im Rahmen dieser Arbeit eine Explizierung des Vorwissens in
Form theoriegeleiteter Fragen und Themenkategorien erfolgt und diese Inhalte in den Leitfaden
und damit in die Befragung Eingang finden. Eine *Theorien-Triangulation* wird in diesem Kontext
dergestalt realisiert, dass verschiedene Perspektiven und theoretische Sichtweisen in diesen Prozess einbezogen werden, um letztlich deren Brauchbarkeit und Erklärungskraft zu prüfen[401]: Ein
zentrales Beispiel hierfür ist die Berücksichtigung verschiedener Motivationstheorien als Grundlage der inhaltlichen Konzeption der empirischen Untersuchung (u.a. Selbstbestimmungstheorie
der Motivation, Zielerreichungstheorie, Job-Characteristics-Modell) sowie die Berücksichtigung
sozialunternehmensspezifischer Besonderheiten anhand des konzeptionellen Bezugsrahmens von
Social Entrepreneurship. Unter einer *Perspektiven-Triangulation* wird die Verknüpfung der Konstruktion sozialer Wirklichkeit mit der Explizierung ihrer subjektiven Bedeutung verstanden.[402] In
diesem Sinne werden im Rahmen dieser Arbeit die Personen hinsichtlich Motivation im Führungskontext nicht nur nach dem in der Realität anzutreffenden Status Quo, sondern auch nach

---

[396] Vgl. Witzel (2000); Flick (2010), S. 210f; Mayring (1999), S. 50-53.
[397] Vgl. Witzel (2000); Flick (2010), S. 270ff.
[398] Vgl. Mayring (1999), S. 50.
[399] Vgl. Witzel (2000); Flick (2010), S. 213; Mayring (1999), S. 52.
[400] Vgl. auch Flick (2010), S. 214-218, 270ff.
[401] Vgl. Flick (2010), S. 519.
[402] Vgl. Flick (2010), S. 520.

dessen subjektiver Einordnung und Beurteilung sowie nach gewünschten und unerwünschten Zuständen bzw. Entwicklungen befragt.

II.3.2 Aufbereitungsmethode

Im Rahmen der Datenerhebung bei den Ausführungen zum problemzentrierten Interview wurde deutlich, dass zur Auswertung ebendieser eine Verschriftung, d.h. eine vollständige Transkription der Interviews ratsam ist. Eine solche ist ebenfalls für codierende Auswertungsmethoden wie das in dieser Arbeit angewandte und im nächsten Abschnitt beschriebene Thematische Codieren notwendige Bedingung. In diesem Sinne kommt in dieser Arbeit eine *wörtliche Transkription* der mit technischen Medien aufgezeichneten verbalen Daten zum Einsatz. Dabei werden die Interviews für ein besseres Verständnis in normales Schriftdeutsch übertragen.

II.3.3 Auswertungsmethode

Als Auswertungsmethode kommt in dieser Arbeit das *thematische Codieren* zum Einsatz. Dieses ist speziell für vergleichende Studien entwickelt und eignet sich insb. für Material, das theoriegeleitet mit einem Leitfadeninterview erhoben wurde, da dieses Vergleichbarkeit durch die Vorgabe von zuvor entwickelten Themenkategorien bei gleichzeitiger Offenheit für subjektive Sichtweisen sicherstellt.[403] Der hier gewählte bzw. realisierte Ansatz, welcher im Folgenden dargestellt werden soll, lehnt sich hinsichtlich des grundsätzlichen Vorgehens sowie der grundlegenden Analyseschritte an die Konzeptionen von Flick und Kuckartz an[404], wobei diese an einigen Stellen für die Zwecke und Ziele dieser Arbeit leicht adaptiert werden.

Das thematische Codieren ist grundsätzlich durch eine Kombination von deduktivem und induktivem Vorgehen gekennzeichnet. Im ersten Schritt werden, wie zuvor erwähnt, theoriegeleitete vorläufige Themen- bzw. Auswertungskategorien entwickelt, welche die Grundlage für den Leitfaden der problemzentrierten Interviews bilden[405]: Zu Anfang erfolgt demnach eine deduktive Ableitung der Auswertungskategorien (vgl. Kap. C.I). Im zweiten Schritt werden diese vorläufigen Auswertungskategorien aus dem Datenmaterial heraus entwickelt, d.h. präzisiert, verfeinert und ergänzt. Dieser induktive Analyseschritt findet im Rahmen der eigentlichen Datenauswertung statt, welche in Form des computergestützten Codierens je Fall realisiert wird. Hierbei wird mithilfe des QDA-Programms MAXQDA das Datenmaterial entweder existierenden Auswertungskategorien zugeordnet oder dieses selbst zu neuen Auswertungskategorien entwickelt. Auch hier herrscht – analog dem Vorgehen des problemzentrierten Interviews – eine große

---

[403] Vgl. Flick (2010), S. 402; Kuckartz (2010), S. 91. Der theoretische Hintergrund ist dabei die Unterschiedlichkeit sozialer Welten: In diesem Sinne werden verschiedene, subjektive Perspektiven auf ein Phänomen betrachtet, immer unter der Annahme, dass in unterschiedlichen sozialen Gruppen verschiedene Sichtweisen anzutreffen sind. All dies ist konsistent mit der eingangs formulierten Forschungskonzeption dieser Arbeit. Vgl. hierzu u.a. Flick (2010), S. 402, 408.

[404] Vgl. Flick (2010), S. 402-409; Kuckartz (2010), S. 84-92.

[405] Vgl. Kuckartz (2010), S. 86f.

inhaltliche Offenheit in dem Sinne, dass das Kategoriensystem immer als vorläufig zu verstehen und damit offen für die zuvor erwähnte fortlaufende Präzisierung, Verfeinerung oder Ergänzung ist. Gleichzeitig werden die entstehenden Auswertungskategorien laufend strukturiert und auf Basis der Erkenntnisse aus dem Datenmaterial miteinander in Beziehung gesetzt.

Das dadurch entstandene präzise und umfassende Kategoriensystem bzw. vielmehr die darin enthaltenen einzelfallbezogenen Kategoriensysteme (inkl. des zugeordneten und damit systematisierten Datenmaterials) bilden die Grundlage für die in der Folge durchgeführten *Einzelfallanalysen*, welche entlang des Kategoriensystems die jeweiligen Sichtweisen, die als wichtig erkannten Aspekte sowie die identifizierten Zusammenhänge nochmals konkretisieren, verdeutlichen und in Form einer Fallübersicht zusammenfassend darstellen. Haben diese Fallübersichten in diesem Sinne sicherlich an sich schon einen Eigenwert, indem sie fallbezogene Motivationsmuster offenlegen, haben sie gleichzeitig einen heuristischen Wert für die darauf aufbauende *fallübergreifende Vergleichsanalyse*: Hierbei sollen – entlang der im Kategoriensystem begründeten thematischen Struktur sowie im Rückgriff auf die Fallübersichten – durch das Erkennen und Einordnen von Gemeinsamkeiten und Unterschieden in einer systematischen Art und Weise fallbezogene Motivationsmuster bestätigt, fallübergreifende identifiziert und damit letztlich eine argumentative Verallgemeinerung ermöglicht werden. All dies mündet schließlich in der *Ergebnisinterpretation*, im Rahmen derer die zentralen Motivationsmuster identifiziert und herausgearbeitet sowie charakterisiert und präzisiert werden. Ziel ist dabei die Erarbeitung eines konzeptionellen Bezugsrahmens, welcher diese gesamthaft darstellt.

II.4   Zusammenfassung

Abschließend ist zu betonen, dass die einzelnen Elemente des gewählten Forschungsplans (Forschungsdesign, Untersuchungseinheit, Forschungsmethoden) sowohl untereinander als auch mit der eingangs dargestellten, übergeordneten Forschungskonzeption in Bezug stehen und in diesem Sinne ein *schlüssiges Gesamtkonzept* bilden.

So ist das Forschungsdesign der vergleichenden multiplen Fallanalyse in besonderer Weise geeignet, die Forschungskonzeption des qualitativen Forschungsansatzes umzusetzen und dessen Ziele und Charakteristika Rechnung zu tragen. Ergänzt wird das Forschungsdesign durch die Auswahl geeigneter Untersuchungseinheiten. Die konkreten Forschungsmethoden wiederum sind sowohl auf das Forschungsdesign als auch auf die Forschungskonzeption abgestimmt und stellen eine adäquate und effektive Realisierung der empirischen Untersuchung sicher.

Die nachfolgende, zusammenfassende Abbildung stellt nochmals übersichtlich Ziel, Anspruch und Charakteristika der zugrundeliegenden Forschungskonzeption sowie die zentralen Elemente des Forschungsplans dar und illustriert das zuvor angesprochene Gesamtkonzept:

Forschungskonzeption: Qualitativer Forschungsansatz

Ziel und Anspruch
- Erkenntnisgewinn und wissenschaftlicher Fortschritt durch Explikation und Verstehen relevanter Zusammenhänge/ Strukturen mittels einer Konstruktionsstrategie (theoretisch geleitete Fragen an Realität als Fortschrittsmedium)

Zentrale Charakteristika
- Expliziertes Vorverständnis in Form relevanter Fragen und Themenkategorien
- Gewinnung von Erfahrungswissen durch induktives und idiographisches Vorgehen
- Kodifizierung von Erfahrungswissen durch Interpretation und Generalisierung als Verallgemeinerungsprozess

Forschungsdesign: Vergleichende multiple Fallanalyse als Momentaufnahme
- Vielfalt mittels verschiedener, sich ergänzender Meinungsperspektiven in unterschiedlichen Settings
- Robuste Ergebnisse/Generalisierbarkeit durch schrittweise theoretische Verallgemeinerung auf Basis von Fallvergleichen

Untersuchungseinheit: Theoretisches Sampling
- Hybride NPOs und Social Businesses als relevante Grundgesamtheit, mit Fokus auf homogenem Kulturraum (D/CH)
- Acht Sozialunternehmen/Fallanalysen; jeweils mit zumeist mehreren befragten Personen (Gründer/Mitarbeiter)
- Auswahl auf Einzelfall-/Personenebene mittels Theoretischen Samplings (inhaltliche Relevanz maßgebliches Kriterium)

Forschungsmethoden: Datenerhebung, -aufbereitung und -auswertung

Erhebungsmethode: Problemzentriertes Interview zur Erhebung verbaler Daten
- Problemzentrierte Leitfadeninterviews als Hauptmethode zur Befragung der Gründer/Mitarbeiter der Sozialunternehmen (Verknüpfung strukturierender Vorgaben und inhaltlicher Offenheit)
- Ergänzende Experteninterviews zur Validierung konkreter Sachverhalte

Aufbereitungsmethode: Aufzeichnung verbaler Daten und wörtliche Transkription
- Vollständige Transkription der verbalen Daten (Interviewaufzeichnungen), nachfolgende sprachliche Glättung

Auswertungsmethode: Thematisches Codieren
- Kombination von deduktiver und induktiver Entwicklung der Auswertungskategorien
  - Deduktive, theoriegeleitete Erstellung vorl. Auswertungskategorien (Grundlage für Leitfaden/Datenauswertung)
  - Induktive Entwicklung (Präzisierung/Ergänzung) aus Datenmaterial heraus (offenes und selektives Codieren)
- Fallbezogene Analysen und fallübergreifende Vergleiche
- Herausarbeitung der zentralen Motivationsmuster über alle Fälle hinweg

Abbildung 12 Übersicht Forschungskonzeption und Forschungsplan (Quelle: Eigene Darstellung)

Selbstverständlich bedeutet die oben skizzierte Entscheidung für ein bestimmtes, geeignetes forschungsleitendes Konzept zugleich das *Verwerfen alternativer Ansätze*, von denen der Vollständigkeit halber im Folgenden eine Auswahl erwähnt werden soll.

Hier ist zunächst auf der Ebene der Forschungskonzeption ein *quantitativer Forschungsansatz* zu nennen, welcher als erklärendes, hypothesenbewertendes Verfahren einer Prüfstrategie folgt und primär deduktiv und nomothetisch vorgeht (vgl. auch Kap. A.III). Hierfür geeignete Forschungsdesigns zielen mit hohen Fallzahlen auf Repräsentativität und nutzen entsprechende Forschungsmethoden (bspw. Datenerhebung durch stark strukturierte Befragungen mit standardisiertem Fragebogen und statistische Auswertungsmethoden). Demgegenüber gibt es auch *diverse Alternativen im qualitativen Kontext.* Zu nennen sind hier u.a. die Basisdesigns der Einzelfallanalyse sowie retrospektive und Längsschnittstudien.[406] Alternative Forschungsmethoden im Rahmen der Datenerhebung umfassen u.a. weitere Typen des Leitfadeninterviews (fokussiertes Interview, halbstandardisiertes Interview, ethnographisches Interview), Erzählungen als Zugang (narratives Interview, episodisches Interview), Gruppendiskussion und Focus Groups[407] sowie teilnehmende Beobachtung[408]. Bei der Datenauswertung sollten u.a. das theoretische Codieren[409] und die qualitative Inhaltsanalyse[410] erwähnt werden.

Auf die Stärken und die Adäquanz der im Rahmen dieser Arbeit gewählten Forschungskonzeption und des darauf aufbauenden Forschungsplans wurde schon zuvor im Kap. A.III. sowie den vorangegangenen Kapiteln des Forschungsplans eingegangen – mit selektivem Verweis auf die Schwächen oder Unangemessenheit alternativer Ansätze und Methoden. Letztlich ist jedoch zu konstatieren, dass bei allen Stärken und grundsätzlicher Adäquanz *Limitationen* zu verzeichnen sind. Für eine ausführliche Darstellung und Einordnung ebendieser Limitationen, aber auch der Möglichkeit oder Notwendigkeit einer zukünftigen, ergänzenden Anwendung vorerst verworfener oder zurückgestellter Designs und Methoden soll an dieser Stelle auf das Kap. G.II. (Kritische Würdigung) verwiesen werden.

---

[406] Für weitere Informationen hinsichtlich Verständnis und Einordnung der genannten Basisdesigns vgl. auch Flick (2010), S. 177f, 180-184, 187.

[407] Für weitere Informationen hinsichtlich Verständnis und Einordnung der genannten Methoden vgl. auch Flick (2010), S. 194-267, insb. S.270-273.

[408] Für weitere Informationen hinsichtlich Verständnis und Einordnung der genannten Methoden vgl. auch Flick (2010), S. 287-296.

[409] Für weitere Informationen hinsichtlich Verständnis und Einordnung der genannten Methoden vgl. auch Flick (2010), S. 387-402; Kuckartz (2010), S. 73-83.

[410] Für weitere Informationen hinsichtlich Verständnis und Einordnung der genannten Methoden vgl. auch Flick (2010), S. 409-417; Kuckartz (2010), S. 92-96.

D. Ergebnisdarstellung – Erkenntnisse aus Fallstudienanalyse

Die Ergebnisdarstellung besteht aus zwei Analyseschritten, welche aufeinander aufbauen: Im ersten Schritt sollen beobachtete Muster und Strukturen der einzelnen Fallstudien im Rahmen von fallbezogenen Analysen dargestellt werden. Primär geht es darum, Arbeitsmotivation konkret im jeweiligen Führungs- und Organisationskontext zu untersuchen, um so die Besonderheiten und Spezifika der einzelnen Organisationen herauszuarbeiten. Die fallbezogenen Analysen beginnen dabei jeweils mit einer Kurzbeschreibung der Organisation sowie einer kurzen, allgemeinen Beschreibung von Situation und Status von Motivation im Führungskontext, bevor in der Folge Motivation im Führungskontext entlang der in Teil C abgeleiteten Themenkategorien ‚Mitarbeiter gewinnen‘, ‚Mitarbeiter führen und entwickeln‘, ‚Mitarbeiter halten‘ sowie ‚Mitarbeiter freistellen und vermitteln‘ analysiert wird. Diese Darstellungen stellen dabei eine Zusammenfassung ausführlicher Einzelfallanalysen dar, im Rahmen derer die einzelnen Erkenntnisse und Aussagen umfassend durch Zitate belegt sind und welche im Anhang aufgeführt sind.[411] Im zweiten Schritt werden diese fallbezogenen Analysen dann zusammengeführt, um durch vergleichende Kontrastierung und verbindende Integration fallübergreifende Muster identifizieren zu können.

I. Motivation im Führungskontext – fallbezogene Analyse

I.1 BOOKBRIDGE

I.1.1 Kurzbeschreibung der Organisation

BOOKBRIDGE ist eine deutsch-schweizerische Stiftung mit Präsenzen in Deutschland (Freiburg [Hauptstandort]), Schweiz (Basel), der Mongolei (Ulaanbaatar) und Kambodscha (Siem Reap). Gegründet wurde sie 2009 von Carsten Rübsaamen.[412]

Wertbeitrag bzw. Mission von BOOKBRIDGE ist der Einsatz für gemeinschaftliches Engagement zwischen reichen und armen Teilen der Welt mit dem Ziel, über diese ‚Bildungsbrücke‘ ein globales Bildungsgleichgewicht herzustellen. Das Ziel wird im Rahmen der Wertschöpfungsarchitektur durch zwei sich ergänzende Betätigungsfelder (auf beiden Seiten der Bildungsbrücke) erreicht: Zum einen wird in sich entwickelnden Ländern (aktuell: Mongolei und Kambodscha) durch die Errichtung von Bibliotheken gemeinsam mit lokalen Partnern Zugang zu Bildung geschaffen. Konkret reichen die Aktivitäten von der Ausstattung einer Kleinbibliothek bis hin zur gemeinsamen Etablierung eines integrativen Bildungszentrums mit Bibliothek, Kursen für Ju-

---

[411] Aus Übersichtlichkeits- und Platzgründen wird daher in den folgenden Zusammenfassungen auf Zitate weitgehend verzichtet.

[412] Vgl. (auch für die weiteren Ausführungen) Website von BOOKBRIDGE unter http://www.bookbridge.org/ (abgerufen am 01.05.2014)

gendliche (kostenlos) und Erwachsene (kostenpflichtig) sowie weiteren Aktivitäten.[413] Zum anderen werden in entwickelten Ländern englischsprachige Bücher gesammelt, sowohl privat (ehrenamtliches „Bücherhelden"-Programm) als auch im Rahmen von durch BOOKBRIDGE verantwortete und begleitete, öffentlichkeitswirksam inszenierte Unternehmenssammelaktionen (Responsibility Programm). Die Buchsammelaktionen in den entwickelten Ländern bilden den Nukleus der zuvor beschriebenen Bibliotheken und Bildungszentren, ermöglichen konkretes soziales Engagement des Einzelnen und sensibilisieren zugleich die Menschen für das Thema Bildung und Bildungsgleichgewicht.

Zentrales Anliegen von BOOKBRIDGE ist es, durch ein tragfähiges Ertragsmodell mittelfristig von Spenden unabhängig zu werden. Hierzu wurde ein Personalentwicklungsprogramm (Capability Programm) entwickelt, bei dem Führungskräfte eines Unternehmens in Eigenregie – unter Anleitung und Begleitung von BOOKBRIDGE – ein Bildungszentrum planen und aufbauen. Die eigens gegründete BOOKBRIDGE GmbH bietet als 100%ige Tochter der Stiftung dieses Programm am Markt an und strebt mit ihrem Gewinn eine Unabhängigkeit der Stiftung von Spenden an. Des Weiteren sind die Bildungszentren ebenfalls als Sozialunternehmen konzipiert und haben das Ziel, mittel- bis langfristig über die Gebühren für Erwachsenenkurse finanziell unabhängig zu werden. BOOKBRIDGE kann damit als hybride NPO eingeordnet werden.

Die Wirkung von BOOKBRIDGE ist sowohl regional weitreichend[414] wie auch inhaltlich bedeutend: So wurden u.a. 150.000 Bücher von 3.000 Freiwilligen gesammelt, 10 Bildungszentren und 4 Bibliotheken aufgebaut und 300 Lehrer ausgebildet (Stand 2012). Insgesamt erhielten so 500.000 Menschen Zugang zu Bildung. BOOKBRIDGE wurde für seine Arbeit schon mehrfach in Deutschland, der Schweiz und weiteren Ländern ausgezeichnet. Darüberhinaus ist BOOKBRIDGE bzw. Carsten Rübsaamen seit 2013 Ashoka Fellow.

I.1.2   Allgemeine Situation und Status von Motivation im Führungskontext

BOOKBRIDGE ist eine vergleichsweise junge Organisation in einem frühen Entwicklungsstadium. Gerade in diesem frühen Stadium mit Start-up-Charakter, viel Dynamik und vergleichsweise wenig Routine kann eine gewisse *intrinsische Grundmotivation* vorausgesetzt werden. Aus diesem Grund lag in der Vergangenheit der Fokus der Personalführung nicht primär im Bereich Motivation, sondern mehr auf unmittelbar relevanten, operativen Themen. Nichtsdestotrotz wurde in den Gesprächen deutlich, dass Mitarbeitermotivation im Führungskontext angekommen und auf dem besten Weg ist, als aktive Führungsaufgabe wahrgenommen zu werden. Die dabei angestreb-

---

[413] Dabei geht das Engagement von BOOKBRIDGE über das reine Errichten und Einrichten hinaus und umfasst bei den Bildungszentren weiterhin die fortwährende Schulung des Bibliotheks- und Lehrpersonals sowie die Unterstützung bei der Erstellung des Kursprogramms durch ein nationales Ausbildungsteam. Darüber hinaus werden die Bildungszentren solange finanziell unterstützt, bis sie sich über die kostenpflichtigen Kursangebote für Erwachsene selbst tragen können.

[414] Aktuell liegt der Fokus bei den Schwellenländern auf der Mongolei und Kambodscha, bei den entwickelten Ländern auf Europa und USA. Bei Ersteren ist eine mögliche Ausweitung angestrebt.

te Herangehensweise soll möglichst individuell auf die einzelnen Mitarbeiter zugeschnitten sein. Gleichzeitig ist abzusehen, dass mittel- bis langfristig aufgrund einer stetig wachsenden Organisation eine zunehmende Systematisierung und Strukturierung notwendig sein wird.

Im Kontext der *grundlegenden Motivationsmuster* spielt die intrinsische Motivation eine dominierende Rolle. Diese drückt sich konkret in Spaß an der Tätigkeit, einer gefühlt hohen Handlungswirksamkeit sowie einer starken Identifikation aus. Des Weiteren sind eine passende Organisationskultur und ein persönliches Arbeitsumfeld wichtige Motivationsaspekte. Auch das Konzept Social Entrepreneurship/Social Business spielt eine zentrale Rolle, insb. die positive Außenwahrnehmung desselben und der kreative Aspekt verbunden mit der notwendigen Professionalität (unternehmerischer Ansatz, Gebot der finanziellen Nachhaltigkeit). Bezogen auf die Ausübung der Tätigkeit selbst ist schließlich Autonomie der bestimmende Motivationsfaktor, verbunden mit einer Anerkennung und Wertschätzung der eigenen Leistungen.

I.1.3 Mitarbeiter gewinnen

Grundsätzlich lässt sich konstatieren, dass eine aktive Stärkung der Visibilität der Organisation in Bezug auf Mitarbeitergewinnung keine allzu große Rolle spielt. Das Konzept Social Entrepreneurship/Social Business, das in der Positionierung nach außen eine prominente Rolle spielt, ist jedoch auch im Bereich der Mitarbeitergewinnung bzw. des Recruitings relevant und wichtig.

Grundsätzlich lässt sich das *Recruiting* von BOOKBRIDGE als wenig strukturiert, situativ und vielfach zufällig charakterisieren. Letztlich verlässt sich BOOKBRIDGE dabei auf das geschäftliche und persönliche Netzwerk sowie die Onlinepräsenz mittels Website. Diese Fokussierung auf das Netzwerk ist allerdings kein vorübergehendes Verlegenheitsvorgehen, sondern wird bewusst und strategisch eingesetzt und gegenüber anderen Optionen als überlegen empfunden: Als Vorteile werden genannt, dass man die potenziellen Kandidaten (schon) kennt, vornehmlich Menschen eines Schlages anspricht und auf diesem Weg ein homogenes, funktionierendes Team zusammenstellen kann. Demgegenüber spielen Job-Plattformen keine große Rolle, und Stellenausschreibungen über externe Medien werden grundsätzlich negativ bewertet und nur in ausgesuchten Einzelfällen genutzt. Häufiger sind entweder Stellenausschreibungen über die eigene Website oder Initiativbewerbungen; die Website als Informations- und Kontaktplattform spielt dabei eine wichtige Rolle. Weitere potenzielle Ressourcen-Pools mit Bezug zum geschäftlichen Netzwerk sind (ehemalige) Ehrenamtliche sowie externe Führungskräfte, die das Capability-Programm durchlaufen haben.

Bei allen Vorteilen dieses persönlichen Ansatzes werden jedoch auch negative Aspekte identifiziert: Gerade der zuvor herausgestellte Vorteil der Homogenität wird kritisch gesehen, da mittel- bis langfristig ein bestimmtes Maß an Diversität hinsichtlich Wissen, Knowhow und Erfahrung unerlässlich ist und dies ohne Einbeziehung anderer Bereiche nur schwer realisierbar ist. Auch wenn der Gründer den Aspekt der Diversität durchaus im Blick hat und versucht, in verschiedenen Personenkreisen Aufmerksamkeit zu erzeugen, ist eine gewisse Professionalisierung des Recruitings daher wünschenswert. Als ein erster Schritt in diese Richtung kann die geplante (behutsame) Nutzung von Headhuntern angesehen werden.

I.1.4 Mitarbeiter führen und entwickeln

Grundlegende führungsrelevante Aspekte

BOOKBRIDGE hat im Kontext des *Unternehmensleitbildes* eine klare Mission, welche die Grundlage allen Handelns bildet und auf der Website transparent dargestellt wird.[415] Neben der wichtigen Aufgabe im Rahmen der Außendarstellung besitzen das Leitbild und die daraus resultierende Mission im Sinne einer Handlungsgrundlage jedoch auch interne Relevanz. Der konkrete motivatorische Nutzen der expliziten Mission für das tägliche Tun wird dabei als begrenzt eingeschätzt, da diese zwar initial ein gemeinsames Verständnis schafft und die grundsätzliche Richtung vorgibt, mittel- bis langfristig jedoch ohnehin im Tun verankert ist. Einen handlungsleitenden Charakter und anhaltenden motivatorischen Nutzen entfaltet die Mission jedoch, wenn aus ihr klare Handlungsimplikationen ableitbar sind und diese als Entscheidungsgrundlage dienen können.

Hinsichtlich des *Führungsverhaltens* wird der Gründer als Persönlichkeit wahrgenommen, die im alltäglichen Arbeiten und Umgang große Begeisterung ausstrahlt und immenses Engagement sowie eine hohe Identifikation mit der Organisation vorlebt. Im Verhältnis zu seinen Mitarbeitern strahlt er Optimismus aus, nimmt die Mitarbeiter und ihre Meinungen ernst und motiviert durch direkte Aufmunterung und Hilfestellungen. Dieses direkte und unmittelbare Verhältnis hat durch seine freundschaftliche Komponente aber auch kritische Aspekte: So ist es ein schwieriger Balanceakt, trotz freundschaftlichem Verhältnis gewisse Leistungen seitens der Mitarbeiter zu verlangen bzw. vorauszusetzen, ausreichend Direktive zu geben sowie in manchen Situationen weniger Offenheit und mehr Diplomatie und Zurückhaltung an den Tag zu legen.

Bezüglich der *Organisationskultur* lässt sich eine Dualität von Homogenität und Diversität erkennen: So entsteht auf der einen Seite durch das persönliche Recruiting, das enge Teamgefüge sowie den kooperativen Führungsstil eine hinsichtlich Grundhaltung und Identifikation sehr homogene Gruppe. Auf der anderen Seite wird Diversität im Sinne unterschiedlicher Persönlichkeiten sehr wertgeschätzt und durch offenen Umgang und ein offenes Verhältnis untereinander bewusst wahrgenommen und gefördert. Das Zulassen von Emotionalität bzw. ‚sich selbst sein dürfen‘ sowie der offene Umgang bei gleichzeitiger gegenseitiger Fairness sind zentrale Elemente der Organisationskultur. Diversität hinsichtlich Persönlichkeiten und Meinungen wird dabei nicht nur akzeptiert, sondern als gewinnbringend angesehen.

---

[415] Vgl. Website von BOOKBRIDGE unter http://www.bookbridge.org/was-wir-tun/?lang=de (abgerufen am 01.05.2014)

Autonome Motivation und Anreizsysteme

Autonomie im Rahmen der Ausübung der Tätigkeit wird bei BOOKBRIDGE als wichtig wahrgenommen und offenbart sich sowohl in den weitestgehend autonomen Bereichen der jeweiligen Teammitglieder als auch auf der inhaltlichen, tätigkeitsbezogenen Ebene in Form von Verantwortung, Entscheidungsfreiheit sowie inhaltlichem Gestaltungsspielraum. Autonomie im Sinne eines selbstbestimmten, eigenverantwortlichen Arbeitens bedeutet dabei jedoch nicht völliger Verzicht auf Hierarchie und (effiziente) zentrale Entscheidungsprozesse: bei aller empfundenen Wichtigkeit von Autonomie wird ein gewisses Vorhandensein von Struktur und Weisungsbefugnissen im Sinne einer Koordinierungsfunktion positiv bewertet. Es ist jedoch ein schmaler Grat zwischen Koordination und konkreter Beeinflussung/Kontrolle.

Anforderungsvielfalt entsteht zunächst einmal aus der Tätigkeit selbst und dem Aufgabenspektrum heraus, welches aufgrund des Geschäftsmodells vergleichsweise divers ist. Damit neben der Anforderungsvielfalt ein nachhaltig *positives Kompetenzerleben* gewährleistet werden kann, muss auf Basis eines klar definierten Tätigkeitsfeldes/Aufgabengebietes eine Kongruenz von Anforderungen und Kompetenzen sichergestellt werden: Dies geschieht mittels Rückmeldungsmechanismen bezüglich der Tätigkeit (Wertschätzung und Feedback), Trainings und Weiterbildungen, ein effektives Arbeitsumfeld sowie teaminterne Zusammenarbeit. Im Rahmen der Rückmeldungsmechanismen bezüglich der Tätigkeit, aber auch insgesamt im Führungskontext spielt Wertschätzung eine wichtige Rolle. Dies äußert sich vor allem im Führungsverhalten des Gründers, der auf den Einzelnen eingeht und diesen individuell motiviert, viel Lob und Anerkennung spendet sowie als seine wichtigsten Führungsaufgaben ‚Zeit nehmen‘ und Zuhören nennt. Ergänzt wird dies durch die Bereitschaft im Team, sich gegenseitig zu unterstützen sowie durch das Bestreben, Positives und Erfolge als organisationale und persönliche Selbstwertschätzung zu feiern. Feedback als strukturiert-sachliche Leistungsrückmeldung wird von Mitarbeiterseite als wichtiger Motivationsfaktor empfunden. Konkret gibt es zwar einen eigenständigen Feedback-Prozess mit Mitarbeitergesprächen, der Schwerpunkt liegt allerdings auf laufend gegebenem Feedback im Zuge der Arbeitsprozesse.[416] Ziel des Feedbacks ist primär die individuelle Weiterentwicklung durch ein informativ-konstruktives Feedback ohne Kontrolle und Bewertung.[417] Die Folge ist eine zwar strukturierte, jedoch basisdemokratische Feedbackkultur, bei der man sich auf Augenhöhe begegnet. Trainings und Weiterbildungen fanden bisher vergleichsweise häufig und auf

---

[416] Ermöglicht und unterstützt wird dieses laufende Feedback durch die offene und direkte Kommunikation innerhalb des Teams. Es äußert sich in primär fallbezogenem Feedback (bspw. direkt nach einem Vortrag/einem Workshop). Es findet dabei keine effektive Ritualisierung statt (auch wenn die Teammeetings vor allem in der Vergangenheit eine wichtige Plattform darstellten), sondern geht eher in die Richtung einer alltäglichen Feedbackkultur, in der sich jeder bei Bedarf auf persönlicher Ebene Feedback gibt.

[417] Dies gilt auch für den ritualisierten Feedback-Prozess im Zuge der Mitarbeitergespräche, der wenig stringent und konsequent ist, in dem Mitarbeiterbewertungen nicht existent sind und ein Nachhalten von Zielvereinbarungen nur fallweise und unregelmäßig stattfindet. Gründe hierfür sind u.a. die flachen Hierarchien und der kooperative Führungsstil, in dessen Kontext eine harte Bewertung der Mitarbeiterleistung wenig Akzeptanz besitzt.

fachlicher Knowhow-Ebene mittels verbindlicher, auf konkrete Fertigkeiten fokussierte Schulungen statt. Einen strukturierten, umfassenden Ansatz[418] gibt es indes bislang nicht. Große Wichtigkeit wird Trainings beigemessen, die das gesamte Team betreffen und u.a. Konfliktmanagement im Rahmen interner Workshops oder extern moderierte Supervision/Teamcoaching beinhalten. Weniger im Fokus, aber seitens der Mitarbeiter durchaus gewünscht, stehen Themen, die die persönliche Entwicklung (bspw. sog. Soft Skills) betreffen. Ein letzter wichtiger Aspekt ist schließlich der Erfahrungs-, Informations- bzw. Wissensaustausch innerhalb des Teams: Dieser läuft auf Mitarbeiterebene mittels Teammeetings und gemeinsamen Essen vergleichsweise ritualisiert ab. Neben der Bereitstellung eines effektiven Arbeitsumfeldes mit allen notwendigen Ressourcen ist zu guter Letzt die konkrete Zusammenarbeit im Team ein nicht zu unterschätzender Faktor für das (positive) Kompetenzerleben: Dies äußert sich darin, dass alle Teammitglieder trotz eigener Bereiche eng miteinander vernetzt sind und sich bei Bedarf gegenseitig unterstützen, im Bewusstsein, dass nur das Team zusammen etwas erreichen kann. Dies hilft zum einen, etwaige Defizite des Einzelnen auszugleichen, zum anderen wird dadurch eine Gruppendynamik ermöglicht, die Spaß macht und kollektive Kreativität freisetzt.

Zielvereinbarungen werden von den Mitarbeitern selbst und in der Gruppe in dedizierten Workshops definiert, wöchentlich im Team diskutiert sowie halbjährlich im Rahmen eines Reviews nachgehalten. Eine Verzielung, d.h. eine Verknüpfung der Ziele mit Belohnungen oder Sanktionen, findet aus zuvor genannten Gründen gegenwärtig (noch) nicht statt.

Ganzheitlichkeit, d.h. die Einordnung der eigenen Tätigkeit im Verhältnis zur Gesamtorganisation oder den Bereichen der anderen Teammitglieder, wird u.a. für die Identifikation mit dem Projekt, die Bindung und Wertschätzung untereinander und nicht zuletzt für eine effektive Zusammenarbeit als sehr wichtig eingeschätzt. Aktiv ermöglicht wird eine solche Einordnung vor allem durch einen funktionierenden Austausch untereinander (vgl. auch voriger Abschnitt).

Ein Gefühl der *Zugehörigkeit* bzw. Zusammengehörigkeit entsteht im Team zum einen durch gemeinsame Aktivitäten und Events, sei es das (ritualisierte) gemeinsame Essen, eine Zugfahrt oder auch die Weihnachtsfeier. Des Weiteren hat der alltägliche Umgang im Team einen hohen Stellenwert, welcher geprägt wird durch eine gute Arbeitsatmosphäre mit gegenseitiger Unterstützung und Spaß, den grundsätzlich persönlichen Umgang, das zuvor erwähnte freundschaftlich-familiäre Verhältnis untereinander sowie durch gegenseitigen Respekt.

Kontrollierte Motivation und Anreizsysteme

Eine monetäre Entlohnung der Mitarbeiter in Form eines *Festgehalts* ist aufgrund des Professionalitätsgedankens von Social Entrepreneurship zunächst einmal selbstverständlich. Unabhängig von der absoluten Höhe ist eine gerechte, gleichbehandelnde Logik bzw. Entwicklung des Gehaltssys-

---

[418] Im Sinne von Weiterbildungsformaten, welche auf Grundlage von persönlichen, individuell erarbeiteten und mit den aktuellen und zukünftigen Aufgaben abgestimmten Lernzielsetzungen bzw. Lernfeldern angeboten werden.

tems ein wichtiges Kriterium. Angestrebt wird hier eine transparente Stufenregelung mit Gehalts-steigerungen bei zunehmender Betriebszugehörigkeit bzw. Beförderung. Demgegenüber ist die Höhe des Gehalts ein vergleichsweise schwieriges Thema. Zum einen wird im Rahmen einer primär nach innen gerichteten Perspektive eine gerechte, faire, vernünftige und wertschätzende Bezahlung gefordert. Konkret muss durch das Gehalt eine gewisse Grundversorgung gewährleis-tet sein, und man sollte sich nicht unter Wert bezahlt fühlen. Auf der anderen Seite ist auch die externe Perspektive bedeutsam: Bei allem vorhandenen Anspruch einer marktgerechten und fairen Bezahlung ist hier der Gehaltsabschlag im Vergleich zur Privatwirtschaft oder des indivi-duellen ,Full-Potentials' [419] ein Faktum. So sind BOOKBRIDGE aufgrund seiner Finanzierungs-struktur natürliche Grenzen bezüglich der Gehaltshöhe gesetzt, wobei deutlich wird, dass diese Thematik ein enormes Spannungspotenzial besitzt, welches sich nicht leicht auflösen lässt: In diesem Sinne wird der existierende Abschlag von Mitarbeiterseite zwar zunächst pragmatisch akzeptiert; der Anspruch ist nichtsdestotrotz, diese Differenz so klein wie möglich zu halten, mittel- bis langfristig zu verringern sowie nicht von vorneherein mit einer ,Verzichts-Haltung' an das Thema heranzugehen. All dies wird insb. dann sein Spannungspotenzial entfalten, wenn die Organisation zu einem bestimmten Zeitpunkt einen genügenden Überschuss aufweisen kann, um eine Entscheidung zwischen Gehaltserhöhung und Reinvestitionen rechtfertigen zu müssen.

Der Gründer sieht bzw. wünscht sich diese Situation durchaus, will aber bei potenziellen Über-schüssen das Gehaltsniveau nicht absolut, sondern vielmehr incentiviert auf Basis extrinsischer Anreize anheben. Neben dem Festgehalt sind daher *extrinsische Anreize* weitere Elemente eines potenziellen Anreizmodells. Während *materielle Anreize* im Rahmen des individuellen Ansatzes schon vielfältig – wenn auch unregelmäßig und individuell-bedarfsorientiert – eingesetzt werden und prinzipiell gut angenommen werden[420], ist dies im Falle von *monetären Anreizen bzw. Boni* schwieriger. Auf der einen Seite ist seitens der Geschäftsführer für die Zukunft ein Bonussystem angedacht mit dem Anliegen, die Mitarbeiter am Erfolg der Organisation teilhaben zu lassen.[421] Auf der anderen Seite ist dies auf Mitarbeiterseite ein kontroverses Thema: Während die einen ein solches System grundsätzlich gut finden und begrüßen, lehnen andere monetäre Anreize kategorisch ab, da diese als nicht kompatibel zum Konzept bzw. der Philosophie von Social Entrepreneurship empfunden werden.[422] Ein negativer Einfluss monetärer Anreize auf die intrin-sische Motivation (Korrumpierungseffekt) wird zwar aufgrund der Persönlichkeitsprofile im Team nicht unbedingt befürchtet. Als kritischer Aspekt wird jedoch die konkrete Umsetzung eines systematischen und strukturierten monetären Anreizsystems angesehen, insb. die einem

---

[419] Maximal mögliches Festgehalt, welches die Person ,am Markt' realisieren könnte.
[420] Beispiele sind einmalige, unerwartete kleine Geschenke, Finanzierung einer WG-Wohnung, flexible Arbeitszeit-modelle, projektbezogene Reisen ins Ausland oder zusätzliche Urlaubstage. Mitunter gibt es allerdings aufgrund der intuitiven Verteilung Ungleichheitsempfindungen im Team.
[421] Angedacht ist eine Mischung aus individuellen und auf Projekt-/Umsatzentwicklung basierenden Teamzielen.
[422] Interessanterweise wird in diesem Zusammenhang dezidiert unterschieden zwischen einer hinsichtlich der Höhe gerechten Bezahlung (als Wertschätzung) und monetären Anreizen (als kritische Handlungsanreize).

solchen System zugrundeliegende individuelle Zieldefinition sowie die daraus resultierende Unvergleichbarkeit der Mitarbeiterziele und schwierige Verknüpfung dieser Ziele mit Boni.

Freiwilligenmanagement

Freiwillige spielen im Geschäftsmodell eine große Rolle.[423] Dementsprechend wichtig ist ein Führungskonzept, um diese anzuwerben und zu halten. Als wichtigster Aspekt im Umgang mit den Freiwilligen wird das Zeigen von Wertschätzung durch Anerkennung, Lob und Dankbarkeit genannt. Im Gegensatz zu den festangestellten Kräften bedarf es bei Freiwilligen keiner monetären oder materiellen Entlohnung. Wichtiger ist es, eine andauernde Reziprozität zwischen der Organisation und den Freiwilligen herzustellen. Diese zu erreichen und zu halten ist aber, gerade ressourcentechnisch, eine echte Herausforderung: Konkret gefördert werden kann diese bspw. durch ‚materielle‘ Anerkennung in Form von Urkunden und Zertifikaten, der Sichtbarkeit der Freiwilligen in der Onlinepräsenz sowie durch Informationen über den Projektfortgang.

Förderung der organisationalen Verhaltensmuster

Innovation und Kreativität spielen eine wichtige Rolle und werden durch Workshops und die Nutzung einer Reihe von Kreativtechniken aktiv gefördert. Allerdings ist es wichtig zu betonen, dass Methodenwissen alleine nicht ausreicht; vielmehr ist es erfolgskritisch, die Methoden sehr bewusst einzusetzen, d.h. die richtigen Methoden für die richtigen Aufgaben zu nutzen.

Proaktivität ist eine notwendige Handlungsbasis: Fast alle Aktivitäten sind neuartig, es gibt kaum Routine und wenige Automatismen. Fördernd wirken hierbei die grundsätzlich offene Herangehensweise und ständige Weiterentwicklung innerhalb der Organisation (ohne Behinderung durch ‚bewährte‘ Denkstrukturen oder Lösungen) sowie die aktive Ermunterung, neue Ideen in die Tat umzusetzen. Die konkrete Realisierung hängt jedoch vom jeweiligen Persönlichkeitstyp ab.

Messung der gesellschaftlichen Wirkung

Hinsichtlich der Messung der gesellschaftlichen Wirkung sind zwei Ebenen zu unterscheiden: So sind übergeordnete, primär Input-bezogene Kennzahlen[424] als leicht verständliche Kennzahlen sowohl von interner als auch externer Relevanz und wurden vielfach kommuniziert. Diese historisch einseitige Ausrichtung der Kommunikation wird allerdings als nicht ausreichend wahrgenommen. Gerade für eine interne Steuerungs- und Motivationsfunktion werden inhaltliche Kennzahlen benötigt, die die konkrete Wirkung der Aktivitäten beschreiben: spezifische Kennzahlen/Erfolgsgeschichten, gut messbar und verständlich, mit qualitativ-deskriptiver Komponente sowie die konkrete lokale Situation widerspiegelnd (eine Monetarisierung der Wirkung wird dagegen als kritisch und schwer umsetzbar angesehen). Diese Outcome/Impact-bezogenen

---

[423]　Freiwillige werden primär als Bücherhelden (Sammlung) und/oder Bücherwächter (Begleitung der Bücher in die Schwellenländer) oder im Rahmen von Lehrerschulungen in den Schwellenländern eingesetzt.

[424]　Bspw. Menge gesammelter Bücher, Anzahl Freiwilliger oder Anzahl eröffneter Bibliotheken/Bildungszentren.

Kennzahlen wurden in der Vergangenheit vernachlässigt. Ein erster, wichtiger Schritt ist der 2013 erstellte Wirkungsbericht, welcher beide Arten der Wirkungsmessung darstellt.

I.1.5 Mitarbeiter halten

Langfristige Bindung bzw. Karriereplanung ist für die Mitarbeiter vergleichsweise wenig relevant, v.a. aufgrund der kleinen Größe und der flachen Hierarchien, die ohnehin keinen Raum für ein differenziertes Aufstiegssystem lassen.[425] Eine inhaltliche Entwicklung im Hinblick auf Wissens- und Kompetenzerwerb hingegen ist ein Faktor, der zumindest mittelfristig die Bindung zum Unternehmen fördert, auch indem die Organisation so als potenzielles ‚Sprungbrett' dient. Ein natürliches Hemmnis für langfristige Bindung ist der eventuelle Wunsch der Mitarbeiter, irgendwann ein eigenes Unternehmen zu gründen. Eine bis dato nicht vorhandene effektive Partizipation/strategische Mitbestimmung mit positiver Wirkung auf Identifikation und mittel-/langfristige Bindung könnte diesem zumindest teilweise entgegenwirken.

I.1.6 Übersicht BOOKBRIDGE

Status Quo & Kontext	Organisation in frühem Entwicklungsstadium | überwiegend *unsystematische und individuelle Motivierung* | *Motivationsmuster:* Intrinsische Motivation, Kultur/Umfeld, Autonomie/Wertschätzung	
Mitarbeiter gewinnen	Recruiting wenig strukturiert, situativ & zufällig | bewusster Fokus auf persönliche & geschäftliche Netzwerke | Persönlichkeit & Team-Fit zentrale Auswahlkriterien | Selektive Professionalisierung des Recruitings angemahnt	
Mitarbeiter führen & entwickeln	Grundlegende führungsrelevante Aspekte • Zielbild: *Unternehmensleitbild* als Entscheidungsgrundlage mit klaren Handlungsimplikationen • Kooperativer *Führungsstil* (begeisternd, unterstützend) & freundschaftliches Verhältnis (manchmal kritisch) • *Organisationskultur* geprägt durch Dualität von Homogenität & Diversität	
	Autonome Motivation und Anreizsysteme • *Autonome* Bereiche, Verantwortung, Entscheidungsfreiheit & inhaltlicher Gestaltungsspielraum; Weisungsbefugnisse als sinnvoll begrenzender Rahmen • *Wertschätzung* als zentraler Rückmeldemechanismus, *Feedback* informativ-konstruktiv & nicht bewertend auf zumeist fallbezogener Basis; bis dato v.a. fachliche *Trainings* (vielfältigeres Angebot gewünscht) • *Zielvereinbarungen* existent, jedoch ohne Verzielung • *Ganzheitlichkeit:* interner Informations- & Erfahrungsaustausch sowie Einbindung in strategische Planung • *Zugehörigkeit* wichtig; Förderung durch gemeinsame Aktivitäten und alltäglichen Umgang	**Kontrollierte Motivation und Anreizsysteme** • *Festgehalt* wichtig, aber nicht prioritär (‚gerecht', ‚nicht unter Wert'); Höhe diffizil, Spannungsverhältnis zwischen Anspruch (marktgerecht) und Wirklichkeit (Abschlag); Zielbild: Transparente Gehaltsstufen • Primär wertschätzende, individuelle *materielle Anreize* (bspw. moderate Geschenke, projektbedingte Reisen) • *Monetäre Anreize:* Bonussystem angedacht, Akzeptanz bis strikte Ablehnung seitens der Mitarbeiter; konkrete Umsetzung kritisch (Zieldefinition generell und Unvergleichbarkeit der Ziele)
	Freiwilligenmanagement • Ziel: Reziprozität durch Wertschätzung & Zeitnehmen • Keine monetäre Entlohnung	Organisat. Verhaltensmuster • Kreativmethoden (*Kreativität*) • Offene Herangehensweise (*Proaktivität*)	Messung gesellsch. Wirkung • Fokus auf Input-bezogene Kennzahlen, Output-bezogene Kennzahlen bisher vernachlässigt
Mitarbeiter halten	Klassische Karriereplanung nicht prioritär | inhaltliche Entwicklung sowie strategische Mitbestimmung/Partizipation für Bindung wichtig	

---

[425] In einer gewachsenen Organisation mit der Möglichkeit von Führungsverantwortung wären Titel und Beförderungsstufen aus Mitarbeitersicht tendenziell von größerer Bedeutung, insb. weil dies die ‚Vermittlung' an andere Organisationen erleichtern würde.

I.2   Dialogue Social Enterprise

I.2.1   Kurzbeschreibung der Organisation

Dialogue Social Enterprise (DSE) ist eine GmbH mit Sitz in Hamburg und wurde 2008 von Andreas Heinecke gegründet.[426] Die Mission von DSE ist es, die soziale und gesellschaftliche Einbeziehung von Randgruppen auf einer globalen Ebene zu fördern mit dem Ziel, das Bewusstsein und die Toleranz für Andersartigkeit in der Gesellschaft zu wecken und zu fördern, Grenzen zu überwinden sowie das Selbstbewusstsein von Menschen mit Behinderung durch Arbeitsstellen, welche die vermeintlichen Schwächen in Stärken verwandeln, zu stärken.

Im Rahmen der Wertschöpfungsarchitektur realisiert DSE auf globaler Ebene Ausstellungen sowie Geschäftsworkshops/-trainings. Beide Aktivitäten basieren primär auf zwei inhaltlichen Formaten, welche die Medien Dunkelheit (Dialog im Dunkeln, DiD) und Stille (Dialog im Stillen, DiS) nutzen. Im Rahmen der Ausstellungen werden dabei Besuchergruppen von blinden/gehörlosen Führern durch komplett abgedunkelte/(mittels Kopfhörer) geräuschlose Räume geführt und Alltagssituationen ausgesetzt, die diese dann in der für sie ungewohnten Umgebung meistern müssen.[427] Im Rahmen der DiD- und DiS-Workshops/-Trainings werden individuelle Veranstaltungen für Gruppen von (zumeist) Führungskräften erarbeitet, in deren Verlauf die Teilnehmer Aufgaben in dunklen/geräuschlosen Räumen gemeinsam meistern müssen.[428] Die konkrete Realisierung der beschriebenen Angebote geschieht auf zwei Arten: Zum einen organisiert DSE Ausstellungen und Geschäftsworkshops/-trainings in Eigenregie selbst, zum anderen wird eine globale Skalierung des Ansatzes mittels eines Social Franchise Modells realisiert. So gibt es weltweit lizenzierte Partner, die Ausstellungen, Workshops/Trainings oder beides anbieten. Gegen Bezahlung einer Lizenzgebühr an den Franchisegeber DSE erhalten diese Partner das Knowhow, Unterstützung beim Recruiting von blinden/gehörlosen Führern, Zugang zum globalen Netzwerk sowie das Nutzungsrecht der Marke. Eine vergleichsweise neue Entwicklung stellt das Format ‚Dialog mit der Zeit'/‚Dialogue with Time' (DwT) dar, welches das Thema Altern aus verschiedenen Blickwinkeln thematisiert, um so den Dialog zwischen Generationen anzustoßen und zu fördern. Dies geschieht ausschließlich mittels interaktiver Ausstellungen, welche ebenfalls im Rahmen eines Social Franchise Modells realisiert werden.

Das Ertragsmodell fußt auf zwei Säulen: Den Eintrittsgeldern der selbst organisierten Ausstellungen und Kursgebühren der Geschäftsworkshops/Trainings, sowie den Franchisegebühren der

---

[426] Sie entstand als Nachfolgeorganisation der 1995 gegründeten Consens Dr. Andreas Heinecke. Vgl. (auch für die weiteren Ausführungen) Website von DSE unter http://www.dialogue-se.com/ (abgerufen am 01.05.2014).

[427] Die Besucher lernen dabei eigene Schwächen kennen und vermeintliche ‚Schwächen' der anderen als Stärken wahrnehmen; gleichzeitig werden Kompetenz und Selbstbewusstsein der blinden/gehörlosen Führer gefördert und gestärkt. Ergänzend zu den Ausstellungen finden vereinzelt ‚Dinner in the Dark' (Restaurants im Dunkeln) und ‚Events in the Dark' (bspw. Weinproben, Geburtstag oder Konzerte im Dunkeln) statt.

[428] Ziel ist es, durch Reduktion und Fokussierung der Sinne die Kommunikation und Interaktion zwischen den Teilnehmern zu verändern und letztlich zu verbessern, und damit ein ganz neues Teambuilding zu ermöglichen.

lizensierten Partner. Mit diesen Einnahmen arbeitet DSE kostendeckend und ist nicht auf Spenden angewiesen. Dieser Anspruch des professionellen Wirtschaftens und der finanziellen Nachhaltigkeit wird auch in der Rechtsform der GmbH deutlich. DSE ist damit ein Social Business.

Mit weltweit agierenden dauerhaften und temporären Ausstellungen sowie Geschäftsworkshops/-trainings ist die Wirkung von DSE unbestritten global. Der geographisch wie inhaltlich weitreichende Einfluss äußert sich auch in Zahlen: Im Jahr 2010 gab es weltweit 17 DiD-Ausstellungen und 513 Geschäftsworkshops-/Trainings mit insgesamt 540.898 Besuchern bzw. Teilnehmern, sowie 2 DiS-Ausstellungen mit 51.859 Besuchern. Insgesamt arbeiteten 368 sehbehinderte sowie 44 hörbehinderte Mitarbeiter im Rahmen der Aktivitäten. DSE hat für seine innovativen Konzepte und die immense Wirkung schon zahlreiche Auszeichnungen erhalten. So wurde der Gründer Andreas Heinecke sowohl als Ashoka Fellow wie auch als Social Entrepreneur der Schwab Foundation ausgezeichnet.

I.2.2   Allgemeine Situation und Status von Motivation im Führungskontext

Motivation wird als ein wichtiger Aspekt im Führungskontext bezeichnet, als aktive Führungsaufgabe verstanden und sehr bewusst angegangen. Gerade weil das Geschäft – mit all seiner Dynamik und Unwägbarkeit – steht und fällt mit dem Engagement der Mitarbeiter, ist dem Gründer klar, dass im Bereich Motivation mehr als Standardware geboten werden muss. Grundsätzlich wird eine *intrinsische Grundmotivation* vorausgesetzt, wobei es in der Folge Ziel ist, diese zu halten. Bezüglich der Umsetzung und konkreten Gestaltung existiert *keine umfassende Motivationsstrategie* im Sinne eines strukturierten, klar definierten Vorgehens. Vielmehr ist die Vorgehensweise zumeist intuitiv und stark individuell, d.h. je nach Person unterschiedlich. Ein allgemein gültiges Element ist allerdings der Verzicht auf gängige Anreizmodelle basierend auf Druck/Sanktionen oder Belohnung (insb. Zieldefinitionen verknüpft mit Boni/Incentives).

Im Kontext der *grundlegenden Motivationsmuster* spielt die intrinsische Motivation die Hauptrolle, basierend auf der Tätigkeit an sich sowie der Handlungswirksamkeit hinsichtlich gesellschaftlicher Wirkung. Weitere wichtige Motivationsmuster sind das sympathische Team, Internationalität des Umfelds und der Tätigkeit, hohes Maß an Verantwortung sowie große Anforderungsvielfalt.

I.2.3   Mitarbeiter gewinnen

DSE hat kein strategisches *Recruiting*.[429] Das bevorzugte Vorgehen im Kontext der Anbahnung des Gründers ist gelegenheitsorientiert und geprägt von einer großen Offenheit. Für ihn sind Personen und ihre Potenziale wichtiger als Stellenprofile, und er vertraut primär seiner Intuition. In diesem Sinne spielt das persönliche und geschäftliche Netzwerk oder Empfehlungen von Mitarbeitern in der Anbahnung eine zentrale Rolle. Demgegenüber sind – abgesehen von klar

---

[429]   Zumindest gilt dies für die hier schwerpunktmäßig betrachtete Holding; im Rahmen der in dieser Arbeit nicht analysierten Ausstellungen und Museen mag dies anders aussehen.

umrissenen Tätigkeitsfeldern wie Buchhaltung oder Sekretariat – Stellenausschreibungen äußerst selten. Der Auswahlprozess ist analog, und formale Voraussetzungen in den meisten Fällen nicht relevant. Wichtig sind ggf. zwar spezifische Fähigkeiten/Kenntnisse, entscheidend ist aber vielmehr die Frage, ob die Person ins Team passt. Dies wird wiederum strukturiert und ausführlich anhand eines Persönlichkeitstests sowie mehrerer Interviews überprüft.

I.2.4   Mitarbeiter führen und entwickeln

Grundlegende führungsrelevante Aspekte

Das *Unternehmensleitbild* des DSE umfasst eine klare Mission, die auf der Website dargestellt ist und externe wie interne Relevanz hat. Während im externen Kontext vor allem die kurze, fokussierte Darstellung relevant ist, ist im internen Kontext ein implizites Verständnis des Inhalts wichtiger, wobei es durchaus leichte individuelle Unterschiede im Detailverständnis gibt. Die Herausforderung liegt dementsprechend darin, das als handlungsleitende Maxime und Motivator wichtige implizite Verständnis der Mission auf Mitarbeiterseite zu harmonisieren.

Das *Führungsverhalten* des Gründers und Geschäftsführers spielt eine zentrale Rolle. Dieser ist noch immer eine zentrale, einflussreiche Persönlichkeit, auch wenn der direkte Einfluss mit zunehmender Distanz aufgrund des Organisationswachstums über Zeit abgenommen hat. Wesentliche Bestandteile des Führungsverhaltens sind eine angenehme, integrierende Persönlichkeit[430], ein glaubwürdiges und authentisches Auftreten[431], ein offener Umgang mit hoher Transparenz in der Kommunikation sowie ein hohes Maß an Empathie, Unterstützung und Förderung[432]. Dieses allgemein hohe Engagement hat jedoch auch potenziell negative Auswirkungen auf die Qualität der Kommunikation mit den Mitarbeitern, welche bisweilen nicht wie angestrebt offen, transparent und klar, sondern vielmehr flüchtig und unklar ist.

Die *Organisationskultur* von DSE wird nach eigener Einschätzung als familiär beschrieben. Nachdem in der unmittelbaren Vergangenheit im Rahmen der Mitarbeiterführung Anstrengungen hin zu einer umfassenden Professionalisierung unternommen wurden, und diese negative Auswirkungen auf die Kultur hatten, besinnt man sich nun wieder auf den Kern eines kleinen Teams mit familiärem Charakter und Umgang sowie starker Bindung.[433]

---

[430] Die als angenehm und positiv wahrgenommene Persönlichkeit ist insb. wichtig für Vertrauen als Grundlage der Führungsphilosophie mit dem Anspruch eines kooperativen Führungsstils ohne Druck.

[431] Glaubwürdigkeit und Authentizität entstehen vor allem durch seine Rolle als Galionsfigur und Visionär, der die Organisation aus innerer Motivation heraus über Jahre hinweg entwickelt hat, sowie durch seine Begeisterung und sein Engagement, die täglich in seinem Tun sichtbar werden, ohne dass er dies bewusst nach außen kehrt.

[432] Das hohe Maß an Empathie, Unterstützung und Förderung manifestiert sich in der Tatsache, dass Andreas Heinecke – sowohl aus eigener als auch Mitarbeiterperspektive – eine Vorbildfunktion und Mentorrolle innehat.

[433] Dies gilt für die Holding. Eine große Herausforderung ist jedoch die Existenz zweier Organisationsebenen (Holding vs. operative Ausstellungsbetriebe/Museen): Während der Fokus der Holding Dynamik und Entwicklung ist, liegt der Schwerpunkt der Ausstellungen/Museen im Routinebetrieb und Management. Durch die vollkommen unterschiedlichen Tätigkeitsschwerpunkte existiert die reale Gefahr von getrennten Welten/Kulturen.

Autonome Motivation und Anreizsysteme

Einer der wichtigsten Aspekte der intrinsischen Motivation ist die aus der Mission erwachsende *sinnstiftende Bedeutung der Tätigkeit*. Die Mission als handlungsleitende Maxime gibt der Tätigkeit eine übergeordnete Bedeutung, die über den konkreten Inhalt der Tätigkeiten hinausweist. Weiterhin wird der Gewährung von *Autonomie* große Bedeutung zugemessen. Demnach schaffen Freiräume und gestalterische Freiheit eine persönliche Identifikation mit der Tätigkeit.

Anforderungsvielfalt entsteht vor allem durch die Dynamik des Umfeldes, welches international geprägt ist, in dem ständig Neues entwickelt wird, der Leistungsdruck hoch ist und Routine weitestgehend fehlt. Ein *positives Kompetenzerleben* wird zum einen durch eine Zuordnung geeigneter Aufgaben zu geeigneten Personen, zum anderen durch Rückmeldungsmechanismen (Wertschätzung und Feedback) sowie Trainings und Weiterbildungen ermöglicht. In Ergänzung einer Definition der individuellen Aufgaben- und Kompetenzfelder wird eine strukturierte Zuordnung von geeigneten Aufgaben zumindest vom Verständnis und Anspruch her als wichtig angesehen, in der Praxis funktioniert dies jedoch nicht immer vollständig.[434] Rückmeldungsmechanismen in Bezug auf die ausgeführten Tätigkeiten werden als unterstützend bei der Ausübung von Tätigkeiten und hinsichtlich des Kompetenzerlebens wahrgenommen, auch und gerade in Krisensituationen. Wertschätzung geschieht bei DSE im persönlichen Umgang insb. durch den Gründer, der als Eckpfeiler seines kooperativen Führungsverhaltens Zuhörbereitschaft, Solidarität in Krisensituationen, Unterstützung und Förderung benennt. Ein strukturiertes, regelmäßiges Feedback im Rahmen eines Mitarbeitergespräches war Teil der zuvor im Rahmen der Organisationskultur erwähnten Professionalisierungsbestrebungen der Organisation.[435] Dabei wurde sowohl das positive (Anerkennung der Leistung) als auch kritische Feedback (Anreiz für Verbesserung/Weiterentwicklung) als sehr hilfreich angesehen. Mit der vorläufigen Beendigung der Professionalisierungsbestrebungen sowie der Rücknahme von Prozessneuerungen finden, bis auf fallbezogenes ad-hoc-Feedback nach Projektende, keine strukturierten und regelmäßigen Feedbackgespräche mehr statt. Es liegt in der Verantwortung der Mitarbeiter, bei Bedarf in Eigeninitiative Feedback einzufordern; auch wenn dies von den Mitarbeitern im Hinblick auf die fehlenden Ressourcen grundsätzlich verstanden wird, ist der Wunsch nach mehr Feedback sowie einer mittel- bis langfristig stärkeren Initiative der Organisation ungebrochen. Trainings und Weiterbildungen zur Kompetenzbildung finden nur vergleichsweise selten bzw. unregelmäßig statt.[436] Ein

---

[434] Hier geht es um das systematische Erkennen und Berücksichtigen von Stärken und Schwächen der Mitarbeiter. Von Mitarbeiterseite wird es jedoch oft schon als ausreichend empfunden, wenn der Schwerpunkt der Aufgaben im Kernkompetenzbereich der jeweiligen Person liegt. Zudem werden spontane ad hoc-Aufgaben und Aufgaben außerhalb des Kernkompetenzbereiches tendenziell eher als Chance zur Weiterentwicklung gesehen.

[435] Diese beinhalteten die Definition von konkreten Zielen und deren Nachhalten, die Identifizierung von Stärken und Schwächen und das Aufzeigen von Entwicklungspotenzialen und -perspektiven.

[436] Hervorzuheben ist ein Programm an der Business School INSEAD, im Rahmen dessen sich ausgewählte Mitarbeiter fachlich und persönlich weiterentwickeln können. Weiterhin hat das Programm aufgrund des guten Namens sowie der ‚Qualität' der weiteren Teilnehmer einen wertschätzenden Aspekt und Incentive-Effekt.

in dieser Hinsicht zumindest teilweise relevanter Erfahrungs- und Informationsaustausch findet im Rahmen von regelmäßigen Teammeetings auf Projektebene statt.

Während Teammeetings vor allem informativen und weniger wissenstransferierenden Charakter besitzen, fördern sie jedoch gleichzeitig die *Ganzheitlichkeit und Bedeutsamkeit*, indem sie durch das Spektrum der insgesamten Aktivitäten, Vorgänge und Ergebnisse die Aktivitäten des Einzelnen in einen größeren Kontext setzen: die Zusammenhänge werden klar und der konkrete Beitrag sowie die Wichtigkeit des eigenen Handelns deutlich, was letztlich inspirierend und motivierend wirkt. Ein weiterer Aspekt, der insbesondere die Bedeutsamkeit der Tätigkeit steigert und inspirierend wirkt, ist eine enge inhaltliche Zusammenarbeit mit den Führungskräften und damit das Gefühl, an der strategischen Entwicklung direkt oder zumindest mittelbar teilzuhaben.

Zugehörigkeit wird hauptsächlich im alltäglichen Umgang gefördert. Die zentrale Rolle spielt hier die Kultur mit ihrem familiären Charakter, den gemeinsamen Aktivitäten sowie dem offenen und respektvollen Umgang. Die Folge ist eine gute Arbeitsatmosphäre, in der die Personen sich freundschaftlich verbunden fühlen und gegenseitig unterstützen sowie gemeinsam Freude haben.

Kontrollierte Motivation und Anreizsysteme

Grundsätzlich besitzt Geld zwar keine Priorität, spielt aber dennoch eine wichtige Rolle. Dies gilt vor allem für das *Festgehalt*. Der Anspruch diesbezüglich ist eine grundsätzlich marktgerechte sowie (insb. im externen Vergleich) faire Bezahlung ohne vorauseilende Verzichtshaltung. Trotz des Anspruchs einer marktgerechten Bezahlung wird der real existierende Abschlag gegenüber der Privatwirtschaft jedoch weitestgehend akzeptiert. Diese Akzeptanz speist sich aus dem Wissen, dass die finanziellen Engpässe keine andere Praxis zulassen. Ein potenzieller Fairness- und Erfolgsfaktor sind klar definierte Gehaltsstufen mit über Zeit ansteigendem Gehalt.

Zusätzlich zum Festgehalt existieren keine *monetären Anreize*, da diese durchweg kritisch gesehen werden: Der wichtigste Kritikpunkt ist dabei, dass sie mit der Kultur und den Grundwerten eines Sozialunternehmens inkompatibel sind. Hinzu kommen die schon im Rahmen des Festgehalts erwähnten finanziellen Engpässe. Zudem sind Boni nur auf Basis einer effektiven und strikten Verzielung basierend auf Zielvereinbarungen realisierbar. Dieses Gesamtkonstrukt aus individuellen Zielvereinbarungen und Belohnung/Sanktionen wird jedoch aufgrund negativer Erfahrungen abgelehnt und alle Bemühungen in Richtung einer strikten Verzielung aufgegeben.[437]

---

[437] So waren im Rahmen der Struktur- und Prozessprofessionalisierung die Einführung von Zielvereinbarungen und deren Nachhalten ein zentraler Aspekt: Durch klare Vorgaben sollte Führung effizienter und effektiver gestaltet und eine Leistungssteigerung erreicht werden. Insgesamt wurde dies jedoch als nicht sinnvoll und kaum umsetzbar wahrgenommen: Zum einen wurde die potenzielle Verzielung ad absurdum geführt, da – auf Basis des Vertrauens, dass jeder Mitarbeiter intrinsisch motiviert sein Bestes gibt – Sanktionen von vornehrein ausgeschlossen bzw. als nicht adäquat angesehen wurden. Zum anderen erwiesen sich Zieldefinition und Messbarkeit als nur schwer handhabbar: Insb. eine verhältnismäßig gerechte Zurechenbarkeit des Erfolgs/Misserfolgs auf den einzelnen Mitarbeiter war nur unzureichend möglich, da das Ergebnis (im positiven wie negativen Fall) aufgrund mannigfacher anderer Einflussfaktoren nur begrenzt vom Mitarbeiter selbst beeinflussbar ist.

Während monetäre Anreize also keine Rolle spielen, werden *materielle Anreize* zumindest in geringem Umfang verwendet: In diese Kategorie fallen sowohl kleine, unerwartete Geschenke bspw. nach Abschluss eines erfolgreichen Workshops, als auch die im Rahmen der internationalen Ausrichtung allgegenwärtigen Dienstreisen, welche (von der Organisation unterstützt) auch mit privaten Reisen verbunden werden können.

I.2.5   Mitarbeiter halten

Aus Sicht des Gründers bzw. der Organisation ist langfristige Bindung ein ambivalentes Thema. Zum einen ist diese insb. bei den Schlüsselpersonen, die als Kernteam die Organisationsentwicklung strategisch begleiten und gestalten, unbestreitbar wichtig. Allerdings kann und soll diese langfristige Bindung nicht von allen, und dabei vor allem nicht von den jungen Mitarbeitern verlangt werden, da sich diese oftmals noch in der Such- und Findungsphase befinden. Aus diesem Grund spielt die Organisation für diese Mitarbeitergruppe auch eine aktive Rolle als Sprungbrett für folgende Anstellungen außerhalb der Organisation. In diesem Sinne ist es auch ein erklärtes Ziel der Organisation, Einstiege (in den sozialen Sektor) zu vermitteln.

Doch auch wenn die ,normalen' Mitarbeiter in der Realität tatsächlich eine eher mittelfristige Karriereperspektive haben und ihre Zukunft nicht zwingend und ausschließlich innerhalb der Organisation sehen, ist für sie eine mittel- bis langfristige (inhaltliche) Entwicklungsperspektive nichtsdestotrotz wichtig und für die Bindung nicht zu unterschätzen. Dieses Thema wird allerdings bis dato von der Organisation nicht aktiv gefördert, sondern muss zumeist vom Mitarbeiter selbst initiiert und vorangetrieben werden. Bei allem Verständnis für die fehlenden Ressourcen ist der Wunsch nach mehr Initiative der Organisation hinsichtlich der Schaffung und Kommunikation langfristiger Perspektiven eindeutig und unmissverständlich. In diesem Sinne müssen gerade den jungen und vergleichsweise neuen Mitarbeitern, deren Bindung natürlicherweise noch schwächer ist, Entwicklungsperspektiven aufgezeigt werden, um ebendiese Bindung mittel- bis langfristig zu erzeugen.

I.2.6   Mitarbeiter freistellen und vermitteln

Diese Offenheit und der Anspruch ,keine Bindung um jeden Preis' lässt sich auch im Bereich der Mitarbeiterfreistellung erkennen. Ein gewisses Maß an Fluktuation und Durchmischung wird dabei als positiv wahrgenommen, mit dem Ziel, dass die Ehemaligen durch anhaltenden Kontakt und aktiven Einbezug nicht gänzlich von der Bildfläche verschwinden, sondern als Alumni der Organisation erhalten bleiben. Eine Trennung kann konkret auf Bitte eines Mitarbeiters, der selbst seine weitere Entwicklung woanders sieht, passiv gewährt als auch aktiv ,verordnet' werden, wenn der Gründer seine zukünftige Entwicklung außerhalb von DSE sieht. In jedem Fall findet eine Unterstützung bei der weiteren Vermittlung statt, und letztlich steht dem Anspruch nach zumeist das Wohl bzw. die Erwartungshaltung des Mitarbeiters im Fokus.

I.2.7   Übersicht Dialogue Social Enterprise

Status Quo & Kontext	Organisation in weitem Entwicklungsstadium | Ziel: Vorhandene *intrinsische Motivation halten & nicht demotivieren* | Keine umfassende Strategie, Vorgehen intuitiv & individuell, Verzicht auf Druck, Sanktionen & Belohnungen | *Motivationsmuster*: Intrinsische Motivation, Team, Internationalität, Verantwortung & Anforderungsvielfalt
Mitarbeiter gewinnen	Kein strategisches *Recruiting*, sondern offenes, intuitives, gelegenheitsorientiertes Vorgehen | Anbahnung primär via Netzwerke & Empfehlungen | Persönlichkeit und Team-Fit zentrale Auswahlkriterien

	Grundlegende führungsrelevante Aspekte
	• Kernherausforderung ist Harmonisierung des impliziten, handlungsleitenden Verständnisses der *Mission* • *Gründer* ist *zentrale Führungspersönlichkeit* (Begeisterung & Engagement, Authentizität, Empathie, Förderung), jedoch zunehmend weniger Zeit, ausreichende Kommunikation mitunter schwer zu bewerkstelligen • Familiäre, persönliche *Organisationskultur*; kritische Erfolgsfaktoren: Vermittlung zwischen ‚getrennten‘ organisationalen Welten‘ sowie keine zu starke Professionalisierung der Prozesse, Strukturen & Anreizsysteme

Mitarbeiter führen & entwickeln	Autonome Motivation und Anreizsysteme	Kontrollierte Motivation und Anreizsysteme
	• *Sinnstiftende* Bedeutung & hohe *Autonomie* • *Wertschätzender Umgang* als zentraler Rückmeldungsmechanismus; überwiegend *fallbezogenes Feedback*, jedoch keine regelmäßigen, strukturierten *Feedback-espräche* (obwohl von Mitarbeitern gewünscht) & *Trainings* • *Ganzheitlichkeit & Bedeutsamkeit* gefördert durch Teammeetings mit allen Mitarbeitern • *Zugehörigkeit* durch familiäre Kultur, einen offenen, respektvollen und freundschaftlichen Umgang sowie gemeinsame Aktivitäten	• *Festgehalt* wichtig, aber keine Priorität; Differenz zwischen Anspruch (marktgerechte Bezahlung) & Wirklichkeit (Abschlag ggü. Privatwirtschaft); kritischer Erfolgsfaktor: kompetitives Gesamtpaket & klar definierte Gehaltsstufen mit positiver Entwicklung • *Monetäre Anreize/Boni* nicht existent & kritisch bewertet sowie ohnehin schwer umsetzbar (strikte Verzeilung wird abgelehnt, finanzielle Restriktionen) • Primär wertschätzende *materielle Anreize* (bspw. kleine unerwartete Geschenke oder Dienstreisen)
Mitarbeiter halten	*Langfristige Bindung* bei Schlüsselpersonen (Kernteam) immens wichtig, ansonsten sieht sich DSE auch als Sprungbrett/Vermittler | *inhaltliche Entwicklungsperspektive* nichtsdestotrotz wichtig, von Organisation jedoch kaum aktiv gefördert (Holschuld beim Mitarbeiter) | *Alumninetzwerk* als langfristiges Bindungstool genutzt	
Mitarbeiter freistellen	Keine Bindung um jeden Preis | *Wohl & Erwartungshaltung des Mitarbeiters* im Fokus | gewisses Maß an *Fluktuation & Durchmischung* wird als positiv wahrgenommen	

I.3   Grameen Creative Lab

I.3.1   Kurzbeschreibung der Organisation

Grameen Creative Lab (GCL) ist eine GmbH mit Sitz in Wiesbaden und wurde 2009 von Prof. Yunus und Hans Reitz als Joint Venture des Yunus Centre und circ-responsibility gegründet.[438] Die Vision von GCL ist es, mittels des Konzeptes Grameen Social Business die drängendsten globalen gesellschaftlichen Probleme zu lösen und eine Welt ohne Armut zu realisieren. Die Mission ist daher die Förderung und Entwicklung dieses Organisationskonzeptes hin zu einer globalen Bewegung. Bis 2015 hat sich GCL ambitionierte Ziele gesetzt, die zugleich den Wertbeitrag skizzieren: umfassendes Bewusstsein für Grameen Social Business erzeugen, Grameen als globale Marke etablieren, eine weltweite Grameen Social Business-Bewegung herbeiführen, Grameen Social Business in akademischer Forschung etablieren, Zugriff auf Firmenfachwissen ermöglichen, Finanzierungsmöglichkeiten schaffen sowie Qualitätskontrollen sicherstellen.

---

[438] Vgl. (auch für die weiteren Ausführungen) Website von GCL unter http://www.grameencreativelab.com/ (abgerufen am 01.05.2014).

Konkret erreicht werden soll dies durch drei Handlungsfelder: Interagieren, Inkubieren sowie Gestalten. Das erste Handlungsfeld schafft Bewusstsein für Grameen Social Business[439], während das zweite das Konzept selbst weiter entwickelt und schärft. Das letzte Handlungsfeld umfasst schließlich die Beratung von Unternehmen zur Gründung von Grameen Social Business Joint Ventures in Zusammenarbeit mit der Grameen-Organisation, die Unterstützung von Investoren und öffentlichem Sektor bei der Suche nach geeigneten Investitionsobjekten sowie die Erarbeitung eines Zertifizierungsmechanismus für Grameen Social Businesses.

Das Ertragsmodell sieht vor, selbst wie ein Grameen Social Business zu agieren. In diesem Sinne arbeitet die Organisation finanziell nachhaltig und kostendeckend, indem sie Einnahmen aus den Produkten und Dienstleistungen der oben dargestellten Handlungsfelder generiert. Potenzielle Gewinne werden komplett ins Geschäft reinvestiert.

Die Wirkung des GCL ist grundsätzlich global angelegt. Erfolge sind u.a. die Mitwirkung bei der erfolgreichen Gründung des Joint Ventures von Grameen und BASF[440] sowie die zahlreichen erfolgreichen und öffentlichkeitswirksamen Leitveranstaltungen wie der jährliche Global Social Business Summit (inkl. Academia Meeting) oder der Worldwide Social Business Day.

I.3.2   Allgemeine Situation und Status von Motivation im Führungskontext

Grundsätzlich wird Motivation als ein wichtiges Thema im Führungskontext angesehen. Auch wenn GCL möglichst objektive Anreizsysteme etablieren will, sind diese bis dato aufgrund der andauernden Gründungsphase, der daraus folgenden Kurzlebigkeit und ständigen Veränderung der Organisationsstrukturen sowie der dringlichen operativen Herausforderungen noch weitgehend vorläufig und vergleichsweise wenig ausdetailliert. Es gibt keine strukturierte Herangehensweise bzw. keinen umfassenden Gesamtansatz in Form institutionalisierter Anreizsysteme. Vielmehr wird das Thema situativ dann angegangen, wenn eine akute Wichtigkeit gegeben ist.

Bezüglich der *grundlegenden Motivationsmuster* ist zum einen die intrinsische Motivation zu nennen, welche vorausgesetzt wird und insb. aus der konkreten Handlungswirksamkeit, dem Thema und Konzept der Organisation sowie aus der potenziellen persönlichen Erfüllung und Selbstverwirklichung über den Sinn der Tätigkeit erwächst. Weitere Motivatoren sind die Professionalität und Effizienz der Organisation, das junge Team im Kontext einer kreativen und dynamischen Start-up-Atmosphäre, die prägende und charismatische Person des Prof. Yunus als Friedensnobelpreisträger und Mitbegründer der Organisation, die von ihm entwickelte weltweit bekannte Marke Grameen sowie die hohe Dynamik des entstehenden Social Business-Sektors.

---

[439]   Realisiert wird dies durch das Initiieren, Organisieren und Unterstützen von öffentlichen Veranstaltungen, die Veröffentlichung von Büchern und Artikeln zum Thema Social Business, die Teilnahme (des Führungsteams) an Konferenzen sowie Netzwerkarbeit mit Interessierten.

[440]   BASF Grameen Ltd.; die Organisation stellt Insektennetze in Bangladesch her und verkauft diese zum Schutz vor Malaria und weiteren Krankheiten zu für die arme Bevölkerung bezahlbaren Preisen.

I.3.3   Mitarbeiter gewinnen

Da sich GCL der Verbreitung des Grameen Social Business-Konzeptes verschrieben hat und selbst ein solches darstellt, hängen die Bekanntheit des Konzeptes sowie die der eigenen Organisation naturgemäß eng zusammen. Bei allen Bemühungen, Bekanntheit und Aufmerksamkeit zu erzeugen und eine Marke zu etablieren, geht es jedoch zuerst und vor allem um das Voranbringen des Konzeptes. Nichtsdestotrotz spielen diese Bemühungen (insb. die international bekannte Marke) auch im Recruiting eine zwar indirekte, aber wichtige Rolle. So besetzt GCL mit seinem Ansatz und seinen Aktivitäten eine sehr spezielle Nische, welche aufgrund der genannten Bemühungen vergleichsweise bekannt und klar umrissen ist. Dies hat für das *Recruiting* den positiven Effekt, dass ein genereller Nachfrageüberhang vorherrscht. Die relevante Zielgruppe besteht dabei zu einem großen Teil aus Personen mit Arbeitserfahrung insb. in der Privatwirtschaft, mit Fokus besonderem Fokus auf ehemaligen Beratern, Bankern und Juristen, die ihre Fähigkeiten in einem ‚sinnstiftenden‘ Kontext anwenden wollen. Zum einen erfüllen diese in besonderem Maße die benötigten Voraussetzungen[441], zum anderen sind mit ihnen die wichtigen Secondment-Programme gut umsetzbar[442]. In diesem Kontext geht GCL auf potenzielle Partner zu und betreibt direktes Recruiting. Ansonsten gibt es viele Initiativbewerbungen sowohl für Secondment-Programme als auch Festanstellungen. Kontakt und Aufmerksamkeit entsteht dabei durch das Netzwerk, die Web- und Facebook-Präsenz, öffentliche Veranstaltungen sowie durch Prof. Yunus, der wie kein anderer für das Social Business-Konzept steht. Klassische Stellenausschreibungen werden hingegen nicht genutzt. Relevante Auswahlkriterien sind vor allem Selbstständigkeit, Eigenständigkeit und Proaktivität, welche dazu befähigen, von Beginn an die gestellten Aufgaben anzugehen und selbst zu steuern. Die Basis bildet allerdings die vollständige Identifikation mit dem Thema und der Kultur, was mit dem eingangs postulierten Voraussetzen einer intrinsischen Grundmotivation korrespondiert.

I.3.4   Mitarbeiter führen und entwickeln

Grundlegende führungsrelevante Aspekte

Das *Unternehmensleitbild* von GCL besteht aus den zu Anfang erläuterten Komponenten Vision und Mission. Entwickelt wurden diese vom gesamten Team in Abstimmung mit Prof. Yunus, mit dem Ergebnis, dass Vision und Mission in der Organisationskultur und den Köpfen tief verwurzelt sind. Viel wichtiger und motivierender als die explizite Form von Vision und Mission ist im internen Kontexten daher, wenn Vision und Mission aktiv gelebt sowie konkrete Ergebnisse aus

---

[441]   Zum einen hat GCL als Start-up nicht die Kapazitäten, Universitätsabgänger ‚auszubilden‘, sondern benötigt erfahrene, qualifizierte Arbeitskräfte, die von Beginn an voll einsatzfähig sind; zum anderen ist der wichtigste Aspekt der Aktivitäten die Beratung von Konzernen zur Realisierung von Social Business Joint Venture – diese Mittlerrolle kann nur effektiv ausgefüllt werden, wenn die Mitarbeiter ‚beide Seiten‘ kennen.

[442]   Eine große Herausforderung ist nämlich, dass ein Quereinstieg aus dem kommerziellen Bereich oftmals am Geld scheitert. Die Lösung für GCL sind aus diesem Grund Secondment-Programme, im Rahmen derer Berater, Banker oder Juristen temporär, d.h. drei bis sechs Monate, als Freiwillige ein Projekt unterstützen.

diesem Handeln sichtbar werden. Einen Versuch, diesen handlungsleitenden Charakter konsequent umzusetzen, stellt der ‚Code of Conduct' (Verhaltenskodex) dar.[443]

Das *Führungsverhalten* wird insb. im Rahmen des Selbstverständnisses des Führungsteams als ein wichtiges Thema bezeichnet. Zentraler Anspruch ist es, die Motivation der Mitarbeiter durch begeistertes und begeisterndes Verhalten sowie die Weitergabe von (insb. positivem) externem Feedback ins Team aufrecht zu erhalten. Auch wenn das Engagement des Führungsteams spürbar ist, hat das Führungsverhalten für das alltägliche Geschäft vergleichsweise wenig Einfluss und Wirkung.[444] Eine zentrale und einflussreiche Persönlichkeit in diesem Kontext ist Prof. Yunus, der zwar keine direkte Führungsaufgabe wahrnimmt und kaum anwesend ist, jedoch als Spiritus Rector auch aus der Ferne eine enorme Inspiration ausstrahlt.

Die *Organisationskultur* ist geprägt durch eine Dualität von Homogenität und Diversität: Zum einen besteht das Team aus vielen verschiedenen Charakteren und Persönlichkeiten aus unterschiedlichen Bereichen, die ein kreatives Umfeld schaffen; zum anderen wird das Team zusammengehalten, indem als ‚homogener Trupp' mit einer ähnlichen Denkweise und den gleichen Zielen eine gemeinsame Basis existiert.

Autonome Motivation und Anreizsysteme

Autonomie wird als wichtiger Motivator angesehen. Auch wenn es keine expliziten fördernden Prozesse gibt, wird allgemein das Bestreben der Organisation deutlich, Autonomie zu gewähren, verbunden mit der Ansicht, dass Autonomie gewisse Grenzen haben muss, um ihr positives Potenzial entfalten zu können. Konkret manifestiert sich Autonomie in der zuvor erwähnten inhaltlichen Gestaltungsfreiheit, einer großen persönlichen Handlungswirksamkeit im eigenen Bereich sowie einer damit verbundenen und geforderten hohen Verantwortung. Des Weiteren wird Autonomie gefördert, indem der Einzelne sich (mehr oder weniger) frei entfalten kann, und zwar nicht nur auf der inhaltlichen, sondern auch auf einer persönlichen sowie die konkrete Ausübung der Tätigkeit betreffenden Ebene.[445] Während hinsichtlich der inhaltlichen Gestaltung und persönlichen Entfaltung also eine weitgehende Freiheit herrscht, sind der Autonomie jedoch auch Grenzen gesetzt: Zum einen gelten bei Entscheidungen mit budgetären Auswirkungen formale Wege, die einzuhalten sind, zum anderen werden Organisationsstrukturen und Berichtszuständigkeiten als rahmen- und strukturgebende Ordnung für sinnvoll erachtet.[446]

---

[443] Dieser übersetzt die Werte der Organisation in konkrete Leitsätze, welche als Handlungsgrundlage dienen. Ein solcher wurde zwar begonnen, bis dato jedoch nicht vollständig entwickelt bzw. fertiggestellt.

[444] Dies liegt v.a. daran, dass das Leitungsteam aufgrund vieler Reisen vor Ort vergleichsweise wenig präsent ist; eine Motivationswirkung entfaltet sich daher eher in den allgemeinen Zusammenkünften.

[445] So ist ein eigener Arbeitsstil mit bspw. kurzen ‚Auszeiten' während der Arbeit möglich, wie überhaupt insgesamt eine gewisse Freiheit und Lockerheit vorherrscht, welche schon im Rahmen der Kultur erwähnt wurde.

[446] In adäquatem Maß und richtig gelebt können diese bei allen Freiheiten und der großen Dynamik des Umfelds eine gewisse Sicherheit und Orientierung geben und damit die (intrinsische) Motivation positiv beeinflussen. Wichtig ist allerdings, dass sie nicht in starre Hierarchien mit festgefahrenen Prozessen ‚ausarten'.

Ein *positives Kompetenzerleben* wird durch Rückmeldungsmechanismen bezüglich der Tätigkeit sowie Trainings und Weiterbildungen realisiert. Tätigkeitsbezogene Rückmeldungsmechanismen manifestieren sich zum einen in Lob und Anerkennung. Da Lob im alltäglichen Umgang aber naturgemäß eher situationsbezogen und unregelmäßig auftritt, gibt es zum anderen einen regelmäßigen Feedbackprozess. Feedback findet dabei primär im Rahmen von Feedback- bzw. Mitarbeitergesprächen sowie fallbezogen statt. Auch wenn der Institutionalisierungsgrad unterschiedlich hoch bzw. niedrig eingeschätzt wird, kann insgesamt von einem vergleichsweise regelmäßigen sowie strukturierten und standardisierten Prozess gesprochen werden. Dabei hat Feedback einen primär informativen Charakter mit klarem Lernziel.[447] Trainings und Weiterbildungen finden auf formeller Ebene noch vergleichsweise wenig statt. Kompetenzbildung findet stattdessen zum einen durch die Ausübung der Tätigkeit selbst statt ('Learning on the Job'), wobei dies stark von der jeweiligen Tätigkeit und der Initiative des einzelnen Mitarbeiters abhängt. Zum anderen gibt es in Form der 'GCL-Academy' einen weitgehend institutionalisierten, zentral gesteuerten Wissens- und Erfahrungsaustausch, im Rahmen dessen Projektleiter zumeist ihre jeweiligen Projekte vorstellen und inhaltliche Themen diskutiert werden. Auch wenn die Themen nicht auf die konkrete Bedürfnissituation der Mitarbeiter zugeschnitten sind, wird es doch als Format wahrgenommen, das den persönlichen Blickwinkel erweitert und (zumindest fallweise bzw. mittelfristig) konkrete Handlungsrelevanz entfalten kann. Neben diesem institutionalisierten und primär informativen Format ist jedoch von Mitarbeiterseite der Wunsch vorhanden, das Thema Kompetenzbildung bspw. in Form einer Faktenbasis[448] weiter voranzubringen und stärker nutzbar zu machen. Letztlich ist sowohl beim Erfahrungs- und Wissensaustausch als auch im Rahmen der Faktenbasis das Engagement und die Bereitschaft der Mitarbeiter, ihr Wissen und ihre Erfahrungen weiterzugeben, zu kodifizieren und einzupflegen, von entscheidender Bedeutung.[449]

Bei den *Zielvereinbarungen* muss unterschieden werden zwischen strategischen, an die gesellschaftliche Wirkung gekoppelten Zielen auf Bereichsebene, sowie konkreten Zielvereinbarungen auf Projektebene. Während erstere nur für Bereichsverantwortliche gelten, gelten Letztere für alle Projektmitarbeiter. Sie sind dabei auf den einzelnen Mitarbeiter übertragbar, da sie an konkrete Projektziele bzw. -meilensteine angelehnt sind. Entwickelt werden die Ziele zumeist in einem Gegenstromverfahren parallel zur Erarbeitung des Projektplanes.[450]

---

[447] Allerdings sind auch Zielvereinbarungen und deren Nachhalten Gegenstand der Feedbackgespräche. Dem Anspruch nach soll darauf aufbauend eine normative wie auch benotende Bewertung der Mitarbeiter stattfinden, welche dann letztlich die Grundlage für Beförderungen bildet. In der Realität gibt es jedoch (noch) keinen stringenten Prozess, welcher Bewertungen mit Beförderungsentscheidungen verknüpft.

[448] Durch die (begonnene, aufgrund geringer vorhandener Zeitressourcen jedoch nicht weiter verfolgte) Etablierung einer Faktenbasis soll das gesammelte Wissen strukturiert aufbereitet und abrufbar gemacht werden.

[449] Hierfür muss ein klarer Mehrwert gegeben sein (Nutzen > Aufwand); darüber hinaus muss Erfahrungs- und Wissensaustausch dergestalt in der Kultur verankern werden, dass es zur selbstverständlich gelebten Praxis wird.

[450] Von zentraler Wichtigkeit ist es, dass die Ziele zwar motivierend ambitioniert, aber doch pragmatisch-realistisch sind (d.h. nicht demotivierend, da erreichbar und anpassbar).

Der zuvor beschriebene Austausch und insb. die Projektvorstellungen haben nicht nur einen kompetenzbildenden Charakter, sondern schaffen auch ein Gefühl der *Ganzheitlichkeit und Bedeutsamkeit* und stärken die *Zugehörigkeit*: So wird dem einzelnen Mitarbeiter transparent vermittelt, welche Themen von der Organisation weltweit vorangetrieben werden, und die Mitarbeiter können (zumindest indirekt) an den Erfolgen der diversen Projekte teilhaben.

Kontrollierte Motivation und Anreizsysteme

Auch wenn die monetäre Entlohnung nicht die Hauptmotivation und die treibende Kraft darstellt, ist die Existenz eines *Festgehalts*, von dem man zumindest eine Grundversorgung bestreiten kann, eine Grundvoraussetzung von elementarer Bedeutung. Zunächst einmal losgelöst von der Höhe existieren Gehaltsbänder, die in einer Stufenlogik angelegt sind und mit entsprechenden Beförderungsstufen sowie weiteren Einstufungskriterien korrespondieren. Insgesamt ist also eine vergleichsweise transparente Entwicklung des Gehalts über Zeit angelegt, welche von der Leistung des Einzelnen abhängigt. Die konkrete Höhe des Gehalts ist hingegen ein diffiziles Thema: Grundsätzlich orientiert sich GCL dabei an der Privatwirtschaft mit dem Anspruch einer marktgerechten Bezahlung, analog zum 6. Prinzip des Grameen Social Business-Konzeptes[451], wobei zum einen nicht die Sektoren mit überdurchschnittlichen Gehältern zum Vergleich herangezogen werden (bspw. Beratung) sowie zum anderen die vorhandenen finanziellen Mittel eine pragmatische Begrenzung darstellen. Grundsätzlich sollte man daher nach eigener Einschätzung bereit sein, im Vergleich zur Privatwirtschaft auf Gehalt zu verzichten.[452]

Monetäre Anreize/Boni gibt es bei GCL nur in Einzelfällen – als variable Gehaltsbestandteile, welche an bereichsspezifische Kennzahlen gekoppelt sind. Dies ist aber nicht der Weg, der allgemein beschritten werden soll, sondern bezieht sich auf einige wenige Fälle, wo dies sinnvoll umsetzbar ist. Die Einschätzung von Mitarbeiterseite ist ambivalent: So werden Boni auf der einen Seite zwar unter bestimmten Bedingungen als nicht grundsätzlich problematisch angesehen[453], im Allgemeinen werden sie jedoch als eher kritisch eingeschätzt. Letzteres gilt insb. für die Zieldefinition: So muss eine geeignete, gut messbare, zentrale Kennzahl als Bemessungsgrundlage gefunden werden, wobei finanzielle Kennzahlen nicht in Frage kommen.[454] Daher müssen potenzielle Boni an die gesellschaftliche Wirkung gekoppelt werden, welche wiederum gerade bei GCL schwer messbar ist. Zwar gibt es darüber hinaus konkrete Ziele auf Bereichsebene, allerdings sind diese weder miteinander vergleichbar noch verlässlich konstant. Ein transparentes und stringentes Bonussystem lässt sich daher nur schwer etablieren. Klassische *materielle Anreize* (bspw. Firmenwagen) spielen prinzipiell keine Rolle. Allerdings gibt es einige materielle Anreize im weiteren

---

[451] „Mitarbeiter werden marktgerecht entlohnt sowie unter besseren Arbeitsbedingungen beschäftigt"

[452] Denn selbst ‚marktgerechte' Löhne lägen auf einem durchschnittlichen Gehaltsniveau der Privatwirtschaft, was im Zweifel noch immer nicht dem Niveau des eigenen ‚Full Potentials' entspräche.

[453] Der Bonus muss bzw. sollte bspw. in einem sinnvollen, niedrigen Verhältnis zum Grundgehalt stehen.

[454] Dies würde dem Prinzip von Social Business (finanzielle Nachhaltigkeit nur Mittel zum Zweck) widersprechen.

Sinne mit primär immateriellem Charakter (u.a. die Internationalität der Projekte, Treffen mit Prof. Yunus oder die Möglichkeit von Reisen nach Bangladesch).

Freiwilligenmanagement

Freiwillige spielen im Geschäftsmodell von GCL eine zentrale Rolle, indem hochqualifizierte Kräfte im Rahmen des Secondment-Programms als vollwertige Arbeitskräfte eingesetzt werden (können). Und auch wenn es leichte Abstufungen in der Verantwortung gibt, so ist doch sowohl das Aufgabengebiet als auch der Anspruch an Leistung und Motivation weitgehend gleich. Das heißt aber auch, dass die Freiwilligen (bis auf den monetären Aspekt) genauso motiviert werden müssen wie die bezahlten Kräfte. Insgesamt herrscht eine ‚Win-win-Situation‘, in der GCL die Expertise und die Freiwilligen die Möglichkeit einer sinnstiftenden, spannenden Tätigkeit erhalten. Trotzdem herrscht der langfristige Anspruch, die Freiwilligkeit sukzessive abzubauen und im Sinne des Professionalitätspostulats primär ‚richtige‘, vollwertige Arbeitsverhältnisse anzubieten.

Förderung der organisationalen Verhaltensmuster

Kreativität wird bei GCL vor allem durch Brainstorming-Meetings und -Workshops unter Zuhilfenahme zahlreicher Kreativmethoden und -techniken gefördert[455]. Ebenfalls eine Rolle spielen die offenen und transparenten Büroräumlichkeiten, die einen gegenseitigen Austausch ermöglichen und fördern sollen. Ein weiterer Aspekt, der Kreativität ermöglicht und stimuliert, ist die Möglichkeit und Freiheit, sich je nach Bedarf kleine Auszeiten zu nehmen.

Proaktivität wird gefördert, indem von Organisationsseite offen kommuniziert wird, dass man nicht nur ausprobieren und (neue) Themen angehen darf, sondern dies auch gewünscht ist. Dies heißt jedoch nicht, dass damit automatisch Qualitätsabstriche akzeptiert werden. So werden Fehler zwar grundsätzlich toleriert, jedoch reicht die individuelle Einschätzung sinngemäß von ‚absolut hoher Fehlertoleranz‘ bis hin zu ‚Fehler dürfen einmal, aber nicht zweimal gemacht werden‘. Insgesamt herrscht aber Konsens, dass Fehler (bis zu einem gewissen Grad) als Nebenprodukte eines proaktiven Ausprobierens akzeptiert und toleriert werden.

Messung der gesellschaftlichen Wirkung

Grundsätzlich wird die Messung der gesellschaftlichen Wirkung als ein sehr wichtiges Thema angesehen und bildet zunächst einmal die Grundlage für eine effektive Steuerung und letztlichen Erfolg. Um allen Ansprüchen interner und externer Anspruchsgruppen gerecht zu werden, müsste das Kennzahlensystem sowohl quantitative Kennzahlen (konkrete messbare Ergebnisse) als auch qualitative Kenngrößen (Wirkungszusammenhänge oder anekdotische Erfolgsgeschichten) beinhalten. Konkret findet bei GCL zwar eine Messung der gesellschaftlichen Wirkung statt,

---

[455] Wichtig ist es allerdings zu betonen, dass Kreativmethoden bzw. kreatives Arbeiten kein Selbstzweck, sondern immer Mittel zum Zweck sind. So gibt es durchaus bewährte Formate, die dauerhaft genutzt und immer weiter verfeinert werden. Letztlich muss die Balance zwischen Bewährtem und neuen kreativen Ansätzen stimmen.

doch werden die aktuellen Bemühungen angesichts der Bedeutung des Themas noch als zu wenig eingeschätzt.[456] Nichtsdestotrotz versucht GCL, die oben genannten Anforderungen (zumindest in Ansätzen) umzusetzen: Zum einen wird ein für interne und externe Zielgruppen konzipierter Newsletter anfertigt, der weitgehend normativ anhand von anekdotischen Projekt(erfolgs)geschichten die Aktivitäten darstellt. Des Weiteren gibt es – als eigentlichen Kern und Fokus der Erfolgsmessung – eine Reihe quantitativer Kennzahlen.[457] Intern haben die quantitativen Kennzahlen vor allem den Zweck, den Fortschritt der Aktivitäten besser einschätzen zu können, indem der Vergleich mit einem bestimmten Ambitionsniveau gesucht wird. Des Weiteren schaffen die Existenz von Kennzahlen und zugehörigen Zielen/Ambitionsniveaus überhaupt erst die Möglichkeit, eine messbare Projektzielerreichung darzustellen. Dies wiederum schafft Motivation und Identifikation seitens der Mitarbeiter. Newsletter und ähnliche Kommunikationsformate schaffen schließlich durch die Sichtbarmachung konkreter Erfolgsgeschichten Identifikation und Bindung.

I.3.5 Mitarbeiter halten

Während langfristige Perspektiven, Karrierepfade und insb. formelle Karriereoptionen von Mitarbeiterseite als vergleichsweise unwichtig eingeschätzt werden[458] und Letztere aufgrund der flachen Hierarchien auch kaum vorhanden sind, stellen die inhaltlichen Entwicklungsperspektiven hingegen kurz- bis mittelfristig einen bedeutenden Motivator dar. Wichtig ist letztlich, dass die Tätigkeit Sinn und Freude macht, dass sie perspektivisch ausgerichtet ist und eine sinnvolle Entwicklung stattfindet. Von Organisationsseite ist es selbstverständlich oberste Priorität, Wissensträger im Unternehmen zu halten. Hierzu sollen Perspektiven geschaffen werden, welche zum einen eine inhaltliche Perspektive innerhalb der Organisation aufzeigen (bspw. Vertiefung in bestimmte Bereiche) oder aber auch auf langfristige Möglichkeiten außerhalb der Organisation verweisen können.[459] Denn auch wenn letzeres die langfristige Bindung ggf. mindert, kann es auf die kurz- bis mittelfristige Bindung eine umso positivere Wirkung haben. Im Rahmen der Secondment-Programme ist zwar aufgrund der temporären Anlage eine mittel- bis langfristige Bindung nicht zu erwarten (und nicht direkt angelegt), nichtsdestotrotz zeigt die Erfahrung, dass viele der Freiwilligen langfristig zumindest dem sozialen Sektor oder angrenzenden Bereichen (bspw. Social Impact Investing/Ethisches Investment) erhalten bleiben.

---

[456] So gibt es vereinzelte Kennzahlen, ein umfassendes, stringentes Kennzahlensystem existiert jedoch (noch) nicht.

[457] Dies ist zum einen Capital Invested (investiertes Kapital in die von GCL mit initiierten Social Business Joint Ventures oder Social Business Fonds) als zentrale Ergebnis- und Erfolgsgröße, sowie zum anderen eine Reihe von unternehmensweiten oder bereichsspezifischen Wachstumsgrößen (Anzahl der mit den Konzepten angesprochenen bzw. erreichten Menschen, Anzahl der initiierten Social Businesses, etc.).

[458] Zum einen ist der relevante Planhorizont zumeist kurz- bis höchstens mittelfristig, auch und gerade aufgrund des sehr dynamischen Sektors, zum anderen spielt die inhaltliche Komponente der Tätigkeit eine wesentlich wichtigere Rolle als Karriere und Titel.

[459] Naheliegend ist hier eine eigene Gründung im Social Business-Sektor, aufbauend auf dem Netzwerk und den gewonnenen Erfahrungen bei GCL.

I.3.6 Übersicht Grameen Creative Lab

Status Quo & Kontext	Mitarbeitermotivation: *Situative Herangehensweise mit rudimentären, vorläufigen Prozessen* aufgrund Start-up Situation | *Motivationsmuster:* Intrinsische Motivation, Professionalität/Effizienz & Brand der Organisation, Team, dynamisches Umfeld, charismatische Galionsfigur (Prof. Yunus)
Mitarbeiter gewinnen	Genereller *Nachfrageüberhang im Recruiting* aufgrund Markenbekanntheit/-reputation sowie spezieller Nische (Grameen Social Business) | *Zielgruppe* zumeist Personen mit Arbeitserfahrung | *Anbahnung* durch direktes Recruiting & Initiativbewerbungen via Netzwerke sowie virtuelle (Internet, Facebook) & reale Präsenz (öffentliche Veranstaltungen) | Selbstständigkeit & Identifikation mit Thema/Kultur zentrale *Auswahlkriterien*

Mitarbeiter führen & entwickeln

Grundlegende führungsrelevante Aspekte
• Motivierend: *Unternehmensleitbild* in Kultur/Tun verankert & konkrete Ergebnisse aus diesem Handeln sichtbar
• *Begeisterndes Führungsverhalten* angestrebt, Führungsteam im Alltag jedoch oft wenig präsent; *inspirierender Gründer*
• *Organisationskultur* geprägt durch Dualität von Homogenität & Diversität

Autonome Motivation und Anreizsysteme	Kontrollierte Motivation und Anreizsysteme
• *Autonomie* durch inhaltliche Gestaltungsfreiheit, eigene Bereiche sowie freie persönliche Entfaltung (begrenzt bei budgetären Auswirkungen & durch formale Berichtszuständigkeiten)	• *Festgehalt* klar an Privatwirtschaft orientiert, jedoch mit Abschlag; Gehaltsbänder garantieren eine transparente Entwicklung über Zeit mit leistungsabhängiger Steigerung
• *Positives Kompetenzerleben* durch *Lob/Anerkennung* & *Feedback* (fallbezogen & Feedbackgespräche; primär informativer Charakter; zukünftiger Anspruch: Zielerreichung als Basis für Beförderungen); *kaum formale Trainings*, stattdessen *institutionalisierter Erfahrungsaustausch* (Kritischer Erfolgsfaktor: Individueller Nutzen für Mitarbeiter klar erkennbar)	• *Monetäre Boni* sind die Ausnahme & sollen nicht allgemein angewendet werden
	• Hauptproblematik: Finden einer geeigneten Kennzahl ⇨ Gesellschaftliche Gesamtwirkung schwer zu messen & schwierig zuordenbar, Ziele auf Bereichsebene demgegenüber dynamisch & kaum vergleichbar
• Austausch stärkt zugleich auch *Ganzheitlichkeit, Bedeutsamkeit & Zugehörigkeit*	• *Materielle Anreize* im weiteren Sinne (bspw. Internationalität)
• Ambitionierte, aber realistisch erreichbare *Ziele*	

Freiwilligenmanagement	Organisat. Verhaltensmuster	Messung gesellsch. Wirkung
• Vollwertige Arbeitskräfte	• Brainstorming-Workshops & Kreativmethoden (*Kreativität*)	• Vereinzelte, zumeist monetäre Kennzahlen (Ambitionsniveau)
• Langfristiger Anspruch: Abhängigkeit/Notwendigkeit von Freiwilligen verringern	• Offene Herangehensweise & Fehlertoleranz (*Proaktivität*)	• Anekdotische Erfolgsgeschichten (Identifikation & Bindung)

Mitarbeiter halten	*Langfristige Bindung* im Sinne formeller Karriereoptionen aus Mitarbeitersicht eher unwichtig, kurz-/mittelfristige inhaltliche Entwicklungsperspektiven hingegen motivierend | Rolle als (externes) Sprungbrett kann *kurz- & mittelfristige Bindung* erhöhen

I.4 infoklick.ch

I.4.1 Kurzbeschreibung der Organisation

infoklick.ch, 1998 von Markus Gander gegründet, ist ein Schweizer Verein mit Sitz in Moosseedorf (Schweiz) und Regionalstellen in allen wichtigen Regionen der Schweiz (Mittelland, Nordwestschweiz, Ostschweiz, Zürich, Zentralschweiz, Romandie, Svizzera italiana).[460] Vision von infoklick.ch ist eine Gesellschaft, in der alle Kinder und Jugendlichen integriert sind, sich wohlfühlen und über optimale Bedingungen zur Entwicklung und eigenen, selbstständigen Lebensgestaltung verfügen. Ziel von infoklick.ch ist es daher, „für Kinder und Jugendliche sowie ihre Bezugspersonen in den Bereichen Information, Förderung und Politik eine der führenden Orga-

---

[460] Vgl. (auch für die weiteren Ausführungen) Website von infoklick.ch unter http://www.infoklick.ch/ (abgerufen am 01.05.2014)

nisationen in der Schweiz [zu] sein"[461]. Der Wertbeitrag besteht darin, als nationales Netzwerk für Kinder- und Jugendförderung eigene Projekte für Kinder und Jugendliche zu entwickeln und zu initiieren, sowie Projektideen und -anregungen von Kindern und Jugendlichen aufzugreifen und diese durch Unterstützung und Begleitung zu fördern.

Die darauf aufsetzende Strategie, mit der das Ziel und der Wertbeitrag realisiert werden soll, umfasst vier Schwerpunkte. ‚Thematische Öffnung' strukturiert alle Aktivitäten und Tätigkeiten in die drei Bereiche Information[462], Förderung[463] und Politik[464]. Die ‚geographische Ausdehnung' mittels Regionalstellen in allen Schweizer Regionen stärkt und ergänzt die Aktivitäten, die infoklick.ch über das Medium Internet anstößt. Eine ‚lokale Verankerung von Wissen' wird durch direkte Ansprechpartner in unmittelbarer Nähe der Jugendlichen erreicht; dies stärkt die lokale Präsenz und Wirksamkeit von Projekten und ermöglicht eine passgenaue Ausrichtung/Adaption der Projekte. Im Rahmen der ‚diversifizierten Finanzierung' zielt infoklick.ch schließlich auf eine mittel- bis langfristig zunehmende Unabhängigkeit vom volatilen Spendenmarkt.[465] infoklick.ch kann damit als hybride NPO eingeordnet werden.

Die Aktivitäten von infoklick.ch wirken landesweit und haben die Kinder- und Jugendförderung in der Schweiz nachhaltig beeinflusst. Zahlreiche Auszeichnungen dokumentieren diese herausragende Stellung. So wurde infoklick.ch bzw. Markus Gander als Gründer sowohl als Ashoka Fellow als auch als Social Entrepreneur der Schwab Foundation ausgezeichnet.

I.4.2   Allgemeine Situation und Status von Motivation im Führungskontext

Motivierte Mitarbeiter werden als notwendige Voraussetzung für ein erfolgreiches Agieren der Organisation angesehen. In diesem Sinne wird Motivation auch als aktive Aufgabe im Führungskontext eingeschätzt. Die Notwendigkeit eines aktiven, strukturierten Ansatzes mit Personalinstrumenten wurde allerdings erst mit wachsenden Strukturen und Mitarbeiterzahlen gesehen.[466]

Die intrinsische Motivation bildet die Basis der *grundlegenden Motivationsmuster* und äußert sich vor allem in Freude an der Tätigkeit, Identifikation mit den Inhalten sowie der Möglichkeit einer

---

[461]   Website von infoklick.ch unter http://www.infoklick.ch/schweiz/ueber-uns/strategie/ziel/ (abgerufen am 01.05.2014)

[462]   Kinder- und Jugendinformation bedeutet, sich kurzfristig und unmittelbar der Anliegen von Kindern und Jugendlichen anzunehmen und durch Informationsangebote Orientierung und Unterstützung zu geben, bspw. im Rahmen einer Online-Beratungsplattform.

[463]   Effektive Unterstützung der Aktivitäten von Kindern und Jugendlichen in Situationen, wo diese an ihre Grenzen stoßen, sowie das – vornehmlich durch partizipative Projekte – Ermutigen von Kindern/Jugendlichen mit oder ohne Projekterfahrung zur Mitwirkung.

[464]   Mitsprache in der gesellschaftlichen und politischen Diskussion über alle die Jugend betreffenden Themen; infoklick.ch ist hierbei unabhängiger Experte und Botschafter für Kinder, Jugendliche und junge Erwachsene.

[465]   Neben Spenden sollen daher Mitgliederbeiträge, Projektaufträge und Mandate (bspw. seitens des Staates/der Kantone), ein eigener Fonds für Kinder- und Jugendförderung sowie direkte Kooperationen mit Unternehmen eine breite und nachhaltige Finanzierungsstruktur sicherstellen.

[466]   In der Gründungsphase und unmittelbar danach stand Mitarbeitermotivation nicht im Vordergrund, vielmehr war die sinnstiftende Tätigkeit für das kleine Team mit „familiärem Groove" zur Identitätsstiftung ausreichend.

individuellen Handlungswirksamkeit, welche nicht zuletzt aufgrund der großen Eigenverantwortung und Freiheit bei der Ausübung der Tätigkeit sowie deren Vielfältigkeit und Abwechslung entsteht. Weitere erwähnte motivierende Faktoren sind das Team und direkte Umfeld, eine konstruktive Zusammenarbeit und gute Kommunikation.

I.4.3   Mitarbeiter gewinnen

Im Rahmen des *Recruiting* von infoklick.ch herrscht grundsätzlich ein Nachfrageüberhang. Diese vorteilhafte strategische Position erlaubt es der Organisation, im Rahmen des Recruitingprozesses ausschließlich Personen mit der ‚richtigen' Motivation bzw. einer spezifischen Einstellung und Herangehensweise auswählen zu können. Die Anbahnung bzw. Kontaktaufnahme läuft dabei zumeist über das persönliche und geschäftliche Netzwerk des Gründers, weshalb der Recruitingprozess als vornehmlich persönlich, intuitiv und gelegenheitsorientiert bezeichnet werden kann.[467] Weiterhin ist infoklick.ch präsent an Universitäten/Fachschulen, und es gibt eine funktionierende Mund-zu-Mund-Propaganda auf Basis persönlicher Empfehlungen von Mitarbeitern. Die konkrete Ansprache erfolgt zumeist direkt und persönlich, wann immer sich Möglichkeiten bieten und/oder Stellen vakant sind. Des Weiteren erfolgen aufgrund der Bekanntheit und des Erfolges der Organisation immer wieder Initiativbewerbungen. Nicht genutzt werden hingegen Stellenausschreibungen. Bezüglich der Auswahlkriterien gibt es zwar einige Kompetenzen, die potenzielle Mitarbeiter mitbringen müssen[468], letztlich steht jedoch die Persönlichkeit im Sinne von Motivation, Einstellungen und Herangehensweisen immer im Vordergrund.

I.4.4   Mitarbeiter führen und entwickeln

Grundlegende führungsrelevante Aspekte

infoklick.ch besitzt ein umfassendes *Unternehmensleitbild* mit differenzierter Vision, klarem Ziel und einer daraus abgeleiteten strategischen Ausrichtung. Neben einer unbestreitbar wichtigen Informations- und Legitimierungsfunktion gegenüber externen Anspruchsgruppen in der Außendarstellung ist der interne Anspruch, Vision und Mission als handlungsleitende Richtschnur zu etablieren, mit deren Hilfe alle Aktivitäten und Entscheidungen auf das zentrale inhaltliche Ziel der Organisation, die Förderung von Kindern und Jugendlichen, ausgerichtet werden.[469]

Die Führungskräfte und ihr *Führungsverhalten* sind im Organisationskontext ein wichtiges Thema. Allerdings hat sich der direkte Einfluss im Zuge der Regionalisierung (d.h. Dezentralisierung und

---

[467] Diese weitestgehende Begrenzung auf den persönlich-individuellen Horizont ist kein Zufall, sondern Methode, und findet sehr bewusst statt. Die Gefahr, dass aufgrund der Begrenzung des Pools einige potenzielle Kandidaten gar nicht erst in die Auswahl kommen, wird zwar wahrgenommen, aber als nicht kritisch angesehen.

[468] Hierzu gehören gewisse die Sozialarbeit betreffende Methoden, die Fähigkeit, auf Basis von pädagogischen und psychologischen Erkenntnissen Konzepte erarbeiten zu können, aber auch gute kommunikative Fähigkeiten, um bspw. sowohl Kinder und Jugendliche als auch Politiker ansprechen zu können.

[469] Die Ziele und Werte der Organisation werden dabei immer wieder rekapituliert und auf konkrete Situationen bezogen diskutiert, damit diese selbstverständlicher Teil und Grundlage des alltäglichen Handelns werden.

Mehrsprachigkeit) verringert, da ein kontinuierlicher, direkter Kontakt und Austausch zwischen Geschäftsführung und allen Mitarbeitern nur noch schwer und eingeschränkt möglich ist. Trotz der zunehmenden Distanz, aufgrund derer Projekt- und Regionalstellenleiter sukzessive die Rolle des direkten Ansprechpartners übernehmen, sieht sich der Gründer Markus Gander gleichwohl noch immer als zentraler Ansprechpartner mit wichtiger Vorbildfunktion. Diesem Anspruch will er nicht nur durch regelmäßige Besuche, Veranstaltungen und Sitzungen in den Regionalstellen gerecht werden, sondern auch durch unbürokratische Erreichbarkeit sowie die Bereitschaft zur Hilfestellung und Unterstützung im Arbeitsalltag. Letzteres fordert er regelrecht ein, auch wenn die Initiative im konkreten Fall vom Mitarbeiter ausgehen muss.

Bezüglich der *Organisationskultur* werden zwei Aspekte als maßgeblich herausgestellt. Zum einen muss die Organisationskultur – d.h. die spezifischen Herangehensweisen, Ziele, Werte und ethischen Grundsätze – konsequent nach innen gelebt werden, zum anderen muss dies mit den tatsächlichen, nach außen gerichteten Aktivitäten kongruent sein. Besonders die Etablierung einer Gesamtorganisationskultur ist dabei eine zentrale Herausforderung, da die Regionalisierung sowohl sprachliche Barrieren als auch sich partiell unterscheidende regionale Kulturen zur Folge hat. Ein aktiver Austausch zwischen den einzelnen Subgruppen ist daher von großer Wichtigkeit. Konkret ist man bemüht, die Organisationskultur keine einseitigen Ausprägungen annehmen zu lassen, sondern diese möglichst ausgewogen zu gestalten. Ein wichtiger Aspekt ist hierbei das Verhältnis von Homogenität und Diversität: Eine zu homogene Kultur – vor allem bezüglich Kompetenzen und Herangehensweisen – wird als bremsend empfunden, eine gewisse Diversität als wichtig erachtet.[470] Notwendig ist eine richtige Mischung, welche auch die Kultur vital und in Bewegung hält. Diversität im Sinne einer Offenheit für persönliche Empfindungen und Emotionen entsteht durch die Gewährung gewisser Freiheiten.[471]

Autonome Motivation und Anreizsysteme

Autonomie wird als wichtiger Motivator angesehen.[472] Konkret prägt sich Autonomie u.a. im hohen Dezentralisierungsgrad der Organisation aus, welcher sich auf Regional- sowie Projektebene manifestiert.[473] Dabei kann und wird Autonomie jedoch nicht ‚von oben‘ verordnet, vielmehr entsteht durch das Gewähren von Verantwortung und inhaltlicher Gestaltungsfreiheit eine

---

[470] So braucht es auf der einen Seite „die Macher, die ohne Angst und ohne Schrecken alles anpacken" [Interview mit Markus Gander, Gründer & Geschäftsführer, infoklick.ch (geführt am 25.10.2011)], auf der anderen Seite jedoch auch Denker, die bspw. wissenschaftlich fundierte Konzepte schreiben können.

[471] So gibt es grundsätzlich keine festen Arbeitszeiten, und Mitarbeiter dürfen in Absprache zuhause bleiben (dies umfasst nicht nur krankheitsbedingte Situationen, sondern auch andere ‚persönliche‘ Gründe).

[472] Dies liegt auch an der Philosophie von infoklick.ch, welche den Jugendlichen vermittelt werden soll: Dass es keine Grenzen gibt und alles möglich ist. Im Zuge des Anspruchs, dass alles, was nach außen vermittelt werden soll, auch nach innen gelebt werden muss, ist eine hohe Autonomie beinahe schon eine logische Konsequenz.

[473] Dies bedeutet zum einen hohe Entscheidungskompetenzen und weitreichende strategische wie inhaltliche Gestaltungsfreiheiten der Regionalstellen und deren Leiter. Zum anderen bilden die Projekte starke Einheiten mit hohem Autonomiegrad. So tragen Projektleiter und -mitarbeiter die Hauptlast der Verantwortung und können die Projektentwicklung maßgeblich, ohne dauernde Abstimmung mit der Geschäftsleitung bestimmen.

Dynamik und ein Klima der Selbstbestimmtheit, in der ein ‚anpackender' Handlungsansatz und ein hohes Maß an Eigeninitiative selbstverständlich sind. Dies ist allerdings kein Automatismus: Zum einen bedarf es Personen, die sich von ihrer Veranlagung her in einem solchen Umfeld der gewährten und geforderten Selbstbestimmtheit entfalten können und diese positiv nutzen[474], zum anderen ein gewisses Maß an organisationalen Strukturelementen[475]. Eine weitere Ebene bildet die selbstbestimmte Gestaltung der Arbeitsumgebung, welche durch eine weitgehende Gestaltungsfreiheit in Bezug auf den individuellen Arbeitsplatz, flexible Arbeitszeiten sowie die Möglichkeit von örtlicher Mobilität (bspw. Bürotage in anderen Regionalstellen) gefördert wird.

Anforderungsvielfalt und positives Kompetenzerleben entstehen zum einen direkt aus der Tätigkeit heraus, indem ein optimales Verhältnis zwischen Routine und Erfahrung sowie neuen Herausforderungen und Lernmöglichkeiten gegeben ist.[476] Eine strukturierte, bewusst abgestimmte Zuordnung der jeweiligen Tätigkeitsbereiche und Aufgaben findet jedoch nicht statt. Zwar spielen die inhaltlichen Präferenzen und Interessen der Mitarbeiter bei der Zuordnung eine Rolle, insgesamt ist der Prozess aber eher unbewusst, unstrukturiert und intuitiv – und vor allem anderen bestimmt von der komfortablen Geschäftssituation zu vieler Projekte für zu wenige Mitarbeiter. Ein positives Kompetenzerleben wird des Weiteren durch Rückmeldungsmechanismen bezüglich der Tätigkeit begünstigt. Hierzu zählt ein wertschätzender Umgang untereinander, welcher konkret als durch gegenseitige Anerkennung, Lob, Unterstützung und Respekt geprägt beschrieben wird. Eine strukturiertere Form der Rückmeldung ist der Feedbackprozess, welcher formal im Rahmen von mehr oder weniger ritualisierten Mitarbeitergesprächen stattfindet.[477] Des Weiteren findet ‚informell' im Zuge des alltäglichen Arbeitsablaufes ein zumeist situatives und spontanes fallbezogenes Feedback statt.[478] Auch wenn der Gründer nach eigenem Bekunden eine aktive Feedbackkultur vorlebt, ist dies kein Erfolgsgarant, und vor allem ein kontinuierliches, d.h. laufendes und fallbezogenes Feedback bleibt auf die gesamte Organisation gesehen unterrepräsentiert.[479] Als weitere kritische Erfolgsfaktoren werden ein richtiges Maß und eine angemessene Häufigkeit genannt. Trainings und Weiterbildungen als direkt kompetenzfördernde Maßnahmen werden

---

[474] Selbstverständlich gibt es auch Personen, die klare Grenzen und Regeln benötigen, um sich entfalten zu können. Letztlich ist dies eine Typfrage: eine ‚Umerziehung' ist nur schwer möglich und daher nicht sinnvoll, weshalb infoklick.ch im Recruiting primär auf den oben genannten Personenkreis zielt.

[475] Auch wenn die Hierarchien vergleichsweise flach und kaum wahrnehmbar sind, ist bspw. die Einbindung in eine Team- bzw. Projektstruktur ein wichtiges Element, das einen strukturierenden, ordnenden Rahmen bildet, ein gesundes Maß an Autonomie schafft und damit letztlich Effektivität sicherstellt.

[476] Dies wird von Mitarbeiterseite als äußerst wichtig empfunden. Allerdings liegt auch die Verantwortung, dieses Gleichgewicht zu wahren, primär beim Mitarbeiter; so obliegt es ihm, eventuelle Problemsituationen eigeninitiativ gegenüber Vorgesetzten zu kommunizieren und dadurch Handlungsbedarf anzuzeigen.

[477] In diesen werden u.a. Ziele definiert und nachgehalten sowie die Leistung des Mitarbeiters insgesamt beurteilt. Dabei findet keine Bewertung statt, sondern eine Reflexion mit primär informativem, konstruktivem Charakter.

[478] Dies reicht von einem kurzen Hinweis über eine Anregung, Hilfestellung oder kritische Einschätzung bis hin zu einem kurzen, formlosen Lob. Auch hier soll jedoch kein bewertendes, problematisierendes und primär bloßstellendes Feedback, sondern vielmehr konstruktive, lösungsorientierte Kritik gegeben werden.

[479] Ein Grund hierfür ist die dezentrale Struktur und die damit allgegenwärtigen räumlichen Differenzen, welche eine funktionierende ‚virtuelle' Feedbackkultur notwendig machen. Diese ist jedoch aufgrund des fehlenden direkten, physischen Kontaktes eine große Herausforderung, für die noch keine Lösung gefunden wurde.

grundsätzlich als wichtige Themen wahrgenommen, wenn auch mit klaren Akzenten: So gibt es weder Teamcoaching noch Reflexion von Problemständen auf der Metaebene.[480] Auf dem Gebiet der fachlichen Weiterbildung verfolgt infoklick.ch einen bedarfs- und möglichkeitenorientierten Ansatz, im Rahmen dessen die Mitarbeiter grundsätzlich frei über eventuelle Weiterbildungen entscheiden können, je nach individueller Einschätzung der Relevanz und des Mehrwerts. Sie müssen diese jedoch auch eigenverantwortlich identifizieren und in die Wege leiten, zentrale Vorgaben (z.b. Pflichttrainings oder Trainingspläne) gibt es nicht. Die Rolle der Organisation ist darauf beschränkt, die von den Mitarbeitern aufgebrachten Vorschläge passiv zu unterstützen und zu ermöglichen.[481] Grundsätzlich sind die Erfahrungen positiv: So sorgen Gestaltungsfreiheit sowie das Fehlen von Regeln und Beschränkungen dafür, dass die Mitarbeiter Eigeninitiative entwickeln und durch eine Selbstregulierung die für sie notwendigen, relevanten Trainings durchführen. Insb. bei den langjährigen Mitarbeitern und Führungskräften findet ein Entwicklungsprozess nahezu automatisch statt, und eine zentrale Personalentwicklung ist nicht notwendig. Doch bezogen auf die Gesamtorganisation sind die engen vorhandenen Zeitfenster ein bedeutsamer einschränkender Faktor: In der Realität finden Trainings und Weiterbildungen daher tendenziell eher (zu) selten statt. Eine wichtige Rolle spielt Kompetenzaufbau im Rahmen eines internen Erfahrungs-, Informations- und Wissensaustausches.[482] Konkret findet ein Austausch zum einen auf der informellen Mitarbeiterebene statt, zum anderen auf Mitarbeiter- bzw. Teamebene im Rahmen regelmäßiger Teamsitzungen. Zu guter Letzt wird auch ein projektübergreifender Austausch realisiert, indem – neben dem virtuellen Verschicken der wichtigsten Entscheidungen und Informationen seitens der ‚Zentrale' – sowohl interne zentrale/regionale Zusammenkünfte als auch die für Externe geöffnete Sommerakademie[483] initiiert werden, im Rahmen derer sich die Mitarbeiter – teilweise unterstützt durch Agenden und Diskussionsrunden – auf individueller oder Projektebene austauschen und diskutieren können.[484] Ein effektives Arbeitsumfeld[485] schließlich stärkt die Effektivität und wahrgenommene Kompetenz der Mitarbeiter.

Im Rahmen der *Zielvereinbarungen* geschieht die Zieldefinition in Form eines Gegenstromverfahrens, in das interne wie externe Anspruchsgruppen einbezogen sind und in dessen Rahmen die Ziele beständig angepasst und weiterentwickelt werden. Gerade bei den extern vorgegebenen Zielen ist es aus Mitarbeiterperspektive von allergrößter Wichtigkeit, dass diese mit den individu-

---

[480] Gemeint sind bspw. extern moderierte Supervision oder sonstige internen ‚Gesprächsrunden'; der Gründer lehnt dies ab, da dort seiner Ansicht nach primär problematisiert wird, während er den direkten pragmatischen, lösungsorientierten Kommunikationsweg präferiert.

[481] Ein Beispiel ist die Bereitstellung einer Wissensplattform (Zugang bzw. Informationen zu relevanten Konferenzen, Tagungen und Weiterbildungsmöglichkeiten), die je nach Bedarf und Interesse genutzt werden kann.

[482] So vertritt infoklick.ch die Philosophie, dass Wissen und Information vollkommen frei sowohl intern wie extern verteilt werden dürfen. Es gibt keine Beschränkungen, was allgemein als motivierend wahrgenommen wird.

[483] Kongress für Kinder- und Jugendförderung.

[484] All dies ist wichtig, da die einzelnen Projekte zwar starke, autonome Einheiten bilden (sollen), es aber trotzdem notwendig und wichtig ist, als Gesamtorganisation in die gleiche strategische Richtung zu fahren.

[485] Bereitstellung eines funktionierenden Arbeitsplatzes, adäquater technischer Daten-/Kommunikationslösungen.

ellen Zielvorstellungen der Mitarbeiter übereinstimmen. Nur so kann gewährleistet werden, dass die Ziele mit hoher Motivation und Leistungsbereitschaft angegangen und erreicht werden.

Während die Bedeutung eines funktionierenden Austausches die Wichtigkeit von Ganzheitlichkeit auf einer Gesamtorganisationsebene deutlich macht, scheint auf der individuellen Mitarbeiterebene das Gefühl von *Ganzheitlichkeit und Bedeutsamkeit* hingegen weniger wichtig zu sein: So ist zwar durchaus das Interesse vorhanden, für das eigene Projekt zu wissen, was die anderen machen, es besteht jedoch „nicht das Bedürfnis, über alles andere Bescheid zu wissen"[486]. Grundsätzlich genügen das Wissen und die Gewissheit, Teil eines großen und guten Ganzen zu sein; die konkrete Rolle sowie der genaue Beitrag des Einzelnen sind demgegenüber weniger bedeutsam.

Zugehörigkeit wird zum einen durch die positive Außenwahrnehmung der Organisation gefördert, welche eine Organisationszugehörigkeit zur Auszeichnung macht und die Identität steigert. Zum anderen tragen, neben all den anderen positiven Auswirkungen, die erwähnte enge, konstruktive Zusammenarbeit im Team sowie gegenseitiger Respekt und Unterstützung zu einem starken Team- und Projektzusammenhalt bei, welcher die Zugehörigkeit stärkt. Auch die zuvor erwähnten Veranstaltungen wie zentrale Klausurtagung sowie regionale Apéros haben nicht nur die sachliche Funktion, fachlichen Austausch zu ermöglichen, sondern tragen auf einer emotionalen und zwischenmenschlich-persönlichen Ebene zur Zugehörigkeit bei.

Kontrollierte Motivation und Anreizsysteme

Das *Festgehalt* ist zwar nicht unwichtig, wird aber nicht als prioritärer Motivator angesehen. Dabei muss eine Grundversorgung gewährleistet sein, was insofern gegeben zu sein scheint, als dass die befragte Mitarbeiterin mit ihrem Festgehalt prinzipiell zufrieden ist.[487] Als besonders wichtig wird eine möglichst hohe Transparenz und Leistungsgerechtigkeit genannt: So kann das Gehalt anderer prinzipiell eingesehen werden, und es gilt der Anspruch, für eine gleiche/ähnliche Tätigkeit bzw. Verantwortung auch ein gleich/ähnlich hohes Gehalt zu garantieren. Dies heißt gleichzeitig auch, dass im Rahmen einer Gehaltsentwicklung das Gehalt mit der Übernahme von mehr Verantwortung sukzessive ansteigt.[488] Ein weiterer Anspruch ist die Realisierung einer marktgerechten Bezahlung. Der Vergleichswert liegt primär bei Staatsangestellten und NPOs, da diese die Mehrheit der Beschäftigten im Vergleichssektor Sozial-/Jugendarbeit bilden; in diesem liegt infoklick.ch laut Gründer im oberen Durchschnitt.[489] Bei allen Bemühungen, eine faire, gerechte und gute Bezahlung zu ermöglichen, sind *monetäre Anreize/Boni* dagegen nicht existent. Auch wenn Überlegungen seitens der Geschäftsleitung existieren, inwieweit Leistung durch Belohnungen honoriert werden könnte, wurde ein passendes Instrument noch nicht gefunden. Der An-

---

[486] Interview mit Anna Sollberger, Projektmitarbeiterin, infoklick.ch (geführt am 25.10.2011)
[487] Obwohl es partiell, bspw. bei der Entlohnung von Überstunden, Luft nach oben gibt.
[488] Angelehnt ist dies an die Hierarchiestufen (Projektmitarbeiter und -leiter, Regionalstellenleiter, Geschäftsleiter). Des Weiteren gibt es zusätzlich zum Grundgehalt einen Zusatzbetrag abhängig von Alter und Arbeitserfahrung.
[489] Mit marktgerecht ist in diesem Sinn kein Vergleich mit ‚gut dotierten' Bereichen der Privatwirtschaft gemeint und angestrebt, was von den Mitarbeitern in der Tendenz aber auch nicht erwartet wird.

spruch ist zwar, eine potenzielle Belohnung monetär und ‚handfest' zu gestalten. Ersteres scheitert jedoch schon am äußerst knappen finanziellen Spielraum; des Weiteren sieht der Gründer potenzielle negative Auswirkungen, wenn das Anreizsystem falsch angelegt ist. Umso genauer sind daher seine Vorstellungen, wie ein Anreiz- und Belohnungssystem anzulegen wäre: So muss dieses Transparenz (Existenz eines Kriterienkatalogs) und Plausibilität (verständlicher und nachvollziehbarer Kriterienkatalog) aufweisen sowie dem Gebot der Fairness und Gerechtigkeit entsprechen. Auch seitens der Mitarbeiter werden Boni eher kritisch gesehen: So wäre ein adäquater individueller Bonus nur schwer umsetzbar und potenziell unfair und ungerecht[490], während ein reiner Teambonus potenziell nur die Konkurrenz zwischen Teams anheizt, was aufgrund der Unterschiedlichkeit und Unvergleichbarkeit der Projekte heikel und wenig zielführend ist. *Materielle Anreize* sind hingegen existent: So gibt es bspw. flexible Arbeitszeiten, projektbezogene Reisen, räumliche Abwechslung sowie die Möglichkeit einer ‚persönlichen Zeit'[491]; auch zusätzliche Urlaubstage wurden immer wieder diskutiert, bis dato aber noch nicht umgesetzt.

Freiwilligenmanagement

Freiwillige spielen im Geschäftsmodell von infoklick.ch eine zentrale Rolle[492], und ein strukturierter Umgang sowie ihre effektive Steuerung werden zukünftig als eine der wesentlichen Herausforderungen angesehen. Einen umfänglichen Plan oder adäquates Instrumentarium gibt es bis dato jedoch nicht. Kritische Aspekte sind hierbei die hohe Fluktuation sowie die Mittelbarkeit des Einflusses seitens infoklick.ch, die eine langfristige Bindung erschweren.[493] Im Rahmen des Führungsansatzes werden hinsichtlich der grundsätzlichen Motivation keine Unterschiede zwischen ehrenamtlichen und professionellen Kräften gemacht und allgemein eine intrinsische Grundmotivation vorausgesetzt. Trotz allem ist der Umgang der professionellen Kräfte mit den Freiwilligen ein kritischer Aspekt: So müssen sie eine gewisse Sensibilität entwickeln und das Engagement der Freiwilligen auch durch eigenes Vorleben bestmöglich unterstützen und fördern, um ein reziprokes und auf Ebenbürtigkeit basierendes Verhältnis aufbauen zu können.

Förderung der organisationalen Verhaltensmuster

Die Wichtigkeit und Notwendigkeit von *Kreativität und Innovation* als Schlüssel zum Organisationserfolg wurde schon eingangs erwähnt. Die Kreativität wird zum einen durch Workshops oder das Verschicken relevanter Fachliteratur gefördert. Noch wichtiger ist es allerdings, kreativem und innovativem Handeln Raum zu geben. Dieses aktive Verfolgen kreativer und innovativer Impulse

---

[490] Zum einen wird die individuelle Leistung gleichzeitig von unwägbaren externen Faktoren beeinflusst; zum anderen hängt der Projekterfolg wiederum nicht allein von der individuellen Leistung des Einzelnen ab.

[491] Vgl. auch den Abschnitt ‚Förderung Steigerung der organisationalen Verhaltensmuster – Kreativität/Innovation'.

[492] Mit insgesamt über 10.000 ehrenamtlichen Mitarbeitern bilden diese das Rückgrat der Projektarbeit.

[493] Die Mehrzahl der Freiwilligen ist für ein bestimmtes, zumeist temporär begrenztes Projekt tätig. Hinzu kommt, dass die meisten Projekte zwar von infoklick.ch initiiert oder begleitet werden, letztlich aber über lokale Projektträger laufen. Zugehörigkeit und Verbundenheit empfinden die Freiwilligen daher primär gegenüber ihrem Projekt oder dem lokalen Projektträger. Spätestens bei Beendigung eines Projektes macht diese Konstellation es für infoklick.ch nahezu unmöglich, eine langfristige Bindung zu den Freiwilligen aufzubauen oder zu erhalten.

wird im Projektkontext aktiv ermuntert und gefordert. Ein weiteres Instrument ist eine persönliche Auszeit, im Rahmen derer jeder Mitarbeiter fünf Prozent seiner Arbeitszeit für eine Aktivität außerhalb der beruflichen Tätigkeit nutzen kann. Ziel ist es, dass die Mitarbeiter in einer Umgebung außerhalb der gewohnten Routine des Arbeitsalltags stimuliert und angeregt werden, um kreative und innovative Impulse zu ermöglichenund zu begünstigen. Interessant ist, dass trotz aller Bemühungen die meisten Innovationen (d.h. neuen Projektideen) neben dem Gründer selbst vor allem von ‚unbedarften, frischen' Praktikanten kommen, nicht vom ‚etablierten' Personal.

Ein *proaktives und risikobereites Verhalten* wird vor allem durch eine hohe Fehlerkultur gefördert[494], wobei das tatsächliche Ausmaß des proaktiven Handelns noch immer hinter dem gewünschten zurückbleibt. Neben dem internen Effekt schafft ein offener, transparenter und lösungsorientierter Umgang mit Fehlern auch in der externen Kommunikation Anerkennung und entfaltet – durch das Brechen gängiger Konventionen – eine potenzielle gesellschaftliche Wirkung.

Messung der gesellschaftlichen Wirkung

Grundsätzlich wird die Wirkung von infoklick.ch aus Sicht des Gründers zu wenig sichtbar gemacht. Konkret werden auf Gesamtorganisationsebene zwei leicht messbare und verständliche Kennzahlen nachgehalten[495], ergänzt durch eine Reihe projektspezifischer Kennzahlen. Die Initiative und Notwendigkeit einer projektspezifischen Messung und Sichtbarmachung geht dabei zumeist von den zahlreichen externen Anspruchsgruppen aus. Diese Anforderungen beziehen sich auf einzelne Projekte, weshalb das Vorhandensein oder der konkrete Grad der Messung und Sichtbarmachung von Projekt zu Projekt unterschiedlich ist.[496] Während die Messung der gesellschaftlichen Wirkung also zunächst ein externes Instrument darstellt, hat dieses nichtsdestotrotz eine nicht zu unterschätzende interne Relevanz und Wirkung. So werden die oben angesprochenen Auswertungen und Ergebnisse allen Mitarbeitern zur Verfügung gestellt. Während die qualitätssichernde Feedbackfunktion (Identifikation und Lösung von negativen Sachverhalten) und die Steuerungsfunktion (Grundlage für projektspezifische Zielvorgaben) dabei motivatorisch nur eine untergeordnete Rolle spielen, ist wesentlich relevanter, dass durch die Sichtbarmachung von konkreten Erfolgsgeschichten mittels Fokussierung auf positive Aspekte sowie durch den Rückmeldungs- und Informationscharakter ein bedeutender Motivationsschub bewirkt werden kann.[497] Eine Monetarisierung der gesellschaftlichen Wirkung wird angesichts der Qualität und

---

[494]   In diesem Sinne wird den Mitarbeitern vermittelt, dass das Begehen von Fehlern in Ordnung ist, wenn man aus diesen lernt und bereit ist, nach Lösungen zu suchen.

[495]   Anzahl beantworteter Fragen (der Jugendlichen) sowie jährlich geförderter Projekte.

[496]   So gibt es Projekte, die evaluiert werden müssen, während sich andere Geldgeber mit einem Abschlussbericht zufrieden geben, der zwar ein Stimmungsbild darstellt, aber keine spezifische Auswertung enthält. Eine umfassende Evaluation findet insgesamt nur bei sehr wenigen Projekten statt.

[497]   So wird die eigene Handlungswirksamkeit sichtbar und durch die interne Kommunikation fühlbar wahrgenommen und wertgeschätzt. Für die Mitarbeiter sind dabei konkrete quantitative Kennzahlen weniger wichtig als überhaupt eine sichtbare Wirkung und effektive organisationale Handlungswirksamkeit und damit das Wissen, etwas zu bewegen und positive Veränderung hervorzurufen.

Stringenz der erforderlichen Modelle hingegen als kritisch eingeschätzt. Insbesondere die erforderlichen indirekten Bezüge und die unübersichtliche Anzahl möglicher Einflussfaktoren werden als problematisch empfunden. Eine weitere Schwachstelle ist, dass Evaluationen in der Tendenz eher zu positiv ausfallen.[498] Das heißt selbstverständlich nicht, dass die Projekte deswegen nutzlos sind, da sie einen positiven Prozess initiieren oder beschleunigen; die Gefahr ist allerdings, dass die zugehörigen Evaluationstätigkeiten zur reinen ‚Selbstbeweihräucherung' verkommen.[499]

I.4.5   Mitarbeiter halten

Während infoklick.ch es schafft, die mittelfristige Bindung/Fluktuation auf einem vergleichsweise hohen/niedrigen Niveau zu halten, und dies auch als ein großer Erfolg bezeichnet wird, spielt die langfristige Bindung für das Gros der Mitarbeiter keine prioritäre Rolle.[500] Gerade für diese Mitarbeitergruppe sieht sich infoklick.ch auch und vor allem als ‚Ermöglicher' und ‚Sprungbrett'.[501] Die relative Unwichtigkeit langfristiger Perspektiven liegt des Weiteren in der kurz- bis mittelfristigen Projektperspektive begründet, die sowohl strategisch als auch in der Personalplanung maßgeblich ist und den relevanten organisationalen Wahrnehmungshorizont definiert; eine langfristige Perspektive ist daher in der Unternehmenslogik schlicht (noch) nicht vorhanden. Hinzu kommt, dass eine klassische Führungslaufbahn aufgrund der flachen Hierarchien für das Gros der Mitarbeiter ohnehin nur schwer geboten werden kann. Für die kleine Gruppe der Schlüsselpersonen/-positionen ist es allerdings das klare Bestreben der Organisation, diese zu halten, sowohl um das Wissen, die Erfahrung und Kompetenzen zu erhalten, als auch um – bei aller sonstigen Fluktuation – Stabilität und Kontinuität im Organisationsgefüge zu gewährleisten.

I.4.6   Mitarbeiter freistellen und vermitteln

Das Thema der Mitarbeiterfreistellung ist bei infoklick.ch kein Tabuthema. So wird ein gewisses Maß an Fluktuation als positiv und ‚gesund' empfunden, da dieses hilft, Bewegung und frische Gedanken in die Organisation zu bringen.[502] Des Weiteren kann eine Neubesetzung von Stellen ein Vorhaben wie bspw. die Regionalisierung unterstützen, da eine Umsetzung aufgrund der kulturellen Auswirkungen und notwendigen Veränderungen mit altem Personal oftmals schwieri-

---

[498]   Dies liegt darin begründet, dass in den meisten Projekten nicht die Gesamtheit einer angestrebten Zielgruppe am Projekt teilnimmt, sondern vielmehr nur diejenigen, die ohnehin etwas verändern wollen bzw. Potenzial haben.

[499]   Ein Ansatz, diese Problematik zu umgehen, ist nach Ansicht des Gründers ein Evaluationsmodell, das ausschließlich auf Interaktionen ausgelegt ist, welche ein geschlossenes System, d.h. die Gesamtheit einer genau definierten Zielgruppe, anvisieren. Kritisch ist, dass die Projekte auf das Evaluationsmodell ausgerichtet werden müssen, was definitiv nicht bei allen Projektopportunitäten möglich und/oder sinnvoll ist.

[500]   Dies liegt am Tätigkeitsschwerpunkt der Jugendarbeit mit naturgemäß hoher Fluktuation sowie an der Tatsache, dass die meisten Mitarbeiter vergleichsweise jung sind und infoklick.ch oftmals ihre erste Arbeitsstelle ist.

[501]   Diese Praxis eröffnet den Mitarbeitern dank der guten Reputation bei einem Wechsel eine Vielzahl an möglichen Optionen. Der Aspekt der Weitervermittlung wird auch mit dem Ziel der Organisation (Jugendförderung) in Verbindung gebracht, indem diese Praxis als Jugendförderung auf professioneller Ebene bezeichnet wird.

[502]   Wichtig ist allerdings sicherzustellen, dass die Fluktuation nicht zu hoch gerät, da dies wiederum die Kontinuität gefährdet und Unruhe stiftet. Diese Balance konnte infoklick.ch indes bis dato gut verwirklichen.

ger ist als mit neuen Kräften. Auch wenn es in Ausnahmefällen betriebsbedingte Kündigungen gibt, findet eine Freistellung oder Vermittlung jedoch in der Regel in beiderseitigem Einverständnis statt.[503] Gerade auch weil langfristige Bindung innerhalb der Organisation keine dominante Rolle spielt, ist das Thema Alumni als Instrument zur nachhaltigen Bindung über das Anstellungsverhältnis hinaus umso interessanter und relevanter. Aus diesem Grund baut infoklick.ch aktuell ein Alumninetzwerk auf.

I.4.7 Übersicht infoklick.ch

Status Quo & Kontext	*Aktiver Führungsansatz* mit Nutzung von Personalinstrumenten *erst spät*, in Gründungs- bzw. Anfangsphase eher intuitiver Ansatz (Basis: ‚Family Groove' & sinnstiftende Tätigkeit)	*Motivationsmuster:* Intrinsische Motivation, Eigenverantwortung, Vielfältigkeit & Team

Mitarbeiter gewinnen	*Persönlicher, intuitiver & gelegenheitsorientierter Recruitingprozess*	*Anbahnung* durch direkte Ansprache & Initiativbewerbungen via Netzwerke, Präsenz in Universitäten & persönliche Empfehlungen	Auswahl von ‚passenden' Personen (Motivation, Einstellungen) möglich aufgrund eines grundsätzlichen Nachfrageüberhangs

Mitarbeiter führen & entwickeln

Grundlegende führungsrelevante Aspekte
• Zielbild: *Unternehmensleitbild* als handlungsleitende Richtschnur (alle Aktivitäten auf *Ziel/Mission* ausgerichtet)
• *Gründer zentraler Ansprechpartner & Vorbild*, jedoch sinkender direkter Einfluss aufgrund starker Dezentralisierung
• *Dynamische Organisationskultur* durch Dualität von Homogenität & Diversität; keine Extreme (weder rein erfolgs-fokussiert noch bewusst familiär); Herausforderung: Leben der Gesamtkultur angesichts regionaler Subkulturen

Autonome Motivation und Anreizsysteme	Kontrollierte Motivation und Anreizsysteme
• *Autonomie* auf Regional-/Projektebene (Dezentralisierung); selbstbestimmtes Klima durch Gewähren von Verantwortung & inhaltlicher Gestaltungsfreiheit • *Positives Kompetenzerleben: wertschätzender* Umgang; konstruktive, lösungsorientierte *Feedbackgespräche* (allg. Feedbackkultur noch unzureichend); bedarfsorientierte *Trainings* (eher zu wenig; zu kleine Zeitfenster); *interner Erfahrungsaustausch* (formell & informell) • *Zielvereinbarungen* im Gegenstromverfahren (Identifikation mit Zielen erfolgskritisch); keine Verzielung • *Ganzheitlichkeit* für Gesamtorganisation wichtig (‚gemeinsame Richtung'), für Mitarbeiter weniger • *Zugehörigkeit* durch (positive) Außenwahrnehmung, Teamgeist & organisationsweite Veranstaltungen	• *Festgehalt* wichtig, aber nicht prioritär (insg. marktgerechte, zufriedenstellende Bezahlung im oberen Durchschnitt des Vergleichssektors Soziale Arbeit); wichtig: hohe Transparenz & Leistungsgerechtigkeit • *Extrinsische Anreize & Verzielung* nicht existent; grundsätzlich soll Leistung zwar durch ‚handfeste' Anreize belohnt werden, aber: finanzielle Restriktionen & kritische Einschätzung monetärer Anreize (daher hohe Ansprüche an potenzielle Anreizsysteme: Transparenz, Plausibilität, Gerechtigkeit) • *Leistungungebundene materielle* Anreize v.a. im weiteren Sinn (bspw. flexible Arbeitszeiten, Dienstreisen oder eine ‚persönliche Zeit'/kreative Auszeit)

Freiwilligenmanagement	Organisat. Verhaltensmuster	Messung gesellsch. Wirkung
• Kein umfassendes Führungskonzept (künftige Herausforderung) • Kritische Erfolgsfaktoren: Unterstützung & Förderung	• *Kreatives*, proaktives & risikobereites Verhalten wichtig & gefördert (Ermunterung, Ressourcen, kreative Auszeit, Fehlertoleranz)	• Primär extern getrieben, jedoch auch mit interner Relevanz (Motivation durch Sichtbarmachung konkreter Erfolgsgeschichten)

Mitarbeiter halten	*Langfristige Bindung* bei Schlüsselpersonen äußerst wichtig	Auf Mitarbeiterebene steht *mittelfristige Bindung* im Vordergrund, da langfristige Perspektive weder aus Mitarbeiter- noch aus Organisations- bzw. Projektperspektive prioritär ist	Alumninetzwerk als potenzielles Bindungstool identifiziert

Mitarbeiter freistellen	Kein Tabuthema; gewisses Maß an *Fluktuation* als positiv & ‚gesund' empfunden	Betriebsbedingte Kündigungen nur in Ausnahmefällen, in der Regel findet Freistellung/Vermittlung *in beiderseitigem Einverständnis & Dialog* statt (zumeist geht Initiative sogar von Mitarbeitern aus, die sich beruflich verändern & weiterentwickeln wollen)

---

[503] Dabei geht zumeist die Initiative von den Mitarbeitern aus, die sich beruflich verändern und bspw. ein Studium realisieren wollen. Dieser individuelle Weiterentwicklungsprozess wird von infoklick.ch unterstützt oder mitunter sogar initiiert.

I.5   iq consult

I.5.1   Kurzbeschreibung der Organisation

iq consult ist eine GmbH mit Sitz in Berlin und wurde 1994 von Norbert Kunz gegründet.[504] iq consult bezeichnet sich selbst als Agentur für soziale Innovationen, mit dem Ziel diese durch die Entwicklung und Betreuung von Projekten in den Bereichen Social, Inclusive, Cultural und Youth Entrepreneurship zu realisieren. Im Bereich Social Entrepreneurship arbeitet iq consult an der Verbreitung und Förderung des Konzeptes allgemein, einer Verbesserung der finanziellen und medialen Rahmenbedingungen sowie der aktiven Unterstützung von Sozialunternehmern.[505] Im Rahmen des Inclusive Entrepreneurship wird des Weiteren eine umfassende, zielgruppen- spezifische Gründungsberatung für benachteiligte Gruppen realisiert.[506] Im Cultural Entrepre- neurship werden wiederum neue Formen des Unternehmertums im Kulturbereich und der Krea- tivwirtschaft gefördert.[507] Im Bereich Youth Entrepreneurship schließlich geht es um die Vermitt- lung von unternehmerischem Denken und Handeln für Kinder und Jugendliche.[508]

Das Ertragsmodell stützt sich in erster Linie auf im Rahmen öffentlicher Aufträge durchgeführte Projekte, aus denen Einnahmen in Form öffentlicher Gelder generiert werden. Da hierbei aller- dings in der Regel nur Ausgaben und keine Investitionen erstattet werden, ist iq consult auf weitere Einnahmequellen angewiesen: Diese speisen sich aus Beratungsaufträgen und Gutachten sowie Stiftungsgeldern. Von privaten Spenden ist iq consult faktisch unabhängig. Aufgrund der weitgehend durch Dienstleistungen realisierten Kostendeckung sowie der nicht aktiven Positio- nierung als gemeinnützige Organisation kann iq consult als Social Business eingeordnet werden.

Die Wirkung von iq consult mit seinem umfassenden und vielfältigen Produkt- und Dienstleis- tungsangebot ist beträchtlich: So sind die Konzepte trotz lokaler Ausrichtung im Kern überre- gional angelegt, und einige Projekte haben deutschland- oder europaweiten Modellcharakter. Des Weiteren wurden die Aktivitäten von iq consult sowohl hinsichtlich Reichweite als auch inhaltli- cher Wirkung mehrfach prämiert und die Organisation/der Gründer Norbert Kunz sowohl als Ashoka Fellow wie auch als Social Entrepreneur der Schwab Foundation ausgezeichnet.

---

[504] Vgl. (auch für die weiteren Ausführungen) Website von iq consult unter http://www.iq-consult.com (abgerufen am 01.05.2014). Zum Organisationsverbund gehört außerdem die gemeinnützige iq consult GmbH mit Sitz in Potsdam, da viele Projekte nur von einer gemeinnützigen Einrichtung effektiv umgesetzt werden können.

[505] Konkret betreut iq consult u.a. das Projekt entersocial (Gründungsberatung/-coaching für Sozialunternehmer in Brandenburg) und realisiert mit dem social impact lab in Berlin Räumlichkeiten und Angebote für die Entwick- lung und Förderung von Social Entrepreneurship.

[506] Inclusive Entrepreneurship fordert, dass auch Menschen mit Benachteiligungen die Möglichkeit einer Existenz- gründung erhalten sollen. Konkret werden u.a. junge arbeitslose Menschen (enterprise), Menschen mit Behinde- rung (enterability), Langzeitarbeitslose (JobCenter Projekt) und Migranten (Lotsendienst Migranten) unterstützt.

[507] iq consult unterstützt hierbei Kulturorganisationen, Kulturvereine und -unternehmen sowie freie Künstler/innen durch umfassende, individuell abgestimmte Beratung und Coaching (Schwerpunkt: Berlin und Brandenburg).

[508] iq consult stärkt dabei gemeinsam mit Stiftungen und Partnern aus Politik, Wirtschaft und Wissenschaft die Rahmenbedingungen für jugendliches Engagement und fördert gezielt junge Sozialunternehmer.

I.5.2   Allgemeine Situation und Status von Motivation im Führungskontext

Grundsätzlich wird Motivation – aktuell und zukünftig – als eine, wenn nicht die zentrale Herausforderung im Führungskontext benannt und in diesem Sinne als wichtige Führungsaufgabe angesehen. Dieses Verständnis entwickelte sich allerdings erst nach einiger Zeit, und die Notwendigkeit von Motivatoren erst in jüngerer Vergangenheit ins Bewusstsein der Unternehmensführung getreten.[509] Daher gibt es bis dato zwar einige Personalentwicklungsinstrumente, jedoch kein stringentes Anreizsystem/Vorgehen oder eine umfassende Strategie. Dies passt zur Einschätzung von Mitarbeiterseite, nach der Motivation auf der Gesamtorganisationsebene tendenziell informell und situativ sowie in der Ausführung eher intuitiv und wenig strukturiert abläuft. Eine der größten, spezifischen Herausforderungen im Motivationskontext von iq consult ist die Dynamik und stetige Veränderung, die das auf Innovation ausgerichtete Geschäftsmodell von allen Mitarbeitern verlangt.[510]

Im Kontext der *grundlegenden Motivationsmuster* spielt die intrinsische Motivation eine zentrale Rolle. Diese äußert sich in Interesse an und Identifikation mit der sinnstiftenden Tätigkeit und deren Inhalten sowie einer damit verbundenen Handlungswirksamkeit bezüglich einer gesellschaftlichen Veränderung. Eng hiermit verknüpft sind Motivatoren wie eine hohe Anforderungsvielfalt und Abwechslung sowie die Möglichkeit eigenverantwortlichen Arbeitens. Weitere Motivatoren sind die Marke und externe Reputation von iq consult und das direkte Arbeitsumfeld (insb. Team und Kultur). Auch das Konzept des Social Entrepreneurship sowie die damit verbundene Professionalität der Organisation wirken anziehend.

I.5.3   Mitarbeiter gewinnen

Grundsätzlich findet die öffentliche *Präsentation und Positionierung* von iq consult im Rahmen einer umfassenden Öffentlichkeits- und Medienarbeit statt mit dem Ziel, eine bekannte, übergreifende Marke zu etablieren und damit Tätigkeit, Angebote und Erfolge bekannt zu machen. Der primär angestrebte Nutzen ist die Ansprache und Information der Stakeholder sowie der (interessierten) Öffentlichkeit. Auch wenn keine dezidierte Nutzung bzw. ein Zuschneiden der Öffentlichkeitsarbeit für Recruitingzwecke erfolgt, kann eine Beeinflussung jedoch indirekt vermutet werden, sowohl mittels der allgemeinen Berichterstattung als auch des Konzeptes Social Entrepreneurship. Grundsätzlich wird externes *Recruiting* auf der Gesamtorganisationsebene betrieben[511], nur in seltenen Fällen können Projekte (zusätzlich und in Absprache) ein eigenes, externes Recruiting

---

[509] So wurde das Thema lange als wenig bedeutsam eingeschätzt, auch weil aus Geschäftsführungsperspektive die intrinsische Motivation der Mitarbeiter vorausgesetzt und als weitgehend ausreichend eingeschätzt wurde.

[510] So ist dies für manche Antrieb und Motivation, während es für andere, Routine bevorzugende Mitarbeiter stark demotivierend ist. Diese Ungleichzeitigkeiten zwischen den Mitarbeiten sowie zwischen Mitarbeitern und Organisation stellen eine starke Belastungsprobe und große Herausforderung dar.

[511] Auf Projektebene werden die Teams für die jeweiligen Projekte oftmals aus einem internen Pool an Mitarbeitern je nach Bedarf und Verfügbarkeit zusammengestellt, wobei hierbei die Sicherstellung adäquater Expertise jedoch oftmals als problematisch angesehen wird.

nach ihren Vorstellungen und Bedürfnissen durchführen. Auf Gesamtorganisationsebene herrscht generell ein Nachfrageüberhang, nicht zuletzt aufgrund der gegenwärtigen Popularität von Social Entrepreneurship. Bezüglich der Kanäle spielen die organisationalen und persönlichen Kontakte sowie Netzwerke eine zentrale Rolle.[512] Ergänzt werden diese vornehmlich internen Kanäle durch extern ausgerichtete Ressourcen wie den eigenen Internetauftritt, die Präsenz auf relevanten Online-Plattformen und Messen sowie die Arbeitsagentur. Die Kontaktaufnahme findet daher auf verschiedenen Wegen statt: Zum einen durch eine direkte Ansprache im Rahmen der Netzwerke, Messen und Veranstaltungen und durch das virtuelle Inserieren von Stellenanzeigen (via Internetauftritt oder Online-Plattformen), zum anderen durch die immer zahlreicher werdenden Initiativbewerbungen. Relevante Zielgruppen sind vor allem Personen, die sowohl fundierte ökonomische als auch soziale Qualifikationen und Kompetenzen besitzen.[513]

I.5.4   Mitarbeiter führen und entwickeln

Grundlegende führungsrelevante Aspekte

Im Rahmen des *Führungsverhaltens* spielt die Person des Gründers eine zentrale Rolle. Sowohl aus Mitarbeitersicht als auch in der Selbstwahrnehmung ist er der zentrale Entscheider, Impulsgeber und Ansprechpartner. Des Weiteren wird er mit seiner charismatischen Persönlichkeit als Visionär und Galionsfigur angesehen, welcher die Organisation in diesem Sinne nach außen vertritt und repräsentiert, jedoch auch intern eine Identifikationsfigur darstellt. Die genannten Führungsrollen und Repräsentationspflichten bergen allerdings auch kritische Aspekte, indem die enorme Beanspruchung oftmals dazu führt, dass die Geschäftsführung im Umgang mit den Mitarbeitern nur wenig Zeit hat. Ein direkter Dialog mit und ein Wissen um jeden einzelnen Mitarbeiter ist, auch aufgrund der wachsenden Organisationsstrukturen, ohnehin kaum noch möglich. Eine hieraus erwachsende, teils schon eingetretene Gefahr ist eine Wahrnehmungsdiskrepanz und Ungleichzeitigkeit zwischen Mitarbeitern und Geschäftsführung, welche großes Unzufriedenheits- und Enttäuschungspotenzial birgt. Eine mögliche Lösung ist die Entlastung der Geschäftsführung durch die ohnehin näheren Projektleiter als direkte Ansprechpartner der Mitarbeiter.

Im Kontext der *Organisationskultur* steht die Durchsetzung einer Gesamtorganisationskultur im Mittelpunkt. Aktuell herrscht bei iq consult in vielen Fällen eine sehr starke Projektidentifikation und -zugehörigkeit.[514] Während die Projektidentifikation und -zugehörigkeit in Gestalt einer

---

[512] Auf Gesamtunternehmensebene sind dies vor allem Social Entrepreneurship-bezogene Unterstützungsnetzwerke, Kontakte aus Konferenzen und Vorträgen sowie Empfehlungen von Mitarbeitern; auf Projektebene spielen insb. das persönliche Netzwerk des Projektleiters sowie ggf. spezielle Fachverbände oder Ähnliches eine Rolle.

[513] Während bei der Gründungsunterstützung (Uni)Absolventen aufgrund der spezifischen Themen und der benötigten Erfahrung kaum einsetzbar sind, spielen diese im Social Entrepreneurship-Bereich eine zentrale Rolle, da hier v.a. Sensibilität und große Offenheit für neue Entwicklungen und Innovationen gefragt sind.

[514] Diese Projektorientierung liegt in der Vergangenheit begründet, als aus verschiedenen Gründen ein sehr starker Projektfokus nach innen und außen propagiert wurde. Folge dieser Ausrichtung waren spezifische Projekt- und Standortkulturen mit unterschiedlichen Arbeitsrhythmen und Herangehensweisen.

hohen Identifikation und Leistungsbereitschaft bezüglich des konkreten Arbeitsgegenstands und der Arbeitsinhalte zwar durchaus positive Auswirkungen haben, sind jedoch auch signifikante negative Aspekte zu verzeichnen: So wird ein allgemeines Fehlen von Interesse, Commitment und Verantwortung bezogen auf die Gesamtorganisation wahrgenommen, welche aus Geschäfts-führungsperspektive zwingend notwendig wären, um inhaltliche Synergien nutzen, effizienter und kostensparender arbeiten und damit letztlich erfolgreicher sein zu können. Ein weiterer negativer Aspekt einer starken Projektorientierung (mit starkem Bewusstsein für eigene Erfolge sowie beanspruchte Privilegien) ist ein weitgehend destruktives Konkurrenzdenken, im Rahmen dessen kein gesunder Leistungswettbewerb stattfindet, sondern bspw. größerer Erfolg und bessere finanzielle Ausstattung tendenziell Neid und Missgunst hervorrufen. Aus all diesen Gründen ist iq consult bestrebt, die Projektorientierung zugunsten der Zugehörigkeit zur Gesamtorganisation sukzessive zu vermindern, auch wenn dies – angesichts der langen Historie der Projektorien-tierung – ein schwieriger und langwieriger Prozess ist.[515] Unterstützt werden diese Bemühungen durch das primär auf Gesamtorganisationsebene stattfindende Recruiting sowie durch den zu-nehmenden Fokus auf soziale Innovation/Social Entrepreneurship als zentrale inhaltliche Klammer für verschiedenste Projekte und Tätigkeitsfelder.

Autonome Motivation und Anreizsysteme

Autonomie wird als ein zentraler Aspekt der Arbeit und damit als wichtiger Garant für die Zu-kunftsfähigkeit von iq consult bezeichnet. Auf Projektebene ist Autonomie ein ambivalentes Thema: Die Mehrzahl der Projekte arbeitet auch mittel- bis langfristig in enger Abstimmung mit der Geschäftsführung, welche – insb. in der Anfangsphase, bei Entwicklungspotenzial oder bei oft wechselnder Projektleitung – de facto die formale oder inhaltliche Führung innehat. Daneben gibt es jedoch einige Projekte, die durch Projektleiter weitgehend eigenverantwortlich geleitet werden.[516] Eine umfassende Budget- sowie Personalverantwortung ist auf Projektebene dennoch nicht gegeben, und Autonomie und Unabhängigkeit nur sichergestellt, solange das Projekt erfolg-reich läuft und alle Kennzahlen (über)erfüllt werden. Die inhaltliche Gestaltungsfreiheit schlägt sich selbstverständlich auch und vor allem in den Tätigkeitsbereichen der einzelnen Mitarbeiter nieder, und es herrscht die Möglichkeit und Notwendigkeit, Verantwortung zu übernehmen und weitgehend eigenverantwortlich und selbstständig zu arbeiten. Der konkrete Grad an Autonomie hängt von der operativen und strategischen Wichtigkeit sowie der Budgetrelevanz der jeweiligen Entscheidung ab.[517] Wichtig ist die richtige Balance zwischen Freiheit und rahmengebenden

---

515 Diese Entwicklung wird jedoch auch kritisch gesehen: So werden von Mitarbeiterseite die ‚alten' Projektwelten und die ‚neue' Welt des Social Entrepreneurship als sehr unterschiedlich bezüglich der Lebenswirklichkeit (Spra-che, Zielgruppe), des Inhalts, der Begrifflichkeiten, Herangehens- und Denkweisen wahrgenommen und eine Vermittlung zwischen diesen beiden ‚Welten' daher als schwierig und potenziell überfordernd angesehen.
516 So werden Weiterentwicklungen und Adaptionen der bestehenden Ansätze oder die Entwicklung neuer (Sub)Projekte aus dem Projekt heraus initiiert und realisiert und damit Projektverantwortung übernommen.
517 So kann beides eine Absprache mit dem Projektleiter und/oder der Geschäftsführung notwendig machen.

Strukturen, welche einerseits nicht unnötig hemmt, andererseits aber notwendige Absprachen möglich macht.

Ein weiterer wichtiger Aspekt im Rahmen der autonomen Motivation ist *Anforderungsvielfalt sowie ein positives Kompetenzerleben*, vor allem auch weil Überforderung als demotivierend empfunden wird. Während Anforderungsvielfalt zum einen aus der Tätigkeit und dem Tätigkeitsfeld heraus erwächst, spielt zum anderen der Feedbackprozess eine zentrale Rolle. Feedback findet primär über Mitarbeitergespräche statt, in denen Zielvereinbarungen beschlossen sowie die persönliche Entwicklung besprochen werden sollen. Doch auch wenn in der Vergangenheit vonseiten der Geschäftsführung mehrfach regelmäßige Gespräche versprochen wurden, wurde dies letztlich nicht eingehalten, was zu großem Unmut führte.[518] So gibt es folglich gegenwärtig keinen standardisierten, systematischen und automatischen Feedbackprozess.[519] Die Realisierung bzw. Durchführung von Mitarbeitergesprächen ist aufgrund des Fehlens eines Automatismus letztlich abhängig von der Mitarbeiterinitiative, diese Gespräche einzufordern und auf eine regelmäßige Durchführung zu pochen, sowie der Verfügbarkeit der Geschäftsführung. All dies führt dazu, dass von Mitarbeiterseite der Wunsch nach einer stärkeren Institutionalisierung (regelmäßige Gesprächstermine) sowie einer klaren inhaltlichen Struktur (objektive und nachvollziehbare Gesprächskriterien) besteht. Sowohl von Mitarbeiter- als auch Geschäftsführungsseite ist man sich allerdings im Klaren, dass für eine solche Weiterentwicklung des Feedbackprozesses einerseits mehr Zeit seitens der Geschäftsführung, andererseits eine dedizierte Personalentwicklung, welche den Prozess ausarbeitet und steuert, zwingend notwendig sind. Neben dem Anliegen eines institutionalisierten Feedbackprozesses mit Mitarbeitergesprächen wird überdies der Wunsch nach einem fallbezogenen Feedback geäußert, welches noch stärker einen direkten inhaltlichen Lerneffekt bewirkt.

Im Rahmen der Trainings und Weiterbildungen verfolgt iq consult als Gesamtorganisation einen bedarfsorientierten Ansatz, im Rahmen dessen eine grundsätzliche Offenheit gegenüber Mitarbeiterbedarfen und -vorschlägen besteht und diese, wenn zeitlich und finanziell möglich, unterstützt und gefördert werden sollen.[520] Auch wenn es das primäre Bestreben der Organisation und Geschäftsführung ist, durch Offenheit und Verzicht auf Vorgaben und Zwang eine bedarfsge-

---

[518] Verstärkt wurde dieser Unmut, da aufgrund des Fehlens offizieller Gespräche gewisse Themen eher auf dem informellen Weg besprochen wurden. Dies führte wiederum zu Ungleichheiten, da der individuelle Kontakt und Austausch mit sowie die Nähe zu der Geschäftsführung maßgeblich war.

[519] So haben die Gespräche keinen festen, erwartbaren Rhythmus, finden aufgrund knapper Zeitressourcen oftmals ,zwischen Tür und Angel' statt, und in ihnen werden – zumeist ohne Leitfaden und weitgehend unstrukturiert – verschiedene Themen angesprochen und diskutiert. Konkrete Inhalte sind das Abstecken des Tätigkeitsbereiches sowie die Definition von Zielvereinbarungen. Allerdings werden diese zumeist nicht konsequent und objektiv nachgehalten; in diesem Sinne findet auch keine Bewertung mit Konsequenzen (Sanktionen/Boni) statt.

[520] Auch hier liegt die Holschuld in erster Linie bei den Mitarbeitern: diese haben die Verantwortung, für sie relevante, konkrete Optionen in Eigeninitiative zu identifizieren und zu verfolgen. Eine aktive Begleitung, Vorschläge oder verpflichtende Weiterbildungen von Organisationsseite erfolgen in den meisten Fällen nicht, außer wenn die Geschäftsführung eine unmittelbare Dringlichkeit sieht.

rechte und freie Nutzung von Weiterbildungsangeboten zu ermöglichen, ist das Ergebnis eher negativ: So werden Weiterbildungen tendenziell zu wenig genutzt, auch weil die passive Haltung der Geschäftsführung von Mitarbeiterseite oftmals als Desinteresse, Indifferenz oder mangelnde Wertschätzung missverstanden wird; von Mitarbeiterseite wird denn auch der Wunsch einer aktiveren Rolle der Organisation geäußert. Keine Rolle spielen auf Gesamtorganisationsebene hingegen pro bono-Angebote sowie interne Schulungen, da erstere zumeist exklusiv auf den Gründer zugeschnitten sind und Letztere (trotz initialer Erfolge) langfristig sowohl auf der An- gebots- wie auch der Nachfrageseite scheitern. Auf Projektebene offenbart zumindest ein Fall die Existenz eines umfassenden Weiterbildungsprogramms, im Rahmen dessen die relevanten Inhal- te vom gesamten Team gemeinsam erarbeitet werden und der Projektleiter ergänzend vereinzelte verpflichtende Weiterbildungen ansetzt.[521] Ein äußerst kritischer Aspekt ist in diesem Zusam- menhang – analog der Diskussion beim Festgehalt – die unterschiedliche finanzielle Ausstattung der Projekte[522] mit der Folge ungleicher Weiterbildungsbedingungen, was wiederum Neid und Animositäten zwischen den Projekten schüren kann.

Zu guter Letzt findet eine gewisse Art der Weiterbildung bzw. Kompetenzförderung in Form eines Erfahrungs-, Informations- und Wissensaustausches statt. Dieser manifestiert sich auf Mitarbeiterebene in einem informellen und freien Wissensaustausch, im Rahmen dessen Kollegen bei offenen Problemstellungen und konkreten Fragen zu Rate gezogen werden. Auf einer formel- leren Ebene gibt es die in den Projekten (oftmals unregelmäßig) stattfindenden Teammeetings, in denen sich das Team austauschen kann und der Projektleiter ggf. auch von der Steuerungsrunde berichtet. Des Weiteren sollte im Rahmen eines monatlich stattfindenden sog. Strategietages eine zentrale, organisationsweite Austauschplattform geschaffen werden.[523] Nach anfänglichen Erfol- gen wurde diese Plattform aufgrund mangelnder Beteiligung jedoch wieder eingestellt. Stattdes- sen werden die Mitarbeiter in von iq consult organisierte, öffentliche Veranstaltungen (Themen- abende zu diversen Inhalten, aber auch Fortbildungen) unverbindlich eingeladen.

Diese institutionalisierten Veranstaltungen hatten bzw. haben nicht nur eine kompetenzsteigern- de Funktion, sondern bewirken durch den Informationsaustausch gleichzeitig ein Gefühl der *Ganzheitlichkeit*. Es wurde jedoch schon deutlich, dass auf Mitarbeiterseite einerseits die Wahr- nehmung dieser Angebote sowie andererseits Ganzheitlichkeit generell ein kritisches und ambiva- lentes Thema darstellt. Denn so stark das Bestreben der Geschäftsführung auf der einen Seite ist,

---

[521]   Es entsteht eine Mischung aus allgemein relevanten (zumeist verbindlichen) sowie bedarfsorientierten (freiwilli- gen) Formaten. Die Inhalte reichen dabei von informativen, themenbezogenen Weiterbildungen bis hin zu prak- tischen Trainings. Auch eine umfassende Supervision gehört zum Weiterbildungsprogramm. Die verwendeten Ressourcen sind externe Spezialisten sowie intern vorhandene pro bono-Möglichkeiten.

[522]   Haben die einen ein umfassendes Budget für Weiterbildung in den Förderanträgen realisieren können, ist dies bei anderen Projekten nicht gegeben, sei es, weil dies im Rahmen der Förderanträge schlicht nicht möglich war oder dem Weiterbildungsthema keine ausreichende Bedeutung beigemessen wurde.

[523]   Grund war der von Mitarbeiterseite wiederholt geäußerte Wunsch, mehr in den strategischen Diskurs involviert bzw. informiert zu werden. So stellte die Geschäftsführung (neue) Projekte vor, zum anderen konnten und soll- ten die Mitarbeiter eigene Ideen und Vorschläge einbringen – mit dem Ziel einer allgemeinen Diskussion.

eine Identifikation auf Gesamtorganisationsebene zu erreichen, so stark sind auf der anderen Seite viele Mitarbeiter in ihren jeweiligen Projektwelten involviert und ggf. verhaftet. Eine Vermittlung der Gesamtwertschöpfungskette und der verschiedenen Lebenswelten kann daher schnell überfordern. Es bleibt somit die Herausforderung, die richtige Balance zu finden. Strategische Partizipation und Mitbestimmung ist jedenfalls kein relevantes Thema: Letztlich sind die Entscheidungsstrukturen stark auf die Geschäftsführung fokussiert, welche die Strategie mehr oder weniger alleine entwickelt und verantwortet.[524] Demhingegen hat die interne Kommunikation eine Motivationsrelevanz, indem sie Ganzheitlichkeit und Bedeutsamkeit durch wichtige, die Organisation betreffende und für die eigene Tätigkeit relevante Informationen unterstützt. Idealziel der internen Kommunikation ist es daher, ein verbindendes Glied zu schaffen, durch das die einzelnen Standorte, Abteilungen und Projekte auf einer Informationsebene zusammengehalten und allgemeine Transparenz geschaffen wird.[525] Doch auch wenn es die Verantwortung und das Bestreben der Organisation ist, durch klare Kommunikationswege allgemeine Transparenz zu schaffen und Informationen so umfassend wie möglich zugänglich zu machen, ist es der Geschäftsführung wichtig, auf die Notwendigkeit hinzuweisen, von Mitarbeiterseite zunächst einmal die angebotenen Möglichkeiten vollständig zu nutzen und dabei eine gewisse Eigeninitiative zu zeigen. Aufgrund negativer Erfahrungen in der Vergangenheit ist es schlussendlich von großer Wichtigkeit, im Rahmen der internen Kommunikation Entscheidungen und Vorhaben nicht vorschnell zu kommunizieren, oder aber nur solche, welche mit ausreichender Sicherheit umgesetzt werden können. Etwaigen Enttäuschungen und Frustrationen können so von vorneherein vorgebeugt werden.

Wie zuvor dargestellt gibt es einige Bemühungen, die Mitarbeiter (auch) im Sinne einer *Zugehörigkeit* stärker an iq consult als Gesamtorganisation zu binden und die Identifikation zu stärken. So gibt es jährliche Mitarbeiterversammlungen, welche jedoch primär informativ-sachlichen Charakter haben und wenig echte Instrumente oder Maßnahmen zur Teamentwicklung und Motivation aufweisen. Eine Teamentwicklung auf Gesamtorganisationsebene findet daher höchstens alle drei Jahre statt, wenn die Mitarbeiterversammlung in Klausur mit stärkerem Fokus auf Team- und zwischenmenschliche Aspekte ausgetragen wird (aus Mitarbeiterperspektive tendenziell zu selten). Demgegenüber findet auf Projektebene – wenn auch mit Unterschieden je Projekt – eine ausgeprägtere Teamentwicklung in Form informeller gemeinsamer Unternehmungen statt.

---

[524] Eine stärkere Einbringung von erfahrenen Mitarbeitern (insb. Projektleiter) wurde in der Vergangenheit zwar eingefordert, jedoch ging es primär um eine meinungsbildende, inhaltliche Mitarbeit, während die Entscheidungsgewalt und Verantwortung bei der Geschäftsführung verblieb. Diese Teilung von inhaltlicher Mitsprache und Entscheidungsverantwortung bewirkte jedoch eine tendenziell sinkende Motivation, sich einzubringen.

[525] So werden Pressemitteilungen auch an die relevanten Projektmitarbeiter/-leiter verschickt, und im Rahmen der Steuerungsrunden (inkl. Projektleiter) erfolgt ein Austausch mit bzw. Informationsfluss zu den Projekten (wobei die Projektleiter die Verantwortung haben, die Ergebnisse mit ihren Teams zu diskutieren). Wichtige Informationen (inkl. der Steuerungsrundenprotokolle) und Neuigkeiten werden darüber hinaus mittels des Intranetportals oder per Outlook-(Pop-up-)Nachricht zugänglich gemacht, ergänzt durch einen internen Newsletter.

Kontrollierte Motivation und Anreizsysteme

Das *Festgehalt* ist zwar ein wichtiger Aspekt, jedoch kein primärer Motivator. So muss aus Mitarbeiterperspektive vor allem eine gewisse Grundversorgung gewährleistet sein, mit der man sein Leben sinnvoll gestalten kann, auch wenn diese Begrifflichkeit sicherlich subjektiv ist. Grundsätzlich findet im Rahmen des Festgehalts eine Orientierung am Öffentlichen Dienst bzw. dem TVöD statt. Auch wenn die Privatwirtschaft daher nicht als adäquater Vergleichswert angesehen wird und der existierende Gehaltsabschlag/-verzicht allgemein wahrgenommen und pragmatisch akzeptiert wird, ist die aktuelle Situation doch nicht gänzlich zufriedenstellend.[526] Das Festgehalt im externen Vergleich ist und bleibt demnach ein diffiziles Thema, wobei nach Einschätzung des Gründers der relative, interne Vergleich ohnehin wesentlich maßgeblicher ist als der externe Vergleich oder die absolute Höhe. Als kritisch wird in diesem Kontext vor allem eine ungleiche und unstimmige Verteilung innerhalb und zwischen den Projektteams angesehen. Nach einer wenig ausbalancierten Gehaltsstruktur in der Vergangenheit[527] wird aktuell der Fokus darauf gelegt, für ähnliche Tätigkeiten ähnliche Gehälter zu zahlen. Fördermittel werden daher nicht mehr zwingend gänzlich ausgereizt, vielmehr wurden allgemein gültige, nach klaren Kriterien ausgerichtete Gehaltsgruppen eingeführt. Folge war und ist eine – trotz gradueller Abstufungen der Gehaltsgruppen – innerhalb und zwischen den Projektteams vergleichsweise homogene sowie zumindest dem Anspruch nach transparente Gehaltsstruktur. Doch auch diese Vorgehensweise schafft letztlich Unzufriedenheit.[528] Hinzu kommt, dass trotz der existierenden, am TVöD orientierten Gehaltsgruppen die genaue Einstufung und die konkreten Gehälter einzelner Personen nicht transparent sind, verbunden mit einer relativen Intransparenz hinsichtlich der Gehaltserhöhungen.[529] Ein ähnlich schwieriges und komplexes Thema stellen die *extrinsische Anreizsysteme*, d.h. monetäre und materielle Anreize dar. Ein *monetäres Anreizsystem* ist aktuell zwar nicht im Einsatz, jedoch ist ein solches für die Zukunft geplant.[530] Der zentrale einschränkende Faktor gilt jedoch auch hier: die geringen finanziellen Spielräume aufgrund der Förderlogik. Als mögliche Lösung wird genannt, bei den Projekten zunächst zwar im Rahmen der Förderanträge zu versuchen, die

---

[526] So wird kritisch angemerkt, dass im Bereich des Öffentlichen Dienstes ein Abschlag grundsätzlich nachvollziehbar und akzeptabel ist, da gleichzeitig eine höhere Sicherheit (Festanstellung, ggf. Beamtenstatus) geboten wird; bei iq consult hingegen herrscht für die Mitarbeiter eine Unsicherheit analog der Privatwirtschaft mit niedrigem Gehalt analog dem Öffentlichen Dienst, was verständlicherweise als Missverhältnis empfunden wird.

[527] Diese entstand vornehmlich aufgrund unterschiedlicher Projekt- bzw. Förderstrukturen, im Rahmen derer die verfügbaren Personalgelder massiv ungleich verteilt waren. Der Versuch der Organisation, zumindest in der Tendenz Gerechtigkeit sicherzustellen (d.h. nur teilweise Auszahlung der Mittel bei begünstigten Projekten), sorgte sowohl bei den begünstigten wie auch benachteiligten Projekten für Unzufriedenheit.

[528] Weil letztlich nicht alle Mitarbeiter gleich sein wollen, und eine (zu) große Homogenität tendenziell als Gleichmacherei bzw. ‚Einheitsgehalt' (auf einem ggf. zu niedrigen Niveau) bezeichnet wird.

[529] So sind diese in manchen Fällen verhandelbar und (auch) von Initiative und Geschick des Mitarbeiters abhängig.

[530] Grund ist das oftmals geäußerte Anliegen der Mitarbeiter, für Mehrleistung eine entsprechende Wertschätzung und Honorierung zu erhalten. Genau dies soll ein monetäres Anreizsystem bewirken und dabei insb. diejenigen Mitarbeiter mit einem überdurchschnittlichen Leistungswillen ansprechen und motivieren. Grundsätzlich werden Boni und Social Entrepreneurship dabei von Mitarbeiterseite nicht prinzipiell als inkompatibel angesehen und die Gefahr eines Korrumpierungseffektes bei adäquat niedriger Höhe des Bonus als gering eingeschätzt.

maximal möglichen Mittel zu beantragen, in der Folge jedoch die über dem allgemeinen Durchschnittsniveau verfügbaren Personalmittel nicht im jeweiligen Projekt zur Disposition zu stellen, sondern diese vielmehr im Gesamtorganisationskontext (und damit projektunabhängig) für differenzierte und leistungsgerechte individuelle Boni zu nutzen. Der geplante Ansatz hat also zwei zentrale Charakteristika: Zum einen führt eine vorteilhafte Förderstruktur in den jeweiligen Projekten nicht automatisch zu höheren Gehältern oder Boni, zum anderen wird ein potenzieller Bonus nicht an den Teamerfolg, sondern an eine (zu definierende) individuelle Einzelleistung gekoppelt.[531] Daher spielt in den aktuellen Überlegungen weder der Gesamtertrag der Organisation noch der Projekterfolg mehr eine Rolle, sondern ausschließlich die individuelle Leistung – was in der Umsetzung wiederum herausfordernd ist.[532] Während ein monetäres Anreizsystem also noch geplant wird, existiert ein *materieller Anreiz:* So wurden die zuvor geltenden 30 Urlaubstage auf 24 reduziert, um leistungsorientiert zusätzliche Urlaubstage zu gewähren. Ein großer Kritikpunkt in der aktuellen Ausgestaltung stellt jedoch die intransparente Vergabe der Urlaubstage seitens der Geschäftsführung dar.[533] Aktuell weder existent noch geplant, obwohl von Mitarbeiterseite in hohem Maße gewünscht, ist ein mehr oder weniger standardisierter und automatisierter Überstundenausgleich, der es Mitarbeitern ermöglicht, zeitliche Mehrleistung finanziell oder durch Freizeitausgleich zu kompensieren. Ein Überstundenausgleich wird nicht zuletzt präferiert, weil hier das Kriterium der Überstunden vergleichsweise objektiv und leicht zu messen wäre.

Insgesamt wird deutlich, dass Anreizsysteme gewisse Charakteristika aufweisen müssen, um nicht kontraproduktiv zu wirken. Der erste Aspekt hierbei ist die eben erwähnte Transparenz, d.h. die Existenz von Kriterien. Zusätzlich müssen diese Kriterien inhaltlich plausibel, d.h. sinnvoll, verständlich und nachvollziehbar sein.[534] Zu guter Letzt ist die Sicherstellung eines Gefühls von Fairness und Gerechtigkeit Grundlage für eine allgemeine Akzeptanz des Anreizsystems.[535] Die Entwicklung eines Systems mit all diesen Anforderungen wird zurecht als ein (intellektuell) anspruchsvolles und (zeittechnisch) aufwendiges Vorhaben angesehen, weshalb als zentraler erfolgskritischer Faktor daher die Bereitstellung kompetenter und dedizierter Personalressourcen eingeschätzt wird.

---

[531] Nur so kann letztlich verhindert werden, dass Ungleichheiten der projektspezifischen Förderstruktur und externen Faktoren ein Konkurrenzdenken und Ungerechtigkeitsempfinden innerhalb und zwischen den Projekten auslösen. Ein früheres, am Projekterfolg gekoppeltes Bonussystem scheiterte an genau dieser Herausforderung, nicht zuletzt, weil bei einer kollektiven, teambezogenen Leistungsbeurteilung immer auch Aspekte (im positiven wie negativen Sinn) einfließen, die nichts mit der Leistungsfähigkeit einzelner Personen zu tun haben.

[532] So müssen die Leistungskriterien individuell auf die jeweiligen Tätigkeitsbereiche zugeschnitten und möglichst direkt beeinflussbar sein, gleichzeitig jedoch auch eine gewisse Vergleichbarkeit ermöglichen. Ein Aspekt, der definitiv auch eine Rolle spielen soll, ist der Grad der übernommenen gesamtorganisatorischen Verantwortung.

[533] So existieren keine allgemein bekannten, klaren Kriterien und Regelungen, was letztlich zu einem unkalkulierbaren System und damit zu viel Konfliktpotenzial innerhalb der Organisation geführt hat und immer noch führt.

[534] Eine Kernherausforderung hierbei ist, dass bei manchen Tätigkeitsbereichen vergleichsweise einfach objektive, inhaltlich sinnvolle Kriterien ableitbar sind, während andere Tätigkeiten kaum in Ziele übersetzt werden können.

[535] Dieses erwächst zum einen aus den plausiblen, nachvollziehbaren Kriterien. Zum anderen ist jedoch auch der Vergleich zwischen den Mitarbeitern wichtig, wobei die Unvergleichbarkeit der Ziele am problematischsten ist.

Förderung der organisationalen Verhaltensmuster

Es wurde schon mehrfach bemerkt, dass *Innovation* ein zentrales Charakteristikum der Wertschöpfung von iq consult darstellt. Begünstigt wird sie durch den Umstand, dass die Organisation als ein für die Entwicklung innovativer Ideen sehr förderliches Umfeld wahrgenommen wird.[536] Eine aktive, institutionalisierte Förderung findet jedoch nicht statt. Des Weiteren nehmen die ,operativen' Aufgaben zumeist so viel Raum ein, dass kaum Zeit für die Entwicklung eigener Ideen verbleibt.[537] So wird den Mitarbeitern zwar auf Anfrage Zeit für die Verfolgung eigener Ideen eingeräumt. Von Mitarbeiterseite würde es dennoch als hilfreich und motivierend empfunden werden, wenn ihnen die Freiheit und konkrete Zeitkontingente zur Entwicklung eigener Ideen vonseiten der Geschäftsführung aktiver zugesprochen würden, im Sinne einer klaren Kommunikation und Ermunterung, dass diese Bemühungen erwünschter Teil der Projektarbeitszeit sind.

Messung der gesellschaftlichen Wirkung

Die Messung der gesellschaftlichen Wirkung erfolgt entlang zweier Ansätze: Zum einen in Form anekdotischer Erfolgsgeschichten, welche die Ergebnisse und Auswirkungen der Aktivitäten konkret sichtbar machen, zum anderen anhand einer objektivierenden Monetarisierung der Wirkung. Im *externen Kontext* wird die Erfolgsmessung vor allem im Rahmen der Berichterstattung und Öffentlichkeitsarbeit verwendet, wobei hier der Monetarisierungsaspekt eine zentrale Rolle spielt.[538] Im *internen Kontext* ist wiederum die monetäre Wirkung für die meisten Mitarbeiter wenig bis gar nicht relevant, anekdotische Erfolgsgeschichten dafür umso wichtiger: Denn während eine Monetarisierung abstrakt bleibt und nur schwer individuelle Motivationswirkung hervorrufen kann, stellen die konkreten Erfolgsgeschichten exemplarisch und anschaulich die positiven Auswirkungen der jeweiligen Aktivitäten dar und zeigen gegenständlich die bewirkten Veränderungen. Dies macht die anekdotischen Erfolgsgeschichten zu einem, wenn nicht dem wichtigsten Motivator.[539] Allgemein entfalten auch indirekte Rückmeldungen wie die Erwähnung von iq consult oder einzelnen Projekten in der Presse eine Motivationswirkung.[540] Bei allen diesen Bemühungen ist aber letztlich festzuhalten, dass die Motivationswirkung letztlich stark vom Mitarbeiter selbst, d.h. seiner Präferenz[541] sowie seiner Initiative[542] abhängt.

---

[536]　Dies umfasst ein zu neuen Ideen anregendes Organisationsklima sowie zahlreiche, unterstützende Ressourcen.

[537]　Dies nimmt mit steigender Betriebszugehörigkeit tendenziell zu, sodass nach Einschätzung der Geschäftsführung vor allem die frischen, jungen Mitarbeiter treibende Kräfte im Sinne einer innovativen Weiterentwicklung sind, während ältere Mitarbeiter tendenziell beharrender sind.

[538]　So werden diese Kennzahlen öffentlichkeitswirksam vorgestellt und zur Legitimation der Aktivitäten genutzt. Anekdotische Erfolgsgeschichten spielen in diesem Zusammenhang nur vereinzelt bzw. selektiv eine Rolle.

[539]　Deutlich wird dies bspw. im Projekt enterability, im Rahmen dessen anekdotische Erfolgsgeschichten durch regelmäßige Veranstaltungen mit ehemaligen oder aktuellen Kunden explizit sichtbar gemacht werden.

[540]　Auch wenn die zentrale Kommunikationsabteilung versucht, wann immer möglich Erwähnungen in der Presse allgemein transparent und zugänglich zu machen, hängt es trotzdem auch vom jeweiligen Projektleiter ab, inwieweit er das Thema Öffentlichkeitsarbeit im Team publik macht bzw. dieses mit dem Team teilt.

[541]　So ist das Wissen um die gesellschaftliche Wirkung nicht für jeden Mitarbeiter ein relevanter Motivator.

[542]　Im Sinne bspw. einer Wahrnehmung der zuvor erwähnten Informationsangebote seitens der Organisation.

I.5.5   Mitarbeiter halten

Grundsätzlich wird von Geschäftsführungsseite bemerkt, dass langfristige Bindung auf der Gesamtorganisationsebene effektiv kein Problem darstellt und Mitarbeiter sehr selten von sich aus kündigen. In der Folge ist dies daher auch kein Thema, mit dem sich die Geschäftsführung bis dato aktiv beschäftigt hat. Auf Projektebene sieht die Situation etwas anders aus. Hier wird die Mitarbeiterbindung sehr wohl als relevantes und erfolgskritisches Thema benannt, vor allem weil Knowhow gehalten werden soll und eine Neubesetzung (insb. aus dem internen Mitarbeiterpool) hinsichtlich der erforderlichen Kompetenzen oftmals nur schwer möglich und wenig vorteilhaft ist. Von Mitarbeiterseite ist eine langfristige Bindung und Karriereplanung in den meisten Fällen eher von geringer Bedeutung.[543] Eine allzu kurzfristige Perspektive in der Form befristeter Verträge[544] wird hingegen aufgrund der ständigen Unsicherheit und Drucksituation insb. von älteren Mitarbeitern als zermürbend und ‚Motivationskiller' empfunden.

Obwohl das Thema langfristige Bindung in den meisten Fällen also nicht prioritär ist, ist für die Mitarbeiter eine inhaltliche Entwicklungsperspektive trotzdem attraktiv. Diesem Umstand wird von iq consult (zumindest ansatzweise) Rechnung getragen, indem Mitarbeiter immer wieder in neue Kontexte eingebunden werden und eine inhaltliche Entwicklung primär über die Vielfalt der Aufgabenbereiche stattfindet. Des Weiteren wird Mitarbeitern mit steigender Erfahrung mehr Verantwortung übertragen. Externe Weiterbildungen wie bspw. ein Studium werden von iq consult aber weder aktiv ermuntert noch (teil)finanziert[545], und einen Karriereplan mit konkreten internen Aufstiegschancen gibt es bei iq consult vor allem aufgrund der flachen Hierarchien und fehlenden Personalentwicklungsprozesse ebenfalls nicht.

I.5.6   Mitarbeiter freistellen und vermitteln

Wie schon zuvor angedeutet, ist die Freistellung und Vermittlung von Personal kein Tabuthema. Eingangs wurde schon beschrieben, dass iq consult durch seinen Geschäftsansatz eine kontinuierliche Veränderungs- und Weiterentwicklungsbereitschaft verlangt und in diesem Kontext auch eine gewisse Eigeninitiative voraussetzt.[546] Zur Trennung kommt es zumeist, wenn dies über eine längere Zeit nicht erfolgt ist und der Mitarbeiter daher bezüglich der Kompetenzen aus Organisationsperspektive nicht mehr adäquat eingesetzt werden kann. Weitere Trennungsgründe sind

---

[543] Dabei hängt die spezifische Wichtigkeit dieses Themas jedoch stark von der persönlichen Situation ab: So ist bspw. für ältere Mitarbeiter eine längerfristige Anstellung/Perspektive aufgrund des höheren Sicherheitsbedürfnisses tendenziell relevanter als für die mehrheitliche Gruppe der jungen Mitarbeiter, welche naturgemäß eine eher kurz- bis mittelfristige, unmittelbare berufliche Perspektive verfolgen.

[544] Diese sind aufgrund der zumeist befristeten Projekte und zum Zweck einer größtmöglichen organisationalen Flexibilität vergleichsweise häufig anzutreffen.

[545] Jedoch werden diese zumindest (passiv) ermöglicht, indem den Mitarbeitern keine Steine in den Weg gelegt werden und bspw. eine Teilzeitlösung möglich gemacht wird.

[546] So bietet die Organisation zwar, wie oben dargestellt, Möglichkeiten der inhaltlichen Weiterentwicklung, es liegt allerdings am Mitarbeiter, diese aktiv zu suchen und zu ergreifen.

betriebsbedingter Natur, bspw. das Ende eines befristeten Projektes. Trotzdem herrscht bei alldem der Anspruch einer Trennung auf Augenhöhe, was sich nicht immer einfach gestaltet.

I.5.7 Übersicht iq consult

Status Quo & Kontext	Motivation zwar als zentrale Herausforderung im Führungskontext angesehen, bis dato aber informell, wenig strukturiert, situativ & intuitiv (keine umfassende Strategie mit festgelegten Vorgehensweisen & logischen Implikationen) | *Motivationsmuster*: Intrinsische Motivation, Anforderungsvielfalt, autonomes Arbeiten, Marke/Reputation, Team/Kultur, Professionalität der Organisation, Konzept Social Entrepreneurship
Mitarbeiter gewinnen	*Persönlicher, intuitiver & gelegenheitsorientierter Recruitingprozess* | *Anbahnung*: direkte Ansprache via Kontakte & Netzwerke, virtuelle Stelleninserate (Internetauftritt, Online-Plattformen) & zunehmend Initiativbewerbungen (Nachfrageüberhang im Social Entrepreneurship-Bereich)
Mitarbeiter führen & entwickeln	(siehe unten)

Grundlegende führungsrelevante Aspekte
- *Gründer* zentraler *Entscheider & Impulsgeber*, *Visionär/ Galionsfigur* (außen) & *Identifikationsfigur* (innen); Dominanz ggf. kritisch (Abhängigkeit der Mitarbeiter, Wahrnehmungsdiskrepanz bei größerer Distanz & weniger Dialog), daher zunehmende Dezentralisierung der Führung (Projektleiter als direkte Ansprechpartner)
- *Organisationskultur*: Starke Projektorientierung/-identifikation mit positiven (Leistungsbereitschaft) wie negativen Aspekten (geringe Zugehörigkeit zur Gesamtorganisation & destruktives Konkurrenzdenken); iq consult ist daher bestrebt, die Projektorientierung zugunsten einer starken Gesamtorganisationskultur zu vermindern

Autonome Motivation und Anreizsysteme	Kontrollierte Motivation und Anreizsysteme
• *Autonomie* durch Verantwortung & eigenverantwortliches, selbstständiges Arbeiten (abhängig von Wichtigkeit & Budgetrelevanz der Entscheidungen); Balance zwischen Freiheit & rahmengebenden Strukturen wichtig; vollst. Projektautonomie selten • *Fall-/ situationsbezogenes Feedback*, ansonsten unregelmäßige, von Mitarbeiterinitiative abhängige & wenig strukturierte *Mitarbeitergespräche* (Mitarbeiter fordern stärkere Institutionalisierung & klarere inhaltliche Struktur); *bedarfsorientierte Trainings* auf Gesamtorganisationsebene (geringe Nutzung, Forderung nach aktiverer Rolle der Organisation), kaum pro bono-Agebote & interne Schulungen, auf Projektebene vereinzelt umfassende Weiterbildungsprogramme • *Erfahrungsaustausch* zwar erwünscht, aber zu wenig praktiziert (Mitarbeiterpartizipation herausfordernd) • *Ganzheitlichkeit* dabei *ambivalentes Thema*: Zwar grundsätzlich Interesse, jedoch potenziell überfordernd • *Transparenz* durch *interne Kommunikation als verbindendes Glied* (erfolgskritisch: keine falschen Erwartungshaltungen); Voraussetzung ist jedoch Bereitschaft der Mitarbeiter, die Informationsangebote zu nutzen • *Zugehörigkeit* durch kleine Teams & informelle Unternehmungen (Projektebene) sowie Mitarbeiterversammlungen & Teamtage (Gesamtorganisationsebene ⇨ Motivationswirkung verbesserungswürdig)	• *Festgehalt* wichtig, aber nicht prioritär; Orientierung am TVöD (Missverhältnis: Jobrisiko wie in Privatwirtschaft trotz Gehaltsabschlag) • Graduell abgestufte Gehaltsgruppen mit teaminternem relativ homogener Gehaltsstruktur (konkrete Gehaltsverteilung nicht vollständig transparent) • Homogenität (als Gleichmacherei) & intransparente Gehaltserhöhungen mit Unzufriedenheitspotenzial • *Monetäres Anreizsystem* angedacht; Anspruch: Leistung honorieren & wertschätzen; Zielbild: projektunabhängige, leistungsgerechte individuelle Boni; Herausforderung: Geringe finanzielle Spielräume • *Materielles Anreizsystem* zwar vorhanden (Urlaubstage), aber intransparente Vergabe; transparenter Überstundenabbau demgegenüber seitens der Mitarbeiter zwar gewünscht, jedoch nicht umgesetzt • Notwendige *Charakteristika eines potenziellen Anreizsystems* (Transparenz & Plausibilität der Leistungskriterien sowie Fairness/Gerechtigkeit des Verteilungsmechanismus) um etwaige negative Auswirkungen zu vermeiden bzw. zu minimieren (destruktives Konkurrenzdenken, Korrumpierungseffekt, Unvergleichbarkeit der Bemessungsgrundlage [Ziele]) • Dedizierte & kompetente Personalressourcen für Entwicklung eines effektiven Anreizsystems als notwendig erachtet
Organisationale Verhaltensmuster	Messung der gesellschaftlichen Wirkung
• *Innovationsförderndes organisationales Umfeld* (bspw. Klima des Neudenkens, Ressourcen & Personen)	• Sichtbarmachung konkreter, anekdotischer Erfolgsgeschichten ist zentraler interner Motivator

Mitarbeiter halten	*Inhaltliche Entwicklung* seitens Mitarbeiter tendenziell wichtiger als langfristige Karriereplanung | *Langfristige Bindung* auch aus Organisationssicht kein kritisches Thema (eher zu lange Verweildauer, gewisse Fluktuation erwünscht), daher mittelbare, wenig fokussierte Förderung inhaltlicher Entwicklung & keine langfristigen ‚Karrierepläne'
Mitarbeiter freistellen	*Kein Tabuthema*: Trennung zumeist dann, wenn Mitarbeiter keine Bereitschaft zur kontinuierlichen, eigenverantwortlichen Veränderung/Weiterentwicklung zeigen & daher bezüglich der Kompetenzen nicht mehr adäquat einsetzbar sind | Anspruch ist nichtsdestotrotz eine *Trennung auf Augenhöhe*

I.6   Kinderzentren Kunterbunt

I.6.1   Kurzbeschreibung der Organisation

Kinderzentren Kunterbunt (KiKu) ist eine gemeinnützige GmbH (ehemals Verein) mit Sitz in Nürnberg und Einrichtungen in mehreren Bundesländern, die 1998 von Björn Czinczoll gegründet wurde.[547] Die Organisation ist ein staatlich und kommunal anerkannter gemeinnütziger Träger von Kinderbetreuungseinrichtungen mit dem Ziel, eine echte Vereinbarkeit von Familie und Beruf zu ermöglichen. An erster Stelle steht der Dienst an der Familie, was im Leitbild zum Ausdruck kommt: „Dienstleistung kommt von dienen. Die Familie ist die erste und letzte Instanz unseres gemeinsamen Handelns."[548] Mission und gleichzeitig Wertbeitrag ist die Schaffung von Kinderbetreuungsplätzen, die auf die Bedürfnisse berufstätiger Eltern zugeschnitten sind. KiKu ist bundesweit tätig und hat sich auf die Planung und Umsetzung von eigenständigen, insb. aber betrieblichen oder betrieblich unterstützten Kinderbetreuungseinrichtungen spezialisiert. Eine Vereinbarkeit von Beruf und Familie wird durch das innovative, flexible Betreuungskonzept gefördert.[549] KiKu begreift sich dabei als Komplettanbieter, welcher alle Phasen der Wertschöpfungskette verantwortet. Dies beinhaltet die Planung und Konzeption, die Auswahl der Ausstattung, den Bau, die Vermittlung der Finanzierung bis hin zum Betrieb der Einrichtung.

Das Ertragsmodell basiert auf mehreren Säulen: Zum einen erhält KiKu als staatlich anerkannter, gemeinnütziger Träger von Kinderbetreuungseinrichtungen öffentliche Gelder, zum anderen wird die Verwaltung bzw. Holding und damit die Weiterentwicklung und das Wachstum der Organisation maßgeblich durch den sozialen Venture Capital Fonds (Sozialinvestor) BonVenture unterstützt. Die laufenden Kosten der Betreuungseinrichtungen werden darüber hinaus über die Beiträge der Eltern getragen. Ergänzt werden diese durch Spenden über den Unterstützerkreis 'Freundeskreis der KiKu-Familie'. KiKu kann damit als hybride NPO eingeordnet werden.

Die gesellschaftliche Wirkung entfaltet sich auf verschiedenen Ebenen: Zum einen werden Familien durch das zuvor erwähnte flexible Betreuungskonzept direkt unterstützt und entlastet, zum anderen werden Unternehmen durch das professionelle ‚Full-Service-Angebot' ermutigt, ihren Mitarbeitern proaktiv bedarfsgerechte Lösungen anzubieten. Zu guter Letzt ist die Überzeugung von KiKu, dass das Angebot Modellcharakter für die Zukunft der Kinderbetreuung in Deutschland hat. Die Organisation realisierte mit 1.966 betreuten Kindern und 114.340 Betreuungsstun-

---

[547] Vgl. (auch für die weiteren Ausführungen) Website von Kinderzentren Kunterbunt unter http://www.kinderzentren.de/ sowie die unternehmenseigenen Broschüren unter http://www.kinderzentren.de/broschueren-downloads-20.html (abgerufen am 01.05.2014)

[548] Leitbild von Kinderzentren Kunterbunt, abrufbar auf der Website von Kinderzentren Kunterbunt unter http://www.kinderzentren.de/broschueren-downloads-20.html (abgerufen am 01.05.2014)

[549] Dieses beinhaltet u.a. lange tägliche Öffnungszeiten, durchgehend ganzjährige Öffnung, zeitlich flexible Betreuungsangebote und arbeitsplatznahe Standorte. Weiterhin wird an allen Standorten nach einem standardisierten und durch Qualitätsmanagement überwachten Betreuungskonzept gearbeitet, mit dem Ziel, die Kinder liebevoll zu betreuen und individuell zu fördern.

den im Jahre 2010 ein durchschnittliches jährliches Wachstum von rund 33% (2008-2010), sowie eine durchschnittliche jährliche Steigerung der Mitarbeiterzahl von 44% auf 263 (2006-2010). Für den innovativen, professionellen Ansatz, den potenziellen Modellcharakter und das damit verbundene gesellschaftliche Wirkungspotenzial wurde KiKu bzw. ihr Gründer Björn Czinczoll 2006 als Social Entrepreneur der Schwab Foundation ausgezeichnet.

I.6.2   Allgemeine Situation und Status von Motivation im Führungskontext

Motivation wird im Führungskontext von KiKu als zentraler Erfolgsfaktor wahrgenommen. Dies zeigt sich sowohl in der Vision, in der die Mitarbeiter als größtes Erfolgskapital bezeichnet werden, als auch in der eigens erarbeiteten Mitarbeiterbroschüre.[550] Grundsätzlich herrscht die Überzeugung, dass Mitarbeiter nicht motiviert werden können – d.h. seitens des Mitarbeiters muss eine intrinsische Grundmotivation vorhanden sein, während es das Ziel der Organisation ist, diese zu halten und nicht zu demotivieren. Erreicht wird dies durch ein strukturiertes ‚Management' von überwiegend weichen Faktoren: So kümmern sich dedizierte Personalressourcen vor allem darum, den Mitarbeitern das Gefühl der Wertschätzung in Form von u.a. Gesprächen/Kommunikation und Fortbildungen zu vermitteln. Strikte extrinsische Anreize und Methoden wie Zielerreichung oder Boni werden als nicht wirksam und sinnlos abgelehnt.

Bezüglich der *grundlegenden Motivationsmuster* nimmt die intrinsische Motivation (Freude an sinnstiftender Tätigkeit, gefühlte Handlungswirksamkeit) eine zentrale Position ein. Weitere Motivatoren sind die von der Organisation entgegengebrachte Wertschätzung, das gute Betriebsklima sowie die Möglichkeiten eines eigenständigen Arbeitens.

I.6.3   Mitarbeiter gewinnen

Aufmerksamkeit wird vor allem durch den Aufbau einer Marke geschaffen. Eine wichtige Rolle spielt dabei das ‚Sozialunternehmen KiKu': Auch wenn die Marke primär für Kunden und Partner relevant ist, stellt der Status als Sozialunternehmen und die soziale Wirkung effektive Alleinstellungsmerkmale im Rahmen des *Recruitings* dar. Ergänzt wird dies durch die Möglichkeit einer flexiblen Arbeitszeitgestaltung (bspw. flexible Urlaubszeiten), die der Tätigkeit innewohnende Sinnstiftung sowie damit verbunden die Möglichkeit persönlicher Selbstverwirklichung.

Insgesamt hat Recruiting bei KiKu eine hohe strategische Wichtigkeit: Gerade weil aus Sicht der Organisation Motivation nicht nachträglich erhöht werden kann, ist die Sicherstellung der ‚richtigen' Motivation im Rahmen des Recruitings von zentraler Bedeutung. Zu diesem Zweck werden ausführliche Vorstellungsgespräche geführt, deren Eindrücke in der Regel dann anhand von Hospitationen und Probearbeiten überprüft und vertieft werden. Bezüglich der Zielgruppen

---

[550]   Vgl. Website von Kinderzentren Kunterbunt unter http://www.kinderzentren.de/mitarbeiter-karriere.html sowie die Mitarbeiterbroschüre unter http://www.kinderzentren.de/broschueren-downloads-20.html (abgerufen am 01.07.2012)

existiert ein geteiltes Bild: So werden im Erziehungsbereich überwiegend Absolventen von Fachschulen mittels vielfältiger Kanäle angesprochen und rekrutiert.[551] Demgegenüber sind es im Bereich der Verwaltung in den meisten Fällen Personen mit Berufserfahrung in der Privatwirtschaft und in zumeist verantwortlichen Positionen, die sich bei KiKu initiativ bewerben; eine aktive Ansprache seitens KiKu findet hier nur in seltenen Fällen statt. Grundsätzlich gilt, dass Mitarbeiter in der Verwaltung einfacher zu finden sind als Mitarbeiter im Erziehungsbereich, auch weil betriebswirtschaftlich-affine Personen die Bemühungen rund um Markenauftritt wesentlich stärker wahrnehmen. Die letztlich entscheidenden Auswahlkriterien im Rahmen des Recruitings sind neben der erwähnten (strategisch) wichtigen intrinsischen Motivation sowie einem gegebenen Team-Fit vor allem grundlegende, den Arbeitsstil betreffende Kompetenzen wie Selbstständigkeit, Verantwortungsübernahme und proaktives Handeln.

I.6.4 Mitarbeiter führen und entwickeln

Grundlegende führungsrelevante Aspekte

Der wichtigste Grundsatz im Rahmen des *Führungsverhaltens* ist ein unaufgeregtes, nüchtern-sachliches Vertreten der organisationalen Standpunkte. Überzeugt wird primär durch die Sache, ein nach außen getragenes, extrovertiertes und charismatisches Führungsverhalten liegt Björn Czinczoll eher nicht, und dezidierte ‚Motivationsveranstaltungen' gibt es nicht. Nichtsdestotrotz sieht Czinczoll sich selbst durchaus in der Rolle eines aktiven Motivators, indem er im zwischenmenschlichen, alltäglichen Kontext durch natürliche Präsenz empathisch Anteil am Leben der Mitarbeiter nimmt, den Kontakt sucht und hält und mit alldem letztlich Wertschätzung zeigt. Eine Herausforderung ist hierbei sicherlich, dass aufgrund des Organisationswachstums und den daraus folgenden Veränderungen[552] der direkte Kontakt zwischen Mitarbeitern und Gründer weniger wird, dessen Durchdringung der Mitarbeiterschaft entsprechend abnimmt und der persönliche Einfluss (auch im Motivationskontext) sinkt. Für Czinczoll stellt dies jedoch kein großes Problem dar: Solange die Motivation und der ‚Geist' des Gründers/der Organisation innerhalb der familiären Strukturen weitergetragen wird, wird der sinkende direkte Einfluss des Gründers weitestgehend aufgefangen.

Als Kern dieser Strukturen wird die familiäre *Organisationskultur* genannt (die Mitarbeiterschaft wird als ‚KiKu-Familie' bezeichnet), in der alle ein mehr oder weniger gemeinsames Verständnis sowie eine gemeinsame Richtung haben und in der man sich füreinander interessiert und Zeit nimmt, ohne dass dies aufgesetzt oder exaltiert wäre. Exemplarisch wird dies bei dem zuvor

---

[551] So werden zum einen interne Ressourcen genutzt, wie bspw. ein internes Empfehlungsprogramm, bei dem Mitarbeiter für eine erfolgreiche Empfehlung eines potenziellen Kandidaten eine Prämie bekommen; ein anderer Aspekt ist die geplante eigene Ausbildung im Erziehungsbereich. Auf der anderen Seite werden vielfältige externe Plattformen genutzt: neben Internetauftritt und Facebook-Präsenz sind dies v.a. spezifische Mitarbeiterbroschüren, Zeitungsanzeigen, Arbeitsagenturangebote sowie gezielte Ansprache von Fachakademien.

[552] Mehr Mitarbeiter, zunehmende Entstehung von Abteilungen, etc.

charakterisierten Führungsverhalten des Gründers deutlich. Durch den Familiencharakter wird die gefühlte Homogenität des Teamgefüges stark in den Vordergrund gerückt.

Autonome Motivation und Anreizsysteme

Autonomie wird als wichtig erachtet, ist Teil des Führungskonzeptes und äußert sich in der Ermöglichung eigenständiger Arbeit, inhaltlichen Gestaltungsspielraums sowie flexiblen Arbeitszeitregelungen. Die Nutzung und Realisierung von Eigenständigkeit und Autonomie ist jedoch stark abhängig vom Persönlichkeitstyp, weshalb KiKu primär Personen mit Affinität zu autonomem Arbeiten rekrutiert. Hierarchische Strukturen sind in diesem Kontext kein zwingender Widerspruch: Wird eine gewisse Struktur mit flachen Hierarchien in diesem Sinne als Voraussetzung für effektives (autonomes) Arbeiten angesehen, werden zu steile Hierarchien allerdings als demotivierend eingeschätzt. Die Grundlage für ein *positives Kompetenzerleben* mittels Kongruenz zwischen Kompetenzen und Anforderungen bilden ein klar abgestecktes Aufgabenfeld sowie ein klares Erwartungsmanagement. Für die gezielte Herstellung von Kongruenz sorgen in der Folge zum einen Rückmeldungsmechanismen bezüglich der Person und Tätigkeit. In diesem Sinne stellt, neben der aus der Tätigkeit erwachsenden intrinsischen Motivation, Wertschätzung den wichtigsten Motivator und zentralen Erfolgsfaktor dar: Angestrebt wird eine umfassende Wertschätzung für Person und Arbeit, indem neben dem Gründer eigens dafür abgestellte Personalressourcen mit den Mitarbeitern Kontakt halten, Gespräche führen, ein offenes Ohr haben und Fortbildungen planen. Eine weitere Form von Wertschätzung ist es, Erfolge und Meilensteine gemeinsam im Team zu zelebrieren.[553] Feedback als zweiter, sachlicher Rückmeldungsmechanismus wird mittels Feedbackschleifen zwischen Vorgesetzten und Mitarbeitern sowie Mitarbeiterfragebögen realisiert. Inhaltlich liegt der Fokus auf informativem, konstruktivem Feedback mit dem Ziel der Weiterentwicklung. Mitarbeiterbewertungen gibt es bis dato nicht. Zum anderen sorgen Trainings und Weiterbildungen für einen unmittelbaren Kompetenzaufbau. Diese umfassen bei KiKu die Supervision von Teams, Erfahrungs- und Informationsaustausch[554] sowie Schulungsangebote mit primär fachlicher Kompetenzbildung[555]. Ziel ist es, sowohl die individuelle Leistung als auch die Zusammenarbeit der Teams zu verbessern. Ein weiterer Einflussfaktor ist hierbei ein effektives Arbeitsumfeld mit einer guten technischen Ausrüstung sowie mit Unterstützung des Sekretariats.

Zielvereinbarungen wiederum werden bei KiKu primär als Führungs- und Steuerungsinstrument genutzt, wohingegen eine Verzielung[556] nicht stattfindet, da dies aus Sicht des Gründers (wenn überhaupt) demotivierend wirkt. Aufgrund der fehlenden Konsequenzen wurden Zielvereinbarungen zwischenzeitlich schon einmal komplett abgeschafft; vonseiten der Mitarbeiter wurde

---

[553] Zusätzlich wird dadurch zum einen der sinnstiftende Aspekt sowie zum anderen – über die Sichtbarkeit der Wirkung – auch die Handlungswirksamkeit der Organisation, des Teams sowie des Einzelnen konkret deutlich.
[554] Bspw. auf Leitungstreffen oder sonstigen Veranstaltungen.
[555] Hier gibt es sowohl Führungstrainings als auch eher operative Themen wie Sicherheitsschulungen, Hygieneveranstaltungen, Schulungen zur Servicequalität, etc.
[556] Verknüpfung der Zielerreichung mit Prämien oder Sanktionen irgendwelcher Art.

jedoch in der Folge ausdrücklich gewünscht, diese als handlungsleitendes und rahmengebendes Führungsinstrument beizubehalten.

Grundsätzlich wird von Mitarbeitern erwartet, sich im Sinne von *Ganzheitlichkeit und Bedeutsamkeit* nicht ausschließlich auf die eigene Aufgabe zu konzentrieren, sondern relevante Anknüpfungspunkte zu angrenzenden Tätigkeiten sowie die Wichtigkeit der eigenen Tätigkeit im Gesamtkontext zu erfassen. Ermöglicht und unterstützt wird dies durch eine schlüssige, nachvollziehbare Wirkungskette, welche das Gesamtziel in Einzelschritte inkl. Verantwortlichkeiten herunterbricht.

Das Gefühl von *Zugehörigkeit* ist zum einen inhärenter Bestandteil der familiären Organisationskultur, in der ein gutes Betriebsklima großgeschrieben wird. Zusätzlich wird es jedoch durch eine Reihe von Teamveranstaltungen gefördert.[557]

Kontrollierte Motivation und Anreizsysteme

Da alle Mitarbeiter von KiKu festangestellt sind, ist die Zahlung eines *Festgehalts* zunächst einmal selbstverständlich. Im Vergleich zu Faktoren wie der intrinsischen Motivation, dem sinnstiftenden Charakter der Arbeit oder dem allgemeinen Betriebsklima spielt das Festgehalt jedoch keine dominante Rolle. Das heißt jedoch nicht, dass Gehalt nicht wichtig wäre: So muss das Gesamtpaket stimmen, welches eine als gerecht und vernünftig wahrgenommene Bezahlung beinhaltet. Im Rahmen von KiKu heißt dies, dass grundsätzlich nach TVöD[558] bezahlt wird, was insb. im Erziehungsbereich Geltung hat. Dies ist die Grenze, welche von den Mitarbeitern als gerecht und vernünftig akzeptiert wird: Während eine weitere Erhöhung die Motivation nach Einschätzung des Gründers nicht signifikant erhöhen würde, wäre eine untertarifliche Bezahlung demotivierend. Über all dem steht die Herausforderung, das Spannungsverhältnis zwischen Wunsch und Wirklichkeit, Wollen und Können auszubalancieren.[559] Es gilt also pragmatisch vorzugehen, gleichzeitig jedoch alternative, kreative Lösungsansätze zu finden. Ein Beispiel hierfür ist die Besetzung der Position eines kaufmännischen Geschäftsführers, welcher für das organisatorische Wachstum zwar zwingend notwendig, finanziell aber nicht zu leisten war: Die Lösung war eine zweckgebundene Finanzierung durh eine Stiftung.

Monetäre Anreize werden bei KiKu nur eingeschränkt genutzt. So gibt es Boni nur in der Verwaltung, und die Höhe ist eher symbolisch und marginal im Vergleich zum Festgehalt. Der Schwerpunkt des Bonussystems liegt dabei auf dem Leitungspersonal, womit der Bonus primär an (Führungs-)Verantwortung gekoppelt ist.[560] Im Erziehungsbereich stellt sich die Situation jedoch gänzlich anders dar als in der BWL- und Bonus-affinen Verwaltung: hier werden Boni von den

---

[557] Bspw. Teamfindungsmodelle, Teamtage, Weihnachts-/Betriebsausflüge, Firmenlauf oder gemeinsame Feiern.
[558] Tarifvertrag für den Öffentlichen Dienst.
[559] So kann es bspw. zwar sinnvoll und gewünscht sein, die Verwaltungskapazitäten zwecks einer regionalen Ausdehnung der Tätigkeiten auszubauen, trotzdem muss hierzu erst einmal die Finanzierung gewährleistet sein.
[560] Konkret macht sich der Bonus der Abteilungs- oder Projektleiter an Budgets oder konkreten Projektzielen fest; zum anderen erhalten alle Schlüsselfiguren einen kleinen, an das Unternehmensergebnis gekoppelten Bonus.

meisten nicht verstanden und haben potenziell negative Auswirkungen (bspw. Gefühl der Un-gleichbehandlung oder Neid). Aus diesem Grund wird in den Einrichtungen beim Fachpersonal gänzlich auf monetäre Leistungsanreize verzichtet. Monetäre Leistungsanreize werden somit als ambivalent eingeschätzt und signifikante Auswirkungen auf die Leistung im Grundsatz zumindest angezweifelt. Daher werden diese letztlich in solch geringem Umfang und Ausmaß eingesetzt.

Messung der gesellschaftlichen Wirkung

Die Messung der gesellschaftlichen Wirkung ist für Mitarbeitermotivation ein höchst wichtiges und relevantes Thema, da auf diesem Wege Ergebnisse, Erfolge und letztlich Handlungswirk-samkeit sichtbar werden. Ermöglicht wird dies durch eine Wirkungskette, anhand derer die zent-ralen strategischen Ziele[561] operationalisiert, d.h. in Einzelschritte und Verantwortlichkeiten heruntergebrochen werden. Hinsichtlich der Motivationswirkung noch wichtiger sind allerdings die individuellen, anekdotischen Erfolgsgeschichten, anhand derer für die Mitarbeiter konkret fühlbar wird, wie sie als Teil der Organisation zum gesellschaftlichen Wandel beitragen. Die Stärke dieser Erfolgsgeschichten liegt darin, dass sie eben nicht standardisierbar sind, sondern die spezifischen Wirkungserfolge widerspiegeln, was echte Identifikation erzeugt.

I.6.5   Mitarbeiter halten

Langfristige Bindung hat für KiKu aus Organisationsperspektive oberste Priorität. Gerade kurz nach der Einstellung ist die Fluktuation daher vergleichsweise hoch, und potenzielle Mitarbeiter mit einer (offenkundig) mittelfristigen Perspektive werden gar nicht erst eingestellt. Demgegen-über ist die Organisation bestrebt, die Übrigen so lange wie möglich zu halten. Die Wichtigkeit von Beständigkeit des Personals gilt dabei sowohl für das Fachpersonal in den Einrichtungen als auch für das Verwaltungspersonal. Während bei ersteren vor allem die Konstanz der Teams von zentraler Bedeutung ist, ist es bei Letzteren das spezifische Wissen und der Erfahrungsschatz der Kräfte (insb. im Bereich Projektleitung und Qualitätsmanagement), die in dieser Form am Perso-nalmarkt nicht erhältlich sind. Hinsichtlich möglicher Entwicklungspfade gibt es einerseits den inhaltlichen Fokus (Aneignung von Wissen und Fähigkeiten sowie neue Herausforderungen und Aufgaben in neuen Bereichen), zum anderen ist auch ein ‚klassischer' Aufstieg möglich.[562]

I.6.6   Mitarbeiter freistellen und vermitteln

Die Freistellung von Mitarbeitern ist bei KiKu kein Tabu, sondern ein vergleichsweise ‚normales' Personalführungsinstrument, von dem in verschiedenen Situationen Gebrauch gemacht wird: Diese reichen von den schon erwähnten Hospitations- und Probephasen, in denen vor einer

---

[561] In diesem Kontext werden eine Reihe von gesamtorganisatorischen, quantitativen und überwiegend desktiptiven
       Wachstumsgrößen gemessen (bspw. eröffnete Einrichtungen, geschaffene Kita-Plätze, Umsatzwachstum).
[562] Beispiele wären der Aufstieg innerhalb einer Kita in eine Leitungsposition oder auch der Wechsel von einer
       Einrichtung in die Verwaltung der Hauptorganisation.

Festanstellung nochmals selektiert wird, bis hin zu Unstimmigkeiten innerhalb eines Teams, wo zur Wahrung des Betriebsklimas und Funktionieren des Teams im Ernstfall eine Freistellung der ursächlichen Person(en) erfolgt.

I.6.7 Übersicht Kinderzentren Kunterbunt

Status Quo & Kontext	Mitarbeiter als größtes Erfolgskapital | Ziel: Vorhandene (intrinsische) *Motivation halten bzw. nicht demotivieren* | *Strukturierte Herangehensweise.* Wertschätzung durch dedizierte Personalressourcen | Extrinsische Anreize abgelehnt | *Motivationsmuster:* Intrinsische Motivation, Wertschätzung, Betriebsklima sowie Autonomie
Mitarbeiter gewinnen	*Strukturierter, professionalisierter Recruitingansatz* | Dedizierte Personalabteilung, ausführliche Vorstellungsgespräche & Hospitationen | Vielfältige & diversifizierte, zielgruppenabhängige Recruitingkanäle | Insb. im Verwaltungsbereich *Nachfrageüberhang* | *Zentrale Auswahlkriterien:* ‚richtige' Motivation & ‚passende' Persönlichkeit
Mitarbeiter führen & entwickeln	**Grundlegende führungsrelevante Aspekte** • *Gründer zentrale Persönlichkeit* mit nüchtern-sachlichem, unaufgeregtem Führungsstil sowie *Wertschätzung* im persönlichen Umgang; sinkender direkter Einfluss des Gründers aufgrund familiärer Strukturen unproblematisch • *Organisationskultur* sehr familiär, eng & gefühlt homogen (‚KiKu-Familie') **Autonome Motivation und Anreizsysteme** • *Autonomie* durch eigenständige Arbeit sowie flexible Arbeitszeitregelungen; flache Hierarchien wichtig für effektives Arbeiten, zu viel Hierarchie demotivierend • *Sinnhaftigkeit/Handlungswirksamkeit* durch Zelebrieren von Erfolgen/Meilensteinen • *Kompetenzerleben: Wertschätzendes Führungsverhalten;* regelmäßige informativ-konstruktive, lernorientierte *Feedbackgespräche,* klares *Erwartungsmanagement; keine Bewertungen;* umfassende *Trainings;* effektives *Arbeitsumfeld* • *Zielvereinbarungen* nicht zur Kontrolle, sondern als rahmengebendes Führungsinstrument genutzt • *Ganzheitlichkeit & Bedeutsamkeit* durch schlüssige, nachvollziehbare Wirkungskette • *Zugehörigkeit* mittels familiärer Kultur & Teamevents **Kontrollierte Motivation und Anreizsysteme** • *Festgehalt* ist wichtig, aber nicht prioritär • Bestimmtes Niveau (‚Schmerzgrenze' = tarifliche Bezahlung) darf nicht unterschritten werden • *Alternative Finanzierungskonzepte* für hochdotierte Positionen, um internes Teamgefüge nicht zu belasten • *Monetäre Anreize* eher kritisch gesehen, daher nur eingeschränkte Nutzung (Höhe symbolisch, Beschränkung auf Verwaltung/Leitungspersonal) **Messung der gesellschaftlichen Wirkung** • *Quantitative Wachstumsgrößen* in *Wirkungskette* verknüpft (individuelle Handlungswirksamkeit & Bedeutung) • *Anekdotische Erfolgsgeschichten* jedoch mit noch größerer Motivationswirkung
Mitarbeiter halten	*Langfristige Bindung* ist erfolgskritischer Faktor (Team-Konstanz & Erhalt von Wissen/Erfahrung) | Konkrete Entwicklungsoptionen für Mitarbeiter: Inhaltliche Entwicklung & ‚klassische' Karriere bzw.. Aufstieg
Mitarbeiter freistellen	Kein Tabu, sondern vergleichsweise ‚normales' Personalführungsinstrument

I.7 streetfootballworld

I.7.1 Kurzbeschreibung der Organisation

streetfootballworld (sfw) ist eine gemeinnützige GmbH (gGmbH) mit Sitz in Berlin und regionalen Büros in Cape Town, Rio de Janeiro und New York. Sie wurde von Jürgen Griesbeck im Jahre 2002 als Projekt der Stiftung Jugendfußball, in 2004 als eigenständige gGmbH gegründet.[563] Sie hat die Vision, dass Fußball die Kraft hat, Leben zu verändern und Menschen hinter einem

---

[563] Vgl. (auch für die weiteren Ausführungen) Website von sfw unter http://www.streetfootballworld.org/ (abgerufen am 01.05.2014)

gemeinsamen Ziel zu vereinen. Darauf aufbauend ist die Mission, das weltweite Netzwerk von lokalen Organisationen zu stärken, welche jungen Menschen helfen, Benachteiligungen wie Armut, Diskriminierung oder fehlende Bildung zu überwinden. Der zentrale Wertbeitrag ist daher, effektive Entwicklung und sozialen Wandel durch Fußball zu ermöglichen. Kern ist dabei die Etablierung eines Netzwerks von aktuell rund 100 Organisationen in über 60 Ländern, die auf verschiedenste Weise das Thema Fußball nutzen, um die Situation junger Menschen zu verbessern und durch sfw auf vielfältige Weise gefördert werden.[564] Eine zentrale Rolle spielen dabei die Partner[565], welche durch sfw mit den passenden Netzwerkorganisationen (zumeist im Rahmen von Projekten) zusammengebracht werden und diese sowohl finanziell als auch mit Expertise, Wissen und sonstigen Ressourcen unterstützen.

Das Ertragsmodell ist primär projektgebunden, d.h. Einnahmen werden im Rahmen der in der Regel zeitlich begrenzten Projekte generiert.[566] Die daraus resultierende Volatilität ist eine große Herausforderung, weshalb eine nachhaltigere, flexiblere Finanzierungsstruktur für die Zukunft angestrebt wird. Insgesamt kann sfw als hybride NPO eingeordnet werden.

Die effektive und globale Wirkung sowie das innovative Konzept wurden in der Vergangenheit mehrfach ausgezeichnet.[567] Darüber hinaus ist sfw bzw. Jürgen Griesbeck sowohl Ashoka Fellow wie auch Social Entrepreneur der Schwab Foundation.

I.7.2   Allgemeine Situation und Status von Motivation im Führungskontext

Die Mitarbeiter gelten als wichtigste Ressource, und dementsprechend wird Mitarbeitermotivation als aktive Führungsaufgabe angesehen. Zeichen hierfür ist die Bereitstellung dedizierter Ressourcen für Personal und dessen Entwicklung. Trotzdem war der Motivationsansatz bei sfw in der ersten Phase der Organisationsentwicklung eher intuitiv und wenig strukturiert. Allerdings wurden schon früh Elemente eingeführt, die heute noch (in ggf. leicht abgewandelter oder weiterentwickelter Form) ihren Platz haben.[568] An einem umfassenden strategischen Ansatz zur Mitarbeitermotivation mit standardisierten Prozessen fehlt es bis dato allerdings noch immer, und auch budgetär hat es bei weitem keine Priorität.

Im Rahmen der *grundlegenden Motivationsmuster* stellt die intrinsische Motivation einen zentralen Faktor dar. Diese erwächst aus der wahrnehmbaren gesellschaftlichen Veränderung und individu-

---

[564] Dies geschieht durch Capacity Development Programme, den Zugang zu neuen Finanzierungsmöglichkeiten, Erfahrungs- und Wissensaustausch sowie Unterstützung zur Realisierung neuer Partnerschaften.

[565] U.a. Konzerne und Sportinstitutionen (z.B. adidas, Sony, FIFA, UEFA), öffentliche Institutionen/Behörden (z.B. EU, Bundesministerium für wirtschaftliche Zusammenarbeit und Entwicklung) und Stiftungen (z.B. AVINA Stiftung, Stiftung Jugendfußball).

[566] Bestehend aus sowohl öffentlichen Förderungsgeldern als auch der finanziellen Unterstützung seitens der Partnerorganisationen und Stiftungen.

[567] U.a. mit dem FIFA Fair Play Award sowie dem UEFA Monaco Charity Award.

[568] So wurden die zuvor intuitiv genutzten Elemente sukzessive strukturiert, weiterentwickelt und um neue Instrumente erweitert, womit letztlich eine Professionalisierung des Gesamtansatzes realisiert werden konnte.

ellen Handlungswirksamkeit, der Identifikation mit Mission und Themenfeld der Organisation sowie einer als sinnstiftend empfundenen Tätigkeit. Weitere Motivatoren beziehen sich auf die Tätigkeit und deren Umfeld sowie organisationsbezogene Charakteristika.[569]

I.7.3 Mitarbeiter gewinnen

sfw hat im Kontext des *Recruiting* die vergleichsweise komfortable strategische Position eines Nachfrageüberhangs: Zum einen strebt sfw nicht möglichst viele, sondern vielmehr einen Fokus auf die richtigen, qualifizierten Bewerbungen an[570], zum anderen besetzt sfw eine vergleichsweise kleine inhaltliche Nische (Entwicklung durch Sport/Fußball), in der es nach Selbsteinschätzung national und international nur wenige Organisationen mit vergleichbarem Standing und Professionalitätsgrad gibt. Im Rahmen der Kontaktaufnahme spielen das organisationale Netzwerk sowie das persönliche und geschäftliche Netzwerk des Gründers und der von ihm beeinflusste Personenkreis eine herausragende Rolle.[571] Weiterhin spielen die eigene Website, einige wenige ausgesuchte externe Websites/Portale (vorzugsweise mit direktem Bezug zum Tätigkeitsfeld Entwicklung durch Sport) sowie Konferenzen eine Rolle.[572] Resultat ist eine Mischung aus konkreten Bewerbungen auf inserierte Stellen sowie Initiativbewerbungen. Dabei hält sich die Anzahl der Initiativbewerbungen in Grenzen, was jedoch im Rahmen des fokussierten und ressourcenschonenden Recruiting-Ansatzes gewünscht ist.[573] Insgesamt konzentriert sich sfw ohnehin auf möglichst kostengünstige Kanäle, kostenintensivere Optionen wie bspw. breit gestreute Stellenanzeigen in Fachzeitschriften und Printmedien werden nur in absoluten Ausnahmefällen genutzt.[574] Alleinstellungsmerkmale bzw. relevante Erfolgsfaktoren im Recruiting sind zunächst die im Kontext der grundlegenden Motivationsmuster genannten Aspekte, wobei Gründercharisma,

---

[569] Tätigkeit/Umfeld: Internationalität der Organisation, dynamisches Umfeld, Möglichkeiten der Partizipation und nicht zuletzt hohe individuelle Freiheitsgrade im Tätigkeitsbereich; organisationsbezogene Charakteristika: Ein (professionell) gutes und (persönlich) angenehmes Team, Markenbekanntheit und Reputation, das Konzept Social Entrepreneurship mit Professionalitätsanspruch, Gründercharisma und Leadership-Qualitäten der Führungskräfte sowie die Möglichkeit einer persönlichen (beruflichen) Weiterentwicklung.

[570] So will die Organisation mittel- bis langfristig eher über die Netzwerkorganisation wachsen und die Kernorganisation ab einer bestimmten Größe (bezüglich der Mitarbeiterzahl) konstant halten.

[571] Vorteilhaft ist hierbei, statt einer Bewerbungsflut mit hoher Qualitätsstreuung eine fokussierte, ,vorselektierte' Auswahl an qualifizierten Kandidaten vermittelt zu bekommen. Im besten Fall entsteht eine Dynamik, durch welche gute Leute wiederum gute Leute anziehen, und so nachhaltig die Recruitingqualität sichergestellt werden
' kann. Grundsätzlich sind Netzwerke vor allem maßgeblich bei Stellen, die innerhalb des Kerngeschäfts von sfw liegen und damit zu der potenziellen ,Netzwerkausbeute' passen. Während sfw hier von einer Affinität zum Social Entrepreneurship-Sektor ausgehen und seine Stärken bezüglich Markenbekanntheit und Reputation ausspielen kann, gilt dies weniger für Stellen, in denen spezifische, eher in der Privatwirtschaft vorkommende Expertise gefragt sind, bspw. spezialisierte Fachkräfte (IT-Gründer) oder Personen mit dezidiertem Wirtschaftshintergrund (ehemalige Berater oder BWL-/MBA-Absolventen). In diesem Kontext könnten mittel- bis langfristig Headhunter-Agenturen eine wichtige Rolle spielen, die solche Zielgruppen im Portfolio haben und diejenigen mit einer sozialen Motivation/Neigung herausfiltern und ansprechen können.

[572] Auf diesen Kanälen wird sfw als Organisation präsentiert und eventuelle Stellenangebote veröffentlicht (Konferenzen ausgenommen). Stellenangebote werden außerdem über die Arbeitsagentur inseriert.

[573] So werden Angebote, kostenlos auf gängigen/großen Job-Portalen zu inserieren, nicht genutzt, weil die überaus breite Zielgruppe eine erwartbar (zu) große und nicht handhabbare Anzahl an Bewerbungen bedeuten würde.

[574] Ausnahmen sind bspw. die Besetzung von Senior Management-Positionen.

Marke, mittel- bis langfristigen Perspektiven sowie gesellschaftliche Mission[575] besonders hervorzuheben sind. Der Auswahlprozess schließlich ist bei sfw vergleichsweise systematisch und strukturiert.[576] Als Auswahlkriterien werden insb. Persönlichkeit, Team-Fit und intrinsische Motivation für wichtig erachtet.[577]

I.7.4   Mitarbeiter führen und entwickeln

Grundlegende führungsrelevante Aspekte

Das *Unternehmensleitbild* von sfw wurde in einem langen Prozess in enger Abstimmung mit den einzelnen Fachbereichen entwickelt. Aus diesem Grund werden das Unternehmensleitbild und dessen Akzeptanz seitens der Mitarbeiter mehr oder weniger vorausgesetzt. Dennoch gibt es, insb. auf globaler Ebene, immer wieder unterschiedliche Meinungen und Diskussionsbedarf bezüglich der detaillierten Auslegung und den konkret zu setzenden Akzenten, was in der Praxis durchaus zu Reibungen führen kann.[578]

Führungsverhalten und Leadership-Qualitäten des Führungsteams werden als ein wichtiger Motivator bezeichnet. Bei sfw gilt dies insb. für den Gründer Jürgen Griesbeck, der aufgrund seiner Art und seines Charismas einen entscheidenden Bezugspunkt sowie ein Rollenvorbild darstellt.[579] War er anfangs für die Mehrheit der Mitarbeiter noch alltäglich präsent, ist dies nach Verlagerung seines Arbeitsplatzes in die USA aufgrund der räumlichen Distanz nicht mehr gegeben. Auch wenn er daher – insb. für die neu eingestellten Mitarbeiter – nicht mehr in dem Maße die zentrale, integrierende Schlüsselfigur sein kann, wird der dadurch angestoßene Prozess auch als positive Entwicklung und Chance angesehen: Zum einen ist er noch immer virtuell präsent und erreichbar sowie auf inhaltlicher Ebene eng mit den Mitarbeitern verbunden, und der ,Geist', für den er und die Organisation stehen, ist in der Organisationskultur spürbar. Zum anderen findet damit eine Entkopplung der Organisation vom Gründer statt, die im Rahmen einer gesunden Organisationsentwicklung den notwendigen nächsten Schritt einläutet und dafür sorgt, dass sich die Last nicht nur auf eine Person konzentriert, sondern auf mehrere verteilt.

---

[575] Während die Existenz der gesellschaftlichen Mission (,Etwas Gutes tun') durchaus wichtig ist, stellt der letztliche Erfolg, d.h. der Erfüllungsgrad der gesellschaftlichen Mission, nach Einschätzung von Lübbering zumindest für die Masse kein relevantes Unterscheidungskriterium im Recruiting dar.

[576] So gibt es einen Bewertungsbogen, der anhand gewichteter Kriterien den Auswahlprozess objektivieren soll. Für das Gespräch selbst gibt es zwar keinen wirklichen Leitfaden, aber doch einige von der Personalabteilung zusammengestellte Hinweise und Tipps. Darüber hinaus versucht die Personalabteilung bei den Gesprächen präsent zu sein oder auch durch telefonische Vorabinterviews eine Vorauswahl zu treffen.

[577] Um ersteres einschätzen zu können, ist es notwendig, sich nicht nur auf den ersten, intuitiven Eindruck zu verlassen, sondern in den Bewerbungsgesprächen die Persönlichkeit – Auftreten, zwischenmenschliches Verhalten, Werteverständnis, etc. – möglichst umfänglich zu ergründen. Auch wenn diesbezüglich schon erste Ansätze im Bewertungsbogen vorhanden sind, kann der Umgang mit diesem Thema noch systematisiert werden.

[578] Dieses Detailverständnis ist letztlich deshalb so wichtig, weil das Unternehmensleitbild die Strategieentwicklung und Schwerpunktsetzung der Gesamtorganisation maßgeblich beeinflusst.

[579] Konkret wird der Gründer als charismatischer und visionärer Leader beschrieben, der durch sein Handeln unternehmerisches Denken, Innovation, Mission und Prinzipien vereint. Das aktive Vorleben von Arbeitsweise und Engagement sowie seine Präsenz machen ihn dabei zu einem Role Model (Leitbild mit Vorbildfunktion).

Autonome Motivation und Anreizsysteme

Autonomie wird als ein wichtiger Motivator wahrgenommen und begünstigt durch eine offene Herangehensweise und informelle Zusammenarbeit, im Rahmen derer eigene Ideen willkommen sind sowie spontan und ohne festgelegte, formale Wege angestoßen werden können. All dies wird zwar auch aktiv unterstützt und ermuntert, letztlich wird von den Mitarbeitern aber Eigeninitiative erwartet.[580] Konkret äußert sich Autonomie am deutlichsten in dem zentralen Grundsatz, dass jeder Mitarbeiter für einen eigenen Bereich zuständig sein sollte, in dem er die inhaltliche Verantwortung trägt und Entscheidungsgewalt innehat und in diesem Sinne weitgehend eigenverantwortlich und selbstbestimmt agieren kann. Nichtsdestotrotz hat Autonomie auch Grenzen: So hängt das konkrete Maß zum einen von der Wichtigkeit der betreffenden Entscheidungen ab[581], zum anderen sollen Strukturen und Prozesse, insb. die Definition von Verantwortungsbereichen und Entscheidungskompetenzen, sukzessive stärker formalisiert werden. Letzteres ist notwendig, um einen stabilisierenden Rahmen für die autonome Entfaltung der Mitarbeiter etablieren und trotz wachsender, dezentraler Strukturen eine effektive Arbeit ermöglichen zu können.

Anforderungsvielfalt entsteht bei sfw zunächst aus der Tätigkeit selbst und deren potenziellen Möglichkeiten, welche wegen der inhaltlichen Offenheit des Geschäftsmodells sowie der Internationalität vergleichsweise zahlreich sind. Dies soll zukünftig noch gesteigert werden, indem interne oder externe temporäre Rotationsmöglichkeiten angeboten werden. Eine systematische Zuordnung von Aufgaben und Tätigkeiten als Grundlage eines *positiven Kompetenzerlebens* gibt es bei sfw nicht, vielmehr ist diese weitgehend situativ und gelegenheitsorientiert. Allerdings wird die Notwendigkeit eines systematischeren Ansatzes gesehen und daher geplant, Themen wie individuelle Stärken und Schwächen, Entwicklungsbedarfe und Perspektiven, Qualifikationen und Interessen zukünftig auf Basis einer Potenzialanalyse systematischer in den Mitarbeitergesprächen aufzuarbeiten.[582] Ein weiterer Faktor für positives Kompetenzerleben sind Rückmeldungsmechanismen bezüglich der Tätigkeit. Dies geschieht bei sfw durch Lob und Anerkennung von Mitarbeitern bei positiven Leistungen (bspw. auf persönlicher Ebene, in Meetings oder auch durch eine Erwähnung im Newsletter). Des Weiteren wird angestrebt, Teamerfolge nicht als selbstverständlich hinzunehmen, sondern diese angemessen zu würdigen und zu feiern. Während die vorherigen Aspekte eher situativ und unregelmäßig zum Einsatz kommen, bildet der Feedbackprozess den strukturierten und sachlich fundierten Part der Rückmeldungsmechanismen. Den Kern bilden dabei halbjährliche Mitarbeitergespräche, welche ein Abstecken des Verantwortungsbereichs, das

---

580 Überhaupt spielen Eigenverantwortung und möglichst hohe Freiheitsgrade eine große Rolle bei sfw. Beispiele sind die unbürokratische Möglichkeit von Homeoffice-Tagen, der flexible und eigenverantwortliche Umgang mit Arbeitszeiten sowie das Fehlen einer zentralen Prüfung und Genehmigung von Urlaub.

581 So ist die inhaltliche Autonomie vor allem dann begrenzt, wenn Entscheidungen signifikante Budget- oder strategische Relevanz haben (Existenz formaler Genehmigungsprozesse durch Vorgesetzten/Leitungsrunde).

582 Kritisch ist hierbei eine effektive Unterstützung durch Personalabteilung/Geschäftsleitung, um das Thema systematisch begleiten und nachhalten zu können, da nicht nachgehaltene oder eingelöste Vereinbarungen aufgrund der zuvor geweckten Erwartungen auf Mitarbeiterseite Frustration bewirken können.

Treffen und Nachhalten von Zielvereinbarungen, eine Reflexion der allgemeinen Situation und Stimmung sowie die sporadische Ermittlung von Stärken, Schwächen und Entwicklungspotenzialen zum Inhalt haben. Auch wenn das Nachhalten der Ziele eine gewisse bewertende Dimension hat, liegt der Schwerpunkt doch immer auf einem konstruktiven, lösungs- und handlungsorientierten Diskurs.[583] Ein kritischer Erfolgsfaktor ist es weiterhin, Feedback in beide Richtungen zuzulassen und zu ermuntern[584], wobei es letztlich mehr bedarf als der ausschließlichen Sammlung von Mitarbeiter-Feedback[585]. Im Kontext von Trainings und Weiterbildungen zur Kompetenzförderung hat sfw nicht das Ziel, ein ‚one-size-fits-all'-Modell zu etablieren, bei dem die gleichen standardisierten Weiterbildungsangebote systematisch und verpflichtend für alle Mitarbeiter gelten. Vielmehr wird ein individuelles, bedarfs- und nachfrageorientiertes Modell angestrebt, in dem die Organisation zwar den Rahmen der möglichen und unterstützungswerten Instrumente absteckt, jedoch die Anfragen und Anregungen der Mitarbeiter aufgreift und diesen letztlich die Wahl lässt, welche Instrumente sie in Anspruch nehmen oder nicht.[586] Diese Wahlfreiheit stellt sowohl Privileg als auch Verpflichtung zur Eigeninitiative und Eigenverantwortung dar. Die konkrete Umsetzung von Trainings- und Weiterbildungsangeboten erfolgt über die Nutzung verfügbarer pro bono-Angebote im Rahmen des organisationalen Netzwerks, welche zwar kostengünstig, aber oftmals schwierig mit den inhaltlichen Bedarfen abzustimmen sind sowie wenig Gestaltungsspielraum erlauben. Nichtsdestotrotz sollen solche Angebote zukünftig verstärkt genutzt werden. Als weitere Möglichkeit werden bedarfsorientierte interne Schulungen von Mitarbeitern für Mitarbeiter genannt; hier gilt es, auf vorhandenen Austauschmechanismen aufzubauen und diese stärker zu systematisieren. Ohnehin spielt ein interner Erfahrungs-, Informations- und Wissensaustausch eine wichtige Rolle: Neben der Möglichkeit, in den wöchentlichen Gesamtteamrunden offene inhaltliche Punkte, Unterstützungsbedarfe und Ähnliches zu diskutieren, findet Weiterbildung im Rahmen von öffentlichen Veranstaltungen statt, welche Möglichkeiten und Plattformen bieten, über den eigenen Tellerrand hinauszuschauen und neue Themen kennenzulernen und zu diskutieren.

Grundlage für *Zielvereinbarungen* bilden die übergeordneten, strategischen Organisationsziele, welche in einem aufwendigen Prozess gemeinsam mit den Abteilungen auf einzelne Umsetzungsmaßnahmen mit konkreten Zielsetzungen heruntergebrochen wurden. Diese werden nun in einem andauernden Prozess nachgehalten, ggf. aktualisiert und wiederum mit den übergeordne-

---

[583] So werden etwaige Soll-Ist-Abweichungen analysiert, um diese korrigieren bzw. zukünftig verhindern zu können. Eine Erfolgsmessung mit Konsequenzen gibt es auf individueller Mitarbeiterebene daher folgerichtig nicht.

[584] Feedback der Mitarbeiter gegenüber dem Vorgesetzten und der Organisation als Ganzes. Ein hierfür angewandtes Instrument ist das Team-Barometer, das regelmäßig das allgemeine Stimmungsbild erfragt.

[585] So schafft der aktive Einbezug von Mitarbeitern Erwartungshaltungen, die bei Nichterfüllung zu großer Frustration führen können. Daher ist es von allergrößter Wichtigkeit, zum einen alle abgefragten Bedarfe und Rückmeldungen konsequent und umfassend aufzugreifen sowie zum anderen keine falschen Erwartungen zu wecken.

[586] Konkret thematisiert wurden oder werden bspw. der Bildungsurlaub sowie Inhalte im Bereich der Persönlichkeitsentwicklung (persönliche Fähigkeiten, Projektmanagement, Präsentation, Gesprächsführung, etc.).

ten Organisationszielen abgeglichen.[587] Letztlich sollen die Zielsetzungen als Planungsinstrument den einzelnen Abteilungen ermöglichen, die verfügbaren Personalressourcen effizient zur Erfüllung der übergeordneten Ziele einsetzen zu können: Um dies zu gewährleisten, müssen die bereichs- und projektbezogenen Zielsetzungen in individuelle Zielvereinbarungen übersetzt werden.[588] Diese individuellen Zielvereinbarungen haben zwei Funktionen: Zum einen die zuvor beschriebene Planungs- und Steuerungsfunktion durch eine Operationalisierung der übergeordneten Ziele, zum anderen eine handlungsleitende Orientierungsfunktion. Letztere soll den Mitarbeitern einen Rahmen geben und Orientierung bieten, sodass dieser innerhalb seines abgesteckten Bereichs die erforderlichen Aufgaben möglichst eigenverantwortlich umsetzen kann.[589]

Ganzheitlichkeit und Bedeutsamkeit ist ein kritisches Thema, da aufgrund des immer spezialisierteren und dezentralisierteren Teams ein Kontakt mit dem Netzwerk nicht mehr allgemein und kontinuierlich möglich ist.[590] Zukünftig ist daher geplant, die Netzwerkarbeit für alle greifbar zu machen. Erreicht werden soll dies zum einen durch sogenannte ‚Field Visits‘, im Rahmen derer Mitarbeiter die Chance bekommen, die Arbeit von Netzwerkorganisationen vor Ort zu besichtigen und damit die gesellschaftliche Wirkung von sfw unmittelbar zu erfahren. Des Weiteren üben die schon zuvor erwähnten Job-Rotationen, der Informationsaustausch auf Teamebene sowie die Einbindung der Mitarbeiter in die strategische Planung einen positiven Einfluss aus. Zu guter Letzt ist sfw bestrebt, sämtliche Aktivitäten und deren Wirkung in einer Wirkungskette sowohl untereinander als auch mit dem strategischen Gesamtziel möglichst schlüssig und nachvollziehbar sowie unter Berücksichtigung der relevanten Kausalzusammenhänge zu verknüpfen. Während dies zum einen der Messung der gesellschaftlichen Wirkung dient, gibt es zugleich den einzelnen Mitarbeitern eine Grundlage zur Einschätzung des eigenen Beitrags im Gesamtkontext. Ebenfalls eine wichtige Rolle spielt die interne Kommunikation und insb. die Transparenz der Entscheidungsstrukturen und -prozesse[591]; gleichzeitig wird jedoch auf die Gefahr hingewiesen, dass zu viel Kommunikation wiederum zu einer Informationsüberflutung und damit zu einer Überforde-

---

[587] Insgesamt entsteht also ein Gegenstromverfahren, in dessen Rahmen sich die übergeordneten Ziele und die konkreten Zielsetzungen der Umsetzungsmaßnahmen durch einen kontinuierlichen Abgleich gegenseitig validieren und damit zu einer effektiven Zielerreichung auf beiden Ebenen beitragen.

[588] Auf Basis konkreter Aufgabenprofile/-bereiche und unter Berücksichtigung der genannten Abteilungsziele.

[589] Auch wenn die beiden Funktionen eng miteinander verbunden sind, ist die Unterscheidung der Akzentuierung wichtig. So findet zwar bei den Projekt- und Abteilungszielen durchaus eine Erfolgsmessung und Bewertung statt, jedoch bleibt es auf Mitarbeiterebene im Rahmen des Nachhaltens bei einer qualitativen Bewertung, welche ohne Zielerreichungsgrad und eventuelle Belohnungen oder Sanktionen auskommt. Es geht bei den Zielvereinbarungen also primär um den handlungsleitenden Orientierungsnutzen, nicht um Kontrolle.

[590] Das Netzwerk und dessen Entwicklung spiegeln Mission, Wirkung und Erfolge von sfw exemplarisch wider. Insb. für nachgelagerte Funktionen wie Kommunikation oder Finanzen/Controlling entsteht im Vergleich zu den direkt mit der ‚operativen‘ Arbeit befassten Abteilungen eine Ungleichzeitigkeit, die in sinkender Motivation (kein greifbarer Beitrag zu Mission und gesellschaftlicher Wirkung) und organisatorischen Ineffizienzen (bestimmte Prozesse/Sachverhalte nur mit ‚operativem‘ Wissen sinnvoll gestaltbar) resultieren kann.

[591] Oftmals werden Entscheidungen inhaltlich zwar gutgeheißen oder zumindest nicht infrage gestellt, jedoch führt eine fehlende oder widersprüchliche Kommunikation (unnötigerweise) trotzdem zu Unmut und Unruhe.

rung und Handlungsunfähigkeit führen kann. Eine große Herausforderung in diesem Kontext ist die zunehmende Dezentralisierung des Leitungsteams und des Teams insgesamt.[592]

Die *Zugehörigkeit* zur Gesamtorganisation wird – neben der grundsätzlich guten Arbeitsatmosphäre und gegenseitigen Unterstützung in den jeweiligen Teams – insb. durch die Teamtage gefördert: Diese werden als äußerst wichtig für die Motivation, die zwischenmenschlichen Beziehungen sowie für ein gutes Verhältnis und gegenseitiges Verständnis untereinander eingeschätzt, insb. angesichts der verschiedenen regionalen Kulturen innerhalb des globalen Teams.[593]

Kontrollierte Motivation und Anreizsysteme

Festgehalt wird bei sfw zwar allgemein nicht als primärer Motivator wahrgenommen, spielt jedoch trotzdem eine nicht unwichtige Rolle.[594] Bezüglich der konkreten Gestaltung und Höhe gilt es, das richtige und angemessene Niveau zwischen einer Unter- bzw. Schmerzgrenze sowie einer kompetitiven, marktgerechten Bezahlung zu finden. Nach eigener Einschätzung zahlt sfw für den Bereich Social Entrepreneurship ein vergleichsweise kompetitives Gehalt, was als wichtiger Erfolgsfaktor identifiziert wird.[595] Gegenüber der Privatwirtschaft muss zwar derzeit ein Gehaltsabschlag akzeptiert werden, dieser wird jedoch als vergleichsweise wenig kritisch und ein der Privatwirtschaft analoges Gehalt zumindest gegenwärtig als nicht zwingend notwendig eingeschätzt.[596] Trotzdem ist Anspruch und Ziel von sfw, neben einem verglichen mit Sozialunternehmen kompetitiven Gehalt sowie einem allgemein wettbewerbsfähigen Gesamtpaket[597] langfristig marktgerechte Löhne auch im Vergleich zur Privatwirtschaft anzustreben oder sich diesen anzunähern.[598]

---

[592]　Auch wenn diese Dezentralisierung angesichts der globalen Ausrichtung von sfw inhaltlich alternativlos ist, stellt er die Entscheidungsprozesse auf eine harte Probe, da die relevanten Personen (wenn überhaupt) zumeist nur virtuell zusammenkommen: Ist daher schon die Entscheidungsfindung selbst mitunter schwierig und unübersichtlich, gilt dies für die Kommunikation derselben sowie der Entscheidungsprozesse in umso höherem Maße.

[593]　Die Teamtage als zentrale Klausurveranstaltungen des globalen Teams finden jährlich statt, wobei sie in jüngster Vergangenheit aus budgetären Gründen ausgefallen sind. Angesichts der spürbaren unmittelbaren Folgen ist jedoch geplant, zukünftig trotz der hohen Kosten den jährlichen Rhythmus wiedereinzuführen.

[594]　So sollte gesellschaftliche Mission und Festgehalt nicht gegeneinander ausgespielt werden. Zwar geschieht dies im Rahmen eines ‚Gesamtpaketes' in gewisser Weise ohnehin, trotzdem sollte das Thema Festgehalt explizit und offen thematisiert werden. Weiterhin variiert die relative Wichtigkeit des Festgehalts je spezifischer Zielgruppe (tendenziell zunehmend bei High Potentials und/oder Personen/Tätigkeiten mit Nähe zur Privatwirtschaft).

[595]　Gerade *innerhalb* des Social Entrepreneurship-Sektors hat sich das Gehalt zu einem relativen Erfolgsfaktor und Unterscheidungsmerkmal entwickelt, insb. gilt dies für die sog. ‚High Potentials'.

[596]　So finden explizite Gehaltsvergleiche mit der Privatwirtschaft allgemein nicht statt, sondern werden nur fallweise für einzelne Aufgabenprofile durchgeführt. Im Wissen, auf Gehaltsebene kurz- und mittelfristig ohnehin nicht mit der Privatwirtschaft konkurrieren zu können, wird der Gehaltsabschlag daher selbstbewusst als eine Komponente des kompetitiven Gesamtpaketes positioniert. Ungeachtet der fehlenden Mittel sowie der ethischen Diskussion, ob diese gezahlt werden sollten oder nicht, besteht nach Einschätzung Lübberings überdies keine zwingende Notwendigkeit für privatwirtschaftliche Löhne: So könne die Organisation derzeit (mit den zuvor genannten Charakteristika) auch ohne privatwirtschaftliche Löhne gute Leute in ausreichender Zahl verpflichten.

[597]　Dieses umfasst neben dem Festgehalt die gesellschaftliche Mission, aber auch bspw. Work-Life Balance, Team, Kultur oder die Gewährung von Freiheitsgraden.

[598]　So sollte ein Gehaltsabschlag gegenüber der Privatwirtschaft nicht automatisch und ‚systemimmanent' vorausgesetzt werden. Ein möglicher Ansatz könnte sein, bei Projektanträgen Personalressourcen sukzessive mit der aus Organisationssicht gerechtfertigten Entlohnung proaktiv einzupreisen, mit dem Ziel, den Markt (Partner, Projektträger, Förderer) langfristig zu einem adäquaten Entlohnungsniveau ‚zu erziehen'.

Zusätzlich zur Höhe des Gehalts ist vor allem die Existenz von klaren Gehaltsstufen und einer einheitlichen Gehaltsentwicklung entscheidend. Während bei sfw die Einstiegspositionen noch vergleichsweise einheitlich angelegt sind, existiert zwar auch danach vom Anspruch her eine objektive Entwicklung, in der Realität hängt die konkrete Beförderung und Gehaltsentwicklung jedoch oftmals (auch) vom Verhandlungsgeschick des jeweiligen Mitarbeiters ab, was wenig fair, objektiv und transparent erscheint. Die Organisation ist aus diesem Grund bestrebt, den Prozess zukünftig auf Gesamtorganisationsebene zu zentralisieren und zu vereinheitlichen.

Monetäre Leistungsanreize/Boni gibt es bei sfw nicht. Vielmehr sind individuelle Boni grundsätzlich negativ besetzt und werden als kulturinkompatibel wahrgenommen, insb. hinsichtlich des potenziell entstehenden Konkurrenzdenkens. Zudem wird die Wirksamkeit im Sinne einer Leistungssteigerung eher kritisch gesehen und die Gefahr eines Korrumpierungseffektes als realistisch eingestuft. Weiterhin wären für eine gerechte Bonusverteilung einheitliche und vergleichbare Zielvereinbarungen notwendig, was jedoch aufgrund der Unterschiedlichkeit der Aufgabenfelder und spezifischen Bewertungsmöglichkeiten als kaum umsetzbar eingeschätzt wird. Ohnehin können Erfolge nur selten einzelnen Mitarbeitern zugeordnet werden, was ein zusätzliches Argument gegen individuelle monetäre Anreize darstellt. Demgegenüber existieren zumindest *materielle Anreize im weiteren Sinne*, wie bspw. flexible, individuelle Arbeitszeiten[599] sowie projektbezogene Reisen. Ein systematisches Instrument zum Überstundenabbau wird indes von Mitarbeiterseite zwar gewünscht, ist von Organisationsseite jedoch aktuell nicht vorgesehen.

Messung der gesellschaftlichen Wirkung

sfw ist nach eigener Einschätzung bei der Messung der gesellschaftlichen Wirkung vergleichsweise gut aufgestellt.[600] Neben der dominierenden *externen Funktion* eines professionellen Außenauftritts gegenüber Stakeholdern hat die Messung der gesellschaftlichen Wirkung ebenfalls einen hohen *internen Stellenwert*, indem sie das Selbstverständnis einer Organisation widerspiegelt, die sich einem Professionalitätsanspruch und größtmöglicher Effektivität verpflichtet fühlt. Die Messung der gesellschaftlichen Wirkung bestimmt damit Ambitionsniveaus, welche es der Organisation ermöglichen, sich hinsichtlich ihrer Effektivität und Effizienz kontinuierlich weiterzuentwickeln.[601] Konkret findet die Messung dabei nicht durch einzelne, isolierte Kennzahlen statt, sondern vielmehr anhand einer – vom Anspruch her – nachvollziehbaren und schlüssigen Wir-

---

[599] So werden im Allgemeinen Anwesenheitszeiten nicht kontrolliert. Weiterhin wurde den Mitarbeitern im Rahmen eines halbjährigen Pilotversuchs eine Viertagewoche eingeräumt. Diese Maßnahme war keine reine Kompensation, vielmehr sollten durch die ‚persönliche Zeit‘ auch neue Impulse für die Arbeit entstehen. Doch auch wenn dieses Instrument (mit Einschränkungen) als nützlich angesehen wird, ist keine dauerhafte Umsetzung geplant.

[600] So gibt es – trotz Diskrepanz zwischen Status Quo und Idealzustand – nach eigener Einschätzung nur wenige Sozialunternehmen mit vergleichbarem Professionalisierungsgrad/Entwicklungsstand. Als Beispiele können die umfassenden ‚Impact Reports‘ sowie die aktuelle Entwicklung eines ‚internal impact measurement system‘ genannt werden. Vgl. auch Website von sfw unter http://www.streetfootballworld.org/our-impact; http://streetfootballworld.org/streetfootballworld-2013-impact-report (abgerufen am 01.05.2014)

[601] Insb. als Grundlage für eine umfassende Erfolgsmessung auf Organisations- und Projektebene, durch welche mittels eines ‚Strategic Reviews‘ die strategischen Ziele überprüft, validiert oder ggf. auch angepasst werden.

kungskette, welche die einzelnen Kennzahlen in einem Kennzahlensystem miteinander sowie mit der zentralen Ergebnisgröße (,erreichte Jugendliche') verknüpft. All dies ist vor allem auf einer Gesamt- bzw. Projektebene relevant, während auf individueller Mitarbeiterebene keine konkrete gesellschaftliche Erfolgsmessung stattfindet. Nichtsdestotrotz hat die Messung der gesellschaftlichen Wirkung zumindest mittelbar Einfluss auf den einzelnen Mitarbeiter, auch wenn dieser durchaus ambivalent ist: Auf der einen Seite wird eine individuelle Motivationswirkung der Wirkungsmessung als wenig differenziert eingeschätzt.[602] Auf der anderen Seite ist es trotz allem ein ständiges Anliegen und Bemühen von sfw, die gesellschaftliche Wirkung für den einzelnen Mitarbeiter spürbar und wahrnehmbar zu machen: dies geschieht, um ihm anschaulich zu zeigen und gleichzeitig zu gewährleisten, dass er keine ,verschwendete Ressource' ist. Während es also auf der einen Seite primär um das ureigene Interesse der Organisation geht, die Mitarbeiter möglichst produktiv einzusetzen, kann auf der anderen Seite ein Motivationseffekt vermutet werden. Der Mehrwert einer sinnvollen, verständlichen Wirkungskette gegenüber vereinzelten, isolierten Kennzahlen wird damit nicht zuletzt im Kontext der individuellen Mitarbeiter deutlich.[603]

I.7.5   Mitarbeiter halten

Grundsätzlich ist sfw an einer langfristigen Bindung interessiert, nicht zuletzt um gewonnenes Wissen und aufgebaute Kompetenz in der Organisation zu halten. Bis dato war dies aufgrund des vergleichsweise kleinen und engen Teams zwar kein kritisches Thema, im Zuge wachsender Teams und zunehmender Fluktuation ändert sich dies jedoch beständig, und es besteht sowohl intern als auch extern (potenzielle Bewerber) vermehrt der Anspruch, interne Entwicklungsperspektiven aufzuzeigen. sfw hat darauf zumindest noch keine systematische Antwort: Eine langfristige Karriereplanung, die die Mitarbeitergespräche aus einer Personalführungsperspektive angemessen begleitet und einen strukturierten Entwicklungsprozess mit definierten Entwicklungsschritten gewährleistet, existiert demnach nicht. Um auf diesen Bedarf zukünftig angemessen reagieren zu können, ist es das Bestreben der Organisation, mittel- bis langfristig einen möglichst systematischen und strukturierten Personalentwicklungsprozess zu etablieren.[604] Letztlich bleibt aber festzuhalten, dass die Organisation keine Bindung ,um jeden Preis' anstrebt. Selbstverständlich wird immer versucht, abwanderungswillige Personen zu halten; wenn aber deutlich wird, dass der Mitarbeiter sich woanders besser entwickeln oder wohler fühlen würde, wird das

---

[602] So ist nach Einschätzung Lübberings für die Mitarbeiter in erster Linie wichtig und ausreichend, dass eine ernsthafte Leistungsmessung stattfindet und somit deutlich wird, dass von sfw generell eine gesellschaftliche Wirkung realisiert wird. Die konkreten detaillierten Kennzahlen und spezifischen Ausprägungen sind zwar selektiv für die Arbeit relevant und nützlich, spielen jedoch für die Mehrheit der Mitarbeiter motivatorisch eine vergleichsweise geringe Rolle.

[603] Denn auch wenn diese an der konkreten Höhe der Wirkung möglicherweise wenig Interesse haben, hilft ihnen die Wirkungskette, sich selbst anhand der sachlogischen Verknüpfungen und kausalen Zusammenhänge im großen Ganzen einzuordnen und so den eigenen Beitrag zur Wirkungserreichung zu ermessen.

[604] Ein wichtiger Schritt bei diesen Bemühungen wird sein, nach zumeist externer Besetzung von Führungspositionen zunehmend auch interne Ressourcen für Führungspositionen zu identifizieren und zu entwickeln.

akzeptiert und man lässt den Mitarbeiter gehen.[605] Solange dies nicht überhandnimmt und die Fluktuation auf einem vernünftigen Niveau verbleibt, wird es als normale Begleiterscheinung wahrgenommen und als wenig problematisch eingeschätzt.

I.7.6   Übersicht streetfootballworld

Status Quo & Kontext	Nutzung vielfältiger Instrumente & Existenz dedizierter Personalressourcen, jedoch kein strategischer, standardisierter Gesamtansatz & keine budgetäre Priorität | *Motivationsmuster*: Intrinsische Motivation, Internationalität/ dynamisches Umfeld, Partizipation & Autonomie, Team, Marke/Reputation sowie Charisma des Gründers
Mitarbeiter gewinnen	*Nachfrageüberhang* aufgrund vorteilhafter Nischenposition | Ziel: nicht möglichst viele, sondern *qualifizierte Bewerbungen* | *Anbahnung* via interne Ressourcen (Netzwerke, Website), Headhunter für spezielle Zielgruppen erwogen | Systematischer *Auswahlprozess*, Auswahlkriterien insb. Persönlichkeits-/Team-Fit sowie intrinsische Motivation

Mitarbeiter führen & entwickeln	**Grundlegende führungsrelevante Aspekte** • *Unternehmensleitbild* im Handeln verankert & mit Einfluss auf Strategieentwicklung; abgestimmt mit Mitarbeitern • *Gründer* (Persönlichkeit/Charisma) dominierender & prägender Bezugspunkt sowie Rollenvorbild • *Sinkende Präsenz* des Gründers, damit zunehmende Entkopplung desselben sowie Verteilung der Last als notwendiger Schritt einer gesunden Organisationsentwicklung

Autonome Motivation und Anreizsysteme	Kontrollierte Motivation und Anreizsysteme
• *Autonomie* durch eigenverantwortliche Bereiche; organisationale Strukturen/Prozesse ordnender Rahmen • *Anforderungsvielfalt* aus Tätigkeit & durch geplante Rotationsoptionen; *Aufgabenzuordnung* situativ & gelegenheitsorientiert (Systematisierung angestrebt) • *Kompetenzerleben*: Lob & Anerkennung, regelmäßige Feedbackgespräche (konstruktiv & lösungsorientiert) wichtig; Mitarbeiterfeedback fördern & konsequent aufgreifen) sowie *Training* (individuelles, bedarfsorientiertes Modell; Nutzung von pro bono-Angeboten); *Wissensaustausch* via Veranstaltungen & Teammeetings • *Zieleinbarungen* mit Steuerungs- & Orientierungsfunktion; nicht verknüpft mit Sanktion/Belohnung • *Ganzheitlichkeit/Bedeutsamkeit* durch Field-Visits, Jobrotationen, Wirkungskette, strategische Partizipation & interne Kommunikation (ausbaufähig) • *Zugehörigkeit* durch gute Arbeitsatmosphäre, gegenseitige Unterstützung & gemeinsame Teamtage	• *Festgehalt* wichtig, aber nicht prioritär • *Kritische Erfolgsfaktoren*: attraktives Gesamtpaket, kompetitives Gehalt ggü. anderen Sozialunternehmen (bei sfw gegeben, langfristiges Ziel: Annäherung an Privatwirtschaft) sowie klare Gehaltsstufen & transparente Gehaltsentwicklung (bis dato nicht existent) • *Monetäre Leistungsanreize* nicht vorhanden: negativ besetzt/als kulturinkompatibel angesehen, Wirksamkeit bezweifelt & nur schwer effektiv umsetzbar • *Leistungsunabhängige materielle Anreize* im weiteren Sinn (flexible Arbeitszeiten, projektbezogene Reisen) • Gewünschtes Instrument zum Überstundenabbau nicht vorgesehen

	Messung der gesellschaftlichen Wirkung • Messung der gesellsch. Wirkung (Kennzahlen & Wirkungskette) primär durch externen Anspruch getrieben • Individueller motivatorischer Nutzen der *Wirkungskette* eher gering und wenig differenziert (Existenz von Leistungsmessung/gesellschaftlicher Wirkung wichtiger als gesellschaftliche Kennzahlenausprägungen); Motivationswirkung durch Wissen, ‚keine verschwendete Ressource' zu sein (gesellschaftliche Wirkung wird wahrnehmbar)

Mitarbeiter halten	*Langfristige Bindung* bzw. *langfristige Entwicklungsperspektiven* werden (intern & extern) immer wichtiger, aber noch kein systematischer Ansatz (langfristige Karriereplanung) vorhanden | Ziel: systematischer, strukturierter Personalentwicklungsprozess | keine ‚Bindung um jeden Preis', solange Fluktuation auf ‚vernünftigem' Niveau verbleibt

---

[605] Dies gilt insb. für die jungen Mitarbeiter, bei denen sich die Organisation durchaus bewusst ist, mit ihrer starken Marke ggf. auch die Funktion eines ‚Durchlauferhitzers' für andere Organisationen zu übernehmen.

I.8   wellcome

I.8.1   Kurzbeschreibung der Organisation

wellcome ist eine gGmbH mit Sitz in Hamburg und wurde 2002 von Rose Volz-Schmidt in Hamburg gegründet.[606] Die Vision von wellcome ist „eine Gesellschaft, in der sich jeder – unabhängig von der sozialen Schicht – auf das Abenteuer Familie einlassen kann"[607]. Ziel ist es, die wellcome gGmbH als kompetente Organisation für Familien mit Kleinkindern zu etablieren. Als Wertbeitrag entwickelt wellcome innovative Angebote, die Familien unmittelbar nach der Geburt unbürokratische, effiziente und nachhaltige Hilfe im Alltag bieten. Ganz konkret sind dies im Kontext der Wertschöpfungsarchitektur die Angebote ‚Praktische Hilfe nach der Geburt' sowie ‚Familien in Not'.[608]

Das Ertragsmodell von ‚Praktische Hilfe nach der Geburt' ist vielschichtig und verteilt sich auf die drei Ebenen des Social Franchising-Modells: wellcome gGmbH, LandeskoordinatorInnen sowie lokale wellcome-Teams.[609] Die wellcome gGmbH finanziert sich dabei zum größten Teil aus Spenden von Privatpersonen (kurzfristig und volatil), Stiftungen und Unternehmen (mittel- und langfristige Partnerschaften mit mehr oder weniger festen Modalitäten) sowie öffentlichen Mitteln. Hinzu kommen Kooperationsgebühren, welche von der wellcome gGmbH als Franchise-Geber im Rahmen des Social Franchising-Modells von den Kooperationspartnern (wellcome-Teams) erhoben werden. Die LandeskoordinatorInnenstellen werden in einigen Bundesländern von den Familien-/Sozialministerien finanziert; wo dies nicht möglich ist, übernimmt wellcome den Aufbau. Die lokalen wellcome-Teams werden zum einen von den jeweiligen Trägereinrichtungen über Spenden und öffentliche Gelder finanziert, zum anderen generieren sie gewisse Einnahmen über die Gebühren ihrer Dienstleistungen. Die zusätzlichen Aufwendungen im Rahmen des Angebotes ‚Familien in Not' (finanzielle Unterstützung der Familien) werden zum einen über Stiftungsgelder, zum anderen über Paten generiert, die eine Familie für ein Jahr unterstützen. Insgesamt lässt sich wellcome in diesem Sinne als hybride NPO einordnen.

---

[606] Vgl. (auch für die weiteren Ausführungen) Website von wellcome unter http://www.wellcome-online.de/ (abgerufen am 01.05.2014)

[607] Website von wellcome unter http://www.wellcome-online.de/organisation/vision/index.html (abgerufen am 01.05.2014)

[608] Während im Rahmen von ‚Praktische Hilfe nach der Geburt' – dem originären und wichtigsten Angebot von wellcome – ehrenamtliche HelferInnen (wellcome-Engel) die Familie im Alltag entlasten und temporäre Auszeiten ermöglichen, baut ‚Familien in Not' zwar auf diesem Netzwerk und den Ressourcen auf, geht jedoch einen Schritt weiter, indem es speziell auf einkommensschwache Familien ausgerichtet ist und diese individuell durch Beratung, Vernetzung sowie (gezielten) finanziell-materiellen Beistand unterstützt.

[609] Im Rahmen des Social Franchising Modells fungiert die wellcome gGmbH als Franchise-Geber und verantwortet die inhaltliche Ausgestaltung und Weiterentwicklung, Multiplikation sowie zentrale Öffentlichkeitsarbeit und besitzt sämtliche Markenrechte. Franchise-Nehmer und Kooperationspartner sind Einrichtungen aus der freien Kinder- und Jugendhilfe, deren vorhandenes Angebot durch das wellcome-Team (TeamkoordinatorIn sowie 10-20 Ehrenamtliche) ergänzt wird. Landesweit koordiniert werden diese Teams von sog. LandeskoordinatorInnen, welche bei einer Einrichtung mit einem wellcome-Team angestellt sind. Sie sind damit direkter Ansprechpartner und Schnittstelle zwischen Bundeskoordination (wellcome gGmbH) und den wellcome-Teams vor Ort.

wellcome hat einen bundesweiten, überregionalen Wirkungsradius.[610] Qualitativ wurde die Wirkung von wellcome u.a. 2006 in einer wissenschaftlichen Untersuchung evaluiert und positive Auswirkungen des Ansatzes bescheinigt. Für die innovativen, erfolgreichen Angebote und Konzepte haben Organisation und Gründerin zahlreiche gesellschaftliche Auszeichnungen erhalten und wurden als Ashoka Fellow sowie Social Entrepreneur der Schwab Foundation ausgezeichnet.

I.8.2 Allgemeine Situation und Status von Motivation im Führungskontext

Die Mitarbeiter und deren Motivation stehen im Zentrum der organisationalen Aufmerksamkeit und Unternehmensphilosophie. So versteht sich wellcome als lebendige Organisation, was sich durch einen ‚begeisternden Sinn' sowie eine ‚leidenschaftliche Kultur' auszeichnet. Sowohl bei Kooperationspartnern als auch direkten Mitarbeitern wird eine *intrinsische Grundmotivation* auf Basis der sinnstiftenden Aktivitäten vorausgesetzt und für notwendig befunden, die es in der Folge zu erhalten gilt. Während zu Anfang der Organisationsentwicklung Motivation im Führungskontext vergleichsweise intuitiv und unsystematisch (persönlicher Kontakt zwischen Gründerinnen und kleinem Team) stattfand, wurde aufgrund des Wachstums mittel- bis langfristig ein strukturierterer und systematischerer Ansatz notwendig.[611]

Bezüglich der *grundlegenden Motivationsmuster* ist zum einen die intrinsische Motivation zu nennen, die sich konkret aus der Tätigkeit selbst und der Affinität zum Thema ergibt, auf dem gemeinsamen Sinn aufbaut sowie aus der Handlungswirksamkeit (hinsichtlich eines gefühlten positiven Beitrags) erwächst. Weitere motivierende Aspekte sind Professionalität, Effizienz und Reputation der Organisation, Team und Arbeitsatmosphäre, individuell entgegengebrachte Wertschätzung, enges Vertrauensverhältnis zur Geschäftsführung, Eigenverantwortlichkeit bei Ausübung der Tätigkeit sowie deren Anforderungsvielfalt.

I.8.3 Mitarbeiter gewinnen

Interesse für die Organisation erzeugen und deren Auffindbarkeit sicherzustellen, wird als ein wichtiges Thema bezeichnet. So ist zum einen ein (virtueller) Internetauftritt wichtig, zum anderen reale Ansprechpartner, die persönlich kontaktiert werden können.[612] Das *Recruiting* von wellcome ist primär intuitiv sowie gelegenheitsorientiert und fallbezogen. Zumeist gründet es auf mehr oder weniger zufälligen Begegnungen und Bekanntschaften. Das persönliche Element spielt

---

[610] 250 wellcome-Teams und 4.223 Ehrenamtlichen in 15 Bundesländern haben in 2013 4.483 Familien mit insgesamt 83.722 Betreuungsstunden unterstützt. Bezogen auf die Betreuungsstunden konnte wellcome im Zeitraum von 2004 bis 2013 ein durchschnittliches jährliches Wachstum von ca. 42% realisieren, was die enorme Skalierung und den breiten gesellschaftlichen Wirkungsanspruch widerspiegelt.

[611] Diesen charakterisiert die Gründerin anhand dreier Ebenen: Sicherheitsebene (Gehalt, Arbeitsverhältnis, Arbeitsbedingungen), Wertschätzungsebene (Team, gemeinsame Aktivitäten) sowie die zentrale Sinnebene.

[612] Ergänzend wird selbstverständlich noch fokussierte, zielgruppenspezifische Öffentlichkeits-, d.h. Presse- und Medienarbeit gemacht. Im Bereich Mitarbeitergewinnung spielt das jedoch nur eine untergeordnete Rolle, da wellcome als vergleichsweise kleine Organisation eher wenige Stellen zur Neubesetzung hat und dadurch keine breite Masse ansprechen muss.

eine zentrale Rolle, während die Notwendigkeit von Stellenausschreibungen nicht gesehen wird bzw. diese sogar tendenziell kritisch betrachtet werden.[613] Und auch wenn das ‚persönliche' Recruiting ebenfalls kritische Aspekte aufzuweisen hat[614], scheint es bei wellcome bis dato gut zu funktionieren. Hilfreich und wichtig ist in diesem Zusammenhang die aktive Nutzung von Hospitationsphasen und Probezeiten, welche die initiale Einschätzung vertiefen und objektivieren und damit etwaigen Enttäuschungen vorbeugen. Zu alledem passt, dass hinsichtlich der relevanten Kanäle insbesondere das persönliche und geschäftliche Netzwerk der Geschäftsführung genannt wird, während andere gängige Ressourcen wie bspw. Jobmessen oder virtuelle Plattformen nicht zum Einsatz kommen. Hinsichtlich des Auswahlprozesses verfolgt wellcome einen vergleichsweise systematischen Ansatz und arbeitet detaillierte Anforderungen für die jeweilige Position aus. Neben einer Vielzahl an fachspezifischen Charakteristika sind es allerdings vor allem die Persönlichkeitsmerkmale, die oberste Relevanz besitzen und darüber entscheiden, ob die betreffende Person letztlich ins Team passt. Die grundsätzlich relevante Zielgruppe ist in diesem Zusammenhang eine schwer zu findende Mischung: So werden, bei einem verglichen mit der Privatwirtschaft niedrigen bis mittleren Gehaltsniveau, hohe Fach- und Sozialkompetenzen gefordert. Ist es zum einen verlockend und bis zu einem gewissen Grad auch sinnvoll, die Zielgruppe der ‚High Potentials'[615] mit etwas höheren Gehältern und einem stimmigen Gesamtpaket zu locken, sollte gleichzeitig vermieden werden, ein Auffangbecken für ‚unzufriedene BWLer' zu werden, da dies kulturell eher negative Auswirkungen hätte. Es gilt daher auch im Recruiting, sich im Sinne der dem Social Entrepreneurship innewohnenden Dualität keinem der beiden Extreme (Gemeinnützigkeit und Privatwirtschaft) einseitig zu öffnen.

I.8.4 Mitarbeiter führen und entwickeln

Grundlegende führungsrelevante Aspekte

wellcome hat ein umfassendes *Unternehmensleitbild* mit einer klaren und prägnanten Vision. Zur Erreichung dieser Vision existieren konkretisierende Leitsätze, welche die handlungsleitende Basis allen Tuns darstellen. Dabei hat das Unternehmensleitbild sowohl eine externe als auch interne Relevanz. Während extern im Rahmen des Fundraisings oder der Öffentlichkeitsarbeit vor allem der informative Aspekt im Vordergrund steht, ist die interne Rolle komplexer: Neben der motivierenden Funktion übt die Vision zum einen mittels der verinnerlichten grundlegenden Werte sowie der Leitsätze einen direkten, handlungsleitenden Einfluss auf die operativen Tätigkeiten aus; zum anderen wirken die operativen Tätigkeiten und deren thematische Verschiebungen wiederum selbst auf die Vision ein und machen Anpassungen notwendig (bspw. im Rahmen

---

[613] Während die persönliche Schiene den Vorteil hat, die Person zumindest in Ansätzen einschätzen zu können und damit das Recruiting sehr viel fokussierter und zielgerichteter ablaufen kann, ist dies bei einem neutraleren, unpersönlichen Medium mit großer Streuung (wie Stellenausschreibungen) nur eingeschränkt möglich.

[614] Bspw. eine potenzielle persönliche Enttäuschung auf einer oder beiden Seiten, eine (zu) geringe Grundgesamtheit aufgrund des eingeschränkten Aufmerksamkeitsbereiches oder eine zu große Homogenität der Zielgruppe.

[615] Die Besten sowohl aus dem gemeinnützigen Sektor wie auch der Privatwirtschaft.

der strategischen Ziele). Die Entwicklung von Vision und Leitsätzen wird daher in einem Prozess gemeinsam mit den verschiedenen Arbeitsbereichen vorangetrieben.

Auch wenn, wie eingangs dargestellt, die unmittelbare Motivation durch die Gründerinnen aufgrund des realisierten Wachstums nicht mehr die ehemals zentrale oder alleinige Rolle spielt, hat ihr *Führungsverhalten* noch immer einen großen und unmittelbaren Einfluss. Dies äußert sich vor allem darin, dass sie einen sehr engen Kontakt zu den Mitarbeitern haben, Anteil nehmen, sich kümmern und wissen, was bei den Mitarbeitern ‚dran ist‘. Rose Volz-Schmidt ist dabei eine zentrale Integrationsfigur, die den Sinn und die Werte von wellcome in herausragender Weise verkörpert. Dies tut sie als Gründerin mit einer großen Glaubwürdigkeit und Überzeugung.[616] Durch dieses selbstbewusste Selbstverständnis, auf Basis dessen die strategische Entwicklung der Organisation realisiert wird, wirkt die Geschäftsführung als Vorbild und stärkt durch die eigene positive und proaktive Herangehensweise auch die Mitarbeiter.

wellcome hat (wie eingangs erwähnt und im Rahmen des Internetauftritts benannt) eine leidenschaftliche *Organisationskultur*.[617] Die wichtigsten Kultur-Charakteristika sind Begeisterung für die Mission, Pragmatismus, unbürokratisches Vorgehen, Professionalitätsanspruch sowie individuelle und wertschätzende Kommunikation. Letzteres äußert sich im partnerschaftlichen und familiären Umgang, welcher sich nicht zuletzt auch im engen Kontakt zwischen Geschäftsführung und Mitarbeitern ausdrückt. Nichtsdestotrotz ist Diversität ebenfalls ein Thema: Diese bezieht sich einerseits auf die Teamstruktur selbst[618], andererseits werden die vorhandenen Teammitglieder in ihrer Unterschiedlichkeit als individuelle Persönlichkeiten wahr- und angenommen.

Autonome Motivation und Anreizsysteme

Autonomie ist ein wichtiger Motivator und zugleich ein Eckstein der Führungsphilosophie. Die Grundlage bildet ein Umfeld, das geprägt ist von gegenseitigem Vertrauen und möglichst wenig Kontrolle. In diesem gewährten Freiraum entsteht Autonomie, welche sich konkret äußert in den eigenen Bereichen[619] sowie einer wahrgenommenen Handlungswirksamkeit. Die Mitarbeiter sehen in diesem Sinne die Aufgaben und Erfolge als etwas Eigenes an, was die Identifikation und schlussendlich die Motivation steigert.

Des Weiteren wird ein *positives Kompetenzerleben* durch vielfältige Maßnahmen angestrebt. Eine notwendige oder zumindest hilfreiche Grundlage sind zunächst klare Aufgabenbereiche, welche

---

[616] Die Überzeugung und Glaubwürdigkeit und damit motivierende Wirkung und Vorbildfunktion liegt darin begründet, dass sie ihre Sache aus innerer Überzeugung heraus vertritt, d.h. als integre Persönlichkeit mit dem Selbstverständnis, Begeisterung und Engagement im alltäglichen Tun vorzuleben.

[617] In diesem Sinne bestimmt das Ziel (sozialer Mehrwert für Familien) alle Maßnahmen und begeistert die Mitarbeiter, und jeder ist überzeugt davon, dass er mit seiner Arbeit einen wesentlichen Beitrag für die Ziele des Unternehmens leistet und die Arbeit gesellschaftliche Relevanz besitzt.

[618] So ist die vergleichsweise große Altersspanne kein Zufall und wird als sehr nutzbringend angesehen, und es ist ein aktives Bestreben, auch Männer in das bisher rein weiblich besetzte Team zu integrieren.

[619] Innerhalb dieser können die Mitarbeiter weitgehend eigenständig arbeiten und die Inhalte mit einem hohen Maß an Selbstbestimmung und Verantwortung vorantreiben.

den grundsätzlichen Anforderungsrahmen und Verantwortungsbereich abstecken. Darauf aufbauend ist die Zuordnung der ‚richtigen' Tätigkeit zum hinsichtlich der Kompetenz ‚richtigen' Mitarbeiter ein zentrales Anliegen der Geschäftsführung und wird in Form eines begleiteten und kontrollierten Entwicklungsprozesses angestrebt.[620] Weiterhin stärken Rückmeldungsmechanismen bezüglich der Tätigkeit das Kompetenzerleben. Zunächst einmal umfassen diese ein klares Erwartungsmanagement, im Rahmen dessen die Anforderungen transparent dargelegt und benannt werden sowie ein fortwährender Dialog zwischen Mitarbeitern und Vorgesetzten stattfindet. Ziel ist es, die Mitarbeiter mit den übertragenen Aufgaben weder unter- noch zu überfordern. Des Weiteren ist Wertschätzung im persönlichen Umgang ein wichtiger Bestandteil der Mitarbeiterführung: So nimmt sich die Geschäftsführung für die Mitarbeiter Zeit, hört ihnen zu und nimmt sie ernst, zollt ihnen im Falle von Erfolgen auf Augenhöhe Anerkennung und spendet Lob, nimmt sie ggf. mit zu großen Veranstaltungen (bspw. Preisverleihungen) oder hält sie bezüglich der wichtigen Themen auf dem Laufenden. Die Erkenntnis daraus ist, dass die hauptsächliche Motivation nicht handwerklicher (‚Kopf') sondern emotionaler Art (‚Bauch') ist und sich dies auch im Umgang mit den Mitarbeitern widerspiegeln muss. Feedback stellt hierzu das sachliche Gegenstück dar. Es wird von den Mitarbeitern als wichtig erachtet und hat das Ziel, durch informative Rückmeldung einen Lerneffekt und letztlich eine Weiterentwicklung der Mitarbeiter zu erreichen.[621] Feedback geschieht also auf einer inhaltlich-sachlichen Ebene und primär lösungsorientiert, nicht jedoch problematisierend, kontrollierend oder bewertend. Prozessestechnisch findet Feedback vor allem fallbezogen und auf Anfrage der Mitarbeiter statt[622]: Von Mitarbeiterseite wird dies auf der einen Seite gutgeheißen, da durch diese Praxis Feedback nur dann gegeben wird, wenn es gebraucht wird; im Hinblick auf Feedback für die Geschäftsführung wird es allerdings eher kritisch gesehen.[623] Fachliche Trainings und Weiterbildungen zur Kompetenzbildung finden bei wellcome praktisch nicht statt, auch wenn Interesse seitens der Mitarbeiter vorhanden ist. Existent ist ausschließlich ein Wissens- und Erfahrungsaustausch, jedoch findet auch dieser eher informell und auf Mitarbeiterebene statt.[624]

---

[620] In diesem Sinne werden alle inhaltlichen Veränderungen und Chancen registriert und mit den Mitarbeiterressourcen abgeglichen. Auch wenn der Prozess gelegenheitsorientiert und intuitiv gesteuert wird, scheint (auch nach Mitarbeiterwahrnehmung) ein systematischer Ansatz seitens der Geschäftsführung vorhanden zu sein, im Rahmen dessen das Erkennen und Berücksichtigen der individuellen Stärken, Schwächen und Präferenzen eine zentrale Rolle spielt.

[621] Feedback wird vor allem im Zusammenhang mit den Zielvereinbarungen und deren Nachhalten gegeben. Der Fokus liegt im vorgenannten Sinne auf der konstruktiven Reflexion der Soll-Ist-Situation, um etwaige Abweichungen und deren Ursachen zu verstehen und letztlich eine zukünftige Zielerreichung sicherzustellen.

[622] D.h. die Holschuld liegt prinzipiell beim Mitarbeiter, und ritualisierte, formale Feedbackprozesse gibt es nicht.

[623] So gibt es keine Struktur, die Feedback an die Geschäftsführung vereinfachen würde. Ein Verlassen auf die Initiative des Mitarbeiters ist hierbei kritisch, da für diese im Fall von potenziell negativem Feedback an die Geschäftsleitung eine ungleich höhere Überwindung notwendig ist. Langfristig können so Konfliktpotenziale entstehen und wachsen, die mit formalen Feedbackstrukturen präventiv abgebaut werden könnten.

[624] Auch hier liegt die Holschuld beim Mitarbeiter, und eine zentrale Förderung in Form bereichsübergreifender Formate gibt es nicht, obwohl von Mitarbeiterseite der Wunsch nach mehr Strukturen vorhanden ist.

Grundsätzlich gibt es zwar *Zielvereinbarungen*, die gemeinsam mit den Mitarbeitern definiert werden, jedoch sind sie nicht mit Sanktionen oder Prämien verknüpft und haben eine primär informativ-handlungsleitende Funktion. *Ganzheitlichkeit und Bedeutsamkeit* kam in den Gesprächen direkt zwar kaum zur Sprache, allerdings sind einige Aspekte zu nennen, die in diesem Kontext zumindest indirekt bedeutsam sind: eine effektive interne Kommunikation[625] sowie der zuvor erläuterte Wissens- und Erfahrungsaustausch auf Mitarbeiterebene[626]. Ein Gefühl der *Zugehörigkeit* entsteht schließlich durch die familiäre Kultur, das gut zusammenpassende Team sowie ein gutes Arbeitsklima. Aktiv gefördert wird der Zusammenhalt des Weiteren durch ein monatliches, mehr oder weniger verbindliches gemeinsames Mittagessen, welches ein Forum für sowohl geschäftlichen als auch privaten Austausch bieten soll.[627]

Kontrollierte Motivation und Anreizsysteme

Grundsätzlich spielen monetäre Entlohnung und Anreize im Organisationskontext nur eine untergeordnete Rolle. So werden sie zwar als grundsätzlich wichtig beschrieben, aber mehr im Sinne eines nachgelagerten Bestandteils eines Gesamtpaketes. Dabei wird der Faktor Geld als relativ wichtiger eingeschätzt, sobald die anderen Faktoren nicht stimmen: Die große Herausforderung ist daher, die Balance im Gesamtpaket zu wahren, was insbesondere durch die im vorigen Abschnitt beschriebenen Maßnahmen zur Erhöhung und zum Erhalt der intrinsischen Motivation geschieht. Die Existenz eines *Festgehalts* ist jedoch unabdingbar. Auch wenn wellcome nicht tarifgebunden zahlt, findet bezüglich der Höhe dennoch eine Orientierung an den Gehältern im Öffentlichen Dienst statt; eine Anlehnung an die Privatwirtschaft gibt es indes nicht.[628] Obwohl auf Mitarbeiterebene theoretisch verhandelbar[629], ist und bleibt das Gehalt auf Organisationsebene ein sensibles Thema: Denn auch wenn die Gehaltsstruktur durch die Anlehnung an den TVöD grundsätzlich transparent ist, sollen gerade im Hinblick auf die enge Teamstruktur und ‚soziale Kontrolle' interne Vergleichsdiskussionen nicht angeheizt und möglichst vermieden werden. Im Ergebnis heißt dies, dass wellcome die Gehaltsstruktur und -verteilung vergleichsweise homogen hält und diese nicht aktiv kommuniziert. Als Folge wird es schwierig, ‚Spitzenkräfte'

---

[625] Ziel ist dabei nicht, alle Information ungefiltert zu verteilen und alle an allem teilhaben zu lassen, sondern vielmehr die jeweils relevante Information gezielt weiterzugeben. Da zu viele Informationen überfordern können, ist es daher von zentraler Wichtigkeit, zwischen Informationen zu unterscheiden, die nur für die jeweilige Tätigkeit relevant sind (selektive Kommunikation), und solchen, wo es primär um Informieren im Sinne von Wertschätzung oder ‚auf dem Laufenden halten' geht (allgemein Kommunikation).

[626] Eine ganzheitliche Perspektive wird als Voraussetzung für effektiven Wissens-/Erfahrungsaustausch und effektives Arbeiten angesehen. Aus diesem Grund werden von Mitarbeiterseite weitere Formate und Plattformen gewünscht. Vonseiten der Geschäftsführung hat ein Austausch allerdings dann Grenzen, wenn eine effektive Lösungsfindung behindert wird: reine ‚Austauschrunden' ohne Ergebnisse werden demnach abgelehnt, und eine sinnvolle Arbeitsteilung bevorzugt.

[627] Als rein freiwillige, spontan stattfindende Veranstaltung hatte dies nicht funktioniert.

[628] Auch weil die Kooperationspartner/Koordinatoren der wellcome-Teams (als Angestellte der Träger) nach TVöD bezahlt werden und somit das Gefälle zwischen gGmbH und Kooperationspartnern zu groß wäre.

[629] Die Tatsache, dass nicht strikt nach Tarif bezahlt werden muss (das Thema Gehalt also zumindest theoretisch verhandelbar ist) ist, zunächst einmal unabhängig von der letztlichen Höhe, grundsätzlich motivierend.

insb. aus der Privatwirtschaft in die Organisation einzubinden, obwohl derartige Kompetenzen dringend benötigt werden. Als Lösung nennt Volz-Schmidt die Nutzung externer Dienstleister, wodurch die potenziell kostenintensiven Fachkenntnisse in Anspruch genommen werden können, ohne die interne Teamhomogenität unmittelbar zu belasten. *Monetäre Anreize/Boni* gibt es in der Regel nicht. Vielmehr werden diese eher kritisch gesehen: Zum einen ist es unwahrscheinlich, dass diese dauerhaft finanziert werden können. Zum anderen wird der über Zeit abnehmende Nutzen als problematisch angesehen, d.h. die Gefahr, dass Boni sukzessive antizipiert und zur Gewohnheit werden und letztlich eine Erwartungshaltung losgelöst von der tatsächlichen Leistung entsteht. Daher wird es als höchst fragwürdig angesehen, ob mit Boni eine nachhaltige Motivation und Leistungssteigerung erreicht werden kann.[630] Ein weiterer kritischer Aspekt ist die Schwierigkeit, potenzielle Erfolge oder Misserfolge einzelnen Mitarbeitern stringent und gerecht zurechnen zu können.[631] Auch können Erfolge nicht immer in Form einer Zielerreichung messbar gemacht werden, was die individuelle Erfolgsmessung und damit die Grundlage für Boni zusätzlich erschwert. Schlussendlich sind die Ziele der einzelnen Mitarbeiter sehr unterschiedlich, was eine enorme Herausforderung für einen gerechten Verteilungsmechanismus darstellt.

Freiwilligenmanagement

Im Bereich Freiwilligenmanagement folgt die wellcome gGmbH einer klaren Linie: Freiwilligenarbeit wird grundsätzlich nicht finanziell entlohnt. Daher werden Freiwillige nur temporär und nur solche, die es sich leisten können, eingesetzt. Wesentlich wichtiger als finanzielle Entlohnung und damit zentraler Motivator ist vielmehr Wertschätzung gegenüber Person und Tätigkeit. Auf keinen Fall soll ein Verhältnis der Ausbeutung entstehen, was sowohl auf der finanziellen wie auch auf der inhaltlichen Ebene gilt. Gleichzeitig sollten sich Anforderungsprofil und Tätigkeitsumfang denjenigen bezahlter Kräfte jedoch auch nicht zu sehr angleichen, da in diesem Fall Konfliktpotenzial entstünde.

Förderung der organisationalen Verhaltensmuster

Während *Innovation/Kreativität* kaum aktiv gefördert wird, wird *Proaktivität* durch eine vergleichsweise hohe Fehlertoleranz und einen konstruktiven, ziel- und handlungsorientierten Umgang mit Fehlern gefördert. Letztlich ist Proaktivität aber vor allem eine Haltung, welche durch Gespräche, Arbeits- und Herangehensweisen sowie Erfolgserlebnisse gefestigt wird.

I.8.5   Mitarbeiter halten

Die Möglichkeit einer Weiterentwicklung im Rahmen der Tätigkeit spielt bei wellcome aus Mitarbeitersicht eine wichtige Rolle: eine gewisse Veränderung über Zeit wird dabei positiv gesehen

---

[630] Ein negativer, d.h. Korrumpierungseffekt wird nicht mit Sicherheit unterstellt und zumindest für den wellcome-Kontext angezweifelt, er wird aber prinzipiell für möglich gehalten.

[631] So können einzelne Mitarbeiter durch ihre Tätigkeit nur begrenzt Einfluss nehmen und sind sowohl vom restlichen Team als auch von zahlreichen Rahmenbedingungen abhängig.

und als notwendige Voraussetzung für eine Entwicklungsperspektive gefordert. Diese Veränderungsbereitschaft ist jedoch nicht bei jedem Mitarbeiter vorhanden, und nicht jeder bezieht aus Veränderung und Entwicklung Motivation sowie den Wunsch nach langfristiger Bindung. In solchen Fällen, bei denen die Bindung zumeist an einem speziellen Projekt hängt, kann eine klar kommunizierte projektgebundene befristete Anstellung die beste Lösung für beide Seiten sein.

Das Ermöglichen von Entwicklungsperspektiven vonseiten der Organisation findet vergleichsweise unstrukturiert statt und entwickelt sich aus den Tätigkeiten und der inhaltlichen organisationalen Entwicklung; einen strukturierten individuellen Entwicklungsplan gibt es nicht. Neben internen Perspektiven ermöglicht wellcome als erfolgreiche und anerkannte Organisation auch Einstiege in andere Organisation und kann hierbei als ‚Sprungbrett' dienen. Auch wenn dies einer langfristigen Bindung tendenziell eher zuwiderläuft, ist es doch ein Kriterium, das die Attraktivität von wellcome als Arbeitgeber und damit die kurz- bis mittelfristige Bindung erhöhen kann.

I.8.6 Übersicht wellcome

Status Quo & Kontext	Mitarbeitermotivation steht im Zentrum der organisationalen Aufmerksamkeit | *Vergleichsweise systematischer Ansatz* auf drei Ebenen: Sicherheit (Gehalt, Arbeitsbedingungen), Wertschätzung (Team, gemeinsame Aktivitäten) & Sinn (intrinsische Motivation) | *Motivationsmuster*: Intrinsische Motivation, Professionalität & Reputation der Organisation, Team/Arbeitsatmosphäre, Wertschätzung, Vertrauensverhältnis zur Geschäftsführung & Autonomie
Mitarbeiter gewinnen	Recruiting primär intuitiv, gelegenheitsorientiert & fallbezogen | Anbahnung: Kontakte & Netzwerke | *Systematischer Auswahlprozess* mit Anforderungsprofilen; Persönlichkeit & Team-Fit am wichtigsten (daher Hospitationen)

Mitarbeiter führen & entwickeln	Grundlegende führungsrelevante Aspekte

• *Unternehmensleitbild* mit Mitarbeitern erarbeitet; handlungsleitender Einfluss & Motivation (Werte & Leitsätze)
• *Gründerin* ist *zentrale Integrations-/Führungsfigur* (glaubwürdig & authentisch, Vorbildfunktion, geringe Distanz)
• *Organisationskultur* partnerschaftlich und familiär; gewisse Diversität angestrebt (bspw. Alter oder Geschlecht)

Autonome Motivation und Anreizsysteme	Kontrollierte Motivation und Anreizsysteme
• *Autonomie & selbstbestimmtes Arbeiten* durch gegenseitiges Vertrauen & möglichst wenig Kontrolle • *Klares Erwartungsmanagement*; *Wertschätzung* (durch Zeit, Lob/Anerkennung, respektvollen Umgang & gemeinsames Zelebrieren von Erfolgen); lösungs- & lernorientiertes, inhaltliches *Feedback* (Holschuld bei Mitarbeiter, kritisch bei ‚Upward-Feedback'); formale *Trainings* & Formate zum *internen Erfahrungsaustausch* nicht vorhanden (seitens Mitarbeiter aber gewünscht) • *Zugehörigkeit* durch familiäre Kultur (Team, Arbeitsklima) sowie gemeinsame Veranstaltungen • *Zielvereinbarungen* nicht mit Sanktionen oder Prämien verknüpft, sondern informativ-handlungsleitend	• *Festgehalt* wichtig, aber keine Priorität (kritischer Erfolgsfaktor: Stimmiges Gesamtpaket) • Orientierung am TVöD, keine vollständige Transparenz (interne Gehaltsstruktur sensibles Thema) • Kritisch sind (potenziell) kostenintensive Expertisen, wofür daher externe Dienstleister genutzt werden • *Monetäre Anreize* nicht genutzt & sehr kritisch gesehen (abnehmender Nutzen, Unvergleichbarkeit der Ziele), höchstens einmalige & leistungsunabhängige Prämien

Freiwilligenmanagement

• Klarer Führungsansatz: Motivation durch Wertschätzung gegenüber Person & Tätigkeit, d.h. keine inhaltliche Ausbeutung oder finanzielle Entlohnung

| **Mitarbeiter halten** | *Langfristige Bindung* nicht prioritär & individuell: Kein strukturierter Personalentwicklungsprozess, Perspektiven ergeben sich aus der Tätigkeit/organisationalen Entwicklung sowie der Veränderungsbereitschaft der Mitarbeiter \| wellcome als ‚Sprungbrett' dank Reputation (Attraktivität & Steigerung der *kurz-/mittelfristigen Bindung*) |

II.   Motivation im Führungskontext – fallübergreifend identifizierte Muster

II.1   Allgemeine Situation und Status von Motivation im Führungskontext

Grundsätzlich wird Motivation im Führungskontext von fast allen Organisationen als ein wichtiges Thema bezeichnet, welches – zumindest prinzipiell – auch zunehmend als aktive Führungsaufgabe identifiziert wird. In der Praxis findet jedoch mehrheitlich noch keine entsprechende Würdigung und Umsetzung dieser Erkenntnis – im Sinne einer umfassenden Strategie mit standardisierten/strukturierten Vorgehensweisen und Prozessen – statt. Vielmehr kann das konkrete Vorgehen als intuitiv und stark individuell/bedarfsorientiert [632] (BOOKBRIDGE, DSE) oder wenig strukturiert und situativ [633] (DSE, GCL, iq consult) charakterisiert werden. So werden zwar durchaus vereinzelt (und immer häufiger) Personalentwicklungsinstrumente eingesetzt, jedoch sind diese hinsichtlich des Institutionalisierungsgrades sowie der inhaltlichen und prozesstechnischen Stringenz noch weitestgehend rudimentär. Des Weiteren gibt es bis auf wenige Ausnahmen (KiKu, sfw) keine dedizierten Personalressourcen, und es genießt keine budgetäre Priorität (sfw).

Eine Ursache für diesen weitgehend geringen Professionalisierungsgrad ist das noch frühe Entwicklungsstadium einiger Organisationen und die andauernden Veränderungen der organisationalen Strukturen/Prozesse sowie des Geschäftsmodells, was letztlich enorme Kräfte bindet. Eine zweite, ebenso wichtige Ursache ist die grundsätzliche Annahme und Haltung der meisten Organisationen, dass intrinsische Grundmotivation von Mitarbeiterseite vorausgesetzt werden kann und muss, und diese seitens der Organisation nicht aktiv erzeugt, sondern höchstens erhalten werden kann. Dies sorgt wiederum dafür, dass explizite und strikte Prozesse/Instrumente zur Mitarbeitermotivation bisher kaum oder nur zögerlich angegangen wurden:

„Es wird uns zunehmend bewusst, dass Motivationsmanagement eine wichtige Führungsaufgabe ist. Das haben wir in der Vergangenheit so nicht wahrgenommen oder als nicht so bedeutsam eingeschätzt [...]. [...] man geht mehr oder weniger implizit davon aus, [...] dass all diejenigen Mitarbeiter, die in unserer Organisation tätig werden, eine analoge [intrinsische, d.V.] Motivation mitbringen und nicht zusätzlich motiviert werden müssen. Motivatoren haben wir [...] bisher nicht so richtig angewandt [...]. Wir sind immer sehr stark von dieser intrinsischen Motivation ausgegangen. " [634]

„[...] wir arbeiten aber mit relativ wenig Methoden [...] in dieser ganzen Mitarbeiterführung. [...] Ich halte wenig davon [...] mit so strikten Methoden, mit Zielerreichung und Pipapo, was man den Mitarbeitern alles an die Hand gibt [...] Die tun ja eh, was möglich ist, aus ihrer eigenen Motivation heraus [...]. " [635]

---

632   In ausgeprägter Form nur in kleinen, überschaubaren Teams umsetzbar.
633   Keine institutionalisierten, ‚automatischen' Anreizsysteme, sondern abhängig von unmittelbarer Wichtigkeit des Themas; keine proaktive, sondern (auf Problemsituationen/Handlungsbedarf) reagierende Herangehensweise.
634   Interview mit Andreas Heinecke, Gründer & CEO, DSE (geführt am 24.11.2011)
635   Interview mit Björn Czinczoll, Gründer & Geschäftsführer, Kinderzentren Kunterbunt (geführt am 19.10.2011)

Nichtsdestotrotz herrscht allgemeiner Konsens, dass Motivation im Führungskontext im Zuge steigender Mitarbeiterzahlen und wachsender Strukturen immer wichtiger wird. Des Weiteren ist die Motivationssituation ungleich komplexer als die zumeist schlicht vorausgesetzte intrinsische Motivation: Zum einen kann die autonome Motivation, d.h. intrinsische und internalisierte extrinsische Motivation (vgl. hierzu auch Kap. B.II.3.4), durch vielfältige Instrumente begünstigt und gefördert werden. Zum anderen bedarf es auch im Rahmen der kontrollierten (extrinsischen) Motivation differenzierter Entscheidungen, inwiefern und inwieweit monetäre und materielle Instrumente eingesetzt werden können und sollten. In diesem Sinne ist eine zunehmende Professionalisierung im Sinne einer Systematisierung und Strukturierung grundsätzlich als unabdingar anzusehen, wenn auch mit unterschiedlich formulierten Schwerpunkten.

II.2 Grundlegende Motivationsmuster

Dass der Schwerpunkt auch weiterhin auf der Förderung und dem Erhalt der intrinsischen Motivation liegen muss und wird, wird im Kontext der grundlegenden Motivationsmuster deutlich: So wird die intrinsische Motivation – welche sich u.a. in Interesse und Spaß an der Tätigkeit, hoher Handlungswirksamkeit, realisierter gesellschaftlicher Veränderung/Mission, starker Identifikation mit den Inhalten sowie persönlicher Erfüllung und Selbstverwirklichung durch die Sinnstiftung der Tätigkeit ausdrückt – über alle Organisationen hinweg als zentraler Motivator benannt. Des Weiteren werden insb. Motivatoren als wichtig eingestuft, welche direkt oder indirekt einen Einfluss auf die intrinsische oder autonome Motivation nehmen: Autonomes Arbeiten und (Eigen-)Verantwortung (⇨ Autonomie), Anforderungsvielfalt, Organisationskultur, Teamzusammenhalt und allgemeine Arbeitsatmosphäre (⇨ Zugehörigkeit). Ergänzend werden das Führungsverhalten bestreffende Merkmale (Charisma und Führungsqualitäten, aber auch ein durch Wertschätzung und Vertrauen geprägtes Verhältnis) sowie primär nach außen gerichtete Charakteristika (Professionalität, Effizienz und Erfolg, Marke und Reputation der Organisation, internationales und dynamisches Umfeld sowie das Konzept des Social Entrepreneurship) genannt. Gehalt und monetäre Anreize werden in diesem Zusammenhang – mit nur wenigen Ausnahmen – nicht als relevante Motivatoren erwähnt (vgl. Kap. D.II.4.3.1/D.II.4.3.2).

II.3 Mitarbeiter gewinnen/Recruiting

Prinzipiell herrscht beim Recruitings in vielen der untersuchten Organisationen die komfortable strategische Position eines *Nachfrageüberhanges* (GCL, infoklick.ch, iq consult, KiKu, sfw).[636] Da ohnehin bei den meisten Organisationen aufgrund der überschaubaren Größe nur gelegentlich einzelne Stellen vergeben werden, ist ein standardisierter, strategischer Recruitingprozess denn auch nicht existent. Vielmehr findet das Recruiting zu weiten Teilen *gelegenheitsorientiert* (d.h. situa-

---

[636] Mehr Bewerber als offene Stellen – Gründe hierfür sind u.a. eine (bekannte) Marke, eine spezielle inhaltliche Nische sowie die aktuelle Popularität von Social Entrepreneurship.

tiv, intuitiv und zufällig) und wenig strukturiert statt.[637] Konkret heißt dies, dass in hohem Maße auf mehr oder weniger zufälligen persönlichen Kontakt, erkannte Potenzialen und Intuition der Geschäftsführung vertraut wird, ggf. auch unabhängig von konkreten organisationalen Bedarfen:

„Und wir schauen im Umfeld, wer schon in solchen Projekten mitarbeitet, mit wem wir guten Kontakt haben, wer erfolgreiche Projekte in der Jugendarbeit macht. [...] Also schon, das Netzwerk wächst natürlich ständig, und es gibt immer mehr Kontakte [...]. [...] Also wir haben zum Beispiel noch nie eine Stelle ausgeschrieben, und solange ich da bin, werden wir auch nie eine ausschreiben.“ [638]

„Da passiert eigentlich immer noch [...] viel durch Zufall, Recruiting durch Zufall, weil man halt gerade zur richtigen Zeit am richtigen Ort war.“ [639]

„Also ich bin immer offen für Menschen, das mal ganz grundsätzlich. Ich bin auch sehr stark opportunitätsgetrieben. [...] Ich persönlich sehe erst mal die Potenziale von Menschen. [...] Ich bin immer offen, und auch wenn ich jemanden einfach als motiviert erkenne, folge ich da meiner Intuition.“ [640]

Im Rahmen dieser Bemühungen spielen persönliche und geschäftliche *Netzwerke des Gründers oder der Organisation*[641] eine zentrale Rolle (BOOKBRIDGE, DSE, infoklick.ch, iq consult, sfw, wellcome). Als primäre Plattform und Ressource für das zuvor erwähnte gelegenheitsorientierte und persönliche Recruiting ermöglichen sie es, mit moderatem Aufwand Personen zu identifizieren, welche durch die Netzwerkzugehörigkeit in gewisser Weise vorselektiert sind sowie intrinsische Grundmotivation und Interesse mitbringen. Der weitgehende Verzicht auf formales Recruiting zugunsten eines persönlichen Ansatzes ist daher nicht nur Ausdruck eines eventuell frühen Entwicklungsstadiums der Organisation. Vielmehr wird ein persönlicher Ansatz ganz bewusst genutzt: So sind (fachliche) Kompetenzen im Sozialunternehmenskontext zwar ohne Zweifel relevant[642], jedoch spielen die Persönlichkeit (Motivation, Einstellungen und individuelle Herangehensweisen) sowie der Team- und Kultur-Fit eine mindestens ebenso wichtige Rolle (BOOK-BRIDGE, DSE, infoklick.ch, KiKu, sfw, GCL, wellcome). Ein Recruiting anhand letzterer Auswahlkriterien lässt sich auf Basis persönlicher und geschäftlicher Kontakte/Netzwerke in besonderer Weise realisieren, wie Carsten Rübsaamen (BOOKBRIDGE) beispielhaft ausführt:

„Und da merke ich halt auch, wie wichtig es für mich ist, wenn es um das Thema Aufmerksamkeit geht, erst mal die Leute von einem Schlag, wo ich mir vorstellen kann, dass sie hier im Team arbeiten könnten, für mich

[637] Allerdings gibt es eine Unterscheidung nach Zielgruppe: So werden Fachpersonal (bspw. Erzieher bei KiKu) sowie weitere Stellen mit klar definiertem Tätigkeitsumfang und umfassend spezifizierter Expertise (bspw. Bürokräfte, kaufmännischer Bereich, IT) in der Tendenz vergleichsweise gezielt und strukturiert rekrutiert (d.h. über gängige Kanäle wie bspw. ‚klassische' Stellenausschreibungen).
[638] Interview mit Markus Gander, Gründer & Geschäftsführer, infoklick.ch (geführt am 25.10.2011)
[639] Interview mit Carsten Rübsaamen, Gründer & Stiftungspräsident, BOOKBRIDGE (geführt am 24.10.2011)
[640] Interview mit Andreas Heinecke, Gründer & CEO, DSE (geführt am 24.11.2011)
[641] Diese sind zumeist im Bereich des Social Entrepreneurships verortet und reichen von privaten über geschäftliche Kontakte bis hin zu den umfassenden Netzwerken im Rahmen von Ashoka, Schwab Foundation etc.
[642] Mischung aus Fachkompetenz, ökonomischen Kenntnissen/Herangehensweisen (bspw. unternehmerisches und Effizienzdenken) sowie sozialer/gesellschaftlicher ‚Kompetenz' (u.a. GCL, iq consult, wellcome).

zu gewinnen. Und das funktioniert eben nicht über Unikum und irgendwie andere Plattformen oder Monster.de oder wie auch immer, sondern das funktioniert eigentlich rein ausschließlich über persönliches Netzwerk. Über persönliches Netzwerk, das wir im Team haben, aber dann auch, was ich zum Beispiel noch über die Uni oder in meiner Heimatregion habe. [...] Und dementsprechend möchte ich [...] schon gerne gucken, dass das in einem persönlichen Netzwerk bleibt [...]."[643]

Gleichzeitig birgt ein solcher Ansatz jedoch durch den eingeschränkten Recruiting-Pool auch die Gefahr einer letztlich zu homogenen und einseitigen Teamstruktur[644]: In diesem Sinn wird für eine mittel- bis langfristig notwendige Diversität hinsichtlich Alter, Wissen, Hintergrund, Erfahrungsschatz und Kompetenz eine zunehmende Diversifizierung der Recruitingkanäle sowie Professionalisierung des Recruitingprozesses angemahnt, um einen breiteren Personenkreis ansprechen zu können (BOOKBRIDGE). Deutlich wird diese Diversität auch in den angestrebten Recruiting-Zielgruppen: Diese umfassen sowohl Universitätsabsolventen aus verschiedensten Richtungen als auch Personen mit Berufserfahrung im gemeinnützigen wie privatwirtschaftlichen Sektor. Bei aller Vielfalt bleibt es nicht zuletzt angesichts des grundsätzlichen Nachfrageüberhangs das Ziel, nicht möglichst viele, sondern qualifizierte Bewerbungen zu bekommen (sfw).

Ansätze einer *Diversifizierung der Anbahnungs- und Recruitingkanäle* können aktuell schon beobachtet werden: So wird bei vielen Organisationen die Bekanntheit über die Netzwerke selektiv ergänzt und verstärkt, sei es durch verstärkte (Marken-)Präsenz, virtuelle Stelleninserate mittels eigenem Internetauftritt oder ausgewählten Online-Recruitingplattformen sowie durch die Teilnahme an Veranstaltungen und Konferenzen. All dies hilft, einen erweiterten Personenkreis anzusprechen und die Anzahl von qualifizierten Initiativbewerbungen zu steigern (KiKu, GCL, infoklick.ch, iq consult, sfw). Des Weiteren werden Überlegungen geäußert, zukünftig vereinzelt auch spezialisierte Headhunter in den Identifizierungs- und Anbahnungsprozess miteinzubeziehen (BOOK-BRIDGE, sfw): Diese könnten insb. bei solchen Zielgruppen nützlich sein, die über Netzwerke und den originären Social Entrepreneurship-Aufmerksamkeitsbereich nur schwer zu erreichen sind, wie bspw. Personen mit spezifischen Kompetenzen und Erfahrungen aus der Privatwirtschaft oder sog. (zumeist privatwirtschaftsaffine) ‚High Potentials' (MBA-Absolventen, etc.).

Zum anderen wird teilweise eine zunehmende *Objektivierung und Standardisierung des Recruitingprozesses* verfolgt: Während eine mehr oder weniger systematische Ausarbeitung von Stellen- und Anforderungsprofilen allgemein üblich ist, werden diese durch Gesprächsleitfäden mit dem Versuch objektiver Auswahlkriterien für die Bewerbungsgespräche ergänzt (sfw). Des Weiteren begleiten vereinzelte dedizierte Personalressourcen den Recruitingprozess und entwickeln diesen weiter (KiKu, sfw). All dies macht den Recruitingprozess objektiver, qualitativ besser und effizienter und unterstützt die zuvor erwähnte notwendige Diversifizierung.

---

[643] Interview mit Carsten Rübsaamen, Gründer & Stiftungspräsident, BOOKBRIDGE (geführt am 24.10.2011)
[644] Auch wenn diese Gefahr nicht überall als relevant oder kritisch angesehen wird (bspw. infoklick.ch).

II.4   Mitarbeiter führen und entwickeln

II.4.1 Grundlegende führungsrelevante Einflussfaktoren

II.4.1.1 Unternehmensleitbild

Prinzipiell haben sämtliche Organisationen ein Unternehmensleitbild bestehend aus Vision und/oder Mission. Während dieses im externen Kontext primär als explizites, ausformuliertes Statement eine Informationsfunktion wahrnimmt, wird im internen Kontext die explizite Form des Unternehmensleitbildes (d.h. die reine Existenz/Formulierung) allgemein als nicht motivationsrelevant angesehen. Ein *langfristiger Motivationsnutzen* des Unternehmensleitbildes entsteht nur, wenn dieses aktiv gelebt wird und konkrete Ergebnisse aus diesem Handeln sichtbar werden (GCL). Hierzu sind allerdings einige Voraussetzungen notwendig: Zum einen müssen aus dem Unternehmensleitbild klare Handlungsimplikationen und Leitsätze ableitbar sein, welche als strategische und operative Handlungs- und Entscheidungsgrundlage dienen können (BOOK-BRIDGE). In diesem Sinne ist das Unternehmensleitbild eine handlungsleitende Richtschnur, mithilfe derer alle Aktivitäten und Entscheidungen auf das zentrale gesellschaftliche Ziel der Organisation ausgerichtet werden (infoklick.ch, wellcome). Des Weiteren muss das Unternehmensleitbild in Form verinnerlichter Werte und Leitsätze in Kultur und alltäglichem Tun der Organisation verankert sein (GCL, sfw, wellcome). Daher wird das Unternehmensleitbild auch vielfach in enger Zusammenarbeit mit den Mitarbeitern entwickelt (GCL, sfw, wellcome). Nichtsdestotrotz wird die interne Harmonisierung des impliziten Verständnisses des Unternehmensleitbildes, d.h. dessen konsistente Bedeutung und handlungsleitende Relevanz, als große Herausforderung angesehen (DSE, sfw). Dies gilt insb. im Kontext globaler Organisationen (sfw).

II.4.1.2 Führungsverhalten

Das Führungsverhalten und dessen Qualität wurden eingangs im Rahmen der grundlegenden Motivationsmuster als bedeutsame Motivatoren identifiziert. Bei nahezu allen Organisationen wird der Gründer als *zentrale und dominante Führungspersönlichkeit* bezeichnet.[645] Als solche ist der Gründer zunächst einmal Visionär und Galionsfigur nach außen sowie Identifikations- und Integrationsfigur nach innen. Gerade die interne Wirkung des Gründers äußert sich in einer besonders motivierenden Art und charismatischen Ausstrahlung (sfw), aber auch in der Tatsache, dass er durch sein natürliches, alltägliches Verhalten in besonderer Weise für die Werte und Inhalte der Organisation steht. Letzteres gelingt, indem er im alltäglichen Tun große Begeisterung, Engagement und eine hohe Identifikation vorlebt (BOOKBRIDGE, DSE, wellcome), Sinn und Werte der Organistion glaubwürdig, authentisch und überzeugend verkörpert (DSE, wellcome) sowie diese nüchtern und sachlich vertritt (KiKu). Des Weiteren ist er zentraler Entscheider und

---

[645]   Eine Ausnahme ist GCL: Hier wird die Führung von einem aus mehreren Personen bestehenden Führungsteam ausgeübt; trotzdem hat der Gründer/Spiritus Rector (Yunus) auch aus der Ferne eine große Wirkung.

Impulsgeber, welcher insb. bei der Entwicklung und Umsetzung von Projekten einen immensen Einfluss ausübt (infoklick.ch, iq consult). Schließlich ist seine Rolle als zentraler Ansprechpartner mit Vorbildfunktion zu nennen, welche sich vor allem im kooperativen Führungsstil ausdrückt: So ist er begeisternd und unterstützend, und pflegt ein freundschaftliches Verhältnis (BOOK-BRIDGE) sowie einen engen Kontakt (KiKu, wellcome) zu den Mitarbeitern. Wertschätzung für Person und Arbeit spielen allgemein eine zentrale Rolle im Führungsverständnis; hierbei geht eine angenehme, integrierende Persönlichkeit mit einem hohen Maß an Empathie, Unterstützung und Förderung für die Mitarbeiter einher (DSE, wellcome). Der Anspruch eines engen Kontaktes sowie einer alltäglichen Unterstützung zeigt sich bei infoklick.ch bspw. in häufigen Besuchen der regionalen Standorte, einer unbürokratischen Erreichbarkeit sowie dem Angebot von Unterstützung im Arbeitsalltag. Gesamthaft kann der Führungsstil als transformativ und charismatisch bezeichnet werden (vgl. auch Kap. B.II.3.3, Abschnitt Führungsverhalten), was der Person und dem Verhalten des Gründers/der Geschäftsführung und insb. dem Aspekt der Interaktion mit den Mitarbeitern eine hohe Wichtigkeit zuweist sowie eine hohe Motivationswirkung impliziert.

Es werden jedoch auch einige potenziell kritische Aspekte genannt: Zum einen kann es bei einem engen, offenen und freundschaftlichen Verhältnis ein schwieriger Balanceakt sein, effektives Führungsverhalten zu realisieren, welches u.a. Einforderung gewisser Leistungen, Direktive sowie Diplomatie und Zurückhaltung im Umgang mit den Mitarbeitern erfordert (BOOKBRIDGE). Zum anderen ist bei nahezu allen Organisationen ein sinkender direkter Einfluss des Gründers zu verzeichnen aufgrund wachsender Strukturen, einer zunehmenden Dezentralisierung und Distanz sowie der zahlreichen externen Verpflichtungen. Von den einen wird dies aufgrund vorhandener familiärer Strukturen als weitgehend unproblematisch gesehen (KiKu) oder im Sinne einer zunehmenden Entkopplung als notwendiger Schritt im Zuge einer gesunden Organisationsentwicklung bezeichnet (sfw), im Rahmen derer die Verantwortungslast zunehmend auf mehrere Schultern verteilt wird und die Projekt- oder Abteilungsleiter sukzessive Führungsverantwortung sowie die Rolle eines direkten Ansprechpartners übernehmen (infoklick.ch, iq consult, KiKu, sfw). Andere sehen die Entwicklung und ihre Folgen jedoch dann als Herausforderung und Gefahr, wenn zwischen Geschäftsleitung und Mitarbeitern eine unmittelbare inhaltliche Zusammenarbeit stattfindet: Erstere haben dann zwar den Anspruch, nicht jedoch die nötige Zeit, um hinreichend klar kommunizieren, entscheiden und steuern zu können; die resultierende Abhängigkeit und Inflexibilität der Mitarbeiter kann wiederum zu verlangsamten Prozessen führen und ein effizientes und effektives Arbeiten verhindern (DSE, iq consult). Außerdem birgt der eingeschränkte Dialog zwischen Mitarbeitern und Geschäftsführung die Gefahr einer Wahrnehmungsdiskrepanz und Ungleichzeitigkeit, welche potenziell zu Unzufriedenheit führt.[646] Es wird daher deutlich,

---

[646] So kann bspw. bei iq consult die Geschäftsführung nicht mehr auf jeden Mitarbeiter eingehen und kennt damit oftmals nicht dessen spezifische Problemlagen; gleichzeitig vermissen viele Mitarbeiter den ehemals engen Dialog auf sachlicher und emotionaler Ebene und wollen – trotz oder gerade wegen der Organisationsentwicklung – nicht auf diesen verzichten. Auch die Rolle als Visionär/Vordenker fördert die Distanz zu einigen Mitarbeitern.

dass neben der zweifellos wichtigen und dominanten Gründerpersönlichkeit zukünftig auch tragende *dezentrale Führungsstrukturen notwendig* sind bzw. sein werden.

II.4.1.3   Organisationskultur

Die Organisationskultur wird allgemein als wichtiger Motivator bezeichnet. Sie ist dabei vor allem geprägt von zwei Charakterstika, welche zunächst einmal als gegensätzliche Pole erscheinen: *Homogenität und Diversität.* Homogenität äußert sich in einer ähnlichen Grundhaltung und allgemeinen Identifikation mit den Werten und Inhalten der Organisation (BOOKBRIDGE), in einer ähnlichen Denkweise sowie gleichen Zielen (GCL). Diversität wiederum offenbart sich in einem offenen und wertschätzenden Umgang miteinander, auch und gerade hinsichtlich der Andersartigkeit der Persönlichkeit, sei es durch bewusstes Zulassen von Emotionalität im Sinne von ‚Sich selbst sein dürfen' (BOOKBRIDGE) oder durch ein kreatives Umfeld aufgrund unterschiedlicher Charaktere und Persönlichkeiten (GCL). Diversität hinsichtlich Kompetenzen und Herangehensweisen ist ein weiterer genannter Aspekt (infoklick.ch).

Hinsichtlich der Dualität von Homogenität und Diversität unterscheiden sich die einzelnen Organisationen jedoch im konkret gesetzten Schwerpunkt. So kann bei einigen Organisationen ein vergleichsweise starker Fokus auf eine persönliche oder familiäre Kultur mit starker partnerschaftlicher Komponente und persönlicher Nähe beobachtet werden (DSE, KiKu, wellcome). Doch auch wenn bei KiKu der Familiencharakter (‚KiKu-Family') den Aspekt der Homogenität stark in den Vordergrund rückt, heißt dies nicht, dass Diversität in einer familiären Kultur keinen Platz hätte und nicht vorhanden oder erwünscht wäre: So spielt bei KiKu auch das ‚sich füreinander Interessieren' und ‚Zeitnehmen' sowie die Wertschätzung des Anderen eine wichtige Rolle, bei DSE ist Diversität nicht zuletzt aufgrund der Anstellung von Menschen mit Behinderung ein zentraler Aspekt, und auch wellcome ist an einer stärkeren Diversität des Teamgefüges hinsichtlich Alter und Geschlecht interessiert. Eine noch ausgeprägtere Dualität ist bei BOOKBRIDGE und GCL zu beobachten, bei denen, wie zuvor beschrieben, eine Gleichwertigkeit/Gleichgewicht der beiden Aspekte herrscht und dies auch konkret als positiv benannt wird.

Dass der Aspekt der Diversität als Kontrast oder Ergänzung eine wichtige Rolle spielt, indem er eine einseitige, statische Kultur verhindert und Dynamik schafft, wird schließlich im Falle von infoklick.ch besonders deutlich, von dessen Gründer eine zu homogene Kultur langfristig als bremsend, eine gewisse Diversität hingegen als vitalisierend empfunden wird:

„Ja, eben, ich hab jetzt gemerkt, dass wir eigentlich zu viele Sozialarbeiter hatten. Also das ist ein bestimmter Groove, der da herrscht, eine bestimmte Kultur, eher auch bremsend, also für mein Empfinden. [...] Es dürfen dann auch nicht nur die Handwerker sein, das braucht ja dann verschiedene Kompetenzen. Also du musst auch jemanden haben, der ein gutes Konzept schreiben kann oder der eben auch Hintergründe kennt, pädagogi-

sche oder psychologische, aber ich brauche eben auch die anderen, die Macher, die ohne Angst und ohne Schrecken alles anpacken, was man anpacken kann." [647]

infoklick.ch ist ohnehin bestrebt, die Organisationskultur keine einseitigen Ausprägungen annehmen zu lassen, sondern diese vielmehr ausgewogen zu gestalten.[648]

Trotzdem ist die allgemeine Tendenz hin zu einer im Kern persönlichen, partnerschaftlichen oder auch familiären Kultur ein charakteristisches Merkmal für Sozialunternehmen, welches auch im zuvor beschriebenen kooperativen Führungsverhalten des Gründers sowie den überwiegend kleinen und engen Teams begründet liegt. Überdies schafft diese Kultur in besonderer Weise ein Gefühl der Zusammengehörigkeit, was im Allgemeinen als wichtiger Motivator wahrgenommen wird. Aus diesem Grund ist eine zunehmende Professionalisierung von Sozialunternehmen hinsichtlich Organisationsstruktur und -prozesse auch kritisch zu sehen: So können etwaige Professionalisierungsbetrebungen negative Auswirkungen auf die Kultur haben (potenziell unpersönlich, Aufbau von Leistungsdruck und Kontrolle, etc.) und letztlich demotivierend wirken (DSE). DSE hat daher seine umfassenden Professionalisierungsbestrebungen eingestellt und fokussiert nun wieder auf eine familiäre, persönliche Organisationskultur mit enger Bindung:

„Wir wollten so ‚vom Club zur Company', und jetzt glaube ich ist das langfristige Konzept lieber ‚von Firm zu Family', also wieder das Ziel, was ich vorher sagte, wenn wir überhaupt eine Chance haben zu überleben, dann nur über eine ganz, ganz starke persönliche Bindung mit den Menschen, die hier die Treiber sind. Und das geht nur, wenn wir auch eine gewisse Kleinheit haben." [649]

Eine zentrale Herausforderung im Kontext der Organisationskultur ist die *Verwirklichung einer allgemein bindenden Gesamtorganisationskultur*, wenn verschiedene Organisationsebenen existieren. So sind im Rahmen des Social Franchising-Ansatzes von DSE verschiedene Organisationsebenen im Geschäftsmodell begründet[650], welche hinsichtlich der Tätigkeitsinhalte signifikant unterschiedlich sind und deshalb die Gefahr von getrennten Welten und Kulturen mit ggf. inkompatiblen Motivationsmustern und -mechanismen droht. Die Herausforderung ist daher, einen jeweils spezifischen Ansatz zu finden, dabei aber gleichwohl die Organisation als Ganzes zusammenzuhalten, ohne dass sich die Welten gänzlich voneinander entkoppeln. Ein weiteres Beispiel sind ausgeprägte Projekt-, Abteilungs- oder Regionalstrukturen (infoklick.ch, iq consult), welche bei den Mitarbeitern eine entsprechend starke Orientierung zu und Identifikation mit ebendiesen bewirken und regelrechte Subkulturen entstehen lassen können. Schafft dies zwar autonome Bereiche und wirkt positiv auf die Leistungsbereitschaft hinsichtlich des konkreten Tätigkeitsbe-

---

[647] Interview mit Markus Gander, Gründer & Geschäftsführer, infoklick.ch (geführt am 25.10.2011)
[648] So ist der Gründer in diesem Zusammenhang sowohl gegen eine ‚Hero-Kultur', welche allein auf eigene Stärke und Erfolg fokussiert (mit der Gefahr der Selbstüberschätzung) als auch gegen eine übermäßig auf Nähe sowie Harmonie oder Konflikte bedachte familiäre Kultur (mit der Gefahr einer übermäßigen Problematisierung).
[649] Interview mit Andreas Heinecke, Gründer & CEO, DSE (geführt am 24.11.2011)
[650] DSE Franchisegeber-Holding auf der einen (welche im Rahmen dieser Arbeit auch schwerpunktmäßig betrachtet wird) sowie der Ausstellungs- und Museumsbetrieb auf der anderen Seite.

reiches, kann es jedoch zugleich auch zulasten von Interesse, Commitment und Verantwortung gegenüber der Gesamtorganisation gehen und zu destruktivem Konkurrenzdenken führen (iq consult). Auch hier bedarf es einer sorgfältigen Abwägung der Vor- und Nachteile, um entscheiden zu können, inwieweit dezentrale Strukturen und Kulturen gefördert oder eingeschränkt werden sollten (iq consult) und inwiefern ein Austausch ermöglicht werden kann (infoklick.ch). So möchte bspw. iq consult auf Gesamtorganisationsebene inhaltliche Synergien, Effizienz- und Kosteneinsparungspotenziale realisieren und ist daher bestrebt, die vorhandene Projektorientierung zugunsten einer starken Gesamtorganisationskultur zu vermindern. Dies ist letztlich ein langfristiger und auf kultureller Ebene heikler Prozess.

II.4.2 Autonome Motivation und Anreizsysteme

II.4.2.1 Autonomie

Autonomie wird allgemein als zentraler Aspekt der Arbeit in einem Sozialunternehmen, bedeutender Motivator sowie als wichtig für die Zukunftsfähigkeit der Organisation (iq consult) angesehen. Autonomie wird in diesem Sinne auch als ein wichtiger Eckstein der Führungsphilosophie bezeichnet (insb. BOOKBRIDGE, infoklick.ch, sfw, wellcome).

Autonomie und autonomes Verhalten äußert sich primär auf zwei Ebenen: einer formalen strukturbezogenen sowie einer tätigkeitsbezogenen Autonomie. *Formale strukturbezogene Autonomie* ist zum einen dadurch gekennzeichnet, dass einzelne Mitarbeiter eigene Bereiche eigenverantwortlich und selbstbestimmt verwalten. Dabei tragen sie die inhaltliche Verantwortung und können so eine hohe persönliche Handlungswirksamkeit realisieren (u.a. BOOKBRIDGE, GCL, sfw). Zum anderen kann vereinzelt eine starke Autonomie auf Regional- oder Projektebene beobachtet werden – mit allen Vor- und Nachteilen, die zuvor im Kontext der Organisationskultur beschrieben wurden (vgl. Kap. D.II.4.1.3). Beispielhaft deutlich wird dies bei infoklick.ch, das eine weitreichende regionale und inhaltliche Dezentralisierung vollzogen hat, im Rahmen derer die Regionalstellen und Projekte weitgehend selbstständig und eigenverantwortlich arbeiten, was sowohl hinsichtlich der entstehenden Motivation als auch der Leistungsfähigkeit und Ergebnisse als positiv beurteilt wird. Demgegenüber ist bei iq consult eine Regionalisierung zwar existent, jedoch weit weniger ausgeprägt, und Projektautonomie wird zugunsten einer starken Gesamtorganisation begrenzt (nicht zuletzt durch starke operative Involvierung der Geschäftsführung).

Während die formale strukturbezogene Autonomie die Makroperspektive beschreibt, richtet die *tätigkeitsbezogene Autonomie* den Blickwinkel auf die Mikroebene, wobei beide Ebenen letztlich eng miteinander verwoben sind und aufeinander einwirken. Tätigkeitsbezogene Autonomie äußert sich in grundsätzlicher Entscheidungsfreiheit sowie großen inhaltlichen Gestaltungsspielräumen der Mitarbeiter (BOOKBRIDGE, DSE, GCL), wobei Verantwortung und eigenverantwortliches, selbstständiges Arbeiten sowohl ermöglicht als auch aktiv eingefordert wird (GCL, infoklick.ch, iq consult, KiKu). Von Mitarbeiterseite würde die Motivation, eigene Ideen eigenverantwortlich zu verfolgen, indes noch steigen, wenn von Organisationsseite deutlicher gemacht würde, dass solche Aktivitäten als originärer Teil des Aufgabenbereiches anerkannt und nicht als ‚Privatvergnügen' eingeordnet oder schlicht vorausgesetzt werden (iq consult). Ein grundsätzliches Klima von Selbstbestimmheit entsteht durch gegenseitiges Vertrauen und möglichst wenig Kontrolle (wellcome), eine freie persönliche Entfaltung durch bspw. kreative Auszeiten und die Gewährung eines eigenen Arbeitsstils (GCL) sowie durch flexible Arbeitszeitregelungen (KiKu, sfw).

Autonomie hat jedoch auch *Restriktionen und Grenzen*. Auf Projektebene wurde schon beschrieben, dass eine umfassende Autonomie aus Gesamtorganisationsperspektive nicht immer gewünscht oder sinnvoll ist. Doch auch auf individueller Ebene ist Autonomie begrenzt, da autonomes Verhalten und Arbeiten hinsichtlich des Könnens und Wollens stark abhängig vom Persönlichkeitstyp des Mitarbeiters ist.[651] Eine Folge hiervon ist, dass Sozialunternehmen primär Personen rekrutieren, welche autonom arbeiten können und wollen (u.a. GCL, infoklick.ch, KiKu). Unabhängig von den individuellen Persönlichkeitsmerkmalen wird eine rahmengebende Struktur durch Weisungsbefugnisse, formale Berichtszuständigkeiten oder organisationale Strukturen/Prozesse als notwendig und sinnvoll erachtet (BOOKBRIDGE, GCL, infoklick.ch, sfw), und bei strategischer oder Budgetrelevanz von Entscheidungen ist in der Regel eine Abstimmung notwendig (GCL, iq consult, sfw). Bei alledem gilt es jedoch eine Balance zwischen Autonomie und rahmengebenden Strukturen zu finden, welche notwendige Absprachen ermöglicht, das alltägliche Arbeiten jedoch nicht übermäßig hemmt (iq consult). Werden flache Hierarchien in diesem Sinne als wichtige Voraussetzung für effektives Arbeiten verstanden, erscheinen zu viel und zu starre Hierarchien als demotivierend und bremsend (BOOKBRIDGE, GCL, KiKu).

II.4.2.2 *Anforderungsvielfalt & Kompetenzerleben*

Anforderungsvielfalt ist in den meisten Fällen aus der Tätigkeit heraus gegeben[652], wobei die Vielfalt primär in den offenen, innovativen Geschäftsmodellen, der Mischung aus gesellschaftlichem und wirtschaftlichem Fokus sowie dem dynamischen Umfeld der Organisationen begründet liegt:

> „[…] was bei unserer aller Tätigkeit […] schon sehr wichtig ist, […] dass ein großer Mix an Tätigkeiten da ist, der sehr spannend ist – dass ich also sowohl in der Mongolei in der Jurte bin, als auch im Fünf-Sterne-Hotel und vor dem Vorstand von der Telekom sitze, so ist das natürlich sehr abwechslungsreich."[653]

---

[651]   Während den einen ein solches Arbeiten liegt, sie sich in einem solchen Umfeld entfalten können und dies auch aktiv einfordern, gibt es andere, die damit weniger anfangen können und bei denen ein solches Umfeld sogar negative Auswirkungen auf die Leistungsfähigkeit hat (BOOKBRIDGE, infoklick.ch, KiKu, wellcome).

[652]   Eine weitere Steigerung der Anforderungsvielfalt über den unmittelbaren Tätigkeitsbereich hinaus plant sfw im Rahmen von internen/externen Rotationsmöglichkeiten, bei denen Mitarbeiter temporär Aufgaben in anderen Abteilungen/ ausgewählten Partnerorganisationen übernehmen können.

[653]   Interview mit Martina Knittel, Projektleiterin, BOOKBRIDGE (geführt am 24.10.2011)

„Eine besondere Stärke bei sfw aufgrund der Internationalität und Offenheit des Geschäftsmodells sind die vielfältigen Gestaltungsmöglichkeiten für die Mitarbeiter." [654]

Für ein *positives Kompetenzerleben* im Sinne einer Kongruenz von Anforderungen (der Aufgaben und Tätigkeiten) und Kompetenzen (der Mitarbeiter) ist eine adäquate Anforderungsvielfalt zwar notwendig, aber nicht hinreichend; vielmehr müssen hierzu auch den Mitarbeitern die richtigen und passenden Aufgaben zugeordnet werden. Grundlage ist die gängige Definition von klaren Aufgaben- und Tätigkeitsfeldern. Demgegenüber findet die konkrete *Zuordnung der Aufgaben* jedoch *weitgehend situativ und gelegenheitsorientiert* statt. So wird zwar allgemein versucht, die Kompetenzen und Präferenzen der Mitarbeiter möglichst zu berücksichtigen, was in der Regel auch für beide Seiten zufriedenstellend gelingt; letztlich findet jedoch kein systematischer Prozess und Abgleich statt, und im Zweifel geben andere Faktoren wie organisations-/projektbedingte Notwendigkeiten oder Ressourcenknappheit den Ausschlag. sfw plant in diesem Zusammenhang daher einen systematischen Prozess unter Federführung der Personalabteilung, in dem die Wünsche und Präferenzen mit den Stärken, Schwächen und Potenzialen der Mitarbeiter sowie den aktuellen und zukünftigen Tätigkeiten abgeglichen werden sollen, um so Entwicklungsnotwendigkeiten und -bedarfe seitens der Mitarbeiter sowie der Aufgabenprofile ermitteln zu können. Auch wenn dies gewiss nicht bei allen Organisationen geplant, ressourcentechnisch möglich oder auch in diesem inhaltlich-prozesstechnischen Umfang notwendig ist, kann eine sukzessive *Systematisierung im Sinne eines bewussten, strukturierten Umgangs* als wünschenswert erachtet werden.

Zur Realisierung eines positiven Kompetenzerlebens spielen des Weiteren *auf die Tätigkeit bezogene Rückmeldemechanismen* eine wichtige Rolle. In diesem Kontext nimmt bei den untersuchten Sozialunternehmen die Wertschätzung für Person und Arbeit seitens der Geschäftsführung oder der Vorgesetzten einen herausragenden Platz ein.[655] Wertschätzung drückt sich dabei vor allem durch Lob und Anerkennung aus, welche im Allgemeinen informell im persönlichen Umgang, vereinzelt jedoch auch formell – bspw. durch eine Erwähnung im internen Newsletter oder auch durch gemeinsames Feiern und ‚Zelebrieren' von Erfolgen – gespendet werden (BOOK-BRIDGE, GCL, infoklick.ch, KiKu, sfw, wellcome). Im persönlichen Umgang bedeutet ein wertschätzendes Verhalten ferner, sich für den Einzelnen Zeit zu nehmen und das Gespräch zu suchen, auf ihn einzugehen und zuzuhören; auch ein respektvoller Umgang und gegenseitige Unterstützung im Team ist Bestandteil eines allgemeinen wertschätzenden Verhaltens (BOOK-BRIDGE, DSE, KiKu, wellcome). Feedback als konkrete Form der Leistungsrückmeldung nimmt einen wichtigen Stellenwert ein, allerdings variiert die Ausgestaltungsform des Feedback-prozesses je Organisation, und hinsichtlich des Systematisierungsgrades existiert eine große Streuung: So gibt es eine Reihe von Organisationen, in denen vergleichsweise regelmäßige und

---

[654] Interview mit Jan Lübbering, Projektleiter, sfw (geführt am 12.12.2011)

[655] Dies liegt nicht zuletzt im Führungsverhalten der Gründer/Geschäftsführer begründet, welches wie zuvor schon beschrieben in hohem Maße durch Wertschätzung geprägt ist (vgl. Kap. D.II.4.1.2).

strukturierte Mitarbeitergespräche durchgeführt werden, was allgemein positiv konnotiert wird (GCL, infoklick.ch, KiKu, sfw). Bei anderen wie bspw. DSE findet jedoch, obwohl seitens der Mitarbeiter gewünscht, kaum mehr institutionalisiertes, regelmäßiges und strukturiertes Feedback statt, nachdem die Prozessprofessionalisierung ausgesetzt bzw. zurückgenommen wurde. Auch bei iq consult und wellcome findet kein standardisierter, systematischer und automatischer Feedbackprozess statt. Vielmehr gibt es nur unregelmäßige und bedarfsorientierte Mitarbeitergespräche, die inhaltlich wenig standardisiert sind (bspw. ohne Leitfaden und feste Struktur) und deren Zustandekommen von Verfügbarkeit der Geschäftsführung und Mitarbeiterinitiative abhängt. Während Letzteres seitens der Mitarbeiter grundsätzlich positiv gesehen[656] (wellcome) oder ein maßvolles Feedback[657] präferiert wird (infoklick.ch), wird an anderer Stelle eine stärkere Institutionalisierung und klarere inhaltliche Struktur der Mitarbeitergespräche gefordert (iq consult):

„Ich fänd es aber auch hier besser, wenn das [Feedback, d.V.] ein bisschen institutionalisierter wäre. [...] Ja, also ich fände es halt schon ganz gut, wenn das nicht immer sozusagen von mir kommen müsste.“[658]

„Also früher war mir das ziemlich schnurz, also eher neutral, und, ja, ist ja auch nett, dass es alles so auf der menschlichen Ebene läuft. Aber je größer wir werden, desto mehr würde ich mir mittlerweile schon mehr Struktur wünschen, also einfach auch, um das Ganze nachvollziehbarer und objektiver zu halten, es also für alle Mitarbeiter klarer zu machen, im Sinne von ‚okay, offensichtlich hat diese Person ihre Ziele erreicht und deswegen ist das und das passiert; oder sie hat sie nicht erreicht, deswegen ist das und das passiert‘, und dass das nicht so sehr nach Gutdünken passiert.“[659]

Wichtig sind also vor allem objektive Kriterien, anhand derer eine Diskussion und inhaltliche Bewertung stattfindet. In diesem Sinne sollen einige grundlegende, allgemein vorhandene Elemente herausgearbeitet werden: Diese sind zunächst das Abstecken der Tätigkeitsbereiche und Aufgaben, die Definition von Zielen sowie ggf. deren Nachhalten, was aber zumeist eher unregelmäßig und wenig strikt geschieht. Es findet grundsätzlich keine harte Bewertung und damit verbundene Kontrolle statt (BOOKBRIDGE, infoklick.ch, iq consult, KiKu, wellcome)[660], vielmehr sind die Mitarbeitergespräche und das Nachhalten/Bewerten der Zielvereinbarungen ein primär informativer und konstruktiver Dialog, im Rahmen dessen etwaige Abweichungen lösungs- und handlungsorientiert analysiert und diskutiert werden. Ziel ist es also nicht, Kontrolle auszuüben, sondern vielmehr Lernen und Weiterentwicklung auf Mitarbeiterseite zu bewirken und zukünftige Abweichungen effektiv und dauerhaft zu vermeiden (BOOKBRIDGE, GCL, infoklick.ch, KiKu, sfw, wellcome). Neben den identifizierten Erfolgsmustern eines systemati-

---

656 In dem Sinne, dass nur Feedback geäußert/gegeben wird, das vonseiten der Mitarbeiter wirklich benötigt wird.
657 In dem Sinne, dass zielgerichtetes und fokussiertes Feedback zwar wichtig ist, die Reflexion jedes einzelnen Arbeitsschrittes jedoch tendenziell zu einer Überreflexion führt, welche eine (zu) starke Selbstbezogenheit und Kontrolle herbeiführen und letztlich in Ineffizienzen im Arbeitsablauf resultieren kann.
658 Interview mit Elena Knaack, Projektleiterin, iq consult (geführt am 11.01.2012)
659 Interview mit Nadine Chapelier, Leiterin Kommunikation, iq consult (geführt am 11.01.2012)
660 Nur eine Organisation (GCL) plant derzeit, Zielvereinbarungen bzw. die darauf aufbauende Zielerreichung zukünftig als Basis für Beförderungsentscheidungen zu nutzen.

schen, primär konstruktiv-lösungsorientierten Feedbackprozesses wird als weiterer kritischer Erfolgsfaktor genannt, Feedback in beide Richtungen zuzulassen und zu ermuntern (sfw, wellcome).[661] Eine alleinige Sammlung von Mitarbeiter-Feedback ist allerdings nicht ausreichend: So schafft der aktive Einbezug von Mitarbeitern Erwartungshaltungen, die bei Nichterfüllung mittel- bis langfristig zu großer Frustration führen können. Daher ist es von großer Wichtigkeit, alle abgefragten Bedarfe und Rückmeldungen konsequent und umfassend aufzugreifen sowie keine falschen Erwartungen zu wecken.

Zusätzlich zum mehr oder weniger institutionalisierten Feedbackprozess sei noch fall- und situationsbezogenes Feedback erwähnt, im Rahmen dessen bei Bedarf im alltäglichen Arbeitsprozess und auf persönlicher Ebene unmittelbares Feedback auf Augenhöhe gegeben wird (BOOK-BRIDGE, DSE, GCL, iq consult).[662] Eine gewissermaßen proaktive Form des Feedbacks ist darüber hinaus ein klares Erwartungsmanagement, im Rahmen dessen die Anforderungen und Erwartungen transparent dargelegt und ehrlich benannt werden und ein fortwährender Dialog zwischen Mitarbeitern und Vorgesetzten stattfindet. Ziel ist es, die Mitarbeiter mit den übertragenen Aufgaben weder zu unter- noch zu überfordern (KiKu, wellcome).

Die direkteste Art, das Kompetenzerleben positiv zu beeinflussen, besteht darin, Kompetenzen mittels *Trainings und Weiterbildungen* zu stärken. Der konkrete Umgang mit diesem Thema unterscheidet sich stark je Organisation. So gibt es bei einigen Organisationen kaum regelmäßige, formale Weiterbildungsformate (DSE, GCL, wellcome). Andere wiederum verfolgen einen individuellen, bedarfs- und nachfrageorientierten Ansatz, im Rahmen dessen Mitarbeiterinitiative zwingend vorausgesetzt ist, die Organisation jedoch auf Basis konkret geäußerter Mitarbeiterbedarfe den Rahmen möglicher Instrumente und Weiterbildungen absteckt sowie die Vorschläge, wenn möglich, unterstützt (infoklick.ch, iq consult, sfw). Die grundsätzliche Idee ist dabei, den Mitarbeitern kein Standardpaket aufzuzwingen, sondern vielmehr auf deren konkrete Bedarfe einzugehen (sfw, iq consult) sowie eine gewisse Selbstregulierung der Nachfrage zu bewirken (infoklick.ch). Eine Gefahr ist jedoch, dass die offene Haltung der Organisation von Mitarbeiterseite als Desinteresse oder Indifferenz missverstanden wird, mit in der Folge tendenziell weniger Initiative und letztlich zu geringen Weiterbildungsraten (iq consult). Des Weiteren führen auch die engen Zeitfenster dazu, dass letztlich eher zu wenige Weiterbildungen wahrgenommen werden (infoklick.ch). Als Folge wird eine aktivere Rolle der Gesamtorganisation gefordert und als notwendig erachtet, sei es hinsichtlich einer grundsätzlichen Gestaltung (wellcome), einer klaren

---

[661] Hierbei sind jedoch Formate umso wichtiger: So gibt es bspw. bei wellcome keine institutionalisierte Struktur für Feedback an die Geschäftsführung. Das Verlassen auf die Initiative der Mitarbeiter wird als kritisch angesehen, da für diese im Fall von potenziell negativem Feedback an die Geschäftsleitung eine ungleich höhere Überwindung notwendig wäre. Langfristig können so Konfliktpotenziale entstehen und wachsen, die mit formalen Feedbackstrukturen präventiv abgebaut werden könnten. Ein hierfür bei sfw angewandtes Instrument ist das sog. Team-Barometer, das regelmäßig das allgemeine Stimmungsbild erfragt.

[662] Dies kann von einem kurzen Hinweis über eine Anregung, Hilfestellung oder kritische Einschätzung bis hin zu einem kurzen, formlosen Lob zahlreiche Ausprägungsarten annehmen.

Botschaft, dass Weiterbildungen von der Organisationseite wahrgenommen und wertgeschätzt werden (iq consult) oder einer Gewährung ausreichender Zeitfenster (infoklick.ch). Umfassende Weiterbildungsprogramme sind hingegen äußerst selten anzutreffen und auch dort auf die eine oder andere Weise eingeschränkt, indem sie bspw. thematisch fokussiert (BOOKBRIDGE)[663] oder 'nur' auf Projektebene angesiedelt sind (iq consult)[664]. Eine Ausnahme ist KiKu mit umfassenden, auf die einzelnen Mitarbeitergruppen zugeschnittenen Weiterbildungsangeboten.

Zu guter Letzt gibt es einige *alternative Weiterbildungsformate bzw. Formate zum Kompetenzerwerb*, welche in der Folge kurz umrissen werden sollen. Zum einen sind pro bono-Angeboten zu nennen: Diese haben auf der einen Seite den Vorteil vergleichsweise geringer Kosten; auf der anderen Seite ist es eine große Herausforderung, auf diesem Weg für konkrete interne Bedarfe verfügbare Weiterbildungsangebote zu lokalisieren, anzubahnen und für alle zugänglich zu machen (sfw, iq consult).[665] Als eine weitere Möglichkeit wird genannt, interne Synergien zu nutzen und bedarfsorientierte interne Schulungen von Mitarbeitern für Mitarbeiter durchzuführen. Hier gilt es, auf vorhandenen Austauschmechanismen aufzubauen und diese stärker zu systematisieren (iq consult, sfw). Oftmals scheitern solche Bemühungen allerdings sowohl auf der Angebots- wie auch der Nachfrageseite (iq consult). Ebenfalls einen kompetenzfördernden oder positiv auf das Kompetenzerleben wirkenden Charakter hat ein interner Erfahrungs- und Wissensaustausch: Stattfinden kann dieser zum einen auf informeller Mitarbeiterebene im alltäglichen Arbeiten, d.h. ohne spezielle Formate, sondern durch gegenseitige Hilfe, Unterstützung und Zusammenarbeit (BOOKBRIDGE, GCL, infoklick.ch, iq consult, wellcome), zum anderen auf formeller Mitarbeiterebene im Rahmen von bspw. Teammeetings und Jour Fixes (BOOKBRIDGE, DSE, infoklick.ch, sfw). Zumeist beschränkt sich der Austausch auf dieser Ebene jedoch auf die eigene Abteilung oder den eigenen Standort, was bei dezentralen Organisationen ein kritisches Thema ist.[666] Ein Austausch auf Gesamtorganisationsebene findet daher zumeist mittels organisationsweiter Veranstaltungen statt, im Rahmen derer Projekte oder bestimmte Themen vorgestellt und diskutiert werden (GCL, infoklick.ch, iq consult, sfw). Da diese jedoch thematisch zumeist nicht

---

[663] So gibt es bei vergleichsweise viele fachliche Weiterbildungen, wobei die Mitarbeiter sich noch mehr persönlichkeitsorientierte, die Teamentwicklung betreffende Weiterbildungsformate wünschen würden.

[664] Bei iq consult werden zumindest auf Projektebene vereinzelt umfassende Weiterbildungsprogramme initiiert, welche vom Projektleiter gemeinsam mit den Projektmitarbeitern erarbeitet werden und eine Mischung von verbindlichen und optionalen Formaten darstellen. Problematisch hierbei ist allerdings, dass solche projektbezogenen Programme abhängig von der finanziellen Ausstattung der Projekte sind, und die zwangsläufig entstehende Ungleichheit daher ein Unzufriedenheits- und Neidpotenzial birgt.

[665] Die Tatsache, dass man bei pro bono-Angeboten kaum oder nur in geringem Maße Möglichkeiten der inhaltlichen Gestaltung und Einflussnahme hat, macht diese Aufgabe umso schwieriger. Ein positives Beispiel ist die Zusammenarbeit mit der Personalabteilung von Sony, welche einen umfassenden Führungskräfteworkshop zum Thema Führungskapazitäten sowie einen persönlichkeitsorientierten Workshop für das ganze Team durchgeführt hat. Einige Angebote wie die Mehrzahl der Ashoka-Workshops sind hingegen nur eingeschränkt nützlich, da diese zumeist beim Gründer/Geschäftsführer enden und das Gesamtteam nicht einbezogen wird (sfw).

[666] Auch wenn bspw. bei iq consult die Geschäftsführung Kontakte herstellen und vermitteln kann, existieren keine zentralen Plattformen und Formate, welche einen projekt- und standortübergreifenden Austausch strukturiert erleichtern würden. Versucht wurde dies in der Vergangenheit zwar durch sog. Beratertagen mit dem Ziel eines internen Expertennetzwerkes, mangels verantwortlicher Personalressourcen wurde es jedoch wieder aufgegeben.

direkt verknüpft oder verknüpfbar sind mit den Tätigkeiten der Mitarbeiter, ist ein unmittelbarer individueller Nutzen nicht zwingend gegeben. Die Mitarbeiterpartizipation ist und bleibt bei alldem eine große Herausforderung (iq consult). Als zentraler Erfolgsfaktor wird in diesem Sinne genannt, dass ein Erfahrungs- und Wissensaustausch von den Mitarbeitern als individuell nützlich eingeschätzt werden muss, um letztlich zu selbstverständlicher und gängiger Praxis werden zu können (GCL). Abschließend ist zu konstatieren, dass all diese alternativen Formate – insb. in der gegenwärtigen Ausgestaltung – zwar je nach Situation und Ausgestaltung als Ergänzung sinnvoll sein, formale Weiterbildungsangebote jedoch nicht komplett ersetzen können.

II.4.2.3   Zielvereinbarungen

Wie auch schon zuvor im Rahmen des Feedbackprozesses erwähnt, sind Zielvereinbarungen zwar allgemein vorhanden, werden jedoch nicht mit Sanktionen oder Prämien im Rahmen einer Verzielung verknüpft (BOOKBRIDGE, DSE, infoklick.ch, iq consult, KiKu, sfw, wellcome). In diesem Sinne sind Zielvereinbarungen allgemein ein *rahmengebendes Führungsintstrument mit primär informativ-handlungsleitender Orientierungsfunktion* für die Mitarbeiter, weniger ein Kontrollinstrument für Vorgesetzte oder Geschäftsführung. Deutlich wird dieser Anspruch auch in dem Umstand, dass Ziele vereinzelt zwar auch von oben/außen (externe Stakeholder, Projektträger, etc.) vorge-geben, die eigentlichen individuellen Zielvereinbarungen jedoch zum größten Teil in einem inter-nen Gegenstromverfahren von Vorgesetzten und Mitarbeitern gemeinsam entwickelt werden. Hierbei werden insb. die Notwendigkeit einer Identifikation des Mitarbeiters mit den Zielen (infoklick.ch) sowie deren ambitioniertes, aber realistisches Niveau (GCL) hervorgehoben.

II.4.2.4   Ganzheitlichkeit & Bedeutsamkeit

Ganzheitlichkeit und Bedeutsamkeit einer Tätigkeit sind auf zwei Ebenen relevant: Zum einen können diese aktiv über die Ausübung der Tätigkeit selbst (d.h. auf einer unmittelbaren, individu-ellen Ebene), zum anderen passiv über die Einordnung der Tätigkeit in einen größeren Kontext (d.h. auf einer mittelbaren, kollektiven Ebene) erfahren und erzeugt werden.[667]

Auf der *unmittelbaren, individuellen Ebene* umfasst Ganzheitlichkeit, dass der Mitarbeiter die für ihn unmittelbar relevanten Aufgaben umfänglich verfolgen und beeinflussen kann. Gefördert wird dies zumeist dadurch, dass den Mitarbeitern eigene Bereiche zugeordnet werden, welche diese weitgehend eigenverantwortlich und selbstständig betreuen, sowie durch die daraus entstehende Wahrnehmung einer individuellen Handlungswirksamkeit (vgl. Kap. D.II.4.2.1). Bedeutsamkeit auf individueller Ebene ist gegeben, wenn die Tätigkeit für die Person selbst einen hohen Stel-lenwert besitzt. Als potenziell fördernde Aspekte können in diesem Zusammenhang eine starke Identifikation mit den Inhalten sowie eine persönliche Erfüllung und Selbstverwirklichung durch

---

[667] Ganzheitlichkeit auf individueller sowie Bedeutsamkeit auf mittelbarer Ebene entsprechen dabei den korrespon-dierenden Ausprägungsformen des Job-Characteristics-Modells (vgl. Kap. B.II.3.3, Abschnitt Arbeitsgestaltung).

die Sinnstiftung der Tätigkeit genannt werden, was auch zuvor im Rahmen der grundlegenden Motivationsmustern als bedeutsam eingestuft wurde.

Auf der *mittelbaren kollektiven Ebene* entsteht ein Gefühl von Ganzheitlichkeit, indem die Rolle der Tätigkeit im Gesamtorganisationskontext sowie konkrete Verknüpfungen mit anderen Tätigkeitsbereichen deutlich werden und damit der Gesamtwertschöpfungsprozess über die eigene, individuelle Tätigkeit hinaus verfolgt werden kann. Bedeutsamkeit und Wichtigkeit der Tätigkeit bezieht sich wiederum auf den Stellenwert, den diese Tätigkeit für den Erfolg der Gesamtorganisation hat, insb. im Sinne eines Einflusses auf die gesellschaftliche Wirkung. Aktiv gefördert und begünstigt werden Ganzheitlichkeit und Bedeutsamkeit durch eine nachvollziehbare, stringente Wirkungskette aller Aktivitäten (KiKu, sfw; vgl. auch Kap. D.II.4.6), eine enge inhaltliche Zusammenarbeit sowie zahlreiche Formate, welche einen relevanten Informationsfluss und Austausch innerhalb der Organisation sicherstellen und erleichtern (vgl. auch Kap. D.II.4.2.2). Ergänzend haben interne Job Rotationen durch das Kennenlernen anderer Tätigkeitsbereiche einen positiven Einfluss auf Ganzheitlichkeit (sfw), während die Sichtbarmachung und Konkretisierung der gesellschaftlichen Wirkung durch Field Visits (sfw) sowie Partizipation als Einbindung der Mitarbeiter in die strategische Planung und Entwicklung (BOOKBRIDGE, sfw) sowohl auf Ganzheitlichkeit als auch Bedeutsamkeit wirken. Schließlich ist die Wichtigkeit einer effektiven internen Kommunikation hervorzuheben, mit den Zielen, als verbindendes Glied Transparenz zu schaffen und Informationen allgemein zugänglich zu machen (iq consult) sowie eine Transparenz und Akzeptanz der Entscheidungsprozesse und -wege sicherzustellen (sfw). Insb. bei starker Dezentralisierung oder globaler Ausrichtung stellt dies eine große Herausforderung dar.[668]

Die *Relevanz und Wichtigkeit von Ganzheitlichkeit und Bedeutsamkeit* auf kollektiver Ebene ist indes ambivalent: Während diese für die Gesamtorganisation als sehr wichtig eingeschätzt werden, gilt dies für die Mitarbeiter nur eingeschränkt. So gibt es zwar vereinzelt Mitarbeiter mit dem Wunsch nach einem umfassenden Austausch und vielfältigen Formaten (wellcome), in der Mehrheit wird dies jedoch als eingeschränkt notwendig und wenig wichtig angesehen (infoklick.ch, iq consult). Denn auch wenn bei vielen Mitarbeitern Interesse besteht, die unterschiedlichen Tätigkeitsbereiche, Kulturen und Lebenswirklichkeiten der Organisation kennenzulernen und zu verbinden, ist dies in der Realität des alltäglichen Arbeitens zeitlich wie inhaltlich potenziell überfordernd (iq consult). Eine Sicherstellung der Mitarbeiterpartizipation bleibt somit eine Herausforderung.[669]

---

[668] Während gegenwärtig auf der externen Kommunikation zumeist große Aufmerksamkeit liegt, ist eine effektive interne Kommunikation noch kein prioritäres Thema. Auch wenn vereinzelt interne Kommunikationsinstrumente wie Newsletter oder Intranet genutzt werden (GCL, iq consult, sfw) und eine Systematisierung angestrebt wird, ist eine systematische Herangehensweise mit dedizierten Ressourcen bis dato eher die Ausnahme.

[669] Angesichts des Eindrucks, dass in ‚autoritären' Organisationen interne Kommunikation und Austausch (scheinbar) besser funktioniert, stellt sich für den Gründer von iq consult die Frage, ob Informationsmanagement forciert und autoritärer gestaltet werden sollte (bspw. durch obligatorische Veranstaltungen). Da jedoch Mitarbeiterinitiative und -partizipation zumeist aufgrund knapper Zeitressourcen scheitern, würde ein solches Vorgehen voraussichtlich wohl wenig ändern und als Druck bzw. Zwang eher negativ konnotiert werden.

Für die interne Kommunikation ergeben sich aus dieser Situation zwei konkrete Folgerungen: Zum einen muss hinsichtlich der vermittelten Informationsmenge eine Balance gefunden werden, welche auf Mitarbeiterseite die notwendige Akzeptanz für Prozesse und Entscheidungen sowie ein Gefühl des Eingebundenseins und der Handlungsfähigkeit sicherstellt, dabei jedoch nicht überfordert (sfw). Zum anderen sollten (analog zum Umgang mit Mitarbeiterfeedback) nur solche Vorhaben kommuniziert werden, welche letztlich auch realistisch umgesetzt und eingehalten werden (können)[670], mit den Zielen, die Informationsmenge auf geringstmöglichem Niveau zu halten sowie keine ‚falschen' (d.h. ‚unnötig' kapazitätsraubende und durch Nichterfüllung potenziell frustrierende) Erwartungshaltungen zu erzeugen.

II.4.2.5   Zugehörigkeit

Das Gefühl von Zugehörigkeit zum Team und zur Organisation ist wichtiger Motivator sowie zentrale Voraussetzung für ein effektives, erfolgreiches Arbeiten der Organisation. Als zentraler beeinflussender Faktor wird denn auch eine *gute Arbeitsatmosphäre* genannt, welche sich zum einen in einem persönlichen, offenen, von Respekt geprägten und ggf. freundschaftlichen Umgang untereinander, zum anderen in einer selbstverständlichen gegenseitigen Unterstützung und Zusammenarbeit äußert (insb. BOOKBRIDGE, DSE, infoklick.ch, sfw). Geprägt wird eine solche Arbeitsatmosphäre auch durch eine *familiäre Kultur* (DSE, KiKu, wellcome). Weiterhin kann eine *positive Außenwahrnehmung der Organisation* die interne Identifikation und Zugehörigkeit der Mitarbeiter zur Organisation indirekt stärken, indem ein Gefühl des Stolzes hervorgerufen wird (infoklick.ch). Diese weitgehend impliziten Mechanismen werden durch *explizite, aktive Bemühungen von Organisationsseite* ergänzt: Dies sind zum einen informelle gemeinsame Aktivitäten, die teilweise auch in der Freizeit stattfinden; zum anderen werden mehr oder weniger formelle Veranstaltungen ausgerichtet, welche von institutionalisierten gemeinsamen Essen (wellcome) über Betriebsausflüge und Feiern (BOOKBRIDGE, KiKu) bis hin zu Teamtagen/-klausuren (infoklick.ch, sfw, eingeschränkt iq consult) und Mitarbeiterversammlungen (iq consult) reichen. Während die informellen Aktivitäten einen starken Fokus auf die soziale, zwischenmenschliche Komponente legen (und damit Zugehörigkeit in besonderer Weise fördern), haben die formellen Veranstaltungen je nach Anlass und Kontext einen stärkeren Schwerpunkt auf inhaltlichen Themen (bspw. Geschäftsentwicklung), während dezidierte teambildende Aspekte weit weniger wichtig sind.

Der *spezifische Ansatz einer Organisation* hängt nun davon ab, inwieweit die Unterscheidung zwischen der Zugehörigkeit zur Gesamtorganisation auf der einen sowie zum Projekt oder der Regionalstelle auf der anderen Seite von Relevanz ist. Bei kleineren Organisationen oder solchen mit familiärer Kultur und enger Struktur ist diese Unterscheidung zumeist hinfällig, da sich sowohl die informellen Aktivitäten wie formellen Veranstaltungen auf einer für alle relevanten

---

[670]   Was im Umkehrschluss auch heißt, dass einmal gemachte Zusagen und Vorhaben der Organisation möglichst erfüllt werden müssen bzw. sollten.

Gesamtorganisationsebene abspielen (BOOKBRIDGE, KiKu, DSE-/wellcome-Holding). Bei regional dezentralisierten oder inhaltlich diversifizierten Organisationen mit daraus resultierenden starken Regional- oder Projektstrukturen (infoklick.ch, iq consult, partiell auch sfw[671]) ist dies in der Regel komplexer: Hier ist zunächst einmal eine starke Zugehörigkeit zum Projekt(team) oder der Regionalstelle gegeben[672], wohingegen eine Zugehörigkeit zur Gesamtorganisation schwieriger zu realisieren ist. Es erscheint daher umso wichtiger, Letztere aktiv zu fördern. infoklick.ch und sfw schaffen dies verhältnismäßig gut, indem jährlich stattfindende mehrtägige organisationsweite Klausuren (infoklick.ch) und Teamtage (sfw) veranstaltet werden, welche neben sachlichen Themendiskussionen der sozialen, zwischenmenschlichen Komponente ebenfalls großen Raum lassen.[673] Bei infoklick.ch, das den einzelnen Regionalstellen ohnehin weitreichende Freiheiten zugesteht, werden diese zentralen Veranstaltungen durch sogenannte Apéros[674] auf Regionalstellenebene ergänzt. iq consult ist – wie zuvor schon beschrieben – bestrebt, die Zugehörigkeit zur Gesamtorganisation signifikant zu stärken. Dies funktioniert jedoch, insb. bezogen auf dedizierte Projektmitarbeiter[675], bis dato nur eingeschränkt, da informelle Veranstaltungen (wenn überhaupt) nur auf Projektebene stattfinden und die organisationsweiten Veranstaltungen (Vorträge und Mitarbeiterversammlungen) primär Informationscharakter haben und den Fokus auf sachliche Themen und Diskussionen legen. Es fehlt damit auf der sozialen, zwischenmenschlichen Ebene bis dato ein effektiver, gesamtteambildender Gegenpol zu den engen Projektteamstrukturen, weshalb die Bemühungen auf Gesamtorganisationsebene von Mitarbeiterseite letztlich auch als erweiterbar und verbesserungsfähig eingeschätzt werden.[676]

II.4.3 Kontrollierte Motivation und Anreizsysteme

II.4.3.1 Festgehalt

Die Existenz eines Festgehalts ist unabhängig von der Höhe zunächst einmal selbstverständlich, was insb. im Professionalitätsanspruch der Sozialunternehmen begründet liegt. Allgemein wird es als durchaus wichtig, jedoch nicht prioritär (im Sinne eines prioritären Motivators) eingeordnet.[677]

---

671 Sowohl die Projektorientierung als auch die regionale Dezentralisierung (durch den überaus dominanten Standort Berlin) ist bei weitem nicht so ausgeprägt wie bei den beiden anderen Organisationen; nichtsdestotrotz ist bei sfw das globale Team hinsichtlich Zugehörigkeit herausfordernd.

672 Dies ist nicht zuletzt auch deswegen der Fall, weil die zuvor genannte gute Arbeitsatmosphäre mit all ihren Ausprägungen naturgemäß vor allem auf der unmittelbaren Projekt- oder Regionalstellenebene relevant ist.

673 Bei sfw war zwar aufgrund der fehlenden budgetären Priorität eine regelmäßige Durchführung zuletzt gefährdet, diese ist aber zukünftig wieder fest eingeplant und wird als äußerst wichtig eingeschätzt.

674 Zwanglose Abendveranstaltungen mit starkem Fokus auf die soziale, zwischenmenschliche Komponente.

675 Mitarbeiter, welche mehr oder weniger ausschließlich und dauerhaft für ein Projekt arbeiten und eine vergleichsweise hohe Projektorientierung/-identifikation aufweisen; neuere Mitarbeiter, insb. im Bereich Social Entrepreneurship, werden zumeist auf mehreren oder temporär begrenzten Projekten eingesetzt, was die Bindung zu einzelnen Projekten begrenzt und die Zugehörigkeit zur Gesamtorganisation in den Vordergrund rückt.

676 So findet bspw. eine organisationsweite Klausur nur alle drei Jahre statt, was als zu selten empfunden wird.

677 Wobei einige wenige spezifische Mitarbeiterzielgruppen identifiziert werden, bei denen das Gehalt ggf. eine dominantere (motivationale) Wertigkeit und höhere Relevanz besitzt. Dies gilt vor allem für Personen, welche eine gewisse Nähe zur Privatwirtschaft mitbringen: Nicht trennscharfe Beispiele in diesem Kontext sind privat-

So muss durch das Festgehalt zuallererst eine gewisse Grundversorgung gewährleistet sein[678] (BOOKBRIDGE, GCL, infoklick.ch, iq consult), es sollte als allgemein zufriedenstellend (infoklick.ch, iq consult), fair, gerecht und vernünftig wahrgenommen werden (BOOKBRIDGE, wellcome) sowie ein bestimmtes Niveau im Sinne einer Schmerzgrenze nicht unterschreiten (bspw. tariflicher Lohn [KiKu], nicht ‚unter Wert' [BOOKBRIDGE]). Weiterhin wird ein attraktives Gesamtpaket, in dem auch andere Aspekte wie intrinsische Motivation und sinnstiftender Aspekt der Tätigkeit, Organisationskultur, Vereinbarkeit von Familie und Beruf eine Rolle spielen, als vergleichsweise wichtiger angesehen (u.a. DSE, sfw, wellcome). Die konkrete Gehaltshöhe ist wiederum ein sensibles Thema, welches sowohl aus der internen wie auch der externen Perspektive – im Sinne eines Innen- und Außenvergleiches – betrachtet werden muss, wobei die interne Perspektive als tendenziell wichtiger eingeschätzt wird:

„Ich glaube – und das wissen wir ja auch – dass man sich primär nach innen und nicht nach außen vergleicht, also viel stärker nach innen guckt ‚was bekommt der denn für seine Leistungen, was bekomme ich dafür'." [679]

Im internen Kontext ist die *Gehaltsverteilung bzw. -struktur* ein zentrales, kritisches Thema. Auf der einen Seite ist diese bzw. ihre Homogenität ein sensibles Thema von größter Wichtigkeit, da befürchtet (wellcome) oder in der Vergangenheit die Erfahrung gemacht wurde (iq consult), dass ein zu großes Gefälle Ungleichheit und damit Unzufriedenheit sowie Neid hervorrufen kann. So wird das Thema Gehaltsverteilung denn auch nicht transparent gemacht (iq consult) oder nicht aktiv angesprochen (wellcome) und letztlich eine vergleichsweise homogene Gehaltsstruktur realisiert (iq consult). An anderer Stelle wird hingegen auf die Wichtigkeit von Transparenz und Leistungsgerechtigkeit hingewiesen; so ist bei infoklick.ch mehr oder weniger bekannt, was die anderen verdienen, und für ähnliche Tätigkeiten wird prinzipiell ein ähnliches, d.h. leistungsgerechtes Gehalt gezahlt. Hierzu passt die Einschätzung, dass eine (teamintern oder -übergreifend) zu homogene Struktur ihrerseits ebenfalls Unzufriedenheitspotenzial besitzen kann, da Homogenität leicht als ‚Gleichmacherei' missverstanden wird und Mitarbeiter letztlich nicht alle zwingend gleich sein bzw. gleich behandelt werden wollen (iq consult).[680] Letztlich gilt es also, eine gewisse Unterscheidung und Differenzierung zu realisieren, die Unterschiede jedoch nicht zu groß werden zu lassen. Als potenzieller Erfolgsfaktor werden *Gehaltsgruppen mit klaren einheitlichen Kriterien und moderater Streuung* identifiziert, welche eine transparente, differenzierte und leistungsgerechte Einordnung ermöglichen (BOOKBRIDGE, DSE, GCL, infoklick.ch, sfw). Zugleich sollte eine

---

wirtschaftsaffine Absolventen und High Potentials, Personen mit privatwirtschaftlicher Arbeitserfahrung und keiner ausgeprägten oder zwingend vorhandenen Präferenz zum Social Entrepreneurship-Sektor, aber auch spezifische (Führungs-)Positionen und Expertise (bspw. Fachpersonal mit tendenziell wenig Berührungspunkten zur gesellschaftlichen Mission: Buchhaltung/kaufmännischer Bereich, IT oder Fundraising), bei denen ein ggf. vergleichsweise hohes Gehalt vom ‚Markt' extern definiert/festgelegt sein kann (KiKu, sfw, wellcome).

[678] Auch wenn dieser Begriff subjektiv und wenig eindeutig ist, stellt er eine gewisse Indikation dar.
[679] Interview mit Norbert Kunz, Gründer & Geschäftsführer, iq consult (geführt am 11.01.2012)
[680] So werden die Gehaltsgruppen von iq consult als nicht ausreichend wahrgenommen, da sie zum einen nur geringe Abstufungen aufweisen sowie zum anderen zwar tätigkeits-, aber kaum leistungsorientiert sind.

positive Gehaltsentwicklung über Zeit geboten werden, wobei etwaige Gehaltssteigerungen ebenfalls leistungsorientiert und anhand einheitlicher, objektiver Kriterien erfolgen sollten. Intransparente und uneinheitliche Gehaltssteigerungen werden hingegen als demotivierend empfunden (info-klick.ch, iq consult, sfw, DSE). Eine große Herausforderung sowohl hinsichtlich der Wahrung der internen Team- und Gehaltsstruktur als auch angesichts der eingeschränkt vorhandenen Finanzmittel ist die *Inanspruchnahme kostenintensiver Expertisen* (insb. auf der Führungsebene oder originär aus der Privatwirtschaft), welche im Rahmen der Professionalisierung und Skalierung oftmals dringend notwendig sind, bei denen allerdings wie zuvor erwähnt ein vergleichsweise hohes Gehalt extern definiert und daher schwer verhandelbar ist: Mögliche Lösungsansätze sind alternative Finanzierungskonzepte für hochdotierte Stellen (bspw. zweckgebundene Stiftungsgelder, KiKu) oder die Nutzung externer Dienstleister für kostenintensive Expertisen (wellcome).

Im Rahmen der externen Perspektive findet in den meisten Fällen eine *Anlehnung an den öffentlichen Sektor* statt (infoklick.ch, iq consult, wellcome). Und auch wenn GCL sich grundsätzlich an der Privatwirtschaft orientiert, und sich auch sfw langfristig an privatwirtschaftliches Niveau annähern will, bleiben diese ebenso unter dem angestrebten Niveau: Ein *Gehaltsabschlag gegenüber der Privatwirtschaft* oder dem individuellen Full Potential[681] kann somit als allgemein existierende Realität bezeichnet werden. Auch wenn dieser Abschlag von Mitarbeiterseite weitgehend pragmatisch akzeptiert und als notwendige Voraussetzung einer Anstellung in einem Sozialunternehmen angesehen wird, ist dies zumeist nicht der angestrebte Optimalzustand: Dieser wäre eine – wenn möglich auch mit der Privatwirtschaft – kompetitive, marktgerechte Bezahlung (u.a. BOOK-BRIDGE, GCL, sfw). Dieses *Spannungsverhältnis zwischen Anspruch und Wirklichkeit* ist allgegenwärtig zu spüren und nicht leicht aufzulösen: So wird der Abschlag zwar hingenommen, jedoch sollte dieser so klein wie möglich sein, alle finanziellen Möglichkeiten ausgeschöpft werden und das Gehalt als (subjektiv) fair empfunden werden können (BOOKBRIDGE, DSE, iq consult). Außerdem wird ein Abschlag im Bereich des Öffentlichen Dienstes als grundsätzlich nachvollziehbar und akzeptabel eingeordnet, da gleichzeitig eine höhere Sicherheit (Festanstellung, ggf. Beamtenstatus) geboten wird; in einem Sozialunternehmen herrscht hingegen für die Mitarbeiter eine Unsicherheit analog der Privatwirtschaft bei einem vergleichsweise niedrigen Gehalt analog des Öffentlichen Dienstes, was verständlicherweise als Missverhältnis empfunden wird (iq consult). Während der dargestellte externe Fokus also das grundsätzliche Ambitionsniveau verdeutlicht, zeigt er zugleich auch, dass sich Sozialunternehmen hinsichtlich des Festgehalts nicht mit der Privatwirtschaft messen können und dies auch nicht um jeden Preis sollten. Als *umsetzbare und effektive relative Erfolgsfaktoren* werden vielmehr ein – bereits zuvor erwähntes – kompetitives Gesamtpaket (mit dem sich Sozialunternehmen durchaus auch mit der Privatwirtschaft messen können) sowie ein realistisches kompetitives Festgehalt bezogen auf vergleichbare (Sozial)Unternehmen oder vergleichbare Sektoren identifiziert.

---

[681]   Das Gehalt, das eine Person im besten Falle, d.h. maximal ‚am Markt' verdienen könnte.

II.4.3.2 Monetäre Anreize

Monetäre Anreize sind im Allgemeinen nicht oder *nur eingeschränkt existent*.[682] Bei einigen ist ein Prämien- oder Bonussystem für die Zukunft angedacht mit dem Ziel, individuelle Leistung angemessen und spürbar zu honorieren und wertzuschätzen (BOOKBRIDGE, infoklick.ch, iq consult[683]) sowie die Mitarbeiter am Erfolg der Organisation teilhaben zu lassen (BOOK-BRIDGE). Ein dauerhaft funktionierendes und allgemein zufriedenstellendes Bonussystem wurde indes noch nicht etabliert. Von Mitarbeiterseite ist die Einschätzung eines potenziellen Bonussystems ambivalent und reicht von grundsätzlicher Akzeptanz und Offenheit über eine abwartende Nicht-Ablehnung bis hin zu strikter Ablehnung. Die zögerliche Herangehensweise von Organisationsseite sowie die mehrheitlich kritische Haltung von Mitarbeiterseite liegen darin begründet, dass *zahlreiche kritische Aspekte* existieren, welche bis dato noch nicht hinreichend gelöst werden konnten: Diese betreffen die generelle Wirkung von Boni auf Motivation, Leistung und Zusammenarbeit sowie umsetzungsrelevante Aspekte eines effektiven Bonussystems.

Zunächst einmal sind monetäre Prämien und Anreize oftmals grundsätzlich negativ besetzt und werden als nicht kompatibel zum Konzept und der Kultur von Sozialunternehmen angesehen; da letztere durch das Primat der gesellschaftlichen Wirkung geprägt sind, werden monetäre Anreize als nicht passend oder zulässig empfunden (BOOKBRIDGE, DSE, sfw). Und auch wenn die Gefahr eines Korrumpierungseffektes (vgl. auch Kap. B.II.3.1) v.a. aufgrund der hohen intrinsischen Motivation der Mitarbeiter im Allgemeinen als nicht hoch eingeschätzt wird, wird er zumindest nicht prinzipiell ausgeschlossen (BOOKBRIDGE, sfw, wellcome, iq consult). Ferner wird befürchtet, dass durch Boni – unabhängig davon, ob diese auf individueller oder Teamebene angesetzt sind – ein potenziell destruktives Konkurrenzdenken innerhalb oder zwischen den Teams entsteht, welches über einen gesunden Leistungswettbewerb hinaus unerwünschte, negative Auswirkungen auf die Organisationskultur und Zusammenarbeit hat (infoklick.ch, iq consult, sfw). Abgesehen von den potenziell negativen Auswirkungen wird des Weiteren die angestrebte positive Auswirkung (Leistungssteigerung) in Frage gestellt oder zumindest ein abnehmender Nutzen unterstellt (DSE, KiKu, sfw, wellcome).

Hinsichtlich der Umsetzung eines monetären Anreizsystems stellt zunächst einmal der allgegenwärtige knappe finanzielle Spielraum der Organisationen eine große Herausforderung dar. Auch wenn vereinzelte, spezifische Lösungsansätze entwickelt werden[684], ist und bleibt eine dauerhaft verlässliche, nachhaltige Sicherstellung ausreichender Mittel auf Gesamtorganisationsebene nur

---

[682] So sind bei KiKu Boni auf das Leitungspersonal im Verwaltungsbereich beschränkt, und die Höhe ist (im Vergleich zum Festgehalt) eher symbolisch. Auch bei GCL sind monetäre Boni (als variable Gehaltsbestandteile gekoppelt an Bereichsziele) die Ausnahme und sollen nicht allgemein angewandt werden, da dies nicht das gewünschte/präferierte Mittel zur Mitarbeitermotivation darstellt.

[683] iq consult ist bspw. diesbezüglich in den Überlegungen schon vergleichsweise weit und plant einen projektunabhängigen, leistungsgerechten individuellen Bonus.

[684] Eine Option ist die Integration potenzieller Leistungsentgelte in die Förderanträge, d.h. es werden die maximal möglichen Mittel beantragt, ein Teil jedoch projektübergreifend für individuelle Boni verwendet (iq consult).

schwer realisierbar. All dies erschwert die Umsetzung eines monetären Anreizsystems oder macht dieses von vorneherein unmöglich (DSE, infoklick.ch, iq consult).[685]

Darüber hinaus birgt die konkrete Ausgestaltung des Anreizsystems zahlreiche kritische Aspekte. So müssen Ziele in Form relevanter Leistungskriterien und Kennzahlen als Basis des Bonussystems definiert werden: Werden monetäre Kennzahlen aufgrund des Primats der gesellschaftlichen Wirkung nur für bedingt geeignet gehalten, ist die gesellschaftliche Wirkung wiederum schwer zu messen und zu operationalisieren (GCL). Ohnehin ist die allgemeine Tendenz, sich weg von übergeordneten Zielen auf Gesamtorganisations- oder Projektebene hin zu individuellen Leistungskriterien zu orientieren.[686] Auf der individuellen Ebene wird nun zwar eine höhere Beeinflussbarkeit seitens der Mitarbeiter angestrebt, dagegen stellt sich aber wiederum das Problem der Vergleichbarkeit der Ziele: So ist es fast unmöglich, Leistungskriterien zu definieren, welche auf der einen Seite für den einzelnen Mitarbeiter auf seinen Tätigkeitsbereich bezogen eindeutig, transparent und individuell beeinflussbar sind, auf der anderen Seite jedoch zugleich eine direkte Vergleichbarkeit mit den übrigen Mitarbeitern ermöglichen (BOOKBRIDGE, iq consult, sfw, wellcome). Hinzu kommt, dass bei manchen Tätigkeitsbereichen eine Erfolgsmessung mittels Leistungskriterien unmöglich oder inhaltlich nicht sinnvoll ist (DSE, wellcome, iq consult).

All diese Aspekte erschweren ein einheitliches Anreizsystem und führen zu einer tendenziell intransparenten, wenig plausiblen und letztlich ungerechten Verteilung der Boni. Für ein *potenzielles Anreizsystem* werden daher folgende *Ansprüche und Anforderungen* formuliert (infoklick.ch, iq consult): Zum einen muss ein potenzielles Anreizsystem im ersten Schritt eine Transparenz der Leistungs- und Vergabekriterien sicherstellen, d.h. es muss ein allgemein bekannter Kriterienkatalog existieren, anhand dessen Entscheidungen getroffen werden, welche wiederum für alle transparent gemacht werden. Im zweiten Schritt müssen diese Leistungskriterien inhaltlich plausibel, d.h. aus einer individuellen Einzelperspektive heraus sinnvoll, verständlich und nachvollziehbar sein. Zu guter Letzt ist die Sicherstellung eines Gefühls von Fairness und Gerechtigkeit maßgeblich für eine allgemeine Akzeptanz des Anreizsystems.[687]

---

[685] All dies gilt vor allem für ein Anreizsystem basierend auf individuellen, leistungsabhängigen Boni. Finanziell einfacher zu realisieren wäre ohne Zweifel eine einheitliche Bonuszahlung im Falle eines Gewinns der Organisation (und auch nur dann!), was auch angedacht wird/wurde (BOOKBRIDGE, iq consult); allerdings hat ein solches Anreizsystem eine andere Ausrichtung und Wirkung, da eine Kopplung an individuelle Leistungskriterien und damit eine individuelle Leistungssteigerung nicht oder nur eingeschränkt gegeben sind.

[686] Der Grund hierfür ist die Problematik, dass einzelne Mitarbeiter weder Erfolg noch Misserfolg auf Gesamtorganisations-/Projektebene umfänglich beeinflussen können; vielmehr ist das Ergebnis von vielfältigen internen und externen Einflussfaktoren abhängig. Bei einer kollektiven, teambezogenen Leistungsbeurteilung würden nun Aspekte einfließen, die nichts mit der Leistungsfähigkeit einzelner Personen zu tun haben, was letztlich zu einer potenziell ungerechten Verteilung führt (DSE, infoklick.ch, iq consult, sfw).

[687] Zum einen erwächst dies aus den zuvor erwähnten plausiblen, nachvollziehbaren individuellen Kriterien. Zum anderen spielt auch der Vergleich zwischen den Mitarbeitern eine Rolle: In diesem Zusammenhang ist die Unvergleichbarkeit der Mitarbeiterziele problematisch: So ist es möglich, dass die individuellen Kriterien zwar jeweils für sich als plausibel und gerecht eingeschätzt, die darauf basierenden Bonuszahlungen der Mitarbeiter aufgrund der Unvergleichbarkeit der Tätigkeitsbereiche jedoch trotzdem als ungerecht wahrgenommen werden.

Die Erarbeitung und Umsetzung eines solchen Anreizsystems wurde bisher noch nicht realisiert und kann als anspruchsvoll bezeichnet werden. Überdies ist anzunehmen, dass nicht alle Anforderungen in gleicher Weise erfüllt werden können, weshalb es von großer Wichtigkeit sein wird, die einzelnen (positiven und negativen) Aspekte gegeneinander abzuwägen und ein auf die spezifische Situation und Bedürfnislage abgestimmtes Anreizsystem abzuleiten. Aus diesem Grund wird auch die Notwendigkeit gesehen, eigene dedizierte Personalressourcen für ein solches Unterfangen einzusetzen (iq consult). Gleichwohl bleiben weiterhin die grundsätzlichen Vorbehalte hinsichtlich monetärer Anreize (potenziell negative Auswirkungen sowie in Frage gestellte Wirksamkeit) bestehen, welche die Ausgestaltung bzw. überhaupt die Entscheidung für oder gegen die Einführung eines Anreizsystems maßgeblich beeinflussen.

II.4.3.3 Materielle Anreize

Eine Nutzung materieller Anreize kann *vergleichsweise häufiger* beobachtet werden. Ein Schwerpunkt liegt hierbei auf Geschenken mit zumeist moderatem Wert, welche unerwartet, beiläufig und primär leistungsunabhängig vergeben werden und häufig einen individuellen und vorrangig wertschätzenden Charakter haben (BOOKBRIDGE, DSE). Grundsätzlich werden diese positiv aufgenommen, wobei die weitgehend subjektive Verteilung der Geschenke auch Konflikpotenzial birgt – im Sinne eines als ungerecht und willkürlich wahrgenommenen Verteilungsmechanismus (BOOKBRIDGE). Noch wichtiger wird dies bei institutionalisierten materiellen Anreizen wie im Falle von iq consult, wo zusätzliche Urlaubstage als materielle, leistungsabhängige Anreize gewährt werden: die aus Mitarbeiterperspektive intransparente Vergabe stellt hierbei einen massiven Kritikpunkt mit großem Konfliktpotenzial dar. Prinzipiell sind bei materiellen Anreizen daher die *gleichen Anforderungen* als relevant einzustufen, welche zuvor für monetäre Anreize formuliert wurden.[688] Ein von Mitarbeiterseite vielfach gewünschter oder geforderter materieller Anreizmechanismus ist ein systematischer Überstundenabbau, nicht zuletzt, weil die zugrundeliegende Kennzahl vergleichsweise objektiv und gut messbar wäre; ein solcher ist jedoch weder aktuell noch zukünftig von Organisationsseite geplant (infoklick.ch, iq consult, sfw).

Weiterhin werden einige Aspekte als Anreize erwähnt, welche materielle Anreize im weiteren Sinne darstellen und einen eher *immateriellen Charakter* aufweisen: Beispiele hierfür sind flexible Arbeitszeiten und Arbeitszeitmodelle[689] sowie die Möglichkeit projektbezogener oder geschäftsinduzierter Reisen und räumlicher Abwechslung (BOOKBRIDGE, DSE, infoklick.ch, sfw, GCL). Auch persönliche Auszeiten fallen in diese Kategorie (infoklick.ch, sfw). All diese Aspekte sind im Geschäftsmodell begründet und geschehen prinzipiell leistungsunabhängig.

---

[688] Wobei sicherlich Aufwand und Nutzen abgewogen werden müssen, und bspw. bei eher kleinen, beiläufigen und nicht leistungsbezogenen Geschenken ein aufwendiger Verteilungsprozess wenig verhältnismäßig erscheint.

[689] Wobei hierbei ein Konfliktpotenzial zum vorgenannten Mechanismus zum Überstundenabbau besteht.

II.4.4 Freiwilligenmanagement

Freiwillige spielen nur bei einigen der untersuchten Organisationen eine Rolle, dort allerdings nehmen sie eine Schlüsselrolle im Geschäftsmodell ein (BOOKBRIDGE, GCL, infoklick.ch, wellcome). Das Freiwilligenmanagement, d.h. die Führung und der Umgang mit Freiwilligen, ist und bleibt dabei ein *ambivalentes Thema*. So hat infoklick.ch aktuell zwar kein umfassendes, systematisches Führungskonzept, ein solches wird jedoch als zukünftige Hauptherausforderung der Organisation genannt. Als zentrale Herausforderungen in diesem Kontext werden die naturgemäß hohe Fluktuation[690] sowie eine eventuelle Mittelbarkeit des Einflusses[691] genannt, welche eine beständige Führung und nachhaltige Bindung erschweren. Als oberstes Ziel des Freiwilligenmanagements wird denn auch eine *Reziprozität von Freiwilligen und Organisation* postuliert: Diese entsteht zuallererst durch Wertschätzung, Anerkennung und Dankbarkeit gegenüber Person und Tätigkeit, Unterstützung und Förderung (infoklick.ch), anhaltende Kommunikation (bspw. Information über Projektfortgang) und Sicherstellung von Sichtbarkeit (bspw. auf der Website) sowie generell durch Zeitnehmen (BOOKBRIDGE, wellcome). Eine monetäre Entlohnung wird demgegenüber als nicht wichtig erachtet (BOOKBRIDGE). Bei wellcome wird diese sogar vehement abgelehnt:

„Eine klare Linie und Konsequenz ist bei Freiwilligenmanagement der Schlüssel. [...] Wichtig beim Thema Freiwilligenmotivation ist es, eine klare Kante zu haben, d.h. kein Gehalt für Ehrenamtliche. Sprich nach der Leitlinie: Ganz oder gar nicht! [...] Ich mache Freiwilligenarbeit auch nur, wenn die Personen es sich sozusagen leisten können, bzw. temporär." [692]

Eine klare, konsequente Haltung im Sinne *keiner monetären Entlohnung* wird als wichtig angesehen, weil ansonsten die Grenzen zu den bezahlten Kräften verschwimmen und durch die anzunehmende niedrigere Entlohnung der Freiwilligen diese als nicht wertschätzend und tendenziell sogar als Ausbeutung wahrgenommen werden würde.

Ebenso wichtig ist es, auch auf der inhaltlichen Ebene kein System der Ausbeutung zu etablieren: Zum einen sollten Freiwillige daher grundsätzlich nicht (nur) für stupide Arbeiten, sondern auch für inhaltlich anspruchsvolle, abwechslungsreiche Tätigkeiten eingesetzt werden (wellcome). Trotz durchaus ähnlicher Tätigkeitsbereiche und einem vergleichbaren Leistungs- und Motivationsanspruch (GCL, wellcome) sollte allerdings zugleich darauf geachtet werden, eine vollständige Angleichung von Freiwilligen und bezahlten Kräften auch inhaltlich zu vermeiden, da dies zu einer Ausbeutungssituation, zumindest jedoch zu einem Ungleichgewicht mit Unzufriedenheitspotenzial führen kann (wellcome). Ein mögliches Unterscheidungsmerkmal kann bspw. eine geringere Verantwortung seitens der Freiwilligen darstellen (GCL).

---

[690] Dies gilt insb. dann, wenn die Freiwilligen bei einem bestimmten, zeitlich begrenzten Projekt mitarbeiten.

[691] Dies liegt v.a. in dem Umstand begründet, dass die Freiwilligen sich primär den Projekten und deren Trägern verpflichtet und zugehörig fühlen, wobei Letztere nicht infoklick.ch, sondern zumeist die Kommunen sind.

[692] Interview mit Rose Volz-Schmidt, Gründerin & Geschäftsführerin, wellcome (geführt am 10.11.2011)

II.4.5 Förderung der organisationalen Verhaltensmuster

Eine Förderung der organisationalen Verhaltensmuster wird zwar nur von wenigen Organisationen angesprochen, dort spielen diese Aspekte jedoch eine wichtige Rolle. So wird *kreatives und innovatives Verhalten* durch das Training und die aktive Nutzung von Kreativmethoden/-techniken (BOOKBRIDGE, GCL) sowie die Durchführung von Brainstorming-Workshops (GCL, infoklick.ch) aktiv stimuliert. Dabei sind die Kreativmethoden jedoch immer Mittel zum Zweck und werden lösungsorientiert eingesetzt:

„Definitiv, Kreativmethoden werden hier oft angewendet, gehören quasi zum Standardrepertoire dazu. Aber wie gesagt, nicht kreativ und innovativ, nur weil wir es sein wollen, sondern immer lösungsorientiert: wir wollen letztlich Probleme lösen und etwas bewegen, und wenn wir dafür kreativ sein müssen, dann sind wir es oder versuchen es zumindest." [693]

Kreatives und innovatives Verhalten wird weiterhin gefördert, indem die Geschäftsführung relevante Fachliteratur zur Vergügung stellt sowie eine institutionalisierte Auszeit ermöglicht, im Rahmen derer jeder Mitarbeiter fünf Prozent seiner Arbeitszeit für Aktivitäten außerhalb der beruflichen Tätigkeit nutzen kann (infoklick.ch).[694]

Da man kreatives und innovatives Verhalten letztlich jedoch nicht erzwingen kann, ist es mindestens ebenso wichtig, kreative und innovative Gedanken ‚passiv' zu ermuntern und diesen dergestalt Raum zu geben, dass sie unmittelbar im Arbeitsalltag verfolgt und weiter ausdifferenziert werden können. Dieses Vorgehen – d.h. die Förderung des aktiven Verfolgens kreativer und innovativer Impulse – wird im Projektkontext aktiv ermuntert und gefordert (infoklick.ch). Neben dem aktiven Ermuntern hat insb. die Zusprache konkreter Zeitkontingente im Projektalltag das Potenzial, die Verfolgung kreativer Ansätze zu fördern (iq consult):

„[...] dadurch, dass man ziemlich viele Aufgaben zu bewältigen hat, eh schon operativ, bleibt halt auch wenig Zeit. [...] Aber wenn einem irgendwie diese Freiheit nochmal mehr zugesprochen wird, wäre das vielleicht etwas, was noch motivieren könnte." [695]

„Es müsste halt irgendwie klar sein, dass das Teil meines Aufgabengebiets ist [...]. Also wenn es so integriert wäre, fände ich das schon gut und motivierend." [696]

Einen Einfluss übt ebenfalls das Klima und Umfeld der Organisation selbst aus. So wird bspw. iq consult grundsätzlich als ein für die Entwicklung innovativer Ideen förderliches Umfeld und guter Nährboden angesehen: Es herrscht ein Klima, in dem neue Gedanken, Ideen und Ansätze allgegenwärtig sind und wertgeschätzt werden, was den Einzelnen wiederum dazu anregt, neue

[693] Interview mit Leonhard Nima, Projektleiter, Grameen Creative Lab (geführt am 03.08.2011)
[694] Ziel ist es, dass die Mitarbeiter in einer anderen Umgebung – außerhalb der gewohnten Routine des Arbeitsalltags – stimuliert und angeregt, und so kreative und innovative Impulse ermöglicht und begünstigt werden.
[695] Interview mit Elena Knaack, Projektleiterin, iq consult (geführt am 11.01.2012)
[696] Interview mit Nadine Chapelier, Leiterin Kommunikation, iq consult (geführt am 11.01.2012)

Ideen zu entwickeln. Unterstützt wird dies von den zahlreichen Ressourcen und Personen, mit denen neue Ideen besprochen, diskutiert und weiter ausdetailliert werden können. In diesem Zusammenhang spielt der Gründer als visionärer Denker mit viel Erfahrung und zahlreichen Kontakten als ‚Befähiger' eine wichtige Rolle.

Ein *proaktives und risikobereites Verhalten* wird durch die Gewährung autonomen Handelns gefördert bzw. überhaupt erst ermöglicht. Eng damit zusammen hängt eine sehr offene Herangehensweise an Problemstellungen mit wenig inhaltlichen und prozessbezogenen Routinen und Automatismen sowie kaum einschränkenden ‚bewährten' Denkstrukturen oder Lösungen (u.a. BOOKBRIDGE, GCL). Konkret wird auch eine Fehlertoleranz und -kultur genannt, im Rahmen derer Fehler akzeptiert werden, wenn man aus diesen lernt und bereit ist, nach Lösungen zu suchen (GCL, infoklick.ch). Hierzu gehört auch ein grundsätzlich offener Umgang mit Fehlern, sowohl intern als auch gegenüber externen Anspruchsgruppen (infoklick.ch). All dies soll proaktives und risikobereites Verhalten fördern, was auch in folgender Aussage von Markus Gander (infoklick.ch) deutlich wird:

> *„Das ist das, was Bewunderung hervorruft, dass wir einfach mal etwas probieren, auf Gedeih und Verderben. Und es ist wichtig, dass die Leute die Erfahrung machen, dass es nicht schlimm ist, wenn man einen Fehler macht – wenn man dazu steht, wenn man das anerkennt, und wenn man bereit ist, nach Lösungen zu suchen. [...] Und das tut den Leuten so gut, wenn mal jemand sagt ‚scheiße, das ist voll in die Hose gegangen', man dazu steht, und das ist auch kein Problem, und das nächste Mal machen wir das besser. [...] Darum möchte ich das auch, dass sie nicht unbedingt Fehler machen, aber proaktiv, risikobereit vorwärts gehen."* [697]

II.4.6 Messung der gesellschaftlichen Wirkung

Auch wenn vielfach der Anspruch vertreten wird, dass die Messung der gesellschaftlichen Wirkung von der Organisation selbst vorangetrieben werden sollte, wird das Thema zumeist primär von den externen Stakeholdern an die Organisation herangetragen, welche dann auf die Bedarfe und Anforderungen reagiert (infoklick.ch, sfw). Nichtsdestotrotz hat die Messung der gesellschaftlichen Wirkung jedoch auch eine *interne Relevanz und Wirkung.*

Zunächst einmal findet eine *konkrete Messung* durch quantitative und/oder monetäre Kennzahlen statt, wobei die entsprechenden Bemühungen vom Ansatz her sehr unterschiedlich und oftmals noch vergleichsweise rudimentär und fragmentarisch sind.[698] Sowohl KiKu als auch sfw gehen jedoch einen Schritt weiter, und versuchen, die einzelnen (überwiegend deskriptiven) quantitati-

---

[697] Interview mit Markus Gander, Gründer & Geschäftsführer, infoklick.ch (geführt am 25.10.2011)

[698] Während infoklick.ch bspw. eine Monetarisierung der Wirkung gänzlich kritisch sieht und sich auf vorwiegend deskriptive quantitative Kennzahlen beschränkt, legt iq consult einen starken Fokus auf die Monetarisierung der Wirkung (SROI), und auch GCL misst seine Wirkung anhand einzelner, isolierter monetärer Kennzahlen (ergänzt durch deskriptive Wachstumsgrößen). BOOKBRIDGE wiederum fokussiert bis dato auf deskriptive (Input-bezogene) Kennzahlen, während die die gesellschaftliche Wirkung beschreibenden Output-bezogenen Kennzahlen bisher vernachlässigt wurden.

ven Wachstumsgrößen und Kennzahlen in einer (dem Anspruch nach) nachvollziehbaren Wirkungskette miteinander sowie mit dem inhaltlichen Gesamtziel zu verknüpfen. Auch GCL will zukünftig ein umfassendes und möglichst zusammenhängendes Kennzahlensystem etablieren. Des Weiteren wird eine Messung der gesellschaftlichen Wirkung anhand qualitativer, anekdotischer Erfolgsgeschichten realisiert, d.h. diese werden identifiziert, gesammelt und letztlich allgemein sichtbar gemacht (infoklick.ch, iq consult, KiKu).

Die konkrete individuelle *Motivationswirkung* wird ambivalent bewertet. So wird quantitative Messung der gesellschaftlichen Wirkung eher als Professionalisierungsthema der Organisation denn als Motivationsthema angesehen. Die konkreten Kennzahlen und deren spezifische Ausprägung sind dabei zumeist weniger wichtig als die generelle Existenz von Leistungsmessung und damit das Wissen, dass eine Wirkung realisiert wird (infoklick.ch, sfw):

„Wir [...] bekommen regelmässig qualitatives und quantitives Feedback über unsere mittelbare Wirkung auf die lokalen Organisationen. Für die Mitarbeitermotivation in der täglichen Arbeit ist das entscheidend. Da das Feld der Wirkungsmessung aber so breit und ungenau ist, kann man auch die Organisationen nur schwer im Bereich Wirkungsmessung miteinander vergleichen. Daher reicht den meisten Mitarbeitern zu wissen, dass sie bei einer sehr professionellen Organisation arbeiten, die Wirkungsmessung als sehr wichtig ansieht und sich ständig verbessern möchte. [...] Ich würde sagen, bei 90 Prozent der Mitarbeiter sind eher andere Faktoren maßgeblich, denen reicht es zu wissen, dass die Organisation etwas Gutes tut." [699]

In diesem Sinne übernehmen *quantitative Kennzahlen* im internen Kontext neben einer Führungs- und Steuerungsfunktion vor allem die Rolle, auf Organisationsebene Ambitionsniveaus zu setzen und das Selbstverständnis der Organisation hinsichtlich Professionalitätsanspruch und Verpflichtung zu höchstmöglicher Effektivität widerzuspiegeln. Auch wenn dies für die Mehrzahl der Mitarbeiter keinen primären Motivator darstellt, kann dennoch eine *indirekte, mittelbare Motivationswirkung* vermutet werden: zum einen anhand des sichtbar gemachten Erfolgs von Organisation oder Projekt (infoklick.ch, sfw), zum anderen ermöglicht eine nachvollziehbare Wirkungskette den Mitarbeitern, ihren Beitrag zur Gesamtwirkung und damit ihre Handlungswirksamkeit und Bedeutung für das Ganze spürbar und wahrnehmbar zu machen (sfw, KiKu).

Während quantitative und insb. monetäre Kennzahlen abstrakt bleiben und nur schwer eine direkte Motivationswirkung erzielen, sieht dies bei den *anekdotischen Erfolgsgeschichten* anders aus. Diese machen die Erfolge der Organisation oder der Projekte konkret sichtbar und wahrnehmbar, haben damit eine *unmittelbare Motivationswirkung* und schaffen so Identifikation und Bindung (GCL, infoklick.ch, iq consult, KiKu):

„[...] anekdotische Erfolgsgeschichten, die zu sammeln und zu verfolgen, das ist Riesenthema, sonst wären zwei Mitarbeiter hier bestimmt schon weg [...]. [...] Also das heißt, es gibt schon auch Versuche, das mone-

---

[699]   Interview mit Jan Lübbering, Projektleiter, sfw (geführt am 12.12.2011)

tär darzustellen. Für die Mitarbeiter war das aber ohne jede Relevanz. Das hat nur manche Mitarbeiter interessiert."[700]

„[…] wenn ich sage ‚wir sind Pilotprojekt in Hessen oder wir machen jetzt in NRW ganz tolle Sachen', wir haben es in München zum Beispiel geschafft, dass die öffentliche Hand den Wohlfahrtsverbänden keine Sonderzuschüsse mehr auszahlt […]. Solche Dinge, das sind Erfolgsbeschreibungen, die man einfach so natürlich erzählen kann, die man aber nicht auf irgendeine Kennzahl reduzieren kann."[701]

Es wurde zuvor schon erwähnt, dass eine reine Messung von Kennzahlen oder das Sammeln anekdotischer Erfolgsgeschichten nicht ausreicht. Um die erwünschte Motivationswirkung zu erzielen, müssen diese Sachverhalte den Mitarbeitern zugänglich gemacht werden. Abschließend ist daher zu betonen, dass – neben internen Veranstaltungen, wo solche Themen zur Sprache kommen – die Verteilung der relevanten Informationen und Sachverhalte im Rahmen der internen Kommunikation von zentraler und erfolgskritischer Wichtigkeit ist.

II.5   Mitarbeiter halten

Grundsätzlich wird eine *langfristige Bindung und Perspektive* sowohl von Organisations- als auch von Mitarbeiterseite als *nicht prioritär* eingeordnet. So wird aus Organisationsperspektive ein gewisses Maß an Fluktuation und Durchmischung als positiv und gesund wahrgenommen (DSE, infoklick.ch, iq consult), Mitarbeiter verbleiben lange (iq consult), oder der relevante Zeithorizont der Organisation ist aufgrund der dominanten Projektperspektive grundsätzlich eher kurz- bis mittelfristig (infoklick.ch). Des Weiteren ist die Wichtigkeit einer langfristigen Bindung bei manchen Organisationen abhängig von der jeweiligen Zielgruppe: Während bei Schlüsselpersonen eine langfristige Bindung aktiv angestrebt und als erfolgskritischer Faktor angesehen wird (DSE, infoklick.ch), ist bei der Mehrheit der Mitarbeiter eher die mittelfristige Perspektive zentral (infoklick.ch); hier sieht sich die Organisation selektiv auch als Vermittler und Sprungbrett (DSE, sfw, wellcome). Auf Mitarbeiterseite liegt die relative Unwichtigkeit u.a. darin begründet, dass viele junge Mitarbeiter ihre erste Arbeitsstelle innehaben und daher eine naturgemäß eher kurz- bis mittelfristige Perspektive besteht.[702] Insb. formale Karriereperspektiven und -pfade werden in diesem Zusammenhang als eher unwichtig oder nicht relevant angesehen (BOOKBRIDGE, GCL). Diese sind allerdings in den meisten Organisationen aufgrund der geringen Größe und niedrigen Hierarchien ohnehin (noch) nicht vorhanden (bspw. iq consult, sfw).

Die Realität ist allerdings komplexer: Denn auch wenn langfristige Bindung im Sinne formaler Karriereperspektiven bei vielen Mitarbeitern kein prioritäres Thema ist, wird eine inhaltliche Entwicklungsperspektive nichtsdestotrotz als wichtiger Motivator bezeichnet (BOOKBRIDGE,

---

[700]   Interview mit Manfred Radermacher, Projektleiter, iq consult (geführt am 11.01.2012)
[701]   Interview mit Björn Czinczoll, Gründer & Geschäftsführer, Kinderzentren Kunterbunt (geführt am 19.10.2011)
[702]   Dies ist jedoch individuell sehr verschieden. Insb. ältere Mitarbeiter messen längerfristigen Perspektiven eine höhere Wichtigkeit zu und empfinden befristete Arbeitsverhältnisse tendenziell als Demotivator.

DSE, GCL, wellcome). Eine positive inhaltliche Entwicklungsperspektive kann dabei durchaus die mittelfristige oder langfristige Bindung stärken. Des Weiteren wird strategische Partizipation als mittel- bis langfristiger Bindungsgrund erwähnt (BOOKBRIDGE). All dies deckt sich mit der Erfahrung von sfw, dass *langfristige Entwicklungsperspektiven zunehmend wichtiger* werden und dieser Bedarf vermehrt formuliert wird, sei es im Recruiting von potenziellen Mitarbeitern oder auch intern von länger angestellten Mitarbeitern, die in der Entwicklung stagnieren.

Die meisten Organisationen haben auf diese Bedarfe und Anforderungen noch nicht angemessen reagiert. So wird bspw. bei DSE, obwohl von Mitarbeiterseite gewünscht, eine mittel- bis langfristige Entwicklungsperspektive kaum aktiv gefördert; vielmehr liegt die Holschuld beim Mitarbeiter. Auch wellcome hat keinen strukturierten Entwicklungsplan. Andererseits ist sfw aktiv bestrebt, Mitarbeiter als Wissensträger in der Organisation zu halten, und plant daher, einen systematischen, strukturierten Personalentwicklungsprozess bereitzustellen, um auf die Bedarfe und Anforderungen der Mitarbeiter angemessen reagieren zu können. Auch bei KiKu spielt langfristige Mitarbeiterbindung als Erhalt von Wissen und Knowhow eine zentrale Rolle[703], und es werden sowohl inhaltliche Entwicklungsmöglichkeiten als auch formale Karriereperspektiven aufgezeigt.

II.6   Mitarbeiter freistellen und vermitteln

Mitarbeiterfreistellung und -vermittlung ist grundsätzlich kein Tabuthema. Wie schon zuvor erwähnt, wird ein gewisses Maß an *Fluktuation und Durchmischung* grundsätzlich als positiv und gesund wahrgenommen. In diesem Sinne wird auch *keine Bindung um jeden Preis* anvisiert, solange die Fluktuation auf einem sinnvollen Niveau verbleibt. Letztlich steht dabei das Wohl und die Erwartungshaltung des Mitarbeiters im Fokus: Eine Trennung kann sowohl auf Bitte des Mitarbeiters (passiv) gewährt als auch (aktiv) verordnet werden, ggf. mit Vermittlung; in den meisten Fällen erfolgt die Initiative jedoch seitens des Mitarbeiters, der sich außerhalb der Organisation weiterentwickeln will (DSE, infoklick.ch, sfw). Kündigungen werden nur in Ausnahmefällen ausgesprochen, so z.B. wenn es im Teamgefüge unüberbrückbare Differenzen gibt (KiKu), im Falle betriebsbedingter Ursachen (bspw. Projektauslauf) oder wenn von Mitarbeiterseite keine Veränderungs-/Weiterentwicklungsbereitschaft mehr besteht und dadurch eine adäquate Verwendung nicht möglich ist (iq consult).

Ein weiteres relevantes Thema ist die nachhaltige Bindung und aktive Nutzung der Alumni in Form eines *Alumni-Netzwerkes*, was bisher nur von wenigen Organisationen angedacht oder rudimentär umgesetzt wird (DSE, infoklick.ch). Gerade in diesem Kontext ist es ferner besonders wichtig und notwendige Bedingung, eine Trennung auf Augenhöhe sicherzustellen.

---

[703] Dies geht sogar so weit, dass eine langfristige Orientierung der Mitarbeiter im Rahmen des Recruiting ein wichtiges Auswahlkriterium und im negativen Fall ein Ausschlusskriterium oder Trennungsgrund darstellt.

E. Ergebnisinterpretation

Im vorigen Abschnitt wurden mittels vergleichender Kontrastierung und verbindender Integration der fallbezogenen Analyseerkenntnisse fallübergreifende Muster identifiziert. Als letzter Schritt des theoretischen Verallgemeinerungsprozesses sollen diese Muster nun im Rahmen der Ergebnisinterpretation durch die Erarbeitung normativer Aussagen in einem konzeptionellen Bezugsrahmen verdichtet und kodifiziert (⇨ E.I. Konzeptioneller Bezugsrahmen) sowie eine Herausarbeitung der zentralen, übergeordneten Aspekte und Erkenntnisse ermöglicht werden (⇨ E.II. Zentrale übergeordnete Muster und Erkenntnisse).

I. Konzeptioneller Bezugsrahmen

Der konzeptionelle Bezugsrahmen für Motivation im Führungskontext von Sozialunternehmen verfolgt das Ziel, Motivation im Führungskontext möglichst umfassend und gesamthaft darzustellen, weshalb eine Formulierung normativer Aussagen für alle als relevant eingestuften Aspekte und Themenkategorien angestrebt wird. Die Inhalte dieser Aussagen berücksichtigen dabei zum einen sowohl die von den Organisationen objektiv verfolgten Ansätze als auch deren subjektive Beurteilung von Führungskräfte- und Mitarbeiterseite (bspw. hinsichtlich Adäquanz und Wirkungsqualität). Zum anderen werden konkrete, anhand von Erwartungen oder Wünschen formulierte und in diesem Sinne als nützlich oder vielversprechend angesehene Gestaltungsansätze miteinbezogen, welche bezogen auf die objektiv realisierten Ansätze entweder substitutiver (ersetzender) oder komplementärer (ergänzender) Natur sind. Damit können die erarbeiteten normativen Aussagen zwar in gewisser Weise als Ausgangspunkte für die Spezifizierung von Hypothesen sowie als Grundlage weiterer wissenschaftlich-empirischer Untersuchungen dienen, vor allem aber geben sie erste theoretisch-fundierte, in ihrer Wirkungsrichtung pragmatisch-anwendungsbezogene Hinweise darauf, wie Motivation im Führungskontext von Sozialunternehmen in all ihrer Vielschichtigkeit konkret gestaltet werden kann und sollte.[704] Die folgende Abbildung zeigt nun den Entwurf eines konzeptionellen Bezugsrahmens für Motivation im Führungskontext von Sozialunternehmen:

---

[704] Dies korrespondiert mit dem eingangs erwähnten Verständnis von konzeptionellen Bezugsrahmen als Aussagesysteme, „die von ihrer logischen Konsistenz und Operationalität her nicht den strengen Anforderungen an ein Hypothesensystem genügen [...]" und als „[...] provisorische Erklärungsmodele begriffen [werden, d.V.], die sowohl den weiteren Forschungsprozeß steuern als auch unmittelbar Orientierungshilfen für die Lösung praktischer Probleme liefern sollen." Kubicek (1977), S. 17f.

Mitarbeiter gewinnen	Gelegenheitsorientierter, persönlich-flexibler *Recruitingansatz* mit selektiver Professionalisierung und Diversifizierung

Kontextmodule | grundlegende führungsrelevante Einflussfaktoren

Aktiv gelebtes *Unternehmensleitbild*	Dominanter *Gründer* & tragende, dezentrale *Führungsstrukturen*	Dynamische *Organisationskultur*

Kernmodule | Motivatoren und Anreizsysteme/-mechanismen

Autonome Motivation | Fokus

- Maximal mögliche *Autonomie*
- *Zielvereinbarungen* als handlungsleitendes & leistungssteigerndes Führungsinstrument
- *Anforderungsvielfalt & Kompetenzerleben* durch systematische & dynamische Personalentwicklung
- *Ganzheitlichkeit & Bedeutsamkeit* durch effektive interne Kommunikation/Austauschformate
- *Zugehörigkeit* durch Umgang & Organisationskultur sowie (Teambildungs-)Veranstaltungen

Kontrollierte Motivation | Ergänzung

- Kompetitives *Gesamtpaket* | transparente, stringente Gehaltsgruppen & -entwicklung
- *Monetäre Anreize* kritisch; rigide Anforderun-gen (Transparenz, Plausibilität, Gerechtigkeit) als notwendige Bedingung
- Leistungsunabhängige, unerwartete *materielle Anreize* (⇨ primär wertschätzend)

Freiwilligenmanagement mit klarem, konsequentem Führungsansatz	Aktive Stimulierung von/Raum für *organisationale Verhaltensmuster*	Interne Sichtbarmachung der *gesellschaftlichen Wirkung*

Ergänzungsmodule | sozialunternehmensspezifische Einflussfaktoren

Mitarbeiter halten	*Mitarbeiterbindung:* durch inhaltlichen Personalentwicklungsprozess sowie Rolle als *Sprungbrett und Vermittler*	Langfristig formale Karrierepfade	Einseitige *MA-Freistellung* heikles Thema

Abbildung 13 Entwurf eines konzeptionellen Bezugsrahmens für Motivation im Führungskontext von Sozialunternehmen (Quelle: Eigene Darstellung)

Grundsätzlich orientiert sich der konzeptionelle Bezugsrahmen an den bekannten Themenkategorien ‚Mitarbeiter gewinnen', ‚Mitarbeiter führen und entwickeln' sowie ‚Mitarbeiter halten', entlang derer normative Aussagen formuliert werden. Insgesamt wird dadurch deutlich, dass Motivation im Führungskontext sämtliche mitarbeiterbezogenen und führungsrelevanten Bereiche/Prozesse betrifft und mit diesen in wechselseitiger Beziehung steht.

Während sich die flankierenden Themenkategorien ‚Mitarbeiter gewinnen' (Recruiting) und ‚Mitarbeiter halten' (Mitarbeiterbindung und Mitarbeitervermittlung/-freistellung) inhaltlich vergleichsweise kompakt darstellen, liegt der Schwerpunkt von Motivation im Führungskontext im vielschichtigen Bereich ‚Mitarbeiter führen und entwickeln': Als Kernmodule werden in diesem Kontext die spezifischen Anreizsysteme und -strukturen bezeichnet, welche auf autonome oder kontrollierte Motivation wirken. Die Kontext- und Ergänzungsmodule wiederum charakterisieren Aspekte und Einflussfaktoren, welche zum einen selbst auf die Arbeitsmotivation wirken, zum anderen jedoch auch mit den vorgenannten Anreizsystemen und -strukturen in wechselseitiger Beziehung stehen und diese ergänzen oder spezifizieren. Konkret sind dies entweder grundlegende führungsrelevante (Kontextmodule) oder sozialunternehmensspezifische Aspekte (Ergänzungsmodule). In der Folge sollen die einzelnen normativen Aussagen systematisch und detailliert erläutert werden.

I.1 Mitarbeiter gewinnen

Gelegenheitsorientierter, persönlich-flexibler Recruitingansatz mit selektiver Professionalisierung und Diversifizierung

Grundlage und gelebte Praxis des Recruitings von Sozialunternehmen ist die überwiegende Nutzung von sowie das Vertrauen auf persönliche und organisationale Netzwerke, welche im Rahmen eines gelegenheitsorientierten Ansatzes zur Identifizierung von (intrinsisch) motivierten Personen mit Affinität zu Social Entrepreneurship sowie den Werten und Inhalten der Organisation genutzt werden. Hierbei kann das Aufwands-Ertrags-Verhältnis als vorteilhaft angesehen werden, da kaum Kosten anfallen und eine Berücksichtigung der als strategisch zentral angesehenen persönlichkeitsorientierten Auswahlkriterien (bspw. intrinsische Motivation, Einstellungen oder Herangehensweisen, grundsätzlicher Team- und Kultur-Fit) in besonderer Weise gewährleistet werden kann. Auf diese Weise wird ein effizientes wie effektives Recruiting ermöglicht, welches insb. angesichts des allgemeinen Nachfrageüberschusses einem standardisierten ‚Gießkannenprinzip' vorzuziehen ist und in diesem Sinn als Kern weiter ausgebaut werden sollte.

Ein solcher Ansatz stößt jedoch an seine Grenzen, wenn Personen oder relevante Erfahrungen von Zielgruppen außerhalb der oben erwähnten Netzwerke benötigt werden. Hierzu ist eine selektiv ergänzende, aber dennoch fokussierte Diversifizierung des Recruitingansatzes notwendig, welche mittel- bis langfristig u.a. durch die Nutzung spezialisierter Headhunter oder Recruiting-Plattformen für mehr Diversität hinsichtlich Wissen, Erfahrung und Kompetenz sorgt. Dies wird insb. im Zuge wachsender Strukturen, sich weiterentwickelnder Geschäftsaktivitäten und einer zunehmenden Professionalisierung immer häufiger notwendig sein. Auch eine zunehmende Professionalisierung des Recruitings selbst[705] ist als grundsätzlich sinnvoll und gewinnbringend anzusehen, jedoch sollte mit einer solchen Entwicklung mit Bedacht und unter Berücksichtigung einer fortwährenden Aufwand-Nutzen-Abwägung erfolgen.

I.2 Mitarbeiter führen und entwickeln

I.2.1 Kernmodule – Anreizsysteme und -mechanismen

I.2.1.1 Autonome Motivation

Maximal mögliche Autonomie bei minimal notwendigen rahmengebenden Strukturen/Begrenzungen

Autonomie kann als zentraler Arbeits- und Führungsaspekt sowie dominanter Motivator bezeichnet werden. Aus diesem Grund bildet die Förderung autonomer Strukturen und autonomen Handelns einen Kernaspekt von Motivation im Führungskontext von Sozialunternehmen. Kon-

---

[705] Prozessobjektivierung/-standardisierung, bspw. durch klar definierte Stellenprofile, Gesprächsleitfäden für Auswahlgespräche, objektive Auswahlkriterien und nicht zuletzt die Existenz dedizierter Personalressourcen.

kret findet die Förderung auf zwei Ebenen mit enger Wechselwirkung statt: Auf formaler Ebene wird persönliche Handlungswirksamkeit und inhaltliche Verantwortung durch einen konsequent hohen Dezentralisierungsgrad erreicht, mittels eigenverantwortlich geführter, autonomer Bereiche, Abteilungen oder Projekte. Auf der tätigkeitsbezogenen Ebene geschieht dies wiederum durch die konkrete Begünstigung von Entscheidungsfreiheit, inhaltlichem Gestaltungsspielraum sowie eigenverantwortlichem und selbstbestimmtem Arbeiten.[706] Nichtsdestotrotz hängt die Entstehung autonomen Verhaltens sowie dessen positives leistungsbezogenes Wirkungspotenzial zuallererst vom Persönlichkeitstyp des jeweiligen Mitarbeiters ab: So kann Autonomie – je nachdem, ob die Person diese als stimulierend (motivierend) oder beängstigend (demotivierend) wahrnimmt – im Zweifelsfall auch einen negativen Einfluss auf die Leistungsfähigkeit nehmen. Dies unterstreicht zum einen die Wichtigkeit des vorgenannten persönlichkeitsorientierten Recruitings mit dem Ziel, möglichst Mitarbeiter des ersten Typus einzustellen, zum anderen die Notwendigkeit einer Balance zwischen Autonomie und rahmengebenden Strukturen, um die potenziellen negativen Auswirkungen von Autonomie zu minimieren. Hierbei wirkt ein Minimum an rahmengebenden Strukturen[707] stabilisierend und ermöglicht notwendige Absprachen, sollte das alltägliche Arbeiten jedoch nicht unnötig hemmen. Flache und dynamische Hierarchien sind in diesem Sinne Voraussetzung für effektives autonomes Arbeiten, wohingegen steile und starre Hierarchien als demotivierend abzulehnen sind.

Zielvereinbarungen als primär Orientierung gebendes, handlungsleitendes und leistungssteigerndes Führungsinstrument

Eine strikte Verknüpfung von Zielvereinbarungen und ‚harten' Bewertungen mit Belohnungen oder Sanktionen wird im Kontext von Sozialunternehmen als weder sinnvoll noch nützlich angesehen und kaum angewandt: Zielvereinbarungen stellen dementsprechend kein Kontrollinstrument dar. Vielmehr haben Ziele und Zielvereinbarungen in erster Linie eine informativ-handlungsleitende Orientierungsfunktion. Sie sollen motivierend, d.h. positiv stimulierend und anregend, gestaltet sein, um eine persönliche Wichtigkeit und Akzeptanz sicherzustellen. Ein relevanter Gestaltungsansatz ist das Erarbeiten von Zielvereinbarungen im Rahmen von Gegenstromverfahren, was sowohl die Identifikation mit den Zielen als auch deren Relevanz steigert. Des Weiteren sind ambitionierte, dabei jedoch zugleich realistische Ziele erforderlich.

Spezifischer, d.h. systematischer aber trotzdem dynamisch-flexibler Personalentwicklungsprozess (Aufgabenzuordnung, Rückmeldemechanismen und Weiterbildungsformate) mit dedizierten Ressourcen

Ein zentraler Aspekt und Gestaltungsschwerpunkt von Motivation im Führungskontext ist neben Autonomie die Sicherstellung von Anforderungsvielfalt und positivem Kompetenzerleben sowie

---

[706] Letzteres gelingt mittels eines ‚selbstbestimmten Klimas' auf Basis gegenseitigen Vertrauens, möglichst geringer Kontrolle, freier Entfaltung sowie Gewährung eines eigenen Arbeitsstils und flexibler Arbeitszeiten.

[707] Bspw. Weisungsbefugnisse/Berichtszuständigkeiten, organisationale Strukturen/Prozesse oder Abstimmungsmechanismen bei strategischer Wichtigkeit/Budgetrelevanz von Sachverhalten und Entscheidungen.

die Stärkung von Selbstwirksamkeitserwartungen. Während eine grundsätzliche *Anforderungsvielfalt* vor allem aus den jeweiligen Tätigkeitsbereichen selbst heraus entsteht[708], ist es von immenser Wichtigkeit, diese Anforderungsvielfalt mittel- bis langfristig mittels einer möglichst systematischen *Aufgabenallokation* sicherzustellen. Diese beinhaltet die Ermittlung individueller Entwicklungsbedarfe und Lernfelder sowie korrespondierender Aufgabenprofile, basierend auf einem systematischen Abgleich von Wünschen und Präferenzen sowie Stärken, Schwächen und Potenzialen der Mitarbeiter auf der einen sowie aktuellen und zukünftigen Aufgaben innerhalb der Organisation auf der anderen Seite. Der Institutionalisierungsgrad bleibt dabei abhängig von den verfügbaren zeitlichen und personellen Ressourcen, wobei ohnehin eine gewisse Flexibilität und Dynamik im Prozess erhalten bleiben sollte, um auf spontane und unerwartete Entwicklungen und Bedarfe von Organisationsseite adäquat reagieren zu können.

Ein weiterer zentraler Aspekt ist die effektive Gestaltung von *Rückmeldungsmechanismen*, welche primär auf das Kompetenzerleben und die Selbstwirksamkeitserwartungen wirken. Als relevant sind in diesem Kontext gegenseitige Wertschätzung durch Lob und Anerkennung, Zeitnehmen und Gespräche sowie ein respektvoller Umgang anzusehen. Des Weiteren ist ein möglichst systematischer Feedbackprozess anzuraten, welcher in institutionalisierten, inhaltlich strukturierten Mitarbeitergesprächen gründet sowie durch ein klares Erwartungsmanagement (ex ante) und fallbezogenes, situatives Feedback (parallel oder ex post) ergänzt wird. Bei alldem bleibt festzuhalten, dass etwaige Rückmeldungen hinsichtlich ihrer Natur und Wirkungsqualität primär konstruktiv sowie lösungs- und lernorientiert sein sollten, nicht jedoch bewertend und kontrollierend. Weiterhin ist eine beidseitige Feedbackkultur (d.h. Feedback *für* und *von* Mitarbeitern) anzuraten, welche jedoch nur dann motivierend wirkt, wenn die geäußerten Bedarfe und Rückmeldungen umfassend aufgenommen, ernsthaft geprüft und wenn möglich umgesetzt werden.

Schließlich sollten auf Basis der oben beschriebenen Prozesse *Weiterbildungsangebote* erarbeiten werden, welche Kompetenzen, Kompetenzerleben und Selbstwirksamkeitserwartungen gezielt stärken. Es sollten jedoch nicht allgemein verbindliche Weiterbildungsformate etabliert, sondern vielmehr eine individuelle Förderung und Entwicklung gewährleistet werden. Hierbei kann eine Kombination von Eigeninitiative der Mitarbeiter und (pro)aktiver Rolle der Organisation als effektiver und erfolgversprechender Ansatz identifiziert werden: Während die Mitarbeiter in Eigenverantwortung für sie relevante Themen und Formate auswählen und vorschlagen, ist es Aufgabe der Organisation, die einzelnen Mitarbeiter hierbei im Rahmen des Personalentwicklungsprozesses zu begleiten, Optionen aufzuzeigen, die Wichtigkeit von Weiterbildung für die Organisation und Geschäftsführung klar zu kommunizieren sowie ausreichende finanzielle Ressourcen und Zeitkontingente sicherzustellen. *Alternative Weiterbildungskonzepte* wie bspw. pro-

---

[708] Dies gründet nicht zuletzt im hohen Autonomiegrad bei vergleichsweise wenig Routinen, was wiederum in den offenen und innovativen Geschäftsmodellen, der Mischung aus gesellschaftlichem und wirtschaftlichem Fokus sowie dem dynamischen Umfeld begründet liegt.

bono-Angebote, Nutzung interner Ressourcen oder Wissensaustausch sind zwar als Ergänzung sinnvoll, jedoch stellen diese wegen der oft nur unzureichend möglichen Sicherstellung von inhaltlicher Adäquanz und verlässlicher Verfügbarkeit sowie aufgrund angebots- und nachfrage-seitiger Schwankungen keine vollwertige Alternative dar und können formale Weiterbildungsan-gebote nicht (gänzlich) ersetzen.

| *Ganzheitlichkeit/Bedeutsamkeit durch effektive, adäquate interne Kommunikation und Austauschformate*

Ganzheitlichkeit (Rolle und Verständnis) und Bedeutsamkeit (Stellenwert der Arbeit/Tätigkeit) sind wesentliche Charakteristika und Gestaltungsaspekte der Arbeit und Tätigkeit. Dabei kann Ganzheitlichkeit und Bedeutsamkeit grundsätzlich auf zwei Ebenen realisiert werden: Die ‚indivi-duelle' unmittelbare Ebene bezieht sich dabei auf die Rolle, das Verständnis und den Stellenwert der Tätigkeit für die Person selbst; die ‚kollektive' mittelbare Ebene umfasst Rolle, Verständnis und Stellenwert im Gesamtkontext. Auf der ersten, unmittelbaren Ebene wird Ganzheitlichkeit durch Autonomie (eigenverantwortliche Bereiche und gefühlte Handlungswirksamkeit), Bedeut-samkeit mittels Sinnstiftung, Identifikation mit den Inhalten und persönliche Erfüllung erreicht. Auf der zweiten, mittelbaren Ebene sorgen v.a. interne Austauschformate[709] und eine effektive interne Kommunikation[710] für ein Gefühl von Ganzheitlichkeit und Bedeutsamkeit.

Eine zentrale Herausforderung auf der kollektiven mittelbaren Ebene ist die Ungleichzeitigkeit zwischen Organisation und Mitarbeitern: Während Ganzheitlichkeit und Bedeutsamkeit und dessen positive Auswirkungen (u.a. inhaltliche Synergien und Effizienz auf Gesamtorganisations-ebene) sehr wichtig sind, sind Mitarbeiter oftmals zwar prinzipiell an einem Austausch interessiert, jedoch aufgrund der potenziellen Masse an Information und den hierfür benötigten kognitiven und zeitlichen Ressourcen schnell überfordert. Hieraus erwachsen klare Anforderungen an die zentralen, fördernden Mechanismen: So muss die interne Kommunikation Transparenz schaffen, um allgemein Akzeptanz für Prozesse und Entscheidungen sowie ein Gefühl des Eingebunden-seins und der Handlungsfähigkeit zu gewährleisten, gleichzeitig jedoch eine drohende Überforde-rung verhindern sowie das Wecken ‚falscher' Erwartungshaltungen von vornherein vermei-den.[711] Im Rahmen der Austauschformate ist es wiederum vor allem wichtig, auf freiwillige, niederschwellige Veranstaltungsangebote und interne Plattformen zu setzen.

| *Zugehörigkeit durch Organisationskultur und alltäglichen Umgang sowie (Teambildungs-)Veranstaltungen*

Zusammengehörigkeit/Zugehörigkeit ist eng verknüpft mit der Organisationskultur als verbin-dendem Element und gemeinsamer Grundlage der Organisation (vgl. auch Kap. E.I.2.2, Ab-schnitt Organisationskultur). So ist es nicht überraschend, dass Zugehörigkeit zuallererst durch

---

[709]   Bspw. inhaltliche Zusammenarbeit, Partizipationsmöglichkeiten und eine stringente Wirkungskette.
[710]   Eine solche umfasst u.a. die Sichtbarmachung und Konkretisierung der gesellschaftlichen Wirkung sowie ein
        allgemein hohes Informations- und Transparenzniveau.
[711]   Gemeint sind hier Erwartungshaltungen, welche durch Ankündigung von Vorhaben entstehen, deren Umset-
        zung schwierig oder unsicher erscheint und bei deren Nichterfüllung Demotivation und Frustration drohen.

einen persönlichen, offenen und respektvollen Umgang miteinander sowie eine gute, positive Arbeitsatmosphäre auf Basis gegenseitiger Unterstützung und Zusammenarbeit entsteht. Dies sind wiederum zentrale Charakteristika einer persönlich-partnerschaftlichen oder familiären Organisationskultur. Darüber hinaus sind jedoch eigens auf die Förderung von Zugehörigkeit und Teambildung ausgerichtete Veranstaltungen notwendig: Hierzu gehören sowohl informelle gemeinsame Aktivitäten als auch formelle Veranstaltungen mit Fokus auf soziale, zwischenmenschliche Komponenten. Schließlich ist es insb. im Falle dominanter Projekt- und Abteilungskulturen oder dem Anspruch einer starken Gesamtorganisationskultur von zentraler Wichtigkeit, diese Veranstaltungen nicht ausschließlich auf Projekt- oder Abteilungsebene, sondern auch gezielt auf der Gesamtorganisationsebene zu etablieren.

I.2.1.2   Kontrollierte Motivation

Kompetitives Gehalt (bezogen auf vergleichbare Organisationen) und Gesamtpaket | gerechte (d.h. transparente, objektive und stringente) Gehaltsgruppen und Gehaltsentwicklung

Grundsätzlich kann das Festgehalt als Hygienefaktor eingeordnet werden: So wird dessen Existenz zwar als prinzipiell selbstverständlich und wichtig sowie dessen Fehlen oder inadäquate Gestaltung als demotivierend empfunden, nichtsdestotrotz stellt es keinen primären Motivator dar. Hiermit korrespondieren Äußerungen, das Festgehalt solle allgemein zufriedenstellend, fair, gerecht und vernünftig gestaltet sein, eine persönliche Grundversorgung ermöglichen sowie eine subjektive Untergrenze (Schmerzgrenze) nicht unterschreiten.

Konkret muss die Gestaltung des Festgehalts auf zwei Ebenen betrachtet werden: Auf der einen Seite ist in der internen Perspektive eine als gerecht empfundene Gehaltsstruktur zu verwirklichen, welche eine gewisse Differenzierung bei gleichzeitig nicht zu großer Streuung ermöglicht. Als adäquater Gestaltungsansatz können Gehaltsgruppen mit klaren, einheitlichen Kriterien sowie einer interpersonell moderaten Streuung des Gehaltsniveaus angesehen werden, welche eine transparente, differenzierte und leistungsgerechte Einordnung der einzelnen Mitarbeiter ermöglichen. Des Weiteren sollte die Gehaltsentwicklung (bzw. das Aufsteigen in höher dotierte Gehaltsgruppen) ebenfalls leistungsorientiert sowie auf Basis einheitlicher und objektiver Kriterien erfolgen. Nicht unwichtig ist der Umgang mit außerordentlichen, hochdotierten Positionen, welche spezifische und ggf. kostenintensive Kompetenzen und Erfahrungen verlangen (bspw. kaufmännische Geschäftsführer, Fundraising- oder IT-Manager): Diese können die finanziellen Möglichkeiten überspannen und eine potenzielle Gefahr für das fragile interne Gehaltsgefüge darstellen. Mögliche Lösungsansätze sind die Nutzung alternativer Finanzierungskonzepte (bspw. zweckgebundene Stiftungsgelder) oder die Inanspruchnahme externer Dienstleister.

Auf der anderen Seite ist im Rahmen der externen Perspektive ein Gehaltsabschlag gegenüber der Privatwirtschaft – nicht zuletzt aufgrund finanzieller Engpässe – Fakt: Dies wird zwar allge-

mein pragmatisch akzeptiert, nichtsdestotrotz herrscht ein Spannungsverhältnis zwischen Anspruch (einer ‚echten‘, marktgerechten Bezahlung) und Wirklichkeit. Doch auch wenn Sozialunternehmen sich hinsichtlich des Festgehalts aktuell zumeist nicht mit der Privatwirtschaft messen
können, ist eine vollständige, zwingende Angleichung vielleicht auch gar nicht notwendig. Vielmehr sollte es das Ziel sein, alle Anstrengungen zu unternehmen, um so wettbewerbsfähig wie
(sinnvoll) möglich bzw. nötig zu sein: Als sowohl effektive wie auch realistische und umsetzbare
Erfolgsfaktoren können in diesem Sinne ein generell kompetitives, attraktives Gesamtpaket[712]
sowie ein kompetitives Festgehalt bezogen auf ‚Best Practice‘-Organisationen im Social Entrepreneurship-Sektor oder anderen vergleichbaren Sektoren identifiziert werden.

*Monetäre Anreize aufgrund kritischer Aspekte nur bedingt anwendbar; Gewährleistung eines effektiven,
gerechten Systems als notwendige Bedingung (rigide Anforderungen: Transparenz, Plausibilität, Gerechtigkeit)*

Monetäre Anreize werden in Sozialunternehmen als kritisch angesehen und daher zumeist abgelehnt. Die wichtigsten Kritikpunkte betreffen zum einen die Wirkung[713], zum anderen die Um-
setzbarkeit und Realisierung gerechter Verteilungsmechanismen[714]. Insb. Letzteres lässt die Erarbeitung eines adäquaten und effektiven monetären Anreizsystems als herausforderndes Unterfangen erscheinen. Konkret werden drei klare und stringente Anforderungen als notwendige Bedingungen eines potenziellen Anreizsystems formuliert: Allgemeine Transparenz der individuellen
Leistungskriterien, deren inhaltliche Plausibilität sowie interpersonelle Gerechtigkeit der Verteilungsmechanismen (vgl. auch Kap. D.II.4.3.2). Bis dato wurde kein dauerhaftes Anreizsystem
etabliert, welches alle diese Anforderungen erfüllen konnte: nicht zuletzt deswegen wird die
Notwendigkeit gesehen, für die etwaige Entwicklung und Umsetzung eines monetären Anreizsystems dedizierte, kompetente und erfahrene Personalressourcen einzusetzen.

Letztlich gilt es, monetäre Anreizsysteme auf der einen Seite wie oben beschrieben ‚handwerklich
einwandfrei‘ zu gestalten sowie nur dann einzuführen, wenn eine verlässliche Finanzierung gewährleistet werden kann. Auf der anderen Seite ist es jedoch mindestens ebenso wichtig, die
grundsätzlichen Vor- und Nachteile (Wertschätzung individueller Leistung und Leistungsbereitschaft, Teilhabe an Erfolg, etc. vs. fehlende oder negative Wirkung) monetärer Anreizsysteme für
den konkreten Fall und die spezifische Situation gegeneinander abzuwägen und ggf. gänzlich auf
sie zu verzichten. Weiterhin sollten monetäre Anreize, wenn überhaupt, prinzipiell behutsam

---

[712] Ein solches beinhaltet neben dem (im Vergleich ggf. etwas niedrigeren) Festgehalt außerdem klar positionierte
Aspekte wie u.a. sinnstiftende Tätigkeit, Organisationskultur und Vereinbarkeit von Beruf und Privatleben.

[713] Unterstellung einer fehlenden oder zumindest abnehmenden Wirksamkeit; ggf. sogar Gefahr eines negativen
Einflusses in Form eines Korrumpierungseffekt oder eines potenziell destruktiven Konkurrenzdenkens; Kul-
turinkompatibilität, d.h. Zusammenspiel von – durch Primat der gesellschaftlichen Wirkung geprägter – Organisationskultur und monetären Anreizen als nicht passend bzw. zulässig empfunden; schlicht keine Notwendigkeit
monetärer Anreize aufgrund des Primats intrinsischer/autonomer Motivation.

[714] Keine dauerhaft verlässliche Sicherstellung von Auszahlungen aufgrund knapper finanzieller Spielräume der
Organisationen, und damit potenzielles Unzufriedenheits-/Frustrationspotenzial; potenziell intransparente, wenig plausible und als ungerecht wahrgenommene Verteilung aufgrund der Unvergleichbarkeit von Leistungskriterien und Mitarbeiterzielen sowie der schwierigen Zurechenbarkeit von Erfolgen auf einzelne Mitarbeiter.

eingesetzt werden, um die potenziellen negativen Auswirkungen zu minimieren oder zu begrenzen (bspw. durch eine moderate absolute Höhe der Prämien im Vergleich zum Festgehalt).

*Leistungsunabhängige, unerwartete materielle Anreize (moderate Wertigkeit oder immaterieller Charakter ⇨
primär wertschätzend) mit gerechtem oder beiläufigem Verteilungsmodus | Überstundenabbau gut umsetzbar
(Transparenz)*

Materielle Anreize sind nicht in gleichem Maße negativ besetzt wie monetäre Anreize. Sie sollten
dabei primär unerwartet und möglichst leistungsunabhängig vergeben werden, um etwaige negative Auswirkungen im Sinne eines Korrumpierungs- oder Gewöhnungseffektes zu minimieren.
Konkret können materielle Anreize im engeren Sinn kleine Geschenke sein, wobei ein transparenter und gerechter oder auch beiläufiger und unauffälliger Verteilungsmodus sowie eine
konsequent moderate Wertigkeit eventuelles Neidpotenzial minimieren helfen. Als materielle
Anreize im weiteren Sinn können allgemeine positive Arbeitsaspekte mit teilweise immateriellem
Charakter verstanden werden, wie bspw. flexible Arbeitszeiten oder projektbezogene Reisen.

Bei institutionalisierten materiellen Anreizsystemen wie zusätzlichen Urlaubstagen oder Überstundenabbau ist ein transparenter, pausibler und gerechter Verteilungsmechanismus ungleich
wichtiger – analog den monetären Anreizen. Insb. ein systematisches Instrument zum Überstundenabbau wird dabei von Mitarbeiterseite als ein objektiv-transparenter und damit gut umsetzbarer Anreizmechanismus angesehen und gefordert.

I.2.2   Kontextmodule – grundlegende, führungsrelevante Einflussfaktoren

Aktiv gelebtes Unternehmensleitbild mit Handlungsbezug

Ein Unternehmensleitbild bestehend aus Vision und Mission hat letztlich nur eine signifikante
und vor allem anhaltende Motivationswirkung, wenn es im Rahmen des strategischen wie operativen Handelns der Organisation aktiv gelebt wird und damit ein klarer Handlungsbezug vorhanden ist. Dies ist insb. dann gegeben, wenn Werte, Leitsätze und Handlungsimplikationen ableitbar
sind und es ferner als allgemein akzeptierte, verinnerlichte und handlungsleitende Richtschnur
sowie effektive Entscheidungsgrundlage dient. Im Kontext allgemein akzeptierter und verinnerlichter gemeinsamer Werte und Leitsätze kann des Weiteren ein indirekter Einfluss auf die Wahrnehmung von Zusammengehörigkeit/Zugehörigkeit konstatiert werden.

*Dominante Gründerperson mit transformativem Führungsstil | tragende dezentrale Führungsstrukturen und
Motivationsmechanismen*

Im Allgemeinen kann der Gründer als zentrale und dominante Führungspersönlichkeit bezeichnet werden. Das spezifische Führungsverhalten ist zumeist geprägt durch einen transformativen
und charismatischen Führungsstil: So ist er Visionär (mit entscheidendem Einfluss auf das Unternehmensleitbild) und Galionsfigur sowie Identifikations- und Integrationsfigur, hat eine charis-

matische Ausstrahlung und lebt Werte und Inhalte der Organisation sowie Begeisterung und Engagement durch eigenes Handeln exemplarisch vor. Des Weiteren ist er zentraler Ansprechpartner, Entscheider und Impulsgeber. Im Rahmen seiner Vorbildrolle ist er begeisternd, unterstützend und fördernd und pflegt einen engen, wertschätzenden Kontakt mit den Mitarbeitern.

Nichtsdestotrotz ist im Kontext wachsender Strukturen und zunehmender Dezentralisierung ein sinkender direkter Einfluss des Gründers zu verzeichnen. Kann diese Entkopplung zum einen als notwendiger Schritt im Rahmen einer gesunden Organisationsentwicklung und damit als Emanzipation der Organisation von deren Gründer angesehen und positiv beurteilt werden, ist sie zum anderen eine potenzielle Herausforderung und Gefahr. Ungeachtet dessen, ob als positive Entwicklung oder kritische Herausforderung eingeschätzt, wird letztlich deutlich, dass mittel- bis langfristig tragende dezentrale Führungsstrukturen und Motivationsmechanismen notwendig sind, welche keine rein operativen ‚Verwaltungseinheiten‘ darstellen, sondern vielmehr – aufbauend und bezugnehmend auf die zweifellos wichtige und dominante Gründerperson – auch Elemente und Aspekte der transformativen und charismatischen Führung in die unteren Organisationsebenen weitertragen, bspw. in Form direkter Ansprechpartner auf Projekt- oder Abteilungsebene.

Dynamische Organisationskultur (Tendenz: persönlich-partnerschaftlich) mit starker, aktiv gelebter Gesamtorganisationskultur sowie Vermittlung zu/Balance mit potenziellen spezifischen Projekt-/Abteilungskulturen

Eine nachhaltig vitale und dynamische Organisationskultur entsteht durch die Dualität und das Zusammenspiel von Homogenität und Diversität. Homogenität bezeichnet dabei eine ähnliche Grundhaltung sowie die Identifikation mit gemeinsamen Werten, Inhalten und Zielen, wohingegen sich Diversität in einem wertschätzenden Umgang mit unterschiedlichen Persönlichkeiten und Emotionen, einem kreativen Umfeld verschiedenartiger Charaktere sowie der Existenz vielfältiger Kompetenzen und Herangehensweisen ausdrückt.

Insgesamt kann im Sozialunternehmenskontext die allgemeine Tendenz hin zu einer im Kern persönlichen und partnerschaftlichen Kultur beobachtet werden. Während der Aspekt der Homogenität dabei eine gemeinsame Basis und grundsätzliche Stabilität schafft, verhindert der Aspekt der Diversität eine allzu einseitige, statische Organisationskultur. Letztlich sind Homogenität und Diversität daher nicht als gegensätzliche, sondern vielmehr als komplementäre, sich ergänzende Gestaltungselemente zu verstehen. Eine auf diese Weise geprägte Organisationskultur wirkt positiv auf die persönliche Entfaltung und Handlungswirksamkeit der Mitarbeiter, korrespondiert mit dem zuvor beschriebenen Führungsverhalten, steigert die Zugehörigkeit des Einzelnen und regt einen gegenseitigen Austausch an. Eine zunehmende Professionalisierung im Sinne einer Systematisierung und Standardisierung von Organisationsstrukturen und -prozessen sowie Anreizsystemen hat wiederum, u.a. durch eine eventuell entstehende Unpersönlichkeit sowie den Aufbau von Leistungsdruck und Kontrolle, eine potenziell negative Auswirkung auf eine solche persönlich-partnerschaftliche und auf Zusammengehörigkeit basierende Organisationskultur.

Schließlich ist es eine zentrale Herausforderung, Organisationskultur in einem Kontext verschiedener Organisationsebenen (bspw. im Rahmen eines Social Franchising-Ansatzes) oder ausgeprägter Projekt-, Abteilungs- oder Regionalstrukturen adäquat zu gestalten. In beiden Fällen droht die Gefahr von getrennten Welten und ‚Subkulturen' mit ggf. inkompatiblen Motivationsmustern und -mechanismen. Diese ‚Subkulturen' wirken sich auf der konkreten Subebene zwar vorteilhaft, auf Gesamtorganisationsebene jedoch eher nachteilig aus.[715] Notwendig ist daher ein spezifischer, differenzierter Ansatz, welcher die Besonderheiten und Unterschiede der vielfältigen Organisationsebenen, Projekte und Abteilungen berücksichtigt und anerkennt, dabei jedoch mittels einer starken Gesamtorganisationsperspektive eine vollständige Entkopplung verhindert. In diesem Sinne bedarf es einer starken und aktiv gelebten Gesamtorganisationskultur, welche in engem Austausch mit Projekt- und Abteilungskulturen steht. Das konkrete Ausmaß des stattfindenden Austausches und der Gewährung dezentraler Strukturen und Organisationskulturen überhaupt hängt letztlich von der jeweiligen Situation, den strategisch wie strukturellen Prioritäten und Erfordernissen sowie der daraus folgenden Grundausrichtung der Organisation ab.

I.2.3 Ergänzungsmodule – sozialunternehmensspezifische Einflussfaktoren

Freiwilligenmanagement mit klarem, konsequentem Führungsansatz (Reziprozität, kein Gehalt, differenziertes Rollenbild)

Freiwillige nehmen in vielen Sozialunternehmen eine Schlüsselrolle im Geschäftsmodell ein. Aus diesem Grund ist ein adäquates, auf diese spezielle Zielgruppe zugeschnittenes Führungsinstrumentarium erfolgskritisch, welches die Motivation und den Einsatz der Freiwilligen bestmöglich kanalisiert. In diesem Zusammenhang wird ein klarer und konsequenter Führungsansatz postuliert, welcher als zentrale Gestaltungselemente den grundsätzlichen Umgang (Reziprozität), Entlohnung (keine monetäre Entlohnung) und Rollenbild (differenziertes Rollenbild) umfasst.

Zielsetzung des Führungsansatzes ist es, im Umgang mit den Freiwilligen Reziprozität, d.h. Wechselseitigkeit und Gegenseitigkeit im Sinne eines Umgangs ‚auf Augenhöhe' zu erreichen. Dies kann u.a. durch grundsätzliche Wertschätzung der Freiwilligen (Anerkennung und Dankbarkeit sowohl hinsichtlich der Personen als auch ihrer Tätigkeiten), Gewährleistung von Wahrnehmung (persönliche Kommunikation, Zeitnehmen) sowie eine hierauf aufbauende explizite Sichtbarkeit (bspw. durch Veranstaltungen oder Erwähnung im Internetauftritt) erreicht werden.

Die klare und konsequente Haltung, keine monetäre Entlohnung zu gewähren, ist insofern von zentraler Bedeutung, da im Rahmen der Freiwilligkeit stark auf der intrinsischen Motivation aufgebaut wird: Im Falle einer möglichen Entlohnung kann daher eine neutrale oder negative

---

[715] Vorteilhaft wirken sie, indem sie auf der einen Seite durch eine starke Orientierung zu und Identifikation mit den jeweiligen Ebenen, Projekten oder Abteilungen die Leistungsbereitschaft bezogen auf den konkreten Tätigkeitsgegenstand potenziell fördern; auf der anderen Seite kann ebendies zulasten von Interesse, Commitment und Verantwortung gegenüber der Gesamtorganisation gehen und auch zu destruktivem Konkurrenzdenken innerhalb der Organisation (d.h. zwischen einzelnen Organisationsebenen, Projekten oder Abteilungen) beitragen.

Motivationswirkung (Korrumpierungseffekt) vermutet werden, auch weil die Grenzen zu bezahlten Kräften verschwimmen und eine im Vergleich niedrigere, aufgabeninkongruente Bezahlung als nicht wertschätzend oder sogar als Ausbeutung wahrgenommen werden würde.

Das Verhältnis zu bezahlten Kräften steht auch im Mittelpunkt des differenzierten Rollenbildes: Grundsätzliches Ziel ist es dabei, auch auf der inhaltlichen Ebene keine Situation der Ausbeutung entstehen zu lassen. In diesem Sinne sind Anspruch und Abwechslung der Tätigkeitsfelder sowie Motivations- und Leistungsanspruch ähnlich und vergleichbar denen bezahlter Kräfte zu gestalten, um einer inhaltlichen Ausbeutung im Sinne stupider, monotoner Tätigkeiten vorzubeugen. Gleichzeitig sollte jedoch eine vollständige Angleichung vermieden werden, da eine solche im Zusammenspiel mit der fehlenden Entlohnung ebenfalls Ausbeutungspotenzial besäße. Ein möglicher Ansatz ist daher, dass sich die grundsätzlich notwendige Unterscheidung nicht primär in der Natur und Qualität der Tätigkeit selbst, sondern vielmehr in einer weniger strikten Verantwortung der Freiwilligen, bspw. für die Arbeitsergebnisse, sowie weniger rigorosen Leistungsanprüchen seitens der Organisation ausprägt.

Kreativität/Innovation durch aktive Stimulierung und Gewähren von Raum; Proaktivität/Risikobereitschaft durch inhaltliche Offenheit und Fehlertoleranz

Wie zuvor erwähnt, haben die organisationalen Verhaltensmuster einen nicht unbeträchtlichen Anteil am Attraktivitäts- und Motivationspotenzial der Sozialunternehmen. Ziel ist es daher, diese auf organisationaler Ebene dauerhaft zu verankern, wozu es einer gezielten Förderung im Führungskontext bedarf. *Innovation und Kreativität* entstehen dabei zum einen durch aktive Stimulierung, zum anderen durch das Gewähren von Raum für ebendiese.[716] Des Weiteren haben Gewähren autonomen Handelns, hohe intrinsische Motivation sowie positives Kompetenzerleben im Zusammenspiel mit den oben genannten Kreativitätsmethoden/-techniken eine positive Wirkung auf Kreativität und wirken als ‚Befähiger‘. *Proaktives und risikobereites Verhalten* korrespondiert zum einen ebenfalls eng mit der Realisierung autonomer Strukturen und der Gewährung autonomen Handelns, zum anderen wird es durch eine grundsätzlich offene Herangehensweise an Problemstellungen[717] positiv beeinflusst. Schließlich sind ein grundsätzlich offener Umgang mit Fehlern sowie eine ausgeprägte Fehlertoleranz/-kultur die grundlegende Basis für risikobereites proaktives Verhalten von Mitarbeitern.

---

[716] *Aktive Stimulierung.* Anwendung und Training von Kreativmethoden/-techniken (⇨ kreative Fähigkeiten*);* Bereitstellung relevanter Fachliteratur; Ermöglichung institutionalisierter persönlicher kreativer Auszeiten. *Realisieren und Gewähren von Raum:* Verwirklichung eines allgemein kreativitäts- und innovationsfördernden organisationalen Klimas/Umfelds, in dem unablässig neu gedacht wird, neue Impulse wertgeschätzt werden sowie unterstützende Strukturen – u.a. im Sinne ‚befähigender‘ Inhalte und personeller Ressourcen als ‚Sparringspartner‘ – vorhanden sind; Förderung des Verfolgens kreativer/innovativer Impulse im Arbeits-und Projektalltag durch aktives (verbales) Einfordern und Ermuntern sowie das Zugestehen von Zeitkontingenten.

[717] Kaum Einschränkungen durch ‚bewährte‘, imperative Denk- und Lösungsmuster, keine Routinen.

Konkretisierung und Sichtbarmachung der gesellschaftlichen Wirkung (anekdotische Erfolgsgeschichten, quantitative Wirkungskette) durch effektive interne Kommunikation

Die gesellschaftliche Mission und Wirkung der Sozialunternehmen als Kern und Grundlage des Geschäftsmodells und organisationalen Selbstverständnisses (vgl. Kap. B.I.2.1.1) besitzen aufgrund der erfahrbaren Handlungswirksamkeit sowie dem innewohnenden Sinnhaftigkeitsaspekt im Kontext der intrinsischen Motivation einen zentralen Stellenwert (vgl. auch Kap. D.II.2). Die konkrete Motivationswirkung hängt jedoch davon ab, wie konkret und sichtbar die gesellschaftliche Wirkung für den einzelnen Mitarbeiter ist. Während die *quantitative Messung* der gesellschaftlichen Wirkung anhand von *Kennzahlen* mehr als Professionalisierungs- denn Motivationsthema angesehen wird und neben der originären Führungs- und Steuerungsfunktion vor allem organisationale Ambitionsniveaus setzt und nachhält, bedarf es für eine Motivationswirkung der Verknüpfung und Verzahnung einzelner isolierter Kennzahlen zu einer *nachvollziehbaren Wirkungskette*, welche den individuellen Beitrag zur Gesamtwirkung zumindest im Ansatz sichtbar macht. Eine direkte Motivationswirkung haben demhingegen die überwiegend *qualitativen anekdotischen Erfolgsgeschichten*, welche spezifische Erfolge auf Mitarbeiter-, Projekt-, Abteilungs- oder Organisationsebene sichtbar und wahrnehmbar machen und dadurch Identifikation und Bindung fördern.

Zentrale Voraussetzung für eine Motivationswirkung ist jedoch in beiden Fällen, dass den Mitarbeitern relevante Informationen und Inhalte auf möglichst systematische und überzeugende Weise verfügbar gemacht werden: Aus diesem Grund ist, neben der Erwähnung in Meetings und Veranstaltungen auf Gesamtorganisations-, Abteilungs-, Projekt- oder Arbeitsgruppenebene, vor allem eine *effektive interne Kommunikation* von allergrößter und erfolgskritischer Bedeutung, welche als verbindendes und integrierendes Element genau dies bewerkstelligen und gewährleisten kann.

I.3   Mitarbeiter halten

Mitarbeiterbindung zunehmend wichtiger: Erfolgskritischer Fokus auf inhaltlicher Entwicklungsperspektive sowie der Rolle als Sprungbrett und Vermittler | Langfristig Aufzeigen von formalen Karrierepfaden | Einseitige Mitarbeiterfreistellung kein Tabu, aber heikel und herausfordernd

Auch wenn langfristige Bindung im Sozialunternehmenskontext grundsätzlich ein ambivalentes Thema darstellt[718], wird eine mittel- bis langfristige Perspektive nichtsdestotrotz in der Tendenz zunehmend wichtiger. Dies gilt sowohl für den Mitarbeiterbestand als auch für (potenzielle) Bewerber und fokussiert sich auf *inhaltliche Entwicklungsperspektiven*, welche ihrerseits wiederum die langfristige Bindung bzw. Bindungsbereitschaft steigern können. Als notwendiges und wichtigstes Gestaltungselement ist in diesem Kontext der zuvor ausführlich beschriebene *systematische Perso-*

---

[718] So ist diese auf Organisationsseite oftmals abhängig von der Zielgruppe (bei Schlüsselpersonen wichtig und erfolgskritisch; bei den restlichen Mitarbeitern steht eher mittelfristige Perspektive im Vordergrund, ein gewisses Maß an Fluktuation und Durchmischung wird hier als positiv und gesund wahrgenommen), während auf Mitarbeiterseite zumeist die kurz- bis mittelfristige Perspektive im Vordergrund steht.

nalentwicklungsprozess anzusehen. Weniger relevant sind *formale' Karrierepfade oder Karriereperspektiven*, wobei angesichts wachsender Strukturen und zunehmender Notwendigkeit eines breiten Führungskräftenachwuchses zukünftig zumindest grobe Optionen formaler Karrierepfade aufgezeigt werden sollten.

Angesichts der grundsätzlich positiven Einordnung einer gewissen Fluktuation und Durchmischung stellen *Mitarbeitervermittlung und -freistellung* keine Tabuthemen dar, sondern sind ein vergleichsweise natürlicher Aspekt des Personalmanagements. Der Fokus liegt dabei auf Mitarbeitervermittlung und einem ‚dialogischen' Freistellungsprozess: So sehen sich Sozialunternehmen zumeist auch als *Vermittler und Sprungbrett* für die Mitarbeiter und streben keine Bindung ‚um jeden Preis' an; zugleich steht das Wohl des Mitarbeiters im Sinne einer bestmöglichen Entwicklung innerhalb oder außerhalb der Organisation dem Anspruch nach an erster Stelle, und es werden sowohl persönliche als auch organisationale Kontakte für eine möglichst optimale und potenzialfördernde Weitervermittlung genutzt. Diese Rolle als Vermittler und Sprungbrett kann in diesem Sinne als die kurz- und mittelfristige Bindung stärkender Motivator angesehen werden. Schlussendlich sind einseitige Mitarbeiterfreistellungen zwar ebenfalls kein Tabuthema, dennoch finden diese nur in Ausnahmefällen statt und sind aus Motivationsgesichtspunkten heikel und herausfordernd: Eine Trennung ‚auf Augenhöhe' ist hierbei von besonderer Wichtigkeit.

Ein Instrument zur nachhaltigen Bindung auch über die organisationale Zugehörigkeit hinaus ist die Bildung eines *Alumni-Netzwerkes*, wobei in diesem Kontext das Erfordernis einer adäquaten, persönlich wertschätzenden Trennung als notwendige Bedingung in besonderer Weise wichtig ist.

II.   Zentrale übergeordnete Muster und Erkenntnisse

Im folgenden Abschnitt sollen nun aus der synoptischen Gesamtschau des konzeptionellen Bezugsrahmens zentrale, übergeordnete Muster und Erkenntnisse herausgearbeitet werden. Diese sind, im Gegensatz zu den pragmatisch-anwendungsbezogenen normativen Aussagen des konzeptionellen Bezugsrahmens, ihrer Natur nach primär auf einer theoretischen Ebene verortet und legen einen Fokus auf ausgewählte Kernaspekte. Im Folgenden werden die einzelnen Muster dargestellt und erläutert.

Motivation im Führungskontext hat Relevanz für sämtliche mitarbeiterbezogenen und führungsrelevanten Bereiche und Prozesse und benötigt als erfolgskritische Führungsaufgabe einen integrativen Ansatz

Zunächst einmal wird durch die Ergebnisse der empirischen Untersuchung deutlich und bestätigt, dass Motivation im Führungskontext de facto sämtliche mitarbeiterbezogenen und führungsrelevanten Bereiche und Prozesse betrifft (d.h. für diese Relevanz besitzt und diese beeinflusst), und in diesem Sinne mehr ist als ‚nur' unmittelbare Personal- bzw. Mitarbeiterführung. Vielmehr reicht Motivation im Führungskontext von der Identifizierung und Einstellung der ‚richtigen',

‚passenden' Mitarbeiter[719] über die eigentliche Mitarbeiterführung und -entwicklung[720] bis hin zu den Anstrengungen, Mitarbeiter zu halten oder diese freizustellen und zu vermitteln[721]. All dies macht deutlich, dass Motivation im Führungskontext kein zusätzliches oder isoliertes Teilmodul, sondern vielmehr eine übergreifende, zentrale und erfolgskritische Führungsaufgabe darstellt, welche einen integrativen Ansatz verlangt. Dies deckt sich mit dem prinzipiellen Verständnis der meisten Führungskräfte, dass Motivation im Führungskontext und damit der adäquate Umgang mit der wichtigen Ressource Personal als eine wenn nicht die zentrale und erfolgskritische Herausforderung im Rahmen der Organisationsentwicklung einzuschätzen ist.

| *Verstärkte Professionalisierung (Systematisierung/ Strukturierung/ Standardisierung) der Anreizsysteme*

Eine Professionalisierung der Anreizsysteme greift diese Anforderung konkret auf: Professionalisierung meint in diesem Kontext eine Systematisierung, Strukturierung und Standardisierung der Anreizsysteme, deren zugrundeliegenden Prozesse und Mechanismen sowie der angrenzenden Führungsaspekte. Bis dato existiert zumeist noch keine umfassende, systematische Strategie oder budgetäre Priorität: Gründe hierfür sind zwar zum einen sicherlich das vergleichsweise frühe Entwicklungsstadium mancher Organisationen und eine damit verbundene Priorität operativer, die Wertschöpfungsarchitektur betreffender Aspekte, zum anderen aber vor allem auch die Tatsache, dass von der Organisation eine intrinsischen Motivation vorausgesetzt und ein systematischer, im Zweifel ressourcenintensiver Ansatz daher zumindest bisher als nicht zwingend oder nicht prioritär angesehen wurde. Trotzdem wird die zunehmende Wichtigkeit und Relevanz von Motivation im Führungskontext allgemein erkannt. Eine verstärkte Professionalisierung wird daher, insb. angesichts zunehmender Mitarbeiterzahlen mit wachsenden, sich festigenden Strukturen und Prozessen, als notwendig und erfolgskritisch angesehen und angestrebt.

| *Konsequenter Fokus der Anreizsysteme auf Förderung autonomer Motivation*

Die Anreizsysteme von Sozialunternehmen sind dabei sehr stark auf die Förderung der autonomen Motivation auszurichten. Dies korrespondiert mit der Rolle von intrinsischer und autonomer Motivation als dominante und präferierte Motivatoren aus Organisations- *und* Mitarbeiterperspektive. Konkret äußert sich dies in der Vielschichtigkeit und Differenziertheit der als relevant identifizierten unterstützenden Mechanismen und Ansätze: Die Gewährleistung von Autonomie, handlungsleitende und orientierende Zielvereinbarungen, einen spezifischen Personalentwicklungsprozess sowie interne Kommunikation und Austausch.

---

[719] Sicherstellung von intrinsischer Motivation und passenden Werten/Herangehensweisen ⇨ Schwerpunkt auf persönlichkeits- und motivationsorientiertem Recruiting.

[720] Anreizsysteme und -strukturen zur Förderung der autonomen und kontrollierten Motivation; grundlegende führungsrelevante Einflussfaktoren: Unternehmensleitbild, Führungsverhalten und Organisationskultur; sozialunternehmensspezifische Aspekte: Freiwilligenmanagement, Förderung der organisationalen Verhaltensmuster und Messung der gesellschaftlichen Wirkung.

[721] Personalentwicklung, adäquate Mitarbeiterfreistellung mit Fokus auf dialogischem Prozess, erfolgreiche und individuelle Mitarbeitervermittlung.

Stellenwert von Anreizsystemen zur Förderung kontrollierter Motivation ambivalent: Festgehalt vergleichsweise wichtig; Realisierung extrinsischer/monetärer Anreizsysteme als kritisch und herausfordernd einzuschätzen; materielle Anreize als Alternative

Während die Förderung autonomer Motivation demnach als Primat und strategische Notwendigkeit einzuordnen ist, ist der Stellenwert der kontrollierten Motivation im Rahmen von Motivation im Führungskontext von Sozialunternehmen als ambivalent zu bezeichnen. Zum einen ist das Festgehalt als Hygienefaktor zwar kein primärer Motivator, jedoch eine potenzielle Quelle für Demotivation, weshalb eine adäquate Gestaltung erforderlich ist: Diese umfasst ein, bezogen auf vergleichbare Organisationen, kompetitives Festgehalt, ein allgemein kompetitives Gesamtpaket sowie transparent-stringente Gehaltsgruppen und eine ebensolche Gehaltsentwicklung.

Demgegenüber sind extrinsische und speziell monetäre Anreize mit vorrangig kontrollierender Wirkung angesichts der zuvor als primär bezeichneten intrinsischen und autonomen Motivation als kritisch anzusehen: So sind ,harte', mit Belohnungen und Sanktionen verknüpfte Zielvereinbarungen zunächst als nicht sinnvoll/nützlich abzulehnen. Ergänzend zu der Wirkungsdiskussion und der Gefahr eines Korrumpierungseffektes ist des Weiteren die Umsetzung eines potenziellen monetären Anreizsystems als äußerst herausfordernd anzusehen, da ein solches eine adäquate und dauerhaft verlässliche Finanzierungssituation sowie hohe und strikte prozessgestalterische Anforderungen (Transparenz, Plausibilität, Gerechtigkeit) erfordert. Letztlich sind die Gewährleistung sowohl einer positiven Wirksamkeit als auch der prozessgestalterischen Anforderungen als notwendige und hinreichende Bedingungen eines effektiven und dauerhaft sinnvoll funktionierenden monetären Anreizsystems anzusehen.

Eine Alternative zu monetären Anreizsystemen stellen unerwartete, leistungsunabhängige materielle Anreize dar, welche auf moderate Wertigkeit (bspw. kleine Geschenke) oder teilweise immateriellen Charakter (bspw. flexible Arbeitszeiten, projektbedingte Reisen) beschränkt sind und damit weniger spezifische Belohnung als vielmehr allgemeine Wertschätzung von Person und Leistung ausdrücken. Ein weiterer, gut umsetzbarer und transparenter materieller Anreizmechanismus, welcher ebenfalls eine eher allgemeine Wertschätzung der mitarbeiterseitigen Leistungsbemühungen beinhaltet, ist ein systematischer Überstundenabbau.

Zentrale Herausforderung für Effizienz und Effektivität: Professionalisierung (Systematisierung und Standardisierung) bei gleichzeitiger Dynamik/Flexibilität der organisationalen Führungsprozesse und Anreizmechanismen

Auf Basis eines integrierten Vergleichs der in der synoptischen Gesamtschau des konzeptionellen Bezugsrahmens umfassend dargestellten Gestaltungsansätze in all ihrer Vielgestaltigkeit und Vielschichtigkeit wird offenbar, dass die zuvor postulierte Professionalisierung nur eine Seite beleuchtet. Vielmehr zeigt sich, dass Motivation im Führungskontext von Sozialunternehmen nur dann dauerhaft und effektiv umgesetzt werden kann, wenn im Rahmen der Gestaltung der organisationalen Führungsprozesse und Anreizmechanismen eine Verzahnung von Professionalisierung auf der einen (Systematisierung, Standardisierung) sowie Dynamik und Flexibilität auf der anderen Seite realisiert wird: Das sinnvolle Maß an Professionalisierung ist dabei letztlich begrenzt, während gelegenheitsorientiert-unsystematische und dynamisch-flexible Mechanismen selektiv und situativ spezifische Vorteile und Stärken aufweisen. Des Weiteren wird diese Dualität im Rollenverständnis von Organisation und Mitarbeiter deutlich: Während die Organisation hinsichtlich Motivation im Führungskontext durchaus den Anspruch einer (pro)aktiven gestalterischen Rolle hat und in diesem Sinne bis zu einem gewissen Grad eine Etablierung und Systematisierung von Strukturen und Prozessen anstrebt, soll dennoch eine gewisse Dynamik erhalten bleiben, welche nicht zuletzt eine hohe Flexibilität, Eigeninitiative, Eigenverantwortung sowie ‚autonome Kompetenz' seitens der Mitarbeiter erfordert.

Konkret äußert sich die Dualität und Koexistenz beider Elemente im Kontext nahezu aller Gestaltungselemente des konzeptionellen Bezugsrahmens:

- Eine *Prozesssystematisierung und -standardisierung* ist aus Effizienzüberlegungen zwar in vielen Bereichen inhaltlich notwendig und sinnvoll – sie hat aber zugleich aufgrund des Entstehens von u.a. Unpersönlichkeit, Druck und Kontrolle potenzielle negative Auswirkungen auf die dynamische, persönlich-partnerschaftliche *Organisationskultur* mit starker Gesamtorganisationskultur und aktiv gelebtem Unternehmensleitbild. Dies setzt dem effektiv möglichen und vernünftigen Professionalisierungsgrad Grenzen

- Gelegenheitsorientierter, persönlich-flexibler *Recruiting*-Ansatz – mit selektiver Professionalisierung und Diversifizierung

- Maximal mögliche *Autonomie* – unter Wahrung der Balance von Freiheit und rahmengebenden Strukturen und einem behutsamen Einsatz kontrollierender Elemente

- *Personalentwicklungsprozess* mit systematischer Aufgabenallokation und Feedbackprozess (konstruktiv und handlungsleitend) – Gestaltung der Weiterbildung durch Zusammenspiel von (pro)aktiver Rolle der Organisation sowie Eigeninitiative/-verantwortung der Mitarbeiter

- Realisierung und Gewährleistung von *Ganzheitlichkeit und Bedeutsamkeit* durch Transparenz – jedoch keine Überforderung durch interne Kommunikation sowie Fokus auf freiwillige, niederschwellige Veranstaltungsangebote und interne Plattformen als Austauschformate

- Zentrale und dominante Gründerperson/Geschäftsführung mit transformativem *Führungsverhalten* – mittel-/langfristig jedoch auch tragende dezentrale Führungsstrukturen und damit ein gewisses Maß an Hierarchie notwendig

- *Mitarbeiterbindung* und deren Förderung zwar wichtig, aber kein Selbstzweck – Fluktuation hinsichtlich einer Durchmischung, möglichen Dynamik und Entstehung neuer Ideen als grundsätzlich gesund anzusehen; Organisation im Selbstverständnis auch Vermittler und

Sprungbrett, d.h. kein Halten um jeden Preis, vielmehr steht die bestmögliche (interne oder externe) Entwicklung der Mitarbeiter im Vordergrund

- Klarer und konsequenter Führungsansatz im *Freiwilligenmanagement* – jedoch Fokus auf ‚weiche', individualisierte Faktoren (Reziprozität durch Wertschätzung, spezifisches und differenziertes Rollenbild, keine monetäre Entlohnung)

- Aktive Stimulierung der *organisationalen Verhaltensmuster* zwar wichtig – effektive Förderung wird jedoch zumeist durch das Gewähren von Freiräumen realisiert

- *Messung der gesellschaftlichen Wirkung* durch quantitative Kennzahlensysteme primär Professionalisierungsthema – Motivationswirkung jedoch v.a. durch nachvollziehbare Wirkungsketten und anekdotische Erfolgsgeschichten sowie deren effektive Kommunikation

Der Erfolg hängt schlussendlich davon ab, dass das für die jeweilige Organisation und Situation passende Maß gefunden wird: So sollte eine verstärkte Professionalisierung zwar durchaus angestrebt werden, jedoch eben nicht durch ‚blinde' Übernahme erfolgversprechender standardisierter Instrumente oder Prozessmechanismen aus der Privatwirtschaft. Vielmehr sollten diese – wenn berücksichtigt – im obigen Sinne mit Augenmaß dem Kontext der Sozialunternehmen angepasst, auf die jeweiligen Organisationen und spezifischen Erfordernisse zugeschnitten sowie mit individuellen, dynamisch-flexiblen Elementen kombiniert werden. Eine solch differenzierte Herangehensweise erfordert zwar ohne Zweifel ein hohes Maß an Aufmerksamkeit, Sensibilität und Geduld, hat jedoch letztlich ein umso höheres Erfolgspotenzial.

F. Diskussion

Im Folgenden sollen die im Rahmen der Ergebnisinterpretation dargestellten zentralen Ergebnisse dieser Arbeit diskutiert werden. Hierbei wird im Kapitel F.I. eine aggregierte Gegenüberstellung der normativen Gestaltungspostulate des Bezugsrahmens mit dem gegenwärtigen Status Quo der untersuchten Sozialunternehmen vorgenommen, um eine Einordnung der Ergebnisse im unmittelbaren Kontext der gelebten Organisationspraxis zu ermöglichen und etwaige Soll-Ist-Abweichungen zu identifizieren. In F.II. werden die zentralen, übergeordneten Muster und Erkenntnisse sowie einige ausgewählte Aspekte des konzeptionellen Bezugsrahmens mit dem relevanten Forschungsstand verglichen: Durch den Abgleich sollen neue, ergänzende Einblicke generiert, das Verständnis erweitert sowie eine adäquate Einordnung der Muster und Erkenntnisse im theoretischen wie angewandten, praxisbezogenen Forschungskontext ermöglicht werden.

I. Konzeptioneller Bezugsrahmen und vorherrschender Status Quo

Es wurde schon zu Beginn der Ergebnisinterpretation darauf hingewiesen, dass die empirisch erarbeiteten Gestaltungspostulate sowohl die konkret verfolgten Ansätze und deren subjektive Einschätzung wie auch als nützlich und vielversprechend angesehene Gestaltungsansätze (d.h. Erwartungen oder Wünsche) berücksichtigen. Im Umkehrschluss heißt dies jedoch auch, dass nicht alle Gestaltungspostulate zwingend der aktuell angewandten Umsetzungspraxis entsprechen, sondern hier durchaus Handlungsbedarf bestehen kann.[722]

Während die im Rahmen der Mitarbeitergewinnung, der Kontext- und Ergänzungsmodule sowie der Mitarbeiterbindung formulierten Gestaltungspostulate weitgehend die konkret verfolgten Gestaltungsansätze mehrerer oder zumindest einzelner Organisationen widerspiegeln, sind die größten *Diskrepanzen im Bereich der Kernmodule* zu finden: So wurde bis dato kein umfassender systematischer und dynamischer Personalentwicklungsprozess umgesetzt, obwohl der Wunsch oder die Forderung nach einer Systematisierung seitens der Mitarbeiter vielfach geäußert wird: Dies gilt insb. hinsichtlich regelmäßiger, institutionalisierter Rückmeldungsmechanismen sowie der Bereitstellung adäquater Weiterbildungsformate mit (pro)aktiver Rolle der Organisation. Weiterhin fehlt es zumeist an einer effektiven internen Kommunikation, an organisationsweiten, die Zugehörigkeit fördernden Veranstaltungsformaten sowie an einer adäquaten Gestaltung und Nutzung interner Austauschformate. Gestaltungspotenzial kann weiterhin im Rahmen des kompetitiven Gesamtpaketes für die Mitarbeiter konstatiert werden: So fehlt es in vielen Fällen an

---

[722] Abweichungen einzelner Organisationen sind dabei gewissermaßen als die Regel anzusehen, und es gibt naturgemäß wenige Aspekte, welche von allen Organisationen in gleicher Weise oder Intensität umgesetzt werden. Daher soll in den folgenden Ausführungen auf diejenigen Themen fokussiert werden, bei denen die größte, erfolgskritischste oder am weitesten verbreitete Diskrepanz zwischen Anspruch und Wirklichkeit offenbar wird.

einer klaren Positionierung und Kommunikation der nicht-monetären Vorzüge (wie bspw. Mission, Organisationskultur und Team sowie Vereinbarkeit von Beruf und Privatleben) sowie der gleichzeitigen Realisierung eines möglichst kompetitiven Festgehalts. Jedoch können auch im Bereich der *Ergänzungsmodule* Verbesserungsbedarfe identifiziert werden: So haben die Organisationen trotz erkannter Wichtigkeit sowie vielversprechenden Handlungs- und Umsetzungstendenzen bis dato noch keinen strukturierten, stringenten Gesamtansatz des Freiwilligenmanagements etabliert. Des Weiteren ist die Förderung der Verhaltensmuster (Kreativität/Innovation und Proaktivität/Risikobereitschaft) oftmals nur unzureichend, insb. hinsichtlich einer verbalen oder formalen Anerkennung positiver Verhaltenstendenzen.

II. Die Ergebnisse im Kontext des relevanten Forschungsstandes

Hinsichtlich des relevanten Forschungsstandes sollen nachfolgend sowohl theoretische Literatur als auch anwendungsbezogene Untersuchungen[723] herangezogen und mit den Ergebnissen dieser Arbeit verglichen werden.

II.1 Professionalisierung des Personalmanagements

Zunächst wird im Rahmen der zentralen, übergeordneten Muster und Erkenntnisse postuliert, dass Motivation im Führungskontext eine zentrale und erfolgskritische Führungsaufgabe ist und als solche einen integrativen, effektiven Ansatz verlangt. Auch wenn der gegenwärtige Status Quo diesem Anspruch zumeist noch nicht gänzlich gerecht wird und keine umfassende Strategie oder budgetäre Priorität vorhanden ist, deckt sich das Postulat mit dem Anspruch der meisten befragten Führungskräfte und Organisationen. Es bezeichnet damit einen anzustrebenden Zielzustand, welcher nicht zuletzt eine zunehmende Professionalisierung (Systematisierung, Strukturierung und Standardisierung) der Führungsprozesse und Anreizsysteme verlangt.

Eine solche Diskussion beschränkt sich selbstverständlich nicht ausschließlich auf Sozialunternehmen, sondern wird sowohl im kommerziellen privatwirtschaftlichen als auch im Non-Profit-

---

[723] Hierbei handelt es sich um Untersuchungen, welche Motivation im Führungskontext, Personalmanagement oder Professionalisierungsaspekte in vorzugsweise angrenzenden und mit Sozialunternehmen vergleichbaren Sektoren/Organisationsformen analysieren. Diesbezüglich werden vor allem der Non-Profit-Sektor sowie die Privatwirtschaft – und hier insb. (junge und/oder kleine) Wachstumsunternehmen und wissensintensive Organisationen/,Professional Service Firms' – als sinnvolle und potenziell lohnende Vergleichsobjekte identifiziert und herangezogen. So bezeichnen der Non-Profit-Sektor auf der einen sowie die Privatwirtschaft auf der anderen Seite wie zuvor dargestellt die beiden ,Pole', zwischen denen Sozialunternehmen einzuordnen sind, und Letztere vereinen und transformieren Merkmale und Charakteristika der beiden erstgenannten Bereiche (vgl. auch Kap. B.I.2.3). Ähnlichkeiten mit jungen, innovativen Wachstumsunternehmen sowie wissensintensiven (Dienstleistungs)Organisationen existieren, da Sozialunternehmen (soziale) Innovationen initiieren und ihre innovativen/kreativen, skalierbaren Lösungen (im Kontext komplexer finanzieller Rahmenbedingungen und Stakeholderstrukturen) durchaus als wissensintensiv bezeichnet werden können; des Weiteren ist der organisationale Entwicklungsstand von Sozialunternehmen (hinsichtlich Strukturen und Prozesse) sowie die Dynamik ihrer Geschäftsmodelle und Wachstumsprozesse zumeist vergleichbar mit denen junger Wachstumsunternehmen.

Sektor ausführlich diskutiert. So wird eine notwendige Professionalisierung des Personalmanagements („Human Resource Management', kurz HRM) in Form eines integrativen Ansatzes für beide Sektoren als relevant angesehen. Der Effektivität des Personalmanagements wird hierbei grundsätzlich eine positive Wirkung auf die Unternehmensleistung zugeschrieben.[724] Ein bestimmendes, originär im *privatwirtschaftlichen Kontext* verortetes Konzept ist in diesem Zusammenhang das Strategische Personalmanagement („Strategic Human Resource Management', kurz SHRM): Dieses sieht, ausgehend von einem ressourcenbasierten Organisationsverständnis, die Entwicklung von Humankapital als zentralen Wettbewerbsvorteil und organisationalen Erfolgsfaktor an und versucht, das Personalmanagement in diesem Sinne mit den strategischen Zielen der Organisation zu verknüpfen, um so letzlich eine Leistungssteigerung zu realisieren.[725] Eine zentrale Rolle spielen hierbei sog. Spitzenarbeitsbedingungen („High performance work systems', kurz HPWS), welche als konsistentes und aufeinander abgestimmtes Set von Personalmanagement-Instrumenten zahlreiche als ‚Best practice' identifizierte Ansätze zur Förderung von Kompetenz, Motivation und Perspektiven der Mitarbeiter vereinen und so u.a. die Leistungsbereitschaft und Bindung positiv beeinflussen sollen.[726]

Während dies in großen, komplexen Organisationen in der Regel umgesetzt wird und ein umfassendes Personalmanagement existiert[727], ist die Situation in *kleinen oder jungen wachstumsorientierten Organisationen*[728] gesondert zu betrachten: Zielbild ist auch hier zumeist ein effektives, in obigem Sinne strategisches Personalmanagement[729] als Grundlage für die Gewinnung, Bindung, Motivation und Leistungsfähigkeit der Mitarbeiter und damit als erfolgskritischer Faktor für Erfolg, zukünftig realisierbares Wachstum und langfristiges Überleben der Organisationen.[730] In der Realität sind die Anreizsysteme jedoch gerade in kleinen Organisationen zumeist informell und ad hoc-dynamisch[731], kaum auf die Strategie ausgerichtet sowie – ohne dedizierte Personalressourcen – möglichst kosteneffizient gestaltet: In diesem Sinne spiegeln sie selten das Verständnis

---

[724] Vgl. u.a. Huselid/Jackson/Schuler (1997).

[725] Vgl. Bratton (2012), S. 37. Für detaillierte Erläuterungen bzgl. SHRM vgl. Bratton (2012), S. 37-68; Legge (2001).

[726] Mögliche Elemente von HPWS sind ein auf Strategie und Ziele der Organisation ausgerichtetes Recruiting, leistungsgerechte Entlohnung und leistungsabhängige monetäre Anreize, umfassende Weiterbildungsprogramme und Leistungsbeurteilungssysteme, herausfordernde Tätigkeitsfelder, Partizipation und Eigenverantwortung, Teamwork, Informationsaustausch, Dezentralisierung oder Autonomie. Vgl. u.a. Festing (2012), S. 41; Messersmith/Patel/Lepak (2011); Huselid/Becker (1997). Auch wenn diese Erkenntnisse originär im angloamerikanischen Kontext verortet sind, gelten diese unter Berücksichtigung einiger (kultureller) Unterschiede – bspw. einer stärkeren Betonung von kooperativem Verhalten oder einer allgemein längerfristigeren Perspektive (in Recruiting, Entwicklung/Karriere sowie Entlohnung) – grundsätzlich auch für den deutschen Raum. Vgl. Festing (2012), S. 42-50.

[727] Sicherlich muss aber eine gewisse Streuung hinsichtlich Qualität und Schwerpunktsetzung angenommen werden.

[728] Es sei an dieser Stelle darauf hingewiesen, dass ‚Wachstum' in diesem Kontext nicht ausschließlich auf steigende Mitarbeiterzahlen beschränkt ist, sondern bspw. auch Umsatzwachstum oder die (inhaltliche) Ausweitung und Differenzierung der Geschäftstätigkeiten umfasst.

[729] D.h. ein integrativer Ansatz mit – analog den HPWS – aufeinander abgestimmten und konsistent ausgerichteten Personalmanagement-Instrumenten, welcher Humankapital als kompetitiven Vorteil versteht und behandelt.

[730] Vgl. u.a. Hargis/Bradley (2011), S. 108-112; Mayson/Barrett (2006), S. 448f, 451f; Cardon/Stevens (2004), S. 318ff; Messersmith/Guthrie (2010).

[731] D.h. primär kurzfristig auf unmittelbare Bedarfe und Probleme reagierend.

der Bildung von Humankapital als Quelle von Wettbewerbsvorteilen wider.[732] Konkret äußert sich dies u.a. in ad hoc-Recruitingstrategien (genereller ‚Fit' wichtiger als spezifische Tätigkeitsanforderungen), der Anwendung unstrukturierter Trainings oder ‚Training on the Job' (wenig formale Weiterbildungsformate aufgrund fehlender finanzieller/zeiitlicher Ressourcen), informellen Leistungsbeurteilungen[733] sowie einem ‚breiten' Verständnis des Entlohnungsspektrums, welches neben Gehalt und eventuellen Boni außerdem psychologische Belohnungen[734], Lernmöglichkeiten und Anerkennung beinhaltet.[735]

Diese Gegebenheiten, Ansätze und Problemstellungen stimmen in vielen Aspekten mit der *Situation in Sozialunternehmen* überein, sowohl was das letztliche Zielbild selbst als auch die Diskrepanz zwischen Anspruch (Zielbild) und Wirklichkeit (Status Quo und gelebte Organisationspraxis) anbelangt (vgl. Kap. F.I.).[736] So kann das eingangs für Sozialunternehmen postsulierte Zielbild (integrativer Personalmanagementansatz sowie dessen inhaltlich notwendige Professionalisierung) auch und gerade im Kontext *wachstumsorientierter privatwirtschaftlicher Organisationen* beobachtet werden: Mit zunehmender Größe der Organisation und Komplexität der Strukturen und Prozesse steigt gemeinhin der Formalisierungs- und Professionalisierungsgrad des Personalmanagements (zunehmende Systematisierung, Strukturierung und Standardisierung), um auf all diese Veränderungen adäquat reagieren zu können.[737] Des Weiteren sind die spezifischen Problemfelder im Personalmanagement auch von der Wachstumsstärke und Dynamik der Organisation abhängig: So sehen sich Organisationen mit einem hohen Wachstum vor allem vor die Herausforderung gestellt, einen adäquaten Entwicklungsprozess der Mitarbeiter zu realisieren, da ein hohes Wachstum mit schneller Veränderung der Strukturen, Prozesse und nicht zuletzt der Inhalte und Anforderungen einhergeht. Zugleich haben solche Organisationen vergleichsweise wenige Probleme mit der Mitarbeiterbindung, da eventuell (zu) niedrige Gehälter durch das dynamische Setting zumeist überkompensiert werden.[738] Die Problemlage von wachstumsorientierten Organisationen ist in diesem Sinne derjenigen von Sozialunternehmen sehr ähnlich, wenn auch in der Folge unterschiedliche Lösungsansätze verfolgt werden: So müssen sich zwar auch Sozialunternehmen der Hauptherausforderung stellen, einen adäquaten Entwicklungsprozess für

---

[732] Vgl. u.a. Hargis/Bradley (2011), S. 112; Mayson/Barrett (2006), S. 449f; Cardon/Stevens (2004), S. 317f; Kotey/Slade (2005), S. 16f; Kotey/Sheridan (2004), S. 475.

[733] Diese werden oftmals primär zur Überwachung und Kontrolle genutzt, was in strengem Kontrast zu der sozialunternehmerischen Praxis steht, im Rahmen derer Leistungsbeurteilungen und Feedback primär konstruktiv, lösungs- und lernorientiert ausgestaltet und die korrespondierenden Ziele handlungsleitend ausgerichtet sind.

[734] Zu diesen zählen bspw. ein Gefühl von Eigenverantwortlichkeit und Autonomie.

[735] Vgl. u.a. Cardon/Stevens (2004), S. 299-311, 317f; Mayson/Barrett (2006), S. 449f.

[736] Eine Ausnahme ist die Praxis der Leistungsbewertung. Die Ähnlichkeiten wiederum sind nicht zuletzt auch der Tatsache geschuldet, dass die untersuchten Sozialunternehmen ebenfalls als überwiegend junge oder vergleichsweise kleine Wachstumsunternehmen einzuordnen sind.

[737] Vgl. Kotey/Slade (2005), S. 25-38; Kotey/Sheridan (2004), S. 478-484; Cardon/Stevens (2004), S. 319; Mayson/Barrett (2006).

[738] Ein dynamisches Setting bietet bspw. Anforderungsvielfalt, wenig Routinen und hohe Eigenverantwortung, aber auch potenzielle Gewinnpotenziale bei langfristigem Erfolg. Vgl. Rutherford/Buller/McMullen (2003).

die Mitarbeiter zu realisieren und haben vergleichsweise wenig Probleme mit der Mitarbeiterbindung, jedoch können und wollen sie nicht auf zukünftige Gewinnpotenziale und Beteiligungsszenarien bauen, welche daher durch andere Faktoren wie bspw. Sinnstiftung der Tätigkeit auf Basis der gesellschaftlichen Mission kompensiert werden.

Zunehmend hält professionelles, strategisches Personalmanagement auch im *Non-Profit-Sektor* Einzug. Auch wenn keine Klarheit darüber herrscht, ob NPOs derzeitig ein strategisches Personalmanagement realisieren oder nicht[739], wird die grundsätzliche Relevanz und Notwendigkeit positiv beurteilt. In diesem Sinne werden – aufbauend auf dem Konzept des Strategischen Personalmanagements und dieses ergänzend – vier differenzierte potenzielle Personalmanagement-Konzepte bzw. -Architekturen für den Non-Profit-Sektor identifiziert.[740] Folgende Abbildung stellt die verschiedenen Personalmanagement-Konzepte sowie deren Auswirkungen dar:

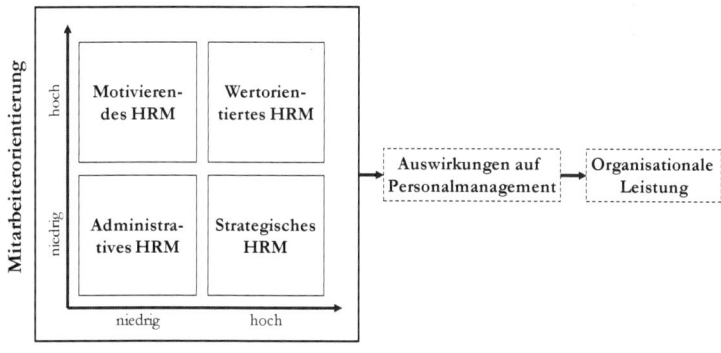

Abbildung 14 Typologie von Personalmanagement-Architekturen und ihrer Effekte in NPOs (Quelle: eigene Darstellung in Anlehnung an Ridder/Piening/Baluch (2012), S. 615)

Die einzelnen Konzepte unterscheiden sich demnach anhand zweier Dimensionen: Die Mitarbeiterorientierung bezeichnet dabei den Grad, inwieweit das Personalmanagement die Bedürfnisse der Mitarbeiter berücksichtigt[741], während die strategische Orientierung den Grad der Ausrichtung des Personalmanagements auf die organisationale Strategie und Kultur bezeichnet[742] sowie die Existenz eines umfassenden, konsistenten Personalmanagement-Instrumentariums charakterisiert. Die unterschiedlichen Ausprägungen und deren Kombinationen entlang der zuvor beschriebenen Dimensionen haben wiederum einen Einfluss sowohl auf die Personalmanagement-

---

[739] Positiv: vgl. u.a. Guo et al. (2011). Negativ: vgl. u.a. Akingbola (2006).
[740] Vgl. Ridder/Piening/Baluch (2012), S. 612-616; Ridder/McCandless (2010), S. 132-137.
[741] Diese umfassen im Kontext von NPOs u.a. Partizipation, Empowerment, Autonomie, die relative Wichtigkeit nicht-monetärer Motivation und Anreize sowie die Wichtigkeit von Mission und Organisationskultur.
[742] Diese wiederum werden bei NPOs v.a. von Werten, Mission und gesellschaftlicher Wirkung der Organisation sowie den vielfältigen Bedürfnissen, Erwartungen und Ziele der internen und externen Stakeholder bestimmt.

ziele und -auswirkungen als auch auf die korrespondierende organisationale Leistung der jeweiligen Konzepte: Während dem administrativen Personalmanagement das niedrigste und dem wertorientierten Personalmanagement das höchste organisationale Leistungspotenzial zugerechnet wird, führt ein motivierendes und strategisches Personalmanagement mutmaßlich zu einer moderaten organisationalen Leistung.[743] Im Non-Profit-Kontext kann eine zunehmende Entwicklung hin zu einem strategischen und wertorientierten Personalmanagement beobachtet werden, wobei – angesichts der sich verstärkenden Professionalisierung und Marktorientiertheit – die strategische Orientierung tendenziell höher ausgeprägt ist als die Mitarbeiterorientierung.[744]

Ein wertorientiertes Personalmanagement kann auch als Äquivalent des eingangs für *Sozialunternehmen* postulierten Zielbildes angesehen werden: Während aktuell im Rahmen oftmals unsystematischer motivierender Personalmanagementansätze ein starker Fokus auf die Mitarbeiterorientierung beobachtet werden kann, ist mittel- bis langfristig im Rahmen einer zunehmenden Professionalisierung ein wertorientiertes Personalmanagement anzustreben, dessen umfassendes Instrumentarium konsistent ausgerichtet ist und die organisationale Strategie und Leistungsfähigkeit unterstützt (⇨ signifikante Steigerung der strategischen Orientierung), und welches dabei gleichzeitig die spezifischen, individuellen Mitarbeiterbedürfnisse berücksichtigt (⇨ Beibehalten/Ausbauen der Mitarbeiterorientierung).[745]

II.2   Personalmanagement und Performance Management

Im Kontext der Professionalisierung des Personalmanagements spielen Performance-Management sowie die korrespondierenden Performance-Management Systeme ('performance management systems', PMS) und führungsrelevanten Kontrollmechanismen ('management control systems', MCS) eine zentrale Rolle. Performance-Management verbindet Personalmanagement, Mitarbeiterführung und strategische Unternehmensführung und stellt, in Ergänzung des strategischen Personalmanagements, ein umfassendes Konzept für das Management und die Kontrolle der organisationalen Leistungsfähigkeit dar.[746]

---

[743] Vgl. Ridder/Piening/Baluch (2012), S. 616; 619-627.
[744] Vgl. Ridder/Piening/Baluch (2012), S. 621, 628ff.
[745] Die gegenwärtig tendenziell höhere strategische Orientierung von NPOs lässt sich in einer ersten, nicht gesicherten Einschätzung auf die bei NPOs zumeist größeren Organisations- und Teamdimensionen, älteren Teamstrukturen, längeren Marktpräsenzen sowie den damit verbundenen höheren organisationalen Institutionalisierungsgraden und komplexeren Organisationsstrukturen zurückführen. Eine Analyse junger Wachstumsunternehmen ('Entrepreneurial firms') stützt und ergänzt diese These, indem das Alter und die Größe der Organisation sowie (eingeschränkt) das Alter der Mitarbeiter als die Anreizsysteme – d.h. deren Komplexität und Differenzierungsgrad der Ausgestaltung – beeinflussende Faktoren identifiziert werden. Vgl. Bau/Dowling (2007), S. 163ff, 170f.
[746] Dabei geht es um eine effektive Ausrichtung aller führungsrelevanten Steuerungsmechanismen auf die strategischen Imperative und deren Realisierung. Konkret werden unter dem Begriff Performance-Management System all jene formellen und informellen Mechanismen, Prozesse, Systeme und Strukturen verstanden, welche genutzt werden, um die vom Management formulierten Ziele zu erreichen, die strategische Entwicklung und Unternehmensführung durch Analyse, Planung, Messung, Anreizschaffung und Leistungskontrolle zu unterstützen sowie organisationales Lernen und Veränderung zu fördern. Vgl. Ferreira/Otley (2009), S. 264; Davila (2005), S. 225f.

Die Kompontenten eines umfassenden Performance-Managements sind vielfältig und umfassen Vision und Mission, deren Kodifikation und Konkretisierung in Form zentraler Erfolgsfaktoren, Rahmenbedingungen der organisationalen Struktur und strategischen Grundausrichtung, finanzielle und nichtfinanzielle zentrale Erfolgsgrößen, die darauf aufbauende Zielsetzung auf Organisations- sowie Zielvereinbarungen auf Team- und Individualebene, eine adäquate Leistungsbewertung sowie schließlich die darauf aufbauenden Anreizsysteme. Von zentraler Wichtigkeit ist dabei, dass die einzelnen Systeme aufeinander aufbauen sowie aufeinander ausgerichtet und mit der Organisationsstruktur und -strategie abgestimmt sind (Konsistenz). Weiterhin müssen sie konsequent und stringent angewandt (Nutzung) sowie schlussendlich im Bedarfsfall angepasst werden (Anpassung).[747] Die folgende Abbildung stellt dies nochmals zusammenfassend dar:

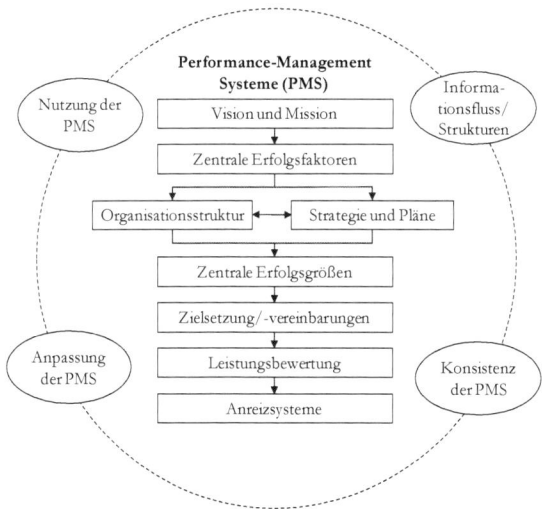

Abbildung 15 Performance-Management Systeme (PMS) Framework (Quelle: eigene, leicht abgewandelte Darstellung in Anlehnung an Ferreira/Otley (2009), S. 268).

Eine weitere Klassifizierungsvariante der relevanten Komponenten eines Performance-Managements, welche sich noch näher an der Terminologie des Personalmanagements orientiert, ist die Strukturierung in Personalkontrolle (Ausrichtung der individuellen, persönlichen Ziele auf diejenigen der Organisation), Handlungskontrolle (Definition und Einfordern gewünschter Handlungen) sowie Ergebniskontrolle (Messung der Handlungsresultate).[748] Letztlich können jedoch diese drei Kategorien den Kernelementen des vorigen Ansatzes zugeordnet werden: Personalkontrolle umfasst in diesem Sinne die Erarbeitung und Kommunikation von Mission und Vision, die Definition zentraler Erfolgsfaktoren sowie den Abgleich mit Organisationsstruk-

---

[747] Vgl. Ferreira/Otley (2009), S. 266-276.
[748] Vgl. Davila (2005), S. 226, 230f.

tur und Strategie. Handlungskontrolle wiederum beinhaltet die Definition der zentralen Erfolgsgrößen sowie die Erarbeitung der Zielvereinbarungen, während die Ergebniskontrolle Leistungsbewertung sowie Gestaltung der Anreizsysteme einschließt.

Während die obigen Ausführungen als theoretische Bezugsrahmen relevante Kategorien und
Komponenten darstellen und verknüpfen, prägt sich Performance-Management in der Praxis
verschieden und mit unterschiedlichen Schwerpunkten aus: So nimmt Performance Management
in einem formalisierten, strukturierten und stringenten Gesamtansatz einen zentralen Platz im
Führungskontext vieler *mittelgroßer und großer privatwirtschaftlicher Organisationen* ein[749], nicht selten
unter Zuhilfenahme ausgeklügelter integrativer Instrumente, welche mittels einer möglichst
umfassenden Perspektive die zuvor dargestellten Elemente umzusetzen helfen, bspw. die ‚Balanced Scorecard' (BSC)[750] oder die ‚Business Values Scorecard' (BVS)[751]. In *jungen Wachstumsunter-*
nehmen sind solch umfassende Ansätze zwar ressourcentechnisch kaum möglich und daher zumeist nicht zu erwarten, allerdings kann auch hier mit wachsender Größe und zunehmendem
Alter der Organisation eine Entwicklung hin zu einem umfassenden Performance-Management
beobachtet werden, welches nahezu alle oben genannten Elemente umfasst. Tendenziell werden
dabei zunächst ergebniskontrollierende Instrumente[752] eingeführt, bevor personal-[753] und hand-
lungskontrollierende[754] Mechanismen sukzessive ergänzt werden.[755]

Auch im *Non-Profit-Sektor* wird Performance-Management als relevantes Thema angesehen.[756]
Viele NPOs sind große und komplexe Organisationen, und aufgrund der vielschichtigen Stakeholder-Struktur, der starken finanziellen Abhängigkeiten sowie einer daraus entstehenden ausgeprägten Legitimationsverpflichtung scheint ein adäquates Performance-Management angemessen
zu sein. Konkret drückt sich dies in einer zunehmenden Realisierung eines strategischen Performance-Managements aus, bspw. mittels einer auf die Spezifika von NPOs angepassten BSC[757]
oder weniger ‚strikten' Ansätzen, die einzelne Instrumente kombinieren[758].

Zwischen Performance-Management in privatwirtschaftlichen Organisationen vs. NPOs gibt es
sowohl Unterschiede als auch Gemeinsamkeiten. So gibt bei *privatwirtschaftlichen Organisationen,*
deren Hauptzweck und Legitimationsgrundlage naturgemäß Gewinnstreben und Wertemaximie-
rung für die Eigentümer sind, bei aller Wichtigkeit der nicht-monetären Aspekte letztlich die

---

[749] Vgl. u.a. Davila (2005), S. 223.
[750] Vgl. hierzu u.a. Kaplan/Norton (2001a); Kaplan/Norton (2001b).
[751] Vgl. hierzu u.a. Jazayeri/Scapens (2008).
[752] U.a. Aktienoptionen, leistungs- bzw. kompetenzgemäße Entlohnung, schriftliche Leistungsbewertungen, Ge-
winnbeteiligung, individuelle Boni, nicht-monetäre Anreize sowie teambezogene Anreize oder Boni.
[753] U.a. regelmäßige unternehmensweite Veranstaltungen, Einführungsveranstaltungen, standardisierte Bewerbungsverfahren, Mission und Werte sowie interne Trainings.
[754] U.a. schriftliche Vereinbarungen, standardisierte Formulare zur Leistungsbewertung oder Organigramme.
[755] Vgl. Davila (2005), S. 242ff.
[756] Vgl. Ferreira/Otley (2009), S. 277.
[757] Vgl. hierzu u.a. Kaplan/Norton (2001a), S. 97-100; Kaplan (2001).
[758] Vgl. hierzu u.a. Becker/Antuar/Everett (2011).

finanzielle Perspektive als ‚Bottom line' den Ausschlag und bestimmt Strategie und Handeln der Organisation in entscheidender Weise.[759] Im Kontext von *NPOs* bestimmt hingegen die Mission als zentrale Legitimationsgrundlage der Organisation deren strategische Ausrichtung und fokussiert als pragmatische Handlungsgrundlage Aktivitäten und Entscheidungsprozesse[760]; des Weiteren übt sie als wichtiger Motivator Einfluss auf Recruiting, Motivation, Arbeitszufriedenheit und Mitarbeiterbindung aus, auch wenn Wirkungsschwerpunkt und konkrete Wirkungsstärke unterschiedlich bewertet werden.[761] Die spezifische Rolle der Mission wird als zentrale Stärke und wichtiges Differenzierungsmerkmal von NPOs identifiziert, gerade im Vergleich zu privatwirtschaftlichen Organisationen.[762] Gemeinsam ist jedoch *beiden Sektoren*, dass Kontrollmechanismen eine entscheidende, wenn nicht dominante Rolle spielen: Diese entfalten sich in einer ausgeprägten Handlungs- und Ergebniskontrolle und umfassen vornehmlich strikt definierte, formale Zielvereinbarungen und Tätigkeitsfelder sowie darauf aufbauende Leistungsbewertungen, welche ggf. wiederum in Belohnungen oder Sanktionen münden. Besonders deutlich wird dies bei jungen Wachstumsunternehmen, welche – wie zuvor erwähnt – tendenziell zunächst einen Fokus auf ‚unmittelbare' Ergebniskontrolle und kontrollierende Instrumente legen, während ‚mittelbar' beeinflussende, ‚ermächtigende' Faktoren der Personalkontrolle wie bspw. Mission, Weiterbildungen oder interne Kommunikation/Newsletter erst vergleichsweise spät umgesetzt werden.[763] Abgesehen von der zentralen und handlungsleitenden Mission kann in diesem Sinne auch im Kontext von NPOs ein Fokus auf kontrollierenden Mechanismen beobachtet werden.[764]

Auch wenn nun im *Sozialunternehmenskontext* zumeist kein stringenter Gesamtansatz eines Performance-Managements existiert[765], können doch eine Vielzahl der zuvor genannten Performance-Management Systeme in Ansätzen beobachtet werden, wenn auch mit selektiv anderer Schwerpunktsetzung. So nimmt die Mission, d.h. der gesellschaftliche, ‚sinnstiftende' Auftrag der Organisation, als zentrale Legitimationsgrundlage (extern), handlungsleitende Basis (intern) und primä-

---

[759] Dies gilt für etablierte und Wachstumsunternehmen und äußert sich bspw. in der letztlich entscheidenden Stellung der finanziellen Perspektive im Rahmen der BSC. Vgl. Kaplan/Norton (2001a), S. 91-93.

[760] Finanzieller Überschuss ist in diesem Sinne nicht von entscheidender strategischer Bedeutung, eine adäquate finanzielle Ausstattung jedoch als Mittel zur Realisierung der Mission nichtsdestotrotz wichtig. Vgl. u.a. Kirk/Nolan (2010), S. 474ff; Kaplan (2001), S. 360f; Kaplan/Norton (2001a), S. 100.

[761] Vgl. Kirk/Nolan (2010), S. 475f; Kim/Lee (2007); Brown/Yoshioka (2003).

[762] Vgl. Drucker (1989), S. 89. Ohne Zweifel ist die Existenz einer Mission zwar ebenso im privatwirtschaftlichen Kontext allgemeiner Anspruch und gelebte Praxis: So hat die Mission und das Unternehmensleitbild grundsätzlich eine (externe) Legitimationsfunktion, eine (interne) Motivationsfunktion sowie eine (interne und externe) Orientierungsfunktion. (Vgl. Vgl. Gabler Verlag [Herausgeber], Gabler Wirtschaftslexikon, Stichwort: Anspruchsgruppen, online unter http://wirtschaftslexikon.gabler.de/Archiv/16056/unternehmensleitbild-v7.html [abgerufen am 30.11.2012]). Nichtsdestotrotz hat die Mission – v.a. aufgrund des dominanten Gewinnmotivs – nicht den gleichen Stellenwert oder obligatorische Notwendigkeit wie in NPOs. Dies offenbart sich u.a. darin, dass viele Organisationen (insb. kleine/junge Wachstumsunternehmen) keine oder keine effektiv ausgerichtete Mission aufweisen (vgl. u.a. Toftoy/Chatterjee (2004), S. 43; O'Gorman/Doran (1999), S. 64f; Ireland/Hitt (1992), S. 36f; Bart (1997), S. 12ff) und besonders die interne handlungsleitende Orientierungs- und Motivationsfunktion häufig nur unzureichend ausgeprägt ist (vgl. Bart (1997), S. 13f).

[763] Vgl. Davila (2005), S. 242ff.

[764] Vgl. u.a. Becker/Antuar/Everett (2011), S. 263ff.

[765] Vgl. auch vorigen Abschnitt ‚Professionalisierung des Personalmanagements'.

rer Gradmesser des Erfolgs (intern/extern) eine ähnlich bestimmende Rolle ein wie in NPOs.

Die interne Orientierungs- und Motivationswirkung spielt dabei – im Gegensatz zu vielen privatwirtschaftlichen Organisationen[766] – eine zentrale Rolle: Anhaltende Motivationswirkung entfaltet
die Mission erst, wenn sie als allgemein akzeptierte, verinnerlichte und handlungsleitende Richtschnur das strategische und operative Handeln der Organisation bestimmt. Die Definition der
zentralen Erfolgsfaktoren ist in diesen Bemühungen zumeist implizit enthalten. Auf der konkreten Umsetzungsebene kann nun zwar grundsätzlich davon ausgegangen werden, dass Sozialunternehmen auf die gesellschaftliche Wirkung bezogene Erfolgsgrößen definieren und diese zumeist auch auf operative Kenngrößen sowie den einzelnen Mitarbeiter herunterbrechen, jedoch
haben diese trotzdem nicht die gleiche Funktion wie in privatwirtschaftlichen Organisationen
oder NPOs: Spielt der Kontrollaspekt bei den beiden Letzteren eine zentrale und bestimmende
Rolle, ist dieser bei Sozialunternehmen nur sehr schwach ausgeprägt.[767] Vielmehr wird ein durch
gegenseitiges Vertrauen und Autonomie geprägtes Arbeitsklima angestrebt, ergänzt durch einen
Feedbackprozess mit primär konstruktiv-lösungsorientierten und in beide Richtungen offenen
Rückmeldungsmechanismen.

Dieser Verzicht auf Kontrolle zugunsten von Vertrauen und Autonomie wird gestützt durch
zahlreiche wissenschaftliche Erkenntnisse. So impliziert die X-Y Theorie bzw. die Bevorzugung
der Y-Theorie seitens des Schöpfers selbst, dass Menschen als grundsätzlich engagiert, initiativ
und verantwortlich anzusehen sind (vgl. Kap. B.II.3.3). Demgegenüber erscheint ein Menschenbild, nach dem Mitarbeiter als primär extrinsisch motiviert, arbeits- bzw. leistungsscheu, oppor-
tunistisch und eigennützig anzusehen sind, angesichts der Erkenntnisse aus verschiedenen For-
schungsrichtungen (u.a. Wirtschafts- und Neurowissenschaften, Humantheologie, Psychobiologie
und Psychotherapie) als einseitig, reduktionistisch und damit als letztlich wenig hilfreich oder
sogar kontraproduktiv.[768] Ersteres Menschenbild, d.h. die Annahme mündiger, kooperativer und
motivierter Mitarbeiter, sowie die korrespondierenden Führungsansätze mit Freiraum und Freiwilligkeit statt externer Kontrolle, mit maximaler Freiheit, angstfreien Räumen und Nutzung
kollektiver Intelligenz können hingegen als erfolgversprechend eingestuft werden.[769] Weiterhin
kommen auch neuere empirische Untersuchungen zu dem Ergebnis, dass transformationale und
eingeschränkt auch charismatische Führung positiver auf individuelle und organisationale Leistungskriterien wirken als eine primär kontrollierende transaktionale Führung.[770] Angesichts dieser

---

[766] Vgl. Bart (1997), S. 13f.

[767] So sind zum einen informative anekdotische Erfolgsgeschichten mit allgemeiner Motivationswirkung ein zentra-
         ler Bestandteil der Messung der gesellschaftlichen Wirkung. Zum anderen gibt es zwar konkrete Zielvereinba-
         rungen, jedoch sind diese in einem ‚offenen Sinn' handlungsleitend und orientierend angelegt; des Weiteren gibt
         es zumeist keine Leistungsbewertungen/-beurteilungen sowie keine Verknüpfung ebendieser mit Sanktionen
         oder Belohnungen, da diese Praxis als motivational kritisch eingeschätzt wird.

[768] Vgl. Wüthrich (2011a), S. 216; Fehr/Klein (2009); Bauer (2009). Aus neurowissenschaftlicher Perspektive wird
         der Versuch extrinsischer Motivierung bspw. als „hirntechnischer Unsinn" (Hüther [2009], S. 160) bezeichnet.

[769] Vgl. Wüthrich (2011b); Wüthrich (2011a), S. 216ff.

[770] Vgl. u.a. Rowold/Heinitz, S. 124, 129f.

Erkenntnisse kann zumindest kritisch hinterfragt werden, ob auf Kontrolle zielende umfassende Performance Management-Ansätze letztlich zielführend und erfolgswirksam sind. Ähnliches gilt im Rahmen der Anreizsysteme, welche als ‚motivationaler Kern' des sozialunternehmerischen Personalmanagements in den folgenden Abschnitten ausführlich dargestellt werden sollen.

II.3 Motivation und Anreizsysteme im Kontext der Motivationstheorien

Hinsichtlich der konkreten Ausprägung des Personalmanagements im Sinne der Ausgestaltung von Anreizsystemen[771] wird für Sozialunternehmen ein starker Fokus auf die Förderung autonomer Motivation postuliert, welcher in vielschichtigen und differenzierten Mechanismen seinen Ausdruck findet.[772] In diesem Sinne können im Sozialunternehmenskontext die grundlegenden Prämissen der Selbstbestimmungstheorie der Motivation (vgl. Kap. B.II.3.2.1) bzw. deren Validität und Anwendbarkeit grundsätzlich bestätigt und unterstützt werden. Des Weiteren kann eine Relevanz der zentralen Charakteristika des Job-Characteristics-Modells (vgl. Kap. B.II.3.3) konstatiert werden. Auch die grundsätzliche Wichtigkeit von Zielen und Zielvereinbarungen, welche den Kern der Zielsetzungstheorie (vgl. Kap. B.II.3.2.2 darstellen, wird im Sozialunternehmenskontext deutlich, allerdings nicht im disziplinierenden oder kontrollierenden Sinne, sondern als Orientierung gebende und persönlich wichtige, motivierende Referenzpunkte.

Demgegenüber ist der Stellenwert kontrollierter Motivation ambivalent: So ist das Festgehalt als Hygienefaktor zwar bis zu einem gewissen Grad wichtig, aber kein primärer Motivator, und während monetäre, strikt leistungsbezogene Anreizsysteme als kritisch und herausfordernd eingeschätzt werden, gelten primär wertschätzende, materielle Anreize hingegen als sinnvolle Alternative. Diese allgemein kritische Einschätzung von leistungsbezogenen, monetären Anreizsystemen sowie das Fehlen kontrollierender Zielvereinbarungen und Bewertungen korrespondieren mit dem wissenschaftlichen Diskurs bezüglich der Gefahr eines Verdrängungs- oder Korrumpierungseffektes ebensolcher Mechanismen auf die intrinsische Motivation und bestätigen die grundsätzliche Notwendigkeit einer Internalisierung externer Kontrolle für die Realisierung autonomer Motivation und dauerhaft hoher Leistungsbereitschaft (vgl. Kap. B.II.3.1/B.II.3.2.1). Auch wenn das Fehlen verlässlicher finanzieller Mittel sicherlich ebenfalls eine (pragmatische) Ursache für die Nichtberücksichtigung monetärer Anreizsysteme darstellt, und auch wenn deren positive Wirkungspotenziale durchaus registriert werden: Letztlich überwiegt das negative Wirkungspotenzial, und es ist zumeist eine bewusste Entscheidung, auf monetäre Anreizsysteme zu verzichten und negative Wirkungstendenzen von vornherein zu vermeiden. Unabhängig von der

---

[771] Verstanden als „Summe aller bewusst gestalteten Arbeitsbedingungen, um direkt oder indirekt auf die Leistungsbereitschaft der Mitarbeiter einzuwirken (Arbeitsleistung) bzw. gewünschte Verhaltensweisen zu verstärken". Vgl. Gabler Verlag (Herausgeber), Gabler Wirtschaftslexikon, Stichwort: Anreizsystem, online im Internet: http://wirtschaftslexikon.gabler.de/Archiv/86139/anreizsystem-v6.html (abgerufen am 30.11.2012).

[772] Schwerpunkte: Autonomie, orientierende Zielvereinbarungen, spezifischer Personalentwicklungsprozess (Rückmeldemechanismen, Weiterbildung, Sinnhaftigkeit der Tätigkeit.

in Frage gestellten Wirksamkeit monetärer Anreize werden mit Transparenz, Plausibilität und Gerechtigkeit strikte Anforderungen an ein potenzielles Anreizsystem gestellt. Insb. der zentrale Aspekt der Gerechtigkeit von Verteilungsmechanismen sowie der kritische Stellenwert der internen Gehaltsverteilung spiegeln die hohe Relevanz organisationaler Gerechtigkeit wider (vgl. Kap. B.II.3.2.3, Abschnitt organisationale Gerechtigkeit).

II.4 Motivation und Anreizsysteme im Kontext gelebter Praxis

Grundsätzlich sind im Rahmen der Anreizsysteme von *Sozialunternehmen* sowohl nicht-monetäre als auch monetäre und materielle Anreizmechanismen von Relevanz. Der Fokus liegt dabei auf nicht-monetären Anreizen, welche mittels die Tätigkeit sowie deren Ausübung und Umgebung betreffenden Gestaltungsmerkmalen die autonome Motivation fördern. Ein primär auf kontrollierte Motivation wirkender monetär Anreiz ist das zwar möglichst kompetitive, aber letztlich unter dem Niveau der Privatwirtschaft verbleibende Festgehalt; letztlich bleibt es jedoch ein primär Unzufriedenheit verhindernder Hygienefaktor; hierzu passt auch die intern zumeist vergleichsweise homogene Verteilung zur Vermeidung von Unzufriedenheit und Neid, mit der potenziellen Option externer Dienstleister für sehr kostenintensive Positionen.[773] Leistungsbezogene monetäre Anreize spielen hingegen kaum eine Rolle, und materielle Anreize sind zwar existent, aber letztlich von untergeordneter Bedeutung.

Im *privatwirtschaftlichen Kontext* werden monetäre Entlohnung und insb. leistungsbezogene, monetäre Anreize als selbstverständliche und wichtige Aspekte des Personalmanagements angesehen sowie allgemein als positive, leistungssteigernde Instrumente postuliert und angewandt, und es existieren zahlreiche Hinweise bezüglich ihrer möglichst effektiven Gestaltung.[774] Dies gilt sowohl für große Unternehmen als auch grundsätzlich für unternehmerisch geprägte KMUs: *Junge Wachstumsunternehmen* weisen zwar zu Anfang ihrer Tätigkeit und bei geringer Organisationsgröße noch keine oder wenig differenzierte monetäre Anreizsysteme auf, und nicht-monetäre Anreize stehen im Vordergrund. Nichtsdestotrotz steht für die Mehrheit der Organisationen und die anwendungsorientierte Wissenschaft außer Frage, dass leistungsbezogene monetäre Anreize als wichtige Anreizkomponente prinzipiell positiv zu bewerten sind und, sobald finanziell und struk-

---

[773] Gerade bei hochqualifizierten externen Mitarbeitern ist jedoch zentraler Erfolgsfaktor, eine angemessene Integration (der externen) und effektive Kommunikation (zwischen internen und externen Mitarbeitern) zu gewährleisten; dementsprechend ist auch hier wiederum interne Akzeptanz und ein positives Klima sicherzustellen, und kitischen Faktoren wie bspw. Neid und Konkurrenzdenken schon im Vorfeld entgegenzuwirken. Vgl. Kaiser/Kozica/Bonss (2012a), S. 81f; Kaiser (2012b), S. 23.

[774] Vgl. u.a. Festing (2012), S. 41; Lazear (2000a); Lazear (2000b); Sprinkle (2000); Baker (1992); Baker/Jensen/Murphy (1988); Prendergast (1999); Lazear/Shaw (2007), S. 110f. Eine (zumindest partielle) Ausnahme stellen wissensintensive Dienstleistungsunternehmen dar, in deren Kontext darauf hingewiesen wird, dass eine den individuellen Wertbeitrag stark betonende Bezahlung, d.h. insb. individuelle, leistungsbezogene monetäre Anreize, einen nur geringen oder negativen Einfluss auf die kollektiven Aspekte des sozialen Kapitals (⇨ aus Interaktionen von Individuen/Gruppen innerhalb der Organisation entstehendes ‚Wissenskapital') haben, welches wiederum für effektives organisationales Lernen unerlässlich ist. Vgl. Swart/Kinnie (2010), S. 66, 77.

turell möglich, im Verlauf der weiteren Organisationsentwicklung umgesetzt werden sollten. Relevante Instrumente umfassen dabei sowohl kurzfristige Boni als auch langfristige Vergütungsanteile, bei denen ein zukünftiges Gewinnpotenzial als Motivator schon im Anfangsstadium der Organisation zum Tragen kommt (bspw. Aktienoptionen, Unternehmensanteile oder Gewinnbeteiligungen).[775] Dies unterscheidet privatwirtschaftliche Organisationen von *Sozialunternehmen*, da letztere leistungsbezogene monetäre Anreize aufgrund des Verdrängungs- und Korrumpierungseffektes als prinzipiell kritisch einschätzen und daher selbst bei ausreichenden finanziellen Ressourcen eine Umsetzung nicht wahrscheinlich wäre (vgl. Kap. F.II.3).

Ohnehin scheint ein potenzieller Verdrängungs- oder Korrumpierungseffekt im privatwirtschaftlichen Kontext als weniger kritisch oder relevant angesehen zu werden. Dies korrespondiert mit den Beobachtungen, dass im privatwirtschaftlichen Sektor durchweg höhere Löhne sowie häufiger leistungsbezogene Anreize realisiert werden als in Sozialunternehmen oder im Non-Profit-Sektor.[776] Eine mögliche Ursache für diese Phänomene könnten die grundlegenden Motivationsmuster der Mitarbeiter darstellen: Bei Sozialunternehmen und NPOs werden die autonome Motivation sowie die Identifikation mit der gesellschaftlichen Mission, den Werten und der Kultur der Organisation als dominant angesehen, und kontrollierende Mechanismen werden grundsätzlich kritisch gesehen; all dies impliziert ein vergleichbar hohes negatives Wirkungspotenzial (Verdrängungs- bzw. Korrumpierungseffekt) von auf kontrollierte Motivation ausgerichteten Förderungsmechanismen allgemein und leistungsbezogenen monetären Anreizen im Besonderen. Demgegenüber scheinen Mitarbeiter im privatwirtschaftlichen Kontext in höherem Maße motiviert durch Karriereperspektiven und externe Regulationsmechanismen (zu denen allen voran monetäre Anreize zählen) und nehmen Letztere grundsätzlich positiver wahr.[777]

Es stellt sich jedoch als kritisch dar, in der gelebten Praxis die eine oder andere Herangehensweise (Förderung autonomer vs. kontrollierter Motivation) hinsichtlich der Leistungswirkung per se als prinzipiell besser oder schlechter zu bewerten: Vielmehr ist es zunächst von zentraler Wichtigkeit, die Anreizmechanismen auf die jeweilig dominanten Motivationsmuster der Mitarbeiter auszurichten und potenziell negative Auswirkungen zu minimieren. Dies wird deutlich in der Beobachtung, dass Mitarbeiter in der Privatwirtschaft trotz unterschiedlicher Motivationsmuster und Anreizmechanismen nicht zwingend geringere Arbeitsanstrengungen zeigen als solche in NPOs.[778] Nichtsdestotrotz wird autonome Motivation theoretisch mit höheren Arbeitsanstrengungen und positiveren individuellen wie organisationalen Auswirkungen in Verbindung gebracht als rein kontrollierte Motivation (vgl. Kap. B.II.3.1, Abschnitt SDT). Dies gilt in besonderem Maße für anspruchsvolle und komplexe, Kreativität und intellektuelle Anstrengungen verlangen-

---

775 Vgl. Bau/Dowling (2007), S. 162ff, 171ff; Tausend/Katzauer/Gruber (2006), S. 26f; Hargis/Bradley (2011), S. 109f; Ichniowski/Shaw (2003), S. 156; Graham/Murray/Amuso (2002); Tibbetts/Donovan (1989).

776 Vgl. Devaro/Brookshire (2007); Roomkin/Weisbrod (1999).

777 Vgl. Cooman et al. (2011), S. 305-312; Ridder/Piening/Baluch (2012), S. 608; Ridder/McCandless (2010), S. 130.

778 Vgl. Cooman et al. (2011), S. 311.

de Tätigkeiten (vgl. Kap. F.II.6), welche in Sozialunternehmen von entscheidender und erfolgskritischer Bedeutung sind. Angesichts des Primats eines grundsätzlich mündigen Menschenbildes sei auch hier nochmals auf die kritische Einschätzung primär oder ausschließlich kontrollierender Führungsansätze und -instrumente verwiesen (vgl. Kap. F.II.2).

In Anbetracht dieser Aspekte ist es nicht überraschend, dass die potenziellen Gefahren eines Korrumpierungseffektes sowie einer einseitigen und ggf. kurzfristigen Wirkung kontrollierter Anreizsysteme auch im *privatwirtschaftlichen Kontext* als relevant erscheinen: So spielen nichtmonetäre und immaterielle Anreizmechanismen im Motivationskontext durchaus eine wichtige Rolle und werden in einem nicht unbeträchtlichen Umfang angewandt: Diese Bemühungen umfassen u.a. einen umfassenden Personalentwicklungsprozess (Weiterbildung, Leistungsmanagement, Coaching und Aufstiegsmöglichkeiten) sowie herausfordernde, vielfältig definierte Tätigkeitsfelder (Partizipation und Eigenverantwortung, Teamwork, Informationsaustausch, Dezentralisierung oder Autonomie). [779] Auch Auszeichnungen (Titel, Orden/Medaillen oder Ehrungen/Preise) werden in diesem Kontext als kostengünstige und effektive Anreizalternative vorgeschlagen. [780] Bei *jungen Wachstumsunternehmen* sind dies (bei aller zuvor erwähnten Varianz hinsichtlich des Institutionalisierungsgrades der einzelnen Instrumente) Eigenverantwortung und Autonomie, flache Hierarchien, Kommunikation auf Augenhöhe und offene Informationspolitik, partizipatives Führungsverhalten, Organisationskultur, motivierender Arbeitsinhalt sowie Personalentwicklung. [781] Auch im Kontext kleiner *wissensintensiver Dienstleistungsunternehmen* wird bspw. Autonomie als ein wichtiges Gestaltungsmerkmal des Arbeitsverhältnisses bezeichnet. [782] Dennoch ist abschließend festzuhalten, dass die nicht-monetären und immateriellen Anreizmechanismen in der *gelebten privatwirtschaftlichen Unternehmenspraxis* gegenüber den allgemeinen und leistungsbezogenen monetären Anreizen im (seltenen) besten Fall als gleichwertig bezeichnet werden können. Oft werden dabei im Rahmen des zuvor erwähnten strategischen Personalmanagements monetäre und nicht-monetäre Anreizsysteme mit dem Ziel einer erhöhten Leistungssteigerung aufeinander ausgerichtet und miteinander kombiniert, so bspw. Teamwork und gruppenbasierte monetäre Leistungsanreize. [783] Auch dies ist hinsichtlich der potenziell ambivalenten Wirkung als nicht unkritisch einzuschätzen.

Die Situation im *Non-Profit-Sektor* stellt sich dem Sozialunternehmenskontext in vielen Aspekten als sehr ähnlich dar. Aufbauend auf ähnlichen Motivationsmustern wird im Non-Profit-Sektor im Zuge der zunehmenden Professionalisierung, Marktorientiertheit und Kommerzialisierung sowie dem damit verbundenen Wettbewerb zwar schon lange über die Möglichkeiten leistungsorientier-

---

[779] Vgl. Festing (2012), S. 41; Ichniowski/Shaw (2003).
[780] Vgl. u.a. Frey/Neckermann (2006).
[781] Vgl. u.a. Bau/Dowling (2007), S. 162f, 168, 171f; Tausend/Katzauer/Gruber (2006), S. 26f.
[782] Wie bei Sozialunternehmen steht Autonomie in einer ständigen wechselseitigen Beziehung mit stabilisierenden Rahmenstrukturen und Kontrollmechanismen, welche jedoch zumeist auf unsystematischem Austausch und gegenseitiger Abstimmung beruhen (ohne übermäßige hierarchische Strukturen). Vgl. Ram (1999).
[783] Vgl. Lazear/Shaw (2007), S. 111.

ter Anreiz- und Entlohnungssysteme diskutiert und konkrete Gestaltungsansätze entwickelt.[784] Allerdings wird zugleich darauf hingewiesen, dass die meisten Organisationen bis dato kein umfassendes leistungsbezogenes Anreizsystem implementiert haben, zumeist funktionale Äquivalente[785] nutzen und leistungsbezogene Anreize ohnehin nur für diejenigen Mitarbeiter sinnvoll anwendbar sind, welche ,marktlichen' Austauschmechanismen und Wettbewerb ausgesetzt sind und eine Basis für Leistungskriterien bieten.[786] Die Gründe für die zögerliche Haltung ähneln denen im Sozialunternehmenskontext: So werden leistungsbezogenen Anreizsystemen zwar auf der einen Seite eine positive Wirkung bspw. auf Arbeitsmoral und Fehlzeiten zugeschrieben[787], auf der anderen Seite stehen sie jedoch überwiegend im Ruf, wenn überhaupt nur kurzfristig positive Effekte zu erzielen sowie einen negativen Einfluss auf die dominante und wichtige intrinsische Mitarbeitermotivation auszuüben.[788] Angesichts dieser widersprüchlichen Ergebnisse wird zumindest in Frage gestellt, ob solche Systeme den Bedürfnissen und spezifischen Motivationsgrundlagen von NPO-Mitarbeitern entsprechen.[789]

Demgegenüber wird an anderer Stelle zu Bedenken gegeben, dass die Mission zwar einen starken Motivationsfaktor darstellt, dessen positive Effekte jedoch von negativen Faktoren wie unzureichender Bezahlung und mangelnden Karriereperspektiven sowie der daraus resultierenden Unzufriedenheit überkompensiert werden können[790]: Es wird somit deutlich, dass es nicht ausreicht, allein auf die gesellschaftliche Mission und deren intrinsisches Motivationspotenzial zu vertrauen. Angesichts der potenziell negativen Auswirkungen von leistungsbezogenen monetären Anreizsystemen werden daher – analog den Erkenntnissen im Sozialunternehmenskontext – ein fairer und gerechter Bewertungs- und Verteilungsmechanismus sowie konstruktives Feedback als notwendige Bedingungen genannt, um negative Auswirkungen zu begrenzen.[791] Ein faires und gerechtes Bewertungssystem kann wiederum nur mit einem adäquaten Leistungsmanagement-System und Personalentwicklungsprozess bewerkstelligt werden: Relevante Erfolgsfaktoren im NPO-Kontext sind hierbei institutionalisiertes Feedback, ein transparentes und (pausibel) anwendbares Bewertungssystem, ein ehrlicher Austausch über Leistung, Ergebnisse und Pläne, die Verknüpfung von individuellen mit organisationalen Zielen und Ergebnissen sowie ein korres-

---

[784] Vgl. u.a. Brandl/Güttel (2007).
[785] Bspw. ,symbolische' Wertschätzung, Arbeitsgestaltung (Autonomie, Arbeitszeitflexibilität) und Mission, aber auch im Nachhinein bestimmte ,unerwartete' bzw. ,nicht vorhersehbare' Bonuszahlungen.
[786] Vgl. Brandl/Güttel (2007), S. 194ff; Ridder/Piening/Baluch (2012), S. 609.
[787] Vgl. Ridder/Piening/Baluch (2012), S. 610; Rondeau/Wagar (2001).
[788] Vgl. Deckop/Cirka (2000), S. 403f, 412ff; Ridder/Piening/Baluch (2012), S. 609f.
[789] Vgl. Ridder/Piening/Baluch (2012), S. 609f. Angesichts der starken intrinsischen, in der gesellschaftlichen Mission gründenden Motivation wird bspw. ein Gehaltsabschlag gegenüber der Privatwirtschaft sogar als Instrument zur Vertrauensschaffung mittels einer ,positiven Selbstselektion' angesehen, im Sinne, dass letztlich nur diejenigen ,angezogen' werden, die eine passende und ausreichende intrinsische Motivation mitbringen (Voraussetzung ist selbstverständlich, dass zwischen hoher und niedriger Kompetenz unterschieden werden kann, da ansonsten eine Negativauslese droht).Vgl. Handy/Katz (1998); Ridder/McCandless (2010), S. 131f.
[790] Vgl. Kim/Lee (2007).
[791] Vgl. Deckop/Cirka (2000), S. 404-407, 412ff.

pondierender persönlicher und fachlicher Entwicklungsprozess.[792] Dies deckt sich weitgehend mit den im *Sozialunternehmenskontext* als notwendige Bedingungen postulierten Anforderungen an ein potenzielles leistungsbezogenes Anreizsystem sowie einen Personalentwicklungsprozess.

II.5   Freiwilligenmanagement

Freiwillige und damit das Freiwilligenmanagement nehmen in vielen Sozialunternehmen eine Schlüsselrolle ein. Während im Kontext von *NPOs* Freiwillige eine mindestens ebenso wichtige Rolle für das Geschäftsmodell und die Dienstleistungserbringung spielen[793], grenzt der Status der Freiwilligenarbeit Sozialunternehmen von *privatwirtschaftlichen Organisationen* ab, bei welchen Freiwillige zumeist keine oder zumindest keine große Rolle spielen. Eine adäquate und effektive Führung von Freiwilligen ist seit jeher eine große und oft nur partiell gemeisterte Herausforderung von *NPOs*, da Freiwillige durch ihren speziellen Status und die besondere Rolle entsprechend differenziert behandelt werden müssen.[794]

Freiwilligenarbeit oder auch frei-gemeinnützige Arbeit ist dadurch gekennzeichnet, dass die Tätigkeiten im Allgemeinen ohne monetäre Entlohnung zunächst um ihrer selbst willen ausgeführt werden. Konkret gründet Freiwilligenengagement auf vielfältigen Aspekten und Motiven und kann daher als ,multifunktional' bezeichnet werden.[795] Die relevanten Motive umfassen auf der einen Seite intrinsische und uneigennützige Motivationsmuster wie bspw. Freude an der Tätigkeit, Altruismus und Hilfemotivation (Dienst an der Gesellschaft und Anderen), auf der anderen Seite aber auch extrinsische und ,egoistische' oder, neutraler formuliert, ,solidarisch-individuelle'[796] Motive wie soziale Anbindung, Persönlichkeitsentwicklung, Kompetenzerwerb und -erweiterung sowie persönlicher Stolz und gesellschaftliche Anerkennung und Reputation.[797] Das Engagement hängt in diesem Sinne von vielfältigen Faktoren ab, welche neben individuellen Charakteristika (persönliche Motivation, Werte und Persönlichkeit) auch soziale Faktoren (sozialer Kontext, Integrationsgrad und Rolle) sowie Ressourcen (relevante Ausbildung und Fähigkeiten, verfügbare Zeit) umfassen.[798] Im Allgemeinen kann von einer Dominanz der intrinsischen Komponente ausgegangen werden.[799] Dies korrepondiert mit der in einigen Untersuchungen identifizierten Gefahr eines Verdrängungs- bzw. Korrumpierungseffektes (vgl. Kap. B.II.3.1), im Rahmen dessen monetäre Anreize und Entlohnung mit negativen Auswirkungen auf die intrinsische Motivation und ganz konkret mit einer Verminderung des freiwilligen Engagements in

---

[792] Vgl. Becker/Antuar/Everett (2011), S. 261-268.
[793] Vgl. Bowman (2009).
[794] Vgl. Klie (2006), S. 3; Becker/Antuar/Everett (2011), S. 268.
[795] Vgl. Mieg/Wehner (2002), 4, 17.
[796] Vgl. Mieg/Wehner (2002), S. 14.
[797] Vgl. Mieg/Wehner (2002), S. 4, 14, 17f; Geroy/Wight/Jacoby (2000); Hartenian/Lilly (2009); Carpenter/Myers (2007), S. 1-7; Fiorillo (2011), S. 141f; Geber (1991), S. 22; Monti (2009), S. 15-19.
[798] Vgl. Einolf/Chambré (2011).
[799] Vgl. Mieg/Wehner (2002), S. 14f;

Verbindung gebracht werden.[800] Direkte Bezahlung oder sonstige monetäre Anreize scheinen auf Basis der negativen Wirkungstendenz daher nicht empfehlenswert zu sein.

Von entscheidender Bedeutung ist vielmehr eine persönliche Sinnhaftigkeit der Tätigkeit, welche die oben genannten Motive berücksichtigt und aufgreift.[801] Ein möglicher Ansatzpunkt ist hierbei eine adäquate und ansprechende Gestaltung der Tätigkeiten mittels Anforderungsvielfalt und inhaltlicher Abwechslung, einer gewissen Handlungs- und Entscheidungsfreiheit (Autonomie) sowie durch die Realisierung von Entwicklungsmöglichkeiten.[802] Komplementär zur intrinsischen Zufriedenheit durch gelebten Altruismus können des Weiteren imaterielle Anreizmechanismen wie verbale Anerkennung und Wertschätzung der Freiwilligen seitens der Organisation oder der jeweiligen ‚Zielgruppe' eine positive Wirkung entfalten.[803] Dies gilt auch für ausgewählte materielle Anreize, welche zwar verglichen mit den imateriellen Anreizmechanismen eine wesentlich geringere, aber letztlich doch positive Motivations- und Leistungswirkung aufweisen und daher als adäquates ‚Substitut' für monetäre Anreize dienen können: Mit zumeist moderater Wertigkeit dienen sie primär als Ausdruck der Anerkennung und Wertschätzung für den Einzelnen seitens der Organisation und umfassen Zertifikate/Urkunden, gemeinsame gesellschaftliche Veranstaltungen/Essen, Weiterbildungen, öffentliche Sichtbarkeit oder kleine Geschenke/'Aufmerksamkeiten'.[804] Letztlich ist es jedoch von zentraler Bedeutung, all diese Anreizmechanismen, allen voran das Zusammenspiel und die Gewichtung von imateriellen und materiellen Anreizen, auf den einzelnen Freiwilligen bzw. seine individuellen Motivationspräferenzen auszurichten, da nur so eine optimale Reziprozität, Zufriedenheit und Leistungsbereitschaft realisiert werden kann.[805] Als ein heikler Aspekt im Zusammenhang der zuvor erwähnten Tätigkeitsgestaltung wird jedoch die Zusammenarbeit von Freiwilligen und bezahlten Kräften gesehen: So führt eine auf Dauer sowohl von Freiwilligen als auch bezahlten Kräften ausgeführte, gleiche Tätigkeit tendenziell zu Ungerechtigkeitsempfindungen und Demotivation, weshalb eine solche Situation vermieden werden sollte.[806] Schlussendlich ist eine Professionalisierung von Freiwilligenarbeit[807] und ein damit korrespondierendes professionelles, rein betriebswirtschaftliches Management als kritisch

---

[800] Vgl. u.a. Mieg/Wehner (2002), S. 14-17; Meier/Stutzer (2008); Mowen/Sujan (2005); Cappellari/Turati (2004); Frey/Goette (1999). Auch bei einer extrinsischen, auf Anerkennung und Reputation gründenden Motivation können monetäre Anreize zu unerwünschten Ergebnissen führen, da diese den altruistischen Charakter und damit das Reputationspotenzial sowie die Attraktivität der Tätigkeit verringern. Vgl. Carpenter/Myers (2007), S. 21. Nichtsdestotrotz gibt es auch kontrastierende Untersuchungen, welche die Existenz eines Verdrängungseffektes zunächst verneinen: Allerdings wird auch hier kein eindeutig positiver, sondern höchstens ein neutraler bis leicht positiver, statistisch nicht signifikanter Zusammenhang zwischen monetären Anreizen und Freiwilligenengagement identifiziert. Dies erwächst aus dem Umstand, dass monetäre Anreize/Bezahlung mittels eines positiven relativen Preiseffekts zwar die Opportunitätskosten von Freiwilligenarbeit senken, diesem positiven Effekt aber letztlich eine gleichzeitige Verminderung der intrinsischen Motivation zuwiderläuft. Vgl. Fiorillo (2011), S. 160f.

[801] Vgl. Mieg/Wehner (2002), S. 4.

[802] Vgl. Monti (2009), S. 19f; Geber (1991), S. 22-26; Drucker (1989), S. 91ff; Klie (2006), S. 3.

[803] Vgl. Geber (1991), S. 26; Phillips/Phillips (2010), S. 16ff.

[804] Vgl. Phillips/Phillips (2010), S. 16ff.

[805] Vgl. Phillips/Phillips (2010), S. 19; Monti (2009), S. 36.

[806] Vgl. Mieg/Wehner (2002), S. 21; Klie (2006), S. 3.

[807] Organisierte und qualifizierte Leistungserbringung verbunden mit sach-rationalen Standards und Routinen.

anzusehen, da hierdurch oftmals ein Fehlen von Sinn und ‚Seele' der Freiwilligenarbeit empfunden wird, was zu Demotivation führen kann.[808]

Letztlich können anhand der obigen Befunde die für den *Sozialunternehmenskontext* postulierten Aussagen bezüglich eines klaren Führungsansatzes für Freiwilligenarbeit[809] hinsichtlich ihrer theoretischen sowie praktischen Relevanz und Validität bestätigt werden. Es bleibt jedoch zu betonen, dass der Status Quo vieler Sozialunternehmen (insb. bei komplexen Projekt- und Freiwilligenstrukturen) trotz richtiger Impulse noch keinen strukturierten und stringenten Gesamtansatz im Umgang mit Freiwilligen widerspiegelt und daher Entwicklungsbedarf besteht.

II.6 Organisationale Verhaltensmuster

Kreativität und Innovation sowie Proaktivität und Risikobereitschaft sind als organisationale und individuelle Verhaltensmuster in besonderer Weise relevant für die erfolgreiche Umsetzung der Geschäftsmodelle von Sozialunternehmen (vgl. Kap. B.I.2.1.3); zugleich stellt das kreative und innovative, proaktive und unternehmerische Element im Kontext des dynamischen Umfelds von Sozialunternehmen einen nicht zu unterschätzenden Motivator dar (vgl. Kap. C.I.1). Grundsätzlich teilen Sozialunternehmen die Wichtigkeit der genannten Verhaltensweisen insb. mit *privatwirtschaftlichen, unternehmerisch ausgerichteten (jungen) Wachstumsunternehmen* (⇨ Entrepreneurship-Organisationen), welche ebenfalls von diesen geprägt und getrieben sind (vgl. Kap. B.I.1.2). Wenn auch nicht gänzlich irrelevant, so spielen Innovation und Proaktivität[810] sowie Risikobereitschaft[811] in *großen, etablierten privatwirtschaftlichen Organisationen* tendenziell keine vergleichbar erfolgskritische und überlebensnotwendige Rolle und haben erst recht keine vergleichbare Motivationsfunktion wie in den zuvor genannten Organisationen. Klassische *NPOs* sind aufgrund der hohen (finanziellen wie strukturell-rechtlichen) Abhängigkeiten und Verpflichtungen gegenüber einer Vielzahl an Stakeholdern zumeist eher risikoscheu, was mit einem niedrigeren Innovationspotenzial einhergeht.[812] Nichtsdestotrotz wird Kreativität und Innovation zunehmend auch im Non-Profit-Sektor untersucht[813], auch wenn der Forschungsfokus noch immer vornehmlich im privatwirtschaftlichen Bereich zu verorten ist.

Konkret wird Kreativität dabei zunächst als eine individuelle Handlungsweise verstanden, welche, wenn durch die Arbeitsumgebung auf Organisationsebene begünstigt und angewandt, die Basis für organisationale Innovation darstellt. Innovation wird wiederum mit höherer Produktivität (im

---

808 Vgl. Mieg/Wehner (2002), S. 19, 21; Monti (2009), S. 21-24, 35f.

809 Reziprozität durch Wertschätzung, keine monetäre Entlohnung, differenziertes Rollenverständnis.

810 Aufgrund des dominanten Bestandsgeschäfts und zunehmender inhaltlicher und strukturbezogener Routinen.

811 Aufgrund der fortschreitenden Risikostreuung durch vertikale, horizontale, laterale oder geographische Diversifizierung der Geschäftsaktivitäten, aber auch durch die Entwicklung hin zu einer den Eigentümern (Aktionäre) unterstellten Managementführung mit ggf. ausgeprägten hierarchischen Strukturen.

812 Vgl. Vgl. Hull/Lio (2006), S. 59-63; Boschee/McClurg (2003), S. 5.

813 Vgl. u.a. Barrett/Balloun/Weinstein (2005); Suh/Shin (2005); Jaskyte/Kisieliene (2006); Jaskyte (2008); Jaskyte et al. (2010).

Sinne von Effizienz und Effektivität) sowie höherer Leistung verknüpft.[814] Des Weiteren kann ein indirekter Einfluss von Kreativität auf die organisationale Leistung bzw. Leistungsfähigkeit beobachtet werden, indem Kreativität und ein kreatives Klima zunächst die Lernorientierung der Organisation fördert, welche sich wiederum leistungssteigernd auswirkt.[815] Auf folgender Abbildung werden die genannten Wirkungszusammenhänge nochmals übersichtlich dargestellt:

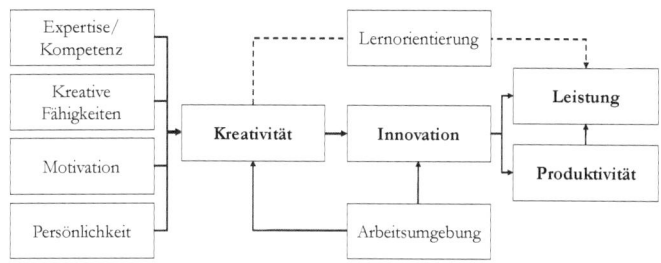

Abbildung 16 Ursachen und Auswirkungen von Kreativität und Innovation (Quelle: Eigene Darstellung)

Die Ursachen von Kreativität sind vielschichtig und umfassen allgemein fachliche Expertise und Kompetenz, kreative Fähigkeiten[816], eine bezogen auf die jeweiligen Tätigkeiten positive, intrinsische Motivation sowie eine mit einer gewissen Risikoaffinität ausgestattete, Routinen kritisch gegenüberstehende Persönlichkeit.[817] Von zentraler Bedeutung für (individuelle und organisationale) Kreativität sowie (organisationale) Innovation ist des Weiteren die Arbeitsumgebung: Diese beinhaltet neben dem zentralen Aspekt ausreichender Zeitkontingente[818] fördernde und unterstützende Mechanismen von Organisation[819], Vorgesetzten[820] und Team[821], die Bereitstellung ausreichender Ressourcen[822], eine anspruchsvolle und fordernde Tätigkeit sowie die Gewährung von Autonomie im Rahmen eines befähigenden Führungsstils (‚empowering leadership').[823]

---

[814] Vgl. Amabile (1997).
[815] Vgl. Barrett/Balloun/Weinstein (2005), S. 219. Es ist jedoch darauf hinzuweisen, dass der Wirkungszusammenhang zwischen Kreativität und Leistung nicht eindeutig ist. Vgl. bspw. Suh/Shin (2005), S. 208f.
[816] Kreativmethoden und intellektuelle Fähigkeiten zur Generierung, Bewertung und Umsetzung neuer Ideen.
[817] Vgl. Amabile (1997), S. 42-46; Sternberg/O'Hara/Lubart (1997), S. 9-13; Jaskyte et al. (2010), S. 83ff; Morris (2005), S. 36; Birdi (2005).
[818] Damit ist sowohl Zeit zur Generierung (Realisierung von spezifischen Zeitkontingenten für individuelle [bspw. ‚kreative Auszeiten'] oder kollektive [bspw. Brainstorming-Sessions] ‚Kreativformate') als auch zum Verfolgen und zur Umsetzung (Zeitkontingente im Projekt-/Arbeitsalltag) neuer Ideen gemeint.
[819] Faire, konstruktive Ideenbewertung (insb. auch bei Fehlern); (nicht-kontrollierende) Belohnung und Anerkennung; Kreativmechanismen zur Entwicklung neuer Ideen und Kultur (‚sich selbst sein dürfen'); Offenheit gegenüber neuen Ideen und Wandel (Risikoorientierung und offensive, proaktive Strategie).
[820] Adäquate Zuordnung von Individuen und Aufgaben; klare Zielsetzung bei gleichzeitiger Gewährung von Prozessautonomie; Planung, Koordination und Feedback (gute und offene Kommunikation); Zusammenstellung effektiver Arbeitsgruppen; Förderung/Würdigung neuer Gedanken/Ideen und eigenständigen Denkens.
[821] Kommunikation und Wissensaustausch; Vertrauen und gegenseitige Unterstützung; kreative Menschen.
[822] Individuelle Expertisen; finanzielle Ressourcen; Bereitstellung von Informationen, Materialien und Infrastruktur.
[823] Vgl. Amabile (1997), S. 46-50, 52ff; Amabile (1998); Amabile et al. (1996); Çokpekin/Knudsen (2012), S. 310ff; Hemlin/Olsson (2011); Zhang/Bartol (2010); Jaskyte et al. (2010), S. 83ff; Jaskyte (2008), S. 475ff; Morris (2005); Sternberg/O'Hara/Lubart (1997), S. 13-16.

All diese die Kreativität und Innovation unterstützenden und fördernden Mechanismen stimmen in großen Teilen mit den zuvor für *Sozialunternehmen* postulierten Förderungsmechanismen von Kreativität/Innovation sowie Proaktivität/Risikobereitschaft überein und stützen damit deren Validität.[824] Zu beachten ist jedoch, dass besonders der als zentral einzuschätzende Faktor der organisationalen Förderung (anhaltende Ermunterung durch Vorgesetzte sowie – allem voran – die Gewährleistung ausreichender zeitlicher Kontingente für die individuelle oder kollektive Generierung und Umsetzung neuer Ideen) aktuell oft noch unzureichend umgesetzt wird. Des Weiteren fällt auf, dass eine monetäre oder materielle Belohnung und verbale oder formale Anerkennung von kreativem, innovativem Handeln entweder gänzlich inexistent ist oder zumindest nicht bewusst und institutionalisiert vollzogen wird. Dies geschieht sicherlich auch aufgrund der allgemein kritischen Einschätzung von als kontrollierend wahrgenommenen Anreizmechanismen (Belohnung) sowie der beschränkten zeitlichen Ressourcen seitens der Vorgesetzten (Anerkennung). Dennoch erscheint es lohnend, diese Verbesserungspotenziale aufzugreifen und situationsbezogen umzusetzen, um den Stellenwert und die fortwährende Anwendung kreativer und innovativer Verhaltensweisen zu verbessern.

II.7   Motivation im Führungskontext und generationsspezifische Aspekte

In den vorherigen Erläuterungen wurde an verschiedenen Stellen deutlich, dass Motivation im Führungskontext nur dann effektiv wirksam sein kann, wenn es auf die jeweiligen organisationalen Rahmenbedingungen und Spezifika sowie allem voran auf die Mitarbeiter und ihre grundlegenden Motivationsmuster ausgerichtet ist. Hinsichtlich der Motivationsmuster, d.h. der Art und Weise, wie Mitarbeiter ihre Arbeit einschätzen, welches Führungsverhalten als positiv wahrgenommen wird und welche Motivatoren letztlich relevant sind, ist gegenwärtig und in der unmittelbaren Vergangenheit ein Wandel zu beobachten: Dieser begann mit der Generation X und findet seine Fortsetzung in der Generation Y, welche sich beide von der geburtenstarken und noch immer dominanten Generation der Babyboomer unterscheiden.[825]

---

[824] Vgl. auch Kap. D.II.4.5 sowie insb. Kap. E.I.2.3 (Abschnitt „Kreativität/Innovation durch aktive Stimulierung und Gewähren von Raum; Proaktivität/Risikobereitschaft durch inhaltliche Offenheit und Fehlertoleranz").

[825] Während *Babyboomer* die Geburtenjahrgänge von Mitte der 1940er/Anfang der 1950er bis Mitte der 1960er Jahre bezeichnen, umfasst die *Generation X* die Jahrgänge von Mitte der 60er bis Ende der 1970er und die *Generation Y* die Jahrgänge ab Beginn der 1980er Jahre (vgl. u.a. Eisner [2005], S. 4; McCrindle [2006], S. 10). Schwerpunkt der folgenden Ausführungen sind die zukunftsträchtigen Generationen X und (vor allem) Y.

Es bleibt festzuhalten, dass die in der Folge dargestellten ‚Charakteristika‘ der einzelnen Kohorten bzw. Generationen bestenfalls Annäherungen an die Realität darstellen und diese für das Individuum nicht zwingend maßgeblich sind – d.h. individuelle Abweichungen von der ‚Norm‘ selektiv möglich und zu erwarten sind. Ferner können zwar regionale Unterschiede hinsichtlich der Ausprägungen und deren Stärke konstatiert werden, dennoch können die Schwerpunkte der Einstellungen sowie die Trendentwicklungen insb. der Generation Y in der Gesamttendenz durchaus als ein globales Phänomen bezeichnet werden (vgl. u.a. Barth/Lambsdorff [2009], S. 71). Schlussendlich kann und soll keine umfassende Darstellung von Merkmalen/Hintergründen der Generationen erfolgen, sondern ausschließlich auf die arbeits- und motivationsrelevanten Aspekte eingegangen werden.

Dabei wird die *Generation X* primär durch Freiheit und Autonomie sowie Wachstum und Entwicklung motiviert, während sie Micro-Management (d.h. übermäßig enge Führung mit engen Vorgaben) ablehnt, inhaltliche Entwicklung über Titel und Karriere stellt und eine Vereinbarkeit von Beruf und Privatleben als wichtig ansieht.[826] Die Anforderungen an ein effektives Personalmanagement umfassen daher die Gewährleistung einer möglichst hohen Autonomie, einen ausgeprägten, auf inhaltliche Entwicklung ausgerichteten Personalentwicklungsprozess sowie die Realisierung einer Vereinbarkeit von Beruf und Privatleben.

Die Arbeitswelt und Organisationen dominieren wird zukünftig jedoch die *Generation Y*. Diese stellt zum einen schon jetzt sämtliche Berufseinsteiger und wird mittelfristig einen signifikanten Anteil des Gesamtmitarbeiterbestandes ausmachen.[827] Zum anderen besitzt sie stark ausgeprägte, spezifische Motivationsmuster, welche die durch die Generation X angestoßene Trendentwicklung intensivieren, die Arbeitswelt mittel- bis langfristig (vermutlich) radikal verändern und nicht zuletzt dadurch einen Paradigmenwechsel in der Mitarbeiterführung und im Personalmanagement notwendig machen werden.[828] Geld ist, wenn auch als Hygienefaktor nicht gänzlich unwichtig, allgemein kein primärer Motivator; wichtiger ist vielmehr der Wunsch, persönliche Ziele und Wertvorstellungen zu verwirklichen[829] sowie einen Beitrag zur Gesellschaft zu leisten: Im Zentrum steht hier ein hohes soziales Bewusstsein, das sich im Anspruch eines gesellschaftlichen Engagements der Organisation sowie einer grundsätzlich sinnvollen Arbeit ausdrückt, welche die Welt positiv verändert.[830] Des Weiteren wird die Lebensqualität in Form einer Vereinbarkeit von Berufs- und Privatleben mit u.a. flexiblen Arbeitszeitmodellen als äußerst wichtig angesehen.[831] Während vergleichsweise wenig Interesse besteht, Führungsaufgaben und Führungsverantwortung zu übernehmen, werden demgegenüber Teamarbeit und ein flexibles Rollenverständnis als wichtig erachtet: Überhaupt wird Teamarbeit, Kollaboration und Zugehörigkeit (soziale Interaktionen und Organisationskultur, Arbeitsklima, Wertschätzung) höher eingeschätzt als Wettbewerb und individuelle Anerkennungen oder Belohnungen.[832] Weitere zentrale Motivatoren sind die Realisierung adäquater Lernmöglichkeiten mit dem Ziel einer inhaltlichen Entwicklung, die Gewährleistung von Freiheit, Autonomie und Flexibilität bei gleichzeitiger effektiver Führung und rahmengebenden Stukturen sowie ein ausreichendes Maß an neuen Herausforde-

---

[826] Vgl. Eisner (2005), S. 6.
[827] Während nach den geburtenstarken Babyboomern (~19,3 Mio. Lebendgeburten in Deutschland 1950-1965), welche auf absehbare Zeit in Ruhestand gehen, die als Generation X bezeichnete Kohorte vergleichsweise klein ausfällt (~13,5 Mio. 1966-1979), sind die Generation Y zahlenmäßig wieder ähnlich dominant wie die Babyboomer (~17,3 Mio. Lebendgeburten 1980-2000; ein allgemein anerkannter, nach oben begrenzender ‚Abschlussjahrgang' wurde zudem noch nicht festgelegt). Vgl. Tabelle 12612-0001 (‚Lebendgeborene: Deutschland, Jahre, Geschlecht') des Statistischen Bundesamtes Deutschlands (Destatis).
[828] Vgl. auch Barth/Lambsdorff (2009), S. 70; Buik (2008), S. 9.
[829] Vgl. Rump et al. (2012), S.22.
[830] Vgl. Monroe (2010), S. 52; Barth/Lambsdorff (2009), S. 73; Eisner (2005), S. 6.
[831] Vgl. Monroe (2010), S. 22; Barth/Lambsdorff (2009), S. 72f; Engelman (2009), S. 72f; McCrindle (2006), S. 20; Eisner (2005), S. 6.
[832] Vgl. Monroe (2010), S. 21, 28, 47; Engelman (2009), S. 72f; McCrindle (2006), S. 20ff.

rungen, Veränderung, Wandel, Abwechslung und Dynamik.[833] Weniger wichtig und relevant ist daher die langfristige, formale (Karriere)Entwicklung, was wiederum tendenziell eine Zunahme der Fluktuation bedeutet.[834] Bevorzugt wird weiterhin ein inklusiver Führungsstil mit einem Schwerpunkt auf Partizipation, Kollaboration und Konsens: Als wichtige Teilelemente können ein hohes Maß an Transparenz und Respekt[835] sowie ein inspirierendes Führungsverhalten[836] genannt werden.[837] Schlussendlich werden flexibel-organische Organisationsstrukturen strukturiert-hierarchischen Gestaltungsformen vorgezogen.[838] Personalmanagement und Motivation im Führungskontext allgemein – und damit Gewinnung und Erhalt einer motivierten, wirkungsvollen Mitarbeiterbasis – wird mittel- und langfristig nur dann erfolgreich sein, wenn es die oben genannten Spezifika und Anforderungen der Generationen X und (besonders) Y berücksichtigt und sich auf diese ausrichtet.[839]

Insb. Organisationen mit ‚traditionellen' Personalführungsansätzen und Strukturen stellen diese Entwicklungen und Anforderungen vor große Herausforderungen, auf welche die Organisationen in vielen Fällen nicht oder nur teilweise adäquat vorbereitet und eingestellt sind.[840] Der spezifische Ansatz und die Charakteristika des Konzeptes Social Entrepreneurship sowie die im konzeptionellen Bezugsrahmen formulierten Gestaltungspostulate für ein effektives Personalmanagement in Sozialunternehmen scheinen hingegen in besonderem Maße geeignet, diese erfolgskritische Herausforderung zu meistern: So korrespondiert die im Zentrum stehende gesellschaftliche Mission und die daraus entstehende individuelle Sinnstiftung und intrinsische Motivation in besonderer Weise mit dem als wichtig wahrgenommenen organisationalen sowie persönlichen Beitrag zur Gesellschaft. Weiterhin ist durch den Fokus auf innovative Lösungen und Dienstleistungen, permanente neue inhaltliche Herausforderungen und strukturelle Veränderungsprozesse sowie das vergleichsweise frühe Entwicklungsstadium des gesamten Social Entrepreneurship-Sektors ein ungemein hohes Maß an Abwechslung und Dynamik gegeben. Auch die umfassende Gewährleistung von Autonomie bei gleichzeitig rahmengebenden Strukturen, die Realisierung eines kompetitiven Gesamtpaketes[841] sowie der weitgehende Verzicht auf kontrollie-

---

[833] Vgl. Monroe (2010), S. 22f, 45f; Barth/Lambsdorff (2009), S. 70ff; Engelman (2009), S. 72f; Buik (2008), S. 8; McCrindle (2006), S. 21f, 23.

[834] Vgl. Monroe (2010), S. 46; Barth/Lambsdorff (2009), S. 71.

[835] Ausgeprägte zwischenmenschliche Komponente mit direkter und offener Kommunikation sowie unmittelbarem Feedback; gegenseitiger Respekt; möglichst wenig ‚politische Spielchen'.

[836] Authentische, vertrauens-/glaubwürdige und zuverlässige Führungskräfte als Vorbild, Coach und Mentor.

[837] Vgl. Vgl. Monroe (2010), S. 27; Barth/Lambsdorff (2009), S. 72; Engelman (2009), S. 72f; Buik (2008), S. 8; McCrindle (2006), S. 22; Eisner (2005), S. 6.

[838] Vgl. McCrindle (2006), S. 22.

[839] Für eine vergleichsweise umfassende Untersuchung der Charakteristika der Generation Y und den daraus entstehenden Anforderungen an das Führungsverhalten und Personalmanagement, welche die zuvor genannten Aspekte ausführlich erläutert und erweitert, vgl. auch Rump/Eilers (2012) oder Parment (2009).

[840] Vgl. u.a. Buchhorn/Werle (2011); Sonnet (2012); Sigi/Werle (2012).

[841] Dieses umfasst neben einem möglichst kompetitiven Gehalt (welches aufgrund finanzieller Restriktionen zumeist trotzdem nicht an das Niveau privatwirtschaftlicher Organisationen heranreicht) v.a. auch die Förderung einer Vereinbarkeit von Beruf und Privatleben sowie die Realisierung flexibler Arbeits(zeit)modelle.

rende Mechanismen korrespondieren mit den oben genannten Motivationsmustern und Forderungen der Generation Y. Deren tendenziell eher kurz- bis mittelfristige Perspektive mit Fokus auf inhaltlicher Entwicklung statt langfristiger formaler Karrierepfade kommt den Sozialunternehmen sehr entgegen, da diese langfristige Karrierepfade kaum anbieten können und/oder wollen und stattdessen eine möglichst systematische und individuell-dynamische inhaltliche Personalentwicklung anstreben. Der Stellenwert von Teamarbeit, Kollaboration und Zugehörigkeit kommt in Sozialunternehmen im weitgehenden Verzicht auf kontrollierende, wettbewerbs- und konkurrenzfördernde Mechanismen, der Organisationskultur, dem gegenseitigen Umgang und Arbeitsklima sowie schlussendlich den Bemühungen um offene Kommunikation, internen Austausch und gemeinsame Veranstaltungen zum Ausdruck. Und auch der transformative und charismatische Führungsstil der meisten Sozialunternehmer sowie ihre Rolle als authentisches Vorbild und Mentor entsprechen in weiten Teilen den oben genannten Erwartungen und Wünschen an Führungskräfte und Führungsverhalten.

II.8   Professionalisierung und ihre Grenzen

Die bisherigen Ausführungen zeigen, dass *privatwirtschaftliche Organisationen* allgemein einer Systematisierung, Strukturierung und Standardisierung des Personalmanagements und Performance Managements große Bedeutung beimessen: Dies soll zum einen die Effizienz (Prozessrationalisierung), zum anderen die Effektivität (hohe Motivation und Leistungsbereitschaft der Mitarbeiter) steigern. Hierbei werden sowohl monetäre als auch nicht-monetäre Instrumente eingesetzt. Insb. aber spielen umfassende Kontrollmechanismen und -instrumente eine entscheidende und bestimmende Rolle. Dies gilt nicht nur für *etablierte Organisationen*, sondern ebenfalls für *junge Wachstumsunternehmen* mit dem Anspruch, möglichst schnell ein ‚professionelles' Personalmanagement und Performance Management zu realisieren. Im Rahmen der allgemeinen Trends der ‚Kommerzialisierung von NPOs' und des ‚NPO Managements' werden im *Non-Profit-Sektor* ebenfalls vermehrt Prozessrationalisierungsbestrebungen vorangetrieben, indem strikte Personalführungs- und Managementinstrumente aus der Privatwirtschaft nach mehr oder weniger stark ausgeprägter Anpassung an die Spezifika von NPOs übernommen werden (bspw. Performance Management oder monetäre Anreizsysteme). Deren letztlicher Nutzen kann jedoch kritisch gesehen werden, und potenziell negative Auswirkungen (bspw. auf die Motivation der Mitarbeiter und die Organisationskultur) sind nicht auszuschließen.

Bei *Sozialunternehmen* findet demgegenüber in erster Linie eine ‚inhaltliche Professionalisierung' statt, indem ein unternehmerischer Ansatz verfolgt wird, welcher geprägt ist durch Innovation und Kreativität, Proaktivität und Risikobereitschaft sowie das Management einer Double-Bottom-Line (vgl. Kap. B.I.2.1). Ein möglichst professioneller und dabei ggf. an die Privatwirtschaft angelehnter Unternehmensführungsansatz ist zwar ebenfalls ein wichtiges Charakteristikum von Social Entrepreneurship (vgl. Kap. B.I.2.2). Jedoch wird bei aller Notwendigkeit selektiver Professionalisierung zum Abschluss der Ergebnisinterpretation festgestellt, dass eine ‚blinde' Übernahme erfolgversprechender standardisierter Instrumente und Prozessmechanismen aus der Privatwirtschaft insb. im Rahmen von Motivation im Führungskontext und der Gestaltung des Personalmanagements zu vermeiden ist. Vielmehr sollten diese, wenn berücksichtigt, mit Augenmaß auf den Kontext und die spezifischen Erfordernisse von Sozialunternehmen ausgerichtet sowie mit individuellen, dynamisch-flexiblen Elementen kombiniert werden (vgl. Kap. E.II., letzter Abschnitt). Wenn auch als Resultat ressourcenbezogener Restriktionen erfolgend, findet eine Kombination professionell-formalisierter sowie individueller, dynamisch-flexibler Organisationsstrukturen und -prozesse zumeist sehr bewusst und aus inhaltlichen Motiven statt.

Die zuvor dargestellten Einstellungen der Generation Y, welche der inhaltlichen und dabei insb. der gesellschaftlichen Ausrichtung der Organisationen einen großen Wert beimessen und dabei flexibel-organische Organisationsstrukturen und -prozesse, flache Hierarchien, flexible Arbeits-(zeit)modelle sowie möglichst wenig Kontrolle bei regelmäßigem Feedback einfordern, scheinen das mittel- bis langfristige Erfolgspotenzial dieser Vorgehensweise zu bestätigen. Auch die Erkenntnisse hinsichtlich der Angemessenheit und Zweckmäßigkeit der Bevorzugung eines mündigen Menschenbildes sowie die hieraus folgenden führungs- und motivationsrelevanten Implikationen (weniger Kontrolle, mehr Autonomie und Vertrauen) lassen den oben beschriebenen Ansatz vielversprechend erscheinen (vgl. Kap. F.II.2/F.II.4).

Gestützt wird diese Einschätzung durch die Tatsache, dass auch im privatwirtschaftlichen Kontext der früher zumeist dominierende und potenziell einseitige Fokus auf zentrale Steuerung und Kontrolle, monetäre Entlohnung und Anreizsysteme sowie (formale) Karriereplanung sukzessive verschwindet und Themen wie individuelle inhaltliche Entwicklung und Weiterbildung, Autonomie und flexible Arbeits(zeit)modelle, regelmäßiges Feedback oder Vereinbarkeit von Beruf und Privatleben/Work-Life Balance eine zunehmende Aufmerksamkeit erfahren und, wenn auch unterschiedlich konsequent, im Allgemeinen verstärkt umgesetzt werden.[842] Des Weiteren gibt es vermehrt anwendungsbezogene wissenschaftliche Untersuchungen, welche den allgemeinen Nutzen dieser Instrumente untersuchen und in der Tendenz bestätigen.[843]

---

[842] Vgl. Rump et al. (2012), S. 12f, 16.
[843] So analysiert bspw. eine großangelegte Metaanalyse 64 internationale wissenschaftliche Studien, welche den Zusammenhang zwischen der Implementierung von Work-Life-Balance-Instrumenten und betriebswirtschaftlichen Erfolgsgrößen untersuchen. Auch wenn die komplexen Wirkungszusammenhänge einen eindeutigen und direkten Einfluss nur schwer nachweisen lassen, kann ein positiver Einfluss auf Wahrnehmung und Einstellung der Mitarbeiter (bspw. Commitment) bestätigt sowie mittelbar auf Verhalten und letztlich Firmenerfolg zumindest stark vermutet werden. Zugleich wird jedoch auch auf eventuelle Gefahren (bspw. einseitige Förderung) sowie die Wichtigkeit einer auf Work-Life-Balance ausgerichteten und diese unterstützenden Unternehmenskultur hingewiesen. Vgl. Kaiser/Ringlstetter/Stolz (2009).

G. Fazit

Das Fazit bildet als abschließendes Kapitel dieser Forschungsarbeit eine inhaltliche Klammer: Zunächst werden die zentralen Ergebnisse nochmals zusammenfassend dargestellt und der wissenschaftliche Erkenntnisgewinn herausgearbeitet (Kap. G.I), bevor das Forschungsprojekt hinsichtlich der verfolgten Forschungsstrategie und -konzeption sowie des gewählten Forschungsplans kritisch gewürdigt (Kap. G.II) und schließlich ein Ausblick auf praxisorientierte Implikationen sowie zukünftige, vielversprechende Forschungsbedarfe gegeben wird (Kap. G.III).

I. Zusammenfassung der Forschungsarbeit

I.1 Darstellung der zentralen Ergebnisse

Gegenstand dieser Arbeit ist die Erörterung von Motivation im Führungskontext von Sozialunternehmen mit dem Ziel, *verständnisfördernde und praktisch relevante Zusammenhänge und Deutungsmuster* induktiv zu erarbeiten und diese in einem konzeptionellen Bezugsrahmen sowie zentralen übergeordneten Mustern und Erkenntnissen zu kodifizieren und zu verdichten.

Der *konzeptionelle Bezugsrahmen* gründet auf der deskriptiven Analyse mehrerer Sozialunternehmen und umfasst als Ergebnis eine Reihe normativer Aussagen und Gestaltungspostulate, welche pragmatisch-anwendungsbezogene Hinweise darauf geben, wie Motivation im Führungskontext von Sozialunternehmen effektiv gestaltet werden kann. Zentrale Handlungsfelder sind hierbei Mitarbeiter gewinnen, Mitarbeiter führen und entwickeln sowie Mitarbeiter halten. Während es im Rahmen der ‚Gewinnung von Mitarbeiter' gilt, einen grundsätzlich *gelegenheitsorientierten, persönlich-flexiblen Recruitingprozess* selektiv und behutsam zu professionalisieren und zu diversifizieren, bezeichnet ‚Mitarbeiter führen und entwickeln' eine Reihe differenzierter Module, welche eine effektive Mitarbeiterführung und -entwicklung gewährleisten. Dies sind zum einen die *Kontextmodule als führungsrelevante Einflussfaktoren*, welche die Basis für effektives Personalmanagement und Mitarbeitermotivation bilden und ein aktiv gelebtes und handlungsrelevantes Unternehmensleitbild, eine dominante Gründerpersönlichkeit bei gleichzeitig tragenden dezentralen Führungsstrukturen sowie eine dynamische Organisationskultur propagieren. Die *Ergänzungsmodule als erfolgskritische sozialunternehmensspezifische Einflussfaktoren* umfassen ein konsequentes Freiwilligenmanagement, aktive Stimulierung von und Raum für die organisationalen Verhaltensmuster (Innovation/Kreativität sowie Proaktivität/Risikobereitschaft) sowie eine interne Sichtbarmachung der gesellschaftlichen Wirkung. Im Mittelpunkt stehen jedoch die *Kernmodule in Form von Motivatoren und Anreizsystemen/-strukturen*: Hier liegt der Fokus auf der *Förderung autonomer Motivation* mittels Realisierung einer maximal möglichen Autonomie, handlungsleitenden Zielvereinbarungen, Gewährleistung von Anforderungsvielfalt und Kompetenzerleben durch einen systematisch-

219

dynamischen Personalentwicklungsprozess, Ganzheitlichkeit und Bedeutsamkeit durch effektive Kommunikation/Austauschformate sowie Zugehörigkeit durch persönlichen Umgang, adäquate Organisationskultur und (Teambildung-)Veranstaltungen. *Kontrollierte Motivation* wird demgegenüber kritisch gesehen und spielt hinsichtlich der Motivationswirkung nur eine untergeordnete Rolle: So werden ein kompetitives Gesamtpaket (Gehalt plus weitere Motivatoren wie bspw. intrinsische Motivation und sinnstiftender Aspekt der Tätigkeit, Organisationskultur, Vereinbarkeit von Familie und Beruf) sowie die Realisierung transparenter, stringenter Gehaltsgruppen und einer ebensolchen Gehaltsentwicklung zwar als grundsätzlich wichtig angesehen; extrinsische monetäre Anreize sind jedoch nur bei Erfüllung rigider Anforderungen hinsichtlich des Anreizsystems (Transparenz, Plausibilität sowie individuelle und interpersonelle Gerechtigkeit der Verteilungsmechanismen) als prinzipiell anwendbar einzuschätzen oder aber aufgrund erwarteter Wirkungslosigkeit oder negativer Wirkung gänzlich abzulehnen. Leistungsunabhängige, unerwartete, moderate und damit primär wertschätzende materielle Anreize sind wiederum positiver besetzt und als Anreizkomponente selektiv einsetzbar. Im Rahmen von ‚Mitarbeiter halten' liegt schlussendlich der Fokus auf einer *kurz- bis mittelfristigen Bindung* durch die Realisierung eines inhaltlichen Entwicklungsprozesses sowie die Rolle als Vermittler und Sprungbrett. Zukünftig ist zwar auch die Etablierung formaler Karrierepfade anzustreben, allerdings ist eine solche formal-langfristige Bindungsperspektive bis dato nur für wenige Mitarbeiter wirklich relevant.

Die aus der synoptischen Gesamtschau des konzeptionellen Bezugsrahmens herausgearbeiteten *zentralen, übergeordneten Muster und Erkenntnisse* sind im Gegensatz zu den zuvor dargestellten normativen Gestaltungspostulaten eher auf einer theoretischen Ebene zu verorten und legen den Fokus auf ausgewählte Kernaspekte und Deutungsmuster. Zum einen kann konstatiert werden, dass *Motivation im Führungskontext Relevanz für sämtliche mitarbeiterbezogenen und führungsrelevanten Bereiche und Prozesse* hat sowie eine *verstärkte Professionalisierung* (Systematisierungm, Strukturierung und Standardisierung) der Anreizsysteme anzustreben ist. Allerdings ist hierbei zu berücksichtigen, dass die *Anreizsysteme von Sozialunternehmen konsequent auf die Förderung autonomer Motivation auszurichten* sind (Primat und strategische Notwendigkeit des Personalmanagements) und demgegenüber *Anreizsysteme zur Förderung kontrollierter Motivation* – analog der korrespondierenden Gestaltungspostulate – *entweder umsichtig und abwägend* (Festgehalt als Komponente eines kompetitiven Gesamtpakets; leistungsunabhängige, unerwartete und moderate materielle, ggf. auch monetäre Anreize) *oder nicht/unter Vorbehalt* (leistungsabhängige extrinsische monetäre Anreizsysteme) umgesetzt werden sollten. Schlussendlich bleibt zu betonen, dass einer Professionalisierung im Sozialunternehmenskontext Grenzen gesetzt sind: In diesem Sinne wird es die zentrale Herausforderung für Effizienz und Effektivität des Personalmanagements von Sozialunternehmen sein, eine ‚intelligente' Kombination von behutsamer, *selektiver Professionalisierung* (Systematisierung und Standardisierung) bei *gleichzeitiger Dynamik/Flexibilität* der organisationalen Führungsprozesse und Anreizmechanismen sicherzustellen.

I.2   Wissenschaftlicher Erkenntnisgewinn

Zur Beurteilung des wissenschaftlichen Erkenntnisgewinns sollen zunächst die Forschungsergebnisse an den eingangs formulierten Forschungszielen und -fragen gemessen werden und
damit eine erste Einschätzung hinsichtlich ihrer Qualität erfolgen. Das *grundlegende Ziel* der Herausarbeitung verständnisfördernder und praktisch relevanter Zusammenhänge und Deutungsmuster erscheint angesichts der zuvor dargestellten Forschungsergebnisse *erreicht* zu sein: Die
theoretischen Grundlagen und Perspektiven (Teil B) bilden die Grundlage für die Ableitung
relevanter Themenkategorien (Teil C); diese wiederum bilden die Basis für die empirische Untersuchung mittels Fallanalysen, welche im Rahmen der deskriptiven Ergebnisdarstellung ein profundes Verständnis der Motivationsmuster und Anreizsysteme/-mechanismen schaffen (Teil D)
und die Erarbeitung des konzeptionellen Bezugsrahmens (Kap. E.I.) ermöglichen. Zugleich kann
auch eine *Beantwortung der Forschungsfragen* konstatiert werden: Während die deskriptive Ergebnisdarstellung der Fallanalysen (Teil D) die Frage beantwortet, wie Motivation im Führungskontext
von Sozialunternehmen konkret gestaltet wird, erlaubt der konzeptionelle Bezugsrahmen (Kap.
E.I.) die Formulierung von Leitlinien und Handlungsimplikationen (⇨ Gestaltungspostulate).
Die zentralen, übergeordneten Muster und Erkenntnisse (Kap. E.II.) illustrieren wiederum Stellenwert und Rolle von Mitarbeitermotivation im Kontext von Unternehmensführung und -erfolg.
Im Rahmen der Diskussion (Teil F) werden die Ergebnisse schließlich im Kontext relevanter
Motivationstheorien und Erkenntnisse angrenzender Forschungsfelder eingeordnet und bewertet.

Die weitgehend formale Feststellung des Erreichens der selbstgesteckten Ziele ist zwar eine
notwendige, jedoch keine hinreichende Bedingung für wissenschaftlichen Erkenntnisgewinn. Die
Abschätzung des effektiven wissenschaftlichen Erkenntnisgewinns der empirischen Forschungsergebnisse kann in diesem Sinne erst auf Basis einer *differenzierten inhaltlichen Analyse* bewerkstelligt
werden. Dies geschieht im Rahmen dieser Arbeit auf *zwei Ebenen*: Zum einen auf einer *rein auf den
Sozialunternehmenskontext beschränkten, pragmatischen Ebene* (,Was bedeuten die Forschungsergebnisse
konkret für die Praxis der Sozialunternehmen, und welchen Nutzen können sie stiften?', vgl.
Teile E/F.I.), zum anderen auf einer relevante angrenzende Forschungsfelder[844] einschließenden,
wissenschaftlich-theoretischen Ebene (,Was bedeuten die Forschungsergebnisse im Kontext existierender Erkenntnisse angrenzender Forschungsfelder und Sektoren, und welche Gemeinsamkeiten
oder spezifischen Unterschiede gibt es?', vgl. Teil F.II.).

So wird auf der einen Seite deutlich, dass die Gestaltungspostulate des konzeptionellen Bezugsrahmens sowie die zentralen, übergeordneten Muster und Erkenntnisse hinsichtlich Motivation
im Führungskontext von Sozialunternehmen in vielerlei Hinsicht den konkret verfolgten Ansät-

---

[844] Dies sind die Forschungsfelder, welche sich mit Motivation im Führungskontext und Personalmanagement im
Non-Profit-Sektor sowie der Privatwirtschaft beschäftigen, Letzteres mit einem Fokus auf junge/kleine wachs-
tumsorientierte Organisationen sowie (vereinzelt) wissensintensive Organisationen/,Professional Service Firms'.

zen der untersuchten Organisationen entsprechen: Dies ist nicht weiter verwunderlich, da die Ergebnisse schließlich auf der empirischen Analyse besagter Organisationen gründen und eine gewisse Übereinstimmung daher nur natürlich ist. Allerdings zeigt sich, dass die meisten der Gestaltungspostulate bis dato nur von jeweils wenigen und einige sogar von keinen der untersuchten Organisationen umgesetzt werden (vgl. Kap. F.I.). So muss zwar betont werden, dass die Gestaltungspostulate und deren positive Wirkung sowie Erfolgswirksamkeit keine Allgemeingültigkeit besitzen und eine Nichtumsetzung einzelner Gestaltungspostulate im konkreten Organisationskontext durchaus richtig und sinnvoll sein kann; nichtsdestotrotz erscheint angesichts der vorhandenen Diskrepanzen zwischen konzeptionellem Bezugsrahmen und organisationaler Wirklichkeit sowie der von Mitarbeiter- wie Geschäftsführungsseite vielfach geäußerten Verbesserungsbedarfe die Annahme berechtigt, dass die im Rahmen dieser Arbeit *gewonnenen Erkenntnisse* allgemein nützlich und gewinnbringend sein sowie zur *Verbesserung von Mitarbeitermotivation und Personalmanagement in Sozialunternehmen* beitragen können.

Wie zuvor erwähnt, ist es neben der rein auf den Sozialunternehmenskontext beschränkten Perspektive ebenso wichtig, die korrespondierenden Erkenntnisse und Tendenzen relevanter angrenzender Bereiche heranzuziehen und mit den Ergebnissen dieser Arbeit zu vergleichen. Angesichts der Tatsache, dass Sozialunternehmen gewissermaßen in der Schnittmenge von Non-Profit-Sektor und Privatwirtschaft einzuordnen sind, erscheint es nur einleuchtend, dass die Gestaltungspostulate des konzeptionellen Bezugsrahmens sowie die zentralen, übergeordneten Muster und Erkenntnisse diese ambivalente Position ebenfalls widerspiegeln: Die *Ergebnisse* erscheinen daher zunächst nicht prinzipiell als ‚revolutionär' anders, vielmehr sind *viele Elemente* des konzeptionellen Bezugsrahmens *auch im Non-Profit-Sektor, der Privatwirtschaft oder beiden grundsätzlich relevant*. Gleichwohl lässt der konkrete Umgang mit diesen Elementen, d.h. deren kritische Einschätzung und der darauf aufbauende Handlungs- und Umsetzungsfokus, *spezifische, fundamentale und erfolgskritische Besonderheiten des Sozialunternehmenskontextes* erkennen. Eine differenzierte, d.h. sektorspezifische Analyse von Motivation im Führungskontext erscheint daher trotz selektiver Gemeinsamkeiten angemessen und nutzbringend. Interessant sind dabei jedoch nicht nur die Unterschiede: Vielmehr hilft das Herausarbeiten und Beleuchten gemeinsamer Aspekte dabei, viele der im Rahmen dieser Arbeit gewonnenen Erkenntnisse zu validieren oder zu vertiefen.[845] Einige zentrale, die *spezifischen Besonderheiten des Sozialunternehmenskontextes charakterisierenden Aspekte* sollen im Folgenden nochmals zusammenfassend dargestellt werden.

So ist die *Professionalisierung des Personalmanagements* ein Thema, welches grundsätzlich in allen betrachteten Sektoren von hoher Relevanz ist. Im privatwirtschaftlichen Kontext existiert mit dem strategischen Personalmanagement eine vergleichsweise differenzierte und stringente Herange-

---

[845] Beispiele hierfür sind die ähnlichen Gelingensvoraussetzungen von Kreativität im wissenschaftlich-privatwirtschaftlichen Kontext (vgl. Kap. F.II.6) oder weitgehend übereinstimmende Leitlinien eines Freiwilligenmanagements im allgemein gesellschaftlichen und NPO-Kontext (vgl. Kap. F.II.5).

hensweise, und auch im Non-Profit-Sektor finden erste theoretische Entwicklungen hin zu einem strategischen oder wertorientierten Personalmanagement statt: Beide Entwicklungen zeigen, dass Personalmanagement als eine zunehmend wichtige, strategische und damit erfolgskritische und führungsrelevante Aufgabe wahrgenommen wird. Sozialunternehmen stehen hierbei noch am Anfang. Denn auch wenn die Mitarbeiterorientierung tendenziell stark ausgeprägt ist, fehlt zumeist ein im Führungskontext verankerter, stringenter Gesamtansatz: Es lohnt daher der Blick ‚über den Tellerrand'. Als wenig sinnvoll und kritisch ist im Sozialunternehmenskontext jedoch der in Privatwirtschaft und Non-Profit-Sektor bedeutsame Fokus auf Kontrollmechanismen einzuschätzen. Dies gilt insb. für die Handlungs- und Ergebniskontrolle im Rahmen des Performance Managements. In Sozialunternehmen liegt der Fokus vielmehr auf der tendenziell ermächtigenden und ‚mittelbaren' Personalkontrolle[846], während Handlungs- und Ergebniskontrollmechanismen (bspw. Leistungsbewertungen und damit verknüpfte Sanktionen oder Belohnungen) zumeist gänzlich fehlen.

Ohnehin ist das *sinnvolle Ausmaß von Professionalisierung des Personalmanagements im Sozialunternehmenskontext* als *begrenzt* anzusehen. In der Privatwirtschaft hat die Professionalisierung neben Effektivität (hohe Motivation und Leistungsbereitschaft der Mitarbeiter) vor allem auch Effizienz (im Sinne von Standardisierung und Prozessrationalisierung) zum Ziel, und Letzteres ist spätestens seit der zunehmenden Kommerzialisierung und Entwicklung hin zum NPO Management auch im Non-Profit-Sektor ansässig. Sozialunternehmen hingegen sind bestrebt, potenziell vielversprechende, standardisierte Personalinstrumente sorgfältig an den spezifischen Kontext und die daraus entstehenden Anforderungen und Erfordernisse anzupassen und diese mit dynamischflexiblen Elementen zu kombinieren. Hintergrund ist die Sorge, im Falle einer zu stark ausgeprägten Systematisierung und Standardisierung sowie einseitigen Effizienzbestrebungen eine dauerhafte Schädigung der wichtigen spezifischen Organisationskultur zu riskieren und den individuellen Motivationsmustern der einzelnen Mitarbeiter nicht gerecht zu werden.

Während Sozialunternehmen also im Rahmen der Professionalisierung des Personalmanagements von der Privatwirtschaft (und eingeschränkt dem Non-Profit-Sektor) zumindest selektiv lernen können, gilt dies mindestens ebenso in umgekehrter Richtung hinsichtlich der kritischen Reflexion und behutsamen Umsetzung von strukturierenden, standardisierenden Effizienzbestrebungen sowie von Kontrollmechanismen und -instrumenten (vgl. Kap. F.II.8): Die Identifizierung und Berücksichtigung von deren positiven wie negativen Auswirkungen auf die maßgebliche Effektivität des Personalmanagements und der Mut, im Zweifel konsequent eigene Wege jenseits des ‚Mainstreams' zu gehen und Experimente zu wagen, sind sicherlich auch im privatwirtschaftlichen (insb. im Falle junger Wachstumsunternehmen) sowie im Non-Profit-Kontext als lohnende und nutzbringende Gestaltungsansätze anzusehen. Dies korrespondiert mit Untersuchungen,

---

[846] Bspw. mittels einer dominanten gesellschaftlichen Mission mit interner Orientierungs- und Motivationsfunktion sowie klarem Handlungsbezug und ableitbaren Handlungsimplikationen.

welche auf Basis umfassender Fallanalysen dafür plädieren, allgemein anerkannte und vermeintlich erfolgversprechende Führungsmuster (insb. das Primat von Steuerung, Kontrolle und Standardisierung sowie den einseitigen Fokus auf Rationalität und kurzfristigen Erfolg) kritisch zu hinterfragen und zum ‚Musterbrecher'[847] zu werden.[848] Musterbruch meint hier jedoch explizit nicht, die zuvor genannten Führungsmuster gänzlich zu negieren, sondern vielmehr, diese und ihre radikalen Gegenentwürfe durch bewusstes Zulassen von Paradoxien und Ambivalenz intelligent zu kombinieren.[849] Ein solcher qualitativer Musterbruch gelingt letztlich nur auf Basis kritischer Reflexion, dem Mut zum Experimentieren sowie echter, tragfähiger Beziehungen.[850] All dies macht nochmals deutlich, dass die für Sozialunternehmen postulierten Gestaltungsmuster hinsichtlich Motivation, Führung und Personalmanagement auch für das privatwirtschaftliche Umfeld von hoher Relevanz und großem Nutzen sein können.

Die grundlegende Skepsis gegenüber einer an der privatwirtschaftlichen Praxis strikt angelehnten Systematisierung und Standardisierung kommt in besonderer Weise im Kontext der *Anreizsysteme* zum Ausdruck. So sind leistungsabhängige monetäre Anreize und Entlohnungssysteme in privatwirtschaftlichen Organisationen zumeist ein selbstverständlicher und wichtiger Aspekt des Personalmanagements. Dies liegt zum einen daran, dass diese auf vergleichsweise ‚objektiven' Kriterien und Mechanismen zu basieren scheinen (was auch die Umsetzung zunächst zu vereinfachen scheint), sie auf spezifische Handlungen und Ergebnisse angewandt werden können und in diesem Sinne eine fokussierte, kurz- bis mittelfristige Steuerung und Kontrolle ermöglichen. Zum anderen nehmen Mitarbeiter, wie zuvor schon beschrieben, in der Tendenz externe Regulationsmechanismen als positiv motivierend wahr, und ihre intrinsische Motivation gründet eher auf tätigkeitsbezogenen oder externen Faktoren, weshalb ein Korrumpierungseffekt daher als weniger kritisch angesehen werden kann. Im Sozialunternehmenskontext – und analog im Non-Profit-Sektor – steht hingegen ein nachhaltiges und vor allem eigenständiges, auf die gesellschaftliche Mission sowie die Werte und Kultur der Organisation bezogenes Handeln der Mitarbeiter im Vordergrund. Die intrinsische Motivation der Mitarbeiter speist sich dabei in nicht unbeträchtlichem Maße aus ebendiesen Faktoren, und es herrscht eine weitgehende Inkongruenz zwischen diesen Motivationsmustern der Mitarbeiter einerseits und externen, leistungsabhängigen monetären Anreizmechanismen andererseits: Ein generell höheres negatives Wirkungspotenzial leistungsabhängiger monetärer Anreize erscheint daher sehr wahrscheinlich.[851] Aus diesem Grund

---

847 Musterbrecher® ist eine registrierte Wortmarke (Markeninhaber: Kaduk, S.; Osmetz, D.; Wüthrich, H.A.).
848 Vgl. Wüthrich/Osmetz/Kaduk (2007b), S. 35ff; Wüthrich/Osmetz/Kaduk (2009), S. 14-36.
849 Vgl. Wüthrich/Osmetz/Kaduk (2009), S. 37-149; Wüthrich/Osmetz/Philipp (2004), S. 10.
850 Vgl. Wüthrich/Osmetz/Kaduk (2009), S. 150-253; Wüthrich/Osmetz/Kaduk (2007a), S. 318; Wüthrich/Osmetz/Kaduk (2007b), S. 38f.
851 Dieses äußert sich in einer als Korrumpierungseffekt bezeichneten Minderung der intrinsischen Motivation, d.h. einer als negativ eingeschätzten Verschiebung von einer autonomen, eigenverantwortlichen und langfristigen Handlungsperspektive der Mitarbeiter (durch ‚interne' Motivatoren wie Mission, Werte, Kultur, Autonomie, Kompetenz oder Zugehörigkeit), hin zu einer auf externe Faktoren bzw. Kontrolle (bspw. leistungsabhängige, monetäre Belohnungen oder Sanktionen) ausgerichtete, kurz- bis mittelfristige Handlungsperspektive.

werden auf die kontrollierte Motivation abzielende, extrinsische Anreize schlicht abgelehnt oder sehr kritisch gesehen und strikte Anforderungen an ein solches potenzielles Anreizsystem gestellt. Demgegenüber werden die autonome Motivation fördernde, nicht-monetäre Anreizmechanismen in den Vordergrund gestellt. Auch wenn diese in privatwirtschaftlichen Organisationen ebenfalls existent sind und als zunehmend wichtiger eingeschätzt werden, sind sie in der Realität gegenwärtig im besten Falle als den monetären Anreizen gleichwertig einzuschätzen, eben nicht zuletzt deshalb, weil monetäre Anreizsysteme – ungeachtet ihrer letztlichen Wirksamkeit – als vergleichsweise einfach und schnell umsetzbar erscheinen und ein Gefühl von Kontrolle und Steuerbarkeit vermitteln. Es findet jedoch zumeist keine differenzierte Analyse der Auswirkungen statt, und insb. intra- sowie interpersonelle Gerechtigkeitsaspekte werden kaum beachtet. Es erscheint daher ratsam, dass privatwirtschaftliche Organisationen diese Aspekte und die daraus resultierenden Anforderungen (Transparenz, Plausibilität und Gerechtigkeit) stärker in den Blick nehmen und bei der Ausgestaltung monetärer Anreizsysteme berücksichtigen.

Zwar sei auch an dieser Stelle nochmals darauf hingewiesen, dass die Entscheidung für oder gegen einen der beiden Gestaltungsansätze – Förderung der autonomen vs. kontrollierten Motivation – keine zwingend dogmatische Angelegenheit ist. Vielmehr kommt es zunächst vor allem darauf an, diejenigen Anreizmechanismen und -systeme zu etablieren, welche hinsichtlich ihrer Auswirkungen mit der von der jeweiligen Organisation gewünschten und angestrebten Handlungsausrichtung der Mitarbeiter sowie mit deren individuellen Motivationsmustern korrespondieren. Gleichwohl offenbaren die begründete *Perspektive eines mündigen Menschenbildes* allgemein sowie die *generationsspezifische Analyse von Motivationsmustern* insb. der Generation Y im Besonderen, dass ein auf die Förderung autonomer Motivation fokussierter Führungs- und Personalmanagement-Ansatz, die im Rahmen dieser Arbeit für Sozialunternehmen formulierten Gestaltungspostulate[852] und das Konzept Social Entrepreneurship geeignet sind, die erfolgskritische Herausforderung der Mitarbeiterrekrutierung und -bindung gegenwärtig und zukünftig zu meistern (vgl. Kap. F.II.7/F.II.8).

Schließlich besteht der im Rahmen dieser Arbeit realisierte wissenschaftliche Erkenntnisbeitrag und -gewinn nicht ausschließlich in der Herausarbeitung verständnisfördernder und praktisch relevanter Zusammenhänge und Deutungsmuster hinsichtlich Motivation im Führungskontext von Sozialunternehmen. Vielmehr liefert die *Erörterung von insb. Social Entrepreneurship ebenfalls einen wissenschaftlichen Erkenntnisbeitrag* (vgl. Kap. B.I.), indem eine differenzierte Konzeptualisierung von Social Entrepreneurship realisiert wird, welche eine inhaltlich präzise und zugleich mehrdimensionale Charakterisierung des Konzeptes als auch dessen Abgrenzung zu Privatwirtschaft und Non-Profit-Sektor ermöglicht.

---

[852] U.a. hohe Handlungswirksamkeit im Kontext der Mission (Beitrag zur Gesellschaft), hohes Maß an Abwechslung/Dynamik, höchstmögliche Autonomie, weitgehender Verzicht auf kontrollierende Mechanismen, kurz- bis mittelfristige Entwicklungsperspektive, Wichtigkeit von Teamarbeit, Kollaboration und Zugehörigkeit.

II. Kritische Würdigung

Zunächst einmal ist zu erwähnen, dass die vorliegende Arbeit durch die stark praxisorientierte Problemstellung primär der *angewandten Wissenschaft oder Anwendungsforschung* (im Gegensatz zur theoretischen Wissenschaft) zuzuordnen ist. So wird, aufbauend auf den vorhandenen theoretischen wie anwendungsbezogenen Erkenntnissen in den Bereichen Social Entrepreneurship und Arbeitsmotivation, eine Exploration von Erfahrungswissen und subjektiven Sichtweisen im konkreten Organisationskontext angestrebt. Dies soll zum einen die Ableitung von Handlungsimplikationen in Form pragmatischer Gestaltungspostulate ermöglichen sowie zum anderen Anstöße und Impulse zu weiterführender Anwendungsforschung geben.

Die Spezifizierung des *Forschungsplans* kann hierbei rückblickend als adäquat eingeschätzt werden. Der gewählte qualitative Forschungsansatz erscheint insofern angemessen, als Motivation im Führungskontext von Sozialunternehmen bisher noch nicht umfassend untersucht wurde und daher weniger das Erklären als vielmehr das Verstehen relevanter Zusammenhänge im Vordergrund steht. In diesem Sinne wird ein Vorgehen gewählt, welches durch inhaltliche Offenheit und Exploration gekennzeichnet ist und – zwecks Generierung eines gegenstandsbegründeten Verständnisses – eine auf subjektives, situationsbezogenes Erfahrungswissen gründende, induktive und idiographische Erkenntnisgewinnung anstrebt: Während ein qualitativer Forschungsansatz hierfür bestens geeignet ist, ist ein erklärender, deduktiv-nomothetisch ausgerichteter quantitativer Forschungsansatz vorerst als wenig nutzbringend zu verwerfen (vgl. auch Kap. A.III.).

Bei aller notwendigen inhaltlichen Offenheit und Exploration hat es sich gleichwohl als äußerst nützlich erwiesen, einen *theoriegeleiteten qualitativen Ansatz* zu verfolgen: das thematische Codieren stellt eine Kombination aus deduktivem und induktivem Vorgehen dar, indem zu Anfang initiale Themenkategorien basierend auf den theoretischen Grundlagen und Perspektiven deduktiv erarbeitet werden, um diese im zweiten Schritt dann induktiv im Rahmen der Einzelfall- und fallübergreifenden Analysen aus dem empirischen Datenmaterial heraus zu präzisieren, verfeinern und zu ergänzen (vgl. Kap. C.II.3.3). Auf diese Weise wird neben der Gewährleistung einer umfassenden Offenheit gegenüber kontrastierenden oder divergierenden Sichtweisen sichergestellt, dass vorhandene relevante Erkenntnisse aus der Social Entrepreneurship- und Arbeitsmotivationsforschung im Rahmen der empirischen Untersuchung (Datenerhebung/-analyse sowie Ergebnisdarstellung/-interpretation) berücksichtigt werden und diese damit den Forschungsprozess strukturieren und fokussieren. Gerade angesichts der Vielfalt und des Umfangs relevanter theoretischer Modelle und Erkenntnisse im Social Entrepreneurship- sowie Arbeitsmotivationskontext erscheint ein solches Vorgehen im Rahmen dieser Arbeit als sehr sinnvoll. Neben dieser für die Spezifizierung der Empirie wichtigen Aufgabe (ex ante) spielen die theoretischen Grundlagen und Perspektiven, gemeinsam mit den Erkenntnissen aus angrenzenden Forschungsfeldern, weiterhin im Rahmen der Diskussion bei der Einordnung und Bewertung der empirischen Ergebnisse eine zentrale Rolle (ex post). Weiterhin stellt der konzeptionelle Bezugsrahmen für Social Entrepreneurship – wie schon zuvor bemerkt – selbst einen Teil des wissenschaftlichen Erkenntnisbeitrags dieser Arbeit dar (vgl. Ende Kap. G.I.2).

Bei allen genannten Stärken und Vorzügen sind jedoch auch einige *Limitationen des gewählten Forschungsplans* zu verzeichnen. So ist die *Untersuchung auf den deutsch-schweizer Kulturraum beschränkt*, was die Gültigkeit und Reichweite der Ergebnisse streng genommen ebenfalls auf diesen Kontext eingrenzt: Zwar kann vermutet werden, dass viele der Erkenntnisse zumindest prinzipiell auch in anderen Kulturräumen Gültigkeit besitzen, eine gesicherte Einschätzung insb. hinsichtlich der jeweiligen Gewichtungen und Schwerpunkte kann und soll auf Basis dieser Arbeit jedoch nicht angestrebt werden. Weiterhin ist grundsätzlich darauf hinzuweisen, dass die Ergebnisse aufgrund des qualitativen Forschungsansatzes in Form einer multiplen Fallanalyse letztlich *keine statistische Signifikanz und repräsentative Allgemeingültigkeit* besitzen. Gleichzeitig kann und soll *keine inhaltliche Vollständigkeit der Ergebnisse* im Sinne einer erschöpfenden Darstellung aller potenziell möglichen und relevanten Themenkategorien oder Gestaltungspostulate geleistet werden. Vielmehr werden durch die Offenheit des qualitativen Ansatzes im Allgemeinen und die Nutzung von problemzentrierten Leitfadeninterviews als Erhebungsmethode (vgl. auch Kap. C.II.3.1) im Besonderen den subjektiven Sichtweisen und individuell relevanten Themenkategorien viel Raum gegeben. Letztlich sind es diese subjekt- und einzelfallbezogenen Akzente und Prioritäten – und nicht die theoriegeleitet erarbeiteten, vorläufigen Themenkategorien –, welche für die Erkenntnisschwerpunkte dieser Arbeit maßgeblich sind. Schließlich bietet das gewählte Fallanalyseformat der Momentaufnahme nur eingeschränkte Möglichkeiten, die Dynamik von Prozessen und Veränderungen über Zeit adäquat zu analysieren.

Weitere Einschränkungen betreffen die *Auswahl der konkreten Untersuchungsgruppen*, welche wiederum direkte Auswirkungen auf die konkret-inhaltliche Beschaffenheit der empirischen Daten hat. So ist die Auswahl der Untersuchungsgruppen vorab auf zwei bzw. drei organisationale Ausprägungsformen des Sozialunternehmen-Spektrums (vgl. Kap. B.I.2.3) beschränkt, welche zwar den Kern und damit den charakteristischsten Teil, jedoch nicht das gesamte Spektrum abbilden (vgl. auch Kap. C.II.2). Weiterhin konzentriert sich die empirische Untersuchung auf weitgehend erfolgreiche und intakte Organisationen, bei denen neben den zuvor erwähnten positiven Aspekten auch die Möglichkeit besteht, dass gewisse Problematiken, Schwierigkeiten und Gefahren schlicht noch nicht in den Vordergrund getreten sind und daher in den Interviews nicht zur Sprache kommen. Eine ähnliche Gefahr der Einseitigkeit beinhaltet der Fokus auf gegenwärtiges Stammpersonal, welches natürlicherweise ‚nur' die interne Perspektive schildern kann. Zusätzlich zum Fokus auf das Stammpersonal der Organisationen werden primär Mitarbeiter befragt, welche entweder der Geschäftsleitung angehören oder aber mit inhaltlicher Projektarbeit betraut sind[853], während demgegenüber Mitarbeiter und Tätigkeitsfelder, welche in nachgelagerten Organisationseinheiten/-ebenen[854] tätig sind oder Bestandsgeschäft ‚verwalten‘[855], nicht im Fokus dieser Untersuchung stehen und deren spezifische, ggf. abweichende Motivationsmuster daher nur partiell zur Sprache kommen.

Bei allen vorhandenen Limitationen sollen jedoch abschließend die *positiven Aspekte der Arbeit* nochmals hervorgehoben werden: So sei bezüglich der zuvor erwähnten Einschränkungen des Forschungsansatzes (grundsätzliches Fehlen von statistischer Signifikanz, repräsentativer Allgemeingültigkeit und inhaltlicher Vollständigkeit) darauf verwiesen, dass die in dieser Arbeit untersuchten Sozialunternehmen trotz der nach statistischen Maßstäben geringen, nicht signifikanten Fallzahl dennoch einen nicht unbeträchtlichen Ausschnitt der in Deutschland/Schweiz tätigen Sozialunternehmen und einen Großteil der als relevant einzuschätzenden Organisationen darstellen.[856] Ohnehin kommt eine multiple Fallanalyse mit vergleichsweise hoher Fallzahl zum Einsatz, welche eine große Vielfalt verschiedener, sich ergänzender Sichtweisen in unterschiedlichen Settings beinhaltet sowie fallübergreifende Vergleiche ermöglicht. Auch auf der konkretinhaltlichen Ebene besteht – angesichts der Vielfältigkeit der angesprochenen Aspekte, des hohen Grades an kritischer Reflexion sowie der Tatsache, dass in den Gesprächen nicht nur der existierende Status Quo sondern ebenfalls als wünschenswert angesehene ‚Zielbilder‘ diskutiert wurden – die begründete Annahme, dass auf Basis der durchgeführten Interviews kein einseitiges und bruchstückhaftes, sondern ein umfangreiches und mehrdimensionales Bild von Motivation im Führungskontext von Sozialunternehmen gezeichnet wird. All dies mündet in einer *gesteigerten Robustheit*, einem *hohen theoretischen Verallgemeinerungspotenzial* sowie schlussendlich einem *hohen theoretischen Saturierungsgrad der Ergebnisse.*

III. Ausblick

Ziel einer jeden Forschungsarbeit ist *wissenschaftlicher Erkenntnisgewinn*. Dieser bemisst sich zunächst am *Beantwortungsgrad der Forschungsfragen* sowie – insb. im Kontext der Anwendungsforschung – an der Substanz und Güte des Erklärungsbeitrags und der Orientierungshilfen für die Lösung des untersuchten praktischen Problems (vgl. Kap. G.I.2). Mindestens ebenso wichtig ist allerdings, inwieweit die Ergebnisse und Erkenntnisse der Arbeit einen *Impuls für weitere Forschung*

---

[853]   Diese zahlen zumeist direkt auf die Mission ein, dienen in diesem Sinne der Geschäftsentwicklung und beinhalten eine gewisse Dynamik; zumeist sind diese Mitarbeiter darüber hinaus überdurchschnittlich qualifiziert.

[854]   Bspw. Verwaltung/Buchhaltung, Hausmeistertätigkeiten oder Franchisenehmer bei Social Franchising.

[855]   Bspw. Betreuung von dauerhaften Ausstellungen.

[856]   Dieser Feststellung liegt die Annahme zu Grunde, dass im Rahmen dieser Arbeit angesichts einer angestrebten hohen Validität der Ergebnisse insb. seit einiger Zeit am Markt befindliche, erfolgreiche Sozialunternehmen mit ggf. ausgeprägten Organisationsstrukturen als relevant und von Nutzen eingeschätzt werden. Solche Sozialunternehmen sind wiederum vornehmlich in den Netzwerken von Ashoka und Schwab Foundation akkreditiert. Die im Rahmen dieser Arbeit untersuchten Sozialunternehmen repräsentieren 71% der sowohl von Ashoka als auch von der Schwab Foundation akkreditierten Organisationen (Grundgesamtheit sind die in Deutschland/Schweiz von beiden Organisationen zugleich akkreditierten Organisationen, Stand Dezember 2011).

geben und damit die Grundlage für zukünftige Erkenntnisgewinne legen. In diesem Sinne können und sollen fundierte, theoriegeleitet und empirisch erarbeitete weiterführende Fragestellungen an die Realität ebenfalls als Teil wissenschaftlichen Erkenntnisgewinns bezeichnet werden.

Die Ergebnisse dieser Arbeit sind trotz vergleichsweise großer Robustheit mit hohem theoretischen Verallgemeinerungspotenzial und Saturierungsgrad letztlich als *vorläufig und hypothetisch* zu
verstehen (vgl. auch Kap. G.II.). Sie stellen daher neben ihrem konkret-pragmatischen, anwendungsbezogenen Nutzen in vorgenanntem Sinne zuallererst auch theoretisch und empirisch
fundierte Fragestellungen dar, welche in der Folge überprüft und validiert werden müssen. Konkret heißt dies, dass die Ergebnisse auf einem qualitativen Forschungsansatz beruhen und daher
im nächsten Schritt einer *quantitativ-empirischen Überprüfung* bedürfen[857], um statistische Signifikanz
und repräsentative Allgemeingültigkeit zu erlangen.

Neben einer quantitativen, statistischen Überprüfung gibt es jedoch auch *weitere potenzielle Ansatz-*
punkte zukünftiger Forschungsanstrengungen, welche angesichts der zuvor genannten Limitationen als
vielversprechend und erkenntnisfördernd beurteilt werden können: Zum einen ist dies die Ausweitung des geographischen Radius über Deutschland/Schweiz hinaus, um eventuelle kulturelle
Unterschiede und Eigenarten differenziert zu ergründen. Weiterhin erscheint eine grundsätzliche
Ausweitung der potenziellen Untersuchungsgruppen auf weitere organisationale Ausprägungsformen innerhalb des Sozialunternehmen-Spektrums als lohnend, um die Vielfalt erhöhen und
die Sozialunternehmenswirklichkeit umfassender abbilden zu können. Im Rahmen dieser Arbeit
wurde überdies deutlich, dass Motivation im Führungskontext einen dynamischen Prozess darstellt, welcher mit der Organisationsentwicklung korrespondiert und interagiert und dabei über
die Zeit zunehmend an Relevanz und Wichtigkeit gewinnt. Aus diesem Grund erscheint es sinnvoll, mittels einer mittel- bis langfristig angelegten Longitudinal- oder Längsschnittstudie diesen
Prozess im Verlauf adäquat zu analysieren; im Gegensatz zur quantitativ-statistischen Überprüfungsstrategie auf Basis großer Fallzahlen zielt dieser Ansatz auf tiefergehende Analysen ausge-
wählter Fälle. Überhaupt erscheint eine Fokussierung auf wenige Fälle (Einzel- oder multiple
Fallanalysen mit geringer Fallzahl) perspektivisch durchaus als probates Mittel, ein breiteres und
tiefergehendes Verständnis von Motivation im Führungskontext von Sozialunternehmen zu
gewinnen. Dies gilt insb. dann, wenn eine Ausweitung der Methoden zur Datenerhebung auf
bspw. Gruppenverfahren oder (teilnehmende) Beobachtung angestrebt oder eine Ausweitung der
Untersuchungsgruppen auf das gesamte Stammpersonal sowie darüber hinaus realisiert werden
soll.[858] Der gegenwärtige Fokus auf erfolgreiche und intakte Organisationen und die damit ver-

---

[857] Geschehen kann dies bspw. mit einer Überprüfungsstrategie mittels Fragebogen, welche die Validität der gewonnenen Erkenntnisse auf Basis einer möglichst breiten Grundgesamtheit an Sozialunternehmen prüft.
[858] Dies meint grundsätzlich eine höhere Anzahl an in die Untersuchung einbezogenen Subjekten je Organisation.
Konkret kann dies – neben den im Rahmen dieser Arbeit hauptsächlich befragten Führungskräften und Projekt-
leiter/-mitarbeiter – sowohl Mitarbeiter in nachgelagerten Organisationseinheiten (bspw. Verwal-
tung/Buchhaltung oder Hausmeistertätigkeiten) und nachgelagerten Organisationsebenen (bspw. Franchise-

bundenen, tendenziell zu positiven Perspektiven lassen sich schließlich überwinden, indem – wenn zugangstechnisch möglich – gescheiterte und in einem kritischen Zustand befindliche Organisationen analysiert oder auch Ehemalige einer Organisation speziell hinsichtlich der ggf. motivationsbedingten Gründe für ihren Ausstieg befragt werden.

All diese Ansätze beschränken sich letztlich auf eine *Anpassung, Veränderung oder Erweiterung des Forschungsplans und der enthaltenen Forschungsmethoden*: Dies leistet zwar eine Beleuchtung, Überprüfung und partielle Erweiterung der bereits gewonnenen Erkenntnisse aus anderen Perspektiven und Blickwinkeln, realisiert jedoch nur selten eine substanzielle Erweiterung der vorhandenen oder eine Gewinnung neuer Erkenntnisse. Für Letzteres ist eine reine Anpassung des Forschungsplans oder der Forschungsmethodik nicht ausreichend, vielmehr sind hierzu *kritisch reflektierende und zugleich weiterführende, inhaltliche Fragestellungen* notwendig, die den zukünftigen Forschungsprozess leiten. Im Folgenden soll entlang übergeordneter Kategorien eine Auswahl ebensolcher Fragestellungen skizziert werden, welche sich im Lichte der Ergebnisse dieser Arbeit als wichtig und relevant herausgestellt haben, dabei jedoch noch nicht erschöpfend beantwortet werden konnten und daher einer vertiefenden fokussierten Untersuchung bedürfen.

Mitarbeiter gewinnen

- Ist ein gelegenheitsorientierter, persönlich-flexibler *Recruitingansatz* mittel-/langfristig ausreichend, auch wenn der gegenwärtige Social Entrepreneurship-‚Hype' nachlassen sollte?

- Welche über die Erkenntnisse dieser Arbeit hinausgehenden *Professionalisierungs- und Diversifizierungsmöglichkeiten* bei Identifizierung und Ansprache potenzieller Mitarbeiter können als sinnvoll und nutzbringend eingeschätzt werden, und wie sind diese konkret umzusetzen?

- Wie müssen *Gehaltsstruktur bzw. kompetitives Gesamtpaket* und deren Kommunikation konkret gestaltet werden, um eine möglichst große bzw. geeignete, qualitativ hochwertige Bandbreite an potenziellen Mitarbeitern anzusprechen?

Mitarbeiter führen, entwickeln und halten

- Wie kann die gesunde Entwicklung von einer *starken Dominanz des Gründers hin zu tragfähigen dezentralen Führungsstrukturen* bewerkstelligt werden?
  - o Welcher Zeitpunkt/Zeitplan ist der richtige, um die Entwicklung zu initiieren/voranzutreiben? Gibt es einen objektiv richtigen Zeitpunkt/Zeitplan? Was sind die Vorteile, was die Nachteile?
  - o Wie geht man mit eventuellen *Ungleichzeitigkeiten und Ineffizienzen in dezentralen Organisationsstrukturen* um? Wie kann zwischen verschiedenen Organisationsebenen und -bereichen

---

nehmer bei Social Franchising, freie Mitarbeiter, Ehrenamtliche) als auch das routinelastige Bestandsgeschäft betreuende Mitarbeiter (bspw. Betreuung von dauerhaften Ausstellungen) umfassen.

effektiv vermittelt und ein organisationsweites Zusammengehörigkeitsgefühl realisiert werden, bei gleichzeitiger Gewährleistung effizienter Organisationsabläufe?

- Wie kann und sollte ein standardisiert-formalisierter und zugleich individuell-flexibler *Personalentwicklungsprozess* im Detail ausgestaltet werden?

- Ist es möglich, ein *leistungsabhängiges (monetäres) Anreizsystem* zu etablieren, welches keine bzw. kaum negative Wirkungspotenziale auf Motivation, Leistung und Organisationskultur aufweist? Wenn ja: Wie muss dieses im Detail aussehen und ausgestaltet werden?

- Wie kann ein effektives, umfassendes *Freiwilligenmanagement* charakterisiert werden?

- Wie kann die *gesellschaftliche Wirkung* für die Mitarbeiter effektiv sichtbar und für Motivations- und Steuerungszwecke nutzbar gemacht werden? Welche Ansätze oder Konzepte sind hierfür geeignet und mit vertretbarem Aufwand implementierbar?

Motivation im Führungskontext als übergreifende, zentrale Führungsaufgabe

- Erscheint ein ausdifferenziertes, möglichst standardisiertes *‚Umsetzungskonzept' für effektives Personalmanagement* entlang des Lebenszyklus von Sozialunternehmen als realistisch und sinnvoll? Wenn ja: Wie kann ein solches charakterisiert werden? Welche Schwerpunkte sollten in welchem Entwicklungsstadium gesetzt werden?

- Wie kann die *Rolle der Organisation* und der zentral gesteuerten Prozesse und Mechanismen charakterisiert werden (im Spannungsfeld von aktiv vs. passiv; ermächtigend vs. kontrollierend; zentral vs. dezentral; Individualität vs. Kollektiv, etc.)? Wann wird ggf. welche Rollenausprägung verlangt? Wie korrespondiert dies mit den persönlichen Eigenschaften und Arbeitsgewohnheiten der Mitarbeiter?

- Was ist mittel- bis langfristig das *richtige Verhältnis zwischen Professionalisierung* (Systematisierug/Standardisierung) *und Dynamik/Flexibilität* im Kontext des Personalmanagements bzw. der organisationalen Führungsprozesse und Anreizmechanismen?

Im Zuge der Ergebnisdarstellung und -interpretation wurde konstatiert, dass Motivation im Führungskontext ein zentrales, erfolgskritisches Element einer erfolgreichen, nachhaltigen Organisationsentwicklung von Sozialunternehmen darstellt und dies auch zunehmend erkannt und deutlich wird. Im Rahmen der Diskussion wurde es angesichts der Ergebnisse und deren Vergleich mit angrenzenden Sektoren überdies als sinnvoll und angemessen eingeschätzt, Motivation im Führungskontext von Sozialunternehmen als spezifischen und eigenständigen Forschungsbereich einzuordnen und diesen konsequent als solchen zu untersuchen. Gleichzeitig wurde jedoch auch deutlich, dass zwischen Social Entrepreneurship, Non-Profit-Sektor und Privatwirtschaft große Ähnlichkeiten bestehen und eine Berücksichtigung der jeweils ‚anderen' Erkenntnisse für alle Seiten von Nutzen ist. Daher wird es im weiteren Verlauf von großer Wichtigkeit sein, die *zuvor formulierten und fokussierten* – sowie etwaige weitere – *Fragestellungen mit geeigneten Forschungsansätzen, -designs sowie -methoden* zu *kombinieren* und einen *intensiven Austausch mit angrenzenden Sektoren* zu suchen: Gelingt dies, können weitere theoretische Erkenntnisgewinne realisiert sowie pragmatische Handlungsleitlinien und -implikationen erarbeitet werden, welche von Sozialunternehmen dringend benötigt werden.

Die vorliegende Arbeit soll in ebendiesen beiden Dimensionen einen substanziellen Beitrag leisten und in diesem Sinne sowohl einen praxisrelevanten, pragmatischen Nutzen für Sozialunternehmen stiften als auch Impulse für weitere Forschungsanstrengungen geben.

Literaturverzeichnis

Achtziger, A.; Gollwitzer, P. (2010): Motivation und Volition im Handlungsverlauf. In: Heckhausen, J. und Heckhausen, H. (Hg.): *Motivation und Handeln*. 4. Aufl. Berlin/Heidelberg: Springer Verlag, S. 309–336.

Adams, J. S. (1963): Towards an Understanding of Inequity. *The Journal of Abnormal and Social Psychology* 67 (5), S. 422–436.

Adams, J. S. (1965): Inequity in Social Exchange. In: Berkowitz, L. (Hg.): *Advances in Experimental Social Psychology. Volume 2*. 1. Aufl. New York, London: Academic Press, S. 267–300.

Akingbola, K. (2006): Strategy and HRM in Nonprofit Organizations: Evidence from Canada. *International Journal of Human Resource Management* 17 (10), S. 1707–1725.

Alderfer, C. P. (1969): An Empirical Test of a New Theory of Human Needs. *Organizational Behavior & Human Performance* 4 (2), S. 142–175.

Alderfer, C. P. (1972): Existence, Relatedness, and Growth : Human Needs in Organizational Settings. 1. Aufl. New York: Free Press.

Alexander, J. A.; Weiner, B. J. (1998): The Adoption of the Corporate Governance Model by Nonprofit Organizations. *Nonprofit Management & Leadership* 8 (3), S. 223–242.

Alvesson, M. (2002): Understanding Organizational Culture. 1. Aufl. London: Sage Publications, Ltd.

Amabile, T. M. (1997): Motivating Creativity in Organizations. On Doing What You Love and Loving What You Do. *California Management Review* 40 (1), S. 39–58.

Amabile, T. M. (1998): How to Kill Creativity. *Harvard Business Review* 76 (5), S. 76–87.

Amabile, T. M.; Barsade, S. G.; Mueller, J. S.; Staw, B. M. (2005): Affect and Creativity at Work. *Administrative Science Quarterly* 50 (3), S. 367–403.

Amabile, T. M.; Conti, R.; Coon, H.; Lazenby, J.; Herron, M. (1996): Assessing the Work Environment for Creativity. *Academy of Management Journal* 39 (5), S. 1154–1184.

Ambrose, M. L.; Kulik, C. T. (1999): Old Friends, New Faces: Motivation Research in the 1990s. *Journal of Management* 25 (3), S. 231–292.

Anderson, J. R. (2001): Kognitive Psychologie. 3. Aufl. Heidelberg, Berlin: Spektrum Akademischer Verlag GmbH.

Atteslander, P. (2010): Methoden der empirischen Sozialforschung. Unter Mitarbeit von Cromm, J., Grabow, B., Klein, H., Maurer, A. und Siegert, G. 13. Aufl. Berlin: Erich Schmidt Verlag.

Austin, J. E.; Roberto Gutiérrez; Ogliastri, E.; Reficco, E. (2007): Capitalizing on Convergence. *Stanford Social Innovation Review* 5 (1), S. 24–31.

Austin, J.; Stevenson, H.; Wei-Skillern, J. (2006): Social and Commercial Entrepreneurship: Same, Different or Both? *Entrepreneurship Theory and Practice* 30 (1), S. 1–22.

Baker, G. P. (1992): Incentive Contracts and Performance Measurement. *Journal of Political Economy* 100 (3), S. 598–614.

Baker, G. P.; Jensen, M. C.; Murphy, K. J. (1988): Compensation and Incentives: Practice vs. Theory. *Journal of Finance* 43 (3), S. 593–616.

Bandura, A. (1991): Social Cognitive Theory of Self-Regulation. *Organizational Behavior & Human Decision Processes* 50 (2), S. 248–287.

Bandura, A. (2001): Social Cognitive Theory: An Agentic Perspective. *Annual Review of Psychology* 52, S. 1–26.

Barbuto, J. E., JR. (2005): Motivation and Transactional, Charismatic, and Transformational Leadership: A Test of Antecedents. *Journal of Leadership and Organizational Studies* 11 (4), S. 26–40.

Barbuto, J. E., JR.; Scholl, R. W. (1998): Motivation Sources Inventory: Development and Validation of a New Scale to Measure an Integrative Taxonomy of Motivation. *Psychological Reports* 82, S. 1011–1022.

Barrett, H.; Balloun, J. L.; Weinstein, A. (2005): The Impact of Creativity on Performance in Non-Profits. *International Journal of Nonprofit & Voluntary Sector Marketing* 10 (4), S. 213–223.

Barsky, A.; Kaplan, S. A. (2007): If You Feel Bad, It's Unfair: A Quantitative Synthesis of Affect and Organizational Justice Perceptions. *Journal of Applied Psychology* 92 (1), S. 286–295.

Barsky, A.; Kaplan, S. A.; Beal, D. J. (2011): Just Feelings? The Role of Affect in the Formation of Organizational Fairness Judgments. *Journal of Management* 37 (1), S. 248–279.

Bart, C. K. (1997): Sex, Lies, and Mission Statements. *Business Horizons* 40 (6), S. 9–18.

Barth, L. J.; Lambsdorff, M. G. (2009): Werben um die Generation Y. Wie Unternehmen eine attraktive, aber anspruchsvolle neue Generation von Potenzialträgern begeistern und binden können. In: Bröcker, H. F. (Hg.): *Was lohnt? (Focus 01/09).* Egon Zehnder International GmbH. Düsseldorf, S. 70–73. Online verfügbar unter http://www.egonzehnder.com/de/focus/archive/article/id/71500042, abgerufen am 15.01.2013.

Bau, F.; Dowling, M. (2007): An Empirical Study of Reward and Incentive Systems in German Entrepreneurial Firms. *Schmalenbach Business Review* 59 (2), S. 160–175.

Bauer, J. (2009): Abschied vom darwinistischen Menschenbild. Nicht im Kampf, sondern in der Kooperation liegt die Bestimmung des Menschen. *Die Politische Meinung* (475), S. 59–66.

Becker, K.; Antuar, N.; Everett, C. (2011): Implementing an Employee Performance Management System in a Nonprofit Organization. *Nonprofit Management & Leadership* 21 (3), S. 255–271.

Bénabou, R.; Tirole, J. (2003): Intrinsic and Extrinsic Motivation. *Review of Economic Studies* 70, S. 489–520.

Berkowitz, L. (Hg.) (1965): Advances in Experimental Social Psychology. Volume 2. 1. Aufl. New York, London: Academic Press.

Bies, R. J.; Moag, J. F. (1986): Interactional Justice: Communication Criteria of Fairness. In: Lewicki, R. J., Sheppard, B. H. und Bazerman, M. H. (Hg.): *Research on Negotiation in Organizations. Volume 1.* 1. Aufl. Greenwich, CT: JAI Press, S. 43–55.

Birdi, K. S. (2005): No Idea? Evaluating the Effectiveness of Creativity Training. *Journal of European Industrial Training* 29 (2), S. 102–111.

Bledow, R.; Frese, M. (2009): A Situational Judgment Test of Personal Initiative and Its Relationship to Performance. *Personnel Psychology* 62, S. 229–258.

Bloom, P. N.; Chatterji, A. K. (2009): Scaling Social Entrepreneurial Impact. *California Management Review* 51 (3), S. 114–133.

Bloom, P. N.; Smith, B. R. (2010): Identifying the Drivers of Social Entrepreneurial Impact. Theoretical Development and an Exploratory Empirical Test of SCALERS. *Journal of Social Entrepreneurship* 1 (1), S. 126–145.

Bogdan, R.; Taylor, S. J. (1998): Introduction to Qualitative Research Methods. A Guidebook and Resource. 3. Aufl. New York: John Wiley & Sons, Inc.

Borman, W. C.; Ilgen, D. R.; Klimowski, R. J. (Hg.) (2003): Handbook of Psychology: Volume 12. Industrial and Organizational Psychology. Hoboken, New Jersey: John Wiley & Sons, Inc.

Bornstein, D. (2007): How to Change the World. Social Entrepreneurs and the Power of New Ideas. New York: Oxford University Press.

Boschee, J. (2001): Eight Basic Principles for Nonprofit Entrepreneurs. *Nonprofit World* 19 (4), S. 15–18.

Boschee, J.; McClurg, J. (2003): Toward a Better Understanding of Social Entrepreneurship: Some Important Distinctions. Online verfügbar unter http://www.opportunitycollaboration.net/userimages/file/Fellows%20Toward%20a%20Better%20Understanding%20of%20SE.pdf, abgerufen am 07.12.2010.

Bowman, W. (2009): The Economic Value of Volunteers to Nonprofit Organizations. *Nonprofit Management & Leadership* 19 (4), S. 491–506.

Brandl, J.; Güttel, W. H. (2007): Organizational Antecedents of Pay-for-Performance Systems in Nonprofit Organizations. *Voluntas* 18 (2), S. 176–199.

Bratton, J. (2012): Corporate Strategy and Strategic HRM. In: Bratton, J. und Gold, J. (Hg.): *Human Resource Management*. 5. Aufl. Houndmills, Basingstoke (UK): Palgrave Macmillan, S. 37–68.

Bratton, J.; Gold, J. (Hg.) (2012): Human Resource Management. 5. Aufl. Houndmills, Basingstoke (UK): Palgrave Macmillan.

Braun, G. (Hg.) (2008): Social Entrepreneurship. Unternehmerische Ideen für eine bessere Gesellschaft. Ringvorlesung 4. Universität Rostock. Rostock: HIE-RO Inst.

Bröcker, H. F. (Hg.) (2009): Was lohnt? (Focus 01/09). Egon Zehnder International GmbH. Düsseldorf. Online verfügbar unter http://www.egonzehnder.com/de/focus/archive/id/58400198, abgerufen am 15.01.2013.

Brown, W. A.; Yoshioka, C. F. (2003): Mission Attachment and Satisfaction as Factors in Employee Retention. *Nonprofit Management & Leadership* 14 (1), S. 5–18.

Bryson, J. M.; Gibbons, M. J.; Shaye, G. (2001): Enterprise Schemes for Nonprofit Survival, Growth, and Effectiveness. *Nonprofit Management & Leadership* 11 (3), S. 271. Online verfügbar unter http://search.ebscohost.com/login.aspx?direct=true&db=bth&AN=5006642&site=ehost-live.

Buchhorn, E.; Werle, K. (2011): Generation Y: Die Gewinner des Arbeitsmarkts. Spiegel Online. Online verfügbar unter http://www.spiegel.de/karriere/berufsstart/generation-y-die-gewinner-des-arbeitsmarkts-a-766883.html, abgerufen am 17.01.2013.

Buik, A. (2008): Ninja Turtles and Generation Y at Work. *Training and Development in Australia* 35 (4), S. 9–11.

Bull, M. (2007): 'Balance': The Development of a Social Enterprise Business Performance Analysis Tool. *Social Enterprise Journal* 3 (1), S. 49–66.

Cantillon, R. (2010 (1755)): An Essay on Economic Theory. An English translation of Richard Cantillon's Essai sur la Nature du Commerce en Général. 1. Aufl. Auburn: Ludwig von Mises Institute.

Cappellari, L.; Turati, G. (2004): Volunteer Labour Supply: The Role of Workers' Motivations. *Annals of Public & Cooperative Economics* 75 (4), S. 619–643.

Cardon, M. S.; Stevens, C. E. (2004): Managing Human Resources in Small Organizations: What Do We Know? *Human Resource Management Review* 14, S. 295–323.

Carpenter, J.; Myers, C. K. (2007): Why Volunteer? Evidence on the Role of Altruism, Reputation, and Incentives. IZA Discussion Paper Series, Nr. 3021. Forschungsinstitut zur Zukunft der Arbeit/Institute for the Study of Labor (IZA). Online verfügbar unter http://ftp.iza.org/dp3021.pdf, abgerufen am 10.01.2013.

Certo, S. T.; Miller, T. (2008): Social Entrepreneurship: Key Issues and Concepts. *Business Horizons* 51, S. 267–271.

Cohen, B. (1984): Florence Nightingale. *Scientific American* 250 (3), S. 128–137.

Çokpekin, Ö.; Knudsen, M. P. (2012): Does Organizing for Creativity Really Lead to Innovation? *Creativity and Innovation Management* 21 (3), S. 304–314.

Colquitt, J. A. (2001): One the Dimensionality of Organizational Justice: A Construct Validation of a Measure. *Journal of Applied Psychology* 86 (3), S. 386–400.

Cooman, R. de; Gieter, S. de; Pepermans, R.; Jegers, M. (2011): A Cross-Sector Comparison of Motivation-Related Concepts in For-Profit and Not-For-Profit Service Organizations. *Nonprofit and Voluntary Sector Quarterly* 40 (2), S. 296–317.

Corner, P. D.; Ho, M. (2010): How Opportunities Develop in Social Entrepreneurship. *Entrepreneurship Theory and Practice* 34 (4), S. 635–659.

Covin, J. G.; Slevin, D. P. (1991): A Conceptual Model of Entrepreneurship as Firm Behavior. *Entrepreneurship Theory and Practice* 16 (1), S. 7–25.

Cremer, D. de; van Knippenberg, D. (2002): How do Leaders Promote Cooperation? The Effects of Charisma and Procedural Fairness. *Journal of Applied Psychology* 87 (5), S. 858–866.

Dacin, P. A.; Dacin, M. T.; Matear, M. (2010): Social Entrepreneurship: Why We Don't Need a New Theory and How We Move Forward From Here. *Academy of Management Perspectives* 24 (3), S. 37–57.

Dart, R. (2004): The Legitimacy of Social Enterprise. *Nonprofit Management & Leadership* 14 (4), S. 411–424.

Davila, T. (2005): An Exploratory Study on the Emergence of Management Control Systems: Formalizing Human Resources in Small Growing Firms. *Accounting, Organizations and Society* 30 (3), S. 223–248.

Deci, E. L. (1972a): Intrinsic Motivation, Extrinsic Reinforcement, and Inequity. *Journal of Personality and Social Psychology* 22 (1), S. 113–120.

Deci, E. L. (1972b): The Effects of Contingent and Noncontingent Rewards and Controls on Intrinsic Motivation. *Organizational Behavior & Human Performance* 8 (2), S. 217–229.

Deci, E. L. (1971): Effects of Externally Mediated Rewards on Intrinsic Motivation. *Journal of Personality and Social Psychology* 18 (1), S. 105–115.

Deci, E. L.; Koestner, R.; Ryan, R. M. (1999a): A Meta-Analytic Review of Experiments Examining the Effects of Extrinsic Rewards on Intrinsic Motivation. *Psychological Bulletin* 125 (6), S. 627–668.

Deci, E. L.; Koestner, R.; Ryan, R. M. (1999b): The Undermining Effect Is a Reality After All - Extrinsic Rewards, Task Interest, and Self-Determination. Reply to Eisenberger, Pierce, and Cameron (1999) and Lepper, Henderlong, and Gingras (1999). *Psychological Bulletin* 125 (6), S. 692–700.

Deci, E. L.; Ryan, R. M. (2000): The "What" and "Why" of Goal Pursuits: Human Needs and the Self-Determination of Behavior. *Psychological Inquiry* 11 (4), S. 227–268.

Deckop, J. R.; Cirka, C. C. (2000): The Risk and Reward of a Double-Edgedsword: Effects of a Merit Payprogram on Intrinsic Motivation. *Nonprofit and Voluntary Sector Quarterly* 29 (3), S. 400–418.

Dees, J. G. (98): Enterprising Nonprofits. *Harvard Business Review* 76 (1), S. 54–67.

Dees, J. G. (2001): The Meaning of "Social Entrepreneurship". Center for the Advancement of Social Entrepreneurship, Duke University's Fuqua School of Business. Online verfügbar unter http://www.caseatduke.org/documents/dees_sedef.pdf, abgerufen am 07.12.2010.

Dees, J. G.; Wei-Skillern, J.: Scaling Social Impact. *Stanford Social Innovation Review* 1 (4), S. 24–32.

Denzin, N. K. (2009): The Research Act. A Theoretical Introduction to Sociological Methods. 1. Aufl. (Paperback). Piscataway, New Jersey: Transaction Publishers.

Devaro, J.; Brookshire, D. (2007): Promotions and Incentives in Nonprofit and For-Profit Organizations. *Industrial and Labor Relations Review* 60 (3), S. 311–339.

Di Domenico, M.; Haugh, H.; Tracey, P. (2010): Social Bricolage: Theorizing Social Value Creation in Social Enterprises. *Entrepreneurship Theory and Practice* 34 (4), S. 681–703.

Dorado, S. (2006): Social Entrepreneurial Ventures: Different Values So Different Process of Creation, No? *Journal of Developmental Entrepreneurship* 11 (4), S. 319–343.

Drayton, W. (2002): The Citizen Sector: Becoming as Entrepreneurial and Competitive As Business. *California Management Review* 44 (3), S. 120–132.

Drucker, P. F. (1989): What Business Can Learn from Nonprofits. *Harvard Business Review* 67 (4), S. 88–93.

Drucker, P. F. (2007 (1985)): Innovation and Entrepreneurship. Revised edition. Burlington: Butterworth-Heinemann.

Edwards, J. A.; Billsberry, J. (2010): Testing a Multidimensional Theory of Person-Environment Fit. *Journal of Managerial Issues* 22 (4), S. 476–493.

Einolf, C.; Chambré, S. M. (2011): Who Volunteers? Constructing a Hybrid Theory. *International Journal of Nonprofit and Voluntary Sector Marketing* 16 (4), S. 298–310.

Eisenhardt, K. M. (1989): Building Theories from Case Study Research. *Academy of Management Review* 14 (4), S. 532–550.

Eisenhardt, K. M.; Graebner, M. E. (2007): Theory Building from Cases: Opportunities and Challenges. *Academy of Management Journal* 50 (1), S. 25–32.

Eisner, S. P. (2005): Managing Generation Y. *S.A.M. Advanced Management Journal* 70 (4), S. 4–15.

Elliot, A. J. (1999): Approach and Avoidance Motivation and Achievement Goals. *Educational Psychologist* 34 (3), S. 169–189.

Elliot, A. J.; Church, M. A. (1997): A Hierarchical Model of Approach and Avoidance Achievement Motivation. *Journal of Personality and Social Psychology* 72 (1), S. 218–232.

Elliot, A. J.; Covington, M. V. (2001): Approach and Avoidance Motivation. *Educational Psychology Review* 13 (2), S. 73–92.

Elliot, A. J.; Harackiewicz, J. M. (1996): Approach and Avoidance Achievement Goals and Intrinsic Motivation: A Mediational Analysis. *Journal of Personality and Social Psychology* 70 (3), S. 461–475.

Engelman, E. (2009): Generation Y vs. Baby Boomers: How Workplace Commitment Levels Affect Recruitment and Retention of Generation Y within Corporate America. Dissertation. Capella University, Minneapolis. Online verfügbar unter http://search.proquest.com/docview/305162368/fulltextPDF/13BE87D7F26518CA3A9/1?accountid=10218, abgerufen am 16.01.2013.

Faltin, G. (2008): Social Entrepreneurship. Definitionen, Inhalte, Perspektiven. In: Braun, G. (Hg.): *Social Entrepreneurship. Unternehmerische Ideen für eine bessere Gesellschaft. Ringvorlesung 4.* Rostock: HIE-RO Inst., S. 25–46.

Fay, D.; Frese, M. (2001): The Concept of Personal Initiative: An Overview of Validity Studies. *Human Performance* 14 (1), S. 97–124.

Fehr, E.; Klein, S. (2009): Was ist gerecht? *DIE ZEIT/ZEITmagazin* 2009, 23.07.2009 (31). Online verfügbar unter http://www.zeit.de/2009/31/Klein-Fehr-31/komplettansicht, abgerufen am 01.03.2013.

Ferreira, A.; Otley, D. (2009): The Design and Use of Performance Management Systems: An Extended Framework for Analysis. *Management Accounting Research* 20 (4), S. 263–282.

Festing, M. (2012): Strategic Human Resource Management in Germany. Evidence of Convergence to the U.S. Model, the European Model, or a Distinctive National Model? *Academy of Management Perspectives* 26 (2), S. 37–54.

Fiorillo, D. (2011): Do Monetary Rewards Crowd Out the Intrinsic Motivation of Volunteers? Some Empirical Evidence for Italian Volunteers. *Annals of Public and Cooperative Economics* 82 (2), S. 139–165.

Flick, U. (2010): Qualitative Sozialforschung. Eine Einführung. rowohlts enzyklopädie 55694. 3. Aufl. Reinbek: Rowohlt Taschenbuch Verlag.

Flick, U. (2011): Triangulation: Eine Einführung. 3. Aufl. Wiesbaden: VS Verlag für Sozialwissenschaften / Springer Fachmedien.

Flockhart, A. (2005): Raising the Profile of Social Enterprises: The Use of Social Return On Investment (SROI) and Investment Ready Tools (IRT) to Bridge the Financial Credibility Gap. *Social Enterprise Journal* 1 (1), S. 29–42.

Fojcik, T. M. (2009): Erfolgsnachweis bei Social Entrepreneurs - Status Quo. In: Henkel, M., Gebauer, J., Lodemann, J., Mohaupt, F., Partzsch, L., Wascher, E. und Ziegler, R. (Hg.): *Social Entrepreneurship – Status Quo 2009. (Selbst)Bild, Wirkung und Zukunftsverantwortung. Tagungsband. HUB Berlin, 16.-17. Juli 2009.* Greifswald und Berlin: Geozon Science Media, S. 127–144.

Foster, W.; Bradach, J. (2005): Should Nonprofits Seek Profits? *Harvard Business Review* 83 (2), S. 92–100.

Frey, B. S.; Goette, L. (1999): Does Pay Motivate Volunteers? Working Paper Series, Nr. 7. Institute for Empirical Research in Economics, University of Zurich. Zurich.

Frey, B. S.; Jegen, R. (2001): Motivation Crowding Theory. *Journal of Economic Surveys* 15 (5), S. 589–611.

Frey, B. S.; Neckermann, S. (2006): Auszeichnungen: Ein vernachlässigter Anreiz. *Perspektiven der Wirtschaftspolitik* 7 (2), S. 271–284.

Friedman, M. (1970): The Social Responsibility of Business Is to Increase Its Profits. *The New York Times Magazine*, 13.09.1970, S. 32. Online verfügbar unter http://www.colorado.edu/studentgroups/libertarians/issues/friedman-soc-resp-business.html, abgerufen am 19.09.2011.

Fröhlich, W. D. (2012): Wörterbuch Psychologie. 28. Aufl. München: Deutscher Taschenbuch Verlag.

Gagné, M.; Deci, E. L. (2005): Self-Determination Theory and Work Motivation. *Journal of Organizational Behavior* 26 (4), S. 331–362.

Geber, B. (1991): Managing Volunteers. *Training;* 28 (6), S. 21–26.

Gergen, K. J.; Greenberg, M. S.; Willis, R. H. (Hg.) (1980): Social Exchange: Advances in Theory and Research. Perspectives in Social Psychology. 1. Aufl. New York: Plenum Press.

Geroy, G. D.; Wright, P. C.; Jacoby, L. (2000): Toward a Conceptual Framework of Employee Volunteerism: an Aid for the Human Resource Manager. *Management Decision* 38 (3/4), S. 280–286.

Graham, M. E.; Murray, B.; Amuso, L. (2002): Stock-Related Rewards, Social Identity, and the Attraction and Retention of Employees in Entrepreneurial SMEs. In: Katz, J. A. und Welbourne, T. M. (Hg.): *Managing People in Entrepreneurial Organizations. Advances in Entrepreneurship, Firm Emergence and Growth, Volume 5.* Bingley/Bradford: Emerald Group Publishing, S. 107–145.

Greenberg, J. (1990): Organizational Justice: Yesterday, Today and Tomorrow. *Journal of Management & Governance* 16 (2), S. 399–432.

Greenberg, J.; Colquitt, J. A. (Hg.) (2005): Handbook of Organizational Justice. 1. Aufl. Mahwah, New Jersey: Lawrence Erlbaum Associates, Inc.

Grüske, K.-D.; Recktenwald, H. C. (1995): Wörterbuch der Wirtschaft. 12. Aufl. Stuttgart: Kröner.

Guo, C.; Brown, W. A.; Ashcraft, R. F.; Yoshioka, C. F.; Dong, H.-K. D. (2011): Strategic Human Resources Management in Nonprofit Organizations. *Review of Public Personnel Administration* 31 (3), S. 248–269.

Hackl, V. (2010): Social Franchising. Social Entrepreneurship Aktivitäten multiplizieren. Saarbrücken: Suedwestdeutscher Verlag fuer Hochschulschriften.

Hackman, J. R.; Oldham, G. R. (1976): Motivation Through the Design of Work: Test of a Theory. *Organizational Behavior & Human Performance* 16, S. 250–279.

Hackman, J. R.; Oldham, G. R.; Janson, R.; Purdy, K. (1975): A New Strategy for Job Enrichment. *California Management Review* 17 (4), S. 57–71.

Hahn, T.; Wagner, M. (2001): Sustainability Balanced Scorecard. Von der Theorie zur Umsetzung. Centre for Sustainability Management. Lüneburg.

Handy, F.; Katz, E. (1998): The Wage Differential between Nonprofit Institutions and Corporations: Getting More by Paying Less? *Journal of Comparative Economics* 26 (2), S. 246–261.

Harackiewicz, J. M.; Barron, K. E.; Pintrich, P. R.; Elliot, A. J.; Thrash, T. M. (2002): Revision of Achievement Goal Theory: Necessary and Illuminating. *Journal of Educational Psychology* 94 (3), S. 638–645.

Harackiewicz, J. M.; Elliot, A. J. (1998): The Joint Effects of Target and Purpose Goals on Intrinsic Motivation: A Mediational Analysis. *Personality and Social Psychology Bulletin* 24 (7), S. 675–689.

Harding, R. (2004): Social Enterprise: The New Economic Engine? *Business Strategy Review* 15 (4), S. 39–43.

Hargis, M. B.; Bradley, D. B., III. (2011): Strategic Human Resource Management in Small and Growing Firms: Aligning Valuable Resources. *Academy of Strategic Management Journal* 10 (2), S. 105–125.

Harlos, K. P.; Pinder Craig C. (1999): Patterns of Organizational Injustice: A Taxonomy of What Employees Regard as Unjust. In: Wagner, J. A., III. (Hg.): *Advances in Qualitative Organization Research. Advances in Qualitative Organization Research Series, Volume 2.* Greenwich, CT: JAI Press, S. 97–125.

Hartenian, L. S.; Lilly, B. (2009): Egoism and Commitment: A Multidimensional Approach to Understanding Sustained Volunteering. *Journal of Managerial Issues* 21 (1), S. 97–118.

Hartigan, P. (2006): It's About People, Not Profits. *Business Strategy Review* 17 (4), S. 42–45.

Haugh, H. (2007): Nonprofit Social Entrepreneurship. In: Parker, S. (Hg.): *International Handbook Series on Entrepreneurship, Vol 3: The Life Cycle of Entrepreneurial Ventures, Bd. 3.* 1. Aufl. 5 Bände. New York: Springer Science+Business Media Inc., S. 401–436.

Heckhausen, J.; Heckhausen, H. (Hg.) (2010): Motivation und Handeln. 4. Aufl. Berlin/Heidelberg: Springer Verlag.

Hemlin, S.; Olsson, L. (2011): Creativity-Stimulating Leadership: A Critical Incident Study of Leaders' Influence on Creativity in Research Groups. *Creativity and Innovation Management* 20 (1), S. 49–58.

Henkel, M.; Gebauer, J.; Lodemann, J.; Mohaupt, F.; Partzsch, L.; Wascher, E.; Ziegler, R. (Hg.) (2009): Social Entrepreneurship – Status Quo 2009. (Selbst)Bild, Wirkung und Zukunftsverantwortung. Tagungsband. HUB Berlin, 16.-17. Juli 2009. GETIDOS und Institut für ökologische Wirtschaftsforschung GmbH. Greifswald und Berlin: Geozon Science Media.

Herzberg, F. (1968): One More Time: How Do You Motivate Employees? *Harvard Business Review* 46 (1), S. 53–62.

Herzberg, F.; Mausner, B.; Snyderman, B. B. (1959): The Motivation to Work. 2. Aufl. New York: John Wiley & Sons, Inc.

Hoffmann, B.; Woehr, D. (2006): A Quantitative Review of the Relationship between Person-Organization Fit and Behavioral Outcomes. *Journal of Vocational Behavior* 68, S. 389–399.

Hoffmann, T. (03.08.2011): Motivation im Führungskontext von Sozialunternehmen. Interview mit Leonhard Nima (Projektleiter - Grameen Creative Lab). Wiesbaden.

Hoffmann, T. (03.08.2011): Motivation im Führungskontext von Sozialunternehmen. Interview mit Sophie Eisenmann (Direktorin - Grameen Creative Lab). Wiesbaden.

Hoffmann, T. (19.10.2011): Motivation im Führungskontext von Sozialunternehmen. Interview mit Björn Czinczoll (Gründer & Geschäftsführer - Kinderzentren Kunterbunt). Nürnberg.

Hoffmann, T. (24.10.2011): Motivation im Führungskontext von Sozialunternehmen. Interview mit Carsten Rübsaamen (Gründer & Geschäftsführer - BOOKBRIDGE). Freiburg.

Hoffmann, T. (24.10.2011): Motivation im Führungskontext von Sozialunternehmen. Interview mit Martina Knittel (Projektleiterin - BOOKBRIDGE). Freiburg.

Hoffmann, T. (24.10.2011): Motivation im Führungskontext von Sozialunternehmen. Interview mit Anujin Schittich-Battulga (Projektleiterin - BOOKBRIDGE). Freiburg.

Hoffmann, T. (25.10.2011): Motivation im Führungskontext von Sozialunternehmen. Interview mit Markus Gander (Gründer & Geschäftsführer - infoklick.ch). Basel.

Hoffmann, T. (25.10.2011): Motivation im Führungskontext von Sozialunternehmen. Interview mit Anna Sollberger (Projektmitarbeiterin - infoklick.ch). Basel.

Hoffmann, T. (10.11.2011): Motivation im Führungskontext von Sozialunternehmen. Interview mit Rose Volz-Schmidt (Gründerin & Geschäftsführerin - wellcome). Hamburg.

Hoffmann, T. (10.11.2011): Motivation im Führungskontext von Sozialunternehmen. Interview mit Franziska Holfert (Projektleiterin - wellcome). Hamburg.

Hoffmann, T. (24.11.2011): Motivation im Führungskontext von Sozialunternehmen. Interview mit Andreas Heinecke (Gründer & Geschäftsführer - Dialogue Social Enterprise). Hamburg.

Hoffmann, T. (24.11.2011): Motivation im Führungskontext von Sozialunternehmen. Interview mit Gideon Kletzka (Projektleiter - Dialogue Social Enterprise). Hamburg.

Hoffmann, T. (12.12.2011): Motivation im Führungskontext von Sozialunternehmen. Interview mit Jan Lübbering (Projektleiter - streetfootballworld). Berlin.

Hoffmann, T. (12.12.2011): Motivation im Führungskontext von Sozialunternehmen. Interview mit Manuel Normann (HR & Controlling - streetfootballworld). Berlin.

Hoffmann, T. (12.12.2011): Motivation im Führungskontext von Sozialunternehmen. Interview mit Lena Häusler (HR Manager - streetfootballworld). Berlin.

Hoffmann, T. (11.01.2012): Motivation im Führungskontext von Sozialunternehmen. Interview mit Norbert Kunz (Gründer & Geschäftsführer - iq consult). Berlin.

Hoffmann, T. (11.01.2012): Motivation im Führungskontext von Sozialunternehmen. Interview mit Elena Knaack (Projektleiterin - iq consult). Berlin.

Hoffmann, T. (11.01.2012): Motivation im Führungskontext von Sozialunternehmen. Interview mit Nadine Chapelier (Leitung Kommunikation - iq consult). Berlin.

Hoffmann, T. (11.01.2012): Motivation im Führungskontext von Sozialunternehmen. Interview mit Manfred Radermacher (Projektleiter - iq consult). Berlin.

Hubbard, G. (2009): Measuring Organizational Performance: Beyond the Triple Bottom Line. *Business Strategy and the Environment* 19, S. 177–191.

Hull, C. E.; Lio, B. H. (2006): Innovation in Non-profit and For-profit Organizations: Visionary, Strategic and Financial Considerations. *Journal of Change Management* 6 (1), S. 53–65.

Huselid, M. A.; Becker, B. E. (1997): The Impact of High Performance Work Systems, Implementation Effectiveness, and Alignment with Strategy On Shareholder Wealth. *Academy of Management Best Papers Proceedings*, S. 144–148.

Huselid, M. A.; Jackson, S. E.; Schuler, R. S. (1997): Technical and Strategic Human Resources Management Effectiveness as Determinants of Firm Performance. *Academy of Management Journal* 40 (1), S. 171–188.

Hüther, G. (2009): Andere motivieren zu wollen, ist hirntechnischer Unsinn. *Zeitschrift Führung und Organisation* 78 (3), S. 159–161.

Ichniowski, C.; Shaw, K. L. (2003): Beyond Incentive Pay: Insiders' Estimates of the Value of Complementary Human Resource Management Practices. *Journal of Economic Perspectives* 17 (1), S. 155–180.

Ireland, D.; Hitt, M. A. (1992): Mission Statements: Importance, Challenge, and Recommendations for Development. *Business Horizons* 35 (3), S. 34–42.

Jaskyte, K. (2008): Employee Creativity in U.S. and Lithuanian Nonprofit Organizations. *Nonprofit Management & Leadership* 18 (4), S. 465–483.

Jaskyte, K.; Byerly, C.; Bryant, A.; Koksarova, J. (2010): Transforming a Nonprofit Work Environment for Creativity. An Application of Concept Mapping. *Nonprofit Management & Leadership* 21 (1), S. 77–92.

Jaskyte, K.; Kisieliene, A. (2006): Determinants of Employee Creativity: A Survey of Lithuanian Nonprofit Organizations. *Voluntas* 17 (2), S. 128–136.

Jazayeri, M.; Scapens, R. W. (2008): The Business Values Scorecard within BAE Systems: The Evolution of a Performance Measurement System. *The British Accounting Review* 40 (1), S. 48–70.

Johnson, R. E.; Chu-Hsiang Chang; Lord, R. G. (2006): Moving from Cognition to Behavior: What the Research Says. *Psychological Bulletin* 132 (3), S. 381–415.

Kaiser, S.; Ringlstetter M.; Stolz M. (2009): Work-Life-Balance – Mehr als eine Mode. *Personalmagazin* (1), S. 39–41.

Kaiser, S. (2012): Externe richtig integrieren. *Personalmagazin* (10), S. 22–23.

Kaiser, S.; Kozica, A.; Bonss, U. (2012): Hochqualifizierte externe Mitarbeiter als Wissensquelle. Warum und wie Unternehmen von diesen profitieren können. *Industrie Management* 28 (3), S. 79–82.

Kanfer, R.; Ackerman, P. L. (1989): Motivation and Cognitive Abilities: An Integrative/Aptitude-Treatment Interaction Approach to Skill Acquisition. *Journal of Applied Psychology* 74 (4), S. 657–690.

Kanfer, R.; Ackerman, P. L. (2004): Aging, Adult Development, and Work Motivation. *Academy of Management Review* 29 (3), S. 440–458.

Kaplan, A.; Maehr, M. L. (2007): The Contributions and Prospects of Goal Orientation Theory. *Educational Psychology Review* 19 (2), S. 141–184.

Kaplan, R. S. (2001): Strategic Performance Measurement and Management in Nonprofit Organizations. *Nonprofit Management & Leadership* 11 (3), S. 353–370.

Kaplan, R. S.; Norton, D. P. (2001a): Transforming the Balanced Scorecard from Performance Measurement to Strategic Management: Part I. *Accounting Horizons* 15 (1), S. 87–104.

Kaplan, R. S.; Norton, D. P. (2001b): Transforming the Balanced Scorecard from Performance Measurement to Strategic Management: Part II. *Accounting Horizons* 15 (2), S. 147–160.

Katz, J. A.; Welbourne, T. M. (Hg.) (2002): Managing People in Entrepreneurial Organizations. Advances in Entrepreneurship, Firm Emergence and Growth, Volume 5. Bingley/Bradford: Emerald Group Publishing.

Kehr, H. M. (2004): Integrating Implicit Motives, Explicit Motives, and Perceived Abilities: The Compensatory Model of Work Motivation and Volition. *Academy of Management Review* 29 (3), S. 479–499.

Kehr, H. M. (2005): Das Kompensationsmodell der Motivation und Volition als Basis für die Führung von Mitarbeitern. In: Vollmeyer, R. und Brunstein, J. C. (Hg.): *Motivationspsychologie und ihre Anwendung.* Unter Mitarbeit von Frenz, B., Engeser, S. und Lund, B. 1. Aufl. Stuttgart: Kohlhammer, S. 131–150.

Kehr, H. M. (2011): Führung und Motivation. Implizite Motive, explizite Ziele und die Steigerung der Willenskraft. *Personalführung* (4), S. 66–71.

Kim, S. E.; Lee, J. W. (2007): Is Mission Attachment an Effective Management Tool for Employee Retention? An Empirical Analysis of a Nonprofit Human Services Agency. *Review of Public Personnel Administration* 27 (3), S. 227–248.

Kirk, G.; Nolan, S. B. (2010): Nonprofit Mission Statement Focus and Financial Performance. *Nonprofit Management & Leadership* 20 (4), S. 473–490.

Kirzner, I. M. (1973): Competition and Entrepreneurship. Chicago: The University of Chicago Press.

Kirzner, I. M. (2009): The Alert and Creative Entrepreneur: A Clarification. *Small Business Economics* 32 (2), S. 145–152.

Klein, H. J. (1989): An Integrated Control Theory Model of Work Motivation. *Academy of Management Review* 14 (2), S. 150–172.

Klie, S. (2006): HR Has Much to Contribute to Volunteer Management. *Canadian HR Reporter* 19 (10), S. 3–4.

Koe Hwee Nga, J.; Shamuganathan, G. (2010): The Influence of Personality Traits and Demographic Factors on Social Entrepreneurship Start Up Intentions. *Journal of Business Ethics* 95 (2), S. 259–282.

Köhler, R. (Hg.) (1977): Empirische und handlungstheoretische Forschungskonzeptionen in der Betriebswirtschaftslehre. Bericht über die Tagung in Aachen, März 1976. Kommission Wissenschaftstheorie im Verband der Hochschullehrer für Betriebswirtschaft e. V. 1. Aufl. Stuttgart: C. E. Poeschel Verlag.

Koppes, L. L. (Hg.) (2007): Historical Perspectives in Industrial and Organizational Psychology. Mahwah, New Jersey: Lawrence Erlbaum Associates, Inc.

Korosec, R. L.; Berman, E. M. (2006): Municipal Support for Social Entrepreneurship. *Public Administration Review* 66 (3), S. 448–462.

Kotey, B.; Sheridan, A. (2004): Changing HRM Practices with Firm Growth. *Journal of Small Business and Enterprise Development* 11 (4), S. 474–485.

Kotey, B.; Slade, P. (2005): Formal Human Resource Management Practices in Small Growing Firms. *Journal of Small Business Management* 43 (1), S. 16–40.

Kristof, Amy L. (1996): Person-Organization Fit: An Integrative Review of Its Conceptualizations, Measurement, and Implications. *Personnel Psychology* 49, S. 1–49.

Kristof-Brown, A. L.; Zimmerman, R. D.; Johnson, E. C. (2005): Consequences of Individual's Fit at Work: A Meta-Analysis of Person-Job, Person-Organization, Person-Group, and Person-Supervisor Fit. *Personnel Psychology* 58 (2), S. 281–342.

Kubicek, H. (1977): Heuristische Bezugsrahmen und heuristisch angelegte Forschungsdesigns als Elemente einer Konstruktionsstrategie empirischer Forschung. In: Köhler, R. (Hg.): *Empirische und handlungstheoretische Forschungskonzeptionen in der Betriebswirtschaftslehre. Bericht über die Tagung in Aachen, März 1976*. 1. Aufl. Stuttgart: C. E. Poeschel Verlag, S. 3–36.

Kuckartz, U. (2010): Einführung in die computergestützte Analyse qualitativer Daten. 3. Aufl. Wiesbaden: VS Verlag für Sozialwissenschaften | GWV Fachverlage GmbH.

Kuhn, T. S. (1962): The Structure of Scientific Revolutions. 1. Aufl. Chicago: The University of Chicago Press.

Lamnek, S. (2010): Qualitative Sozialforschung. 5. Aufl. Weinheim, Basel: Beltz Verlag.

Lamnek, S.; Kiefl, W. (1984): Qualitative Methoden in der Marktforschung. *Planung & Analyse* 11/12, S. 474–480.

Latham, G. P. (2012): Work Motivation: History, Theory, Research, and Practice. 2. Aufl. Thousand Oaks: Sage Publications, Inc.

Latham, G. P.; Budworth, M.-H. (2007): The Study of Work Motivation in the 20th Century. In: Koppes, L. L. (Hg.): *Historical Perspectives in Industrial and Organizational Psychology*. Mahwah, New Jersey: Lawrence Erlbaum Associates, Inc., S. 353–382.

Latham, G. P.; Pinder, C. C. (2005): Work Motivation Theory and Research at the Dawn of the Twenty-First Century. *Annual Review of Psychology* 56 (1), S. 485–516.

Law, K. S.; Wong, C.-S.; Mobley, W. M. (1998): Toward a Taxonomy of Multidimensional Constructs. *Academy of Management Review* 23 (4), S. 741–755.

Lawler, E. E.; Porter, L. W. (1967): Antecedent Attitudes of Effective Managerial Performance. *Organizational Behavior & Human Performance* 2 (2), S. 122–142.

Lazear, E. P. (2000a): The Power of Incentives. *American Economic Review* 90 (2), S. 410–414.

Lazear, E. P. (2000b): Performance Pay and Productivity. *American Economic Review* 90 (5), S. 1346–1361.

Lazear, E. P.; Shaw, K. L. (2007): Personnel Economics: The Economist's View of Human Resources. *Journal of Economic Perspectives* 21 (4), S. 91–114.

Legge, K. (2001): Strategic Human Resources Management. In: Smelser, N. J. und Baltes, P. B. (Hg.): *International Encyclopedia of the Social & Behavioral Sciences*. Oxford: Pergamon, S. 15137–15142.

Leventhal, G. S. (1980): What Should Be Done with Equity Theory? New Approaches to the Study of Fairness in Social Relationship. In: Gergen, K. J., Greenberg, M. S. und Willis, R. H. (Hg.): *Social Exchange: Advances in Theory and Research. Perspectives in Social Psychology*. 1. Aufl. New York: Plenum Press, S. 27–55.

Lewicki, R. J.; Sheppard, B. H.; Bazerman, M. H. (Hg.) (1986): Research on Negotiation in Organizations. Volume 1. 1. Aufl. Greenwich, CT: JAI Press.

Light, P. C. (2006): Reshaping Social Entrepreneurship. *Stanford Social Innovation Review* 4 (3), S. 47–51.

Light, P. C. (2009): Social Entrepreneurship Revisited. *Stanford Social Innovation Review* 7 (2), S. 21–22.

Linklaters; Schwab Foundation for Social Entrepreneurship (2006): Fostering Social Entrepreneurship. World Economic Forum. Davos.

Locke, E. A. (1996): Motivation through Conscious Goal Setting. *Applied & Preventive Psychology* 5, S. 117–124.

Locke, E. A.; Latham, G. P. (2002): Building a Practically Useful Theory of Goal Setting and Task Motivation. *American Psychologist* 57 (9), S. 705–717.

Locke, E. A.; Latham, G. P. (2004): What Should We Do about Motivation Theory? Six Recommendations for the Twenty-First Century. *Academy of Management Review* 29 (3), S. 388–403.

Lord, R. G.; Hanges, P. J. (1987): A Control System Model of Organizational Motivation: Theoretical Development and Applied Implications. *Behavioral Science* 32 (3), S. 161–178.

Low, C. (2006): A Framework for the Governance of Social Enterprise. *International Journal of Social Economics* 33 (5), S. 376–385.

Mahal, P. K. (2009): Organizational Culture and Organizational Climate as a Determinant of Motivation. *IUP Journal of Management Research* 8 (10), S. 38–51.

Mair, J.; Martí, I. (2006): Social Entrepreneurship Research: A Source of Explanation, Prediction, and Delight. *Journal of World Business* 41 (1), S. 36–44.

Martin, M. (2004): Surveying Social Entrepreneurship. Toward an Empirical Analysis of the Performance Revolution in the Social Sector. Arbeitspapiere des Zentrums für Führung in Gesellschaft und Öffentlichkeit, Nr. 2. 2. Aufl. Zentrum für Führung in Gesellschaft und Öffentlichkeit. St. Gallen.

Martin, R. L.; Osberg, S. (2007): Social Entrepreneurship: The Case for Definition. *Stanford Social Innovation Review* 5 (1), S. 29–39.

Maslow, A. H. (1943): A Theory of Human Motivation. *Psychological Review* 50 (4), S. 370–396.

Maslow, A. H. (1970): Motivation and Personality. 2. Aufl. New York: Harper & Row.

Mayring, P. (1999): Einführung in die qualitative Sozialforschung. 4. Aufl. Weinheim: Beltz Psychologie Verlags Union.

Mayson, S.; Barrett, R. (2006): The 'Science' and 'Practice' of HRM in Small Firms. *Human Resource Management Review* 16, S. 447–455.

McClelland, D. C. (1961): The Achieving Society. 1. Aufl. London: Van Nostrand.

McClelland, D. C. (1987): Human Motivation. 1. Aufl. Cambridge: Cambridge University Press.

McCrindle, M. (2006): New Generations at Work: Attracting, Recruiting, Retraining & Training Generation Y. McCrindle Research. Online verfügbar unter http://www.libraries.vic.gov.au/downloads/Public_Libraries_Unit/newgenerationsatwork.pdf, abgerufen am 15.01.2013.

McGregor, D. (1957): The Human Side of Enterprise. *The Management Review* 46 (11), S. 22–28.

McGregor, D. (1960): The Human Side of Enterprise. 1. Aufl. New York: McGraw-Hill.

McLeod, H. R. (1997): Crossover. The Social Entrepreneur. *Inc.* 19, Mai 1997 (7), S. 100–105.

Meier, S.; Stutzer, A. (2008): Is Volunteering Rewarding in Itself? *Economica* 75, S. 39–59.

Mercator Forscherverbund „Innovatives Soziales Handeln – Social Entrepreneurship" (2012): Sozialunternehmer – Chancen für soziale Innovationen in Deutschland. Möglichkeiten der Förderung. 1. Aufl. Unter Mitarbeit von Achleitner, A.-K., Beckmann, M., Then, V., Jansen, S. A., Ziegler, R., Dietsche, C. et al. Hg. v. Stiftung Mercator GmbH. Essen. Online verfügbar unter http://www.stiftung-merca-tor.de/fileadmin/user_upload/INHALTE_UPLOAD/Wissenschaft/Social_Entrepreneurship/PN_12_284_ParlAbSe_Policy_Paper_12_09_13.pdf.

Messersmith, J. G.; Guthrie, J. P. (2010): High Performance Work Systems in Emergent Organizations: Implications for Firm Performance. *Human Resource Management* 49 (2), S. 241–264.

Messersmith, J. G.; Patel, P. C.; Lepak, D. P.; Gould-Williams, J. S. (2011): Unlocking the Black Box: Exploring the Link Between High-Performance Work Systems and Performance. *Journal of Applied Psychology* 96 (6), S. 1105–1118.

Meyskens, M.; Robb-Post, C.; Stamp, J. A.; Carsrud, A. L.; Reynolds, P. D. (2010): Social Ventures from a Resource-Based Perspective: An Exploratory Study Assessing Global Ashoka Fellows. *Entrepreneurship Theory and Practice* 34 (4), S. 661–680.

Mieg, H. A.; Wehner, T. (2002): Frei-gemeinnützige Arbeit. Eine Analyse aus Sicht der Arbeits- und Organisationspsychologie. Harburger Beiträge zur Psychologie und Soziologie der Arbeit, Nr. 33. Hg. v. Christel Kumbruck und Michael Dick. Technische Universität Hamburg-Harburg. Hamburg.

Mitchell, R. K.; Agle, B. R.; Wood, D. J. (1997): Toward a Theory of Stakeholder Identification and Salience: Defining the Principle of Who and What Really Counts. *Academy of Management Review* 22 (4), S. 853–886.

Mitchell, T. R.; Daniels, D. (2003): Motivation. In: Borman, W. C., Ilgen, D. R. und Klimowski, R. J. (Hg.): *Handbook of Psychology: Volume 12. Industrial and Organizational Psychology*. Hoboken, New Jersey: John Wiley & Sons, Inc, S. 225–254.

Monroe, M. V. (2010): A Phenomenological Study of Generation Y at Work: Better Understanding Generation Y's Lived Experience in the Workplace. Master Thesis. Pepperdine University, Malibu. The George L. Graziadio School of Business and Management. Online verfügbar unter http://search.proquest.com/docview/744102886, abgerufen am 16.01.2013.

Monti, M. (2009): Management by Motivation. Die Bedeutung der Benevol-Standards für die Motivation und Führung von Freiwilligen. Abschlussarbeit Certificate of Advanced Studies. Fachhochschule Nordwestschweiz Olten, Olten, Schweiz.

Morris, W. (2005): Organisational Creativity. The Top 10 Enablers. *New Zealand Management* 52 (10), S. 36–37.

Mort, G. S.; Weerawardena, J.; Carnegie, K. (2003): Social Entrepreneurship: Towards Conceptualisation. *International Journal of Nonprofit & Voluntary Sector Marketing* 8 (1), S. 76–88.

Mowen, J. C.; Sujan, H. (2005): Volunteer Behavior: A Hierarchical Model Approach for Investigating Its Trait and Functional Motive Antecedents. *Journal of Consumer Psychology* 15 (2), S. 170–182.

Neck, H.; Brush, C.; Allen, E. (2009): The Landscape of Social Entrepreneurship. *Business Horizons* 52 (1), S. 13–19.

Nicholls, A. (2006): Playing the Field: A New Approach to the Meaning of Social Entrepreneurship. *Social Enterprise Journal* 2 (1), S. 2–4.

Nicholls, A. (2010): The Legitimacy of Social Entrepreneurship: Reflexive Isomorphism in a Pre-Paradigmatic Field. *Entrepreneurship Theory and Practice* 34 (4), S. 611–633.

Nicholls, J.; Lawlor, E.; Neitzert, E.; Goodspeed, T. (2009): A Guide to Social Return on Investment. Hg. v. Sally Cupitt. CabinetOffice.

O'Gorman, C.; Doran, R. (1999): Mission Statements in Small and Medium-Sized Businesses. *Journal of Small Business Management* 37 (4), S. 59–66.

Oldham, G. R.; Hackman, J. R. (2010): Not What It Was and Not What It Will Be: The Future of Job Design Research. *Journal of Organizational Behavior* 31, S. 463–479.

O'Reilly III, C. A.; Chatman, J.; Caldwell, D. F. (1991): People and Organizational Culture: A Profile Comparison Approach to Assessing Person-Organization Fit. *Academy of Management Journal* 34 (3), S. 487–516.

Parker, S. (Hg.) (2007): International Handbook Series on Entrepreneurship, Vol 3: The Life Cycle of Entrepreneurial Ventures. 1. Aufl. 5 Bände. New York: Springer Science+Business Media Inc.

Parment, A. (2009): Die Generation Y - Mitarbeiter der Zukunft. Herausforderung und Erfolgsfaktor für das Personalmanagement. 1. Aufl. Wiesbaden: Gabler.

Patton, M. Q. (2002): Qualitative Research and Evaluation Methods. 3. Aufl.: Sage Publications, Inc.

Peredo, A. M.; McLean, M. (2006): Social Entrepreneurship: A Critical Review of the Concept. *Journal of World Business* 41 (1), S. 56–65.

Phillips, L. C.; Phillips, M. H. (2010): Volunteer Motivation and Reward Preference: An Empirical Study of Vounteerism in a Large, Not-For-Profit Organization. *S.A.M. Advanced Management Journal* 75 (4), S. 12–39.

Pinder, C. C. (2008): Work Motivation in Organizational Behavior. 2. Aufl. New York: Psychology Press.

Porter, L. W.; Bigley, G. A.; Steers, R. M. (Hg.) (2003): Motivation and Work Behavior. McGraw-Hill series in management. 7. Aufl. New York: McGraw-Hill/Irwin.

Porter, L. W.; Lawler, E. E. (1968): Managerial Attitudes and Performance. Irwin-Dorsey Series in Behavioral Science. 1. Aufl. Homewood, Ill.: R. D. Irwin.

Prabhu, G. N. (1999): Social Entrepreneurial Leadership. *Career Development International* 4 (3), S. 140–145.

Prendergast, C. (1999): The Provision of Incentives in Firms. *Journal of Economic Literature* 37 (1), S. 7–63.

Pümpin, C. B.; Kobi, J.-M.; Wüthrich, H. A. (1985): Unternehmenskultur - Basis strategischer Profilierung erfolgreicher Unternehmen. In: *Die Orientierung. Schriftenreihe der Schweizerischen Volksbank, Nr. 85, Bd.* 85. Schweizerische Volksbank.

Ram, M. (1999): Managing Autonomy: Employment Relations in Small Professional Service Firms. *International Small Business Journal* 17 (2), S. 13–30.

Rawsthorne, L. J.; Elliott, A. J. (1999): Achievement Goals and Intrinsic Motivation: A Meta-Analytic Review. *Personality and Social Psychology Review* 3 (4), S. 326–344.

Ridder, H.-G.; McCandless, A. (2010): Influences on the Architecture of Human Resource Management in Nonprofit Organizations : An Analytical Framework. *Nonprofit and Voluntary Sector Quarterly* 39 (1), S. 124–141.

Ridder, H.-G.; Piening, E. P.; Baluch, A. M. (2012): The Third Way Reconfigured: How and Why Nonprofit Organizations are Shifting Their Human Resource Management. *Voluntas* 23 (3), S. 605–635.

Roberts, D.; Woods, C. (2005): Changing the World on a Shoestring: The Concept of Social Entrepreneurship. *University of Auckland Business Review* 7 (1), S. 45–51.

Roder, B.; Lütjens, L. (2009): Ein Reporting-Standard für Social Entrepreneurs. In: Henkel, M., Gebauer, J., Lodemann, J., Mohaupt, F., Partzsch, L., Wascher, E. und Ziegler, R. (Hg.): *Social Entrepreneurship – Status Quo 2009. (Selbst)Bild, Wirkung und Zukunftsverantwortung. Tagungsband. HUB Berlin, 16.-17. Juli 2009.* Greifswald und Berlin: Geozon Science Media, S. 145–158.

Rondeau, K.; Wagar, T. (2001): Impact of Human Resource Management Practices on Nursing Home Performance. *Health Services Management Research* 14 (3), S. 192–202.

Roomkin, M. J.; Weisbrod, B. A. (1999): Managerial Compensation and Incentives in For-Profit and Nonprofit Hospitals. *Industrial and Labor Relations Review* 15 (3), S. 750–781.

Rotheroe, N.; Richards, A. (2007): Social Return on Investment and Social Enterprise: Transparent Accountability for Sustainable Development. *Social Enterprise Journal* 3 (1), S. 31–48.

Rowold, J.; Heinitz, K. (2007): Transformational and Charismatic Leadership: Assessing the Convergent, Divergent and Criterion Validity of the MLQ and the CKS. *The Leadership Quarterly* 18, S. 121–133.

Royce, M. (2007): Using Human Resource Management Tools to Support Social Enterprise: Emerging Themes from the Sector. *Social Enterprise Journal* 3 (1), S. 10–19.

Rump, J.; Eilers, S. (2012): Die jüngere Generation in einer alternden Arbeitswelt: Baby Boomer versus Generation Y. Schriftenreihe des Instituts für Beschäftigung und Employability IBE. 1. Aufl. Sternenfels: Verlag Wissenschaft & Praxis.

Rump, J.; Eilers, S.; Schabel, F.; Möckel, K. (2012): HR-Report 2012/2013. Schwerpunkt Mitarbeiterbindung. Eine empirische Studie des Instituts für Beschäftigung und Employability IBE im Auftrag der Hays AG. Hg. v. Hays AG. Hays AG; Instituts für Beschäftigung und Employability IBE. Mannheim. Online verfügbar unter http://www.hays.de/mediastore/pressebereich/Studien/pdf/HAYS-Studie-HR-Report-2012-2013.pdf?nid=ce96189b-bc43-4abd-aed0-251d03cd720f, abgerufen am 16.01.2013.

Rutherford, M. W.; Buller, P. F.; McMullen, P. R. (2003): Human Resource Management Problems over the Life Cycle of Small to Medium-Sized Firms. *Human Resource Management* 42 (4), S. 321–335.

Ryan, R. M.; Deci, E. L. (2000): Self-Determination Theory and the Facilitation of Intrinsic Motivation, Social Development, and Well-Being. *American Psychologist* 55 (1), S. 68–78.

Ryan, W. P. (1999): The New Landscape for Nonprofits. *Harvard Business Review* 77 (1), S. 127–136.

Santos, F. M. (2009): A Positive Theory of Social Entrepreneurship. INSEAD Faculty & Research Working Paper. Fontainebleau, France.

Say, J.-B. (1819 (1803)): Traité d'économie politique ou Simple Exposé de la manière dont se forment, se distribuent et se consomment les richesses. Tome Premier. 4. Aufl. Paris: Deterville.

Say, J.-B. (1844 (1830)): Cours complet d'economie politique pratique. 7. Aufl. Brüssel: Société typographique belge.

Schneck, O.; Hahn, K.; Schramm, U.; Stelzer, M. (2007): Lexikon der Betriebswirtschaft. 7. Aufl. München: Deutscher Taschenbuch Verlag.

Schumpeter, J. A. (1947): The Creative Response in Economic History. *The Journal of Economic History* 7 (2), S. 149–159.

Schumpeter, J. A. (1994 (1943)): Capitalism, Socialism and Democracy. 5 (Neuauflage). New York: Routledge.

Schweizerische Volksbank (1985): Die Orientierung. Schriftenreihe der Schweizerischen Volksbank, Nr. 85. Schweizerische Volksbank.

Seelos, C.; Mair, J. (2005): Social Entrepreneurship: Creating New Business Models to Serve the Poor. *Business Horizons* 48 (3), S. 241–246.

Seijts, G. H.; Latham, G. P.; Tasa, K.; Latham, B. W. (2004): Goal Setting and Goal Orientation: An Integration of Two Different Yet Related Literatures. *Academy of Management Journal* 47 (2), S. 227–239.

Seo, M.-G.; Barrett, L. F.; Bartunek, J. M. (2004): The Role of Affective Experience in Work Motivation. *Academy of Management Review* 29 (3), S. 423–439.

Shane, S.; Venkataraman, S. (2000): The Promise of Entrepreneurship as a Field of Research. *Academy of Management Review* 25 (1), S. 217–226.

Sharir, M.; Lerner, M. (2006): Gauging the success of social ventures initiated by individual social entrepreneurs. *Journal of World Business* 41 (1), S. 6–20.

Sheridan, J. E. (1992): Organizational Culture and Employee Retention. *Academy of Management Journal* 35 (5), S. 1036–1056.

Short, J. C.; Moss, T. W.; Lumpkin, G. T. (2009): Research in Social Entrepreneurship: Past Contributions and Future Opportunities. *Strategic Entrepreneurship Journal* 3, S. 161–194.

Sigi, T.; Werle, K. (2012): "Die Generation Y ändert die Unternehmen". Spiegel Online. Online verfügbar unter http://www.spiegel.de/karriere/berufsstart/generation-y-audi-personalvorstand-thomas-sigi-im-interview-a-848764.html, abgerufen am 17.01.2013.

Smelser, N. J.; Baltes, P. B. (Hg.) (2001): International Encyclopedia of the Social & Behavioral Sciences. Oxford: Pergamon.

Smith, A. (1976 (1776)): An Inquiry into the Nature and Causes of the Wealth of Nations. Chicago: The University of Chicago Press.

Solso, R. L. (2005): Kognitive Psychologie. 6. Aufl. Heidelberg: Springer Medizin Verlag.

Somers, A. B. (2005): Shaping the Balanced Scorecard for Use in UK Social Enterprises. *Social Enterprise Journal* 1 (1), S. 43–56.

Sonnet, C. (2012): Generation Y erobert den Arbeitsmarkt. Handelsblatt. Online verfügbar unter http://www.handelsblatt.com/unternehmen/buero-special/karriere-generation-y-erobert-den-arbeitsmarkt-seite-all/6224174-all.html, abgerufen am 17.01.2013.

Soros, G.; Schapiro, M. (2000): Interview with George Soros, Chairman, Soros Fund Management. Online verfügbar unter http://www.simulconference.com/clients/sowf/interviews/interview3.html, abgerufen am 19.09.2011.

Sprinkle, G. B. (2000): The Effect of Incentive Contracts on Learning and Performance. *Accounting Review* 75 (3), S. 299–326.

Stähler, P. (2002): Geschäftsmodelle in der digitalen Ökonomie: Merkmale, Strategien und Auswirkungen. Electronic Commerce, Band 7. 2. Aufl. Köln: Josef Eul Verlag.

Steers, R. M.; Mowday, R. T.; Shapiro, D. L. (2004): The Future of Work Motivation Theory. *Academy of Management Review* 29 (3), S. 379–387.

Sternberg, R. J.; O'Hara, L. A.; Lubart, T. I. (1997): Creativity as Investment. *California Management Review* 40 (1), S. 8–21.

Stevenson, H. H.; Gumpert, D. E. (1985): The Heart of Entrepreneurship. *Harvard Business Review* 63 (2), S. 85–94.

Stevenson, H.; Jarillo, J. C. (1990): A Paradigm of Entrepreneurship: Entrepreneurial Management. *Strategic Management Journal* 11, S. 17–27.

Stone, D. N.; Deci, E. L.; Ryan, R. M. (2009): Beyond Talk: Creating Autonomous Motivation through Self-Determination Theory. *Journal of General Management* 34 (3), S. 75–91.

Strauch, M. (2009): Selbst-Bilder von Social Entrepreneurs – Innenansichten eines Phänomens. In: Henkel, M., Gebauer, J., Lodemann, J., Mohaupt, F., Partzsch, L., Wascher, E. und Ziegler, R. (Hg.): *Social Entrepreneurship – Status Quo 2009. (Selbst)Bild, Wirkung und Zukunftsverantwortung. Tagungsband. HUB Berlin, 16.-17. Juli 2009.* Greifswald und Berlin: Geozon Science Media, S. 99–106.

Suh, T.; Shin, H. (2005): Creativity, Job Performance and Their Correlates: A Comparison Between Nonprofit and Profit-Driven Organizations. *International Journal of Nonprofit & Voluntary Sector Marketing* 10 (4), S. 203–211.

Swart, J.; Kinnie, N. (2010): Organisational Learning, Knowledge Assets and HR Practices in Professional Service Firms. *Human Resource Management Journal* 20 (1), S. 64–79.

Tan, W.-L.; Williams, J.; Tan, T.-M. (2005): Defining the 'Social' in 'Social Entrepreneurship': Altruism and Entrepreneurship. *International Entrepreneurship and Management Journal* 1, S. 353–365.

Tausend, C.; Katzauer, A.; Gruber, M. (2006): Anreizsysteme als elementare Gestaltungsgröße im Personalmanagement von jungen achstumsunternehmen. *Zeitschrift Führung und Organisation* 75 (1), S. 24–28.

Thommen, J.-P.; Achleitner, A.-K. (2003): Allgemeine Betriebswirtschaftslehre. Umfassende Einführung aus managementorientierter Sicht. 4. Aufl. Wiesbaden: Gabler Verlag.

Thompson, J. L. (2002): The World of the Social Entrepreneur. *The International Journal of Public Sector Management* 15 (4), S. 412–431.

Thompson, J.; Alvy, G.; Lees, A. (2000): Social Entrepreneurship - a New Look at the People and the Potential. *Management Decision* 38 (5), S. 328–338.

Tibbetts Jr., J. S.; Donovan, E. T. (1989): Compensation and Benefits for Startup Companies. *Harvard Business Review* 67 (1), S. 140–147.

Toftoy, C. N.; Chatterjee, J. (2004): Mission Statements and the Small Business. *Business Strategy Review* 15 (3), S. 41–44.

van Knippenberg, D.; Cremer, D. de; van Knippenberg, B. (2007): Leadership and Fairness: The State of the Art. *European Journal of Wirk and Organizational Psychology* 16 (2), S. 113–140.

VandeWalle, D.; Cron, W. L.; Slocum, J. J. W. (2001): The Role of Goal Orientation Following Performance Feedback. *Journal of Applied Psychology* 86 (4), S. 629–640.

VanSandt, C.; Sud, M.; Marmé, C. (2009): Enabling the Original Intent: Catalysts for Social Entrepreneurship. *Journal of Business Ethics* 90 (3), S. 419–428.

Various (2011): The Millennium Development Goals Report 2011. New York: United Nations.

Vasakarla, V. (2008): A Study on Social Entrepreneurship and the Characteristics of Social Entrepreneurs. *ICFAI Journal of Management Research* 7 (4), S. 32–40.

Verquer, M.; Beehr, T.; Wagner, S. (2003): A Meta-Analysis of Relations Between Person-Organization Fit and Work Attitudes. *Journal of Vocational Behavior* 63, S. 473–489.

Vollmeyer, R.; Brunstein, J. C. (Hg.) (2005): Motivationspsychologie und ihre Anwendung. Unter Mitarbeit von Frenz, B., Engeser, S. und Lund, B. 1. Aufl. Stuttgart: Kohlhammer.

Vroom, V. H. (1964): Work and Motivation. 1. Aufl. New York: John Wiley & Sons, Inc.

Waddock, S. A.; Post, J. E. (1991): Social Entrepreneurs and Catalytic Change. *Public Administration Review* 51 (5), S. 393–401.

Wagner, J. A., III. (Hg.) (1999): Advances in Qualitative Organization Research. Advances in Qualitative Organization Research Series, Volume 2. Greenwich, CT: JAI Press.

Wallace, B. (2005): Exploring the Meaning(s) of Sustainability for Exploring the Meaning(s) of Sustainability for Communitybased Social Entrepreneurs. *Social Enterprise Journal* 1 (1), S. 78–89.

Weerawardena, J.; McDonald, R. E.; Mort, G. S. (2010): Sustainability of Nonprofit Organizations: An Empirical Investigation. *Journal of World Business* 45 (4), S. 346–356.

Weerawardena, J.; Mort, G. S. (2006): Investigating Social Entrepreneurship: A Multidimensional Model. *Journal of World Business* 41 (1), S. 21–35.

Weisbrod, B. A. (1998): Guest Editor's Introduction: The Nonprofit Mission and Its Financing. *Journal of Policy Analysis & Management* 17 (2), S. 165–174.

Winter, W. (1999): Theorie des Beobachters. Skizzen zur Architektonik eines Metatheoriesystems. 1. Aufl. Frankfurt: Verlag Neue Wissenschaft.

Witzel, A. (2000): Das problemzentrierte Interview. *Forum Qualitative Sozialforschung/Forum: Qualitative Social Research, Art. 22*, 1 (1). Online verfügbar unter http://nbn-resolving.de/urn:nbn:de:0114-fqs0001228, abgerufen am 01.10.2012.

Witzel, A.; Reiter, H. (2012): The Problem-Centred Interview. 1. Aufl. Thousand Oaks, California: Sage Publications, Inc.

Wüthrich, H. A. (2011a): zutrauen | loslassen | experimentieren. Eine neue Führungskultur ist gefragt. *Zeitschrift Führung und Organisation* 80 (4), S. 212–219.

Wüthrich, H. A. (2011b): Talentmagnet. Die Mitarbeitenden begeistern. *Zeitschrift Führung und Organisation* 80 (5), S. 335–336.

Wüthrich, H. A.; Osmetz, D.; Kaduk, S. (2007a): Leadership schafft Wettbewerbsvorteile 2. Ordnung. *Zeitschrift Führung und Organisation* 76 (6), S. 312–319.

Wüthrich, H. A.; Osmetz, D.; Kaduk, S. (2007b): Mut zum Musterbruch. Führung jenseits der Lehre. *managerSeminare* (116), S. 32–39.

Wüthrich, H. A.; Osmetz, D.; Kaduk, S. (2009): Musterbrecher. Führung neu leben. 3. Aufl. Wiesbaden: Gabler GWV Fachverlage GmbH.

Wüthrich, H. A.; Osmetz, D.; Philipp, A. F. (2004): Misstraue den Reflexen! *Zeitschrift Führung und Organisation* 73 (1), S. 4–12.

Yin, R. K. (2008): Case Study Research: Design and Methods. Applied Social Research Methods Series, Volume 5. 4. Aufl. Thousand Oaks, California: Sage Publications, Inc.

Yunus, M. (2010): Building Social Business. The New Kind of Capitalism that Serves Humanity's Most Pressing Needs. 1. Aufl. New York: PublicAffairs.

Zahra, S. A.; Gedajlovic, E.; Neubaum, D. O.; Shulman, J. M. (2009): A Typology of Social Entrepreneurs: Motives, Search Processes and Ethical Challenges. *Journal of Business Venturing* 24 (5), S. 519–532.

Zhang, X.; Bartol, K. M. (2010): Linking Empowering Leadership and Employee Creativity: The Influence of Psychological Empowerment, Intrinsic Motivation, and Creative Process Engagement. *Academy of Management Journal* 53 (1), S. 107–128.

Zimmer, A.; Priller, E. (2007): Gemeinnützige Organisationen im gesellschaftlichen Wandel. Ergebnisse der Dritte-Sektor-Forschung. 2. Aufl. Wiesbaden: VS Verlag für Sozialwissenschaften | GWV Fachverlage GmbH.

Anhang

I. Interview-Leitfaden

I.1 Einführende Erläuterungen

I.1.1 Nutzung des Leitfadens im Rahmen der Interviews

☐ Der im Folgenden dargestellte Interview-Leitfaden bildet die Basis für die (in der Regel zwischen 90- bis 120-minütigen) Interviews, welche wiederum den Kern der empirischen Untersuchung dieser Arbeit darstellen

☐ Angestrebt werden möglichst offene Interviews, auf Basis der zuvor theoriegestützt identifizierten, relevanten Themenfelder (halbstrukturiert, problemzentriert)

☐ Je Themenfeld/ -block wird zunächst mit einer einleitenden, offenen Frage eröffnet; hierdurch wird gewährleistet, dass die Interviewpartner jeweils möglichst frei, unvoreingenommen und „unvorbelastet" Stellung nehmen können

☐ Der Rede- und Gedankenfluss sowie die individuellen Schwerpunkte der Interviewpartner sind in der Folge immer maßgeblich und gehen im Zweifel vor Struktur des Fragebogens

☐ Die im Folgenden ebenfalls aufgeführten, detaillierten Fragen/Inhalte dienen in diesem Sinne vor allem als Gedankenstütze und Strukturierungshilfe für den Interviewleiter, und werden (nur) bei Bedarf eingesetzt, um bspw. bei wichtigen Aspekten nachzuhaken oder gezielt Impulse zu geben

☐ Ziel ist es demnach <u>nicht</u>, alle Aspekte/ Themenfelder oder detaillierten Fragen des Fragebogens zwanghaft bzw. dogmatisch abzuarbeiten

I.1.2 Zuordnung der Fragen zu Interviewpartner-Kategorien

Da verschiedene Gruppen befragt werden (Führungskräfte und Mitarbeiter von Sozialunternehmen, ausgewählte Experten) und nicht alle Fragen für alle Gruppen relevant sind, wurden die Fragen im Sinne eines optimalen Interviewflusses grob den jeweils relevanten Interviewpartner-Kategorien zugeordnet. Dies soll jedoch nur eine grobe Leitlinie darstellen und ist in keinem Falle als zwingend oder bindend anzusehen.

☐ Mitarbeiter von Sozialunternehmen
   ○ SE = Alle Mitarbeiterkategorien
   ○ SE-FK = Führungskräfte, HR
   ○ SE-MA = Mitarbeiter
   ○ SE-F = Freiwillige/ Volunteers
☐ Experten
   ○ E = Social Entrepreneurship/ Social Business
   ○ E-M = Motivation allgemein

    o   E-MSE = Motivation Social Entrepreneurship

I.2   Motivation im Führungskontext allgemein

☐ **[SE]** Vielleicht ganz kurz zu Anfang: Wie würden Sie mir (1) Ihr Unternehmen und (2) Ihr Verständnis von Social Entrepreneurship beschreiben?

☐ **[SE]** Was ist Ihre Hauptmotivation/ Ihr Hauptantrieb in Bezug auf Ihre Arbeit/ Tätigkeit?

☐ **[SE]** Was bedeutet für Sie persönlich Motivation bzw. Motivation im Führungskontext? Welche Aspekte/Kategorien sind aus Ihrer Sicht hierbei besonders wichtig?

☐ **[SE]** Welche Rolle spielt das Thema (Mitarbeiter-)Motivation generell in Ihrer Unternehmung? Spielt das Thema Motivation im täglichen Arbeiten eine Rolle?

☐ **[SE]** Ist es ein Thema, das als aktive Führungsaufgabe (und wichtiges Element der Unternehmensführung) gesehen und genutzt wird, oder wird es eher intuitiv gesteuert?

☐ **[SE]** Wie gestalten Sie Motivation im Führungskontext ganz konkret in Ihrem Unternehmen?

☐ **[SE]** Was wird den Mitarbeitern geboten, was diese woanders nicht bekommen können?

I.3   Mitarbeiter gewinnen

I.3.1   Aufmerksamkeit schaffen

I.3.1.1   Präsentation und Positionierung der Organisationen am Markt

☐ **[SE]** Erachten Sie die Bekanntheit konkret Ihres Unternehmens als ein wichtiges und relevantes Thema?

☐ **[SE]** Wie präsentiert sich das Unternehmen am Markt?

☐ **[SE-FK]** Was möchten Sie nach außen/ an den Markt kommunizieren? Was wird aktuell kommuniziert?

☐ **[SE]** Wie sind Sie auf das Unternehmen aufmerksam geworden?

☐ **[SE]** Welches ist insgesamt über alle Bereiche Ihr wichtigstes (zweit/ dritt wichtigstes) Alleinstellungsmerkmal? Wie hat es sich über die Zeit verändert? Was hat sich verändert?
    o   Aus Ihrer Perspektive
    o   Aus Sicht des Marktes

☐ **[SE-FK]** Vergleichen Sie sich mit anderen Unternehmen? Wenn ja:
    o   Mit welchen Unternehmen?
    o   In welchen Bereichen, und anhand welcher Kriterien?
    o   Werden die relativen Vorteile aktiv kommuniziert? Wo?

☐ **[SE]** Auf welchen Kanälen wird Ihr Unternehmen nach außen präsentiert (ggü. potentiellen Arbeitnehmern, Kunden, Investoren, interessierte Öffentlichkeit)?

➢ Website, Newsletter, Messen, Relevante Internet-Plattformen, Job-Plattformen...

I.3.1.2   Bekanntheit und Verbreitung des Konzepts Social Entrepreneurship

☐ **[SE]** Erachten Sie die Bekanntheit des Konzeptes Social Entrepreneurship allgemein als ein wichtiges und relevantes Thema?

☐ **[SE, E]** Was sind/ wären aus Ihrer Sicht geeignete Methoden, um das Konzept „Social Entrepreneurship"/ „Social Business" und die Unternehmen am Markt bekannter zu machen?

  ○ Einheitliches Social Performance Measurement
  ○ Plattformen, in denen Unternehmen gelistet und vergleichbar sind
    ▪ Unabhängig & übergeordnet/ „offiziell", z.B. Social Stock Market
    ▪ „Inoffizielle" Zusammenschlüsse mehrerer Unternehmen, z.B. Allianzen und Netzwerke
  ○ Ausbildungskonzepte an Universitäten *(siehe III.1.b)*

☐ **[SE-FK]** Werden Kooperationen mit Organisationen, die das Konzept „Social Entrepreneurship"/ „Social Business" am Markt/ in der Öffentlichkeit bekannter machen, aktiv nach außen kommuniziert? Was sind die primären Ziele dieser Kooperationen?

☐ **[SE-FK]** Kooperieren Sie mit verwandten Unternehmen, um das Konzept „Social Entrepreneurship"/ „Social Business" generell und konkret Ihr Unternehmen bekannter zu machen? Wenn ja: Wie sehen diese Kooperationen aus?

I.3.1.3   Ausbildung und Karriereentscheidungsmechanismen

☐ **[SE-FK]** Inwieweit rekrutieren Sie Uni-Absolventen direkt nach Studienabschluss? Spielen Direkteinsteiger gegenüber Quereinsteigern eine signifikante Rolle?

☐ **[SE-FK, E]** Welche Rolle spielen Kooperationen mit Lehrstühlen/ Studienprogrammen, die sich primär mit dem Thema „Social Entrepreneurship"/ „Social Business" beschäftigen? Wie sehen diese Kooperationen aus? Welchen Nutzen und welche Pflichten haben Sie?

☐ **[SE, E]** Welche Aspekte/ Inhalte sollten in Universitätsprogrammen aus Ihrer Sicht primär vermittelt werden?

  ○ Social Entrepreneurship-/ Social Business-Konzept generell
  ○ Betriebswirtschaftliche Methoden
  ○ !! Unternehmensgründung/ Gründungsideen vs. Anstellungsverhältnis
  ○ Besonderheiten d. Geschäftsmodells (Finanzierung, Stakeholder Mgmt., etc.)

☐ **[SE-FK]** Welche Möglichkeiten nutzen Sie ganz konkret, um junge Talente beim Entscheidungsprozess von Ihrem Unternehmen/ Ihrem Bereich zu überzeugen? Welche Kriterien sind hierbei am wichtigsten/ hilfreichsten?

☐ **[SE, E]** Welche weiteren Aktionen und Initiativen (neben primärer Ausbildung) sind aus Ihrer Sicht notwendig, um Studenten zu einer Anstellung im Bereich Social Entrepreneurship zu überzeugen, bzw. diese für den Bereich zu sensibilisieren?

☐ **[SE]** Aus welchen Gründen haben Sie sich entschieden, im Bereich Social Entrepreneurship/ Social Business zu arbeiten?

I.3.2   Recruiting

☐ **[SE]** Welchen Stellenwert hat Recruiting in Ihrer Organisation?

☐ **[SE-FK]** Wie wird bei Ihnen Mitarbeiter Recruiting betrieben? [Recruitingprozess und -ablauf]
- o Werden nur genau definierte Stellen ausgeschrieben und besetzt, oder spielen Initiativbewerbungen eine größere Rolle?
- o Gibt es spezifische Anforderungsprofile? Wenn ja, wie sehen diese aus?
- o Welche Medien/ Plattformen verwenden Sie? Warum?

☐ **[SE-FK]** Welche Auswahlkriterien sind relevant?

☐ **[SE-FK]** Spielen Persönlichkeitsmerkmale sowie der „Culture-Fit" des Bewerbers eine wichtige Rolle im Recruitingprozess? Wenn ja: Wie wird dies geprüft/ sichergestellt?

☐ **[SE-FK]** Welche Alleinstellungsmerkmale kommunizieren Sie? Wie grenzen diese Sie von Ihren Mitbewerbern ab?

☐ **[SE-FK]** Sehen Sie sich beim Recruiting im direkten Wettbewerb mit kommerziellen Unternehmen, oder sprechen Sie verschiedene Zielgruppen an? Was sind die Konsequenzen hieraus?

☐ **[SE-FK]** Für welche Karrierestufen wird rekrutiert? Sind „Senior Outside Hires" für Führungspositionen ein Thema?

☐ **[SE]** Welche Faktoren haben Sie persönlich vom Unternehmen überzeugt?
- ➢ Sozialer Fokus/ soziales Ziel des Unternehmens, Double Bottom Line (primäres soziales Ziel bei gleichzeitiger kommerzieller Aktivität), positive Außenwahrnehmung, Spezifischer Inhalt der Arbeit/ Tätigkeit, Bezahlung, Arbeitszeiten/ Work-Life-Balance, Unternehmenskultur, Karrieremöglichkeiten/ -perspektiven

I.4   Mitarbeiter führen, entwickeln und halten

I.4.1   Grundlegende führungsrelevante Aspekte

☐ **[SE]** Was fällt Ihnen spontan zum Thema Mitarbeiterinspiration ein?

☐ **[SE]** Was ist für Inspiration/Passion besonders wichtig? Wie/ mit welchen Mitteln erreichen Sie dies in Ihrer Organisation?

☐ **[SE-MA]** Welche Rolle spielen die Führungskräfte und ihr konkretes Verhalten für Ihre Motivation? Welche Aspekte sind hierbei wichtig?

☐ **[SE]** Sehen Sie/ die Führungskräfte sich selbst als Vorbilder für die Mitarbeiter?

☐ **[SE-MA]** Werden sie als solche wahrgenommen? Wie wird diese Vorbildfunktion erreicht?

☐ **[SE]** Leben Sie eine Kultur, in der Passion, Leidenschaft und Emotionen offen gezeigt werden (können/ dürfen)?

☐ **[SE]** Mit welchen Mitteln werden die Mitarbeiter durch das Handeln/ Verhalten der Führungskräfte mobilisiert/ inspiriert?
- O Wird die eigene Passion/ Leidenschaft der Führungskräfte offen gezeigt? Wie äußert sich das?
- O Mit welchem aktiven und persönlichen Einsatz versuchen Sie/ die Führungskräfte
  - ▪ ...die Mitarbeiter von den Zielen des Unternehmens sowie dem Sinn dieser Ziele zu überzeugen?
  - ▪ ...die Identität der Mitarbeiter mit dem Unternehmen zu steigern?
- O Auf welchen Kommunikationswegen versuchen die Führungskräfte, die Mitarbeiter zu inspirieren/ mobilisieren (persönliche Ansprache, Mails, Videobotschaften, etc.)?

☐ **[SE]** Inwieweit wird ein konkretes Unternehmensleitbild in Form von Mission Statement/ Vision zur Motivation genutzt?
- O Gibt es ein konkret formuliertes Unternehmensleitbild (Mission Statement/ Vision Statements)?
- O Wie sieht dieses aus?
  - ▪ Ist es konkret oder eher allgemein gehalten?
  - ▪ Was ist der Fokus/ Inhalt? Spielt die interne Perspektive/ Kultur eine Rolle?
- O Ist dieses Top-down, Bottom-up oder in einer Mischform entstanden?
- O Wird es aktiv durch die Organisation kommuniziert?
- O Identifizieren Sie sich mit der Mission/ Vision und deren Werten? Wie äußert sich dies?
- O Welche Rolle spielt das Unternehmensleitbild im täglichen Arbeiten?

I.4.2 Motivation und Anreizsysteme

☐ **[SE]** Gibt es in Ihrem Unternehmen dezidierte Anreizsysteme und Motivationsstrukturen? Wenn ja:
- O Welche Elemente enthalten diese?
- O Was ist aus Ihrer Sicht hierbei besonders wichtig?
- O Welche Ziele sollen damit erreicht werden?

☐ **[SE]** Würden Sie sagen, dass Sie sich hinsichtlich der Anreizsysteme von Wettbewerbern, insb. dem kommerziellen Sektor, unterscheiden? Wenn ja: Wie?

☐ **[SE]** Welche Rolle spielen aus Ihrer Sicht Fairness und Transparenz der Anreizsysteme hinsichtlich ihrer Akzeptanz und Wirksamkeit?

I.4.3   Kontrollierte Motivation und Anreizsysteme

Festgehalt

☐   **[SE]** Wie wird das (Grund-)Gehalt festgelegt?
     O   Gibt es klare und eindeutige Gehaltsstrukturen?
     O   Welcher Grad an Dynamik ist vorhanden (Lockstep vs. Leistungsbezogen vs. Mischform)?

☐   **[SE-FK]** Orientieren Sie sich bei der Festlegung der Gehaltshöhe an Benchmarks/ Vergleichswerten?
     O   Vergleichbare Unternehmen im Bereich Social Entrepreneurship
     O   Vergleichbare Unternehmen im Bereich Non-Profit
     O   Vergleichbare Unternehmen im kommerziellen Bereich

☐   **[SE]** Wie empfinden Sie Ihre Bezahlung? Gerecht/ ungerecht? An was machen Sie Ihre Aussage fest?

☐   **[SE]** Wie beurteilen Sie die folgenden Aussagen:
     O   „Für den intrinsischen, sinnstiftenden Wert der Arbeit in einem SE-Unternehmen muss/ sollte man bereit sein, im Vergleich zu kommerziellen Unternehmen auf Gehalt zu verzichten.“
     O   „Geld spielt für mich nur eine untergeordnete Rolle.“
     O   „In SE-Unternehmen sollte marktgerecht entlohnt werden.“

☐   **[SE]** (Wie hoch ist hier Gehalt?)

Extrinsische Anreize

☐   **[SE]** Existieren extrinsische Mittel zur Motivation der Mitarbeiter? Wenn ja: Welche?
     O   Monetäre Anreizsysteme vs. nicht-monetäre materielle Anreizsysteme
     O   Imaterielle Motivation (Auszeichnungen, Feedback, etc.)
     O   Ziele (Goal Setting)
     O   …

☐   **[SE]** Welche materiellen Anreizsysteme sind in Ihrem Unternehmen implementiert?
     O   Monetär (z.B. Bonus) vs. Nicht-monetär (z.B. Dienstwagen, Ausstattung Büro)
     O   Wovon sind diese abhängig?
        ▪   Nicht-aufgabenbezogene, unerwartete Anreize (Task-noncontingent)
        ▪   Aufgabenbezogene Anreize (Task contingent)
        ▪   Leistungsbezogene Anreize (Performance-contingent): Leistung des Einzelnen vs. Team vs. Gesamtunternehmen vs. spezifische Ziele

☐   **[SE-FK]** Welche(s) Ziel(e) wird/werden mit den extrinsischen Anreizsystemen primär verfolgt? Welche (beabsichtigte) Wirkung haben die vorhandenen Anreizsysteme auf die tägliche Arbeit?
     O   Mehr Arbeit (Quantität)?
     O   Bessere Arbeit (Qualität)?

○ Wie wichtig ist der Aspekt der (Leistungs-)Kontrolle? Wenn wichtig, wird dies offen und transparent kommuniziert?

☐ **[SE]** Welche Wirkung haben die Anreizsysteme ganz konkret für Sie?
  ○ Fühlen Sie sich durch die Anreizsysteme eher gefördert oder behindert?
  ○ Fühlen Sie sich durch die Anreizsysteme kontrolliert?

☐ **[SE]** Welche Aspekte sind für Sie im Rahmen eines Anreizsystems grundsätzlich wichtig?
  ○ Gerechtigkeit
  ○ Transparenz
  ○ ...

☐ **[SE]** Wie könnte aus Ihrer Sicht ganz konkret ein funktionierendes Anreizsystem aussehen? Welche Charakteristika müsste/sollte es haben?

☐ **[SE]** Sind Ihnen „Crowding-out Effekte" oder „Korrumpierungseffekte" ein Begriff?
  ○ Wenn ja: Inwieweit sind diese aus Ihrer Sicht für Ihr tägliches Arbeiten relevant?

☐ Wie können aus Ihrer Sicht Korrumpierungseffekte vermindert/ verhindert werden?
  ➤ Feedback/Bewertungen

Zielvereinbarungen / Zielgestaltung

☐ **[SE]** Werden Ziele als Motivationshilfe und Anreiz genutzt?

☐ **[SE-FK]** Welchen primären Zweck haben die Ziele?
  [SE] Welche (Aus)Wirkung haben die Ziele auf Sie persönlich?
  ○ Kontrolle/ Hinführung zu einem gewünschten Handeln
  ○ (Positive) Führung
  ○ Anregende Wirkung/ Freisetzung von Energie
  ○ ...

☐ **[SE]** Sind die Ziele verknüpft mit Boni/Prämien/sonstigen Anreizen

☐ **[SE]** Welche Zieltypen werden verwendet?
  ○ Fokus auf gewünschten Zustand und dessen Erreichung – aktiv und offensiv (Performance approach goals)
  ○ Fokus auf nicht gewünschten Zustand und dessen Vermeidung – passiv und defensiv (Performance avoidance goals)
  ○ Fokus auf Lernen und Wissens-/ Kompetenzaufbau (Mastery/ Learning goal)

☐ **[SE]** Für wen gelten die Ziele (Zielebene)?
  ➤ Individuell vs. Gruppe vs. Unternehmen

☐ **[SE]** Wie/ von wem werden die Ziele gesetzt (Zielherkunft)?
  ➤ Top-down vs. Bottom-up vs. partizipativ

☐ **[SE]** Werden bei der Zielsetzung die individuellen Ziel-Orientierungen (goal orientations) der Individuen berücksichtigt, d.h. individuell auf diese eingegangen?

o   Fokus auf Lernen/ Aufbau von Kompetenz (Mastery/ Learning Goal orienta-
    tion)
o   Fokus auf das erfolgreiche Erreichen eines Zieles – aktiv und offensiv (Per-
    formance approach orientation)
o   Fokus auf der Vermeidung eines nicht gewünschten Zustands – passiv und
    defensiv (Performance avoidance orientation)
o   Fokus auf dem Erreichen eines materiellen Anreizes oder der Vermeidung ei-
    ner materiellen Betrafung (Extrinsic goal orientation)
o   Fokus auf soziale Interaktion und Bestätigung (Social goal orientation)
o   Amotivation (Work avoidance goal orientation)

I.4.4   Autonome Motivation und Anreizsysteme

☐   **[SE]** Welchen Stellenwert hat aus Ihrer Sicht die intrinsische, aus Inhalt und Aus-
    übung der Tätigkeit bezogene Motivation für Sie bzw. welche Rolle spielt Sie in Ihrer
    Organisation?

☐   **[SE]** Welche Aspekte spielen Ihrer Erfahrung nach eine Rolle bei der Förderung von
    intrinsischer Motivation? Welche Mittel werden in Ihrer Organisation genutzt?
    o   Sinnstiftung der Tätigkeit
    o   Anforderungsvielfalt (➔ Interesse, Kompetenzaufbau)
    o   Ganzheitlichkeit (➔ Zusammenhang mit anderen Tätigkeiten im Unterneh-
        men)
    o   Bedeutsamkeit (➔ Wichtigkeit der Tätigkeit für Unternehmen)
    o   Autonomie
    o   Zugehörigkeit (Relatedness)
    o   Feedback/Bewertungen (➔ informativ/konstruktiv)
    o   …

☐   **[SE]** Haben Sie den Eindruck, dass bei der Motivation unterschiedliche Orientierun-
    gen hinsichtlich der Verhaltenssteuerung berücksichtigt werden (General causality
    orientations), d.h. wird auf die spezifische Persönlichkeit der Mitarbeiter eingegangen?
    Wenn ja, inwiefern?
    o   Autonomy oriented
    o   Control oriented
    o   Impersonally oriented (tendency to be amotivated)

Sinnstiftung der Tätigkeit

☐   **[SE]** Würden Sie Ihre Arbeit/ Tätigkeit als sinnstiftend/ erfüllend bezeichnen?

☐   **[SE]** Ist Ihnen dies (besonders) wichtig?

☐   **[SE]** Wenn ja: In welcher Weise?
    o   Welche Aspekte Ihrer Arbeit/ Tätigkeit empfinden Sie als (besonders) sinn-
        stiftend/ erfüllend?
    o   Wie wichtig ist es Ihnen im Vergleich zu anderen Eigenschaften der Arbeit
        (z.B. Bezahlung/ Gehalt, Arbeitszeiten/ Work-Life-Balance, Karriereperspek-
        tiven, etc.)?

Anforderungsvielfalt/ Kompetenzaufbau/ Expertise

☐ **[SE]** Welche Rolle spielt Anforderungsvielfalt/ Kompetenzaufbau für Motivation generell/ Ihre Motivation?

☐ **[SE]** Sind Sie zufrieden mit der Anforderungsvielfalt Ihrer Tätigkeit/Aufgaben, d.h. nicht zu wenig, nicht zu viel, interessant? Fühlen Sie sich unterfordert/ überfordert?

☐ **[SE]** Gibt es ein „strukturiertes Anforderungsmanagement" bzw. „persönliche Lern-felder", d.h. werden die Tätigkeiten hinsichtlich der Anforderungen auf den einzelnen Mitarbeiter abgestimmt und regelmäßig (mit ihm gemeinsam) überprüft, oder werden Aufgaben spontan und je nach Verfügbarkeit verteilt?

☐ **[SE]** Wie wird sichergestellt, dass Sie/ die Mitarbeiter eine passende Expertise für Ihre Tätigkeiten besitzen?

  ○ → Sind formale Trainings notwendig/wichtig oder lernen Sie/ die Mitarbeiter hauptsächlich „on-the-job"?

  ○ Welche Art von Trainings gibt es?

  ▪ Fachlich-qualifikatorische Trainings (Arbeitsinhalt-spezifisch)

  ▪ Unterstützende Trainings (z.B. Förderung von Fähigkeiten/ Metho-den zum kreativen Denken, Zeitmanagement, etc.)

  ○ Ist die Teilnahme freiwillig oder verpflichtend?

  ○ Wie oft finden Trainings statt?

  ○ Wie finden Trainings statt? (one-on-one vs. Gruppe; telefonisch, online, per-sönlich)

  ○ → Haben Sie/ die Mitarbeiter Zeit zum Lernen?

  ○ Wie wird Wissen an andere Mitarbeiter/ die Firma weitergegeben? Gibt es feste, regelmäßige Termine zum Austausch bzw. zur Kodifikation?

  ○ Gibt es ein Patensystem, bei dem erfahrene Mitarbeiter ihr Wissen weiterge-ben können? Ist die Teilnahme freiwillig oder verpflichtend? Wer bestimmt die Paarungen?

  ○ → Nutzen Sie Kompetenz „von außen"?

☐ **[SE]** Welche Rolle spielt Feedback und/oder Bewertungen?

☐ **[SE]** Wie werden Feedback und Bewertungen gestaltet (Informativ/konstruktiv vs. bewertend/ kontrollierend)?

  ○ Informativ/ konstruktives Feedback

  ▪ Gibt es informatives, konstruktives Feedback mit dem Ziel der Wei-terentwicklung der Kompetenz und Persönlichkeit? Wird es aktiv ge-fördert?

  ▪ Wann und wie wird Feedback ausgetauscht?

  ▪ Liegt Zeitpunkt und Art des Feedbacks im Ermessen der einzelnen Personen, oder gibt es hierfür festgelegte Rahmen?

  ▪ Welche Rolle spielen verbale Belohnungen in Form von Lob und An-erkennung?

  ○ Bewertung und Beförderung

  ▪ Wie und wie oft werden die Mitarbeiter intern bewertet?

  ▪ Gibt es ein kodifiziertes Bewertungsschema/ Beurteilungssystem?

- Gibt es konstruktiv-informative/ normative Elemente im Bewertungsschema? Wie wichtig sind diese im Vergleich zur „harten" Bewertung?
- Wie werden die Bewertungen/ Beurteilungen kommuniziert?
- Wie werden eventuelle Zielvereinbarungen/Zielfähigkeiten nachgehalten? Was sind die Konsequenzen bei Nicht-Erreichen? Bei Erreichen?
- Wovon hängt eine Beförderung ab? Gibt es Beförderungen? Welche Auswirkungen hat eine Beförderung?

☐ Welche sonstigen Faktoren unterstützen Sie dabei, hinsichtlich der an Sie gestellten Anforderungen ein gutes, zufriedenstellendes Gefühl zu haben?
  - ○ Wertschätzung/Lob/Anerkennung
  - ○ Effektives Arbeitsumfeld
  - ○ Erfahrungsaustausch
  - ○ Supervision

☐ [SE] Fühlen Sie sich hinsichtlich Ihrer Kompetenz ausreichend unterstützt/ begleitet, um Ihre Tätigkeiten/ Aufgaben zu bewältigen?

Ganzheitlichkeit und Bedeutsamkeit der Tätigkeit/ Aufgabe

☐ [SE] Wie wichtig ist es aus Ihrer Sicht, den Zusammenhang von Tätigkeiten mit anderen Tätigkeiten im Unternehmen sowie ihre Wichtig- und Bedeutsamkeit für das Unternehmen klar deutlich zu machen?

☐ [SE] Wird den Mitarbeitern der Zusammenhang Ihrer Tätigkeit mit anderen Tätigkeiten im Unternehmen deutlich gemacht/ vermittelt? Wenn ja: Wie?

☐ [SE] Findet ein regelmäßiger Austausch zwischen den einzelnen Teammitgliedern/ Teams statt?

☐ [SE-MA] Ist Ihnen der Zusammenhang Ihrer Tätigkeit mit anderen Tätigkeiten im Unternehmen klar ersichtlich? Ist dies aus Ihrer Sicht notwendig/ hilfreich?

☐ [SE] Wird den Mitarbeitern die Wichtigkeit und Relevanz Ihrer Tätigkeit, d.h. der Beitrag zum Unternehmensziel/-erfolg deutlich gemacht/ vermittelt? Wenn ja: Wie?

☐ [SE-MA] Ist Ihnen die Wichtigkeit und Relevanz Ihrer Tätigkeit für das Unternehmen klar ersichtlich?

Autonomie/ Übertragung von Verantwortung (Empowerment)/ Partizipation

☐ [SE] Welche Meinung und Erfahrungen haben Sie mit Autonomie/ Empowerment/ Partizipation im Bereich der Mitarbeitermotivation?

☐ [SE] Inwiefern und in welcher Weise wird die Partizipation der Mitarbeiter aktiv gefördert? Welche Faktoren sind hierbei besonders wichtig?
  - ○ Wie würden Sie den Kommunikationsstil in Ihrem Unternehmen beschreiben?
    - Offen und partizipativ („auf gleicher Ebene") vs. direktiv und „hierarchisch"

- Werden offene Fragen gestellt und die Partizipation der Mitarbeiter bei der Problemlösung aktiv eingefordert?
- Werden die Perspektiven und Vorschläge der Mitarbeiter ernst genommen/ anerkannt/ beachtet?
  - ○ Inwieweit werden Sie/ die Mitarbeiter ermuntert, neue Geschäftsmöglichkeiten und Projekte auszuarbeiten/ aktiv ins Gespräch zu bringen bzw. zu verfolgen?
  - ○ Gibt es (feste) Foren, in denen Sie/ die Mitarbeiter Ihre Ideen und Anmerkungen vortragen können?
  - ○ In welche (strategischen) Entscheidungen werden Sie/ die Mitarbeiter einbezogen? Gibt es hierbei klare Mitbestimmungsregeln?
  - ○ Welche zusätzlichen Maßnahmen zur Steigerung der Partizipation würden Sie sich wünschen?
- ☐ **[SE]** Inwiefern und in welcher Weise werden Autonomie und Eigenverantwortung aktiv gefördert? Welche Faktoren sind hierbei besonders wichtig?
  - ○ Werden für Sie/ die Mitarbeiter Freiheiten geschaffen, die autonomes Handeln in bestehenden Strukturen ermöglichen?
    - Freiheit bezüglich der Aspekte, wie eine bestimmte Tätigkeit angegangen wird (z.B. konkrete Projektausführung)
    - Weniger Kontrolle (z.B. weniger notwendige Genehmigungsstufen für Projektveränderungen)
  - ○ Werden Ihnen/ den Mitarbeitern eigene Bereiche zugeordnet, in denen Sie/ diese eigenverantwortlich handeln (können)?
    - Wie weit reichen die jeweiligen Bereiche/ Kompetenzen?
    - Müssen sämtliche Entscheidungen bis nach oben getragen werden? Wenn nein: Welche ja, welche nicht? Gibt es konkrete, transparente Guidelines?
    - Müssen Budgetentscheidungen immer abgezeichnet werden? Gibt es hierfür Regeln?
  - ○ Welche zusätzlichen Maßnahmen hinsichtlich Autonomie und Eigenverantwortung würden Sie sich wünschen?
- ☐ **[SE]** Sind Hierarchien/ hierarchisches Denken wichtig? Welche/ wie viele Hierarchieebenen gibt es?
- ☐ **[SE]** Sind Hierarchien aus Ihrer Sicht motivationsfördernd (z.B. klare Aufstiegschancen) oder motivationshemmend (z.B. Einschränkung der Autonomie, mehr Bürokratie)?
- ☐ **[SE]** Wie gehen Sie in Ihrer Organisation mit Hierarchien um? Welche/n Aufgabe/Nutzen haben sie?

Zugehörigkeit (Relatedness)

- ☐ **[SE]** Welche Rolle spielt (spielen) Zugehörigkeit (soziale Beziehungen) für Motivation generell/ Ihre Motivation?
- ☐ **[SE]** Wie wird die Zusammengehörigkeit innerhalb der Organisation/ der Teams unterstützt bzw. gefördert?

☐ **[SE]** Wie würden Sie Ihre Unternehmenskultur beschreiben?

☐ **[SE]** Ist die Unternehmenskultur ein wichtiger Aspekt des täglichen Arbeitens? Wenn ja: Wie äußert sich das?

☐ **[SE]** Wie wird ein Gefühl der Zugehörigkeit, konkret die Zusammenarbeit, gegenseitige Unterstützung/ Kooperation und Austausch unter den Mitarbeitern konkret gefördert?

   o Teambuilding/Gemeinsame Aktivitäten

   o Umgang untereinander/Kultur

   o Arbeitsatmosphäre

   o Tägliche Arbeit

      ▪ Zusammenarbeit in losen Arbeitsgruppen vs. festen Teams vs. wechselnden Teams

   o Regelmäßiger Austausch zu festen Terminen/ Anlässen (z.B. gemeinsames Frühstück, Mittagessen)

      ▪ Arbeitsinhalte/ aktuelle Themen, Erfahrungen, Tipps und Tricks, Wissen...

   o Aktive Förderung/ Anerkennung/ Incentivierung von kooperativem Verhalten sowie Ablehnung von „autistischem" Verhalten

I.4.5   Freiwilligenmanagement

☐ **[SE-FK]** Spielen freiwillige Mitarbeiter eine signifikante Rolle in Ihrem Unternehmen?

☐ **[SE-FK]** In welchen Bereichen werden Sie hauptsächlich eingesetzt?

☐ **[SE-FK]** Findet eine klare (aufgabenbezogene) Trennung der bezahlten und freiwilligen Kräfte statt?

☐ **[SE-FK]** Wie motivieren Sie freiwillige Mitarbeiter?

   o Was sind spezifische Herausforderungen bei der Motivation von Freiwilligen?

   o Was sind die Unterschiede zur Motivation bezahlter Kräfte?

   o Welche Konfliktpotenziale gibt es? Wie werden diese gelöst?

☐ **[SE-F]** Wie nehmen Sie Ihre Funktion/ Stellung/ Standing im Unternehmen wahr? Fühlen Sie sich als vollwertiges Mitglied der Organisation?

☐ **[SE-F]** Wie sieht Ihre Arbeit/ Zusammenarbeit mit bezahlten Vollkräften aus?

☐ **[SE-F]** Arbeiten Sie gleichberechtigt neben bezahlten Vollkräften, oder besteht Ihre Arbeit eher darin, diesen zuzuarbeiten?

☐ **[SE-F]** Woraus ziehen Sie Ihre Motivation für Ihre freiwillige Tätigkeit?

I.4.6   Förderung der organisationalen Verhaltensmuster

I.4.6.1   Innovation/ Kreativität

☐ **[SE]** Welche Rolle spielen Innovation und Kreativität in Ihrem täglichen Arbeiten? Sind sie wichtig für Ihre Motivation? Wenn ja: Inwiefern?

☐ **[SE]** Wie wird Ihre/ die Kreativität der Mitarbeiter aktiv gefördert?

☐ **[SE]** Werden Methoden zur Unterstützung und Entfaltung von Kreativität gefördert/ trainiert (Aufzählung nur informativ)?

    ○ *Intuitive Methoden* (Förderung Gedankenassoziationen, Aktivierung des Unterbewusstsein), z.b. Brainstorming, Mind Mapping, Collective Notebook, 6-3-5 Methode, Bisoziation

    ○ *Diskursive Methoden* (systematisch, einzelne logische Schritte), z.b. Morphologischer Kasten, Osborn-Checkliste, SCAMPER bzw. SCAMMPERR, Ursache-Wirkungs-Diagramm, Relevanzbaumanalyse, Progressive Abstraktion, Kraftfeldanalyse

    ○ *Kombimethoden*, z.B. CPS (Creative Problem Solving) [Osborn/ Parnes], Laterales Denken [De Bono], Denkhüte/ Serchs Hüte [De Bono], Wertanalyse (Value Analysis, ISO genormte Funktionenanalyse), Walt-Disney-Methode mit drei Rollen, TRIZ: ein russisches System, sinngemäß übersetzt "Theorie des erfinderischen Problemlösens", ARIZ: ein Schrittverfahren zur Lösung von Erfindungsproblemen, Zukunftswerkstatt: ein Kreativitätsansatz in 4 Phasen nach dem Zukunftsforscher Robert Jungk, Open Space: eine kreative Großgruppenmethodik nach Harrison Owen

    ○ *Unterstützende Methoden*, die aktiv Raum für Kreativität schaffen (Zeitmanagement, Prioritäten setzen, „entrümpeln")

☐ **[SE]** Arbeiten Sie aktuell in einem Umfeld, in dem Sie kreativ sein können?

    ○ Welche Faktoren fördern Ihre Kreativität?

    ○ Was fehlt/ stört? Welche Maßnahmen würden Sie sich wünschen?

I.4.6.2   Proaktivität/ Risikobereitschaft

☐ **[SE]** Welche Rolle spielen Proaktivität und Risikobereitschaft in Ihrem täglichen Arbeiten?

☐ **[SE]** Wie werden die Proaktivität/ Risikobereitschaft der Mitarbeiter aktiv gefördert?

    ○ Herrscht eine Kultur des „Ausprobieren-Dürfens"?

    ○ Ist eine „Versuch & Fehler"-Vorgehensweise respektiert, und wird diese ggf. sogar gefördert?

    ○ Wie gehen Sie mit geschehenen Fehlern um? Werden Fehler bestraft, oder wird auf eine konstruktive Art und Weise versucht, zukünftige Fehler der gleichen Art zu verhindern?

    ○ Was fehlt/ stört? Welche Maßnahmen würden Sie sich wünschen?

☐ **[SE]** Arbeiten Sie in einem Umfeld, in dem Sie proaktiv handeln/ handeln können?

I.4.7   Messung der gesellschaftlichen Wirkung

☐ **[SE]** Wie wird in Ihrem Unternehmen die soziale Wertschaffung/-schöpfung erfasst und gemessen? Für welchen Zweck?

    ○ Was sind die relevanten Steuerungsgrößen und Kennzahlen?

    ○ Gibt es KPI's, an denen die Performance gemessen wird?

o   Wie wird konkret eine Quantifizierung/ Monetarisierung der sozialen Wirkungen umgesetzt?

o   Werden die sozialen Wirkungen (zumindest) normativ erfasst und nachgehalten?

o   Für welche Zwecke wird die Performance gemessen?

☐   Mögliche Ansätze:

o   Social Reporting Standards (SRS)

o   Social Performance Management (SPM) → Fokus auf Mikrofinanzsektor

o   Social Return on Investment (SROI)

o   "Balance" – a social enterprise business performance analysis tool based on Balance Scorecard

☐   [SE] Wird die soziale Wertschaffung nur auf das Gesamtunternehmen bezogen, oder (auch) für den einzelnen Mitarbeiter erfasst?

☐   [SE] Wird das „Social Performance Measurement" konkret genutzt, um das Handeln/ die Motivation des einzelnen Mitarbeiters zu beeinflussen? Wenn ja, wie?

o   Informativ:

▪   Motivation durch Konkretisierung des persönlichen Impacts

▪   Wissen um die eigene Wirkung, Stolz, Genugtuung

▪   Teil einer offenen, proaktiven und wertschätzenden Kultur

o   Kontrolle:

▪   Handlungsbeeinflussung durch konkrete Verzielung

▪   Motivation durch Chance auf Lob/ Anerkennung und Bonus bei Übererfüllung sowie durch Angst vor Restriktionen bei Untererfüllung

☐   [SE] Können Sie persönlich nachvollziehen/ erfassen, welche(n) soziale(n) Wertschöpfung (Impact) Sie mit Ihrer täglichen Arbeit erzielen?

☐   [SE] Hilft, bzw. nutzt Ihnen das? Wenn ja: Inwiefern?

☐   [SE] Inwieweit wird das „Social Performance Measurement" als Teil der externen Kommunikation (Investoren, Kunden, Öffentlichkeit, Staat, sonstige Stakeholder) genutzt?

I.4.8   Attraktive Perspektiven/Karrierepfade

☐   [SE] Sind Karrierepfade und langfristige Perspektiven für Sie/ Ihr Unternehmen ein wichtiges Thema, gerade im Hinblick auf Mitarbeiterentwicklung? Wenn ja/nein: Aus welchem Grund?

☐   [SE] Was sind für Sie persönlich attraktive Karriereoptionen/-pfade?

☐   [SE] Wie wichtig ist Ihnen ein Aufstieg (innerhalb der Organisation)?

☐   [SE] Welche möglichen Karrierepfade und -chancen gibt es bei Ihnen? Welche Perspektiven sehen Sie für sich?

o   Horizontal vs. vertikal

o   Fachlaufbahn vs. Führungslaufbahn vs. Projektlaufbahn

☐   [SE] Wie hoch ist die „Durchlässigkeit" nach oben und unten? Inwieweit kann sich ein Mitarbeiter „nach oben" arbeiten?

- ☐ **[SE-FK]** Machen Sie Ihren potentiellen und aktuellen Mitarbeitern transparent...
  - ○ ...welche Karrierepfade sie verfolgen können
  - ○ ...welche Perspektiven sie (langfristig auch außerhalb des Unternehmens) haben (z.b. im Non-Profit oder auch kommerziellen Bereich)
- ☐ **[SE]** Kommt für Sie ein Wechsel in den kommerziellen Sektor in Frage?
- ☐ **[SE]** Wie schätzen Sie die Chance ein, nach der Tätigkeit im Bereich Social Entrepreneurship/ Social Business wieder in den kommerziellen Sektor zu wechseln? Gibt es Barrieren/ Einschränkungen?
- ☐ **[SE]** Wie wichtig sind mögliche attraktive Karriereoptionen außerhalb der Organisation, die durch die Tätigkeit in der Organisation ermöglicht werden?

I.5   Mitarbeiter freistellen und vermitteln

- ☐ **[SE-FK]** Was sind die Gründe/Notwendigkeiten, dass Arbeitsverhältnisse geändert oder beendet werden?
  - ○ Seitens der Mitarbeiter
  - ○ Seitens der Organisation
- ☐ **[SE-FK]** Welche Aspekte sind bei dem Freistellungs-/Ausgliederungsprozess konkret wichtig/relevant?
  - ○ Was ist zu beachten?
  - ○ Gibt es „Erfolgsfaktoren"?
- ☐ **[SE-FK]** Welche Rolle spielt eine Weitervermittlung dieser Mitarbeiter an andere Organisationen (u.U. im Social Entrepreneurship Bereich)?
- ☐ **[SE-FK]** Welche Rolle spielt das Kontakthalten mit ehemaligen Mitarbeitern?
- ☐ **[SE-FK]** Findet ein abschließendes Gespräch statt, in denen die Gründe für das Ausscheiden strukturiert und kritisch diskutiert werden? Besteht hieran von beiden

II.   Ausführliche fallbezogene Analysen

Im Folgenden sind die ausführlichen Einzelfallanalysen dargestellt, im Rahmen derer die einzelnen Erkenntnisse und Aussagen umfassend durch Zitate belegt sind. Sie bilden die Basis für die zusammenfassenden Darstellungen des Teil D (vgl. Kap. D.I.).[859]

II.1   BOOKBRIDGE

II.1.1   Allgemeine Situation und Status von Motivation im Führungskontext

BOOKBRIDGE ist eine vergleichsweise junge Organisation und befindet sich damit in einem frühen Entwicklungsstadium. Gerade in diesem Stadium mit viel Dynamik und vergleichsweise wenig Routine konnte eine gewisse **(intrinsische) Grundmotivation** vorausgesetzt werden:

„[…] ich glaube, allein die Tätigkeit, die hier jeder macht, die motiviert schon mal ungemein […] also traditionelles Incentive-Management, […] das brauchen wir hier aus meiner Sicht nicht, also das ist nicht angebracht. […] mir ist es sehr wichtig, dass jeder erst mal grundsätzlich motiviert ist durch das, was wir hier tun, sonst würden wir hier nicht sitzen."[860]

Aus diesem Grund lag in der Vergangenheit der Fokus der Personalführung nicht primär im Bereich Motivation, sondern mehr auf den unmittelbar relevanten, operativen Themen:

„[…] [Motivation, d.V.] ist für mich jetzt auch so ein Feld, wo ich - eigentlich jetzt nach einem halben Jahr Durchkeulen und Arbeiten und jeden irgendwie gucken, dass er sein Sales-Force und Excel und Powerpoint bedienen kann, - eigentlich jetzt mehr und mehr auch mir bewusst auch Zeit für nehmen kann, oder Zeit nehme, auf jeden einzelnen auch zu achten, wobei dieses Thema Incentive für mich sehr wichtig ist."[861]

Auch wenn bis dato andere Themen wichtiger waren, wird trotzdem deutlich: Das Thema Motivation ist im Führungskontext angekommen und auf dem besten Weg, als aktive Führungsaufgabe wahrgenommen zu werden. Die dabei angestrebte bzw. aktuell praktizierte Herangehensweise soll möglichst individuell auf die einzelnen Mitarbeiter zugeschnitten sein. Nichtsdestotrotz ist abzusehen, dass mittel- bis langfristig im Rahmen einer wachsenden Organisation ein systematischerer und strukturierterer Ansatz notwendig sein wird:

„Und auf der anderen Seite versuche ich eigentlich jeden, dann im Zuhören an dem Punkt zu packen, wo ich merke ,okay, da kann ich ihn motivieren'. […] meine Management Attention sind vielleicht maximal neun

---

Es sei an dieser Stelle darauf hingewiesen, dass die im Anhang dargestellten, ausführlichen Fallanalysen das Thema Zielvereinbarungen zunächst unter der Themenkategorie ‚Mitarbeiter führen und entwickeln – Kontrollierte Motivation' aufführen, entsprechend ihrer vorwiegend kontrollierenden Nutzung im allgemeinen organisationalen Kontext. In den zusammenfassenden Fallanalysedarstellungen im Hauptteil dieser Arbeit (Teil D) sind Zielvereinbarungen indes, gemäß ihrer spezifischen Nutzung im Sozialunternehmenskontext, primär der Themenkategorie ‚Mitarbeiter führen und entwickeln – Autonome Motivation' zugeordnet.

860   Interview mit Carsten Rübsaamen, Gründer & Stiftungspräsident, BOOKBRIDGE (geführt am 24.10.2011)

861   Interview mit Carsten Rübsaamen, Gründer & Stiftungspräsident, BOOKBRIDGE (geführt am 24.10.2011)

oder zehn Leute. Wenn es mehr werden, kriege ich es wahrscheinlich nicht mehr gebacken, auf jeden so einzugehen, zeittechnisch nicht. Aber so gehe ich momentan an dieses Thema ran. "[862]

Basis für eine effektive Mitarbeitermotivation ist ein Verständnis der **grundlegenden Motivationsmuster.** Wenig überraschend spielt die intrinsische Motivation bei BOOKBRIDGE hierbei eine dominierende Rolle, welche sich konkret in Spaß an der Tätigkeit, einer gefühlt hohen Handlungswirksamkeit sowie einer starken Identifikation ausdrückt:

„[...] wenn man denkt ‚okay, das ist ein Ding, was ich wirklich machen möchte‘, dann sitzt man auch abends, und dann guckt man Emails, und dann recherchiert man und, also das macht mir Spaß, also das ist eigentlich das was ich meine: der Spaß muss auch irgendwie dabei sein. "[863]

„[...] weil die Motivation einfach da ist. Ich muss dem nichts hinzufügen [...] weil ich für die Sache brenne [...]. [...] Und natürlich, klar, es geht natürlich viel in das Persönliche mit rein, die Motivation, zum Beispiel dass ich das Gefühl habe, dass ich damit sehr viel verwirklichen kann. [...] das, was man selber einbringt und den Effekt, den man dann erzielt, der ist natürlich sehr hoch. "[864]

„Genau, also für mich ist es sehr wichtig, dass ich mich mit meiner Arbeit identifiziere. "[865]

Ein weiterer wichtiger Aspekt sind im weitesten Sinne organisationsbezogene Aspekte. So ist eine passende Kultur bzw. persönliches Arbeitsumfeld ein wichtiger Motivationsaspekt:

„ich will unbedingt in einer recht freien und einfach lockeren Organisation tätig sein – also das ist für mich sehr wichtig – mit der ich irgendwie auch meinen Lifestyle verbinden kann und mich nicht verstellen muss. [...] Ich will ein persönliches Arbeitsumfeld, was für mich ganz wichtig ist. "[866]

Des Weiteren spielt das Konzept Social Entrepreneurship bzw. Social Business eine zentrale Rolle, wobei insb. die positive Außenwahrnehmung und der kreative Aspekt verbunden mit der notwendigen Professionalität (unternehmerischer Ansatz, Gebot der finanziellen Nachhaltigkeit) einen großen Reiz ausüben:

„Ja, also genau, meine Hauptmotivation entsteht daraus, dass es einfach ein Social Business ist. [...] Es ist einfach ein Feld, das sehr trendy ist, und das finden alle spannend und clever und kreativ [...]. [...] alles, was du entwickelst, muss irgendwie finanzierbar sein, du musst an der anderen Seite am besten wieder Geld reinholen, darfst selbst aber eigentlich nichts kosten, [...] deshalb muss es am Ende immer ziemlich clever sein, das, was man sich da ausdenkt. Und das hat für mich schon einen sehr großen Reiz. "[867]

Bezogen auf die Ausübung der Tätigkeit selbst, ist schließlich Autonomie der bestimmende Motivationsfaktor, verbunden mit einer Anerkennung/Wertschätzung der eigenen Leistungen:

---

[862] Interview mit Carsten Rübsaamen, Gründer & Stiftungspräsident, BOOKBRIDGE (geführt am 24.10.2011)
[863] Interview mit Anujin Schittich-Battulga, Projektleiterin, BOOKBRIDGE (geführt am 24.10.2011)
[864] Interview mit Martina Knittel, Projektleiterin, BOOKBRIDGE (geführt am 24.10.2011)
[865] Interview mit Martina Knittel, Projektleiterin, BOOKBRIDGE (geführt am 24.10.2011)
[866] Interview mit Martina Knittel, Projektleiterin, BOOKBRIDGE (geführt am 24.10.2011)
[867] Interview mit Martina Knittel, Projektleiterin, BOOKBRIDGE (geführt am 24.10.2011)

„Also man sieht praktisch die Früchte seiner Arbeit direkt, und kann in ganz großem Maß Verantwortung übernehmen und zeigen. [...] Also ich glaube, für mich am relevantesten ist Verantwortungsübernahme und Anerkennung."[868]

II.1.2 Mitarbeiter gewinnen

Grundsätzlich lässt sich konstatieren, dass der **Marktauftritt** und die Visibilität in Bezug auf Mitarbeitergewinnung keine allzu große Rolle spielt, auch wenn dies für die inhaltlichen Aktivitäten der Organisation von großer Wichtigkeit ist:

„Momentan ist das für uns jetzt als Organisation aber noch nicht so wesentlich. Also natürlich nur hinsichtlich der Gewinnung neuer Mitarbeiter. Sonst ist unsere Visibilität sehr wichtig, klar. [...] Ich glaube, das spielt momentan tatsächlich noch eine untergeordnete Rolle."[869]

„Aber hier denke ich, also bis jetzt habe ich nicht den Eindruck, dass wir unbedingt groß Marketing machen müssen [...] dieses Netzwerk ist irgendwie gut aufgebaut, hier."[870]

Ein Thema, das in der Positionierung der Organisation nach außen eine prominente Rolle spielt – das Konzept Social Entrepreneurship/Social Business – ist jedoch auch im Bereich der Mitarbeitergewinnung/Recruiting relevant und wichtig:

„Ich denke schon, dass das Social-Business-Prinzip ganz aktiv im Personalrecruiting eine Rolle spielt, dass es auch sichtbar sein muss, [...] dass es Menschen anzieht."[871]

Grundsätzlich lässt sich das **Recruiting** von BOOKBRIDGE als wenig strukturiert, situativ (d.h. primär reagierend) und vielfach zufällig charakterisieren:

„Da passiert eigentlich immer noch - ich meine, wir sind jetzt eine Organisation, die ist anderthalb, zwei Jahre alt, - eben viel durch persönliches Netzwerk, auch durch persönliches Auftreten, durch, viel durch Zufall, Recruiting durch Zufall, weil man halt gerade zur richtigen Zeit am richtigen Ort war."[872]

„Es ist aber momentan immer noch so, dass wir einfach auch oft Menschen suchen, die was ganz Bestimmtes können, weil sich irgendwo eine Lücke aufgetan hat."[873]

Letztlich verlässt sich BOOKBRIDGE dabei auf das geschäftliche und persönliche Netzwerk sowie die Onlinepräsenz mittels Website. Diese Fokussierung auf das Netzwerk ist allerdings kein vorübergehendes ‚Verlegenheitsvorgehen', sondern wird bewusst und strategisch eingesetzt und gegenüber anderen Optionen als überlegen eingeschätzt:

---

[868] Interview mit Martina Knittel, Projektleiterin, BOOKBRIDGE (geführt am 24.10.2011)
[869] Interview mit Martina Knittel, Projektleiterin, BOOKBRIDGE (geführt am 24.10.2011)
[870] Interview mit Anujin Schittich-Battulga, Projektleiterin, BOOKBRIDGE (geführt am 24.10.2011)
[871] Interview mit Martina Knittel, Projektleiterin, BOOKBRIDGE (geführt am 24.10.2011)
[872] Interview mit Carsten Rübsaamen, Gründer & Stiftungspräsident, BOOKBRIDGE (geführt am 24.10.2011)
[873] Interview mit Martina Knittel, Projektleiterin, BOOKBRIDGE (geführt am 24.10.2011)

„Und da merke ich halt auch, wie wichtig es für mich ist, wenn es um das Thema Aufmerksamkeit geht, erst mal die Leute von einem Schlag, wo ich mir vorstellen kann, dass sie hier im Team arbeiten könnten, für mich zu gewinnen. Und das funktioniert eben nicht über Unikum und irgendwie andere Plattformen oder Monster.de oder wie auch immer, sondern das funktioniert eigentlich rein ausschließlich über persönliches Netzwerk. Über persönliches Netzwerk, das wir im Team haben, aber dann auch, was ich zum Beispiel noch über die Uni oder in meiner Heimatregion habe. [...] Und dementsprechend möchte ich [...] schon gerne gucken, dass das in einem persönlichen Netzwerk bleibt [...]." [874]

Die Vorteile eines Recruitings via persönliche Netzwerke sind also, dass man die Menschen schon kennt, vornehmlich Menschen ‚eines Schlages' anspricht und auf diesem Weg ein homogenes, funktionierendes Team zusammenstellen kann. Demgegenüber spielen Job-Plattformen keine große Rolle, und Stellenausschreibungen über externe Medien werden grundsätzlich negativ bewertet bzw. nur in ausgesuchten Einzelfällen genutzt:

„Aber die Leute, die sich über Stellen bei uns beworben haben, über Stellenanzeigen, habe ich eigentlich tendenziell immer eher negative Erfahrungen gemacht. [...] dann kriege ich so viele Bewerbungen, dass ich am Ende im Grunde eigentlich die Nadel im Heuhaufen suche." [875]

„Nur, wenn wir halt zum Beispiel Teamassistenten suchen, natürlich müssen wir eine Ausschreibung machen. [...] Also, wir haben zum Beispiel in der Mongolei eine Country-Managerin gesucht und dann, klar, haben wir eine Ausschreibung gemacht." [876]

Häufiger sind entweder Stellenausschreibungen über die eigene Website (was ja ein Grundinteresse seitens des Bewerbers voraussetzt) oder Initiativbewerbungen. Die Website als Informations- und Kontaktplattform spielt dabei eine wichtige Rolle:

„[...] wenn jemand das Interesse dann hat, auf Bookbridge aufmerksam wird, dann geht er auf unsere Webseite, und dort findet er dann unter ‚Stellen', ob wir eine Stelle ausgeschrieben haben, und dann folgt eigentlich im Grund eine Bewerbung auf die Stelle oder viel mehr noch eine Initiativbewerbung [...] Und wir machen es einfach, das heißt, unter Team sind klar die Aufgabenbereiche da, zu jedem Mitglied kannst du einfach eine Email anklicken und schreiben [...]. Also, wenn jemand Kontakt aufnehmen will, kann er das tun und das tut er auch, das tut er auch." [877]

Weitere potenzielle Ressourcen-Pools – mit Bezug zum geschäftlichen Netzwerk – sind Ehrenamtliche sowie externe Führungskräfte, die das Capability-Programm durchlaufen haben:

„Das ist halt auch wichtig und da hab ich halt gemerkt, Menschen, die ich erst mal ein bisschen kennengelernt hab, und die auch über unsere Projekte als Ehrenamtliche zu uns gekommen sind oder vielleicht jetzt auch

---

[874] Interview mit Carsten Rübsaamen, Gründer & Stiftungspräsident, BOOKBRIDGE (geführt am 24.10.2011)
[875] Interview mit Carsten Rübsaamen, Gründer & Stiftungspräsident, BOOKBRIDGE (geführt am 24.10.2011)
[876] Interview mit Anujin Schittich-Battulga, Projektleiterin, BOOKBRIDGE (geführt am 24.10.2011)
[877] Interview mit Carsten Rübsaamen, Gründer & Stiftungspräsident, BOOKBRIDGE (geführt am 24.10.2011)

über unser Capability-Programm als Führungskraft, das ist ja auch so ein Rekrutierungsmechanismus, denke ich mir, kann man das langfristig gut ausbauen [...]. [878]

Bei allen Vorteilen des persönlichen Ansatzes mittels persönlicher und geschäftlicher Netzwerke werden jedoch auch negative Aspekte gesehen:

„Aber es läuft im Prinzip sehr informell ab [...]. Obwohl ich auch ganz klar glaube, dass wir da manchmal zu schnell sind und uns mehr Zeit lassen sollten [...] dass wir einfach auch eine Diversität hinsichtlich des Alters zum Beispiel reinbekommen, oder auch, dass der Erfahrungshintergrund breiter wird, da wäre eine gewisse Professionalisierung gar nicht schlecht. [...] Wir sollten auch gucken ‚was brauchen wir für Wissen, an Organisationswissen, an Knowhow‘, und das gibt es auch in anderen Bereichen, die wir einfach nicht anzapfen.“ [879]

Gerade der zuvor herausgestellte Vorteil der Homogenität wird auch kritisch gesehen, da mittel- bis langfristig ein bestimmtes Maß an Diversität hinsichtlich Wissen, Knowhow und Erfahrung unerlässlich ist und dies ohne Einbezug anderer Bereiche nur schwer realisierbar ist: Auch wenn der Gründer den Aspekt der Diversität im Blick hat und versucht, in verschiedenen Personenkreisen Aufmerksamkeit zu erzeugen, ist eine gewisse Professionalisierung des Recruitings wünschenswert. Ein erster Schritt in diese Richtung ist die (behutsame) Nutzung von Headhuntern:

„Also ich habe heute schon drei Headhunter, die selber mal mich vermitteln wollten, denen ich im Grunde ganz klar unser Profil übermittelt habe, auch jetzt eine Stelle, die wir suchen zum Beispiel, und die suchen halt dann unter ihren Kandidaten, die sie normalerweise an Roche, Merck und wenn auch immer vermitteln.“ [880]

II.1.3   Mitarbeiter führen und entwickeln

II.1.3.1   Grundlegende führungsrelevante Einflussfaktoren

Unternehmensleitbild

BOOKBRIDGE besitzt eine klar umrissene Mission.[881] Neben der wichtigen Aufgabe im Rahmen der Außendarstellung besitzt das Leitbild/die Mission im Sinne einer Handlungsgrundlage jedoch auch interne Relevanz. Der motivatorische Nutzen der explizit ausformulierten Mission scheint jedoch im internen Kontext begrenzt zu sein; zwar mag dies initial helfen, ein gemeinsames Verständnis zu schaffen und die grundsätzliche Richtung vorzugeben, mittel- bis langfristig ist die Mission (im positiven Fall) jedoch ohnehin im Tun verankert:

„[...] ein Leitbild ist für mich nicht wichtig. [...] Wir wissen alle, was wir machen und wofür wir es machen, wir sehen das fünfzigmal am Tag in unseren Präsentationen, die wir selber halten, dann wäre es albern, wenn

---

878   Interview mit Carsten Rübsaamen, Gründer & Stiftungspräsident, BOOKBRIDGE (geführt am 24.10.2011)
879   Interview mit Martina Knittel, Projektleiterin, BOOKBRIDGE (geführt am 24.10.2011)
880   Interview mit Carsten Rübsaamen, Gründer & Stiftungspräsident, BOOKBRIDGE (geführt am 24.10.2011)
881   Vgl. Website von BOOKBRIDGE unter http://www.bookbridge.org/about-us-de/unsere-mission/?lang=de (abgerufen am 01.07.2012)

ich über meinen Schreibtisch schreiben würde ‚Ich kämpfe für Bildungsgleichgewicht und will bis 2014 50 Bibliotheken aufbauen'. [882]

„Ich denke nicht, dass es notwendig ist, dass da irgendwo ein Schild steht, dass wir uns dran halten. Das das tragen wir, glaube ich, alle in uns selbst, also ich zumindest für mich." [883]

Einen wirklich handlungsleitenden Charakter und damit anhaltenden motivatorischen Nutzen entfaltet die Mission daher erst, wenn aus ihr heraus klare Handlungsimplikationen ableitbar sind und diese als effektive Entscheidungsgrundlage dienen können:

„Das Bildungszentrum als Einheit ist im Grunde das Herzstück, das Zentrum, um das sich alles aufbaut. Das ist denke ich auch jedem irgendwie klar. Wenn man diese Perspektive hat, dann beantworten sich viele Sachen – machen wir das Projekt mit dem Unternehmen, oder machen wir es nicht? [...] Und das sind schon so Direktiven, die es gibt, die ich jetzt auch niederschreiben will [...]. Also da bin ich auch aktiv dran im Grunde, dass sich da aus dem Leitbild heraus auch konkrete Handlungsschritte und Projektvorgaben entwickeln, wo man dann jedes Projekt eigentlich im Grunde gleich dahinlegen kann und sagen kann ‚gut, wenn es rein passt, machen wir das, wenn es nicht, machen wir es nicht'." [884]

Führungsverhalten

Der Gründer wird als Persönlichkeit wahrgenommen, die im alltäglichen Arbeiten und Umgang große Begeisterung ausstrahlt sowie immenses Engagement und eine hohe Identifikation mit der Organisation vorlebt:

„[...] es ist schon so, dass der Carsten eine gewisse Begeisterung wirklich einfach vorlebt, selber wahnsinnig engagiert ist oder wahnsinnig dafür lebt [...]. [...] bei Carsten ist immer Bookbridge, also von 8 Uhr, 7 Uhr morgens bis 12 Uhr abends im Schnitt, plus am Wochenende, dementsprechend hoch ist natürlich seine Identifikation." [885]

Im Verhältnis zu seinen Mitarbeitern strahlt er Optimismus aus, nimmt die Mitarbeiter und ihre Meinungen ernst und motiviert durch direkte Aufmunterung und Hilfestellungen:

„Also der Karsten ist der Mensch, der sehr viel motiviert, also auch einfach als eine Person, die sehr optimistisch ist. [...] und er hört auch richtig zu und dann macht er seine Vorschläge." [886]

„Meine Hauptrolle ist eigentlich zu motivieren, eine Perspektive aufzuzeigen [...]. Das ist, glaube ich schon, die Hilfestellung, die ich auch geben möchte, wenn ich sehe, dass sie benötigt wird." [887]

---

[882] Interview mit Martina Knittel, Projektleiterin, BOOKBRIDGE (geführt am 24.10.2011)
[883] Interview mit Anujin Schittich-Battulga, Projektleiterin, BOOKBRIDGE (geführt am 24.10.2011)
[884] Interview mit Carsten Rübsaamen, Gründer & Stiftungspräsident, BOOKBRIDGE (geführt am 24.10.2011)
[885] Interview mit Martina Knittel, Projektleiterin, BOOKBRIDGE (geführt am 24.10.2011)
[886] Interview mit Anujin Schittich-Battulga, Projektleiterin, BOOKBRIDGE (geführt am 24.10.2011)
[887] Interview mit Carsten Rübsaamen, Gründer & Stiftungspräsident, BOOKBRIDGE (geführt am 24.10.2011)

Dieses direkte und unmittelbare Verhältnis hat mit seiner freundschaftlichen Komponente aber auch kritische Aspekte:

„Also manches muss man einfach vielleicht dann auch akzeptieren oder auch sagen ‚du bist jetzt mein Mitarbeiter und ich erwarte, das ist deine tägliche Arbeit, dafür wirst du bezahlt. Ich kann nicht bei jedem Furz danke sagen'. Und das ist dann letztlich auch am Ende, finde ich, was ein Mitarbeiter-Vorgesetzten-Verhältnis unterscheidet von einem freundschaftlichen Verhältnis. [...] sobald du in dieses Freundschaftliche abrutscht, wird es schwierig, im Grunde wieder Direktive zu geben. [...] Und das ist für mich auch immer so ein, ja, Wagnisspiel, weil ich einfach auch merke, ja, gewisse Kommentare würde ich mir freundschaftlich jetzt nicht verkneifen, aber [...] als Vorgesetzter [...] mische ich mich jetzt auch erst mal nicht ein.“[888]

So ist es ein schwieriger Balanceakt, trotz freundschaftlichen Verhältnisses gewisse Arbeitsleistungen seitens der Mitarbeiter zu verlangen bzw. vorauszusetzen, ausreichend Direktive zu geben oder in manchen Situationen weniger Offenheit sowie mehr Diplomatie und Zurückhaltung an den Tag zu legen.

Organisationskultur

Bezüglich der Organisationskultur lässt sich eine Dualität von Homogenität und Diversität erkennen. So entsteht auf der einen Seite durch das persönliche Recruiting, das enge Teamgefüge sowie den kooperativen Führungsstil eine – zumindest was die Grundhaltung und Identifikation betrifft – sehr homogene Gruppe. Auf der anderen Seite wird die Diversität, d.h. Unterschiedlichkeit der Persönlichkeiten, sehr wertgeschätzt und durch einen offenen Umgang/offenes Verhältnis untereinander bewusst wahrgenommen und gefördert:

„[...] da haben wir ein sehr offenes Verhältnis miteinander. Und das ist für mich so ein Schatz [...] also hier gibt es auch Intrigen [...] aber wir legen die halt offen. [...] Und das wirkt vielleicht manchmal hier unkonzentriert, wäre vielleicht besser, wenn alle ruhig an ihrem Laptop hocken und den ganzen Tag nichts sagen. Mir ist aber lieber, wenn da einfach mal ein Stöhnen kommt oder jemand mal sagt „fuck, fuck, fuck" [...]. Und da denke ich mir, es ist ein Freiraum, den ich zulasse, den ich auch fördern will.“[889]

„[...] Diversität wird bei uns im Team gefördert. [...] das ist schon was, was er, glaube ich, auch bewusst macht, dass er das einfach zulässt und das in gewisser Weise auch fördert.“[890]

„[...] deswegen gucken wir, dass wir uns ehrlich und direkt einfach sagen, was dran ist. [...] Es gibt auch alle drei Monate ein Meeting, bei dem das ganze Team zusammen sitzt und wir [...] über Konflikte reden, was die anderen stört [...]. Konflikte sind ja nicht schlecht, sondern auch gut [...]. Bei uns gibt es nicht, dass irgendwie jemand so hinterhältig ist.“[891]

---

[888] Interview mit Carsten Rübsaamen, Gründer & Stiftungspräsident, BOOKBRIDGE (geführt am 24.10.2011)
[889] Interview mit Carsten Rübsaamen, Gründer & Stiftungspräsident, BOOKBRIDGE (geführt am 24.10.2011)
[890] Interview mit Martina Knittel, Projektleiterin, BOOKBRIDGE (geführt am 24.10.2011)
[891] Interview mit Anujin Schittich-Battulga, Projektleiterin, BOOKBRIDGE (geführt am 24.10.2011)

Das Zulassen von Emotionalität, das ‚Sich-selbst-sein-dürfen' und der offene Umgang bei gleichzeitiger gegenseitiger Fairness sind zentrale Elemente der Kultur von BOOKBRIDGE. Diversität hinsichtlich Persönlichkeiten und Meinungen wird dabei nicht nur akzeptiert, sondern als
gewinnbringend angesehen und aktiv gelebt.

II.1.3.2   Autonome Motivation und Anreizsysteme

Im Zentrum von Mitarbeiterführung und -entwicklung stehen Anreizsysteme. Diese werden zwar
grundsätzlich als notwendig erachtet, trotzdem gibt es aktuell keine konkreten Anreizsysteme,
und ‚klassische' Anreizsysteme werden im Kontext von BOOKBRIDGE als nicht (sinnvoll)
anwendbar bewertet:

*„Und auf der anderen Seite weiß ich aber auch, dass es schon wichtig ist, dass jeder etwas zurück erwartet.
Das bekommt er teilweise durch die Arbeit, aber es ist auch die Aufgabe von mir, dass dann auch dosiert zu-
rückzugeben. [...] Das ist gerade im Entstehen. Also ein konkretes Anreizsystem gibt es bei uns nicht. [...]
weil diese ganzen Anreizsysteme, die ich im Innovationsmanagement kennengelernt habe, die funktionieren alle
gut auf dem Papier, und alle irgendwie in Abteilungen mit F&E-Budgets und all solchen Sachen, aber so auf
kleine Start-ups lassen die sich eigentlich schwer anwenden."* [892]

In der Folge wird ein – eingangs schon dargestelltes – individualisiertes ‚Anreizsystem' angestrebt: Während in einem Fall eine projektbezogene Reise ins Ausland motiviert, hilft in anderen
Fällen ggf. eine flexible Arbeitszeitregelung oder eine Vermittlung und teilweise Finanzierung
eines WG-Zimmers. Insgesamt wird dabei die relative Wichtigkeit der Komponente neben dem
Gehalt im Vergleich zur monetären Entlohnung hervorgehoben:

*„Und so versuche ich eigentlich, individuell jeden da im Grunde so zu motivieren, aber hab auch schon diesen
Blickwinkel drauf, dass ich weiß, die Arbeit ist nicht umsonst und klar, jeder bekommt irgendwie sein Gehalt,
aber mir ist eigentlich die Komponente neben dem Gehalt wesentlich wichtiger. Und das ist auch genau die
Herausforderung, vor der ich momentan stehe, das in irgendeine Matrix oder, ja, in ein System zu packen."* [893]

Wie eingangs schon erwähnt, spielt die **intrinsische und allgemein autonome Motivation** im
Motivationsgefüge von BOOKBRIDGE eine zentrale Rolle. Im Folgenden sollen einige direkt
mit der Tätigkeit bzw. der Ausübung der Tätigkeit verbundene Aspekte näher beleuchtet werden,
welche die intrinsische bzw. autonome Motivation mittel- und unmittelbar beeinflussen:

Autonomie

Autonomie im Rahmen der Ausübung der Tätigkeit offenbart sich sowohl in den eigenen, weitestgehend autonomen Bereichen der jeweiligen Teammitglieder, als auch auf der inhaltlichen,
tätigkeitsbezogenen Ebene in Form von Verantwortung, Entscheidungsfreiheit sowie inhaltli-

---

[892]   Interview mit Carsten Rübsaamen, Gründer & Stiftungspräsident, BOOKBRIDGE (geführt am 24.10.2011)
[893]   Interview mit Carsten Rübsaamen, Gründer & Stiftungspräsident, BOOKBRIDGE (geführt am 24.10.2011)

chem Gestaltungsspielraum. Deutlich wird allerdings auch, dass Autonomie (als selbstbestimmtes, eigenverantwortliches Arbeiten) beileibe nicht völliger Verzicht auf Hierarchie und effiziente zentrale Entscheidungsprozesse bedeutet bzw. bedeuten muss. So wird bei aller empfundenen Wichtigkeit von Autonomie ein gewisses Vorhandensein von Struktur und Weisungsbefugnissen im Sinne einer Koordinierungsfunktion durchaus positiv bewertet:

> *„Ich hab den Carsten auch sehr dazu ermutigt, so ein bisschen von der ganz basisdemokratischen Struktur wegzukommen, wo ich ihm auch gesagt habe ,hey, komm, lass mal auch so ein bisschen den Chef raushängen, irgendwie brauchen wir jemanden, der uns koordiniert', und es ist gut, einfach zwei Ebenen da drin zu haben. [...] sehe ich ihn natürlich als Chef und weisungsbefugt [...].”* [894]

Es ist jedoch ein schmaler Grat zwischen Koordination auf der einen und konkreter Beeinflussung und Kontrolle auf der anderen Seite. So ist in der Realität Autonomie in gewissen Situationen begrenzt. Dies gilt vor allem für Fälle, in denen aufgrund von Effizienz- und Effektivitätsbestrebungen bestimmte Vorgehensweisen seitens der Geschäftsführung erwünscht sind, oder wenn das Erwartungsmanagement nur unzureichend geklärt ist:

> *„Und, klar, wenn irgendwas aus dem Ruder läuft, dann bin ich schon derjenige, der dann auch was sagt [...] zum Beispiel heute bei Salesforce, das gefällt mir einfach nicht, dass die Leute das teilweise so halb nutzen, und dann klemmt sich halt jetzt ein Simon dahinter und guckt, dass es halt jeder nutzt [...].”* [895]

> *„[...] da gab es aber [...] ein „mismatch" zwischen Reden und Denken, glaube ich, also dass eigentlich viel zu schnell oft gesagt wurde ,das ist dein Bereich und mach, was du willst', und dann gab es aber 50.000 Punkte, die dann doch sehr perfektionistisch sein müssen und auch so, wie er das glaubt und denkt.”* [896]

Anforderungsvielfalt und Kompetenzerleben

Anforderungsvielfalt entsteht grundsätzlich zuerst einmal aus der Tätigkeit selbst bzw. dem Aufgabenspektrum heraus, welches bei BOOKBRIDGE aufgrund des Geschäftsmodells vergleichsweise divers ist:

> *„[...] ein großer Mix an Tätigkeiten [...], der sehr spannend ist – dass ich also sowohl in der Mongolei in der Jurte bin, als auch im Fünf-Sterne-Hotel und vor dem Vorstand von der Telekom sitze, so ist das natürlich sehr abwechslungsreich.”* [897]

Wichtig ist hierbei allerdings sicherzustellen, dass diese Anforderungen im Sinne eines positiven Kompetenzerlebens mit den jeweiligen, individuellen Kompetenzen korrespondieren. Grundvoraussetzung ist hierfür zunächst die Definition eines klaren Tätigkeits- bzw. Aufgabenfeldes, was bei BOOKBRIDGE durch Stellenbeschreibungen, Aufgaben und Zielvereinbarungen sowie

---

[894] Interview mit Martina Knittel, Projektleiterin, BOOKBRIDGE (geführt am 24.10.2011)
[895] Interview mit Carsten Rübsaamen, Gründer & Stiftungspräsident, BOOKBRIDGE (geführt am 24.10.2011)
[896] Interview mit Martina Knittel, Projektleiterin, BOOKBRIDGE (geführt am 24.10.2011)
[897] Interview mit Martina Knittel, Projektleiterin, BOOKBRIDGE (geführt am 24.10.2011)

eine ständige Diskussion dieser Themen in den Teammeetings gewährleistet ist. Dies ist allerdings nur der erste Schritt für die gezielte Sicherstellung einer Kongruenz zwischen Anforderungen und Kompetenzen, was wiederum durch **Rückmeldungsmechanismen bezüglich der Tätigkeit (Wertschätzung, Feedback, Erwartungsmanagement)**, Trainings und Weiterbildungen, ein effektives Arbeitsumfeld sowie teaminterne Zusammenarbeit erreicht wird.

Im Rahmen der Rückmeldungsmechanismen, aber auch insgesamt im Führungskontext von BOOKBRIDGE spielt **Wertschätzung** eine wichtige Rolle. Dies äußert sich vor allem im Führungsverhalten des Gründers und Geschäftsführers, der wie schon eingangs dargestellt versucht, jeden Einzelnen individuell zu motivieren, der Lob spendet und Anerkennung zeigt sowie es als eine seiner Hauptführungsaufgaben ansieht, sich Zeit zu nehmen und zuzuhören. Ergänzt wird dies durch die Bereitschaft im Team, sich gegenseitig zu unterstützen (auch hier dient ‚sich Zeit nehmen für den anderen' wieder als Leitmotiv) sowie das Bestreben, Positives bzw. Erfolge im Sinne einer organisationalen und persönlichen Selbstwertschätzung zu feiern.

Feedback als konkrete Leistungsrückmeldung wird seitens der Mitarbeiter für die Motivation als sehr wichtig empfunden. Bei BOOKBRIDGE gibt es einen eigenständigen Feedback-Prozess mit Mitarbeitergesprächen. Der Schwerpunkt liegt allerdings auf dem Feedback, das laufend während der Arbeitsprozesse gegeben wird: Es wird ermöglicht durch die offene und direkte Kommunikation innerhalb des Teams und äußert sich in primär fallbezogenem Feedback, bspw. direkt nach einem Vortrag oder einem Workshop. Es findet keine richtiggehende Ritualisierung statt, auch wenn die Teammeetings vor allem in der Vergangenheit eine wichtige Plattform darstellten, sondern geht eher in die Richtung einer „alltäglichen Feedbackkultur", in der sich jeder auf persönlicher Ebene bei Bedarf Feedback gibt. Ziel des informativ-konstruktiven Feedbacks ist die individuelle Weiterentwicklung. Im Rahmen des ritualisierten Feedback-Prozesses sind Stringenz und Konsequenz nur schwach ausgeprägt: Ein Nachhalten von Zielvereinbarungen findet nur fallweise und unregelmäßig statt, Mitarbeiterbewertungen sind nicht existent. Ein Grund hierfür ist auch die flache Hierarchie und der kooperative Führungsstil, in dessen Kontext eine harte Bewertung der Mitarbeiterleistung wenig Akzeptanz besäße; die Folge ist eine zwar strukturierte, jedoch basisdemokratische Feedbackkultur:

> *„Ich glaube aber, dass wir da zu sehr basisdemokratisch eingestellt sind, dass sich jetzt irgendjemand,/ also den Stand hat der Carsten auch nicht, dass er jetzt sagen kann „du, das…", also irgendwie schon, also das kann er im Gespräch einfließen lassen und er kann es als Wunsch äußern, aber wenn er uns da jetzt bewerten würde mit Punkten oder mit irgendwas, also dafür ist er zu wenig Boss für. Käme nicht gut an. […] Also das Feedbacksystem ist superwichtig, auch ritualisiert, […] aber auf einer sehr basisdemokratischen Ebene."* [898]

Als Grundlage einer effektiven Gestaltung von **Trainings und Weiterbildungen** werden eine persönliche Lernzielsetzung bzw. persönliche Lernfelder genannt, die individuell erarbeitet und

---

[898] Interview mit Martina Knittel, Projektleiterin, BOOKBRIDGE (geführt am 24.10.2011)

mit den aktuellen und zukünftigen Aufgaben abgestimmt werden müssen. Bisher wurde dies bei BOOKBRIDGE jedoch nur ansatzweise und unregelmäßig umgesetzt; einen strukturierten, umfassenden Ansatz gibt es bislang nicht:

> „[...] *was auch noch wichtig wäre, wäre eine persönliche Lernzielsetzung. Also dass man vielleicht irgendwie persönliche Lernfelder definiert. [...] das sollten wir [...] einfach noch regelmäßiger machen. [...] Das haben wir auch mal für uns gemacht, gegenseitig so persönliche Lernfelder definiert. Also dass man einerseits wirkliche Fertigkeiten schult, [...] ob das jetzt eine Excel-Schulung oder eine Sales-Force-Schulung ist [...], andererseits aber auch auf der persönlichen Ebene, dass man sich da einfach Strukturen aneignet [...].* "[899]

Konkret liegt der Schwerpunkt der Trainings aktuell auf den erwähnten fachlichen Trainings, die auch zumeist verpflichtend sind; hier geht es primär darum, konkrete Fertigkeiten zu schulen. Weniger im Fokus – aber seitens der Mitarbeiter durchaus gewünscht – stehen aktuell Themen, die die persönliche Entwicklung wie bspw. den Erwerb von ‚Soft Skills' betreffen. Große Wichtigkeit wird des Weiteren den das Team betreffenden ‚Trainings' beigemessen, welche Konfliktmanagement im Rahmen interner Workshops und extern moderierte Supervision/Teamcoaching-Formate beinhalten. Ein letzter wichtiger Aspekt ist der Erfahrungs- und Wissensaustausch innerhalb des Teams. Dieser läuft bei BOOKBRIDGE auf Mitarbeiterebene u.a. mittels Teammeetings und gemeinsamen Essen vergleichsweise ritualisiert ab.

Neben der Bereitstellung eines **effektiven Arbeitsumfeldes** mit allen notwendigen Ressourcen (PC/Mac, Kommunikation, etc.) ist zu guter Letzt die konkrete **Zusammenarbeit im Team** (Teamwork) ein nicht zu unterschätzender Faktor für ein positives Kompetenzerleben. Dies äußert sich darin, dass alle Teammitglieder trotz eigener Bereiche eng miteinander vernetzt sind bzw. sein müssen und sich bei Bedarf gegenseitig unterstützen, im Bewusstsein, dass nur das Team zusammen etwas erreichen kann. Dies hilft zum einen, gewisse Defizite des Einzelnen auszugleichen, zum anderen wird dadurch eine Gruppendynamik ermöglicht, die Spaß macht und kollektive Kreativität freisetzt:

> „[...] *dass ich mich aber auch sehr viel in und mit der Gruppe auseinandersetze, das ist schwierig, aber ich glaube daran, dass das viel bringt, und ich mag das auch total gerne. Diese Entwicklung in der Gruppe finde ich auch sehr schön, diese Dynamik in der Gruppe, ob das jetzt scheiße oder gut ist, aber einfach so kollektive Kreativität oder auch kollektive Innovation, da glaube ich dran und hab sehr viel Spaß.* "[900]

Ganzheitlichkeit und Bedeutsamkeit

Ganzheitlichkeit und Bedeutsamkeit wird u.a. für die Identifikation mit dem Projekt, die Bindung und Wertschätzung untereinander und nicht zuletzt für eine effektive Zusammenarbeit als sehr wichtig eingeschätzt. Aktiv ermöglicht wird dies einerseits durch einen funktionierenden Erfah-

---

[899] Interview mit Martina Knittel, Projektleiterin, BOOKBRIDGE (geführt am 24.10.2011)
[900] Interview mit Martina Knittel, Projektleiterin, BOOKBRIDGE (geführt am 24.10.2011)

rungs-, Wissens- und Informationsaustausch[901] sowie andererseits durch eine effektive strategische Mitbestimmung/Partizipation. Der positive Effekt des Letzteren auf Motivation bzw. mittel-/ langfristige Bindung wurde zuvor schon dargestellt; eine basisdemokratische (Entscheidungs)Struktur ist jedoch zunächst nicht geplant, und dezidierte, strukturierte Partizipationsmöglichkeiten gibt es bis dato ebenfalls nicht.

Zugehörigkeit

Zugehörigkeit bzw. Zusammengehörigkeit entsteht zum einen durch gemeinsame Aktivitäten und Events, sei es das ritualisierte gemeinsame Essen, eine Zugfahrt oder auch die Weihnachtsfeier. Des Weiteren hat der alltägliche Umgang im Team einen hohen Stellenwert innerhalb der Organisation: dieser umfasst u.a. eine gute Arbeitsatmosphäre mit gegenseitiger Unterstützung und Spaß an der Arbeit sowie einen grundsätzlich persönlichen Umgang, welcher ganz besonders durch das zuvor erwähnte freundschaftlich-familiäre Verhältnis untereinander sowie die bewusst zugelassene Emotionalität und das ‚Sich-selbst-sein-dürfen' geprägt wird.

II.1.3.3 Kontrollierte Motivation und Anreizsysteme

Festgehalt

Die Existenz eines Festgehalts ist bei BOOKBRIDGE zunächst einmal selbstverständlich. Unabhängig von der absoluten Höhe ist eine gerechte, gleichbehandelnde Logik bzw. Entwicklung des Gehaltssystems ein wichtiges Kriterium. Angestrebt wird hier eine transparente Stufenregelung mit Gehaltssteigerungen bei zunehmender Betriebszugehörigkeit bzw. Beförderung:

> „[…] ich stelle mir vor, es gibt drei Stufen: du steigst irgendwo ein, bist irgendwo in der Mitte, und dann bist du irgendwann oben, also drei Grundgehaltsstufen." [902]

Während die Existenz eines Grundgehalts also außer Frage steht und eine gerechte Entwicklung angestrebt wird, ist die Höhe des Gehalts ein vergleichsweise schwieriges Thema. Zum einen wird im Rahmen einer primär nach innen gerichteten Perspektive eine gerechte, faire, vernünftige und wertschätzende Bezahlung gefordert. Konkret muss durch das Gehalt eine gewisse Grundversorgung gewährleistet sein, und man sollte sich nicht unter Wert bezahlt fühlen:

> „Also ich halte einfach eher eine Wertschätzung für wichtig, also eine Grundversorgung, dass man einfach gerechte Löhne kriegt, weil das im Prinzip eine Selbstwertschätzung ist irgendwie – dass ich einfach vernünftig bezahlt werden will, aber überhaupt nicht übertrieben, sondern einfach vernünftig auf einem guten Niveau. […] ich will nicht irgendwie ein Sozi-Gehalt, aber natürlich hab ich keine 250.000 nach fünf Jahren. […] Ja, einfach, dass es fair ist, dass man sich einfach nicht weit, weit, weit unter Wert bezahlt fühlt […]." [903]

---

901 Dieser wurde im vorigen Abschnitt detailliert erläutert.
902 Interview mit Carsten Rübsaamen, Gründer & Stiftungspräsident, BOOKBRIDGE (geführt am 24.10.2011)
903 Interview mit Martina Knittel, Projektleiterin, BOOKBRIDGE (geführt am 24.10.2011)

„Aber das heißt nicht, dass ich gar kein Geld kriege oder kriegen will. Also ich muss ja auch leben, ja. "[904]

Auf der anderen Seite spielt auch die externe Perspektive eine Rolle. Forderung ist hier eine wie auch immer geartete marktgerechte Bezahlung sowie eine faire Bezahlung im externen Vergleich:

„Ja, ich finde schon, dass im Social Business marktgerecht entlohnt werden sollte. [...] Also ich meine, wenn man sieht, dass wir eine Stiftung sind und mit dem, was ich zum Beispiel studiert hab, werde ich absolut okay bezahlt. Kann man so sagen. "[905]

Bei allem Anspruch einer gerechten und marktgerechten Bezahlung steht zugleich die Thematik des Gehaltsabschlages im Vergleich zu kommerziellen Unternehmen oder des individuellen ‚Full-Potentials' im Raum. In der Realität gilt dies auch für BOOKBRIDGE, dem aufgrund seiner Finanzierungsstruktur natürliche Grenzen bezüglich der Gehaltshöhe gesetzt sind. Es wird jedoch deutlich, dass diese Thematik ein enormes Spannungspotenzial besitzt, das sich nicht leicht auflösen lässt:

„[...] sehr unwichtig sind für mich monetäre Anreizfaktoren. Das heißt nicht, dass ich nicht gut bezahlt werden will, also ich stehe auch ziemlich ein für einen branchenüblichen Lohn [...]. Also jeder weiß ja auch, wo er arbeiten könnte mit seinen Fähigkeiten, da kann man sich ja schon ungefähr verorten, [...] klar verzichte ich auf Gehalt, aber [...] ich will nicht grundsätzlich verzichten [...]. "[906]

„Ich rede nicht davon, dass wir unsere Organisation mit normalen Unternehmen vergleichen. [...] ich finde es wichtig, dass man ein Gehalt kriegt, aber das muss auch nicht mit den anderen Unternehmen gleich sein, das darf auch ruhig drunter liegen. [...] Es muss auch keine riesen Differenz dazwischen liegen [...]. "[907]

Zunächst wird der existierende Abschlag realistisch gesehen und pragmatisch akzeptiert. Nichtsdestotrotz besteht jedoch der Anspruch, diese Differenz so klein wie möglich zu halten bzw. mittel- bis langfristig zu verkleinern, sowie nicht von vorneherein mit einer ‚Verzichtshaltung' an das Thema heranzugehen. Dies käme insbesondere dann zum Tragen, wenn die Organisation zu einem Zeitpunkt X ggf. einen genügenden Überschuss aufweisen kann, um eine Entscheidung zwischen Gehaltserhöhung und Reinvestionen rechtfertigen zu können.

Monetäre und materielle Anreize

Der Gründer hat diese Thematik im Blick, will aber bei Überschüssen das Gehaltsniveau nicht absolut und allgemein, sondern incentiviert auf Basis monetärer und materieller Anreize anheben:

„[...] dann bedeutet das automatisch, wenn der Umsatz da ist, wir jetzt auch nicht mehr irgendwie auf diesem kümmerlichen Gehaltsniveau bleiben müssen, sondern das kann man jetzt langsam anheben. Aber ich will es natürlich dann auch incentiviert anheben, jeder hat ja gewisse Jahresziele, also nicht irgendwie generell nach

[904] Interview mit Anujin Schittich-Battulga, Projektleiterin, BOOKBRIDGE (geführt am 24.10.2011)
[905] Interview mit Martina Knittel, Projektleiterin, BOOKBRIDGE (geführt am 24.10.2011)
[906] Interview mit Martina Knittel, Projektleiterin, BOOKBRIDGE (geführt am 24.10.2011)
[907] Interview mit Anujin Schittich-Battulga, Projektleiterin, BOOKBRIDGE (geführt am 24.10.2011)

oben heben, sondern sagen ,du hast die Kampagne, und du hast das Projekt, und du hast den Aufbau, und wenn das gut läuft, dann kommt halt auf das Basisgehalt noch das und das drauf, und du kannst dir halt dann Sportwagen, Boot oder Luxusreise, kannst dir halt das und das raussuchen'. "[908]

Während materielle Anreize im Rahmen des individuellen Motivationsansatzes, wenn auch unstrukturiert, so doch vielfältig eingesetzt (bspw. einmalige, unerwartete kleine Geschenke, Finanzierung einer WG-Wohnung, flexible Arbeitszeitmodelle, projektbezogene Reisen, auch zusätzliche Urlaubstage sind im Gespräch) und grundsätzlich auch gut angenommen werden, ist dies im Falle von monetären Anreizen (Boni) etwas schwieriger. Seitens der Geschäftsführer ist für die Zukunft ein Bonussystem angedacht mit dem Anliegen, die Mitarbeiter am Erfolg der Organisation teilhaben zu lassen. Die Überlegungen stehen noch ziemlich am Anfang, geplant ist eine Mischung aus individuellen Zielen und Teamzielen, wobei sich Letztere auf die Projekt- und Umsatzentwicklung beziehen:

„Und dann hast du 50 Prozent individuelle Ziele, die für dich einfach wichtig sind, und die werden dann auch im persönlichen Gespräch nachgehalten, also entweder gar nicht erreicht, voll erreicht oder vielleicht sogar im Übermaß, oder so mittendrin irgendwie erreicht [...]. Und der Rest sind dann einfach Teamziele, [...] die kann man dann schon letztlich an der Umsatzentwicklung, an der Projektentwicklung festmachen." [909]

Während auf Mitarbeiterseite die einen ein solches System grundsätzlich gut finden und begrüßen, lehnen andere monetäre Anreize kategorisch ab, da diese als nicht kompatibel zum Konzept bzw. der Philosophie von Social Entrepreneurship wahrgenommen werden:

„[...] ich glaube, der Karsten wollte so etwas auch entwickeln, dass man zum Beispiel, wenn jemand drei Kunden insgesamt nächstes Jahr gewinnt, dann bekommt er auch einen Bonus, und das finde ich auch vollkommen okay, also was heißt okay, ich finde es auch gut." [910]

„Ja, also ich finde, es [Boni, d.V.] passt überhaupt nicht irgendwie zum Social Business [...]. Also wenn der Carsten es vorschlägt, werde ich echt fuchsig, weil, ja, unsere Ziele sind sozial, und wir bedienen uns unternehmerischer Methoden [...]. Aber unser Ziel ist kein monetäres, und deshalb sollte unser Ziel auch nicht in der Mitarbeiterführung an monetäre Ziele oder an monetäre Dinge geknüpft sein. Also ich halte einfach eher eine Wertschätzung für wichtig, [...] dass man einfach gerechte Löhne kriegt, [...] vernünftig auf einem guten Niveau. Aber ich finde, monetäre Anreize passen überhaupt nicht." [911]

Interessanterweise wird hier dezidiert unterschieden zwischen einer gerechten Bezahlung, die als Wertschätzung empfunden wird, und monetären Anreizen, welche als kritische Handlungsanreize interpretiert werden. Ein negativer Einfluss monetärer Anreize auf die intrinsische Motivation

---

[908] Interview mit Carsten Rübsaamen, Gründer & Stiftungspräsident, BOOKBRIDGE (geführt am 24.10.2011)
[909] Interview mit Carsten Rübsaamen, Gründer & Stiftungspräsident, BOOKBRIDGE (geführt am 24.10.2011)
[910] Interview mit Anujin Schittich-Battulga, Projektleiterin, BOOKBRIDGE (geführt am 24.10.2011)
[911] Interview mit Martina Knittel, Projektleiterin, BOOKBRIDGE (geführt am 24.10.2011)

(Korrumpierungseffekt) wird indes aufgrund der Persönlichkeitsprofile innerhalb des Teams nicht befürchtet, auch wenn man sich der potenziellen Gefahr durchaus bewusst ist:

„Ja, also ich sehe die Problematik, dass monetäre Anreize die intrinsische Motivation schwächen könnten, bei uns konkret im Team eigentlich nicht, weil die Bedeutung von Geld bei uns im Team eigentlich nicht so hoch ist. [...] Aber trotzdem ist das ein Punkt, den ich genauso sehe. Deswegen bin ich eigentlich eher auf die immateriellen Anreize aus [...]." [912]

„[...] wir haben halt im Team niemanden, der wirklich so bestrebt darauf ist und danach einfach nur den Bonus kriegen will [...] Nein, ich glaube, im Moment kann ich mir das nicht vorstellen, dass es irgendwie so sein könnte, dass durch monetäre Anreize die intrinsische Motivation in den Hintergrund geraten könnte." [913]

Ein wirklich kritischer Aspekt ist allerdings die Umsetzung eines systematischen und strukturierten monetären Anreizsystems. Dies gilt insb. für die hierfür notwendigen individuellen Zieldefinitionen sowie die daraus resultierende Unvergleichbarkeit der jeweiligen Mitarbeiterziele, was eine allgemein gerechte Verknüpfung dieser Ziele mit Boni erschwert:

„Nein, das ist im Moment nicht verknüpft, aber das ist genau der Punkt, wo ich halt jetzt auch stehe, weil ich sage jeder hat unterschiedliche Ziele... '. [...] Aber das ist ja sehr unterschiedlich, und da erstmal festzulegen, ‚was sind eigentlich deine drei Hauptziele im nächsten Jahr?', dass man das auch mal von diesen 10 Zielen auf vielleicht drei runterbringt und die dann so verknüpft, dass es am Ende fair ist, das ist schwierig. Also mit dieser Varietät, die wir haben, und der Unvergleichbarkeit umzugehen [...]." [914]

Zielvereinbarungen

Ein Thema, das naturgemäß eng mit Anreizsystemen und insb. Boni zusammenhängt, sind die Zielvereinbarungen. Grundsätzlich gibt es bei BOOKBRIDGE Zielvereinbarungen, die von den Mitarbeitern selbst bzw. in der Gruppe in dedizierten Workshops definiert werden, wöchentlich im Team diskutiert sowie halbjährlich im Rahmen eines Reviews nachgehalten werden. Eine effektive Verzielung, d.h. Verknüpfung dieser Ziele mit Anreizmechanismen findet aus oben genannten Gründen gegenwärtig (noch) nicht statt.

II.1.3.4 Freiwilligenmanagement

Freiwillige spielen im Geschäftsmodell eine große Rolle.[915] Dementsprechend wichtig ist auch ein Führungskonzept, um möglichst viele Freiwillige zu finden und zu halten. Im Gegensatz zu den festangestellten Kräften bedarf es bei Freiwilligen keiner monetären oder materiellen Entlohnung. Wichtigster Aspekt ist vielmehr die Wertschätzung ihrer Arbeit durch Anerkennung, Lob,

---

[912] Interview mit Carsten Rübsaamen, Gründer & Stiftungspräsident, BOOKBRIDGE (geführt am 24.10.2011)
[913] Interview mit Martina Knittel, Projektleiterin, BOOKBRIDGE (geführt am 24.10.2011)
[914] Interview mit Carsten Rübsaamen, Gründer & Stiftungspräsident, BOOKBRIDGE (geführt am 24.10.2011)
[915] Freiwillige werden primär als Bücherhelden und/oder Bücherwächter (Bücherhelden sammeln Bücher, Bücherwächter begleiten die Bücher an ihren Bestimmungsort in den Schwellenländern) oder im Rahmen von Lehrerschulungen in den Schwellenländern eingesetzt

Dankbarkeit und Urkunden/Zertifikate, vor allem aber indem man sich Zeit nimmt und den Kontakt hält:

„[...] Lob und Anerkennung ist eine ganz wichtige Sache, der wir mehr nachkommen müssen. [...] ich bin in meinen Emails, die ich schreibe, auch ein bisschen schwülstig und sag einfach jedesmal Danke, und mit fetten Buchstaben, und bedank mich und, ja, ich glaube, dass man das total fördern muss. Leute müssen gelobt werden, die was Tolles machen, und das auch noch freiwillig. Die brauchen Anerkennung." [916]

„[...] es ist sehr wichtig, dass man zumindest die Anerkennung schenkt. [...] also man muss auch nichts geben, aber dass es zumindest Anerkennung gibt, ihnen zum Beispiel ein Zertifikat oder eine Urkunde schenkt. [...] Man muss kein Geld geben, keine Wertsachen, aber man muss einfach gut Kontakte pflegen und wenn man dort ist, sollte man sich mit ihnen treffen, Anerkennung zeigen, einfach so für die da sein." [917]

Ziel ist es letztlich, eine Reziprozität zwischen Organisation und Freiwilligen herzustellen. Diese zu erreichen und zu halten, ist jedoch ressourcentechnisch eine echte Herausforderung:

„Ich glaube, dass auch in einem Freiwilligen-Engagement einfach eine gewisse Reziprozität erwartet wird, der wir noch nicht nachkommen, was ein Riesenproblem gerade ist, weil es einfach wächst und wächst und wächst, und wir auch nicht mehr die Kapazitäten haben, jedem 100 Emails zu schreiben und jedes Mal Danke zu sagen. Ich glaube aber auch, dass es einfach nicht genügend gemacht wurde." [918]

Konkret gefördert werden kann diese Reziprozität durch Präsenz und Sichtbarkeit der Freiwilligen (z.B. im Internetauftritt) sowie durch Informationen über den Projektvorgang:

„Ob das jetzt Freiwillige sind, ob das Unternehmen sind, die für uns Geld spenden oder Bücher spenden, die müssen mehr gesehen werden. [...] sehr wichtig ist wirklich die – was ich nie gedacht hätte – die Sichtbarkeit in unserem Internetauftritt." [919]

„Und was ich auch versuche zu machen, ist eben einfach auch mit Bildern und mit Blog-Artikel zu arbeiten, jetzt so während des Bibliotheksaufbaus in Kambodscha zum Beispiel mache ich jede Woche ein Update, dass die [Freiwilligen, d.V.] das mit erleben können." [920]

II.1.3.5 Förderung der organisationalen Verhaltensmuster

Innovation und Kreativität bzw. innovatives und kreatives Arbeiten spielen eine wichtige Rolle und werden von BOOKBRIDGE durch Workshops und die Nutzung einer ganzen Reihe von Kreativtechniken aktiv gefördert:

---

[916] Interview mit Martina Knittel, Projektleiterin, BOOKBRIDGE (geführt am 24.10.2011)
[917] Interview mit Anujin Schittich-Battulga, Projektleiterin, BOOKBRIDGE (geführt am 24.10.2011)
[918] Interview mit Martina Knittel, Projektleiterin, BOOKBRIDGE (geführt am 24.10.2011)
[919] Interview mit Martina Knittel, Projektleiterin, BOOKBRIDGE (geführt am 24.10.2011)
[920] Interview mit Anujin Schittich-Battulga, Projektleiterin, BOOKBRIDGE (geführt am 24.10.2011)

„Also ein Workshop jagt bei uns den nächsten, und, genau, - also ich bin so ein bisschen die Methodenqueen – wir wenden da alles Mögliche an, zum Beispiel aus dem Bereich Design-Thinking, was auch so ein bisschen in aller Munde ist, im Prinzip aber alle möglichen Kreativtechniken [...]." [921]

Allerdings ist es wichtig zu betonen, dass Methodenwissen alleine nicht ausreicht. Vielmehr ist es erfolgskritisch, die Methoden bewusst zu nutzen, d.h. die für die jeweiligen Aufgaben passenden Methoden einzusetzen:

„[...] Also es ist schon auch so, dass wir ganz bestimmte Techniken einsetzen, wenn wir etwas strukturieren möchten, nämlich eine andere Methode, als wenn ich jetzt wild brainstorme oder Methoden, mit denen ich mir einen Überblick verschaffen kann oder sowas. Also schon ein bewusster Einsatz von Methoden." [922]

Proaktivität bzw. eine proaktive Herangehensweise an Aufgaben spielt bei BOOKBRIDGE eine herausragende Rolle: Fast alle Aktivitäten sind neuartig, es gibt kaum Routine und wenige Automatismen. Gefördert wird dies durch die grundsätzlich offene Herangehensweise und ständige Weiterentwicklung innerhalb der Organisation ohne Behinderung durch ‚bewährte' Denkstrukturen oder Lösungen, des Weiteren durch aktive ‚Ermunterung', neue Ideen direkt in die Tat umzusetzen:

„Nee, also es gibt nie dieses ‚Business as usual', oder ‚so haben wir es immer gemacht, das hat sich noch immer bewährt'. Das ist schon auch eine kulturelle Sache, dass man immer versucht, den jetzigen Status nicht als gegeben zu nehmen, einfach die perfekte Lösung oder die Lösung, die gerade am angemessensten ist, zu finden, oder auch in völlig neue Richtungen zu gehen. [...] Ja, hat mit der Kultur aber vielleicht auch generell mit einer relativ unbeschränkten Denke zu tun. Also alles darf eigentlich grundsätzlich infrage gestellt werden, was mir persönlich auch wahnsinnig wichtig ist. [...] Also was bestimmt gefördert wird, ist, wenn jemandem etwas auffällt, so dieses ‚Wie-kann-man-es-besser-machen-Prinzip'. Und fällt dir was ein, dann kommt ‚ah, hast du Lust, das zu machen?', und man denkt ‚Scheiße'." [923]

Inwieweit dies genutzt wird, hängt allerdings in großem Maße von der jeweiligen Person und ihrem Persönlichkeitstyp ab:

„Ja, auf jeden Fall, Proaktivität kann ich ausleben, ja. Also ich hab ständig neue Ideen, und die kann ich schon auch selber umsetzen und mach das auch, und bringe neue Sachen mit ein. Das macht, glaube ich, jeder. Der eine mehr, der andere weniger, auch je nach Persönlichkeitstyp." [924]

II.1.3.6 Messung der gesellschaftlichen Wirkung

Die Messung der gesellschaftlichen Wirkung ist ein zentraler Aspekt der Arbeit von BOOK-BRIDGE, wobei zwei Ebenen zu unterscheiden sind. Zum einen sind da die übergeordneten und

---

[921] Interview mit Martina Knittel, Projektleiterin, BOOKBRIDGE (geführt am 24.10.2011)
[922] Interview mit Martina Knittel, Projektleiterin, BOOKBRIDGE (geführt am 24.10.2011)
[923] Interview mit Martina Knittel, Projektleiterin, BOOKBRIDGE (geführt am 24.10.2011)
[924] Interview mit Martina Knittel, Projektleiterin, BOOKBRIDGE (geführt am 24.10.2011)

überwiegend Input-bezogenen Kennzahlen wie z.b. gesammelte Bücher, die Anzahl Freiwilliger oder eröffnete Bibliotheken/Bildungszentren, welche sowohl von interner als auch externer Relevanz sind (insb. gegenüber Partnern, bspw. im Rahmen des Responsibility-Programms) und auch über die Website veröffentlicht werden. Diese in vielen Fällen einseitige Ausrichtung der Kommunikation auf die Input-Perspektive wird allerdings als nicht ausreichend wahrgenommen:

„Nach außen wäre es cool, mehr darüber zu kommunizieren, [...] auch die Leute dafür zu sensibilisieren, dass es nicht darum geht, einfach ‚irgendwas aufbauen, hinstellen und dann einfach weiter', sondern auch das Bewusstsein zu schaffen, [...] dass es da um Inhalte geht [...].“[925]

Gebraucht werden ergänzende inhaltliche Kennzahlen, die die konkrete Wirkung der Bildungszentren vor Ort beschreiben. Während BOOKBRIDGE im Bereich der Input-bezogenen Kennzahlen vergleichsweise gut aufgestellt ist, sind die die wirkliche gesellschaftliche Wirkung beschreibenden, Output-bezogenen Kennzahlen bisher weitgehend vernachlässigt worden:

„Beim sozialen Impact waren wir bestimmt nicht so gut in den letzten zwei Jahren. Ich hatte oft so das Gefühl, dass das so ein bisschen try-and-error-mäßig war [...]. [...] Was bestimmt zu wenig gemessen wurde [...] sind Sachen wie ,wie viel Kinder sind in der Bibliothek? Wie verbessert sich wirklich das Englisch? Werden wirklich so viele [...] englische Bücher ausgeliehen?' [...] Ja, also so ein bisschen mehr Kennzahlen, mehr Kenngrößen über unsere Bildungszentren, [...] das wäre cool. [...] Aber ich glaube, da wächst man einfach auch rein, und das ist ja erst der Anfang, was diese Impact-Messung angeht.“[926]

Hierbei werden wahrscheinlich keine standardisierten Kennzahlensets verwendet werden können, da die relevanten Kenngrößen zugleich als Zahlen gut messbar sein, eine qualitativ-deskriptive Komponente haben sowie die konkrete lokale Situation widerspiegeln müssen. Auch eine Monetarisierung der Wirkung wird als kritisch und schwer umsetzbar angesehen:

„Ganz standardisiert, glaube ich, geht das auch nicht, halte ich auch nicht für die soziale Welt unbedingt sinnvoll. [...]. [...] Genau, also das muss was Deskriptives sein, das muss was Lokales sein, und es müssen Zahlen sein, und die Menschen vor Ort müssen sich darin eben wiedersehen. [...] [Monetarisierung der Wirkung, d.V.] kann man mal machen, wenn es passt, aber wem sollen wir das jetzt zurechnen, und wo hören wir auf zu rechnen? [...] also im Entwicklungskontext wird das einfach total schwierig.“[927]

II.1.4 Mitarbeiter halten - langfristige Bindung

Langfristige Bindung bzw. Karriereplanung ist für die Mitarbeiter vergleichsweise wenig relevant:

„Also, für solche Karrierepfade sind wir echt noch zu klein, ich hab ja sowieso schon Verantwortung für das, was ich da mache. [...] ich glaube, Wissen und Kompetenzen und Netzwerk ist wahrscheinlich eher wichtig

---

[925] Interview mit Martina Knittel, Projektleiterin, BOOKBRIDGE (geführt am 24.10.2011)
[926] Interview mit Martina Knittel, Projektleiterin, BOOKBRIDGE (geführt am 24.10.2011)
[927] Interview mit Martina Knittel, Projektleiterin, BOOKBRIDGE (geführt am 24.10.2011)

als jetzt eine Entwicklung wie in einem klassischen Unternehmen, [...] von Teamprojektleiter bis zum Abteilungsleiter [...]." [928]

Gründe hierfür sind zum einen die kleine Größe und flachen Hierarchien der Organisation, die ohnehin keinen Raum für ein differenziertes Aufstiegssystem lassen, zum anderen der Fokus auf die inhaltliche Entwicklung im Hinblick auf Wissens- und Kompetenzerwerb. Letzteres ist wiederum ein Faktor, der zumindest mittelfristig die Bindung zum Unternehmen fördert, auch indem die Organisation so als potenzielles ‚Sprungbrett‘ dient:

„[...] das ist schon was, was mich hält. Aber das hat auch mit der Aneignung von Fähigkeiten und Fertigkeiten zu tun, und mit dem Aneignen von Wissen [...]. Das heißt, wenn ich hier die Möglichkeit habe, [...] Sachen zu erlernen, die mir helfen, dann bindet das mich auf jeden Fall an das Unternehmen, auch für eine längere oder zumindest mittelfristige Zeit." [929]

Ein natürliches Hemmnis für langfristige Bindung im Social Entrepreneurship-Sektor ist auch der Wunsch vieler Mitarbeiter, zukünftig ein eigenes Unternehmen zu gründen. Dieses Hemmnis kann jedoch zumindest teilweise durch Realisierung einer effektiven Partizipation/strategischen Mitbestimmung überwunden bzw. neutralisiert werden:

„[...] also je höher die Gestaltungsmöglichkeiten wären, [...] desto höher wäre jetzt auch mein Kommittment zu der Sache, und desto mehr würde ich einfach auch langfristig das Produkt mit mir in Verbindung sehen [...] weil, das würde ja dann so dieses Bedürfnis sehr befriedigen, heißt ‚das Eigene‘ und dieses „Ausdrücken des Selbst‘ in einem Geschäftsmodell." [930]

II.2　Dialogue Social Enterprise

II.2.1　Allgemeine Situation und Status von Motivation im Führungskontext

Motivation wird als ein wichtiger Aspekt im Führungskontext bezeichnet, als aktive Führungsaufgabe verstanden und deshalb sehr bewusst angegangen. Gerade weil das Geschäft – mit all der Dynamik und seinen Unwägbarkeiten – steht und fällt mit dem Engagement der Mitarbeiter, ist man sich klar, dass im Bereich der Motivation mehr geboten werden muss als ‚Standardware‘.

Grundsätzlich wird bei Dialogue Social Enterprise (DSE) eine (**intrinsische) Grundmotivation** vorausgesetzt, und Ziel ist es, diese in der Folge zu halten:

„[...] ich geh davon aus, dass alle hier 100 Prozent motiviert sind, 100 Prozent identifiziert sind. [...] Das heißt, ich geh davon aus, dass alle, die hier arbeiten, auch die Ehemaligen, dass die einfach alle eine ganz, ganz

---

928　Interview mit Martina Knittel, Projektleiterin, BOOKBRIDGE (geführt am 24.10.2011)
929　Interview mit Martina Knittel, Projektleiterin, BOOKBRIDGE (geführt am 24.10.2011)
930　Interview mit Martina Knittel, Projektleiterin, BOOKBRIDGE (geführt am 24.10.2011)

starke persönliche Einbindung haben, und das muss ich behalten, da muss ich ansetzen, das ist mein Motivationsmanagement." [931]

Bezüglich der Umsetzung bzw. konkreten Gestaltung existiert **keine umfassende Motivationsstrategie**, die ein geordnetes und strukturiertes Vorgehen in bestimmen Situationen und Prozessen definieren würde. Vielmehr ist die Vorgehensweise zumeist intuitiv und stark individuell, d.h. bezogen auf die jeweiligen Personen. Ein allgemein gültiges Element ist allerdings der Verzicht auf gängige Anreizmodelle basierend auf Druck und Sanktionen oder Belohnung (und hier insb. Zieldefinitionen verknüpft mit Boni/Incentives).

Im Kontext der **grundlegenden Motivationsmuster** spielt die intrinsische Motivation die Hauptrolle, sowohl auf die Tätigkeit bezogen als auch die Handlungswirksamkeit/gesellschaftliche Wirkung betreffend:

„Ich hab mich dagegen entschieden, hab mich hierfür entschieden, weil, wie gesagt, hier gibt es das gewisse Extra, ich glaube, ich lerne hier mehr, das ist eine wesentlich spannendere Aufgabe, die mich mehr erfüllt. [...] Ich finde es aber besonders schön, dass es diese soziale Komponente hat, dass ich wirklich das Gefühl habe, hier und da, dass ich wirklich was im Leben von Menschen ändere, das ist das Tolle. Das ist ein ganz großer Motivationsmoment bei mir." [932]

Weitere wichtige Motivationsmuster sind das sympathische Team, die Internationalität des Umfelds und der Tätigkeit sowie das große Maß an Verantwortung und Anforderungsvielfalt.

II.2.2 Mitarbeiter gewinnen

DSE macht kein strategisches Recruiting.[933] Das bevorzugte Vorgehen des Gründers ist geprägt von einer großen Offenheit und Opportunitätsorientiertheit, mit dem Ergebnis, dass er Personen und ihre Potenziale tendenziell als wichtiger ansieht als vorab formulierte Stellenprofile, und dabei seiner Intuition vertraut:

„Also ich bin immer offen für Menschen, das mal ganz grundsätzlich. Ich bin auch sehr stark opportunitätsgetrieben. Es gibt ja immer die Grundsatzfrage, was zuerst kommen muss, das Job-Profil oder die Person – das ist ein Grundlagenthema. Ich persönlich sehe erst mal die Potenziale von Menschen. [...] Ich bin immer offen, und auch wenn ich jemanden einfach als motiviert erkenne, folge ich da meiner Intuition." [934]

In diesem Sinne spielt das persönliche und geschäftliche Netzwerk sowie Mitarbeiterempfehlungen in der Anbahnung eine zentrale Rolle. Demgegenüber sind – abgesehen von klar umrissenen Tätigkeitsfeldern wie Buchhaltung oder Sekretariat – Stellenausschreibungen äußerst selten.

---

[931] Interview mit Andreas Heinecke, Gründer & CEO, DSE (geführt am 24.11.2011)
[932] Interview mit Gideon Kletzka, Projektleiter, DSE (geführt am 24.11.2011)
[933] Zumindest gilt dies für die im Rahmen dieser Arbeit/Fallanalyse schwerpunktmäßig betrachtete Holding; im Rahmen der Ausstellungen/Museen mag dies anders aussehen.
[934] Interview mit Andreas Heinecke, Gründer & CEO, DSE (geführt am 24.11.2011)

Der Auswahlprozess verläuft analog: So sind formale Voraussetzungen in den meisten Fällen nicht relevant. Wichtig sind ggf. spezifische Fähigkeiten/Kenntnisse (z.B. im Bereich Buchhaltung), vielmehr aber noch die Frage, ob die Person bzw. Persönlichkeit ins Team passt. Insbesondere Letzteres wird dann auch vergleichsweise strukturiert und ausführlich anhand eines Persönlichkeitstests sowie mehrerer Interviews überprüft:

„[…] also ich bin kein Mensch, der jetzt formal auf Voraussetzungen achtet, [...] da muss man ein bisschen unterscheiden zwischen den Hardskills, das heißt wenn man einen Buchhalter braucht, muss er wissen, was Datev ist, und so weiter. Aber ansonsten ist es vor allem wichtig, ob die Person zu uns passt. Wir machen jedesmal einen PI, einen Predictive Index Test (Persönlichkeitstest), haben unterschiedliche Interviews, also wir versuchen schon herauszufinden, ob die Menschen kompatibel sind. Man merkt das ja, das ist bei uns eine entspannte, lockere Runde, und haben sehr viel Spaß miteinander, das ist halt wichtig. "[935]

Ein wichtiger Erfolgsfaktor im Recruiting ist Transparenz und Ehrlichkeit in der Kommunikation von Beginn an. Dies beinhaltet bspw. den Verweis auf die hohe Arbeitsbelastung oder die ‚Arbeitssprache' Englisch bis hin zu einer ganzen Liste an Gründen, weshalb die betreffende Person nicht bei DSE arbeiten sollte. Ziel ist es bei alledem nicht, die Personen abzuschrecken, sondern vielmehr etwaigen Missverständnissen oder späterer Unzufriedenheit vorzubeugen.

II.2.3 Mitarbeiter führen und entwickeln

II.2.3.1 Grundlegende führungsrelevante Einflussfaktoren

Unternehmensleitbild

DSE hat eine Mission, die auch auf der Website prominent dargestellt ist.[936] Sie entstand in einem vergleichsweise schwierigen und langwierigen Prozess und hat sowohl externe als auch interne Relevanz. Während im externen Kontext vor allem die prägnante explizite Darstellung relevant ist, spielt diese intern kaum eine Rolle. Wichtiger ist hier ein implizites Verständnis der Inhalte:

„Das [die Mission, d.V.] unbedingt in zwei, drei Sätzen zu haben, ist glaube ich für mich nicht so wichtig. Ich glaube, das ist eher für die Außendarstellung sehr wichtig. Jeder hier, würde ich sagen hat ein Verständnis. Ich glaube, 100 Prozent deckungsgleich ist das Verständnis der Mission nie, alle Leute, jeder Mensch hat dann doch noch eine eigene Schwerpunktsetzung [...]. "[937]

Die Herausforderung liegt hier sicherlich darin, das als handlungsleitende Maxime so wichtige implizite Verständnis der Mission auf Seiten der Mitarbeiter zu harmonisieren und bei allen Unterschieden im Detail ein gemeinsames Grundverständnis zu schaffen.

Führungsverhalten

---

935 Interview mit Andreas Heinecke, Gründer & CEO, DSE (geführt am 24.11.2011)
936 Vgl. Website von DSE unter http://www.dialogue-se.com/why/our-mission/ (abgerufen am 01.07.2012)
937 Interview mit Gideon Kletzka, Projektleiter, DSE (geführt am 24.11.2011)

Das Führungsverhalten speziell des Gründers bzw. Geschäftsführers spielt eine wichtige Rolle. Dieser ist (noch immer) eine zentrale, einflussreiche Persönlichkeit, auch wenn der direkte Einfluss mit zunehmender Distanz aufgrund des Organisationswachstums über die Zeit abgenommen hat. Andreas Heinecke beschreibt seine Rolle wie folgt:

„[...] ich glaube, ganz, ganz wichtig ist, dass man eine hohe Glaubwürdigkeit hat – da fange ich mal von mir an. Vielleicht bin ich ein Motivator. Am Anfang sicherlich mehr als jetzt, wo die Firma auch relativ gewachsen ist, wo auch eine gewisse Distanz entstanden ist aufgrund der Größe, das ist völlig klar, aber vielleicht bin ich schon auch eine Form von Magnet und gelte als Persönlichkeit, mit der man es gerne zu tun hat. Also da bin ich mir bewusst darüber, dass ich Menschen motiviere, vielleicht auch bei Dialog im Dunkeln zu arbeiten, weil ich das Ganze angeschoben und entwickelt habe. Das ist das eine. Und um das auch jetzt zu halten, damit es nicht als eine Art von Bubble dann platzt, ist glaube ich eine hohe Glaubwürdigkeit und auch eine Authentizität sehr, sehr wichtig. Dazu kommt ein hohes Maß an Transparenz, ein hohes Maß an offenem Umgang, ein hohes Maß an Empathie natürlich, an Zuhörbereitschaft, an Solidarität in Krisensituationen, an Unterstützung, an Förderung. Das sind natürlich ganz, ganz wesentliche Bausteine." [938]

Wesentliche Bestandteile des Führungsverhaltens sind demnach eine angenehme und integrierende Persönlichkeit, ein glaubwürdiges und authentisches Auftreten, ein offener Umgang mit hoher Transparenz in der Kommunikation sowie ein hohes Maß an Empathie, Unterstützung und Förderung.

Die als angenehm und positiv wahrgenommene Persönlichkeit ist insbesondere für gegenseitiges Vertrauen als Grundlage eines kooperativen Führungsstils von zentraler Bedeutung. Über Druck kann und sollte hingegen nur wenig bis gar nicht motiviert werden:

„Und meine Führung kann in so einem Unternehmen wie unserem nur über Vertrauen laufen. Das ist ganz, ganz wichtig. Also ich muss wirklich eine sehr, sehr positive Erscheinung sein, darf kein Ekelpaket sein. Ich kann nicht über Druck motivieren, das ist auch nochmal ganz wichtig. Also irgendwelche Drohgebärden aufbauen und Drohszenarien zu entwickeln, das geht überhaupt nicht." [939]

Glaubwürdigkeit und Authentizität entstehen wiederum vor allem durch die Rolle des Gründers als Visionär und Galionsfigur, der die Organisation aus innerer Motivation heraus über Jahre getrieben und entwickelt hat. So werden die Begeisterung und das Engagement von Andreas Heinecke täglich in seinem Tun sichtbar, ohne dass er dies bewusst nach außen kehrt:

„[...] da denke ich mir schon ,Wow, das was sich da alles machen lässt', klar. Und das vorgelebt zu kriegen von einer Person wie Andreas [...], das ist schon sehr inspirierend. [...]ich weiß auch immer, wie viel Andre-

as zum Beispiel alles gleichzeitig macht, und bewundere, wie lange und unglaublich ausdauernd er dieses Projekt seit 22 Jahren verfolgt. Wir sprechen über Role-Models, das ist schon sehr beeindruckend." [940]

Dieses hohe Engagement hat jedoch bisweilen auch negative Auswirkungen auf die Qualität der Kommunikation, welche dadurch nicht wie angestrebt offen, transparent und klar ist, sondern eher flüchtig und unklar wird. Letztlich wird dies aber als ein notwendiges Übel angesehen:

„Und das ist dann manchmal nervig. Also wenn er seine 500 Projekte gleichzeitig macht und dann irgendwie natürlich nicht in der Lage ist, alles immer 100 Prozent zu kommunizieren, das macht es dann manchmal schwierig. [...] aber im gleichen Moment denke ich immer: ,Ja, genau so jemanden braucht es vornedran, um das Ding hier weiter zu treiben'." [941]

Das hohe Maß an Empathie, Unterstützung und Förderung manifestiert sich schließlich in der Tatsache, dass Andreas Heinecke, sowohl aus eigener als auch aus Mitarbeiterperspektive, eine Vorbildfunktion und Mentorenrolle innehat:

„[...] meine Rolle, auch als Chef, das ist sehr wichtig. [...] da ist, sagen wir mal, eine Form von Vorbildfunktion auch schon sehr, sehr wichtig. [...] Ja, als Mentor, ich sehe mich als Mentor." [942]

„Ja, also ich finde es beeindruckend, was für ein Pensum Andreas hinlegt. Also das zu sehen ist motivierend, auf jeden Fall. Das will ich auch können, das kann ich auch zum Teil und ja, und das nachzumachen, klar, Andreas ist schon ein Vorbild, auf jeden Fall." [943]

Organisationskultur

Die Kultur von DSE lässt sich nach eigenen Aussagen – dem Anspruch nach – als familiär beschreiben. Nachdem in der unmittelbaren Vergangenheit Anstrengungen hin zu einer umfassenden Professionalisierung auch (und gerade) im Rahmen der Mitarbeiterführung unternommen wurden, versucht man nun, sich wieder auf den Kern eines kleinen Teams mit familiärem Charakter und Umgang sowie einer starken Bindung zu besinnen:

„Wir wollten so ,vom Club zur Company', und jetzt glaube ich ist das langfristige Konzept lieber ,von Firm zu Family', also wieder das Ziel, was ich vorher sagte, wenn wir überhaupt eine Chance haben zu überleben, dann nur über eine ganz, ganz starke persönliche Bindung mit den Menschen, die hier die Treiber sind. Und das geht nur, wenn wir auch eine gewisse Kleinheit haben. Wenn da 2000 Leute rumspringen, geht das nicht mehr." [944]

---

[940] Interview mit Gideon Kletzka, Projektleiter, DSE (geführt am 24.11.2011)
[941] Interview mit Andreas Heinecke, Gründer & CEO, DSE (geführt am 24.11.2011)
[942] Interview mit Andreas Heinecke, Gründer & CEO, DSE (geführt am 24.11.2011)
[943] Interview mit Gideon Kletzka, Projektleiter, DSE (geführt am 24.11.2011)
[944] Interview mit Andreas Heinecke, Gründer & CEO, DSE (geführt am 24.11.2011)

Dies gilt zumindest für die Holding, die die gesamten Aktivitäten der Organisation koordiniert. Eine Herausforderung ist allerdings die Existenz von zwei Organisationsebenen, der Holding auf der einen Seite sowie den operativen Ausstellungsbetrieben/Museen auf der anderen Seite:

> *„Aber dann gibt es eben auch noch die Jobs hier bei DSE, die Leute reisen viel, haben große Freiheiten, können kommen, wann sie wollen, es ist einfach immer was los. Wenn ich jetzt aber in dem Routinebetrieb da drüben [Ausstellungsbetrieb, d.V.] stecke, und morgens um sieben geht es eben los bis abends um neun, [...] das ist dann ein anderes Motivationsgeschäft, da muss man die Motivation halten. Weil, wir sind eigentlich eine Beratungsfirma, da gibt es eigentlich keine Routine, und das andere sind ja Routinen. [...] Was natürlich auch wiederum eine Art von Lücke aufreißen lässt, weil, natürlich/ wir sind hier so quasi diejenigen, die durch die Welt jetten, während die anderen die Arbeit, also das Tagesgeschäft, machen.“*[945]

Während die Holding vornehmlich durch Dynamik und Weiterentwicklung geprägt ist, liegt der Schwerpunkt der Ausstellungen/Museen im Routinebetrieb und Management. Durch die vollkommen unterschiedlichen Tätigkeitsschwerpunkte existiert die reale Gefahr von getrennten Welten und eines Ungleichgewichtes mit sehr unterschiedlichen und ggf. inkompatiblen Motivationsgefügen: Die Herausforderung ist hier, einen jeweils spezifischen Führungsansatz und geeignete Strukturen zu finden, dabei aber gleichwohl die Organisation als Ganzes zusammenzuhalten, ohne dass sich die Welten gänzlich voneinander entkoppeln.

II.2.3.2   Autonome Motivation und Anreizsysteme

Sinnstiftende Bedeutung der Tätigkeit

Einer der wichtigsten Aspekte im Rahmen der autonomen bzw. intrinsischen Motivation ist die aus der Mission entstehende sinnstiftende Bedeutung der Tätigkeit. Die Mission als handlungsleitende Maxime gibt der Tätigkeit eine übergeordnete Bedeutung, die über den konkreten Inhalt der Tätigkeiten hinausweist:

> *„Und ich glaube, der größte Incentive, was auch immer spannend ist, ist die Aufgabe, also die Mission, das ist schon sehr wichtig, ‚warum machen wir das Ganze eigentlich?‘, das ist also [...] nicht Sinn-entkoppelt.“*[946]

Autonomie

Weiterhin wird der Gewährung von **Autonomie** große Bedeutung zugemessen. Demnach schaffen Freiräume und eine gewisse gestalterische Freiheit eine hohe, persönliche Identifikation mit der Tätigkeit, welche sich positiv auf die intrinsische bzw. autonome Motivation auswirkt:

> *„Also die sind da wirklich voll identifiziert, weil wir ihnen, glaube ich, auch großen Freiraum lassen [...].“*[947]

---

[945] Interview mit Andreas Heinecke, Gründer & CEO, DSE (geführt am 24.11.2011)
[946] Interview mit Andreas Heinecke, Gründer & CEO, DSE (geführt am 24.11.2011)
[947] Interview mit Andreas Heinecke, Gründer & CEO, DSE (geführt am 24.11.2011)

„Zum einen glaube ich eh dran, dass sich jeder Job in einer gewissen Form auch über den Menschen, der ihn macht, definiert, also ich meine, dass jeder in einer gewissen Form gestalterisch an seinem Job arbeiten kann, und das ist hier ziemlich gut möglich." [948]

Anforderungsvielfalt und Kompetenzerleben

Ein Gefühl der Anforderungsvielfalt entsteht vor allem durch die hohe **Dynamik des Umfeldes**, welches international geprägt ist, in dem ständig Neues entwickelt wird, der Leistungsdruck hoch ist und nicht zuletzt Routinen weitestgehend fehlen:

„Weil, wir sind eigentlich eine Beratungsfirma, da gibt es eigentlich keine Routine [...]. Hier ist halt der Druck ziemlich groß, und ständig ist irgendeiner auf Reisen. Also es ist auch eine sehr, sehr dezentrale Organisation. [...] das schafft natürlich einen gewissen Charme, aber das muss man dann eben auch aushalten." [949]

Ein positives Kompetenzerleben wird durch die **Kongruenz zwischen Aufgabe und Kompetenzen** sichergestellt, was erstens durch eine Zuordnung von geeigneten Aufgaben zu geeigneten Personen, zweitens durch Kompetenzbestätigung und -bildung (Wertschätzung/Feedback sowie Training/Weiterbildung) entsteht.

Notwendige Voraussetzung für die **Zuordnung von geeigneten Aufgaben** ist zunächst einmal die Definition von klaren Aufgaben- und Kompetenzfeldern, was bei DSE weitgehend systematisch stattfindet:

„Die Kompetenzen klar zu verteilen? Ja, doch, der Versuch ist absolut da. Auch hier wieder ganz klare Limits in Sachen Ressourcen, was bedeutet, dass ich zum Beispiel auch viel so Legal-Kram mache, aber [...] da wird schon drüber geredet. Und, klar, es werden schon klare Kompetenzfelder abgesteckt, wer hier was macht, absolut, ja." [950]

Darauf aufbauend gilt es dann, die Stärken und Schwächen der Mitarbeiter zu erkennen und dies bei der Aufgaben- und Kompetenzverteilung zu berücksichtigen, was zumindest vom Verständnis und Anspruch her klar gesehen wird:

„Wenn ich merke, dass ich in eine ungesunde oder in eine mir nicht gemäße Situation gerate, dann kann ich auch nicht performen. [...] jeder muss ja quasi auch sein Terrain finden, wo er oder sie sich am wohlsten fühlt, das ist ganz, ganz wichtig. Daher müssen wir auch sehr, sehr stark erkennen und berücksichtigen, wo die Fähigkeiten und auch die Potenziale von jemandem liegen." [951]

In der Praxis funktioniert dies zwar nicht immer vollständig, trotzdem wird es zumeist schon als ausreichend empfunden, wenn der Aufgabenschwerpunkt im jeweiligen Kernkompetenzbereich

---

[948]   Interview mit Gideon Kletzka, Projektleiter, DSE (geführt am 24.11.2011)
[949]   Interview mit Andreas Heinecke, Gründer & CEO, DSE (geführt am 24.11.2011)
[950]   Interview mit Gideon Kletzka, Projektleiter, DSE (geführt am 24.11.2011)
[951]   Interview mit Andreas Heinecke, Gründer & CEO, DSE (geführt am 24.11.2011)

liegt. Spontane ad hoc-Aufgaben und Aufgaben außerhalb des Kernkompetenzbereiches werden dabei tendenziell eher als Chance im Sinne einer Weiterentwicklung gesehen:

„Ja, das sehe ich als Chance, also eher als Chance dann. Das ist auch immer eine Herausforderung, plötzlich, keine Ahnung, irgendeine Live-Case-Study mit McKinsey vor irgendwelchen Studis zu machen und zu präsentieren und die an einem tatsächlichen Fall von uns arbeiten zu lassen, sowas ad hoc zu machen, das finde ich spannend und das würde ich eher als Chance sehen, da ich mich dann ausprobieren kann in einer gewissen Weise. Und trotzdem ist es natürlich schön, zu wissen, das ist irgendwie so mein Heimathafen, meine Kernkompetenzen, die ich auch größtenteils zu bearbeiten habe. [...] dass ich, keine Ahnung, die Kommunikation eben mit unseren Anwälten zum Teil übernehme. [...] Das ist jetzt nicht das, wo ich mich hinentwickeln will, ich merke aber, dass es nicht schadet, so ein Auge dafür zu kriegen, Verträge zu prüfen [...] Das ist eine super Chance. "[952]

Rückmeldungsmechanismen in Bezug auf die ausgeführten Tätigkeiten, namentlich Wertschätzung und Feedback, wirken bei der Ausübung von Tätigkeiten und speziell hinsichtlich des Kompetenzerlebens unterstützend, auch und gerade in Krisensituationen. **Wertschätzung** geschieht bei DSE im persönlichen Umgang, insbesondere durch den Gründer, der als Eckpfeiler seines kooperativen Führungsverhaltens Zuhörbereitschaft, Solidarität in Krisensituationen, Unterstützung und Förderung bezeichnet.

Ein strukturiertes, regelmäßiges **Feedback** im Rahmen eines Mitarbeitergespräches war Teil der – im Rahmen der Organisationskultur erwähnten – Professionalisierungsbestrebungen der Organisation. Sie beinhalteten neben der Definition von konkreten, realistischen Zielen und dem Nachhalten ebendieser auch die Identifizierung von Stärken und Schwächen sowie das Aufzeigen von Entwicklungspotenzialen/-perspektiven. Insgesamt wurden diese Feedbackgespräche als sehr positiv und hilfreich wahrgenommen, sowohl das positive (Anerkennung der Leistung) als auch das kritische Feedback (Anreiz für Verbesserung/Weiterentwicklung):

„[...] die Feedbackgespräche fand ich sehr gut und wichtig. Und da wurde auch die eine oder andere Entwicklungsmöglichkeit aufgezeigt. [...] Ja, ein Feedback zur Entwicklung zu kriegen, bestätigt zu kriegen, dass man gute Arbeit geleistet hat, das war wichtig, und auch, das kritische Feedback zu kriegen, [...] was mich eben auch befähigt, [...] mich weiter zu entwickeln, mich zu verbessern – das war der Anreiz, der Blick von außen, ganz wichtig, total wichtig. "[953]

Mit der (vorläufigen) Beendigung dieser Professionalisierungsbestrebungen bzw. konkret der Rücknahme einiger Prozessneuerungen finden – bis auf ein fallbezogenes ad-hoc-Feedback nach Beendigung eines Projektes – keine strukturierten, regelmäßigen individuellen Feedbackgespräche mehr statt. Auch wenn dies von den Mitarbeitern im Hinblick auf die fehlenden Ressourcen zwar akzeptiert wird, ist der Wunsch nach mehr Feedback jedoch nach wie vor aktuell:

---

[952] Interview mit Gideon Kletzka, Projektleiter, DSE (geführt am 24.11.2011)
[953] Interview mit Gideon Kletzka, Projektleiter, DSE (geführt am 24.11.2011)

„[...] eine ganz konkrete institutionalisierte Form [des Feedbacks, d.V.] ist hier mit dem Ausscheiden unserer ehemaligen COO nicht mehr am Start. [...] Wir versuchen, jedes Projekt abschließend kurz zu besprechen, und dann passiert das. Ja, ich würde mir aber grundsätzlich Feedback wieder mehr wünschen, sehe aber auch gleichzeitig, [...] dass es da keine bzw. kaum Ressourcen für gibt. Ich verstehe es, würde mir es aber grundsätzlich wünschen, dass das mehr passiert. Wir haben hier halt keine Personaler sitzen, keine HR-Abteilung, das ist mir schon bewusst.“ [954]

Auch wenn von der Organisation mittel- bis langfristig mehr Initiative verlangt wird, hat sich nach dem vorherigen, Top-down-geprägten Prozess die Verantwortung zunächst wieder mehr hin zum Mitarbeiter verschoben, und es liegt in seiner Verantwortung, bei Bedarf in Eigeninitiative Feedback einzufordern:

„[...] ich werde da auch gerne der aktive Part sein, mir das Feedback einzuholen, bzw. bezüglich der Entwicklungsmöglichkeiten hier in der Firma werde ich proaktiv sein und das einfordern [...] es ist wenig Zeit, da bin ich mir auch im Klaren drüber, dass ich da quasi die Verantwortung habe, jemanden festzunageln. [...] Das wird von meiner Seite verlangt, und das werde ich machen.“ [955]

Trainings und Weiterbildungen zur Kompetenzbildung finden nur vergleichsweise selten und unregelmäßig statt. Hervorzuheben ist ein Programm an der Business School INSEAD, im Rahmen dessen sich ausgewählte Mitarbeiter durch Kurse und den Austausch mit anderen Teilnehmern sowohl fachlich als auch persönlich weiterentwickeln können. Des Weiteren hat das Programm einen wertschätzenden Aspekt und Incentive-Effekt. Erfahrungs- bzw. Informationsaustausch findet des Weiteren intern auf Projektebene statt:

„[...] wir haben regelmäßige Teammeetings, bei denen das ganze Team zusammenkommt, [...] wir bringen uns auf den neuesten Stand, was gerade läuft [...]. [...] Andreas, der auf hunderten Konferenzen unterwegs ist und Business hier und da generiert [...] Dann unsere 18 Ausstellungen rund um die Welt, was gibt es da für News? Was sind gerade für Workshops gelaufen? Wie erfolgreich waren die? Was war die Evaluation? International Meeting, was ist das, was lief da? Wie gehen wir um mit dem, was da von unseren Franchisees kommt, was die wollen? Wie können wir das bedienen? Das sind unglaublich viele Hochzeiten, die da gleichzeitig stattfinden, und es ist sehr, sehr spannend, das alles zu sehen.“ [956]

Ganzheitlichkeit und Bedeutsamkeit

Während die Teammeetings vor allem informativen und weniger wissenstransferierenden Charakter besitzen, haben sie jedoch noch eine ganz andere Wirkung: Sie fördern die Ganzheitlichkeit und Bedeutsamkeit, indem sie durch das Spektrum der gesamthaften Aktivitäten, Vorgänge und Ergebnisse die Aktivitäten der Einzelnen in einen größeren Kontext setzen: die Zusammenhänge werden klar und der konkrete Beitrag des eigenen Handelns deutlich, was letztlich inspirie-

---

[954] Interview mit Gideon Kletzka, Projektleiter, DSE (geführt am 24.11.2011)
[955] Interview mit Gideon Kletzka, Projektleiter, DSE (geführt am 24.11.2011)
[956] Interview mit Gideon Kletzka, Projektleiter, DSE (geführt am 24.11.2011)

rend und motivierend wirkt. Ein weiterer Aspekt, der insbesondere die Bedeutsamkeit der Tätigkeit steigert und inspirierend wirkt, ist die enge Zusammenarbeit mit den Führungskräften auf inhaltlicher Ebene und damit das Gefühl, an der strategischen Entwicklung direkt oder zumindest mittelbar teilzuhaben.

Zugehörigkeit

Zugehörigkeit wird hauptsächlich im alltäglichen Umgang gefördert. Die zentrale Rolle spielt hier die Kultur mit ihrem familiären Charakter, den gemeinsamen Aktivitäten auch außerhalb der Arbeit sowie dem durch Offenheit und Respekt geprägten Umgang. Die Folge ist eine gute Arbeitsatmosphäre, in der sich die Personen freundschaftlich verbunden fühlen, gegenseitig unterstützen und gemeinsam Spaß haben.

II.2.3.3 Kontrollierte Motivation und Anreizsysteme

Festgehalt

Grundsätzlich lässt sich sagen, dass Geld zwar keine Priorität besitzt, aber dennoch eine wichtige Rolle spielt, wobei im Zweifel das Festgehalt einem Bonus mit Verzielung vorgezogen wird:

„Das ist ganz wichtig, weil in so einer kleinen Firma wie hier ist mir ganz bewusst, dass es jetzt keine riesigen Aufstiegschancen gibt [...] und da fände ich das schon sehr gut, als eine Form der Anerkennung ein bisschen mehr Geld zu kriegen [...]. Gleichzeitig ist mir im Moment aber noch viel wichtiger, mehr Kompetenzen, mehr Vertrauen entgegengebracht zu bekommen [...]. [...] Verzielung und Boni finde ich ein ganz schwieriges Thema, weil die Messbarkeit und dann auch die Verhältnismäßigkeit hinzubekommen, das finde ich schwierig. Da fände ich es besser, ein höheres Grundgehalt zu haben[...]." [957]

Der Anspruch bezüglich des Festgehalts ist eine grundsätzlich marktgerechte sowie insbesondere im externen Vergleich faire Bezahlung ohne vorauseilende Verzichtshaltung:

„Ja, grundsätzlich sollte der Anspruch sein, in Social Entrepreneurship Organisationen marktgerecht zu entlohnen. [...] Also Verzicht ist glaube ich der falsche Ansatz. [...] Es ist total wichtig, die Mitarbeiter gut und fair zu entlohnen, absolut. Verzicht deshalb nein, aber ich bin mir auch darüber im Klaren, dass natürlich so ein Unternehmen nicht die Möglichkeit hat, wie, keine Ahnung, die Deutsche Bank zu entlohnen, das ist klar. [...] Ja, also ich weiß, was irgendwie Politikwissenschaftler in ihren ersten Jobs so verdienen, die irgendwie vergleichbar sind, da ist das, was ich hier bekomme, okay. Das ist irgendwie nicht Top, ist aber auch nicht schlecht. Das ist fair, absolut, würde ich schon sagen." [958]

„Das heißt, wir haben wirklich hart zu kämpfen, dass wir eben 12mal die Gehälter hier bezahlen, das ist einfach Tatsache." [959]

---

[957] Interview mit Gideon Kletzka, Projektleiter, DSE (geführt am 24.11.2011)
[958] Interview mit Gideon Kletzka, Projektleiter, DSE (geführt am 24.11.2011)
[959] Interview mit Andreas Heinecke, Gründer & CEO, DSE (geführt am 24.11.2011)

Bei allem Anspruch einer marktgerechten Bezahlung wird ein in der Realität existierender Abschlag im Vergleich zu vor allem kommerziellen Organisationen wahrgenommen und weitestgehend akzeptiert. Diese Akzeptanz speist sich aus dem Wissen, dass die finanziellen Engpässe keine andere Praxis zulassen. Im übrigen hält die Akzeptanz, solange die Bezahlung trotzdem als fair empfunden werden kann. Ein potenzieller Fairness- und Erfolgsfaktor sind hierbei klar definierte Gehaltsstufen mit über Zeit ansteigendem Gehalt:

> *„Also, genau, Gehaltsstufen müssen für mich auf jeden Fall kommen. Da sind wir wieder beim unternehmerischen Ansatz, also fair entlohnt zu werden, und wenn man älter wird, kriegt man in aller Regel ein wenig mehr Geld, das muss so sein, die Ansprüche steigen ja auch."* [960]

Monetäre Anreize

Wie eingangs erwähnt existieren zusätzlich zum Festgehalt keine monetäre Anreize/Boni. Vielmehr werden diese durchweg kritisch gesehen: Zum einen werden Boni als mit der Kultur und den Grundwerten eines Sozialunternehmens inkompatibel angesehen, zum anderen schränken die schon erwähnten finanziellen Engpässe den Handlungsspielraum ein.

Zielvereinbarungen

Zudem sind Boni nur auf Basis einer effektiven und strikten Verzielung basierend auf Zielvereinbarungen realisierbar. Dieses Gesamtkonstrukt (individuelle Zielvereinbarungen mit Belohnung oder Sanktion) wird aufgrund konkret gemachter Erfahrungen ebenfalls äußerst kritisch gesehen. So wurde in der unmittelbaren Vergangenheit die Professionalisierung der Strukturen und Prozesse stark vorangetrieben, wobei die Einführung von Zielvereinbarungen und deren Nachhalten einen wenn nicht den zentralen Aspekt der Bemühungen darstellte: Durch die klaren Vorgaben sollte die Führung effizienter und effektiver gestaltet und letztlich die Leistung gesteigert werden. Insgesamt wurde dies jedoch als nicht adäquat und nicht sinnvoll umsetzbar wahrgenommen:

> *„Auch die Zieldefinition ist eigentlich auch nicht ganz einfach festzulegen. Was heißt denn das: Wir legen jetzt ein Ziel fest?! Okay, super. Aber wenn es nicht erreicht wird, gibt es dann immer weniger und noch weniger? Kann ja auch nicht sein, also das heißt es auch nicht. [...] Wir haben mit den Zielen/ in den letzten Jahren haben wir uns zu weit bewegt in die Richtung hin zu Old Economy. Da sind wir gerade am Rückabwickeln, weil ich es einfach nicht als adäquat empfunden habe. [...] Da brauchte wir jemanden, der letztendlich da auch noch mehr Strukturen schafft, Prozesse festlegt, ja, Ziele definiert und dann eben hier auch nochmal klare Vorgaben gibt [...] das hat aber nicht funktioniert.[...] Ja, klar haben wir Ziele. Runtergebrochen auf/, ja, das haben wir alles gemacht, letztes Jahr, vorletztes Jahr, das ist aber alles Quatsch. Weil ich ja auch keine Sanktionsmöglichkeiten habe. [...] ich muss einfach sehen, dass jeder sein Bestes tut und sein Bestes versucht [...]. Erfolg von der Einzelleistung abhängig zu machen, das finde ich ja fatal, weil, ich bin ja in einem Geflecht von unterschiedlichen Einflussfaktoren. Jetzt zu sagen ,Du hast aber jetzt den Workshop nicht verkauft,*

---

960 Interview mit Gideon Kletzka, Projektleiter, DSE (geführt am 24.11.2011)

Schläge auf die Finger', ja, oder ‚Du hast dein Umsatzziel nicht erreicht', ja meine Herren, das geht alles gar nicht. Ich kann nur sagen ‚Mensch, du hast dein Bestes versucht und, großartiges, das was möglich war geschafft', okay. Wie gesagt, ich geh davon aus, dass alle hier 100 Prozent motiviert sind, 100 Prozent identifiziert sind, also dass wir da sowas jetzt wie mit ‚du hast dein Ziele nicht erreicht, wir haben doch vereinbart in unserem Jahresauftaktgespräch, was du alles machen musst', das haben wir ja alles gemacht, aber das stelle ich alles wieder ein." [961]

„Verzielung und Boni finde ich ein ganz schwieriges Thema, weil die Messbarkeit und dann auch die Verhältnismäßigkeit hinzubekommen, das finde ich schwierig." [962]

Zum einen wurden die Zielvereinbarungen bzw. der kontrollierende Verzielungsaspekt ad absurdum geführt, da Sanktionen von vornherein ausgeschlossen oder als nicht adäquat angesehen wurden. Zum anderen werden die Zieldefinition selbst sowie deren Messbarkeit als nur schwer handhabbar eingeschätzt. Insbesondere eine in der Verhältnismäßigkeit gerechte Zurechenbarkeit des Erfolgs auf den einzelnen Mitarbeiter wird als kaum möglich eingeschätzt, da das Ergebnis aufgrund mannigfacher anderer Einflussfaktoren nur begrenzt vom Mitarbeiter selbst beeinflussbar ist. In diesem Sinne wurden und werden daher alle Bemühungen in Richtung Zielvereinbarungen mit strikter Verzielung aufgegeben.

Materielle Anreize

Während monetäre Anreize also keine Rolle spielen, werden materielle Anreize zumindest in geringem Umfang verwendet: In diese Kategorie fallen kleine, unerwartete Geschenke bspw. nach Abschluss eines erfolgreichen Workshops, aber auch die im Rahmen der internationalen Ausrichtung allgegenwärtigen Dienstreisen, welche, von der Organisation unterstützt, auch mit privaten Reisen verbunden werden können.

II.2.4 Mitarbeiter halten - langfristige Bindung

Aus Sicht des Gründers bzw. der Organisation ist langfristige Bindung ein ambivalentes Thema. Auf der einen Seite ist sie unbestreitbar wichtig, insb. bei den Schlüsselpersonen, die als Kernteam die Organisationsentwicklung strategisch begleiten und gestalten. Auf der anderen Seite ist jedoch klar, dass diese langfristige Bindung nicht von allen Mitarbeitern verlangt werden kann und soll:

„Annkatrin und Gideon sind ja gute Beispiele. Ich meine, die sind jung, das ist ihr erster richtiger Job. Wenn die jetzt zu einem Zeitpunkt sagen ‚du, ich will was anderes machen', dann verstehe ich das natürlich, völlig klar. Ich meine, es wäre ja fürchterlich, wenn die jetzt bis zur Berentung hier bleiben würden. Das heißt, wir wollen auch Einstiege vermitteln. Wir bleiben auch in Kontakt, ohne Probleme. [...] Natürlich ist es so, diese Core-Gruppe, die bleibt, die ist wirklich unheimlich stabil. Orna, Klara, Laura, Thomas, und dann natürlich

---

961 Interview mit Andreas Heinecke, Gründer & CEO, DSE (geführt am 24.11.2011)
962 Interview mit Gideon Kletzka, Projektleiter, DSE (geführt am 24.11.2011)

müssen die, die nachkommen, erst mal reinwachsen. Aber ich kann nicht erwarten, jetzt von der Generation zwei oder drei mittlerweile, dass die eine ähnliche Perspektive damit verbinden. Und ich will ich unsere Leute schon halten, die einfach klasse sind, keine Frage." [963]

Auch wenn die ‚normalen' Mitarbeiter in der Realität tatsächlich eine eher mittelfristige Karriereperspektive haben bzw. ihre Zukunft nicht zwingend und ausschließlich innerhalb DSE sehen, ist für sie eine mittel- bis langfristige inhaltliche Entwicklungsperspektive nichtsdestotrotz wichtig und für die Bindung letztlich nicht zu unterschätzen. Dieses Thema wird allerdings von der Organisation nicht aktiv gefördert, sondern muss zumeist vom Mitarbeiter selbst initiiert und getrieben werden:

„Das Thema langfristige Perspektiven treibe ich eher an. Das ist ein Thema, das nicht besonders intensiv besprochen wird [...]. Ich würde mir ein bisschen mehr wünschen, ganz klar. [...] grundsätzlich sollte das mehr vom Arbeitgeber ausgehen, und ich sollte da gar nicht irgendwie proaktiv werden müssen. [...] Ja, finde ich gut, wenn einfach ein bisschen mehr von der Arbeitgeberseite kommen würde, im Sinne von ein bisschen die Option aufzuzeigen, sowohl intern als auch extern. [...] auch da bin ich mir über die Ressourcen im Klaren. Und trotzdem mache ich mir, wie gesagt, meine Gedanken, auch in welcher Form hier noch eine Zusatzausbildung vielleicht stattfinden könnte, die sich das Unternehmen leisten kann. Wenn da mehr kommen würde von der anderen Seite, fände ich es gut, aber wie gesagt, ich habe auch Verständnis dafür, dass auch das irgendwie im Rahmen der Möglichkeiten stattfinden muss." [964]

Bei allem geäußerten Verständnis für fehlende Ressourcen – die Forderung bzw. der Wunsch nach mehr Initiative seitens der Organisation hinsichtlich der Schaffung und Kommunikation langfristiger Perspektiven ist eindeutig. Gerade den jungen und vergleichsweise neuen Mitarbeitern, deren Bindung natürlicherweise noch schwächer ist, müssen Entwicklungsperspektiven aufgezeigt werden, um ebendiese Bindung mittel- bis langfristig zu erzeugen.

Eine wesentlich aktivere Rolle, gerade für die jungen Mitarbeiter, spielt die Organisation als Sprungbrett für Folgeanstellungen außerhalb von DSE. So ist ein Ziel der Organisation, Einstiege zu vermitteln:

„Ich meine, die sind jung, das ist ihr erster richtiger Job. Wenn die jetzt zu einem Zeitpunkt sagen ‚du, ich will was anderes machen', dann verstehe ich das natürlich, völlig klar. Ich meine, es wäre ja fürchterlich, wenn die jetzt bis zur Berentung hier bleiben würden. Das heißt, wir wollen auch Einstiege vermitteln." [965]

II.2.5 Mitarbeiter freistellen & vermitteln

Diese Offenheit und grundlegende Einstellung im Sinne von ‚keine Bindung um jeden Preis' lässt sich auch im Bereich der Mitarbeiterfreistellung erkennen, weswegen man hier durchaus von

---

[963] Interview mit Andreas Heinecke, Gründer & CEO, DSE (geführt am 24.11.2011)
[964] Interview mit Gideon Kletzka, Projektleiter, DSE (geführt am 24.11.2011)
[965] Interview mit Andreas Heinecke, Gründer & CEO, DSE (geführt am 24.11.2011)

einer primären Vermittlung sprechen kann. So kann eine Trennung sowohl auf Bitte eines Mitarbeiters, der seine weitere Entwicklung woanders sieht, passiv gewährt als auch aktiv ‚verordnet' werden, wenn der Gründer dessen zukünftige Entwicklung woanders sieht:

> *„Und ich hab auch Leute gehabt, wenn ich gemerkt habe, dass wir jetzt keine weitere, sagen wir mal, Steigerung oder keine weitere Karriere anbieten können, [...] hab ich auch deutlich gesagt ‚du bist hier an einem Punkt, wo es nicht weitergeht, und ich kann dich jetzt nicht einfach hier weiterlaufen lassen, um nicht das Gesamtgefüge hier zu gefährden'. [...] Und wenn dann aus irgendwelchen Gründen etwas eine andere Form gibt von beruflicher, persönlicher Entwicklung, ja, dann ist es auch okay. Das heißt, ich hab ja auch jetzt keine Zwangsbeglückung, wir sind ja keine Sekte. [...] Das ist, glaube ich, sehr wichtig, die persönliche Erwartungshaltung zu respektieren und jetzt nicht zu sagen ‚du, wenn du aber jetzt die Blinden im Stich lässt, dann kommst du aber nicht in den Himmel' oder so, so die moralische Tour...“* [966]

Letztlich stehen – dem Anspruch nach – in den meisten Fällen das Wohl/die Entwicklung und die Erwartungshaltung des Mitarbeiters im Fokus. Weiterhin wird ein gewisses Maß an Fluktuation und Durchmischung als durchaus positiv wahrgenommen, und es wird angestrebt, dass die Ehemaligen untereinander und mit der Organisation in Kontakt bleiben:

> *„Also offen sein, großzügig sein, nicht klammern, weil es wird ja immer besser, es kommen ja immer Neue nach. [...] Auch die Ehemaligen, die haben auch noch Kontakte, treffen sich auch ständig, da so eine Art von Kohäsion aufzubauen, ist ganz wichtig.“* [967]

II.3 Grameen Creative Lab

II.3.1 Allgemeine Situation und Status von Motivation im Führungskontext

Grundsätzlich wird Motivation als ein wichtiges Thema im Führungskontext angesehen:

> *„Also das ist ein enorm wichtiges Thema und das ist uns auch absolut bewusst [...]. Natürlich gibt es eine Vielzahl von unterschiedlich gefächerten Ansätzen, wieso Menschen zu uns kommen würden. Das heißt, es ist ein enorm wichtiges Thema.“* [968]

> *„Ja, also aktiv eine Rolle spielt es auf jeden Fall von der Wichtigkeit des Themas, weil, ich glaube, das ist einer der typischen Erfolgsfaktoren für ein erfolgreiches Unternehmen.“* [969]

Trotz dieses Wissens um die grundsätzliche Wichtigkeit des Themas wird es hinsichtlich der konkreten Umsetzung eher nachrangig behandelt, was auch daran liegt, dass sich Grameen Creative Lab (GCL) in der Start-up-Phase befindet, in der die Strukturen noch wachsen und andere Themen wichtiger und unmittelbarer sind. So gibt es keine strukturierte Herangehensweise und

---

[966] Interview mit Andreas Heinecke, Gründer & CEO, DSE (geführt am 24.11.2011)
[967] Interview mit Andreas Heinecke, Gründer & CEO, DSE (geführt am 24.11.2011)
[968] Interview mit Sophie Eisenmann, Director, Grameen Creative Lab (geführt am 03.08.2011)
[969] Interview mit Leonhard Nima, Projektleiter, Grameen Creative Lab (geführt am 03.08.2011)

keinen umfassenden Gesamtansatz zum Thema Motivation; vielmehr wird das Thema eher situativ dann angegangen, wenn eine akute Wichtigkeit gegeben ist, bspw. wenn Secondment-Programme aufgesetzt werden und sich die Frage stellt, wie man gute Leute für diese bekommen kann. Klassische, institutionalisierte Anreizsysteme gibt es nicht, vielmehr wird eine (intrinsische) Grundmotivation vorausgesetzt:

„Gehen wir das jetzt in einer ganz strukturierten Art und Weise an, so dass wir uns zusammensetzen und sagen ‚Was müssen wir eigentlich, wie müssen wir eigentlich unsere Mitarbeitermotivation gestalten, was muss es sein?' Das haben wir bisher noch nicht getan. [...] also wir tun es immer wieder sozusagen in Ansätzen, wenn das Thema wichtig wird, wenn wir sagen, beispielsweise, ‚wir machen drei Monate Volunteer-Ships, was bedeutet das eigentlich? Wieso kommen die Menschen zu uns? Wie können wir sozusagen dieses Programm auch attraktiv gestalten. Wir können wir eine Win-Win-Situation daraus generieren?'" [970]

„[...] Inwieweit das eine aktive Rolle spielt, d.h. inwieweit es jetzt gelebt wird im Unternehmen und welche Maßnahmen ergriffen werden, weiß ich noch nicht [...] Da gibt es jetzt bei uns nicht die formellen Aktivitäten im Sinne von ‚okay, wir machen einmal die Woche das und das, so klassische Mitarbeitermotivation'. So präsent, bzw. instrumentalisiert ist es jetzt noch nicht. [...] Klassische Anreizsysteme, institutionalisiert, gibt es hier nicht, vielleicht auch noch nicht. Gerade jetzt zu einer Zeit, wo die Firma wächst und Strukturen erst noch wachsen, gibt es halt andere Baustellen, die gerade wichtiger oder unmittelbarer sind. werden müssen. [...] Und gerade wenn man ein Start-up gründet, ist das nicht immer im Fokus, da wird die Motivation mehr oder weniger vorausgesetzt, die ist halt einfach da." [971]

Bezüglich der **grundlegenden Motivationsmuster** ist zum einen die intrinsische Motivation zu nennen, welche insb. aus der konkreten Handlungswirksamkeit, aus der Nähe zum Thema bzw. Konzept der Organisation sowie aus der potenziellen persönlichen Erfüllung und Selbstverwirklichung über den Sinn der Tätigkeit erwächst:

„[...] die Motivation in ein Social Business oder ganz konkret GCL zu gehen, ist natürlich jetzt keine monetäre Motivation, sondern ist eine intrinsische Motivation [...] Also es ist natürlich schon so, ich tue Gutes, und fühle mich auch gut dabei [...]. Also das schließt sich ja nicht aus, wenn beides zusammen kommt, umso besser. Weil, umso engagierter und erfolgreicher werde ich es dann auch tun können." [972]

„Sozusagen einfach die Möglichkeit, im Prinzip ein Thema, wo ich sage, das ist, glaube ich, für viele insbesondere junge Menschen einfach ganz relevant, Dinge wirklich verändern zu können, soziale Ungerechtigkeit, Ungleichheiten anzugehen und das für sich als seinen Beruf zu machen. [...] Zugang zu wichtigen Entscheidungsträgern und damit Einfluss [...] Klar, ganz klar, die inhaltliche Thematik und das spezifische Konzept ha-

---

[970]   Interview mit Sophie Eisenmann, Director, Grameen Creative Lab (geführt am 03.08.2011)
[971]   Interview mit Leonhard Nima, Projektleiter, Grameen Creative Lab (geführt am 03.08.2011)
[972]   Interview mit Sophie Eisenmann, Director, Grameen Creative Lab (geführt am 03.08.2011)

ben den Ausschlag gegeben gegenüber all den anderen Optionen da draußen. [...] Nee, ich glaube, spezifische Anreize gibt es nicht. Also die Hauptmotivation ist sicherlich das Thema."[973]

Weitere Motivationsmuster sind die Professionalität und Effizienz der Organisation, die sich vom Anspruch her auch in einer potenziell höheren gesellschaftlichen Wirkung auswirkt, das junge Team im Kontext einer kreativen und dynamischen Start-up-Atmosphäre, die prägende und charismatische Person des Prof. Yunus (Mitbegründer der Organisation und Friedensnobelpreisträger) und die von ihm entwickelte, weltweit bekannte Marke Grameen sowie letztlich ganz generell die hohe Dynamik des Social Business-Sektors.

II.3.2 Mitarbeiter gewinnen

Marktauftritt

Da sich GCL der Verbreitung des Grameen Social Business-Konzeptes verschrieben hat, hängen die Bekanntheit des Konzeptes und der eigenen Organisation eng miteinander zusammen. In diesem Rahmen versucht GCL, über Partnerschaften mit Universitäten Studenten für das Thema Social Business zu sensibilisieren und dieses im Lehrplan zu etablieren; des Weiteren gibt es Secondment-Programme, in denen Freiwillige aus dem kommerziellen Sektor temporär Projekte bei GCL begleiten oder verantworten. All dieses soll helfen, mittels Setzen ‚zarter Pflänzchen' das Konzept Social Business in der allgemeinen Wahrnehmung zu verankern. Eine weitere Möglichkeit stellt ein sogenannter ‚Social Stock Market' dar, welcher Social Businesses bzw. Sozialunternehmen eine Plattform bietet, sich und die erreichte Wirkung zu präsentieren: Dadurch werden eine höhere Visibilität der Organisationen sowie eine bessere Vergleichbarkeit hinsichtlich des Erfolgs möglich, was letztlich neben Finanzierungsaspekten auch für das Recruiting nützlich sein dürfte. Allerdings ist dieses Thema, insb. im Bereich Social Business, noch ziemlich am Anfang und weitestgehend unkonkret:

„Das ganze Thema Social Stock Market ist im Bereich Social Business immer noch ziemlich am Anfang. Es gibt viele Gedanken zu dem Thema. Soweit ich weiß, ist es noch nicht wirklich konkret. Also es gibt natürlich schon Ansätze von Social Stock Markets, die in die Richtung gehen, und da wird es auch vermehrt Sachen geben [...]."[974]

Auch wenn es das Ziel ist, die ‚Denke' von Social Business allgemein zu verbreiten und möglichst professionelle Strukturen innerhalb der Organisationen sowie auf Marktebene zu etablieren, werden eine potenzielle Kommerzialisierung von Social Business und eine damit einhergehende potenzielle Verwässerung des Konzeptes sehr kritisch gesehen. Hier gilt es, sich klar abzugrenzen und wenn notwendig die Aufmerksamkeit gewisser ‚Zielgruppen' ggf. sogar zu vermeiden:

---

[973] Interview mit Leonhard Nima, Projektleiter, Grameen Creative Lab (geführt am 03.08.2011)
[974] Interview mit Leonhard Nima, Projektleiter, Grameen Creative Lab (geführt am 03.08.2011)

„[…] insofern ist alles, was in die Richtung geht, den Gedanken weiterträgt, auf jeden Fall auch schon gut. Wobei es natürlich auch Beispiele gibt, die dann wieder kontraproduktiv sind, […] wo jemand etwas Soziales machen will, das trotzdem als For-Profit macht und es irgendwann einfach nicht mehr den sozialen Impact generiert, weil einfach ein anderer Fokus im Mittelpunkt steht. Die ganze Diskussion gibt es im Microfinance-Bereich, in Indien, wo Microfinance über einen Kamm geschert wird, wo nicht mehr unterschieden wird zwischen kommerziell agierenden Anbietern und wirklichen Social Businesses wie die Grameen Bank […]. Ja, der moralische Konflikt wird zu groß, es stehen dann vermehrt die finanziellen Ergebnisse und Anforderungen im Mittelpunkt, und das ist dann gefährlich. Weil irgendwann entwickelt es sich dann zu einem reinen Profitunternehmen, unter dem Deckmantel des Sozialen. […] Und das ist dann keine klare Positionierung mehr, und schadet auch dem sozialen Sektor, ist letztlich kontraproduktiv. Also gerade, wenn die beiden Bereiche vermischt werden, und nicht mehr klar ist, wofür die Organisation am Ende steht."[975]

Die Marke Grameen spielt bei all diesen Bemühungen um Aufmerksamkeit natürlich eine große Rolle, und auch GCL als Organisation zehrt von der internationalen Bekanntheit der Marke, welche gerade im Hinblick auf Recruiting einen nicht unwichtigen Faktor darstellt:

„[…] Grameen ist natürlich ein absolut well-known-Brand […]. Also ich glaube, es gibt eine Unmenge von Unternehmen, die sich in diesem Bereich tummeln, aber ich glaube, dass ein Einstieg sozusagen, wenn ich jetzt bei, was weiß ich „Green-Leaf - keine Ahnung, wer das ist, kenne ich nicht" einsteige, hab ich natürlich einen ganz anderen und oft bestimmt auch viel langwierigeren, mühsameren Weg vor mir, wie wenn ich bei einer in dem Bereich absolut bekannten Brand einsteige. […] die Marke Grameen ist ja etabliert […] Grameen kennt jeder. So, das öffnet natürlich enorm viele Türen."[976]

Trotz aller Wichtigkeit der Marke insb. im Recruitingbereich wird jedoch betont, dass diese kein Selbstzweck, sondern immer Mittel zum Zweck ist, um letztlich das Thema Social Business voranzutreiben:

„Und ehrlich gesagt, uns geht es nicht so viel um die Brand an sich sondern ganz konkret immer wieder um das Social-Business-Modell, also das Konzeptionelle. […] dass wir einfach sagen - und das sind wir auch per unserer Mission, Vision und Definition – wir sind durch Yunus gegründet mit dem Ziel, das Konzept von Social Business bekannt zu machen, zu promoten und unsere Partner dazu zu bringen, selbst Social Businesses zu initiieren, aufzusetzen, und teilweise sind wir selbst der Entrepreneur, dass wir Social Businesses absetzen. Also sozusagen immer dieses Konzept, die Idee, den Ansatz, den rauszutragen und wir tun es eben mit dem Namen Grameen, der auf unserer Fahne steht […]."[977]

Recruiting

---

[975] Interview mit Leonhard Nima, Projektleiter, Grameen Creative Lab (geführt am 03.08.2011)
[976] Interview mit Sophie Eisenmann, Director, Grameen Creative Lab (geführt am 03.08.2011)
[977] Interview mit Sophie Eisenmann, Director, Grameen Creative Lab (geführt am 03.08.2011)

GCL besetzt mit seinem Ansatz und seinen Aktivitäten eine sehr spezielle Nische. Dies hat für das Recruiting den Vorteil, dass ein Nachfrageüberhang und in diesem Sinne eine grundsätzlich vergleichsweise komfortable Position besteht:

„[…] es ist eh ein sehr enger Markt bzw. eine spezielle Nische, und es gibt […] ganz ganz wenige direkte Wettbewerber, die wirklich genau das machen, was wir machen. Ich glaube, es ist sogar eher so, dass viele Leute was Soziales machen wollen aber nichts finden. Also da ist eher mehr Nachfrage als wirklich Angebot, auch wenn das jetzt trotzdem nicht darin mündet, dass eine Bewerbungsflut eintrifft, dass man pro Tag 100 Bewerbungen hat.“[978]

Die relevante Zielgruppe besteht dabei vor allem aus Personen mit Arbeitserfahrung (auch) im kommerziellen Bereich. Grund hierfür ist zum einen, dass GCL als Start-up nicht die Kapazitäten hat, Universitätsabgänger ‚auszubilden‘, sondern erfahrene Arbeitskräfte benötigt, die von Beginn an voll einsatzfähig sind. Der Effizienzgedanke, der bei einer vorherigen Anstellung im kommerziellen Sektor in besonderem Maße mitgebracht wird, kann dabei zusätzlich hilfreich sein, da Effizienz auch im Social Business eine zentrale Rolle spielt. Im Falle von GCL erweist sich eine vorherige Erfahrung im kommerziellen Sektor als besonders nützlich: So ist der wichtigste Aspekt der Aktivitäten die Beratung von Großkonzernen hinsichtlich der Realisierung eines Social Business Joint Ventures. Diese Mittlerrolle kann nur effektiv ausgefüllt werden, wenn die Mitarbeiter beide Seiten, d.h. eben auch den kommerziellen Wirtschaftsbetrieb, kennen, und diese Erfahrungen nun wirksam im neuen Kontext einsetzen:

„Die Zielgruppe ist weniger Studenten – also wir haben auch Studenten hier –, aber die Hauptzielgruppe sind schon eher Leute mit Berufserfahrung.“[979]

„[…] sind wir in einem Start-up, damit noch ein sehr kleines Unternehmen. Das heißt, wir können es uns nicht leisten, nichtproduktive Ressourcen zu haben, […] Also bei uns muss man eigentlich ab Tag eins wirklich voll ‚under control of his task‘ sein. […] Das heißt man muss ganz viel Proaktivität und Eigenständigkeit mitbringen, und das ist einfach unsere Erfahrung, dass wir sie, wenn man zwei, drei Jahre Berufserfahrung mitbringt und er ganz sauber auch Prozesse, Arbeitsweisen gelernt hat und, und, und, auch eigenständiges Arbeiten gelernt hat, dass es enorm hilft und wir einfach rein zeitlich es nicht stemmen können, diese Ausbildung zu übernehmen. Und wir auch sagen ‚es ist sogar enorm gut, wenn man mit der Erfahrung aus dem For-Profit-Bereich, heißt auch effizienzgetrieben und alles‘ kommt, und diese Gedanken, das ist ganz, ganz wichtig, das ist ja unser Ansatz, eigentlich. […] Für mich ist auch ganz, enorm wichtig, immer wieder diese beiden Seiten gesehen zu haben, man hat ein anderes Bild auf Social Business oder Entrepreneurship, wenn man die andere Seite nie gesehen hat. […] Ja, es ist die Mischung von beidem [For-Profit und Non-Profit/Social Entrepreneurship] und damit muss ich ja auch beide berücksichtigen, jetzt, wenn ich an unsere Kunden denke, wer sind unsere Kunden, das sind die Danones, die E-Ons, die BASF, die ADIDAS etc. dieser Welt. So und

---

wie spreche ich mit denen? Ich spreche mit denen, wie ich mit einem For-Profit-Sektor, mit Konzernen, mit Profit-Maximising-Organisationen spreche. Wenn ich das gelernt habe, in meiner Erfahrung, in meinem Job, ist das für mich ein Riesenvorteil." [980]

Im Fokus stehen dabei insbesondere ehemalige Berater, Banker und Juristen, die auf der Sinnsuche sind und ihre Fähigkeiten in einem ‚sinnvollen' Kontext anwenden wollen:

„*[...] also wer sind jetzt so unsere Profile, die wir ansprechen wollen: Das sind schon viel Berater, Banker. [...] Wir wollen ja gerne die Berater, die sozusagen durch die Schmieden ausgebildet sind, und dann irgendwie so ein bisschen an dem Punkt ‚Frage, Sinn-Krise, jetzt eigentlich Erfüllung quasi in meinem Job, was ist eigentlich das Ziel tatsächlich im Job, im Leben' sind und sagen ja, wir haben viel gelernt, tolle Erfahrung, alles, was ich hier irgendwie mitgenommen habe, aber ich würde jetzt gerne das, was ich bisher gemacht habe, in einen Kontext einbringen, der sozialen Impact schafft und für mich auch ganz relevant ist'.*" [981]

Zum einen erfüllen sie in besonderem Maße die oben genannten Voraussetzungen, zum anderen sind mit diesen Gruppen Secondment-Programme sehr gut umzusetzen. Eine große Problematik ist nämlich, dass ein Quereinstieg aus dem kommerziellen Bereich oftmals am Geld scheitert. Die Lösung für GCL sind aus diesem Grund Secondment-Programme, im Rahmen derer die Berater, Banker oder Juristen (vorerst) temporär, d.h. drei bis sechs Monate, als Freiwillige ein Projekt unterstützen. Gleichzeitig eignen sich solche Programme als sanfter Einstieg mit der Option, diese Personen mittel- bis langfristig zu binden:

„*Deshalb sagen wir, darauf sehen wir ganz bewusst, und Beratung ist halt ein relativ einfacher Zugang, A) weil das unser Hintergrund ist, B) weil es sehr strukturiert ist. Wir machen zum Beispiel das Gleiche, aber mit Kanzleien, weil wir auch juristische Themen haben, und weil es dort halt auch in dieses Geschäftsmodell gut passt, dass so Secondment-Programme möglich sind. Genau, und das ist oft ein guter Einstieg, weil, natürlich hat man dann auch das Problem, wenn man jetzt sagt, es ist Quereinstieg, dann hat man natürlich dann wieder das Problem, dass man sich im For-Profit-Sektor natürlich rein monetär entwickelt hat, bis zu einem gewissen Stand, und das ist die Herausforderung, und dann vom Social-Business, wenn es ein Quereinstieg ist, im Social-Business nicht gemanagt werden kann. Das heißt, dass es oft deshalb nicht ein harter Übergang ist, sondern ein weicher Übergang, der anfängt, oft mit einer Art Secondment-Programm oder Leave-Programm, was für uns ja auch sehr gut ist, weil wir auch Projektgeschäft machen und damit sozusagen drei- oder sechsmonatige Leave perfekt passen, und wir das auch fördern und gerne haben.*" [982]

Solche Programme sind gerade mit Beratungen und Kanzleien sehr gut umzusetzen, da diese ihrerseits ebenfalls sehr strukturiert und projektgebunden sind und eine Auszeit damit eher möglich ist als bspw. in Industrieunternehmen. In diesem Kontext geht GCL sehr gezielt auf potenzielle Partner zu und betreibt direktes Recruiting:

[980] Interview mit Sophie Eisenmann, Director, Grameen Creative Lab (geführt am 03.08.2011)
[981] Interview mit Sophie Eisenmann, Director, Grameen Creative Lab (geführt am 03.08.2011)
[982] Interview mit Sophie Eisenmann, Director, Grameen Creative Lab (geführt am 03.08.2011)

„Und da gehen wir ganz aktiv auf die Partner zu. Und selbst proaktiv, lassen wir uns auf die Recruting-Pages, auf die Home-Pages von den Beratungen setzen, setzen Secondment-Programme mit denen auf und das eben auch in großen Kanzleien. Also weil es einfach für uns ein leicht zu adressierender Sektor ist, es natürlich sehr strukturiert ist." [983]

Des Weiteren gibt es viele Initiativbewerbungen sowohl für Secondment-Programme als auch für Festanstellungen. Kontakt bzw. Aufmerksamkeit entsteht dabei vor allem durch das Netzwerk, den Internetauftritt, die Facebook-Präsenz, öffentliche Veranstaltungen sowie nicht zuletzt durch Prof. Yunus, der wie kein anderer für das Social Business-Konzept steht:

„Wir bekommen natürlich über unser Netzwerk, sei es persönliches Netzwerk, aber auch Business-Netzwerk die Welt des Social-Business, Social-Entrepreneurship ist eine erstaunlich kleine Welt. Also irgendwie, da kennt auch jeder jeden. So. Dadurch bekommen wir natürlich immer viele Initiativbewerbungen, Anfragen über unsere Onlinepräsenz, Präsenz auf Facebook etc. Es ist natürlich ein Konzept, was enorm spannend ist, das heißt, dass wir eigentlich viel bekommen." [984]

„Wie gesagt, aufmerksam werden die Leute vor allem über die Webseite, und kommen darüber zu uns. Sie werden aufmerksam durch unsere öffentlichen Veranstaltungen – Social-Business-Labs, Vorträge an Universitäten –, sie werden natürlich aufmerksam auf Professor Yunus, ganz klar, und über ihn kommen sie dann auch auf das GCL, weil da natürlich eine ganz enge Bindung ist. Ja, das sind so die Kanäle, wie die Leute auf uns aufmerksam werden." [985]

Klassische Stellenausschreibungen werden hingegen nicht genutzt:

„Wir haben auch für uns jetzt überlegt, das Thema nochmal aktiver nach außen zu tragen, wobei für uns als Start-up jetzt die klassischen Stellenanzeigen und so nicht wirklich in Frage kommen." [986]

Im Rahmen der direkten Recruitingbemühungen sind die zentralen kommunizierten Alleinstellungsmerkmale bzw. Recruitingargumente die mögliche Handlungswirksamkeit und erzielte gesellschaftliche Wirkung, das dynamische Umfeld, die spannenden internationalen Projekte sowie das junge, engagierte Team:

„Was wir da euren Mitarbeitern liefern, also wenn wir von den Beratungen sprechen, oder wenn wir jetzt auch Recruiting direkt machen, ist sozusagen ,wir bieten euch die Möglichkeit, in einem ganz spannenden Umfeld, sich schnell bewegenden Umfeld, wo man wirklich Dinge verändern kann, sozialen Impact schaffen kann, spannende Projekte in einem, ja, jungen, tollen, engagierten Team machen kann, und wir sitzen natürlich – und das ist, glaube ich, schon auch ein Vorteil von uns im Gegensatz zu der ganzen Bangladesch-Organisation – sitzen hier und gehen zu den Projekten in die Welt hinaus." [987]

983 Interview mit Sophie Eisenmann, Director, Grameen Creative Lab (geführt am 03.08.2011)
984 Interview mit Sophie Eisenmann, Director, Grameen Creative Lab (geführt am 03.08.2011)
985 Interview mit Leonhard Nima, Projektleiter, Grameen Creative Lab (geführt am 03.08.2011)
986 Interview mit Leonhard Nima, Projektleiter, Grameen Creative Lab (geführt am 03.08.2011)
987 Interview mit Sophie Eisenmann, Director, Grameen Creative Lab (geführt am 03.08.2011)

Relevante Auswahlkriterien sind vor allem Selbstständigkeit, Eigenständigkeit und Proaktivität, welche dazu befähigen, die gestellten Aufgaben von Beginn an angehen und steuern zu können:

„Also bei uns muss man eigentlich ab Tag eins wirklich voll ‚under control of his task' sein. Und wir erwarten auch ein relativ selbstständiges Arbeiten, was auch dadurch getrieben ist, dass wir enorm viel unterwegs sind. Das heißt man muss ganz viel Proaktivität und Eigenständigkeit mitbringen [...]." [988]

Die Basis bildet allerdings die vollständige Identifikation mit Thema und Kultur der Organisation, was mit dem eingangs postulierten Voraussetzen einer intrinsischen Grundmotivation korrespondiert. Ist diese Basis nicht vorhanden, ist eine Tätigkeit nicht bzw. nur schwer möglich:

„Ich glaube aber, ein Job im Social-Entrepreneurship-Bereich, Social-Business-Bereich, mache ich nicht, ohne mich wirklich damit zu identifizieren. Eigentlich fühlt sich diese Arbeit hier nicht wie ein Job an, sondern mehr wie ein Teil meines Lebens. Also ich glaube, da sind die Übergänge, glaube ich, viel fließender und deswegen, glaube ich, ist der Culture-Fit so wichtig. Wenn ich jetzt sage ‚nee, aber eigentlich, das ist mein Social-Business-Job und das bin ich' und ich hab eigentlich den Culture-Fit nicht, ist es enorm schwierig, weil es so nicht gangbar ist." [989]

II.3.3 Mitarbeiter führen und entwickeln

II.3.3.1 Grundlegende führungsrelevante Einflussfaktoren

Unternehmensleitbild

GCL hat ein Unternehmensleitbild bestehend aus Vision und Mission, das auch auf der Website dargestellt wird[990]: Die Vision von GCL ist es, die drängendsten globalen gesellschaftlichen Probleme zu lösen mit dem Ziel einer Welt ohne Armut. Dies soll durch das Konzept Grameen Social Business realisiert werden, die Mission ist daher die Förderung dieses Organisationskonzeptes. Entwickelt wurde sie vom gesamten Team in Abstimmung mit Prof. Yunus; diese gemeinsame Anstrengung zeigt sich darin, dass Vision und Mission in der Kultur und den Köpfen verwurzelt ist:

„Vision und Mission sind in unserer Kultur verwurzelt. [...] ich glaube, das ist schon so drin [...]." [991]

Das bedeutet aber auch, dass gerade im internen Kontext die explizite Form der Vision und Mission gar nicht mehr so entscheidend ist. Viel wichtiger und inspirierender ist es, wenn diese konkret erfahrbar werden, d.h. wenn sie aktiv gelebt und konkrete Ergebnisse aus diesem Handeln sichtbar werden. Die geschriebenen Worte sind dabei nur der Anfang, letztlich gilt es, sie mit Leben zu füllen:

---

[988]   Interview mit Sophie Eisenmann, Director, Grameen Creative Lab (geführt am 03.08.2011)
[989]   Interview mit Sophie Eisenmann, Director, Grameen Creative Lab (geführt am 03.08.2011)
[990]   Vgl. Website von GCL unter http://www.grameencreativelab.com/our-company/vision-2015.html (abgerufen am 03.07.2012)
[991]   Interview mit Leonhard Nima, Projektleiter, Grameen Creative Lab (geführt am 03.08.2011)

„Inspirierend ist natürlich auch, wenn du siehst, was konkret passiert. Sprich, wenn Vision und Mission konkret erfahrbar werden, das ist inspirierend, und nicht wenn ich mir jetzt nur die Worte auf dem Papier anschaue. (lacht) Also, du weißt, was ich meine. Also eine Vision und Mission ist wichtig, aber das ist ja auch immer ein bisschen das Grundlagenwerk, und nicht immer die Driving-Force. Also beim reinen Statement darf es letztlich nicht bleiben. Das ist dann der Punkt, Vision und Mission müssen mit Leben gefüllt werden, die Motivation ist am Ende mehr als das reine Niedergeschriebene." [992]

Einen Versuch, diese Handlungswirksamkeit bzw. diesen handlungsleitenden Charakter der Vision und Mission für das tägliche Handeln zu konkretisieren, stellt der sogenannte ‚Code of Conduct' (Verhaltenskodex) dar, welcher angefangen, bis dato allerdings noch nicht vollständig entwickelt wurde:

„Ein Statement darüber hinaus ist wie gesagt der Code of Conduct [...] Das ist jetzt aber nichts, was wirklich fully-developed oder in Stein gemeißelt ist. Wie gesagt, wir hatten die Sache mal angefangen, aber – Lack of Time, und Lack of Importance, vielleicht zum jetzigen Zeitpunkt – hatten das dann irgendwann nicht mehr weiter ausgearbeitet." [993]

Führungsverhalten

Das spezifische Führungsverhalten wird insb. im Rahmen des Selbstverständnisses des Führungsteams als ein wichtiges Thema bezeichnet. Zentrale Aufgabe ist es, die Motivation der Mitarbeiter aufrecht zu halten. Dies geschieht primär durch eigenes inspiriertes, begeistertes und begeisterndes Verhalten sowie die Weitergabe von insb. positivem externem Feedback ins Team:

„Das ist ein enorm wichtiges Thema. Weil ich glaube, wenn das Management nicht inspirierend ist, dass es schwierig ist, auch so eine Motivation aufrecht zu erhalten. [...] auch da immer wieder dieses Feedback, was man von außen immer wieder bekommt, in das Team zu tragen." [994]

Auch wenn die Leidenschaft des Führungsteams spürbar ist, hat das Führungsverhalten – vor allem, weil das Leitungsteam aufgrund vieler Reisen wenig Präsenz vor Ort zeigt – im und für das alltägliche Geschäft vergleichsweise wenig Einfluss bzw. Wirkung. Diese entfaltet sich daher eher in ausgewählten Situationen und Zusammenkünften:

„Also die Leidenschaft ist schon da beim Führungsteam, das merkt man auf jeden Fall. Die sind halt relativ oft auch unterwegs, insofern ist das Thema Passion und Leidenschaft weniger relevant im Day-to-Day-Business: [...] die sind eigentlich immer beide viel unterwegs, insofern ist es dann nicht Bestandteil des Daily Business, sondern eher ausgewählt, würde ich sagen." [995]

---

[992] Interview mit Leonhard Nima, Projektleiter, Grameen Creative Lab (geführt am 03.08.2011)
[993] Interview mit Leonhard Nima, Projektleiter, Grameen Creative Lab (geführt am 03.08.2011)
[994] Interview mit Leonhard Nima, Projektleiter, Grameen Creative Lab (geführt am 03.08.2011)
[995] Interview mit Leonhard Nima, Projektleiter, Grameen Creative Lab (geführt am 03.08.2011)

Eine zentrale und einflussreiche Persönlichkeit in diesem Kontext ist sicherlich Prof. Yunus, der zwar keine direkte Führungsaufgabe wahrnimmt, jedoch als Spiritus Rector und Identifikationsfigur eine enorme Inspiration ausstrahlt:

„Ich glaube die Person Yunus, das ist sicherlich die inspirierende Person, das ist klar. Ich meine, wenn man da auch die Möglichkeit hat, mit ihm unterwegs zu sein für mehrere Tage, ist das natürlich immer sehr inspirierend, auf jeden Fall. Also da würde ich ihn jetzt ganz klar vorstellen, aber das ist auch sicherlich ein Spezialfall. Und es soll halt auch nicht alles auf die Person Yunus reduziert werden, aber nichtsdestotrotz ist es einfach ein entscheidender Aspekt, insofern sicherlich sehr wichtig." [996]

Organisationskultur

Die Organisationskultur ist geprägt durch eine Dualität von Homogenität und Diversität: Zum einen besteht das Team aus vielen verschiedenen Charakteren und Persönlichkeiten aus unterschiedlichen Bereichen, die ein kreatives Umfeld schaffen. Zum anderen wird das Team zusammengehalten, indem mittels eines ‚homogenen Trupps' mit ähnlichen Denkstrukturen/-ansätzen und gleichen Zielen eine gemeinsame Grundvoraussetzung geschaffen wird:

„Ja, es ist ja auch die Frage, was Kultur ist. Also ich glaube, die hat einfach einen gewissen Stil, also/ ich glaube, man merkt es, wenn man rein kommt: das ist ein bunt gemischter Haufen, aber irgendwie trotzdem ein homogener Trupp. Hier sind sehr viele verschiedene Charaktere und Persönlichkeiten, aber trotzdem irgendwie eine homogene Mischung, das macht dann halt die Kultur auch aus. Also, dass du ein kreatives Umfeld hast, aber alle irgendwie trotzdem eine ähnliche Denke haben und zumindest eine ähnliche Richtung haben, wo sie hinwollen und wo sie herkommen. Auch wenn das aus ganz unterschiedlichen Bereichen sein kann, ist da irgendwie so eine Grundvoraussetzung gegeben." [997]

II.3.3.2   Autonome Motivation und Anreizsysteme

Auch wenn GCL vom Anspruch her möglichst objektive Anreizsysteme etablieren will, sind diese in der Realität aufgrund der Start-up-Situation und der daraus folgenden Kurzlebigkeit und ständigen Veränderung der Organisationsstrukturen noch weitgehend vorläufig und vergleichsweise wenig ausdetailliert. Wie eingangs schon erwähnt wurde, spielt die intrinsische Motivation eine herausragende Rolle, was sich auch im Schwerpunkt der expliziten und impliziten Anreizsysteme niederschlägt, während insb. monetäre Anreize nur vereinzelt verwendet und grundsätzlich eher kritisch gesehen werden.

Autonomie

Autonomie wird im Rahmen der intrinsischen bzw. autonomen Motivation als wichtiger Einflussfaktor angesehen:

---

[996]   Interview mit Leonhard Nima, Projektleiter, Grameen Creative Lab (geführt am 03.08.2011)
[997]   Interview mit Leonhard Nima, Projektleiter, Grameen Creative Lab (geführt am 03.08.2011)

„Ja, auf jeden Fall, Autonomie ist definitiv ein wichtiger Faktor, auch und gerade für die Motivation. Natürlich nicht wie Freiwild durch die Gegend laufen, sondern das muss schon irgendwie in einen Rahmen passen und in die Vorstellung passen. Nichtsdestotrotz kann man sehr viel in gewissen Bereichen einfach auch gestalten und machen. Aber/, also Prozesse gibt es da nicht wirklich, nee, eigentlich nicht." [998]

In dieser Aussage werden zwei Kernaspekte deutlich: Zum einen wird, auch wenn es keine expliziten (Unterstützungs-)Prozesse gibt, doch das Bestreben der Organisation deutlich, Autonomie zu gewähren und indirekt zu fördern. Zum anderen muss Autonomie auch Grenzen haben, damit diese ihr positives Potenzial entfalten kann.

Konkret manifestiert sich Autonomie in der oben erwähnten grundsätzlichen inhaltlichen Gestaltungsfreiheit, einer großen persönlichen Handlungswirksamkeit im eigenen Bereich sowie einer damit verbundenen und geforderten hohen Verantwortung, was letztlich durch einen geringen Institutionalisierungsgrad der Organisation sowie den fast vollständigen Verzicht von Grenzen gefördert wird:

„Also es gibt [...] extrem viele Freiheiten, damit auch extrem hohe Verantwortung. Und man wird teilweise auch in Situationen katapultiert, die einen vielleicht dann in dem Moment erst mal fast schon überfordern, aber man muss halt bereit sein, diese Herausforderung in die Hand zu nehmen [...] Wenig Institutionalisierung, weil, wir sind klein genug, als dass man das machen kann, ohne so eine Institutionalisierung, aber alle werden dazu aufgefordert, sich ganz aktiv und kreativ einzubringen. Und da werden wenig Grenzen gesetzt, also dass man irgendwie sagt „Stopp, bis hierher und nicht weiter', kommt wirklich absolut selten vor." [999]

„Das ist eher so, dass wir neue, eigene Projekte entwickeln müssen. Es müssen neue Projekte her, es müssen neue Sachen passieren – es ist zwar nicht immer Zeit, mal wirklich „out of the box' zu denken, weil wir einfach auch schon so viel machen, aber klar, natürlich ist der Anspruch, auch Neues zu entwickeln. Ja, insgesamt ist der Anspruch schon, dass wir eigene Unternehmer in unserem Bereich sind, und diese auch selbstständig weiterentwickeln, ggf. auch erweitern." [1000]

Des Weiteren wird Autonomie gefördert, indem der Einzelne sich persönlich mehr oder weniger frei entfalten kann, sowohl auf der inhaltlichen Ebene als auch auf die konkrete Ausübung der Tätigkeit bezogen. So sind bspw. kurze ‚Auszeiten' während der Arbeit möglich, wie überhaupt insgesamt ein gewisses Maß an Freiheit und Lockerheit vorherrscht, welche schon im Rahmen der Kultur erwähnt wurde:

„Und wo ich hier einfach merke ‚okay, ich kann mich hier auch mal auf die Couch legen...', und das ist okay. Und das ist definitiv nicht kontraproduktiv, ganz im Gegenteil; das heißt ja auch nicht, dass ich meine Arbeit nicht mache, sondern es gibt mir eine gewisse Freiheit, die sich dann wiederum auszahlt. [...] ich glau-

---

[998] Interview mit Leonhard Nima, Projektleiter, Grameen Creative Lab (geführt am 03.08.2011)
[999] Interview mit Sophie Eisenmann, Director, Grameen Creative Lab (geführt am 03.08.2011)
[1000] Interview mit Leonhard Nima, Projektleiter, Grameen Creative Lab (geführt am 03.08.2011)

be, das Arbeitsumfeld [...], das ist einer der Hauptmotivationsfaktoren, dass man halt, glaube ich, eine gewisse Freiheit und Lockerheit hat. "[1001]

Während im Rahmen der inhaltlichen Gestaltung sowie der persönlichen Entfaltung also eine weitgehende Freiheit herrscht, hat Autonomie selbst jedoch auch Grenzen. Zum einen gelten bei Entscheidungen mit budgetären Auswirkungen formale Wege, die einzuhalten sind:

„Bei Budgetverantwortung gibt es schon formale Wege, natürlich, aber klar, auch Verantwortung, aber da gibt es formale Wege. Nein, es geht eigentlich mehr, - das Primäre sind eigentlich Kunden-Relationships, die zu treiben, die zu shapen, die zu entwickeln. "[1002]

Zum anderen werden organisationale Strukturen und Berichtszuständigkeiten im Sinne einer rahmen- und strukturgebenden Ordnung als notwendig erachtet und durchaus positiv gesehen. In adäquatem Maß und richtig gelebt können diese bei all den Freiheiten und der großen Dynamik des Umfelds eine gewisse Sicherheit und Orientierung geben und damit Motivation positiv beeinflussen. Wichtig ist allerdings, dass sie nicht in übermäßige, starre Hierarchien mit festgefahrenen Prozessen ausarten, was sich wiederum insb. auf die intrinsische Motivation negativ auswirken würde:

„Ich glaube, eine gewisse Struktur ist schon notwendig, als Rahmen. [...] Aber was glaube ich nicht funktioniert, ist eine sehr festgefahrene Struktur mit starken Hierarchien und sehr festgefahrenen Prozessen. Gerade intrinsische Motivation braucht Freiheit, also nicht zu viel Hierarchie, gleichzeitig trotzdem aber eine gewisse Struktur, die in dieser Freiheit ein Stück Sicherheit gibt. Da kann Struktur durchaus auch motivationsfördernd sein. Bis zu einem gewissen Grad eben. "[1003]

„Es gibt natürlich ein klares Reporting, und da klare inhaltliche Feedbackprozesse und Durchsprachen, aber mit sehr großen Freiheiten. [...] Ich dachte am Anfang, Hierarchien seien eher motivationshemmend, aber da habe ich meine Meinung ein bisschen geändert. Ich glaube, dass klare Hierarchien schon auch wichtig sind, und insbesondere in so einem Umfeld, das sich extrem schnell wandelt, auch Sicherheit geben und Guidance geben. Wenn sie positiv gelebt sind, können Hierarchien positiv wirken - und ich rede nicht von steifen Hierarchien – aber klare Reportingslines sind enorm wichtig, auch motivatorisch sind die absolut wichtig [...]. Weil [...] die Freiheiten absolut überwiegen, und damit ist sozusagen mehr Bedarf an Struktur und auch an eine gewisse Hierarchie gefordert. "[1004]

Kompetenzerleben

Ein positives Kompetenzerleben wird durch Rückmeldungsmechanismen bezüglich der Tätigkeit sowie Trainings und Weiterbildungen realisiert. **Rückmeldungsmechanismen bezüglich der Tätigkeit** manifestieren sich in **Lob und Anerkennung**:

[1001] Interview mit Leonhard Nima, Projektleiter, Grameen Creative Lab (geführt am 03.08.2011)
[1002] Interview mit Sophie Eisenmann, Director, Grameen Creative Lab (geführt am 03.08.2011)
[1003] Interview mit Leonhard Nima, Projektleiter, Grameen Creative Lab (geführt am 03.08.2011)
[1004] Interview mit Sophie Eisenmann, Director, Grameen Creative Lab (geführt am 03.08.2011)

„Doch, ja, ganz, also absolut enorm wichtiges Thema [Lob und Anerkennung], und was absolut genutzt wird in der strukturierten Art und Weise und in der total unstrukturierten Art mit, High-Fives, und was weiß ich alles, aber es ist super wichtig, weil uns das viel Motivation gibt." [1005]

Während Lob im alltäglichen Umgang naturgemäß eher situationsbezogen und unregelmäßig auftritt, gibt es darüber hinaus einen regelmäßigen **Feedbackprozess**. Feedback findet dabei primär im Rahmen von Feedback- bzw. Mitarbeitergesprächen sowie situations- und fallbezogen statt. Auch wenn der Institutionalisierungsgrad unterschiedlich hoch bzw. niedrig eingeschätzt wird, kann insgesamt von einem vergleichsweise regelmäßigen sowie strukturierten und standardisierten Prozess gesprochen werden:

„Das ist ein Thema, absolut. Das ist ein Thema, wo es auch einen standardisierten Prozess gibt, regelmäßige Feedbackgespräche und darauf basierend dann auch Bewertungen." [1006]

„Feedbackgespräche gibt es zwar schon, dazwischen situationsbezogenes Feedback, aber das ist jetzt nicht wirklich institutionalisiert oder kodifiziert. [...] Wir haben eigentlich so gut wie alle zwei Wochen ein direktes Feedbackgespräch, ein inhaltliches Gespräch mit einer unserer Geschäftsführerinnen." [1007]

Dabei hat Feedback einen primär informativen Charakter mit dem Ziel, dem Feedbacknehmer ein Lernen zu ermöglichen. Inhaltlich geht es allerdings über das rein Informative hinaus, da auch Zielvereinbarungen und deren Nachhalten Gegenstand der Feedbackgespräche sind. Der Anspruch ist, dass sowohl eine normative als auch benotende Bewertung der Mitarbeiter stattfindet, welche dann letztlich auch die Grundlage für Beförderungen bilden. In der Realität gibt es jedoch noch keinen stringenten Prozess, welcher benotende Bewertungen mit Beförderungsentscheidungen verknüpft:

„Feedback ist hauptsächlich informativ, aber natürlich auch mit Lerncharakter. Also wenn wir irgendwie was machen, und Sachen laufen nicht gut, z.B. bei Workshops war ein Element nicht gut, dann muss das natürlich mit rein fürs nächste Mal, dass man daraus lernt, auf jeden Fall. [...] Inhaltlich geht es über das rein Informative hinaus, weil wir schon Ziele definieren, Zielvereinbarungen haben, aber bezüglich Measurement sind wir eigentlich noch ziemlich am Anfang. [...] Wir versuchen da schon, ein Social Performance Measurement auch zu realisieren, aber das ist am Ende ziemlich schwierig." [1008]

„Naja, es wird dann irgendwann schon für Promotion/Beförderung genutzt, wobei das noch ein bisschen in der Theorie ist. Also es ist jetzt wohl noch kein Prozess, den es irgendwie seit drei Jahren gibt, aber das ist auf jeden Fall der Ansatz. [...] In der Theorie ja, versuchen wir das [Kombination von benotender und normativer Bewertung], in der Praxis [...] gibt es das noch nicht." [1009]

[1005] Interview mit Sophie Eisenmann, Director, Grameen Creative Lab (geführt am 03.08.2011)
[1006] Interview mit Sophie Eisenmann, Director, Grameen Creative Lab (geführt am 03.08.2011)
[1007] Interview mit Leonhard Nima, Projektleiter, Grameen Creative Lab (geführt am 03.08.2011)
[1008] Interview mit Leonhard Nima, Projektleiter, Grameen Creative Lab (geführt am 03.08.2011)
[1009] Interview mit Sophie Eisenmann, Director, Grameen Creative Lab (geführt am 03.08.2011)

Die Förderung der fachlichen, tätigkeitsbezogenen Kompetenz in Form von **Trainings und Weiterbildungen** findet auf formeller Ebene noch vergleichsweise wenig statt:

„Also mehr informell, das eine oder andere Training wollen wir anbieten, gucken aber im Moment mit Partnern, wie man es machen kann, aber es ist mehr informell." [1010]

„Ja, schwieriges Thema. Wie gesagt, es wird halt in den Anfängen gemacht, man muss es aber noch weitermachen und noch weiter implementieren, und dann wird das auch ganz gut laufen." [1011]

Kompetenzbildung findet daher vor allem über die Ausübung der Tätigkeit selbst, d.h. im Rahmen von ‚Learning on the Job', statt, wobei dies stark von der jeweiligen Tätigkeit und der Initiative bzw. Bereitschaft des einzelnen Mitarbeiters abhängt:

„Ja, also es ist eine Mischung, glaube ich. Es ist wirklich Learning on the Job, heißt es ist jedem selbst überlassen." [1012]

Des Weiteren existiert mit der ‚GCL-Academy' ein mehr oder weniger institutionalisierter, zentral gesteuerter **Wissens- und Erfahrungsaustausch.** Hierbei stellen zumeist Projektleiter ihre jeweiligen Projekte vor, wobei der Fokus nicht nur auf deskriptiver Vorstellung des Projektstandes, sondern auch auf der Diskussion inhaltlicher Themen liegt. Auch wenn diese Art des Erfahrungsaustausches zwar nicht auf die konkrete Bedürfnissituation der Mitarbeiter zugeschnitten ist, sondern Erfahrungswissen der jeweiligen Projekte vermittelt wird, sind es doch spannende Themen, die den persönlichen Blickwinkel erweitern und, zumindest fallweise oder mittelfristig, konkrete Handlungsrelevanz entfalten:

„[...] was wir dann immer wieder machen, ist unsere GCL-Academy, wo die Projektleiter über ihre Projekte immer berichten und da auch wirklich nicht nur berichten und erzählen ‚das ist passiert' sondern auch in die inhaltliche Thematik einsteigen und das ist sehr spannend." [1013]

„Wir haben es aber jetzt auch etwas institutionalisiert in der GCL-Academy, in der regelmäßig Themen vorgestellt wurden. Da wird dann schon auch Wissen vermittelt, das ist jetzt nicht immer direkt im Job anwendbar, aber nichtsdestotrotz interessant, und man kann das dann auch immer wieder mal gebrauchen. Es werden auch immer wieder laufende Projekte vorgestellt, da ist es schon wichtig zu sehen, was weltweit läuft, ein Gefühl dafür zu bekommen [...]." [1014]

Neben dieser doch eher formellen Vorstellung von einzelnen Projekten ist jedoch vonseiten der Mitarbeiter der Wunsch vorhanden, das Thema Kompetenzbildung weiter voranzutreiben und stärker konkret nutzbar zu machen. Ein Beispiel hierfür ist die Etablierung einer Faktenbasis, in der das gesammelte Wissen strukturiert aufbereitet und abrufbar ist. Dies wurde in der Vergan-

[1010] Interview mit Sophie Eisenmann, Director, Grameen Creative Lab (geführt am 03.08.2011)
[1011] Interview mit Leonhard Nima, Projektleiter, Grameen Creative Lab (geführt am 03.08.2011)
[1012] Interview mit Sophie Eisenmann, Director, Grameen Creative Lab (geführt am 03.08.2011)
[1013] Interview mit Sophie Eisenmann, Director, Grameen Creative Lab (geführt am 03.08.2011)
[1014] Interview mit Leonhard Nima, Projektleiter, Grameen Creative Lab (geführt am 03.08.2011)

genheit zwar initial angestoßen, jedoch aufgrund des erforderlichen Zeitaufwandes auf der einen sowie der geringen Zeitressourcen im Rahmen des Projektgeschäftes auf der anderen Seite nicht weiter verfolgt bzw. ausgebaut:

> *„Super wäre eine Art Fact-Base, das hatten wir auch schon mal angefangen, ist aber über die Zeit ein bisschen eingeschlafen, trotzdem ist das halt super spannend, und ich glaube auch, dass das super wichtig ist. Ansonsten haben wir halt so Sachen, dass wir hier schon eine Knowledge-base aufgebaut haben, mit Information rund um das Thema Social Business, relevanter Literatur, etc.. Aber da muss einfach noch mehr gemacht werden, eine Datenbank aufgebaut werden, da geht es halt viel darum, Kompetenzbildung weiter voranzutreiben. Es ist natürlich ein Thema, was zeitintensiv ist, und was im klassischen Projektgeschäft nicht immer die Achtung findet, die sie kriegen sollte."* [1015]

Letztlich ist sowohl beim Erfahrungs-/Wissensaustausch als auch bei der Etablierung einer Faktenbasis das Engagement und die Bereitschaft der Mitarbeiter, ihr Wissen und ihre Erfahrungen weiterzugeben, zu kodifizieren und einzupflegen, von entscheidender Bedeutung. Hierfür muss der Nutzen den Aufwand überwiegen, d.h. ein klarer Mehrwert ersichtlich sein; darüber hinaus muss es das Ziel sein, Erfahrungs- und Wissensaustausch so in der Kultur zu verankern, dass es mittel- bis langfristig zur selbstverständlich gelebten Praxis wird:

> *„Aber gerade Wissensaustausch, das musst du wirklich in die Company-DNA reinpflanzen, sonst funktioniert es halt nicht. Und du brauchst die Leute, die den Mehrwert wirklich komplett sehen und auch gesehen haben, im Sinne von ,Was ist der Aufwand, was ist der Nutzen?' – und wenn der Nutzen ganz klar überwiegt, dann betreibst du auch den Aufwand. Ja, schwieriges Thema."* [1016]

Ganzheitlichkeit, Bedeutsamkeit und Zugehörigkeit

Der beschriebene Austausch insb. im Rahmen der diversen Projektvorstellungen hat nicht nur einen kompetenzbildenden Charakter, sondern schafft auch ein Gefühl der Ganzheitlichkeit und Bedeutsamkeit und stärkt die Zugehörigkeit. So wird dem einzelnen Mitarbeiter ermöglicht, ein Gefühl dafür zu bekommen, welche Themen von der Gesamtorganisation weltweit getrieben werden, und die Mitarbeiter können zumindest indirekt an den Erfolgen der diversen Projekte teilhaben, was beides letztlich eine motivierende Wirkung hat:

> *„Enorm wichtig, enorm wichtig, ja [Erfahrungsaustausch zwischen Mitarbeitern, d.V.]. Weil, teilzuhaben an dem gesamten Erfolg oder Entwicklung von den Projekten, die auch bei uns weltweit gestreut sind, das ist super, super motivierend. Auch wenn der Mitarbeiter selbst nicht aktiv genau auf diesem Thema gearbeitet hat, aber, also, da gibt es einfach tolle Highlights, wo jeder dann absolut mitgeht und sich riesig darüber freuen kann und motiviert ist."* [1017]

[1015] Interview mit Leonhard Nima, Projektleiter, Grameen Creative Lab (geführt am 03.08.2011)
[1016] Interview mit Leonhard Nima, Projektleiter, Grameen Creative Lab (geführt am 03.08.2011)
[1017] Interview mit Sophie Eisenmann, Director, Grameen Creative Lab (geführt am 03.08.2011)

„Es werden auch immer wieder laufende Projekte vorgestellt, da ist es schon wichtig zu sehen, was weltweit läuft, ein Gefühl dafür zu bekommen, gerade bei den Standorten, die weit weg sind." [1018]

II.3.3.3 Kontrollierte Motivation und Anreizsysteme

Festgehalt

Auch wenn die monetäre Entlohnung nicht die Hauptmotivation und die treibende Kraft darstellt, ist die Existenz eines Festgehalts, von dem man zumindest eine Grundversorgung bestreiten können sollte, eine Grundvoraussetzung von elementarer Bedeutung:

„Ich glaube, die intrinsische Motivation sollte der Hauptantreiber sein, aber jetzt auch nicht bis zur Selbstaufgabe. Es muss schon ein Grundgehalt da sein, was ok ist, von dem man auch leben kann. [...] Geld spielt eine Rolle, ist aber nicht die treibende Kraft." [1019]

Zunächst einmal losgelöst von der Höhe existieren Gehaltsbänder, die in einer Stufenlogik angelegt sind und mit entsprechenden Beförderungsstufen sowie weiteren Einstufungskriterien korrespondieren. Insgesamt ist also eine mehr oder weniger transparente Entwicklung des Gehalts über die Zeit angelegt, welche von der Leistung des Einzelnen abhängt:

„Also wir [...] haben entwickelt im Prinzip klare Einstiegsstufen und dann Promotion-Stufen, und damit verbunden dann auch Verantwortungsbereiche und damit dann auch Gehaltsbänder entsprechend gelegt. [...] Also von der Logik erst mal, jetzt nicht bezüglich Höhe, sondern von der Logik an Beratung [angelehnt, d.V.] [...]. Und auch von den Einstufungen, man steigt irgendwie als Consultant und dann irgendwie Senior-Consultant und Project-Lead und dann Managementteam, so sind die Stufen und daran gelinked, dahinter Erfahrungen, also welche, Berufserfahrungen, Abschlüsse, Studien, etc. habe ich." [1020]

Die konkrete Höhe des Gehalts ist hingegen ein kritisches und diffiziles Thema: Grundsätzlich orientiert sich GCL dabei am kommerziellen Sektor mit dem Anspruch einer marktgerechten Bezahlung, analog zum 6. Prinzip des Gramee Social Business-Konzeptes[1021], wobei sicherlich nicht die Sektoren mit überdurchschnittlichen Gehältern zum Vergleich herangezogen werden (bspw. Beratung) sowie im zweiten Schritt ohnehin pragmatisch geschaut werden muss, was auf Basis der finanziellen Mittel möglich ist:

„Und bei der Höhe Grundgehalt, das ist ein schwerer Punkt. Woran orientieren wir uns da? [...] einerseits mehr am kommerziellen Sektor, also nicht am Non-Profit-Sektor, dort haben wir keine Vergleichszahlen herangezogen, sondern eigentlich kommerzieller Sektor, aber nicht Beratung natürlich, weil, Beratung sprengt ja

---

1018 Interview mit Leonhard Nima, Projektleiter, Grameen Creative Lab (geführt am 03.08.2011)
1019 Interview mit Leonhard Nima, Projektleiter, Grameen Creative Lab (geführt am 03.08.2011)
1020 Interview mit Sophie Eisenmann, Director, Grameen Creative Lab (geführt am 03.08.2011)
1021 „Mitarbeiter werden marktgerecht entlohnt sowie unter besseren Arbeitsbedingungen beschäftigt".

irgendwie alles [...] Genau. Eigentlich kommerzieller Sektor und dann auch einfach ganz pragmatisch: was ist möglich? Also ganz pragmatische Vorgehensweise. " [1022]

„Beim Thema Grundgehalt haben wir uns zwar am kommerziellen Sektor orientiert, aber dann das Ganze durch X geteilt, wie hoch auch immer X jetzt ist. Klar, es sollte der Ansatz sein, keinen Abschlag zu haben, ist natürlich klar. Also man richtet sich natürlich schon an marktüblichen Gehältern aus. Ob man das immer so umsetzen kann, ist dann halt die andere Frage. " [1023]

Grundsätzlich muss man daher bereit sein, im Vergleich zum kommerziellen Sektor auf Gehalt zu verzichten. Denn selbst wenn marktgerechte Löhne realisiert werden könnten, lägen diese ja trotzdem auf einem mehr oder weniger durchschnittlichen Gehaltsniveau des kommerziellen Sektors – was im Zweifel noch immer nicht dem Niveau des eigenen ‚Full Potentials' (im Sinne des Gehalts, das man maximal im kommerziellen Sektor verdienen könnte) entspräche. Grundsätzlich ist demnach trotz Bestrebungen hin zu einer marktgerechten Bezahlung ein Abschlag zu dem, was grundsätzlich möglich wäre, mehr als wahrscheinlich und sollte einkalkuliert werden:

„Im Endeffekt sollte man schon bereit sein [...] auf Gehalt zu verzichten. Da wird man auch Abstriche machen müssen. Auch wenn es vielleicht beides Market Wage ist, aber die Bereitschaft sollte schon da sein. Weil, der Market Wage ist halt auch relativ. Und sagen wir mal so, es ist halt die Frage, im Vergleich zu was du Abstriche machst: Zu einem Market Wage oder zu dem, was du sonst haben könntest? Das sind ja auch nochmal zwei Themen, der Market Wage, vielleicht der durchschnittliche Lohn in einem Land, im Vergleich zu dem, was du bekommen könntest, das ist ja nicht unbedingt das Gleiche. Also wenn wir zu einer Beratung gehen, da würdest du jetzt nach drei, vier, fünf Jahren ordentlich Geld verdienen, das ist fernab von einem allgemein üblichen Market Wage, insofern auch nicht der Maßstab für Social Business. Insofern, Market Wage ist immer noch vielleicht das richtige Prinzip, das richtige Ziel, was man auch realistisch erreichen kann, aber Abstriche zu dem, was möglich wäre, muss man sicherlich machen. " [1024]

Monetäre Anreize

Monetäre Anreize bzw. Boni gibt es bei GCL nur in Einzelfällen als variable Gehaltsbestandteile, welche an bereichsspezifische Kennzahlen gekoppelt sind. Dies bezieht sich jedoch auf einige wenige Fälle, wo dies sinnvoll umsetzbar ist. Allgemein gibt es keine monetären Anreize, und dies ist auch nicht geplant, da Boni und deren Umsetzung als eher kritisch eingeschätzt werden. So muss eine geeignete gut messbare, zentrale Kennzahl gefunden werden, an die die Boni gekoppelt werden, wobei finanzielle Kennzahlen nicht in Frage kommen, da dies den Prinzipien von Social Business (finanzielle Nachhaltigkeit nur Mittel zum Zweck) widersprechen würde:

„[Klassische extrinsische, speziell monetäre Anreize, d.V.] haben wir, ehrlich gesagt, relativ wenig. Also wir haben in manchen Fällen variable Gehaltsbestandteile. Das gibt es in manchen Fällen [...]. [...] also eigent-

---

[1022] Interview mit Sophie Eisenmann, Director, Grameen Creative Lab (geführt am 03.08.2011)
[1023] Interview mit Leonhard Nima, Projektleiter, Grameen Creative Lab (geführt am 03.08.2011)
[1024] Interview mit Leonhard Nima, Projektleiter, Grameen Creative Lab (geführt am 03.08.2011)

lich halten wir es für einen falschen Ansatz, weil, das ist nicht wirklich handhabbar, woran lenkt man das denn dann: am Umsatz oder an Social Impact Generated? Also an Umsatz wäre eigentlich falsch, weil das kontra unserer Vision ist, deshalb ist es eigentlich ein Notkonstrukt, am Ende, was wir wollen. Nein, und sonst, es gibt wenig dieser Anreize. [...] auf den einzelnen Bereich bezogen, aber das ist, ehrlich gesagt, eigentlich nicht die Regel, das ist nicht das, was wir wollen, das ist nur so in Einzelfällen. " [1025]

Andere sehen Boni zwar grundsätzlich als wenig problematisch an, allerdings nur, solange diese in einem sinnvollen, niedrigen Verhältnis zum Grundgehalt stehen:

„Nee, ich glaube, dass muss einfach passen. Also Anreizsysteme müssen einfach zu dem passen, was wir machen. Heißt, ich glaube, Boni sind zu einem gewissen Grad okay. Wenn du sagst, okay, Entlohnung ist eine Kombination aus Grundgehalt plus Boni, dann muss das halt trotzdem irgendwie in einem gewissen Rahmen bleiben und passen. " [1026]

Die Hauptherausforderung ist und bleibt aber die Zieldefinition: Da finanzielle Kennzahlen wie oben ausgeführt nicht in Frage kommen, müssen potenzielle Boni an die gesellschaftliche Wirkung gekoppelt werden. Diese wiederum ist vergleichsweise schwer messbar: Zwar gibt es konkrete Ziele auf Bereichsebene, allerdings sind diese nicht miteinander vergleichbar und aufgrund der Start-up-Atmosphäre auch ständig ‚in Bewegung‘. Ein transparentes und stringentes Bonussystem lässt sich in diesem Kontext nur schwer etablieren:

„Das ist ein schwieriges Thema. Also wir haben die Ziele natürlich definiert, aber jetzt wieder, wir sind kein Produktgeschäft, Social-Business-Produktgeschäft, wie Danone, die sagen, keine Ahnung ‚ich will 1000 Joghurtbecher irgendwie im Monat verkaufen‘, das ist bei uns natürlich viel schwieriger. Was kann man jetzt machen? Klar, Umsatzziele, Social-Impact-Ziele. Aber wie genau wird der Social-Impact gemessen? Also, es ist ein schwieriges Thema. Es gibt Ziele für die Bereiche und dann auch für die Bereichsverantwortlichen, die diese Ziele haben, ja. Aber durch das gegebene Umfeld, durch die Start-up-Atmosphäre ist das ganze Thema enorm schwierig. " [1027]

Zielvereinbarungen

Grundsätzlich muss bei den Zielvereinbarungen unterschieden werden zwischen zentralen strategischen Zielen auf Bereichsebene, die durchaus an die gesellschaftliche Wirkung gekoppelt sind (bzw. sein sollen), sowie konkreten Zielvereinbarungen auf Projektebene. Die zentralen strategischen Ziele gelten dabei nur für die Bereichsverantwortlichen:

„Nee, für die Verantwortlichen in den Bereichen haben wir Ziele ausgegeben, aber für die einzelnen Mitarbeiter nicht. " [1028]

[1025] Interview mit Sophie Eisenmann, Director, Grameen Creative Lab (geführt am 03.08.2011)
[1026] Interview mit Leonhard Nima, Projektleiter, Grameen Creative Lab (geführt am 03.08.2011)
[1027] Interview mit Sophie Eisenmann, Director, Grameen Creative Lab (geführt am 03.08.2011)
[1028] Interview mit Sophie Eisenmann, Director, Grameen Creative Lab (geführt am 03.08.2011)

Auf Projektebene gelten die Ziele hingegen gesamthaft für alle Projektmitarbeiter. Und wenn auch nicht explizit geplant, sind diese gleichzeitig auch auf den einzelnen Mitarbeiter bezogen, da sie an konkrete Projektziele bzw. -meilensteine angelehnt sind, welche sich zumindest in den meisten Fällen dem einzelnen Mitarbeiter zuordnen lassen. Entwickelt bzw. definiert werden die Ziele tendenziell in einem Gegenstromverfahren im Rahmen der Ausarbeitung/Diskussion des Projektplanes:

„Genau, Gruppenziele, oder dann Projekte einfach zu sagen, hier, Projekt-Milestones, Projektplan, ganz klar, was muss erreicht werden, und dann natürlich die Verantwortlichkeiten hinter den Milestones. [...] Ja, wir brechen es aber nicht auf Mitarbeiter runter. Also weil, das ist dann eher so, dass unsere Projektziele erreicht werden und der Mitarbeiter, der selbst im Projekt ist, sich dann damit identifizieren kann.“ [1029]

„Diese Zahlen gelten dann meistens für einen Bereich oder Projekt, wobei das meistens dann auch direkt auf Personen übertragbar ist, da wir ja jeweils eigene Bereiche und Projekte betreuen, das kommt also meistens aufs Gleiche hinaus. [...] Die Entwicklung findet sowohl Bottom-Up als auch Top-Down statt, das läuft gemeinsam. Es ist in der Tendenz eher ein Gegenstromverfahren.“ [1030]

Von zentraler Wichtigkeit ist es, dass die Ziele zwar ambitioniert, aber doch pragmatisch-realistisch bzw. erreichbar sind. Dieses Spannungsverhältnis zwischen motivierender ambitionierter Komponente sowie nicht demotivierender pragmatisch-realistischer Komponente macht letztlich ein erfolgreiches Ziel aus. Die pragmatische Komponente zeigt sich auch darin, dass einmal getroffene Zielvereinbarungen durchaus auch angepasst werden, wenn sich bspw. die Rahmenbedingungen geändert haben:

„Die wichtige Frage ist daher ‚was können wir in unserem jetzigen Setting eigentlich erreichen, schon auch ambitioniert aber realistisch?' Das heißt, das sind die Ziele und das ist der Plan. Und da müssen wir halt irgendwie hinkommen, und auch ständig schauen, ob das noch passt, zu viel oder zu wenig ist... Und zur Not müssen wir es halt anpassen, nach oben setzen oder nach unten schrauben. [...] Es ist schon so, dass die Ziele natürlich einen Anreiz bieten sollen, dass du Ziele hast, die du auch erreichen willst, die aber auch ein bisschen weg von den reinen Visionszielen sind. [...] sondern eher realistische, pragmatische Ziele zu definieren, die trotzdem anspruchsvoll sind. [...] Weil eigentlich unerreichbare Ziele sind ja letztlich auch demotivierend.“ [1031]

Materielle und imaterielle Anreize

Während materielle Anreize (bspw. Firmenwagen) analog Boni so gut wie keine Rolle spielen, wird immateriellen extrinsischen Anreizen eine große Wichtigkeit beigemessen. Und auch wenn diese hinsichtlich ihrer Wirkung in die intrinsische Richtung tendieren, haben sie doch auch klare extrinsische Charakteristika. Als Beispiel werden besonders die Internationalität der Projekte, die Treffen mit Prof. Yunus und die Möglichkeit, nach Bangladesch zu reisen, genannt:

[1029] Interview mit Sophie Eisenmann, Director, Grameen Creative Lab (geführt am 03.08.2011)
[1030] Interview mit Leonhard Nima, Projektleiter, Grameen Creative Lab (geführt am 03.08.2011)
[1031] Interview mit Leonhard Nima, Projektleiter, Grameen Creative Lab (geführt am 03.08.2011)

„Wenn es um so Sachen geht wie Dienstwägen und sonst was, dann ist das, glaube ich, irgendwann nicht mehr zielführend. [...] Genau, also klassische extrinsische Anreize à la Boni haben wir nicht, aber wie gesagt, eher so diese Happenings, dass du halt einfach die Möglichkeiten hast, Prof. Yunus zu treffen, Möglichkeiten hast, nach Bangladesch zu reisen, Möglichkeiten hast, woanders hinzureisen, das ist halt auch einer der extrinsischen Motivationsaspekte." [1032]

„Was bei uns dann ganz wichtige Anreizsysteme sind, sind die nicht internen Dinge [...]. Also viele Menschen [...] sagen ‚ja, ich will hier lernen in diesem Office, aber ich will nicht nur hier sitzen, ich will rausgehen, ich will Projekte sehen, ich will gerne den Yunus mal kennenlernen.' Das ist ein Riesenthema. Also den Yunus getroffen zu haben, ist großartig, und eben Reisen an die verschiedenen, sei es Projektstandorte oder Events oder, oder. Und das letzte dann, was auch wieder mit Reisen zu tun hat, nach Bangladesch zu gehen und zu sehen, [...] für was wir alle da sind [...]. [...] Und das dann durch unsere Partner und Freunde, Bangladeschis, dann dort geführt, gezeigt, vorgestellt zu bekommen, eingeführt zu werden, in persönlichen Diskussionen. Das sind, glaube ich, einfach Momente, die man nicht mehr vergisst." [1033]

II.3.3.4 Freiwilligenmanagement

Freiwillige spielen im Geschäftsmodell von GCL eine zentrale Rolle und bilden in gewisser Weise dessen Rückgrat, indem sie im Rahmen der Secondment-Programme in einer sehr strukturierten Art und Weise als vollwertige Arbeitskräfte eingesetzt werden. Grundsätzlich herrscht eine Winwin-Situation, in der GCL die Expertise und die Freiwilligen die Möglichkeit einer sinnhaften, spannenden Tätigkeit erhalten. Trotzdem besteht der langfristige Anspruch, die Abhängigkeit von Freiwilligen sukzessive zu vermindern und im Sinne des Professionalitätspostulats ‚vollwertige' Arbeitsverhältnisse anzubieten:

„Also ich glaube, prinzipiell spielt das Thema ‚Freiwillige' bei uns momentan eine wichtige Rolle. Allerdings sollte es prinzipiell im Social Business schon dahin gehen, dass du weniger auf Freiwillige setzt. Ich meine, wir haben das ganze Thema Market Wages und so fort ja besprochen. Aber wir sind aktuell einfach auch drauf angewiesen, dass Freiwillige das machen, weil das Thema einfach noch ein bisschen mehr wachsen muss, dass auch wirklich eine Zahlungsbereitschaft da ist. Also irgendeiner muss ja auch Geld geben. Solange es nicht da ist, solange keiner für die Leute zahlt, muss man halt auch auf Freiwillige zurückgreifen. Ich glaube, für die Volunteers ist das sicherlich eine wichtige Erfahrung, und das ist ja auch eine interessante Gelegenheit, dass du dich drei Monate irgendwo einbringen kannst in einem Thema, was sehr speziell ist, was sehr unique und einfach sehr, sehr spannend ist. Nichtsdestotrotz müsste man langfristig versuchen, von den Freiwilligen, von den Volunteers ein bisschen mehr wegzukommen, sprich bessere Arbeitsbedingungen zu bieten: dass man Leuten ‚richtige' Jobs anbieten kann, finde ich ein wichtiges Thema." [1034]

[1032] Interview mit Leonhard Nima, Projektleiter, Grameen Creative Lab (geführt am 03.08.2011)
[1033] Interview mit Sophie Eisenmann, Director, Grameen Creative Lab (geführt am 03.08.2011)
[1034] Interview mit Leonhard Nima, Projektleiter, Grameen Creative Lab (geführt am 03.08.2011)

Grundsätzlich wird kaum zwischen Freiwilligen und bezahlten Kräften unterschieden. Auch wenn es leichte Abstufungen der Verantwortung gibt, so ist doch sowohl das Aufgabengebiet als auch der Anspruch an Leistung und Motivation nahezu gleich. Das heißt aber auch, dass Freiwillige (bis auf den monetären Aspekt) genauso motiviert werden müssen wie bezahlte Kräfte:

„Unterschiede hinsichtlich Motivation nicht, aber Verantwortung ja, also gefühlte Verantwortung, das ja. [...] Ja, es gibt Unterschiede. Bei der Motivation nein, also, weil ich glaube, wenn jemand kommt und drei Monate seiner Zeit investiert, dann tut er das auch wisely und nicht irgendwie, weil er sagt ‚ich hab Lust, hier so ein bisschen abzuhängen‘, so ungefähr, aber in der letztendlichen Verantwortung gibt es Unterschiede.“ [1035]

„Die Freiwilligenmotivation ist ebenfalls ein wichtiges Thema. Letztendlich musst du einen freiwilligen Volunteer genauso motivieren wie einen normalen Mitarbeiter auch, weil er letztendlich nichts anderes ist. [...] Also er übernimmt ja hier die Rolle eines normalen Mitarbeiters, also nicht die eines Praktikanten, sondern es geht wirklich darum, Leistung zu liefern und auch Sachen zu machen und zu bewegen. Ich sag es mal so, bei mir im Team, bei den Leuten, die ich jetzt hatte, dass es auch wirklich viel darum geht, auch aus eigenem Antrieb Sachen zu machen.“ [1036]

II.3.3.5 Förderung der organisationalen Verhaltensmuster

Kreativität wird bei GCL vor allem durch bewusste Brainstorming-Meetings und -Workshops unter Zuhilfenahme zahlreicher Kreativmethoden und -techniken gefördert. Ebenfalls eine Rolle spielen die offenen und transparenten Räumlichkeiten, die einen gegenseitigen Austausch ermöglichen und fördern sollen:

„Durch, also angefangen schon alleine durch solche Räumlichkeiten [...], Umfeld trägt ja zu Kreativität auch bei, durch ganz bewusste, kreative Brainstorming-Meetings, dort haben wir natürlich auch Tausende von Techniken und Vorgehensweisen, durch auch immer wieder Workshops, die wir selbst dann mit Kunden durchführen, wo wir unsere kreative, also so/ Ich glaube, durch das Umfeld stark und durch die Kultur.“ [1037]

„Da investieren wir nicht ordentlich rein, aber es ist halt schon ein wichtiger Aspekt. Also Kreativitätstechniken für die Workshops, Brainstorming und so – auch wenn sie nicht alle superinnovativ sind und jedesmal neu sind, sind das einfach Techniken. Es geht ja letztlich darum, wie ich einfach Ideen rauskriege, Ideen, die funktionieren.“ [1038]

Wichtig ist allerdings zu betonen, dass Kreativmethoden und überhaupt kreatives Arbeiten kein Selbstzweck, sondern immer Mittel zum Zweck sind. So gibt es durchaus bewährte Formate, die dauerhaft genutzt und dabei immer weiter verfeinert werden. Letztlich muss die Balance zwischen Bewährtem und neuen kreativen Ansätzen stimmen:

[1035] Interview mit Sophie Eisenmann, Director, Grameen Creative Lab (geführt am 03.08.2011)
[1036] Interview mit Leonhard Nima, Projektleiter, Grameen Creative Lab (geführt am 03.08.2011)
[1037] Interview mit Sophie Eisenmann, Director, Grameen Creative Lab (geführt am 03.08.2011)
[1038] Interview mit Leonhard Nima, Projektleiter, Grameen Creative Lab (geführt am 03.08.2011)

„Definitiv, Kreativmethoden werden hier oft angewendet, gehören quasi zum Standardrepertoire dazu. Aber wie gesagt, nicht kreativ und innovativ, nur weil wir es sein wollen, sondern immer lösungsorientiert: wir wollen letztlich Probleme lösen und etwas bewegen, und wenn wir dafür kreativ sein müssen, dann sind wir es, oder versuchen es zumindest. […] Ich glaube, zu einem gewissen Grad machen wir das schon, aber wie gesagt, wir müssen ja nicht unbedingt immer auf Biegen und Brechen das Rad neu erfinden. Wir haben halt auch Sachen, die sich bewährt haben, wie zum Beispiel die Workshop-Formate, wo es schon auch darum geht, die weiterzuentwickeln. Klar müssen wir Formate weiterentwickeln, auch Sachen neu ausprobieren, aber in gesundem Maße, wie auch der kreative Part, der immer Ideen reinbringt. Ich glaube, da ergänzt sich das ganz gut."[1039]

Ein weiterer Aspekt, der Kreativität ermöglicht bzw. stimuliert, ist die Möglichkeit und Freiheit, sich je nach Bedarf kleine Auszeiten zwischendurch zu nehmen:

„[…] ich komme ursprünglich aus dem klassischen Bereich, und habe dann gemerkt, dass das nicht mein Umfeld ist, wo ich mich einfach nicht wohlfühle, wo ich mich einfach zu krass anpassen muss und mehr drauf konzentrieren muss, dass ich reinpasse, als dass ich mich einfach auf meine Arbeit konzentrieren kann. Und wo ich hier einfach merke ‚okay, ich kann mich hier auch mal auf die Couch legen…', und das ist okay. Und das ist definitiv nicht kontraproduktiv, ganz im Gegenteil; das heißt ja auch nicht, dass ich meine Arbeit nicht mache, sondern es gibt mir eine gewisse Freiheit, die sich dann wiederum auszahlt."[1040]

Proaktivität wiederum wird zum einen gefördert, indem offen kommuniziert wird, dass man sich ausprobieren und neue Themen angehen darf und dies auch gewünscht ist. Das heißt jedoch nicht, dass damit automatisch Qualitätsabstriche akzeptiert werden. Was jedoch unterstützend geschieht, ist das Tolerieren von Fehlern; hierbei reicht die individuelle Einschätzung sinngemäß von ‚absolut hoher Fehlertoleranz' bis hin zu ‚Fehler dürfen einmal, aber nicht zweimal gemacht werden'. Insgesamt herrscht aber Konsens, dass Fehler bis zu einem gewissen Grad als normale potenzielle Nebenprodukte einer proaktiven Herangehensweise toleriert und akzeptiert werden:

„Bei uns gibt es eine hohe Fehlertoleranz […]. Das ist auch unser Ansatz, zu sagen ‚man muss Dinge probieren, Samen ausstreuen und Risiken eingehen und manche werden auch funktionieren'. […] Wobei es keinerlei Qualitätsabstriche gibt, das ist ein ganz anderes Thema; aber das sagen wir auch proaktiv, dass man sich hier auch ausprobieren darf, Themen angehen […]."[1041]

„Ja, ich glaube, bis zu einem gewissen Grad werden Fehler toleriert. Also ich glaube, man darf gewisse Fehler machen, aber sollte Fehler halt nicht zweimal machen, das ist glaube ich Grundvoraussetzung. Also bis jetzt haben wir keine spezielle Kultur oder so in dem Sinne."[1042]

[1039] Interview mit Leonhard Nima, Projektleiter, Grameen Creative Lab (geführt am 03.08.2011)
[1040] Interview mit Leonhard Nima, Projektleiter, Grameen Creative Lab (geführt am 03.08.2011)
[1041] Interview mit Sophie Eisenmann, Director, Grameen Creative Lab (geführt am 03.08.2011)
[1042] Interview mit Leonhard Nima, Projektleiter, Grameen Creative Lab (geführt am 03.08.2011)

II.3.3.6 Messung der gesellschaftlichen Wirkung

Grundsätzlich wird die Messung der gesellschaftlichen Wirkung als ein sehr wichtiges Thema angesehen: So bildet sie die Grundlage für eine effektive Steuerung und Erfolg, und wird im Idealfall aus der Organisation selbst getrieben. Die Initiative der Geschäftsführung bzw. deren Involvement ist dabei von entscheidender Wichtigkeit, da ohne deren ureigenstes Interesse an einer funktionierenden Erfolgsmessung eine effektive und umfassende Umsetzung nur schwer durchsetzbar und äußerst unwahrscheinlich ist:

> *„Du brauchst konkretes Impact Measurement, um deine Handlung voranzutreiben, und zu schauen, was ich beeinflussen kann, und dann die Frage zu stellen ‚bin ich damit erfolgreich, ja oder nein?'. Und unter der Grundannahme, dass das, was ich eigentlich mache, auch einen positiven Impact bewirkt, versuche ich natürlich, mehr zu machen von dem, was ich mache. Das ist so die Annahme, und dafür brauche ich halt auch irgendeine Form von Measurement, dass ich sehe, dass ich vorankomme. [...] aus meiner Sicht muss es auch immer das Interesse des Managements sein. [...] da muss oben einer Interesse haben, der es dann an die Ebene drunter gibt und sagt ‚ich will das haben, das ist wichtig', irgendeiner muss es definieren. Klar, es ist immer cool, wenn es von unten läuft, aber man kann sich nicht drauf verlassen. Das läuft meistens nicht. [...] das Interesse muss eigentlich immer von oben kommen, sprich du musst unten merken, dass das oben eine Relevanz hat, dass es wichtig ist, Erfolg und Impact zu tracken. [...] wenn du merkst oder klar ist, dass das keinen im Management interessieren wird, wird es keinerlei Motivation geben. Also für mich ganz klar, sowas muss von zwar auch von unten kommen, aber es muss ganz klar von oben ein Interesse sein, als Geschäftsführer einer Firma musst du Interesse haben, was in allen Bereichen passiert, und nur dann kannst du nämlich auch steuern und Vorgaben machen."* [1043]

Konkret findet bei GCL zwar eine Messung der gesellschaftlichen Wirkung statt, doch werden die aktuellen Bemühungen angesichts der Bedeutung des Themas noch als zu wenig bewertet. So gibt es vereinzelte Kennzahlen, ein stringentes und umfassendes Kennzahlensystem ist jedoch (noch) nicht entwickelt:

> *„Wir sind dabei, das Kennzahlensystem und seine Messung natürlich mehr und mehr zu entwickeln, aber nein, haben wir nicht, geht nicht. Noch nicht."* [1044]

> *„Ja, ich glaube, das ist ein wichtiges Thema, ich glaube, da muss noch mehr passieren, generell muss mehr passieren im Bereich Impact Assessment, weil es einfach fundamental wichtig ist, zu sehen, ob es funktioniert oder nicht: Kreiere ich sozialen Impact in einem einzelnen Social Business, ja oder nein? Da muss einfach noch viel, viel mehr passieren [...]."* [1045]

Um allen Ansprüchen bzw. potenziellen Anspruchsgruppen gerecht zu werden, müsste ein Kennzahlensystem sowohl quantitative (im Sinne konkret messbarer Ergebnisse) als auch qualita-

---

[1043] Interview mit Leonhard Nima, Projektleiter, Grameen Creative Lab (geführt am 03.08.2011)
[1044] Interview mit Sophie Eisenmann, Director, Grameen Creative Lab (geführt am 03.08.2011)
[1045] Interview mit Leonhard Nima, Projektleiter, Grameen Creative Lab (geführt am 03.08.2011)

tive (im Sinne ‚Geschichten dahinter‘, bspw. Wirkungszusammenhänge oder anekdotische Erfolgsgeschichten) Komponenten beinhalten:

„Und die konkrete Form des Measurements ist, glaube ich, auch ein bisschen Geschmackssache: der eine mag die Zahlen gerne, dass er einfach sieht ‚ah, okay, jetzt haben wir fünf Leute mehr erreicht‘, dem anderen ist es nicht so wichtig, sondern den interessiert mehr die Story, das heißt, da brauchst du dann theoretisch mehr die Reflexion, was haben wir eigentlich alles gemacht, die ganzen Geschichten dahinter, was sind die Institutionen, die wir etabliert oder beeinflusst haben, und wie hat das stattgefunden." [1046]

GCL versucht dies umzusetzen: Zum einen wird ein Newsletter erstellt, der weitgehend normativ anhand von anekdotischen Projekt(erfolgs)geschichten die gesamthaften Aktivitäten darstellt. Dieser Newsletter ist sowohl für ein internes als auch externes Publikum konzipiert. Des Weiteren gibt es eine Vielzahl an quantitativen Kennzahlen, welche den eigentlichen Kern und Fokus der Erfolgsmessung darstellen. Diese umfassen zum einen Capital Invested (investiertes Kapital in die von GCL mit initiierten Social Business Joint Ventures oder Social Business Fonds) als zentrale und härteste Ergebnis- und Erfolgsgröße, zum anderen eine Reihe von unternehmensweiten oder bereichsspezifischen Wachstumsgrößen (Anzahl der mit den Konzepten angesprochenen Leute, Anzahl der initiierten Social Businesses, etc.):

„[…] was unser Hauptkriterium ist, wie wir Social Impact messen ist sozusagen Capital Invested, durch unsere Aktivität. Heißt Capital Invested entweder in die Social Businesses, die wir mit initiiert haben, die dann gegründet worden sind oder heißt eben, unsere Social Business Fonds, die wir aufgelegt haben. Also das ist sozusagen unser härtester Messpunkt. Und dann gibt es natürlich verschiedenste Messfaktoren, die über People reach mit den Konzepten, mit den Dingen - Social Businesses Initiated - gehen, das sind verschiedene Faktoren, aber der härteste ist absolut Capital Invested." [1047]

Eine Kernherausforderung von GCL bei der Definition von Kennzahlen ist überdies die Mittlerrolle von GCL. Die daraus resultierende Mittelbarkeit des Einflusses erschwert die konkrete Zuordnung von Ursache und Wirkung und macht damit eine Abbildung der effektiv erreichten gesellschaftlichen Wirkung umso schwieriger:

„[…] bezüglich Measurement sind wir eigentlich noch ziemlich am Anfang. […] Wir versuchen da schon, ein Social Performance Measurement auch zu realisieren, aber das ist am Ende ziemlich schwierig, gerade weil wir ja auch diese Mittlerrolle haben, d.h. vor allem indirekten Einfluss haben. Und das dann über die zweite Ebene zu messen, wird halt irgendwann schwierig." [1048]

Obwohl ein offizielles Reporting nicht stattfindet, ist die Messung der gesellschaftlichen Wirkung nichtsdestotrotz relevant. So haben die quantitativen Kennzahlen intern vor allem den Zweck,

---

[1046] Interview mit Leonhard Nima, Projektleiter, Grameen Creative Lab (geführt am 03.08.2011)
[1047] Interview mit Sophie Eisenmann, Director, Grameen Creative Lab (geführt am 03.08.2011)
[1048] Interview mit Leonhard Nima, Projektleiter, Grameen Creative Lab (geführt am 03.08.2011)

den Fortschritt der Aktivitäten besser einschätzen zu können, indem der Vergleich mit einem bestimmten Ambitionsniveau gesucht wird:

„Das [Messung der gesellschaftlichen Wirkung, d.V.] ist schon eine Art Verzielung, um halt zu sehen wie wir vorwärts kommen und um ein Gefühl dafür zu kriegen, was wir eigentlich machen." [1049]

Des Weiteren schaffen die Existenz von Kennzahlen und zugehörigen Zielen/Ambitionsniveaus überhaupt erst die Möglichkeit, eine messbare Erreichung von Projektzielen darzustellen. Dies wiederum schafft Motivation und Identifikation aufseiten der Mitarbeiter:

„Ja, wir brechen es aber nicht auf Mitarbeiter runter. Also weil, das ist dann eher so, dass unsere Projektziele erreicht werden und der Mitarbeiter, der selbst im Projekt ist, sich dann damit identifizieren kann." [1050]

Der Newsletter und ähnliche (spezifischere) Kommunikationsformate schaffen durch die Sichtbarmachung konkreter Erfolgsgeschichten schlussendlich Identifikation und Bindung:

„Da kommt schon, immer wieder schreiben Leute zurück und sagen ‚Ach, spannend, toll', viele unserer Alumnis, der Newsletter ist natürlich einigermaßen generisch, aber jetzt auf Haiti irgendwie schreibe ich ab und zu mal ein Update an alle, die jemals auf diesem Projekt gearbeitet haben, und die sagen natürlich ‚Wahnsinn, wohin die Reise irgendwie gegangen ist', und jeder ist dann so in seiner Zeit in Haiti unterwegs. Ja, da krieg ich extrem viele Rückmeldungen." [1051]

II.3.4   Mitarbeiter halten - langfristige Bindung

Langfristige Perspektiven bzw. Karrierepfade sind für die Mitarbeiter vergleichsweise unwichtig. Zum einen ist der relevante Planhorizont zumeist kurz- bis höchstens mittelfristig, auch und gerade aufgrund des sehr dynamischen Sektors. Zum anderen spielt die inhaltliche Komponente der Tätigkeit eine wesentlich wichtigere Rolle als Karriere und Titel:

„Ja, also ich glaube, dass die wenigsten hierherkommen in einer Lebensphase, wo sie sagen ‚ich suche jetzt den Job für die nächsten 20 Jahre'. [...] Natürlich will man so eine Perspektive haben, aber ich glaube jetzt nicht, dass irgendjemand sagt ‚[...] ich brauche einen Fünfjahreshorizont [...]" Weniger, weil sich so viel entwickelt, das ist ja ein total dynamischer Sektor. Ich glaube, die wenigsten Menschen in dem Sektor sind, glaube ich, so, ‚ich weiß, ich mach jetzt Social Impact oder Management Non Profit für fünf Jahre'." [1052]

„Also für mich persönlich ist es nicht so wichtig, also ich mag dieses Wort ‚Karriere' auch eigentlich gar nicht. [...] Ich denke, hier geht es nicht darum, Karriere zu machen, sondern hier geht es darum, Sachen zu machen, das ist der Unterschied. Das ist dann schon auch einfach anders als jetzt in der klassischen Beratung, da geht es ja ein bisschen mehr darum, Karriere zu machen. [...] Das Ziel ist jetzt nicht, in einem halben Jahr hier zu sein, nur weil dann der Titel anders ist, sondern das Ziel ist, Sachen zu machen und zurückzuschauen und

---

[1049] Interview mit Leonhard Nima, Projektleiter, Grameen Creative Lab (geführt am 03.08.2011)
[1050] Interview mit Sophie Eisenmann, Director, Grameen Creative Lab (geführt am 03.08.2011)
[1051] Interview mit Sophie Eisenmann, Director, Grameen Creative Lab (geführt am 03.08.2011)
[1052] Interview mit Sophie Eisenmann, Director, Grameen Creative Lab (geführt am 03.08.2011)

nicht zu sagen ‚ach, jetzt war ich auf der Stufe X', sondern zurückzuschauen und zu sagen ‚ach, da haben wir das gemacht, und in dem letzten Jahr ist das und das passiert'. [1053]

Während also formelle Karriereoptionen eher unwichtig und bei GCL mit sehr flachen Hierarchien auch (noch) kaum vorhanden sind, stellen die inhaltlichen Entwicklungsperspektiven auf einer kurz- bis mittelfristigen Ebene hingegen einen bedeutenden Motivationsfaktor dar. Wichtig ist letztlich, dass die Tätigkeit Spaß und Sinn macht, dass sie perspektivisch ausgerichtet ist und eine sinnvolle Entwicklung stattfindet:

„Mir persönlich geht es eher um Themen wie Bereitstellung attraktiver Perspektiven im Sinne von ‚was können wir machen, was können wir bewegen? Ist das halt attraktiv, ja, oder nein?'. [...] Also daraufhin fällt man dann Entscheidungen, und das bestimmt sicher die Attraktivität des Arbeitsplatzes. [...] Also insofern finde ich das [Karriere, d.V.], glaube ich, relativ untergeordnet. Perspektive im Sinne von einem Jahr, was kann ich machen, das ist entscheidend. [...] aber also es ist halt auch nicht vergleichbar mit einem klassischen Unternehmen, weil du da halt jetzt Karriere planen kannst und darfst und gewisse Trainings einfach festgelegt sind, und die gibt es halt hier in dem Sinne einfach noch nicht. [...] Karriere oder Laufbahn, das gibt es hier nicht. Das ist eher so nach dem Motto ‚was will man inhaltlich machen?' Eher auf der Ebene, wenig formalisiert, mehr inhaltlich: ‚Was will man inhaltlich machen? Wo geht es hin, was kann ich in dem Bereich machen? Wo möchte man sich vielleicht auch hin entwickeln?' Und das ist glaube ich das Wichtigere." [1054]

Vonseiten der Organisation ist es selbstverständlich oberste Priorität, Wissensträger im Unternehmen zu halten. Hierzu müssen Perspektiven aufgezeigt werden, welche zum einen inhaltliche Entwicklungsmöglichkeiten innerhalb der Organisation, zum anderen aber auch langfristige Möglichkeiten außerhalb der Organisation umfassen können. Naheliegend ist bei Letzterem eine eigene Gründung im Social Business-Sektor, aufbauend auf dem Netzwerk und den gewonnenen Erfahrungen bei GCL – denn auch wenn dies die langfristige Bindung ggf. mindert, kann es doch auf die kurz- bis mittelfristige Bindung eine enorm positive Wirkung haben:

„Also Karrierepfade sind für uns enorm wichtig, weil es natürlich eine große Herausforderung ist, diesen hohen Turnover immer zu haben. Das heißt, für uns ist es ganz wichtig, Wissensträger im Unternehmen zu halten und zu binden und was hierbei wichtig ist, ist, Perspektiven aufzuzeigen. Und Perspektiven können sozusagen einzelne Bereiche sein oder kann dann auch irgendwann mal sein das Thema, eigener Entrepreneur zu werden im Social-Business-Bereich, mit dem Netzwerk, mit den Erfahrungen, mit allem, was man hier mitgenommen und gelernt hat." [1055]

Im Rahmen der Secondment-Programme ist zwar eine solche Bindung weder zu erwarten noch direkt angelegt, trotzdem zeigt die Erfahrung, dass viele der Freiwilligen langfristig zumindest

---

[1053] Interview mit Leonhard Nima, Projektleiter, Grameen Creative Lab (geführt am 03.08.2011)
[1054] Interview mit Leonhard Nima, Projektleiter, Grameen Creative Lab (geführt am 03.08.2011)
[1055] Interview mit Sophie Eisenmann, Director, Grameen Creative Lab (geführt am 03.08.2011)

dem sozialen Sektor oder angrenzenden Bereichen (bspw. Social Impact Investing/Ethisches Investment) erhalten bleiben:

> *„[…] klar, wenn es bei Beratungen so ein ganz kleines Sabbatical war, geht man schon zurück, aber in der Regel jetzt auch nicht mehr, glaube ich, forever, weil, meistens ist man ja dann, wenn man schon so ein Sabbatical macht, an dem Punkt, ein Stück weit infiziert zu sein, genau, und sowieso schon an dem Punkt, wo man so ein bisschen außerhalb nach Optionen schaut/ Und von den anderen sagen die wenigsten ‚so, und jetzt gehe ich irgendwie zu der BASF in die Konzernentwicklung‘, sondern dann irgendwie so im […] Social Sector Related Bereich […]. Kann Social Impact Investment zum Beispiel sein oder irgendwie sowas […]."* [1056]

II.4   infoklick.ch

II.4.1   Allgemeine Situation und Status von Motivation im Führungskontext

Motivierte Mitarbeiter werden als notwendige Voraussetzung für ein erfolgreiches Agieren der Organisation angesehen. In diesem Sinne wird Motivation auch als aktive Aufgabe im Führungskontext angesehen:

> *„Ja [Motivation wird als aktive Führungsaufgabe angesehen, d.V.], und es gibt auch einen Grund. Wir, bzw. meine Leute arbeiten immer mit Menschen zusammen, und wenn ich demotivierte Leute habe, dann kann ich den Laden schließen. Ich brauche spritzige, querdenkende, motivierende Personen, und das geht nur, wenn sie selber auch motiviert sind."* [1057]

Ein aktiver Ansatz hat sich allerdings erst über die Zeit herausgebildet. In der Gründungsphase und in den Jahren danach stand das Thema Mitarbeitermotivation nicht im Vordergrund: Das sinnstiftende Element der Tätigkeit war, so zumindest die Einschätzung der Geschäftsführung, für das kleine Team mit ‚familiärem Groove' Motivation genug. Die Folge war ein eher intuitiver Ansatz. Erst nach einigen Jahren mit wachsenden Strukturen und Mitarbeiterzahlen wurde deutlich, dass es mehr bedurfte, und ein strukturierterer Ansatz mit Nutzung von Personalinstrumenten wurde angegangen:

> *„Was machen wir überhaupt, um die Leute motiviert zu halten? Also, das Thema kam bei uns eigentlich sehr spät. Uns gibt es jetzt so in dieser Form 10 Jahre, und eigentlich erst nach fünf Jahre, also schon als wir etwa 13, 14 Mitarbeiter hatten, hab ich mich mal mit diesem Thema beschäftigt. Wobei, man macht intuitiv natürlich gewisse Dinge sowieso. Und das Problem hat sich auch nicht so wahnsinnig gestellt, oder die Frage, weil das alles sehr familiär war, also ein ‚family-groove' […]. […] Aber eben so nach vier, fünf Jahren hat es sich schon gezeigt, dass auch bei uns, d.h. selbst in einem Unternehmen, das – wie soll ich sagen? – inhaltlich etwas*

[1056] Interview mit Sophie Eisenmann, Director, Grameen Creative Lab (geführt am 03.08.2011)

[1057] Interview mit Markus Gander, Gründer & Geschäftsführer, infoklick.ch (geführt am 25.10.2011)

bietet, was Sinnstiftendes bietet, viele Angestellte trotzdem Angestellte sind. Also ist auch logisch, die haben auch Familie und ihr Privatleben etc., und dort habe ich versucht, verschiedene Instrumente einzuführen. " [1058]

Nichtsdestotrotz bildet die intrinsische Motivation die Basis der **grundlegenden Motivationsmuster.** Sie äußert sich dabei vor allem in Freude an der Tätigkeit, Identifikation mit den Inhalten sowie der Möglichkeit einer individuellen Handlungswirksamkeit. Letztere entsteht nicht zuletzt durch die große Eigenverantwortung und Freiheit bei der Ausübung der Tätigkeit sowie deren Vielfältigkeit und Abwechslungsreichtum:

„[…] also mich motiviert das extrem, wenn ich sehe, ‚ich kann selbst etwas auf die Beine stellen [...]'. [...] mir ist viel wichtiger, dass es mir Spaß macht, dass ich mich mit meiner Arbeit auf eine Art identifizieren kann und nicht irgendeinen Scheißjob mache, wo ich viel Geld erhalte. Das ist mir wichtig, das steht an erster Stelle. [...] für mich ist ganz klar sehr motivierend, wenn ich Eigenverantwortung und Freiheit habe in meiner Arbeit. [...] Für mich ist auch die Abwechslung [...] eine große Motivation, weil meine Arbeit sehr vielfältig ist [...]. Also es ist nicht so, dass ich irgendwie meinen klar strukturierten oder fixierten Aufgabenbereich habe und ich nicht darüber hinwegschauen darf, sondern mir steht sehr viel offen, und das ist für mich sehr motivierend. " [1059]

„Ich habe die Verantwortung, und auch den Wille zu zeigen ‚es geht' [...]. [...] Also sie sehen die Chance, dass sie eigene Projekte kreieren können und umsetzen können. " [1060]

Weitere erwähnte Motivatoren sind das Team und direkte Umfeld, eine konstruktive Zusammenarbeit und gute Kommunikation sowie ein dem Professionalitätsgedanken entsprechender ‚gesunder' Druck zur Leistungserbringung:

„Und ein gutes Team natürlich, das ist eigentlich so der Hauptpunkt, dass der ganze Rest überhaupt funktionieren kann, meiner Meinung nach. [...] mir ist ein Team wirklich sehr wichtig, also auch, dass es gut habe mit den verschiedenen Leuten, und dass da eine konstruktive Zusammenarbeit und auch eine gute Kommunikation stattfindet. Das finde ich sehr wichtig. " [1061]

„Und ich mag eigentlich auch gerne, wenn ich Druck habe, um etwas zu machen, also es darf auch nicht zu viel sein. [...] Vielleicht ist das ein Faktor, der meine Motivation auch beeinflusst. " [1062]

II.4.2 Mitarbeiter gewinnen

Im Rahmen des Recruiting von infoklick.ch kann grundsätzlich von einem Nachfrageüberhang gesprochen werden:

[1058] Interview mit Markus Gander, Gründer & Geschäftsführer, infoklick.ch (geführt am 25.10.2011)
[1059] Interview mit Anna Sollberger, Projektmitarbeiterin, infoklick.ch (geführt am 25.10.2011)
[1060] Interview mit Markus Gander, Gründer & Geschäftsführer, infoklick.ch (geführt am 25.10.2011)
[1061] Interview mit Markus Gander, Gründer & Geschäftsführer, infoklick.ch (geführt am 25.10.2011)
[1062] Interview mit Anna Sollberger, Projektmitarbeiterin, infoklick.ch (geführt am 25.10.2011)

„Wir sind ein attraktiver Arbeitgeber und haben durch das viele Leute, die sich interessieren, hier zu arbeiten. [...] Und so kann ich Leute auswählen. [...] ich habe viel mehr Bewerbungen als Stellen frei, ich könnte alle drei Tage jemanden einstellen.“ [1063]

Diese vorteilhafte strategische Position erlaubt es der Organisation, im Rahmen des Recruiting-prozesses ausschließlich Personen mit der ‚richtigen‘ Motivation und einer spezifischen, passen-den Einstellung und Herangehensweise auswählen zu können:

„Und so kann ich Leute auswählen, und ich wähle Leute, die eben schon so einen gewissen Lifestyle mitbrin-gen, die sich in der Jugend ehrenamtlich engagiert haben oder sich noch immer ehrenamtlich engagieren [...]. Also ich gehe dann oft auf solche Leute zu, weil ich das Gefühl habe, die bringen solche Kompetenzen schon mit. Das ist bei uns wichtig, weil wir keine Regelmäßigkeiten haben, wir haben ja einen unberechenbaren Job, und das müssen die Leute ein bisschen mitbringen, dieses Mindset, und diese Kultur. [...] So, das sind so Kri-terien, und dass Herz für die Jugend da ist und nicht primär für sich selbst [...].“ [1064]

Die Anbahnung bzw. Kontaktaufnahme läuft dabei zumeist über das persönliche und geschäftli-che Netzwerk des Gründers, weshalb der Recruitingprozess als vornehmlich persönlich, intuitiv und opportunitätsgetrieben bezeichnet werden kann:

„Und wir schauen im Umfeld, wer schon in solchen Projekten mitarbeitet, mit wem wir guten Kontakt haben, wer erfolgreiche Projekte in der Jugendarbeit macht. [...] Und dort ist eine Person, der hat sehr viel aufgebaut in dieser Region, [...] und der hat mir schon vor drei, vier Jahren mal gesagt, ‚wenn bei dir etwas frei wird, sag es‘. Und das ist dann eine solche Situation, dann schreib ich dem eine Mail, wir gehen ein Bier trinken und schauen die Geschichte an und, ja, es hat ihm zugesagt. Er hat jetzt seine Stelle gekündigt und will zu uns kommen. So gehe ich vor, wir machen unser Recruiting eigentlich selber. [...] Also schon, das Netzwerk wächst natürlich ständig, und es gibt immer mehr Kontakte [...]. So ist der Pool natürlich schon sehr groß, und nachher ist die Schweiz doch sehr klein, und man sieht sehr schnell, welche Leute gute Vernetzer sind, welche Leute umtriebig sind oder ständig irgendwelche Projekte machen, also die hat man dann schnell mal auch identifiziert.“ [1065]

„Genau, auf Infoklick aufmerksam geworden bin ich eigentlich durch einen bereits bestehenden persönlichen Kontakt.“ [1066]

Diese weitestgehende Begrenzung auf den persönlich-individuellen Horizont ist Methode und findet sehr bewusst statt. Die damit verbundene Gefahr, dass aufgrund der Begrenzung des Pools einige potenzielle Kandidaten gar nicht erst in die Auswahl kommen, wird zwar gesehen, aber als nicht weiter relevant und unkritisch angesehen:

[1063] Interview mit Markus Gander, Gründer & Geschäftsführer, infoklick.ch (geführt am 25.10.2011)
[1064] Interview mit Markus Gander, Gründer & Geschäftsführer, infoklick.ch (geführt am 25.10.2011)
[1065] Interview mit Markus Gander, Gründer & Geschäftsführer, infoklick.ch (geführt am 25.10.2011)
[1066] Interview mit Anna Sollberger, Projektmitarbeiterin, infoklick.ch (geführt am 25.10.2011)

„Nein (lacht), ich habe keine Sorge, dass mir jemand durch die Lappen geht. Weil, meine Philosophie ist ‚was ich nicht weiß, das macht mich nicht heiß'. Also ich mache mir viel mehr Sorgen, wenn ich jemanden hole, und die Person entpuppt sich dann eben nicht als diese Rakete, die man erwartet hat. Das ist auch schon vorge-kommen. Das betrübt mich dann mehr." [1067]

Weitere Wege der Kontaktaufnahme sind Kooperationen mit bzw. Präsenz in Universitäten und Fachschulen sowie eine funktionierende Mund-zu-Mund-Propaganda, welche auf persönlichen Empfehlungen der Mitarbeiter für externe Personen aufbaut:

„Und die meisten dieser Leute werden an einem Ort ausgebildet, in Luzern. Es gibt schon auch noch andere Ausbildungsstätten, aber das ist so der Leuchtturm für die Jugendarbeit. Und wir haben schon von der Ge-schichte her eine enge Zusammenarbeit mit dieser Schule, denn diese Schule ist auch wieder interessiert an Inno-vation. [...] Und so haben wir dort hohe Aufmerksamkeit erzeugt, schon zu Beginn. Also zu Beginn eher die Angst ‚was machen die eigentlich? Konkurrenten zu allen, weiß ich nicht, was', das ist auch ein Effekt, und dann später über die Projekte, die wir machen, hohe Attraktivität. Weil, wir haben immer Erfolg. [...] durch das hatten wir ein sehr gutes Standing in diesem Milieu dieser Leute, die solche Berufe suchen." [1068]

„Also meine Leute sprechen auch mit anderen Leuten, und andere Leute mit anderen Leuten, und das ist na-türlich so, wenn Leute von ihrem Unternehmen schwärmen und sagen „es ist super da", dann interessiert das natürlich auch." [1069]

Bezüglich der konkreten Ansprache wurde schon deutlich, dass diese zumeist direkt und persön-lich im Kontext des persönlichen und geschäftlichen Netzwerkes erfolgt, wann immer sich Mög-lichkeiten bieten und/oder Stellen vakant sind. Des Weiteren erfolgen aufgrund der Bekanntheit und des Erfolges der Organisation immer wieder Initiativbewerbungen. Nicht genutzt werden demgegenüber offizielle Stellenausschreibungen:

„Also wir haben zum Beispiel noch nie eine Stelle ausgeschrieben, und solange ich da bin, werden wir auch nie eine ausschreiben." [1070]

Bezüglich der Auswahlkriterien gibt es sicherlich einige Kompetenzen, die potenzielle Mitarbeiter mitbringen müssen bzw. sollten: Hierzu gehören die Kenntnis von die Sozialarbeit betreffenden Methoden, die Fähigkeit, auf Basis von pädagogischen und psychologischen Erkenntnissen Konzepte zu erarbeiten, aber auch kommunikative Fähigkeiten, um bspw. sowohl Kinder und Jugendliche als auch Politiker ansprechen zu können. Bei allen notwendigen Kompetenzen ste-hen jedoch, wie zuvor schon erwähnt, die jeweilige Persönlichkeit, ihre Motivation, grundsätzli-che Einstellung und Herangehensweise, immer im Vordergrund. Im Zweifel ist diese Kompo-

---

[1067] Interview mit Markus Gander, Gründer & Geschäftsführer, infoklick.ch (geführt am 25.10.2011)
[1068] Interview mit Markus Gander, Gründer & Geschäftsführer, infoklick.ch (geführt am 25.10.2011)
[1069] Interview mit Anna Sollberger, Projektmitarbeiterin, infoklick.ch (geführt am 25.10.2011)
[1070] Interview mit Markus Gander, Gründer & Geschäftsführer, infoklick.ch (geführt am 25.10.2011)

nente auch wichtiger als spezifische Kompetenzen oder Ausbildungshintergründe, was auch in folgender Aussage nochmals deutlich wird:

„Es gibt schon auch noch andere Ausbildungsstätten, aber das ist so der Leuchtturm für die Jugendarbeit. [...] Die sind zwar gut ausgebildet, sind methodisch sehr gut diese Leute [...]. Also die Anna zum Beispiel, [...] die macht auch diese Schule, aber sie hatte als Jugendliche bei uns ganz, ganz früh einen Preis gewonnen für ein Jugendprojekt, das sie selber gemacht hat, engagiert sich für Behindertenintegration, war, glaube ich, auch in der Pfadfinderei dabei, und das waren eigentlich die Faktoren, die mich interessierten, um ihr eine Stelle anzubieten, die Schule ist auch okay, aber das ist nicht das erste Kriterium." [1071]

II.4.3 Mitarbeiter führen und entwickeln

II.4.3.1 Grundlegende führungsrelevante Einflussfaktoren

Unternehmensleitbild

infoklick.ch besitzt eine differenzierte Vision mit klarem Ziel und einer daraus abgeleiteten strategischen Ausrichtung. Dieses Unternehmensleitbild fokussiert klar auf die Tätigkeit bzw. die damit verbundenen inhaltlichen Ziele. Anspruch ist es, die Vision und Mission als handlungsleitende Richtschnur zu etablieren, mit deren Hilfe alle Aktivitäten und Entscheidungen auf das zentrale inhaltliche Ziel der Organisation, die Förderung von Kindern und Jugendlichen, ausgerichtet werden:

„[...] die Vision ist auf das Ziel der Arbeit bezogen, nicht auf das Unternehmen, also die Integration von Kindern und Jugendlichen in die Gesellschaft, Punkt. Dem müssen alle nachleben, auch wenn es neue Ideen gibt, das ist auch etwas, was ich jedem sage, ,überlege dir zuerst: nützt das, was du jetzt machst, einem Kind, einem Jugendlichen? Wenn nein, nicht machen', weil, dann bringt das gar nichts. [...] Was wir nicht haben, ist so eine zielbezogene Vision, was viele haben, im Sinne von ,wir sind Marktleader in 14 Jahren überall' [...]. [...] Wir müssen die Lücken finden, und das müssen wir nicht formulieren, da geht es mehr um die inhaltliche Basis des Tuns." [1072]

„Sonst habe ich für meine Arbeit gerade am Anfang viel davon gelernt: Zum Beispiel, wenn es um die Zielgruppe geht, wollte ich immer, dass möglichst viele Jugendliche von diesen Projekten profitieren können, musste aber auch merken, dass das eigentlich gar nicht der Sinn der Sache ist, sondern dass diejenigen, die es in Anspruch nehmen, die die Beratung und die Unterstützung und die Projekte wirklich brauchen, dass die das sollen, und man eben nicht die ganze Jugend ansprechen sollte. Das musste ich einfach lernen, weil ich das so vorher nicht kannte, und das ist für mich in diesem Leitbild enthalten [...]." [1073]

[1071] Interview mit Markus Gander, Gründer & Geschäftsführer, infoklick.ch (geführt am 25.10.2011)
[1072] Interview mit Markus Gander, Gründer & Geschäftsführer, infoklick.ch (geführt am 25.10.2011)
[1073] Interview mit Anna Sollberger, Projektmitarbeiterin, infoklick.ch (geführt am 25.10.2011)

Das Unternehmensleitbild ist dabei insb. im Rahmen der Außendarstellung gegenüber externen Anspruchsgruppen von großer Wichtigkeit. Es übernimmt hierbei neben der allgemeinen Informations- auch eine Legitimierungsfunktion:

„Und da war ich eigentlich froh, kurz und bündig erklären zu können, was infoklick ist, gerade auch, wenn mich andere Leute fragen. [...] Aber ich finde es eigentlich schon gut, dass es das gibt, auch zur Legitimation ,weshalb gibt es Infoklick' gegenüber anderen! Also es gibt ja viele Leute, die finden ,Jugend, die hat schon genug Förderung und Ähnliches', und da finde ich es schon wichtig." [1074]

Intern ist es ebenfalls immer wieder Thema von Diskussionen, bei denen die Ziele und Werte der Organisation ,gebetsmühlenartig' rekapituliert und auf konkrete Situationen bezogen diskutiert werden. Zielsetzung ist es, dass dadurch die Ziele und Werte präsent bleiben und selbstverständlicher Teil und Grundlage des alltäglichen Tuns werden:

„Und das Thema [Unternehmensleitbild] kommt schon immer wieder hoch, wir haben ja verschiedene Zusammenkünfte, mit den Regionalstellenleiter, mit allen, mit den Projektleitern, und beim Think Tank gibt es schon ein Repetitorium, ,das sind Kinder und Jugendliche', ,dort wollen wir etwas bringen', ,Geht nicht, gibt es nicht', die Unkompliziertheit bei uns, die Geschwindigkeit und die Qualität. So, das kommt dann schon gebetsmühlenartig natürlich. Das ist auch wichtig, es sich immer wieder vor Augen zu führen." [1075]

Führungsverhalten

Die Führungskräfte und ihr Führungsverhalten sind im Organisationskontext ein wichtiges Thema. Allerdings hat sich der direkte Einfluss im Zuge der Regionalisierung und der damit verbundenen Dezentralisierung und Mehrsprachigkeit verringert, da ein kontinuierlicher, direkter Kontakt und Austausch zwischen Geschäftsführung und Mitarbeitern nur noch eingeschränkt realisiert werden kann. Eine Lösung für diese Problematik wurde bisher noch nicht gefunden:

„Ja, das [Führungsverhalten] ist effektiv ein Thema, das ging in der Anfangszeit sehr gut, also in der Zentrale, da sah man sich sehr oft, ich konnte auch Leute mitnehmen. Das ist heute tatsächlich ein Problem, weil,/ diese Regionalisierung hat vor gut zwei Jahren stattgefunden. Also das sind alles Leute, die sind zwei Jahre da, haben keine Geschichte gekannt vorher, und das ist die Herausforderung, das spürbar zu machen, dass sie mitkommen können und das mal erfahren können, ,wie macht jetzt der das, wie macht das der?'. Und da haben wir noch keine wirkliche Lösung. [...] Also die Gesamtkultur zu leben, das ist eine ständige Herausforderung. Vor allem dann auch noch in den anderen Sprachräumen. [...] Also es ist enorm schwierig, dort etwas vorzuleben dann, weil man das fast nicht kann, rein sprachlich." [1076]

Aktuell werden zwei mögliche Lösungsansätze verfolgt: Zum einen versucht die Geschäftsleitung, die einzelnen Regionalstellen mehr oder weniger regelmäßig zu besuchen und durch ,offizi-

---

[1074] Interview mit Anna Sollberger, Projektmitarbeiterin, infoklick.ch (geführt am 25.10.2011)
[1075] Interview mit Markus Gander, Gründer & Geschäftsführer, infoklick.ch (geführt am 25.10.2011)
[1076] Interview mit Markus Gander, Gründer & Geschäftsführer, infoklick.ch (geführt am 25.10.2011)

elle' Veranstaltungen und Sitzungen Präsenz zu zeigen. Zum anderen übernehmen einzelne Projektleiter die Funktion eines direkten Ansprechpartners und sind damit Identifikationsfigur innerhalb der jeweiligen Projekte:

„[...] wir [die Geschäftsleitung, d.V.] zwei haben uns die Regionalstellen jetzt aufgeteilt und gehen regelmäßig dort hin. Das ist ein relativ großer Aufwand, den wir da betreiben, und erzählen einfach. Und wir probieren dann, irgendwelche Treffen, Sitzungen in diesen Regionen zu machen, wo wir den Lead übernehmen, dass sie sehen ‚ah, die verhandeln so, ah, das Gespräch verläuft so, der Jugendliche wird so und so beraten', dass sie das einfach lernen können. Das ist eine hohe Herausforderung, ja. Und dann hab ich einzelne Projektleiter, die sind sehr stark. Die leben ihr Projekt, und dann ist es einfach, das ist dann auf ein Projekt bezogen." [1077]

Trotz der insgesamt zunehmenden Distanz sieht sich insb. der Gründer Markus Gander als zentraler Ansprechpartner mit Vorbildfunktion. Diesem Anspruch will er nicht nur durch die zuvor erwähnten ‚öffentlichen' Besuche und Veranstaltungen gerecht werden, sondern auch durch ‚unbürokratische' Erreichbarkeit sowie der Bereitschaft zur Hilfestellung und Unterstützung im Arbeitsalltag. Auch wenn die Initiative im konkreten Fall vom Mitarbeiter ausgehen muss, bietet Gander seine Unterstützung und Hilfestellung nicht nur an, sondern fordert diese regelrecht ein:

„Ja, Vorbildfunktion, das ist enorm wichtig. Also die Leute orientieren sich natürlich auch sehr oft an mir. Und ich sage auch, jeder Mitarbeiter, jede Mitarbeiterin dürfen mich anrufen, sie können Mails schreiben, wie sie wollen. Sie dürfen mich belästigen. Das ist ein Befehl eigentlich, dass wenn sie nicht weiterwissen, sie nicht lange grübeln sollen, sondern fragen ‚wie machst du das?', dass sie das lernen können. [...] Also es ist schon so, man sucht halt eine Person, das gibt Sicherheit, ganz banal. Der Firmenchef, der muss ein Vorbild sein und muss etwas vorleben, sonst braucht es ihn nicht. Ja, dann kann man ihn austauschen. [...] Also das nutzen die Leute auch, dass wenn sie ein Problem haben, sie sich an mich wenden können, und das ist auch meine Aufgabe." [1078]

Vonseiten der Mitarbeiter wird außerdem bemerkt, dass ein den Mitarbeiter ernstnehmendes, faires Führungsverhalten von großer Wichtigkeit ist:

„Also ich finde es einfach wichtig, dass man ernst genommen wird. Also das ist mir extrem wichtig, und ich werde ernst genommen, und das werden alle. Und ich habe auch nicht das Gefühl, dass die Leute schlecht behandelt werden, weil, das würde mich sehr stören. Von dem her finde ich so eine faire Unternehmensführung extrem wichtig, dass ich mich selbst wohlfühlen kann." [1079]

Organisationskultur

[1077] Interview mit Markus Gander, Gründer & Geschäftsführer, infoklick.ch (geführt am 25.10.2011)
[1078] Interview mit Markus Gander, Gründer & Geschäftsführer, infoklick.ch (geführt am 25.10.2011)
[1079] Interview mit Anna Sollberger, Projektmitarbeiterin, infoklick.ch (geführt am 25.10.2011)

Bezüglich der Organisationskultur werden zwei Aspekte als maßgeblich herausgestellt. Zum einen muss die Organisationskultur, d.h. die spezifischen Herangehensweisen, Ziele, Werte und ethischen Grundsätze, konsequent nach innen gelebt werden. Zum anderen muss dies mit den tatsächlichen, nach außen sichtbaren und wahrnehmbaren Aktivitäten kongruent sein:

„Ja, also mein Credo ist: das, was wir als unsere Arbeit ansehen, also unsere Methoden, unsere ethischen Grundsätze und so weiter, die müssen wir auch innen leben. Und wenn ich innen ein System habe, was nicht dem entspricht, was die Leute tun sollen, dann sind wir eh am falschen Ort, dann kann ich auch kein Vertrauen in die Arbeit haben letztendlich." [1080]

Besonders das Leben der Gesamtkultur ist dabei eine zentrale Herausforderung, da die Regionalisierung sowohl sprachliche Barrieren als auch sich partiell unterscheidende regionale Kulturen zur Folge gehabt hat. Ein aktiver Austausch zwischen den einzelnen ‚Subgruppen' ist daher von allergrößter Wichtigkeit:

„Also die Gesamtkultur zu leben, das ist eine ständige Herausforderung. Vor allem dann auch noch in den anderen Sprachräumen. [...] also die Regionalstellen haben zwar schon ihre eigenen kleinen Kulturen, das ist auch logisch, subregionale, subversive oder subkulturelle Aspekte, aber das insgesamte Bild ist natürlich insofern wichtig, als dass wir als Gesamtverein in die gleiche Richtung fahren möchten, und dafür muss man schon viele Informationen tauschen, das ist so." [1081]

Konkret ist man bemüht, die Organisationskultur möglichst keine extremen Ausprägungsmerkmale annehmen zu lassen. So wird sowohl eine reine Fokussierung auf die eigene Stärke und den Erfolg mit Gefahr der Selbstüberschätzung als auch eine übermäßig auf Harmonie bedachte familiäre Kultur wie letztlich auch übermäßiges Problematisieren kritisch gesehen. Vielmehr sollen die Mitarbeiter professionell und effizient ihre Arbeit machen und dabei Probleme und Konflikte zwar offen ansprechen und durch konstruktive Kritik lösungsorientiert angehen, diese jedoch nicht unnötig ‚breittreten':

„Man spricht ja gerade im Sozialbereich immer von dieser Konfliktkultur. Und dann ist eben alles ein bisschen Konflikt. Also, ich bin da auch ein bisschen strikt: Das sind Profis, die haben ihren Job zu führen, und dann sehe ich eher eine, nicht Konfliktkultur, sondern eine Kritikkultur. [...] Und das andere, das liebe ich nicht, das liegt mir auch nicht, dieses Extreme in beide Richtungen, also diese Hero-Kultur ‚wir sind die Besten' und so, oder auch diese Family-Kultur. Familien haben ja immer sehr viele Probleme.... [...] Was ich nicht möchte ist, dass Probleme da irgendwie breitgetreten werden, ‚da brauchen wir Supervision' und weiß ich nicht was, das gibt es bei uns nicht. Das ist eine Gradwanderung, ich weiß [...]. [...] Ich brauche effiziente Leute, diese Kaffeerunden, das ist wunderbar, aber dann muss etwas gehen (lacht) und nicht das Selbstbeweihräuchern oder das Jammern, das ist nichts, ja." [1082]

[1080] Interview mit Markus Gander, Gründer & Geschäftsführer, infoklick.ch (geführt am 25.10.2011)
[1081] Interview mit Markus Gander, Gründer & Geschäftsführer, infoklick.ch (geführt am 25.10.2011)
[1082] Interview mit Markus Gander, Gründer & Geschäftsführer, infoklick.ch (geführt am 25.10.2011)

Ein wichtiger Aspekt ist das Verhältnis von Homogenität und Diversität. Zuvor wurde schon deutlich, dass eine übermäßige Homogenität und ‚Harmonisierung' im Sinne einer familiären Kultur nicht unbedingt angestrebt wird. Vielmehr wird eine zu ‚homogene' Kultur als bremsend empfunden, und eine gewisse Diversität vor allem hinsichtlich der Kompetenzen und Herangehensweisen als wichtig erachtet. So braucht es sowohl kompromisslose, anpackende ‚Macher' als auch ‚Denker', welche bspw. wissenschaftlich fundierte Konzepte schreiben können. Die richtige Mischung ist inhaltlich notwendig und hält die Kultur vital und in Bewegung:

„Ja, eben, ich hab jetzt gemerkt, dass wir eigentlich zu viele Sozialarbeiter hatten. Also das ist ein bestimmter Groove, der da herrscht, eine bestimmte Kultur, eher auch bremsend, also für mein Empfinden. Und ich glaube schon, dass so 50 Prozent ein gesundes Verhältnis ist. Es dürfen dann auch nicht nur die Handwerker sein, das braucht ja dann verschiedene Kompetenzen. Also du musst auch jemanden haben, der ein gutes Konzept schreiben kann oder der eben auch Hintergründe kennt, pädagogische oder psychologische, aber ich brauche eben auch die anderen, die Macher, die ohne Angst und ohne Schrecken alles anpacken, was man anpacken kann. Das ist das Verhältnis, ja."[1083]

Eine weitere Förderung von Diversität wird durch das Einräumen von gewissen persönlichen Freiheiten erreicht. So gibt es grundsätzlich keine festen Arbeitszeiten, und Mitarbeiter dürfen in Absprache zu Hause bleiben, wenn es ihnen nicht gut geht; dies ist explizit nicht nur auf krankheitsbedingte Situationen beschränkt, sondern umfasst auch andere ‚persönliche' Gründe. Des Weiteren werden persönliche Empfindungen und Emotionen dergestalt gut aufgefangen, dass es gemeinhin die Möglichkeit bzw. Freiheit gibt, diese im Team zu äußern und sich damit Luft zu verschaffen:

„Das schon, man sollte authentisch sein, ja, auf jeden Fall. Also bei uns ist es ja auch so, meine Leute haben nicht feste Arbeitszeiten, und es ist auch quasi vorgegeben, wenn es ihnen nicht gut geht, oder wenn sie Stress haben oder sonst irgendwas, dann arbeiten sie einfach nicht. Weil, so bringen sie uns ja nichts außer Ärger. [...] das ist für die Leute toll, das sagen die auch, sie kommen und sagen ,es geht nicht so gut', und dann kann ich sagen ,ja, bleib zu zuhause, verteil die Arbeit, die gemacht werden muss, oder organisiere das irgendwie', und das ist für die Leute gut und für das Unternehmen gut."[1084]

„Wir sind eigentlich immer füreinander da, wenn jemand Zeit braucht oder auch mal ein bisschen Dampf ablassen möchte oder so, das ist möglich."[1085]

II.4.3.2   Autonome Motivation und Anreizsysteme

Autonomie

[1083] Interview mit Markus Gander, Gründer & Geschäftsführer, infoklick.ch (geführt am 25.10.2011)
[1084] Interview mit Markus Gander, Gründer & Geschäftsführer, infoklick.ch (geführt am 25.10.2011)
[1085] Interview mit Anna Sollberger, Projektmitarbeiterin, infoklick.ch (geführt am 25.10.2011)

Autonomie wird im Kontext autonomer Motivation als einer der zentralen Motivatoren wahrgenommen. Dies liegt u.a. in der Philosophie von infoklick.ch begründet, welche auch den Jugendlichen vermittelt werden soll: Dass es keine Grenzen gibt und alles möglich ist. Im Hinblick auf
den Anspruch, dass alles, was nach außen vermittelt werden soll, auch nach innen gelebt werden
muss, ist eine hohe Autonomie beinahe schon eine logische Konsequenz. Und so gibt es für die
Mitarbeiter grundsätzlich wenig Grenzen und Einschränkungen hinsichtlich der Lösung von
Problemen und Aufgaben sowie hinsichtlich der konkreten Herangehensweise und Ausführungsart der jeweiligen Tätigkeit, was auch vonseiten der Mitarbeiter gewünscht und gefordert wird:

*„Ja, also mein Credo ist: das, was wir als unsere Arbeit ansehen, also unsere Methoden, unsere ethischen
Grundsätze und so weiter, die müssen wir auch innen leben. Und wenn ich innen ein System habe, was nicht
dem entspricht, was die Leute tun sollen, dann sind wir eh am falschen Ort, dann kann ich auch kein Vertrauen in die Arbeit haben letztendlich. Und das ist ein Prinzip, das wir den Jugendlichen immer wieder vorspiegeln, so im positiven Sinne ‚es geht alles – also vielleicht ist der Weg anders, vielleicht ist die Größe anders,
vielleicht ist der Ort anders, aber es geht alles, wenn du es willst'. Das ist auch etwas, das nicht kontrollierbar
ist, so nach dem Motto ‚ah, da gibt es das Gesetz, und hier gibt es diese Ordnung, und da ist das und das',
und darum ist es halt schwierig. Und das muss ich innen auch regeln, also es gibt primär keine Grenzen, oder
nur ganz wenige, Rahmenbedingungen vielleicht. Ja, das ist sehr entscheidend, glaube ich."* [1086]

*„Ja, ich muss ein bisschen den Spielraum haben und einfach so verschiedene Dinge ausprobieren können oder
auch verschiedene Vorgehensweisen kennenlernen."* [1087]

Konkret prägt sich diese Autonomie unter anderem im hohen Dezentralisierungsgrad der Organisation aus. Merkmale der Dezentralisierung, welche wiederum der konsequenten Regionalisierung geschuldet ist, sind hohe Entscheidungskompetenzen und weitreichende strategische und
inhaltliche Gestaltungsfreiheiten der einzelnen Regionalstellen und Regionalstellenleiter:

*„[…] eine Motivation war natürlich auch diese Regionalisierung. Das sind jetzt ungefähr acht, neun Stellen
mit kleinen Teams, die sind zu dritt, zu viert, die dort arbeiten, und die lenken ihre Region selber. Sie haben
extrem hohe Entscheidungskompetenzen. Also ich habe sieben Leute, die können in ihren Regionen bestimmen. Also immer nach dem Rahmen natürlich, der vorgegeben ist, aber der ist relativ weit. Das bringt tolle
Motivation für diese Regionalstellenleiter […]."* [1088]

Eine zweite Ebene bilden die Projekte, welche als starke eigenständige Einheiten ebenfalls einen
hohen Grad an Autonomie aufweisen. So tragen die Projektleiter und -mitarbeiter die Hauptlast
der Verantwortung, können die Projektentwicklung maßgeblich und ohne dauernde Abstimmung
mit der Geschäftsleitung bestimmen und haben bei alldem eine große inhaltliche Gestaltungsfreiheit:

[1086] Interview mit Markus Gander, Gründer & Geschäftsführer, infoklick.ch (geführt am 25.10.2011)
[1087] Interview mit Anna Sollberger, Projektmitarbeiterin, infoklick.ch (geführt am 25.10.2011)
[1088] Interview mit Markus Gander, Gründer & Geschäftsführer, infoklick.ch (geführt am 25.10.2011)

„[...] und gleichzeitig hat jedes Projekt einen Projektleiter oder eine Projektleiterin, und die können in ihrem Projekt ebenfalls machen, was sie wollen. Also die müssen nicht ständig zu mir kommen oder zur Geschäftsleitung. Sie bestimmen eigentlich mit ihren Mitstreitern, wie sich was entwickelt. Also das bringt eine hohe Verantwortung mit, aber das ist, und das erlebe ich immer wieder, sehr motivierend für die Leute, dass sie die Projekte zu ihren Projekten machen können. [...] Auch in der Projektgestaltung, das habe ich schon erwähnt, ist das [inhaltliche Gestaltungsfreiheit, d.V.] ein wichtiger Punkt. Das Projekt ‚Jugend mit Wirkung' ist für mich ein Paradebeispiel: das hab ich erfunden, blöde gesagt, mehrere Jahre durchgeführt, und dann hab ich einen Projektleiter geholt, und der hatte viele Elemente einfach angepasst. Also, das war am Anfang für mich nicht so einfach, das auszuhalten, aber für ihn war das wertvoll, diese Gestaltung des Projekts [...] Also dort haben sie auch vollen Gestaltungsspielraum, und wenn Verbesserungspotenzial gesehen wird, dann sollen sie es unbedingt machen, sonst kommen sie ins Gefängnis wegen unterlassener Hilfeleistung (lacht). " [1089]

Dabei kann und wird Autonomie jedoch nicht ‚von oben' verordnet. Vielmehr entsteht durch das Gewähren von Verantwortung und inhaltlicher Gestaltungsfreiheit eine Dynamik und ein Klima der Selbstbestimmtheit, in der ein ‚anpackender' Handlungsansatz und ein hohes Maß an Eigeninitiative selbstverständlicher Teil der Organisationskultur werden. Dies ist allerdings kein Automatismus, vielmehr bedarf es Personen, die sich von ihrer Veranlagung her in einem solchen Umfeld der gewährten, aber auch geforderten Selbstbestimmtheit entfalten können und es im genannten Sinne positiv nutzen:

„Ja, also es gibt nicht so einen Rahmen oder einen Tag oder so etwas, wo erzählt wird, wie man autonom arbeitet, [...] aber es ist so, dass die Leute wissen, dass sie das dürfen. Und die Projektleiter – das ist wahrscheinlich ein psychologischer Effekt –, sobald sie das Projekt in den Händen haben, ist das ihr Projekt, und die schauen dann ganz genau. Also das ist ein Phänomen, das macht uns sehr viel Freude. Die gehen alles durch und finden heraus ‚das ist nicht okay, das ist nicht gut, und das möchte ich anders machen', und dann wird das auch entsprechend angepasst. Aber die Anpassungen, die gehen dann an alle, die von dem Projekt betroffen sind, das ist dann so ein bisschen ein demokratisches Prinzip [...] da gibt es dann diesen Diskurs. Und, also bis jetzt würde ich behaupten – außer bei zwei Projekten, da hat es dann zur Katastrophe geführt, weil alle plötzlich mitgeredet haben und am Schluss hat gar nichts mehr funktioniert, aber das war mehr ein Führungsproblem –, werden die Projekte tatsächlich besser. [...] Ja, ich hatte auch schon, oder habe Leute [...] die eigentlich eher so korsettmäßig unterwegs waren, weil sie eben so erzogen wurden, die aber unbedingt bei uns arbeiten wollten. Die blühten nachher richtig auf, weil sie eben genau diese autonomen Felder vorfanden, die sie vorher nie hatten, und die leben das richtiggehend aus. Irgendwo ist das schon innerlich deponiert. " [1090]

„Also bei mir war es schon am Anfang so, dass ich gesehen habe, ‚ich bekomme Selbstverantwortung übertragen', und dann nehme ich diese auch gerne wahr. " [1091]

[1089] Interview mit Markus Gander, Gründer & Geschäftsführer, infoklick.ch (geführt am 25.10.2011)
[1090] Interview mit Markus Gander, Gründer & Geschäftsführer, infoklick.ch (geführt am 25.10.2011)
[1091] Interview mit Anna Sollberger, Projektmitarbeiterin, infoklick.ch (geführt am 25.10.2011)

Es gibt allerdings auch Personen, die mit einer solchen Situation überhaupt nicht zurechtkommen und stattdessen klare Grenzen und Regeln benötigen, um ‚funktionieren' zu können. Letztlich ist dies eine Typfrage, und eine ‚Umerziehung' ist nur schwer möglich und wenig sinnvoll:

„Ja, ich glaube, Autonomie ist halt immer schwer herauszufinden, gerade in dieser frühen Bindungsphase. Ich
hatte auch schon Leute, die kamen überhaupt nicht zugange mit dieser Autonomie, weil sie einen Rahmen
brauchen, sie müssen wissen, wann sie zur Arbeit gehen, wann sie nach Hause gehen, das muss ihnen jemand
sagen. Sonst sind sie supergut, aber wenn das nicht geregelt ist, funktionieren diese Leute einfach schlichtweg
nicht. Also solche Fälle hatte ich schon, und ich konnte die auch nicht dazu trainieren, dass sie diese Freiheit
nutzen. Das funktionierte einfach nicht. Ich glaube, das ist eine Typfrage. Und dann gibt es die Typen, die
fühlen sich ständig eingeengt, wenn irgendjemand sagt ‚so und so ist der Rahmen', die sind auch gut für uns, am
besten stinkfaul, dann arbeiten sie extrem effizient, und fühlen sich nicht wohl im Gefängnis, das ist das beste,
aber das weiß man von vorne herein nicht. Dann gibt es natürlich die ganzen Grauschattierungen. In der Ten-
denz ist der Mensch halt sozialisiert und hat gewisse Gewohnheiten, und die kann man nicht einfach umerzie-
hen, das macht keinen Sinn, dann fühlen sie sich nicht wohl.“ [1092]

Während zu viel Autonomie demnach bei bestimmten Persönlichkeitstypen problematisch sein
kann, ist Organisationsstruktur ein weiterer die Autonomie beeinflussender Faktor. Auch wenn
bei infoklick.ch die Hierarchien vergleichsweise flach und kaum wahrnehmbar sind, ist bspw. die
Einbindung in eine Team- bzw. Projektstruktur mit Kollegen und Vorgesetzten ein wichtiges
Element, das die Autonomie zwar nicht einschränkt oder behindert, das aber doch einen strukturierenden, ordnenden Rahmen und damit einen Gegenpol zu einer potenziell ‚maßlosen' und
damit ungesunden Selbstbestimmung bildet:

„Ja, wir haben eigentlich sehr flache Hierarchien. Ich finde, es passt sehr gut zusammen. Es ist ja nicht so,
dass nur die Autonomie wichtig ist, sondern es ist ja wichtig, in einem Team eingebunden zu sein und trotzdem
die Autonomie zu haben. Mit der Hierarchie, ja, es gibt sie nicht wirklich. Also ich hab schon einen Chef,
aber er ist für mich genauso ein Mitarbeiter wie meine anderen Mitarbeitenden.“ [1093]

Bisher lag der Fokus auf einer sich auf die konkrete Tätigkeitsausführung und Aufgabenerfüllung
beziehenden Autonomie bzw. Selbstbestimmung. Eine weitere Ebene ist die selbstbestimmte
Gestaltung der Arbeitsumgebung. Dies wird bei infoklick.ch durch eine weitestgehende Gestaltungsfreiheit des individuellen Arbeitsplatzes, flexible Arbeitszeiten sowie die Möglichkeit von
örtlicher Mobilität (bspw. Bürotage in anderen Regionalstellen) gefördert:

„Also ein Punkt ist zum Beispiel die Gestaltung der Arbeitsumgebung: wo arbeite ich, zu welcher Zeit arbeite
ich, welche Bilder hänge ich auf, was für Musik höre ich? Dort haben die Mitarbeiter vollen, freien Gestal-
tungsspielraum, da gibt es keine Grenzen, also die Räumlichen natürlich (lacht), Wände rausreißen geht weni-
ger, aber ansonsten können sie machen, was sie möchten. [...] und dann natürlich die ganze Mobilität. Also

---

[1092] Interview mit Markus Gander, Gründer & Geschäftsführer, infoklick.ch (geführt am 25.10.2011)
[1093] Interview mit Anna Sollberger, Projektmitarbeiterin, infoklick.ch (geführt am 25.10.2011)

wenn sie einen Bürotag haben, entscheiden sie, wo sie arbeiten, ob sie z.B. bewusst in eine andere Regionalstelle gehen, um mal in der Romandie zu sein, um ihr Französisch ein bisschen aufzubessern und eine neue Umgebung zu haben. Das ist sicher auch ein wesentlicher Faktor. "[1094]

Anforderungsvielfalt und Kompetenzerleben

Anforderungsvielfalt und positives Kompetenzerleben als weiterer Einflussfaktor von autonomer Motivation wird zum einen **direkt aus der Tätigkeit heraus** getrieben, indem ein optimales Verhältnis zwischen Routine und Erfahrung auf der einen sowie neuen Herausforderungen und Lernmöglichkeiten auf der anderen Seite gegeben ist. Vonseiten der Mitarbeiter wird dies als äußerst wichtig empfunden. Die Verantwortung, dieses Gleichgewicht zu wahren und damit einer Überforderung entgegenzuwirken, liegt primär beim Mitarbeiter. Auch wenn er dabei alleine zumeist keine Lösung herbeiführen kann, obliegt es ihm dennoch, eventuelle Problemsituationen gegenüber dem Vorgesetzten initiativ zu kommunizieren und dadurch einen notwendigen Handlungsbedarf anzuzeigen:

„Also ich mag eigentlich Herausforderungen, ich merke aber auch, dass ich gewisse Dinge gar nicht gerne mache. [...] Also das muss sehr viel eigentlich von mir aus kommen, also gerade wenn es um das Thema geht, zu viel Arbeit zu haben, oder zu wenig Zeit. Da liegt es eigentlich schon oft an mir, aber ich werde auch darauf angesprochen ‚hey, kann ich dir etwas abnehmen?', je nachdem. Ja, es kommt aber auch von meinem Chef aus, dass er auf mich zukommt und findet, ‚ich hätte eigentlich noch das für dich, aber ich sehe gerade, es sieht wahrscheinlich nicht so gut aus'. Aber es ist wirklich so, wenn ich finde ‚hey, es geht nicht', dann wird etwas unternommen, und wenn ich nichts sage, dann wird nichts unternommen, außer eben, man merkt es. Aber es ist meine Eigenverantwortung, für meine Arbeit das einzuschätzen, zu steuern. [...] Also ich fände es nicht gut, wenn ich nur Dinge machen würde, die ich bereits gut kenne und kann, sondern ich bin wirklich auch froh über Herausforderungen und Neues. Herausforderungen haben, meine Fähigkeiten einbringen können, Neues lernen und so, das ist schon wirklich wichtig für mich. [...] Genau, also dass nicht nur alles Routine ist, [...] dass ich viel Erfahrungen reinbringen kann, aber auch viel Neues lerne." [1095]

Ein **strukturiertes Anforderungsmanagement**, d.h. die Realisierung einer Kongruenz von Anforderungen und Kompetenzen durch eine bewusste Zuordnung von auf die Kompetenzen der Mitarbeiter abgestimmten Aufgaben, findet jedoch nicht statt. Zwar spielen die inhaltlichen Präferenzen und Interessen der Mitarbeiter bei der Zuordnung durchaus eine Rolle, ansonsten ist der Prozess aber eher unbewusst, unstrukturiert und intuitiv – und vor allem anderen bestimmt von der im Grunde komfortablen Situation, zu viele Projekte für zu wenige Mitarbeiter zu haben:

„[...] also es gibt kein Raster, das wir ganz bewusst durchgehen. [...] dann ist mehr die Frage ‚macht dir das Spaß' und nicht unbedingt ‚kannst du das oder kannst du das nicht'. Bei uns zeigt die Fertigkeit sowieso diesen methodischen Ablauf, diesen ‚McKinsey für Jugendliche-Ablauf' (lacht), den müssen sie vor allem beherr-

---

[1094] Interview mit Markus Gander, Gründer & Geschäftsführer, infoklick.ch (geführt am 25.10.2011)
[1095] Interview mit Anna Sollberger, Projektmitarbeiterin, infoklick.ch (geführt am 25.10.2011)

schen, und den wenden wir an, in allen Projekten. Das spielt demnach keine Rolle, sondern was dann eher noch im Vordergrund steht, ist die Vorliebe. Aber es wäre jetzt etwas zu viel gesagt, dass das ein bewusster Prozess bei uns wäre, dass wir die Leute so entsprechend einsetzen oder auswählen. Wir haben auch ohnehin zu viele Projekte, aber zu wenig Leute." [1096]

Hinsichtlich eines positiven Kompetenzerlebens sind des Weiteren **Rückmeldungsmechanismen in Bezug auf die ausgeführte Tätigkeit** ein wichtiger Einflussfaktor. Hierzu zählt ein **wertschätzender Umgang** innerhalb und zwischen den Teams, welcher als durch gegenseitige Anerkennung, Lob, Unterstützung und Respekt geprägt beschrieben wird.

Eine strukturiertere Form der Rückmeldung ist der **Feedbackprozess**, welcher ‚offiziell' bei infoklick.ch im Rahmen von Mitarbeitergesprächen stattfindet. In diesen mehr oder weniger ritualisierten Mitarbeitergesprächen werden u.a. neue Ziele definiert, alte nachgehalten und die Leistung des Mitarbeiters insgesamt beurteilt. Dabei findet keine Bewertung statt, sondern eher eine Reflexion mit primär informativem, konstruktivem Charakter:

> *„Genau, aber was wir machen, und das ist auch gesetzlich so vorgesehen, sind die Mitarbeitergespräche. Das ist eigentlich der Ort, einmal im Jahr, wo man neue Ziele steckt, die alten Ziele beurteilt, ja, die Person beurteilt, ob er gut ist oder schlecht. Aber das ist mehr so eine Reflexion, wenn man so möchte. Ist auch wichtig für die Mitarbeiter, mal ein vertieftes Feedback zu bekommen, das sind längere Gespräche. Und da wird auch festgehalten, was die persönlichen Ziele sind, was sie im Projekt erreichen wollen, etc. Aber nicht im Sinne von Bewertung, also 100 Punkte oder Ähnliches, sondern mehr informativ, kontruktiv. [...] Ja, das [Umgang mit Mitarbeitergespräche] ist ritualisiert."* [1097]

Des Weiteren findet ‚inoffiziell' im Zuge des alltäglichen Arbeitsablaufes auch laufendes, fallbezogenes Feedback statt. Dieses ist zumeist situativ und spontan und kann von einem kurzen Hinweis über eine Anregung, Hilfestellung oder kritische Einschätzung bis hin zu einem kurzen, formlosen Lob zahlreiche Ausprägungsarten annehmen:

> *„Also bei meinem Team ist das eher so, dass Feedback laufend geschieht, also auf die Arbeit bezogen und darauf, dass wir uns gegenseitig die Texte lesen oder Konzepte, oder auch Dinge besprechen. Und da kann es auch sein, dass mein Chef mir einen Text schickt und ich soll ihn gegenlesen. Einfach das gegenseitige Unterstützen und auch sagen ‚nee, ich würde das mal anders machen'. Ich habe auch die Chance, Feedbacks zu geben und meine Meinung einzubringen, und andere haben das genau gleich. Also so geschieht es eigentlich laufend. [...] auch einfach mal sagen ‚hey, das hast du toll gemacht'. Also für mich gehört das alles zu einem guten Team."* [1098]

Auch hier wird betont, dass Feedback grundsätzlich das Ziel hat, den Einzelnen voranzubringen. In diesem Sinn soll es auch kein bewertendes, ‚rechthaberisches' und problematisierendes, den

---

[1096] Interview mit Markus Gander, Gründer & Geschäftsführer, infoklick.ch (geführt am 25.10.2011)
[1097] Interview mit Markus Gander, Gründer & Geschäftsführer, infoklick.ch (geführt am 25.10.2011)
[1098] Interview mit Anna Sollberger, Projektmitarbeiterin, infoklick.ch (geführt am 25.10.2011)

anderen bloßstellendes Feedback geben, sondern ausschließlich konstruktive, lösungsorientierte Kritik:

„[...] primärer Sinn und Zweck von Feedback ist es, den Einzelnen und das Team weiterzubringen." [1099]

„Wenn man etwas sieht, was einem irgendwie nicht gefällt oder was einem auffällt, dann soll man das sagen, nicht im Sinne von ‚ich habe jetzt Recht', sondern ‚ist mir aufgefallen', oder ‚du verhältst dich in diesen Situationen so und so, das ist, glaube ich, nicht so gut', mehr in diesem Sinn von Kritik. [...] Nein, Mitarbeiterbewertungen gibt es nicht, wenn, dann müssten wir uns irgendwie Konsequenzen überlegen, was machen wir dann? Bist du gut, wirst du Mitarbeiter des Monats oder so (lacht)." [1100]

Auch wenn der Gründer nach eigenem Bekunden Feedback bzw. eine Feedbackkultur aktiv vorlebt, ist dies kein Erfolgsgarant, und das Thema bleibt auf die gesamte Organisation bezogen unterrepräsentiert. Als Grund hierfür werden die dezentrale Struktur und die damit allgegenwärtigen räumlichen Distanzen ausgemacht, welche eine funktionierende ‚virtuelle' Feedbackkultur notwendig machen. Eine solche ist aufgrund des fehlenden direkten, physischen Kontaktes jedoch nur schwer durchsetzbar. Eine Lösung für diese Problematik wurde noch nicht gefunden:

„Von meinen 40 Leuten habe ich vielleicht fünf, sechs Leute, die eine gute Feedbackkultur haben. Und trotz Gesprächen, trotz Aufmunterung funktioniert es bei den anderen nicht, das ist ganz speziell. [...] ich gebe auf alles Feedback, 100 Prozent eigentlich, besser vorleben kann man es nicht. (lacht) [...] Die Leute machen hervorragende Arbeit, aber sie können nicht,/ im Gespräch schon, das geht dann schon, aber jetzt rein auf der virtuellen Ebene, die bei uns eben sehr wichtig ist, weil wir ja sehr weit auseinanderarbeiten, das ist eine hohe Schule, das irgendwie hinzukriegen. Wenn es da ein Rezept gibt..." [1101]

Ein weiterer kritischer Erfolgsfaktor ist das Finden des richtigen Maßes. So ist Feedback auf der einen Seite zwar wichtig und muss seinen Platz haben, auf der anderen Seite sollte es jedoch nicht in einer Überreflexion enden, welche tendenziell eine (zu) starke Selbstbezogenheit und letztliche Ineffizienzen im Arbeitsablauf herbeiführt:

„[...] ich selbst schätze es eigentlich sehr, dass ich Feedbacks erhalte und auch geben kann. Ich finde, es muss einfach ein gewisses Maß haben, also ich habe keine Lust, jeden einzelnen Arbeitsschritt zu reflektieren, was ja auch nicht verlangt ist, aber ja: ich finde, es sollte einerseits Platz haben, andererseits aber auch nicht den ganzen Platz einnehmen, also mit Maß." [1102]

Trainings und Weiterbildungen als direkte Art, die Kompetenz zu steigern, werden als wichtiges Thema wahrgenommen, auch wenn es klare Akzente gibt. Ein Teamcoaching bzw. eine übermäßige Reflexion von Problemständen auf der Metaebene, bspw. im Sinne einer extern moderierten Supervision oder sonstigen internen ‚Gesprächsrunden', gibt es nicht. Der Gründer

---

[1099] Interview mit Anna Sollberger, Projektmitarbeiterin, infoklick.ch (geführt am 25.10.2011)
[1100] Interview mit Markus Gander, Gründer & Geschäftsführer, infoklick.ch (geführt am 25.10.2011)
[1101] Interview mit Markus Gander, Gründer & Geschäftsführer, infoklick.ch (geführt am 25.10.2011)
[1102] Interview mit Anna Sollberger, Projektmitarbeiterin, infoklick.ch (geführt am 25.10.2011)

lehnt dies ab, da dort seiner Ansicht nach primär problematisiert wird, während er den direkten, pragmatischen Kommunikationsweg präferiert:

„Oder auch dieses im Sozialbereich extrem gesuchte ‚Ach, es ist so eine schwere Arbeit, und darum müssen wir jetzt über alles sprechen'. Das hasse ich. Die sollen einfach ihren Job machen und fertig, und Freude haben dabei. Also das nutzen die Leute auch, dass wenn sie ein Problem haben, sie sich an mich wenden können, und das ist auch meine Aufgabe. Was ich nicht möchte ist, dass Probleme da irgendwie breitgetreten werden, ‚da brauchen wir Supervision' und weiß ich nicht was, das gibt es bei uns nicht. [...] Ich brauche effiziente Leute, diese Kaffeerunden, das ist wunderbar, aber dann muss etwas gehen (lacht) und nicht das Selbstbeweihräuchern oder das Jammern, das ist nichts."[1103]

Es bleibt das Gebiet der fachlichen Weiterbildung, bei dem infoklick.ch einem bedarfs- und möglichkeitenorientierten Ansatz folgt. Dabei können die Mitarbeiter grundsätzlich frei über eventuelle Weiterbildungen entscheiden, je nachdem, wie sie deren Relevanz und Mehrwert einschätzen. Allerdings haben sie damit auch die Verantwortung, selbst die Initiative zu ergreifen und Möglichkeiten zu finden und zu nutzen, zentrale Vorgaben bspw. in Form von Pflichttrainings oder Trainingsplänen gibt es nicht. Die Rolle der Organisation ist eher darauf beschränkt, die von den Mitarbeitern aufgebrachten Vorschläge mehr oder weniger passiv zu unterstützen bzw. zu ermöglichen, bspw. auch durch die Bereitstellung einer Art Wissensplattform mit Zugang und Informationen zu relevanten Konferenzen, Tagungen und Weiterbildungsmöglichkeiten, welche die Mitarbeiter je nach Bedarf und Interesse nutzen können. Grundsätzlich macht infoklick.ch aus Sicht der Geschäftsleitung mit dieser Herangehensweise gute Erfahrungen. So sorgen die Gestaltungsfreiheit und das Fehlen von Regeln und Beschränkungen in den meisten Fällen dafür, dass die Mitarbeiter Eigeninitiative entwickeln und durch eine Selbstregulierung letztlich die für sie notwendigen und relevanten Trainings durchführen. Insb. bei den langjährigen Mitarbeitern und Führungskräften findet dieser Entwicklungsprozess mehr oder weniger automatisch statt. Ein zentraler Personalentwicklungsprozess wird daher als nicht notwendig angesehen:

„Unsere Leute dürfen sich so oft weiterbilden, wie sie möchten. Es gibt keine Beschränkung bei uns, zum Beispiel auf fünf Tage, oder wie das so üblich ist in vielen Unternehmen, und es ist auch egal, was sie für Weiterbildungen machen. Da sind sie selbst verantwortlich, dass die Fortbildungen ihnen einen Mehrwert geben für die Arbeit letztendlich. Und das ist hochinteressant, als ich das eingeführt habe, haben mir viele Kollegen, die zum Beispiel in NGOs arbeiten und so, gesagt ‚Du, dann sind deine Leute nur noch auf Weiterbildung'. Ich habe dann behauptet: ‚Das ist nicht so, die nehmen eher sogar weniger Weiterbildungen als wenn ich sage, ‚fünf Tage' ', dann werden die gebraucht. Wenn ich sage, ‚so viel, wie ihr möchtet, das muss einfach sinnvoll sein', machen sie eben sinnvolle Weiterbildungen. Und das hat sich bis heute bewahrheitet. [...] sie fragen sogar schön brav nach (lacht), aber mehr, wie ich das einschätze, ob sinnvoll wäre, eine sinnvolle Tagung oder Konferenz oder was auch immer. Also es funktioniert hervorragend. [...] wir sind ja auch eine Informations-

---

plattform für andere, für Universitäten und so weiter. Wir schreiben auch alles, was sich an Jugend oder Jugendinteressierte richtet, über unsere Plattform aus, das heißt, alle meine Leute haben Informationen eigentlich zu allen Konferenzen, Tagungen, Weiterbildungsmöglichkeiten. Also dieser Zugang ist automatisch gewährt, und dann gibt es auch Dinge, wo ich etwas sehe – eine interessante Konferenz oder was auch immer-, und dann schicke ich das den Leuten, ,schaut es euch an'. [...] Oder auch untereinander sich motivieren. Aber interessant ist immer wieder diese Selbstregulierung, die findet dann statt, wenn man so wenig regelt wie möglich, dann müssen sich die Leute selber regeln, das funktioniert. [...] Bei den Langjährigen, gerade in der Führung, die entwickeln sich auch selber und bilden sich entsprechend weiter, was sie benötigen. Der Co-Geschäftsleiter, der macht jetzt sein betriebswirtschaftliches Nachdiplomstudium, um auch diese Prozesse besser zu verstehen. Das ist dann mehr automatisch und nicht so ein, ja, Personalentwicklungsprozess oder so etwas." [1104]

Auch wenn die Rolle der Organisation als ‚Ermöglicher' sowie die Wichtigkeit, die diesem Thema zugemessen wird, von Mitarbeiterseite prinzipiell bestätigt wird und die Vorbildfunktion der Führungskräfte den Mut zur erwähnten Eigeninitiative fördert, sind die engen vorhandenen Zeitfenster ein bedeutsamer einschränkender Faktor. In der Realität finden Trainings und Weiterbildungen daher trotz aller Freiheit und Unterstützung tendenziell eher (zu) selten statt:

„Mein Chef zum Beispiel hat jetzt auch mal eine Weiterbildung angefangen. Also es wird einem auch vorgelebt, also deshalb ist es wahrscheinlich für uns alle auch einfacher, ja. [...] Also eigentlich hat die Ausbildung an sich schon Platz in der Arbeit, die zeitlichen Fenster sind aber nicht so riesig, hab ich das Gefühl, weil auch immer viel ansteht. Aber es wird trotzdem großer Wert darauf gelegt, dass wenn jemand findet ,ich möchte in diese Fachtagung gehen, ich möchte dort einen Kurs besuchen', dass versucht wird, das zu ermöglichen. Also es hat einen hohen Stellenwert, es ist halt nur nicht so, dass unendlich Zeit zur Verfügung steht [...]." [1105]

Eine wichtige Rolle spielt Weiterbildung bzw. Kompetenzaufbau im Rahmen eines **internen Erfahrungs-, Informations- und Wissensaustausches**. Grundlage hierfür ist die Philosophie bei infoklick.ch, dass Wissen und Information vollkommen frei sowohl intern wie extern verteilt werden dürfen. Auch hier gibt es keine Beschränkungen, was allgemein als motivierend wahrgenommen wird:

„Bei uns ist nichts geheim, man darf alles erzählen, alle Papiere weitergeben. Und das wird natürlich auch von den Partnern sehr geschätzt, also es kommt gut an, und das tut meinen Leuten auch wieder gut, also sind so ein bisschen die Helden, weil sie Wissen weitergeben und Wissen tauschen, das machen andere überhaupt nicht, die haben eher eine sehr zurückhaltende Kultur. Und ja, genau, gerade diese Freiheit im Umgang mit Informationen ist sehr motivierend [...]." [1106]

Konkret findet der Austausch zum einen auf der informellen Mitarbeiterebene statt. Dieser Austausch ist weitestgehend unstrukturiert und hat keine festen Inhalte, vielmehr geht es darum,

1104 Interview mit Markus Gander, Gründer & Geschäftsführer, infoklick.ch (geführt am 25.10.2011)
1105 Interview mit Anna Sollberger, Projektmitarbeiterin, infoklick.ch (geführt am 25.10.2011)
1106 Interview mit Markus Gander, Gründer & Geschäftsführer, infoklick.ch (geführt am 25.10.2011)

durch die enge räumliche und inhaltliche Zusammenarbeit und das füreinander Zeitnehmen und Zuhören an den Erfahrungswelten der Anderen teilzuhaben und sich durch konstruktive Zusammenarbeit und gute Kommunikation gegenseitig zu unterstützen:

„Der Austausch findet [...] statt, aber auch einfach so im täglichen Arbeiten. Wir sind eigentlich immer füreinander da, wenn jemand Zeit braucht oder auch mal ein bisschen Dampf ablassen möchte oder so, das ist möglich. [...] Aber ziemlich sicher auch, weil wir in einem so großen Büro wie diesem hier sind, mit sechs Leuten, da sitzen wir sehr nah aufeinander, hören uns telefonieren, sehen die Ordner, da bekommt man natürlich viel mit. [...] Also ich möchte im Moment sicher nicht ganz alleine arbeiten, und mir ist ein Team wirklich sehr wichtig, also auch, dass ich es gut habe mit den verschiedenen Leuten, und dass da eine konstruktive Zusammenarbeit und auch eine gute Kommunikation stattfindet. Das finde ich sehr wichtig." [1107]

Ein strukturierterer und institutionalisierter Austausch auf Mitarbeiter- bzw. Teamebene findet außerdem in den regelmäßigen Teamsitzungen statt. Hier diskutieren die Mitarbeiter über allgemeine Eindrücke, neue Erkenntnisse, ihre jeweiligen Tätigkeitsfelder und den gegenwärtigen Status Quo. Außerdem können Themen, bei denen inhaltliche Fragen geklärt werden müssen oder Unterstützung benötigt wird, angesprochen werden:

„Ja, wir bei uns haben sicher die Teamsitzungen, wo wir uns gegenseitig immer informieren, an was wir gerade dran sind, wo wir froh sind über Unterstützung, wo wir vielleicht Fragen haben, was wir vielleicht auch sonst von außen mitbekommen haben, was gerade läuft im Kanton oder so, deshalb weiß ich auch genau ,ah, das machen die anderen', sonst hätte ich es vielleicht nicht so stark." [1108]

Zu guter Letzt wird auch ein projektübergreifender Austausch realisiert. Dieser ist insofern wichtig, als dass die einzelnen Projekte zwar starke, autonome Einheiten bilden, was bis zu einem gewissen Grad auch gewünscht ist, es aber letztlich trotzdem notwendig und wichtig ist, als Gesamtorganisation in die gleiche strategische Richtung zu fahren. Zu diesem Zweck werden sowohl interne zentrale bzw. regionale Zusammenkünfte als auch die für Externe geöffnete Sommerakademie [1109] veranstaltet, bei denen sich die Mitarbeiter der verschiedenen Projekte untereinander austauschen und diskutieren können. Auch wenn dabei durch Agenden und Diskussionsrunden zumeist starke Impulse gegeben werden, muss die ,Zentrale' am Ende darauf vertrauen, dass die Möglichkeiten wahrgenommen werden und Austausch und Diskussionen letztlich auch tatsächlich stattfinden. Aus diesem Grund verschickt sie selbst zusätzlich die wichtigsten Entscheidungen und Informationen virtuell an die Gesamtorganisation:

„[...] das insgesamte Bild ist natürlich insofern wichtig, als dass wir als Gesamtverein in die gleiche Richtung fahren möchten, und dafür muss man schon viele Informationen tauschen, das ist so. Darum haben wir eben diese Zusammenkünfte, die vor allem dazu dienen, das zu machen. Und die Ermunterung eben, dass sie sich

---

1107 Interview mit Anna Sollberger, Projektmitarbeiterin, infoklick.ch (geführt am 25.10.2011)
1108 Interview mit Anna Sollberger, Projektmitarbeiterin, infoklick.ch (geführt am 25.10.2011)
1109 Kongress für Kinder- und Jugendförderung

auch gegenseitig besuchen, wenn es die Zeit zulässt oder das Projekt zulässt, und dieser Austausch findet auch sehr gut statt. Also jedes Projekt – und wir haben ja nicht wenig, wir haben mindestens einmal im Jahr auch ein Treffen, das sind ja oft immer wieder die gleichen Leute, die das machen, vier oder fünf Projekte jeweils, und da findet ein Austausch auf den verschiedenen Ebenen automatisch statt. Ich gehe einfach davon aus, das ist dann so. [...] Und die wichtigsten Informationen, die verschicken wir von der Zentrale, was alle wissen müssen. Gewisse Entscheidungen oder gewisse Flops und Tops." [1110]

„Und gesamt Infoklick, also das habe ich nur einmal erlebt bisher, beim gemeinsamen Think Tank, und danach der Sommerakademie. Das war für mich extrem wichtig, da habe ich wirklich sehr viele Dinge erfahren, die ich vorher nicht wusste. Nicht, weil man sie mir verschwiegen hat, sondern weil ich einfach noch zu kurz dort war oder man vieles gar nicht bemerkt hat ich auch nicht nachgefragt habe. Und dort habe ich wirklich sehr viel gelernt, erfahren, und dort kam auch sehr viel auf den Tisch und konnte diskutiert werden. Wir hatten auch gegenseitig einfach so einen Austausch, Unterstützung, konnten uns Tipps geben, also das hatte eigentlich alles Platz. Ja, es ist eine Mischung, an Veranstaltungen wie auch im Alltag." [1111]

Nicht zu unterschätzen ist auch der Einfluss eines **effektiven Arbeitsumfeldes**, d.h. der Bereitstellung eines funktionierenden Arbeitsplatzes mit adäquaten technischen Daten- und Kommunikationslösungen. Diese machen einen effizienten Austausch und insgesamt ein effektives Arbeiten überhaupt erst möglich:

„Die anderen haben eine komfortable, natürlich technische Lösung, Bürolösungen, das motiviert alles. Für einen Betrieb in unserem Bereich sind wir eine Hightech-Firma, von der Zentrale aus kann ich überall auf unsere Daten zugreifen, wir haben ein Telefonnetz untereinander, das ist alles kostenlos und so weiter und so fort, das sind solche Dinge." [1112]

Ganzheitlichkeit und Bedeutsamkeit

Die Bedeutung eines funktionierenden Austausches macht zugleich auch die Wichtigkeit von Ganzheitlichkeit auf einer Gesamtorganisationsebene deutlich. Wie schon zuvor erwähnt, ist es in diesem Kontext wichtig, dass trotz der starken und autonomen Projekte das Gesamtbild bzw. die Gesamtrichtung deutlich sichtbar bleibt. Auf der individuellen Mitarbeiterebene scheint das Gefühl von Ganzheitlichkeit und Bedeutsamkeit hingegen weniger wichtig zu sein. So ist zwar durchaus das Interesse vorhanden, zu wissen, was die anderen machen, allerdings ist dieses bspw. auf das eigene Projekt beschränkt. Grundsätzlich herrscht von Mitarbeiterseite jedoch nicht zwingend das Bedürfnis nach einer umfassenden organisationsweiten Transparenz. In der Regel genügen das Wissen und die Gewissheit, Teil eines großen Ganzen zu sein; die konkrete Rolle sowie der genaue Beitrag des Einzelnen scheinen demgegenüber weniger bedeutsam:

[1110] Interview mit Markus Gander, Gründer & Geschäftsführer, infoklick.ch (geführt am 25.10.2011)
[1111] Interview mit Anna Sollberger, Projektmitarbeiterin, infoklick.ch (geführt am 25.10.2011)
[1112] Interview mit Markus Gander, Gründer & Geschäftsführer, infoklick.ch (geführt am 25.10.2011)

„Also ich möchte gerne wissen, was die anderen machen, aber bis jetzt war das nie so, dass ich gefunden habe ‚oh, ich habe schlechte Projekte' oder keine Ahnung was, also ich hab mich jetzt nie wirklich mit anderen Projekten beschäftigt, weil ich auch das, was ich gemacht habe, sehr gerne gemacht habe. Ich denke, es liegt daran, vielleicht, wenn ich mal sehr lange an einem Projekt arbeite, das ich nicht sehr mag oder nicht funktioniert, dann wäre es vielleicht anders, aber bis jetzt habe ich eigentlich nicht das Bedürfnis, über alles andere Bescheid zu wissen. Also ich weiß, ich bin ein Teil vom Ganzen, es ist nicht so, dass ich finde ‚ja, ich bin da ganz alleine'. Ich bin schon im Ganzen drin, aber mir ist nicht wichtig, wie viel ich im Ganzen ausmache." [1113]

Zugehörigkeit

Ein Gefühl der Zugehörigkeit wird bei infoklick.ch auf verschiedenen Ebenen erzeugt. So wird die Zugehörigkeit zum einen durch die positive Außenwahrnehmung der Organisation gefördert, welche eine Organisationszugehörigkeit zur Auszeichnung macht und die Identität steigert:

„Ja, die Identität mit dem Unternehmen, das ist enorm wichtig. Die wird bei uns sehr gut gefördert über die Externen. Ja, also das sagen mir oft die Mitarbeiter, [...] dass sie bei Infoklick arbeiten, das ist so eine Art Auszeichnung, also dass das so wahrgenommen wird, und das fördert logischerweise die Identität." [1114]

Schon mehrfach erwähnt wurden die enge und konstruktive Zusammenarbeit im Team, das ‚Füreinander Dasein' sowie der gegenseitige Respekt und die Unterstützung. Dies trägt, neben all den anderen erwähnten positiven Auswirkungen, nicht zuletzt zu einem starken Team- bzw. Projektzusammenhalt bei, welcher das Gefühl der Zugehörigkeit stärkt.

Auch die zuvor erwähnten Veranstaltungen haben nicht nur die sachliche Funktion, Austausch zu ermöglichen, sondern tragen selbstverständlich zu einem großen Teil auf einer emotionalen Ebene zur Steigerung des Zugehörigkeitsgefühls bei. Insbesondere die ‚inoffiziellen' Zusammenkünfte im Rahmen von Apéros haben auch eine klare soziale Komponente:

„Und wir hatten ein Instrument, was wir heute noch haben, das ist eine Woche Auszeit mit allen Leuten. Dann gehen wir nach Engelberg, das ist ein schöner Höhenkurort in der Nähe von Luzern, wunderbare Gegend, und wir sagten dazu ‚Think Tank' [jetzt: Sommerakademie, d.V.], es ging einfach darum, Ideen zu sammeln und es war offen, es konnten auch andere Leute kommen. Das hat sehr viel, oder trägt heute noch sehr viel zur Motivation bei. Weil, man beschäftigt sich nicht mit dem Daily Business, sondern mit der Zukunft oder mit speziellen Themen. [...] Und wir pflegen auch so eine typisch Schweizerische Tradition, die Apéro-Kultur. Das gibt's auch Alkohol, dass sich die Zungen lockern (lacht). Also, jede Regionalstelle macht mindestens einmal im Jahr einen größeren, aber auch unter dem Jahr ist es so, dass man Leute nicht zu Sitzungen einlädt, sondern zum Apéro. Das hat einen ganz anderen Charakter, das ist nicht formell, man hat keine Traktanden [Tagesordnungspunkte, d.V.], und trotzdem hat man ja immer ein Thema. Und das ist in dieser Form eine Zusammenarbeitskultur, die viel effizienter ist als eben diese Sitzungskultur, weil, beim

---

[1113] Interview mit Anna Sollberger, Projektmitarbeiterin, infoklick.ch (geführt am 25.10.2011)
[1114] Interview mit Markus Gander, Gründer & Geschäftsführer, infoklick.ch (geführt am 25.10.2011)

Apéro bespricht man eben Dinge frei und in der Sitzung nicht, sondern nach der Agenda. Wenn da etwas geschieht, dann hat man die Gelegenheit nicht, doch, und das machen die Leute gerne, Apéro (lacht). "[1115]

II.4.3.3 Kontrollierte Motivation und Anreizsysteme

Festgehalt

Als erster Aspekt im Kontext der kontrollierten Motivation und extrinsischen Anreizsysteme ist das Festgehalt zu nennen. Dieses ist zwar **nicht unwichtig**, wird **aber nicht** als **prioritärer Motivationsfaktor** angesehen, insb. im Vergleich zur intrinsischen Motivation. Nichtsdestotrotz muss eine gewisse Grundversorgung gewährleistet sein, was aber bei infoklick.ch durchaus gegeben ist: So ist die befragte Mitarbeiterin, obwohl es partiell bspw. im Bereich der Überstunden sicherlich noch Verbesserungspotenzial gibt, mit ihrem Festgehalt insgesamt zufrieden, und allgemein liegt das Festgehalt laut Aussage des Gründers/Geschäftsleiters im oberen Durchschnitt des relevanten Sektors der Sozial-/Jugendarbeit:

„[…] ich will nicht auf sehr großem Fuß leben oder auch sehr viel Geld sparen im Moment. Es geht mir eigentlich darum, dass ich mein Leben finanzieren kann, und das kann ich! Von dem her, ja, vielleicht wäre es schon toll, manchmal ein bisschen mehr Geld zu haben, oder ich könnte auch mit weniger Geld leben, aber für mich hat das wirklich nicht Priorität. […] Nein, Geld und Bezahlung ist kein wichtiger Faktor. Also mir ist viel wichtiger, dass es mir Spaß macht, dass ich mich mit meiner Arbeit auf eine Art identifizieren kann und nicht irgendeinen Scheißjob mache, wo ich viel Geld erhalte. Das ist mir wichtig, das steht an erster Stelle. Und dann kommt vielleicht irgendwann mal das Geld. […] Also klar, es gibt auch Zeiten, wo ich sehr viel arbeite und finde ,ja, vielleicht könnten Überstunden mal bezahlt werden', aber das ist auch nur in dem Moment so, weil ich kann es ja kompensieren. Aber, nein, ich bin schon sehr zufrieden, so wie es ist. "[1116]

„Also eins ist, wir bezahlen relativ gute Löhne, wobei das sicher nicht der höchste Motivationsfaktor ist, aber wir sind so im oberen Durchschnitt in unserem Bereich. Das ist natürlich kantonal sehr unterschiedlich, was bezahlt wird, aber wir sind dort gut. "[1117]

Besonders wichtig ist dem Gründer, eine möglichst hohe Transparenz und Leistungsgerechtigkeit sicherzustellen. So kann das Gehalt anderer Mitarbeiter eingesehen werden, und grundsätzlich gelten der Anspruch und das Ziel, für eine gleiche/ähnliche Tätigkeit und Verantwortung auch ein gleich oder ähnlich hohes Gehalt zu garantieren. Dies heißt gleichzeitig aber auch, dass mit mehr Verantwortung das Gehalt sukzessive ansteigt, wobei dies klar entlang den Hierarchiestufen (Projektmitarbeiter, Projektleiter, Regionalstellenleiter, Geschäftsleiter) geregelt ist. Des Weiteren gibt es zusätzlich zum Grundgehalt einen bestimmten Zusatzbetrag abhängig von der Arbeitserfahrung bzw. dem Alter oder der Betriebszugehörigkeit:

[1115] Interview mit Markus Gander, Gründer & Geschäftsführer, infoklick.ch (geführt am 25.10.2011)
[1116] Interview mit Anna Sollberger, Projektmitarbeiterin, infoklick.ch (geführt am 25.10.2011)
[1117] Interview mit Markus Gander, Gründer & Geschäftsführer, infoklick.ch (geführt am 25.10.2011)

„[...] jeder Mitarbeiter von uns weiß, was der andere verdient, man kann das nachschauen. Und das finde ich enorm wichtig, dass man sieht, dass Gleichheit besteht, dass alle, die das gleiche leisten, auch das gleiche bekommen. [...] Als Projektleiter oder Regionalstellenleiter, das sind minimale Unterschiede, das ist nicht riesig, aber der Regionalstellenleiter hat ungleich mehr Verantwortung, also muss sich das auch im Lohn irgendwo ausdrücken. Geschäftsleitung hat noch ein bisschen mehr, logischerweise. Dann gibt es Mitarbeiter und Mitarbeiterinnen, die haben keine spezielle Verantwortung, die arbeiten einfach am Projekt mit, das ist dann die niedrigste Lohnstufe. Und was wir dann machen, dass zum Grundlohn dann quasi die Erfahrung dazukommt, und das machen wir einfach so, dass es pro Lebensjahr ab 20 Jahre einen Betrag X dazugibt. Und das ist dann die Lebenserfahrung. Also die älteren Leute verdienen dann mehr als die jüngeren." [1118]

Des Weiteren ist der Anspruch von infoklick.ch, eine marktgerechte Bezahlung zu realisieren. Dabei liegt der Benchmark vor allem auf Staatsangestellten und NPOs, da diese die Mehrheit der Beschäftigten im Vergleichssektor Sozial-/Jugendarbeit bilden, und infoklick.ch liegt hier gehaltstechnisch wie zuvor bemerkt im oberen Durchschnitt. Mit marktgerecht ist hingegen sicherlich kein Vergleich mit gut dotierten kommerziellen Bereichen wie bspw. Banken gemeint oder angestrebt, was von den Mitarbeitern in der Tendenz auch nicht erwartet wird:

„Darum zahlen wir auch marktgerechte Löhne. [...] Unser Benchmark sind alles eher Staatsangestellte, NGOs in unserem Bereich als Privatunternehmen gibt es nur einige wenige, aber die sind auch eher schlechter bezahlt. [...] Also vom Unternehmen her gedacht bin ich der Meinung, Social Entrepreneurships müssen auch marktgerechte Löhne bezahlen. Also muss der Bewerber eigentlich nicht davon ausgehen, dass er jetzt weniger verdient als im Markt. Natürlich gibt es jetzt Unterschiede, wenn man zur Bank arbeiten geht oder vielleicht zu einem Mikrokreditanbieter, das weiß ich nicht, aber ich nehme an, da werden eklatante Unterschiede sein. Dann muss man natürlich tendenziell auch eher bereit sein, das in Kauf zu nehmen." [1119]

„Ja, eigentlich sollte schon marktgerecht bezahlt werden, ja. Also in einem gewissen Rahmen, also so, wie es möglich ist. [...] Ja, ich finde, man muss auch schon vergleichen mit anderen Unternehmen, die etwas Ähnliches machen. Also ich möchte jetzt nicht den sozialen Bereich mit den Banken vergleichen oder so, es sollte schon im Rahmen bleiben." [1120]

Monetäre Anreize

Während bezüglich des Gehalts vonseiten der Organisation durchaus das Bemühen erkennbar ist, eine faire, gerechte und gute Ausstattung zu ermöglichen, sind **monetäre Belohnungssysteme** bzw. **Bonussysteme nicht existent**. Auch wenn Überlegungen vonseiten der Geschäftsleitung existieren, inwieweit Leistung durch Anreize belohnt werden könnte, wurde ein passendes Instrument noch nicht gefunden. Der Anspruch dabei wäre durchaus, eine potenzielle Belohnung

---

1118 Interview mit Markus Gander, Gründer & Geschäftsführer, infoklick.ch (geführt am 25.10.2011)
1119 Interview mit Markus Gander, Gründer & Geschäftsführer, infoklick.ch (geführt am 25.10.2011)
1120 Interview mit Anna Sollberger, Projektmitarbeiterin, infoklick.ch (geführt am 25.10.2011)

monetär bzw. ‚greifbar' zu gestalten, wobei Ersteres schon am nicht vorhandenen finanziellen Spielraum der Organisation scheitert:

„Nein, Bonussysteme oder Belohnungssysteme gibt es bei uns nicht. Ich bin schon länger am Überlegen/, ich bin da ein bisschen geteilter Meinung. Einerseits finde ich, sollte es eigentlich nicht nötig sein, weil man ja schon mit dem Lohn belohnt ist, und für das muss man eine gewisse Leistung erbringen. Auf der anderen Seite sind wir natürlich angewiesen auf Leute, die mehr leisten im Sinne von auch ‚mehr Ideen haben' oder ‚bessere Methoden entwickeln', und ich bin auf der Suche nach einem Instrument, um solche Dinge zu belohnen. Bei uns ist noch das Problem, dass hervorragende Leistungen nicht immer finanzwirksam sind, und wir haben auch gar nicht die Mittel, um zu belohnen. Wir haben noch nie einen Gewinn gemacht, immer nur Verlust. Wir haben keine Reserven, nichts. Und Belohnung muss schon monetär sein, das muss irgendwo handfest sein [...]." [1121]

Des Weiteren sieht der Gründer potenzielle negative Auswirkungen, wenn das Anreizsystem falsch angelegt ist, bspw. wenn der Bonus (fast) ausschließlich Bereichs- oder Abteilungsleitern zugutekommt. Umso genauer sind daher seine Vorstellungen, wie ein solches Anreiz- und Belohnungssystem angelegt bzw. welche Merkmale und Charakteristika es aufweisen müsste. So muss zuallererst eine grundsätzliche Transparenz vorhanden sein; das heißt zum einen, dass es einen wie auch immer ausgestalteten, allgemein bekannten Kriterienkatalog gibt, anhand dessen Entscheidungen getroffen werden, zum anderen müssen die Entscheidungen selbst für alle transparent gemacht werden. Transparenz, d.h. das allgemeine Wissen um die Entscheidungen, reicht allerdings nicht aus. Im zweiten Schritt müssen der Kriterienkatalog und damit die Entscheidungen daher allgemein plausibel, d.h. verständlich und nachvollziehbar sein. Zu guter Letzt muss noch das Gebot der Fairness und Gerechtigkeit beachtet werden; so reicht es nicht, dass der Mitarbeiter um die Entscheidungen weiß und diese als verständlich und nachvollziehbar wahrnimmt, sondern er muss auch damit einverstanden sein:

„Boni und monetäre Anreize können auf jeden Fall negative Auswirkungen haben, wenn sie falsch angelegt sind, also es gibt zum Beispiel diese Modelle, wenn man Abteilungen hat und die Abteilung gut arbeitet, dann wird der Chef der Abteilung belohnt, oder es gibt vielleicht noch einen kleinen Teil weiter...das sind schlechte Systeme, finde ich. Es ist die Frage, wie sie angelegt sind. Wenn sie schlau sind, ist es gut, das muss man rausfinden. Sie müssen so sein, dass es alle verstehen. Es müssen alle einverstanden sein, auch mit den Entscheidungen. ‚Wer wird wie warum und wann belohnt?'. Und dann, ja, dann ist es echt, das muss plausibel sein. [...] Transparenz und Fairness sind bei Anreizsystemen sehr wichtig. Sonst stiftet man Unfrieden, und Vermutungen und Mutmaßungen und ‚ah, jetzt hat der doch, ja, jetzt sind die in den Ferien nach weiß ich nicht wohin, das hätte er sich nicht leisten können, wenn nicht...', und das hat man sehr schnell, und dann wird das Unternehmen ineffizient." [1122]

[1121] Interview mit Markus Gander, Gründer & Geschäftsführer, infoklick.ch (geführt am 25.10.2011)
[1122] Interview mit Markus Gander, Gründer & Geschäftsführer, infoklick.ch (geführt am 25.10.2011)

Vonseiten der befragten Mitarbeiter werden Boni eher kritisch gesehen. Zum einen ist die individuelle Leistung ja auch und vor allem durch das konkrete Projekt und dessen Charakteristika
bedingt, zum anderen hängt der Projekterfolg wiederum nicht allein von der individuellen Leistung des Einzelnen, sondern vielmehr vom gesamten Team ab. Ein adäquater individueller Bonus
wäre somit nur schwer umsetzbar und potenziell unfair und ungerecht. Ein reiner Teambonus
hingegen heizt wiederum die Konkurrenz zwischen den Teams an, was in der Tendenz, gerade
weil die Projekte zumeist nicht vergleichbar sind, eher negativ wahrgenommen wird:

*„Ich finde Bonus nicht gut, also gerade wenn einfach die Leistung belohnt wird. Ich finde das nicht sehr team-
fördernd, weil es hängt ja auch immer von den Projekten ab, also je nachdem arbeitet man an einem Projekt
und hat das zugeteilt bekommen oder ja, keine Ahnung. Also ich finde es überhaupt nicht gut. […] Nein, ein
Bonus würde mich nicht motivieren. Nein, weil, ich würde mich nicht gut fühlen, wenn ich einen Bonus erhalten
würde. Ich glaube, mich würde es sogar weniger stören, wenn andere einen Bonus erhalten würden, aber einfach
das Wissen ‚ja, vielleicht habe ich jetzt ja irgendwas gut gemacht aber schlussendlich ist es ja meine Arbeit und
auch, wenn ich viel Energie reinstecke, das machen ja alle anderen auch‘ […] wenn es Team-Boni gibt, gibt es
ja dann wieder Konkurrenz zwischen den Teams.“* [1123]

Materielle Anreize

Materielle Anreize haben demgegenüber durchaus ihren Platz: In diesem Kontext können bspw.
die Möglichkeit einer ‚persönlichen Zeit‘ [1124], flexible Arbeitszeiten sowie projektbezogene Reisen
und räumliche Abwechslung genannt werden. Auch zusätzliche Urlaubstage wurden immer
wieder als möglicher Anreiz diskutiert, bis dato aber noch nicht umgesetzt.

Zielvereinbarungen

Wie schon zuvor im Rahmen des Feedbackprozesses bemerkt, gibt es bei infoklick.ch Zielvereinbarungen. Ziele werden dabei auf der einen Seite von externen Anspruchsgruppen und insb. den
Geldgebern (bspw. Stiftungen und Kantone) definiert und zumeist als übergeordnete Projektziele
an die Organisation herangetragen. Diese übergeordneten Ziele werden korrespondierend auch
im internen Kontext erarbeitet, wobei sie dann zusätzlich noch in konkrete individuelle Mitarbeiterziele überführt bzw. übersetzt werden. Insgesamt geschieht die Zieldefinition in Form eines
Gegenstromverfahrens, in das alle internen wie externen Anspruchsgruppen einbezogen sind und
in dessen Rahmen die Ziele beständig angepasst und weiterentwickelt werden:

*„Es kommt immer auf das Projekt drauf an, aber es ist schon ein Teil unserer Arbeit, dass wir uns selbst ge-
wisse Ziele setzen, je nachdem auch von außen Ziele gesetzt bekommen. Also, es ist oft von außen, so wie ich es
bis jetzt erlebt habe, es gibt aber trotzdem noch eigene Ziele. […] es kann auch wirklich sein, dass wir selbst
uns ein Ziel setzen und versuchen, das umzusetzen, und vielleicht das Ziel auch gemeinsam anpassen und wei-*

[1123] Interview mit Anna Sollberger, Projektmitarbeiterin, infoklick.ch (geführt am 25.10.2011)
[1124] Fünf Prozent der Arbeitszeit dürfen für Aktivitäten außerhalb der beruflichen Tätigkeit genutzt werden; siehe
    auch „Förderung der organisationalen Verhaltensmuster – Kreativität/Innovation"

terentwickeln, was auch immer. Oder auch, dass es von Vorgesetzten kommt. Aber meistens ist es schon so, dass in einem Projekt die Zielformulierung nicht alleine geschieht. Also ich habe es bis jetzt noch nie gemacht. Ich weiß nicht, wie das bei anderen ist. [...] meistens werden die Ziele festgelegt mit verschiedenen Mitarbeitenden, Personen, Stiftungen und Firmen, keine Ahnung.“ [1125]

Gerade bei den extern vorgegebenen Zielen ist es von allergrößter Wichtigkeit, dass diese mit den individuellen Zielvorstellungen der Mitarbeiter übereinstimmen. Nur so kann gewährleistet werden, dass die Ziele von den Mitarbeitern mit hoher Motivation und Leistungsbereitschaft angegangen und letztlich auch erreicht werden:

„Naja, wenn es ein Projekt gibt wie eine Mädchenwoche, und wir haben vielleicht vom Kanton die Auflage, dass wir so und so viele Jugendliche damit ansprechen müssen, dann deckt sich das ja mit meinen eigenen Zielen. Also weil ich möchte ja, dass auch Leute davon profitieren können, und dann habe ich ja auch wieder den Anspruch an mich, an meine Werbung, an unser Projekt, dass es ankommt. Und dann ist es ja auch mein Ziel. Mir sind vielleicht Zahlen nicht so wichtig wie zum Beispiel einem Kanton oder so, aber schlussendlich verfolge ich dasselbe Ziel, und es ist auch einfach für mich, das Ziel zu verfolgen, wenn ich es nachvollziehen kann. [...] Es ist sehr wichtig, dass die Ziele von außen mit meinen eigenen Zielvorstellungen übereinstimmen. Weil, wenn ich in einer Arbeit keinen Sinn sehe, dann mache ich sie auch nicht sehr gerne oder schiebe sie vor mir her. Deshalb finde ich es schon wichtig, ja, sehr.“ [1126]

II.4.3.4 Freiwilligenmanagement

Freiwillige spielen im Geschäftsmodell von infoklick.ch eine zentrale Rolle. Mit insgesamt über 10.000 ehrenamtlichen Mitarbeitern bilden diese das Rückgrat der Projektarbeit. Deren effektive, strukturierte Steuerung wird als eine der Hauptherausforderungen für die Zukunft angesehen. Einen umfänglichen Plan oder ein umfassendes Instrumentarium gibt es bis dato (noch) nicht:

„Freiwillige spielen bei uns eine Riesenrolle. Das ist auch die große Challenge für die Zukunft, weil alles außerhalb der professionellen Strukturen, wir haben skaliert und gemacht und getan, und wir haben jetzt etwas über 10.000 ehrenamtliche Mitarbeiter, wenn man so will. [...] Das ist noch eine komplexe Geschichte, wo wir noch keinen Plan haben, ganz ehrlich gesagt. [...] Das sind dann mehr so diese Umgangsformen, die eine große Rolle spielen, um dort die Sensibilitäten zu entwickeln, wie wir überhaupt mit Ehrenamtlichen umgehen sollten: Wie pflegen wir sie? Wie unterstützen wir sie optimal, damit die Projekte auch gut vorankommen? [...] Nein, ein Instrumentarium für den Umgang mit Ehrenamtlichen haben wir nicht.“ [1127]

Kritische Aspekte sind hierbei vor allem die hohe Fluktuation sowie die Mittelbarkeit des Einflusses seitens infoklick.ch. Konkret heißt dies, dass die Mehrzahl der Freiwilligen nur für ein bestimmtes Projekt tätig ist und daher nach Abschluss dieses Projektes wegfällt. Hinzu kommt,

---

[1125] Interview mit Anna Sollberger, Projektmitarbeiterin, infoklick.ch (geführt am 25.10.2011)
[1126] Interview mit Anna Sollberger, Projektmitarbeiterin, infoklick.ch (geführt am 25.10.2011)
[1127] Interview mit Markus Gander, Gründer & Geschäftsführer, infoklick.ch (geführt am 25.10.2011)

dass die meisten Projekte zwar von infoklick.ch initiiert und/oder begleitet werden, letztlich aber über lokale Projektträger wie bspw. Kommunen laufen. Zugehörigkeit und Verbundenheit empfinden die Freiwilligen daher nicht gegenüber infoklick.ch, sondern primär gegenüber ihrem Projekt und damit der Gemeinde/Kommune, für die das Projekt durchgeführt wird. Spätestens zum Zeitpunkt der Beendigung eines Projektes macht diese Konstellation es für infoklick.ch nahezu unmöglich, eine langfristige Bindung zwischen den dort tätigen Freiwilligen und infoklick.ch aufzubauen, geschweige denn eine solche zu erhalten:

> *„Also wenn wir die Projekte zu der Gemeinde transportieren, wie ‚Jugend mit Wirkung‘, da wird ein OK ge-*
> *bildet. Wir begleiten das Ganze, es gibt Projektgruppen, die machen dann Projekte, und es sind in jeder Ge-*
> *meinde durchschnittlich 50 Jugendliche aktiv dort, plus dann nochmal so viele Erwachsene. Die arbeiten alle*
> *ehrenamtlich, aber sie haben natürlich nicht das Gefühl, das sie das für uns tun. Also sie arbeiten ja für ihre*
> *Projekte, für ihre Gemeinde. Das ist eine spezielle Situation, und trotzdem hätte ich ja gerne, dass sie auch ei-*
> *ne gewisse Verbundenheit zu uns fühlen. [...] Wir haben natürlich im Ehrenamt extrem hohe Fluktuation,*
> *es gibt sehr viele, die kommen für ein Projekt, und dann sind die weg, das ist mindestens die Hälfte, die weg*
> *sind, mehr sogar, 60, 70 Prozent. Aber die anderen 30 Prozent sind extrem wichtig. Und oft sind nicht wir*
> *diejenigen, die pflegen können, das wären dann die Kommunen, das wären dann die Projektträger. Das ist eine*
> *komplexe Geschichte, ja."* [1128]

Im Rahmen des konkreten Führungsansatzes werden hinsichtlich der grundsätzlichen Motivation bzw. Motivationsbereitschaft keine Unterschiede zwischen ehrenamtlichen auf der einen und bezahlten, professionellen Kräften auf der anderen Seite gemacht. Dabei wird durch die freiwillige Projektzugehörigkeit insb. aufseiten der Freiwilligen eine intrinsische Grundmotivation vorausgesetzt. Trotzdem ist der Umgang der bezahlten, professionellen Kräfte mit den Freiwilligen ein kritischer Aspekt, da eine gewisse Sensibilität entwickelt werden muss. Ziel ist es, dass die professionellen Kräfte ein reziprokes und auf Ebenbürtigkeit basierendes Verhältnis aufbauen, bei dem sie das Engagement der Freiwilligen auch durch eigenes Vorleben bestmöglich unterstützen und fördern:

> *„Sobald du ja irgendein Projekt machst und Leute findest, die mitmachen möchten, ist es kein Thema ‚ehren-*
> *amtlich – nichtehrenamtlich‘, man macht ja mit, man hat sich dafür entschieden. Es ist dann mehr der Um-*
> *gang der professionellen, also der bezahlten Kräfte, dass nicht solche Situationen eintreten, wie zum Beispiel*
> *dass die Ehrenamtlichen sich jetzt treffen möchten, weil das wichtig ist, und der Profi aber keine Zeit hat, oder*
> *weil es nach fünf ist oder so etwas. Das sind dann mehr so diese Umgangsformen, die eine große Rolle spielen,*
> *um dort die Sensibilitäten zu entwickeln, wie wir überhaupt mit Ehrenamtlichen umgehen sollten [...]."* [1129]

[1128] Interview mit Markus Gander, Gründer & Geschäftsführer, infoklick.ch (geführt am 25.10.2011)
[1129] Interview mit Markus Gander, Gründer & Geschäftsführer, infoklick.ch (geführt am 25.10.2011)

II.4.3.5 Förderung der organisationalen Verhaltensmuster

Die Wichtigkeit und Notwendigkeit von **Kreativität und Innovation** als Schlüssel zum Organisationserfolg wurde schon eingangs erwähnt:

> „Ich brauche spritzige, querdenkende, motivierende Personen [...]." [1130]

Die Kreativität wird zum einen durch Workshops oder das Verschicken von relevanter Fachliteratur gefördert:

> „Und bei infoklick ist es schon so, dass ich dort auch Methoden mitbekomme, oder es gab auch einmal so eine Fachtagung, da konnte ich zwar nicht hingehen, aber ich habe sehr viel darüber gelesen und mitbekommen, einfach so Themen wie Ideen sammeln und ausarbeiten. Das hat schon sehr geholfen." [1131]

> „Ja, also zum Beispiel in diesem Jahr organisieren wir einen Workshop, genau zu dem Thema Kreativität, mit so einem Kreativspezialisten. Wir bauen immer so Elemente ein, dass die Leute ermuntert werden, eben Workshops, oder auch über Dinge zum Lesen, die ich verschicke dann. Nur ist das natürlich so, dass das nachher noch nichts auslöst, in dem Sinne. Es ermuntert halt die Leute, ein bisschen kreativer zu sein. Aber es ist einfach wichtig, dass man das immer signalisiert, und die Möglichkeit bietet, und so weiter und so fort." [1132]

Noch wichtiger ist allerdings, kreativem und innovativem Handeln Raum zu geben. Da Methoden zunächst einmal reines Handwerkszeug sind und Kreativität nicht auf Befehl funktioniert, geht es daher darum, kreativen und innovativen Gedanken dergestalt Raum zu geben, dass sie unmittelbar und an ‚Ort und Stelle' verfolgt und weiter ausdifferenziert werden können. Dieses Vorgehen, also nicht die Förderung der Kreativität selbst, sondern die Begünstigung des aktiven Verfolgens kreativer/innovativer Impulse, wird im Projektkontext aktiv ermuntert und gefordert:

> „Das Wichtigste aber ist, finde ich, dass Leute, die in einem Projekt arbeiten und plötzlich eine Idee haben, dass die ermuntert werden, diese Idee zu verfolgen, koste es, was es wolle. Weil, das hat immer irgendeinen Grund, und das ist immer irgendetwas, was – das hat sich bis jetzt immer gezeigt – was hervorragend ist, ja. Es ist wichtig, das dann weiter zu verfolgen. Auf Befehl Ideen kreieren geht nicht, auf Befehl innovativ sein geht auch nicht. Aber wir sind ja das ganze Jahr da, und plötzlich fällt uns etwas auf, das ist wichtig! Ich weiß auch nicht genau, das kann ich kaum strukturieren, denn bei uns ist das im Sinne ‚wenn du eine Idee hast, bring sie', und dann schauen wir, ‚wie können wir mit dem umgehen? Können wir etwas rauskriegen?'" [1133]

> „[...] und ich finde, dass das viel Platz hat, weil es auch wichtig ist und weil wir auch alle wissen, dass es wichtig ist. Und so, wie ich es erlebe, ist auch wirklich Raum vorhanden, auszuprobieren oder einfach zu versu-

---

1130 Interview mit Markus Gander, Gründer & Geschäftsführer, infoklick.ch (geführt am 25.10.2011)
1131 Interview mit Anna Sollberger, Projektmitarbeiterin, infoklick.ch (geführt am 25.10.2011)
1132 Interview mit Markus Gander, Gründer & Geschäftsführer, infoklick.ch (geführt am 25.10.2011)
1133 Interview mit Markus Gander, Gründer & Geschäftsführer, infoklick.ch (geführt am 25.10.2011)

chen, kreativ zu sein, andere Lösungen oder andere Lösungswege anzuschauen und auch zu versuchen. Also ich finde, ich habe sehr viel Raum, um kreativ zu sein, also, ja. "[1134]

Ein weiteres Instrument in diesem Zusammenhang ist eine Art persönliche Auszeit, im Rahmen derer jeder Mitarbeiter fünf Prozent seiner Arbeitszeit für eine Aktivität außerhalb der beruflichen Tätigkeit nutzen kann. Ziel ist dabei, dass die Mitarbeiter in einer Umgebung außerhalb der gewohnten Routine des Arbeitsalltags stimuliert und angeregt werden und so kreative und innovative Impulse ermöglicht bzw. begünstigt werden:

„Und dann haben wir ein Instrument, dass unsere Mitarbeiter, egal, wo sie arbeiten, fünf Prozent ihrer Arbeitszeit für Nichtstun einsetzen dürfen. [...] also etwas tun müssen sie, aber das muss überhaupt nichts mit der Arbeit zu tun haben. Sie können ins Verkehrshaus oder eine Ausstellung schauen oder irgendeinen Ausflug machen, es ist egal, was. [...] Ja, genau, schon irgendeine Aktivität, aber nicht mit Projekt, oder Jugendlichen oder was auch immer. Und das wird als sehr wertvoll empfunden, auch wenn die Leute das kaum einsetzen, das ist noch interessant. Aber sie haben die Möglichkeit, das einzusetzen. Und diejenigen, die das einsetzen, das sind meine Ideenmaschinen. Weil, das ist natürlich auch ein Trick, sie sind ja trotzdem quasi in der Arbeit, aber die sehen dann Dinge, die sie sonst nie sehen würden, befassen sich mit Dingen, mit denen sie sich nie befassen würden, und das gibt wieder Ideen für die Arbeit. Wir sind darauf angewiesen, wir müssen innovativ sein, die neueste Erfindung muss von uns kommen, sonst braucht es uns nicht. Und dazu brauche ich Leute, die querdenken, die Probleme anders anschauen, die verschiedene Gesichtspunkte beleuchten können und so auch neue Lösungen kreieren können. Und das geht nur so. Sonst ist der Alltag da. "[1135]

Interessant ist, dass die meisten echten Innovationen im Sinne neuer Projektideen, welche nicht vom Gründer selbst initiiert werden, trotz aller Förderung nicht vom ‚etablierten' Personal, sondern von ‚unbedarften und frischen' Praktikanten kommen:

„Ich muss schon sagen, ich habe jetzt sehr gute Leute, ich bin sehr zufrieden, aber es ist schon so, sie haben ihre Aufgaben und das füllt sie gefühlt zu 150 Prozent aus, und das ist schon interessant, obwohl die Möglichkeiten da wäre, muss ich sagen, die Inhalte, die Innovationen, die kommen von den Praktikanten, lustigerweise. Und auch die großen Projekt, die wir haben, die nicht von mir sind, sind von Praktikanten. "[1136]

Ein **proaktives und risikobereites Verhalten** wird vor allem durch eine hohe Fehlerkultur gefördert, d.h. den Mitarbeitern wird vermittelt, dass es nicht schlimm ist, Fehler zu machen, wenn man aus diesen lernt und bereit ist, nach Lösungen zu suchen. Das tatsächliche Ausmaß des proaktiven Handelns bleibt allerdings noch immer hinter dem gewünschten zurück:

„Ja, Fehlerkultur ist ganz wichtig bei uns, proaktives Handeln wird aber noch zu wenig gemacht, also nicht, dass zu wenig Fehler gemacht werden, glücklicherweise (lachen), aber es ist zu viel Angst da, trotzdem noch – aber ja, das ist etwas, was ich unbedingt möchte, und zwar nicht nur, damit sie etwas lernen, das ist auch wich-

---

1134 Interview mit Anna Sollberger, Projektmitarbeiterin, infoklick.ch (geführt am 25.10.2011)
1135 Interview mit Markus Gander, Gründer & Geschäftsführer, infoklick.ch (geführt am 25.10.2011)
1136 Interview mit Markus Gander, Gründer & Geschäftsführer, infoklick.ch (geführt am 25.10.2011)

*tig, aber diese Risikobereitschaft, die macht uns eigentlich auch stark. Das ist das, was Bewunderung hervor-
ruft, dass wir einfach mal etwas probieren, auf Gedeih und Verderben. Und es ist wichtig, dass die Leute die
Erfahrung machen, dass es nicht schlimm ist, wenn man einen Fehler macht – wenn man dazu steht, wenn
man das anerkennt, und wenn man bereit ist, nach Lösungen zu suchen. Wenn in unserem Bereich ein Fehler
passiert, was ist das Schlimmste, was passieren kann: es kommt kein Jugendlicher zu einem Projekt!"* [1137]

Der interne Lernaspekt ist dabei nicht der alleinige Nutzen der Fehlerkultur. So schafft ein offener und transparenter Umgang mit Fehlern – im Sinne eines ‚öffentlichen‘ Eingestehens von
bzw. eines positiven, lösungsorientierten Umgangs mit Fehlern – auch in der externen Kommunikation Anerkennung und kann gesellschaftlich etwas bewegen, gerade weil die ‚gängige‘ schweizerische Herangehensweise eher in die andere Richtung geht:

*„Ja, das kann man doch anerkennen, ‚wir haben 1000 Dinge falsch gemacht wahrscheinlich‘, also dass das
nicht nur ein Lernfeld ist, sondern dass man mit dem auch sogar Kommunikation betreiben kann, im positiven
Sinne. [...] ‚wir sind so korrekt, und wir machen an sich nie etwas falsch‘, das ist die gute Schweizerische Kultur. Und das tut den Leuten so gut, wenn mal jemand sagt ‚scheiße, das ist voll in die Hose gegangen‘, man
dazu steht, und das ist auch kein Problem, und das nächste Mal machen wir das besser. Das tut vielen wohl,
ja. Da können wir gesellschaftlich etwas bewegen. [...] Ja, das war eine persönliche Erfahrung, die hab ich
sehr früh gemacht, dass gewisse Dinge auch nicht gut gelaufen sind beim Ausprobieren. Und sich dann hinzu-
stellen und zu sagen ‚shit, das ist ja saublöd gelaufen. Jetzt gehen wir einen trinken und so‘, das bewundern die
Leute, dass man das nicht probiert, zu vertuschen und noch schön darzustellen. Diese Erfahrung mal gemacht
zu haben, ist gut. Sonst ist man immer unter Druck, und dann biegt man das ein bisschen zurecht, aber irgendwann fliegt sowieso alles auf. Darum möchte ich das auch, dass sie nicht unbedingt Fehler machen, aber
proaktiv, risikobereit vorwärts gehen."* [1138]

II.4.3.6 Messung der gesellschaftlichen Wirkung

Grundsätzlich wird der Impact von infoklick.ch aus Sicht des Gründers und Geschäftsleiters zu
wenig sichtbar gemacht. Die Initiative bzw. die Notwendigkeit einer Messung und Sichtbarmachung geht dabei zumeist von den zahlreichen externen Anspruchsgruppen aus, insb. den Geldgebern und Projektträgern wie Stiftungen, Kantone und Bund. Die Anforderungen beziehen sich
auf einzelne Projekte, daher ist das Vorhandensein oder der konkrete Grad der Messung und
Sichtbarmachung von Projekt zu Projekt unterschiedlich. So gibt es Projekte, die auf eine bestimmte Art und Weise bewertet werden müssen, während sich andere Geldgeber mit einem
Abschlussbericht zufrieden geben, der zwar ein Stimmungsbild darstellt, aber keine spezifische
Auswertung enthält. Eine ‚knallharte Evaluation‘ findet insgesamt nur bei sehr wenigen Projekten
statt. Zugleich bildet die Messung der Projektwirkungen auch die Basis für die allgemeine externe
Berichterstattung, welche allerdings nur äußerst sparsam ausfällt:

[1137] Interview mit Markus Gander, Gründer & Geschäftsführer, infoklick.ch (geführt am 25.10.2011)
[1138] Interview mit Markus Gander, Gründer & Geschäftsführer, infoklick.ch (geführt am 25.10.2011)

„Aber es ist eben wichtig für viele, ich brauche es halt für die Stiftungen, Kantone, Bund. Die möchten sehen, ‚was habt ihr gemacht, was habt ihr erreicht?‘, da kommt man automatisch dazu, dass man gewisse Ergebnisse sichtbar machen muss. [...] es ist natürlich sehr unterschiedlich. Wir haben Geldgeber, denen ist es eigentlich völlig egal, die finden das Projekt einfach super, die möchten natürlich zwar schon einen Schlussbericht, die müssen aber nicht speziell irgendwie ausgewertet sein, eher so ein Stimmungsbild. Und wir haben auch nur ganz wenige Projekte, am Ende nur drei, wo wirklich knallhart evaluiert wird. [...] Also primär ist es ein externes Instrument [...] ich brauch es natürlich für extern, also für die Auftraggeber oder auch/ gut, ich kommuniziere fast nichts, aber wenn wir mal an die Öffentlichkeit kommunizieren, dann sind das die Facts, die wir liefern können.“ [1139]

Während die Messung der gesellschaftlichen Wirkung primär zunächst einmal ein externes Instrument darstellt, hat sie nichtsdestotrotz eine nicht zu unterschätzende interne Relevanz und Wirkung. So werden die oben angesprochenen Auswertungen und Ergebnisse allen Mitarbeitern zur Verfügung gestellt. Die qualitätssichernde Feedbackfunktion durch Identifikation und Lösung von negativen Sachverhalten spielt dabei nur eine untergeordnete Rolle. Im Motivationskontext viel relevanter ist die Tatsache, dass durch die Sichtbarmachung von konkreten Erfolgsgeschichten sowie den Rückmeldungs- und Informationscharakter ein bedeutender Motivationsschub bewirkt werden kann. Die eigene Handlungswirksamkeit wird sichtbar und durch die interne Kommunikation fühlbar wahrgenommen und wertgeschätzt:

„Und ich merke das auch bei den Angestellten, dass das für sie selber auch wichtig ist, es ist eigentlich das Feedback. Also wir haben ja alle etwas bewirkt, alle etwas erreicht [...]. Oder zu merken, ‚ich habe eine gute Arbeit gemacht‘, das hat schon seinen Wert [...]. Das ist natürlich einmal Qualitätssicherung, also dass vor allem die negativen Dinge besser gemacht werden können, aber es spielen eben auch die anderen Dinge eine Rolle, dass ein super Kurs steht zum Beispiel, das motiviert unglaublich [...]. [...] ‚Tue Gutes und sprich darüber‘, das ist so das Prinzip, habe ich lange unterschätzt, effektiv. [...] Also wir haben gewisse Projekte, die wir auswerten müssen, also gegenüber den Geldgebern. Diese Resultate liegen natürlich vor, und die bekommen alle Mitarbeiter. Die Auswertungen bekommen immer alle. Und das sind doch einige. [...] und es ist schon so, dass es die Leute interessiert. Also intern haben wir relativ viel Feedback, also Feedback in dem Sinne ‚sichtbar gemachte Projekte‘ [...]. [...] Also primär ist es ein externes Instrument, aber interessanterweise wirkt es sehr gut intern. Es ist wichtig, logischerweise: wir haben die Arbeit gemacht, und dann habe ich ja Freude, wenn ich auch sehe, dass ich sie gut gemacht habe! Das wäre so ein Nebeneffekt [...].“ [1140]

Für die Mitarbeiter sind dabei konkrete quantitative oder monetäre Kennzahlen weniger wichtig. Wichtiger erscheint es, überhaupt eine Wirkung und damit eine effektive organisationale Handlungswirksamkeit sichtbar zu machen, da der Mitarbeiter primär etwas bewegen und eine gesellschaftliche Wirkung realisieren will:

[1139] Interview mit Markus Gander, Gründer & Geschäftsführer, infoklick.ch (geführt am 25.10.2011)
[1140] Interview mit Markus Gander, Gründer & Geschäftsführer, infoklick.ch (geführt am 25.10.2011)

„Also es ist mir auf eine Art schon wichtig, dass ich weiß, dass wir hier nicht nur eine Alibiübung machen, sondern dass es auch wirklich etwas bewegt. Aber ich brauche irgendwie nicht Zahlen, sondern mir reichen eigentlich meine persönlichen Erlebnisse, die ich im Vorhinein gemacht habe, aber auch was ich jetzt tagtäglich mache oder auch von anderen mitbekomme – das reicht mir eigentlich schon. Also ich brauche für meine Motivation nicht irgendwelche Zahlen [...]. [...] ob es jetzt irgendwie so Tools braucht – also ja, schlussendlich haben wir auch Tools, weil wir ja auch einen Leistungsauftrag mit dem Kanton Solothurn haben, und dann müssen wir uns auch legitimieren und rechtfertigen und gewisse Zahlen bringen und Reporting und so weiter, also das ist schon vorhanden. Aber für mich persönlich ist das nicht so wichtig, trotzdem weiß ich, dass es das braucht, damit ich wirklich arbeiten kann." [1141]

Bezüglich der konkreten Kennzahlen wird grundsätzlich auf zwei Ebenen gemessen. Auf der Gesamtorganisationsebene werden zwei unternehmensweite Kennzahlen nachgehalten: die Anzahl der beantworteten Fragen von Jugendlichen sowie der von infoklick.ch jährlich geförderten Projekte. Diese Kennzahlen sind zum einen leicht zu messen, zum anderen geben sie einen einfach verständlichen Überblick über die Organisationstätigkeit und -leistung. Hinzu kommen projektspezifische Kennzahlen, die je Projekt variieren und zumeist, wie zuvor geschildert, auch von den Anforderungen der Geldgeber abhängen. Diese projektspezifischen Kennzahlen haben über die Informationsfunktion für externe Geldgeber und interne Mitarbeiter hinaus noch eine interne Steuerungsfunktion. So geben sie eine Indikation, wo es gut bzw. schlecht läuft, und bilden die Grundlage für die projektspezifischen Zielvorgaben:

„Ja, das ist schon sehr individuell, also jetzt für den Gesamtverein ist das einzige, was wir messen, ‚wie viele Fragen beantworten wir im Jahr‘, das ist relativ simpel zu messen, und ‚wie viele Projekt fördern wir im Jahr‘. Das sind für uns zwei ganz wichtige Kennzahlen, die alle betreffen. [...] Und dann haben wir natürlich die verschiedenen Projekte, die kann man kaum vergleichen untereinander, das ist zum Teil auch nicht nötig. Die haben verschiedene Zielsetzungen, verschiedene Zielpublika, und dann haben wir regional auch sehr große Unterschiede, manche Projekte sind in einer Region super stark, in der anderen existieren sie kaum, weil die regionalen Bedürfnisse einfach unterschiedlich sind. Dort geht es effektiv mehr darum, für die Projektleiter zu sehen ‚ah, ich habe Erfolg, oder ich habe Misserfolg, jetzt muss ich da etwas bewegen‘. Wir haben auch quantifizierte Ziele für die Projekte. Also es ist schon so, dass wir Vorgaben machen, zum Beispiel ‚nächstes Jahr möchten wir 50 neue Gemeinden, oder wir möchten 10.000 neue Infocards draußen haben‘. Also, damit sich die Projektleiter orientieren können, müssen wir das messbar machen, und wir müssen das auch wieder zurückspiegeln. Aber nicht, dass wir eine Landkarte dann haben." [1142]

Eine Monetarisierung der gesellschaftlichen Wirkung wird hinsichtlich der erreichbaren Qualität und Stringenz der dafür erforderlichen Modelle[1143] als eher kritisch eingeschätzt. Insb. die zumeist

---

1141 Interview mit Anna Sollberger, Projektmitarbeiterin, infoklick.ch (geführt am 25.10.2011)
1142 Interview mit Markus Gander, Gründer & Geschäftsführer, infoklick.ch (geführt am 25.10.2011)
1143 Ein Beispiel für ein solches Modell ist die Kennzahl Social Return on Investment (SROI).

erforderlichen indirekten Bezüge und die unübersichtliche Anzahl möglicher Einflussfaktoren auch außerhalb des unmittelbaren Einflussradius' werden als problematisch empfunden:

„Ja, die Ansätze sind sicher okay [...] aber,/ ja, es wird natürlich schon ein bisschen merkwürdig zum Teil, also ich kenn mich da zu wenig aus, aber das berühmte Beispiel ist immer: ich investiere einen Franken in ein Projekt, und dann gewinnt die Volkswirtschaft fünf Franken, und das ist irgendwie umgerechnet über, ich weiß doch auch nicht, weniger Sozialausgaben, und dann völlig indirekte Bezüge. Die Messbarkeit ist sehr infrage zu stellen bei diesen Modellen, und darum sind diese Modelle eigentlich nicht sehr viel wert."[1144]

Eine weitere Schwachstelle ist die Tatsache, dass in den meisten Projekten nicht die Gesamtheit einer angestrebten Zielgruppe letztlich am Projekt teilnimmt. Vielmehr nehmen oftmals nur diejenigen teil, die ohnehin etwas verändern wollen bzw. Potenzial haben, mit der Folge, dass eine Evaluation tendenziell eher zu positiv ausfällt:

„Und das ist ein Problem, auch bei uns. Also wenn Stiftungen Evaluationen verlangen, das sage ich ihnen auch ‚da müsst ihr vorsichtig sein, bei uns machen die mit, die sowieso das Potenzial haben, auch wenn das ganz Schwache sind, die interessieren sich, die sind in der freiwilligen Jugendarbeit, wir können niemanden zwingen. Also kommen sowieso die, die Potenzial haben, also haben wir sowieso Erfolg, immer'. Aber das ist nichts Falsches, weil, wenn es das Projekt nicht gäbe, dann wäre der Prozess extrem verzögert für diese jungen Leute oder sogar unmöglich, je nachdem. Aber man darf nicht sagen, das Projekt hat jetzt eine besonders hohe Wirkung, also vor allem diese monetären Bezüge dann, das ist nicht wissenschaftlich, das ist nicht korrekt, wenn man das so macht."[1145]

Das heißt selbstverständlich nicht, dass die Projekte nutzlos wären, da sie einen positiven Prozess initiieren bzw. zumindest beschleunigen. Eine Gefahr ist allerdings, dass etwaige Evaluationstätigkeiten zur reinen ‚Selbstbeweihräucherung' verkommen:

„Das läuft oft in diese evaluatorischen Tätigkeiten raus, mit dem Ziel zu sagen ‚wir sind großartig'."[1146]

Ein interessanter Ansatz, diese Problematik zu umgehen, ist nach Ansicht des Gründers ein Evaluationsmodell, das ausschließlich auf Interaktionen ausgelegt ist, welche ein geschlossenes System anvisieren, d.h. bei denen sichergestellt werden kann, dass durch sie in einem bestimmten definierten Rahmen die Gesamtheit einer genau definierten Zielgruppe angesprochen wird:

„Wir sind jetzt aber an einem Projekt dran, das interessiert mich tatsächlich, weil es genau um das geht, und das ist eine Social-Invest-Bank in der Schweiz, [...] die wären interessiert an einem Social-Bond, also eine Obligation auf eine soziale Intervention, die den Staat entlastet, ganz plakativ gesagt. Aber die machen das nur, wenn es gelingt, ein geschlossenes System zu identifizieren. Also wir müssen die Gesamtheit der Problemträger erreichen, und diesen Ansatz finde ich sehr interessant. [...] Also wir probieren jetzt, ein Projekt bond-

1144 Interview mit Markus Gander, Gründer & Geschäftsführer, infoklick.ch (geführt am 25.10.2011)
1145 Interview mit Markus Gander, Gründer & Geschäftsführer, infoklick.ch (geführt am 25.10.2011)
1146 Interview mit Markus Gander, Gründer & Geschäftsführer, infoklick.ch (geführt am 25.10.2011)

fähig zu machen, das ist die Berufsintegration von alleinerziehenden jungen Müttern, die keine Erstausbildung haben und im Sozialdienst sind. Das kann man auch genau auf einen Kanton bezogen messen. Man weiß genau, wie viel das sind, und die müssen das dann einfach alle machen. Und das geht auch, der Sozialdienst kann das verfügen, dann müssen sie. Und da habe ich den Vorschlag gekriegt, jetzt schauen wir mal, wie das machbar ist. [...] Und dann kann man messen, was ist der volkswirtschaftliche Nutzen, aber erst dann. " [1147]

Der Schwachpunkt ist hierbei allerdings, dass die Projekte in ihrer Ausrichtung auf das Evaluationsmodell zugeschnitten werden müssen. Dies lohnt sicherlich, wenn es ohne großen Aufwand möglich ist, ist aber definitiv nicht bei allen Projektopportunitäten möglich bzw. sinnvoll. Ein allgemein anwendbares Evaluationsinstrument ist es daher ebenfalls nicht.

II.4.4 Mitarbeiter halten - langfristige Bindung

Langfristige Bindung ist bei infoklick.ch ein ambivalentes Thema. Während infoklick.ch es geschafft hat bzw. schafft, die mittelfristige Bindung/Fluktuation auf einem vergleichsweise hohen/niedrigen Niveau zu halten und dies auch als wichtig und als großer Erfolg bezeichnet wird, spielt die langfristige Bindung für die meisten Mitarbeiter keine prioritäre Rolle. Dies liegt zum einen am Tätigkeitsschwerpunkt Jugendarbeit, in dem die Fluktuation, insb. nach einigen Jahren, naturgemäß hoch ist, zum anderen an dem Profil der meisten Mitarbeiter, die vergleichsweise jung sind und bei infoklick.ch oftmals ihre erste Arbeitsstelle innehaben:

„Ja, also ich mach mir jetzt nicht Gedanken darüber, wie meine Karrierechancen bei infoklick sind, weil ich nicht mein Leben lang bei infoklick arbeiten werde. [...] Also so schätze ich mich jetzt ein. Ich weiß nicht, ich bin halt auch noch jung. [...] Also nein, zurzeit ist es [langfristige Karriereperspektiven, d.V.] mir eigentlich nicht wichtig. " [1148]

„Ja, langfristige Bindung, das ist bei uns ein interessanter Punkt. Bezogen auf die Anstellung macht es bei uns wenig Sinn. Also ich habe viele junge Leute, und ich würde sagen, 80 Prozent dieser Leute, die müssen irgendwann einmal den Job wechseln, weil sie älter werden, das macht man nicht ein Leben lang, wahrscheinlich, jetzt so an der Front. [...] Und dann gibt es eben diese Leute bei uns, klar, im Jugendbereich ist diese Fluktuation per se gegeben, und ich bin froh, dass sie bei uns etwas über fünf Jahre ist, im Schnitt in der Jugendarbeit ist sie um die 1,8 Jahre. Und unsere steigt ständig. Das ist schon hervorragend, wenn das gelingt. Und dort ist dann mehr die Bindung nicht ganz so groß. Das ist ja auch logisch, wenn die Leute ein Studium machen; wir haben viele, die teambegleitend bei uns arbeiten, und die entdecken natürlich auch über das Studium, über ihre Freunde, Kollegen neue Sachen, die sind so jung, wenn die zu uns kommen, mit 20, 21, oder vielleicht auch sehen ja, das ist schon super, aber ich möchte eigentlich lieber... ‚ [...] Aber das ist okay. Wir sind

---

[1147] Interview mit Markus Gander, Gründer & Geschäftsführer, infoklick.ch (geführt am 25.10.2011)
[1148] Interview mit Anna Sollberger, Projektmitarbeiterin, infoklick.ch (geführt am 25.10.2011)

dann eben auch die ‚Ermöglicher', also die ‚Ermöglicher' ihrer Zukunft, das ist so die Botschaft, die eigentlich dahintersteckt. "[1149]

Gerade für diese Mitarbeitergruppe sieht sich infoklick.ch nicht primär als langfristiger Arbeitgeber, sondern auch und vor allem als ‚Ermöglicher' und ‚Sprungbrett'. Diese Praxis eröffnet den Mitarbeitern dank der guten Reputation von infoklick.ch bei einem Wechsel eine Vielzahl an möglichen Optionen. Der Aspekt der Weitervermittlung wird durchaus auch mit dem grundsätzlichen Ziel der Organisation, der Jugendförderung, in Verbindung gebracht, indem diese Praxis als ‚Jugendförderung auf professioneller Ebene' bezeichnet wird:

„Ja, das ist der Effekt, das meinte ich damit ‚ich sehe mich dann dort und dort'. Und das ist auch schön, also wenn Leute mit dem Stempel infoklick eine Stelle suchen, haben die kein Problem. [...] Also im Moment noch haben wir eine sehr gute Reputation [...]. [...] ja, die haben einen guten Ruf, die arbeiten überdurchschnittlich gut, überdurchschnittlich viel, sind einsatzbereit', das ist so der Ruf, der vorweg geht, und das ist dann auch schon ein bisschen ein Sprungbrett. Und gerade für die Jungen ist das wichtig, und das sage ich ihnen natürlich auch, bei den Blutjungen, ja, jetzt seid ihr mal hier, aber schaut, was ihr aus dem Leben machen möchtet'. [...] das ist eine wichtige Funktion: wenn wir schon von Jugendförderung sprechen und das sogar auf der professionellen Ebene anbieten können, finde ich das toll, ja. "[1150]

Die relative Unwichtigkeit langfristiger Perspektiven liegt des Weiteren in der kurz- bis mittelfristigen Projektperspektive begründet, die sowohl strategisch als auch in der Personalplanung die maßgebliche Rolle spielt und den relevanten, organisationalen Wahrnehmungshorizont definiert. Eine langfristige Perspektive ist daher in der Unternehmenslogik schlicht (noch) nicht vorhanden:

„Überhaupt nicht, das Thema langfristige Entwicklungsmöglichkeiten ist im Recruiting kein Thema. Dafür sind die da jetzt effektiv auch zu jung, oder so, dass das noch nie irgendwie zum Thema,/ nein, es ist schon sehr so ‚im Moment'. Also wir brauchen jetzt im Moment jemanden, der das und das kann, und wir können das und das bieten, und dann suchen wir ‚gibt es die Person, wo es passt', und dann schauen wir nicht schon, was in fünf Jahren ist. Das ist natürlich auch bei uns vom Unternehmen nicht die Logik: Viele Projekte, die gehen für zwei Jahre und verändern sich dann vollkommen, oder gehen nur einige Monate, sind sehr punktuell, und dann ist es schon in der Unternehmenslogik nicht so vorhanden, dieses Langfristige. Ja, das ist schon interessant, das war noch nie ein Thema, auch nicht von den Leuten, die gekommen sind. [...] Überhaupt so Karriereplan und so weiter, das ist kein Thema, das war noch nie ein Thema [...]. "[1151]

Hinzu kommt, dass eine klassische Führungslaufbahn aufgrund der flachen Hierarchien für das Gros der Mitarbeiter ohnehin nur schwer geboten werden kann:

„Nein. Überhaupt so Karriereplan und so weiter, das ist kein Thema, das war noch nie ein Thema, außer bei den Leuten, die dann klar sagen ‚schau, in drei Jahren oder vier Jahren sehe ich mich woanders', aber das ist

---

[1149] Interview mit Markus Gander, Gründer & Geschäftsführer, infoklick.ch (geführt am 25.10.2011)
[1150] Interview mit Markus Gander, Gründer & Geschäftsführer, infoklick.ch (geführt am 25.10.2011)
[1151] Interview mit Markus Gander, Gründer & Geschäftsführer, infoklick.ch (geführt am 25.10.2011)

dann nicht unser Verein, das ist dann eine andere Tätigkeit oder eine andere Funktion, die wir gar nicht anbieten können. Also dann die Logik, nicht im Sinne von ,in vier Jahren bin ich dann Geschäftsleiter bei infoklick', wir haben zu wenig Hierarchiestufen wahrscheinlich, also zwei, und dann ist fertig. " [1152]

Auch wenn eine langfristige Bindung demnach aus Sicht der Organisation zumindest für das Gros der Mitarbeiter keine herausragende Rolle spielt, sieht dies für die kleine Gruppe der Schlüsselpersonen bzw. -positionen anders aus. Hier ist es das klare Bestreben der Organisation, diese zu halten, sowohl um Wissen, Erfahrung und Kompetenzen zu erhalten, als auch um angesichts der sonstigen Fluktuation eine gewisse Stabilität und Kontinuität im Organisationsgefüge zu garantieren:

„Schon, also es gibt ja gewisse Schlüsselpersonen, also interessanterweise sind alle Gründerpersonen noch mit dabei, und ich hoffe, die bleiben bis zur Pension. Die bringen natürlich den ganzen Gründergeist ständig mit rein, also ungemein wichtig, dass die lange bleiben. Oder ich hab jetzt einen Regionalstellenleiter, der diesen kantonalen Auftrag geholt hat, und ich hoffe, der bleibt ewig. Der ist so super vernetzt, und der ist sowas von hellwach und der ist ein ruhiger Mensch, bringt so gegenteilige Komponenten von mir mit. Klar, das gibt gewisse so Schlüssel-, auch Positionen, wo ich sehr dankbar bin, wenn diese Leute lange bleiben. Weil, die bringen Stabilität. Und wenn die lange angestellt bleiben, lohnt es sich, dort zu investieren, auf jeden Fall. […] Nein, denn ich brauche gewisse Ankerpersonen, da bin ich sehr froh, wenn die möglichst noch lange bleiben, da bin ich auch guter Hoffnung […]. " [1153]

II.4.5 Mitarbeiter freistellen & vermitteln

Gerade weil langfristige Bindung innerhalb der Organisation bei infoklick.ch keine dominante Rolle spielt, ist das Thema Alumni als Instrument zur nachhaltigen Bindung auch über das Anstellungsverhältnis hinaus umso interessanter und relevanter. Aus diesem Grund ist infoklick.ch gerade dabei, ein Alumninetzwerk aufzubauen, um die Kontakte zu erhalten und eine langfristige Verbundenheit zu erreichen:

„Und da sind jetzt auch die ersten Abgänge, nach zehn Jahren, also Leute, die sich weiterentwickeln, ein neues Studium beginnen, und das ist eine große Chance der Zusammenbildung, wir versuchen jetzt eine Alumni aufzubauen. Diese Leute, ja, die machen dann sonst irgendwas oder sind vielleicht vereinsmäßig bei uns trotzdem noch eingegliedert. Diese Leute bleiben zwar nicht ewig, aber es ist ein wichtiger Punkt, dass sie trotzdem langfristig sich verbunden fühlen mit der Organisation. Das ist ein spannender Punkt, ja. […] Und dann ist für mich auch wichtig, dass ich sie in einer anderen Form binden kann. Und das möchten sie auch. Sie möchten ja weiterhin verbunden sein mit ihrem ersten Arbeitgeber, und das sind wir in der Regel. " [1154]

[1152] Interview mit Markus Gander, Gründer & Geschäftsführer, infoklick.ch (geführt am 25.10.2011)
[1153] Interview mit Markus Gander, Gründer & Geschäftsführer, infoklick.ch (geführt am 25.10.2011)
[1154] Interview mit Markus Gander, Gründer & Geschäftsführer, infoklick.ch (geführt am 25.10.2011)

Mitarbeiterfreistellung ist bei infoklick.ch kein Tabu. Zum einen ist die Bindung von Schlüssel-personen wie zuvor erwähnt zwar ein großes Anliegen der Geschäftsleitung, zum anderen wird jedoch ein gewisses Maß an Fluktuation als positiv und ‚gesund' empfunden: Diese hilft, durch neuen Nachwuchs Bewegung und frische Gedanken in die Organisation zu bringen. Wichtig ist allerdings sicherzustellen, dass die Fluktuation nicht zu hoch gerät, da dies wiederum die Konti-nuität gefährdet und Unruhe stiftet. Diese Balance konnte infoklick.ch bis dato gut verwirklichen. Des Weiteren kann eine Neubesetzung von Stellen ein Vorhaben wie die Regionalisierung unter-stützen, da dies kulturelle Auswirkungen und notwendige Veränderungen impliziert, die mit altem Personal oftmals schwieriger umzusetzen sind als mit neuen Kräften:

„[…] Und dann gibt es eben diese Leute bei uns, klar, im Jugendbereich ist diese Fluktuation per se gegeben, und ich bin froh, dass sie bei uns etwas über fünf Jahre ist, im Schnitt in der Jugendarbeit ist sie um die 1,8 Jahre. Und unsere steigt ständig. Das ist schon hervorragend, wenn das gelingt. […] aber eine gewisse Fluktu-ation ist bei uns auch sehr gesund, auch dass der Nachwuchs permanent da ist. […] Ein Beispiel bezüglich der Fluktuation ist der Gründungsort oder die Regionalstelle in Moosseedorf, Bern, Ober-Wallis, die hat durch diese Regionalisierung nie diesen Schritt Richtung Regionalstelle gemacht. Die hatten immer noch diese nationa-le Ausrichtung, logischerweise, von dort aus wurde geleitet und die Leute, die dort arbeiten, hatten alle nationa-le Projekte. Also war ihr Verständnis nicht regional. Und jetzt wird dort die gesamte Belegschaft wechseln, also schrittweise, und das ist eine Riesenchance für mich, vom Vorgehen, das weiß ich. Ich bin der Regionalstel-lenleiter, ich habe informiert über ein Jahr vorher, dass wir jetzt diesen Schritt machen." [1155]

Und auch wenn es in der Ausnahme betriebsbedingte Kündigungen gibt (bspw. wenn ein Projekt beendet wird bzw. werden muss), findet eine Freistellung oder Vermittlung in der Regel in bei-derseitigem Einverständnis statt. So geht in den meisten Fällen die Initiative von den Mitarbeitern aus, die sich beruflich verändern oder ein Studium realisieren wollen. Dieser Weiterentwicklungs-prozess wird von der Organisation unterstützt und manchmal sogar initiiert. Im besten Fall, und dies gilt für die meisten Fälle, korrespondiert der Wunsch des Mitarbeiters nach Weiterentwick-lung außerhalb der Organisation mit den strategischen Plänen der Organisation, eine gewisse Fluktuation sicherzustellen.

II.5   iq consult

II.5.1   Allgemeine Situation und Status von Motivation im Führungskontext

Grundsätzlich wird Motivation als eine, wenn nicht die zentrale Herausforderung im Führungs-kontext benannt und in diesem Sinne als wichtige Führungsaufgabe angesehen. Dieses Verständ-nis entwickelte sich allerdings erst allmählich: So wurde das Thema fälschlicherweise lange kaum wahrgenommen und als nicht bedeutsam eingeschätzt, nicht zuletzt, weil vonseiten der Ge-schäftsführung die intrinsische Grundmotivation eines jeden Mitarbeiters vorausgesetzt und als

---

[1155] Interview mit Markus Gander, Gründer & Geschäftsführer, infoklick.ch (geführt am 25.10.2011)

mehr oder weniger ausreichend eingeschätzt wurde. Eine Relevanz und Notwendigkeit von Motivatoren ist dabei erst in jüngster Vergangenheit ins Bewusstsein der Unternehmensführung getreten, und so gibt es bis dato auch weder ein stringentes Anreizsystem noch eine umfassende Strategie mit festgelegten Vorgehensweisen und logischen Implikationen:

> „[...] welche Herausforderungen, insbesondere der innerbetrieblichen Strukturierung und der Mitarbeiterführung, sehen sich soziale Unternehmen ausgesetzt? Das ist sicherlich eine extrem spannende Fragestellung. Und gerade auch bei uns in der Organisation ist das eine der größten Herausforderungen, mit denen wir uns seit Jahren immer wieder auseinandersetzen mussten, und zugegebener Weise auch noch kein System oder Struktur entwickelt haben, wo man sagen würde, das hat eine logische Implikationen, im Sinne von ‚wir gehen immer so vor oder wir gehen immer so vor, wir haben eine klare Strategie dahinter bei unserer Vorgehensweise' – da sind wir noch ganz im Anfang. [...] Es wird uns zunehmend bewusst, dass Motivationsmanagement eine wichtige Führungsaufgabe ist. Das haben wir in der Vergangenheit so nicht wahrgenommen oder als nicht so bedeutsam eingeschätzt, was sicherlich aber nicht richtig war, weil es sich doch zeigt, dass das ein essenzielles Problem in der Organisation ist. Also wahrscheinlich haben wir es deshalb nicht so wahrgenommen, weil die grundsätzliche Philosophie von Sozialunternehmen oder von den Unternehmern selbst, in dem Sinne von meiner Person, ja erstmal intrinsisch motiviert ist. [...] Und man geht mehr oder weniger implizit davon aus, oder ich bin immer implizit davon ausgegangen, dass all diejenigen Mitarbeiter, die in unserer Organisation tätig werden, eine analoge Motivation mitbringen und nicht zusätzlich motiviert werden müssen. Also dass es keiner Motivatoren bedarf, um deutlich zu machen, dass wir ja eigentlich alle hier zusammengekommen sind, um was Gutes zu tun. [...] Motivatoren haben wir – hatte ich vorhin schon angedeutet – bisher nicht so richtig angewandt, das ist halt eben schwierig. Wir sind immer sehr stark von dieser intrinsischen Motivation ausgegangen." [1156]

Dies passt zur Einschätzung von Mitarbeiterseite, nach der Motivation auf der Gesamtorganisationsebene vergleichsweise informell, situativ und in der Ausführung primär intuitiv und wenig strukturiert abläuft. Auch wird das Thema zumeist nicht proaktiv, sondern auf Problemsituationen reagierend angewandt:

> „Das ist schwer zu sagen, ob Motivation als aktive Führungsaufgabe verstanden wird. Also ich denke, wenn Sie die Geschäftsführung fragen, sagen die ‚ja, es ist so, das ist uns wichtig', das gilt aber sicherlich nicht für alle Mitarbeiter. Also es ist, wenn überhaupt, dann für den ‚Inner Circle' sozusagen, aber auch da läuft eben viel informell und nicht so super durchstrukturiert. Und ich kann es nicht wirklich beurteilen, aber ich kann mir nicht vorstellen, dass bis in jede Verwaltungsebene hinein da solche Motivationsüberlegungen á la ‚wie können wir die jetzt besonders motivieren...' existieren, sondern das läuft halt irgendwie. Und wenn es nicht läuft, dann gibt es halt ein Gespräch. Also mehr so dieses Prinzip ‚Solange nichts gesagt wird, ist alles in Ordnung, und wenn etwas gesagt wird, dann ist es halt doof, dann ist irgendwas Blödes vorgefallen'." [1157]

[1156] Interview mit Norbert Kunz, Gründer & Geschäftsführer, iq consult (geführt am 11.01.2012)
[1157] Interview mit Nadine Chapelier, Leiterin Kommunikation, iq consult (geführt am 11.01.2012)

Grundsätzlich werden dabei Personalentwicklungsinstrumente wie Mitarbeitergespräche und Ähnliches genutzt, dies geschieht jedoch zumeist unregelmäßig und wenig stringent. Dies liegt auch begründet im Ansatz des Gründers/Geschäftsführers, der kein festgelegtes System oder Instrumentarium für alle gleichermaßen anwenden will, sondern einen in der Tendenz individuellen, bedarfsorientierten Ansatz bevorzugt:

„[…] ich bin eh jemand, der sagt ‚es gibt nicht ein Instrument oder zwei Instrumente, die man auf alle gleichermaßen anlegen kann, sondern wir müssen halt eben auch die Motivationsinstrumente, Motivationsverfahren immer genau gucken, wer ist das eigentlich und was für einen Hintergrund bringt der mit? Wie sind seine eigene soziale Problemlage, familiäre Problemlage?' " [1158]

Eine der größten Herausforderungen im Motivationskontext von iq consult ist die Dynamik und stetige Veränderung, die das auf Innovation ausgerichtete Geschäftsmodell von allen Mitarbeitern verlangt: So gibt es vergleichsweise wenig Routine, und immer wieder werden neue Projekte mit komplett neuen Inhalten entwickelt und umgesetzt. Diese spezifische Situation und Anforderung ist für manche Mitarbeiter Antrieb und Motivation, während sie für andere einen Motivationskiller darstellt, da diese eine gewisse Routine bevorzugen. Diese Ungleichzeitigkeiten zwischen den Mitarbeiten einerseits und zwischen Mitarbeitern und Organisation andererseits sind eine starke Belastungsprobe für die Organisation und auch nur schwer zu beeinflussen, da diese in den Persönlichkeiten der jeweiligen Mitarbeiter begründet liegen:

„Es zeigt sich allerdings in der Realität, insbesondere nachdem so eine Organisation wahrscheinlich aus seiner Pionierphase herausgetreten ist, dass es doch ein Unterschied zwischen dem kollektiven Interesse und den Einzelinteressen gibt, und dass eine Organisation wie die unsrige, die sich ja ständig neu erfinden muss, die also nicht ein bestimmtes Produkt hat oder eine Dienstleistung hat, die jahrelang immer stärker standardisiert und anhand bestimmter Prozesse erneuert wird, sondern dass wir ständig auch komplett Prozesse erneuern, komplett neue Projekte angehen, komplett neue soziale Dienstleistungen entwickeln, und sich damit auch jeder Mitarbeiter neu erfinden und sich diesen Herausforderungen stellen muss, dass dies oftmals nicht einhergeht mit der Motivationslage der einzelnen Mitarbeiter. […] Wir haben sehr lange gedacht, dass das faktisch ein impliziter Prozess ist, dass die Mitarbeiter das auch leicht nachvollziehen können. In der Reflexion unsererseits und unseres Handelns stellen wir jedoch fest, dass wir noch komplette Ungleichzeitigkeiten in der Organisation haben, dass es Mitarbeiter gibt, die genau von den neuen, von den innovativen Ansätzen getrieben werden und das auch mitgehen und auch mit befördern, und dass es eine andere Gruppe von Mitarbeitern gibt, die eher sagen ‚naja, das machen wir doch schon seit fünf Jahren, waren erfolgreich, warum machen wir das jetzt nicht weiter?' oder die sagen ‚nee, ich möchte aber jetzt meinen Arbeitsplatz gar nicht verändern, ich finde den gut so, weil, ich möchte eine Sicherheit in den Arbeitszusammenhängen haben, und eigentlich bin ich gar nicht veränderungsbereit, eigentlich möchte ich mich gar nicht verändern'. Das ist das Problem." [1159]

[1158] Interview mit Norbert Kunz, Gründer & Geschäftsführer, iq consult (geführt am 11.01.2012)
[1159] Interview mit Norbert Kunz, Gründer & Geschäftsführer, iq consult (geführt am 11.01.2012)

Im Kontext der **grundlegenden Motivationsmuster** spielt trotz der vorherigen Einschätzung, dass es mehr bedarf als der reinen intrinsischen Motivation, die intrinsische Motivation nichtsdestotrotz die wichtigste Rolle. Diese äußert sich in einer Motivation aus, Interesse an und Identifikation mit der sinnstiftenden Tätigkeit und deren Inhalten sowie einer damit verbundenen Handlungswirksamkeit bezüglich einer gesellschaftlichen Veränderung. Eng hiermit verknüpft sind Motivatoren wie eine hohe Anforderungsvielfalt und Abwechslung sowie die Möglichkeit eines eigenverantwortlichen Arbeitens. Weitere Motivatoren sind die Marke und externe Reputation von iq consult sowie das direkte Arbeitsumfeld (insb. Team und Kultur); auch das Konzept des Social Entrepreneurship sowie die damit verbundene Professionalität der Organisation wirkt anziehend.

II.5.2 Mitarbeiter gewinnen

Grundsätzlich findet eine Präsentation und Positionierung von iq consult am Markt und in der Öffentlichkeit statt. In diesem Kontext wird durch eine umfassende Öffentlichkeits- und Medienarbeit beabsichtigt, im Gegensatz zu den früher auch in der Außenwirkung dominanten Projekten eine bekannte, übergreifende Marke zu etablieren und insb. den Gründer Norbert Kunz als Galionsfigur öffentlichkeitswirksam zu präsentieren. Hierbei werden Informationen über Tätigkeit, Angebote und Erfolge der Organisation vermittelt. Primäres Ziel ist es dabei, die Stakeholder gesamthaft, insb. aber die Öffentlichkeit anzusprechen und zu informieren. Eine dezidierte Nutzung bzw. ein Zuschneiden der Öffentlichkeitsarbeit für Recruitingzwecke im Sinne einer Recruitingkampagne findet jedoch so gut wie nicht statt:

> *„Also das [Aufmerksamkeit schaffen im Recruitingkontext, d.V.] würde sozusagen nicht mehr mit in meinen Aufgabenbereich reinfallen, weil ich halt für die Öffentlichkeitsarbeit zuständig bin [...] Aber jetzt wirklich so Recruiting, oder dass ich mir im Rahmen der internen und externen Kommunikation Gedanken mache, wie man die Mitarbeiter motivieren kann, das nicht."* [1160]

Indirekt findet eine Beeinflussung jedoch sicherlich statt, insb. durch die Berichterstattung über prägende Persönlichkeiten, den spezifischen Ansatz und die Erfolge der Organisation sowie das Konzept Social Entrepreneurship.

Grundsätzlich muss im Kontext des Recruitings zwischen zwei Ebenen unterschieden werden: Dem Recruiting der Gesamtorganisation sowie dem Recruiting auf Projektebene. Auf Projektebene herrscht selten eine vollständige Autonomie hinsichtlich des Recruitings. So werden die Teams für die jeweiligen Projekte meistens je nach Bedarf und Verfügbarkeit aus einem internen Pool an Mitarbeitern zusammengestellt. Problematisch ist hierbei, dass nicht immer die passenden Expertisen vorhanden sind. Nur in seltenen Fällen können Projekte ergänzend und in Absprache ein eigenes, externes Recruiting nach ihren Vorstellungen und Bedürfnissen durchführen.

[1160] Interview mit Nadine Chapelier, Leiterin Kommunikation, iq consult (geführt am 11.01.2012)

Auf Gesamtorganisationsebene herrscht seit kurzem eine vergleichsweise komfortable Position des Nachfrageüberhangs, vor allem auch weil das Thema Social Entrepreneurship in der allgemeinen Wahrnehmung so populär ist:

„Wir haben seit zwei Jahren kein Problem mehr mit der Mitarbeitergewinnung, weil das Thema Social Entrepreneurship hyped, weil viele Leute zu uns kommen und sagen ‚ich möchte in einem sozialen Unternehmen arbeiten. Ich möchte meine Qualifikationen, meine Kompetenzen für was Nützliches einbringen [...]‘.“ [1161]

Bezüglich der Kanäle spielen auf beiden Ebenen die organisationalen und persönlichen Kontakte und Netzwerke eine zentrale Rolle. Auf Gesamtunternehmensebene sind dies vor allem Social Entrepreneurship-bezogene Unterstützungsnetzwerke, Kontakte aus Konferenzen und Vorträgen sowie Empfehlungen von Mitarbeitern. Auf Projektebene wiederum spielen insb. das persönliche Netzwerk des Projektleiters sowie ggf. spezielle Fachverbände oder Ähnliches eine Rolle:

„Und insofern kommen dann tatsächlich, wenn ich das richtig mitbekomme, die neuen Mitarbeiter oder auch Praktikanten schon oft über Ashoka-Kontakte bzw. unheimlich viel dann aus diesem Dunstkreis, und man geht dann gar nicht mehr so auf die große Suche, wie wir das vielleicht früher gemacht haben. Oder dass auch irgendwie viel über schon bestehende Kontakte passiert, dann erzählt man halt da irgendwie ‚ach, und wir suchen dann jemanden, der sich mit m-m-m auskennt‘, und ‚ah, ich kenn da jemanden, der genau das gemacht hat, da und da in der und der Stiftung‘ und so, dass es dann eher über diesen Weg, sprich Netzwerk läuft. Auf dem Vision Summit zum Beispiel kommen halt Leute und schauen sich irgendwie einen Vortag an, oder kommen an unseren Stand, oder machen das Speed-Dating mit, und lassen die Karte da und sagen ‚hey, ich hab total Interesse, bei euch zu arbeiten‘ und dann, wenn man das nächste Mal jemanden sucht, kann man das wieder hervorkramen. Also meiner Meinung nach geht es mehr in diese Richtung. [...] Solche Netzwerke werden immer wichtiger. War vielleicht früher auch so, aber dann war es halt nicht Ashoka und Schwab, sondern irgendwie unsere Fördermittelgeber in Brandenburg, [...] da waren wir auf deren Messen irgendwie mehr unterwegs, und vielleicht lief das da auch eher so, dass man doch über Kontakte Leute bekommen hat.“ [1162]

„[...] zum anderen aber, und das ist für uns viel wichtiger, über die ganzen Netzwerke. Also das geht soweit, dass ich in solchen Fällen auch immer die Netzwerke nochmal aktiviere, die aus ehemaligen Studienkollegen bestehen oder so, und auch die Netzwerke, in denen iq consult agiert. [...] Da ich aber Menschen mit einer hohen Spezialqualifikation suche, die es selten so gibt, konzentriert sich die Suche dann auch relativ gleich auf sehr spezifische Kanäle wie z.B., was weiß ich, den Verband der Gründungsinitiativen oder behinderte Unternehmerinnen in Sachsen Anhalt, also auf spezielle Organisationen, die inhaltlich definiert sind.“ [1163]

Ergänzt werden diese vornehmlich internen Ressourcen von extern ausgerichteten Ressourcen wie dem eigenen Internetauftritt, der Präsenz auf relevanten Online-Plattformen und Messen sowie der Arbeitsagentur.

[1161] Interview mit Norbert Kunz, Gründer & Geschäftsführer, iq consult (geführt am 11.01.2012)
[1162] Interview mit Nadine Chapelier, Leiterin Kommunikation, iq consult (geführt am 11.01.2012)
[1163] Interview mit Manfred Radermacher, Projektleiter, iq consult (geführt am 11.01.2012)

Die Kontaktaufnahme findet daher auf verschiedenen Wegen statt: Zum einen durch eine direkte Ansprache im Rahmen der Netzwerke, Messen und Veranstaltungen sowie durch das Inserieren von Stellenanzeigen auf der eigenen Website oder Online-Plattformen, während klassische Stellenanzeigen in Printmedien hingegen kaum noch Anwendung finden; zum anderen durch Initiativbewerbungen, was aufgrund der großen Aufmerksamkeit und zunehmenden öffentlichen Präsenz immer öfter vorkommt und einen steigenden Anteil der Recruitingausbeute ausmacht.

Als relevante Zielgruppen kommen vor allem Personen in Frage, die sowohl fundierte ökonomische als auch soziale Qualifikationen und Kompetenzen mitbringen. Dies gilt besonders für den Geschäftsbereich der Gründungsunterstützung im Rahmen des ‚Inclusive Entrepreneurship‘, wo Berufseinsteiger kaum einsetzbar sind:

„[…]weil wir gute, hochqualifizierte Mitarbeiter brauchen, die von ihrer Wahrnehmung her nicht alleine Ökonomen sind, sondern auch eine soziale Komponente mitbringen und eben einen weiteren Blick haben, als nur einen Businessplan schreiben zu können, weil man es bezogen auf unser Inclusive Entrepreneurship Geschäftsfeld sehen muss.“[1164]

„Nee, Studienabgänger gehen gar nicht mit unserer Zielgruppe. Die werden von denen auch nicht akzeptiert. Das brauchen wir gar nicht probieren. Unsere Kunden sind auch relativ alt, also im Vergleich zu vielen anderen Projekten hier, weil: Die meisten Behinderungen werden im Laufe des Lebens erworben und sind nicht angeboren, und wer sich selbstständig machen will und behindert ist, der braucht Berufserfahrung, anders geht es gar nicht. Also daher sind die meisten schon über 30, und man kann nicht 50jährige Menschen, die dann zusätzlich noch behindert sind, von Studienabgängern beraten lassen, das hat nicht funktioniert, das klappt nicht. Man braucht ja auch in vielen Feldern Qualifikationen, um diese Arbeit gut machen zu können, d.h. die meisten Menschen sind schon ein bisschen älter.“[1165]

(Uni)Absolventen spielen wiederum in den Social Entrepreneurship-bezogenen Aktivitäten eine immer größere Rolle, da in diesem Kontext vor allem eine Sensibilität für diese Themen und eine große Offenheit für neue Entwicklungen und Innovationen notwendig sind. Des Weiteren stellen sie den Großteil der zuvor erwähnten Initiativbewerbungen. Zu guter Letzt sind noch Studenten im Rahmen von Praktika zu nennen.

II.5.3 Mitarbeiter führen und entwickeln

II.5.3.1 Grundlegende führungsrelevante Einflussfaktoren

Führungsverhalten

Im Rahmen des **Führungsverhaltens** spielt die Person des Gründers grundsätzlich eine zentrale Rolle, wobei sowohl positive wie auch negative und kritische Aspekte gesehen werden. Sowohl

---

1164 Interview mit Norbert Kunz, Gründer & Geschäftsführer, iq consult (geführt am 11.01.2012)
1165 Interview mit Manfred Radermacher, Projektleiter, iq consult (geführt am 11.01.2012)

aus Sicht der Mitarbeiter als auch anhand der Selbstwahrnehmung ist er zunächst einmal der zentrale Entscheider und Impulsgeber sowie der zentrale interne Ansprechpartner:

„Also alle Projekte, die iq consult in den letzten 15 Jahren, 18 Jahren entwickelt hat, sind eigentlich von mir entwickelt worden. […] die wirklichen Projekte, sind von mir entwickelt worden, sind konzeptionell von mir vorstrukturiert worden, zum Teil in den Anfangsphasen auch von mir geleitet worden […]. […] in der Innenwahrnehmung, wie vorhin von mir dargestellt, ist jedes Projekt anfänglich stark durch die Geschäftsleitung, durch mich dominiert gewesen […]." [1166]

„Also, ich glaube, den meisten Mitarbeitern wird klar: wenn es was zu entscheiden gibt, dann im Zweifelsfall Herr Kunz, der ist also schon der zentrale Entscheider, oder wenn man irgendeine eine neue Idee für ein Projekt hat oder wenn man etwas ändern will, dann ist es immer er derjenige, den man anspricht. […] Und teilweise ist die Geschäftsführung ja auch noch in Projektleiterfunktionen in manchen Projekten unterwegs, und dann ist es natürlich so eine Doppelfunktion, da bietet es sich natürlich noch mehr an, gleich zur Geschäftsführung zu gehen, weil die ja auch gleichzeitig Projektleiter ist." [1167]

„[…] also letztendlich so, wie das hier strukturiert ist, ist das schon ein ziemlich patriarchalisches Ding hier irgendwie, in dem das letztendlich Norbert aber auch alles alleine verantwortet." [1168]

Des Weiteren kann er mit seiner charismatischen Persönlichkeit als Visionär und Galionsfigur angesehen werden, welcher die Organisation nach außen vertritt und repräsentiert, dabei jedoch auch intern eine Identifikationsfigur darstellt und Einfluss sowohl auf die Inhalte der Tätigkeit als auch auf die Mitarbeiter ausübt:

„Unterschätzen Sie auf der anderen Seite nicht die Bedeutung dieser charismatischen Persönlichkeit – und das ist er wirklich – Norbert Kunz. Also ohne Norbert Kunz wäre das hier so nicht möglich gewesen, und es ist nach wie vor so, dass vieles sich auch an seinem Charisma und dem Bild, das er in der Öffentlichkeit darstellt, festmacht, und dass das die Voraussetzung für viele Dinge ist. Und das würde ich nicht unterschätzen." [1169]

„Also von meinem Gefühl her würde ich schon sagen, dass allen klar ist, dass Herr Kunz irgendwie das Zugpferd ist, und er sackt ja auch die Auszeichnungen ein, ist irgendwie derjenige, der uns nach außen repräsentiert. Wenn die Presse anruft, dann vermittle ich immer an Herrn Kunz […] wenn es um das große Ganzen geht, dann ist es Herr Kunz, und das würde ich sagen ist den meisten Mitarbeitern auch klar." [1170]

„Ja, also auf jeden Fall nach außen absolut, da sieht er seine Rolle auch so, ja durchaus als Galionsfigur oder besser zentrale Identifikationsfigur. Nach innen ist es so ein bisschen ambivalent, da kommt es immer auf die Kontexte an. Also es gibt bestimmte Themenfelder, wo er auch gerne die Hand drauf halten möchte und auch muss, weil es da noch Entwicklungspotenziale gibt. Ich glaube, bei den eher eigenständigeren Projekten ist das

---

[1166] Interview mit Norbert Kunz, Gründer & Geschäftsführer, iq consult (geführt am 11.01.2012)
[1167] Interview mit Nadine Chapelier, Leiterin Kommunikation, iq consult (geführt am 11.01.2012)
[1168] Interview mit Manfred Radermacher, Projektleiter, iq consult (geführt am 11.01.2012)
[1169] Interview mit Manfred Radermacher, Projektleiter, iq consult (geführt am 11.01.2012)
[1170] Interview mit Nadine Chapelier, Leiterin Kommunikation, iq consult (geführt am 11.01.2012)

dann aber weniger relevant. Aber klar, jetzt bei unseren Feldern, wo sich auch täglich Neues entwickelt, da ist er natürlich auch überall mit drin. Aber bei vielen Sachen kann er sich auch gar nicht drum kümmern und dann machen wir auch einfach selbstständig weiter. "[1171]

Die genannten Eigenschaften und Führungsrollen bergen allerdings auch kritische Aspekte. So führt die durch die internen und externen Führungsrollen und Repräsentationspflichten bedingte enorme Beanspruchung oftmals dazu, dass die Geschäftsführung im Umgang mit den Mitarbeitern kaum noch Zeit hat:

„Weil, wenn man direkt mit der Geschäftsführung zusammenarbeitet, ist einfach immer wenig Zeit. Das liegt jetzt gar nicht unbedingt daran, dass die das nicht wollen, sondern einfach daran, dass einfach keine zeitlichen Ressourcen da sind. Und das fand ich jetzt nicht unbedingt immer motivierend. "[1172]

Dies ist für Mitarbeiter besonders im Falle einer inhaltlich notwendigen Nähe zur Geschäftsführung (d.h. Geschäftsführung als direkter und zentraler Ansprechpartner) kritisch, da Letztere in solchen Situationen zwar den Anspruch, oft aber nicht die nötige Zeit hat, alles zu entscheiden, zu steuern und zu kontrollieren. Die daraus resultierende Abhängigkeit und Inflexibilität der Mitarbeiter verlangsamt die Prozesse und verhindert ein effizientes und effektives Arbeiten:

„Manchmal steht es einem auch im Weg, weil es halt oft einfach Kontakte gibt, die nur er anzapfen kann, ja, da ist man dann etwas gefangen, das kennt man ja. Dann schreibe ich die Email und ‚schick du mal bitte ab', so ungefähr. Da ist dann manchmal im Arbeitsprozess einfach etwas behindernd, sage ich jetzt mal. Da muss man dann auch sehen, dass man im Sinne von Delegieren dann auch auf gewissen Ebenen seine eigenen Kontakte hat, was bei mir dann natürlich nicht die Geschäftsführer sind, sondern irgendwelche Mitarbeiter, mit denen man relativ nahe kommunizieren kann. "[1173]

Überhaupt ist aufgrund der zuvor erwähnten, durch die internen und externen Führungsrollen und Repräsentationspflichten bedingten Beanspruchung, aber auch und vor allem aufgrund der wachsenden Organisation und deren Strukturen insgesamt ein direkter Dialog mit und ein Wissen um jeden einzelnen Mitarbeiter kaum noch möglich und realisierbar:

„[...] wenn man den Lebenszyklus einer Organisation sich anschaut, ist ja klar, dass wir als Pionier-Organisation einen viel intensiveren Dialog geführt haben mit den einzelnen Mitarbeitern, oder ich mit den einzelnen Mitarbeitern, als eine Organisation, die jetzt rund 50 Mitarbeiter hat [...] dass ich jetzt auch bei 50 Mitarbeitern nicht mehr den Dialog mit jedem einzelnen Mitarbeiter suchen kann und teilweise auch nicht mehr sozusagen detailgenau weiß, was in den einzelnen Projekten passiert, oder was da dann die konkreten Fragestellungen sind. Ich habe, glaube ich, ganz viele Informationen über Projekte, aber halt nicht im Detail, was X oder Y gerade rumtreibt. "[1174]

[1171] Interview mit Elena Knaack, Projektleiterin, iq consult (geführt am 11.01.2012)
[1172] Interview mit Elena Knaack, Projektleiterin, iq consult (geführt am 11.01.2012)
[1173] Interview mit Elena Knaack, Projektleiterin, iq consult (geführt am 11.01.2012)
[1174] Interview mit Norbert Kunz, Gründer & Geschäftsführer, iq consult (geführt am 11.01.2012)

„Die können ja gar nicht omnipräsent sein. Also gerade Herr Kunz, der ist einfach unglaublich viel auch im Ausland unterwegs. Ich würde sagen, es gibt Wochen, da ist er vielleicht einen Tag hier, und dann natürlich nicht noch gleichzeitig in Potsdam und Oranienburg. [...] also da bräuchten wir fünf Geschäftsführer. Von daher glaube ich schon, dass gerade an Außenstandorten Mitarbeiter ihn durchaus sehr selten zu Gesicht bekommen. Und dann kommt er halt mal kurz rein, hat aber ein Gespräch mit wem anders, und dann wird auch nicht mehr als ein ‚hallo' ausgetauscht, also das ist ja dann auch kein Kontakt wirklich." [1175]

Eine potenzielle und teilweise schon eingetretene Gefahr dieser Entwicklung ist eine Wahrnehmungsdiskrepanz oder Ungleichzeitigkeit zwischen Mitarbeitern auf der einen und Organisation/Geschäftsführung auf der anderen Seite. So kann die Geschäftsführung sachlich begründet aufgrund der Organisationsentwicklung nicht mehr auf jeden Mitarbeiter einzeln eingehen und kennt damit oftmals nicht deren spezifische Problemlagen. Gleichzeitig gibt es viele Mitarbeiter, die den ehemals engen Dialog sowohl auf sachlicher als auch emotionaler Ebene vermissen und trotz oder gerade wegen der Organisationsentwicklung nicht auf diesen verzichten wollen. Eine solche Konstellation birgt großes Unzufriedenheits- und Enttäuschungspotenzial. Auch die Rolle als Visionär und Vordenker fördert eine potenzielle inhaltliche Distanz zu den Mitarbeitern, insb. solchen, die im Rahmen der Projekte die Basistätigkeiten verrichten:

„Dass da dann natürlich auch eine Diskrepanz entstanden ist, also auch eine Wahrnehmungsdiskrepanz, ‚was hat der für Probleme, was hat die Organisation für ein Problem, und wo steht die Geschäftsführung, wo steht der einzelne Mitarbeiter', ich glaube, das ist normal, wenn eine Organisation wächst, und das aber dennoch diese Geschichte noch ausstrahlt. Also es gibt sicherlich noch Mitarbeiter, die so in den 90iger Jahren zu uns gekommen sind, die ein Stückweit dieser Tradition noch nachtrauern, dass es einen sehr engen Dialog gab [...] dass man dann irgendwo hier zusammensaß und hat die Stühle zusammengerückt und gesagt ‚lass uns mal dann über das Problem reden'. Dass das heute so in der Form nicht mehr funktioniert, ist auch klar. Dass meine ich mit Ungleichzeitigkeit, Ungleichzeitigkeit in der individuellen Wahrnehmung, in der persönlichen Biografie, im Bezug zur Unternehmensentwicklung." [1176]

„Der Visionär Norbert ist im Tagesgeschäft einfach oft zu weit weg für die Berater, die heute Gründungsunterstützung in den klassischen Feldern machen." [1177]

Eine natürliche und vielfach schon angewandte Lösung dieses Dilemmas ist eine Entlastung der Geschäftsführung, indem die direkten Vorgesetzten der Mitarbeiter – zumeist die Projektleiter – die Funktion eines direkten Ansprechpartners übernehmen. Ohnehin sind diese näher an den Mitarbeitern dran und wissen damit besser über die jeweiligen Entwicklungen und Problemlagen innerhalb ihrer Verantwortungsbereiche Bescheid, haben tendenziell mehr Zeit und können so gezielter und persönlicher auf die Bedürfnisse der Mitarbeiter eingehen:

1175 Interview mit Nadine Chapelier, Leiterin Kommunikation, iq consult (geführt am 11.01.2012)
1176 Interview mit Norbert Kunz, Gründer & Geschäftsführer, iq consult (geführt am 11.01.2012)
1177 Interview mit Manfred Radermacher, Projektleiter, iq consult (geführt am 11.01.2012)

„*[...] wenn man jetzt mal von Norbert absieht, ist es bei uns hierarchisch ja relativ flach, also wir haben jetzt ja nicht so eine große Struktur mit Abteilungsleiter, der da noch zehn Mitarbeiter unter sich hat und so weiter. Also das war am Anfang zum Einstieg auch nicht ganz so gut bzw. einfach – wobei ich es auch nicht anders kannte, weil ich immer nur in kleinen Kontexten gearbeitet habe, kleinen Teams –, dass man jetzt als Berufseinsteiger nicht noch eine Führungskraft auf der zweiten Ebene hat, an die man sich wenden kann. Weil, wenn man direkt mit der Geschäftsführung zusammenarbeitet, ist einfach immer wenig Zeit. Das liegt jetzt gar nicht unbedingt daran, dass die das nicht wollen, sondern einfach daran, dass einfach keine zeitlichen Ressourcen da sind. Und das fand ich jetzt nicht unbedingt immer motivierend. Ich glaube, dass man noch viel dadurch einfacher zum Laufen bringen kann, wenn es nochmal diese andere Zuordnung gibt!*"[1178]*

„*Aber ob sie sich jetzt wirklich an ihn [den Gründer Norbert Kunz, d.V.] eher wenden, oder dann doch erst mal den Projektleiter, also den Zwischengeschalteten wählen, das kann ich schwer beurteilen. Ich würde denken, im Zweifel eher Projektleiter. [...] ich denke, das ist einfach der natürliche Prozess, wenn ich mit meinen Beratungskunden nicht klar komme oder eine spezielle Frage habe, frage ich meinen Kollegen oder meinen Chef, also meinen direkten Vorgesetzten, und komme nicht auf die Idee, zur Geschäftsführung zu laufen, und das ist ja auch deren täglich Brot, sich damit zu beschäftigen.*"[1179]*

Organisationskultur

Im Kontext der Organisationskultur steht die Durchsetzung einer Gesamtorganisationskultur trotz starker Projektkulturen im Mittelpunkt. Auch wenn die Gesamtorganisation versucht, die starke Projektorientierung sukzessive zurückzunehmen, herrscht bei iq consult in vielen Fällen noch immer eine sehr starke Projektidentifikation und -zugehörigkeit vor, und die Mitarbeiter fühlen sich in vielen Fällen primär ihrem Projekt verbunden. Zumeist sind dies auch gerade diejenigen Mitarbeiter, welche eine gewisse ‚Projektroutine' gegenüber der gesamtorganisatorischen Veränderung bevorzugen:

„*Na ja, im Vordergrund steht das Projekt, bzw. die Projekte, die ich leite, also, ich brenne einfach für die, die interessieren mich, die finde spannend, die finde ich gut, das mache ich gerne; ja, das ist der wichtigste Grund. [...] Die Mitarbeiter bei uns verstehen sich alle erst mal als projektzugehörig – was natürlich auch ein Problem ist, und daran arbeitet die Geschäftsführung seit langem, dass die Mitarbeiter sich mehr als Mitarbeiter von iq consult fühlen.*"[1180]*

Die grundlegende Projektbezogenheit liegt in der Vergangenheit der Organisation begründet, als aus verschiedenen Gründen eine sehr starke Projektorientierung sowohl nach innen wie nach außen propagiert wurde, und die Gesamtorganisation – auch im Recruiting! – im Hintergrund gehalten wurde. Folge dieser Ausrichtung waren daher spezifische Projektkulturen, welche sich in

---

[1178] Interview mit Elena Knaack, Projektleiterin, iq consult (geführt am 11.01.2012)
[1179] Interview mit Nadine Chapelier, Leiterin Kommunikation, iq consult (geführt am 11.01.2012)
[1180] Interview mit Manfred Radermacher, Projektleiter, iq consult (geführt am 11.01.2012)

unterschiedlichen Arbeitsrhythmen und Herangehensweisen ausprägten und durch verschiedene
Standortkulturen noch verstärkt wurden:

„[…] erst mal haben wir sehr lange eine sehr starke Projektorientierung gehabt. Diese sehr starke Projektori-
entierung hat auch eine Kultur hinterlassen, also eine Projektkultur. Wir haben das aus den genannten Grün-
den sehr lange auch so laufen lassen. Wir haben gesagt ‚Enterability, das ist ein geschlossenes Projekt, das hat
so eigene Mitarbeiter, etc.‘, und sowohl bezogen auf Aspekte nach innen und außen, stellten wir plötzlich fest,
dass es vier, fünf unterschiedliche Kulturen gibt. Also jedes Projekt hatte seine eigene Kultur. Je nachdem, wie
die Führungskräfte aufgestellt waren, Projektleiter aufgestellt waren, wie Mitarbeiter aufgestellt waren, hat ein
Projekt seine eigene Kultur entwickelt und sich weniger verbindlich gegenüber der Gesamtorganisation gezeigt
als gegenüber den Projekten. Hinzu kam noch, dass wir an verschiedenen Standorten tätig waren, dass halt
eben auch Projekt- und Standortkulturen sich übereinanderlegten […]. […] und in der Tat halt eben auch
ganz unterschiedliche Arbeitsrhythmen und Arbeitsmotivationen sich herausgebildet haben, die Leute ihr Pro-
jekt anders angegangen sind, also tatsächlich auch unterschiedliche Kulturen existierten." [1181]

Während die hohe Projektidentifikation und -zugehörigkeit mittels einer hohen Identifikation
und Leistungsbereitschaft hinsichtlich des konkreten Arbeitsgegenstandes und der Arbeitsinhalte
zwar durchaus auch positive Auswirkungen haben, sind jedoch auch signifikante negative Aspekte zu verzeichnen. So wird ein allgemeines Fehlen von Interesse, Commitment und Verantwortung bezogen auf die Gesamtorganisation wahrgenommen:

„Und zumindest wir hatten dann das Gefühl, dass die Gesamtverbindlichkeit verloren geht. Also die Leute
machen ihre Projekte, machen sie auch gut, aber sie gucken auch nicht über den Projekttellerrand hinaus. Und
je stärker diese Kultur sich verfestigt hat, umso schwieriger war es, die Leute, die Mitarbeiter aus diesen Struk-
turen auch rauszunehmen und zu sagen ‚Mensch, ihr seid doch für iq consult verantwortlich […]‘. Und das
war ein schwieriger Prozess, also es gab wirklich Leute, die gesagt haben ‚was hab ich eigentlich mit iq consult
zu tun?‘. So weit hatte sich die Projektkultur in den Köpfen der Mitarbeiter verfestigt." [1182]

Dieses Interesse und Commitment für die Gesamtorganisation, d.h. ganz konkret auch die Bereitschaft, Aufgaben außerhalb des ureigenen Projektes im Rahmen der Gesamtorganisation zu
übernehmen, werden jedoch als notwendige Voraussetzung angesehen, um inhaltliche Synergien
nutzen, effizienter und kostensparender arbeiten und damit letztlich auf einer Gesamtorganisationsebene erfolgreich sein zu können:

„[…] zu sagen ‚Mensch, ihr seid doch für iq consult verantwortlich, und wir wollen jetzt ein neues Projekt ma-
chen und wir brauchen die Unterstützung, wir müssen die Synergie nutzen‘. […] das ist etwas, was sicherlich
eine ganz große Rolle spielt, dass man über seinen eigenen Tellerrand hinaus einfach Interesse zeigt. […] Wir
könnten da sehr viel mehr erreichen. Wenn die Mitarbeiter mehr Verantwortung für das Gesamte übernehmen

---

[1181] Interview mit Norbert Kunz, Gründer & Geschäftsführer, iq consult (geführt am 11.01.2012)
[1182] Interview mit Norbert Kunz, Gründer & Geschäftsführer, iq consult (geführt am 11.01.2012)

würden, könnten wir noch viel erfolgreicher sein, also auch viel effizienter sein und könnten wahrscheinlich sogar Kosten sparen." [1183]

Dies ist auch der Hauptgrund, weshalb iq consult eine vorrangige Projektorientierung sukzessive abbauen möchte. Allerdings ist die Zugehörigkeit zur Gesamtorganisation angesichts der langen Historie der Projektorientierung nur schwer beeinflussbar und letztlich ein langfristiger Prozess. Dies gilt in besonderem Maße für die Mitarbeiter mit langer Zugehörigkeit und/oder exklusiver Projektanstellung, deren Routinen, Einstellungen und Gewohnheiten tief in den jeweiligen Projektwelten verankert sind. Auch wenn die zuvor erwähnte Etablierung einer zentralen, übergreifenden Marke im Rahmen der externen Kommunikation einen ersten Schritt in die gewünschte Richtung bedeutet und erste Erfolge schon sichtbar werden, ist der Prozess jedoch noch lange nicht abgeschlossen:

„Also ich glaube, es ist tatsächlich nach wie vor so, dass – also, ich finde, es ist besser geworden – aber dass die Projektmitarbeiter sich mehr zu ihren Projekten zugehörig fühlen als jetzt zu dem ganzen Unternehmen. Aber das ändert sich, glaube ich, schon auch, also es gibt einfach mehr und mehr Mitarbeiter, die das sozusagen im Kopf haben und an das Ganze denken, [...] aber es gibt eben auch Mitarbeiter, die eher sagen ‚nein, ich bin hier im Projekt XY, und das ist mein Ding und mehr will ich auch gar nicht, ist mir auch wurscht, was da sonst so läuft'. Das ist jetzt ein bisschen übertrieben, aber es geht natürlich sehr stark von der Motivation der Mitarbeiter aus. Und wir versuchen den Fokus auf das Ganze mehr zu fördern, aber, ja, es geht eben nur begrenzt. Und es gibt auch meistens Mitarbeiter, die einfach diese Entwicklung nicht mögen, weil sie sich halt sagen ‚mir wäre viel lieber, es würde weiterhin jeder sein eigenes Süppchen kochen', das ist natürlich auch einfach abhängig vom einzelnen Mitarbeiter. [...] Deswegen glaube ich schon, dass die Projekte da relativ stark sind und sich nach wie vor, auch wenn unsere Bestrebung eine andere ist, sich doch eher als eigenständiges Projekt fühlen denn als iq-consult als Ganzes. [...] Das [Etablierung einer zentralen Marke im Rahmen der externen Kommunikation, d.V.] haben wir alles entwickelt, aber auch da dauert es natürlich eine Weile, bis die Mitarbeiter mitkommen und dann feststellen ‚ach, ich kann meine Pressemitteilung nicht mehr ohne Logo verschicken, das ist ja komisch, hab ich doch immer so gemacht', also das ist einfach ein langfristiger Prozess, der seine Zeit dauert. Diese gewissen Standards sind, glaube ich, durchgesetzt – also das gibt es nicht mehr, dass z.B. das falsche Logo verwendet wird oder das Logo unten links statt oben rechts steht – aber in der täglichen Arbeit sind doch viele Mitarbeiter, glaube ich, einfach in ihrem Team sehr verhaftet und verwurzelt." [1184]

Positiv beeinflusst wird dieser Prozess durch das nun primär auf Gesamtorganisationsebene stattfindende Recruiting, im Rahmen dessen Mitarbeiter eingestellt werden, deren Perspektive von vorneherein auf die Gesamtorganisation iq consult und nicht exklusiv auf ein einzelnes Projekt bezogen ist. Die Entwicklung hin zu einer inhaltlichen Offenheit und ganzheitlichen Orientierung wird dabei insb. durch den zunehmenden Fokus auf die Konstrukte Social Entre-

---

1183 Interview mit Norbert Kunz, Gründer & Geschäftsführer, iq consult (geführt am 11.01.2012)
1184 Interview mit Nadine Chapelier, Leiterin Kommunikation, iq consult (geführt am 11.01.2012)

preneurship und soziale Innovation unterstützt, welche eine inhaltliche Klammer für verschiedenste Projekte und Tätigkeitsfelder bilden:

„Spannend ist halt eben auch festzustellen, dass die Mitarbeiter, die jetzt zu uns kommen, sehr stark auch inspiriert sind, also die sind sehr stark durch dieses Social-Entrepreneurship-Modell, durch das, was wir tun, durch die Projekte motiviert, die gucken sehr stark nicht auf das einzelne Projekt, sondern sie gucken auf iq consult als Ganzes und finden diese Gesamtperformance von iq consult spannend. In der Vergangenheit, wenn ich in die Jahre davor zurückgehe, haben wir Stellen ausgeschrieben, und dann haben sich die Leute auf Enterprise beworben oder haben sich auf Enterabiltiy beworben, und hatten dann auch von Anfang an einen sehr eingeschränkten Blick auf die Gesamtorganisation gehabt, weil sie sich ja eigentlich auf Beratungstätigkeit bei Enterprise beworben haben. Jetzt kommen die Leute und finden iq consult in seiner gesamten Performance spannend und freuen sich dann, wenn sie bei Enterprise arbeiten, weil das ein Feld ist, in dem wir tätig sind. Das hat sich auch in dem Mindset verändert, und von daher sind die Mitarbeiter, die bei uns anfangen, viel stärker inspiriert. "[1185]

„Aber das ändert sich, glaube ich, schon auch, also es gibt einfach mehr und mehr Mitarbeiter, die das sozusagen im Kopf haben und an das Ganze denken, und die auch das Thema Social Entrepreneurship für sich als das Wichtigste sehen. "[1186]

Die Verschiebung hin zu diesen neuartigen Themenfeldern, vor allem aber der Anspruch, dass alle Mitarbeiter an diesen partizipieren – all dies wird insb. aus Projektsicht auch kritisch gesehen. Letztlich werden die alten Projektwelten der Gründungsunterstützung sowie die neue Welt des Social Entrepreneurship/der sozialen Innovation als sehr unterschiedlich bezüglich der Kultur wahrgenommen, mit großen Unterschieden in der relevanten Lebenswirklichkeit (bspw. Arbeitssprache und Zielgruppe), den Inhalten und Begrifflichkeiten, der Herangehensweise oder der ‚Denke‘. Eine Vermittlung zwischen diesen ‚beiden Welten‘ wird daher als äußerst schwierig und in manchen Fällen als potenziell überfordernd angesehen:

„[...] das ist ein solcher Kulturbruch, was da jetzt passiert, zwischen diesen beiden Welten, obwohl die beide zu iq consult gehören, dass es einfach auch ungeheuer schwierig ist, da noch zu vermitteln und die Identifikation zur Gesamtorganisation herzustellen. Und ob das so sein muss, weiß ich nicht. Ich weiß auch nicht, ob das so sein muss mit diesen Anglizismen. Also ich glaube, die Welten sind zu weit voneinander weg, als dass das eine wirkliche Rolle spielt für unsere Mitarbeiter, also von Enterability, und für unsere Kunden schon gar nicht, die verstehen das nicht. Ich verstehe es ja selbst schon manchmal nicht mehr. [...] Das ist definitiv die Schwachstelle von iq consult, die interne Kommunikation zwischen den einzelnen Projekten und der Gesamtorganisation. Der Visionär Norbert ist einfach zu weit weg für die Leute, die Gründungsunterstützung machen. Also, ich fänd das schon ganz schön, wenn man das irgendwie verbinden könnte. Und Norbert lädt ja auch immer alle ein, aber das ist für viele dann eben noch eine zusätzliche Überstunde, wenn sie abends noch zu einer Veran-

---

[1185] Interview mit Norbert Kunz, Gründer & Geschäftsführer, iq consult (geführt am 11.01.2012)
[1186] Interview mit Nadine Chapelier, Leiterin Kommunikation, iq consult (geführt am 11.01.2012)

staltung müssen, wo sich irgendein Sozialunternehmer aus Bangladesch vorstellt oder so. Das hat mit dem Berufsalltag hier von unseren Mitarbeitern nichts mehr zu tun. Also es gibt das Angebot, an dem zu partizipieren, was da neu kommt, aber das wird nicht wirklich angenommen, vielleicht geht es auch nicht, ich weiß es nicht. Auch diese ganzen jungen Menschen, die frisch von der Uni kommen und alle mindestens genauso Englisch sprechen wir Deutsch, das ist so eine andere Lebenswelt, ich hab ja Spastiker, Blinde, Hörbehinderte, einen großen Anteil von ALG II Empfängern, also Menschen, die eine ganz andere Problemlage haben, und helfe denen, selbstständig zu werden. Das ist eine andere Denke als bei diesen Sozialunternehmern und allem, was da gerade so gehypt wird. Und bei uns sind Berater, die sind perfekt für meine Zielgruppe, aber Sozialunternehmen und so, das ist nicht ihre Welt, und das soll es und muss es ja auch nicht sein. [...] Und ich weiß eben nicht, ob man mit diesen ganzen neuen Begrifflichkeiten die Mitarbeiter nicht überfordert. Ich glaube, irgendwann wird es zu viel."[1187]

Losgelöst vom Verhältnis zwischen Projekten und Gesamtorganisation hat die starke Projektorientierung und -identifikation – mit großer Autonomie, eigenen Kulturen hinsichtlich Arbeitsweise, Arbeitsrhythmen und Herangehensweisen sowie einem starken Bewusstsein für eigene Erfolge und daraus erwachsende und beanspruchte Privilegien – auch zwischen den Projekten untereinander negative Auswirkungen. So entsteht ein weitgehend destruktives Konkurrenzdenken, im Rahmen dessen kein gesunder Leistungswettbewerb stattfindet, sondern bspw. größerer Erfolg und bessere finanzielle Ausstattung Neid und Missgunst hervorrufen. Dies wiederum hemmt die Effizienz und Effektivität der eigentlichen Aktivitäten, während die Gesamtorganisation und Geschäftsführung vor der undankbaren und fast unlösbaren Herausforderung steht, die entstehenden Ungleichheiten für alle gleichermaßen gerecht auszugleichen:

„Hinzu kam noch, dass wir an verschiedenen Standorten tätig waren, dass halt eben auch Projekt- und Standortkulturen sich übereinanderlegten, es auch teilweise dann in den Köpfen der Mitarbeiter Konkurrenzen gab, so nach dem Motto ‚die in Potsdam und die in Berlin, und wann arbeiten die eigentlich? Immer, wenn man dort um 16:30 anruft, ist keiner mehr da'."[1188]

„Aber natürlich gibt es innerhalb der Organisation starke Konflikte, wobei vieles eben auch wegen unserer, ich nenne es mal Privilegiertenstellung einfach auch so eine Neiddiskussion ist, was ich auch verstehen kann: ist ja klar, wenn man schlechtere Bedingungen hat und in derselben Organisation arbeitet, dann wird man ein bisschen ärgerlich und fragt sich, warum das so ist. Und das führt natürlich auch dazu, dass die Geschäftsführung da in gewisser Weise unter Druck gerät. Das ist einfach auch unangenehm, damit konfrontiert zu sein. [...] Wir haben hier, also in unserem Projekt, auch mal bessere Bedingungen gehabt als die anderen. Wir haben aber bei den Fördergebern teilweise noch mehr Geld eingeworben, also wir könnten in unserem Projekt noch deutlich höhere Löhne zahlen. Das wurde aber über die ganzen sieben Jahre immer mit dem Argument verweigert ‚das führt zu Ungleichheiten innerhalb von iq consult', aber trotzdem ist es auf die Dauer ein Riesenärger-

---

1187 Interview mit Manfred Radermacher, Projektleiter, iq consult (geführt am 11.01.2012)
1188 Interview mit Norbert Kunz, Gründer & Geschäftsführer, iq consult (geführt am 11.01.2012)

nis, weil, naja, irgendwann muss man ja auch mal anfangen, irgendwo zu erhöhen, damit die anderen dann nachziehen können. [...] also ich verstehe auf der anderen Seite auch die Geschäftsführung. Was denen das Leben wirklich schwer macht, ist, wenn sie dem einen mehr zahlen als dem anderen; aber auf der anderen Seite machen wir das seit sieben Jahren, haben gute Ergebnisse, die haben wir einfach, leisten auch so einen essentiellen Beitrag für die Strukturkosten, dass man letztlich auch da findet, dass es durchaus gerechtfertigt wäre. " [1189]

II.5.3.2 Autonome Motivation und Anreizsysteme

Autonomie

Autonomie wird als ein zentraler Aspekt der Arbeit und damit als wichtiger Garant für die Zukunftsfähigkeit von iq consult bezeichnet. Autonomie findet dabei auf zwei Ebenen statt: Auf Projektebene sowie auf der individuellen Tätigkeitsebene.

Auf Projektebene ist Autonomie ein ambivalentes Thema. So gibt es durchaus einige wenige Projekte, die vergleichsweise schnell unabhängig von der Geschäftsführung agieren konnten und durch Projektleiter weitgehend eigenverantwortlich geleitet werden. Die Mehrzahl der Projekte besonders in der Anfangsphase, bei Entwicklungspotenzial oder bei oft wechselnder Projektleitung, befindet sich jedoch auch mittel- bis langfristig in enger Abstimmung mit der Geschäftsführung, welche oftmals de facto die Führung innehat und die inhaltlichen Themen treibt:

„[...] jedes Projekt [ist, d.V.] anfänglich stark durch die Geschäftsleitung, durch mich dominiert gewesen, und erst mit einer gewissen zeitlichen Distanz laufen die vollkommen selbstständig. [...] Ja, es gibt natürlich Projekte, wo man sich schneller lösen konnte, Enterability war zum Beispiel ein Projekt, wo ich mich faktisch nach einem halben Jahr ausgeklinkt habe [...] hier hat halt der Herr Radermacher sehr schnell, sehr verantwortlich, sehr erfolgreich das Projekt geführt. [...] Bei Projekten, wo zwischenzeitlich auch die Projektleitung sich verändert hat, oder bei neuen Projekten ist es ganz deutlich, also bei den neuen Projekten, die wir jetzt seit zwei Jahren haben, ist es ganz deutlich, wer auf diesen Projekten die Leitung hat: [...] die führt entweder Herr Jahnke oder ich. " [1190]

„Nach innen ist es so ein bisschen ambivalent [...]. Also es gibt bestimmte Themenfelder, wo er auch gerne die Hand drauf halten möchte und auch muss, weil es da noch Entwicklungspotenziale gibt. Ich glaube, bei den eher eigenständigeren Projekten ist das dann aber weniger relevant. " [1191]

Auch wenn im Falle der weitgehend eigenverantwortlich arbeitenden Projekte ebenfalls keine vollständige Entkopplung vom Gründer und der Geschäftsführung vollzogen wird [1192], herrscht doch eine große inhaltliche Gestaltungsfreiheit, welche auch vonseiten der Geschäftsführung gefordert und begrüßt wird. So werden Weiterentwicklungen und Adaptionen der bestehenden

---

[1189] Interview mit Manfred Radermacher, Projektleiter, iq consult (geführt am 11.01.2012)
[1190] Interview mit Norbert Kunz, Gründer & Geschäftsführer, iq consult (geführt am 11.01.2012)
[1191] Interview mit Elena Knaack, Projektleiterin, iq consult (geführt am 11.01.2012)
[1192] So sind diese weiterhin wichtige und hilfreiche Ansprechpartner, deren Unterstützung im Rahmen von bspw. Diskussionen neuer Ideen und Projektvorschläge als sehr gewinnbringend angesehen wird.

Ansätze oder die Entwicklung neuer (Sub)Projekte aus dem Projekt heraus initiiert und realisiert und damit Projektverantwortung übernommen. Eine umfassende Budget- sowie Personalverantwortung im Sinne der Befugnis, Verträge und Ähnliches eigenverantwortlich abschließen zu können, ist auf Projektebene dennoch nicht möglich:

„Ich denke, für uns ganz wichtig ist die Veränderungsbereitschaft der Mitarbeiter, auch die Bereitschaft zum selbstständigen Arbeiten und zur Übernahme von Projektverantwortung. Auch wenn ich vorher gesagt habe, die Projekte sind von uns entwickelt worden, heißt das nicht, dass wir Projektvorschläge von Mitarbeitern unterbinden würden. Im Gegenteil, die werden natürlich von uns gefördert, zum Teil spiegeln die sich dann halt auch in Teilprojekten unserer Projekte wieder, sie werden also schon adaptiert." [1193]

„Und auf der anderen Seite [...] entwickeln wir ja auch sehr autonom inhaltlich neue Projekte, das hab ich immer gemacht. Also ich akquiriere auch immer, wir haben ganz autonom die Gelder akquiriert für das Projekt. Ich und wir akquirieren immer wieder auch freie Aufträge. Also ich schule zum Beispiel auch Integrationsmitarbeiter in anderen Bundesländern, das mache ich selber, ich entwickle jetzt wieder ein neues Projekt, was, nachdem wir Vorgründung gemacht haben und Nachgründung, sozusagen nochmal einen draufsetzt, nämlich Akquise für die Unternehmer. Aber auch da ist es natürlich wunderbar, das relativ frei und autonom machen zu können, schon allein die Zeit dafür zu haben [...]. Und mit Norbert einfach mal so über solche neuen Ideen reden, und sei es auch nur, wenn man mal wieder zusammen im Auto zu einer Tagung oder so fährt, das ist schon auch immer hilfreich, weil er ist ja auch ein visionärer Denker mit unglaublich guten Kontakten und viel Erfahrung, und natürlich braucht man so ein Milieu, um dann selber auch autonom [...] sich entwickeln zu können. [...] Aber es gibt natürlich Dinge, da geht es nicht. Aber selbst bei Geld geht es bei vielen Dingen irgendwie, weil, ich hab schon im Prinzip die Budgetverantwortung, aber die Personalverantwortung eben nicht in dem Sinne, dass ich Verträge oder sowas machen könnte." [1194]

Überdies wird die Autonomie und Unabhängigkeit dieser Projekte nur gewährt, solange das Projekt erfolgreich läuft und alle Kennzahlen erfüllt oder übererfüllt werden:

„Weil wenn das Projekt nicht reibungslos läuft, muss ich höllisch aufpassen: Wenn ich eine dieser Kennzahlen nicht erfülle, dann verliere ich im Grunde auch meine Autonomie. Also solange das alles so läuft, dass es nichts zu meckern gibt, weil wir alle Kennzahlen übererfüllen, [...] kann ich relativ frei walten. Sobald das gefährdet ist oder mal nicht passiert, hat das ja auch immer monetäre Auswirkungen. [...] in diesem Moment würde ich meine Unabhängigkeit verlieren." [1195]

Während die inhaltliche Gestaltungsfreiheit also vergleichsweise hoch ist, wird in der relativ hohen und engen formalen Begrenzung der Projektautonomie und -unabhängigkeit wiederum das im Rahmen der Organisationskultur erläuterte Bestreben deutlich, die vormals starke Projekt-

---

[1193] Interview mit Norbert Kunz, Gründer & Geschäftsführer, iq consult (geführt am 11.01.2012)
[1194] Interview mit Manfred Radermacher, Projektleiter, iq consult (geführt am 11.01.2012)
[1195] Interview mit Manfred Radermacher, Projektleiter, iq consult (geführt am 11.01.2012)

zentriertheit mittel- bis langfristig zugunsten einer stärkeren Gesamtorganisationsidentität aufzulösen.

Die inhaltliche Gestaltungsfreiheit schlägt sich selbstverständlich auch und vor allem in den
Tätigkeitsbereichen der einzelnen Mitarbeiter nieder. So sind diese geprägt von der Möglichkeit
aber auch Notwendigkeit, Verantwortung zu übernehmen und weitgehend eigenverantwortlich
und selbstständig zu arbeiten. Der konkrete Grad an Autonomie bzw. Gestaltungsfreiheit ist
dabei abhängig von der operativen und strategischen Wichtigkeit sowie der Budgetrelevanz der
jeweiligen Entscheidungen: Beides kann im Zweifel eine Absprache mit dem Projektleiter
und/oder der Geschäftsführung notwendig machen, welche aber gemeinhin nach eigenem Ermessen des Mitarbeiters stattfindet:

*„Bezüglich Perspektiven kann ich jetzt retrospektiv sagen, dass ich schon gemerkt habe, dass ich mehr und
mehr Verantwortung zugesprochen bekommen habe, und das wiederum natürlich auch wieder eine Motivation
ist, sich zu engagieren [...]. [...] bei vielen Sachen kann er sich auch gar nicht drum kümmern und dann machen wir auch einfach selbstständig weiter. [...] Da kriegt man dann ja irgendwann auch ein Gefühl dafür, wo
man sich vorwagen kann und wo man lieber Rücksprache hält. Wobei das natürlich – aber das ist, denke ich,
in jedem Unternehmen so – auch nicht immer einfach ist, dieses Gefühl zu entwickeln. Manchmal war es dann
richtig, manchmal war es eben auch falsch. [...] Ja, viel hängt natürlich mit dem Budget zusammen, da hab
ich dann halt mein Budget, und da weiß ich ja, wofür ich das ausgeben kann, und das ist auch immer sehr
stark positionsbezogen, sage ich mal: da gibt es nicht so viele Spielräume, da weiß ich, dass ich mich im Zweifelsfall mit unserer Verwaltung abstimmen kann, inwieweit man das ausreizen kann oder wie man das irgendwie darstellt. Ansonsten, Spielräume was jetzt so die inhaltliche Gestaltung betrifft, da kommt es immer
drauf an, wie groß die Sachen sind, die ich mache. [...] Also da ist schon eine Gestaltungsfreiheit da, und es
gibt vor allem die Möglichkeit, dass man sich das in dem Sinne gestalten kann zu schauen ‚was muss ich absprechen, was mach ich lieber frei'. Also das ist eigentlich mein Ermessensspielraum, und sicherlich spreche ich
auch manchmal Sachen ab, die man nicht unbedingt hätte absprechen müssen.“* [1196]

Wichtig ist in diesem Zusammenhang die richtige Balance zwischen Freiheit und rahmengebenden Strukturen, welche auf der einen Seite nicht unnötig hemmt, auf der anderen Seite aber
notwendige Absprachen möglich macht:

*„Das ist mir schon in gewisser Weise wichtig, weil es einfach hemmt, wenn man so viel absprechen muss, aber
bei vielen Sachen sicher ich mich lieber ab, muss ich ganz ehrlich sagen. Also das ist eine ganz gute Balance,
die man da hat bzw. die es bei uns gibt. Sprich eine gute Mischung zwischen Freiheiten und rahmengebenden
Strukturen.“* [1197]

Die Motivation, eigene Ideen zu verfolgen, würde indes noch steigen, wenn von Organisationsseite deutlicher gemacht würde, dass solche Aktivitäten unabhängig vom letztlichen Erfolg als ein

[1196] Interview mit Elena Knaack, Projektleiterin, iq consult (geführt am 11.01.2012)
[1197] Interview mit Elena Knaack, Projektleiterin, iq consult (geführt am 11.01.2012)

originärer Teil des Aufgabengebietes der Mitarbeiter und somit auch als Teil der normalen Arbeitszeit angesehen werden – im Gegensatz zu einer Sichtweise, die solche zusätzlichen Bemühungen primär als Privatvergnügen der Mitarbeiter einordnet:

„Doch, ich fände das schon motivierend, wenn es das mehr gäbe, also mehr Freiheiten, eigene Ideen zu verfolgen. [...] Es müsste halt irgendwie klar sein, dass das Teil meines Aufgabengebiets ist, auch wenn dann vielleicht rauskommt ‚nö, brauchen wir doch nicht‘, dann ist es nichts Doofes, sondern halt trotzdem eine Idee gewesen, das zu entwickeln. Also wenn es so integriert wäre, fände ich das schon gut und motivierend.“ [1198]

Anforderungsvielfalt und Kompetenzerleben

Ein weiterer Aspekt im Rahmen der auonomen Motivation ist Anforderungsvielfalt sowie ein positives Kompetenzerleben. Dies wird als wichtig angesehen, vor allem auch weil Überforderung als demotivierend empfunden wird. Während **Anforderungsvielfalt** zum einen aus der Tätigkeit selbst heraus erwächst, spielt zum anderen der **Feedbackprozess** eine zentrale Rolle: In diesem werden Tätigkeitsfelder und damit die Anforderungsvielfalt definiert sowie durch Rückmeldungsmechanismen das Kompetenzerleben beeinflusst.

Feedback findet bei iq consult primär über Feedback- bzw. Mitarbeitergespräche statt, in denen Zielvereinbarungen beschlossen sowie die persönliche Entwicklung diskutiert werden soll. Allerdings finden diese nur sehr unregelmäßig statt. Besonders auf Mitarbeiterebene wurden in der Vergangenheit regelmäßige Gespräche vonseiten der Geschäftsführung versprochen, was letztlich jedoch nicht eingehalten wurde und daher zu großem Unmut führte. Verstärkt wurde dieser Unmut durch den Umstand, dass aufgrund des Fehlens von offiziellen Gesprächen gewisse Themen eher auf dem informellen Weg geklärt wurden. Hiervon profitierten dann primär solche Mitarbeiter, die zum jeweiligen Zeitpunkt aufgrund von bspw. inhaltlicher Zusammenarbeit ohnehin in engem Kontakt und Austausch mit der Geschäftsführung standen, was ein gewisses Ungerechtigkeitsempfinden auslöste:

„[...] eigentlich hat die Geschäftsführung auch schon mehrmals, seit ich hier bin, versprochen, das zu tun, also regelmäßige Mitarbeitergespräche durchzuführen, wo dann auch protokolliert wird, ‚was sind die Ziele fürs nächste Jahr, in welchem Bereich willst du dich weiterentwickeln, wo willst du eine Fortbildung machen, was sind die Zahlen, die du erreichen musst‘ [...]. Ich habe solche Gespräche auch zweimal gehabt in den sieben Jahren, wo ich hier bin, und sehr differenzierte Protokolle, wo das alles festgehalten wurde, aber es wurde nie wieder Bezug darauf genommen, im Grunde. [...] Und in der größeren Organisation hat das auch zu viel Unmut geführt, dass immer Mitarbeitergespräche versprochen wurden, aber es dann letztlich nie eingehalten wurde. [...] Ich meine, sicherlich hat es ja auch Vorteile, es hat ja auch für die Mitarbeiter viele Vorteile, wenn solche Gespräche nicht stattfinden, insbesondere für die, die gerade den sozial besten Draht zu der Geschäftsführung haben: Da wird das mal eben so informell kurz auf dem Flur oder so besprochen, und schon hat

---

[1198] Interview mit Nadine Chapelier, Leiterin Kommunikation, iq consult (geführt am 11.01.2012)

man seinen Sonderurlaub. Es ist daher nicht so, dass es nur Nachteile hätte, es kommt eben nur drauf an, mit wem man gerade spricht. "[1199]

Insgesamt gibt es folglich keinen standardisierten, systematischen und automatischen Feedbackprozess. So gibt es für die letztlich stattfindenden Gespräche auch zumeist keinen Leitfaden, vielmehr sind dies normale Gespräche, in denen verschiedene relevante Themen angesprochen und diskutiert werden. Des Weiteren sind sie wie zuvor erwähnt weitgehend unregelmäßig, d.h. es gibt keinen festgelegten und erwartbaren Rhythmus, und oftmals finden Gespräche, in denen bspw. Zielvereinbarungen wegen eines Projektwechsels angepasst oder neu formuliert werden müssen, aufgrund der knappen Zeitressourcen ‚zwischen Tür und Angel' statt:

„Also, man sitzt halt im Raum zusammen, aber es gibt jetzt keinen Leitfaden oder so, anhand dessen das abgefragt wird, so von wegen ‚hast du deine Ziele erreicht im letzten Monat, oder hast du sie nicht erreicht?', sondern das ist eher ein normales Gespräch. Man redet einfach drauf los, und ich sage, was ich mir vorher überlegt habe. Sie sagen dann selber ein paar Kritikpunkte, ein paar Punkte, die gelaufen sind. Also das ist nicht systematisiert, nein. "[1200]

„Also, in der Theorie gibt es das auf jeden Fall, in der Praxis zwar schon auch, aber es ist jetzt glaube ich nicht wie in einem großen Unternehmen, wo das regelmäßig festgeschrieben ist und sozusagen schon im Kalender steht. Ja, standardisiert ist es nicht wirklich. [...] so, wie ich es mitbekomme, ist es definitiv nicht so, dass in allen unseren Kalendern steht ‚alle halbe Jahre ist der Termin fest und da wird das gemacht', da kann ich auf jeden Fall sagen, dass es nicht so weit standardisiert ist. [...] Bei uns verändern sich halt auch sehr oft die Aufgabengebiete, also dass dann z.B. ein neues Projekt kommt, was dann ganz wichtig ist und alle Leute, die vorher was anderes zu tun hatten, plötzlich da rein müssen und da ganz viel tun – und dann passt die Zielvereinbarung nicht mehr, und da gibt es aber keinen genauen Ablauf, im Sinne von, ‚sobald du so und so viel Tage in dem Projekt arbeitest, machen wir eine neue Zielvereinbarung', sondern das läuft dann viel am Telefon zwischen Tür und Angel. Dann fährt man mal irgendwohin gemeinsam Auto und bespricht es dann. Das ist natürlich dann irgendwie eine Art von Personalgespräch, aber nicht das, wie man sich das jetzt so klassischerweise vorstellt, so mit richtigem Termin, und wo dann alles festgehalten wird, sondern wo dann eher zwischenmenschlich geredet wird. "[1201]

Konkrete Inhalte der Mitarbeitergespräche sind u.a. das Abstecken des jeweiligen Tätigkeitsbereiches. Hierbei werden gemeinsam mit dem Mitarbeiter im Ansatz dessen individuelle Präferenzen, Stärken und Fähigkeiten berücksichtigt, auch wenn die zugeteilten Aufgaben nicht immer vollständig mit diesen korrespondieren:

„Naja, ich sage mal so, jetzt in meinem Fall sind wir uns da beim letzten Feedbackgespräch relativ einig gewesen, was meine Stärken sind und was ich nicht so gut kann. Und eigentlich war das, mit dem ich in das Ge-

---

1199 Interview mit Manfred Radermacher, Projektleiter, iq consult (geführt am 11.01.2012)
1200 Interview mit Elena Knaack, Projektleiterin, iq consult (geführt am 11.01.2012)
1201 Interview mit Nadine Chapelier, Leiterin Kommunikation, iq consult (geführt am 11.01.2012)

spräch reingegangen bin, wo ich gedacht habe ‚das möchte ich jetzt weiter machen, und die anderen Sachen bitte nicht mehr', eigentlich auch genau das, was die Geschäftsführung gesehen hatte. Von daher war das ganz gut. Es ist jetzt natürlich so, dass man auch Aufgaben hat, die man nicht so gerne macht, was ja nicht unbedingt heißt, dass man sie nicht kann, sondern man vielleicht einfach nicht so einen Spaß dran hat. Da sind jetzt auch einige Sachen dabei, die ich jetzt machen muss, weil es keine andere personelle Möglichkeit dafür gibt, die ich auch nicht gut kann, was ich aber auch weiß, und was auch die Geschäftsleitung weiß." [1202]

Während die Definition von Zielen und Zielvereinbarungen zwar Gegenstand der Gespräche ist, findet ein stringentes und strukturiertes Nachhalten dieser Ziele und Zielvereinbarungen trotz anderslautenden Anspruchs zumeist nicht statt. Vielmehr wird eher ‚nach Bauchgefühl' bewertet, und eine Bewertung mit direkten Konsequenzen (Sanktionen oder Boni) gibt es nicht:

„Also wir machen da immer wieder neue Anläufe, das Nachhalten von Vereinbarungen irgendwie stärker zu machen, und das auch stärker zu objektivieren: Wie sind die Ziele? Wie kann man die Ziele effektiv nachhalten? Das war früher gar nicht der Fall, bzw. da war das halt zu sehr nach Bauchgefühl, und es gibt immer wieder Bestrebungen, das mehr zu strukturieren. Aber, aus meiner persönlichen Erfahrung heraus gab es durchaus auch Zielvereinbarungen, die nie wieder angeguckt wurden [...]." [1203]

„Nein, richtiggehende Bewertungen und Boni gibt es eigentlich nicht, nein." [1204]

Die Realisierung von Mitarbeitergesprächen ist letztlich abhängig von der Mitarbeiterinitiative sowie der Verfügbarkeit der Geschäftsführung. Da kein Automatismus in Form eines regelmäßigen Rhythmus' existiert, liegt es zunächst in der Verantwortung der Mitarbeiter, die Gespräche einzufordern und auf eine regelmäßige Durchführung zu pochen. Die letztliche Durchführung hängt jedoch von der zum jeweiligen Zeitpunkt vorherrschenden Belastung der Geschäftsführung ab. Auch hier hilft es, wenn man aufgrund inhaltlicher Zusammenarbeit einen engen Kontakt und Austausch zur Geschäftsführung hat, da auf dem informellen Weg die Vereinbarung eines Gesprächs wesentlich schneller und einfacher möglich ist:

„[...] wir haben zwar Personalgespräche, und es gibt auch bei manchen Zielvereinbarungen, bei manchen nicht so, also es ist so ein bisschen schwammig und auch stark davon abhängig, wie sehr der Mitarbeiter darauf pocht, dass das regelmäßig stattfindet. [...] Es gibt da Leitlinien, und wir haben das theoretisch alles erarbeitet, aber ob es dann wirklich regelmäßig stattfindet, liegt dann auch stark an der Belastung der Geschäftsführung und, ja, inwieweit man selbst drauf pocht und da auch die Einhaltung sozusagen einfordert. [...] Es gibt sicher Mitarbeiter, das ist halt so ein bisschen so, je enger man an der Geschäftsführung gerade aktuell in seinem jetzigen Themengebiet ist, desto mehr hat man auch Feedbackgespräche, und desto öfter hat man vielleicht auch mehr Motivationsaspekte oder so, und je weiter man entfernt ist, desto weniger ist es, so würde ich es von meiner persönlichen Einschätzung sehen. [...] Aber, wenn man halt thematisch enger dran ist, dann ist das

---

[1202] Interview mit Elena Knaack, Projektleiterin, iq consult (geführt am 11.01.2012)
[1203] Interview mit Nadine Chapelier, Leiterin Kommunikation, iq consult (geführt am 11.01.2012)
[1204] Interview mit Elena Knaack, Projektleiterin, iq consult (geführt am 11.01.2012)

anders, dann hat man da mehr direkten Einfluss und kann auch einfach viel schneller mal sagen ,ich brauche jetzt mal ein Gespräch und ich brauche jetzt mal ein Feedback', dann kriegt man es auch irgendwie hin, trotz voller Terminkalender. " [1205]

„Ja, also eigentlich ist es so, dass man danach fragen muss, so ein Gespräch zu bekommen. Das ist jetzt nicht so, dass turnusgemäß automatisch ein Gespräch ansteht; es ist zwar schon so, dass man sagt, man sollte das einmal im Jahr haben –was ich persönlich zu wenig finde –, aber es ist in der Realität so, dass ich dann sagen muss ,ich hätte jetzt gerne mal ein Personalgespräch'. [...] Oder jetzt letztens, ich weiß gar nicht, worum es da dann ging, da war auch wieder irgendein Anlass und dann habe ich gesagt ,ich brauch das, und da würde ich dann ganz gerne nochmal ein bisschen Feedback bekommen'. Und das haben wir dann auch gemacht, das schon, mit der Geschäftsführung direkt. " [1206]

All dies führt dazu, dass von Mitarbeiterseite der Wunsch besteht nach einer stärkeren Institutionalisierung im Sinne regelmäßiger Gesprächstermine sowie nach einer klaren inhaltlichen Struktur mit objektiven und nachvollziehbaren Gesprächskriterien insb. hinsichtlich des Nachhaltens der Zielvereinbarungen:

„Was dann irgendwie so generell persönliches Auftreten und so weiter angeht, da finde ich es schon in Ordnung, wenn das halbjährlich oder so passiert. Ich fänd es aber auch hier besser, wenn das ein bisschen institutionalisierter wäre. [...] Ja, also ich fände es halt schon ganz gut, wenn das nicht immer sozusagen von mir kommen müsste. " [1207]

„Also früher war mir das ziemlich schnurz, also eher neutral, und, ja, ist ja auch nett, dass es alles so auf der menschlichen Ebene läuft. Aber je größer wir werden, desto mehr würde ich mir mittlerweile schon mehr Struktur wünschen, also einfach auch, um das Ganze nachvollziehbarer und objektiver zu halten, es also für alle Mitarbeiter klarer zu machen, im Sinne von ,okay, offensichtlich hat diese Person ihre Ziele erreicht und deswegen ist das und das passiert; oder sie hat sie nicht erreicht, deswegen ist das und das passiert', und dass das nicht so sehr nach Gutdünken passiert. " [1208]

Sowohl von Mitarbeiter- als auch von Geschäftsführungsseite ist man sich allerdings im Klaren, dass für eine solche Weiterentwicklung des Feedbackprozesses mehr Ressourcen nicht nur sinnvoll, sondern zwingend notwendig sind. Diese umfassen einerseits mehr zeitliche Ressourcen seitens der Geschäftsführung, andererseits jedoch auch und vor allem eine dedizierte Personalentwicklung, welche den Prozess erarbeitet und steuert:

„Was noch nicht so hundertprozentig funktioniert, weil es ein Ressourcenproblem ist, ist das Thema Zielvereinbarungsgespräche, mit den Projektleitern und Mitarbeitern [...]. " [1209]

[1205] Interview mit Nadine Chapelier, Leiterin Kommunikation, iq consult (geführt am 11.01.2012)
[1206] Interview mit Elena Knaack, Projektleiterin, iq consult (geführt am 11.01.2012)
[1207] Interview mit Elena Knaack, Projektleiterin, iq consult (geführt am 11.01.2012)
[1208] Interview mit Nadine Chapelier, Leiterin Kommunikation, iq consult (geführt am 11.01.2012)
[1209] Interview mit Norbert Kunz, Gründer & Geschäftsführer, iq consult (geführt am 11.01.2012)

„Und in der größeren Organisation hat das auch zu viel Unmut geführt, dass immer Mitarbeitergespräche versprochen wurden, aber es dann letztlich nie eingehalten wurde. Letztlich scheitert das dann daran, dass es hier gibt im Grunde keine wirkliche Personalentwicklung gibt, und Norbert und Torsten haben nicht die Ressourcen, selbst beim besten Willen, wann sollen die das tun? Das geht einfach nicht. Also nicht so, wie das hier organisiert ist, dann muss man es anders organisieren." [1210]

„Ja, aber dann müsste es halt wirklich einen Personalverantwortlichen geben, der nicht die Geschäftsführung ist, also dass es nochmal jemanden darunter gibt, der sich nur damit befasst, und das gibt es halt einfach nicht. Also da gibt es einfach keine Gelder für, weil, das meiste Geld, das wir bekommen, ist ja schon aus öffentlichen Fördermitteln, und ja, das ist einfach nicht so richtig vorgesehen, dass Jemand solche eine Overhead-Funktion wahrnimmt – ergo macht es halt die Geschäftsführung, ergo fällt vieles hinten runter, so dass dann einfach keine Zeit dafür ist." [1211]

Neben dem Anliegen eines institutionalisierten Feedbackprozesses mit Mitarbeitergesprächen wird außerdem der Wunsch nach einem fallbezogenen Feedback bspw. direkt nach einem gehaltenen Workshop oder einer veranstalteten Konferenz geäußert, welches noch stärker einen direkten inhaltlichen Lerneffekt bewirken kann:

„Auf der anderen Seite würde es bei vielen Dingen glaube ich mehr bringen, wenn man Feedback direkt gibt, also nach einem Meilenstein, der erreicht ist oder so. Also jetzt in meinem Fall, ich organisiere halt viele Veranstaltungen, da fände ich es besser, man setzt sich dann irgendwie nochmal in der Woche nach der Konferenz zusammen und sagt ,das war gut, das war nicht gut', und auch auf die persönliche Leistung sozusagen bezogen, als dass man dann ein halbes Jahr später nochmal sagt ja, stimmt, damals, das war ja super oder gar nicht gut', oder ,da hätte man auch noch das und das machen können', das bringt dann direkt bei solchen arbeitsbezogenen Dingen mehr." [1212]

Ein unmittelbares Instrument, die Kompetenzen der Mitarbeiter zu steigern und damit angesichts der vorhandenen Anforderungsvielfalt ein positives Kompetenzerleben zu begünstigen, sind **Trainings und Weiterbildungen**. iq consult als Gesamtorganisation verfolgt hierbei einen bedarfsorientierten Ansatz, im Rahmen dessen eine grundsätzliche Offenheit gegenüber Mitarbeiterbedarfen- und -vorschlägen besteht und diese, wenn zeitlich und finanziell möglich, unterstützt und gefördert werden sollen:

„Darüber hinaus werden Weiterbildungsmöglichkeiten oder Trainingsmöglichkeiten mit den Mitarbeitern ausgehandelt. Im Prinzip wollen wir das auch und fördern das auch, dass Leute sich weiterbilden, aber müssen wir halt gucken, wie es passt. Aber wenn jemand zu uns kommt und sagt, er möchte an einer Weiterbildung, einem Grundkurs, einem Seminar teilnehmen, dann fördern wir das, und umgekehrt versuchen wir das Thema halt eben auch im Rahmen von Zielvereinbarungsgesprächen anzusprechen, wenn das möglich ist, machen wir

1210 Interview mit Manfred Radermacher, Projektleiter, iq consult (geführt am 11.01.2012)
1211 Interview mit Nadine Chapelier, Leiterin Kommunikation, iq consult (geführt am 11.01.2012)
1212 Interview mit Elena Knaack, Projektleiterin, iq consult (geführt am 11.01.2012)

das auch. Oder wenn ein Mitarbeiter zu uns kommt und sagt ,ich möchte gerne an dieser Konferenz oder an jener Tagung oder sonst irgendwas teilnehmen', haben wir immer einen Weg gefunden, dass das möglich ist, es sei denn, die kostet 5000 Euro oder so, also im Rahmen dessen, was wir ermöglichen können. " [1213]

Auch hierbei liegt, analog dem zuvor beschriebenen Feedbackprozess, die Holschuld zunächst bei den Mitarbeitern. Diese haben die Verantwortung, in Eigeninitiative für sie relevante, konkrete Optionen zu finden und diese dann vorzuschlagen. Eine aktive Begleitung und Vorschläge von Organisations- bzw. Geschäftsleitungsseite erfolgt in den meisten Fällen nicht, außer wenn es von der Geschäftsführung als unmittelbar wichtig angesehen wird:

„Ansonsten ist es schon so, dass man dann auch mal was eingeräumt bekommt, aber man muss da eigentlich schon danach fragen. Also ich war im Sommer z.B. bei einer Summerschool, da hab ich gefragt, ob ich dafür die Arbeitszeit freigestellt bekomme und keinen Urlaub nehmen muss. Ich hab das selbst finanziert, aber dass ich halt nicht dafür Urlaubstage verwenden muss. Solche Sachen gehen dann immer in Ordnung. [...] aber, ja, also sowas muss man dann schon fragen, sowas ist dann Eigeninitiative. [...] also ich wüsste jetzt keinen Fall, wo irgendwie gesagt wurde ,mach das mal' [...]. " [1214]

„Für mich persönlich ist es schon so, dass ich für mich da schon selber dran bleiben muss. [...] dass es jetzt irgendwie Vorschläge zur Weiterbildung oder überhaupt ein Angebot gäbe im Sinne von ,ach, willst du nicht mal in die Richtung was machen, das passt doch', das ist definitiv nicht so. [...] Also es ist eher so, dass ich schaue und sage ,hm, das scheint ja jetzt etwas Wichtiges zu werden, da muss ich jetzt mal mit befassen'. Ja, also ich denke, dass es schon vielleicht auch ein bisschen abhängig davon ist, für wie wichtig deine Arbeit gerade angesehen wird, sprich wenn ich jetzt ganz eng dran bin an der Geschäftsführung, sagen die vielleicht schon ,ja, du solltest dich mal in dem Bereich weiterbilden, und das ist jetzt ganz wichtig', aber wenn ich halt gerade nicht so nah dran bin, dann ist das halt mehr Eigeninitiative. " [1215]

Verpflichtende Weiterbildungen auf Gesamtorganisationsebene sind bis auf wenige Ausnahmen wie bspw. die für Berater vorgeschriebene Testierung als Gründungsberater nicht vorgesehen.

Auch wenn es tatsächlich das primäre Bestreben der Organisation/Geschäftsführung ist, durch Offenheit und Verzicht auf Vorgaben/Zwang eine bedarfsgerechte und freie Nutzung von Weiterbildungsangeboten zu ermöglichen, ist das Ergebnis eher negativ. So werden Weiterbildungen tendenziell zu wenig genutzt, auch weil die passive Haltung der Organisation von den Mitarbeitern oftmals als Desinteresse oder Indifferenz missverstanden wird – in dem Sinne nämlich, dass die Teilnahme an Weiterbildungsprogrammen von der Organisation/Geschäftsführung nicht wahrgenommen und/oder wertgeschätzt wird. Dies führt dann zu weniger Initiative von Mitarbeiterseite, und damit zum Gegenteil dessen, was eigentlich intendiert war:

[1213] Interview mit Norbert Kunz, Gründer & Geschäftsführer, iq consult (geführt am 11.01.2012)
[1214] Interview mit Elena Knaack, Projektleiterin, iq consult (geführt am 11.01.2012)
[1215] Interview mit Nadine Chapelier, Leiterin Kommunikation, iq consult (geführt am 11.01.2012)

„Also das befördern wir, möchten auch, dass die Mitarbeiter das tun, aber vielleicht sind wir in manchen Punkten da noch nicht gut genug in der Kommunikation, weil wir schon glauben, dass weniger in Anspruch genommen wird, als wir uns das eigentlich wünschen. Ich glaube, da müssen wir lernen. Wir sind da wirklich in einer lernenden Situation, also ich meine, das hat was wahrscheinlich auch mit Kultur zu tun, vielleicht sanktionieren wir manchmal auch zu wenig. Also wir sind in bestimmten Dingen zu offen, zu anarchistisch organisiert (schmunzelt), dass wir viele Dinge zulassen und möglicherweise Mitarbeiter auch nicht das Gespür oder das Gefühl haben, dass es uns wichtig ist. Also dass es halt eben egal ist, ob sie kommen oder nicht kommen, dass die Geschäftsleitung das möglicherweise gar nicht wahrnimmt, ob sie da sind oder nicht, obwohl wir das sehr wohl tun, aber vielleicht fehlt dort der Kommunikationslink dazu." [1216]

Von Mitarbeiterseite wird denn auch der Wunsch geäußert, dass von Organisationsseite eine aktivere Rolle im Sinne einer Begleitung und konkreten Förderung eingenommen wird:

„[Weiterbildungen, d.V.] empfinde ich jetzt auch als Motivation, weil es in dem Sinne ja auch eine Weiterbildung ist. Also solche Incentives könnte es dann schon noch mehr geben, was aber, glaube ich, ein generelles Problem ist. [...] Würde ich mir das mehr wünschen? Also generell wünscht man sich glaube ich immer, dass man irgendwie wahrgenommen und gefördert wird, gerade in den ersten Jahren nach dem Berufseinstieg, wo man noch nicht so wahnsinnig viel Erfahrung hat. Und gerade da fände ich es schon gut, wenn das gemacht werden würde, aber ich weiß halt auch, dass es einfach in so einem kleinen Unternehmen schwierig ist." [1217]

Als Ergänzung zu vergleichsweise kostenintensiven externen Weiterbildungen gibt es noch die Option, interne Ressourcen für Trainingszwecke zu nutzen. Auch wenn dies bis dato vereinzelt und durchaus erfolgreich stattfand, hat es sich bislang insgesamt nicht durchgesetzt. Dies lag sowohl an der Angebots- (zu wenig Mitarbeiter, die gleichzeitig Kompetenz, Zeit und Lust hatten) als auch an der Nachfrageseite (zu wenig Bedarfe bei konkreten Themenvorschlägen). Auch der Versuch, in Form einer Börse Angebot und Nachfrage besser zu koordinieren, hat letztlich mittel- bis langfristig nicht funktioniert:

„Es wurde halt eine Zeitlang überlegt, dass man eine interne Fortbildung mit internen Ressourcen macht [...] aber das hat nie so richtig funktioniert, bzw. nur bedingt. Ich glaube, es lag auch an der Motivation der Mitarbeiter, die das hätten machen können, und auch an der Struktur, dass wir viel mit Freien arbeiten, die natürlich dann auch ihre Arbeitszeit immer in Geld gegenrechnen, im Gegensatz zu Leuten, die jetzt für 40 Stunden die Woche festangestellt sind und dann einfach mal einen Freitagnachmittag das machen. Das ist dann auch wieder was anderes. [...] wir haben auch mal irgendwann ein Seminar über Businessplangestaltung gemacht, mit dem Manfred Radermacher für die Leute, die sich da halt noch nicht so mit auskannten, das war auch sehr gut, das hat er super gemacht, hat er auch danach nochmal für Praktikanten gemacht. Das fand ich schon ganz gut. [...] Ich würde auch gerne selbst Wissen weitergeben, was jetzt bei mir nicht so Hard-Facts wären, ich könnte halt Fremdsprachen unterrichten, aber gut, weiß ich nicht, ob dann die Leute ein Interesse

---

1216 Interview mit Norbert Kunz, Gründer & Geschäftsführer, iq consult (geführt am 11.01.2012)
1217 Interview mit Elena Knaack, Projektleiterin, iq consult (geführt am 11.01.2012)

daran haben, die jetzt hier als Berater in Berlin tätig sind. Da hat man ja auch nicht so den Bedarf irgendwie. Also das ist ja so ein bisschen ein Geben und Nehmen, das haben wir mal versucht, mit so einer Börse zu machen, aber das hat auch nicht so richtig funktioniert, vor allem auf der Nachfrageseite."[1218]

Der aktive Einbezug von pro bono-Partnern ist bis dato keine wirkliche Option, da solche vorhandenen Angebote bspw. von Ashoka vor allem auf den Gründer fokussiert und begrenzt und daher im Rahmen eines Weiterbildungskonzeptes auf Gesamtorganisationsebene nur bedingt geeignet sind. Auch wenn hier durchaus der Wunsch besteht, solche Formate auf das Gesamtteam auszuweiten, kann dies von iq consult nur eingeschränkt beeinflusst werden:

„Also, wobei ich da auch sagen muss, dass das Angebot, was von der Pro-Bono-Seite kommt, so von Seiten Ashoka, ja immer sehr auf die Fellows abgestimmt ist, d.h. auf den Gründer/Geschäftsführer: sowas könnte man ja auch mal für Mitarbeiter machen. Dass man dann da irgendwie ein Seminar mit irgendwie McKinsey-Leuten oder was weiß ich macht, aber das ist bis dato komplett personenbezogen."[1219]

Etwas anders kann die Situation bei den zuvor erwähnten Projekten aussehen, welche vergleichsweise eigenverantwortlich und autonom arbeiten. Im überschaubaren Umfeld von einigen Mitarbeitern und direktem Vorgesetzten (Projektleiter) scheint eine Dynamik leichter in Gang zu kommen. So zeigt sich zumindest im Fall eines solchen Projektes, dass ein umfassendes Weiterbildungsprogramm existiert, im Rahmen dessen die relevanten Inhalte vom gesamten Team gemeinsam erarbeitet werden, der Projektleiter aber auch selbst klare Themenvorstellungen hat und ggf. verpflichtende Weiterbildungen ansetzt:

„Dann haben wir ein Programm, ich würde es mal mit Weiterbildung überschreiben, bei dem ich alle Mitarbeiter quasi verpflichte, gemeinsam daran teilzunehmen. Und das gestalten wir auch im Team. Also wir suchen uns Themen und suchen uns dann Dozenten oder Spezialisten, die uns da helfen können. [...] Ja, wir setzen uns zum Beispiel zusammen und überlegen: ,Was machen wir zusammen?' Wir haben relativ viel Etat dafür, letztes Jahr haben wir es gar nicht ausgeschöpft. Wir überlegen uns: Was wäre gut für die Arbeit? Was bringt uns gemeinsam weiter? Aber auch: Was können wir machen? [...] Und es gibt natürlich einfach Dinge, von denen denke ich, dass sie das wissen müssten: Und entweder, sie organisieren sich das so, also die Mitarbeiter selbst, oder ich sage ,ja, nee, dann müssen wir eine Fortbildung einsetzen'. Auch gerade, weil sich ja immer auch Diverses verändert, inhaltlich für unsere Themen."[1220]

Es entsteht eine Mischung aus allgemein relevanten und daher zumeist verbindlichen sowie bedarfsorientierten Formaten in kleiner Gruppe. Die Inhalte reichen dabei von für den Tätigkeitsbereich relevanten themenbezogenen Weiterbildungen (bspw. Schuldnerberatung, Umgang mit Menschen mit Behinderung) bis hin zu praktischen Trainings (bspw. Nutzung von Photos-

---

[1218] Interview mit Elena Knaack, Projektleiterin, iq consult (geführt am 11.01.2012)
[1219] Interview mit Elena Knaack, Projektleiterin, iq consult (geführt am 11.01.2012)
[1220] Interview mit Manfred Radermacher, Projektleiter, iq consult (geführt am 11.01.2012)

hop). Durchgeführt werden diese sowohl von externen Spezialisten als auch intern vorhandenen pro bono-Ressourcen wie bspw. Menschen mit Behinderung/Kunden:

„Das fängt mit ganz banalen Geschichten an, wie dass wir Spezialisten zum Bereich Schulden hierhin bitten, die uns dann etwas zur Schuldnerberatung, Schuldnerproblematik sagen, aber wir haben auch schon mehrere Tage mit Behinderten verbracht, die das komplizierte Thema ‚Umgang mit Menschen mit Behinderung' also alles thematisiert haben, was da an auch versteckten und verschütteten Vorurteilen, von denen wir ja alle nicht frei sind, eine große Rolle spielen. Es gibt Seminare, die Blinde machen, wo es dann darum geht, wie man am besten mit Blinden umgeht, sprich wie organisiert man am besten diesen Kontakt. [...] Es kann auch sein, dass man das je nach Bedarf auch in kleinerer Gruppe macht – was weiß ich, ich musste Photoshop ein bisschen was lernen, weil ich eben auch manchmal Dinge gestalte, und da haben wir dann aber nicht zu sechst gesessen, sondern nur zu dritt. Also es kann natürlich sein, dass wir nur zu dritt mal einen Photoshop-Kurs machen. Es gibt aber auch Themen, wie z.B. ‚Vorurteile in Bezug auf Behinderung und wie gehe ich damit um', da kommen dann alle, weil wir ja alle mit behinderten Menschen zu tun haben.“ [1221]

Auch eine umfassende Supervision gehört zum Weiterbildungsprogramm. Gegenstand ist sowohl die Tätigkeit/Beratung und deren Herausforderungen, aber auch die teaminterne Zusammenarbeit und die Schnittstellen von Projekt und Gesamtorganisation. Dieses wurde trotz vorhandener Vorbehalte vonseiten der Geschäftsführung umgesetzt. Die Vorbehalte bezogen sich dabei vor allem auf das im Rahmen der Supervision stattfindende und aus Geschäftsführungsperspektive übermäßige Problematisieren in unzugänglichem Rahmen, sowie auf die Befürchtung, dass andere Projekte ein ähnliches Angebot fordern könnten:

„Wir machen eine Supervision, also auch ganz regelmäßig. Das heißt, wir suchen uns externen Sachverstand, und Thema sind dabei zum einen die Konflikte und Schwierigkeiten, die in der Beratung selbst auftreten, weil unsere Zielgruppe schon ziemlich schwierig ist, zum anderen widmet sich aber ein mindestens genauso großer Teil auch der Teambildung, den Beziehungen von mir zu den Mitarbeitern, den Mitarbeitern untereinander, des Teams Enterabilty zu iq consult gesamt, zu den Schnittstellen, zur Kommunikation und, und, und. [...] Ja, und wir haben das teilweise auch [...] gegen größere Vorbehalte einfach durchgesetzt und gemacht. [...] mit der Supervision zum Beispiel, das wurde gar nicht gerne gesehen, weil Norbert und Torsten externe Mediatoren und Supervisoren nicht so gerne mögen, wir hatten das auch mal für die gesamte Organisation versucht, vor fünf oder sechs Jahren, aber das wurde wieder abgesetzt. [...] es war unausgesprochen relativ klar, also zwei Befürchtungen. ‚Dann müssen wir das überall machen, weil die anderen wollen das dann auch', und die anderen sind auch wirklich sauer und sagen ‚das hätten wir gerne'. Die andere Befürchtung ist natürlich, dass da Dinge thematisiert werden, die auch das Verhältnis von Projekt und Geschäftsführung betreffen, in einem Raum, der ihnen nicht zugänglich ist. Das ist ja manchmal nicht so ein angenehmes Gefühl.“ [1222]

[1221] Interview mit Manfred Radermacher, Projektleiter, iq consult (geführt am 11.01.2012)
[1222] Interview mit Manfred Radermacher, Projektleiter, iq consult (geführt am 11.01.2012)

In der Tat ist, analog der folgenden Diskussion im Rahmen des Festgehaltes, die unterschiedliche finanzielle Ausstattung der Projekte ein äußerst kritischer Aspekt. Haben die einen ein umfassendes Budget für Weiterbildung in den Förderanträgen realisieren können, ist dies bei anderen Projekten nicht gegeben, sei es, weil dies im Rahmen der Förderanträge schlicht nicht möglich war oder dem Weiterbildungsthema keine prioritäre oder ausreichende Bedeutung beigemessen wurde. Unabhängig von den Gründen führt diese Tatsache zu ungleichen Weiterbildungsbedingungen, welche Neid und Unruhe zwischen den Projekten schüren können:

„Also naja, es hängt halt auch viel damit zusammen, dass unsere Mittel, obwohl wir auch da wirtschaftlich aufgestellt sind mit der GmbH und so, letztlich oft sehr projektgebunden sind. Also ich würde zum Beispiel gerne öfter auch Konferenzen gehen oder Ähnliches, aber das ist oftmals dann einfach auch nicht möglich von der Teilnehmergebühr her und so weiter, wenn es nicht in irgendein Projekt reinpasst." [1223]

„Das geht allerdings auch nur deshalb, weil das Projekt im Bezug auf die finanziellen Ressourcen im Bereich Weiterbildung, Supervision und so weiter deutlich besser ausgestattet ist als alle anderen Projekt bei iq consult, und das liegt aber daran, dass wir uns das erkämpft haben. Also wir haben sozusagen von Anfang an bei allen Anträgen, die wir geschrieben haben, wenn es also darum ging, Fördergelder zu bekommen, das Thema auch immer mit vorgesehen und auch mit eingeworben, also das haben wir gemacht. Und es führt auch zu relativ viel Neid innerhalb der Organisation: ‚Wieso haben die das, und wieso haben wir das nicht?' Das liegt aber daran, dass die Geschäftsführung das bisher bei den anderen Projekten nicht so im Fokus hatte, dem auch nicht so eine Bedeutung beimisst." [1224]

Zu guter Letzt findet auf Gesamtorganisationsebene eine gewisse Art der Kompetenzförderung in Form eines **Erfahrungs-/Informations-/Wissensaustausch** statt. Dieser manifestiert sich auf Mitarbeiterebene in einem informellen und freien Wissensaustausch, im Rahmen dessen Kollegen bei offenen Problemstellungen und konkreten Fragen zu Rate gezogen werden. Auch wenn die einzelnen Mitarbeiter zumindest tendenziell wissen, auf wen sie bei bestimmten Fragen zugehen können, gilt dies zumeist doch nur für das eigene Team oder den eigenen Standort:

„Im praktischen Leben ist es dann eher mal kurz anrufen und fragen ‚hast du davon Ahnung? Kannst du mir da helfen? Ich weiß nicht, wie das geht.' […] Also, ich hätte jetzt das Gefühl, bei ein paar Fragen wüsste ich, wen ich fragen müsste, wenn ich da nicht weiterkomme, und dann könnte ich halt einfach anklopfen und um Hilfe bitten, ich weiß aber nicht, ob das jetzt für alle Mitarbeiter gilt, oder ob eben manche Mitarbeiter sagen ‚würde ich mich gar nicht trauen, würde ich gar nicht stören wollen, oder ist nicht vorgesehen', aber grundsätzlich sollte es schon möglich sein. Also gerade in dem Kontext Social Impact Lab ist diese Kultur, glaube ich, sehr viel stärker ausgeprägt, ist ja auch ein kleines Team, und die kriegen natürlich sehr viel voneinander mit, was wer kann und was, wo wer der Experte ist, und die sitzen halt auch alle in diesem Großraumbüro zusammen, und da ist es dann natürlich auch eher möglich, mal kurz nachzufragen. Wobei, in so einem kleinen

---

[1223] Interview mit Elena Knaack, Projektleiterin, iq consult (geführt am 11.01.2012)
[1224] Interview mit Manfred Radermacher, Projektleiter, iq consult (geführt am 11.01.2012)

Standort wir Potsdam wird sicherlich auch jeder Berater wissen, was der andere Berater ungefähr kann, und da wird der Austausch genauso stattfinden."[1225]

Auch wenn die Geschäftsführung zuweilen Kontakte herstellen und vermitteln kann: Eine wie auch immer gestaltete zentrale Plattform oder ein Format, welche einen projekt- und standortübergreifenden Austausch strukturiert erleichtern würden, gibt es bis dato nicht bzw. nicht mehr. Ein vormaliger Ansatz war die Einrichtung von Beratertagen, an denen sich jeder vorstellen konnte und damit mittel- bis langfristig ein Expertennetzwerk aufgebaut werden sollte; mangels verantwortlicher Personalressourcen ist dieser Ansatz jedoch wieder aufgegeben worden:

„Also, als wir mal jemanden hatten, der sich ein bisschen so um das Thema Personal mehr kümmern sollte, war mal so eine Art Austauschplattform angedacht: weil, viele Leute wissen auch gar nicht, welcher Berater jetzt was besonders gut kann. Und gerade in den Projekten war das ein Problem, und da war dann die Idee zu sagen ‚wir haben zwar jetzt im eigenen Projekt keinen Experten dafür, aber vielleicht sitzt im Projekt nebenan jemand, der Experte dafür ist'. Da gab es dann mal so Bestrebungen, regelmäßig Beratertage zu machen, an denen sich jeder vorstellt und sagt, was seine Fälle sind usw.. Das ist aber dann auch relativ schnell wieder eingeschlafen, so im täglichen Arbeitswust, und die verantwortliche Person war dann auch irgendwann nicht mehr dafür zuständig, und wenn es halt keiner aktiv treibt und betreibt, dann schläft es wieder ein, weil dann doch jeder genug zu tun hat und von den Beratern selbst keiner auf die Idee kommt das zu initiieren. [...] Klar, manchmal läuft es dann auch über die Geschäftsführung, dass man zu denen sagt ‚ich habe keine Ahnung, was soll ich da jetzt machen?' und die dann sagen ‚frag doch mal XY, der ist doch Experte dafür', also das kommt schon auch vor. Aber nicht, dass es da jetzt irgendwie eine Plattform oder ein Format gibt, wo man sich strukturiert austauschen könnte."[1226]

Auf einer etwas formelleren, institutionalisierten Ebene gibt es noch die jeweils in den Projekten stattfindenden Teammeetings, in denen sich das Team austauschen kann und der Projektleiter tendenziell auch von der Steuerungsrunde berichtet. Eine wirklich regelmäßige Durchführung ist jedoch beileibe nicht selbstverständlich:

„Naja, wir haben, was hier überhaupt nicht selbstverständlich ist, regelmäßige Teamsitzungen, es gibt regelmäßige Termine, bei denen ich aus der Steuerungsrunde berichte. Das ist in den anderen Projekten überhaupt nicht überall so."[1227]

Da von Mitarbeiterseite wiederholt der Wunsch geäußert wurde, mehr in den strategischen Diskurs involviert bzw. darüber informiert zu werden, hatte die Geschäftsführung versucht, im Rahmen eines monatlich stattfindenden Strategietages eine zentrale Austauschplattform zu schaffen. Anspruch war, dass sowohl die Geschäftsführung (neue) Projekte vorstellt als auch die Mitarbeiter eigene Ideen und Vorschläge einbringen können und sollen – mit dem Ziel, eine

[1225] Interview mit Nadine Chapelier, Leiterin Kommunikation, iq consult (geführt am 11.01.2012)
[1226] Interview mit Nadine Chapelier, Leiterin Kommunikation, iq consult (geführt am 11.01.2012)
[1227] Interview mit Manfred Radermacher, Projektleiter, iq consult (geführt am 11.01.2012)

allgemeine Diskussion zu initiieren. Nach anfänglichen Erfolgen wurde diese Plattform aufgrund mangelnder Teilnahme und/oder Interesse wieder eingestellt:

„Wir haben in der Vergangenheit festgestellt, dass Mitarbeiter Angebote gefordert haben, wo sie Vorschläge erarbeitet und entwickelt haben, was man machen könnte, damit sie beispielsweise besser informiert sind, an welchen Projekten die Geschäftsleitung arbeitet oder was für die Geschäftsleitung wichtig ist, wo es strategisch hingeht, etc. Und dann haben wir das aufgenommen – es gab Vorschläge aus dem Jourfix von den Mitarbeitern selbst entwickelt – wir haben das aufgenommen und haben dann einmal im Monat – zusätzlich zu den ohnehin routinemäßigen Jourfix, und Steuerungsrunde und so weiter – einmal im Monat einen Innovationsabend, Strategie-Abend durchgeführt, wo wir gesagt haben ‚wir treffen uns Montag, 17 Uhr, Geschäftsleitung stellt bestimmte Projekte vor, an denen wir gerade arbeiten, bzw. auch Mitarbeiter können die Möglichkeit nutzen, ihre Projektideen vorzustellen. Wir diskutieren dann gemeinsam.' Wir haben dann eine Themenliste zirkulieren lassen, wo Mitarbeiter ihre Ideen eingebracht haben, und fanden das auch toll, und nach der dritten Sitzung waren die da, die immer da waren, also mit denen wir immer die Sachen diskutiert haben, es waren genau die gleichen, bis wir irgendwann gesagt haben ‚das können wir auch sein lassen, weil, es ist der Club derjenigen, mit denen ich sowieso alle Dinge in unseren Runden diskutiere, mit denen ich mich dann halt im Zweifel auch abends beim Bier treffe, um mit denen zu diskutieren, dafür brauchen wir den Aufriss nicht zu machen, dass wir für alle Mitarbeiter ein Angebot offerieren'. [...] Bei den ersten drei waren noch alle da und so weiter, aber irgendwann kamen dann auch keine Vorschläge mehr, und dann haben wir es irgendwann wieder eingestellt als institutionalisierte Form." [1228]

Stattdessen werden die Mitarbeiter nun zu von iq consult organisierten, auch für die Öffentlichkeit zugänglichen Veranstaltungen eingeladen, welche zum einen Themenabende mit diversen Inhalten, zum anderen aber auch Fortbildungen umfassen. Eine Teilnahme wird begrüßt, ist jedoch vollkommen freiwillig:

„Was wir inzwischen ein bisschen umstellen, ist, dass wir ohnehin drüben [...] im Social Impact Lab [...] regelmäßig Themenabende zu verschiedene Themen machen, wo ich auch eine Fortbildung zu verschiedenen Bereichen anbiete, dass wir die Mitarbeiter dazu einladen. Die sind da vollkommen frei, das sind halb-öffentliche Geschichten, die Mitarbeiter können da kommen, können an den Fortbildungen auch teilnehmen, können an den Themenabenden teilnehmen, und das ist eine freiwillige Angelegenheit für die Mitarbeiter." [1229]

Ganzheitlichkeit und Bedeutsamkeit

Diese institutionalisierten Veranstaltungen (Strategieabend und Themenabend) hatten bzw. haben nicht nur die Funktion, die Kompetenz der Mitarbeiter zu steigern, sondern sollen durch die Ermöglichung eines Informationsaustausches gleichzeitig ein Gefühl der Ganzheitlichkeit bewirken. Es wurde allerdings schon deutlich, dass die Wahrnehmung dieser Angebote einerseits sowie Ganzheitlichkeit generell seitens der Mitarbeiter ein kritisches und ambivalentes Thema ist.

1228 Interview mit Norbert Kunz, Gründer & Geschäftsführer, iq consult (geführt am 11.01.2012)
1229 Interview mit Norbert Kunz, Gründer & Geschäftsführer, iq consult (geführt am 11.01.2012)

Denn, und dies wurde schon im Rahmen der Organisationskultur mehr als deutlich, so stark das Bestreben der Geschäftsführung auf der einen Seite ist, eine Identifikation auf Ebene der Gesamtorganisation zu erreichen, so stark sind auf der anderen Seite viele Mitarbeiter in ihren jeweiligen Projektwelten involviert und ggf. verhaftet. Ein Interesse, diese an manchen Stellen fast inkompatiblen Kulturen und Lebenswirklichkeiten zu verbinden oder ein allgemeines Verständnis zu schaffen, ist nicht bei allen Mitarbeiter vorhanden, auch weil dies sowohl zeitlich wie inhaltlich überfordernd sein kann. Es bleibt daher letztlich die Frage, ob eine Realisierung überhaupt möglich ist, sowie die Herausforderung, eine richtige Balance zu finden:

„Ach, irgendwann ist man auch überfordert. Also ich hätte da nichts dagegen, mehr auf Gesamtunternehmensebene zu erfahren oder so, aber/ Also zum Beispiel die Gesamtaußendarstellung von iq consult hat sich sehr verändert, mit diesem Social Impact Lab und Social Entrepreneurship und so weiter. Wir haben jetzt Kunden in Sachsen Anhalt gehabt, die sind auf die iq consult-Webseite gegangen und haben sie wieder weggeklickt, weil sie gedacht haben, es ist eine englische Seite, mit dieser Sprache, diesen Fremdwörtern und Anglizismen. Die haben das nicht mehr verstanden, und so geht es vielen unserer Kunden, die das nicht mehr begreifen. Also selbst ich komme ja manchmal mit dem Wording nicht mehr mit. Ich will damit nur sagen: das ist ein solcher Kulturbruch, was jetzt passiert, zwischen diesen beiden Welten, obwohl die beide zu iq consult gehören, dass es einfach auch ungeheuer schwierig ist, da noch zu vermitteln und die Identifikation zur Gesamtorganisation herzustellen. Und ob das so sein muss, weiß ich nicht. Ich weiß auch nicht, ob das so sein muss mit diesen Anglizismen. Also ich glaube, die Welten sind zu weit voneinander weg, als dass das eine wirkliche Rolle spielt für unsere Mitarbeiter, also von Enterability, und für unsere Kunden schon gar nicht, die verstehen das nicht. Ich verstehe es ja selbst schon manchmal nicht mehr. [...] Also, ich fänd das schon ganz schön, wenn man das irgendwie verbinden könnte. Und Norbert lädt ja auch immer alle ein, aber das ist für viele dann eben noch eine zusätzliche Überstunde, wenn sie abends noch zu einer Veranstaltung müssen, wo sich irgendein Sozialunternehmer aus Bangladesch vorstellt oder so. Das hat mit dem Berufsalltag hier von unseren Mitarbeitern nichts mehr zu tun. Also es gibt das Angebot, an dem zu partizipieren, was da neu kommt, aber das wird nicht wirklich angenommen, vielleicht geht es auch nicht, ich weiß es nicht. " [1230]

Strategische Partizipation zur Steigerung von Ganzheitlichkeit und Bedeutsamkeit ist bei iq consult kein relevantes Thema. Letztlich sind die Entscheidungsstrukturen stark auf den Gründer und die Geschäftsführung fokussiert, welche die Strategie mehr oder weniger alleine entwickeln und verantworten:

„Nee, Partizipation, strategische Mitbestimmung ist eigentlich kein Thema. Das macht Norbert im Grunde allein, und dann spricht er mit zwei Leuten und die wechseln. Nein, ich will das auch gar nicht mehr, weil, also eine Weile hat er das eingefordert, auch gerade von den älteren erfahrenen Mitarbeiter bei iq consult, aber/ also letztendlich so, wie das hier strukturiert ist, ist das schon ein ziemlich patriarchalisches Ding hier irgendwie, in dem das letztendlich Norbert aber alles auch alleine verantwortet, und irgendwann verliert man auch die

---

[1230] Interview mit Manfred Radermacher, Projektleiter, iq consult (geführt am 11.01.2012)

Lust, Sachen zu entwickeln, wenn man weder auf die Entscheidungen – also jetzt Strategie von iq consult – einen Einfluss hat, noch wenn man was verantwortet. Und auf der anderen Seite ist es auch richtig: wenn er es verantwortet, dann muss er es auch entscheiden. "[1231]

Eine stärkere Einbringung von erfahrenen Mitarbeitern (insb. Projektleiter) wurde in der Vergangenheit eingefordert, wobei es primär um eine inhaltliche Unterstützung des Prozesses ging, bspw. das Einholen der Meinung zu bestimmten Entwicklungen oder auch die konkrete Entwicklung von Projektvorschlägen und Zukunftsoptionen. Die Entscheidungsgewalt und Verantwortung verblieb jedoch aufseiten der Geschäftsführung. Diese Teilung von inhaltlicher Arbeit auf der einen sowie Verantwortung auf der anderen Seite hatte jedoch eine tendenziell sinkende Motivation der erfahrenen Mitarbeiter zur Folge, sich in diesem Prozess dauerhaft einzubringen.

Interne Kommunikation

Die interne Kommunikation stellt ein wichtiges Instrument dar, um einen funktionierenden Informationsfluss und damit ein effektives Arbeiten zu ermöglichen. Zugleich hat sie eine Motivationswirkung, indem sie bei den Mitarbeitern das zuvor erwähnte Gefühl von Ganzheitlichkeit (wichtige, allgemeine Informationen zur Organisation) und Bedeutsamkeit (relevante Informationen für die eigene Tätigkeit) unterstützt. Idealziel der internen Kommunikation ist es daher, ein verbindendes Glied zu schaffen, durch das die einzelnen Standorte, Abteilungen und Projekte auf einer Informationsebene zusammengehalten und allgemeine Transparenz geschaffen wird:

„Genau, in der internen Kommunikation versuchen wir einfach – weil wir eben auch so verstreute Standorte haben, manche Leute sehe ich halt auch nie oder zumindest selten – also wir versuchen, da so ein bisschen ein verbindendes Glied zu schaffen. Aber das ist sehr schwer, und da müsste man sich dann halt auch wirklich regelmäßig treffen, z.B. regelmäßig alle drei Monate ein Jourfix, und da gibt es dann einen Arbeitsteil und einen Spaßteil, wo man gemeinsam was erlebt, also in dem Sinne. Aber in Realität ist das einfach viel am Telefon, wo man sich einfach mal kurz abspricht."[1232]

Eine Schwierigkeit ist sicherlich, dass der Kontakt zu den Standorten oder Projekten zumeist nur virtuell oder telefonisch stattfindet, was einen effektiven Austausch und Informationsfluss erschwert. Die Organisation versucht daher, Transparenz auf verschiedenen Wegen herzustellen: So werden Pressemitteilungen intern an die jeweilig betroffenen Projektleiter und -mitarbeiter verschickt, und im Rahmen der Steuerungsrunden mit allen Projektleitern findet ein Austausch mit bzw. Informationsfluss zu den Projekten statt; auch wenn die Projektleiter dabei die Aufgabe haben, die Ergebnisse mit ihren Teams zu besprechen, findet indes keine diesbezügliche Überprüfung oder Kontrolle statt. Wichtige Informationen und Neuigkeiten (inkl. der Protokolle der Steuerungsrunden!) werden darüber hinaus mittels des Intranetportals oder per Outlook-(Pop-up-)Nachricht zugänglich gemacht. Zu guter Letzt gibt es einen internen Newsletter, im Rahmen

---

[1231] Interview mit Manfred Radermacher, Projektleiter, iq consult (geführt am 11.01.2012)
[1232] Interview mit Nadine Chapelier, Leiterin Kommunikation, iq consult (geführt am 11.01.2012)

dessen Mitarbeiter mittels eines Kommunikationstools selbst Inhalte wie Neuigkeiten, Erlebnisse oder Erfahrungen beisteuern können:

„Also, wenn ich mitbekomme, dass wir irgendwo in der Presse sind, [...] dann schicke ich das trotzdem an die Mitarbeiter rum und versuche zu sagen ‚hier, guck mal'. Und auch an die Projektleiter nochmal, dass die halt auch mit ihren Teams darüber reden [...]. Also wenn größere Sachen sind, dann kommt es natürlich immer auf das Intranet, auf unser Portal, und dann können das theoretisch alle lesen. [...] Also wir haben zum Beispiel ein internes Kommunikationstool, wo man sozusagen reinschreiben kann, wenn neue Mitarbeiter da sind, wenn man irgendwas Tolles erlebt hat, und wenn man das im weitesten Sinne als Motivation und Aktivierung sehen möchte, dann haben wir sowas, und das ist halt sozusagen in meinem Aufgabengebiet.“ [1233]

„Also eine Kritik an uns war und ist auch immer wieder, dass wir zu wenig transparent wären. Also, ich glaube, ich kenne keine Organisation, die so transparent ist, wie wir. [...] Also wir haben diese Steuerungsrunden, da sitzen alle Projektleiter drin, da wird über alles gesprochen, worüber wir sprechen können. Die Projektleiter haben die Aufgabe, die Dinge mit ihren Teams zu besprechen. Was die dann genau besprechen, weiß ich nicht. Es wird ein Protokoll geschrieben, das Protokoll steht bei uns im Intranet. [...] Inzwischen haben wir es so gemacht, dass wenn die Mitarbeiter ihre Kalender aufmachen, stehen die News dort. [...] Wir haben sehr viele interne Kommunikationsinstrumente geschaffen, um Transparenz sicherzustellen, haben klare Strukturen von Steuerungsrunde, Jourfix, Informationssystem.“ [1234]

Auch wenn es also die Verantwortung und auch das Bestreben der Organisation ist, durch klare Kommunikationswege allgemein Transparenz zu schaffen und Informationen so umfassend wie möglich zugänglich zu machen, ist es der Geschäftsführung angesichts der unverminderten Forderung einiger Mitarbeiter nach mehr Transparenz jedoch auch wichtig, auf die Notwendigkeit hinzuweisen, zunächst einmal die angebotenen Möglichkeiten vollständig zu nutzen und dabei auch eine gewisse Eigeninitiative zu zeigen:

„Trotzdem, wenn ich ein Thema anspreche, gibt es fünf Mitarbeiter die sagen, davon hätten sie noch nie was gehört, und das sei ihnen vollkommen unbekannt. Da hab ich gesagt ‚das kann dir gar nicht unbekannt sein, wenn du morgens deinen Kalender aufmachst, ist das das Topthema des Tages'. Die behaupten dann ‚nee, das, ja gut, das hab ich dann übersehen'. [...] möglicherweise ist das auch normal, für alle Organisationen normal, aber was uns halt frustriert ist, wenn es dann heißt ‚wir sind nicht transparent genug' oder ‚dieses Thema ist vollkommen unbekannt', davon hätten sie noch nie was gehört, dass das jetzt gemacht wird. Und wir sagen ‚das kann doch gar nicht sein, das diskutieren wir seit einem Jahr', [...] da gibt es interne Newsletter, wir machen dies, wir machen jenes, wir haben alle Möglichkeiten entwickelt, und wir wissen wirklich nicht, wie wir noch mehr Transparenz schaffen sollen, und trotzdem ist es nicht allen bekannt.“ [1235]

[1233] Interview mit Nadine Chapelier, Leiterin Kommunikation, iq consult (geführt am 11.01.2012)
[1234] Interview mit Norbert Kunz, Gründer & Geschäftsführer, iq consult (geführt am 11.01.2012)
[1235] Interview mit Norbert Kunz, Gründer & Geschäftsführer, iq consult (geführt am 11.01.2012)

Angesichts des Eindrucks, dass in ‚autoritäreren' Organisationen die interne Kommunikation und der Austausch untereinander (scheinbar) besser funktioniert, besteht die Überlegung vonseiten der Geschäftsführung, das Informationsmanagement zu forcieren und eine gewisse autoritäre Komponente bspw. mittels obligatorischer Informationsveranstaltungen einzuführen. Da jedoch die Mitarbeiterinitiative (aktives Nachfragen, Teilnahme an Veranstaltungen, etc.) vor allem am hohen Arbeitsaufgebot scheitert, würde ein solches Vorgehen wenig ändern und höchstwahrscheinlich sogar primär als Zwang und damit überwiegend negativ konnotiert werden:

„Es ist einfach so das Gefühl, dass halt eben eine Organisation, die viel autoritärer aufgestellt ist, wie wir, dort eine bessere interne Kommunikation läuft, ein Austausch läuft, als bei uns. Warum? Weiß ich nicht." [1236]

„Ja, auf der anderen Seite ist das aber auch so, dass Norbert dann enttäuscht ist. ‚Warum kommen die nicht?', aber das geht halt auch nicht. Also ich zum Beispiel habe auch Familie, und meine Frau ist beruflich genauso involviert wie ich: ich hab einfach keine Zeit und keine Lust, zweimal die Woche abends noch im Impact Lab rumzusitzen. Weil, ich fange hier um acht an, die meisten fangen erst um zehn an, wie auch immer, das geht nicht. Also, nein, genau: wenn es Zwang wird, wird es blöd." [1237]

Um von vorneherein etwaige Enttäuschungen und Frustrationen zu vermeiden, ist es schlussendlich von allergrößter Wichtigkeit, im Rahmen der internen Kommunikation Entscheidungen und Vorhaben nicht vorschnell zu verkünden; vielmehr sollten nur solche kommuniziert werden, welche mit ausreichender Sicherheit letztlich auch umgesetzt bzw. realisiert werden können. Relevant ist dieses Thema bei iq consult insb. im Rahmen der zuvor dargestellten Aspekte der Mitarbeitergespräche und des Bonussystems:

„Vielleicht gibt es auch manchmal das Gefühl, was natürlich auch ein Problem ist, dass wir manchmal Dinge versprechen, die wir dann nicht einlösen. Also wie an einem bestimmten Punkt: wir sagen, wir entwickeln ein Bonussystem, wenn es uns gelingt – also das ist ja immer eine Voraussetzung –, dass die gesamte Organisation auch einen Überschuss erwirtschaftet. Wenn die gesamte Organisation keinen Überschuss erwirtschaftet, können wir nicht ein Projekt mit einem Bonussystem ausstatten. Also manchmal funktioniert das dann halt auch nicht. Daraus könnte natürlich dann auch Frustration entstehen." [1238]

Zugehörigkeit

Eng mit dem Gefühl der Ganzheitlichkeit und Bedeutsamkeit sowie der Identifikation mit der Gesamtorganisation verbunden ist die Zugehörigkeit der Mitarbeiter zu iq consult. Wie schon dargestellt, gibt es einige Bemühungen, die Mitarbeiter stärker an iq consult als Gesamtorganisation zu binden und die Identifikation zu stärken. Ein Element ist eine jährliche Mitarbeiterversammlung, welche jedoch primär informativ-sachlich und themenbezogen ist, während echte Instrumente oder Maßnahmen zur Teamentwicklung (Teambuilding) keine große Rolle spielen:

[1236] Interview mit Norbert Kunz, Gründer & Geschäftsführer, iq consult (geführt am 11.01.2012)
[1237] Interview mit Manfred Radermacher, Projektleiter, iq consult (geführt am 11.01.2012)
[1238] Interview mit Norbert Kunz, Gründer & Geschäftsführer, iq consult (geführt am 11.01.2012)

„Von der Geschäftsführung, also wieder iq-consult als Ganzes gesehen, gibt es eigentlich keine wirklichen Teambuilding-Maßnahmen – also im weitesten Sinne irgendwie schon, es gibt halt regelmäßige Mitarbeiterversammlungen, die sollen eigentlich alle halbe Jahre stattfinden, tun sie aber nicht, also seltener. Ja, mindestens einmal im Jahr finden die statt, würde ich sagen, aber das Ziel wäre eigentlich alle halbe Jahre. Und je nachdem, ich habe die teilweise auch schon mal organisiert und habe dann sehr viel Wert darauf gelegt, dass wir dann auch einen Spaßfaktor haben, dass es dann irgendwie wirklich auch mal darum geht, uns als erfolgreiches Unternehmen zu feiern, und dass die Geschäftsführung sich auch mal zum Hanswurst macht und z.B. eine PowerPoint-Präsentation halten muss, wo sie vorher nicht wissen, was da steht; also irgendwie so ein bisschen den Spaßfaktor rein zu bekommen. Aber meistens sind es auch nur so Infoveranstaltungen, ,was ist gelaufen, was sind unsere Ziele für das nächste Jahr, wie wollen wir die umsetzen und was sind die neuen Projekte und was ist…?' Und danach ist halt freiwilliges Programm, gemeinsames Essengehen oder gemeinsam, was weiß ich, bei einer Suppe Zusammensitzen, aber das ist dann nicht groß strukturiert. Das gibt es immer mal, aber dann hat es auch oft eher so Workshop-Charakter, dass es dann wirklich um ein Thema geht, was behandelt werden soll, da geht es dann nicht primär um Team-Building." [1239]

Eine richtiggehende Teamentwicklung auf Gesamtorganisationsebene findet höchstens alle drei Jahre statt, wenn die Mitarbeiterversammlung als eine Art Klausur stattfindet. In diesem Rahmen spielt denn auch der Teamaspekt bzw. die zwischenmenschliche Komponente eine wesentlich größere Rolle:

„Also alle drei Jahre, würde ich sagen, machen wir einen etwas größeren Wurf, wo dann auch viele neue Mitarbeiter dabei sind, wo das dann wirklich eine Art Klausur ist, sprich wir fahren auch woanders hin und machen dann eben auch Spielchen und, was weiß ich, dass sich dann auch jedes Projekt nochmal möglichst kreativ vorstellt usw.. Aber ich würde sagen, so alle drei Jahre ist das vielleicht mal so, dass man das wirklich auch im Sinne von Motivationssteigerung irgendwie macht." [1240]

Naturgemäß findet auf Projektebene, wo aufgrund der kleinen und engen Teams die zwischenmenschlichen Beziehungen ohnehin ausgeprägter sind, mehr hinsichtlich einer effektiven Teamentwicklung statt. Auch wenn dies letztlich von Projekt zu Projekt unterschiedlich ist, finden in der Regel immer wieder kleinere, informelle Unternehmungen mit dem gesamten Team statt, bei denen es in erster Linie um die soziale Komponente geht:

„Also ich glaube, in einzelnen Projekten ist das schon so, dass die öfter etwas zusammen unternehmen, was weiß ich, es gab schon Projekte, wo die alle zwei Wochen Fußball spielen gegangen sind oder so, und da wird das dann natürlich schon aktiv gefördert. In anderen Projekten gibt es das nicht, weil die z.B. so klein sind, da geht man halt ab und zu mal Mittagessen, und dann ist gut." [1241]

[1239] Interview mit Nadine Chapelier, Leiterin Kommunikation, iq consult (geführt am 11.01.2012)
[1240] Interview mit Nadine Chapelier, Leiterin Kommunikation, iq consult (geführt am 11.01.2012)
[1241] Interview mit Nadine Chapelier, Leiterin Kommunikation, iq consult (geführt am 11.01.2012)

„Und wir machen auch – das ist dann aber mehr so halboffiziell – immer mal wieder kleine Teamevents, z.B., was weiß ich, fahren wir zu einer Mitarbeiterin, die nicht in Berlin wohnt. Da sind wir zu ihr in den Ort zum Weihnachtsmarkt gefahren, weil sie in Brandenburg wohnt; und solche Dinge machen wir auch immer wieder. Wir fahren auch immer wieder mal mit den Mitarbeitern aus Berlin nach Sachsen Anhalt, machen dann einen gemeinsamen Tag, wo wir Fallbesprechung oder sowas machen, und das ist ja auch Teambildung, weil, man ist ja dann im Hotel zusammen; und die aus Brandenburg kommen regelmäßig auch hier nach Berlin. [...] Ja, der Teamaspekt ist schon wichtig, auch etwas gemeinsam zu machen: also nicht immer individuell, sondern wir organisieren das tatsächlich für unser Projekt zusammen, also, und wir sitzen dann da zu sechst oder so, wie viel wir gerade sind, und machen das dann gemeinsam." [1242]

II.5.3.3   Kontrollierte Motivation und Anreizsysteme

Festgehalt

Im Rahmen der kontrollierten Motivation ist zunächst das Festgehalt zu nennen. Dieses ist ein wichtiger Aspekt, jedoch kein primärer Motivator. So muss vor allem eine gewisse Grundversorgung gewährleistet sein, mit der man sein Leben sinnvoll gestalten kann, auch wenn dies sicherlich stark von der jeweils subjektiven Einschätzung abhängt:

„Untergeordnet kann ich jetzt nicht sagen, weil, wenn ich kein Geld hätte, dann/ also ich meine, Geld ist jetzt nicht die Hauptmotivation, weswegen ich hier bin. Also es ist schon so, dass man im Rahmen seiner Arbeit erstens sein Leben irgendwo mit etwas Sinnvollem verbringen will, aber zweitens auch, dass man sein Leben gestalten will; ich mag meine Freizeit und ich gestalte die auch gerne, und deshalb brauche ich Geld. [...] Ja, wenn Geld meine Hauptmotivation wäre, hätte ich, glaube ich, von vornherein was anderes studiert." [1243]

„Also ich sehe es so: ich muss nicht stinkreich werden, aber ich möchte natürlich trotzdem irgendwie den Kitaplatz meines Kindes bezahlen könne, ohne sagen zu müssen „dann können wir nicht in den Urlaub fahren", also das muss irgendwie alles im Rahmen bleiben. Also Geld ist jetzt für mich nicht das Wichtigste, aber es ist für mich schon das mit Wichtigste, ein gewisses Einkommen zu haben, von dem ich gut leben kann, wobei natürlich ‚gut leben' sicherlich ein dehnbarer Begriff ist." [1244]

Grundsätzlich findet im Rahmen des Festgehalts eine Orientierung am Öffentlichen Dienst statt, genauer an dessen Tarifsystem TVöD. Auch wenn keine genaue bzw. transparente Einstufung stattfindet, lässt sich die Anlehnung von Mitarbeiterseite einigermaßen nachvollziehen:

„[...] wir orientieren uns halt am TVöD, Tarif Öffentlicher Dienst. [...] Also ich habe weder beim Einstellungsgespräch noch bei späteren Gesprächen jemals gesagt bekommen ‚du bist Stufe 13, 14, 11, 12, 9, keine Ahnung', aber wenn man auf die Tabelle guckt, kommt es ungefähr hin, und wenn wir mal eine Stellenaus-

1242 Interview mit Manfred Radermacher, Projektleiter, iq consult (geführt am 11.01.2012)
1243 Interview mit Elena Knaack, Projektleiterin, iq consult (geführt am 11.01.2012)
1244 Interview mit Nadine Chapelier, Leiterin Kommunikation, iq consult (geführt am 11.01.2012)

schreibung machen, was wirklich schon ewig her ist, dann schreiben wir halt rein ‚orientiert am Tarifsystem des Öffentlichen Dienstes' oder so. " [1245]

„[…] bei dem finanziellen Aspekt, wenn man als BWLer sich draufguckt, das natürlich andere Kategorien sind: es orientiert sich dann ja doch immer an der öffentlichen Förderlogik, was jetzt für mich als Kulturwissenschaftler durchaus in Ordnung ist. […] Nein, Finanzwirtschaft ist auch nicht unbedingt marktgerecht, was die Bezahlung angeht. " [1246]

Auch wenn die Privatwirtschaft (bspw. Finanzwirtschaft) nicht als adäquater Benchmark angesehen wird und im externen Vergleich der existierende Gehaltsabschlag/-verzicht gegenüber der Privatwirtschaft realistisch wahrgenommen und pragmatisch akzeptiert wird, ist die aktuelle Situation doch nicht gänzlich zufriedenstellend. So wird kritisch angemerkt, dass im Bereich des Öffentlichen Dienstes ein Abschlag grundsätzlich nachvollziehbar und akzeptabel sei, da gleichzeitig eine höhere Sicherheit in Form einer Festanstellung oder des Beamtenstatus geboten werde; bei iq consult hingegen herrscht für die Mitarbeiter eine Unsicherheit analog der Privatwirtschaft und ein niedrigeres Gehalt analog dem Öffentlichen Dienst, was verständlicherweise als Missverhältnis empfunden wird. Das Festgehalt im externen Vergleich ist demnach ein diffiziles Thema:

„Also, ich denke realistisch betrachtet ist es so, dass man im Bereich Social Entrepreneurship auf Gehalt verzichten muss. Obwohl, das kann in irgendwelchen komischen Werbeagenturen durchaus auch sein, dass man ganz fürchterlich wenig verdient und – intrinsische Motivation hin oder her – wir hier vielleicht sogar besser dastehen. Aber ich würde schon sagen, so prinzipiell können viele unserer Mitarbeiter woanders mehr verdienen, um es mal so zu formulieren, und insofern muss man sich realistischerweise schon bewusst sein, dass man im Zweifel eher weniger verdient. Aber ich finde nicht, dass das eine Einstellung ist, die der Sache dienlich ist, oder dass ich jetzt irgendwie finde, dass man gut finden sollte, dass man da weniger verdient bzw. seine finanziellen Ziele hinten anstellen muss. Ich meine, im sozialen Sektor ist das Gehalt definitiv eher unter dem Niveau kommerzieller Organisationen, aber ich finde wirklich nicht, dass das gut ist. Also wenn ich wirklich im Öffentlichen Dienst bin, kann ich das noch eher einsehen, weil ich da irgendwie sichere Arbeitsverhältnisse habe, weiß, wenn ich zweimal verlängert wurde, bin ich fest angestellt, und Weihnachtsgeld, Urlaubsgeld, schlagmich-tot bekomme. Das kriegen wir alles nicht, und insofern kann ich es eher einsehen, wenn mir sozusagen eine bestimmte Sicherheit über den normalen Arbeitsmarkt hinaus geboten wird, dass man sagt ‚dann verdiene ich halt ein bisschen weniger, aber dafür weiß ich auch, die Sache ist geritzt'. Aber in unserem Fall hat man ja quasi beide Risiken: Man hat weniger Geld, und man hat keine Sicherheit, dass ich die nächsten zehn Jahre auf meinem Beamtensessel sitze. Von daher finde ich das grundsätzlich nicht gut. " [1247]

1245 Interview mit Nadine Chapelier, Leiterin Kommunikation, iq consult (geführt am 11.01.2012)
1246 Interview mit Elena Knaack, Projektleiterin, iq consult (geführt am 11.01.2012)
1247 Interview mit Nadine Chapelier, Leiterin Kommunikation, iq consult (geführt am 11.01.2012)

Überhaupt ist nach Einschätzung des Gründers der relative, interne Vergleich ohnehin wesentlich maßgeblicher als der externe Vergleich und die absolute Höhe:

„Ich glaube [...] dass man sich primär nach innen und nicht nach außen vergleicht, also viel stärker nach innen guckt ,was bekommt der denn für seine Leistungen, was bekomme ich dafür?'. "[1248]

Als kritisch wird in diesem Kontext vor allem eine ungleiche und unstimmige Verteilung innerhalb und zwischen den Projektteams gesehen. Eine wenig ausbalancierte Gehaltsstruktur entstand in der Vergangenheit vornehmlich aufgrund unterschiedlicher Projekt- und Förderstrukturen: So wurden in jedem Projekt die maximal möglichen Fördermittel auch und gerade hinsichtlich der Personalkosten beantragt, was aufgrund verschiedener Projektträger zu massiven Ungleichheiten führte. Die Geschäftsleitung steckte nun in dem Dilemma, dass bei den wenigen vorteilhaften Projekten zwar zusätzliche, ,Begehrlichkeiten' weckende Mittel potenziell bereitstanden, diese aber letztlich nicht ausgezahlt werden konnten, da Mitarbeiter der mehrheitlichen benachteiligten Projekte dies als ungerecht und unfair empfunden hätten. Dies gilt umso mehr, da die Mitarbeiter zumeist keinen Einfluss auf ihre konkrete Projektzugehörigkeit hatten und haben. Dies wiederum sorgte bei Ersteren für Unzufriedenheit, da sie der Meinung waren, die vorhandenen Gelder stünden ihnen zu:

„[...] aber es ist jetzt nicht so, dass klar ist, dass jeder Leiter genau das Gleiche verdient und jeder Berater genau das Gleiche verdient, sondern es ist dann eben teilweise auch wieder durch die Förderstruktur beeinflusst: Wenn eben der eine Fördergeber der Meinung ist, ein Berater sollte so und so viel verdienen und ein anderer aber der Meinung ist, er sollte eher weniger verdienen, dann entstehen da schnell Ungleichheiten, die damit dann auch teilweise unserer Organisationsform oder projektabhängige und -spezifische Finanzierungsstruktur geschuldet sind. "[1249]

„Wir haben hier, also in unserem Projekt, auch mal bessere Bedingungen gehabt als die anderen. Wir haben aber bei den Fördergebern teilweise noch mehr Geld eingeworben, also wir könnten in unserem Projekt noch höhere Löhne zahlen. Das wurde aber über die ganzen sieben Jahre immer mit dem Argument verweigert ,das führt zu Ungleichheiten innerhalb von iq consult', aber trotzdem ist es auf die Dauer ein Riesenärgernis, weil, naja, irgendwann muss man ja auch mal anfangen, irgendwo zu erhöhen, damit die anderen dann nachziehen können. "[1250]

„Das führte dann dazu, dass wir keine ausbalancierte Gehaltsstruktur in der Organisation hatten, die viele als ungerecht empfunden haben. [...] so nach dem Motto ,wieso sollen wir auf das Geld denn verzichten, wenn wir es kriegen können? Es kostet uns doch nichts', haben aber nicht begriffen, dass die anderen Mitarbeiter sagen ,wenn ich hier jeden Tag acht Stunden sitze und bekomme nur zwei Drittel dessen, was zu bekommst,

---

[1248] Interview mit Norbert Kunz, Gründer & Geschäftsführer, iq consult (geführt am 11.01.2012)
[1249] Interview mit Nadine Chapelier, Leiterin Kommunikation, iq consult (geführt am 11.01.2012)
[1250] Interview mit Manfred Radermacher, Projektleiter, iq consult (geführt am 11.01.2012)

nur weil ich zufällig in einem anderen Projekt bin als du', das haben wir dann auch angefangen, so auf, in diesem Zusammenhang in dieser Gesamtorganisation abgeschafft, ja. "[1251]

Aus diesem Grund änderte die Geschäftsführung ihr grundsätzliches Vorgehen: So werden Fördermittel nicht mehr zwingend gänzlich ausgereizt und an die Mitarbeiter weiter gegeben, vielmehr wird der Fokus darauf gelegt, für ähnliche Tätigkeiten ähnliche Gehälter zu zahlen. In diesem Sinne werden allgemein gültige, nach klaren Kriterien ausgerichtete Gehaltsgruppen eingeführt, angelehnt an den zuvor erwähnten TVöD sowie nach oben oder unten begrenzt, unabhängig von der jeweiligen Projekt-Finanzierungsstruktur. Folge war eine zumindest dem Anspruch nach transparente und, trotz gradueller Abstufungen der Gehaltsgruppen, innerhalb und zwischen den Projektteams vergleichsweise homogene Gehaltsstruktur:

„Innerbetrieblich, der erste Schritt, den wir gemacht haben, waren erst mal Gehaltsgruppen, und wir verzichten lieber auf öffentliche Fördermittel, d.h. wir nutzen lieber die Tarifstruktur der öffentlichen Fördermittel nicht aus, zahlen dafür aber nach klaren einheitlichen Kriterien, dass alle, die ein bisschen gleich arbeiten auch das gleiche Gehalt bekommen. [...] Da kann ich auch gar nichts mehr machen, ich krieg den gar nicht durch bei einem anderen Verdienst, weil ich ihn gar nicht bei Projekten einstellen kann, also selbst wenn ich mehr machen wollte. So, oder ich krieg ihn durch, schiebe aber meine Hierarchie total durcheinander, dann würde ich sagen ,ich versuche, dich hier irgendwie in E irgendwas reinzukriegen, weil du einen Master hast oder sowas, wenn nicht, vielleicht noch eine Stufe höher', dann hab ich eben den Projektleiter in E13 drin und den neuen Masterstudenten in E14, und der fängt dann an, den irgendwann zu überholen, das geht ja auch nicht. "[1252]

Doch auch diese Vorgehensweise schafft letztlich Unzufriedenheit, da nicht alle Mitarbeiter gleich sein wollen, sondern bspw. an einem erfolgreichen Projekt partizipieren und finanziell teilhaben möchten, und da die (nur) leicht differenzierenden Gehaltsgruppen als nicht ausreichend angesehen werden. Es überwiegt der Aspekt der Homogenität, welcher dann tendenziell als Gleichmacherei bzw. ,Einheitsgehalt' verstanden wird verbunden mit dem Vorwurf, dass die Organisation hierdurch potenzielle Diskussionen und Konflikte von vorneherein scheut:

„Ich hab im Laufe meiner unternehmerischen Tätigkeit festgestellt, dass das gar nicht jeder will, dass viele Mitarbeiter gar nicht gleich sein wollen. [...] Und erst in dem Zuge hat sich eine gewisse Ausdifferenzierung ergeben, und ich muss das immer noch lernen. "[1253]

„Vielmehr wird hier versucht, ein Einheitsgehalt zu zahlen, und dieses nicht zu hoch werden zu lassen, damit die Konflikte innerhalb der Organisation gar nicht erst auftauchen. "[1254]

Hinzu kommt, dass trotz der existierenden, am TVöD orientierten Gehaltsgruppen die genaue Einstufung und konkreten Gehälter einzelner Personen nicht transparent sind, verbunden mit

---

[1251] Interview mit Norbert Kunz, Gründer & Geschäftsführer, iq consult (geführt am 11.01.2012)
[1252] Interview mit Norbert Kunz, Gründer & Geschäftsführer, iq consult (geführt am 11.01.2012)
[1253] Interview mit Norbert Kunz, Gründer & Geschäftsführer, iq consult (geführt am 11.01.2012)
[1254] Interview mit Manfred Radermacher, Projektleiter, iq consult (geführt am 11.01.2012)

einer relativen Intransparenz hinsichtlich der Gehaltserhöhungen, welche individuell verhandelbar und damit von der Initiative und dem Geschick des Einzelnen abhängig sind:

„Ach, wie man es nimmt. Also offiziell ist das Gehalt bzw. Gehaltsgefüge schon transparent, wir orientieren uns halt am TVÖD, Tarif Öffentlicher Dienst, und das ist ja so halbwegs transparent. Man kann es eben nachlesen, aber es ist eben auch nur orientiert daran, und es ist jetzt auch nicht so, dass ich weiß, was der Kollegen X oder Y verdient, so transparent ist es nicht, definitiv nicht. [...] bei uns muss man schon in den meisten Fällen was tun, um mehr zu bekommen, also einerseits das Gespräch suchen und andererseits das dann auch formulieren und begründen im Sinne von ‚ich würde gerne mehr verdienen: was muss ich denn tun, damit das was wird?‘.“ [1255]

Abschließend lässt sich konstatieren, dass das Festgehalt in der internen Perspektive ein diffiziles Thema ist, zu dem noch keine für alle Beteiligten optimale Lösung gefunden wurde.

Monetäre Anreize

Ein ähnlich schwieriges und komplexes Thema sind extrinsische Anreize, d.h. monetäre und materielle Anreize. Ein monetäres Anreizsystem ist aktuell zwar nicht im Einsatz, jedoch ist ein solches zukünftig geplant. Grund hierfür ist das zuvor erwähnte, oft geäußerte Anliegen der Mitarbeiter, nicht grundsätzlich gleich behandelt werden zu wollen, sondern für Mehrleistung auch eine entsprechende Wertschätzung und Honorierung zu erhalten. Genau dies soll ein monetäres Anreizsystem nun bewirken und dabei insb. diejenigen Mitarbeiter mit einem überdurchschnittlichen Leistungswillen motivieren:

„[...] jetzt kommt der nächste Schritt, [...] dass wir schon im Rahmen dieser Möglichkeiten auch Leistungsentgelte zahlen wollen, also wirklich dann auch sagen wollen ‚wer mehr leistet, kriegt auch mehr Geld‘. [...] Also, aber eher als Leistungsmotivatoren, also nicht von Anfang an, sondern als Prämie, dass wir auf Basis von Zielvereinbarungen dann halt eben auch sagen ‚wenn du die Ziele erreichst, kriegst du auch mehr Geld‘, aber da sind wir noch relativ am Anfang, weil, das ist ja auch immer schwierig [...]. [...] Das heißt, einfach, um auch deutlich zu machen, dass wir die individuelle Leistung ernst nehmen [...]. [...] Also ich muss auch begreifen, und ich merke es auch durch die Rückkopplung mit den Mitarbeitern, dass die sagen ‚ja, also wenn es gar keine Honorierung dafür gibt, dass ich mehr tue, dann brauche ich auch nicht mehr zu tun.‘ Ja, also irgendwann hört dann bei den Mitarbeitern auch die Lust darauf auf, mehr zu tun, [...] wenn es eigentlich in der Organisation keinen Unterschied mehr macht, also wenn es in der Organisation nicht wahrgenommen wird. Wahrnehmen, das ist ja das eine, aber honorieren das andere, und dann stellt sich die Frage, wenn ich es wahrnehme aber nicht honorieren kann, dann spielt es für die Mitarbeiter keine entscheidende Rolle. [...] Also wie schaffe ich es halt eben, diese Leute, die mit einer großen Inspiration zu uns kommen, sehr hoch motiviert sind, bei uns so zu halten und auch ihre Leistungsbereitschaft zu halten, wenn die in eine Kultur hineinkommen, wo die das Gefühl haben ‚ein Teil der Mitarbeiter zieht gar nicht mit‘. Und das ist eine der großen

---

Herausforderungen, die wir haben, und genau vor diesem Hintergrund haben wir gesagt ,wir müssen Anreiz-modelle schaffen', und haben deshalb diese Idee mit den Leistungskomponenten, sowohl in Bezug auf Urlaub, als auch in Bezug auf Sonderzahlung, Prämienzahlung oder ähnliches, dass man dort Leistungskomponenten einführt, um denen deutlich zu machen ,wir nehmen tatsächlich wahr, dass ihr so eine Leistungsbereitschaft, so eine Motivation habt, dass ihr an den neuen Projekten mitarbeitet, und das honorieren wir auch.' Wir zeigen das, das ist eine Art der Demonstration von uns, dass wir das auch wahrnehmen." [1256]

Das zentrale Problem im Bereich des Festgehalts gilt jedoch auch für ein potenzielles monetäres Anreizsystem – die geringen finanziellen Spielräume aufgrund der Förderlogik:

„Geld ist in den meisten Projekten ja gar nicht mehr drin als Sie kriegen [...]." [1257]

„Überhaupt ist das Thema Incentives bei Sozialunternehmen speziell, da würde ich jetzt mal einfach unterstel-len, [...] dass alle mit diesen finanziellen Knappheiten zu kämpfen haben bzw. einfach damit, dass das Geld nicht frei verfügbar für verschiedene Zwecke ist, dass man halt teilweise Geld für Sachen ausgeben muss, die vielleicht eigentlich weniger wichtig sind, nur weil es eben ursprünglich so beantragt wurde. [...] Also ist halt teilweise wohl auch den Förderlogiken geschuldet, dass es halt auch schwer möglich ist, monetäre Anreize zu geben [...]." [1258]

Als mögliche Lösung wird genannt, bei den Projekten zunächst zwar im Rahmen der Förderan-träge zu versuchen, die nach TVöD maximal möglichen Mittel (13 Monatsgehälter) zu beantra-gen, in der Folge jedoch die über dem allgemeinen Durchschnittsniveau (12 Monatsgehälter) verfügbaren Personalmittel nicht im jeweiligen Projekt direkt zur Disposition zu stellen, sondern diese vielmehr im Gesamtorganisationskontext und damit projektunabhängig für differenzierte und leistungsgerechte individuelle Boni zu nutzen:

„Und das war halt auch oftmals eben die Schwierigkeit in der Vergangenheit, wenn wir bestimmte arbeitsver-tragliche Regelungen festgelegt hatten und das auch über die Projektfinanzierung festgehalten haben, dann hat-ten wir überhaupt keine Spielräume mehr. Da konnte ich gar nichts mehr verändern. Einmal festgelegt, über-haupt keinen Spielraum mehr. Und da gucken wir jetzt, wie wir die Spielräume besser nutzen können, sowohl auf der arbeitsvertraglichen Ebene als auch in den dann komplementären Finanzierungs- und Förderanträgen [...]. Genau, also [...] nach dem TVÖD können wir eigentlich 13 Monatsgehälter zahlen. Aus Gerechtig-keitserwägung, weil das nicht überall möglich ist, haben wir immer nur 12 abgefragt. Wir können aber hinge-hen, können 13 Monatsgehälter beantragen und uns bleibt es dann überlassen, also es ist für uns optional, ob wir das Geld abrufen oder nicht abrufen, also das 13. Monatsgehalt. Da bleibt halt Geld übrig im System, so wie ich es vorhin gesagt habe: Es geht nicht darum, das Maximal abzuschöpfen, sondern eher die Gerechtigkeit der Gesamtorganisation sicherzustellen, und wenn wir von Anfang an 13 Monatsgehälter einstellen, dann können wir sie abrufen, können aber dann entscheiden, wem wir sie geben oder in welcher Größenordnung wir

---

1256 Interview mit Norbert Kunz, Gründer & Geschäftsführer, iq consult (geführt am 11.01.2012)
1257 Interview mit Manfred Radermacher, Projektleiter, iq consult (geführt am 11.01.2012)
1258 Interview mit Elena Knaack, Projektleiterin, iq consult (geführt am 11.01.2012)

es auszahlen. [...] man kann dann sagen ‚ich war mit deiner Leistung zufrieden, aber besonders hervorgetan hast du dich auch nicht, ich zahle dir 300 Euro‘, oder ich kann sagen ‚ich zahle dir ein volles Monatsgehalt, alles total toll, zusätzlich‘. Das sind aber so Sachen, die wir jetzt erst anfangen, auszuprobieren." [1259]

Der geplante Ansatz hat also zwei zentrale Charakteristika: Zum einen führt eine vorteilhafte Förderstruktur in den jeweiligen Projekten nicht automatisch zu höheren Gehältern/Boni, zum anderen wird ein potenzieller Bonus nicht an den Teamerfolg, sondern an eine zu definierende individuelle Einzelleistung gekoppelt. Nur so kann letztlich verhindert werden, dass Ungleichheiten hinsichtlich der Förderstruktur sowie externe Faktoren (bspw. rechtliche Rahmenbedingungen, Unterstützung der Behörden/Kommunen) ein Konkurrenzdenken und Ungerechtigkeitsempfinden innerhalb und zwischen den Projekten auslösen. Frühere Entwicklungsversuche eines Bonussystems, in denen Boni primär an den Projekterfolg gekoppelt waren, und über deren Verwendung auch auf Projektebene entschieden wurde, scheiterten an genau dieser Herausforderung – nicht zuletzt, weil bei einer kollektiven, teambezogenen Leistungsbeurteilung immer auch Aspekte einfließen, die nichts mit der Leistungsfähigkeit einzelner Personen zu tun haben: Weder sind Mitarbeiter in vorteilhaften Projekten gänzlich für den Erfolg, noch solche in weniger vorteilhaften Projekten gänzlich für den Misserfolg der Projekte verantwortlich. Diese Problematik führte dann in einigen Fällen zu einer ungerechten Verteilung:

„Ja, wir haben in der Vergangenheit versucht, Bonussysteme zu entwickeln, die dann über den Projektleiter an die Mitarbeiter gehen sollen, also wo dann schon auch der Projektleiter im Kollektiv darüber entscheiden kann, wie mit dem Bonus umgegangen wird. [...] Also wir haben gemerkt, dass das im kollektiven Prozess nicht funktioniert, weil wir dann wieder das herbeiführen, was wir in der Vergangenheit schon mal hatten, nämlich diese Ungerechtigkeit. Weil, es kann in der Tat sein, wenn Enterability super gut läuft, dann wäre es wohl angebracht, Enterability einen Bonus zu bezahlen, aber dass andere Projekte nicht so gut laufen, aber dafür kann der einzelne Mitarbeiter nichts. [...] Das heißt, es entstehen dadurch immer Transaktionen, die nichts mit der Leistungsfähigkeit einzelner Personen zu tun haben, und deshalb ist eine kollektive oder eine teambezogene Honorierung der Leistung gar nicht möglich, wäre die vollkommen ungerecht, weil die Teammitglieder teilweise überhaupt keinen Einfluss drauf nehmen können. Die werden teilweise von außen bestimmt, ob etwas super erfolgreich war oder nicht." [1260]

Daher spielt in den aktuellen Überlegungen weder der Gesamtertrag der Organisation noch der Projekterfolg mehr eine Rolle, sondern ausschließlich die individuelle Leistung. So ist für das Unternehmen nun auch die große Herausforderung, Leistungskriterien zu definieren, die zwar individuell auf die jeweiligen Tätigkeitsbereiche zugeschnitten und möglichst direkt beeinflussbar sind, gleichzeitig jedoch auch eine gewisse Vergleichbarkeit ermöglichen. Ein Aspekt, der für alle Mitarbeiter eine Rolle spielen wird, ist der Grad der übernommenen gesamtorganisatorischen

[1259] Interview mit Norbert Kunz, Gründer & Geschäftsführer, iq consult (geführt am 11.01.2012)
[1260] Interview mit Norbert Kunz, Gründer & Geschäftsführer, iq consult (geführt am 11.01.2012)

Verantwortung, womit die im Rahmen der Organisationskultur diskutierte Ebene der Gesamtorganisation gegenüber den Projekten weiter gestärkt werden soll:

„[...] deshalb haben wir jetzt das Bonussystem im Prinzip auch umgestellt [...] wir hängen das nicht mehr an dem Gesamtertrag der Organisation auf, hängen es auch nicht an dem Ertrag eines Projektes auf, sondern wir versuchen wirklich, es auf die Person zu fixieren, und implementieren es sozusagen in unser Förderangebote, bzw. in unsere Förderanträge. [...] Genau, die Leistungskriterien werden sehr individuell auf die jeweiligen Tätigkeitsbereiche der einzelnen Mitarbeiter zugeschnitten sein und möglichst direkt beeinflussbar. [...] eine Kategorie für uns, die zu einer Leistungsvergütung beitragen wird, ist die Frage der Gesamtverantwortung. Also wir wollen einfach diese Projektkulturen auflösen, [...] die haben sich schon wesentlich ausgedünnt, viel mehr Kooperation, aber trotzdem wird ein Thema immer noch sein Gesamtverantwortung. Also die Wahrnehmung der Aufgaben, die in der Gesamtorganisation liegen, das Gefühl sozusagen gesamtorganisatorische Verantwortung zu haben und nicht nur bei einem Projekt. Und das wird mit Sicherheit ein Kriterium der Leistungsvergütung sein." [1261]

Materielle Anreize

Neben der Planung eines monetären Anreizsystems verfügt iq consult aktuell schon über einen materiellen Anreiz. So wurden die in der Vergangenheit für alle geltenden 30 Urlaubstage auf 24 reduziert, um leistungsorientiert zusätzliche Urlaubstage zu gewähren:

„Wir haben das auch mit den Urlaubsregelungen so gemacht, da hatten wir gesagt, jeder Mitarbeiter kriegt 30 Tage Urlaub, das machen wir jetzt auch nicht mehr, sondern jeder Mitarbeiter hat 24 Tage Urlaub, und wir entscheiden darüber, wenn es Sonderurlaub gibt. Das heißt, einfach, um auch deutlich zu machen, dass wir die individuelle Leistung ernst nehmen." [1262]

„[...] ein Mini-Anreizsystem, dass verdiente Mitarbeiter mehr Urlaub bekommen, das gibt es schon." [1263]

Was es, obwohl von Mitarbeiterseite in hohem Maße gewünscht, aktuell nicht gibt und was auch nicht geplant ist, ist ein mehr oder weniger standardisierter und automatisierter Überstundenausgleich, der es den Mitarbeitern ermöglicht, zeitliche Mehrleistung finanziell oder durch Freizeitausgleich zu kompensieren, wobei eine Präferenz zu Letzterem zu erkennen ist:

„[...] ich fände es ja zum Beispiel schon unglaublich gut, wenn es einen Überstundenausgleich gäbe [...]. Also das wäre zuerst auch mal ein Transparenz-Thema: das kann man ja ganz einfach dokumentieren, wann und wie lange man arbeitet, und wenn es dann für die Überstunden in irgendeiner Form einen Ausgleich gäbe, einen Freizeitausgleich, wegen mir auch Geld, aber Geld muss gar nicht sein – also schon auf so einer banalen Ebene mit Freizeitausgleich wäre das enorm wichtig [...] Das wäre schon ein erster Schritt." [1264]

1261 Interview mit Norbert Kunz, Gründer & Geschäftsführer, iq consult (geführt am 11.01.2012)
1262 Interview mit Norbert Kunz, Gründer & Geschäftsführer, iq consult (geführt am 11.01.2012)
1263 Interview mit Elena Knaack, Projektleiterin, iq consult (geführt am 11.01.2012)
1264 Interview mit Manfred Radermacher, Projektleiter, iq consult (geführt am 11.01.2012)

Das materielle Anreizsystem durch Gewährung von Urlaubstagen wird in der aktuellen Ausgestaltung sehr kritisch gesehen. Der größte Kritikpunkt ist die intransparente Vergabe der Urlaubstage seitens der Geschäftsführung. So existieren keine allgemein bekannten, klaren Kriterien und
Regelungen, was letztlich zu einem unkalkulierbaren System und damit zu viel Konfliktpotenzial
innerhalb der Organisation geführt hat und immer noch führt:

> *„Das soll auch transparent sein, [...] dass wir auch sagen ,Der kriegt Sonderurlaub, weil...'. Und das wer-
> den wir auch stärker noch transparent machen. Noch ist das nicht so [...]."* [1265]

> *„[...] es gibt zweimal diesen Sonderurlaub, von dem aber keiner weiß, wann er ihn wie kriegen kann. Und
> für uns wäre es eine große Erleichterung, wenn es da eine Regelung gäbe. [...] Also von daher gibt es [...]
> Menschen, die sich ungerecht behandelt fühlen aufgrund der Tatsache, dass das eben nicht ein kalkulierbares
> System war, sondern letztendlich davon abhängt, ja, man weiß nicht, wovon. [...] Und wenn es keine festge-
> schriebenen Regelungen gab, sind Anreize auf der Basis von sozialer Nähe zur Geschäftsführung vergeben
> worden, [...] oder wer mit denen gemeinsam irgendwelche Dinge zu tun hat, dann sehen sie das mehr und an-
> dere entsprechend weniger. Und das hat zu viel Konfliktpotenzial geführt innerhalb der Organisation."* [1266]

> *„Also, so ein Mini-Anreizsystem, dass verdiente Mitarbeiter mehr Urlaub bekommen, das gibt es schon. Es
> ist aber jetzt auch nicht irgendwie ausgeschrieben oder so. Also das passiert dann einfach. Ist jetzt nicht so, dass
> ich weiß, wenn ich mich so und so engagiere, dann bekomme ich drei Urlaubstage. Sondern das ist eher so, dass
> dann gesagt wird ,gut, das ist unser normaler Urlaub, der festgeschrieben ist, und du, du und du [...] ihr
> kriegt noch ein paar Extra-Tage'. [...] Nee, wirklich transparent ist das nicht."* [1267]

Ein Überstundenausgleich wird nicht zuletzt auch deshalb präferiert, weil hier das zugrundeliegende Kriterium der Überstunden vergleichsweise objektiv und leicht messbar wäre. Insgesamt
wird demnach deutlich, dass Anreizsysteme gewisse Charakteristika aufweisen sollten bzw. müssen, um nicht kontraproduktiv zu wirken. Der erste Aspekt ist die eben erwähnte Transparenz,
d.h. die Existenz eines objektiven Kriterienkatalogs, anhand dessen Bonusentscheidungen getroffen werden:

> *„Und natürlich hat Geld und Lohn viel mit Anreizen zu tun, und wir fänden es schon gut, wenn definierte
> Kriterien und ein beschreibbares, beschriebenes System existieren würden, wo wir wüssten, ,wenn wir das und
> das machen, dann können wir da mehr kriegen'."* [1268]

> *„Wenn es konkrete Standards gibt, [...] dann finde ich das durchaus in einem gewissen Rahmen ok."* [1269]

Transparenz alleine reicht jedoch nicht aus. So müssen die Kriterien inhaltlich plausibel, d.h.
sinnvoll, verständlich und nachvollziehbar sein. Eine Kernherausforderung ist hierbei sicherlich,

---

[1265] Interview mit Norbert Kunz, Gründer & Geschäftsführer, iq consult (geführt am 11.01.2012)
[1266] Interview mit Manfred Radermacher, Projektleiter, iq consult (geführt am 11.01.2012)
[1267] Interview mit Elena Knaack, Projektleiterin, iq consult (geführt am 11.01.2012)
[1268] Interview mit Manfred Radermacher, Projektleiter, iq consult (geführt am 11.01.2012)
[1269] Interview mit Nadine Chapelier, Leiterin Kommunikation, iq consult (geführt am 11.01.2012)

dass es bei manchen Tätigkeitsbereichen vergleichsweise einfach ist, objektive und inhaltlich sinnvolle Kriterien abzuleiten, andere Tätigkeiten jedoch kaum in Ziele übersetzt werden können:

„[…] wenn nachzuvollziehen ist, warum ich das bekomme oder nicht bekomme, und die Ziele erreichbar sind – also natürlich soll es mich fördern, aber es kann jetzt auch nicht total utopisch sein –, dann finde ich das durchaus in einem gewissen Rahmen ok. […] Also es soll ja eigentlich mit festen Zielvereinbarungen und was weiß ich, Fallzahlen und Ähnlichem, verknüpft sein. Das ist vielleicht bei Beratern auch leichter umzusetzen, dass man da wirklich auch einfach gucken kann ,wie viele Beratungen hast du denn gemacht?' – wobei das natürlich auch alles schwierig ist, weil die Beratung ja nicht unbedingt dadurch besser wird, dass mehr Beratungen gemacht werden, also mehr runter geschrubbt werden. […] Ja, Transparenz, […] insbesondere aber Nachvollziehbarkeit sind wesentliche Themen. Kann ja auch alles irgendwie transparent sein, aber trotzdem rein nach Bauchgefühl modelliert sein. Daher muss es vor allen Dingen nachvollziehbar sein und gemeinsam ausgehandelt werden, auch mit dem Mitarbeiter, dass es Ende halt nicht nur strukturiert ist im Sinne von ,du musst fünf Beratungen mehr machen im Monat, dann kriegst du deinen Bonus', sondern dass man auch darüber redet und überlegt, ob das Ganze grundsätzlich überhaupt Sinn macht […]. Also dass man das dann gemeinsam sich überlegt und diskutiert, mit Sinn und Verstand." [1270]

Zu guter Letzt ist ein Gefühl der Fairness bzw. Gerechtigkeit ein wichtiger Einflussfaktor für ein effektives Anreizsystem. Zum einen erwächst dies aus den zuvor erwähnten plausiblen, nachvollziehbaren Kriterien, welche der individuellen Bonusentscheidung zugrunde liegen. Zum anderen spielt jedoch auch der Vergleich zwischen den Mitarbeitern eine Rolle: In diesem Zusammenhang ist eine auch bei iq consult existierende Unvergleichbarkeit der Mitarbeiterziele das größte Problem. So können die individuellen Kriterien zwar für sich als jeweils plausibel und gerecht eingeschätzt, die darauf basierenden Bonuszahlungen der Mitarbeiter aufgrund der Unvergleichbarkeit der Tätigkeitsbereiche jedoch trotzdem als ungerecht wahrgenommen werden.

Bei aller Unzufriedenheit mit dem aktuellen Urlaubsbonus kann dennoch gesagt werden, dass ein Bonus von Mitarbeiterseite grundsätzlich als vergleichsweise positiv eingeschätzt wird. So werden Social Entrepreneurship und Boni nicht prinzipiell als inkompatibel angesehen:

„Aber so ganz generell würde ich jetzt nicht sagen, dass sich das automatisch ausschließt, hier was Soziales zu machen und gleichzeitig monetäre Anreizsysteme zu schaffen." [1271]

Des Weiteren wird auch die Gefahr eines Korrumpierungseffektes als eher gering eingeschätzt, vorausgesetzt der Bonus bleibt im Vergleich zum Festgehalt auf einem sinnvoll niedrigen Niveau:

„Weiß ich nicht, die Gefahr, dass eine höhere Bezahlung die intrinsische Motivation beeinträchtigen könnte, sehe ich eigentlich nicht, ich sehe es eher andersrum: Wenn man besser bezahlen würde, wäre die Motivation, noch bessere Arbeit zu machen, noch größer." [1272]

[1270] Interview mit Nadine Chapelier, Leiterin Kommunikation, iq consult (geführt am 11.01.2012)

[1271] Interview mit Nadine Chapelier, Leiterin Kommunikation, iq consult (geführt am 11.01.2012)

„Nee, einen negativen Aspekt von monetären Anreizen sehe ich überhaupt nicht. Also ich hab auch kein Problem damit, dass Sozialunternehmer Geld verdienen, was ja auch oft irgendwie kritisiert wird. Also, da muss ich mich nicht für rechtfertigen, dass ich Geld verdiene mit der Arbeit, die ich mache." [1273]

„Also ich möchte jetzt nicht die Hälfte meines Geldes so verdienen, aber so ein gewisser Add-on kann dann schon irgendwie so ein Anreiz sein." [1274]

Nichtsdestotrotz herrscht die klare Meinung vor, dass ein potenzielles monetäres wie materielles Anreizsystem richtig aufgesetzt werden muss, und dass es in diesem Sinne die zuvor dargestellten Kriterien erfüllen muss, um letztlich konstruktiv und nutzbringend wirken zu können. Da dies zu Recht als ein intellektuell anspruchsvolles und zeittechnisch aufwendiges Vorhaben angesehen wird, wird als zentraler erfolgskritischer Faktor daher die Bereitstellung dedizierter Personalressourcen eingeschätzt, welche die passenden Kompetenzen mitbringen und sich für die Zeit der Entwicklung ausschließlich mit diesem Thema befassen:

„[…] aber natürlich hängt es auch dann wieder von dem System ab: Ich kenne aus anderen beruflichen Kontexten auch Systeme, die waren alles andere als gerecht, und die haben letztendlich dazu geführt, dass das Arbeitsergebnis ein viel schlechteres war, weil eben weniger getan wurde, um effektiv der Zielgruppe – bei uns jetzt Menschen mit Behinderung – zu helfen, sondern weil alles darauf ausgerichtet war, möglichst viel Bonus zu kriegen, und dann wird es manchmal pervers. Weil, dann läuft man dem Bonus hinterher, und da kann ich mir Konfliktpotenzial vorstellen, und zwar ein ganz schön großes, und da hängt sehr viel davon ab, wie strikt man so ein Bonussystem umsetzt und wie flexibel es dann letztendlich noch ist. Und da weiß ich nicht, ob iq consult das hinbekommt: also von den intellektuellen Kapazitäten sicherlich, aber an den zeitlichen Ressourcen scheitert es ja meistens, weil so ein Bonussystem zu entwickeln ist gar nicht so einfach, gerade wenn es ins Detail geht." [1275]

„Also, da wäre es halt wieder schön, jemanden zu haben, der sich wirklich damit befasst und der nicht noch nebenher Projektleiter, Geschäftsführer und Schlag-mich-tot ist, sondern der sich allein mit der Entwicklung solcher Anreizsysteme, also dieses ganzen Personalwesenmanagements, befasst und dann eben auch was Ausgegorenes entwickelt. Und dann finde ich das durchaus eine sinnvolle Idee, ein wie auch immer geartetes Anreizsystem zu schaffen." [1276]

II.5.3.4   Förderung der organisationalen Verhaltensmuster

Es wurde schon mehrfach bemerkt, dass **Innovation** ein zentrales Charakteristikum der Wertschöpfung von iq consult darstellt. Diese wird durch den Umstand begünstigt, dass die Organisation als ein für die Entwicklung innovativer Ideen sehr förderliches Umfeld im Sinne eines Nähr-

---

[1272] Interview mit Manfred Radermacher, Projektleiter, iq consult (geführt am 11.01.2012)
[1273] Interview mit Elena Knaack, Projektleiterin, iq consult (geführt am 11.01.2012)
[1274] Interview mit Nadine Chapelier, Leiterin Kommunikation, iq consult (geführt am 11.01.2012)
[1275] Interview mit Manfred Radermacher, Projektleiter, iq consult (geführt am 11.01.2012)
[1276] Interview mit Nadine Chapelier, Leiterin Kommunikation, iq consult (geführt am 11.01.2012)

bodens oder ‚Humus‘ wahrgenommen wird. Dies umfasst zum einen ein Klima, in dem ständig neu gedacht wird, was den Einzelnen wiederum anregt, neue Ideen zu entwickeln. Diese Bemühungen werden unterstützt von den zahlreichen Ressourcen und Personen, mit denen neue Ideen besprochen, diskutiert und weiter ausdetailliert werden können. In diesem Zusammenhang spielt der Gründer als visionärer Denker mit viel Erfahrung und zahlreichen Kontakten als ‚Befähiger‘ eine wichtige Rolle:

> „[...] und auf der anderen Seite muss ich da wieder sagen, ist iq consult ungeheuer hilfreich, weil es hier natürlich ganz viele Ressourcen gibt, die man dann anzapfen kann, und seien es einfach nur Leute, mit denen man sich mal unterhalten kann. ‚Hör mal, du hast doch schon mal sowas gemacht, wie geht denn das?‘ Und natürlich entstehen auch nur in so einem Milieu, wo ständig neu gedacht wird, wiederum neue Ideen, da denkt man dann auch selber neu. Das ist schon ein guter Humus. [...] Und mit Norbert einfach mal so über solche neuen Ideen reden, und sei es auch nur, wenn man mal wieder zusammen im Auto zu einer Tagung oder so fährt, das ist schon auch immer hilfreich, weil er ist ja auch ein visionärer Denker mit unglaublich guten Kontakten und viel Erfahrung, und natürlich braucht man so ein Milieu, um dann selber auch autonom – in Anführungszeichen – sich entwickeln zu können.“ [1277]

Eine aktive, institutionalisierte Förderung bspw. durch Training von Kreativmethoden findet jedoch nicht statt. Und auch wenn es durchaus Kreativspielräume gibt, d.h. den Mitarbeitern auf Anfrage Zeit für die Verfolgung eigener Ideen eingeräumt werden, nehmen die ‚operativen‘ Aufgaben zumeist so viel Zeit in Anspruch, dass kaum Zeit für die Entwicklung eigener Ideen verbleibt. Von Mitarbeiterseite würde es daher als hilfreich und motivierend empfunden werden, wenn die Freiheit und insb. konkrete Zeitkontingente zur Entwicklung eigener Ideen vonseiten der Organisation/Geschäftsführung noch aktiver zugesprochen und ermöglicht würden:

> „Es ist nicht so institutionalisiert, dass es irgendwie Trainings für kreatives Arbeiten gibt, aber wenn ich jetzt halt sage ‚ich hab da eine Idee für ein Projekt‘ oder ‚ich hab da die und die Förderausschreibung gesehen, da würde ich eigentlich jetzt ganz gerne mal einen Antrag schreiben‘, oder ‚ich hab die und die Idee, sollen wir das mal kurz durchdiskutieren?‘, das gibt es halt schon. Also solche Kreativitätsspielräume gibt es. [...] Und da muss ich dann natürlich fragen, ob ich meine Arbeitszeit dafür verwenden darf. Solche Sachen halt schon. [...] Ja, also ich meine, es ist natürlich schon so: dadurch, dass man ziemlich viele Aufgaben zu bewältigen hat, eh schon operativ, bleibt halt auch wenig Zeit. Man kann natürlich auch sagen ‚du hast da jetzt in der Woche mal einen Tag, an dem kannst du mal was anderes machen‘. Oder wenn ich irgendwie sage ‚so, ich hab jetzt heute genug, ich geh jetzt mal um drei‘, da sagt auch keiner was. Aber wenn einem irgendwie diese Freiheit nochmal mehr zugesprochen wird, wäre das vielleicht etwas, was noch motivieren könnte.“ [1278]

> „Aber es müsste dann irgendwie auch klar sein, dass es Teil der Arbeitszeit ist, sowas zu entwickeln und nicht sozusagen on top im Sinne ‚das machst du dann halt sonntags, wenn du da so spinnerte Ideen hast, dann mach

---

1277 Interview mit Manfred Radermacher, Projektleiter, iq consult (geführt am 11.01.2012)
1278 Interview mit Elena Knaack, Projektleiterin, iq consult (geführt am 11.01.2012)

das doch mal' oder ,wenn du meinst, du musst dich da irgendwie in die Richtung weiterentwickeln, dann viel Spaß dabei'. Es müsste halt irgendwie klar sein, dass das Teil meines Aufgabengebiets ist, auch wenn dann vielleicht rauskommt ,nö, brauchen wir doch nicht', dann ist es nichts Doofes, sondern halt trotzdem eine Idee gewesen, das zu entwickeln. Also wenn es so integriert wäre, fände ich das schon gut und motivierend." [1279]

Insgesamt wird festgestellt, dass vor allem die frischen, jungen Mitarbeiter die innovative Weiterentwicklung vorantreiben, während ältere Mitarbeiter tendenziell eher beharrend sind:

„Ich glaube, und das stellen wir dann auch schon fest, dass unsere jüngeren Mitarbeiter dann eher die treibenden Kräfte sind und ältere Mitarbeiter eher beharrende Kräfte sind." [1280]

II.5.3.5 Messung der gesellschaftlichen Wirkung

Die Messung der gesellschaftlichen Wirkung findet bei iq consult auf der Basis von zwei Ansätzen statt: Zum einen anhand von konkreten Erfolgsbeispielen und -geschichten, welche die Ergebnisse und Auswirkungen der Aktivitäten konkret sichtbar machen, zum anderen anhand einer Monetarisierung der Wirkung vorzugsweise durch die Kennzahl SROI (Social Return on Investment), durch die die Wirkung objektiviert werden soll:

„Aber bezüglich des Großen Ganzen: Also, was bei uns ganz wichtig ist, wir machen [...] meistens viermal im Jahr so ein großes Netzwerktreffen. Das heißt, wir laden Menschen mit Behinderung, die mit uns gegründet haben, zu uns ein. [...] Und das motiviert ungeheuer, also auch uns, wenn wir immer mal wieder sowas sehen und erleben, ja, ich hab vor fünf Jahren gegründet, das war die beste Entscheidung für mich', eben wirkliche Erfolgsgeschichten [...]. [...] Es gibt eine SROI-Studie über Enterability, da ist die zentrale Kennzahl und Aussage, dass jeder Euro, den wir hier investieren, volkswirtschaftlich spart, und das hängt ja dann auch immer vom Zeitraum ab. Wenn man nur vier Jahre untersucht, sind es dann eben bloß 3,70 Euro, und wenn du acht Jahre untersuchst sind es dann 8 Euro oder so, keine Ahnung, weil viele Effekte umso höher ausfallen, je langfristiger man sich das anschaut." [1281]

„Ja, wir versuchen schon durchaus auch, die soziale Wirkung finanziell auszudrücken. Also wenn ich zum Beispiel unser Projekt Enterability nehme, wo es eben darum geht, dass Menschen mit Behinderung sich selbstständig machen, da haben wir eine SROI-Analyse durchgeführt und haben festgestellt, dass wenn der Staat einen Euro reinsteckt, Enterbility 3,90 EUR rausbringt. [...] Genau, das Ziel bei SROI und vergleichbaren Messmethoden ist, das Ganze irgendwie in wissenschaftliche Standards zu pressen, d.h. das möglichst auszurechnen, möglichst objektivierbar zu machen." [1282]

Die Messung der gesellschaftlichen Wirkung hat dabei sowohl eine externe wie interne Relevanz. Im externen Kontext wird sie vor allem im Rahmen der Berichterstattung und Öffentlichkeitsar-

1279 Interview mit Nadine Chapelier, Leiterin Kommunikation, iq consult (geführt am 11.01.2012)
1280 Interview mit Norbert Kunz, Gründer & Geschäftsführer, iq consult (geführt am 11.01.2012)
1281 Interview mit Manfred Radermacher, Projektleiter, iq consult (geführt am 11.01.2012)
1282 Interview mit Nadine Chapelier, Leiterin Kommunikation, iq consult (geführt am 11.01.2012)

beit verwendet, wobei hier der Monetarisierungsaspekt für die zahlreichen Stakeholder, insb. aber die Förderer und Geldgeber eine besonders wichtige Rolle spielt. So werden diese Kennzahlen auch öffentlichkeitswirksam vorgestellt und zur Legitimation der Aktivitäten genutzt:

„Also das heißt, es gibt schon auch Versuche, das monetär darzustellen. […] Es hat […] große Wirkung bei Förderern und Fördergebern gehabt. Primär ist das also eher eine Außendarstellungsthematik. " [1283]

„Ja, wir versuchen schon durchaus auch, die soziale Wirkung finanziell auszudrücken. […] Und da hatten wir eine recht große Veranstaltung zu, wo wir dann Ministeriumsvertreter, Stakeholder, Banken und keine Ahnung wen alles eingeladen haben. Und damit gehen wir natürlich auch an die Presse […], auch gerade im Rahmen irgendwelcher Skandale wie bei der Treberhilfe zuletzt. […] der war halt viel in der Presse mit dem Tenor ‚das bringt ja alles nichts, und die bereichern sich da fröhlich' […], und dann müssen eben auch mal Positivbeispiele gebracht werden, die sagen ‚ja, das bringt sehr wohl was, die Behinderten sind raus aus dem Sozialtransfer, die stellen womöglich Leute ein, die haben einen höheren Lebensstandard, sind weniger krank, sind motiviert, lernen einen Haufen Sachen, die sie vielleicht auch für eine spätere Anstellung wieder gebrauchen können'. Also sowas aktiv zu pushen, das ist auf jeden Fall ein großer Teil der Arbeit. " [1284]

In der allgemeinen Öffentlichkeitswahrnehmung in Form von bspw. Presseresonanz spielen jedoch auch anekdotische Erfolgsgeschichten wie bspw. Gründungsgeschichten im Rahmen des Projekts enterability eine Rolle:

„Das ist bei uns auch so: Wir haben je relativ viel Presseresonanz erfahren, also deutlich mehr auch, als zum Beispiel auf der Webseite steht, und das geht immer nur über Gründergeschichten. Also niemand berichtet über enterability, sondern alle berichten über Geschichten von Gründern und dann über enterability. " [1285]

Im internen Kontext sieht dies etwas anders aus. Während hier die monetäre Wirkung für die meisten Mitarbeiter wenig bis gar nicht relevant ist, spielen anekdotische Erfolgsgeschichten eine zentrale Rolle. Denn während eine Monetarisierung abstrakt bleibt und zumeist nur schwer eine individuelle Motivationswirkung hervorrufen kann, stellen die konkreten Erfolgsgeschichten exemplarisch und anschaulich die positiven Auswirkungen der jeweiligen Aktivitäten dar und zeigen gegenständlich, dass die Organisation und damit die Mitarbeiter etwas Gutes tun und in diesem Sinne ‚einen Unterschied machen'. Dies macht konkrete Erfolgsgeschichten zu einem, wenn nicht dem wichtigsten Motivator:

„Soziale Leistungsmessung bzw. die Sichtbarmachung unserer Wirkung spielt bei uns eine ganz große Rolle. Also ich bin sicher, es gibt Mitarbeiter, die wären schon längst weg, wenn sie das nicht sehen würden, im Sinne von ‚ich tue hier Gutes und sehe natürlich das auch konkret'. Weil das ist ja ein zentraler Bestandteil unserer Arbeit, wir haben ja hier immer mit konkreten Menschen zu tun, die dann gründen, wo wir den Kontakt auch über Jahre halten, weil wir sie nach der Gründung auch noch begleiten. Und wenn das nicht wäre, wären einige

---

[1283] Interview mit Manfred Radermacher, Projektleiter, iq consult (geführt am 11.01.2012)
[1284] Interview mit Nadine Chapelier, Leiterin Kommunikation, iq consult (geführt am 11.01.2012)
[1285] Interview mit Manfred Radermacher, Projektleiter, iq consult (geführt am 11.01.2012)

schon hier weg, da bin ich ganz sicher. Also das ist für die ein zentraler Aspekt. [...] anekdotische Erfolgsge-
schichten, die zu sammeln und zu verfolgen, das ist Riesenthema, sonst wären zwei Mitarbeiter hier bestimmt
schon weg, die sagen auch, dass sie deshalb bleiben, weil es so viel Freude macht, die Menschen weiter zu beglei-
ten und zu sehen, was aus Ihnen wird und was sich aus unserer Arbeit auch entwickelt. [...] Also das heißt,
es gibt schon auch Versuche, das monetär darzustellen. Für die Mitarbeiter war das aber ohne jede Relevanz.
Das hat nur manche Mitarbeiter interessiert." [1286]

Einen besonders hohen Stellenwert haben die anekdotischen Erfolgsgeschichten bspw. im Projekt enterability, bei dem diese durch regelmäßige Veranstaltungen und Treffen mit ehemaligen
und aktuellen ‚Kunden' explizit sichtbar und erfahrbar gemacht werden. Allgemein spielen auch
Rückmeldungen wie die Erwähnung von iq consult oder einzelnen Projekten in der Presse eine
wichtige Rolle. Während es hierbei zunächst einmal vom jeweiligen Projektleiter abhängt, inwieweit er das Thema Öffentlichkeitsarbeit im Team publik macht und mit dem Team teilt, versucht
die zentrale Kommunikationsabteilung unterstützend, wann immer möglich Erwähnungen in der
Presse allgemein transparent und zugänglich zu machen. Bei allen Bemühungen ist aber auch klar,
dass die Motivationswirkung letztlich stark vom Mitarbeiter selbst abhängt – zum einen von
seiner Präferenz (so ist bei einem Mitarbeiter das Wissen um die gesellschaftliche Wirkung ein
wichtiger Motivator, während dies anderen vergleichsweise gleichgültig ist), zum anderen von
seiner Initiative (bspw. der Eigeninitiative, die zuvor erwähnten Informationsangebote seitens der
Organisation wahrzunehmen, wozu letztlich keiner gezwungen werden kann):

„Ich glaube schon, dass die soziale Wirkung bzw. die Berichterstattung darüber auch intern eine Rolle spielt –
also dass jetzt die einzelnen Mitarbeiter in den Projekten durchaus auch drüber reden und sich dann freuen,
wenn das in der Presse ist oder wenn rauskommt ‚die haben einen positiven Impact', also das bringt mehr Geld
ein für die Gesellschaft als sie vom Staat und Spenden bekommen. Aber das liegt natürlich auch stark am
Projektleiter, d.h. ob der einzelne Projektleiter das dann im Team pusht oder alleine mit der Presse für sich
wurschtelt und das gar nicht an die große Glocke hängt. Also, wenn ich mitbekomme, dass wir irgendwo in der
Presse sind, und sei es mit irgendeinem kleinen Künstlerprojekt, was jetzt nicht das Wichtigste ist, dann schi-
cke ich das trotzdem an die Mitarbeiter rum und versuche zu sagen ‚hier, guck mal'. Und auch an die Projekt-
leiter nochmal, dass sie das halt auch mit ihren Teams darüber reden, aber ob die das dann letztlich wirklich tun
und auf der Weihnachtsfeier erwähnen oder nicht, ist sozusagen deren Bier: Wie stark sie dann sagen ‚hey, das
ist echt toll, was wir hier gemacht haben', oder ob sie es mehr für sich selbst verbuchen im Sinne von ‚ich bin
toll', das kann ich nicht beurteilen. Also wenn größere Sachen sind, dann kommt es natürlich immer auf das
Intranet, auf unser Portal, und dann können das theoretisch alle lesen. Ob sie es dann tun, weiß ich nicht.
Und ob sie das motiviert, weiß ich auch nicht. Also bestimmt gibt es einige Mitarbeiter, die sich dann noch
stärker ans Unternehmen gebunden fühlen und sehr motiviert dadurch sind und für die das auch ein Kick ist

---

[1286] Interview mit Manfred Radermacher, Projektleiter, iq consult (geführt am 11.01.2012)

bei der Arbeit, aber es gibt andere, denen ist das herzlich egal: Hauptsache, das Geld kommt, so ungefähr. Also das ist glaube ich auch sehr persönlichkeitsabhängig. " [1287]

II.5.4 Mitarbeiter halten - langfristige Bindung

Grundsätzlich wird von Geschäftsführungsseite bemerkt, dass Bindung effektiv kein Problem darstellt. So kommt es äußerst selten vor, dass ein Mitarbeiter von sich aus kündigt, vielmehr ist es eher so, dass iq consult einzelne Mitarbeiter freistellt, wenn ein befristetes Projekt beendet ist oder bezüglich der Kompetenzen keine sinnvolle Fortsetzung der Zusammenarbeit gesehen wird. In der Folge ist dies daher auch kein Thema, mit dem sich die Geschäftsführung bis dato aktiv beschäftigt hat:

„Ja, langfristige Bindung, damit haben wir eigentlich trotz allem nie ein Problem gehabt. Also es ist eher so, dass wir die Leute loswerden wollen, irgendwann an einem bestimmten Punkt [...]. Also es ist eigentlich noch niemand so von uns gegangen, nach dem Motto ‚ich hab keine Lust mehr, bei iq consult zu arbeiten', sondern eher, dass wir gesagt haben ‚wir haben keine Lust mehr, lass dich mal darauf ein, also das Projekt werden wir jetzt nicht mehr machen, das Projekt hört auf, und wir sehen jetzt irgendwie mit deiner Kompetenz bei iq consult keine Fortsetzung'. Also, wir haben kein Problem mit der Bindung. " [1288]

Auf Projektebene sieht die Situation etwas anders aus. Hier wird die Mitarbeiterbindung sehr wohl als relevantes Thema benannt, vor allem weil Knowhow gehalten werden soll und eine Neubesetzung insb. aus dem internen Mitarbeiterpool hinsichtlich der erforderlichen Kompetenzen oftmals nur schwer möglich oder nicht vorteilhaft ist:

„Also, für mich wäre es ein großes Ärgernis und wahnsinnig schwierig, wenn ich die ersetzen müsste, zumal dann auch die Gefahr – ich nenne das bewusst Gefahr – besteht, dass ich dann nicht auswählen kann, sondern dass ich jemanden sozusagen reingesetzt bekomme, der gerade aus einem anderen Projekt rausfliegt, den ich aber gar nicht haben will, weil er was anderes vielleicht viel, viel besser kann aber nicht das, was ich gerne hier hätte. " [1289]

Von Mitarbeiterseite ist eine langfristige Bindung bzw. Karriereplanung in den meisten Fällen von eher geringer Bedeutung. Die spezifische Wichtigkeit, die diesem Thema beigemessen wird, hängt dabei vor allem von der persönlichen Situation ab. So ist für ältere Mitarbeiter eine längerfristige Anstellung bzw. Perspektive relevanter als für die mehrheitliche Gruppe der jungen Mitarbeiter, welche naturgemäß zumindest innerhalb der Organisation eine eher kurz- bis mittelfristige berufliche Perspektive verfolgen:

„[...] es gibt ja auch Leute bei uns, die sind halt deutlich älter. Die werden sicherlich auch mehr auf eine längerfristige Karriereperspektive oder überhaupt berufliche Perspektive ausgerichtet sind, das ist jetzt bei mir nicht

---

[1287] Interview mit Nadine Chapelier, Leiterin Kommunikation, iq consult (geführt am 11.01.2012)
[1288] Interview mit Norbert Kunz, Gründer & Geschäftsführer, iq consult (geführt am 11.01.2012)
[1289] Interview mit Manfred Radermacher, Projektleiter, iq consult (geführt am 11.01.2012)

so [...]. Es ist auch jedem klar, dass man mit Anfang 30 sich jetzt nicht sich auf Ewigkeiten bindet [...]. Aber ich denke mal, dass da bei mir auch die Notwendigkeit geringer ist als bei anderen Leuten. Also ich hab jetzt auch keine Familie in dem Sinne, also noch nicht. [...] Also es ist schon so, dass es natürlich gut ist, zu wissen, dass man hier noch einige Dinge kreativ mitgestalten kann, also das auf jeden Fall schon, aber es ist jetzt nicht so, dass ich da tagtäglich dran arbeite, oder mich das tagtäglich motiviert, dass ich das alles mache, damit ich hier noch in 20 Jahren bin. "[1290]

Befristete Verträge, die aufgrund der zumeist befristeten Projekte und zum Zweck einer größtmöglichen organisationalen Flexibilität vergleichsweise häufig sind, werden hingegen aufgrund der ständigen Unsicherheit und Drucksituation als zermürbend und als ‚Motivationskiller' empfunden. Letztlich wird auch hier wieder tendenziell unterschieden zwischen älteren Mitarbeitern, denen aufgrund des höheren Sicherheitsbedürfnisses und der längerfristigen Perspektive die befristeten Verträge ungleich schwerer zu schaffen machen als jungen Mitarbeitern, die mit dieser Situation im Allgemeinen besser zurecht kommen[1291]:

„[...] und natürlich ist es für viele Mitarbeiter ein großes Problem, einen befristeten Vertrag zu haben, also ich bin einer der wenigen hier, die einen unbefristeten Vertrag haben. Auf der anderen Seite ist es für die Geschäftsführung ein großes Problem, dass einige von denen, die unbefristete Verträge haben, also gerade auch im Bereich Verwaltung und so, im Prinzip unkündbar sind und sie die nicht loswerden. Das muss man so auch mal sehen. Aber dieses alle zwei Jahre auftauchende Spiel – bei uns im Projekt weniger als bei anderen, obwohl, auch hier gibt es Menschen mit befristetem Vertrag – also dieses Spielchen ‚geht es nun weiter, oder geht es nicht' ist natürlich auf die Dauer einfach zermürbend, das macht keine Freude. Ich meine, als junger Mensch, was weiß ich, so zwischen 30 und 45 ist das alles gut, aber irgendwann hat man es einfach satt, ist man ein bisschen müde. Also motivatorisch ist das echt ein Killer. [...] auf der einen Seite ist es der Druck, ‚ich muss so gut sein, dass sie mich auf jeden Fall wieder in irgendein neues Projekt mitnehmen wollen und mich nicht auf der Strecke liegen lassen, wenn meine Befristung ausläuft', und auf der anderen Seite ist es aber dadurch, dass ständig dieser Druck da ist, auch so eine Motivationsbremse irgendwie. Ach, ich weiß auch nicht, man will das irgendwann einfach nicht mehr. "[1292]

Obwohl das Thema langfristige Bindung in den meisten Fällen nicht prioritär ist, ist für die Mitarbeiter eine inhaltliche Entwicklung nichtsdestotrotz attraktiv, welche von iq consult auch ermöglicht wird. So werden die Mitarbeiter immer wieder in neue Kontexte eingebunden, und eine inhaltliche Entwicklung findet primär über die Vielfalt der Aufgabenbereiche statt. Des Weiteren wird den Mitarbeitern mit steigender Erfahrung zunehmend Verantwortung zugesprochen:

„Was jetzt innerhalb der Organisation betrifft, gibt es, glaube ich, unterschiedliche Perspektiven. Also ich glaube, so jemand wie ich, der jetzt eine Zeitlang dabei ist und Projektleiter ist und jetzt auch nicht irgendwie

---

[1290] Interview mit Elena Knaack, Projektleiterin, iq consult (geführt am 11.01.2012)
[1291] Diese Unterscheidung ist allerdings nur in der Tendenz zutreffend; im Einzelfall ist der Umgang mit befristeten Verträgen – unabhängig vom Alter – von Persönlichkeit zu Persönlichkeit unterschiedlich.
[1292] Interview mit Manfred Radermacher, Projektleiter, iq consult (geführt am 11.01.2012)

die Riesenklöpse sich geleistet hat, wo eine halbwegs Zufriedenheit besteht seitens der Geschäftsführung, wird auch immer wieder in neue Kontexte mit eingebunden. [...] Entwicklung findet eher im inhaltlichen Bereich statt, über die Vielfalt der Aufgabenbereiche, weniger auf die Position. [...] Bezüglich Perspektiven kann ich jetzt retrospektiv sagen, dass ich schon gemerkt habe, dass ich mehr und mehr Verantwortung zugesprochen bekommen habe, und das wiederum natürlich auch wieder eine Motivation ist, sich zu engagieren, sprich dass man natürlich auch in dem Sinne sich dann engagiert, um auch weiterhin beschäftigt zu werden." [1293]

Externe Weiterbildungen wie bspw. ein Studium werden von iq consult dabei zwar weder aktiv unterstützt noch (teil)finanziert, jedoch zumindest passiv ermöglicht, indem den Mitarbeitern keine Steine in den Weg gelegt werden und bspw. eine Teilzeitlösung ermöglicht wird:

„Ja, und perspektivisch ist es ansonsten bei mir so, dass ich gerne dieses Studium machen wollte, und das natürlich dann auch angesprochen habe, und dass mir die Möglichkeit gegeben wird, dass ich das jobbegleitend machen kann und dann nur noch Teilzeit arbeite, das ist natürlich auch eine Motivation in dem Sinne. [...] Ja, wobei es mir nicht finanziert wird, das zahle ich schon selber, ist klar, aber dass ich sozusagen die Arbeitszeit reduzieren konnte, sie hätten ja auch sagen können ,nee, wenn, dann wollen wir dich Vollzeit, oder eben gar nicht', so in dem Sinne. Das ist natürlich schon in Ordnung und toll, dass man das so machen kann." [1294]

Einen Karriereplan mit konkreten internen Aufstiegschancen gibt es bei iq consult indes vor allem aufgrund der flachen Hierarchien und fehlenden Personalentwicklungsprozesse nicht:

„Ja, das ist ein großer Nachteil von iq consult: es gibt hier keine Aufstiegschancen. Und wir, also ich persönlich als auch die anderen Mitarbeiter im Projekt, empfinden das auch als eine Ungerechtigkeit, dass jeder Frische, der von der Uni kommt und seine erste Stelle hier antritt, dieselben Bedingungen, dasselbe Gehalt, dieselben Urlaubstage vorfindet, wie Leute, die seit 10 Jahren hier arbeiten und eine Menge Erfahrung angesammelt haben und durch viele Höhen und Tiefen mit der Organisation gegangen sind. Also das empfinden viele einfach als ungerecht. Und Aufstiegsmöglichkeiten gibt es überhaupt nicht. Was soll ich denn noch mehr werden als Projektleiter? Am Anfang hab ich ein Projekt geleitet, jetzt leite ich drei, ich kann noch zwei dazu kriegen, aber monetär oder irgendwie sonst schlägt sich das nicht nieder." [1295]

„Also es ist schon so, dass es natürlich gut ist, zu wissen, dass man hier noch einige Dinge kreativ mitgestalten kann, also das auf jeden Fall schon, aber es ist jetzt nicht so, dass ich da tagtäglich dran arbeite, oder mich das tagtäglich motiviert, dass ich das alles mache, damit ich hier noch in 20 Jahren bin. Was natürlich auch daran liegt, dass es bei uns nicht die Riesenaufstiegschancen gibt. Also sicherlich ist das in anderen Organisationen, wo es irgendwie noch verschiedene Level und Hierarchiestufen und damit interne Aufstiegschancen gibt und so weiter, wieder was anderes." [1296]

[1293] Interview mit Elena Knaack, Projektleiterin, iq consult (geführt am 11.01.2012)
[1294] Interview mit Elena Knaack, Projektleiterin, iq consult (geführt am 11.01.2012)
[1295] Interview mit Manfred Radermacher, Projektleiter, iq consult (geführt am 11.01.2012)
[1296] Interview mit Elena Knaack, Projektleiterin, iq consult (geführt am 11.01.2012)

II.5.5   Mitarbeiter freistellen & vermitteln

Wie zuvor schon im Rahmen der langfristigen Bindung angedeutet, ist die Freistellung bzw. Vermittlung von Personal kein Tabu. Eingangs wurde schon beschrieben, dass iq consult durch seinen Geschäftsansatz von seinen Mitarbeitern eine kontinuierliche Veränderungs- und Weiterentwicklungsbereitschaft verlangt und in diesem Kontext auch eine gewisse Eigeninitiative voraussetzt. So bietet die Organisation zwar wie oben dargestellt Möglichkeiten der inhaltlichen Weiterentwicklung, es liegt allerdings am Mitarbeiter, diese aktiv zu suchen und zu ergreifen. Zur Trennung kommt es zumeist, wenn dies über eine längere Zeit nicht erfolgt ist und der Mitarbeiter bezüglich der Kompetenzen nicht mehr adäquat eingesetzt werden kann, insb. wenn sein bisheriges Projekt ausläuft oder beendet wird. Trotzdem herrscht der Anspruch einer Trennung auf Augenhöhe, wobei dies natürlich eine große Herausforderung darstellt:

„Ja, also das ist in der Tat ein Thema, wie trennt man sich halt dann eben auch auf Augenhöhe. Also sicherlich, in unserer Kultur, also in unserer Organisationsstruktur, wo wir uns ja ständig neu erfinden, wir ständig neue Projekte auflegen, neue Projekte überlegen, gibt es für den Mitarbeiter auf der einen Seite die Chance, an diesen Projekten mitzumachen, andererseits haben sich aber auch viele Mitarbeiter, die sehr lange bei uns sind, darauf eingestellt, nach dem Motto ‚die Geschäftsführung, der fällt schon was Neues ein‘, aber nicht an den Veränderungsprozessen mitgewirkt. Und waren dann aber plötzlich überrascht, dass sie in diesem neuen Projekt keine Funktion mehr haben, weil wir sagen, ‚die Kompetenz passt nicht dazu. Oder, seit zwei Jahren reden wir darüber, dass wir das Thema Soziale Innovation zu unserem Hauptthema machen. Wir haben seither mindestens 10 Weiterbildungsveranstaltungen angeboten, wir haben fünf Themenabende gemacht, wir haben vier Innovationsabende veranstaltet, du warst bei keinem einzigen da. Und jetzt willst du Berater beim Thema Soziale Innovation werden? Du hast doch überhaupt keine Ahnung davon‘. Also da ist eher die Frage,/ da sind Erwartungshaltungen da, die Erwartungshaltung, die in die Richtung gehen ‚die werden mich schon weiter versorgen‘, und wo wir jetzt aber sagen, ‚nee, eigentlich nicht mehr‘. "[1297]

II.6   Kinderzentren Kunterbunt

II.6.1   Allgemeine Situation und Status von Motivation im Führungskontext

Motivation wird im Führungskontext von Kinderzentren Kunterbunt (KiKu) als ein zentraler Erfolgsfaktor wahrgenommen. Dies zeigt sich sowohl in der Vision, in der die Mitarbeiter als größtes Erfolgskapital bezeichnet werden, als auch in der Mitarbeiterbroschüre, die detailliert die verschiedenen Vorteile einer Anstellung bei KiKu aufzeigt.[1298]

[1297] Interview mit Norbert Kunz, Gründer & Geschäftsführer, iq consult (geführt am 11.01.2012)
[1298] Vgl. Website von Kinderzentren Kunterbunt unter http://www.kinderzentren.de/mitarbeiter-karriere.html sowie die Mitarbeiterbroschüre unter http://www.kinderzentren.de/broschueren-downloads-20.html (abgerufen am 01.07.2012)

Grundsätzlich liegt die Einstellung zugrunde, dass Mitarbeiter nicht motiviert werden können, d.h. seitens des Mitarbeiters muss eine (**intrinsische**) **Grundmotivation** vorhanden sein, während es das Ziel der Organisation ist, diese zu halten bzw. nicht zu demotivieren:

„*[…] prinzipiell ist der Mitarbeiter motiviert, das ist so mal die Grundtendenz. […] entweder er hat Motivation am Anfang oder er hat sie eben nicht. Aber ihn aktiv nochmal zu motivieren, ist […] schwierig. […] Man muss ein gewisses gutes Umfeld bieten, damit die Motivation, die er eh schon hat, erhalten bleibt. […] ich versuche, die Motivation zu halten – und sie eben nicht zu demotivieren […].*"[1299]

Erreicht wird dies durch ein **strukturiertes ‚Management' von überwiegend weichen Faktoren**. So kümmern sich dedizierte Personalressourcen darum, den Mitarbeitern ein Gefühl der Wertschätzung mittels u.a. Gesprächen und Kommunikation sowie Fortbildungen zu vermitteln. Strikte extrinsische Anreize und Methoden wie Zielerreichung und Boni werden als nicht wirksam bzw. sinnvoll abgelehnt:

„*Wir sind einer der wenigen, die hier ein richtiges, ja, Management dazu aufgebaut haben, von Personen, die eigentlich sich nur um das kümmern, nämlich die Mitarbeiter wertzuschätzen, mit ihnen in Gesprächen zu bleiben, Kommunikation, Fortbildungen und so weiter und so weiter. […] wir arbeiten aber mit relativ wenig Methoden, sage ich mal, in dieser ganzen Mitarbeiterführung. […] Ich halte wenig davon […] mit so strikten Methoden, mit Zielerreichung und Pipapo, was man den Mitarbeitern alles an die Hand gibt […] Die tun ja eh, was möglich ist, aus ihrer eigenen Motivation heraus, die verdoppeln sich aber jetzt nicht deswegen, weil sie jetzt nochmal 5000 oder einen Firmenwagen oder was weiß ich kriegen. Das mag in anderen Branchen funktionieren, bei uns funktioniert das nicht.*"[1300]

Bezüglich der **grundlegenden Motivationsmuster** ist es denn auch keine Überraschung, dass die intrinsische Motivation, insb. der Spaß an und die sinnstiftende Bedeutung aus der Tätigkeit heraus sowie die gefühlte Handlungswirksamkeit, eine zentrale Position einnimmt:

„*Ich ziehe meine Motivationen auch daraus, dass ich hier eine Arbeit habe, die mich erfüllt, die mir Spaß macht. […] diese sinnstiftende Bedeutung aus der Tätigkeit heraus, die einfach da ist, dass die Leute das Gefühl haben „okay, ich tue hier was wirklich Sinnvolles, ich bewege hiermit auch was", auch dieses „etwas bewegen" ist ja wichtig. […] wir sehen ja konkrete Ergebnisse, wenn eine neue Kita eröffnet oder so.*"[1301]

Weitere Motivationsaspekte sind die von der Organisation entgegengebrachte Wertschätzung, das gute Betriebsklima sowie die Möglichkeiten eines eigenständigen Arbeitens.

II.6.2 Mitarbeiter gewinnen

Aufmerksamkeit wird vor allem durch den Aufbau einer Marke geschaffen. Eine wichtige Rolle spielt dabei das Konzept Social Entrepreneurship bzw. KiKu als Sozialunternehmen. Auch wenn

---

[1299] Interview mit Björn Czinczoll, Gründer & Geschäftsführer, Kinderzentren Kunterbunt (geführt am 19.10.2011)
[1300] Interview mit Björn Czinczoll, Gründer & Geschäftsführer, Kinderzentren Kunterbunt (geführt am 19.10.2011)
[1301] Interview mit Björn Czinczoll, Gründer & Geschäftsführer, Kinderzentren Kunterbunt (geführt am 19.10.2011)

die Marke primär für Kunden und Partner relevant ist, spielt sie nichtsdestotrotz auch eine Rolle im Rahmen der Mitarbeitergewinnung:

„*[…] wir versuchen ganz bewusst, auch als Sozialunternehmen, eine Marke zu schaffen. […] wir versuchen da natürlich, einen guten Leumund auch aufzubauen, in Bezug natürlich für unsere Kunden, das ist wichtig, auch für die Firmen, mit denen wir dann kooperieren und wir haben ja ein paar sehr bedeutende Unternehmen, aber natürlich auch, um Mitarbeiter zu gewinnen.*" [1302]

In diesem Sinne sind die Marke, die soziale Wirkung und der Status als Sozialunternehmen effektive Alleinstellungsmerkmale im Rahmen des Recruiting. Ergänzt werden diese durch die Möglichkeit einer flexiblen Arbeitszeitgestaltung, die der Tätigkeit innewohnende Sinnstiftung sowie damit verbunden die Möglichkeit persönlicher Selbstverwirklichung:

„*Ja, das [der sinnstiftende Aspekt der Arbeit/Tätigkeit] ist definitiv ein Alleinstellungsmerkmal generell der Social Entrepreneurs, des sozialen Sektors, der aber auch ganz wichtig ist, weil, wir können ja nicht mit hohen Gehältern punkten. Wir müssen da was anderes liefern, weil wir uns natürlich irgendwo auch in einem sozialen Bereich bewegen. […] wir werden durchaus auch als Träger wahrgenommen, bei dem es sehr schön sein kann zu arbeiten, weil man sich hier auch ein Stück selbst verwirklichen kann.*" [1303]

Insgesamt hat Recruiting bei KiKu eine hohe strategische Wichtigkeit: Gerade weil aus Sicht der Organisation Motivation nicht (nachträglich) erhöht werden kann, ist die Sicherstellung der ‚richtigen' Motivation im Rahmen des Recruitings von zentraler Bedeutung:

„*[…] jeder hier, der Personal einstellt, sieht sich sehr genau an, mit welcher Motivation die Leute zu uns kommen, um den Job zu machen […] und dann ist aber auch die Grundhaltung hier im Unternehmen: prinzipiell ist der Mitarbeiter motiviert, das ist so mal die Grundtendenz. Das haben wir uns am Anfang angeschaut, da haben wir uns versichert. […] Ich glaube, das ist wirklich eine Motivationsfrage bei der Einstellung. Wenn ich den richtigen Mitarbeiter finde, der mit der richtigen Motivation an sein Tätigkeitsfeld rangeht, dann wird der diesen Job machen.*" [1304]

Zu diesem Zweck werden ausführliche Vorstellungsgespräche geführt. Die darin gewonnenen Eindrücke werden in der Regel dann anhand von Hospitationen bzw. Probearbeiten überprüft und vertieft.

Bezüglich der Zielgruppen existiert ein geteiltes Bild: Während im Erziehungsbereich überwiegend Absolventen von Fachschulen aktiv angesprochen und rekrutiert werden, sind es im Bereich der Verwaltung in den meisten Fällen Personen mit Berufserfahrung im kommerziellen Bereich und in zumeist verantwortlichen Positionen, die sich bei KiKu initiativ bewerben; eine aktive (externe) Ansprache findet hier nur in seltenen Fällen statt. Grundsätzlich gilt auch, dass

---

[1302] Interview mit Björn Czinczoll, Gründer & Geschäftsführer, Kinderzentren Kunterbunt (geführt am 19.10.2011)
[1303] Interview mit Björn Czinczoll, Gründer & Geschäftsführer, Kinderzentren Kunterbunt (geführt am 19.10.2011)
[1304] Interview mit Björn Czinczoll, Gründer & Geschäftsführer, Kinderzentren Kunterbunt (geführt am 19.10.2011)

Mitarbeiter in der Verwaltung einfacher zu finden sind als Mitarbeiter im Erziehungsbereich, gerade auch weil betriebswirtschaft-affine Personen die Bemühungen rund um Markenauftritt etc. wesentlich stärker wahrnehmen und honorieren.

Die schwerpunktmäßig im Erziehungsbereich im Rahmen der Kontaktaufnahme genutzten Kanäle sind äußerst vielfältig: So werden zum einen interne Ressourcen genutzt, wie bspw. ein internes Empfehlungsprogramm, bei dem Mitarbeiter für eine erfolgreiche Empfehlung eines potenziellen Kandidaten eine Prämie bekommen, oder auch die geplante eigene Ausbildung im Erziehungsbereich. Zum anderen werden vielfältige externe Plattformen genutzt: Neben dem Internetauftritt und Präsenz auf Facebook sind dies vor allem spezifische Mitarbeiterbroschüren, Anzeigen in Zeitungen, die Nutzung der Arbeitsagentur sowie gezielte Ansprache von bzw. Werbung bei Fachakademien.

Bezüglich der letztlichen Auswahlkriterien im Rahmen des Recruitings sind dies neben der erwähnten strategisch wichtigen intrinsischen Motivation sowie einer ,Passgenauigkeit' hinsichtlich des zukünftigen Teams vor allem grundlegende, den Arbeitsstil betreffende Kompetenzen wie Selbstständigkeit, Verantwortungsübernahme und proaktives Handeln.

II.6.3 Mitarbeiter führen und entwickeln

II.6.3.1 Grundlegende führungsrelevante Einflussfaktoren

Unternehmensleitbild

Das Leitbild von KiKu besteht aus einer fokussierten Vision/Mission, die in der Folge in den Handlungsfeldern Kundenzufriedenheit, Qualitätsstandards, Unternehmensentwicklung sowie Mitarbeiter ausdifferenziert bzw. konkret gemacht wird. Diese Ausdifferenzierung scheint jedoch primär auf externe Adressaten zugeschnitten zu sein.

Führungsverhalten

Der wichtigste Grundsatz im Rahmen des Führungsverhaltens ist ein unaufgeregtes, nüchtern-sachliches Vertreten der organisationalen Standpunkte. Überzeugt wird in diesem Sinne primär durch die Sache; ein eher nach außen getragenes, extrovertiertes und charismatisches Führungsverhalten liegt Björn Czinczoll dabei nicht besonders:

> „[...] *Die Leute wissen, was wir tun, ich vertrete unseren Standpunkt ganz klar und den kennen sie auch. Sie wissen, was unsere Mission ist, aber ich muss jetzt deswegen nicht einmal in der Woche mich irgendwo hinstellen und vor allen das nochmal wiederholen [...]. [...] Also solche aufgesetzten Module gibt es bei uns nicht.*"[1305]

[1305] Interview mit Björn Czinczoll, Gründer & Geschäftsführer, Kinderzentren Kunterbunt (geführt am 19.10.2011)

Auch hier wird wieder deutlich, dass eine gewisse Motivation vorausgesetzt wird, ‚aufgesetzte Motivationsveranstaltungen' gibt es nicht. Nichtsdestotrotz sieht Czinczoll sich selbst durchaus auch in der Rolle eines aktiven Motivators, allerdings eher im zwischenmenschlichen, alltäglichen Kontext, indem er durch natürliche Präsenz empathisch Anteil am Leben der Mitarbeiter nimmt, den Kontakt sucht und hält und damit Wertschätzung zeigt:

> *„Wichtig ist, ich halte sehr viel Kontakt zu meinen Mitarbeitern natürlich, einfach um Kommunikation zu fördern, ich nehme mich ihrer Probleme an, ich hab immer ein offenes Ohr [...]. [...] es ist einfach wie einer Familie. Man redet miteinander, wenn man sich mal trifft oder wenn man gemeinsames Meeting hat. Es interessiert mich, wo die Leute im Urlaub waren, was ihre Probleme sind und so weiter, das nehmen sie als Wertschätzung auch wahr."* [1306]

Eine Herausforderung ist hierbei sicherlich, dass aufgrund des Organisationswachstums und den daraus folgenden Veränderungen (mehr Mitarbeiter, Entstehung von Abteilungen, etc.) die Durchdringung der Mitarbeiterschaft seitens des Gründers abnimmt, d.h. der direkte Kontakt weniger wird. Entsprechend sinkt der persönliche Einfluss des Gründers, auch bezogen auf Mitarbeitermotivation. Für Czinczoll stellt dies jedoch kein großes Problem dar:

> *„[...] Die Erfahrung zeigt halt, dass es immer wieder bei dieser Gruppierung auch bleibt. Früher war ich das halt selber, als Vorgesetzter, hatte meinen Mitarbeiter und der hatte einen Stellvertreter und so, und diese Einheit ist geblieben. Jetzt, wo wir mehr sind, hat mein Mitarbeiter wiederum selber Mitarbeiter, und der bildet sich jetzt auch wieder so ein Dreieck. Die Muster bleiben die gleichen und vervielfältigen sich halt nur, und innerhalb dieser Konstellation wird die Motivation dann auch weiter getragen. Ich durchdringe vielleicht den Mitarbeiter, oder nicht mehr jeden Mitarbeiter so stark, aber dadurch, dass wir hier so Family-Charakter haben, schafft es dann jemand anders an meiner Stelle, der den gleichen Gedanken wie ich trägt."* [1307]

Solange die Motivation bzw. der ‚Geist' des Gründers und der Organisation innerhalb der ‚familiären' Strukturen weitergetragen wird, ist der sinkende direkte Einfluss des Gründers weitestgehend unproblematisch.

Organisationskultur

Kern dieser Strukturen – und das klang bei obigen Aussagen immer wieder an – scheint eine familiäre Organisationskultur (die Mitarbeiterschaft wird als ‚KiKu-Familie' bezeichnet) zu sein, in der alle mehr oder weniger ein gemeinsames Verständnis und eine gemeinsame Richtung haben, und in der man sich füreinander interessiert und Zeit nimmt, ohne dass dies aufgesetzt oder exaltiert wäre. Exemplarisch wird dies im Führungsverhalten des Gründers deutlich. Durch diesen Familiencharakter wird eine gefühlte Homogenität des Teamgefüges stark in den Vordergrund gerückt.

[1306] Interview mit Björn Czinczoll, Gründer & Geschäftsführer, Kinderzentren Kunterbunt (geführt am 19.10.2011)
[1307] Interview mit Björn Czinczoll, Gründer & Geschäftsführer, Kinderzentren Kunterbunt (geführt am 19.10.2011)

II.6.3.2 Autonome Motivation und Anreizsysteme

Dass autonome und insb. intrinsische Motivation bei KiKu eine wichtige Rolle spielt, wurde schon eingangs dargestellt. Aspekte, die diese im Kontext von KiKu steigern, sind Autonomie, Sinnstiftung und Handlungswirksamkeit, Anforderungsvielfalt und Kompetenzerleben, Ganzheitlichkeit und Bedeutsamkeit sowie Zugehörigkeit.

Autonomie

Autonomie wird als wichtig erachtet, ist Teil des aktiven Führungskonzeptes und äußert sich in eigenständiger Arbeit, inhaltlichem Gestaltungsspielraum sowie flexiblen Arbeitszeitregelungen:

> *„Ja, also ich denke zum Beispiel schon auch, dass dieser Führungsstil, den wir hier so haben, sicherlich auch eine Motivation für viele der Leute ist, weil es bei uns eben nicht so stark in Strukturen gearbeitet wird, dass man genau sagt ‚okay, jeder muss jetzt hier um acht Uhr beginnen und bis dahin aufhören oder so‘, sondern hier können die Leute wirklich sehr eigenständig arbeiten."* [1308]

Die Nutzung bzw. Realisierung von Eigenständigkeit und Autonomie ist jedoch stark abhängig vom Persönlichkeitstyp, weshalb KiKu primär Personen mit Affinität zu autonomem Arbeiten rekrutiert. Dabei sind hierarchische Strukturen kein zwingender Widerspruch zu Autonomie: Gewisse Strukturen mit flachen Hierarchien werden vielmehr als Voraussetzung für effektives Arbeiten angesehen, während zu viel Hierarchie tendenziell als Demotivator eingeschätzt wird:

> *„[…] je mehr Hierarchien es gibt, desto schwieriger wird es. Also ich glaube, so eine wahnsinnige Hierarchie-Pyramide kann schon demotivierend sein, aber so in seinem Makroumfeld braucht er natürlich Struktur, klar. Also er braucht einen Vorgesetzten, einen Stellvertreter und vielleicht auch Mitarbeiter, die ihm zuarbeiten. […] aber ob es jetzt fünf Stufen noch über ihm was gibt, das, glaube ich, ist dem Mitarbeiter eher wurscht oder vielleicht sogar demotivierend."* [1309]

Zentrale und eng mit intrisischer Motivation verknüpfte Motivationsmuster sind des Weiteren Sinnstiftung und Handlungswirksamkeit. KiKu fördert diese, indem Erfolge bzw. Meilensteine gemeinsam im Team zelebriert werden. Dadurch wird zum einen der sinnstiftende Aspekt nochmal konkret deutlich, zum anderen über die Sichtbarkeit der Wirkung auch die Handlungswirksamkeit der Organisation, des Teams sowie des Einzelnen:

> *„[…] diese sinnstiftende Bedeutung aus der Tätigkeit heraus, die einfach da ist, dass die Leute das Gefühl haben ‚okay, ich tue hier was wirklich Sinnvolles, ich bewege hiermit auch was‘, auch dieses ‚etwas bewegen‘ ist ja wichtig. […] wir sehen ja konkrete Ergebnisse, wenn eine neue Kita eröffnet oder so. Da fahren wir dann auch als Team hin zur Eröffnungsfeier, damit die Leute auch mitkriegen ‚okay, hier wurde etwas geschaffen von uns durch all unser Arbeit'."* [1310]

[1308] Interview mit Björn Czinczoll, Gründer & Geschäftsführer, Kinderzentren Kunterbunt (geführt am 19.10.2011)
[1309] Interview mit Björn Czinczoll, Gründer & Geschäftsführer, Kinderzentren Kunterbunt (geführt am 19.10.2011)
[1310] Interview mit Björn Czinczoll, Gründer & Geschäftsführer, Kinderzentren Kunterbunt (geführt am 19.10.2011)

Kompetenzerleben

Ein (möglichst) positives Kompetenzerleben spielt für autonome Motivation eine wichtige Rolle und ist auch Voraussetzung für effektive Leistung. Die Basis für eine Kongruenz zwischen Kompetenzen und Anforderungen bilden dabei ein klares Tätigkeits-/Aufgabenfeld sowie klares Erwartungsmanagement:

> *„Wenn ich den richtigen Mitarbeiter finde, der mit der richtigen Motivation an sein Tätigkeitsfeld rangeht, dann wird der diesen Job machen. Natürlich braucht der dazu zwei Dinge. Der braucht zum einen einmal eine ganz konkrete Beschreibung, [...] was ist eigentlich sein Aufgabenfeld. [...] deswegen ist es mir sehr wichtig, dass hier jeder zu Beginn gleich weiß, was ich von ihm erwarte, was ist eigentlich sein Part, was ist sein Ziel, und je besser er das weiß und versteht, desto eher kann er es natürlich auch erfüllen."* [1311]

Für die **gezielte Herstellung von Kongruenz** sorgen in der Folge Rückmeldungsmechanismen in Bezug auf Person und Tätigkeit (Wertschätzung und Feedback), Trainings und Weiterbildungen sowie ein effektives Arbeitsumfeld.

Neben der direkt aus der Tätigkeit erwachsenden intrinsischen Motivation stellt **Wertschätzung** das wichtigste Motivationsinstrument und einen zentralen Erfolgsfaktor dar: Verwirklicht wird eine umfassende Wertschätzung für die Person und ihre Arbeit, d.h. eine Wertschätzung, die den ganzen Menschen wahrnimmt. Erreicht wird dies, indem eigens dafür abgestellte Personalressourcen u.a. mit den Mitarbeitern Kontakt halten, Gespräche führen, immer ein offenes Ohr haben und Fortbildungen planen. **Feedback** als zweiter Rückmeldungsmechanismus bezieht sich spezifisch auf die jeweils ausgeführte Tätigkeit. Die Einholung des Feedbacks geschieht dabei mittels Feedbackschleifen zwischen Vorgesetzten und Mitarbeitern, Elternfragebögen und Mitarbeiterfragebögen. Inhaltlich liegt der Fokus auf konstruktivem Feedback mit dem Ziel der Information und Weiterentwicklung. Mitarbeiterbewertungen gibt es bis dato nicht:

> *„Nee, eine Mitarbeiterbewertung gibt es nicht, nee, sondern es ist wirklich eine Art konstruktiver Austausch, indem wir also feststellen, und zwar von verschiedener Seite her: einerseits Mitarbeiterselbsteinschätzungen aber auch von den Kollegen her – wie fühlen sie sich im Team, wie sind die Zusammenarbeiten? – und natürlich auch von den Kunden her, das heißt von den Eltern her, die bewerten ja auch ihre Mitarbeiter. Um eben hier dann konstruktiv Verbesserungen zu erreichen. Es gibt aber kein Bewertungssystem, wo jemand dann auf- oder absteigen könnte."* [1312]

Kompetenzbildung findet primär durch das Angebot von **Trainings und Weiterbildungen** statt. Dieses umfasst bei KiKu die Supervision von Teams, Erfahrungs- und Informationsaustausch (z.B. auf Leitungstreffen oder sonstigen Veranstaltungen) sowie Schulungsangebote mit primär fachlicher Kompetenzbildung (hier gibt es sowohl Führungstrainings als auch eher opera-

---

1311 Interview mit Björn Czinczoll, Gründer & Geschäftsführer, Kinderzentren Kunterbunt (geführt am 19.10.2011)
1312 Interview mit Björn Czinczoll, Gründer & Geschäftsführer, Kinderzentren Kunterbunt (geführt am 19.10.2011)

tive Themen wie Sicherheitsschulungen, Hygieneveranstaltungen, Schulungen zur Servicequalität, etc.). Ziel ist es letztlich, die individuelle Leistung, vor allem aber auch die Zusammenarbeit der Teams zu verbessern. Ein weiterer Einflussfaktor ist hierbei ein **effektives Arbeitsumfeld** mit guter technischer Ausrüstung und ggf. organisatorischer Unterstützung des Sekretariats.

Ganzheitlichkeit und Bedeutsamkeit

Grundsätzlich wird von einem Mitarbeiter erwartet, dass er sich nicht ausschließlich auf die unmittelbar eigenen Aufgaben und Ziele fokussiert, sondern vielmehr auch das große Ganze im Blick behält:

„Natürlich und das tun motivierte Mitarbeiter auch. Also [...] die achten ja nicht mit Scheuklappen nur auf ihr eigenes Ziel, sondern die achten schon auch auf die Weiterentwicklung des großen Ganzen auch." [1313]

Ermöglicht wird dies durch eine schlüssige, nachvollziehbare Wirkungskette, im Rahmen derer das Gesamtziel in Einzelschritte inkl. Verantwortlichkeiten heruntergebrochen wird:

„Natürlich, klar, weil, das ist ja im Prinzip die Basis für alles. Wir müssen uns ja immer vergegenwärtigen ‚okay, wo wollen wir hin? Was wollen wir eigentlich erreichen?'. Und dieses Ziel wird dann heruntergebrochen mit den Einzelsteps, die man dazu macht, mit den Zwischenschritten, welche Materialien braucht man dazu? Welche Kompetenzen, welche Mitarbeiter, keine Ahnung, was. Aber wichtig ist natürlich das große Ziel." [1314]

Zugehörigkeit

Das Gefühl der Zugehörigkeit des einzelnen Mitarbeiters zum Team/zur Organisation ist zum einen inhärenter Bestandteil der zuvor beschriebenen KiKu-Familien-Kultur, in der ein guter Umgang miteinander bzw. ein gutes Betriebsklima großgeschrieben wird. Zusätzlich wird es jedoch durch eine Reihe von Teamveranstaltungen gefördert, bspw. Teamfindungsmodelle, Teamtage, Weihnachts-/Betriebsausflüge, Firmenlauf oder gemeinsame Feiern.

II.6.3.3 Kontrollierte Motivation und Anreizsysteme

Festgehalt

Da alle Mitarbeiter von KiKu festangestellt sind, ist zunächst einmal die Zahlung eines Festgehalts selbstverständlich. Im Vergleich zu Faktoren wie der autonomen/intrinsischen Motivation, dem sinnstiftenden Charakter der Arbeit sowie dem allgemeinen Betriebsklima, spielt kontrollierte Motivation im Allgemeinen und das Festgehalt im Speziellen jedoch keine dominante Rolle:

„Richtig, ich glaube, um hier wirklich viel Geld zu verdienen, kommt auch niemand. Weil, dann würden die Leute in die Wirtschaft gehen, ganz normal, sondern hier gehen die Leute her, weil sie sagen ‚okay, ich hab hier ein schönes Arbeitsumfeld, ich hab ein tolles Betriebsklima, ich hab eine gewisse Sinnhaftigkeit in der Ar-

---

1313 Interview mit Björn Czinczoll, Gründer & Geschäftsführer, Kinderzentren Kunterbunt (geführt am 19.10.2011)
1314 Interview mit Björn Czinczoll, Gründer & Geschäftsführer, Kinderzentren Kunterbunt (geführt am 19.10.2011)

beit und ich kann meinen Lebensunterhalt ganz vernünftig bestreiten'. [...] Bei uns ist es einfach wichtig, es muss so eine Mischung sein auf finanzieller Zufriedenheit aber auch Zufriedenheit aus der Arbeit heraus, aus dem, was getan wird, und das ganze Paket muss einfach passen für die Leute. Und solche Leute haben wir. Wir haben durchaus gute Mitarbeiter, die sicherlich auch ihr Geld kosten, so ist es ja nicht, aber wahrscheinlich in der freien Wirtschaft noch mehr verdienen könnten, die aber sagen ,nee, ich bleib hier bewusst, weil ich sehe, hier geschieht was, ich bewege was, ich sehe die Sinnhaftigkeit an meinem Tun und der Verdienst passt auch' [...].[1315]

Das heißt jedoch nicht, dass Gehalt nicht wichtig wäre: So wird in obiger Aussage deutlich, dass das Gesamtpaket stimmen muss, wozu eben auch eine als gerecht und vernünftig wahrgenommene Bezahlung gehört. Im Rahmen von KiKu heißt dies, dass grundsätzlich nach TVöD[1316] bezahlt wird. Dies ist, insb. bezogen auf den Erziehungsbereich, die Grenze, welche von den Mitarbeitern als gerecht und vernünftig akzeptiert wird – während eine weitere Erhöhung die Motivation nicht signifikant erhöhen würde, wäre eine untertarifliche Bezahlung demotivierend:

„Gehaltstechnisch liegen wir alle gleich, TVöD, öffentlicher Dienst. [...] wir haben natürlich schon auch immer wieder mal überlegt, ,Fachkräftemangel, was wäre denn, wenn wir jetzt übertariflich zahlen würden?' Das ist aber bei uns nicht das Ausschlaggebende. [...] Es ist sicherlich so, dass untertarifliche Bezahlung ein Hemmschuh ist, ein Motivationskiller ist, aber eine tarifliche Bezahlung ist, verstehen die Leute als gerecht und damit ist das Thema Gehalt für die dann abgegolten."[1317]

Über all dem steht die Herausforderung, das Spannungsverhältnis zwischen Wunsch und Wirklichkeit, Wollen und Können auszubalancieren: So kann es bspw. aus Sicht der Organisation zwar sinnvoll und gewünscht sein, die Verwaltungskapazitäten zwecks einer regionalen Ausdehnung der Tätigkeiten auszubauen, trotzdem muss hierzu erst einmal die Finanzierung gewährleistet sein. Es gilt also, zum einen pragmatisch vorzugehen, gleichzeitig jedoch auch alternative, kreative Lösungsansätze zu finden. Ein Beispiel hierfür ist die Besetzung der Position eines kaufmännischen Geschäftsführers, welcher für das organisatorische Wachstum zwar zwingend notwendig, finanziell aber nicht zu leisten war: Die Lösung war hier eine zweckgebundene Finanzierung über eine Stiftung.

Monetäre Anreizsysteme

Monetäre Anreizsysteme werden bei KiKu nur eingeschränkt genutzt. Zum einen gibt es Boni nur in der Verwaltung, zum anderen ist die Höhe eher symbolisch und marginal im Vergleich zum Festgehalt:

1315 Interview mit Björn Czinczoll, Gründer & Geschäftsführer, Kinderzentren Kunterbunt (geführt am 19.10.2011)
1316 Tarifvertrag für den Öffentlichen Dienst
1317 Interview mit Björn Czinczoll, Gründer & Geschäftsführer, Kinderzentren Kunterbunt (geführt am 19.10.2011)

„[...]es gibt Bonus, das ja, das gibt es bei uns in der Verwaltung, [...] Weil, hier sind ja BWLer und was weiß ich, beschäftigt, die sprechen da eher drauf an. [...] der bei uns natürlich eher einen symbolischen Charakter hat. Also im Verhältnis zum Fix-Gehalt ist der marginal." [1318]

Der Schwerpunkt des Bonussystems liegt dabei auf dem Führungs- bzw. Leitungspersonal, womit der Bonus primär an (Führungs-)Verantwortung gekoppelt ist. Konkret sind potenzielle Empfänger zum einen Abteilungsleiter oder Projektleiter, deren Bonus sich an Budgets oder konkreten Projektzielen festmacht; zum anderen erhalten alle Schlüsselfiguren einen kleinen, an das Unternehmensergebnis gekoppelten Bonus.

Grundsätzlich werden auch kritische Aspekte in Bezug auf Boni gesehen. So sieht die Situation im Erziehungsbereich gänzlich anders aus als in der BWL- und Bonus-affinen Verwaltung: hier werden Boni von den meisten nicht verstanden und haben tendenziell negative Auswirkungen (Gefühl der Ungleichbehandlung, Neid, etc.). Aus diesem Grund wird in den Einrichtungen bzw. im Fachpersonal auf monetäre Leistungsanreize verzichtet. Monetäre Leistungsanreize werden somit als schwieriges Thema eingeschätzt und eine Auswirkung auf die Leistung im Grundsatz zumindest angezweifelt. Dies ist auch der Grund, warum dies letztlich in solch geringem Umfang und Ausmaß eingesetzt wird.

Zielvereinbarungen

Zielvereinbarungen werden bei KiKu primär als Führungs- und Steuerungsinstrument genutzt, wohingegen eine Verzielung im Sinne einer Verknüpfung der Zielerreichung mit Prämien oder Sanktionen irgendwelcher Art nicht stattfindet. Dies würde aus Sicht der Organisation wenn überhaupt demotivierend wirken. Aufgrund der fehlenden Handlungskonsequenzen (Belohnungen oder Sanktionen) wurden die Zielvereinbarungen zwischenzeitlich schon einmal komplett abgeschafft, vonseiten der Mitarbeiter wurde aber ausdrücklich gewünscht, die Zielvereinbarungen als handlungsleitendes und rahmengebendes Führungsinstrument beizubehalten.

II.6.3.4 Messung der gesellschaftlichen Wirkung

Die Messung der gesellschaftlichen Wirkung ist für Mitarbeitermotivation ein höchst wichtiges und relevantes Thema:

„Also das [Messung der gesellschaftlichen Wirkung, d.V.] ist natürlich schon ein Thema, dass die Mitarbeiter alle sehen ‚okay, wir bewegen hier was, wir haben hier Ziele, die wir auch erreichen oder umsetzen und wir sehen auch das Ergebnis‘, und das ist für alle unglaublich wichtig. Also die sind da schon hungrig nach diesen Erfolgserlebnissen [...]. [...] indem die Leute eben solche Erfolgsstorys dann richtig mitkriegen, ist das natürlich eine tolle Sache, und das motiviert." [1319]

[1318] Interview mit Björn Czinczoll, Gründer & Geschäftsführer, Kinderzentren Kunterbunt (geführt am 19.10.2011)
[1319] Interview mit Björn Czinczoll, Gründer & Geschäftsführer, Kinderzentren Kunterbunt (geführt am 19.10.2011)

Die konkrete Messung der gesellschaftlichen Wirkung findet auf zwei Ebenen statt: Zum einen werden eine Reihe von unternehmensweiten, quantitativen Wachstumsgrößen gemessen, wie bspw. neu eröffnete Einrichtungen, gewonnene Kooperationspartner, geschaffene Kita-Plätze, Mitarbeiterwachstum oder Umsatzwachstum. Im Motivationskontext noch wichtiger sind allerdings die individuellen Erfolgsgeschichten, an denen für die Mitarbeiter konkret fühlbar wird, wie sie bzw. die Organisation zum gesellschaftlichen Wandel beitragen:

> *„Wenn ein Unternehmen [...] ein besonderes Unternehmen [...] ist, dann ist es auch toll für die Mitarbeiter, weil sie nicht nur beim Kita-Träger arbeiten, sondern es ist ein besonderer Kita-Träger, der wirklich was bewirkt. [...] wenn ich sage „wir sind Pilotprojekt in Hessen oder wir machen jetzt in NRW ganz tolle Sachen", wir haben es in München zum Beispiel geschafft, dass die öffentliche Hand den Wohlfahrtsverbänden keine Sonderzuschüsse mehr auszahlt [...]. Solche Dinge, das sind Erfolgsbeschreibungen, die man einfach so natürlich erzählen kann, die man aber nicht auf irgendeine Kennzahl reduzieren kann."* [1320]

Die Stärke dieser individuellen Erfolgsgeschichten ist, dass sie eben nicht standardisierbar sind, sondern die spezifischen Wirkungserfolge der Organisation widerspiegeln. Das wiederum schafft echte Identifikation. Nach Meinung Czinczolls ist diese alternativlose Stärke auch der Grund, warum alle Versuche, gesellschaftliche Erfolgsmessung über Organisationen hinweg vergleichbar zu machen, letztlich scheitern müssen und nicht den Kern der Sache treffen:

> *„[...] da muss man sie aber alle irgendwie auch über einen Kamm scheren und irgendwie runterbrechen auf gemeinsame Größen, und das funktioniert halt einfach nicht [...]. Denn meine Erfolgserlebnisse sind ganz anders als von Rose [Wellcome, d.V.] zum Beispiel. [...] Ich hab meine Erfolgsstorys, sie hat ihre Erfolgsstorys, andere haben wieder ganz andere. [...] Also man versucht da wirklich was Tolles und jede Organisation hat ihre eigenen tollen messbaren Ergebnisse; versucht man aber dann, so anonymisiert runterzubrechen, dass man es in irgendwelche anonymen Kennzahlen halt da rein bringt, dass eigentlich genau das Tolle wegfällt."* [1321]

II.6.4 Mitarbeiter halten - langfristige Bindung

Langfristige Bindung hat für KiKu aus organisatorischer Sicht oberste Priorität. Gerade kurz nach Einstellung ist die Fluktuation daher vergleichsweise hoch, und potenzielle Mitarbeiter mit einer offensichtlich nur mittelfristigen Perspektive werden gar nicht erst eingestellt. Demgegenüber ist das Bestreben, die Übrigen so lange wie möglich zu halten:

> *„Ja, also von uns ist es gewünscht, dass die natürlich länger da bleiben [...] wir haben zu Beginn eine übergroße Fluktuation - weil wir da nochmal sehr stark aussieben [...] - und dann eine sehr geringe. [...] Ja, es ist ein sehr wichtiges Thema [...], [aber, d.V.] es gibt auch Mitarbeiter, die das einfach nicht wollen und auch nicht so genau wissen, wo sie sagen „okay, nee, ich hätte mir jetzt gedacht, ich mach das jetzt einmal bei euch, vielleicht ein paar Jahre, aber ich wollte dann eigentlich schon auch mal was anderes oder keine Ahnung, wo-*

[1320] Interview mit Björn Czinczoll, Gründer & Geschäftsführer, Kinderzentren Kunterbunt (geführt am 19.10.2011)
[1321] Interview mit Björn Czinczoll, Gründer & Geschäftsführer, Kinderzentren Kunterbunt (geführt am 19.10.2011)

hin". Also das gibt es auch. Aber da wissen wir dann auch, dass ist dann nicht der richtige Partner für uns. [...] wenn schon die Intention da ist, dass man eigentlich nach drei, vier Jahren wieder wechseln will, um was anderes kennenzulernen, dann müssen halt auch wir sagen ‚uns wäre es anders aber wirklich lieber'. "[1322]

Die Wichtigkeit von Beständigkeit des Personals gilt dabei sowohl für das Fachpersonal in den Einrichtungen als auch für das Personal in der Verwaltung. Während bei Ersteren vor allem die Konstanz in den Teams sowie als Ansprechpartner für die Kinder/Eltern von zentraler Bedeutung ist, ist es bei Letzteren das spezifische Wissen und der Erfahrungsschatz der Kräfte insb. im Bereich Projektleitung und Qualitätsmanagement, welches so am Personalmarkt nicht erhältlich ist und bei Neueinstellungen mit großem Aufwand neu aufbebaut werden müsste.

Hinsichtlich möglicher Entwicklungspfade ist zum einen die inhaltliche Perspektive zu nennen (Aneignung von Wissen und Fähigkeiten sowie neue Herausforderungen und Aufgaben in neuen Bereichen), zum anderen ist natürlich auch ein ‚klassischer' Aufstieg möglich (relevante Beispiele wären der Aufstieg innerhalb einer Kita in eine Leitungsposition, oder auch der Wechsel von einer Einrichtung in die Verwaltung der Hauptorganisation).

II.6.5   Mitarbeiter freistellen & vermitteln

Die Freistellung von Mitarbeitern ist bei KiKu kein Tabu, sondern ein vergleichsweise ‚normales' Personalführungsinstrument, von dem in verschiedenen Situationen Gebrauch gemacht wird: Diese reichen von den schon erwähnten Hospitations- und Probephasen über Unstimmigkeiten innerhalb eines Teams, wo im Härtefall zwecks Wahrung des Betriebsklimas und Funktionieren des Teams ggf. ‚nicht passende' Personen freigestellt werden, bis hin zu einer anfangs nicht erkannten kurzfristigen Perspektive des Mitarbeiters.

II.7   streetfootballworld

II.7.1   Allgemeine Situation und Status von Motivation im Führungskontext

Mitarbeitermotivation wird bei sfw als wichtiges Thema im Führungskontext bezeichnet, da die Mitarbeiter als wichtigste Ressource und dementsprechend Motivation als aktive Führungsaufgabe angesehen wird. Eine Kernherausforderung von sfw und anderer Sozialunternehmen ist, dass aufgrund der sehr unterschiedlichen Kulturen Standardtools ohne eine adäquate Adaption vergleichsweise schwierig angewendet werden können:

> *„Mitarbeiterbindung und Motivation sind bei einer Organisation wie sfw besonders relevant, auch für die Weiterentwicklung der Organisation. Aufgrund der besonderen Kultur und den knappen Ressourcen in der Organisation lassen sich aber HR-Standardtools aus großen Firmen meist nicht eins-zu-eins übertragen."* [1323]

[1322]   Interview mit Björn Czinczoll, Gründer & Geschäftsführer, Kinderzentren Kunterbunt (geführt am 19.10.2011)
[1323]   Interview mit Jan Lübbering, Projektleiter, sfw (geführt am 12.12.2011)

Trotzdem würde die Erarbeitung von Best Practice-Ansätzen als hilfreich und nützlich empfunden werden, da vor allem in und kurz nach der Gründungsphase, wenn zeitliche Ressourcen knapp und ‚operative' Themen dominant sind, das Wissen um Tools und Herangehensweisen die frühzeitige Umsetzung eines mehr oder weniger strukturierten Ansatzes begünstigen würde:

> *„Die aktuellen Sozialunternehmer verstehen ihre Rolle auch als Inkubationszentren für die nächste Generation von Sozialunternehmern und von Best Practices für den Sektor. Trotzdem bleibt die Herausforderung, Mitarbeitermotivation ähnlich hoch zu gewichten wie andere relevante Dinge in der Organisation, insb. aufgrund der Größe und der knappen Zeit."* [1324]

Nichtsdestotrotz war der Motivationsansatz bei sfw in der ersten Phase der Organisationsentwicklung ebenfalls eher intuitiv und unbewusst:

> *„Ich glaube, wir haben auch schon viele Elemente, die wir einfach ganz natürlich leben, die eher Teil unserer Kultur sind, über die wir uns jetzt nicht Gedanken gemacht haben. [...] Ich glaube, wir haben auch schon viele Elemente, die wir einfach ganz natürlich leben, die eher Teil unserer Kultur sind, über die wir uns jetzt nicht Gedanken gemacht haben. Das zahlt jetzt irgendwie in die Motivationsstrategie ein [...]. [...] Manche Sachen haben sich gehalten, und andere wurden aber dann auch geändert und angepasst, an die Anforderungen der neuen Unternehmensstruktur."* [1325]

Allerdings wurden schon früh gewisse Elemente eingeführt, die heute noch in ggf. leicht abgewandelter oder weiterentwickelter Form ihren Platz haben. So wurden über Zeit die zuvor unbewusst genutzten Elemente sukzessive strukturiert weiterentwickelt sowie um neue Instrumente und Tools ergänzt und damit der Ansatz insgesamt professionalisiert. Zeichen hierfür ist auch die Bereitstellung dedizierter Ressourcen für Personal und deren Entwicklung. An einem umfänglichen strategischen Ansatz zur Mitarbeitermotivation mit standardisierten Prozessen fehlt es bis dato allerdings noch immer, und auch budgetär hat es bei weitem keine Priorität:

> *„Nee, wir haben jetzt keine Strategie explizit zu Motivationsmanagement. Das meine ich, wir haben viele Instrumente und Tools, die wir nutzen, genau, die das natürlich auch in gewisser Weise mit abdecken, aber wir haben jetzt kein Papier zu ‚wie machen wir Motivationsmanagement bei sfw'. [...] Also nur mal so als grober Rahmen: Wir haben momentan rein unter dem Begriff Mitarbeiterentwicklung für das Gesamtunternehmen glaube ich pro Jahr 5000 Euro eingestellt, womit man eigentlich nichts machen kann. [...] Mitarbeiterentwicklung ist zumindest budgetär bei uns noch nicht sehr prominent platziert."* [1326]

Einen Schritt weiter geht die Überlegung, wie neben ‚klassischen' Angestellten auch ‚unternehmerische' Mitarbeiter, d.h. Unternehmer im Unternehmen, in die Organisation geholt werden können. Während bei Ersteren im Rahmen der Motivation auch eher die ‚klassischen' Personalentwicklungsinstrumente zum Einsatz kommen, stellt sich bei Zweiteren die Frage, welche unter-

---

[1324] Interview mit Jan Lübbering, Projektleiter, sfw (geführt am 12.12.2011)
[1325] Interview mit Lena Häusler, HR Manager, sfw (geführt am 12.12.2011)
[1326] Interview mit Lena Häusler, HR Manager, sfw (geführt am 12.12.2011)

nehmerischen Möglichkeiten man innerhalb der Organisation anbieten kann. Dies meint mehr als die auch für Angestellte wichtige Autonomie, sondern umfasst vor allem strukturell-rechtliche Themen wie bspw. mögliche Beteiligungs- und Ausgründungskonzepte:

> *„Es ist zu unterscheiden zwischen Mitarbeitermotivation generell und konkreten Ausbildungs- und Ausgründungsmöglichkeiten für besonders unternehmerische Mitarbeiter, evtl. auch als besonderen Anreiz, um eben solche unternehmerische Mitarbeiter zu bekommen. So ein Ansatz benötigt aber eine ganz andere Herangehensweise, als wenn es um Mitarbeitermotivation im gewohnten Sinne geht.“* [1327]

Auch wenn die letztgenannten Aspekte sicherlich interessant und für einige wenige Individuen außerordentlich wichtig sind, wird der Fokus dieser Fallanalyse auf der Motivation der Angestellten liegen, da diese im Rahmen des Führungskontextes wesentlich sind.

Zu der im Rahmen des bedarfs- und nachfrageorientierten Anreizmodells geforderten Eigeninitiative der Mitarbeiter passt, dass bei sfw grundsätzlich eine gewisse intrinsische Motivation und Identifikation mit dem Anliegen und den Grundwerten der Organisation vorausgesetzt bzw. als notwendig erachtet wird:

> *„Ich glaube, Motivation ist vielleicht im Recruiting-Prozess nicht so bewusst, aber ich glaube, bei uns ist das schlicht absolute Voraussetzung, es geht sonst gar nicht. Es gibt niemanden, der irgendwie nur dafür zuständig ist, die anderen zu motivieren oder so, sondern das wird mehr oder weniger vorausgesetzt, da muss auch schon so ein Eigenantrieb da sein, das muss schon jeder auch selbst mitbringen. [...] Also man muss aber halt schon irgendwie von dieser Idee grundsätzlich begeistert sein, sonst kann man die Arbeit glaube ich nicht machen. [...] der Anspruch ist schon auch, dass wir halt eigentlich voraussetzen – und da hängt es wieder sehr mit Motivation zusammen – dass es ein Buy-In gibt in diese gemeinschaftlich definierte Mission und Vision, und man merkt deutlich, wenn das nicht der Fall ist, dann kommt es auch leicht zu Differenzen.“* [1328]

Es ist daher nicht überraschend, dass die intrinsische Motivation einen zentralen Faktor im Rahmen der **grundlegenden Motivationsmuster** darstellt. Diese erwächst zum einen aus dem Umstand, dass die Organisation im Rahmen ihrer Tätigkeit eine wahrnehmbare gesellschaftliche Veränderung realisiert. Dies resultiert in einer als sinnstiftend empfundenen Tätigkeit und stärkt das Gefühl der individuellen Handlungswirksamkeit. Zum anderen spielen auch der konkrete Inhalt der Mission und das originäre Themenfeld der Organisation bzw. die Identifikation mit ebendiesen eine wichtige Rolle. Die Frage der individuellen Identifikation hat letztlich auch entscheidenden Einfluss darauf, wie attraktiv man für welche Zielgruppe ist:

> *„Also man weiß, worauf es einzahlt und glaubt daran, damit einen Beitrag zu leisten, die Welt letztendlich doch ein Stückchen besser zu machen. Das ist eine Sache, die sehr, sehr wichtig ist und auch dann durchaus*

über monetären Sachen zum Teil steht. [...] Anfang 2007 bin ich dann zu sfw gekommen und war halt dadurch motiviert, schon allein in diesem Themenfeld zu arbeiten. "[1329]

„Der Anspruch der Organisation, im Bereich Soziale Wirkung möglichst führend unterwegs zu sein, ist wichtig für viele Mitarbeiter. Noch relevanter ist aber das Feld, in dem wir arbeiten, also mit Jugendlichen, Fußball und International. Das ist sicher ein Alleinstellungsmerkmal gegenüber anderen Organisationen, und somit auch für die Rekrutierung von neuen Mitarbeitern relevant. Das ist bei anderen Themen aber ähnlich, dass sich Mitarbeiter mit einer besonderen Affinität für das Thema entsprechend angezogen fühlen, z.B. die Unterstützung junger Familien bei wellcome. In unserem Fall ist es so, dass die Kombination sozial, Fußball und international viele potenzielle Bewerber emotional anspricht. "[1330]

Eng mit der intrinsischen Motivation verknüpfte Aspekte beziehen sich auf die Tätigkeit und deren Umfeld: So werden die Internationalität der Organisation, das dynamische Umfeld, Möglichkeiten der Partizipation und nicht zuletzt hohe individuelle Freiheitsgrade im Tätigkeitsbereich als wichtige Motivatoren bezeichnet.

Weitere erwähnte Motivatoren sind vor allem organisationsbezogene Charakteristika und umfassen ein professionell gutes und persönlich angenehmes Team, externe Markenbekanntheit und Reputation, das Konzept Social Entrepreneurship mit dem damit verbundenen Professionalitätsanspruch, Gründercharisma und Leadership-Qualitäten der Führungskräfte sowie die Möglichkeit einer persönlichen wie beruflichen Weiterentwicklung.

II.7.2 Mitarbeiter gewinnen

Grundsätzlich hat sfw im Kontext der Mitarbeitergewinnung eine vergleichsweise komfortable Position. So will die Organisation mittel- bis langfristig eher über die Netzwerkorganisation wachsen und die Kernorganisation ab einer bestimmten Größe bezüglich der Mitarbeiterzahl konstant halten. Als Folge will sie auch nicht möglichst viele, sondern die richtigen, qualifizierten Bewerbungen. Hier kommt sfw wiederum zugute, dass die Organisation mit Entwicklung durch Sport bzw. Fußball eine vergleichsweise spezifische Nische abdeckt, in der es national und international wenige Organisationen mit vergleichbarem Standing und Professionalisierungsgrad gibt. Im Ergebnis bekommt sfw mehr qualifizierte Anfragen als es Stellen zu vergeben hat:

„Also für sfw sehe ich überhaupt nicht, dass wir unser USP noch aktiver präsentieren müssen, weil wir einfach nie so groß werden wollen, dass es irgendwann relevant bzw. notwendig würde. Also sprich, eine ideale Größe ist vielleicht irgendwann mal maximal 80 bis 100 Mitarbeiter [...]. Und wenn du über den Sektor insgesamt sprichst, also dass sozusagen der Sektor Development through Sports oder Development through Football sich aktiver präsentiert, [...] das ist höchst relevant. Für sfw selbst sehe ich das nicht wirklich. [...] und da haben wir auch sicherlich eine gute Positionierung im Vergleich zu den wenigen anderen Organisationen. Also das ist

---

[1329] Interview mit Lena Häusler, HR Manager, sfw (geführt am 12.12.2011)
[1330] Interview mit Jan Lübbering, Projektleiter, sfw (geführt am 12.12.2011)

eigentlich insofern nicht so notwendig, weil da der Kuchen eigentlich groß genug für alle ist, sprich, für die wenigen globalen Organisationen mit dem Standing und dem Professionalisierungsgrad, teilt sich das eigentlich ganz gut auf."[1331]

„Das heißt, wir wollen nicht um jeden Preis möglichst viele Bewerbungen bekommen, sondern wir wollen die richtigen Bewerbungen im richtigen Moment bekommen. [...] wir haben bisher, glaube ich, immer positive Erfahrungen gemacht, dadurch, dass es doch so eine gewisse Nische ist, die wir bedienen, dass es da immer grundsätzlich relativ viele Interessenten gibt. Wir haben eigentlich mehr Nachfragen als angebotene Stellen, und auch von qualifizierten Leuten."[1332]

Im Rahmen der Kontaktaufnahme bzw. den relevanten Kanälen spielt das organisationale Netzwerk[1333] eine herausragende Rolle, gerade weil man dort sicher sein kann, dass man keine Flut von möglichen Kandidaten/Bewerbungen mit hoher Qualitätsstreuung bekommt, sondern vielmehr, wenn vorhanden, eine fokussierte Auswahl an qualifizierten Kandidaten weitervermittelt wird. Des Weiteren bildet die Empfehlung durch solch ein Netzwerk für den Kandidaten schon an sich eine Referenz, da in gewissem Sinne schon eine ‚Vorprüfung' stattgefunden hat:

„Netzwerke sind immer eine sehr gute Referenz. Also das heißt, wenn über die Kanäle was kommt,/ also das machen wir auch manchmal, dass wir ausgewählte Social Entrepreneurs, also aus dem Ashokanetzwerk dann in der Regel, anschreiben, wenn wir denken, die haben vielleicht einen Stellenpool, auf den Sie zugreifen können oder in Ihrem Umfeld jemanden, der da besonders geeignet wäre für die Stelle, und dann nutzen wir das auf jeden Fall schon immer sehr aktiv, ja. [...] da ist es dann auch viel so, dass einfach die Ohren offen gehalten werden, und man schaut halt in den Social Entrepreneur Kreisen und so weiter, wer da eventuell interessant ist? Also das ist schon so, dass man sich dann da auch mal gegenseitig CVs zuschickt oder so."[1334]

Ein weiterer wichtiger Faktor ist das persönliche und geschäftliche Netzwerk bzw. der beeinflusste Personenkreis des Gründers, der gerade im Falle einer charismatischen, herausragenden Persönlichkeit eine große Anziehungskraft ausübt, sowie die jeweiligen Netzwerke der zahlreichen Mitarbeiter. Im besten Fall entsteht eine Dynamik, im Rahmen derer ausgehend vom Gründer gute Leute wiederum gute Leute anziehen, und so nachhaltig die Recruitingqualität sichergestellt werden kann:

„Persönliche Beziehungen und Netzwerke sind wichtige Bezugsgrößen für die Rekrutierung von neuen Mitarbeitern - gute Leute ziehen andere gute Leute an, und besonders ein charismatischer Gründer ist hier ein wichtiger Faktor."[1335]

[1331] Interview mit Jan Lübbering, Projektleiter, sfw (geführt am 12.12.2011)
[1332] Interview mit Lena Häusler, HR Manager, sfw (geführt am 12.12.2011)
[1333] Ein Beispiel ist die Unterstützungsorganisation Ashoka (von der sfw auch akkreditiert ist), aber auch weitere, in Kontakt stehende Sozialunternehmen
[1334] Interview mit Lena Häusler, HR Manager, sfw (geführt am 12.12.2011)
[1335] Interview mit Jan Lübbering, Projektleiter, sfw (geführt am 12.12.2011)

Netzwerke spielen dabei vor allem eine Rolle bei Stellen, die innerhalb des Kerngeschäfts von sfw liegen und damit zu der potenziellen ‚Netzwerkausbeute' passen, die naturgemäß bezüglich Affinität, Kompetenz und Erfahrung eher im Social Entrepreneurship-Bereich anzusiedeln ist. Hier kann sfw auch seine Stärken bezüglich Markenbekanntheit und Reputation ausspielen:

„Für die Rekrutierung von Mitarbeitern in unserem Kerngeschäft sind die eigenen Netzwerke entscheidend, spielen eine zentrale Rolle." [1336]

Dies gilt weniger für Stellen, in denen spezifische und ggf. herausragende Expertisen gefragt sind, die zusätzlich eher im kommerziellen Bereich zu finden sind. Beispiele wären ein IT-Gründer, den sfw für die Realisierung eines Projektes ggf. im Rahmen einer Ausgründung benötigt, oder Personen mit einem dezidierten kommerziellen Hintergrund, bspw. ehemalige Berater oder BWL-/MBA-Absolventen. In diesem Kontext müssen komplett andere Zielgruppen angesprochen werden, welche nicht im ‚klassischen' Recruiting-Markt von sfw zu finden sind, bei denen die Markenbekanntheit weniger relevant ist und die zumeist auch keine automatische Affinität zum Social Entrepeneurship-Sektor haben:

„Sobald eine spezifische Expertise gesucht ist, insbesondere außerhalb des non-profit Bereichs, dann wird es schwieriger. Einen Start-up Unternehmer im IT Bereich z.B., der sich für den sozialen Sektor so interessiert, dass er auch beruflich umschwenken würde, ist aktuell noch selten und schwierig zu finden." [1337]

In diesem Kontext könnten mittel- bis langfristig solche Headhunter-Agenturen eine wichtige Rolle spielen, die exakt die zuvor beschriebenen Zielgruppen (spezialisierte Fachkräfte, relevante Universitätsabsolventen) im Portfolio haben und aus dieser Grundgesamtheit diejenigen mit einer sozialen Motivation bzw. Neigung herausfiltern und ansprechen können:

„Für die zukünftige Positionierung der Organisation im Rekrutierungsmarkt ist es wichtig, dass die Bekanntheit der Organisation ausgeprägt ist in für die Organisation besonders relevanten Kanälen - bei sfw sowohl der Fußballbereich, aber auch Unternehmensberatungen oder Universitäten. [...] Was gerade auch hier mehr und mehr relevant sein wird, sind Headhunting-Agenturen, um spezialisierte Fachkräfte zu finden, die gleichzeitig eine soziale Motivation haben." [1338]

Eine weitere Herausforderung ist die externe Besetzung von Senior Management-Positionen:

„Wir hatten jetzt in letzter Zeit häufiger die Herausforderung, dass wir letztendlich eher im Seniormanagement Stellen besetzen wollten, die nicht unbedingt intern zu besetzen waren, also wo wir eine externe Expertise reinholen wollten, und das gestaltet sich schwieriger. Das ist schwieriger, weil die Ansprüche dann auch unterschiedlich sind." [1339]

[1336] Interview mit Jan Lübbering, Projektleiter, sfw (geführt am 12.12.2011)
[1337] Interview mit Jan Lübbering, Projektleiter, sfw (geführt am 12.12.2011)
[1338] Interview mit Jan Lübbering, Projektleiter, sfw (geführt am 12.12.2011)
[1339] Interview mit Lena Häusler, HR Manager, sfw (geführt am 12.12.2011)

Bezogen auf die ‚normalen' Stellen spielen neben dem zuvor erwähnten Netzwerk die eigene Website sowie einige wenige ausgesuchte externe Websites/Portale mit vorzugsweise direktem Bezug zum Tätigkeitsfeld Entwicklung durch Sport sowie Konferenzen eine Rolle. Auf diesen Kanälen präsentiert sich sfw als Unternehmen und veröffentlicht – Konferenzen ausgenommen – eventuelle Stellenangebote. Letztere werden außerdem über die Arbeitsagentur inseriert. Im Ergebnis bildet die Grundgesamtheit potenzieller Kandidaten eine Mischung aus konkreten Bewerbungen auf inserierte Stellen sowie Initiativbewerbungen. Insgesamt hält sich die Anzahl der Initiativbewerbungen in Grenzen:

> *„[...] darauf basierend bekommen wir dann auch häufiger mal Initiativbewerbungen. Ist jetzt aber nicht so wahnsinnig viel. [...] Ich würde mal sagen zwischen drei und zehn im Monat vielleicht so ungefähr. [...] Ja, also relativ überschaubar [...]."* [1340]

Dies ist jedoch im Rahmen des fokussierten und ressourcenschonenden Recruiting-Ansatzes durchaus gewünscht. So werden Angebote, kostenlos auf den gängigen und großen Job-Portalen zu inserieren, vor allem deshalb nicht genutzt, weil die überaus breite Zielgruppe eine erwartbar zu große und nicht handhabbare Anzahl an Bewerbungen nach sich ziehen würde:

> *„Ja, wir haben auch überlegt, gelegentlich kriegen wir ja auch Angebote, unser Unternehmensprofil kostenlos auf eine Seite zu stellen, Berufsstart oder so. Das ist halt immer so ein bisschen ein Zwiespalt: Oftmals sind dann eben Großunternehmen da vertreten, die in ganz anderen Ligen spielen und einen ganz anderen Bedarf haben, und wenn wir uns da in eine Reihe stellen, ist da immer so ein bisschen die Befürchtung, dass wir dann auch zugeschmissen werden mit Initiativbewerbungen. Das ist immer so ein bisschen der Zwiespalt. Wir wollen da nicht allen Leuten absagen und dann irgendwie den Eindruck erwecken ,eigentlich haben wir gar keinen Bedarf, aber bewerbt euch trotzdem mal alle'."* [1341]

Ohnehin konzentriert sich sfw wie zuvor beschrieben auf möglichst kostengünstige Kanäle. Kostenintensivere Optionen wie bspw. breit gestreute Stellenanzeigen in Fachzeitschriften und Printmedien werden nur in absoluten Ausnahmefällen genutzt. Beispiele hierfür sind die schon erwähnte Besetzung von Senior Management-Positionen oder ganz konkret die Besetzung eines Projektleiters in Afrika inkl. einer aufwendigen Abstimmung mit dem großen Kooperations-partner FIFA:

> *„[...] wir haben bislang auch, wenn es um Stellenausschreibungen ging, zumindest in der Regel, also für die meisten Stellen, davon abgesehen, etwas zu machen, wenn es mit Kosten verbunden ist. Wir sind immer zuerst den Weg gegangen, wo möglichst keine Kosten entstehen. Es gab ein, zwei, drei Ausnahmen, wo das halt ganz spezifische Profile waren, wo wir wussten, da mussten wir irgendwie in eine Fachzeitschrift oder so gehen, um wirklich die Leute, also die richtige Zielgruppe anzusprechen, auch eher für Senior-Stellen, und da haben wir das dann gemacht [...]. [...] als wir [...] einen neuen Projektmanager für das ,Football for Hope Centers'-*

[1340] Interview mit Lena Häusler, HR Manager, sfw (geführt am 12.12.2011)
[1341] Interview mit Lena Häusler, HR Manager, sfw (geführt am 12.12.2011)

Projekt in Südafrika gesucht haben, das war eine sehr intensive Ausschreibung und ein Bewerbungsverfahren, da haben wir halt jemanden in Südafrika gesucht, haben das aber mehr oder weniger von hier gemanagt, und es musste halt auch mit der FIFA abgestimmt werden, und da hatten wir irgendwie 250 Bewerbungen. Das war so das größte, würde ich sagen, das umfangreichste Bewerbungsverfahren, das wir bislang gemacht haben. [...] Ja, das haben wir auch geschaltet gehabt als Anzeigen in südafrikanischer Presse und so. [...] Genau, also wir hatten es auch auf unserer Webseite, aber da hatten wir dann auch speziell recherchiert und inseriert.“ [1342]

Alleinstellungsmerkmale und relevante Erfolgsfaktoren im Bereich Recruiting sind grundsätzlich die im Kontext der grundlegenden Motivationsmuster genannten Aspekte, wobei Gründercharisma, Marke, mittel- bis langfristige Perspektiven sowie gesellschaftliche Mission besonders hervorzuheben sind. Während die Existenz der gesellschaftlichen Mission (,Etwas Gutes tun') also durchaus wichtig ist, stellt der Erfolg im Sinne des Erfüllungsgrades der gesellschaftlichen Mission nach Einschätzung von Lübbering zumindest für die Masse kein relevantes Unterscheidungs- und Entscheidungskriterium im Recruiting dar:

„Bei fast allen Mitarbeitern sind neben der sozialen Wirkung der Organisation auch noch andere Faktoren wichtig. Wirkungs- und Performance Messung ist aber ein Selbstverständnis der Organisation. Wir wollen wissen, ob wir wirklich gute Arbeit machen oder ob wir noch besser sein können. In dem Sinne ja, aber nicht als Unterscheidungsfaktor zwischen zwei möglichen Arbeitgebern.“ [1343]

Der Auswahlprozess schließlich ist bei sfw vergleichsweise systematisch und strukturiert. So gibt es einen Bewertungsbogen, der anhand verschiedener gewichteter Kriterien den Auswahlprozess objektivieren soll. Für das Gespräch selbst gibt es zwar keinen wirklichen Leitfaden, aber doch einige von der Personalabteilung zusammengestellte Hinweise und Tipps. Darüber hinaus versucht die Personalabteilung bei den Gesprächen ebenfalls präsent zu sein oder, wenn dies nicht möglich oder sinnvoll ist, zumindest durch Vorabinterviews eine Vorauswahl zu treffen:

„[...] wir haben so eine Art Bewertungsbogen letztendlich, der der Person oder den Personen, die das Gespräch führen, ermöglichen soll, nach einem Gespräch relativ objektiv verschiedene Punkte zu bewerten, und da ist auch sowas wie, ja, zwischenmenschliches, persönliches Auftreten enthalten, also einfach so das Feeling, kann man sich das vorstellen, dass das im Teamwork gut funktioniert und so weiter? [...] Und je nachdem, wie wichtig der jeweilige Aspekt für die konkrete Stelle erachtet wird, ist der halt mit einem unterschiedlichen Prozentsatz oder Punktezahl angesetzt. [...] das soll einfach dazu dienen, dass man dann später leichter vergleichen kann, letztlich ein bisschen Objektivität reinbringen, dass man das irgendwo festhält. [...] Also aktuell haben wir keinen wirklichen Leitfaden für das Führen von Bewerbungsgesprächen, wir haben höchstens ein paar Hinweise und Tipps. Es war auch in der Vergangenheit so, dass das häufig von den Abteilungsleitern selbst geführt wurde, nicht unbedingt immer mit jemandem aus der HR-Abteilung dabei. [...] Und dadurch, dass das oft so komplexe zusammengesetzte Arbeitsprofile sind, sind dann meistens schon zwei, drei Leute von

---

[1342] Interview mit Lena Häusler, HR Manager, sfw (geführt am 12.12.2011)
[1343] Interview mit Jan Lübbering, Projektleiter, sfw (geführt am 12.12.2011)

uns wirklich inhaltlich stark involviert, sodass dann nicht unbedingt noch einer von HR dabeisitzt, sondern HR die Vorauswahl gemacht hat oder vielleicht schon mal ein Telefoninterview vorab geführt hat. Das haben wir in letzter Zeit verstärkt gemacht, was sich sehr bewährt hat, also erstmal mit den interessantesten Kandidaten vorab ein Telefonat zu führen, um so ein bisschen vorzufühlen, da sieht sich dann doch auch schon wieder ein bisschen was aus, und dann halt die persönlichen Gespräche in der nächsten Runde zu führen, das ist schon sehr wichtig. "[1344]

Bezüglich der letztlichen Auswahlkriterien werden insb. die Persönlichkeit und der Persönlichkeits-/Team-Fit sowie eine gewisse intrinsische Motivation als wichtig erachtet:

„Ja, aber persönlicher bzw. Team-Fit ist auf jeden Fall ein wichtiger Punkt. […] Ja, also ich würde auch mehr darauf setzen, was man selber einfach für einen Eindruck von der Person hat, und das ergibt sich meistens in so einem einstündigen Gespräch ganz gut. […] Also man muss aber halt schon irgendwie von dieser Idee grundsätzlich begeistert sein, sonst kann man die Arbeit glaube ich nicht machen. […] Genau, und irgendwie daran glauben, dass man mit Fußball oder mit Sport als Instrument im sozialen Bereich einiges erreichen kann. Darauf basiert ja die ganze Idee, und ich glaube, wenn einem das nichts sagt, wenn man da nicht dahinter steht, hat man hier auch keinen Spaß, dann findet man sich nicht wieder in der Arbeit. "[1345]

Um Ersteres besser einschätzen zu können, ist es notwendig, sich nicht nur auf den ersten intuitiven Eindruck zu verlassen, sondern in den Bewerbungsgesprächen die Persönlichkeit, d.h. das Auftreten, zwischenmenschliche Verhalten, Werteverständnis etc., möglichst umfänglich zu ergründen. Auch wenn diesbezüglich schon erste Ansätze im Bewertungsbogen vorhanden sind, kann der Umgang mit diesem Thema noch systematisiert werden:

„Also was wir noch stärker systematisieren können oder aufgreifen können, ist in den Bewerbungsgesprächen nicht nur Motivation, sondern auch in Richtung Persönlichkeit so Themen rund um Werteverständnis, Wertesystem und so weiter erfragen. "[1346]

II.7.3 Mitarbeiter führen und entwickeln

II.7.3.1 *Grundlegende führungsrelevante Einflussfaktoren*

Unternehmensleitbild

Das Unternehmensleitbild von sfw wurde in einem langen Prozess vom Kommunikationsteam in enger Abstimmung mit den einzelnen Fachbereichen entwickelt. Aus diesem Grund wird das Buy-In der Mitarbeiter zum Unternehmensleitbild mehr oder weniger vorausgesetzt. Bewusst genutzt wird es daher vor allem in der externen Kommunikation:

[1344] Interview mit Lena Häusler, HR Manager, sfw (geführt am 12.12.2011)
[1345] Interview mit Lena Häusler, HR Manager, sfw (geführt am 12.12.2011)
[1346] Interview mit Lena Häusler, HR Manager, sfw (geführt am 12.12.2011)

„Also, ich glaube grundsätzlich besteht da ziemlich große Einigkeit [...]. [...] Also wir nutzen Mission und Vision vor allem für externe Kommunikation, weil wir es intern für relativ gegeben halten und wie gesagt, es auch in den letzten Teamtagen immer ein großes Thema war, also da eigentlich alle sehr mit involviert und auch an der Formulierung letztendlich mit beteiligt sind. Also das ist auch etwas, die Ausarbeitung solcher Mission- oder Vision-Statements und so weiter, liegt dann letztendlich beim Kommunikationsteam, aber in sehr enger Abstimmung mit allen Arbeitsbereichen. [...] Ja, und der Anspruch ist schon auch, dass wir halt eigentlich voraussetzen – und da hängt es wieder sehr mit Motivation zusammen – dass es ein Buy-In gibt in diese gemeinschaftlich definierte Mission und Vision, und man merkt deutlich, wenn das nicht der Fall ist, dann kommt es auch leicht zu Differenzen." [1347]

Auch wenn das Unternehmensleitbild intern mehr oder weniger vorausgesetzt wird und im Grundsatz Einigkeit herrscht, gab und gibt es nichtsdestotrotz immer wieder Diskussionsbedarf und unterschiedliche Meinungen bezüglich der Details und den zu setzenden Akzenten. Insb. auf globaler Ebene gibt es Unterschiede bezüglich der Perspektive auf das Unternehmensleitbild und dessen konkrete Auslegung. In der Praxis kann dies durchaus zu Reibungen führen:

„Ja, wir haben immer wieder große Diskussionen bezüglich der Mission und Vision. ich glaube, wir haben gefühlt die letzten fünf Teamtage damit verbracht, irgendwie unsere Mission und Vision jedes Mal erneut zu überarbeiten, und dann geht es am Ende meistens darum, irgendwie zwei Wörter zu ändern oder zu drehen. [...] wenn man dann tief in die Diskussion einsteigt, was bei uns dann immer sehr schnell der Fall ist, dann gibt es da durchaus auch viel Diskussionsbedarf und unterschiedliche Meinungen, wie die Akzente zu setzen sind und Ähnliches. Also ich glaube, dass es hier in Berlin nicht so ein großes Thema ist. Ich glaube, dass es auf der globalen Ebene viel eher noch eine Herausforderung ist, dass da zum Teil die Perspektiven oder wie es ausgelegt wird einfach noch weiter auseinander sind oder der Fokus zum Teil ein anderer ist. [...] Also ja, von außen betrachtet haben wir eine Mission und Vision, und das geht alles grundsätzlich in die gleiche Richtung, aber es gibt dann doch so feine Unterschiede, und in der Praxis zeigt sich das dann auch und kann auch für Reibungen sorgen." [1348]

Ein gemeinsames Detailverständnis ist letztlich deshalb wichtig, weil das Unternehmensleitbild die Strategieentwicklung und Schwerpunkte der Gesamtorganisation maßgeblich beeinflusst:

„Ja, Mission und Vision, bzw. deren Verständnis hat letztlich großen Einfluss darauf, wie Strategien zu entwickeln sind, wie Schwerpunkte zu legen sind. Also die grundsätzliche Richtung ist in der Regel klar, aber wie dann die Schwerpunkte zu setzen sind und so, das kann ja dann zu völlig unterschiedlichen Projektplänen zum Beispiel führen." [1349]

Führungsverhalten

[1347] Interview mit Lena Häusler, HR Manager, sfw (geführt am 12.12.2011)
[1348] Interview mit Lena Häusler, HR Manager, sfw (geführt am 12.12.2011)
[1349] Interview mit Lena Häusler, HR Manager, sfw (geführt am 12.12.2011)

Führungsverhalten und Leadership-Qualitäten des Führungsteams werden generell als ein wichtiger Faktor bezeichnet. Im Kontext von sfw als vergleichsweise kleiner Organisation gilt dies insb. für die Person des Gründers Jürgen Griesbeck, der mit seiner Art und seinem Charisma einen entscheidenden Bezugspunkt sowie ein Rollenvorbild darstellt:

> *„Gründercharisma ist einfach extrem entscheidend, solange du dich irgendwie in der Größe bis 50 oder 100 Mitarbeiter bewegst, wahrscheinlich sogar selbst bis 250 Mitarbeiter. Darüber hinaus ist es dann eher das Charisma des Leadership-Teams. [...] Ja, Rollenvorbild, Gründercharisma ist glaube ich sehr entscheidend. Also bei sfw würden nur wenige arbeiten, wenn Jürgen nicht so wäre, wie er ist. [...] Weil all die, die in andere Organisationen wechseln, die wechseln aus dem Grunde: Das ist ganz selten Gehalt, das ist ganz selten Social Impact, das ist am Ende immer Teamkultur und Freiheitsgrade und Leadership-Qualitäten des direkten Vorgesetzten, wäre jetzt meine Vermutung."*[1350]

Konkret wird der Gründer als charismatischer und visionärer Leader beschrieben, der durch sein Handeln unternehmerisches Denken, Innovation, Mission und Prinzipien vereint. Insb. das aktive Vorleben seiner Arbeitsweise und seines Engagements sowie seine Präsenz haben ihn dabei nicht nur extern, sondern vor allem auch intern zu einem echten Role Model (Leitbild mit Vorbildfunktion) sowie zu einer großen Inspirations- und Motivationsquelle gemacht:

> *„[...] man kann schon ganz klar sagen, dass er für sfw gesamt sowas wie der charismatische Leader ist, der Gründer, der es aus eigener Motivation heraus initiiert hat [...]. [...] Jürgen ist nicht umsonst auch der Ashoka-Fellow und der Social Entrepreneur, der Visionär, [...] der auch unternehmerisch denkt, sehr innovativ, gepaart mit dieser Mission und den Prinzipien und das zusammenbringt, also er ist schon hier so unser Stratege [...]. [...] Also im Sinne Role Model ist Jürgen sicherlich eine ganz tragende Figur [...]. [...] Ja, und da ist Jürgen im Prinzip auch in der Art, wie er arbeitet und wie er das halt alles vorlebt, für die meisten hier auch eine sehr große Inspirations- und Motivationsquelle – in Klammern – gewesen."*[1351]

War er anfangs für die Mehrheit der Mitarbeiter, d.h. am Hauptstandort Berlin, noch alltäglich präsent und konnte durch diese Präsenz den oben beschriebenen enormen Einfluss ausüben, ist dies, seit er vor kurzem seinen Arbeitsplatz in die Vereinigten Staaten verlegt hat, durch die räumliche Distanz so nicht mehr gegeben. Auch wenn er daher insb. für die seitdem neu eingestellten Mitarbeiter naturgemäß nicht mehr in dem Maße die zentrale, integrierende Schlüsselfigur ist bzw. sein kann, wird dieser Prozess jedoch auch als positive Entwicklung und Chance angesehen. Zum einen ist er immer noch virtuell präsent und erreichbar und auf einer inhaltlichen Ebene noch immer eng mit den Mitarbeitern verknüpft, und der Geist, für den er und die Organisation steht, ist noch immer in der Kultur und der allgemeinen positiven, aktiven Grundhaltung spürbar. Zum anderen findet damit eine notwendige Entkopplung der Organisation vom Gründer statt, die im Rahmen einer gesunden Organisationsentwicklung den nächsten Schritt einläutet

---

[1350] Interview mit Jan Lübbering, Projektleiter, sfw (geführt am 12.12.2011)
[1351] Interview mit Lena Häusler, HR Manager, sfw (geführt am 12.12.2011)

und dafür sorgt, das sich die Last nicht nur auf eine Person konzentriert sondern auf mehrere verteilt. Insgesamt sind die Erfahrungen mit dieser Entwicklung bis dato überwiegend positiv:

> *„Also das ist jetzt natürlich schon ein bisschen anders, wo er nicht mehr einfach hier vor Ort ist. Er ist mit vielen eng im Kontakt und arbeitet intensiv gemeinsam weiter. Das heißt, da gibt es das dann auch noch, aber er ist jetzt nicht mehr so diese Figur, die sozusagen im Büro ist und das alltäglich so stark ausstrahlt. Ist vielleicht auch eine ganz gute Entwicklung jetzt so mit der Organisationsentwicklung, dass es am Ende nicht so sehr nur an einer Person haftet und sich jetzt auch sicherlich mehr verteilt auf die anderen, die jetzt hier sind, aber ja. [...] die anderen hatten schon die Sorge, ob dann da nicht was fehlt, mittel- und langfristig. Bisher, finde ich, klappt es erstaunlich gut, also er hat das auch so ein bisschen schon während des letzten halben Jahres, als er noch in Berlin war, etappenweise vorbereitet, dass er sich mehr und mehr zurückgezogen hat, seine Präsenzphasen hier im Büro verringert hat. Er ist immer ansprechbar. Also per Email, per Skype und so weiter, viele sind auch noch wirklich sehr eng mit ihm in Kontakt, er hat sich jetzt der Verantwortung sozusagen nicht komplett entzogen. Aber klar, gerade für neue Mitarbeiter und so, ist er halt nicht da, ist er nicht so die Schlüsselfigur des Unternehmens. Aber ich finde, es hat bislang zumindest erstaunlich gut geklappt und hat sich jetzt auch dadurch ganz gut auf mehreren Schultern verteilt.“* [1352]

> *„Was aber bleibt, auch wenn er physisch nicht hier ist, ist irgendwie der Sinn und Geist, in dem er sfw mit Sicherheit auch aufgebaut hat, nämlich dass es hier um eine positive Arbeit geht. Eben nicht so, wie bei vielen anderen NGOs, die vielleicht auch im Bereich der Entwicklungszusammenarbeit tätig sind, wo es sehr viel um Katastrophen geht, um den negativen Einfluss, den viele soziale Entwicklungen haben. Und hier spürt man eben, dass es wirklich um das Nachvornegucken geht, um zukunftsträchtige Arbeit, sich weiterentwickeln zu wollen, als Organisation auch professionell zu sein und trotzdem doch immer ein bisschen die Balance zu halten, und das ist eben das Spannende, wo ich sagen würde, das sind die Werte, die hier noch vermittelt werden, und das geht eben nicht darum, zu sagen ‚wir betrauern die Welt, wir finden uns jetzt ab mit Gegebenheiten, versuchen die nur zu kaschieren‘, sondern eben zu sagen, ‚das ist ein aktiver Impuls, was zu verändern‘.“* [1353]

II.7.3.2   Autonome Motivation und Anreizsysteme

Autonomie

Autonomie wird als ein wichtiger Motivator wahrgenommen. Sie wird u.a. begünstigt durch eine offene Herangehensweise und informelle Zusammenarbeit, im Rahmen derer neue Ideen immer willkommen sind und spontan ohne festgelegte, formale Wege ins Spiel gebracht werden können. Zu einer solchen Vorgehensweise werden die Mitarbeiter zwar aktiv ermuntert, letztlich wird von ihnen jedoch Eigeninitiative erwartet:

> *„Ja, das passiert aber auch ganz viel einfach so zwischendurch. Wenn da Ideen aufkommen, dann gibt es jetzt nicht unbedingt einen bestimmten Moment, den man abwarten muss, um die zu platzieren. Das weiß dann im*

[1352] Interview mit Lena Häusler, HR Manager, sfw (geführt am 12.12.2011)
[1353] Interview mit Manuel Normann, HR & Controlling, sfw (geführt am 12.12.2011)

Prinzip jeder selbst am besten, auch von der Dringlichkeit her, oder kann das dann auch einschätzen, ob das etwas ist, was ich jetzt selber entscheiden kann, eine gewisse Änderung zu machen; oder wenn man da ein bestimmtes Synergiepotenzial sieht, dann wird das halt vorgeschlagen; aber da gibt es nicht unbedingt immer einen fertig festgelegten formalen Weg, wie das passieren muss. " [1354]

Überhaupt spielen Eigenverantwortung und möglichst hohe Freiheitsgrade eine große Rolle bei sfw. Beispiele sind die unbürokratische Möglichkeit von Homeoffice-Tagen, der flexible und eigenverantwortliche Umgang mit Arbeitszeiten und Genehmigung von Urlaub sowie das generelle Fehlen einer diesbezüglichen zentralen Prüfung:

„Ich glaube, wir haben auch schon viele Elemente, die wir einfach ganz natürlich leben, die eher Teil unserer Kultur sind, über die wir uns jetzt nicht Gedanken gemacht haben. Das zahlt jetzt irgendwie in die Motivationsstrategie ein, die kann man aber auch mal als solche identifizieren und dann auch mal mit aufführen. Also ich denke so über Sachen nach, die bei uns gang und gäbe sind, Homeoffice zu machen z.B., also ein flexibler Umgang mit den Arbeitszeiten und so weiter. Da fragt keiner nach, das muss jeder selbst entscheiden, also wieder unter diesem Oberbegriff Eigenverantwortung. Oder wir führen keine Urlaubskonten, jeder hat 30 Tage Urlaub im Jahr, was ja zumindest nicht zu wenig ist, und auch das managt jeder selbst, halt in Absprache mit seinen Teams, aber hier in der HR-Abteilung gibt es keine Urlaubsanträge, die bewilligt werden müssen, das arrangiert sich schon irgendwie. Und in der Regel haben wir auch nicht das Gefühl, dass zu viel Urlaub genommen wird, sprich dass das ausgenutzt wird, wahrscheinlich eher das Gegenteil. " [1355]

Konkret äußert sich Autonomie am deutlichsten in dem zentralen Grundsatz von sfw, dass jeder Mitarbeiter für einen eigenen Bereich zuständig ist bzw. sein muss, in dem er inhaltlich die Verantwortung trägt und Entscheidungsgewalt innehat und damit weitestgehend eigenverantwortlich und selbstbestimmt agieren kann:

„[…] im Prinzip hat jeder auch einen eigenen Verantwortungsbereich, also jeder Mitarbeiter. Das ist vielleicht auch nochmal etwas, was wichtig für Motivation ist, dass wir eigentlich den Grundsatz fahren, dass jeder für mindestens ein Projekt eigenverantwortlich zuständig sein sollte. Heißt jetzt nicht immer in voller Konsequenz – wenn es z.B. um Budgetentscheidungen geht, muss man sich dann trotzdem Freigaben und so holen, das schon –, aber dass man halt irgendwie in mindestens einem Thema den Hut auf hat. […] Trotzdem ist es so, dass jeder hier am Ende in gewisser Weise auch Budgetentscheidungen in dem jeweiligen Rahmen trifft, klar, die dann zum Teil noch abgesegnet werden müssen – aber das ist wirklich so eine Sache, dass mal definiert wurde, dass man eigentlich zumindest für ein Thema hauptverantwortlich zuständig sein sollte. " [1356]

Auch wenn Autonomie demnach eine zentrale Rolle spielt und einen wichtigen Teil der Organisationsphilosophie ausmacht, hat diese dennoch Grenzen. Wie weit die Autonomie konkret geht, hängt zum einen vom Ausmaß der zu treffenden Entscheidungen ab, und sie ist letztlich vor

---

[1354] Interview mit Lena Häusler, HR Manager, sfw (geführt am 12.12.2011)
[1355] Interview mit Lena Häusler, HR Manager, sfw (geführt am 12.12.2011)
[1356] Interview mit Lena Häusler, HR Manager, sfw (geführt am 12.12.2011)

allem dann begrenzt, wenn Entscheidungen signifikante Budgetrelevanz oder strategische Bedeutung haben. In diesem Fall müssen die Entscheidungen im Rahmen eines formalen Prozesses von Vorgesetzten und/oder der Leitungsrunde genehmigt werden:

„Ja, Budgetverantwortung ist meistens ausgeklammert, weil die Budgetverantwortung größtenteils bei den jeweiligen Abteilungsleitern liegt. Trotzdem ist es so, dass jeder hier am Ende in gewisser Weise auch Budgetentscheidungen in dem jeweiligen Rahmen trifft, klar, die dann zum Teil noch abgesegnet werden müssen. [...] Also das hängt immer auch vom Ausmaß der zu treffenden Entscheidung ab. [...] Genau, und sowohl budgetär also auch was die strategische Ausrichtung anbetrifft. Wenn das ein Riesenshift bedeuten würde, dass z.B. Personalressourcen irgendwie eingesetzt werden müssen oder so, dann wird das auch nochmal in einer größeren Gruppe entschieden." [1357]

Zum anderen wird durchaus die Notwendigkeit gesehen, definierte Strukturen und Prozesse als Rahmen und Grundlage für eine autonome Entfaltung der Mitarbeiter zu etablieren. Ziel ist es daher, einige der aktuell noch weitgehend informellen Regelungen stärker zu formalisieren, um im Zuge der wachsenden und dezentralisierten Strukturen eine effektive Arbeit zu ermöglichen, auch wenn dadurch ein Teil des ‚unbürokratisch-dynamischen‘ Prozesses verloren gehen sollte. Dies betrifft vor allem die vermehrt notwendige Definition von Verantwortungsbereichen und Entscheidungskompetenzen:

„Für die Skalierung ist eine einheitliche Kultur in der Organisation wichtig - dezentrale Teams können sich nicht so oft zusammensetzen, daher werden einheitliche Werte umso wichtiger. Aber auch eine Entwicklung weg von primär informellen, impliziten Regelungen hin zu einer stärkeren Formalisierung." [1358]

„Das war auch [...] nochmal ganz klar, dass diese ganzen Entscheidungsfindungsprozesse halt noch klarer definiert werden müssen, dass halt für jeden einzelnen noch klarer abgesteckt ist ‚was ist eigentlich mein Verantwortungsbereich, und welche Entscheidungskompetenz hat auch ein jeder dann‘; dass man halt letztlich diese verschiedenen Schritte und Instanzen nochmal deutlicher definiert hat." [1359]

Anforderungsvielfalt und Kompetenzerleben

Anforderungsvielfalt entsteht bei sfw aus der Tätigkeit selbst heraus sowie aus den potenziellen Möglichkeiten, die der Mitarbeiter ausschöpfen kann. Diese sind aufgrund der inhaltlichen Offenheit des Geschäftsmodells sowie der Internationalität vergleichsweise zahlreich:

„Die große Bandbreite der Einsatzmöglichkeiten, die Internationalität und die Flexibilität im Bereich Mitarbeiterentwicklung sind große Vorteile bei sfw." [1360]

[1357] Interview mit Lena Häusler, HR Manager, sfw (geführt am 12.12.2011)
[1358] Interview mit Jan Lübbering, Projektleiter, sfw (geführt am 12.12.2011)
[1359] Interview mit Lena Häusler, HR Manager, sfw (geführt am 12.12.2011)
[1360] Interview mit Jan Lübbering, Projektleiter, sfw (geführt am 12.12.2011)

Diese aus der Tätigkeit erwachsende Anforderungsvielfalt soll zukünftig noch weiter gesteigert werden, indem interne oder externe Rotationsmöglichkeiten angeboten werden. Im Rahmen dieser ‚Austauschprogramme' kann ein Mitarbeiter temporär entweder in eine andere Abteilung von sfw oder auch, bspw. im Kontext eines gemeinsam ausgeführten Projektes, auf die Seite der Partnerorganisationen wechseln und dadurch neue Erfahrungen sammeln:

„Dann haben wir auch schon seit einiger Zeit angefangen über Rotationsgeschichten nachzudenken, sei es intern aber auch extern, also sprich, dass man halt innerhalb von sfw [...] bei Bedarf die Möglichkeit haben sollte, auch mal in die anderen Bereiche reinzuschnuppern. Ist natürlich immer ein recht großer logistischer Aufwand, die Ressource fehlt dann oftmals woanders, und nicht alle haben auch unbedingt Interesse daran. [...] Ja, und dann haben wir halt dieses Rotationsprinzip, das machen wir halt so noch nicht, aber es ist etwas, was wir gerne noch stärker verfolgen würden, also auch innerhalb von sfw, innerhalb der verschiedenen Arbeitsbereiche, aber auch innerhalb der Entitäten – zum Beispiel zur Regionalkoordination zu gehen, oder Brasilien, Südafrika –, also diese ganzen Strukturen noch aktiver zu nutzen für einen Austausch, der Sinn macht für die Effizienz der Arbeit, aber auch für die Motivation der einzelnen Mitarbeiter sicherlich förderlich wirkt. Oder auch eventuell mit Partnerorganisationen, also zu sagen, wir sind hier eine Organisation, die letztlich auch nur im Rahmen ihrer Struktur agieren kann, aber wir arbeiten eng mit Sony oder mit Adidas zusammen – vielleicht gibt es auch die Möglichkeit, zu sagen ‚jetzt geht mal ein Mitarbeiter für ein halbes Jahr dorthin oder so, und arbeitet eventuell an einem Projekt, an dem wir eh eng gemeinsam arbeiten, aber jetzt halt mal aus der Perspektive der Partnerorganisation', wie auch immer." [1361]

Ein **strukturiertes Anforderungsmanagement**, d.h. die Zuordnung von passenden Aufgaben (Anforderungen) zu den passenden Mitarbeitern (Kompetenzen), zur Realisierung einer adäquaten Anforderungsvielfalt und eines positiven Kompetenzerlebens gibt es bei sfw nicht. Vielmehr ist die Zuordnung von Aufgaben und Tätigkeiten weitgehend situativ und opportunitätsgetrieben:

„Das ist noch nicht ganz systematisiert, dass man also wirklich auch den Führungskräften eine Plattform, ein Konzept oder ein Vorgehen anbieten kann, zu sagen ‚okay, du hast diesen Bedarf jetzt abgeklopft mit den Mitarbeitern, und jetzt können wir den decken in einem absehbaren Zeitraum', sondern das ist dann eher situativ [...]." [1362]

Allerdings wird die Notwendigkeit eines systematischeren Ansatzes durchaus gesehen und daher geplant, Themen wie individuelle Stärken und Schwächen, Entwicklungsbedarfe und Perspektiven, Qualifikationen und Interessen zukünftig auf Basis einer Potenzialanalyse systematischer im Mitarbeitergespräch aufzuarbeiten:

„[...] da geht es dann auch um Stärken, Schwächen, Entwicklungsbedarf, Potenzialanalyse, auch im Sinne Perspektiven, was ist eventuell noch nicht ausgeschöpft, welche Qualifikationen schlummern da noch, oder welche Interessen, die aktuell gar nicht zum Tragen kommen? Und eben auch Entwicklungsbedarf, also die Auf-

---

gaben, vor allem wenn sich diese auch verändern, ,ist die Person dem gewachsen oder wo ist eventuell zusätzliche Unterstützung von Nöten?' und so. Das soll auch alles bei dem Mitarbeitergespräch abgeklopft werden."[1363]

Hierzu fehlt allerdings aktuell noch eine effektive Unterstützung der jeweiligen Abteilungen durch HR oder die Geschäftsleitung, um das Thema systematisch begleiten und langfristig nachhalten zu können. Eine solche systematische Unterstützung und Begleitung ist notwendig, da ansonsten aufgrund von Ressourcenknappheit etwaige Mitarbeitergespräche und deren Ergebnisse im Sand verlaufen. Dies wiederum würde, da die Mitarbeitergespräche zuvor Erwartungen aufseiten der Mitarbeiter wecken, die Gefahr einer großen Frustrationsquelle bergen:

„Was fehlt, ist wirklich die Unterstützungsstruktur, die dann von Seiten der HR-Abteilung, aber auch von der Geschäftsführung kommen muss, um letztendlich auch die Abteilungsleiter in ihrer Führungsrolle zu unterstützen. Also was sie machen können, ist die Planung mit den verfügbaren Ressourcen, Zieldefinition und so weiter und das Ermitteln von Bedarfen, und dann wirklich auch darauf aus Organisationsgesamtsicht zu reagieren, nicht nur individuell – dafür haben wir gerade noch eine Lücke, die wir schließen müssen, denn sonst verlaufen diese Mitarbeitergespräche – zumindest ein Teil von Ihnen – auch so ein bisschen im Sand, und dann wird es auch wieder zu so einer Frustrationsquelle, und das wollen wir natürlich auf jeden Fall vermeiden."[1364]

Ein positives Kompetenzerleben wird weiterhin gefördert durch **Rückmeldungsmechanismen bezüglich der Tätigkeit**. Dies geschieht bei sfw zum einen durch **Lob und Anerkennung** von Mitarbeitern bei entsprechend positiven Leistungen, z.B. auf persönlichem Weg, in Meetings oder auch durch eine Erwähnung im Newsletter:

„Also natürlich, wenn jetzt jemand was Tolles schafft oder so, das wird dann schon entsprechend gewürdigt, im Morgenmeeting oder so, was wir wöchentlich haben, oder es im Newsletter erwähnt, und dann kriegen sie auch die Anerkennung sozusagen von den Kollegen, von den Chefs und so weiter, also das schon. Es wird schon gewürdigt, aber es wird jetzt nicht entlohnt in so einer Form."[1365]

Des Weiteren wird angestrebt, Teamerfolge nicht als gegeben und selbstverständlich hinzunehmen und direkt auf die folgenden Probleme und Herausforderungen zu fokussieren, sondern sich vielmehr Zeit zu nehmen und die Erfolge im Sinne von Wertschätzung angemessen zu würdigen. Da dies in der Vergangenheit tendenziell eher zu wenig gemacht wurde, ist die Organisation nun bestrebt, dieses Thema bewusst anzugehen:

„Also deswegen ist das eher so, dass wir immer nach Wegen suchen, wie wir halt Teamerfolge feiern können und da eine Art Belohnung im Sinne von Wertschätzung geben können, also das eher so zu machen. [...] Also wir haben schon ein bisschen das Manko, dass wir zu wenig unsere Erfolge feiern, was wir auch schon öfter thematisiert haben. [...] es gibt immer noch so viele andere Sachen zu tun, und das ist dann immer wichtiger, als mal einen Sekt aufzumachen oder so – aber das ist auch wichtig für die Motivation, dass man die Sachen,

[1363] Interview mit Lena Häusler, HR Manager, sfw (geführt am 12.12.2011)
[1364] Interview mit Lena Häusler, HR Manager, sfw (geführt am 12.12.2011)
[1365] Interview mit Lena Häusler, HR Manager, sfw (geführt am 12.12.2011)

die wirklich erfolgreich zu Ende gebracht wurden oder geschafft wurden, ja, also die Erfolge dann auch ange-messen feiert und sich dafür die Zeit nimmt. Und das versuchen wir jetzt auch wieder ein bisschen bewusster zu machen, dass das nicht immer gleich so unter ferner liefen abgestempelt wird. So nach dem Motto, ok, geschafft, hier sind aber noch fünf andere Probleme, um die wir uns jetzt erst mal kümmern. Genau, das ist, glaube ich, wichtig, aber weniger, dass dann so stark individuelle Leistungen in den Vordergrund gestellt wurden. " [1366]

Während die vorherigen Aspekte eher situativ und unregelmäßig zum Einsatz kommen, bildet der **Feedbackprozess** den strukturierten und sachlich fundierten Part der Rückmeldungsmechanismen. Den Kern bilden Mitarbeitergespräche, welche halbjährlich stattfinden und vor allem ein Abstecken/Nachhalten des Verantwortungsbereichs, das Treffen von Zielvereinbarungen, die Ermittlung von Stärken, Schwächen und Entwicklungspotenzialen (wobei diese Aspekte wie zuvor erwähnt bis dato nur sporadisch und unsystematisch diskutiert wurden) sowie eine Reflexion der allgemeinen Situation und Stimmung zum Inhalt haben:

„Ja, wir führen Mitarbeitergespräche, zweimal jährlich finden die statt. Und klar, bei einer Einstellung wird sowieso der Verantwortungsbereich zunächst mal abgesteckt, aber dieser kontinuierliche Follow Up erfolgt in Form dieser Mitarbeitergespräche [...]. Und die werden auch dokumentiert. [...] diese Mitarbeitergespräche gibt es halt, die auch immer sehr intensiv sind, und das Formular ist im Prinzip eine Art Leitfaden, inhaltlich geht es da um Themen wie Verantwortlichkeitsbereich abstecken, Zielvereinbarungen treffen, Stärken ermit-teln, potenzielle Schwächen bzw. Entwicklungsbedarf, berufliche Perspektiven, Feedback auch an den jeweili-gen Teamleiter bezüglich Führungsqualitäten, dann zu Teamsituationen im Allgemeinen, also auch so stim-mungsmäßig und so. " [1367]

Auch wenn das Nachhalten der Ziele dabei in der Rückschau eine gewisse bewertende Dimension hat, liegt der Schwerpunkt doch immer auf einem konstruktiven sowie lösungs- und handlungsorientierten Diskurs. Fokus ist nicht die Vergangenheit, sondern die Zukunft, und die Gründe für etwaige Soll-Ist-Abweichungen werden primär deshalb ermittelt, um Letztere korrigieren und zukünftig verhindern zu können. Eine harte Erfolgsmessung auf individueller Mitarbeiterebene mit wie auch immer gearteten Konsequenzen gibt es daher folgerichtig nicht:

„Ja, die Bewertungsgespräche haben schon eine bewertende Komponente. Wenn es um die Messung der Ziele, also der gemeinsam gesetzten und vereinbarten Ziele geht, also rückwirkend, dann ist das in gewisser Weise auch wertend, dann wird eher der Fokus drauf gelegt: warum hat das vielleicht nicht geklappt, war das realis-tisch oder so? Aber schon auch eine Bewertung in beide Richtungen. [...] Das Mitarbeitergespräch ist in erster Linie kein Wertungssystem in dem Sinne, sondern es soll kontinuierlich den Raum schaffen, dass man sich zu diesen Themen austauscht, dass es da ein konstruktives und strukturiertes Feedback gibt, und dass man The-men, die sonst vielleicht mal unter den Tisch fallen, damit einfach explizit auf dem Schirm hat und angeht.

[1366] Interview mit Lena Häusler, HR Manager, sfw (geführt am 12.12.2011)
[1367] Interview mit Lena Häusler, HR Manager, sfw (geführt am 12.12.2011)

Und es ist schon so, dass die Existenz dieses Instruments allein schon zur Motivation beiträgt, also das ist etwas, das immer auch sehr ernst genommen und von allen auch wirklich in Anspruch genommen wird. " [1368]

„Die einzelnen Mitarbeiter besprechen mit dem jeweiligen Vorgesetzen die Ziele, aber "harte" Erfolgsmessung im Sinne von Konsequenzen bei Nichterfüllung sind die große Ausnahme. Das passt kulturell nicht. " [1369]

Zu dieser Vorgehensweise passt, dass beim Feedback grundsätzlich ein proaktiver Ansatz angestrebt wird mit dem Ziel, etwaige Probleme frühzeitig und vorausschauend anzugehen, um diese positiv beeinflussen zu können, bevor es ‚zu spät' ist:

„Ja, also wenn es wirklich Probleme gibt oder man merkt, es läuft auseinander, dann ist da auch der Anspruch, dass nicht gewartet wird bis zum nächsten Mitarbeitergespräch [...], sondern das vorher konstruktiv anzugehen und wieder auf die grüne Bahn zu lenken. " [1370]

Ein kritischer Erfolgsfaktor ist, Feedback in beide Richtungen zuzulassen und in diesem Sinne die Mitarbeiter zu Feedback gegenüber dem Vorgesetzten bzw. der Organisation als Ganzes zu ermuntern. Ein hierfür angewandtes Instrument ist das Team-Barometer, über das seit kurzem regelmäßig das allgemeine Stimmungsbild erfragt wird.

Bei der reinen und ‚planlosen' Gewährung, Ermunterung und Sammlung von Mitarbeiter-Feedback darf es allerdings nicht bleiben. So schafft der aktive Einbezug von Mitarbeitern im Sinne einer Abfrage von Bedarfen und Wünschen Erwartungshaltungen, die mittel- bis langfristig bei Nichterfüllung zu großer Frustration führen können. Daher ist es von allergrößter Wichtigkeit, auf der einen Seite alle abgefragten Bedarfe bzw. Rückmeldungen konsequent und umfassend aufzugreifen; auf der anderen Seite müssen jedoch einmal gemachte Zusagen und Vorhaben der Organisation möglichst erfüllt werden bzw. im Idealfall nur solche kommuniziert werden, welche auch realistisch eingehalten und realisiert werden können:

„Was uns noch ein bisschen fehlt, ist, diese Ergebnisse auf Unternehmensebene auszuwerten und organisationsentwicklungstechnisch besser zu nutzen. Das bleibt aktuell noch sehr stark auf individueller Ebene, oder wir wissen dann manchmal ‚okay, da gibt es einen Bedarf', aber wir können nicht wirklich was anbieten, sage ich mal. [...] Natürlich gibt es auch die Mitarbeiteranfrage nach Weiterbildungsbedarf, oder ‚ich möchte mich entwickeln', oder ‚ich hätte gerne eine Gehaltsperspektive'. Da haben wir natürlich nicht die Möglichkeiten, die ein privatwirtschaftliches Unternehmen hat, da eben flexibel drauf zu reagieren. Und es ist wichtig, das Ganze Schritt für Schritt zu entwickeln, und nicht Erwartungen zu wecken, indem man sagt ‚okay, hier gibt es einen großen Bedarf nach Gehaltsentwicklung, und wir stellen jetzt auf Unternehmensebene konkret was dagegen', obwohl wir genau wissen, dass wir das heute noch gar nicht können. Und deshalb soll es im ersten Schritt auch erst mal auf dieser individuellen Ebene bleiben. [...] Ich glaube, das ist ein sehr guter Punkt, das ganze Thema Erwartungsmanagement, weil, den Bedarf im Detail abzufragen bringt letztlich nur was, wenn man ihn

---

[1368] Interview mit Lena Häusler, HR Manager, sfw (geführt am 12.12.2011)
[1369] Interview mit Jan Lübbering, Projektleiter, sfw (geführt am 12.12.2011)
[1370] Interview mit Lena Häusler, HR Manager, sfw (geführt am 12.12.2011)

zumindest ansatzweise bedienen kann. Ansonsten sorgt es eher für größere Frustration, oder es geht eine Weile gut, aber dann muss auch irgendwie nachgelegt werden. Und da sind wir jetzt halt auch gerade an der Stelle, dass wir ein ganz gutes Gefühl dafür haben, wie es so läuft, wie alle drauf sind, aber auch, wo noch Lücken sind, wo Bedarf besteht, den wir momentan so vielleicht auch noch nicht decken können. Also das hat auch mit finanziellen Ressourcen zu tun, aber auch mit Zeitressourcen, sich einfach dazu mal wirklich Gedanken machen zu können und ein Konzept zu entwickeln. Und es birgt natürlich auch ein gewisses Risiko, wenn man sich auf dieses Themenfeld einlässt und da die Mitarbeiter involviert, dann muss man sich natürlich auch dazu committen, etwas zu leisten, und da sind wir jetzt in der Phase,/ also wir haben da schon einiges gemacht, aber das noch konkreter zu definieren, bedarf der Beantwortung einiger Fragen: Was können wir denn realistischer Weise wirklich bieten? Was macht Sinn für den Einzelnen? Was macht Sinn für die Organisation?" [1371]

Zuvor wurde ja schon bemerkt, dass im Zuge der Mitarbeitergespräche zunehmend systematisch die Stärken und Schwächen, insb. aber notwendige Qualifikationen und Entwicklungsbedarfe der Mitarbeiter erfasst werden (sollen). Sind diese erfasst, gilt es die Kompetenzen im gewünschten und notwendigen Maß durch **Training und Weiterbildung** zu fördern. Dabei strebt sfw kein ‚one-size-fits-all'-Modell an, bei dem die gleichen standardisierten Trainings- und Weiterbildungsangebote systematisch und verpflichtend für alle Mitarbeiter gelten. Vielmehr soll ein individuelles, bedarfs- und nachfrageorientiertes Modell etabliert werden, bei dem die Organisation zwar einen Rahmen der möglichen und unterstützungswerten Instrumente absteckt, dabei jedoch auch und vor allem die Anfragen und Anregungen der Mitarbeiter aufgreift und diesen letztlich die Wahl lässt, welche Instrumente sie in Anspruch nehmen wollen oder nicht. Gerade mit den begrenzten finanziellen Mitteln scheint dies realistisch auch der einzig gangbare Weg zu sein:

„Also das vielleicht auch nochmal grundsätzlich, für uns ist das auch nochmal auf jeden Fall ein Leitsatz, zu sagen, ‚wir wollen jetzt nichts erfinden, was dann systematisch für alle angewandt wird', sondern es geht darum, es immer bedarfsorientiert zu machen. Wir wollen sicherlich zu manchen Punkten dann auch eine klarere Haltung für sfw selbst definieren, d.h. wie positionieren wir uns dazu und wie stecken wir den Rahmen des Möglichen ab, also den Rahmen dessen, was die Organisation fördern und unterstützen möchte. Aber es wird sicherlich nicht ein für alle gleich aussehendes Programm, sondern eben wirklich bedarfs- und möglichkeitenorientiert, denn es ist nicht abzusehen, dass wir enorme finanzielle Mittel zur Verfügung haben werden. [...] Und so ist das hier dann auch häufig, dass das in Form einer Anfrage oder Ähnlichem, also bedarfs- oder nachfrageorientiert dann letztendlich auch entsteht. Wir werden jetzt nicht so ein Komplettpaket schaffen, dass dann ständig einem irgendwie untergejubelt wird, sondern wir müssen für uns eine grundsätzliche Haltung da haben und das dann in die verschiedenen Prozesse transportieren." [1372]

So geht bspw. die freie und umfassende Gewährung von Bildungsurlaub ohne signifikante Einschränkung der Weiterbildungsangebote letztlich auf die Initiative einiger Mitarbeiter zurück, die

---

[1371] Interview mit Lena Häusler, HR Manager, sfw (geführt am 12.12.2011)
[1372] Interview mit Lena Häusler, HR Manager, sfw (geführt am 12.12.2011)

dieses Thema eigenverantwortlich initiiert, d.h. einen Bedarf angemeldet und das Thema damit auf die Tagesordnung gesetzt haben. Die Organisation hat im Nachgang diesen Bedarf geprüft, für unterstützenswert befunden und im weiteren Verlauf dem gesamten globalen Team gewährt, unabhängig vom lokalen rechtlichen Anspruch:

„*[...] den Bildungsurlaub gewähren wir hier jedem Mitarbeiter, fünf Tage Anspruch besteht ohnehin, aber der ist per Gesetz ja an bestimmte Veranstaltungen und Zertifizierungen gebunden, und für uns ist das einerseits relativ frei, also wenn der Mitarbeiter einen konkreten Bildungsbedarf hat und sagt ,ich mach das in meiner Freizeit', dann kriegt er die fünf Tage, unabhängig davon, ob das anerkannt ist. Auf der anderen Seite haben wir das auch für das globale Team wieder umgesetzt. In Südafrika gibt es meines Wissens keinen Bildungsurlaub, aber die haben das Recht genauso. Das ist dann wichtig, mit dem globalen Blick zu sagen, ,okay, Kollegen, die irgendwo in Entitäten arbeiten, wo sie diese rechtlichen Möglichkeiten nicht haben, sollen schon auf einen für aus unserer Sicht sinnvollen Standard dann auch angehoben werden' [...].*" [1373]

„*Ja, mit dem Bildungsurlaub muss man aber wahrscheinlich auch dazu sagen, dass das was ist, was aus dem Team kam, also dass wir dazu gar keine klare Haltung hatten, das war einfach nie Thema. Und dann kam einfach der Anspruch im Team auf oder die Anfrage, und das ist jetzt sozusagen eine Reaktion darauf [...] – wir haben das nicht so stark initiiert, sondern haben uns dann danach informiert und gesagt ,ah ja, in der Tat besteht der Anspruch, macht ja auch Sinn, und wollen wir natürlich gerne fördern und unterstützen', und dann halt auch in der ganzen Konsequenz gesagt, ja, es ist uns eigentlich egal, wer der Anbieter ist, also wenn die Veranstaltung Sinn macht, auch, wenn sie außerhalb von Deutschland ist, eine Teilnahme an einer Konferenz oder wie auch immer, dann wollen wir das gerne unterstützen', aber es ist erst mal auf Initiative von ein, zwei Mitarbeitern sozusagen zum Thema geworden, die sich selbst drum gekümmert haben.*" [1374]

Dieses Beispiel zeigt aber auch, dass das bedarfs- und nachfrageorientierte Modell für die Mitarbeiter nicht nur Privileg, sondern zugleich auch Verpflichtung ist und dementsprechend ein gewisses Maß an Eigeninitiative und -verantwortung vorausgesetzt wird. Die konkret thematisierten Bedarfe vonseiten der Mitarbeiter konzentrieren sich dabei vor allem auf den Bereich der Persönlichkeitsentwicklung im weiteren Sinne (persönliche Fähigkeiten, Projektmanagement, Präsentation, Gesprächsführung, etc.).

Die konkrete Umsetzung von Trainings- und Weiterbildungsangeboten erfolgt u.a. über die Nutzung verfügbarer pro bono-Angebote im Rahmen des organisationalen Netzwerks. Dies hat auf der einen Seite den Vorteil, vergleichsweise kostengünstige Weiterbildungsmaßnahmen realisieren zu können. Auf der anderen Seite ist es eine große Herausforderung, auf diesem Weg für die konkreten internen Bedarfe passende verfügbare Weiterbildungsangebote zu lokalisieren, anzubahnen und für alle zugänglich zu machen. Die Tatsache, dass man bei pro bono-Angeboten kaum oder in nur geringem Maße Möglichkeiten der inhaltlichen Gestaltung und Einflussnahme

---

[1373] Interview mit Manuel Normann, HR & Controlling, sfw (geführt am 12.12.2011)
[1374] Interview mit Lena Häusler, HR Manager, sfw (geführt am 12.12.2011)

hat, macht diese Aufgabe umso schwieriger. Nichtsdestotrotz sollen solche Angebote zukünftig verstärkt genutzt werden:

> *„Und wir wollen auch nicht unbedingt jetzt auf Teufel komm raus einen Haufen Weiterbildungsmaßnahmen anbieten; gerade angesichts der Tatsache, dass wir über limitierte finanzielle Ressourcen verfügen, glauben wir, dass der richtige Ansatz vielmehr ist, zu schauen, was wir eigentlich schon haben, und was wir für diesen Zweck noch proaktiver nutzen könnten. Und da liegt natürlich das Netzwerk sehr nahe, zu dem wir den Zugang haben. Also da ist ganz viel, was man abrufen kann, was wir vielleicht in der Form noch nicht machen. [...] Das ist momentan der Ansatz, und ich glaube, damit fahren wir hier auch, was die Organisationskultur und überhaupt unsere Möglichkeiten angeht, am besten. Ist natürlich auch nicht so ganz einfach. Manchmal ist es auch leichter, wenn man sagt ‚hier hast du ein Budget von so und so, und schau mal, was du draus machst, und danach messen wir mal den Erfolg‘. Also es geht jetzt mehr darum, in bereits laufende Projekte zu integrieren und da zu schauen, wo es wirklich Sinn macht, vielleicht nochmal zusätzlich ein bisschen Geld in die Hand zu nehmen und zu investieren. [...] Wir haben ja auch die besten Voraussetzungen. Wir haben über 80 Netzwerkmitglieder, und gerade solche Themen wie Kinderschutz oder andere Dinge, die werden auch hier bearbeitet [...].“* [1375]

> *„Das ist natürlich wiederum ein Punkt, wo wir auch konkret gucken müssen, wen wir als Partner haben, die ohnehin schon über die Strukturen und Kompetenzen, Dozenten und Coaches verfügen, die sie uns ggf. anbieten können. Ist natürlich dann auch immer ein logistisches und kommunikatives Problem. Das sind oftmals sehr große Partner, und auf dieser Probono-Basis muss man das natürlich erst mal anbahnen. Und wir kriegen ganz oft Angebote, ja, beispielsweise ‚wir können euch im Reisekostenrecht irgendwo schulen‘ oder irgendwelche Themen, die für uns einfach in der Masse nicht relevant sind. Der schwierige Weg ist natürlich dann, konkreten Bedarf zu ermitteln und zu sagen ‚okay, welcher Partner könnte uns denn da jemanden zur Verfügung stellen, auf Probono-Basis‘, das ist mit Sicherheit ein Weg, wo wir unsere Ressourcen nutzen können, auf der anderen Seite ist das aber auch schwierig, weil man es nicht von heute auf morgen umsetzen kann.“* [1376]

Ein positives Beispiel in diesem Kontext ist die Zusammenarbeit mit der Personalabteilung von Sony, welche sowohl einen umfassenden Führungskräfteworkshop zum Thema Führungskapazitäten als auch einen persönlichkeitsorientierten Workshop für das ganze Team durchgeführt hat. Einige Angebote wie z.B. die Mehrzahl der Ashoka-Workshops sind demgegenüber nur eingeschränkt nützlich, da diese zumeist beim Gründer bzw. Geschäftsführer enden und das Gesamtteam nicht einbezogen wird.

Als eine weitere Möglichkeit wird die Nutzung interner Synergien mittels Durchführung bedarfsorientierter interner Schulungen von Mitarbeitern für Mitarbeiter genannt. Hier gilt es, auf ohnehin vorhandenen Austauschmechanismen aufzubauen und diese stärker zu systematisieren:

[1375] Interview mit Lena Häusler, HR Manager, sfw (geführt am 12.12.2011)
[1376] Interview mit Manuel Normann, HR & Controlling, sfw (geführt am 12.12.2011)

„Aber wir haben auch ganz viel Kompetenz intern, wo man Austauschmöglichkeiten schaffen könnte, intern, Schulungen und so weiter, wo es jetzt nicht unbedingt immer einen riesen finanziellen Aufwand bedeutet. Also es geht mehr darum, das irgendwie auf den Weg zu bekommen, dass diese Sachen eine gewisse Priorität bekommen und in vielen anderen Prozessen, die sowieso laufen, aktiver mitgedacht und berücksichtigt werden können. Und zwar von vorne herein, also immer nach Synergiepotenzial [...] zu schauen, und dieses Synergiepotenzial dann zu nutzen, anstatt jetzt was komplett Neues zu kreieren. " [1377]

Ohnehin spielt ein **Erfahrungs-, Informations- und Wissensaustausch** eine wichtige Rolle. Neben der Möglichkeit, in den wöchentlichen Gesamtteamrunden offene inhaltliche Punkte, Unterstützungsbedarfe und Ähnliches zu diskutieren, findet ein inhaltlicher Austausch im Weiterbildungssinne vor allem im Rahmen von Veranstaltungen statt, die gemeinsam mit bspw. Ashoka oder anderen Sozialunternehmen durchgeführt werden. Die Inhalte sind unterschiedlich und umfassen diverse Themengebiete wie Skalierungsmechanismen und Netzwerkentwicklung, Herausforderungen der Unternehmensführung, Social Entrepreneurship generell bis hin zu Spezialthemen wie Kinderschutz. Letztlich sind diese Veranstaltungen für alle Mitarbeiter offen und bieten eine Möglichkeit und Plattform, über den eigenen Tellerrand hinauszuschauen und neue Themen kennenzulernen und zu diskutieren:

„Was wir gemacht haben, ist, dass wir manchmal so Austauschmomente schaffen, und das werden wir jetzt in Zukunft auch wieder vermehrt machen, mit Ashoka oder auch mit anderen Social Entrepreneurs hier in Berlin, wo wir uns zu bestimmten Themen austauschen. Ich glaube das letzte Mal – das war dann mit dem Ashoka-Büro hier in Berlin – ging es um Scaling Up und Hubs-Modell. Das betraf auch das Feld rund um Netzwerkentwicklung, also was sind so die Mechanismen und Erfahrungen, die wir bisher damit gemacht haben, und da sind wir eben mit Ashoka zum Teil auch auf einem ähnlichen Stand der Organisationsentwicklung. Also, das heißt, da geht es dann nicht nur um Themen aus dem sozialen Unternehmertum, sondern auch einfach um Themen aus der Unternehmensführung letztendlich: Was sind die Herausforderungen auf ganz vielen verschiedenen Ebenen? Und da bietet sich dann so ein Austausch manchmal an. Und das wollen wir jetzt auch nochmal verstärkt machen, aber dann auch zu spezifischen Themen und offen für das ganze Team, sicherlich dann auch im Sinne von Motivation – also dieses sich einbringen können, über den eigenen Tellerrand schauen und sich inhaltlich zu relevanten Themen austauschen zu können. Und das sind dann auch so Themen wie ‚Child-Protection' oder ‚Was ist überhaupt Sozialunternehmertum?', da haben auch nicht unbedingt alle hier von uns das gleiche Verständnis, oder auch gar nicht so einen Zugang, oder sind damit gar nicht täglich in den Bereich involviert. Also solche Sachen, da jetzt einfach nochmal ein paar Plattformen zu schaffen für Austauschmöglichkeiten, für alle Interessierten. " [1378]

Ganzheitlichkeit und Bedeutsamkeit

[1377] Interview mit Lena Häusler, HR Manager, sfw (geführt am 12.12.2011)
[1378] Interview mit Lena Häusler, HR Manager, sfw (geführt am 12.12.2011)

Ein Gefühl der Ganzheitlichkeit und Bedeutsamkeit, d.h. das Wissen um das große Ganze und die Einordnung der eigenen Tätigkeit bzw. des eigenen Beitrags, wird als wichtiger Motivationsaspekt angesehen. Nichtsdestotrotz ist es bei sfw ein kritisches Thema, da aufgrund des immer größer, spezialisierter und dezentralisierter werdenden Teams ein Kontakt mit dem Netzwerk – als inhaltlichem Kern, dessen Entwicklung die Mission, Wirkung und die Erfolge von sfw exemplarisch widerspiegelt – nicht mehr allgemein und kontinuierlich ermöglicht werden kann. Insbesondere für die nachgelagerten Funktionen wie Kommunikation oder Finanzen/Controlling entsteht im Vergleich zu den direkt mit der ‚operativen' Arbeit befassten Abteilungen eine Ungleichzeitigkeit, die zum einen die Motivation vermindert, da der eigene Beitrag zur Mission und gesellschaftlichen Wirkung nicht mehr spürbar und greifbar ist, zum anderen aber auch in organisatorischen Ineffizienzen resultiert, da bestimmte Prozesse nur mit ‚operativem' Wissen und Verständnis sinnvoll gestaltet werden können. Zukünftig ist daher geplant, das Netzwerk bzw. die Netzwerkarbeit für alle greifbarer und klarer zu machen:

> *„Das ist auch gerade eine Herausforderung im Moment durch das größer werdende Team hier bei sfw zu gewährleisten, dass eben alle da partizipieren und alle irgendwo ein Bild von den Netzwerkmitgliedern haben und auch von der Arbeit vor Ort. Und es ist durch das Wachstum der Organisation eben nicht mehr so einfach zu gewährleisten, dass jeder in relativ kurzer Zeit so einen persönlichen Einblick und Überblick bekommt, und das ist für uns auch wirklich eine Überlegung, zu sagen, ‚okay, um eben die Motivation für die Arbeit an sich zu stärken, wie schaffen wir es, dass dieser Austausch wieder enger wird?' Und das ist in dem Netzwerkteam sowieso gegeben, die wissen also wirklich, was da vor Ort gemacht wird, wie es da aussieht, wer die Leute sind, die da arbeiten, was die wirklich ganz konkret an täglicher Arbeit machen! Und dieser Kontakt, der geht natürlich zunehmend verloren, je weiter die Mitarbeiter hier thematisch mit ihrer Arbeit, gerade bei uns im CFO-Team oder wahrscheinlich auch im Kommunikationsteam, von der Netzwerkarbeit entfernt sind. […] Ja, das Netzwerk permanent greifbar zu machen, das ist seit längerem Thema bei uns hier auch im Berliner Büro, und es hat sehr viel mit Motivation zu tun, weil es einfach eine der Hauptmotivationsquellen ist, aber auch durchaus mit Effizienz, weil man manche Prozesse nur gestalten kann, wenn man auch weiß, wie die Arbeitsbedingungen sind oder wie die Leute ticken, etc.. Also da könnte man schon Reibungsverlust vermeiden, wenn man das Gefühl hätte, da gäbe es ein noch größeres Verständnis, sodass das für uns ein wesentlicher Punkt ist, zu ermöglichen, dass wir das noch stärker leben können, dass letztlich wirklich alle, die bei swf, also sfw arbeiten, auch einen kontinuierlichen Zugang zum Netzwerk haben, zu diesem Reichtum, was es letztendlich ist. […] da kam eben auch der Punkt raus, dass es häufig in der täglichen Arbeit noch nicht greifbar oder klar genug ist, welchen Beitrag ich leiste, also sich selber in der Mission wiederzufinden, und ich glaube, das zahlt ja auch sehr auf die persönliche Motivation am Arbeitsplatz ein. Und da wollen wir auch versuchen, auch noch ein bisschen stärker zu werden."* [1379]

[1379] Interview mit Lena Häusler, HR Manager, sfw (geführt am 12.12.2011)

Erreicht werden soll dies zum einen durch sogenannte ‚Field Visits', im Rahmen derer Mitarbeiter die Chance bekommen, Netzwerkorganisationen oder bestimmte Projekte vor Ort besichtigen
und erleben zu können. Der Anspruch ist, hierbei neben den direkt verantwortlichen Mitarbeitern, wann immer möglich, auch Mitarbeiter einzubinden, die aus sachlogischen Gesichtspunkten, bspw. fachlicher Kompetenz oder Abteilungszugehörigkeit, für einen solchen Einsatz normalerweise nicht vorgesehen wären. Damit soll erreicht werden, dass wirklich alle Mitarbeiter die
Möglichkeit bekommen, die Arbeit vor Ort und die von sfw unmittelbar zu erfahren:

*„Das eine – wenn wir jetzt über Maßnahmen sprechen, über die wir nachdenken – sind Field-Visits, oder
gröber noch gesagt Bemühungen, das Netzwerk so greifbar wie möglich zu machen, also diese Kernarbeit wirklich jedem zugänglich zu machen in der einen oder anderen Form. Und das Konkreteste sind eben Field-Visits,
wenn man vor Ort das miterleben kann, und das sozusagen auch für das gesamte Personal mitzudenken, wenn
immer es möglich ist; dass es nicht an so eine ganz spezifische fachliche Kompetenz gebunden ist, sondern es
auch jemand anderes aus einem anderen Arbeitsbereich abdecken könnte. [...] Und wir hatten jetzt im vergangenen Jahr das Glück, dass durch dieses football-for-hope-Centers Projekt relativ viele Site-Visits bei potenziellen Center-Hosts anstanden, die nicht unbedingt alle jetzt Netzwerkmitglieder waren, und wo es daher
nicht unbedingt immer jemand aus dem Netzwerkteam sein musste [...]. Also, das war letztendlich auch ein
schöner Nebeneffekt, dass dann hier einige aus dem Team dann auch Reisen gemacht haben, die sonst eigentlich
gar nicht in ihre Aufgabenbereiche fallen würden [...]. Klar, das kostet Zeit, aber das sind schon auch wichtige
Momente, die einen dann nochmal darin bestärken, was man eigentlich macht, und dem ganzen nochmal eine
zusätzliche Dimension, einen zusätzlichen Blickwinkel gibt, der sehr wichtig ist, weil ansonsten über die Zeit
hier mit der Büroarbeit letztendlich auch ein bisschen abstrakt wird, was man eigentlich tut."* [1380]

Des Weiteren haben die schon zuvor erwähnten Job-Rotationen, der Informationsaustausch auf
Teamebene sowie die Einbindung der Mitarbeiter in die strategische Planung einen positiven
Einfluss auf das Erfahren von Ganzheitlichkeit und Bedeutsamkeit.

Zu guter Letzt versucht sfw, sämtliche Aktivitäten und deren Wirkung in einer Wirkungskette
schlüssig und nachvollziehbar sowie unter Berücksichtigung der diversen Kausalzusammenhänge
sowohl untereinander als auch letztlich mit dem strategischen Gesamtziel zu verknüpfen. Während dies zum einen der Messung der gesellschaftlichen Wirkung dient (vgl. Anhang, Kap.
I.7.3.4), gibt es doch auch den einzelnen Mitarbeitern einen Anhaltspunkt, den eigenen Beitrag im
Kontext des Gesamtkonstrukts einschätzen zu können.

Interne Kommunikation

Der Austausch von Informationen wird nicht zuletzt durch die interne Kommunikation gefördert und unterstützt. Hierbei ist die Transparenz der Entscheidungsstrukturen und -prozesse ein
zentrales Thema. So kommt es öfter vor, dass Entscheidungen inhaltlich zwar durchaus gutge-

---

[1380] Interview mit Lena Häusler, HR Manager, sfw (geführt am 12.12.2011)

heißen oder zumindest nicht infrage gestellt werden, eine fehlende oder widersprüchliche Kommunikation jedoch trotzdem zu Unmut und Unruhe führt. Ziel muss es daher zum einen sein, zum Zwecke größtmöglicher Akzeptanz nicht nur die endgültigen Entscheidungen, sondern auch den Entscheidungsprozess und eventuelle Zwischenschritte transparent zu kommunizieren:

„Entscheidungsstrukturen, damit verknüpft interne Kommunikation, und auch Transparenz, ja. Also Transparenz, wenn es um Entscheidungsprozesse geht, ja. Meistens gar nicht so sehr in dem Sinne, dass die Entscheidung selbst infrage gestellt wird, aber vielmehr der Prozess, wie eine Entscheidung getroffen wurde, manchmal nicht ganz klar ist oder die Art, wie es kommuniziert wird, dort dann halt zum Teil die Zwischenschritte fehlen, sodass es z.B. sein kann, dass es vor zwei Monaten es irgendwie hieß ,wir gehen dieses Jahr keine weiteren Partnerschaften ein', und dann zwei Monate später ,Juchu, wir haben hier einen riesen Partner'. [...] manchmal fehlt es dann an der entsprechenden Kommunikation, da alle auch so abzuholen, dass es entsprechend zugeordnet werden kann, also eher im Sinne von Transparenz über die Entscheidungs- und Kommunikationsprozesse selbst. "[1381]

Zum anderen wird jedoch auf die Gefahr hingewiesen, dass zu viel Kommunikation wiederum zu einer Überflutung sowie Überforderung und Handlungsunfähigkeit führen kann. Es gilt daher hinsichtlich der Kommunikation eine Balance zu finden, welche einerseits die notwendige Akzeptanz für Prozesse/Entscheidungen sowie ein Gefühl des Eingebundenseins und der Handlungsfähigkeit sicherstellt, andererseits jedoch gleichzeitig nicht überfordert:

„Ja, also das gibt es durchaus auch im Team, also das war auch Anfang des Jahres besonders deutlich, wo irgendwann auch aufkam, ,wir wollen gar nicht mehr über alles, immer berichten und Bescheid wissen, also das ist zu viel Information, wir müssen nicht jeden Schritt wissen! Wir wollen sicher sein, dass wir unseren Beitrag leisten können, auch zu dem Bereich, mit dem ich dann tagtäglich arbeite, wo ich mit den Entscheidungen auch zurechtkommen muss oder wo ich das Gefühl haben muss, dass die auch irgendwie fundiert sind und Sinn machen, aber die müssen nicht in alles komplett ständig eingebunden sein'. Also es gibt dann irgendwann auch eine Überflutung an Information. Es geht immer darum, die richtige Balance da zu finden, und ich meine, da wird man auch nie die absolut ideale Lösung finden, aber da arbeiten wir seit einiger Zeit dran, ja, vor allem diese Balance herzustellen. "[1382]

Eine große Herausforderung, die sich im Bereich Entscheidungsprozesse und interne Kommunikation stellt, ist die zunehmende Dezentralisierung des Teams und insb. des Leitungsteams. Auch wenn diese Dezentralisierung angesichts der globalen Ausrichtung von sfw inhaltlich der wohl einzig realistische Weg ist, das Geschäft mittel- bis langfristig erfolgreich zu entwickeln, stellt er die Entscheidungsprozesse auf eine harte Probe, da die relevanten Personen wenn überhaupt zumeist nur virtuell zusammenkommen. Da in diesem Set-up schon die Entscheidungsfindung

---

[1381] Interview mit Lena Häusler, HR Manager, sfw (geführt am 12.12.2011)
[1382] Interview mit Lena Häusler, HR Manager, sfw (geführt am 12.12.2011)

selbst mitunter sehr schwierig und unübersichtlich ist, stellt sich diese Problematik für die Kommunikation der Entscheidungen und Entscheidungsprozesse in umso höherem Maße:

„Genau, das ist ziemlich dezentral [...]. [...] es sind drei Gründungsmitglieder, drei Gesellschafter, da ist der Johannes in Berlin, Jürgen in den USA, Vladimir in Jugoslawien, und die Leitungsrunde setzt sich dann weiter zusammen aus Sarah, Kommunikationsabteilung; Christoph, Netzwerkteam; dann noch der Jan [...], der auch im Bereich Partnership-Development ist, plus Andrés, Südamerika, also lebt in Uruguay, ist für Brasilien zuständig und Ian vom Centersprojekt in Kapstadt. Also das heißt, die Hälft der Leute sind nur per Skype zugeschaltet, wenn die Meetings stattfinden. [...] Ja, also die Dezentralisierung ist auf jeden Fall ein großes Thema. Jetzt hängt es aber davon ab, wie man sie betrachtet. Ist das jetzt sozusagen primär ein Problem, oder ist es eigentlich die Lösung? Also es ist wahrscheinlich auch die einzige Form, wie wir wirklich nachhaltig das machen können, was wir machen wollen. Aber klar, bringt es einfach auch ein paar Herausforderungen mit sich, nämlich eine Organisationsstruktur mit Hinblick auf zunehmende Dezentralisierung." [1383]

„Und dann hat man eben die Leitungsrunde, wo vielleicht physisch drei Personen normalerweise anwesend sind. Dann ist bei einem noch irgendwie ein Home-Office-Tag, hat sich vielleicht eher ergeben, der nächste ist gerade auf einem Besuch vom Netzwerkmitglied, und dann besteht die Runde physisch aus einer Person, die vielleicht gerade nur noch das Skype irgendwie zusammenhält. Und wenn man da schon mal in solchen Prozessen involviert war, weiß man eben, da gehen solche Zwischenschritte in Entscheidungsstrukturen einfach hinsichtlich Transparenz verloren, weil das dann wirklich geklärt wird zwischen den Personen, die gerade da sind. Der nächste bringt es vielleicht auch nicht mehr in voller Länge an den anderen Entscheidungsträger, und irgendwann kommt die Kommunikation zustande. Das ist eigentlich schon eine riesen Herausforderung im Moment, das auch wieder so gangbar zu machen. Wer ist denn eigentlich gerade wo und entscheidet, und wo kommen eigentlich alle zusammen?" [1384]

Ein Medium, das sfw neben dem Intranet im Rahmen der internen Kommunikation nutzt, ist ein interner Newsletter, der sowohl ,offizielle', geschäftsrelevante (bspw. Entscheidungen und Entwicklungen, Vorstellung neuer Teammitglieder) als auch ,halbprivate' Informationen (bspw. Ankündigung von Geburten) vermittelt:

„Was wir noch haben, so als kleines Instrument, ist ein interner Newsletter, der mittlerweile in der Verantwortung der Kommunikationsabteilung liegt [...]. Der erscheint einmal monatlich und geht an das globale Team. Und ja, da ist vor allem der Informationsgehalt wichtig, aber schon auch Organisationskultur und mal ein paar lustige Sprüche [...], oder es werden auch neue Teammitglieder vorgestellt, Geburten angekündigt. Also auch halbprivate Sachen, sage ich mal, sind da mit drin und auch wirklich nur für den internen Kreis. Wir haben auch einen Newsletter für die Netzwerkmitglieder, einen Newsletter für Partners und so weiter, aber das ist halt schon jetzt für den kleineren Kreis, sollte auch nicht weiter geteilt werden." [1385]

[1383] Interview mit Lena Häusler, HR Manager, sfw (geführt am 12.12.2011)
[1384] Interview mit Manuel Normann, HR & Controlling, sfw (geführt am 12.12.2011)
[1385] Interview mit Lena Häusler, HR Manager, sfw (geführt am 12.12.2011)

Zugehörigkeit

Zugehörigkeit wird neben der grundsätzlich guten Arbeitsatmosphäre und gegenseitigen Unterstützung in den jeweiligen Teams insb. durch Teamtage gefördert, zentrale Veranstaltungen unter Teilnahme des globalen Teams. Diese werden als äußerst wichtig eingeschätzt für die Motivation, die zwischenmenschlichen Beziehungen sowie für ein gutes Verhältnis und gegenseitiges Verständnis auch und gerade zwischen den verschiedenen Kulturen. Sie fanden bisher einmal jährlich statt, wobei sie in jüngster Vergangenheit aus budgetären Gründen auch einmal ausgefallen sind. Nicht zuletzt weil unmittelbare Folgen spürbar waren, ist jedoch geplant, in den kommenden Jahren trotz der hohen Kosten den jährlichen Rhythmus beizubehalten:

„[…] der einzige Moment, sage ich mal, wo wir im Prinzip alle zusammenbringen, das sind unsere Teamtage. Wir wollen immer einmal im Jahr Teamtage machen. Dieses Jahr sind sie ausgefallen aus budgetären Gründen. Sonst haben die immer ein- bis zweimal jährlich stattgefunden, jetzt werden sie ab 2012 voraussichtlich einmal jährlich stattfinden. Ist halt ein sehr großer Aufwand, 40 Leute irgendwie von überall zusammenzubringen, also ein logistisch aber auch finanziell großer Aufwand, aber das sollte jetzt dann im ersten Quartal 2012 wieder stattfinden. Wir hatten natürlich 2010 mit dem Festival in Südafrika, wo fast das ganze Berliner Team auch vor Ort war, über einen längeren Zeitraum, einen Moment, wo es natürlich auch zu so einem Zusammenkommen kam, aber das ist unheimlich wichtig und da sind wir nochmal direkt in den Motivationsthemen. Also das ist für uns ein ganz wichtiger Faktor, dass wir gemerkt haben, für die Motivation, für die zwischenmenschliche Beziehung und ein gutes Verhältnis auch angesichts der verschiedenen Kulturen, die da ja auch mit vertreten sind, ist es einfach unabdingbar, persönliche Treffen zu haben. Das hat eine zusätzliche und sehr, sehr wertvolle Dimension, und häufig wird daran als erstes gespart, aber man sieht die Folgen. […] Ja, so ein, also so ein gegenseitiges Verständnis, ja, auch die Arbeitsbedingungen des anderen zu kennen, sich einfühlen zu können, also das fehlt einfach, wenn man auf Distanz arbeitet.“ [1386]

II.7.3.3 Kontrollierte Motivation und Anreizsysteme

Festgehalt

Festgehalt spielt bei sfw insgesamt eine wichtige, aber keine prioritäre Rolle. Auch wenn es definitiv ein Motivator (unter vielen) darstellt und insb. beim Recruiting wirtschaftsaffiner Personen Relevanz besitzt, spielt Festgehalt gerade im Vergleich zur gesellschaftlichen Mission und der damit verbundenen sinnstiftenden Komponente gemeinhin nur eine untergeordnete Rolle:

„Und desto mehr man sich in Richtung Sozialunternehmen entwickelt, wird man auch immer vergleichbarer letztendlich mit anderen Unternehmen, mit der freien Wirtschaft, und klar, also ich meine, wir brauchen zum Teil auch Leute, Talente, die aus anderen Bereichen kommen, die oftmals mit ganz anderen Gehaltsvorstellungen kommen. Also auch damit muss man ja umgehen können, also, nee, Gehalt ist auf jeden Fall schon auch ein Thema, das sehr präsent ist, ja. […] Und wir haben durchaus hier auch schon in Bewerbungsgesprächen

---

[1386] Interview mit Lena Häusler, HR Manager, sfw (geführt am 12.12.2011)

ehemalige Berater sitzen gehabt, die gesagt haben ‚also mir ist es lieber, bei euch zu arbeiten und die Hälfte zu verdienen', jetzt mal überspitzt gesagt, ‚als weiter den Job zu machen, den ich bislang gemacht habe, wo ich das Gefühl habe, ich mach mich kaputt und fühle mich nicht gut dabei, bei dem, was ich eigentlich tue'. Also das heißt, das gibt es durchaus auch, dass es Interessenten gibt, die bereit sind, sich diesem Gehaltsgefüge dann auch entsprechend anzupassen [...]. " [1387]

„Die Kombination aus Faktoren ist entscheidend - die Höhe des Gehalts ist nur ein Faktor. Bei sfw eher ein untergeordneter, da die Mitarbeiter sich sonst etwas anderes suchen würden, wenn das für sie das entscheidende Kriterium wäre. " [1388]

Gleichwohl ist die relative Wichtigkeit des Festgehalts von Zielgruppe zu Zielgruppe sehr verschieden. So besitzt es bei wirtschaftsaffinen Zielgruppen mit ggf. keiner ausgeprägten Präferenz zum Social Entrepreneurship-Sektor, deren Kompetenzen jedoch gerade im Kontext der organisationalen Professionalisierung benötigt werden, sicherlich eine größere Relevanz als bei Personen, die ohnehin eine Präferenz für den Sektor haben, und muss daher dann auch aktiver und zentraler positioniert werden. Darüber hinaus gibt es einige Positionen und Expertisen, bei denen ein vergleichsweise hohes marktübliches Festgehalt existiert und die gesellschaftliche Mission wenig Relevanz besitzt, da diese für das Tätigkeitsfeld unerheblich ist (ein Beispiel hierfür ist ein IT-Manager). Da das Festgehalt hier einen dominierenden Faktor darstellt, stellen diese Positionen/Expertisen die größte Herausforderung für die Organisation dar, und nicht selten stößt sie dabei auch an ihre Grenzen:

„Die Gehaltsthematik hängt auch von der Zielgruppe ab, die man rekrutieren möchte. Wenn die gesuchte Expertise normalerweise nur im Privatsektor zu finden ist, dann spielt auch das Gehalt eine größere Rolle, als wenn es bei der Rekrutierung um Konkurrenz mit anderen sozialen Organisationen geht. " [1389]

„Ja, also in so ganz spezifischen Fachbereichen, wo die Gehälter mehr oder weniger auch vorgegeben sind, wird es schwierig – also ein IT-Manager mit bestimmten Fähigkeiten und Kenntnisse, wenn der woanders halt viermal mehr verdienen würde, dann überlegt der sich das natürlich auch, ob er wechselt, wenn er die gleichen Kernaufgaben macht. Also das gibt es natürlich schon, das haben wir auch im Bereich Fundraising, da ist das z.B. ebenfalls ein großes Thema, weil das halt auch so ein, ja, klassisches Aufgabenprofil ist, das halt dann über zum Teil unterschiedliche Vergütungsmodelle verfügt, wie Beteiligung des Fundraisers [...] über Prozente, also wo die Erfolgsmessung sozusagen direkt mit an das Gehalt gekoppelt ist. Das ist eine Art, wie wir eigentlich überhaupt nicht funktionieren. [...] Und wenn das dann eine Person ist, die darauf besteht, dann passt sie halt letztendlich auch nicht wirklich hier rein. " [1390]

[1387] Interview mit Lena Häusler, HR Manager, sfw (geführt am 12.12.2011)
[1388] Interview mit Jan Lübbering, Projektleiter, sfw (geführt am 12.12.2011)
[1389] Interview mit Jan Lübbering, Projektleiter, sfw (geführt am 12.12.2011)
[1390] Interview mit Lena Häusler, HR Manager, sfw (geführt am 12.12.2011)

Insgesamt kann aber gesagt werden, dass Festgehalt bei der Mehrheit keine prioritäre Rolle spielt. Aufgrund dieser Tatsache und auch aufgrund des Wissens, dass eine Konkurrenz mit dem Wirtschaftssektor auf der Gehaltsebene ohnehin nicht zu gewinnen ist, ist es daher von zentraler und zukunftsweisender Wichtigkeit, ein attraktives Gesamtpaket anbieten zu können, welches neben dem Festgehalt die erwähnte gesellschaftliche Mission, aber auch bspw. Work-Life Balance, Team, Kultur und die Gewährung von Freiheitsgraden umfasst.

Bezüglich der konkreten Gestaltung und Höhe des Gehalts wird als Hauptherausforderung identifiziert, ein angemessenes Niveau zwischen einer absoluten Unter- bzw. Schmerzgrenze, einem die ‚Grundversorgung' gewährleistenden Gehalt sowie einer kompetitiven, marktgerechten Bezahlung zu finden. Nach eigener Einschätzung zahlt sfw im Bereich Social Entrepreneurship ein vergleichsweise hohes Gehalt, welches grundsätzlich als fair wahrgenommen wird:

> *„Beim Gehalt können drei Ebenen unterschieden werden: Wo tut es weh, was ist die Höhe der bisherigen Ausgaben und Familienversorgung, und was zahlt der Markt. Da die Balance zu finden, ist schwierig. sfw spielt eine gute Rolle mit einem fairen Bezahlungssystem."* [1391]

Dabei ist der Anspruch von sfw durchaus, eine marktgerechte Bezahlung auch im Vergleich zur Privatwirtschaft zu realisieren. Das Ideal bzw. die Grundhaltung ist daher, dass in einem Sozialunternehmen ein Gehaltsabschlag nicht als automatisch gegeben und ‚systemimmanent' vorausgesetzt werden darf, sondern langfristig auf eine marktgerechte Bezahlung hingearbeitet werden sollte. Fernab von diesem Ideal muss in der Realität jedoch ein Gehaltsabschlag im Vergleich zur Privatschaft akzeptiert werden. Explizite Vergleiche mit der Privatwirtschaft bezüglich des Gehalts finden kaum statt und werden nur fallweise für einzelne Aufgabenprofile durchgeführt:

> *„Also es ist leider noch so, dass man oftmals auf Gehalt verzichten muss im Vergleich zu anderen Branchen, aber idealerweise: nein. Idealerweise sollten wir in der Lage sein, als Sozialunternehmen die Arbeit, die genauso professionell geleistet wird, auch genauso zu vergüten, weil es angemessen und verdient ist, aber in der Realität sieht das halt noch so aus, dass die Mittel nicht da sind, und wenn einem das dann wichtig ist, den Job in dem Bereich zu machen, dann muss man gewisse Einschnitte in Kauf nehmen, was das Gehalt angeht, ja. [...] wir wollen schon darauf hinarbeiten, dass wir idealerweise auch, ja, konkurrenzfähig sind, auch auf der Gehaltsebene gegenüber der Privatwirtschaft. Also es ist nicht so, es besteht nicht der Anspruch, zu sagen, weil ich jetzt hier irgendwie im sozialen Bereich arbeite, muss ich mich komplett aufopfern und darf nichts verdienen, überhaupt nicht. [...] das ist manchmal so ein bisschen der Trugschluss, der entsteht, oder dass Leute denken ‚oh, weil ich in einer NGO arbeite, darf ich bloß kein Geld verdienen'. [...] So explizite, oder generelle Vergleiche gibt es nicht, also wir haben das dann eher immer für bestimmte Aufgabenprofile mal verglichen."* [1392]

[1391] Interview mit Jan Lübbering, Projektleiter, sfw (geführt am 12.12.2011)
[1392] Interview mit Lena Häusler, HR Manager, sfw (geführt am 12.12.2011)

Diese realistische Situation im Blick, wird der Gehaltsabschlag daher durchaus auch selbstbewusst formuliert, im Rahmen eines zuvor erwähnten, kompetitiven Gesamtpakets und im Wissen, zumindest kurz- und mittelfristig nicht mit der Privatwirtschaft konkurrieren zu können:

> *„[...] andererseits sagen wir halt auch ‚was wir bieten, bietet auch nicht jedes andere Unternehmen‘, und wir
> wollen uns oder können uns auch nicht mit der Privatwirtschaft vergleichen."* [1393]

Dieses kompetitive Gesamtpaket sorgt auch dafür, dass losgelöst von den fehlenden Mittel für
‚echte' marktgerechte Löhne sowie der ethischen Diskussion, ob diese überhaupt gezahlt werden
sollten oder nicht, auch gar keine betriebswirtschaftliche Notwendigkeit besteht, diese zu bezahlen. So kann die Organisation nach Einschätzung Lübberings grundsätzlich auch ohne marktgerechte Löhne ausreichend gute Leute verpflichten:

> *„Im Social Entrepreneurship-Sektor ist es auch eine ethische/kulturelle Frage, wieviel bezahlt wird. Bezah-
> lung von Praktikanten z.B. sollte selbstverständlich sein. Viele Mitarbeiter sind aber bereit, beim Thema Ge-
> halt Abschläge in Kauf zu nehmen im Vergleich zur Privatwirtschaft, da sie einen Job mit Sinn suchen. [...]
> Aus Unternehmenssicht ist es daher betriebswirtschaftlich nicht nötig, viel mehr zu zahlen, ich krieg die glei-
> chen guten Leute auch mit einem geringeren Gehalt."* [1394]

Nichtsdestotrotz bleibt aus Sicht der Organisation das Ziel, langfristig marktgerechte Löhne zu
realisieren. Als eine Möglichkeit, diesem Ziel näher zu kommen, wird benannt, bei den Projektanträgen sukzessive die Personalressourcen mit der aus Organisationssicht gerechtfertigten Entlohnung proaktiv einzupreisen. Letztlich können höhere Löhne nur dann realisiert werden, wenn der
relevante Markt (d.h. Partner, Projektträger und Förderer) langfristig zu einem adäquaten Entlohnungsniveau erzogen wird:

> *„Ja, aber ich glaube, das entwickelt sich gerade schon auch zunehmend in die Richtung, und zum Beispiel ma-
> chen wir das auch in die Richtung gegenüber potenziellen Förderern und so weiter. Also wenn man Projektan-
> träge stellt und halt auch Personalressourcen mit einplant, dass das auch entsprechend so aufgeführt wird, wie
> wir denken, dass das auch entlohnt werden soll."* [1395]

Die Wichtigkeit, mittel- bis langfristig adäquate Löhne zu realisieren, zeigt sich auch in dem
Umstand, dass sich innerhalb des Social Entrepreneurship-Sektors Gehalt schon zu einem relativen Erfolgsfaktor und Unterscheidungsmerkmal entwickelt hat, gerade weil hier andere Alleinstellungsmerkmale wie bspw. gesellschaftliche Mission nicht zum Tragen kommen. Die allgemeine Entwicklung zumindest der Organisationen mit dem Anspruch, die besten Leute zu bekommen, geht daher in die Richtung höherer Gehälter, immer mit dem Ziel, damit letztlich die Geschäftsentwicklung und gesellschaftliche Wirkung zu verbessern:

[1393] Interview mit Lena Häusler, HR Manager, sfw (geführt am 12.12.2011)
[1394] Interview mit Jan Lübbering, Projektleiter, sfw (geführt am 12.12.2011)
[1395] Interview mit Lena Häusler, HR Manager, sfw (geführt am 12.12.2011)

„Im Wettbewerb mit anderen Social Entrepreneurship Organisationen ist die Höhe der Bezahlung sicherlich ein wichtiges Kriterium, um die besten Mitarbeiter zu bekommen. Viele Stiftungen oder auch Investoren zahlen eben auch mehr für die gleiche Art von Mitarbeiter. Der finanzielle Aspekt ist vielleicht der einfachste, um sich am Ende unter vergleichbaren Organisationen zu differenzieren. [...] Man sieht auf jeden Fall einen sehr starken Anstieg der Gehälter bei denen, die es sich leisten können. " [1396]

Zusätzlich zur Höhe des Gehalts ist vor allem die Existenz von klaren Gehaltsstufen und einer einheitlichen Gehaltsentwicklung entscheidend. Während bei sfw die Einstiegspositionen noch vergleichsweise einheitlich angelegt sind, existiert auch danach vom Anspruch her eine klare Entwicklung abhängig von Position und Verantwortung, Qualifikation und Länge der Dienstzeit. In der Realität allerdings hängt die konkrete Beförderung und Gehaltsentwicklung jedoch oftmals auch vom Verhandlungsgeschick des jeweiligen Mitarbeiters ab, was die Gehaltsstruktur nicht gerade als fair, objektiv und transparent erscheinen lässt. Die Organisation ist aus diesem Grund bestrebt, den Prozess zukünftig auf einer Gesamtorganisationsebene zu zentralisieren und zu vereinheitlichen, um dadurch für mehr Transparenz und Objektivität zu sorgen

„[...] da gibt es dann immer so Spannen und das hängt ein bisschen auch immer vom, sage ich mal auch ganz ehrlich, vom Gehaltsgeschick des jeweiligen Mitarbeiters ab. Also so war das in der Vergangenheit, und das versuchen wir gerade, noch ein bisschen klarer, einheitlicher zu machen, weil es da schon so ein bisschen Unterschiede gab, man mit manchen (schmunzelt) irgendwie besser verhandeln konnte als mit anderen, anscheinend so. Und das passiert jetzt aber zunehmend viel mehr auf Gesamtunternehmensebene, und dass es halt auch nicht der jeweilige Vorgesetzte nur allein absegnen kann, sondern dass es dann auch von der, na ja, nicht unbedingt von der ganzen Leitungsrunde, aber von den Gesellschaftern also zumindest auch freigegeben werden muss und halt auch gespiegelt wird und in den Zusammenhang der Gesamtgehaltsstruktur gesetzt wird. Und wir halt jetzt auch vorausschauender planen, inklusive Gehaltsentwicklungen und so weiter, was bislang nicht so viel passiert ist, also dass das in die Budgetplanungen mit einfließt. " [1397]

„Zu Anfang ist es noch relativ intuitiv und pragmatisch, zu sagen ‚bis jetzt haben wir es geschafft und konnten eigentlich die Leute anheuern, die wir haben wollten‘. Aber irgendwann sind die Prozesse dann nicht mehr selbstverständlich, und es kommen Fragen auf, wie z.B. ‚wie fair ist eine Gehaltsstruktur innerhalb der Organisation?‘ Mit solchen Fragen setzt man sich eigentlich erst ab einem gewissen Reifegrad wirklich auseinander, und das sind dann solche Themen: Wie standardisiert und bürokratisiert, wie klar und transparent sind diese Prozesse, wie klar zeigt man auch Entwicklungsmöglichkeiten auf [...]. " [1398]

Zu guter Letzt sind Transparenz und Klarheit von großer Bedeutung. In diesem Sinne sollte gesellschaftliche Mission und Festgehalt nicht aktiv gegeneinander ausgespielt werden; zwar geschieht dies im Rahmen des besagten ‚kompetitiven Gesamtpakets‘ auf gewisse Weise ohnehin

---

[1396] Interview mit Jan Lübbering, Projektleiter, sfw (geführt am 12.12.2011)
[1397] Interview mit Lena Häusler, HR Manager, sfw (geführt am 12.12.2011)
[1398] Interview mit Jan Lübbering, Projektleiter, sfw (geführt am 12.12.2011)

automatisch, trotzdem sollte das Thema Festgehalt explizit und offen angesprochen und transparent gemacht werden, wie die Organisation mit diesem Thema umgeht, bspw. mit welcher Entlohnung konkret gerechnet werden muss/kann, in welchem Rahmen verhandelt werden kann und wo die Grenzen liegen:

> *„Es hängt mit der Organisationskultur zusammen: Wenn Du gute Leute sowohl bekommen als auch langfristig entwickeln und halten willst, dann sollte die Gehaltskomponente kompetitiv sein. Und das Thema sollte klar und ehrlich kommuniziert werden, und nicht von Anfang an mit der sozialen Mission ‚verrechnet' werden."* [1399]

> *„Wir hatten auch schon Gespräche, wo am Ende wegen des Gehalts nicht zusammengefunden werden konnte, also wo es dann auch außer Frage stand, dass jemand letztendlich mehr verdient als unser Geschäftsführer, auch wenn das vielleicht branchenüblich wäre; also es gibt schon ein bisschen Flexibilität, aber es muss trotzdem irgendwie in sich stimmig sein innerhalb der Organisation. Und die Grenzen da ein bisschen auszuloten, und noch deutlicher abzustecken, da sind wir momentan halt auch dabei, weil wir gemerkt haben, dass das immer wichtiger wird, da klar Position zu beziehen, ja, eine Art Politik letztendlich auch zu fahren, und auch für die interne Kommunikation in Sachen Transparenz ist das wichtig. Also nicht, dass jetzt unbedingt jeder genau wissen muss, was jetzt auf der Lohnabrechnung des anderen steht, aber dass man ungefähr weiß, wie damit hier intern umgegangen wird."* [1400]

Monetäre Anreize

Monetäre Leistungsanreize in Form von Boni gibt es bei sfw nicht. Vielmehr sind individuelle Boni grundsätzlich negativ besetzt und werden als kulturinkompatibel wahrgenommen – so befürchtet man insb. ein potenziell entstehendes Konkurrenzdenken. Zudem wird die Wirksamkeit im Sinne einer Leistungssteigerung eher kritisch gesehen, und die Gefahr eines Korrumpierungseffektes als realistisch eingestuft. Einen weiteren kritischen Aspekt birgt der Umstand, dass für eine gerechte Bonusverteilung einheitliche und vergleichbare Zielvereinbarungen notwendig sind; dies wird jedoch aufgrund der Unterschiedlichkeit der Aufgabenfelder und spezifischen Bewertungsmöglichkeiten als nur schwer umsetzbar eingeschätzt. Ohnehin können Erfolge nur selten einzelnen Mitarbeitern zugeordnet werden, sondern eher dem Team oder der ganzen Organisation, was ein zusätzliches Argument gegen individuelle monetäre Anreize darstellt:

> *„Also ich bin eher skeptisch, wenn es um individuelle Boni geht. Ich glaube, dass das sich nicht mit unserer Organisationskultur verträgt, die Erfolge einzelner Personen in den Vordergrund zu stellen, schon allein, weil wir so unterschiedliche Aufgabenbereiche haben. Ich meine, ich wüsste gar nicht, wie das zu bewerten wäre. Also letztendlich könnte man das wahrscheinlich nur für das Partnership-Development-Team dann anwenden, wer irgendwie welche Anträge angeleiert hat bzw. Verträge abgeschlossen hat. Und auch das sind ja dann nicht Erfolge, die auf eine einzelne Person zurückzuführen sind, sondern auf das ganze Konstrukt, das ganze Team,*

[1399] Interview mit Jan Lübbering, Projektleiter, sfw (geführt am 12.12.2011)
[1400] Interview mit Lena Häusler, HR Manager, sfw (geführt am 12.12.2011)

die ganze Organisation. [...] Ja, das Problem bei dem Bonusthema ist dann auch, wenn wir das auf individu-
eller Ebene machen, in einer Struktur, dass der eine oder andere vielleicht noch mehr dazu gedrängt sein könn-
te, zu sagen ‚ich leg noch was drauf', wenn das einen finanziellen Anreiz gibt. Ich glaube, hier ist die Gefahr
nicht ganz so groß, dass ein potenzieller Bonus dann der Hauptgrund wäre, aber das Problem hat man immer.
[...] Ja, individuelle Boni würden halt so ein Konkurrenzdenken irgendwie kreieren, dass wir so eigentlich gar
nicht haben wollen. Also es basiert eigentlich alles darauf, dass wir das, was wir uns vornehmen, auch nur als
Team schaffen können und darauf angewiesen sind, dass wir als Team funktionieren. Deswegen sind solche Be-
lohnungen von Einzelpersonen irgendwie wenig sinnvoll.“[1401]

„Bonus ist definitiv negativ besetzt, von der ganzen Kultur, auch so ein bisschen ‚ih, wollen wir nicht so richtig',
also definitiv negativ besetzt. Es ist fast schon ein Widerspruch zu dem, wie wir grundsätzlich an Dinge range-
hen. Und ob Boni am Ende zu höherer Performance bei den Mitarbeitern führen, vermag ich ganz schwer ein-
zuschätzen, das ist so eine Glaubensfrage – glaube ich an intrinsische oder extrinsische Motivation?“[1402]

Relevanz wird monetären Leistungsanreizen nur im Bereich von Ausgründungen oder Joint
Ventures zugesprochen, bei denen Subunternehmer bspw. im Rahmen einer profitmaximieren-
den Organisation in Kooperation mit sfw bestimmte Projekte oder Aktivitäten durchführen. sfw
hat dabei einen inhaltlichen Mehrwert, während der Subunternehmer durchaus Gewinne machen
darf, was in diesem Zusammenhang als monetär Leistungsanreiz verstanden werden kann:

„Monetäre Anreize sind meist relevant für Situationen, in denen ausgegründet bzw. mit solcher Art (Sub-)
Unternehmern zusammengearbeitet werden soll, deren Eigeninteresse, durchaus auch monetär, wichtig für die
erfolgreiche Umsetzung ist.“[1403]

Jedoch wird auch in diesem Kontext auf die negative Besetzung der monetären Leistungsanreize
innerhalb von sfw hingewiesen, insb. im Hinblick auf eine drohende Ungleichzeitigkeit zwischen
sozialunternehmerischer Hauptorganisation und profitmaximierender Suborganisation bis hin zur
Gefahr der Abwanderung von Mitarbeitern der Hauptorganisation. Monetäre Leistungsanreize
sind also generell ein diffiziles und heikles Thema:

„Ausgründungen und finanzielle Anreize können ein heikles Thema sein, kulturell bedingt. Das kann die
Gefahr bergen, dass die bestehenden Mitarbeiter einen solchen Weg nicht mitgehen wollen.“[1404]

Materielle Anreize

Materielle Anreize und Aspekte, die in diese Richtung gehen, werden tendenziell häufiger verwendet, wenn auch nicht in übermäßigem Ausmaß. So gibt es für alle gleich gutes Equipment
und für Einzelne auch zusätzliche Ausrüstung wie bspw. BlackBerry oder Firmenhandy, allerdings geht es dabei primär um pragmatische Lösungen aufgrund inhaltlicher Notwendigkeiten,

---

[1401] Interview mit Lena Häusler, HR Manager, sfw (geführt am 12.12.2011)
[1402] Interview mit Jan Lübbering, Projektleiter, sfw (geführt am 12.12.2011)
[1403] Interview mit Jan Lübbering, Projektleiter, sfw (geführt am 12.12.2011)
[1404] Interview mit Jan Lübbering, Projektleiter, sfw (geführt am 12.12.2011)

nicht um explizite Belohnungen. Das Equipment stellt daher weniger einen materiellen Anreiz dar, sondern soll die Mitarbeiter vielmehr dazu befähigen, die ihnen gestellten Aufgaben und Anforderungen möglichst effektiv erledigen zu können. Dienstwagen oder Ähnliches, was eher in Richtung Anreiz ginge, gibt es daher nicht. Weiterhin gibt es vergleichsweise flexible Arbeitszeitmodelle im Sinne, dass allgemein nicht darauf geachtet wird, wann genau die einzelnen Mitarbeiter kommen und gehen. Ein strukturiertes System zum Überstundenabbau gibt es indes nicht. Als Anreiz bzw. Motivator werden weiterhin projektbezogene Reisen empfunden, die aufgrund der globalen Ausrichtung weltweit angelegt sind und daher eine hohe Attraktivität haben.

Weiterhin wurde den Mitarbeitern für ein halbes Jahr vorübergehend eine Viertagewoche eingeräumt. Dabei durfte der freie Tag frei gewählt werden und stand grundsätzlich zur freien Verfügung. Auch wenn die Maßnahme durchaus im Zusammenhang mit einem zuvor stattgefundenen, sehr arbeitsreichen Festival stand, war es doch nicht als reine Kompensation gedacht. Vielmehr sollten die Mitarbeiter durch die ‚persönliche Zeit‘ auch dazu angeregt werden, bspw. Literatur zu lesen oder auf anderweitige Art und Weise neue Impulse für die Arbeit zu bekommen. Obwohl die Maßnahme von den Mitarbeitern gut angenommen wurde, ist das Potenzial nicht gänzlich ausgeschöpft worden, da die zuvor beschriebene Zielsetzung der Organisation nicht klar kommuniziert wurde und es am Ende doch eher als ein zusätzlicher Urlaubstag diente – was zwar nicht verboten, aber eben doch auch nicht der eigentliche Sinn der Sache war:

> *„Also, genau, das hatte halt mit der internen Kommunikation nicht ganz so gut geklappt, also wirklich die Zielsetzung dahinter noch klarer abzustecken. Und es war dann so, dass sich viele Montag und Freitag genommen und ein langes Wochenende gemacht haben, was auch mal legitim ist, aber es war nicht so ganz der Sinn der Sache. Es war mehr so ein bisschen als ‚Zeit für sich‘ gedacht, also durchaus aber auch in die Richtung, dass es ein bisschen auf die Arbeit einzahlt, im Sinne von ‚dann nehme ich mir mal die Zeit und suche mir da die Fachliteratur raus, oder geh mal in die Bibliothek oder so‘, also schon individuell zu gestalten, [...] aber jetzt nicht nur als zusätzliche Urlaubstage eigentlich. Das war auch nicht unbedingt als Kompensation gedacht für die Zeit, die man mehr gearbeitet hatte, konnte aber ein bisschen so verstanden werden."* [1405]

Grundsätzlich wird das Konzept der persönlichen Zeit jedoch mit der oben genannten Zielsetzung als ein sehr nützliches Instrument angesehen, gerade auch weil die meisten Mitarbeiter bei sfw ohnehin eher zu viel arbeiten, und dieses Instrument eine Möglichkeit darstellt, einen kreativproduktiven Ausgleich zu schaffen:

> *„Das Ergebnis ist aber gerade – so nehme ich es auch wahr –der andere Effekt, dass viele viel mehr machen, als sie vielleicht auch manchmal machen sollten. [...] Diese personal time ist sicherlich ein Instrument, wo man sagen kann ‚okay, Bremse, kümmere dich mal um einen anderen Aspekt und mach da nicht den Hamster im*

[1405] Interview mit Lena Häusler, HR Manager, sfw (geführt am 12.12.2011)

Käfig', zumal wir ja auch arbeitspsychologisch wissen, dass das eigentlich ab einem bestimmten Zeitpunkt ineffizienter ist, je mehr Stunden wir uns um unsere Aufgaben kümmern. Das ist eine spannende Sache."[1406]

Zielvereinbarungen

Wie im Rahmen des Feedbackprozesses schon angesprochen, gibt es bei sfw Ziele und Zielvereinbarungen. Grundlage hierfür bilden die übergeordneten strategischen Organisationsziele, welche in einem aufwendigen Prozess gemeinsam mit den verschiedenen Abteilungen auf einzelne Umsetzungsmaßnahmen mit konkreten Zielsetzungen heruntergebrochen werden. Diese werden dann in einem andauernden Prozess nachgehalten, ggf. aktualisiert und wiederum mit den übergeordneten Organisationszielen abgeglichen. Insgesamt entsteht also ein Gegenstromverfahren, in dessen Rahmen sich die übergeordneten Ziele und die konkreten Zielsetzungen der Umsetzungsmaßnahmen durch einen kontinuierlichen Abgleich gegenseitig validieren und damit zu einer effektiven Zielerreichung auf beiden Ebenen beitragen:

„Ja, also die Kaskadierung der Ziele findet eigentlich schon auch in die andere Richtung statt, also dass die Definition der übergeordneten Unternehmensziele durchaus ein Bottom-Up-Prozess war. [...] Ja, für die Zielfindung und -definition hatten wir einen Haufen verschiedener Workshops. Das findet übergreifend oder auch auf Abteilungsebene statt. Wir haben so ein ganz aufwendiges Excelformular der strategischen Maßnahmenplanung. Da sind dann wirklich die einzelnen Umsetzungsmaßnahmen aufgelistet, aber darüber stehen dann die strategischen Ziele, die sind dann einmal auf Jahresebene, aber dann eben auch langfristig im Sinne von ‚wo wollen wir 2015 stehen?' definiert. Und das sind dann auch Themen für die Teamtage. [...] da wird es sicherlich wieder ein Update geben, auch verbunden mit der Möglichkeit, sich dazu auszutauschen und Input zu geben, das zu validieren oder eben entsprechend anzupassen. [...] Das passiert in den Arbeitsbereichen selbst [...]. Also erstmal gibt es für die verschiedenen Projekte im Prinzip auch auf Bereichsebene einmal monatlich ein Update. [...] Genau, wo es dann so ein Update gibt zum Projektstand, also für die verschiedenen Maßnahmen, wo auch die verschiedenen Indikatoren nochmal durchgegangen werden, Zielerreichungen, auch Budgets nochmal abgeglichen werden und so weiter. Und um das zu machen, brauchen ja die jeweiligen Bereichsleiter auch die Informationen aus ihrem Team, und die Projektpläne selbst und Erfolgsmessungsindikatoren und so weiter wurden ja auch in Absprache erstellt. Das heißt, da ist das Team involviert [...]."[1407]

Die beschriebenen Zielsetzungen beziehen sich allerdings noch immer auf eine Projekt- oder Bereichsebene. Der Anspruch ist jedoch, dass die Zielsetzungen den einzelnen Abteilungen ermöglichen, als Planungsinstrument die verfügbaren einzelnen Personalressourcen effizient zur Erfüllung der übergeordneten Ziele einsetzen zu können:

„Na, Zielvereinbarungen sind einerseits ein Planungsinstrument, dass jede Abteilung die jeweils verfügbaren Personalressourcen möglichst effizient einsetzen kann, im Sinne der Erfüllung der übergeordneten Unterneh-

---

[1406] Interview mit Manuel Normann, HR & Controlling, sfw (geführt am 12.12.2011)
[1407] Interview mit Lena Häusler, HR Manager, sfw (geführt am 12.12.2011)

men:ziele. Letztlich wird sozusagen die Kette der Aufgabenerfüllung durchdekliniert, also der nötigen Schritte, um das zu erreichen, was wir als Organisation insgesamt erreichen wollen. "[1408]

Um dies zu gewährleisten, müssen die bereichs- bzw. projektbezogenen Zielsetzungen in individuelle Zielvereinbarungen übersetzt werden. Dies geschieht auf Basis der Definition von konkreten Aufgabenprofilen und -bereichen und unter Berücksichtigung der genannten Abteilungsziele:

„Und dann ist es natürlich eine Frage der Definition, also den Aufgabenbereich möglichst konkret gemeinsam abzustecken, damit sich der jeweilige Mitarbeiter orientieren kann und innerhalb dieses Rahmens das dann auch so eigenverantwortlich wie möglich umsetzen kann. [...] Ja, das setzt sich aus verschiedenen Elementen zusammen. Erstmal wird das Aufgabenprofil beschrieben, also warum sich die Organisation diese Stelle diese Funktion, im Prinzip leistet, was die Funktion ist, die erfüllt wird und, ja, das ergibt sich mehr oder weniger aus dem Arbeitsprofil, aus dem Anstellungsvertrag oder der Stellenanzeige, die damals geschaltet wurde oder wie auch immer. Und dann gibt es die verschiedenen Aufgabenbereich, die abgedeckt werden sollten, von dieser Person, und schlussendlich konkrete Zielvereinbarungen für diesen bestimmten Zeitraum, also für das Jahr oder für das halbe Jahr."[1409]

Letztlich haben diese individuellen Zielvereinbarungen zwei Funktionen: Zum einen die zuvor beschriebene Planungs-/Steuerungsfunktion durch eine Operationalisierung der übergeordneten Organisations- und Abteilungsziele bis hin zum letzten Glied der ‚Wertschöpfungskette', zum anderen jedoch auch eine ‚Ermächtigungsfunktion – so sollen sie dem einzelnen Mitarbeiter dergestalt Rahmen und Orientierung geben, dass dieser innerhalb seines abgesteckten Bereichs die erforderlichen Aufgaben möglichst eigenverantwortlich umsetzen kann. Auch wenn diese beiden Aspekte eng miteinander verbunden sind bzw. aufeinander einzahlen, ist die Unterscheidung und Akzentuierung nicht unwichtig.

Dies wird spätestens an dem Umstand deutlich, dass zwar bei den Projekt- und Abteilungszielen im Rahmen eines ‚Strategic Reviews' durchaus eine Erfolgsmessung und Bewertung stattfindet, es auf Mitarbeiterebene im Rahmen des Nachhaltens jedoch bei einer qualitativen Bewertung bleibt, welche ohne Zielerreichungsgrad und eventuelle Belohnungen (bei Übererfüllung) oder Sanktionen (bei Untererfüllung) auskommt. Es geht bei den Zielvereinbarungen also in der Tat primär um den handlungsleitenden Orientierungsnutzen für den Mitarbeiter, und nicht um ein kontrollierendes Steuerungsinstrument:

„[...] wir hatten bisher noch nicht die Situation, dass es jetzt extreme Verfehlungen oder so gab, im Sinne, dass jetzt irgendwie gemeinsam definierte Ziele überhaupt nicht eingehalten wurden und da Sanktionen in irgendeiner Art notwendig gewesen wären. [...] Das ist eine qualitative Bewertung, also wir haben keinen Zielerreichungsgrad, den wir da irgendwie als Untergrenze festsetzen, und es folgt auch kein Automatismus daraus, d.h. keine Boni im positiven oder Sanktionen im negativen Fall. [...] Also nicht auf der individuellen Mitar-

---

[1408] Interview mit Lena Häusler, HR Manager, sfw (geführt am 12.12.2011)
[1409] Interview mit Lena Häusler, HR Manager, sfw (geführt am 12.12.2011)

beiterseite, da gibt es keine harte Erfolgsmessung, eher dann, wenn es um das Strategic Review, also das Controlling im weitesten Sinne geht, was wir jetzt eingeführt haben Anfang des Jahres, da gibt es schon durchaus Indikatoren zur Erfolgsmessung, die dort mit abgebildet werden und die sowohl qualitativer als auch quantitativer Natur sind, und die werden dann natürlich schon immer auf den Tisch gepackt, und das ist natürlich schon eine Art Erfolgsmessung und Bewertung, aber mehr aus Sicht eines Projekts als jetzt auf die Leistungserbringung einer einzelnen Person, würde ich mal sagen. "[1410]

II.7.3.4 Messung der gesellschaftlichen Wirkung

sfw ist hinsichtlich des eigenen Anspruchs und nach eigener Einschätzung bei der Messung der gesellschaftlichen Wirkung insb. im Vergleich zu anderen Organisationen relativ gut aufgestellt. Auch wenn (noch) eine Diskrepanz zwischen Status Quo und Idealzustand bemerkt wird, gibt es nach eigener Einschätzung nur wenige Organisationen, die einen vergleichbaren Professionalisierungsgrad aufweisen können. Grundsätzlich wird die Messung der gesellschaftlichen Wirkung primär als Professionalisierungsthema, nicht als Motivationsthema gesehen:

„[...] eigentlich ist Social Performance Measurement am Ende mehr ein Professionalisierungsthema, als jetzt wirklich ein Grundmotivationsthema. "[1411]

So realisieren bzw. treiben Organisationen die Messung der gesellschaftlichen Wirkung entweder aufgrund eines inneren oder eines externen Professionalisierungsanspruches voran. Ersterer existiert ab Gründung von Beginn an und entsteht aus der Organisation selbst, d.h. aus einem inneren Antrieb heraus. Zweiterer wird bspw. von den Geldgebern oder sonstigen Stakeholdern von außen an die Organisation herangetragen und entsteht über Zeit. Nach Einschätzung von Lübbering unterscheidet die wenigen wirklich erfolgreichen Organisationen von den übrigen, dass sie nach ersterem Ansatz verfahren. sfw wiederum gehört nicht zu den Vorreitern; so ist das Thema trotz der erwähnten aktuellen erfolgreichen Bemühungen erst über Zeit und vor allem auch aufgrund von Außenanforderungen relevant geworden:

„Ich glaube, das unterscheidet die erfolgreichen Organisationen von den anderen: ob es von außen herangetragen ist, oder ob es etwas ist, was im Prinzip von Tag eins der Gründung eigentlich da sein muss. Und auch da würde ich sfw nicht zu den ‚es war von Tag eins an da'-Organisationen zählen, also durchaus selbstkritisch, sondern es ist eher etwas, was in der Folge teilweise durch Außenanforderungen relevant wurde, um gewisse Geldschwellen zu erreichen, oder auch gewisse Mitarbeiter, die reinkommen und sagen ‚hey, hier in den Bereichen sind wir einfach noch nicht so gut, wie wir sein könnten' und so. Also da gibt es ganz, ganz wenige, die wirklich sagen ‚von Tag eins an ist das für mich ein Grund, weshalb ich gegründet habe', oder ‚in allem, was ich mache, muss mir dieser Bezug am Ende immer klar sein'. "[1412]

[1410] Interview mit Lena Häusler, HR Manager, sfw (geführt am 12.12.2011)
[1411] Interview mit Jan Lübbering, Projektleiter, sfw (geführt am 12.12.2011)
[1412] Interview mit Jan Lübbering, Projektleiter, sfw (geführt am 12.12.2011)

Neben der externen Funktion, einen professionellen Außenauftritt gegenüber den Stakeholdern sicherzustellen, hat die Messung der gesellschaftlichen Wirkung jedoch nichtsdestotrotz auch bei sfw einen hohen internen Stellenwert, indem diese im vorher genannten Sinne die Rolle übernimmt, das Selbstverständnis einer Organisation widerzuspiegeln, die sich einem Professionalitätsanspruch und größtmöglicher Effektivität innerlich verpflichtet fühlt und bestrebt ist, die eigene Messlatte immer wieder höher zu legen:

> *„Social Impact oder Performance Measurement ist durchaus auch ein internes Tool, im Sinne von Selbstverständnis der Organisation. Wir wollen wissen, ob wir wirklich gute Arbeit machen und ob wir noch besser sein können. Also in diesem Sinne ja, aber nicht als Teil der Mitarbeitermotivation, ob ich mich jetzt für Organisation X oder Y als Arbeitgeber entscheide. Also das ist eher ein Selbstverständnis der Organisation, [...] da legen wir uns die Messlatte immer ein bisschen höher, haben ständig eine sehr ehrgeizige Motivation, zu sagen, ‚wir wollen ständig besser werden [...]‘."* [1413]

Sie bestimmt damit allgemeine Ambitionsniveaus, welche es der Organisation ermöglichen, sich hinsichtlich ihrer Effektivität und Effizienz kontinuierlich weiterzuentwickeln. In diesem Sinne bildet die Messung der gesellschaftlichen Wirkung die Grundlage für eine umfassende Erfolgsmessung und Bewertung auf Organisations- und Projektebene, durch welche in Form des ‚Strategic Reviews‘ die strategischen Ziele der Organisation überprüft, validiert oder ggf. auch angepasst werden:

> *„[...] harte Erfolgsmessung, eher dann, wenn es um das Strategic Review, also das Controlling im weitesten Sinne geht, was wir jetzt eingeführt haben Anfang des Jahres, da gibt es schon durchaus Indikatoren zur Erfolgsmessung, die dort mit abgebildet werden und die sowohl qualitativer als auch quantitativer Natur sind, und die werden dann natürlich schon immer auf den Tisch gepackt, und das ist natürlich schon eine Art Erfolgsmessung und Bewertung, aber mehr aus Sicht eines Projekts als jetzt auf die Leistungserbringung einer einzelnen Person, würde ich mal sagen."* [1414]

Konkret findet die Messung dabei nicht anhand einer Analyse von einzelnen, isolierten Kennzahlen statt; vielmehr bildet den Kern der Messung der gesellschaftlichen Wirkung bei sfw eine dem Anspruch nach nachvollziehbare und schlüssige Wirkungskette, welche die einzelnen qualitativen und quantitativen Kennzahlen in einem Gesamtkonstrukt miteinander sowie letztlich mit der zentralen Ergebnisgröße (‚gesamthaft erreichte Jugendliche‘) verknüpft. Erst dadurch wird das zentrale strategische Ziel greifbar und handhabbar und die Wirkungsmessung zur Grundlage für die effektive strategische Steuerung der Organisation:

> *„Also die Wirkungskette gibt es auf jeden Fall, die ist auch klar: Die einzelnen Organisationen messen die Anzahl der einzelnen Jugendlichen und auch die Qualität, wie die Form der Interaktion oder Intervention stattfindet. Wir lassen uns von den einzelnen Organisationen die Art und Weisen und auch die Zahlen der*

[1413] Interview mit Jan Lübbering, Projektleiter, sfw (geführt am 12.12.2011)
[1414] Interview mit Manuel Normann, HR & Controlling, sfw (geführt am 12.12.2011)

Messungen mitteilen, haben aber natürlich nur eine indirekte Wirkung, weil es eben Teil dieser Wertschöpfungskette ist zu sagen: Je mehr wir diese Organisationen stärken, umso mehr gibt es dann am Ende bessere Zahlen. [...] es gibt auch gewisse Messbarkeiten in dieser Kette, die zumindest eine gewisse Indikatoren-Funktion haben, bis dahin, dass wir ein komplettes KPI-System haben, wo wir selber schauen ,are we on track?', also sozusagen: zwei Millionen Jugendliche, was heißt das dann am Ende? Wie viel Organisationen müssen das sein? Mit wie viel Jugendlichen müssen die arbeiten? Wo drückt bei denen der Schuh? Das heißt am Ende für uns, wie viel – ob du so ein Programm mit Sony oder mit Adidas nimmst oder im weitesten Sinne –, also wie viel Festivals oder Programme musst du machen. Und es gibt schon mal diese Kette runtergebrochen auf ,was bedeutet das ganz konkret?', damit dann der einzelne Mitarbeiter, der auf dem Projekt sitzt, um die Organisation zu unterstützen, das Gefühl hat ,wow, meine Arbeit spielt jetzt hier in was rein, was ein größeres gesamtes strategisches Bild ergibt und am Ende dafür sorgt, dass wir von 600.000 auf zwei Millionen Jugendliche gekommen sind, und diese zwei Millionen noch wesentlich intensiver betreut und unterstützt wurden als die 600.000. " [1415]

Auch wenn all dies vor allem auf einer organisationalen Gesamtebene bzw. Projektebene relevant ist und keine konkrete gesellschaftliche Erfolgsmessung und -bewertung auf individueller Mitarbeiterebene stattfindet, hat die Messung der gesellschaftlichen Wirkung zumindest mittelbar nichtsdestotrotz auch Einfluss auf den einzelnen Mitarbeiter, auch wenn das Thema durchaus ambivalent ist.

Auf der einen Seite wird eine individuelle Motivationswirkung der Wirkungsmessung als eher gering bzw. auf einem wenig differenzierten Niveau befindlich eingeschätzt. So vermutet Lübbering, dass im Allgemeinen für die Mitarbeiter in erster Linie wichtig sei, dass überhaupt eine gesellschaftliche Wirkung realisiert werde, d.h. dass die Organisation ,etwas Gutes' tue und ,einen gesellschaftlichen Unterschied' mache; die konkrete Höhe der gesellschaftlichen Wirkung in Form von Kennzahen spiele demhingegen für die Mehrheit der Mitarbeiter kaum eine Rolle:

„Die soziale Wirkung zu messen und leicht verständlich zu kommunizieren ist eine Herausforderung für alle Sozialunternehmer. Das wissen die sfw Mitarbeiter. Wir sehen in der täglichen Arbeit mit den Mitgliedsorganisationen vor Ort die gesellschaftliche Wirkung von Entwicklung durch Fußball, und bekommen regelmäßig qualitatives und quantitatives Feedback über unsere mittelbare Wirkung auf die lokalen Organisationen. Für die Mitarbeitermotivation in der täglichen Arbeit ist das entscheidend. Da das Feld der Wirkungsmessung aber so breit und ungenau ist, kann man auch die Organisationen nur schwer im Bereich Wirkungsmessung miteinander vergleichen. Daher reicht den meisten Mitarbeitern zu wissen, dass sie bei einer sehr professionellen Organisation arbeiten, die Wirkungsmessung als sehr wichtig ansieht und sich ständig verbessern möchte. Ich würde sagen, bei 90 Prozent der Mitarbeiter sind eher andere Faktoren maßgeblich, denen reicht es zu wissen, dass die Organisation etwas Gutes tut. " [1416]

[1415] Interview mit Jan Lübbering, Projektleiter, sfw (geführt am 12.12.2011)
[1416] Interview mit Jan Lübbering, Projektleiter, sfw (geführt am 12.12.2011)

Auf der anderen Seite ist es trotzdem ein ständiges Anliegen und Bemühen seitens sfw, die gesellschaftliche Wirkung für den einzelnen Mitarbeiter spürbar und wahrnehmbar zu machen, um zum einen sicherzustellen, ihm zum anderen aber auch zu zeigen, dass er ‚keine verschwendete Ressource' ist. Während es also auf der einen Seite und sicherlich primär um das ureigene Interesse der Organisation geht, die Mitarbeiter möglichst produktiv einzusetzen, kann auf der anderen Seite ein ggf. vielleicht unbeabsichtigter oder zumindest nicht explizit geplanter motivatorischer Effekt vermutet werden:

„Die soziale Wirkung für den einzelnen Mitarbeiter messbar zu machen ist zwar nicht wirklich möglich, aber es ist der Anspruch - jeder muss sinnvolle Arbeit tun, dark keine "verschwendete" Ressource sein oder sich als solche fühlen. Der interne Ehrgeiz und der Anspruch sind definitiv da, aber die Wirkung wird eher im Team spürbar denn für den Einzelnen. "[1417]

Dieser entsteht letztlich vor allem aufgrund der zuvor erwähnten Wirkungskette. So wird der Mehrwert einer sinnvollen und verständlichen Wirkungskette gegenüber vereinzelten, isolierten Kennzahlen vor allem im Kontext der individuellen Mitarbeiter deutlich. Denn auch wenn diese, wie zuvor erwähnt, an der konkreten Höhe der Wirkung möglicherweise weniger Interesse haben, hilft ihnen die Wirkungskette, sich selbst anhand der sachlogischen Verknüpfungen und kausalen Zusammenhänge im großen Ganzen einzuordnen und so den eigenen Beitrag zur Wirkungserreichung zu ermessen. Dies wirkt sich wiederum positiv auf die Motivation aus:

„Ja, das ist ja das, was ich eingangs so ein bisschen meinte, dass es vielleicht bei uns noch nicht stark genug ist, dass man sich selbst, mit dem, was man leistet, so konkret wiederfinden kann, also wie viel ich jetzt zu dem großen Ganzen beitrage. Ich weiß auch nicht, ob wir das jemals erreichen werden. Ich weiß auch nicht, ob es etwas bringt, am Ende. Wir haben jetzt die fünf übergeordneten Unternehmensziele für 2015, und dann sagt dir dein Teamleiter im Mitarbeitergespräch ‚okay, zu dem hast du jetzt meines Erachtens mit 20 Prozent beigetragen, zu dem mit…"/ Ich weiß ich nicht, also ich glaube, mir würde das jetzt nicht so viel bringen. […] Ich glaube, was wirklich hilfreicher ist, ist dieses Gesamtkonstrukt zu haben, wo eine Ebene in die nächste geht, und dass das für alle schlüssig ist. Und da findet man sich dann ja auch als ein Glied in der Kette wieder und kann so schon auch nachvollziehen, welchen Beitrag man leistet, und jeder Beitrag ist in dieser Gesamtkette wichtig. Und wenn dieses Gesamtkonstrukt greifbar ist und für alle so auch Sinn macht – also im Sinne, dass es effizient aufgebaut ist und man nicht das Gefühl hat, die Ressourcen, die ich da reinstecke, verpuffen und zahlen gar nicht konkret mit drauf ein –, dann glaube ich ist das letztlich die beste Möglichkeit, dass jeder seinen Beitrag zur Wirkungserreichung selbst messen kann und daraus natürlich auch eine Art von Motivation schöpft. "[1418]

[1417] Interview mit Jan Lübbering, Projektleiter, sfw (geführt am 12.12.2011)
[1418] Interview mit Lena Häusler, HR Manager, sfw (geführt am 12.12.2011)

II.7.4 Mitarbeiter halten - langfristige Bindung

Grundsätzlich ist sfw an einer langfristigen Bindung interessiert, nicht zuletzt um gewonnenes Wissen und aufgebaute Kompetenz in der Organisation zu halten. Bis dato war dies aufgrund des vergleichsweise kleinen und engen Teams jedoch kein großes Thema. Mit wachsendem Team und zunehmender Fluktuation ändert sich dies jedoch beständig, und insb. Mitarbeiter, die schon länger angestellt sind, sich in dieser Zeit zum Experten in einem bestimmten Bereich entwickelt haben und ggf. eine gewisse Stagnation erfahren, fragen sich zunehmend, welche Entwicklungsperspektiven noch möglich sind:

„Wir sind natürlich an einer langfristigen Zusammenarbeit interessiert, das ist natürlich klar. [...] Mitarbeiterbindung war bislang kein Problem, also es stellte sich noch nicht als Herausforderung dar, wird es aber perspektivisch denke ich zunehmend tun. [...] Ja, also sicherlich wird Mitarbeiterbindung für uns auch zunehmend ein Thema, allein durch die Größe, und jetzt ist dann einfach ein bisschen mehr Bewegung und Fluktuation drin. [...] natürlich ist uns sehr daran gelegen, dass die Expertise, die wir hier intern aufbauen, auch genutzt werden kann, klar. [...] Also wie ich meinte, da kommen jetzt häufiger die Fragen, aber auch für die Mitarbeiter, die schon sehr lange hier sind, die hier angefangen haben und die letztendlich auch zum Teil vielleicht ein bisschen festgefahren sind in ihren Positionen, wo sie sich zum Experten entwickelt haben, wo der Bereich in sich dann zum Teil aber auch einfach limitiert ist.“ [1419]

sfw hat darauf zumindest keine systematische Antwort. Eine langfristige Karriereplanung, die die Mitarbeitergespräche aus einer Personalmanagement-Perspektive angemessen begleiten und einen strukturierten Entwicklungsprozess mit definierten Entwicklungsschritten gewährleisten würde, existiert demnach nicht. Vielmehr findet die Entwicklung jeweils individuell sowie situativ und zufällig statt, je nach den konkreten Chancen, die sich aus dem dynamischen Umfeld heraus ergeben – was in der Vergangenheit zumeist in positiver Weise der Fall war. Nichtsdestotrotz besteht nicht nur intern, sondern vermehrt auch extern seitens potenzieller Mitarbeiter im Recruiting der Anspruch, Entwicklungsperspektiven aufgezeigt zu bekommen. Um auf diesen Bedarf angemessen reagieren zu können, ist es das Bestreben der Organisation, mittel- bis langfristig einen systematischen und strukturierten Personalentwicklungsprozess zu etablieren, auch wenn es aufgrund des Geschäftsmodells und der Kultur immer ein gewisses Maß an Flexibilität geben wird:

„Langfristige Bindung bzw. Karriereoptionen haben wir eigentlich nicht so, also zumindest nicht so strukturiert, im Sinne von wirklich mittel- und langfristiger Karriereplanung, sondern wir leben eher in diesem dynamischen Umfeld [...] es hat sich hier schon ganz viel ergeben, auch für einzelne Personen und karrieretechnisch auch, aber wir haben keine professionelle Karriereplanung, die jetzt auch den Prozess des Mitarbeitergesprächs und so aus HR-Sicht wirklich angemessen begleiten würde, und das ist aber etwas, was wir jetzt auch auf dem Zettel haben. [...] Aber wir haben das jetzt in der Tat auch vermehrt in Bewerbersituationen der Vergangen-

[1419] Interview mit Lena Häusler, HR Manager, sfw (geführt am 12.12.2011)

heit gehabt, dass konkret danach gefragt wird von Bewerbern ‚was könnt ihr mir bieten? Was sind die Per-spektiven für meine professionelle Weiterentwicklung?' und so weiter. Und darauf können wir halt selten ant-worten, außer zu sagen, ja, mal sehen, hier tut sich immer ganz schön viel, mal gucken'. Da gibt es noch nicht den Prozess dahinter, dass man da auch verbindlich irgendwelche Zusagen machen kann oder sagen kann ‚hör zu, jedes Jahr schreiben wir intern eine zusätzliche Stelle aus', oder was weiß ich, aber solche Prozesse haben wir einfach noch nicht. [...] Ja, ich glaube auch nicht, dass wir jetzt irgendwie in einem halben Jahr so einen festen Plan zur Karriereplanung haben. Also das sind wir halt einfach nicht, das wird immer ein gewisses Maß an Flexibilität geben, und das lebt auch aus der Dynamik heraus, dass sich immer neue Bedarfe entwickeln und wir dann intern nach Synergien und den besten Lösungen suchen, und was dann häufig auch positiv ist für die einzelnen Mitarbeiter."[1420]

Ein wichtiger Schritt im Rahmen dieser Bemühungen wird sein, nach zumeist externer Besetzung von Führungspositionen in der Vergangenheit zunehmend auch interne Ressourcen für Füh-rungspositionen vorzusehen und in einem strukturierten Prozess geeignete Personen zu identifi-zieren. Diese werden dann mittel- bis langfristig für eine Führungsposition vorbereitet und auf-gebaut – auch wenn dadurch auf manchen ‚verdienten Experten' verzichtet werden muss:

„Also das ist glaube ich auch eine Sache, wo wir jetzt langsam zu dem Moment kommen, wo das immer mehr zum Thema wird – und weil ich ja auch meinte, dass wir einige Senior-Positionen und so weiter extern rekru-tiert haben – wie sehr wir uns auch Gedanken dazu machen sollten, was für Expertise wir zum Teil intern haben. Es ist natürlich bequem, Leute, die das, was sie machen, sehr gut machen, auch einfach dort zu lassen, solange sie das machen, genau. Aber da gibt es sicherlich auch ein paar Fälle, wo man sich darüber Gedanken machen sollte, ob man da nicht auch eine Weiterentwicklung hin zu einer Führungsrolle in einem bestimmten Aufgabenbereich oder so auch noch stärker mit begleiten möchte, auch im Sinne von Motivation und Mitarbei-terbindung – auch wenn man dann eine Stelle, die eigentlich jetzt gut besetzt ist, eventuell entsprechend nachbe-setzen muss."[1421]

Letztlich ist es aber auch wichtig zu erwähnen, dass die Organisation keine Bindung ‚um jeden Preis' anstrebt. Zwar wird immer versucht, abwanderungswillige Personen zu halten. Wenn aber deutlich wird, dass sich der Mitarbeiter woanders besser entwickeln oder wohler fühlen würde, wird das akzeptiert, und man lässt den Mitarbeiter gehen. Dies gilt insb. für die jungen Mitarbei-ter, bei denen sich die Organisation durchaus bewusst ist, mit ihrer starken Marke ggf. auch die Funktion eines ‚Durchlauferhitzers' für andere Unternehmen zu übernehmen. Solange dies nicht überhandnimmt und die Fluktuation auf einem vernünftigen Niveau verbleibt, wird es als norma-le Begleiterscheinung und als nicht sonderlich problematisch wahrgenommen:

„Es besteht auch von uns nicht unbedingt der Anspruch, jeden um jeden Preis halten zu wollen, auch im Na-men der persönlichen Entwicklung eines jeden Einzelnen können wir hier gar nicht unbedingt alles bieten, was

---

[1420] Interview mit Lena Häusler, HR Manager, sfw (geführt am 12.12.2011)
[1421] Interview mit Lena Häusler, HR Manager, sfw (geführt am 12.12.2011)

vielleicht auch manchmal für die Leute gut wäre. Also das heißt, es ist jetzt nicht das primäre Ziel, alle immer unbedingt zu halten [...]. [...] Die Mitarbeiter fangen ja recht jung hier an. Da ist natürlich klar, dass sich Lebenszyklen auch einfach irgendwann verändern. Die Erfahrungswerte können wir aufgrund des vergleichsweise kurzen Bestehens der Organisation noch gar nicht haben, ob die 15 Jahre im Durchschnitt bleiben oder nur fünf oder zehn, das spielt natürlich dann schon eine Rolle. Wir sind natürlich an einer langfristigen Zusammenarbeit interessiert, das ist natürlich klar. Und in dem Moment, wo der Mitarbeiter merkt ,ich komm nicht weiter', muss man sich natürlich was einfallen lassen, und gut, es ist in unserem Bereich nun mal so, dass man oftmals irgendwo auch der Durchlauferhitzer ist für andere Unternehmen." [1422]

„Durch die gute Reputation von sfw (in unserem Sektor) ist es bestimmt so, dass Mitarbeiter nach einem Wechsel sfw als eine Art Referenz nutzen können." [1423]

II.8 wellcome

II.8.1 Allgemeine Situation und Status von Motivation im Führungskontext

Die Mitarbeiter und deren Motivation stehen im Zentrum der organisationalen Aufmerksamkeit und Unternehmensphilosophie von wellcome. So versteht sich wellcome laut Website als lebendige Organisation, was sich u.a. durch einen „begeisternden Sinn" sowie eine „leidenschaftliche Kultur" auszeichnet: Das Ziel, sozialen Mehrwert für Familien zu schaffen, bestimmt alle Maßnahmen und begeistert alle Mitarbeiter von wellcome. Jeder ist überzeugt davon, dass er mit seiner Arbeit einen wesentlichen Beitrag für die Ziele des Unternehmens leistet und die Arbeit gesellschaftliche Relevanz besitzt. Die wichtigsten Charakteristika der Kultur sind Pragmatismus, unbürokratisches Vorgehen, die individuelle und wertschätzende Kommunikation sowie der hohe Anspruch an Professionalität.

Dies deckt sich weitgehend mit den aus den Befragungen gewonnenen Erkenntnissen. So wird sowohl bei den Kooperationspartnern als auch bei den direkten Mitarbeitern[1424] eine **(intrinsische) Grundmotivation** auf Basis des gemeinsamen Sinns der Aktivitäten vorausgesetzt bzw. für notwendig befunden, die es in der Folge zu halten gilt:

„Wir können sehr stark über den gemeinsamen Sinn motivieren. [...] Das versuchen wir im Grunde schon methodisch einzufangen bei der Auswahl unserer Kooperationspartner. [...] Also wir versuchen in der Gründungsphase viel zu erfragen über deren Motivation, um zu gucken, ob genügend Eigenmotivation vorhanden ist, dass man auch wirklich auf Augenhöhe kooperieren kann. Es nützt nichts, wenn wir jemandem komplett das Leben einhauchen müssen, sondern da muss schon ganz viel da sein [...] Also es muss eine hohe eigene Moti-

---

[1422] Interview mit Lena Häusler, HR Manager, sfw (geführt am 12.12.2011)
[1423] Interview mit Jan Lübbering, Projektleiter, sfw (geführt am 12.12.2011)
[1424] Diese Unterscheidung bzw. Betrachtungsweise in zwei Ebenen ist dem spezifischen Geschäftsmodell von wellcome geschuldet: So gibt es einerseits die direkten Mitarbeiter der wellcome gGmbH sowie andererseits die Kooperationspartner, bei denen als Träger die wellcome-Teams aufgehängt sind; Motivation vonseiten der wellcome gGmbH ist grundsätzlich für beide Ebenen relevant

vation von Anfang an da sein, sonst kann ich später nicht nachmotivieren. Dann ist eher durch ein geschicktes System die Kunst, das am Laufen zu halten. Also wie man eine gute Markenpflege auch macht, da würde ich sagen, muss man auch die Motivation pflegen. [...] das insgeheim alles zusammenhält, ist die Sinnebene, dass ich sage, jede, die hier arbeitet, muss für sich das selber auch als sinnvoll sehen, das kann ich nicht täglich leisten, zu sagen ‚du, übrigens, wir machen was ganz Tolles hier‘, sondern das muss jeder auch mitbringen." [1425]

Monetäre bzw. extrinsische Anreizen werden hingegen als grundsätzlich nicht relevant eingestuft:

„[...] weil man ja nun zum Beispiel nicht mit monetären Anreizen kommen kann und ich finde das gar nicht so leicht, da wirklich richtig gute Anreizsysteme zu schaffen, die außerhalb von intrinsischer Motivation irgendwie noch funktionieren." [1426]

Während zu Anfang der Organisationsentwicklung Motivation im Führungskontext vergleichsweise intuitiv und unsystematisch mittels persönlichen Kontakts von Gründerin und (kleinem) Team vonstattenging, wurde relativ schnell klar, dass aufgrund des Wachstums mittel- bis langfristig ein strukturierter und systematischer Ansatz notwendig sein würde:

„Also was wir ziemlich schnell im Aufbau schon gemerkt haben ist, dass wir wirklich zu einem System hinkommen müssen. Es war nicht so schwierig, diesen Spirit bzw. Ausgangsmotivation für alle festzuhalten. Das war leicht, weil, ich kannte alle persönlich, die ein Interesse hatten. Das heißt, meine persönliche Motivation hat sich am Anfang völlig unsystematisch, von Mensch zu Mensch übertragen, und erst durch das Wachsen habe ich festgestellt, dass wir das jetzt irgendwie auch in ein System fassen müssen." [1427]

Diesen **systematischen Ansatz** charakterisiert die Gründerin anhand dreier Ebenen: Der Sicherheitsebene (Gehalt, Arbeitsverhältnis, Arbeitsbedingungen), der Wertschätzungsebene (Teamgedanke, gemeinsame Aktivitäten) sowie der alles umfassenden Sinnebene (Basis für intrinsische Motivation):

„Und Motivation ist alles, also von daher ist das ein Schlüsselthema. [...] Also wenn man hier ein Dreieck macht, dass man sagt, also um die unterste Ebene, das ist die Sicherheit, da muss ich mich wirklich kümmern, und das ist, glaube ich, das, was in den ganzen Bereich Gehälter, Arbeitsbedingungen, gute Büroräume, [...] aber wirklich Sicherheit, dass ich nicht das Gefühl habe, ‚kündigt sie mich, läuft meine Befristung aus? Hat sie das überhaupt im Blick?‘, sondern auch aktiv drauf zuzugehen und zu sagen ‚pass mal auf, wie schaffen das, wir haben wieder einen Förderer‘ [...] also da wirklich zu kommunizieren, dass die sich sicher fühlen. Und dann haben Sie die Wertschätzungsebene, da gehört für mich sowohl dieses ganze Thema rein, was wir hatten ‚ich bin Teil des Erfolgs‘, [...] ‚wir haben das gemeinsam geschafft‘, dieses Teamgefühl, das drückt sich dann aus in Weihnachtsfeier, Betriebsausflug, Geburtstagskarte, Teamsuppe und vielem anderen mehr, den Events, den Zugfahrten [...]. Und das dritte, das insgeheim alles zusammenhält, ist die Sinnebene." [1428]

[1425] Interview mit Rose Volz-Schmidt, Gründerin & Geschäftsführerin, wellcome (geführt am 10.11.2011)
[1426] Interview mit Franziska Holfert, Projektleiterin, wellcome (geführt am 10.11.2011)
[1427] Interview mit Rose Volz-Schmidt, Gründerin & Geschäftsführerin, wellcome (geführt am 10.11.2011)
[1428] Interview mit Rose Volz-Schmidt, Gründerin & Geschäftsführerin, wellcome (geführt am 10.11.2011)

Bezüglich der **grundlegenden Motivationsmuster** ist zum einen die intrinsische Motivation zu nennen, die sich konkret aus der Tätigkeit selbst und der Affinität zum Thema ergibt, auf dem gemeinsamen Sinn aufbaut sowie aus der Handlungswirksamkeit hinsichtlich eines gefühlten positiven Beitrags zum ‚Ganzen' erwächst. Weitere motivierende Aspekte sind Professionalität, Effizienz und Reputation der Organisation, das Team und die Arbeitsatmosphäre, die individuell entgegengebrachte Wertschätzung sowie ein enges Vertrauensverhältnis zur Geschäftsführung. Des Weiteren kann die Eigenverantwortlichkeit in Bezug auf die Tätigkeit sowie deren Anforderungsvielfalt als motivierend bezeichnet werden.

II.8.2 Mitarbeiter gewinnen

Marktauftritt

Interesse für die Organisation zu erzeugen und deren Auffindbarkeit sicherzustellen, wird als ein wichtiges Thema bezeichnet:

„Ja, also ich finde das ganz entscheidend, dass man als Organisation gut auffindbar, gut identifizierbar ist, gut erkennbar auch mit seinen Inhalten und das nicht nur auf eine virtuelle Weise, [...] sondern dass man tatsächlich Menschen erreichen kann in dieser Organisation. Man kann also anrufen und eine Email schreiben und bekommt tatsächlich in einem adäquaten Zeitraum eine Antwort. Also es muss auch echt funktionieren. [...] Die Erreichbarkeit und Auffindbarkeit ist sehr gut."[1429]

So ist zum einen zwar ein virtueller Internetauftritt wichtig, gleichzeitig müssen aber reale Ansprechpartner vorhanden sein, die persönlich kontaktiert werden können. Ergänzend wird klassische Öffentlichkeitsarbeit, d.h. Presse- und Medienarbeit gemacht. Ziel ist es, sowohl die Plattform als auch die Inhalte betreffend eine fokussierte, zielgruppenspezifische Kommunikation zu realisieren:

„Genau, auf jeden Fall ist unsere Kommunikation fokussiert. Also wir versuchen, uns breit aufzustellen, ohne mit der Gießkanne unterwegs zu sein, sondern schon unsere, die Repräsentanz unserer Organisation zielgerichtet, themengerichtet anzubringen."[1430]

Konkret werden Ehrenamtliche (u.a. im Rahmen von Fachtagungen und Veröffentlichungen; Themenschwerpunkt liegt auf dem Angebot von wellcome), Kooperations- und Finanzierungspartner (Tagungen und sonstige Veranstaltungen, Themenschwerpunkte: Angebot, Geschäftsmodell, Social Entrepreneurship/bürgerschaftliches Engagement) sowie die interessierte Öffentlichkeit (u.a. durch Präsenz beim Kirchentag; Themenschwerpunkte: Angebot, Social Entrepreneurship/bürgerschaftliches Engagement) dezidiert angesprochen.

[1429] Interview mit Franziska Holfert, Projektleiterin, wellcome (geführt am 10.11.2011)
[1430] Interview mit Franziska Holfert, Projektleiterin, wellcome (geführt am 10.11.2011)

Im Bereich Mitarbeitergewinnung spielt die Öffentlichkeitsarbeit bzw. Kommunikation jedoch nur eine untergeordnete Rolle, da wellcome als vergleichsweise kleine Organisation eher wenige Stellen zur Neubesetzung hat, und dadurch grundsätzlich keine breite Masse angesprochen werden muss, sondern das Recruiting zumeist auf Einzelfallbasis abläuft:

„[...] meiner Einschätzung nach machen wir das nicht, weil wir erstens so eine kleine überschaubare Organisation sind, dass wir nicht ständig Mitarbeiter brauchen. Wir müssen in diesem Sinne nicht so rekrutieren. [...] Also ich war eine Zufallsbegegnung, und nach mir kam viel über persönliche Kontakte und Beziehungen. Also, es gab noch nicht eine offizielle Stellenausschreibung, meine ich. " [1431]

Recruiting

Das Recruiting von wellcome ist demnach im Grundsatz eher intuitiv sowie gelegenheitsorientiert und fallbezogen:

„Also ich war eine Zufallsbegegnung [...] dann kam nochmal Glück dazu, dass tatsächlich unerwarteterweise eine Stelle frei wurde. Das war zu meinem Praktikabeginn so noch nicht abzusehen [...]. Ich war also zur richtigen Zeit am richtigen Ort mit der richtigen Einstellung bei der richtigen Person. Das war, es war Fügung, sagen wir heute noch, dass das so ist. Ja, so bin ich dazu gekommen. Es fing wohl tatsächlich mit einem Zufall an, und dann hat zufällig sehr viel zueinander gepasst [...]. [...] Nee, also würde ich so aus meiner Sicht hier so nicht beurteilen, dass das ein eigener Prozess ist, das läuft in der Tat eher intuitiv mit. " [1432]

„[...] das Recruiting selber ist wirklich fallbezogen, komplett fallbezogen, kann man so sagen. [...] Also das ist sozusagen unsere Art, Mitarbeiter zu gewinnen. Die kommen irgendwie zu uns. [...] Und so war das bei vielen, die hier sind. Die haben mich irgendwann angesprochen, die habe ich irgendwo getroffen, kennengelernt und dann passte es gerade. " [1433]

Zumeist basiert das Recruiting dabei auf mehr oder weniger zufälligen Begegnungen und Bekanntschaften; das persönliche Element spielt hierbei eine herausragende Rolle. Stellenausschreibungen erscheinen demgegenüber als nicht notwendig, bzw. werden eher kritisch gesehen:

„Es ist in den seltensten Fällen so, dass wir sagen ‚da ist eine Aufgabe und die müssen wir eigentlich ausschreiben und jetzt suchen wir jemanden'. Ich finde, ehrlich gesagt, den Weg so rum schwieriger, da haben wir auch schon festgestellt, das ist beinahe ein bisschen Lottospielen [...]. [...] in der Umsetzung ist es sehr komplex, da müssen wir wirklich gucken, dass wir die richtigen Leute kriegen, und da hab ich bisher so das Gefühl, eine Ausschreibung wäre für mich das letzte Mittel. " [1434]

„Also, es gab noch nicht eine offizielle Stellenausschreibung, meine ich. [...] Bei einer neutralen Stellenausschreibung weiß man aber überhaupt nicht, wen man kriegt. Da muss man sich wirklich auf die Formate Be-

---

[1431] Interview mit Franziska Holfert, Projektleiterin, wellcome (geführt am 10.11.2011)
[1432] Interview mit Franziska Holfert, Projektleiterin, wellcome (geführt am 10.11.2011)
[1433] Interview mit Rose Volz-Schmidt, Gründerin & Geschäftsführerin, wellcome (geführt am 10.11.2011)
[1434] Interview mit Rose Volz-Schmidt, Gründerin & Geschäftsführerin, wellcome (geführt am 10.11.2011)

werbungsschreiben und Vorstellungsgespräch und Probezeit verlassen. [...] Persönlich finde ich das schon hilfreich. Leute zum Beispiel aus anderen Arbeitszusammenhängen schon mal kennengelernt zu haben oder schon mal einen fachlichen Eindruck gewonnen zu haben [...]." [1435]

Während die persönliche Herangehensweise den Vorteil hat, die Person zumindest in Ansätzen zu kennen bzw. einschätzen zu können, und damit das Recruiting sehr viel fokussierter und zielgerichteter realisiert werden kann, ist dies bei einem neutraleren, unpersönlichen Medium wie der Stellenausschreibung nur schwer und eingeschränkt möglich. Und auch wenn das ‚persönliche' Recruiting selbstverständlich ebenfalls kritische Aspekte aufzuweisen hat (u.a. hohe Bindung und ggf. persönliche Enttäuschung auf einer oder beiden Seiten, geringe Grundgesamtheit aufgrund kleinen Ausschnitts, zu große Homogenität), scheint es bei wellcome bis dato gut zu funktionieren. Hilfreich und wichtig ist in diesem Zusammenhang die aktive Nutzung von Hospitationsphasen und Probezeit, welche die initiale Einschätzung vertiefen und objektivieren und durch die etwaigen Enttäuschungen vorgebeugt werden kann.

Zu alldem passt, dass bezüglich der genutzten Kanäle insbesondere das persönliche und geschäftliche Netzwerk der Geschäftsführung genannt wird, während andere gängige Ressourcen wie bspw. Jobmessen oder virtuelle Plattformen nicht zum Einsatz kommen:

„Dann würde ich auf den Markt gehen, und das würde ich auch erst über die Netzwerke machen. Und umgekehrt erlebe ich es auch so über die Jahre, dass ich immer wieder Stellenausschreibungen kriege von befreundeten Social Entrepreneurs [...] Also es scheint zumindest ein Bestreben zu geben, sich nicht nur auf eine Anzeige in der Zeitung oder sonst wo zu verlassen [...]. Also es gibt das Schwab-Netzwerk, das Ashoka-Netzwerk, und dann kennt man eine ganze Kollektion, halt einfach Kontakte, die man so in seiner Kontaktliste hat, befreundete Stiftungen, so. Und da geht es dann munter hin und her." [1436]

„Wie gesagt, das ist halt die Aufgabe der Geschäftsführung, wenn die merkt, die Organisation wächst, wir müssen Stellen entwickeln und besetzen, dann ist das ja eine Entscheidung, die man nicht von heute auf morgen fällt, sondern die mit der Zeit wächst, und dann schaut sich die Geschäftsführung um, und bisher war es so, dass wir das immer über Kontakte und Beziehungen in unseren Netzwerken gemacht haben, sei es persönliche Netzwerke oder eben fachliche Netzwerke, also dass der Mitarbeiterstamm dort gefunden wurde. Also ich war eine Zufallsbegegnung, und nach mir kam viel über persönliche Kontakte und Beziehungen. [...] auf Jobmessen oder Ähnlichem sind wir überhaupt nicht. Also, da sind wir weder in der realen Welt noch in der virtuellen Welt präsent." [1437]

Hinsichtlich des Auswahlprozesses verfolgt wellcome einen vergleichsweise systematischen Ansatz und arbeitet u.a. detaillierte Anforderungen für die jeweilige Position aus:

1435 Interview mit Franziska Holfert, Projektleiterin, wellcome (geführt am 10.11.2011)
1436 Interview mit Rose Volz-Schmidt, Gründerin & Geschäftsführerin, wellcome (geführt am 10.11.2011)
1437 Interview mit Franziska Holfert, Projektleiterin, wellcome (geführt am 10.11.2011)

„Genau, also er [der Recruiting/Auswahlprozess, d.V.] ist schon systematisch, wenn wir überlegen, was wir brauchen. Also zum Beispiel, diese Landeskoordination, da haben wir natürlich die Check-Liste ,was für Attribute sollte diese Person alles haben', so gesehen schon [...]. "[1438]

Neben einer Vielzahl an fachspezifischen Charakteristika sind es allerdings vor allem die Persönlichkeitsmerkmale, die oberste Relevanz besitzen und darüber entscheiden, ob die betreffende Person ins Team/zur Kultur passt und letztlich eingestellt wird.

Die Zielgruppe ist in diesem Zusammenhang eine grundsätzlich schwer zu findende Mischung: So werden hohe Fach- und Sozialkompetenzen gefordert bei einem verglichen mit der Wirtschaft niedrigeren Gehaltsniveau. Ist es zum einen verlockend und bis zu einem gewissen Grad auch sinnvoll, die Zielgruppe der ,High Potentials', d.h. die Besten auch aus der Wirtschaft, mit zumindest etwas höheren Gehältern bei einem stimmigen Gesamtpaket zu locken, sollte gleichzeitig vermieden werden, ein Auffangbecken für ,unzufriedene BWLer' zu werden:

„[...] man macht sich Gedanken, weil natürlich wir [die Sozialunternehmen, d.V.] schon jetzt so auf dem Sprung sind, dass wir sagen ,ja, wir wollen natürlich wirklich die besten Köpfe, auch in unseren kleineren Unternehmen', [...] wie kann man es aber trotzdem noch irgendwie vermitteln, dass man vielleicht so ein Mittelgehalt kreiert? [...] familienfreundliche Arbeitsbedingungen, vielleicht mehr Sinn im Job oder so what ever, und dafür nicht so viel Gehalt wie bei der Beratung, aber mehr als man sonst durchschnittlich als Sozialpädagoge im mittleren Dienst verdienen würde. [...] sich der Gefahr bewusst zu sein, dass Social Entrepreneurship ein potenzielles Auffangbecken für unzufriede BWLer ist. [Hier, d.V.] muss man aufpassen, da ein Ungleichgewicht entstehen kann, das der Organisation schadet. "[1439]

Es gilt daher, sich im Sinne der Social Entrepreneurship innewohnenden Dualität keinem der beiden Extreme, sei es Gemeinnützigkeit oder kommerzieller Sektor, einseitig zu öffnen.

II.8.3   Mitarbeiter führen und entwickeln

II.8.3.1   Grundlegende führungsrelevante Einflussfaktoren

Unternehmensleitbild

wellcome hat eine klare und prägnante Vision, welche auch auf der Website kommuniziert wird.[1440] Konkret wird die Vision durch die Leitsätze, welche zur Erreichung der Vision entwickelt wurden und die handlungsleitende Basis allen Tuns darstellen. Die Entwicklung bzw. Formulierung eines konkreten, umfassenden Leitbildes hat indes erst vergleichsweise spät begonnen, zumindest bezogen auf die Ausarbeitung der expliziten Form. Diese bzw. die Reflexion darüber

---

[1438]   Interview mit Rose Volz-Schmidt, Gründerin & Geschäftsführerin, wellcome (geführt am 10.11.2011)
[1439]   Interview mit Rose Volz-Schmidt, Gründerin & Geschäftsführerin, wellcome (geführt am 10.11.2011)
[1440]   Vgl. Website von wellcome unter http://www.wellcome-online.de/organisation/vision/index.html (abgerufen am 01.07.2012)

ist jedoch insb. in der internen Perspektive ohnehin nicht sonderlich relevant, da die grundlegenden Werte sehr stark verinnerlicht sind:

> *„[...] wir haben erst [...] dieses Jahr [...] goldene Sätze aufgestellt, also Werteversprechen. [...] Klar kann man sagen ‚ui, ganz schön spät, und nach welchen Werten habt ihr eigentlich vorher euch ausgerichtet?', aber das heißt, das gibt es schon, und wir streben da auch nach einer Verbindlichkeit, auf jeden Fall. Es ist jetzt nichts, was man bei uns hier an großen Tafeln und in Lettern findet und was in jeder Rede sozusagen als erstes benannt wird, soweit nicht. Man kann eigentlich auch nicht davon sprechen, dass es ein ausgeprägtes Leitbild bei uns gäbe. Wie gesagt, das zu formulieren, das haben wir erst vor kurzem begonnen [...]. [...] Ja, vielleicht unterschätze ich das auch. Sagen wir mal so, wir reflektieren darüber wenig, was unsere Vision und Mission ist, auch, weil wir ja nicht wirklich die Formate hier intern haben, um darüber zu reflektieren. Es ist also stark verinnerlicht, das kann man schon so sagen. [...] Ich würde jetzt spontan behaupten, da kommt ganz viel von mir von innen heraus."* [1441]

Nichtsdestotrotz kann gesagt werden, dass das Unternehmensleitbild sowohl eine interne als auch externe Relevanz besitzt. Während dabei extern vor allem der kommunikative Aspekt im Vordergrund steht (bspw. im Rahmen des Fundraisings oder der Öffentlichkeitsarbeit), ist die interne Rolle komplexer. Neben der motivierenden Funktion übt die Vision zum einen mittels der Leitsätze einen direkten, handlungsleitenden Einfluss auf die operativen Tätigkeiten aus; zum anderen wirken die operativen Tätigkeiten bzw. mögliche thematische Verschiebungen wiederum selbst zurück auf die Vision und machen ggf. Anpassungen notwendig, bspw. im Rahmen der strategischen Ziele. Die Entwicklung von Vision und Leitsätzen wird daher in einem gemeinsamen Prozess mit den verschiedenen Arbeitsbereichen vorangetrieben:

> *„Intern ist sie natürlich wichtig, um seine strategischen Ziele immer mal wieder auszurichten, sich zu überlegen, was ist denn jetzt eigentlich die Vision und was ist die Mission und wo soll der Weg hingehen, was muss man am Ende dafür operativ tun?"* [1442]

> *„Das [Vision/Leitbild, d.V.] ist nach innen mindestens so wichtig, wie nach außen, weil die Arbeitsbereiche sich sozusagen mitentwickeln. Also das hat nicht nur was mit dem Spirit zu tun, sondern wirklich auch mit der Umsetzung, warum sich Akzente verschieben. Und da haben wir so ein Verfahren, dass wir es meistens erst mal vorentwickeln in einer bestimmten Gruppierung. Das kann sein, zusammen mit der Kommunikation, das kann zusammen sein mit einer Fachabteilung, und dann, wenn wir ziemlich klar sind, fast schon so, dass wir nach draußen gehen könnten, dann ist es erst ein Thema für das gesamte Team."* [1443]

Führungsverhalten

Auch wenn, wie eingangs dargestellt, die direkte Inspiration durch die Gründerin über Zeit aufgrund des Wachstums nicht mehr die zentrale Rolle spielt, die sie zu Beginn der Organisation

---

[1441] Interview mit Franziska Holfert, Projektleiterin, wellcome (geführt am 10.11.2011)
[1442] Interview mit Franziska Holfert, Projektleiterin, wellcome (geführt am 10.11.2011)
[1443] Interview mit Rose Volz-Schmidt, Gründerin & Geschäftsführerin, wellcome (geführt am 10.11.2011)

spielte, haben die Gründerinnen/Geschäftsführerinnen noch immer einen großen und direkten Einfluss, was sich vor allem darin äußert, dass sie einen sehr engen Kontakt zu den Mitarbeitern pflegen, Anteil nehmen, sich kümmern und wissen, was den jeweiligen Mitarbeitern wichtig ist:

> *„Wir sind eine Doppelspitze in der Geschäftsführung, und man kann uns vielleicht nicht unbedingt jetzt jeweils Vater- und Mutterrolle zuweisen, aber wir sind in sehr engem Austausch und ich glaube, gemeinsam kann man sagen, jede von uns ist in sehr nahem Kontakt mit den Mitarbeitern. […] beide wissen wir immer um das Wohl und Wehe, und im Zweifelsfall […] wäre klar, wer sich von uns beiden da ein bisschen kümmert. […] Und das ist, glaube ich, eins unserer Erfolgsgeheimnisse, dass sich die Mitarbeiterinnen – hoffe ich jedenfalls – alle sehr aufgehoben fühlen. Also das hat auch was mit Bindung zu tun, dass wir wirklich so ein gutes Gespür haben, was geht ab."* [1444]

Dieser gewollt enge Kontakt äußert sich auch darin, dass Rose Volz-Schmidt bei jeder Neueröffnung eines wellcome-Teams bei der Eröffnungsveranstaltung aktiv teilnimmt. Durch ihre Präsenz und eine Rede demonstriert sie Wertschätzung und trägt zur initialen Motivation bei:

> *„[…] wenn ein Team sich irgendwo neu eröffnet, dass wir immer ein Event zu Beginn machen. […] Und ich gehe wirklich zu jeder Eröffnung hin und halte eine Rede, erzähle die Geschichte von wellcome und bedanke mich bei allen, dass es möglich ist, und das scheint tatsächlich sehr zu motivieren. Also es gibt dieses Bild von dem Funken, der sich entzündet, und dann sozusagen ein Feuer lodert. Ich versuche immer, diesen Funken mitzubringen, sodass vor Ort die Fackel auch wirklich brennt. […] ich hab festgestellt, das ist tatsächlich im Sinne von Motivation ganz, ganz wichtig, also ganz prioritär."* [1445]

Des Weiteren wurde in diesem Kontext schon deutlich, dass insb. Rose Volz-Schmidt eine zentrale Integrationsfigur ist, die den Sinn und die Werte von wellcome in herausragender Weise verkörpert. Dies tut sie als Gründerin mit einer großen Glaubwürdigkeit und Überzeugung:

> *„[…] auf der einen Seite verkörpert Frau Volz-Schmidt, finde ich, eine ganz große Glaubwürdigkeit in diesem Thema „Wellcome – praktische Hilfe für Familien nach der Geburt" und wie sie sich damit beschäftigt und wie sie dazu denkt und die Sachen entwickelt. […] natürlich hab ich meine Chefin inzwischen auch schon mehrfach […] Reden halten hören, und je nach Publikum wird da schon auch bewusst ein gewisser Ton der Leidenschaft mit reingelegt, den ich trotzdem sehr glaubwürdig finde […] Das macht viel Motivation aus und auch ich hab davon schon gezehrt, weil mich das einfach echt beeindruckt hat, dass sie sozusagen nicht nur aus ihrer Fachlichkeit heraus die richtigen Dinge sagt, zum richtigen Zeitpunkt, sondern dass man merkt, dass es wirklich auch von innen heraus kommt. Da ist eine echte Überzeugung, und deswegen kann sie da vorne auch so stehen und so frei sprechen und alle mitnehmen, weil es wirklich von innen heraus kommt und ich mir dann so denke ,ja, wenn ich groß bin, dann will ich auch mal so überzeugend da vorne stehen' (schmunzelt)."* [1446]

[1444] Interview mit Rose Volz-Schmidt, Gründerin & Geschäftsführerin, wellcome (geführt am 10.11.2011)

[1445] Interview mit Rose Volz-Schmidt, Gründerin & Geschäftsführerin, wellcome (geführt am 10.11.2011)

[1446] Interview mit Franziska Holfert, Projektleiterin, wellcome (geführt am 10.11.2011)

Die Überzeugung und Glaubwürdigkeit sowie die motivierende Wirkung und Vorbildfunktion liegt demnach darin begründet, dass Frau Volz-Schmidt keine aufgesetzte Rolle spielt, sondern ihre Sache aus innerer Überzeugung heraus und als integere Persönlichkeit vertritt. Das Selbstverständnis, Begeisterung und Engagement natürlich und selbstverständlich im Tun vorzuleben, und eben nicht nach außen gekehrt und aufgesetzt, zeigt sich auch in folgenden Aussagen:

„Ja, so ist es, das absolut. Eine selbstverständliche Rolle, das trifft es. […] ich glaube, so gut wie alle sind deswegen eingestiegen, weil sie mich so erleben. […] das war, glaube ich, von Anfang an eine Motivation […] bei mir mitzuarbeiten, weil ich für eine Organisationskultur stehe, die sie gut finden, sodass ich jetzt nicht als eine, die einen externen Auftrag von einem Aufsichtsrat oder sonst was hätte, sage ‚aha, und das wird meine Rolle sein‘, sondern das ist sozusagen wie gesetzt. Also die wären nicht hier, wenn sie mich nicht so erleben würden. Und ich muss eigentlich nur gucken, dass ich mich nicht allzu sehr verändere, so." [^1447]

„Das inspiriert mich nicht und motiviert mich auch nicht, und das erlebe ich hier auch nicht so, also dass die große Leidenschaft immer laut und übermäßig und schwungvoll vor sich hergetragen wird, sondern sie kommt eigentlich immer wieder durch Tatsachenberichte und durch das Tun zum Vorschein […]." [^1448]

Ein letzter Aspekt im Führungsverhalten ist das selbstbewusste Selbstverständnis, auf Basis dessen die strategische Entwicklung der Organisation angegangen wird. In diesem Sinne wirkt die Geschäftsführung als Vorbild und stärkt durch die eigene positive und proaktive Herangehensweise auch die Mitarbeiter:

„[…] also ich habe immer wieder tatsächlich Motivationsschübe gekriegt oder gehabt, wenn ich mitbekommen habe oder wenn ich daran teilhaben konnte, was die Geschäftsführung zum Beispiel plant, wie sich die Organisation entwickeln soll, wie selbstbewusst Themen angegangen werden. Das hat mich schon sehr motiviert und ein Stückweit auch inspiriert und mir zu eigener Professionalität verholfen, also so eine eigene professionelle Haltung auch zu entwickeln, professionelles Selbstbewusstsein zu bestimmten Themen." [^1449]

Organisationskultur

Hinsichtlich der Kultur ist wellcome grundsätzlich sehr partnerschaftlich und familiär, was sich im engen Kontakt zwischen Geschäftsführung und Mitarbeitern sowie untereinander ausdrückt:

„[…] in so einem sehr partnerschaftlichen Kernunternehmen, wie wir es sind. […] Also im Verbund hier ist das Ganze, glaube ich, schon ein bisschen wie in einer großen Familie." [^1450]

Nichtsdestotrotz ist Diversität ebenfalls ein Thema. Einerseits bezieht sich dies auf die Teamstruktur: So ist die vergleichsweise große Altersspanne kein Zufall und wird als sehr nutzbringend angesehen, und es ist ein aktives Bestreben, auch Männer in das bisher rein weiblich

[^1447]: Interview mit Rose Volz-Schmidt, Gründerin & Geschäftsführerin, wellcome (geführt am 10.11.2011)
[^1448]: Interview mit Franziska Holfert, Projektleiterin, wellcome (geführt am 10.11.2011)
[^1449]: Interview mit Franziska Holfert, Projektleiterin, wellcome (geführt am 10.11.2011)
[^1450]: Interview mit Rose Volz-Schmidt, Gründerin & Geschäftsführerin, wellcome (geführt am 10.11.2011)

besetzte Team zu integrieren. Andererseits beinhaltet dies auch, die vorhandenen Teammitglieder in all ihrer Unterschiedlichkeit als individuelle Persönlichkeiten wahr- und anzunehmen.

II.8.3.2 Autonome Motivation und Anreizsysteme

Autonomie

Autonomie im Rahmen der Tätigkeit und Aktivitäten, d.h. das Ermöglichen selbstständigen und selbstbestimmten Arbeitens, ist ein wichtiger Motivator und zugleich ein Eckstein der Führungsphilosophie:

„[…] hier ist es, glaube ich, das Motivierendste rauszufinden, die Mitarbeiter da einzusetzen, wo sie am selbstständigsten arbeiten können. Also ich finde, der Hauptmotivationsfaktor aus meiner Sicht, von der Geschäftsführungsebene her, ist selbstständiges Arbeiten, Teilhabe am eigenen Arbeitserfolg, das Gefühl zu haben ‚das, was positiv da draußen passiert, hab ich bewegt und nicht irgendeine Geschäftsleitung, die mir irgendein Stellenplan oder eine Arbeitsplatzbeschreibung vor die Nase gibt‘, also dieses Gefühl zu haben ‚ich bin diejenige, die die Dinge, die Welt bewegt. Ich mach sie jeden Tag ein bisschen besser‘. Das ist aus meiner Sicht ein Hauptmotivator. […] Wenn Sie wirklich gute Leute wollen, die auch selbstständig denken können, die ihnen wichtige Informationen zutragen, aufgrund derer Sie wieder strategisch entscheiden können, dann heißt es, Sie müssen die Arbeitsplätze so schneidern, dass ein hohes Maß an Selbstbestimmung da ist. […] Das ist, glaube ich, Teil der Kultur, weil das tatsächlich auch Teil meiner Leitungskultur ist, schon immer. […] wenn ich anfange, Reisekosten zu kontrollieren und Arbeitszeiten, dann stimmt was nicht, und zwar im Motivationsgefüge, dann kann ich eigentlich gleich die Kündigung hinterher schreiben." [1451]

„So wenig Pflichten wie möglich, so viel Freiheiten wie möglich, das trifft, glaube ich, schon auf uns zu und fördert die Motivation. Auch wenig kontrolliert zu werden, ob man dies und das jetzt wirklich zu dem und dem Zeitpunkt getan hat. Kontrollsysteme zum Beispiel, das gibt es bei uns nicht, […]. […] dass es auch ein großes Maß an Vertrauensarbeit gibt. Also ich hab einen angemessenen Verantwortungsbereich, in dem ich mich auch entwickeln kann, der ausbaubar ist und in dem ich auch selber sozusagen Ansprüche stellen darf, was ich gerne noch an Verantwortung übernehmen möchte oder wie ich Verantwortung gerne gestalten möchte. […] Es gibt keine Stechuhr. Es gibt das Vertrauen darin, wenn man seine Überstunden abbummelt, dass das schon so seine Ordnung hat. […] Es wird hier überhaupt sehr wenig kontrolliert. Es gibt sehr viel Vertrauen." [1452]

Die Grundlage bildet ein Umfeld, das geprägt ist von gegenseitigem Vertrauen und möglichst wenig Kontrolle, weder inhaltlich noch zeitlich. In diesem gewährten Freiraum entsteht Autonomie. Konkret äußert sich diese in Form von dedizierten Bereichen, in denen die Mitarbeiter Inhalte mit einem hohen Maß an Selbstbestimmung selbst vorantreiben können, ein hohes Maß an Verantwortung besitzen und weitestgehend eigenständig arbeiten können. Hieraus entsteht wiederum ein Gefühl der Handlungswirksamkeit, d.h. die Mitarbeiter sehen die Aufgaben und

---

[1451] Interview mit Rose Volz-Schmidt, Gründerin & Geschäftsführerin, wellcome (geführt am 10.11.2011)
[1452] Interview mit Franziska Holfert, Projektleiterin, wellcome (geführt am 10.11.2011)

Erfolge auch als etwas Eigenes an, was wiederum die Identifikation und schlussendlich die Motivation steigert.

Autonomie ist jedoch nicht grenzenlos. Das konkrete Ausmaß an gewährter Autonomie bzw. vorhandener Kontrolle ist vor allem vom Erfahrungsschatz des Mitarbeiters abhängig. So ist gerade zu Beginn einer Anstellung und bei unerfahrenen Mitarbeitern mehr Kontrolle notwendig als bei erfahrenen Kräften:

„Nochmal zu dieser Kontrolle: Ich glaube, es ist hier bei uns in der Organisation ein Stückweit natürlich auch mitarbeiterabhängig und abhängig von Fähigkeiten und Erfahrungsschatz, wie stark die Dinge kontrolliert werden. Ich hab nämlich jetzt gerade nochmal gedacht, so frei, wie ich jetzt agiere seit ein paar Jahren, so frei war ich natürlich nicht immer, weil das auch gar nicht angemessen gewesen wäre." [1453]

Kompetenzerleben

Neben Autonomie ist ein positives Kompetenzerleben, erwachsend aus der **Kongruenz von Kompetenzen und Anforderungen**, ein wichtiger Einflussfaktor für autonome Motivation. Eine notwendige oder zumindest hilfreiche Grundlage in diesem Zusammenhang sind zunächst einmal klare Aufgabenbereiche, welche den grundsätzlichen Anforderungsrahmen und Verantwortungsbereich abstecken:

„Wir haben inzwischen sehr klar definierte Aufgabenbereiche. Das war auch noch nicht immer so. Das ist eben über das Wachstum unserer Organisation mit der Zeit auch gekommen, dass die Aufgaben klar sind, dass man in seinen Verantwortungsbereichen auch wirklich einen guten Spielraum hat [...]." [1454]

Ein möglicher Weg, um nun eine Kongruenz von Anforderungen und Kompetenzen zu erreichen, ist ein strukturiertes **Anforderungsmanagement**, d.h. die Zuordnung der ‚richtigen' Tätigkeit zum ‚richtigen' Mitarbeiter:

„Also zum Grundsätzlichen dazu, bei uns jedenfalls war es [...] ein Kreislauf, also ich hatte zum Teil jemanden auf einer Position, hab gedacht ‚nicht ausgelastet, nicht optimal eingesetzt', und hab dann sozusagen durch die Entwicklung und Weiterentwicklung die Bindung hingekriegt und hatte damit auch neue Mitarbeiter für ein neues Feld. [...] ich kriege ja immer auch für wellcome inhaltlich, was die Aufgaben betrifft, Impulse von außen. Und dann gucke ich [...] natürlich auch ‚macht die Idee Sinn und hab ich auch die personellen Mittel?'" [1455]

„Das hat unsere Geschäftsführung, glaube ich, gut im Blick. Das kann ich auf jeden Fall für meinen Bereich, Bundeskoordination, sagen. Ich krieg das auch in anderen Bereichen immer mal wieder mit, auch wenn es mich persönlich nicht betrifft, aber dann kriege ich mit, dass sie sich da durchaus Gedanken machen, sagen „naja, das sollte die machen, weil die kann das und das gut, und das andere dafür die und die", das findet schon statt.

[1453] Interview mit Franziska Holfert, Projektleiterin, wellcome (geführt am 10.11.2011)
[1454] Interview mit Franziska Holfert, Projektleiterin, wellcome (geführt am 10.11.2011)
[1455] Interview mit Rose Volz-Schmidt, Gründerin & Geschäftsführerin, wellcome (geführt am 10.11.2011)

Da habe ich auch den Eindruck, dass es einigermaßen systematisch gedacht wird. [...] es ist schon eher fall-
oder aufgabenspezifisch. Manchmal betrifft es wirklich nur eine kurz abgeschlossene Aufgabe in einem über-
schaubaren Zeitrahmen, und manchmal betrifft es aber auch wirklich ein etwas neueres Aufgabenfeld, das sich
hinzugesellt [...]. [...] Prozessorientiert würde ich das nennen, auch mitarbeiterorientiert." [1456]

Die Passform von Mitarbeiter und Bereich/Tätigkeit ist demnach ein zentrales Anliegen der
Geschäftsführung und wird in Form einer fortwährenden (Weiter)Entwicklung angestrebt. In
diesem Sinne werden alle inhaltlichen Verschiebungen, Neuentwicklungen und Chancen registriert und mit den Mitarbeiterressourcen abgeglichen. Und auch wenn der Prozess dadurch in den
meisten Fällen primär opportunitätsgetrieben und intuitiv gesteuert wird, scheint doch ein systematischer Ansatz seitens der Geschäftsführung dahinter zu stehen: So spielt das Erkennen und
Berücksichtigen der individuellen Stärken, Schwächen und Präferenzen hierbei eine zentrale
Rolle. Die Mitarbeiter sind damit nicht nur End-, sondern zugleich Anfangspunkt bei der Zuordnung oder Entwicklung neuer Bereiche und Aufgaben.

Ein weiterer Ansatz, das Kompetenzerleben zu stärken, sind **Rückmeldungsmechanismen**
bezüglich der Tätigkeit. Zum einen umfassen diese ein **klares Erwartungsmanagement**, im
Rahmen dessen die Anforderungen und Erwartungen transparent dargelegt werden und ein
fortwährender Dialog zwischen Mitarbeitern und Vorgesetzten stattfindet mit dem Ziel, die
Mitarbeiter mit den übertragenen Aufgaben weder zu unter- noch zu überfordern:

„Wenn ich weiß, ich mute jetzt jemandem was zu, dass ich das dann auch ausspreche [...]. Also dann kommt
es nicht wie der Holzhammer vom Chef und dem ist es wurscht nach dem Motto ‚nach mir die Sintflut', son-
dern dass ich sage ‚wir müssen da jetzt echt durch' oder auch ‚du hast mich an deiner Seite, wir machen es mal
gemeinsam' oder ‚mach einen Vorschlag, wie kriegen wir es hin?', also dass man sowas dann eher dialogisch
macht. Und vom Gefühl her finde ich immer wichtig, also das ist sozusagen das absolute No-Go, ein Chef, ei-
ne Chefin darf nie denken ‚nach mir die Sintflut, ist ja gut, dass ich meine Leute hab, muss ich mich nicht um
den Scheiß kümmern'. Diese eher zynische Haltung, das wäre der Tod im Topf, das geht eben nicht. [...] wir
müssen eigentlich zu so einer Kommunikation finden, die so regelmäßig ist, dass wir uns immer über die nächs-
ten Milestones abstimmen, und dazwischen ist hohes selbstständiges Arbeiten angesagt. [...] Das finde ich, ist
auch wichtig, niemanden zu unterfordern und niemanden zu überfordern, [...] diese Zeitlinie [...] darf auch
nicht zu eng sein, sonst wird sie wieder zur Überforderung, und dann schwindet auch eine intrinsische Motiva-
tion, dann hat sie keinen Bock mehr, fühlt sich ausgenutzt und so." [1457]

Diese Vorgehensweise weist auch schon Merkmale des nächsten Rückmeldungsmechanismus
auf, der **Wertschätzung** gegenüber den Mitarbeitern. Wertschätzung ist ein wichtiger Bestandteil
der Mitarbeiterführung und äußert sich im persönlichen Umgang miteinander: So nimmt sich die
Geschäftsführung für die Mitarbeiter Zeit, hört zu und zeigt ihnen damit, dass sie als ganze

---

1456   Interview mit Franziska Holfert, Projektleiterin, wellcome (geführt am 10.11.2011)
1457   Interview mit Rose Volz-Schmidt, Gründerin & Geschäftsführerin, wellcome (geführt am 10.11.2011)

Person wahr- und ernstgenommen werden, zollt ihnen im Falle von Erfolgen Anerkennung und spendet Lob (wobei dieses ernsthaft und bewusst geschehen muss, ein formales ‚Schulterklopfen' hat langfristig eher negative Effekte), nimmt sie ggf. mit zu großen Veranstaltungen wie bspw. Preisverleihungen oder hält sie bezüglich der wichtigen Themen auf dem Laufenden:

„Ja, Wertschätzung durch Zeit, durch Geschichten erzählen, einander Geschichten erzählen, teilhaben, zuhören, sowas alles, sehr weiche Faktoren. [...] Und das ist in der Tat eine Herausforderung, weil, natürlich wächst die Distanz mit einem Unternehmen, das wächst, und dann gibt es, finde ich, diese ritualisierten Möglichkeiten, wo man sagt ‚und da schaffen wir wieder die Nähe', und es gibt aber eine Menge weiterer informellerer Instrumente, also zum Beispiel [...] fahre [ich, d.V.] immer gerne mit denen mal Zug, und das ergibt sich mit sehr vielen auch. [...] Weil, beim Zugfahren, da kommen sie wunderbar störungsfrei über alle Themen, sowohl inhaltlich/fachlich als auch privat, man kann dann wirklich sagen ‚wie geht es den Kindern und so, wie ist es zuhause?'. Das ist, glaube ich, frauenspezifisch, Frauen sind ganzheitliche Mitarbeiterinnen und die wollen auch, ohne dass man ins Private reindirigiert, doch auch ganz wahrgenommen sein." [...] Und dann natürlich, wenn die Erfolge da sind, auch Anerkennung und Lob und so. Aber wenn das nur ein Formales ist, nach dem Motto ‚du hast aber deine Hausaufgaben heute schön gemacht', das trägt nicht, oder aber, sie kriegen Mittelmaß als Mitarbeiter. [...] Ja, ja, aber neben dem Zugfahren sind es übrigens auch kleine Events. Also ich werde immer mal wieder eingeladen zu irgendwelchen Preisverleihungen und so, und da gucke ich eigentlich immer sehr genau, wen könnte ich eigentlich auch zum Thema wieder mitnehmen? [...] Das ist die Kunst und das ist Leadership, finde ich. Also das muss man hinkriegen, dass man immer sozusagen mit dem Adlerauge drüber überlegt, was für wen wirklich wichtig ist, und zwar nicht nur als Information, sondern auch im Sinne von Bedeutung. Es kann ja sein, dass der mit der Information gar nicht arbeiten kann und trotzdem will er es wissen, also im Sinne von Wertschätzung." [1458]

Insb. Zeitnehmen, Redenlassen und Zuhören haben eine immense Bedeutung und wirken oftmals wesentlich motivierender als fachliche Trainings und dergleichen. All dies mündet in der Erkenntnis, dass die eigentliche Motivation nicht handwerklicher (‚Kopf'), sondern emotionaler Art (‚Bauch') ist und sich dies auch im Umgang mit den Mitarbeitern widerspiegeln muss:

„Also das haben wir am Anfang ein bisschen vernachlässigt, also zum Beispiel bei Koordinatorentreffen haben wir da natürlich immer versucht, wahnsinnig viel Dienstleistung zu geben, immer wieder neues Material, gute fachliche Inputs zu geben, und es fällt uns bis heute schwer, zu sagen „nee, das ist aber nicht alles, die brauchen einfach Zeit zum Reden", das motiviert die zum Teil mehr, als wenn sie, was weiß ich, noch einen Nachblatt zu „wie gehe mit dem polizeilichen Führungszeugnis um oder so" kriegen. Und das ist, glaube ich, für uns in der Zentrale ganz wichtig, zu verstehen, zu sagen, die eigentliche Motivation ist eben nicht handwerklicher Art, sondern das ist sehr stark emotional. Die kommt aus dem Bauch, nicht aus dem Kopf." [1459]

[1458] Interview mit Rose Volz-Schmidt, Gründerin & Geschäftsführerin, wellcome (geführt am 10.11.2011)

[1459] Interview mit Rose Volz-Schmidt, Gründerin & Geschäftsführerin, wellcome (geführt am 10.11.2011)

Während Wertschätzung also vor allem die emotionale Komponente anspricht und den Menschen im Fokus hat, ist **Feedback** das sachliche Gegenstück zur Wertschätzung und gibt Rückmeldung bezüglich des konkreten ‚handwerklichen' Aspekts der ausgeführten Tätigkeit. Es wird von den Mitarbeitern als wichtig erachtet und hat das Ziel, durch informative Rückmeldung einen Lerneffekt und letztlich eine Weiterentwicklung des Mitarbeiters zu erreichen:

> *„Also für mich persönlich spielt Feedback eine wichtige Rolle. Ich hab da Lust drauf, ein Feedback zu kriegen, weil ich Lust drauf habe, zu lernen und mich zu verbessern."* [1460]

Feedback wird vor allem im Zusammenhang mit Zielvereinbarungen gegeben, bzw. wenn zuvor definierte Zielvereinbarungen nachgehalten und eventuelle Abweichungen diskutiert werden. Der Fokus liegt auf einer konstruktiven Reflexion der Soll-Ist-Situation, um etwaige Abweichungen und deren Ursachen verstehen und eine zukünftige Zielerreichung sicherstellen zu können:

> *„Also ich meine, spätestens zum Jahreswechsel werden wir uns da natürlich nochmal drüber unterhalten, und wenn ich mein selbstgestecktes Ziel nicht komplett erreicht habe, dann wird es dafür keine scharfen Sanktionen geben, sondern wir werden immer gucken ‚okay, woran liegt denn das eigentlich, dass das Ziel nicht erreicht werden kann? Was davon ist mein Anteil? Was davon sind Umweltbedingungen, die ich vielleicht gar nicht beeinflussen kann? Und wie kann man das jetzt bestmöglich zusammenbringen, sodass das Ziel dann irgendwie doch noch zu erreichen ist?'. Das wird schon reflektiert, und es wird sich einfach strategisch überlegt, wie man das Ziel erreichen kann. [...] Das ist immer sehr themenzentriert, sehr handlungsorientiert, immer mit Blick auf das Ziel, was es zu erreichen gibt. Nicht, weil man jetzt per se dem Mitarbeiter mal auf die Finger gucken muss, ob er das so richtig gemacht hat und ob eigentlich die richtige Haltung an den Tag legt, darum geht es eigentlich nicht so."* [1461]

Während Feedback also primär inhaltlich-sachlich und lösungsorientiert erfolgt, geht es definitiv nicht um eine Kontrolle oder Bewertung des Mitarbeiters:

> *„Das heißt aber nicht, dass jetzt alle vier Wochen sozusagen kontrolliert wird, wie weit ich meinem Ziel denn schon näher gerückt bin, und was ich dafür tue und nicht tue, und wo man da jetzt nochmal was besser machen muss. [...] Das wird schon reflektiert, und es wird sich einfach strategisch überlegt, wie man das Ziel erreichen kann, aber ich empfinde das nicht als ein Kontrollsystem, wo man sozusagen am Monatsende immer Bericht erstatten muss, was man jetzt geleistet hat und was nicht."* [1462]

Bezüglich des konkreten Prozesses findet Feedback bei wellcome vor allem fallbezogen oder auf Anfrage des Mitarbeiters statt. Die Holschuld liegt prinzipiell beim Mitarbeiter, ritualisierte, formale Feedbackprozesse gibt es nicht. Auf der einen Seite wird dies gutgeheißen, da durch diese Praxis Feedback dort und dann gegeben wird, wenn es vom Mitarbeiter gebraucht wird:

[1460] Interview mit Franziska Holfert, Projektleiterin, wellcome (geführt am 10.11.2011)
[1461] Interview mit Franziska Holfert, Projektleiterin, wellcome (geführt am 10.11.2011)
[1462] Interview mit Franziska Holfert, Projektleiterin, wellcome (geführt am 10.11.2011)

„Wir haben hier allerdings dafür keine Strukturen. Es gibt keine Formate, keine formalen Feedbackregelungen. Ich würde sogar behaupten, wir haben auch keine Feedbackkultur, aber ich kann mir das immer einholen und abholen, wann ich will, und dann krieg ich es auch, und dann ist es auch in einer Ausführlichkeit und ausreichend genug, dass ich damit was anfangen kann und darauf kommt es natürlich letztlich an. Also mir nützt es nichts, wenn wir uns dazu verabreden, hier einmal im Quartal ein Feedbackgespräch zu haben, und dann muss ich das irgendwie absitzen und mich erwischt das dann vielleicht in einer Phase, in der ich gar nicht bereit bin, das aufzunehmen, sondern mich interessiert das ja, wenn es eben dran ist, wenn ich das zu einer bestimmen Fragestellung auch gerne haben möchte." [1463]

Während diese Prozedur für Feedback von der Geschäftsführung an die Mitarbeiter demnach grundsätzlich gut funktioniert, wird sie auf der anderen Seite insb. im Hinblick auf Feedback in die andere Richtung eher kritisch gesehen: So gibt es keine Struktur, die Feedback an die Geschäftsführung vereinfachen würde. Ein Verlassen auf die Initiative des Mitarbeiters ist in diesem Fall jedoch kritisch, da bei potenziell negativem Feedback an die Geschäftsleitung eine ungleich höhere Überwindung notwendig wäre. Langfristig können so Konfliktpotenziale entstehen bzw. wachsen, die mit formalen Feedbackstrukturen präventiv abgebaut werden könnten:

„Und trotzdem sehe ich das auch kritisch, weil, für mich persönlich reicht das im Moment so aus, und trotzdem finde ich es schwierig, weil Feedback ja nicht nur heißt ‚die Geschäftsführung sagt der Mitarbeiterschaft was, was sie gut oder nicht so gut findet', sondern es darf ja auch in die andere Richtung gehen. Und wenn es da zum Beispiel mal eher was Negatives gäbe, dann müsste man sich ja auch immer das Herz fassen, den Zeitpunkt zu suchen und zu wählen, um das auszusprechen. Und diese Struktur gibt es eben nicht. Das heißt, ja, da fällt vielleicht auch mal was untern Tisch. Also ich will das mal gar nicht grundsätzlich gutheißen, dass es da keine Struktur für gibt. Weil ich mir vorstellen könnte, dass gewisse Konfliktpotenziale, die man über eine etablierte Feedbackkultur ganz gut bearbeiten könnte, sodass Konflikte sich nicht steigern, so bestehen bleiben. Also ich glaube, eine Feedbackkultur wäre gut, gewisse Strukturen wären gut, damit man im Konfliktfall nicht auf den Tag warten muss, an dem man sich gerade mal besonders viel Mut zutraut, um das anzusprechen. Aber ich halte wiederum grundsätzlich nichts von Verregelung um der Verregelung willen." [1464]

Eine Verbesserung der Kompetenz durch **fachliche Trainings und Weiterbildung** findet bei wellcome praktisch nicht statt, auch wenn der Wunsch und das Interesse auf Mitarbeiterseite durchaus vorhanden wären. Stattdessen existiert ein Wissens- und Erfahrungsaustausch, wobei auch dieser, analog zum Feedbackprozess, eher informell und auf Mitarbeiterebene stattfindet: Die Holschuld liegt beim Mitarbeiter, und eine zentrale Förderung in Form von bspw. bereichsübergreifenden Formaten gibt es nicht, wobei der Wunsch vonseiten der Mitarbeiter nach mehr Strukturen durchaus vorhanden ist:

1463 Interview mit Franziska Holfert, Projektleiterin, wellcome (geführt am 10.11.2011)
1464 Interview mit Franziska Holfert, Projektleiterin, wellcome (geführt am 10.11.2011)

„[...] Erfahrungsaustausch zwischen den Mitarbeitern spielt eine wichtige Rolle, aber ich würde sagen, auf eine informelle Art und Weise. Wir haben kein Format für Teambesprechungen, wo alle Teammitglieder involviert sind. Es gibt [...] ressortinterne Besprechungen zu, ja, den Ressortthemen und den betreffenden Menschen, aber teamübergreifend gibt es da nichts. [...] Und wenn wir fachlich was voneinander wissen wollen, dann holen wir uns das jeweils direkt ab. [...] Find ich richtig gut [...], weil es eben wirklich dieses offizielle Format dafür nicht gibt und informell begegnen wir uns sowieso in der Mittagspause oder hier oder so, quer über den Flur. [...] Das muss man nochmal richtig anmoderieren, [...] und dann findet das auch statt. Aber das kann auch gut sein, dass das eben nicht mal nur irgendwie 10 Minuten Diskussionen sind, sondern dass wir uns auch richtig verabreden, mal was zu diskutieren. Und das ist wirklich dann das eins-zu-eins-Gespräch, wenn man es direkt einfordert, und dann läuft das auch. [...] Wird das gefördert? Das ist eine gute Frage. Für meinen Geschmack wird mir das eher zu wenig gefördert. [...] Dafür haben wir aber auch nicht das Format. [...] Also da ich es nicht kenne von hier, kann ich das so pauschal nicht beantworten, ob es mir auf jeden Fall noch weiter helfen würde. Ich hätte da aber tatsächlich Lust, das auszuprobieren. Manches hätte ich manchmal gerne in etwas mehr Strukturen, um zu gucken, ob es noch mehr Wissenspotenzial und Motivation geben kann." [1465]

Ganzheitlichkeit und Bedeutsamkeit

Das Thema Ganzheitlichkeit und Bedeutsamkeit kam in den Befragungen direkt zwar kaum zur Sprache, allerdings gibt es einige Aspekte, die zumindest indirekt darauf einzahlen. Hervorzuheben sind der zuvor erläuterte Wissens- und Erfahrungsaustausch auf Mitarbeiterebene sowie das organisationale Bestreben, alle Mitarbeiter auf einem hohen Informationsniveau zu halten:

„Aber auf der anderen Seite sind wir schon sehr drauf angewiesen, dass wir alle immer mitnehmen und auf einem hohen Informationsniveau auch halten [...]." [1466]

„Mich würden tatsächlich manche Details aus anderen Abteilungen mehr interessieren, wie es zu gewissen Entscheidungen kommt oder wie da der Arbeitsstand ist und so, das würde mich schon interessieren, weil, inspirieren und motivieren. Dafür haben wir aber auch nicht das Format. Das heißt, wenn ich was wissen will, dann hole ich es mir irgendwo anders ab. [...] Wenn ich zum Beispiel außerhalb meines Fachgebietes agieren will und es betrifft dann den Bereich Fundraising oder Öffentlichkeitsarbeit, was dann nicht mehr mein Steckenpferd ist, dann ist es natürlich wichtig für mich, zu wissen, inwiefern ich mit bestimmten Fragestellungen, Anregungen, Veränderungsvorschlägen zu diesem Fachbereich und zu dieser Kollegin gehen kann und da ins Gespräch gehen kann [...]." [1467]

Ganzheitlichkeit, d.h. das Wissen um die gesamthaften Arbeitsprozesse sowie die Einordnung des eigenen sowie der anderen Bereiche im großen Ganzen, wird demnach sowohl als potenziell motivierend wie auch als Voraussetzung für effektiven Wissens-/Erfahrungsaustausch und damit

---

[1465] Interview mit Franziska Holfert, Projektleiterin, wellcome (geführt am 10.11.2011)
[1466] Interview mit Rose Volz-Schmidt, Gründerin & Geschäftsführerin, wellcome (geführt am 10.11.2011)
[1467] Interview mit Franziska Holfert, Projektleiterin, wellcome (geführt am 10.11.2011)

für effektives Arbeiten angesehen. Aus diesem Grund werden auch von Mitarbeiterseite weitere Formate bzw. Plattformen gewünscht. Vonseiten der Geschäftsführung hat dieser Austausch allerdings Grenzen, spätestens dann, wenn dadurch eine effektive Lösungsfindung behindert wird – reine ‚Austauschrunden‘ ohne Ergebnisse werden in diesem Sinne abgelehnt, und eine sinnvolle Arbeitsteilung bevorzugt:

> *„Also ich halte immer viel von Arbeitsteilung, dass nicht immer alle um alle Meinungen gefragt werden […]. Da bin ich bekannt, dass sie schon zu mir kommen und sagen ‚Rose, ich weiß, du kannst das wieder nicht leiden, aber können wir nicht mal wieder sitzen?‘, weil die schon wissen, ich bin eher eine, die sagt ‚lasst uns fokussieren, wir brauchen keine tägliche Kaffeerunde hier und Hauptsache, wir haben drüber gesprochen, und ohne Ergebnisse‘.“*[1468]

Interne Kommunikation

Ein effektiver interner Informationsfluss wird des Weiteren durch interne Kommunikation sichergestellt. Diese spielt insb. auf der Gesamtorganisationsebene eine wichtige Rolle. Ziel ist es dabei nicht, sämtliche Informationen ungefiltert zu verteilen und alle an allem teilhaben zu lassen, sondern vielmehr die jeweils relevanten Informationen gezielt weiterzugeben. Da ein Zuviel an Informationen, gerade auch ‚operativer‘ Art, im Zweifel negative Auswirkungen bis hin zur Verzettelung haben kann, ist es daher von zentraler Wichtigkeit, zwischen Informationen zu unterscheiden, die für die jeweilige Tätigkeit relevant sind (selektiv), und solchen, wo es primär um Informieren im Sinne von Wertschätzung/'auf dem Laufenden halten‘ geht (allgemein):

> *„Aber auf der anderen Seite sind wir schon sehr drauf angewiesen, dass wir alle immer mitnehmen und auf einem hohen Informationsniveau auch halten, so dass die vielleicht in der Umsetzung graduell abgestuft beteiligt sind bei der jeweiligen Weiterentwicklung […] Das ist so der Versuch, immer die Klammer zu halten über das Gesamte, und trotzdem sich nicht zu verzetteln. Das ist die Kunst und das ist Leadership, finde ich. Also das muss man hinkriegen, dass man immer sozusagen mit dem Adlerauge drüber überlegt, was für wen wirklich wichtig ist, und zwar nicht nur als Information, sondern auch im Sinne von Bedeutung. Es kann ja sein, dass der mit der Information gar nicht arbeiten kann und trotzdem will er es wissen, also im Sinne von Wertschätzung. ‚Das kann doch nicht sein, dass ich erst aus der Zeitung erfahre, zum Beispiel, dass die beim Stern was machen wollen‘, das wäre fatal, sondern die müssen natürlich vorher eingebunden sein.“*[1469]

Zugehörigkeit

Ein Gefühl der Zugehörigkeit schließlich entsteht zum einen aus der familiären Kultur und dem engen Teamkontext. Konkrete Aspekte, die die Zugehörigkeit fördern, sind das gut zusammenpassende nette Team sowie das gute allgemeine Arbeitsklima:

[1468] Interview mit Rose Volz-Schmidt, Gründerin & Geschäftsführerin, wellcome (geführt am 10.11.2011)
[1469] Interview mit Rose Volz-Schmidt, Gründerin & Geschäftsführerin, wellcome (geführt am 10.11.2011)

„Das ist hier einfach nett hier, warm und trocken und man hat eine nette Kollegin gegenüber, versteht sich mit der Chefin gut, wird wenig angeraunzt, wenig angeblökt [...]. [...] so banal ist es unterm Strich. Wohlfühlen, guter Arbeitsplatz, wertschätzende Kultur [...]." [1470]

„[...] für mich [...] sind eben so Sachen motivierend, [...] also dass es ein gutes Arbeitsklima gibt, dass das einfach mit der Mitarbeiterschaft stimmt." [1471]

Aktiv gefördert wird der Zusammenhalt durch ein einmal im Monat stattfindendes gemeinsames Mittagessen, welches ein Forum sowohl für geschäftlichen als auch privaten Austausch bieten soll. Da es als rein freiwillige, mehr oder weniger spontan stattfindende Veranstaltung nicht funktioniert hat, ist es nun eine vergleichsweise verbindliche, halboffizielle Veranstaltung:

„Es gibt einen Tag im Monat, an dem wir zusammen Mittag essen auf Kosten des Hauses, und da sind alle da, es sei denn, es kommt ein total wichtiger Termin dazwischen, dann versäumt man es mal, und der ist dann sozusagen ein bisschen halboffiziell. Das heißt, wir werden ihn nutzen für Informationen aus der Geschäftsleitung, und umgekehrt kann man aber auch mal einen ausgeben für seinen Geburtstag oder so, oder was Privates erzählen, aber so ein Forum, wo wirklich alle um einen Tisch sitzen, wo wir auch einladen und sagen ,das ist es uns wert'. Das hatten wir dieses Jahr versucht, haben gesagt, ,naja, das muss man doch nicht so formal machen, das machen wir mal von Zeit zu Zeit, alle paar Wochen', und haben aber festgestellt, dass es nicht funktioniert [...]. Also haben wir gesagt, da brauchen wir mehr Struktur." [1472]

II.8.3.3   Kontrollierte Motivation und Anreizsysteme

Grundsätzlich spielen monetäre Entlohnung bzw. Anreize im Organisationskontext nur eine untergeordnete Rolle. So werden sie zwar als grundsätzlich wichtig beschrieben, aber mehr im Sinne eines bezüglich der Motivation untergeordneten Bestandteils eines Gesamtpaketes. Dabei wird der Faktor Geld relativ wichtiger, wenn die anderen Faktoren nicht stimmen – die große Herausforderung ist es daher, die Balance im Gesamtpaket zu wahren, was insbesondere durch die im vorigen Abschnitt beschriebenen Maßnahmen zur Erhöhung bzw. zum Erhalt der autonomen Motivation geschieht:

„Und in der Tat hat es dann immer viel mit Motivation zu tun, das heißt, wir kriegen eher – das würde ich auch für unser Team hier sagen – in der Regel Leute, die sagen ,Geld ist total wichtig, aber nicht das einzige'. [...] da müssen wirklich noch ein ganzes Cluster weichere Faktoren dazukommen, die sozusagen das Defizit Geld, was wir haben, aufwerten, damit man das macht." [1473]

„[...] wir kriegen halt bei vielen Partnern mit, dass die sehr unzufrieden sind mit ihren Arbeitsbedingungen, und dann spielt Geld eine Rolle. Dann sagen sie ,ich verdiene schon wenig und dann werde ich noch schlecht

[1470] Interview mit Rose Volz-Schmidt, Gründerin & Geschäftsführerin, wellcome (geführt am 10.11.2011)
[1471] Interview mit Franziska Holfert, Projektleiterin, wellcome (geführt am 10.11.2011)
[1472] Interview mit Rose Volz-Schmidt, Gründerin & Geschäftsführerin, wellcome (geführt am 10.11.2011)
[1473] Interview mit Rose Volz-Schmidt, Gründerin & Geschäftsführerin, wellcome (geführt am 10.11.2011)

behandelt [...]'. [...] Und das müssen Sie ausbalancieren, das ist die Klugheit. Das kann man nicht im Lehrbuch lernen. (schmunzelt) Aber das ist ein großer Teil meiner Führungsaufgabe, solche Prozesse vor allem zu erkennen und dann zu moderieren.[1474]

„Also ich glaube, der Bereich ‚Immateriell' trifft es ganz gut. Also wie ich vorhin schon sagte, ein Aspekt von Anreiz ist für mich die Tatsache, dass wir nicht tarifgebunden bezahlt werden müssen, sondern dass es da einen Verhandlungsspielraum gibt. Und zu wissen, wenn man verhandeln möchte, dann gibt es da zumindest eine Chance zum Gespräch, [...] das ist schon mal ein Anreiz, aber gut, wir wissen, monetäre Anreize, puh, die verlieren auch relativ schnell wieder ihren Reiz. Es muss also irgendwo anders herkommen [...].[1475]

Festgehalt

Die Existenz eines Festgehalts ist demnach aber unabdingbar, schon allein wegen des Professionalitätsanspruchs der Organisation. Dabei ist die Tatsache, dass nicht strikt nach Tarif bezahlt werden muss und das Gehalt damit prinzipiell verhandelbar ist, zunächst einmal unabhängig von der letztlichen Höhe grundsätzlich motivierend.

Doch auch wenn wellcome nicht tarifgebunden zahlt, findet dennoch bezüglich der Höhe eine Orientierung an den Gehältern im Öffentlichen Dienst statt. Eine Anlehnung an den kommerziellen Wirtschaftssektor findet in diesem Kontext nicht statt, nicht zuletzt auch, weil die Kooperationspartner, d.h. die Koordinatoren der wellcome-Teams als Angestellte der jeweiligen öffentlichen Träger, nach TVöD bezahlt werden und ansonsten das Gefälle zwischen gGmbH und Kooperationspartnern zu groß wäre:

„[...] wir haben die ganz normalen Gehälter mitgenommen, die sonst im öffentlichen Dienst im sozialen Bereich gezahlt werden oder auch bei den Wohlfahrtsverbänden und haben dann bei Neueinstellungen wieder uns daran angelehnt. [...] Nein, marktgerecht bezogen auf den kommerziellen Sektor bezahlen können wir nicht. Das wäre, glaube ich, auch wiederum sehr schwierig, im Vergleich mit den Partnern. Also wenn zum Beispiel unsere Bundeskoordination das doppelte Gehalt hätte, wie jetzt die Leitung einer Familienbildungsstätte, die eine Partnereinrichtung ist,/ die müssen etwa gleichhoch sein, dann stimmt die Augenhöhe [...].[1476]

Obwohl das Gehalt wie schon angedeutet auf Mitarbeiterebene prinzipiell verhandelbar ist, bleibt es auf Organisationsebene ein sensibles Thema. Und auch wenn die Gehaltsstruktur im Sinne der Anlehnung an den TVöD grundsätzlich transparent ist, werden die konkrete Gehaltsstruktur und -verteilung nicht aktiv kommuniziert. Gerade auch im Hinblick auf die enge Teamstruktur und die ohnehin vorhandene ‚soziale Kontrolle' sollen interne Vergleichsdiskussionen möglichst vermieden bzw. nicht angeheizt werden:

[1474] Interview mit Rose Volz-Schmidt, Gründerin & Geschäftsführerin, wellcome (geführt am 10.11.2011)
[1475] Interview mit Franziska Holfert, Projektleiterin, wellcome (geführt am 10.11.2011)
[1476] Interview mit Rose Volz-Schmidt, Gründerin & Geschäftsführerin, wellcome (geführt am 10.11.2011)

„Ich weiß gar nichts hier. Also das [Gehalt, d.V.] ist hier kein offizielles Thema, das kann ja auch eine sehr bewusste Entscheidung sein, dass das kein offizielles Thema ist, dass man hier großartig über Gehälter spricht, keine Ahnung [...]. Gehalt ist verhandelbar, und ich weiß nicht, inwiefern das von den anderen sozusagen genutzt wird, in welchem Rahmen die sich bewegen, keine Ahnung. [...] Also ich vermisse da nichts, es interessiert mich nicht so wirklich. Ich hätte immer ein bisschen die Befürchtung ‚ach, wenn ich da zu viel drüber wüsste, würde ich mir am Ende noch überlegen, ob ich mich gerecht bezahlt fühlen würde oder nicht'. Ich guck da eigentlich nur auf mich selbst. [...] Was das hier intern im Vergleich heißt, weiß ich nicht. " [1477]

„[...] also hier kennt immer noch jede jede, das heißt, man weiß auch ungefähr, wer verdient was. Also wir stellen das nun nicht öffentlich ins Netz, aber es ist auch kein großes Geheimnis, weil es einfach nicht so viele Einstufungsebenen gibt. Und wenn dann einer käme, das wäre sofort klar, ‚aha, naja, jetzt hat sich die Geschäftsleitung aber einen dicken Fisch ins Netz gesetzt und reicht dann für mich das Geld noch?', also es ist, glaube ich, sehr viel näher. Wenn Sie jetzt einen Riesenbetrieb haben mit sagen wir mal, 500 Mitarbeitenden, und da sind 20 privilegiert, ‚So what? Die Geschäftsleitung kriegt auch mehr als wir'. Also das kann man, glaube ich, kulturell sehr viel leichter kompensieren, als in so einem sehr partnerschaftlichen Kernunternehmen, wie wir es sind. " [1478]

Im Ergebnis heißt dies, dass wellcome hinsichtlich der Gestaltung der Gehälter relativ eingeschränkt ist, d.h. die Gehaltsstruktur vergleichsweise homogen ist. Als Folge wird es schwierig, ‚Spitzenkräfte' insb. aus dem kommerziellen Sektor in die Organisation einzubinden, was hinsichtlich der notwendigen Expertisen ein Problem darstellen kann. Als Lösung nennt Volz-Schmidt die Nutzung externer Dienstleister – so können potenziell kostenintensive Expertisen genutzt werden, ohne die interne Teamhomogenität zu beeinträchtigen:

„Manchmal denken wir ‚Mensch, wenn wir da mehr machen wollen, mit Hotline und allen Plänen, das würde sich langsam schon rechnen, einen eigenen [IT-Verantwortlichen, d.V.] zu haben'. Aber die nehmen dann wieder Gehälter, die wären sozusagen in der Teamdynamik zu hoch, da würde einer das Doppelte verdienen von dem, was jeder Sozialpädagoge hier kriegt, muss man sich dreimal überlegen. Also überlegen, vielleicht doch lieber outgesourct lassen, ist glaube ich klarer für die Teamdynamik, leichter zu verkraften sozusagen. Sie können nen Ihre Kultur dann ein bisschen homogener halten, bei aller Diversity, die man sich wünscht. " [1479]

Monetäre Anreize

Monetäre Anreize in Form eines Bonus gibt es bei wellcome grundsätzlich nicht. Das einzige, was in diesen Rahmen fallen würde, ist ein einmaliger, für alle Mitarbeiter in gleicher Höhe ausgezahlter Bonus zum zehnjährigen Firmenjubiläum. Dieser ist damit jedoch nicht an konkrete Leistungen gebunden.

[1477] Interview mit Franziska Holfert, Projektleiterin, wellcome (geführt am 10.11.2011)
[1478] Interview mit Rose Volz-Schmidt, Gründerin & Geschäftsführerin, wellcome (geführt am 10.11.2011)
[1479] Interview mit Rose Volz-Schmidt, Gründerin & Geschäftsführerin, wellcome (geführt am 10.11.2011)

Vielmehr werden dauerhafte monetäre Anreize sehr kritisch gesehen. Zum einen ist es unwahrscheinlich, dass diese dauerhaft finanziert werden können. Zum anderen wird vor allem der abnehmende Nutzen über die Zeit als problematisch angesehen: So würden über die Zeit die Boni antizipiert und zur Gewohnheit werden, und letztlich eine Erwartungshaltung losgelöst von der tatsächlichen Leistung entstehen. Aus diesem Grund erscheint es höchst fragwürdig, ob mit Boni eine nachhaltige Motivation und Leistungssteigerung erreicht werden kann:

„Aber wenn ich es als Regelsystem einführen würde, ich glaube, es würde seinen Charme verlieren, man wird sich auch daran gewöhnen, es hätte nicht mehr das Besondere, und es ist natürlich immer auch die Frage ‚kann ich das nachhaltig und auf Dauer finanzieren?'" [1480]

„Also meine Befürchtung wäre immer, so ein Bonus, der ist irgendwann auch mal verbraucht und abgelutscht, und dann giert man nach dem nächsten, und die Leistung, die man erbringt, wird möglicherweise irgendwann so bonusfokussiert, das stelle ich mir total unbefriedigend vor. Also eigentlich will ich das alles lieber nicht. [...] ich glaube, egal ob das jetzt Urlaubsgeld oder Weihnachtsgeld ist oder irgendeine andere Form von Bonus, irgendwann richtet man sich darauf ein, und damit steigert es die Erwartung, und ich glaube, die Erwartungen sind früher oder später auch losgekoppelt von der Leistung, die man bringt." [1481]

Dass monetäre Anreize im Sinne eines Korrumpierungseffektes letztlich sogar einen negativen Effekt auf die intrinsische Motivation haben könnten, wird nicht zwingend unterstellt und zumindest für den wellcome-Kontext angezweifelt; die potenzielle Möglichkeit einer solchen Wirkung wird aber durchaus gesehen:

„Ja, würde ich schon, also diese Gefahr, dass ein Bonus zulasten der inhaltlichen Arbeit und der intrinsischen Motivation gehen kann, sehe ich, habe ich bei mir selbst noch nicht festgestellt, aber ich kann sie mir irgendwie sehr gut vorstellen." [1482]

„Ich glaube bei uns wäre das nicht so die Gefahr, dass ein Bonus die intrinsische Motivation negativ beeinflussen würde, nein, würde ich nicht so sehen." [1483]

Ein letzter kritischer Aspekt im Zusammenhang mit monetären Anreizen stellt die Schwierigkeit dar, potenzielle Erfolge oder Misserfolge einzelnen Mitarbeitern stringent und gerecht zuzurechnen. So können einzelne Mitarbeiter durch ihre Tätigkeit nur begrenzt Einfluss nehmen und sind sowohl vom restlichen Team als auch von zahlreichen Rahmenbedingungen abhängig. Des Weiteren können Erfolge nicht immer in Form einer Zielerreichung messbar gemacht werden, was die individuelle Erfolgsmessung und damit die Grundlage für Boni zusätzlich erschwert. Auch sind die Ziele der einzelnen Mitarbeiter sehr unterschiedlich, was eine enorme Herausforderung für einen gerechten Verteilungsmechanismus darstellt:

[1480] Interview mit Rose Volz-Schmidt, Gründerin & Geschäftsführerin, wellcome (geführt am 10.11.2011)
[1481] Interview mit Franziska Holfert, Projektleiterin, wellcome (geführt am 10.11.2011)
[1482] Interview mit Franziska Holfert, Projektleiterin, wellcome (geführt am 10.11.2011)
[1483] Interview mit Rose Volz-Schmidt, Gründerin & Geschäftsführerin, wellcome (geführt am 10.11.2011)

„[...] wenn ich einen Bonus zahlen würde, würde ich ihn allen bezahlen, weil alle überdurchschnittlich viel und gut leisten. Das heißt, ich kann kein Bonus mit Zielvereinbarung machen, weil, ich würde automatisch die im Team strafen, die nicht die Fähigkeit haben – zum Beispiel das Büro – im Sinne einer Zielerreichung irgendwas zu produzieren. [...] weil, also, der Erfolg lebt von allen und wenn Bonus, dann alle. [...] Wir machen schon, ich würde es nicht Zielvereinbarungsgespräche nennen, aber Gespräche, die in die Richtung gehen. [...] Das ist eigentlich der Klassiker – wohlwissend, dass das nicht so ist, ‚wenn du es nicht erreichst, gibt es einen Malus und wenn du es erreichst, gibt es einen Bonus', weil, die Faktoren, ob sie es erreicht oder nicht, kann Sie nur sehr begrenzt mitsteuern." [1484]

Zielvereinbarungen

Im Ergebnis gibt es daher zwar Zielvereinbarungen, die gemeinsam mit den Mitarbeitern definiert werden, jedoch sind diese aus oben genannten Gründen nicht mit Sanktionen oder Prämien verknüpft, sondern haben eine primär informativ-handlungsleitende Funktion.

II.8.3.4   Freiwilligenmanagement

Im Bereich Freiwilligenmanagement hat die wellcome gGmbH den Führungsansatz einer klaren Linie: Dies bedeutet, dass Freiwillige grundsätzlich nicht finanziell entlohnt werden. Aus diesem Grund werden Freiwillige nur temporär eingesetzt bzw. nur solche, die es sich leisten können:

„Eine klare Linie und Konsequenz ist bei Freiwilligenmanagement der Schlüssel. [...] Wichtig beim Thema Freiwilligenmotivation ist es, eine klare Kante zu haben, d.h. kein Gehalt für Ehrenamtliche. Sprich nach der Leitlinie: Ganz oder gar nicht! [...] Ich mache Freiwilligenarbeit auch nur, wenn die Personen es sich sozusagen leisten können, bzw. temporär." [1485]

Auf keinen Fall soll ein Verhältnis der Ausbeutung entstehen, sowohl auf der finanziellen wie auch auf der inhaltlichen Ebene. Nichtsdestotz sollten sich Anforderungsprofil und Tätigkeitsumfang denen bezahlter Kräfte nicht angleichen (Konfliktpotenzial):

„Wichtig ist es, Freiwillige niemals für Orga- oder Bürotätigkeiten, für stupide Arbeiten einzusetzen. Weil da kommt man dann relativ schnell in ein System der Ausbeutung rein. [...] Wenn das Anforderungsprofil bzw. der Tätigkeitsumfang sich dem bezahlter Kräfte angleicht, wird das registriert und offen angesprochen, d.h. thematisiert. Und dann ggf. auch angepasst, da das potenziell konfliktär ist." [1486]

Wesentlich wichtiger als finanzielle Entlohnung und damit zentraler Motivator ist hingegen Wertschätzung:

„Stattdessen ist Wertschätzung von zentraler Bedeutung, und ggf. kleine Anerkennungen." [1487]

[1484] Interview mit Rose Volz-Schmidt, Gründerin & Geschäftsführerin, wellcome (geführt am 10.11.2011)
[1485] Interview mit Rose Volz-Schmidt, Gründerin & Geschäftsführerin, wellcome (geführt am 10.11.2011)
[1486] Interview mit Rose Volz-Schmidt, Gründerin & Geschäftsführerin, wellcome (geführt am 10.11.2011)
[1487] Interview mit Rose Volz-Schmidt, Gründerin & Geschäftsführerin, wellcome (geführt am 10.11.2011)

II.8.3.5   Förderung der organisationalen Verhaltensmuster

Während **Innovation/Kreativität** kaum aktiv gefördert wird, wird **Proaktivität** zum einen durch eine vergleichsweise hohe Fehlertoleranz sowie einen konstruktiven, ziel- und handlungsorientierten Umgang mit ebendiesen gefördert:

> „*[...] Ich empfinde das hier als sehr großzügig, wie man mit Fehlern oder Versäumnissen hier umgeht. Also wenn ich feststelle ‚oh, ich hab da was versäumt, oder da habe ich mich vielleicht irgendwie falsch verhalten oder was falsch kommuniziert oder so‘, dann kann ich damit offen umgehen. [...]. Das [Gespräch über Fehler/Versäumnisse, d.V.] ist immer sehr themenzentriert, sehr handlungsorientiert, immer mit Blick auf das Ziel, was es zu erreichen gibt. Nicht, weil man jetzt per se dem Mitarbeiter mal auf die Finger gucken muss, ob er das so richtig gemacht hat und ob er eigentlich die richtige Haltung an den Tag legt, darum geht es eigentlich nicht so.*“ [1488]

Letztendlich ist Proaktivität aber vor allem eine Haltung, welche durch Gespräche, Arbeits- und Herangehensweisen sowie schlussendlich durch Erfolgserlebnisse vermittelt wird:

> „*[...] proaktiv war zum Beispiel so ein Schlagwort auch, da werden wir hier natürlich schon ermutigt, aufgefordert und so weiter, das ist tatsächlich eine Haltung, die wir in uns haben und die hier was mit dieser Organisationskultur zu tun haben, proaktiv zu sein, nicht zu warten, bis der andere den ersten Schritt macht, sondern selber mal loszugehen. Das machen wir schon, aber das, wie gesagt, sowas findet auch nicht im Rahmen von irgendwelchen Trainings statt, sondern so Haltungen vermitteln sich über Gespräche und Arbeitsweisen und dann eben auch irgendwann über Erfolgserlebnisse.*“ [1489]

II.8.4   Mitarbeiter halten - langfristige Bindung

Die Möglichkeit einer Weiterentwicklung im Rahmen der Tätigkeit spielt bei wellcome aus Sicht der Mitarbeiter eine wichtige Rolle, und eine gewisse Veränderung über die Zeit wird dabei positiv gesehen bzw. als notwendige Voraussetzung für eine Entwicklungsperspektive gefordert:

> „*[...] aber es muss natürlich auch in meinem Interesse sein, dass da auch echte Weiterentwicklung möglich ist und sich neue Aufgabenfelder auch ergeben. So. Also wenn mir jetzt einer sagen würde ‚Franziska, und in fünf Jahren machst du dasselbe, was du jetzt machst‘, [...] zu wissen, da soll irgendwie keine Veränderung mehr stattfinden, dann verfalle ich sofort der Narkolepsie. [...] das ist mir schon wichtig, [...] innerhalb der Organisation eine Entwicklungsperspektive zu sehen [...].*“ [1490]

Das aktive Ermöglichen der Entwicklungsperspektiven vonseiten der Organisation findet zumeist vergleichsweise unstrukturiert statt und entwickelt sich aus den Tätigkeiten bzw. den inhaltlichen Verschiebungen der Aktivitäten heraus. Einen strukturierten Entwicklungsplan gibt es nicht:

[1488] Interview mit Franziska Holfert, Projektleiterin, wellcome (geführt am 10.11.2011)
[1489] Interview mit Franziska Holfert, Projektleiterin, wellcome (geführt am 10.11.2011)
[1490] Interview mit Franziska Holfert, Projektleiterin, wellcome (geführt am 10.11.2011)

„Also ich würde mal sagen, das [Aufzeigen von Entwicklungsmöglichkeiten, d.V.] findet in freundlichem Zuspruch-Aussprechen-mal-so-zwischendurch statt, aber ist in keiner strukturierenden Form gegeben, ist auch kein Instrument."[1491]

„Also zum Grundsätzlichen dazu, bei uns jedenfalls war es zum Teil wirklich auch nicht nur ein Pfad, sondern ein bisschen ein Kreislauf, also ich hatte zum Teil jemanden auf einer Position, hab gedacht ,nicht ausgelastet, nicht optimal eingesetzt', und hab dann sozusagen durch die Entwicklung und Weiterentwicklung die Bindung hingekriegt und hatte damit auch neue Mitarbeiter für ein neues Feld."[1492]

Eine Veränderungsbereitschaft ist jedoch nicht bei jedem Mitarbeiter vorhanden, bzw. nicht jeder bezieht aus Veränderung und Entwicklung nachhaltige Motivation sowie den Wunsch nach langfristiger Bindung. In diesen Fällen, bei denen zumeist die Bindung an einem speziellen Projekt hängt, kann eine klare Kommunikation und damit ggf. auch eine transparente projektgebunden-befristete Anstellung die beste Lösung für beide Seiten sein:

„Und wir haben zum Beispiel in einem anderen Arbeitsbereich bei der wellcome-Fee eine Kollegin, die ist auch über ein Praktikum eingestiegen, wo wir gesagt haben, die geht genial mit den Familien um, aber sie ist eine echte Hands-On-Frau. Die wäre auf dieser Metaebene, auf der zum Beispiel Frau Wolfert arbeitet, wäre sie verloren, das würde ihr keine Freude machen, es würde ihr nicht entsprechen. [...] und dann hatten wir das projektgebunden, nur begrenzt finanziert, und dann hab ich sehr offen mit ihr gesprochen, hab gesagt ,du kriegst einen Arbeitsvertrag, aber er muss sozusagen projektgebunden bleiben, und so lange wir miteinander ein erfolgreiches Fundraising für dieses Projekt machen, so lange arbeitest du hier', weil, die Aufgabe ist hochsinnvoll. Und sie sagte ,super, genauso kann ich es mir auch vorstellen, weil, was anderes würde ich bei euch, ehrlich gesagt, auch nicht machen wollen, dann würde ich lieber gehen'."[1493]

Neben internen Perspektiven ermöglicht wellcome als erfolgreiche und anerkannte Organisation auch einen guten Einstieg in andere Organisationen und kann hierbei als ,Sprungbrett' dienen. Auch wenn dies einer langfristigen Bindung tendenziell eher zuwiderläuft, ist es doch ein Kriterium, das die Attraktivität von wellcome erhöht und damit (zumindest) die kurz- bis mittelfristige Bindung erhöhen kann:

„[...] für mich wäre das hochattraktiv, zu wissen, dass ich irgendwann mal auf den Sozialmarkt rausgehe und sage ,[...] ich komme von wellcome, ich will jetzt mal einen neuen tollen Job haben'. Das ist für mich schon wichtig, sozusagen aus einem angesehenen Laden zu kommen. Ja, und mit dem, was da eben geleistet worden ist, gerne auch irgendwann aufgenommen zu werden oder einsteigen zu können."[1494]

[1491] Interview mit Franziska Holfert, Projektleiterin, wellcome (geführt am 10.11.2011)
[1492] Interview mit Rose Volz-Schmidt, Gründerin & Geschäftsführerin, wellcome (geführt am 10.11.2011)
[1493] Interview mit Rose Volz-Schmidt, Gründerin & Geschäftsführerin, wellcome (geführt am 10.11.2011)
[1494] Interview mit Franziska Holfert, Projektleiterin, wellcome (geführt am 10.11.2011)

Printed in Poland
by Amazon Fulfillment
Poland Sp. z o.o., Wrocław

94573820R10291